JOACHIM GNILKA · DAS MATTHÄUSEVANGELIUM

II. TEIL

HERDERS THEOLOGISCHER KOMMENTAR ZUM NEUEN TESTAMENT

Herausgegeben von Alfred Wikenhauser †
Anton Vögtle, Rudolf Schnackenburg

DAS MATTHÄUSEVANGELIUM

ZWEITER TEIL

Kommentar zu Kap. 14,1 – 28,20
und Einleitungsfragen
von
Joachim Gnilka

HERDER
FREIBURG · BASEL · WIEN

DAS MATTHÄUSEVANGELIUM

II. TEIL

Kommentar zu Kap. 14,1 – 28,20 und Einleitungsfragen
von
Joachim Gnilka

Professor am Fachbereich Katholische Theologie
der Universität München

1988

HERDER
FREIBURG · BASEL · WIEN

Alle Rechte vorbehalten – Printed in Germany
© Verlag Herder Freiburg im Breisgau 1988
Imprimatur. – Freiburg im Breisgau, den 28. Juni 1988
Der Generalvikar: Dr. Schlund
Herstellung: Freiburger Graphische Betriebe 1988
ISBN 3-451-20316-2

INHALT

ERSTER HAUPTTEIL:
JESUS VERKÜNDET DIE HERRSCHAFT DER HIMMEL
(4,17 – 16,20) (Fortsetzung) 1

64. Das gewaltsame Geschick des Propheten Johannes (14,1–12) . 1
65. Das Mahl der Fünftausend (14,13–21) 6
66. Jesus rettet den sinkenden Petrus (14,22–33) 10
67. Krankenheilungen in Gennesaret (14,34–36) 16
68. Auseinandersetzung um die wahre Unreinheit (15,1–20) 18
69. Der Glaube der kanaanäischen Frau (15,21–28) 28
70. Krankenheilungen am See (15,29–31) 33
71. Das Mahl der Viertausend (15,32–39) 35
72. Erneute Zeichenforderung (16,1–4) 39
73. Warnung vor der Lehre der Pharisäer und Sadduzäer (16,5–12) 42
74. Die Verheißung für Simon Petrus (16,13–20) 46

ZWEITER HAUPTTEIL:
JESUS GEHT DEN WEG ZUR PASSION
(16,21 – 25,46) 81

1. Die Petrus-Schelte (16,21–23) 81
2. Die Kreuzesnachfolge (16,24–28) 85
3. Die Vorwegnahme der Vollendung (17,1–8) 91
4. Der Abstieg vom Berg (17,9–13) 99
5. Der Kleinglaube der Jünger verzögert die Heilung des mondsüchtigen Knaben (17,14–20) 103
6. Erneute Leidensankündigung (17,22–23) 111
7. Die Freiheit von der Tempelsteuer (17,24–27) 113

Die Rede von den Kleinen und den Brüdern (18,1–35) 119

8. Vom Kindwerden (18,1–4) 120
9. Warnung vor Ärgernissen (18,5–9) 124
10. Suchen des Verirrten (18,10.12–14) 129
11. Vom Zurechtweisen und gemeinsamen Beten (18,15–20) . . . 134
12. Vom Vergeben – das Gleichnis vom unbarmherzigen Sklaven
 (18,21–35) 142
13. Gespräche über Ehescheidung und Ehelosigkeit (19,1–12) . . . 149
14. Jesus und die Kinder (19,13–15) 158
15. Reichtum und Besitz verhindern die Nachfolge (19,16–26) . . . 161

16. Der Lohn der Nachfolge (19,27–30) 169
17. Das Gleichnis von den Arbeitern im Weinberg (20,1–16) 174
18. Dritte Leidensankündigung (20,17–19) 183
19. Falscher Ehrgeiz (20,20–28) 185
20. Die zwei Blinden von Jericho (20,29–34) 192
21. Der Einzug des Davidssohnes in Jerusalem (21,1–11) 197
22. Jesus im Tempel – Protest und Heilungen (21,12–17) 206
23. Der Fluch über den unfruchtbaren Feigenbaum mahnt zum Glauben (21,18–22) 211
24. Die verweigerte Antwort auf die Vollmachtsfrage (21,23–27) .. 215
25. Das Gleichnis von den ungleichen Brüdern (21,28–32) 218
26. Das Gleichnis von den bösen Winzern (21,33–46) 224
27. Das Gleichnis vom königlichen Hochzeitsmahl (22,1–14) 233
28. Die Steuerfrage (22,15–22) 245
29. Die Auferstehungsfrage (22,23–33) 250
30. Die Frage nach dem größten Gebot (22,34–40) 256
31. Die Davidssohnfrage (22,41–46) 263

Die Rede von den Wehe (23,1–39) 268

32. Über die Autorität (23,1–12) 270
33. Die sieben Wehe (23,13–31) 280
34. Gerichtsworte (23,32–39) 295

Die Rede vom Ende (24,1 – 25,46) 309

35. Das Eröffnungsszenario (24,1–3) 310
36. Der Anfang der messianischen Wehen (24,4–14) 313
37. Die große Drangsal (24,15–28) 319
38. Die Ankunft des Menschensohnes (24,29–31) 327
39. Unbekannt sind Tag und Stunde (24,32–44) 333
40. Das Gleichnis vom Haushalter (24,45–51) 341
41. Das Gleichnis von den törichten und klugen Jungfrauen (25,1–13) 346
42. Das Gleichnis von den anvertrauten Talenten (25,14–30) 355
43. Das Endgericht (25,31–46) 365

Passion und Ostern (26,1 – 28,20) 380

1. Die Ankündigung des Pascha (26,1–5) 382
2. Die Salbung zum Begräbnis (26,6–13) 385
3. Judas lieferte Jesus aus (26,14–16) 389
4. Das Pascha mit den Jüngern (26,17–25) 393
5. Der Bund zur Vergebung der Sünden (26,26–30) 399
6. Die Ansage des Jüngerversagens (26,31–35) 404
7. Jesus in Getsemani (26,36–46) 408

- 8. Die Verhaftung (26,47–56) 415
- 9. Das Verhör durch Kajafas (26,57–68) 423
- 10. Petri Versagen (26,69–75) 433
- 11. Jesu Auslieferung an Pilatus (27,1–2) 439
- 12. Der Erwerb des Blutackers (27,3–10) 442
- 13. Das Verhör durch Pilatus (27,11–26) 451
- 14. Die Verspottung (27,27–31 a) 463
- 15. Kreuzweg und Kreuzigung (27,31 b–56) 467
- 16. Das Begräbnis (27,57–61) 481
- 17. Die Sicherung des Grabes (27,62–66) 485
- 18. Auferstehung und leeres Grab (28,1–10) 489
- 19. Das Zeichen für Israel (28,11–15) 497
- 20. Das letzte Wort des erhöhten Jesus an die Jünger (28,16–20) . . 501

EXKURS 5
Die Petrusverheißung in Geschichte und Gegenwart 71

DAS MATTHÄUSEVANGELIUM
    Einleitungsfragen 513

- 1. Milieu und Ort 513
- 2. Verfasser und Zeit 515
- 3. Komposition, Sprache und Quellen 520
- 4. Gattung 526
- 5. Die Matthäus-Gemeinde 530
- 6. Themen der Theologie 534
- 7. Beobachtungen am Text 550

Sachregister 552
Register der griechischen Wörter 553

LITERATURNACHTRAG

Zur Abkürzungsweise vgl. Bd. I S. XI und XVI

Brunner, E., Dogmatik, 3 Bde. (Zürich I ²1953. II 1950. III 1960).
Geist, H., Menschensohn und Gemeinde (FzB 57) (Würzburg 1986).
Gressmann, H. – Bousset, W., Die Religion des Judentums (HNT 21) (Tübingen ⁴1966).
Harnisch, W., Gleichniserzählungen Jesu (UTB 1343) (Göttingen 1985).
Kopp, C., Die heiligen Stätten der Evangelien (Regensburg 1959).
Krauß, T., Talmudische Archäologie, 3 Bde. (Nachdruck Hildesheim 1966).
Marti, K., Geduld und Revolte. Die Gedichte am Rand (Stuttgart ³1984).
Sand, A., Das Evangelium nach Matthäus (RNT) (Regensburg 1986).
Schlosser, J., Le Règne de Dieu dans les dits de Jésus (EtB) (Paris 1980).
Schweitzer, A., Geschichte der Leben-Jesu-Forschung (Tübingen ⁶1951).
Weiser, A., Die Knechtsgleichnisse der synoptischen Tradition (StANT 29) (München 1971).
Zumstein, J., La condition du croyant dans l'Évangile selon Matthieu (OBO 16) (Fribourg-Göttingen 1977).

ERSTER HAUPTTEIL

Jesus verkündet die Herrschaft der Himmel (4,17 – 16,20)

(Fortsetzung)

64. Das gewaltsame Geschick des Propheten Johannes (14, 1–12)

1 In jener Zeit hörte Herodes, der Tetrarch, die Kunde von Jesus. 2 Und er sprach zu seinen Dienern: Dieser ist Johannes der Täufer. Er ist von den Toten auferweckt worden. Und darum wirken die Kräfte in ihm. 3 Denn Herodes ließ Johannes ergreifen und fesseln und in das Gefängnis setzen wegen Herodias, der Frau seines Bruders Philippos. 4 Johannes nämlich hatte ihm gesagt: Es ist dir nicht erlaubt, sie zu haben. 5 Und er wollte ihn töten, fürchtete aber die Volksmenge, weil sie ihn für einen Propheten hielten. 6 Als aber Herodes den Geburtstag beging, tanzte die Tochter der Herodias inmitten (der Gesellschaft), und sie gefiel dem Herodes. 7 Deshalb versprach er mit einem Schwur, ihr zu geben, was immer sie verlangt. 8 Sie aber, von ihrer Mutter dazu bewogen, sagte: Gib mir hier auf der Schüssel das Haupt Johannes' des Täufers. 9 Und traurig befahl der König wegen der Schwüre und der Gäste, es zu geben. 10 Und er schickte und ließ Johannes im Gefängnis enthaupten. 11 Und sein Haupt wurde auf einer Schüssel gebracht und dem Mädchen gegeben. Und sie trug es zu ihrer Mutter. 12 Und seine Jünger kamen, holten den Leichnam und bestatteten ihn. Und sie kamen und meldeten es Jesus[1].

I

Während bei Mk 6,14ff die Geschichte vom Martyrium des Täufers zwischen der Aussendung der Zwölf und ihrer Rückkehr steht und somit auch die Funktion erfüllt, die Zeit der Abwesenheit der Jünger zu überbrücken, gewinnt sie bei Mt noch stärkeres Eigengewicht. Im Anschluß an die Verwerfung Jesu in Nazaret unterstreicht sie die Front der Gegnerschaft, steht doch der Täufer ganz auf seiten Jesu.

Die Formgebung der Geschichte durch Mt ist am besten über einen Vergleich mit par Mk 6,14–29 zu erläutern. Diese ist für E die einzige Quelle[2].

---

[1] Die Textüberlieferung weist verhältnismäßig viele, meist sachlich unbedeutende Varianten, Wortumstellungen o. ä. auf. Auf die wichtigsten wird in Anmerkungen Bezug genommen. Einige sind als Paralleleinfluß zu erklären, z. B. der Zusatz in V 2 „den ich habe enthaupten lassen" (D a b ff¹), vgl. Mk 6,16; in V 12 der Zusatz αὐτοῦ (Sinaiticus D L 565), vermutlich auch αὐτό (Sinaiticus¹ CDLWΘ f¹·¹³), vgl. Mk 6,29.

[2] LOHMEYER 233 vertrat die Auffassung, daß Mt eine von Mk unabhängige Vorlage besaß. Die Übereinstimmungen mit Mk aber sind so weitreichend, daß diese Auffassung zurückzuweisen ist. Die Art der Überarbeitung entspricht der Arbeitsweise des Mt und

Die zahlreichen Volksmeinungen über Jesus – in Mk 6,14ff ausgelöst zu denken durch das missionarische Wirken der Zwölf – streicht Mt, bzw. er konzentriert sie auf die Meinung, nach der Jesus der wiedererweckte Täufer sei[3]. Diese Meinung legt er dem Herodes in den Mund (= Mk 6,14). Damit ist der Übergang zur Martyriumsgeschichte – erzählerisch als Nachinformation dargereicht – geschaffen. Die Geschichte selbst hat Mt wieder sehr gestrafft, um über ein Viertel zusammengestrichen. Er läßt die Ränke der Herodias ebenso weg wie die Gespräche des Herodes mit dem Täufer (vgl. Mk 6,18–20). Die Feier des Geburtstages wird kaum geschildert (Mk 6,21), Tanzszene und Schwur sind sehr reduziert. Die Unterredung zwischen Herodias und ihrer Tochter ist auf ein προβιβασθεῖσα in Mt V 7 zurückgenommen. Nur unbedeutend gekürzt sind das Martyrium und die Bestattung des Täufers. Am Ende wird eine Meldung an Jesus hinzugefügt (12b). Wichtig sind folgende positive Eingriffe vom E: Herodes in V 1 Tetrarch genannt[4], hat die Absicht, den Täufer zu töten (V 5). Nach Mk 6,19 ist Herodias die Tötungswillige, während Herodes geradezu als Beschützer des Johannes erscheint. Johannes gilt dem Volk als Prophet (Mt V 5)[5]. Nach Mk 6,20 gilt er dem Herodes als gerechter und heiliger Mann. Schließlich verdient der mit der Jesus-Geschichte verbindende Schlußsatz 12b Beachtung, der allerdings kaum von Mk 6,30 beeinflußt sein dürfte[6]. Die mt Bearbeitung läßt klar die gegnerische Rolle des Königs hervortreten. In ihrer strengen Form verliert die Geschichte weitgehend den Charakter eines Bazargerüchtes, den sie noch teilweise bei Mk hat, und nähert sich wieder einem Martyriumsbericht. Der jüdische Martyriumsbericht ist gekennzeichnet durch das Eintreten des Martyrers für das Gesetz und die Schilderung des Martertodes[7]. Ob andere atl-jüdische Reminiszenzen festzustellen sind – Elija-Typologie, Ester-Midrasch –, wird zu prüfen sein.

II

1f An dieser Stelle unvermittelt, nicht im Makrotext des Evangeliums, erscheint Herodes im Geschehen. Denn in der Vorgeschichte (Kap. 2) hatte der Leser schon vom Treiben Herodes' d. Gr. und seiner Söhne gehört. Hier haben wir es mit Herodes Antipas zu tun, der im Jahr 4 v. Chr., sechzehnjährig, nach dem Tod seines Vaters die Herrschaft über Galiläa und Peräa erhalten hatte. Somit war er der Landesherr Jesu. Offiziell führte er den Titel eines Tetrarchen, den Mt korrekt wiedergibt. Damit er-

---

seinen Intentionen. Die Rolle des Herodes erscheint zwiespältig. Vgl. V 5 mit V 9. Das ist nur aus der Überarbeitung der Mk-Vorlage erklärbar. Lk 3,19f hat sich die Geschichte geschenkt.

[3] Dieselbe Tradition über die Volksmeinungen auch Mt 16,14.
[4] Diese Korrektur erfolgt auch in Lk 3,19. DOBSCHÜTZ: ZNW 27 (1928) 347 zog daraus den Schluß, daß Mt von Lk abhängig sei! Die Korrektur ergab sich von selbst.
[5] Vermutlich ist dies eine Reminiszenz von Mk 6,15.
[6] Mit TRILLING: BZ 3 (1959) 273. Die Inhalte sind völlig verschieden.
[7] Vgl. GNILKA, Markus I 245f.

hält die Perikope von vornherein in gewisser Weise einen offiziellen Charakter. Um die Königswürde hatte sich Antipas vergeblich bemüht[8]. Das Volk wird von ihm als König gesprochen haben (vgl. V 9). Zu ihm dringt die Kunde von Jesus. Seine Residenz befand sich in Tiberias. Wenn Antipas Jesus für den wiedererstandenen Johannes den Täufer hält, ist damit zweierlei angedeutet. Einmal hat dann auch Jesus von seinem Landesherrn, der Johannes umbringen ließ, nichts Gutes zu erwarten. Zum anderen wäre der Täufer redivivus in Jesus einfach noch einmal in das irdische Leben zurückgekehrt. Der Tetrarch meint, den Täufer in Jesu Wundertaten (δυνάμεις, vgl. 13,54) wiedererkennen zu können. Wahrscheinlich darf man daraus den Schluß ziehen, daß auch der Täufer Wunder gewirkt hat, was seine Identifikation mit Elija an anderer Stelle bestätigen könnte.

3–5 Die Exposition des Martyriumsberichtes erzählt von der Gefangensetzung des Johannes. Seine Ergreifung und Fesselung erinnert an das Schicksal Jesu (21,46; 26,4; 27,2). Die Sprache der Passion wird gesprochen. Den Zorn des Tetrarchen hatte sich der Täufer durch seinen Einspruch gegen dessen ehebrecherisches Verhältnis zur Frau seines Bruders zugezogen. Im Vorwurf sind der Ehebruch und die im Judentum als „abscheuliche Unreinheit" geltende Verbindung mit der Frau des Bruders enthalten[9]. Wenn Mt den Namen dieses Bruders mit Philippos angibt, besitzt er keine besseren Informationen als Mk 6,17[10]. Nach der zuverlässigeren Nachricht des Josephus, ant. 18, 109, hieß der Stiefbruder, mit dem Herodias verheiratet war, ebenfalls Herodes. Den Täufer, der für das Gesetz eintrat, trifft nunmehr der tödliche Haßstrahl des Fürsten. Alle positiven Züge aus dem Verhältnis des Antipas zu Johannes im Gefängnis sind getilgt. Das gewaltsame Todesgeschick, mit dem der Täufer rechnen muß, ist das Los der Propheten. Für einen solchen wird er vom Volk gehalten (vgl. 21,26). Auch Jesus hatte ihm dieses – und noch ein größeres – Zeugnis ausgestellt (11,9).

6–11 In der Gastmahlszene sind Anklänge an Est 1,3 ebenso geschwunden wie im Versprechen des Königs (Est 5,3; 7,2: „die Hälfte meines Reiches"; vgl. Mk 6,23; 1 Kg 13,8). Wenn die Geschichte die Prinzessin, deren Namen auch Mt nicht nennt[11], vor den zum Festmahl versammelten Männern tanzen läßt, kann das als Ausdruck der Verachtung des Herrscherhauses gewertet werden. Normalerweise war dies das Geschäft der Dirnen. Im Zuge der Erzählung löst der Tanz das Geschehen aus, auf das es ankommt. Der Schwur des Herodes sollte nicht auf seine moralische Verpflichtung hin untersucht werden. Die Intention der Erzählung liegt

---
[8] Vgl. Josephus, ant. 18,240–256.
[9] Vgl. Billerbeck I 680 zitiert SLv 20,21 (373 a): „Die Blöße seines Bruders hat er aufgedeckt; kinderlos sollen sie sein."
[10] D lat Augustinus streichen den Namen Philippos in V 3. Dies tut auch Lk 3,19.
[11] Nach einer sekundären LA in V 6 heißt auch sie Herodias und ist Tochter des Antipas: θυγάτηρ αὐτοῦ Ἡρῳδιάς (Kodex D).

auf einer anderen Ebene. Die Gegenüberstellung von Gottesleugner und Gottesmann, der aber nur indirekt in Erscheinung tritt, beherrscht die Szene. Unsicher in seinem Verständnis ist das Verb προβιβασθεῖσα in V 8. Entweder übersetzt man es mit „vortreten", dann: von ihrer Mutter in den Vordergrund geschoben, oder faßt es zeitlich: (im voraus) bewogen, angestiftet [12]. Letzteres ist passender. Ein abgekartetes Spiel der gekränkten Gattin ist angedeutet. Diese hatte ihre Tochter instruiert. Das Treiben der Herodias erinnert an Jezabel, die sich an Elija rächen will, der auch vor Könige tritt, um sie zu schelten (1 Kg 21, 17 ff). Allerdings sind die Anlässe bei Herodias und Jezabel verschieden, und letzterer gelingt es nicht, ihren Plan zu verwirklichen. Der traurig werdende König fühlt sich an seine Schwüre gebunden, obwohl er doch jetzt zu seinem Ziel kommt, Johannes zu töten. An dieser Stelle wird der Bruch in der mt Bearbeitung erkennbar. Das Haupt auf der Schüssel erinnert wieder an Est 1, 19 ff, allerdings nur den Midrasch zur Stelle, wonach das Haupt der Königin Vaschti auf einer Schale gebracht wird [13]. Zwar wird vom Täufer kein Wort mehr überliefert, doch ist sein Martertod das Zeugnis auf sein Wort, das er ausgerichtet hat. In diesem Wort stimmte er mit Jesus überein (3, 2).

12 Die Jünger des Johannes erweisen ihrem Meister die letzte Ehre. Wo sie ihn bestatteten, wird nicht gesagt [14]. Kannte die christliche Gemeinde noch sein Grab? Die Gewährung eines ehrenvollen Begräbnisses ist für allgemein menschliches Empfinden, insbesondere aber für atl-jüdische Pietät unverzichtbar. Mt fügt die Bemerkung an, daß die Jünger alles – Martyrium und Bestattung – Jesus meldeten. So wird die Johannes-Jüngerschaft an Jesus gebunden. Es wiederholt sich 11, 2. Diesmal kommen die Jünger von selbst. Man hat die Notiz als Anlaß für eine Flucht Jesu vor Antipas und den Abbruch seiner galiläischen Tätigkeit (V 13) genommen [15]. Doch die Abwendung von Galiläa erfolgt endgültig erst in 19, 1. Das Fluchtmotiv ist auch schon in 4, 12; 12, 15 anzutreffen gewesen. Die Notiz baut aber eine Brücke zwischem dem Tod des Täufers und dem Tod Jesu. In seinem Sterben erwies sich Johannes im echten Sinn als der Vorläufer des nach ihm Kommenden (vgl. 17, 12).

III
a) Mt, der der mk Erzählung einige erzählerische Ausschmückungen nimmt, schafft einen relativ nüchternen Martyriumsbericht. Der Täufer erlitt das gewaltsame Los eines Propheten. Seinen besonderen Sinn aber erhält sein dunkles Geschick vom Geschick Jesu her, das er als Vorläufer vorwegnahm. Er sah sich derselben ablehnenden Front gegenüber wie

---

[12] Vgl. BAUER, Wörterbuch s.v.
[13] BILLERBECK I 683.
[14] Nach einer bis in das 4. Jh. zurückreichenden Tradition wird das Grab des Täufers in Sebaste verehrt. Hierzu kritisch KOPP, Stätten 177–183. Es ist interessant, daß sich sonst kein kultisch verehrtes Täufergrab nachweisen läßt. – W 0106 0136 lat sy^h lesen in V 12 σῶμα.
[15] Vgl. TRILLING: BZ 3 (1959) 273 f.

Jesus. Es ist an die Vorgeschichte zu erinnern, die vom Wüten des Herodes gegen das Kind berichtete. Im Geschick Jesu aber ist der Tod des Johannes geborgen, gehört er doch mit seinem Wirken in die Epoche der Basileia (11,12).

b) Über den Tod des Täufers berichtet auch Josephus, ant. 18,116–119. Nach seiner knappen Darstellung waren politische Motive, die Furcht vor einem Volksaufruhr, für Antipas maßgeblich, gegen den Täufer vorzugehen. Die Hinrichtung erfolgte in der Festung Machärus am Toten Meer. Die syn Darstellung mit Geburtstagsfest und Tanz läßt sich am besten in der königlichen Residenz in Tiberias unterbringen. Der vermittelnde Vorschlag Kopps, der an das Herodes-Schloß Livias (10 km nordöstlich von der Jordanmündung in das Tote Meer) denkt, kann kaum überzeugen[16]. Für Ort und Motivation verdient Josephus den Vorzug. Das Todesjahr des Täufers, das man nur ungefähr angeben kann, wird neuerdings diskutiert. Während es nach der herkömmlichen Meinung das Ende der 20er Jahre gewesen ist[17], plädiert Schenk[18] für das Jahr 35 (zwischen Ende 34 und 36). Eine wichtige Überlegung ist die Niederlage des Antipas gegen Aretas IV. von Nabatäa, die Josephus mit der Hinrichtung des Täufers in Verbindung bringt und auf die hin Antipas nach Lugdunum verbannt wurde (im Jahr 39). Es ergäbe sich eine langjährige Wirksamkeit des Täufers, 4–5 Jahre über das Wirken Jesu hinaus. Ist das mit seiner gespannten Naherwartung vereinbar?

c) Die facettenreiche Geschichte bietet für ihre Vermittlung zahlreiche Anknüpfungspunkte. Der Vorläufer erhält von Jesus seine Beglaubigung, alle Wegbereitung steht nicht in sich selbst, ist nicht „Leistung", sondern ist von ihm her zu sehen und zu leisten. Das ist die Sicht des Evangeliums[19]. Herodes ist der Vertreter einer skrupellosen Machtpolitik, wie es Luther in einer Anmerkung „Wie man zu Hofe über Christus denkt" trefflich beschreibt[20]. Die Geschichte übte eine starke Wirkung auf die Kunst, die Malerei und Dichtung, aus. Vielfach tritt Salome, als freventliche Verführerin, in den Vordergrund. Das Geschehen wird phantasiereich entfaltet. In R. Straussens Oper befiehlt Herodes am Ende, von Grausen und Ekel gepackt: „Man töte dieses Weib!"

LITERATUR: H. WINDISCH, Kleine Beiträge zur evangelischen Überlieferung. 1. Das Gastmahl des Antipas: ZNW 18 (1917/18) 73–81; W. TRILLING, Die Täufertradition bei Matthäus: BZ 3 (1959) 270–289, hier 272ff; J. D. M. DERRETT, Herod's Oath and the Baptist's Head: BZ 9 (1965) 49–59; W. SCHENK, Gefangenschaft und Tod des Täufers: NTS 29 (1983) 453–483.

---

[16] Stätten 175.
[17] Vgl. H. PREISKER, Ntl Zeitgeschichte (STö. H 2) (Berlin 1937) 223, nennt das Jahr 29.
[18] NTS 29 (1983) 459ff. Änlich vor ihm K. T. KEIM, Der geschichtliche Christus (Zürich ³1866) 224ff.
[19] Vgl. KIERKEGAARD, Tagebücher 411f. – Der Täufer starb – historisch betrachtet – im Dunkel. Jedoch hat sein grausamer Tod, wie Josephus, ant. 18,116ff, bezeugt, sein Ansehen beim Volk gefördert. Dieses sah die kriegerische Niederlage des Antipas gegen Aretas als göttliche Bestrafung für die Hinrichtung des Täufers an. [20] II 491ff.

65. Das Mahl der Fünftausend (14, 13–21)

13 Als aber Jesus das hörte, zog er sich von dort im Boot an einen einsamen Ort allein zurück. Und die Volksscharen hörten davon und folgten ihm zu Fuß von den Städten nach. 14 Und als er hinaustrat, sah er die große Menge. Und er erbarmte sich über sie, und er heilte ihre Kranken. 15 Als es Abend wurde, traten seine Jünger an ihn heran und sagten: Der Ort ist einsam und die Stunde schon vorgerückt. Entlaß die Volksscharen, damit sie in den Dörfern sich Speise kaufen. 16 Jesus aber sprach zu ihnen: Es ist nicht nötig, daß sie fortgehen. Gebt ihr ihnen zu essen. 17 Sie aber sagen ihm: Wir haben hier nur fünf Brote und zwei Fische. 18 Er aber sprach: Bringt mir sie her. 19 Und er befahl, daß die Volksscharen sich auf dem Gras lagern sollten. Er nahm die fünf Brote und die zwei Fische, blickte zum Himmel auf, sprach das Segensgebet, brach und gab die Brote den Jüngern, die Jünger aber (gaben sie) den Volksscharen. 20 Und alle aßen und wurden satt. Und sie hoben die übriggebliebenen Brocken auf, zwölf Körbe voll. 21 Es waren etwa fünftausend Männer, die gegessen hatten, ohne die Frauen und Kinder[1].

I

In Übereinstimmung mit Mk 6,30–44 bietet Mt im Anschluß an das Martyrium des Täufers die Perikope vom Mahl der Fünftausend. Der Vergleich mit der mk Vorlage läßt folgende erwähnenswerte mt Überarbeitung erkennen: Das Motiv, den Jüngern etwas Ruhe zu gönnen, ist weggelassen. Nach deren Rückkehr von der Aussendung erscheint es nur bei Mk sinnvoll (vgl. Mk 6,30f). Die Beschreibung des Zulaufs des Volks ist erheblich gestrafft. Das Erbarmen Jesu ist eine Feststellung (V 14), in Mk 6,34 spricht Jesus es aus. Das Hirtenmotiv fehlt. Mt brachte es vor der Aussendung der zwölf Apostel (9,36). An der Stelle der Belehrung der Volksscharen (Mk 6,34) erzählt Mt von der Heilung ihrer Kranken (V 14)[2]. Als zeitliche Fixierung nennt er die Abendstunde (V 15; Mk 6,35: ἤδη ὥρας πολλῆς). Ändert der Wechsel von τί φάγωσιν (Mk 6,36) in βρώματα (V 15) sachlich nichts, so kündigt sich im Zusatz „Es ist nicht nötig, daß sie fortgehen" (V 16) eine andere Beurteilung der Jünger an. Die verständnislose Jüngerfrage Mk 6,37b ist gestrichen, ebenso die Frage Jesu 6,38a. Die Jünger melden von sich aus den Bestand des Proviants (V 18). An der Lagerung des Volkes in Gruppen zu 100 und 50 zeigt sich E nicht interessiert (Mk 6,40). Die Darreichung des Brotes hat Mt geändert: καὶ κλάσας ἔδωκεν (V 19; Mk 6,41: καὶ κατέκλασεν ... καὶ ἐδίδου).

---

[1] Manche Textvarianten sind Paralleleinfluß, so in V 14 ἐπ' αὐτούς (Φ 33 1424), vgl. Mk 6,34; in V 15 zusätzliches αὐτοῦ (CDLWΦ f¹·¹³), vgl. Mk 6,35; κύκλῳ (C* Θ 33), vgl. Mk 6,36; in V 19 καὶ λαβών (Sinaiticus C* W 1010), vgl. Mk 6,41.
[2] Dies bedeutet eine auffällige Übereinstimmung mit par Lk 9,11. Die Formulierungen weichen aber erheblich voneinander ab.

Bedeutet dies eine Angleichung an die Abendmahlsüberlieferung? An Mt 26,26 ist offenkundig nicht angeglichen. Dort heißt es: ἔκλασεν καὶ δούς. Patsch erwägt die Abhängigkeit von einer eucharistischen Traditionsvariante, wie sie in Lk 24,30 (Emmaus-Perikope) vorläge. Aber auch hier gibt es keine präzise Übereinstimmung[3]. Weil diese Überlegungen auch für die Speisung der Viertausend angestellt werden, ist dort darauf zurückzukommen (vgl. unten zu 15,32ff Punkt I).

Mt hat die Jünger gegenüber Mk 6,41 etwas stärker in den Geschehensablauf einbezogen. Obwohl prädikatlos, ist in V 19 „sie gaben" zu ergänzen, nach Mk setzen sie die Brote den Leuten vor. Mt erwähnt das Fischmahl nicht mehr eigens (vgl. Mk 6,41 c), auch nicht beim Einsammeln der Brokken (Mk 6,43 c). Er hatte die Fische aber in der Auskunft der Jünger und beim Tischgebet nicht unerwähnt gelassen (17 und 19), so daß vor weiterreichenden Folgerungen Vorsicht geboten erscheint. Dafür bemerkt er am Schluß, daß auch Frauen und Kinder am Mahl beteiligt waren.

Will man die Arbeitsweise des Mt zusammenfassend charakterisieren, so war er auf größere Konzentration bedacht. Die Konzentration richtet sich auf die Jünger, so daß die Epiphanie des Wunders sich insbesondere vor diesen ereignet. Weiter ist das Bemühen kennzeichnend, die Geschichte mit dem Mahl der Viertausend zu parallelisieren. Das gilt vor allem für den zweiten Teil (vgl. 14,19–21 mit 15,36–38). Bei der Erörterung von Mt 15,36ff ist darauf nochmals einzugehen. Gattungsmäßig haben wir es mit einem Geschenkwunder zu tun[4]. Dieses ist durch die Initiative des Wundertäters und die Unanschaulichkeit des Wundergeschehens gekennzeichnet, das durch die am Ende erfolgende demonstrative Einsammlung der Brocken gleichsam eingeholt wird.

Für die Entstehung der Geschichte ist sicher mit einem Einfluß der Speisung der Hundert durch den Propheten Elischa 2 Kg 4,42–44 zu rechnen. Auffällige Gemeinsamkeiten sind der Befehl des Propheten an seinen Diener Gehasi, von den 20 Gerstenbroten den Männern zu essen zu geben, und die übrigbleibenden Reste. Die mt Version erscheint einerseits durch die Weitergabe der Brote seitens der Jünger an das Volk der Propheten-Geschichte verwandter, anderseits hat Mt sie durch das Auslassen der kritischen Jüngerfrage Mk 6,37 (vgl. 2 Kg 4,43) wieder stärker von dieser entfernt. Ob E sich der atl Analogie bewußt war, ist schwer zu entscheiden.

II

13f Die Anknüpfung ist locker[5]. Was Jesus zu hören bekam, ist das grausame Geschick des Täufers, seines Vorläufers. Die Exposition erzählt von einem Rückzug Jesu in eine einsame Gegend (vgl. 4,12). Die Jünger blei-

---

[3] Lk 24,30 lautet: καὶ κλάσας ἐπεδίδου. Vgl. PATSCH: ZNW 62 (1971) 214. Mt 14,19 hat gegenüber Mk eine Parataxe durch das Partizip verbessert, wie es seinem Stil entspricht (vgl. SCHMID Mt und Lk 39) und das Kompositum zu einem Simplex umgeformt (κλάσας).
[4] Vgl. THEISSEN, Wundergeschichten 111–113.
[5] ἐκεῖθεν müßte man auf 13,54ff, also auf Nazaret, beziehen. Wegen der Seeüberfahrt aber ist das nicht möglich.

ben noch unerwähnt. Das Boot setzt die Anwesenheit am See voraus. Traditionsgemäß denkt man bei der einsamen Gegend an das Ostufer des Sees. Wegen der in der Nähe befindlichen Dörfer (V 15) kommt aber auch das Nordufer in Betracht. Der nachströmende Volkshaufe läßt Jesus aus der Einsamkeit heraustreten und weckt sein Erbarmen. Im AT ist dies eine Eigenschaft Gottes. Sie brachten ihre Kranken mit [6]. Er erweist sein Erbarmen in der Heilung der Kranken (von Mt immer wieder betont: 4,23f; 8,16; 9,35; 12,15; 15,30; 19,2; 21,14) und ist Helfer in menschlichem Leid.

15–18 Auf die vage Orts- (V 13) folgt eine Zeitangabe. Es ist Abendstunde. Man hat in der Formulierung eine Anspielung auf das eucharistische Herrenmahl erblickt [7]. In der Tat besteht eine Übereinstimmung mit 26,20. Jedoch ist der Abend die Stunde der Hauptmahlzeit, so daß das Allgemeine, nicht das Besondere die Koinzidenz ergibt. Es entspinnt sich ein Gespräch zwischen Jesus und den Jüngern, die jetzt erst in Erscheinung treten. Dieses Gespräch nimmt einen breiten Raum in der Perikope ein, was seine Bedeutsamkeit unterstreicht. Der Vorschlag der Jünger, das Volk zu entlassen, entspricht der Abendstunde [8]. Eine Notsituation ist nicht gegeben. Jesus weist das Ansinnen der Jünger zurück und deutet damit an, was er zu tun vorhat. Die Aufforderung, die Jünger sollten den Leuten zu essen geben, ist eine Herausforderung ihres Glaubens. Ihr Hinweis auf den wenigen Proviant – fünf Brote, zwei Fische – meldet Zweifel an [9]. Im Unterschied zu Mk 6,37 erscheinen sie nicht als die Unverständigen, sondern eher zaghaft, mutlos. Obwohl das Wort nicht fällt, ist diese Jüngerhaltung im Sinn des Mt treffend mit Kleinglaube zu kennzeichnen. Zwar mangelt ihnen der Glaube nicht, aber in ihrem Sorgen setzen sie zu wenig auf Jesus. Brot und Fisch sind die Mahlzeit des Fischers am See. Der Fisch bildet hier, geröstet oder gesalzen, die kärgliche Zutat zum Brot, das den Hauptbestandteil des jüdischen Mahles ausmachte. Jesus läßt sich die wenigen Brote und Fische bringen.

19–21 Für das Mahl der Volksscharen, die auf Befehl Jesu sich im Gras lagern [10] – der Ort ist einsam, aber nicht wüst! –, ist zunächst die Rolle der Jünger zu beachten. Sie empfangen die Brote zum Weitergeben. Vor ihren Augen geschieht das Wunderbare. Durch Jesus werden sie befähigt, den

---

[6] D bietet in V 14 ἀρρωστοῦντας. Diese verbale Verwendung des Wortstammes ist im NT nicht belegt. Außer-ntl Belege bei Bauer, Wörterbuch 217.
[7] van Iersel: NT 7 (1964/65) 172.
[8] Die Zugehörigkeit von οὖν in 15 (Sinaiticus CZ f¹ 892 1241 bo) ist ebenso schwer zu entscheiden wie die des Jesusnamens in V 16 (gelesen von Sinaiticus¹ BC LWΘ 067 0106 f^{1.13} lat sy^h mae). Letzteres zumindest dürfte zu bevorzugen sein.
[9] V 17 nur wird präsentisch eingeleitet: λέγουσιν. Das könnte anzeigen wollen, daß diese Jünger-Aussage wichtig ist.
[10] In V 19 gibt es verschiedene LAA, die Numerus und Kasus wechseln: τὸν ὄχλον; τὸν χόρτον; τοὺς χόρτους.

Auftrag, den Leuten zu essen zu geben (V 16b), zu erfüllen. Liegt eine Anspielung auf die Eucharistie vor? Man hat die Übereinstimmung des Tuns Jesu: Nehmen, Segensgebet Sprechen, Brechen, Geben des Brotes und die Auslassung des Fischmahles dafür ins Feld gezogen. Jedoch die Übereinstimmung ergibt sich aus den jüdischen Tischsitten. Das ritualisierte Segensgebet mit dem Brechen des Brotes eröffnete jede Mahlzeit. Bei der Eucharistie fehlt das Erheben des Blicks (vgl. Ps 123,1), die Mahlsubstanzen sind andere: Brot und Wein. Die Nichterwähnung des Fischmahles besagt nicht viel, weil die zwei Fische ausdrücklich in die Eulogie miteinbezogen werden. So ist es im Sinn des Mt verwehrt, das Mahl der 5000 als Abbild der Eucharistie zu sehen[11]. Jedoch gibt es einen indirekten Bezug. Das Mahl der 5000 ist im Kontext der Mähler zu sehen, die Jesus immer wieder mit Menschen gehalten hat. Auch die Eucharistie schließt hier an. Sie bietet aber eine neue Gabe. In den Mählern ist diese nicht vorbedeutet. Vielmehr vertritt die eucharistische Gabe Jesus nachösterlich, der zur Zeit seines irdischen Wirkens den Mählern vorstand. Auch das Einsammeln der Speisereste ist jüdischer Tischsitte gemäß. Nichts sollte verkommen. Die Erwähnung der Frauen und Kinder unterstreicht die Größe der Gabe, zeigt aber auch den familiären Charakter des Mahles an.

III

a) Der mt Sinn der Geschichte erschließt sich, wenn man sie als Christus-Geschichte versteht. Er beseitigt nicht eine Notsituation, sondern offenbart den Jüngern seine Vollmacht. Sie sollen lernen, ihre Verzagtheit und ὀλιγοπιστία zu überwinden, damit sie fähig werden, mit anderen zu teilen. Es war ihre geringe Gabe, die zum Segen des Volkes wurde.

b) Der historische Hintergrund der Geschichte[12] ist nur mehr schwer auszumachen. Man deutete sie als Antezipation des messianischen Mahles, die in eschatologischer Hochstimmung begangen worden sei; man deutete sie politisch als Aufruf zur Befreiung und Unabhängigkeit; man verstand sie rationalistisch, daß man, beeindruckt von der Güte Jesu, miteinander zu teilen bereit gewesen sei; man ließ sie in Rückerinnerung an die Gemeinschaft mit dem irdischen Jesus entstanden sein. Wahrscheinlich ist sie mehr als nur eine Verdichtung der Freudenmähler mit den Armen, die Jesu Wirken kennzeichnete. Vermutlich reflektiert sie ein besonderes Ereignis, das eine große Volksmenge miteinbezog.

c) Zwei Gedanken seien herausgestellt. Da ist zunächst die Fähigkeit des Menschen zur Bildung von Gemeinschaft über die Hingabe des Eigenen. Der Verlust von Gemeinschaft ist verknüpft mit dem Rückzug auf sich selbst. „Ich sehe eine unübersehbare Menge ähnlicher und gleicher Menschen, die sich rastlos um sich selber drehen, um sich kleine und ge-

---

[11] Mit ROLOFF, Kerygma 253. Anders HEISING, Botschaft 72-74; VAN JERSEL: NT 7 (1964/65) 192f: „Matthäus schildert hier die Jünger Christi als die liturgischen Amtsträger." Dies ist eine nicht gerechtfertigte Überinterpretation.
[12] Vgl. die ausführlichere Darlegung bei GNILKA, Markus I 262f.

wöhnliche Freuden zu verschaffen, die ihr Herz ausfüllen. Jeder von ihnen ist, ganz auf sich zurückgezogen, dem Schicksal der anderen gegenüber wie unbeteiligt."[13] Da ist zum zweiten das Brot, das sättigt. Jesus spendete das Brot: „Und alle aßen und wurden satt." Die Sorge der Gemeinde um das Evangelium muß Hand in Hand gehen mit der Sorge um die nötige Versorgung der Menschen. Letztere ist dem Evangelium gemäß. Es geht auch um die Fähigkeit, ein Fest zu feiern.

LITERATUR: A. RICHARDSON, The Feeding of the Five Thousand: Interpr 9 (1955) 144–149; H. CLAVIER, La multiplication des pains dans le ministère de Jésus: StEv I (TU 73) (Berlin 1959) 441–457; A. G. HEBERT, History in the Feeding of the Five Thousand: StEvII (TU 87) (Berlin 1964) 65–72; B. VAN JERSEL, Die wunderbare Speisung und das Abendmahl in der syn Tradition: NT 7 (1964/65) 167–194; A. HEISING, Die Botschaft der Brotvermehrung (SBS 15) (Stuttgart 1966); A. HEISING, Das Kergygma der wunderbaren Fischvermehrung: BiLe 10 (1969) 52–57; J. M. VAN CANGH, Le thème des poissons dans les récits évangeliques de la multiplication des pains: RB 78 (1971) 71–83; H. PATSCH, Abendmahlsterminologie außerhalb der Einsetzungsberichte: ZNW 62 (1971) 210–231; I. DE LA POTTERIE, Le sens primitif de la multiplication des pains: Jésus aux origines de la Christologie (BEThL 40) (Louvain 1974) 303–329; H. J. KÖRTNER, Das Fischmotiv im Speisungswunder: ZNW 75 (1984) 24–35.

66. Jesus rettet den sinkenden Petrus (14, 22–33)

22 Und sogleich nötigte er die Jünger, in das Boot einzusteigen, um ihm an das andere Ufer vorauszufahren, bis er die Volksscharen entlassen habe. 23 Und als er die Volksscharen entlassen hatte, ging er für sich auf einen Berg, um zu beten. Als es Abend wurde, war er dort allein. 24 Das Boot aber war schon viele Stadien vom Land entfernt und war in Not von den Wellen, denn es war Gegenwind. 25 In der vierten Nachtwache kam er zu ihnen, über das Meer wandelnd. 26 Die Jünger aber, die ihn über das Meer wandeln sahen, erschraken und sagten: Es ist ein Gespenst. Und vor Furcht schrien sie. 27 Sofort aber redete Jesus zu ihnen und sagte: Faßt Mut, ich bin es, fürchtet euch nicht. 28 Petrus aber antwortete ihm und sprach: Herr, wenn du es bist, befiehl, daß ich auf den Wassern zu dir komme. 29 Er aber sprach: Komm. Und Petrus stieg aus dem Boot herab und wandelte über den Wassern und kam zu Jesus. 30 Als er aber den Wind sah, fürchtete er sich. Als er unterzugehen begann, schrie er und sagte: Herr, rette mich. 31 Sogleich streckte Jesus die Hand aus, ergriff ihn und sagt ihm: Kleingläubiger, weshalb hast du gezweifelt? 32 Und als sie in das Boot hinaufstiegen, legte sich der Wind. 33 Die im Boot aber fielen vor ihm nieder und sagten: Wahrhaftig bist du Gottes Sohn[1].

---

[13] A. DE TOCQUEVILLE, Die Demokratie in Amerika (Nachdruck 1956) 206.
[1] Auf mk Paralleleinfluß sind folgende LAA zurückzuführen: Hinzufügung von αὐτοῦ in V 22 (Mk 6,45), die Auslassung von αὐτόν in V 22 (Mk 6,45) und von ἤδη in V 24 (Mk

I

Die Perikope hat zwei Schwerpunkte: den Wandel Jesu auf dem Wasser und die Rettung des sinkenden Petrus. Weil letztere mt Sonderüberlieferung ist, kommt dieser Episode die größere Bedeutung zu. Die Geschichte vom Seewandel Jesu, die E aus Mk 6,45–52 schöpft, hat bei ihm folgende Veränderungen erfahren: In V 22 tilgt Mt die Zielangabe Betsaida (Mk 6,45), vermutlich wegen des Weherufes gegen diese Stadt in 11,21 [2]. Im Zusammenhang mit dem Gebet Jesu auf dem Berg betont er die Einsamkeit: κατ' ἰδίαν (V 23). Das Boot (V 24), nicht die Ruderer (Mk 6,48), sind von den Wellen bedroht. In V 26 sind die Jünger eingefügt, gleichzeitig das Furchtmotiv. Hingegen wird die Absicht Jesu, an ihnen vorüberzugehen (Mk 6,48), nicht mehr erwähnt. Am stärksten ist die Umgestaltung des Schlusses. Während Mk 6,51b.52 die Bestürzung, das Unverständnis, die Herzensverstocktheit der Jünger herausstellt, zeichnet Mt V 33 eine Bekenntnisszene. Die Jünger werfen sich vor Jesus nieder und bekennen ihn als den wahren Gottessohn. Während die übrigen Eingriffe als MtR einsichtig sind, kann die Beurteilung der Schlußszene von der Beurteilung der Episode vom sinkenden Petrus nicht getrennt werden.

Freilich hat sich der gestaltende Wille des E gerade in der Verbindung beider Geschichten (Seewandel Jesu, Petrus-Episode) ausgewirkt. Die Parallelisierungstendenz ist kaum zu übersehen. Dazu gehören der Seewandel des Petrus (29), das Sturm- und das Furchtmotiv und der Schrei des Jüngers (30, vgl. mit 26 c). Darüber hinaus hat E unsere Perikope an die Erzählung von der Stillung des Seesturms angeglichen (8,23–27) [3]. Dies ist für die Interpretation nicht unerheblich. Übereinstimmende Züge sind das Aufkommen und die Beruhigung des Windes, der Hilferuf κύριε σῶσον (8,25; 14,30). Bemerkenswert ist auch, daß in beiden Fällen das Boot von den Wellen bedrängt wird, nicht unmittelbar die Jünger (8,24; 14,24). Das läßt eine symbolische Bedeutung des Bootes vermuten.

Die Frage nach der Herkunft der Petrus-Episode bedarf einer eigenen Erörterung. Die Interpreten sind sich nahezu einig in der Auffassung, daß Sprache und Stil mt Charakter tragen [4]. Zu den Matthäismen in den VV 28–32 gehören die an Jesus gerichtete Kyrie-Anrede des Jüngers, der Kleinglaube. Die Verben καταποντίζειν und διστάζειν verwendet im NT nur Mt [5], κελεύω kann als mt Vorzugswort gelten [6]. Auch der Plural τὰ ὕδατα könnte auf E verweisen (vgl. 8,32). Hat Mt die Episode geschaffen oder eine mündliche Vorgabe schriftlich gefaßt? Die Episode schließt vor-

---

6,47), evtl. auch μέσον τῆς θαλάσσης ἦν in V 24 (Mk 6,47), die Formulierung ἐπὶ τῆς θαλάσσης in V 25 (Mk 6,48).

[2] Mit KLOSTERMANN 129. Die Stadt wird bei Mt nur in 11,21 erwähnt. Eine bessere geographische Kenntnis kann für die Streichung kaum verantwortlich sein.

[3] Vgl. HELD, Wundergeschichten 195.

[4] Vgl. HELD, Wundergeschichten 194; BRAUMANN: ThZ 22 (1966) 405f.

[5] Vgl. 18,6; 28,17.

[6] Das Verb, das Mk nicht verwendet, wird von Mt 4mal in den Mk-Text eingefügt: 8,18; 14,9.19; 27,58, 2mal steht es in MtS (18,25; 27,64).

trefflich an den Seewandel Jesu an, da sie die hohe See als örtlichen Rahmen voraussetzt. Aus der Perikope herausgebrochen, fehlte ihr ein Anschluß nach vorn. Joh 21,7 (aus einer Ostergeschichte) besitzt als Wiedererkennungsszene Ähnlichkeit mit der Episode. Auch hier ist es Petrus, der sich in das Wasser stürzt. Eine Stütze für die Annahme einer vorgegebenen Überlieferung bietet folgende Beobachtung: Während das „Ich bin" in V 27 als Offenbarungsformel zu gelten hat, wird es in der entsprechenden Antwort des Petrus: „Wenn du es bist" in V 28 zu einer Identifikationsformel umgeformt. Das paßt zu Joh 21,4ff, wo die Jünger den auferweckten Herrn zunächst auch nicht erkennen. Trifft die Vermutung zu, dann ist es nicht auszuschließen, daß das Bekenntnis zum Gottessohn in V 33 Bestandteil der Ostertradition war[7]. Dieses Bekenntnis fiel schon immer auf, weil es bei den Synoptikern das einzige christologische Bekenntnis neben der Confessio des Petrus (16,16 parr) und des Hauptmanns unter dem Kreuz ist (27,54 parr), weil es keine syn Parallele hat. Auch erscheint es im Mt-Evangelium zu früh, da es zum Petrusbekenntnis 16,16 in einer gewissen Konkurrenz steht. Die Hypothese also lautet, daß Mt in der Petrus-Episode eine mündliche Ostertradition aufgreift, die in Joh 21 ebenfalls eine Spur hinterließ. Es ist ernsthaft damit zu rechnen, daß sich Traditionen so unterschiedlich entwickeln konnten.

Der Seewandel Jesu trägt die Züge einer Epiphaniegeschichte. Daß diese eine zurückdatierte Ostergeschichte sei, ist abzulehnen[8]. Die Episode vom sinkenden Petrus, deren Beheimatung in einer Ostergeschichte wir vermuteten, erscheint aufgrund ihres Herkommens und ihrer Kombination mit dem Seewandel einer Epiphanie-Erzählung nahe. In ihrer mt Gestalt gewinnt sie aber den Charakter eines Rettungswunders. Der Hilferuf um Rettung und die gewährte Hilfe weisen in diese Richtung. 14,22–33 ist somit ein Mischtext.

II

22f Die Exposition bereitet die Offenbarungsgeschichte vor. Die Volksscharen, die „wie aus dem Gottesdienst"[9] entlassen werden, müssen zurücktreten. Die Jünger, die im Boot an das andere Ufer vorausfahren, ermöglichen so die anschließende Szene. Der Berg ist der bevorzugte Ort des Gebetes, der Ort der Gottesbegegnung. Gott offenbart sich vom Gebirge her (vgl. Dt 33,2; Hab 3,3). Die Einsamkeit Jesu unterstreicht seine Nähe zu Gott. Die Abendstunde steht chronologisch in Spannung zu V 15. Das Dunkel der Nacht aber ist die erforderliche Kulisse für das Epiphaniegeschehen. Darum muß die Zeitangabe wiederholt werden.

24f Das Boot hat sich einige hundert Meter vom Land entfernt. Das Längenmaß des Stadion veranschaulicht die Entfernung dem griechi-

---

[7] Auch hier ist mit einer mt Fassung des Bekenntnisses zu rechnen. So ist προσκυνέω mt Vorzugswort.
[8] Vgl. GNILKA, Markus I 267.
[9] LOHMEYER 238.

schen Leser[10]. Das vom Gegenwind aufgewühlte Wasser bedrängt mit seinen Wellen das Boot. Im Rückblick auf 8,23ff (s. dort) legt sich eine symbolische Interpretation nahe. Das Boot symbolisiert die Kirche, Sturm und Meer sind die Chaosmächte, die gegen sie ankämpfen. Die vierte Nachtwache ist wiederum eine dem nichtjüdischen Leser dienende Zeitangabe. Teilte der Jude die Nacht in drei Wachen ein, so der Römer in vier, so daß sich für die vierte Wache die Zeit zwischen 3 bis 6 Uhr morgens ergibt. Nach biblischem Verständnis ist die Zeit vor dem Morgen die Stunde der Hilfe Gottes: „Zur Abendzeit, siehe da Schrecken, bevor noch der Morgen graut, sind sie nicht mehr" (Is 17,14; vgl. Ps 46,6). Auch der Wandel Jesu über das Wasser ist auf dem Hintergrund atl Analogien zu sehen. Elija und Elischa, die mit ihrem Mantel auf den Jordan schlagen und den Fluß durchschreiten, kommen als Vorbild weniger in Frage (2 Kg 2,7f. 14f) als vielmehr Gott selber, von dem es in Rückerinnerung an den Zug durch das Rote Meer heißt: „Durchs Meer ging dein Weg, durch gewaltige Wasser dein Pfad. Doch deine Spur kannte niemand" (Ps 77,20). Besonders nah kommt Job 9,8: „Er schreitet einher auf des Meeres Höhen"; der LXX-Text fügt hinzu: „wie über festes Land". Es bleibt zu beachten, daß im Bild göttliche Eigenschaften auf Jesus übertragen werden. Jesus offenbart sich als der über die Chaosmächte einherschreitende Sohn Gottes.

26f Die Reaktion der Jünger entspricht der Epiphanie. Sie schreien auf, von Schrecken und Furcht gepackt. Was sie sehen, erscheint ihnen als Phantasma. Dies könnte als Ausdruck ihres Unglaubens gedeutet werden und auf eine Ostergeschichte verweisen (vgl. Lk 24,37). Doch das Offenbarungswort „Ich bin es", das in Ostergeschichten nicht anzutreffen ist, weist in eine andere Richtung. Es ist die göttliche Offenbarungsformel *ani hu* (LXX: ἐγώ εἰμι), mit der Gott sein Sein und Wesen offenbart (vgl. Dt 32,39; Is 41,4; 43,10.13.25; 46,4; 48,12; 51,12; 52,6). θαρσεῖτε, „faßt Mut", vermag seine Kraft von verwandten LXX-Stellen her zu verdeutlichen. Mose spricht so zum Volk angesichts des heranrückenden Heeres des Pharao (Ex 14,13) oder bei der Gottes-Offenbarung am Sinai, die unter furchterregenden Zeichen, Blitz, Donner, Posaunenschall, erfolgt (Ex 20,20)[11].

28f Zum erstenmal im Evangelium tritt Petrus aus der Gruppe der Jünger hervor (bisher erwähnt in 4,18; 8,14; 10,2). Seine Rede, als Antwort gekennzeichnet, antwortet auf die Offenbarungsformel. „Wenn du es bist" läßt diese allerdings mehr als eine Identifikationsformel erscheinen (vgl. oben Punkt I). Im Zweifel über die Identität Jesu will er sich Gewißheit

---

[10] Ein Stadion, ein Zweiminutenweg, umfaßte je nach Größe des Sportstadions eine Länge von 185–193 m.
[11] In V 27 ist der zusätzliche Jesusname mit Sinaiticus¹ B CLWΘ 0106 f^{1.13} besser im Text zu belassen.

verschaffen. Auf das Wort, den Befehl Jesu hin wagt er den Schritt auf das bewegte Wasser, in die Bedrohung und Finsternis. Daß ihn die Bedrohung nicht ereilt, ist – wie das Folgende zeigt – seinem Glauben verdankt, allerdings dem Glauben, den er auf Jesus setzt. So nähert er sich ihm[12].

30–32 Frappierend ist die Formulierung, daß Petrus den Sturm gesehen habe[13]. Sichtbar wird dieser in den hohen Wellen. Wenn Petrus sich fürchtet und schreit, reagiert er wie die Jünger in V 26. Doch ist die Motivation eine andere. Gehörte die Furcht dort zum Inventar der Epiphanie, so ist sie jetzt Ausdruck der Schwäche des Jüngers, seines versagenden Glaubens. Er fürchtet sich, weil er untergeht, besser: Indem er sich fürchtet, beginnt er, in den Fluten zu versinken. Der Schrei verbindet sich mit einem Hilferuf. An den Kyrios gerichtet, ist er ein Gebetsschrei. Die ausgestreckte Hand des Herrn gewährt Rettung (vgl. Ex 7,19). Doch bekommt der Jünger den Vorwurf des Kleinglaubens und Zweifelns zu hören. Was im Sinn des Mt Kleinglaube meint, vermag der sinkende Petrus exemplarisch darzustellen: in einer Situation, in der die eigene Existenz bedroht ist, das auf Jesus gesetzte Vertrauen nicht durchstehen. Mit dem Einstieg beider ins Boot[14] legt sich – auf wunderbare Weise – der Sturm. Die Epiphanie, zu der er gehörte, ist ebenso beendet wie die Bedrohung des Petrus und der Jünger, in der jener sich hätte bewähren sollen. Der Hand des Herrn ist die Rettung verdankt.

Religionsgeschichtlich betrachtet, bietet die buddhistische Überlieferung eine bemerkenswerte Parallele zur Petrus-Episode. Nach einer Jataka-Erzählung (190) schickt sich ein Jünger Buddhas an, da er das Fährboot nicht finden kann, den Fluß Aciravati im gläubigen Vertrauen auf seinen Meister zu überschreiten. Da erwacht er aus seiner Versenkung, sieht mit Schrecken die Wellen und beginnt unterzugehen. Rettung wird ihm zuteil, indem es ihm gelingt, sich erneut in die Versenkung hineinzuzwingen. Manche ältere Autoren sahen die mt Perikope von der buddhistischen Geschichte abhängig[15]. Das aber ist auszuschließen. Religionsphänomenologisch sind verwandte Formen verständlich. In den Religionen macht man ähnliche Erfahrungen[16]. Doch ist der typisch buddhistische Akzent, der in der Versenkung besteht, nicht zu übersehen.

Durch die Einblendung der Petrus-Episode verdichtet sich die Geschichte vom Seewandel auf diesen Jünger hin. Insgesamt ist sie kaum als Befreiung zur Nachfolge zu verstehen[17]. Das unterscheidet sie von 8,23ff.

---

[12] Kodex Sinaiticus* formuliert in V 29c einen eigenen Satz: ἦλθεν οὖν πρὸς τὸν Ἰησοῦν.
[13] Sekundär wurde der Eindruck verstärkt, indem einzelne Hss ἰσχυρόν (B¹ CDLΘ 0119 f¹·¹³ latt sy) bzw. ἰσχυρὸν σφόδρα (W) hinzufügen.
[14] sy^c it 1241 mae bo lesen: καὶ ἐμβάντι αὐτῷ. Hierzu vgl. 8,23.
[15] Zur Auseinandersetzung und zur Geschichte vgl. CLEMEN, Erklärung 238f.
[16] Auch das Ausstrecken der (rechten) Hand (V 31) als Geste der rettenden Hilfe ist ein verbreiteter Topos. Hier erscheint ein bei Vergil, Aen. 6,370, berichtetes Gebet zu Apollo verwandt: „Gib mir Armen die Hand und nimm mich mit durch die Fluten."
[17] So HELD, Wundergeschichten 195.

Sie beschreibt den Kleinglauben des ersten Jüngers. Anknüpfend an ihre Boot-Symbolik vermag sie den vom Kyrios der Jüngerschaft und damit der Kirche gewährten Schutz vor den Chaosmächten zu veranschaulichen. In gewisser Weise ist sie eine Parallele zum Verheißungswort 16,18 b, daß die Pforten des Hades die Kirche nicht überwältigen werden. Sie vermag dann auch zu verdeutlichen, daß der Kyrios der bleibende Garant der Verheißung ist.

33 Das mit einer Proskynese verbundene Bekenntnis der Jüngerschaft zu Jesus als dem Sohn Gottes beschließt die Geschichte[18]. Auch das verbindet sie mit 16,16ff. In das Bekenntnis der Jünger im Boot ist Petrus natürlich miteinzuschließen. Wenn Mt das Bekenntnis der Jüngerschaft dem des Petrus in 16,16 vorordnet, hat er das wahrscheinlich bewußt getan. Allerdings spricht Petrus sein Bekenntnis nicht im Namen der Jüngerschaft. Und noch etwas ist zu vermerken. Petrus verdankt seine Einsicht in Jesu Messianität und Gottessohnschaft einer Offenbarung des himmlischen Vaters (16,17). Die Jünger im Boot reagieren mit ihrem Bekenntnis auf eine Epiphanie, die ihnen in der Begegnung mit dem, der das ἐγώ εἰμι sprach, zuteil geworden ist.

III
a) Mt hat die Geschichte vom Seewandel Jesu in doppelter Hinsicht umgestaltet. Zum einen verband er sie mit der Petrus-Episode. Zum anderen gab er ihr einen ekklesialen Anstrich. Man darf beides in einem Zusammenhang sehen. Diese Prägung dürfte typisch sein für die Sonderüberlieferungen unseres Evangeliums, die mit Petrus zu tun haben. Nie geht es nur im Simon, stets ist die Kirche miteinbezogen oder sind Probleme tangiert, die die Gemeinde wesentlich betreffen (16,16ff; 17,24ff; 18,21ff). Darauf wird zu achten sein. Einerseits tritt Petrus aus der Gruppe der Jünger heraus näher zu Christus hin, anderseits verbleibt er in ihrer Gemeinschaft. Mt unterstreicht letzteres. Bei seinem Herausragen aus den übrigen wird – wie auch unsere Perikope zeigt – seine Schwäche nicht verschwiegen. Historisch muß dieser Jünger für die syrische Kirche von besonderer Bedeutung gewesen sein (Wirkgebiet?).

b) Hier ist nochmals auf die Spuren einer Ostererscheinungsgeschichte in 14,28ff zurückzukommen. „Wenn du es bist" drückt einen Zweifel aus, der nahezu alle Erscheinungsgeschichten einleitet (Mt 28,17; Lk 24,16.37; Joh 20,15; 21,4), der Bezug auf Petrus verbindet mit Joh 21,7[19]. Wenn die angezeigte Parallelität gesehen werden darf, demonstrierte dieses Beispiel, wie unterschiedlich Ostertraditionen weiter ausgebildet werden konnten. Vermutlich haben wir am Beginn der verästelten Tradition von Joh 21,1–14 den Ersterscheinungsbericht vor uns. Trifft das zu, so verdient –

---

[18] Einzelne Hss fügen ἐλθόντες, προσελθόντες bzw. ὄντες ein.
[19] H. U. von BALTHASAR, Herrlichkeit III/2 (Einsiedeln 1969) 311 Anm. 26, wertet Mt 14,28ff als Korrektur von Joh 21,7.

ganz abgesehen von der Rückkehr des Petrus und anderer Jünger nach Galiläa – der Topos Galiläa, näherhin der See, als Erscheinungsort festgehalten zu werden.

c) Das zentrale anwendbare Thema der Perikope ist der Glaube. Die Situation des Petrus verdeutlicht, daß Glaube an Jesus nicht ausschließlich etwas Vernünftiges, rational Einsichtiges ist. Glaube ist Wagnis. Wer ihn wagt, wird von dem getragen, an den er glaubt. Glaube ist Gehorsam (V 28: κελευσόν). Wer den Gehorsam des Glaubens übt, erhält Anteil am Sein, an der Vollmacht Christi [20]. Der ekklesiale Aspekt der Erzählung sollte beachtet werden. Die Zusage von 16,18b, zu der die Perikope in einer gewissen Parallelität steht, darf nicht naiv oder romantisch mißverstanden werden. Die Bedrohung durch die Chaosmächte kann so groß werden, daß sie Schrecken auslöst. Aber keine noch so große Angst kann die Befreiung zum Schreien nach Gott beeinträchtigen [21].

LITERATUR: J. Kreyenbühl, Der älteste Auferstehungsbericht und seine Varianten: ZNW 9 (1908) 257–296; H. Zimmermann, Das absolute ἐγώ εἰμι als die ntl Offenbarungsformel: BZ 4 (1960) 54–69. 266–276; G. Braumann, Der sinkende Petrus: ThZ 22 (1966) 403–414; A.-M. Denis, La marche de Jésus sur les eaux: De Jésus aux Évangiles (Festschrift J. Coppens) (BEThL 25) (Louvain 1968) 205–241. 433–481; R. Kratz, Der Seewandel des Petrus: BiLe 15 (1974) 86–101.

67. Krankenheilungen in Gennesaret (14,34–36)

34 Und als sie hinübergefahren waren, kamen sie an Land, nach Gennesaret. 35 Und da die Männer jener Gegend ihn erkannten, schickten sie aus in jene ganze Umgebung, und sie brachten ihm alle Kranken. 36 Und sie baten ihn, daß sie nur die Quaste seines Gewandes berühren dürften. Und die ihn berührten, wurden geheilt.

I

In Übereinstimmung mit Mk 6,53–56 bringt Mt im Anschluß an den Seewandel Jesu einen summarischen Bericht über Krankenheilungen in Gennesaret. Ein Vergleich mit der Mk-Vorlage zeigt, daß Mt etwa ein Drittel weggestrichen hat. Die Anschaulichkeit des Aufstellens der Kranken mit ihren Liegen auf den Plätzen bei Mk insbesondere ist weggefallen. Auch die Bekanntmachung von Jesu Ankunft wird anders geschildert (ἀπέστειλαν). Kennzeichnend für diesen Sammelbericht – wie schon bei Mk – ist, daß nur allgemein von Kranken die Rede ist. Bemerkenswert ist das seltene Wort διασώζω am Schluß (hapleg bei Mt).

---

[20] Vgl. Ebeling, Dogmatik III 64f.
[21] Vgl. Barth, Dogmatik IV/3, 771 und IV/2, 601f.

II

34 Das Boot landet in Gennesaret. Mit diesem Namen – geläufiger war Gennesar[1] – ist die Westküste des Sees bezeichnet, näherhin das mittlere Drittel zwischen Kafarnaum und Tiberias und landeinwärts, wo durch das Schwemmland dreier Bäche eine fruchtbare Ebene entstanden war[2]. Josephus rühmt die Fruchtbarkeit dieses Landstreifens: „Entlang dem See Gennesar erstreckt sich eine gleichnamige Landschaft von wunderbarer Natur und Schönheit. Wegen der Fettigkeit des Bodens gestattet sie jede Art von Pflanzenwuchs, und ihre Bewohner haben daher in der Tat alles angebaut; das ausgeglichene Klima paßt auch für die verschiedenartigen Gewächse. Nußbäume, die im Vergleich zu allen anderen Pflanzen eine besondere kühle Witterung brauchen, gedeihen dort prächtig in großer Zahl. Daneben stehen Palmen, die Hitze brauchen, ferner Feigen- und Ölbäume unmittelbar dabei, für die ein gemäßigteres Klima angezeigt ist usw." (bell. 3,516f)[3]. Eine Stadt namens Gennesar tritt nirgends deutlich hervor[4]. Die Ebene aber war dicht besiedelt. Im Aufriß des Mt-Evangeliums betritt Jesus nunmehr ein neues Gebiet. Bisher waren vorab Kafarnaum und andere nördliche Städte wie Chorazin, Betsaida genannt worden (11,21). Nimmt man die Angabe ernst, so wendet sich Jesus jetzt mehr nach Süden, allerdings nur kurzfristig.

35f Seine Bekanntheit in der Gegend ist vorausgesetzt. Unter den Volksscharen, die zu Jesus geströmt waren, mögen Leute aus Gennesaret gewesen sein. Er ist als der Wunderheiler bekannt. Wiederum setzt sich die Prozession des Elends zu Jesus hin in Bewegung. Sie bringen alle ihre Kranken. Jesus trägt ein Kleid mit Quaste und erweist sich somit als echter Jude. Die Quasten oder Schaufäden (Sisith, vgl. Dt 22,12; Num 15,38f), in Blau und Weiß gewirkt, sollten an die Gebote erinnern. Wenn die Menschen den Wunsch haben, ihn zu berühren und sich davon Heilung versprechen, ist erneut die Vorstellung im Spiel, daß Heilungskräfte von ihm ausgehen (vgl. 9,20f). Die Menschen werden nicht enttäuscht.

III

Die immer wieder von Mt eingestreuten Sammelberichte erwecken einen zweifachen Eindruck. Einmal lassen sie Jesus trotz zunehmender Anfeindung seitens der Hierarchen von zahllosen Menschen umgeben sein, die in ihrem physischen Elend auf ihn setzen. Zum anderen ist Jesus der große Thaumaturge. Das ist von christologischer Relevanz. Die erfolgreichen Heilungen dürfen aber nicht als problemlose Glücksvermittlung mißverstanden werden. Vieles Elend blieb. „Die ihn berührten ..." – Dennoch

---

[1] Diesen Namen bieten D* 700 lat sy$^{s.c.p}$.
[2] Vgl. DALMAN, Orte und Wege 133; ABEL, Géographie I 495. Die Via Maris setzte sich im Strandweg der Gennesar-Ebene fort.
[3] Übs. nach O. MICHEL – O. BAUERNFEIND.
[4] SCHLATTER 473.

macht der Bericht auch dies klar, daß die Annahme und Aufnahme menschlichen Elends eine unabdingbare Voraussetzung für die glaubwürdige Vermittlung der Botschaft ist.

68. Auseinandersetzung um die wahre Unreinheit (15, 1–20)

1 Darauf kommen von Jerusalem Pharisäer und Schriftgelehrte zu Jesus und sagen: 2 Weshalb übertreten deine Jünger die Überlieferung der Alten? Denn sie waschen nicht die Hände, wenn sie Brot essen. 3 Er aber antwortete ihnen und sprach: Weshalb übertretet denn ihr das Gebot Gottes wegen eurer Überlieferung? 4 Gott nämlich sprach: Ehre den Vater und die Mutter! und: Wer Vater oder Mutter schmäht, soll des Todes sterben. 5 Ihr aber sagt: Wer dem Vater oder der Mutter gesagt hat: Weihegeschenk sei, was dir von mir geschuldet wird, 6 der braucht seinen Vater nicht zu ehren. Und ihr hebt das Wort Gottes auf wegen eurer Überlieferung. 7 Heuchler, fein hat Jesaja über euch geweissagt, als er sprach: 8 Dieses Volk ehrt mich mit den Lippen, ihr Herz aber ist weit von mir entfernt. 9 Vergeblich verehren sie mich, da sie Menschengebote als Lehren vortragen. 10 Und er rief die Volksmenge herbei und sprach zu ihnen: Höret und begreift! 11 Nicht, was zum Mund eingeht, verunreinigt den Menschen, sondern was aus dem Mund kommt, das verunreinigt den Menschen. 12 Da traten die Jünger an ihn heran und sagten: Weißt du, daß die Pharisäer Anstoß nahmen, als sie das Wort hörten? 13 Er aber antwortete und sprach: Jede Pflanzung, die nicht mein himmlischer Vater gepflanzt hat, wird herausgerissen werden. 14 Laßt sie! Sie sind blinde Führer. Wenn ein Blinder einen Blinden führt, fallen beide in die Grube. 15 Petrus antwortete und sprach zu ihm: Deute uns das Gleichnis! 16 Er aber sprach: Seid auch ihr noch unverständig? 17 Versteht ihr nicht, daß alles, was zum Mund eingeht, in den Bauch gelangt und zum Abtritt hinausgeht? 18 Was aber aus dem Mund hervorgeht, kommt aus dem Herzen, und das verunreinigt den Menschen. 19 Denn aus dem Herzen kommen böse Gedanken, Mord, Ehebruch, Unzucht, Diebstahl, falsches Zeugnis, Lästerung. 20 Dies ist es, was den Menschen verunreinigt. Aber mit ungewaschenen Händen essen, verunreinigt nicht.

I
Die Szene hat ihren Ort in Gennesaret vor Jesu Rückzug in heidnisches Gebiet (V 21). Damit ist die Schärfe der Auseinandersetzung angedeutet. Zwei Teile heben sich voneinander ab: das Streitgespräch mit den Gegnern, abgeschlossen mit einem Jesaja-Zitat (1–9), und die Jüngerbelehrung, bezugnehmend auf eine Jüngerfrage und die Bitte des Petrus um die Interpretation des Gleichnisses (12–20). Dazwischen geschaltet ist dieses „Gleichnis", dargeboten als Volksbelehrung (10f). Von seiner zentralen

Position her müßte ihm besondere Bedeutung zukommen. Obwohl die Perikope aus heterogenem Material zusammengesetzt ist, bemüht sich Mt um eine Zusammenfassung. Dies zeigt er darin an, daß er das Ganze nach Art einer Inklusion mit dem Hinweis auf das Essen mit ungewaschenen, unreinen Händen ein- und ausleitet (VV 2 und 20). Die Frage nach der Unreinheit, der wirklichen und wesentlichen, steht zur Debatte. In diese Konzeption fügen sich die antithetischen Strukturen ein: was verunreinigt – was nicht verunreinigt (11, 18 und 20). Der schärfste Gegensatz ist der von Überlieferung der Alten, eurer Überlieferung und Gottes Gebot und Wort (2–6).

Bis auf die beiden Bildwörter von der Pflanzung und vom Blindenführer (13 f) schöpft Mt den gesamten Stoff aus par Mk 7, 1–23. Er hat die Vorlage erheblich verändert und auf ein eigenes, gewandeltes Verständnis gebracht. Zunächst ordnet er den Korban-Fall, der bei Mk noch als ehemals selbständiger Text zu erkennen ist, organischer in das Streitgespräch ein. Auf die vorwurfsvolle Frage der Gegner pariert Jesus mit der Zitation des Korban-Falles. Die Gesprächspartner machen sich gegenseitig den Vorwurf des Übertretens (παραβαίνειν; Mk 7,5: οὐ περιπατοῦσιν κατά) der Überlieferung der Alten, des Gebotes Gottes. Das 4. Gebot führt Mt V 4 auf Gott zurück, Mk 7, 10 auf Mose. Alles dies weist auf eine Verschärfung der Auseinandersetzung hin. Das Wort Korban (Mk 7,11) läßt Mt weg, ebenfalls die ausführliche Erläuterung der jüdischen Reinigungsbräuche Mk 7,3 f. Offenbar ist E der Auffassung, diese seinen Lesern nicht eigens erklären zu brauchen. Das Jesajazitat, mit der Anrede „Heuchler" eingeführt – Mk 7,6 bringt den Begriff in der Rede –, steht bei Mt jetzt nach dem als Gegenargument eingebrachten Korban-Fall. Das „Gleichnis" in V 11[1], nach dem die wahre Unreinheit aus dem Inneren des Menschen kommt, grenzt E durch die Zusätze εἰς τὸ στόμα/ἐκ τοῦ στόματος auf die Speisegesetze ein, was bei Mk 7, 18 f allerdings auch schon geschehen war. Freilich tilgt E die grundsätzliche Anmerkung der Vorlage „womit er alle Speisen für rein erklärte" (Mk 7, 19 b)[2]. Die Bitte um Erklärung des Gleichnisses stellt Petrus, nach Mk 7, 17 die Jünger. Der Jüngertadel wird abgeschwächt (Mt VV 16 f: ἀκμήν – οὔπω). In der Interpretation wird wie im Gleichnis στόμα eingesetzt (17 f). Der 13teilige Lasterkatalog von Mk 7, 21 f wird auf 7 Laster reduziert. Die Auswahl erfolgt im Blick auf die zweite Tafel des Dekalogs. Das falsche Zeugnis kommt hinzu (19). Am Schluß bringt Mt – wie schon erwähnt – zusätzlich den Satz „Aber mit unreinen Händen essen, verunreinigt den Menschen nicht", womit auf V 2 zurückgeblendet ist.

Das Bildwort von der Pflanzung V 13 bietet allein Mt[3]. Das Bild ist im Judentum verbreitet (s. Interpretation). Im mt Kontext gewinnt es eine ein-

---

[1] Aus der Aufforderung Mk 7, 14 übernimmt Mt V 10 das πάντες nicht.
[2] Zu dieser Interpretation von Mk 7, 19 b vgl. GNILKA, Markus I 285.
[3] BERGER, Gesetzesauslegung 504, vermutet, daß der Anlaß für die Einfügung des Bildwortes an dieser Stelle die Deutung von Mk 7, 15 als „Parabel" in der Mk-Vorlage sei.

deutige Ausrichtung. Seine polemische Fassung, die im Judentum nicht bekannt ist[4], könnte auf Mt zurückgehen. E verknüpft es mit dem Logion vom Blindenführer, das Q entnommen ist. Dies geschieht durch „Laßt sie" und die Auflösung der wohl ursprünglichen Doppelfrage Lk 6,39[5].

In gattungsmäßiger Hinsicht ist die Perikope vielfältig. 15,1–9 ist ein Streitgespräch (Frage, Gegenfrage, die durch ein Beispiel bestätigt wird), V 11 könnte man als Grundsatz bezeichnen[6]. Seine Charakterisierung als Gleichnis in V 15 stimmt mit unseren Vorstellungen von Gleichnissen nicht überein, muß aber in Verbindung mit dem Verständnis des Gleichnisses als einer erklärungsbedürftigen Rede gesehen werden (vgl. 13,10). In der Jüngerbelehrung haben wir neben den beiden Bildwörtern in 13f[7] einen Lasterkatalog in 19. Die Anlehnung des Mt an das AT kommt in der Berücksichtigung des Dekalogs bei der Bearbeitung dieser Lasterreihe zum Vorschein.

II

Angesichts der recht unterschiedlichen Beurteilung der Perikope in der Forschung ist es erforderlich, drei Positionen kurz vorzustellen. Man ist sich in der Bestimmung der Zielsetzung der mt Fassung uneins. 1. In der Perikope stehe das christliche Sittengesetz gegen die jüdische Zeremonialgesetzlichkeit, das Sozialgebot gegen den Opferdienst. Die Gemeinde des Mt wisse sich an die Überlieferung der Alten nicht mehr gebunden. Das Händewaschen, das abgelehnt wird, vertrete die gesamte Paradosis, das Korbangelübde den gesamten Kult. Die Dekaloggebote seien in noch stärkerem Maß zur Mitte und Norm des Handelns geworden[8]. 2. Für Mt und seine Gemeinde habe die Überlieferung der Alten durchaus grundsätzlich Autorität. Man müsse beachten, daß Mt die prinzipielle Feststellung Mk 7,19b nicht übernimmt. Das Unterlassen der rituellen Händewaschung sei nicht gleichbedeutend mit einer Verwerfung der gesamten Paradosis. Vielmehr werde die Unterlassung als Ausnahmeregelung hingestellt. Auch die Speisegebote blieben in Geltung. Mt vermeide den Satz, daß es eine Verunreinigung des Menschen durch äußere Dinge nicht gibt. Mt setze die pharisäische Vorschrift des rituellen Händewaschens außer Kraft (V 20b), biete aber damit nur eine eigene, der pharisäischen widersprechenden Ha-

---

[4] Eine Analogie bietet Tho 40: „Ein Weinstock wurde gepflanzt außerhalb des Vaters. Und da er nicht stark ist, wird er mit seinen Wurzeln ausgerissen und zugrunde gehen."
[5] Das Simplex πίπτειν könnte gegenüber dem Kompositum bei Lk 6,39 ursprünglich sein. Auch bei Mt dringt es in verschiedene Hss ein. Vgl. SCHULZ, Q 473. WANKE, Kommentarworte 23, vermutet für die Verwendung des Logions in Q bereits eine antipharisäische Tendenz. In Tho 34 ist es eingliedrig. Es fehlt die Frageform. Vermutlich liegt Abhängigkeit von Mt 15,14b vor. Hier lesen CW 0106 „Blinde Führer *von Blinden* sind sie." Dies dürfte ein sekundärer Zusatz sein, den die Fortsetzung nahelegte. Θ liest im zweiten Teil: „Der Blinde aber, der den Blinden führt, gerät ins Unglück (σφαλήσεται), und beide fallen in die Grube."
[6] Vgl. BULTMANN, Geschichte 74.
[7] SCHULZ, Q 473 Anm. 545, bezeichnet die VV 12–14 als Apophtegma.
[8] Vgl. BERGER, Gesetzesauslegung 497ff; WALKER, Heilsgeschichte 140–142.

lacha[9]. 3. Auch nach Hübner[9a] bietet Mt mit der Perikope eine spezielle Halacha über das Händewaschen. H. lehnt es aber entschieden ab, daß für Mt und seine Gemeinde die schriftgelehrte Tradition noch grundsätzliche Autorität besessen hätte. Mt halte zwar an den atl Speisegeboten fest, gebe aber die rituelle Händewaschung frei. Er lasse sich auf einen innerjüdischen Disput über die Reinheitsvorschriften ein. Man habe zwischen unreinen Speisen gemäß Lv 11 und Speisen, die nachträglich verunreinigt werden – z. B. durch das Essen mit ungewaschenen Händen –, zu unterscheiden. Mt stelle fest, daß verunreinigte Hände und in Verbindung damit verunreinigte Speisen den Menschen nicht verunreinigen können. Lv 11 hingegen bleibe in Geltung.

1 f Kontrahenten Jesu im Streitgespräch sind Pharisäer und Schriftgelehrte, die aus Jerusalem gekommen waren. Die offizielle Jerusalemer Behörde greift ein. Das ist für das galiläische Wirken Jesu im Mt-Evangelium nur hier der Fall[10]. Jerusalem ist bei Mt als Ort der Kreuzigung (16,21; 20,17f) von Anfang an die Stadt, in der die Gegner Schlimmes gegen Jesus planen (2,3). Der das Streitgespräch eröffnende Vorwurf betrifft die Überlieferung der Alten, die die Pharisäer als Zaun für die Thora errichtet hatten. Die in der mündlichen Überlieferung enthaltenen detaillierten und peinlichen Vorschriften sollten Übertretungen der schriftlichen Thora verhindern[11]. Aus dem großen Komplex dieser Überlieferungen greifen die Gegner die rituelle Händewaschung vor der Mahlzeit heraus, weil sie beobachtet hatten, daß die Jünger diese unterlassen. Für das Verständnis dieses für uns nur schwer zugänglichen religiösen Brauches ist folgendes zu sagen: Die Priester mußten im Tempel bei der Verrichtung ihres Dienstes rituell rein sein, auch ihre Tempelspeise im Zustand ritueller Reinheit einnehmen. Die Pharisäer übertrugen die priesterlichen Bräuche in das Haus. Priesterliche Ideale wurden maßgeblich. Der Tisch im Haus ist wie der Tisch des Herrn im Jerusalemer Tempel. Auf diese Weise meinte man, das Gebot „Ihr sollt mir sein ein Königreich von Priestern und ein heiliges Volk" wörtlich zu erfüllen. Nach der Zerstörung des Tempels mögen die rituellen Reinheitsvorschriften für die Pharisäer noch an Bedeutung gewonnen haben. Die an Jesus gerichtete Frage, warum die Jünger die rituelle Händewaschung vor der Mahlzeit nicht einhalten, läuft letztlich auf die Frage hinaus: Warum leben sie nicht wie wir Pharisäer? Sie wird aber von den Gegnern ins Grundsätzliche erhoben, indem sie darin einen Bruch mit dem ganzen Komplex der Überlieferung der Alten sehen[12].

---

[9] Vgl. HUMMEL, Auseinandersetzung 46–49.
[9a] Hübner, Gesetz 176–182.
[10] Nach Mk 3,22 wird auch der Beelzebul-Vorwurf von Jerusalemer Schriftgelehrten vorgebracht. par Mt 12,24 hat dies nicht übernommen.
[11] Das Wort vom Zaun für die Thora stammt von Rabbi Aqiba († ca. 135; vgl. Ab 3,13).
[12] Vgl. J. NEUSNER, Das pharisäische und talmudische Judentum (TStAJ 4) (Tübingen 1984) 24ff. 43ff. 74ff. Gab es in diesem Punkt eine Kontroverse zwischen Hillel und Schammaj? Hierzu NEUSNER 62. – παραβαίνω im Sinn von Übertreten einer Vorschrift

3–6 Jesus antwortet mit der gleichen Grundsätzlichkeit. Er stellt der Überlieferung das Gebot Gottes entgegen. „Eure Überlieferung" klingt distanziert. Anhand eines Beispiels erhebt er den Gegenvorwurf, daß sie um ihrer Überlieferung willen Gottes Gebot übertreten. Das gewählte Beispiel, die Korbanpraxis, stammt nicht aus dem Bereich der Reinheitsgesetze. Dies unterstreicht, daß auch für Jesus die Überlieferung der Alten zur Debatte steht. Das von ihnen mißachtete Gebot ist beispielsweise das vierte des Dekalogs, das in Übereinstimmung mit LXX Ex 20,12 (= Mk 7,10) zitiert wird[13]. Eingeleitet mit „Gott sprach" wird sein göttlicher Ursprung sichergestellt. Das 4. Gebot richtet sich nicht an Kinder, sondern an Erwachsene, die selbst die patria potestas ausüben. Die Ehre der Eltern ist ganz konkret zu verstehen. Nach einer rabbinischen Erklärung schließt sie folgendes ein: Man speist und tränkt sie, man kleidet und bedeckt sie, man führt sie ein und aus[14]. Hinzugefügt ist Ex 21,17 (= LXX Ex 21,16)[15]. Im Kontext von Ex 21 werden todeswürdige Verbrechen aufgezählt. Die Kürze und Unbedingtheit des Satzes steht der apodiktischen Formulierung nahe. Den Eltern fluchen schließt eine wirksame Schädigung ein. In Verbindung mit dem 4. Gebot wendet sich die Todesdrohung gegen dessen Übertreter (vgl. Lv 20,9; Spr 28,24). In erster Linie betroffen sind jene, die die Korban-Praxis als Auslegungstradition im Anschluß an Nm 30,3 geschaffen haben. Den Begriff Korban bringt Mt nicht mehr, dafür die Schlußformel: „Weihegeschenk sei, was dir von mir geschuldet wird."[16] Wer diese Schwurformel zu seinen Eltern sprach, entzog ihnen die Nutznießung aus seinem Vermögen, indem er es dem Tempel weihte. Faktisch war das Ganze eine Fiktion, weil der Sohn das zum Korban deklarierte Gut nicht an den Tempel abliefern mußte. Die dahinter stehende Logik ist die, daß ein Schwur als ein Gott geleisteter Dienst höher gewertet wurde als das 4. Gebot. Auf dieses spielt V 6 a an: „der braucht seinen Vater nicht zu ehren." Die Tradition des Korban ist damit als Gegengebot gekennzeichnet. Sie haben das Wort Gottes durch die Tradition aufgehoben[17]. Für Jesus sind Gottesdienst und Dienst an den Menschen unteilbar. Wer meint, Gott zu dienen, indem er lieblos handelt, befindet sich auf dem falschen Weg. Mit Berufung auf den Namen Gottes die Eltern schädigen, ist die Entartung der Religion. Aus rabbinischen Quellen wissen wir, daß die Korban-Praxis in Anspruch genommen werden konnte, um sich an den Eltern zu rächen. Begreiflicherweise war sie die Ursache von Feindschaften. Es gab auch jüdischerseits Kritik am Korban. Man suchte Ab-

---

im NT nur in Mt 15,2f. In Sinaiticus BΔ f¹ 700 892 fehlt in V 2 αὐτῶν und ist besser zu streichen.

[13] Der masoretische Text von Ex 20,12 hat die Personalpronomen: Ehre deinen Vater und deine Mutter. In verschiedenen Hss dringt σου in Mt 15,4 ein.

[14] Vgl. Sifre Lv 19,3 (343 a) bei BILLERBECK I 706. Das 4. Gebot galt als das schwerste unter den schweren Geboten.

[15] Der Text lehnt sich an M an und entspricht Mk 7,10.

[16] Sinaiticus* hängt οὐδέν ἐστιν an (vgl. Mt 23,16).

[17] Statt „Wort Gottes" lesen in V 6 Sinaiticus* C 084 f¹³ 1010 „Gesetz Gottes"; LW 0106 f¹ lat sy^h „Gebot Gottes".

hilfe zu schaffen, indem man den Schwur löste. Die zeitliche Einordnung dieser Bemühungen ist schwierig[18]. Lehnt Mt mit diesen Formulierungen die Überlieferungen der Alten im Prinzip ab? Wir sahen, daß Mt auch an anderer Stelle sich mit jüdischen Überlieferungen kritisch auseinandersetzt (5,21.43; 12,11). Weitere Auseinandersetzungen werden folgen. In 23,23 übernimmt er Tradition. Angesichts dieses schwer auf einen Nenner zu bringenden Befundes wird man folgendes sagen müssen: Maßgeblich ist der Wille Gottes, der im Liebesgebot seinen klarsten Ausdruck gefunden hat. Auch das 4. Gebot ist eine Explikation des Liebesgebotes. Was immer sich gegen das Liebesgebot richtet, ist verwerflich, widergöttlich, bekämpfenswert.

7–9   Das Zitat von Is 29,13 fügt sich trefflich ein. Hinter der Einführung könnte eine rabbinische Redensart stehen: Er hat schön gesagt[19]. Jesaja hat prophetisch geredet. Jesaja wird hier zum Unheilspropheten. Ansonsten ist dieser Prophet für Mt der Prophet der Heilszeit. Aber Mt befindet sich in Abhängigkeit von Mk 7,6f. Die vorangestellte geißelnde Anrede „Heuchler" charakterisiert sie als Menschen, deren frommer Schein nicht mit ihrem inneren Wesen übereinstimmt (vgl. 6,2.5.16). Der Begriff gewinnt sogar die Bedeutung von „Gesetzloser", weil sie sich über das Gesetz, näherhin das 4. Gebot, hinwegsetzen. Auch in 23,18 stehen Heuchelei und Gesetzlosigkeit nebeneinander[20]. Das Jesajawort fügt sich darum trefflich in den Kontext ein, weil es vom Gottesdienst handelt (Schwören hat mit dem Gottesdienst zu tun), weil in ihm Gottesdienst und Menschengebote gegenübergestellt werden (wie Gottes Gebot und eure Überlieferung im Kontext). Vergleichen wir die Textformen:

Mt   Ὁ λαὸς οὗτος τοῖς χείλεσίν με τιμᾷ,
     ἡ δὲ καρδία αὐτῶν πόρρω ἀπέχει ἀπ' ἐμοῦ·
     μάτην δὲ σέβονταί με,
     διδάσκοντες διδασκαλίας ἐντάλματα ἀνθρώπων.

M   „Weil dieses Volk sich mit seinem Munde naht,
     und mich mit seinen Lippen ehrt,
     während sein Herz fern von mir ist
     und die Furcht vor mir zu angelernter
                         Menschensatzung wurde ..."

LXX ἐγγίζει μοι ὁ λαὸς οὗτος
     τοῖς χείλεσιν αὐτῶν τιμῶσίν με,
     ἡ δὲ καρδία αὐτῶν πόρρω ἀπέχει ἀπ' ἐμοῦ,
     μάτην δὲ σέβονταί με,
     διδάσκοντες ἐντάλματα ἀνθρώπων
                         καὶ διδασκαλίας.

---
[18] Vgl. das Material bei BILLERBECK I 711–717.
[19] Vgl. BILLERBECK I 718.
[20] Vgl. BERGER, Gesetzesauslegung 501 f.

Die weitgehende Übereinstimmung mit dem LXX-Text ist deutlich. Der Anfang des Textes ist neu gestaltet. Vom Sich-Nähern (kultischer Ausdruck) spricht Mt nicht [21]. Die letzte Zeile ist gegenüber LXX geringfügig verändert. Die für die Perikope wichtige Kontrastierung von Gottesverehrung und menschlicher Satzung ist nur dem LXX-Text eigen, in M ist beides zusammengezogen. Die Anlehnung an die LXX ist begreiflich.

Der prophetische Text wendet sich gegen eine veräußerlichte Frömmigkeit, gegen das bloße Durchspielen eines Rituals [22]. Der mt Kontext verschärft den Vorwurf. An die Stelle der Gottesverehrung ist die menschliche Satzung gerückt. Diese ist mit ihrer Überlieferung, näherhin der Korban-Praxis, in der sie einen verwerflichen Ausdruck findet, zu identifizieren [23]. Das Herz bei Gott haben hieße, ganz auf seinen Willen ausgerichtet sein [24].

10 f   Nur an dieser Stelle wird das Volk belehrt, übereinstimmend mit Mk 7,14f. Die Aufforderung zu hören und zu verstehen kennzeichnet den Satz als schwer zu begreifenden. In der Tat ist wie die divergierenden Interpretationen zeigen, nicht klar, wie Mt zu den Speisegeboten steht. Auf sie will er V 11 bezogen wissen, wie die Ergänzungen in den Mund / aus dem Mund andeuten. Bei Mk hatte die Aussage weiterreichende Bedeutung, war aber durch den Kontext auch schon auf die Speisegebote eingeschränkt worden. Mt hätte also dann die Vorlage präzisiert? Für eine grundsätzliche Ablehnung der Speisegebote (so auch Mk) könnte sprechen, daß Mt den Satz überhaupt übernimmt. Für eine differenziertere Einstellung hingegen kann angeführt werden, daß Mt das bei Mk klärende Wort „womit er alle Speisen für rein erklärte" (Mk 7,19b) ausläßt. Das kann nicht gedankenlos geschehen sein. Auch wirkt die Formulierung abgeschwächt: „Nicht, was zum Mund eingeht ..." (par Mk 7,15: „Nichts, was von außerhalb des Menschen in ihn hineinkommt")[25]. Schließlich ist die Reaktion der Pharisäer, durch die Jünger an dieser Stelle eingebracht, zu erwähnen. Die Pharisäer-Schelte hätte doch im Anschluß an V 9 besser gepaßt. So wird sie an dieser Stelle andeuten wollen, daß ihre Anfrage (V 2) wieder aufgegriffen ist. V 11 lehnt ihre Halacha ab, das Essen mit ungewaschenen Händen verunreinigt den Menschen nicht. Der Akzent aber liegt auf der wirklichen Unreinheit. Sie kommt aus dem Herzen.

12 f   Zwar nennt Mt nicht mehr das Haus, in das sie sich zurückziehen (Mk 7,17), die Volksbelehrung aber geht in die Jüngerunterweisung über.

---

[21] CW 0106 sy^h lesen in V 8: ἐγγίζει μοι ὁ λαὸς οὗτος τῷ στόματι αὐτῶν καί.
[22] Vgl. H. WILDBERGER, Jesaja III (BK. AT) (Neukirchen 1982) 1121f.
[23] Darum ist es von geringer Bedeutung, wenn Mt den Ausdruck „Überlieferung der Menschen" von Mk 7,8 nicht übernimmt. Anders SAND, Gesetz 70.
[24] P Egerton 2 wird Is 29,13 ebenfalls zitiert und auf solche angewendet, die Jesus zwar Meister nennen, aber nicht auf ihn hören wollen. Text bei ALAND, Synopsis 219.
[25] Vgl. HÜBNER, Gesetz 177. Noch stärker schwächt Kodex D ab: „Nicht *alles*, was zum Mund eingeht." Das Logion lebt fort in Tho 14.

Die Pharisäer sind abgetreten. Nur die Jünger berichten davon, daß sie Anstoß nehmen, und zwar an dem Wort, was auf V 11 zu beziehen ist. Sie kommen an ihm zu Fall, weil Jesus ihre Halacha zurückweist. Das Bild von der Pflanzung ist im AT und Judentum verbreitet, wird aber nie im polemischen Sinn gebraucht. Die „Pflanzung Jahves", „der Sproß seiner Pflanzung" ist Israel (Is 61,3; 60,21)[26]. In den Qumran-Handschriften heißt die separatistische Gemeinde „ewige Pflanzung" (1 QS 8,5; 11,8), „Wurzel der Pflanzung aus Aaron und Israel" (Dam 1,7). Mit Qumran stimmt V 13 insofern überein, als eine Teilgruppe in Israel, die Pharisäer, diesen Namen erhält. Vermutlich ist mit ihnen auch ihre Lehre getroffen (vgl. 16,12)[27]. Daß sie ausgerissen werden, kündet ihnen das Gericht an. Daß sie nicht von Gott, den Jesus seinen himmlischen Vater nennt, gepflanzt sind, ist ein schwerer Vorwurf. Dieser Gedanke ist aber nicht dahingehend zu ergänzen, daß sie vom Teufel gepflanzt worden seien[28].

14 Das Droh- und Spottwort vom blinden Führer, der mit dem, der sich ihm anvertraut, in die Grube fällt, trifft die Adressaten in gleicher Weise wie ihre Lehre. Es scheint auf ein geflügeltes Wort Bezug genommen zu sein, das vor allem in der hellenistisch-griechischen Literatur nachgewiesen werden kann. Plato, resp. VIII 554b, spricht vom blinden Chorführer. Philo, virt. 7, benutzt den Vergleich: „Sie stützen sich auf einen Blinden ..., bedienen sich als Wegführer eines Geblendeten und müssen daher fallen."[29] Auch Paulus verwendet in Röm 2,19 das Bild in der Auseinandersetzung mit den Juden. Hier ist vorausgesetzt, daß „Führer der Blinden" jüdischer Ehrenname ist. Für Mt fällt auf, daß er das Scheltwort „Blinde" bzw. „blinde Führer" den Pharisäern vorbehält und in 23,16f.19.24.26 wie an unserer Stelle mit deren Halacha verknüpft. Das unterstreicht die Aktualität der Auseinandersetzung mit der pharisäischen Lehre für Mt.

15–18 Petrus richtet an Jesus die Bitte um Interpretation des Gleichnisses von 11. Petrus bittet um die Jesus-Halacha, die für die Gemeinde gültige Weisung. Für die Wortmeldungen des Petrus in unserem Evangelium ist anzumerken, daß sie stets Angelegenheiten betreffen, die für die Gemeinde von Wichtigkeit sind. Er tritt den Pharisäern gegenüber und wird zum Garanten einer halachischen Tradition, die sich von der pharisäischen abhebt[30]. Als Rätselwort ist das Gleichnis einer Erklärung bedürf-

---

[26] Zahlreiche Belege aus der intertestamentarischen Literatur bei BILLERBECK I 720f.
[27] So eine alte Auslegungstradition, die bis auf Chrysostomos und Theodor von Mopsvestia zurückgeht, bei FONCK, Parabeln 300.
[28] So BAUMBACH, Verständnis 90, mit Berufung auf Mt 13,36–43. Das Gleichnis verwendet ein anderes Bildmaterial.
[29] Vgl. HORAZ, ep. I 17,3f: „Wenn ein Blinder den Weg zeigen will." BILLERBECK I 721 bietet nur einen rabbinischen Beleg, der vom blinden Leithammel redet. „In die Grube fallen" ist biblische Redensart: Is 24,18; Jer 31,44; Spr 22,14; 26,27; Prd 10,8; Sir 27,26. Statt εἰς βόθυνον lesen D f¹ Did εἰς βόθρον. Der Sinn ist der gleiche.
[30] Vgl. HUMMEL, Auseinandersetzung 60. – ταύτην in V 15 ist textlich umstritten, Sinaiticus B f¹ sa bo bieten es nicht, CDLWΘ lat sy mae hingegen bieten es.

tig. Die Jünger, denen die Erkenntnis der Geheimnisse der Basileia gegeben ist (13,11), müßten eigentlich verstehen. Darum wird der Tadel abgeschwächt[31]. Die Erklärung, in rationalistischer Einfärbung wie bei Mk, weist die eigentliche Unreinheit auf. Sie wird durch das menschliche Herz verursacht. Das Herz als der Sitz des Wollens, Strebens und der Affekte ist die Quelle, aus der das Böse aus dem Menschen aufsteigt, sich in seinem Leben äußert, ihn unrein macht, seine Umgebung vergiftet und verpestet.

19f Das aus dem menschlichen Herzen aufsteigende Böse wird mit Hilfe einer siebenteiligen Lasterreihe exemplifiziert. Die Anlehnung an die zweite Tafel des Dekalogs ist deutlich. Das gilt auch für die Reihenfolge Morden, Ehebrechen, Stehlen, falsches Zeugnis geben (Ex 20,13ff; Dt 5,17ff). Es ist die Reihung des masoretischen Textes, dem sich Mt anschließt. Die LXX hat bekanntlich eine andere Folge[32]. Auch das kann als Argument gegen die Auffassung angeführt werden, daß Mt sich stets der LXX anschlösse. Das falsche Zeugnis, von Mt in die von Mk vorgegebene Reihe eingefügt, unterstreicht den Willen, den Dekalog zur Geltung zu bringen. Das vierte Gebot hatte in der Auseinandersetzung mit den Pharisäern eine Rolle gespielt. Mt vermag so, die ethische Relevanz des Dekalogs zu unterstreichen. Die bösen Gedanken stehen am Anfang, weil sie dem Herzen am nächsten sind. Es folgen vier Tatsünden, den Schluß bilden das falsche Zeugnis und die Lästerungen, Vergehen ἐκ τοῦ στόματος. Die echte Unreinheit ist eine den ganzen Menschen betreffende, sein Denken, Tun und Reden[33]. Die Pharisäer mit ihrem rituellen Händewaschen lenken vom Eigentlichen ab, sie beschäftigen sich mit Lappalien.

III

a) Die Perikope kreist um die Frage nach der wahren Unreinheit. Zwar hält Mt den Anknüpfungspunkt, den Vorwurf der Pharisäer, daß die Jünger nicht die Hände waschen, durch, aber der Schwerpunkt muß auf der positiven Aussage gesehen werden. Der Mensch befleckt sich durch Mißachtung der Gebote Gottes, die im Liebesgebot gipfeln. Von hier aus bestehen Parallelen zu den Antithesen der Bergpredigt, in denen auch zu Dekaloggeboten etwas gesagt ist (5,21ff). Das Korban-Institut läßt sich mit dem Schwurverbot 5,34 vergleichen. Daneben ist die Auseinandersetzung mit der pharisäischen Halacha wirksam. Sie wird zurückgewiesen. Ihr gegenüber wird Petrus zum Bürgen der Jesus-Weisung. Die Pharisäer sind blinde Führer. Die Zielgerichtetheit der Auseinandersetzung ließ uns vermuten, daß der zentrale V 11 im Rahmen der pharisäischen Fragestellung verbleibt und für eine prinzipielle Ablehnung der atl Speisegebote

---

[31] Sekundär tun das Sinaiticus CLW f¹ sy^h bo durch οὔπω anstelle von οὐ in V 17. Einzelne Hss fügen in V 16 den Jesusnamen ein.
[32] In der Reihung weicht LXX Ex 20,13ff nochmals von Dt 5,17ff ab.
[33] Dies liegt auf der Linie der alten Propheten. Vgl. Is 1,16; 6,7; Ez 36,33; Jer 2,23 usw.

nicht herangezogen werden kann. Beachtung verdient auch die Zentralität des Herzens in der Argumentation. Das Herz der Lippenverehrer ist weit von Gott entfernt. Es käme darauf an, aus einem guten Herzen das Gute aufsteigen zu lassen (vgl. 12, 34). Dies darf man als den impliziten Imperativ des Ganzen erkennen.

b) Die Zurückweisung des Korbangelübdes und das zentrale Logion V 11 gehen auf Jesus zurück [34]. Falls unsere Interpretation von V 11 zutrifft, zeigte sich dann, daß Mt die radikale Meinung Jesu hinsichtlich der äußeren Reinheit nicht durchgehalten hat. Es ist mit der Möglichkeit zu rechnen, daß in den mt Gemeinden die atl Speisegebote eingehalten wurden. Das Logion von den blinden Führern könnte einmal im Munde Jesu eine andere, nicht antipharisäische Zielrichtung gehabt haben. Wie jedes Bibelwort ist es in verschiedenen Situationen anwendbar.

c) So entfernt uns die Verhandlung der Frage, ob Essen mit rituell unreinen Händen erlaubt sei, erscheinen mag, in der Perikope steht Entscheidendes zur Debatte. Wir haben es sogar mit einem der brisantesten Texte des Evangeliums zu tun. Zweierlei steht an: 1. die Kritik der Religion. Gemeint ist nicht die vom Standpunkt des Atheismus vorgetragene Religionskritik, sondern die Kritik der Religion von Christen um des Glaubens willen. Religion kommt ohne das Setzen von äußeren Zeichen und Handlungen nicht aus. Rituelle Handlungen gehören hierher. Das Händewaschen war eine solche jüdische rituelle Handlung. Die Aushöhlung dieser Handlung macht diese fragwürdig [35]. Durch Bosheit kann sie sogar in ihr Gegenteil verkehrt werden. Das Evangelium treibt an hohl und fragwürdig gewordenen Riten radikale Kritik, treibt infolgedessen auch Religionskritik. Das eigentliche Anliegen ist die echte und glaubwürdige Verehrung Gottes. 2. die Kritik an der Tradition. Auch die Ausbildung von Traditionen ist erforderlich. Jedes Leben sucht seine Formen, auch das Glaubensleben. Die Tradition aber darf sich gegenüber dem Ursprung nicht verselbständigen [36]. Traditionen haben es in sich, daß sie ernster genommen werden können als der Ursprung. Auch hierfür bietet die Perikope das Beispiel. Traditionen können das Christentum bequem machen. Traditionen, die dem Ursprung widersprechen, sind radikal abzuschneiden.

LITERATUR: J. HORST, Die Worte Jesu über die kultische Reinheit und ihre Verarbeitung in den evangelischen Berichten: Th StKr 87 (1914) 429–454; Z. TAUBES, Die Auflösung des Gelübdes: MGWJ 33 (1929) 33–46; W. H. GISPEN, The Distinction Between Clean and Unclean: OTSt 5 (1948) 190–196; C. E. CARLSTON, The Things that defile (Mark 7,14) and the Law in Matthew and Mark: NTS 15 (1968/69) 75–96; G. W. BUCHANAN, Some Vow and Oath Formulas in the NT: HThR 58 (1965) 319–324; W. PASCHEN, Rein und Unrein (StANT 24) (München 1970); W. G. KÜMMEL, Äußere und innere Reinheit des Menschen bei Jesus: Das Wort und die Wörter (Festschrift G. FRIEDRICH) (Stuttgart 1973) 35–46.

---

[34] Hierzu vgl. GNILKA, Markus I 286f.
[35] Vgl. GOGARTEN, Jesus Christus 80f.
[36] P. LENGSFELD, Überlieferung (KKTS 3) (Paderborn 1960) 34: „Gemächte von Menschen."

69. Der Glaube der kanaanäischen Frau (15, 21–28)

21 Und Jesus ging von dort weg und zog sich in die Gegend von Tyrus und Sidon zurück. 22 Und siehe, eine kanaanäische Frau aus jenem Gebiet zog aus, schrie die Worte: Erbarme dich meiner Herr, Sohn Davids. Meine Tochter ist schlimm besessen. 23 Er aber antwortete ihr kein Wort. Und seine Jünger traten heran, baten ihn und sprachen: Schick sie fort, denn sie schreit hinter uns her. 24 Er aber antwortete und sagte: Ich bin nur gesandt zu den verlorenen Schafen des Hauses Israel. 25 Sie aber kam, fiel vor ihm nieder und sagte: Herr, hilf mir. 26 Er aber antwortete und sprach: Es ist nicht recht, den Kindern das Brot zu nehmen und den Hündlein vorzuwerfen. 27 Sie aber sagte: Ja, Herr, aber doch essen die Hündlein von den Brosamen, die von den Tischen ihrer Herren fallen. 28 Da antwortete Jesus und sagte ihr: Frau, dein Glaube ist groß. Es soll dir geschehen, wie du willst. Und ihre Tochter war gesund von jener Stunde an.

I

Die Stellung der Perikope – im Anschluß an Mk 7,24ff – ist durch ihre Geographie bedingt. Es erfolgt der Auszug Jesu in heidnisches Gebiet. Zwar ist der Anlaß der Geschichte eine Dämonenaustreibung, aber diese tritt ganz in den Hintergrund. Im Zentrum steht das Gespräch mit Jesus. Kennzeichnend ist, daß Jesu Rede jeweils als Antwort vorgestellt wird. Zunächst verweigert er die Antwort (23). Dann antwortet er, erst den Jüngern (24), dann der Frau (26 und 28). Den Antworten voraus gehen Bitten der Frau / der Jünger bzw. die Glaubensbekundung der Frau. Zu beachten ist, daß durch die Jüngerbitte in 23 f eine Art Jüngerbelehrung geschaffen ist[1]. Sie muß von besonderer Wichtigkeit sein. Aus den verschiedenen Gesprächsgängen ergibt sich die Gliederung: Exposition (21–23 a), Jüngerbelehrung (23 b–24), Gespräch mit der Frau und Heilung (25–28). Von ihrem Gesprächscharakter her kann man die Perikope nicht als Wundergeschichte bezeichnen. Sie ist ein Lehrgespräch[2].

Hat E den Text aus einer Sonderquelle[3] und nicht aus Mk 7,24–30 geschöpft? Daß Mt in diesem Fall, wenigstens teilweise, erweiterte und nicht straffte, könnte dafür sprechen wie auch das Vorhandensein einzelner hapax legomena im ersten Evangelium[4]. Jedoch hat Mt im novellistischen Bereich gekürzt (es fehlen Mk 7,24b und 30a) und dafür das Gespräch ausgebaut. In den Wundergeschichten die Lehre zur Geltung zu bringen

---

[1] Das hat THEISSEN, Wundergeschichten 182, übersehen, der 4 Bitten 4 Ablehnungen gegenübergestellt sieht. Das Jüngerwort 23 b ist für ihn Ablehnung und Bitte zugleich.
[2] HELD, Wundergeschichten 187, spricht von einem Dialog.
[3] So LOHMEYER 252. Lk bringt die Perikope nicht.
[4] Dazu gehören der Ruf „hilf mir" (V 25), die Formen γενηθήτω σοι ὡς θέλεις (V 28), δαιμονίζεται (V 22). Jedoch das letztere Verb ist bei Mt 7mal anzutreffen, und die Form in V 28 erinnert an 8,13.

ist ein durchgängiger mt Zug. Man kommt mit der alleinigen Abhängigkeit von Mk gut aus. Die Interpretation kann zeigen, daß die Eingriffe auf der theologischen Linie des Mt liegen. Die wichtigsten sind folgende: Mt V 21 f redet von Tyrus und Sidon (Mk 7,24 nur von Tyrus) und bezeichnet die Frau als Kanaanäerin (Mk 7,26 als Griechin/Syrophönikierin). Er bringt in 22 und 25 die direkten Reden der Frau ein (Mk 7,26 hat eine indirekte), wobei die Anrede „Herr, Sohn Davids" besonders zu beachten ist. Das Jesuswort Mk 7,27 „Laß zuerst die Kinder satt werden" läßt er aus. Dafür bringt er ein Logion, das Jesu Sendung einschränkt auf die verlorenen Schafe des Hauses Israel (24). Auch das Bildwort von den Kindern, Hündlein und Brosamen hat er etwas verändert. Vor allem hat er den Schluß neugestaltet und im Entlaßwort den Glauben thematisiert (28). In der Gestaltung des Schlusses ist eine Anlehnung an 8,13, die Geschichte von der Heilung des Knechtes des Hauptmanns, die andere Geschichte, die von der einem Heiden gewährten Hilfe erzählt, nicht zu übersehen: Glaubensmotiv, die Formulierungen „es soll dir geschehen", „und ihre Tochter/sein Knecht war gesund von/in jener Stunde (an)." Zur Herkunft des die Sendung Jesu auf Israel einschränkenden Logions V 24 wurde bereits in Verbindung mit 10,6 Stellung bezogen. Beide Logien haben einen gemeinsamen Ursprung, wie das übereinstimmende τὰ πρόβατα τὰ ἀπολωλότα οἴκου Ἰσραήλ zeigt. Welche der beiden Fassungen älter ist, kann nicht mehr sicher entschieden werden. Die Verbindung mit der Samaritermission in 10,5f deutet an, daß es in die Auseinandersetzung um die Heiden- und Samaritermission im frühen Judenchristentum hineingehört. 15,24f ist messianologisch geprägt und der mt Theologie kongruent. Wir wiederholen die Auffassung, daß 15,24 am ehesten dem E zuzuweisen ist.

Atl Reflexionen sind insbesondere in der Perikopen-Exposition festzustellen[5].

II
21–23a Der Rückzug Jesu in die Gegend von Tyrus und Sidon erscheint im Kontext durch die scharfe Auseinandersetzung mit den Jerusalemer Autoritäten motiviert. Tyrus und Sidon, zwei phönikische Seestädte (Tyrus auf einer Felseninsel im Meer, 500 Meter von der Küste entfernt, erbaut), werden im AT wiederholt als Empfänger von Gerichtsworten zusammen genannt (Is 23,1f; Jer 25,22; 27,3; 47,7 u.ö.). Nach Josephus, Ap. 1,13, waren die Leute von Tyrus unter den Bewohnern Phöniziens auf die Juden besonders schlecht zu sprechen. Ps 87,4 macht eine Heilszusage. Es handelt sich eindeutig um heidnisches Gebiet. Für Mt war das atl Vorbild maßgeblich für die gemeinsame Erwähnung der beiden Städte[5]. Mit dem Auszug der Frau (ἐξελθοῦσα) soll nicht der Eindruck vermittelt werden, daß Jesus es vermieden habe, in außerisraelitisches Gebiet zu ge-

---
[5] Die Begegnung des Propheten Elija mit der Witwe von Sarepta 1 Kg 17,7ff findet in der gleichen Gegend statt. Eine Anlehnung ist bei Mt nicht zu erkennen.

hen⁶. Als Kanaanäerin ist die Frau entsprechend ihrer Herkunft als Heidin charakterisiert. Auch hier dürfte es sich einfach um atl Sprechweise handeln, mit der Mt der Perikope von Anfang an eine gehobenere, grundsätzlichere Form verleiht (vgl. Gn 24,3; Ex 33,2; Dt 20,17; Ri 1,10ff u. ö.).

Kilpatrick⁷ zog aus der Wahl des Begriffes Χαναναία weitreichende Folgerungen. Zunächst führt er den Nachweis, daß Kanaan als Äquivalent zu Phönikia noch im Sprachgebrauch der Zeit gewesen sei. Phönikien verweise auf die für die hellenistische Kultur offenen Städte an der Küste, Kanaan hingegen auf die zurückgebliebene Bevölkerung landeinwärts. Mt befinde sich mit seiner Gemeinde in einer syrischen Stadt. Wenn er die Frau als Kanaanäerin bezeichnet, distanziere er die ärgerliche Zurückweisung der Frau durch Jesus von der Gemeinde. Die Interpretation Kilpatricks stellt die Dinge auf den Kopf.

Schreiend kommt die Frau zu Jesus⁸. Existentielle Betroffenheit, Aufdringlichkeit, Ratlosigkeit können aus diesem Schrei herausgelesen werden. Sie ruft um Erbarmen, wie Gott häufig in den Psalmen mit dem gleichen Ruf um Erbarmen angegangen wird (ψ 6,2; 9,13; 24,16; 25,11; 26,7 u. ö.). Sie spricht Jesus auf zweifache Weise an: als Herr, wie es bei Mt wiederholt in Wundergeschichten der Fall ist (8,2.6.8; 9,28; 17,15; 20,33), und als Davidssohn (derselbe Ruf, nur im Plural, in 20,32). Hellenistisches und judenchristliches Jesusbekenntnis sind vereinigt⁹. Es muß beachtet werden, daß die Heidin damit Jesu Messianität bekennt, damit jenen Glauben bekundet, den die Mehrheit der Juden verweigert. Das folgende Gespräch ist vorbereitet. Doch zunächst läßt sich Jesus auf den Ruf der Frau nicht ein. Dies hat Hinweisfunktion für das Lehrgespräch.

23b–24 Die Jünger greifen ein. Mit ihrer Bitte, Jesus möge die Frau wegschicken, schließen sie ein helfendes Eingreifen aus, mögen sie auch nur unwirsch auf das Schreien der Frau reagieren. Sie liegen somit auf der Linie der Antwort Jesu. Ihre Reaktion hätte erzählerisch nicht erwähnt werden brauchen. Wenn es dennoch geschieht, muß die Antwort Jesu für die Jüngerschaft, die Gemeinde von besonderer Bedeutung sein. Jesus spricht von seiner Sendung. Insofern hat das Wort noch größeres Gewicht als die parallele Aussage in 10,6. Von seiner Sendung redet er bei Mt nur noch in 10,40 und 21,37; an der letzten Stelle (im Gleichnis) mit der gleichen Einschränkung auf Israel. Der irdische Jesus ist zu Israel gesandt. Für die Auseinandersetzung mit den Juden wird dieser Aspekt wichtig gewesen sein. Daß der Messias für Israel bestimmt ist, war eine Vorstellung, die für

---

⁶ Gegen TRILLING, Israel 134. „Aus jenem Gebiet" charakterisiert die Frau (ἀπό!) und ist nicht auf das Partizip zu beziehen.
⁷ ORIGINS 132f. SCHWARZ: NTS 30 (1984) 626f löst die Divergenz zwischen Mt/Mk in der Bezeichnung der Frau im Rückgriff auf ein zugrunde liegendes aramäisches kᵉnaanijtà. Voraussetzung ist eine aramäische Grundüberlieferung der Perikope. Diese aber ist nicht nachweisbar.
⁸ Einzelne Hss ergänzen ein Objekt: sie schrie *hinter ihm her* (D); und sprach *zu ihm* (LKWΓΔ 0191 565 lat syʰ).
⁹ Vgl. FRANKEMÖLLE, Jahwebund 136.

die Juden nach dem Jahr 70 noch an Bedeutung gewann. Es ist bemerkenswert, daß Mt mit diesem Logion faktisch Mk 7,27a: „Laß zuerst die Kinder satt werden" ersetzt. Während Mk damit bereits die nachgeordnete Heidenmission andeutet, bleibt Mt bei Israel, zunächst. Mt argumentiert von der juden-, Mk von der heidenchristlichen Position aus[10]. Das Bild von den verlorenen Schafen des Hauses Israel darf nicht eingeschränkt werden[11]. Alle Israeliten sind verlorene Schafe. Das Bild von der Herde ist im AT weit verbreitet. Folgende Aspekte seien in Erinnerung gerufen. „Wie Schafe irrten wir alle umher" (Is 53,6); „Ich führe sie zusammen wie die Schafe im Pferch" (Mich 2,12; vgl. 7,14); „Der Herr wird an jenem Tag sein Volk retten, wie man Schafe rettet" (LXX Zach 9,16). Als Hirt Israels erweist sich Jesus als der Messias. Das messianologische Anliegen steht hier im Vordergrund, nicht die Unentschuldbarkeit Israels[12].

25–28 Erst jetzt tritt die Frau an Jesus heran. Vermutlich soll der Eindruck entstehen, daß sie das an die Jünger gerichtete Wort nicht vernahm. Mit einer Proskynesis (8,2; 9,18 in Wunder-, 28,9.17 in Ostergeschichten) verbindet sie das Wort „Hilf mir" und die Kyrie-Anrede. Es wird zum Gebetswort, das gleichfalls im Psalter seine Entsprechungen hat (ψ 43,26; 69,5; 78,9; 108,26 u.ö.). Im Bildwort wiederholt Jesus die Jüngerbelehrung. Näherhin handelt es sich um eine Allegorie. Die Kinder sind die Israeliten, die Hündlein die Heiden. Die Juden bezeichneten sich gern als Gotteskinder[13], „Hund" war ein schlimmes Schimpfwort[14]. Ob im Bildwort auf die jüdische Beschimpfung der Heiden mit „Hund" angespielt ist, bleibe dahingestellt[15]. Der Diminutiv, die Hündlein unter dem Tisch, offenbar nicht herumlungernde Straßen-, sondern Stubenhunde, mildern etwas die Schroffheit. Die Sättigung mit Brot, die Heilsfülle, ist den Kindern zugedacht. In Weiterführung des Bildes (Anschluß mit γάρ)[16] gewinnt die Frau eine für die Heiden günstige Nuance. Die Hündlein bekommen von den Brosamen, die vom Tisch der Herren fallen. Auffallend ist der Wechsel von den Kindern zu den Herren im Bild. Man wird ihm kaum eine eigene Sinngebung zuschreiben dürfen[17]. Jesus erblickt in dieser Äußerung der Frau einen großen Glauben. Aufgrund dieses Glau-

---

[10] Vgl. HELD, Wundergeschichten 189.
[11] Neuerdings wieder POLAG, Christologie 44f, der das Wort nur auf die Kranken und Sünder in Israel beziehen möchte. Vielleicht ist das der Sinn der LA einiger syrischer Hss und in D: „zu *diesen* verlorenen Schafen des Hauses Israel".
[12] Anders TRILLING, Israel 105.
[13] Vgl. ThWNT VIII 352–355.360f (FOHRER, SCHWEIZER, LOHSE).
[14] Vgl. 1 Sm 24,15; 2 Sm 3,8; 9,8; 16,9; 2 Kg 8,13. Nur im Buch Tob ist in einem weniger verächtlichen Sinn vom Hund die Rede (6,1; LXX Tob 5,17; 11,9).
[15] Belege bei BILLERBECK I 722ff. Auch der Am ha-arez konnte mit diesem Wort belegt werden. – D it sy[s.c] lesen V 26 οὐκ ἔξεστιν.
[16] γάρ fehlt in B e sy[s.p] sa. Man vermutet Paralleleinfluß von Mk 7,28.
[17] Es gehörte zu den jüdischen Tischsitten, nach der Tafel die Speisereste aufzusammeln. Damit hatten sich die verschiedensten Intentionen verknüpft. Vgl. BILLERBECK IV 625ff. 526.

bens gewährt er ihr die Hilfe der Heilung für ihre Tochter. Aber auch dies hat im Lehrgespräch argumentative Funktion. Der Glaube ist der Zugang zum Heil. Die Hinwendung zu den Heiden, die Heidenmission kündigt sich an. Für Mt ist diese längst Wirklichkeit. Für ihn wird es von Belang gewesen sein, daß die Frau, Prototyp des gläubigen Heiden, eine Kanaanäerin ist, aus dem Gebiet seiner Gemeinden stammte. Die Heidenmission löste das Bemühen um Israel nicht ab, sie ging aus ihm hervor (vgl. das zu 10,5b.6 Gesagte). Die Annäherung des Perikopenschlusses an die Geschichte vom heidnischen Hauptmann ruft den dort kritisierten Unglauben Israels in Erinnerung (8,10ff).

III

a) Für die mt Zielsetzung bleibt der Kontext aufschlußreich. Nach der scharfen Kontroverse mit Pharisäern und Schriftgelehrten, denen er den Vorwurf der Heuchelei und Gottesferne machen muß, trifft Jesus auf heidnischem Gebiet einen heidnischen Menschen, der ihm großen Glauben entgegenbringt. Kanaan und das Judentum, Israel und die Heidenwelt stehen zur Debatte. Der wichtigste mt Einschub ist V 24. Er bezeugt die Treue Gottes. Jesus erweist sich als wahrer Messias Israels darin, daß er sich auf seinem irdischen Weg nur zu diesem Volk gesendet weiß. Das Lehrgespräch gipfelt im Glauben. Der Glaube wird über den Weg Israels und der Völker entscheiden.

b) Das Lehrgespräch setzt das Ringen in der Gemeinde um die Problematik der Heidenmission voraus. Ob die der Heidin gewährte Heilung eine historische Erinnerung widerspiegelt, wird verschieden beurteilt[18]. Wenn man dies bejaht, müßte man davon ausgehen, daß das Wunder auf jüdischem Boden erfolgte[19].

c) Der irdische Jesus ist in seinem Wirken begrenzt, zeitlich und örtlich. Seine Bindung an Israel wird man bei Mt im Zusammenhang mit der Gesetzesproblematik sehen dürfen. Der Messias hält sich an all das, was unmittelbar oder auch nur mittelbar vom Gesetz herkommt[20]. Der Reichsanbruch muß in Israel vorbereitet werden[21]. Die kanaanäische Frau erweist einen christlichen Glauben. Dieser ist nicht feige Ergebung in das, was kommen muß, sondern dessen Überwindung (vgl. Hebr 11,33). In seiner berühmten Predigt über den Glauben der Kanaanäerin in seiner Fastenpostille sagt Luther: „am Wort fest hangen, ob gleich Gott mit allen creaturn sich anders stellet den das wort von yhm sagt."[22]

---

[18] Positiv F. HAHN, Das Verständnis der Mission im NT (WMANT 13) (Neukirchen 1963) 24; negativ KLAUCK, Allegorie 277.
[19] In der vormarkinischen Überlieferung ist das der Fall. Vgl. GNILKA, Markus I 290. In der legendarischen Überlieferung wuchert die Geschichte weiter. Die Pilgerin Melania sieht im 3. Jh. in Sidon das Haus der kanaanäischen Frau, das in eine Kirche umgewandelt ist. Vgl. DALMAN, Orte und Wege 212.
[20] Vgl. WEBER, Grundlagen II 63; ELERT, Glaube 295.
[21] WERNER, Weg II 253.
[22] Zitiert bei BARTH, Dogmatik I/1, 184; vgl. ELERT, Glaube 287.

LITERATUR: D. W. Thomas, *Kelebh „dog"*: Its Origin and Some Usages of it in the OT: VT 10 (1960) 410–427; J. A. Diaz, Cuestión sinóptica y universalidad del mensaje cristiano en el pasaje evangélico de la mujer cananea: Cu Bi 20 (1963) 274–279; T. A. Burkill, The Historical Development of the Story of the Syrophoenician Woman: NT 9 (1967) 161–177; S. Legasse, L'épisode de la Cananéenne d'après Mt 15,21–28: BLE 73 (1972) 21–40; H. Rusche, Für das „Haus Israel" vom „Gott Israel" gesandt: H. Goldstein, Gottesverächter und Menschenfeinde? (Düsseldorf 1979) 99–122; G. Schwarz, ΣΥΡΟΦΟΙΝΙΚΙΣΣΑ-ΧΑΝΑΝΑΙΑ: NTS 30 (1984) 626–627.

70. Krankenheilungen am See (15,29–31)

29 Und Jesus zog von dort weg und kam an das Meer von Galiläa, und er stieg auf den Berg und setzte sich dort. 30 Und viele Volksscharen kamen zu ihm, die hatten Lahme, Blinde, Krüppel, Stumme und viele andere mit sich. Und sie legten sie zu seinen Füßen nieder. 31 Und er heilte sie, so daß das Volk sich verwunderte, als sie sahen, daß Stumme redeten, Krüppel gesund wurden und Lahme gingen und Blinde sahen. Und sie priesen den Gott Israels.

I

Obwohl Mt erst in 14,34–36 von Massenheilungen berichtete, bietet er an dieser Stelle erneut einen Sammelbericht, der Krankenheilungen betrifft. Er unterscheidet sich aber in mancherlei Hinsicht von jenem, sowohl hinsichtlich des Ortes als auch hinsichtlich der Schilderung. Für die Formgebung sticht die Korrespondenz in die Augen, die zwischen V 30 und V 31 besteht in der Kennzeichnung der Kranken und ihrer Heilung. Es entspricht dem mt Stil, Parallelisierungen zu schaffen. Am Ende steht der Lobpreis der Volksscharen.

Dieser Sammelbericht hat bei den Seitenreferenten keine Parallele. Mk 7,31 ff bietet an dieser Stelle die Geschichte von der Heilung eines Tauben in der Dekapolis. Nur in bezug auf die von Jesus gewählte Reiseroute lehnt sich E entfernt an Mk 7,31 an, korrigiert diese aber. Die Dekapolis wird nicht mehr erwähnt[1], dafür der Berg, der die eindrucksvolle Kulisse für das Krankenlager schafft. Die Entstehung des Sammelberichtes ist auf das Konto des Mt zu setzen. Dafür sprechen der schon erwähnte Parallelismus, analoge Formulierungen in 5,1 (betreffend den Berg), in 11,5 und 19,2 (die Krankheiten bzw. die Heilung betreffend)[2]. Warum Mt die Heilung des Tauben übergeht; kann nur vermutet werden, vielleicht, weil er in 9,32f; 12,22 schon von solchen Heilungen berichtete, allerdings sehr gekürzt, vielleicht weil ihm die Heilungsmanipulation anstößig erschien. Es

---

[1] Die Dekapolis erscheint bei Mt nur in 4,25.
[2] ῥίπτω kann als mt Vorzugswort gelten: Mt 3mal (jeweils Sondergut), Mk 0mal, Lk 2mal.

ist der letzte Sammelbericht dieser Art im Evangelium. Auch aus diesem Grund dürfte er mit einem Lobpreis geschlossen worden sein.

II

29f Jesus begibt sich aus dem heidnischen Gebiet wieder zurück an den See, von Mt in der Kleine-Leute-Perspektive Meer genannt. Die umständliche Reiseroute von Mk 7,31 ist vereinfacht. Der Berg erinnert an den Beginn der Bergpredigt. Wie sich dort große Volksscharen um Jesus versammelten, um sein Wort zu hören, so bringen sie jetzt ihre Kranken in großer Zahl. Man darf sogar vermuten, daß E denselben Berg im Sinn hat. Damit ist bereits die Entscheidung in einer exegetischen Streitfrage angedeutet. Manche Interpreten vermuten, daß Mt die Heilungswunder in heidnischem Land habe geschehen lassen, mithin eine Heidenwirksamkeit Jesu großen Stils voraussetze[3]. Das aber ist ganz ausgeschlossen. Eben hat Mt die einer Heidin gewährte Heilung als Ausnahme nachdrücklich herausgestellt und die Sendung des irdischen Jesus zu Israel betont. Auch die Verwandtschaft der Bergkulisse erinnert an die gleichen Scharen aus dem Volk Israel. Mt erwähnt die Dekapolis gerade nicht. παρὰ τὴν θάλασσαν erfolgte nach 4,18 die Berufung der ersten Jünger und nach 13,1 die Predigt am See. Vielmehr erfüllte Jesus in seiner gnädigen Hinwendung zu den Kranken des Volkes die vom Propheten vorausverkündete Aufgabe des Messias Israels (vgl. 11,5 und Is 35,5f). Die Kennzeichnung der Kranken lehnt sich an diese Stelle an. In ihrer Reihung ist die Überlieferung des Textes sehr unterschiedlich[4]. Wie die Heilungen erfolgten, sagt V 30 nicht. Wir hören nur, daß man die Kranken Jesus zu Füßen legte (Luther-Übersetzung: und warfen sie Jesus vor die Füße)[5]. Man hat daraus den Schluß ziehen wollen, daß die Heilungen durch Berührung mit dem Fuß erfolgt seien:[6] „Noch jetzt legen sich im Orient mitunter die Kranken nieder, damit der Derwisch über sie schreite und sie so heile."[7] Es ist sehr unwahrscheinlich, daß Mt diese Heilerart vorschwebte. Das „Geworfensein" ist eher Ausdruck des Elends.

31 Die Gesundung der verschiedenen Erkrankungen wird ausdrücklich festgestellt[8]. Vielleicht werden die Blinden akzentuiert am Schluß genannt, weil Mt auch sonst die Heilung der Blinden herausstellt. Die Reaktion der Volksscharen ist der Preis des Gottes Israels. „Gepriesen ist (der

---

[3] So JEREMIAS, Verheißung 29; FRANKEMÖLLE, Jahwebund 117.
[4] Wir lesen mit Sinaiticus ff² sy^s in V 30 Lahme, Blinde, Krüppel, Stumme. SCHNACKENBURG (Einheitsübersetzung) bevorzugt: Lahme, Krüppel, Blinde, Stumme (B mae); KLOSTERMANN: Lahme, Krüppel, Blinde (mit Berufung auf D). In den Hss gibt es noch 4 andere Reihungen.
[5] CKPWΓΔ f¹ 565 sy^{p.h} ergänzen den Jesus-Namen. D it fügen hinzu: und er heilte *alle*.
[6] KLOSTERMANN.
[7] Zitat nach O. WEINREICH, Antike Heilungswunder (RVV 8/1) (Gießen 1909) 68. Nach PLUTARCH, Pyrr. 3, besaß Pyrrhus eine heilkräftige Zehe.
[8] Auch in diesem Vers gibt es wieder erstaunlich viele LAA. Erwähnenswert ist die Abänderung: daß (Taub-)Stumme hörten und redeten (ΝΟΣ) bzw. hörten (ΒΦ).

Herr,) der Gott Israels" ist eine feste liturgische Formel (ψ 40,14; 71,18; 105,48; Lk 1,68). Im Kontext darf sie nicht zu der oben schon abgewiesenen Vermutung Anlaß geben, daß es Heiden sind, die so sprechen und sich dem Gott Israels nähern würden. Auch im AT sind es immer Juden, die den „Gott Israels" loben (vgl. 1 Kg 1,48; 8,15.23.25f; 2 Kg 19,15; 1 Chr 4,10; 15,12; 16,4 usw.). Es ist der Gott Israels, der in Jesus wirkt.

71. Das Mahl der Viertausend (15, 32–39)

32 Jesus aber rief seine Jünger und sprach: Ich habe Erbarmen mit der Volksmenge, denn schon drei Tage harren sie bei mir aus und haben nichts zu essen. Und ich will sie nicht ohne Speise entlassen, damit sie nicht auf dem Weg erliegen. 33 Und seine Jünger sagen ihm: Woher werden uns in der Wüste so viele Brote zuteil, daß wir eine solche Volksmenge sättigen? 34 Und Jesus sagt ihnen: Wieviel Brote habt ihr? Sie aber sprachen: Sieben, und wenige Fischlein. 35 Und er befahl der Volksmenge, sich auf den Boden zu lagern, 36 nahm die sieben Brote und die Fische und sprach das Dankgebet, brach und gab sie den Jüngern, die Jünger aber (gaben sie) den Volksscharen. 37 Und alle aßen und wurden satt. Und sie hoben die übriggebliebenen Brocken auf, sieben Körbe voll. 38 Es waren aber viertausend Männer, die gegessen hatten, ohne die Frauen und Kinder. 39 Und er entließ die Volksscharen, stieg in das Boot und kam in das Gebiet von Magadan[1].

I
Obwohl Mt die Speisung der Viertausend an der gleichen Stelle wie Mk 8,1 ff bietet, gewinnt sie durch die vorausgegangenen Massenheilungen eine veränderte Konnotation und Dringlichkeit. Für die mt Gestaltung ist zunächst das Bemühen maßgeblich, die Geschichte mit der Speisung der Fünftausend 14,13 ff zu parallelisieren. Genauer gesagt, baut Mt die vorgegebene Parallelität noch weiter aus und kommt damit auch hier einer für sein Werk bestimmenden Tendenz nach. Er konzentriert sich dabei auf den zweiten Teil. Die Mahlhandlung Jesu und die Beteiligung der Jünger V 36 entspricht weitgehend 14,19 b.c (die Verbformen variieren, der Aufblick zum Himmel ist weggelassen, εὐχαριστήσας statt εὐλόγησεν in 14,19 in Übereinstimmung mit Mk 8,6). Sättigungsmahl, Sammlung der Reste und Schlußbemerkung (37 f) stimmen mit Ausnahme der unter-

---

[1] Einzelne Textabweichungen erklären sich durch Paralleleinfluß: der Singular τῷ ὄχλῳ in V 36 (= Mk 8,6); die Wortstellung καὶ ἦραν in V 37 (= Mk 8,8; auch Mt 14,20b); die Zufügung von ὡς/ὡσεί in V 38 (= Mk 8,9; Mt 14,21). – CLW lat kennzeichnen die Jünger in 33 und 36 durch αὐτοῦ. In V 32 hingegen ist αὐτοῦ wahrscheinlich ursprünglich. Es fehlt in Sinaiticus WΘ 700. Andere für die Kommentierung bedeutsame LAA werden dort erwähnt.

schiedlichen Zahlen der Beteiligten (auch fehlt ὡσεί) und der Bezeichnung der Körbe σπυρίδας statt κοφίνους wörtlich mit 14,20f überein. Letzteres ist wie die Zahlen durch Mk vorgegeben und Voraussetzung für das Jüngergespräch in 16,9f.

Damit sind bereits wesentliche Elemente der mt Bearbeitung der Mk-Vorlage genannt. Die folgenden verdienen besondere Beachtung: Die Bemerkung Mk 8,3b „Und einige von ihnen sind von weit her" fehlt. Auf die Frage Jesu nach den Vorräten erwähnen die Jünger sogleich auch die Fische (wie 14,17; anders Mk 8,5). Das in Mk 8,7 eigens berichtete „Fischmahl" entfällt (wie in 14,19). Dafür spricht Jesus ein einziges Gebet über Brote und Fische (wie 14,19). Wenn in V 37 πάντες und in 38 die Frauen und Kinder hinzugefügt werden, ist damit wieder 14,20f zu vergleichen. Der Aufbruch im Boot erfolgt im Unterschied zu Mk 8,10 nicht nach Dalmanuta, sondern nach Magadan.

Wir werden sehen, daß die wichtigsten Änderungen sich durch Rücksichtnahme auf jüdische Gepflogenheiten erklären lassen. Auch das Problem, warum zwei Speisungsgeschichten, die letztlich auf eine gemeinsame Vorlage zurückreichen[2], überliefert werden, besitzt im AT eine Analogie. Von der Mannaspeisung und vom Wachtelregen hören wir sowohl in Ex 16 als auch in Nm 11[3]. Freilich läßt sich nicht sicher nachweisen, daß Mt dieses Vorbild nachahmt. Auch handelt es sich für ihn um zwei Ereignisse (vgl. 16,9f).

II

32f Auch in der Geschichte vom Mahl der Viertausend sind die Jünger wichtig. Sie treten von Anfang an in das Blickfeld. Das Erbarmen ist hier auf die leibliche Not des Volkes gerichtet. Die Befürchtung, die Menschen könnten auf dem Weg zugrunde gehen, ist bei Mt konkreter und echter als in Mk 8,1ff, weil ihre physische Not im Sammelbericht das Thema war. Zur Befreiung von den vielfältigen Krankheiten soll die Befreiung vom Hunger treten. Der Entschluß Jesu zu helfen impliziert eine indirekte Aufforderung an die Jünger zur Hilfe[4]. Die drei Tage enthalten möglicherweise eine Erinnerung daran, daß nach biblischer Erfahrung Gott nach drei Tagen helfend eingreift (vgl. Jos 1,11; Gn 40,13). Wenn Mt die Bemerkung in Mk 8,3b, daß einige der Leute von weither gekommen waren (ἀπὸ μακρόθεν), streicht, könnte dies damit zusammenhängen, daß er auch dieser Wendung symbolische Bedeutung beimaß. Die „Fernen", die „aus der Ferne" sind nach biblischer Terminologie die Heiden (Eph 2,12.17; Apg 2,39; 22,21; Jos 9,6). Trifft dies zu, so würde dieses Detail belegen, daß Mt den Gedanken, unter den Mahlteilnehmern befanden sich Heiden, ausschließen wollte. Die Ausrichtung des Wirkens Jesu auf die verlorenen Schafe des Hauses Israel war ohnehin in V 24 festgestellt

---

[2] Vgl. GNILKA, Markus I 255f. 300.
[3] Schon STRAUSS, Leben Jesu 498.
[4] Mit HELD, Wundergeschichten 174.

worden. Die Jünger beziehen die Sorge Jesu um die Not der Menge durchaus auf sich (ἡμῖν). Sie verstehen, daß es ihre Aufgabe wäre, das Volk zu sättigen, bekunden aber in ihrer Ratlosigkeit ihren Kleinglauben. Nach dem vorangegangenen Mahl der Fünftausend mag dies sonderbar erscheinen. Es warnt uns aber davor, das Wunder zu massiv aufzunehmen. Der wüste Ort (ἐν ἐρημίᾳ) will nicht zum Streifen am „Meer von Galiläa" passen, wo die Massenheilungen sich ereigneten (V 29), zumal das Gras in unserer Geschichte nicht mehr erwähnt wird (anders 14,19). Von einem Rückzug Jesu und des Volkes in die wüste Gegend hörten wir diesmal nichts (vgl. 14,13). Vielleicht zeichnet sich damit eine symbolische Bedeutung der ἐρημία ab. Dann könnte sie an die Zeit der Wüstengeneration des Mose erinnern wollen. Mose hatte das Volk gespeist. „Sie hatten sich in der Wüste verirrt, in der Öde. Einen Weg zur Wohnstatt fanden sie nicht. Sie litten unter Hunger und Durst. Ihre Seele wollte in ihnen verzagen" (Ps 107,4). Der Hunger ist damals wie jetzt ein konkreter. Er sollte wie auch die Speise nicht vorschnell spiritualisiert werden. Die Mose-Typologie ist dann erneut aufgegriffen.

34–38 In den Zahlen weicht für den äußeren Betrachter die Geschichte von 14,13ff ab. Diesmal sind es sieben Brote und wenige Fischlein, die zur Verfügung stehen. Wichtig ist, daß es der Reiseproviant der Jünger ist, den sie hergeben. Der Befehl Jesu, dies zu tun, ist ausgelassen (vgl. 14,18). Wieder ist die zentrale exegetische Frage die nach einem eucharistischen Hintergrund. Wird das Mahl zu einer Darstellung des Abendmahles? Zwei Hauptargumente werden dafür ins Feld geführt: 1. eine sprachliche Angleichung an die Abendmahlsüberlieferung; 2. die Auslassung des „Fischmahls", das nach Mk 8,7 einen eigenen Segen erhält. Dadurch werde bei Mt die Speisung zu einer reinen Brotmahlzeit. Prüfen wir die Argumente. εὐχαριστήσας (V 36 = Mk 8,6) ist kein zuverlässiger Hinweis. Zwar setzt sich in der Abendmahlsterminologie εὐχαριστεῖν durch, jedoch sind in ntl Mahltexten εὐχαριστεῖν und εὐλογεῖν austauschbar (Mk 8,6f; 14,22f par). Paulus bezeugt, daß das tägliche Tischgebet in hellenistischen Gemeinden mit εὐχαριστεῖν bezeichnet wurde (Röm 14,6; 1 Kor 10,30; vgl. 1 Tim 4,3f). V 36 stimmt mit Mt 26,26f in Wortwahl und -folge nicht zusammen, was für den Fall einer Zusammenschau gerade für Mt zu erwarten wäre, der die Parallelisierung von Texten bevorzugt. Patsch[5] behauptet, daß Mt mit V 36 zum Zeugen der paulinischen Abendmahlsüberlieferung werde. Zwar stimmt die Wortfolge ἔλαβεν ... καὶ εὐχαριστήσας ἔκλασεν in der Tat mit 1 Kor 11,24 überein, aber das muß als Zufall angesehen werden[6]. Nehmen – Beten – Brechen ist immer die Reihenfolge.

---

[5] ZNW 62 (1971) 215.
[6] V 36 unterscheidet sich von Mk 8,6 in der Sache nur dadurch, daß καὶ λαβών in ἔλαβεν umgewandelt ist und καί nachfolgt. Dies aber kam durch einen anderen Anschluß nach vorn zustande: καὶ παραγγείλας ... ἔλαβεν (35f). In Mk 8,6 lesen wir καὶ παραγγέλει. V 36 weist verschiedene Textvarianten auf: CLW sy^h lesen καὶ λαβών. Dies dürfte Paralleleinfluß von Mk 8,6 sein. Dasselbe gilt für die Auslassung von καί vor εὐχαριστήσας in C² W f ff¹ sy^h. Statt ἐδίδου bieten CLW f¹ ἔδωκεν.

Auch fehlt in 1 Kor 11,24 ἐδίδου. Mt die Überlieferung von 1 Kor 11,24 bezeugen zu lassen ist ein zu kühner Gedanke. Hat Mt eine reine Brotmahlzeit im Sinn? Dagegen spricht doch die Erwähnung der Fische im Dankgebet. Mt hat die Mahlhandlung jüdischen Tischsitten angeglichen, indem er Jesus einen einzigen Tischsegen vor der Mahlzeit sprechen läßt. Einen zweiten Tischsegen über einen zweiten Gang zu sprechen war im Judentum unüblich[7]. Der hellenisierende Mk-Bericht ist demnach durch Mt wieder auf jüdischen Boden zurückgeholt worden. Wieder sind es die Jünger, die die Gaben an das Volk austeilen. Es sind ihre, durch Jesus vermehrte Gaben.

39 Das Boot, das Jesus besteigt, fügt sich im weiteren Kontext zu dem in V 29 erwähnten Meer. Die Überfahrt erfolgt nach Magadan. Unter den zahlreichen Textvarianten erscheint auch Magdala[8]. Dies wäre der bekannte Ort am Westufer des Sees zwischen Kafarnaum und Tiberias, der in den Evangelien nicht genannt wird, aber durch Maria aus Magdala bekannt ist. Man hat bei Magadan an eine Verschreibung von Magdala gedacht, das im Talmud Migdal/Magdal Nunaija (= Turm der Fische) heißt und Bedeutung hatte durch seine Fischerei[9]. Eusebios identifiziert Magadan mit Μαγεδανη im Südosten der Dekapolis[10]. Das wäre mehrere Tagereisen vom See entfernt! Die genaue Bestimmung von Magadan ist nicht mehr möglich.

III

Die negativen Ergebnisse zunächst der Untersuchung sind: das Mahl der Viertausend ist kein heidnischen Menschen gewährtes Mahl, Angehörige des jüdischen Volkes sind seine Teilnehmer. Eine eucharistische Implikation läßt sich nicht nachweisen. Man wird aber auch hier einen indirekten Bezug herstellen dürfen, insofern die Eucharistie die Gemeinschaftsmähler, die Jesus mit den Menschen gehalten hat, auf einer anderen Ebene fortführt. Leider sind wir über den näheren Verlauf der Eucharistiefeier in den mt Gemeinden nicht informiert. Sollten sie ein Agape-Mahl gekannt haben? Zu diesem könnte man eine gewisse Entsprechung schaffen. Die Jünger sollen ihre Gaben weitergeben. Kirche muß sich auch um das physische Wohl der Menschen kümmern. Diese Notwendigkeit setzt sich den spiritualisierenden Interpretationen entgegen, die einen „leichteren" Weg ermöglichen könnten. In praxi müßte die Sinneinheit von Agape- und eucharistischem Mahl neu entdeckt werden. „Seelsorge" richtet sich auf den

---

[7] Ber 6,7: „Dies ist die Regel: Wenn etwas eine Hauptspeise ist und es ist eine Nebenspeise dabei, so spricht man den Lobspruch über die Hauptspeise und macht damit die Nebenspeise (von einem Lobspruch) frei." Vgl. ROLOFF, Kerygma 253.
[8] Magdala wird geboten von KLXΘ f¹ f¹³ 700 syʰ arm geo. Andere Hss lesen Magadon, Magadin, Magdu, Magedan, Magedam, Magedal. Das zeigt die Unsicherheit. Die syrische Textüberlieferung fällt durch zahlreiche Varianten auf.
[9] Vgl. ABEL, Géographie I 373.
[10] Bei ZAHN 527 Anm. 43.

ganzen Menschen. Die Sorge ist eine beständige. Das Nebeneinander von 14,13 ff und 15,32 ff wird es andeuten wollen.

LITERATUR s. bei Nr. 65 (Mt 14,13–21).

72. Erneute Zeichenforderung (16,1–4)

1 Und die Pharisäer und Sadduzäer traten an ihn heran, um ihn zu versuchen. Sie baten ihn, ihnen ein Zeichen vom Himmel vorzuführen. 2 Er aber antwortete und sprach zu ihnen: [Wenn es Abend wird, sagt ihr: Schönes Wetter, denn der Himmel ist feurig. 3 Und am Morgen: Heute kommt Sturm, denn der Himmel ist feurig und trübe. Das Angesicht des Himmels versteht ihr zu beurteilen, die Zeichen der Zeiten aber kennt ihr nicht?] 4 Ein böses und ehebrecherisches Geschlecht verlangt ein Zeichen. Und es wird ihm kein Zeichen gegeben außer das Zeichen des Jona. Und er ließ sie stehen und ging weg.

I
Der äußere Anlaß für die Wiederholung der Zeichenforderung (nach 12,38–40) an dieser Stelle war die Vorgabe des Mk. E las die Zeichenforderung in Q und Mk 8,11–13. Er hat auch hier die Neigung, die beiden Fassungen zu parallelisieren. Die Antwort Jesu 3 a.4 a stimmt wörtlich mit 12,39 überein. Nur wird Jona nicht mehr eigens Prophet genannt[1]. Das mag damit zusammenhängen, daß die aus der Jonageschichte geholte Interpretation des Jonazeichens von 12,40 nicht mehr wiederholt wird. So erklären sich auch die Abweichungen in V 4 von Mk 8,12: Auslassung der Frage und des Amen, die Charakterisierung des Geschlechts als böse und ehebrecherisch usw. Für die Eröffnungsszene ist als mt Abänderung die Verbindung von Pharisäern und Sadduzäern sowie der Wunsch der Konkretisierung des Zeichens (mit ἐπιδεῖξαι) erwähnenswert. Auch die Schlußszene ist schroffer gestaltet (mit καταλιπών).

Ein fast nicht lösbares Problem bildet die textkritische Beurteilung der in der Übersetzung in eckige Klammern gesetzten VV 2b.3. Über deren Zugehörigkeit zum ursprünglichen Mt-Text sind die Meinungen der Texteditoren und Kommentatoren geteilt[2]. Um zu einem Urteil zu gelangen, sind drei Überlegungen notwendig: 1. Die Textüberlieferng führt zu keinem überzeugenden Ergebnis. Die Bezeugungen für oder gegen den Text

---

[1] In CWΘ f¹·¹³ it vg^cl sy mae wird προφήτου wieder hinzugefügt.
[2] Zum Text zählen die beiden Verse HUCK-GREEVEN, MERK, LAGRANGE, GUNDRY, GAECHTER, SCHNACKENBURG; die beiden letzteren mit einer gewissen Zurückhaltung. Negativ urteilen BEARE, BONNARD, KLOSTERMANN, SCHLATTER, ZAHN. SCHLATTER 498 spricht von einem Vielleicht. NESTLE-ALAND und The Greek NT setzen die beiden Verse in eckige Klammern.

halten sich in etwa die Waage. Der Text fehlt in Sinaiticus BXΓ f[13] 157 1216 sy[s.c] sa mae arm Origenes, wird gelesen von CDKLWΔΘ f[1] 33 565 1241 1424 vg sy[h.p] aeth geo Diatessaron. Vielleicht ist ein leichtes Plus für die Streichung festzustellen. 2. Die Traditionsgeschichte. Gehörten die beiden Verse zu Q? Sie besitzen in Lk 12,54–56 eine Parallele. Strukturell, nicht im Wortbestand[3], besteht auffällige Übereinstimmung, nämlich: λέγετε, verbunden jeweils mit zwei Beobachtungen des Wetters. Es folgt der Vorwurf in Frageform mit dem übereinstimmenden Inhalt: Das Angesicht ... des Himmels könnt ihr beurteilen, die Jetztzeit nicht? Mag der Vorwurf auch in unterschiedliche Worte gekleidet sein, die strukturelle Übereinstimmung spricht für Abhängigkeit. Falls die Version von Mt stammt, müßte das Logion in Q gestanden haben. Dies aber läßt sich nicht nachweisen[4]. 3. Wie entstand der Text? Ohne Zweifel ist die lk Version die ältere. Das geschilderte Wetter: Wolken aus dem Westen (vom Meer) bringen Regen, der Südwind (aus der Wüste) bringt Hitze, setzt palästinisch-syrische Verhältnisse voraus. Auch das spricht gegen Mt, den wir in Syrien vermuten. Die beiden Verse 2b.3, die schon im 3. Jh. in griechische Handschriften gekommen sein müssen[5], verstehen sich als Analogiebildung im Anschluß an Lk 12,54–56, indem sie die Warnung verallgemeinern (Zeichen der Zeiten) und auf andere geographische Verhältnisse übertragen. Die Witterungsverhältnisse: Abendrot zeigt schönes Wetter an, Morgenrot hingegen Sturm, läßt an westlichere Gebiete denken. Die Einfügung der Glosse erfolgte ad vocem σημεῖον.

II
1   Die Gruppierung der Pharisäer und Sadduzäer beherrscht unseren Abschnitt 16,1–12 (4mal). Sie begegnete uns bereits in 3,7 im Angriff gegen Johannes den Täufer, der ihnen ein schlimmes Gericht ansagte. Auf diese fünf Stellen bleibt die Gruppierung beschränkt. Für die Konzentration auf unseren Abschnitt läßt sich kein erkennbarer Grund ausmachen. Ein historisches Anliegen ist auch nicht zu erkennen. Ihr Zusammenschluß geschieht formelhaft. An allen Stellen sind sie unter *einem* Artikel zusammengeführt[6]: οἱ Φαρισαῖοι καὶ Σαδδουκαῖοι. Sie repräsentieren – wie auch andere Gruppierungen – die geschlossene Front der führenden Schicht des Judentums gegen Jesus. Im Unterschied zu 12,38 fordern sie ein Zeichen *vom Himmel.* Sie tun es, um Jesus zu versuchen. Das bedeutet

---

[3] Mt 16,2b.3 umfaßt 31, Lk 12,54–56 41 Wörter. Davon sind nur 7 gemeinsam. 2 von diesen sind im Casus verschieden. Mt τῶν καιρῶν, Lk τὸν ... καιρόν.
[4] GUNDRY 323f bemüht sich über die Stilkritik und Vokabelstatistik um den Nachweis von MtR. Die Vokabelstatistik, ohnehin ein nur bedingt brauchbares Instrumentarium, versagt angesichts der Kürze und Unschärfe des Textes. Zweifaches πυρράζει γάρ (Parallelisierung) reicht auch nicht aus. Zur Frage der Zugehörigkeit zu Q vgl. POLAG, Fragmenta Q 67 (Literaturangaben), der sich selbst eines Urteils enthält. Auch er setzt den Text (für Q) in eckige Klammern.
[5] Vgl. ZAHN 529.
[6] Das Fehlen des Artikels οἱ, das in f[1] 33 565 mae bezeugt ist, aber als sekundär angesehen werden muß, gibt der Wendung einen anderen, konkreteren Sinn.

eine Steigerung. Der Angriff ist heftiger. Bei Mt heißen die Wunder Jesu δυνάμεις (11,20f.23; 13,54.58; 14,2). Das geforderte Zeichen ist davon abzuheben. Offenbar genügen ihnen die δυνάμεις Jesu nicht. Sie suchen ein jeden Zweifel ausschließendes Beglaubigungswunder. Als Zeichen vom Himmel versteht man es am besten als unmittelbar von Gott gesetztes Wunder, das Jesus vor aller Welt beglaubigt[7]. Das Spektakuläre ist bei Mt durch ἐπιδεῖξαι αὐτοῖς verstärkt. Das Versucherische dieser Situation besitzt atl Analogien. Die Mosegeneration versuchte Jahve auf ihrem Wüstenzug, um sich bestätigen zu lassen, daß er in ihrer Mitte ist oder nicht (vgl. LXX Ex 17,2.7; ψ 77,41 b.56 u.ö., jeweils mit πειράζειν). Wie dort hat πειράζειν an unser Stelle den Sinn von Erproben. Der Unterschied ist nur, daß die Gegner Jesu sicher sind, daß Jesus ihrem Ansinnen nicht wird entsprechen können.

[2f Der eingeschaltete Drohspruch – den wir oben als Glosse charakterisierten – ist bestimmt von einer Gegenüberstellung: die Zeichen des Wetters, die Zeichen der Zeiten. Zwar fehlt im ersten Teil der Begriff σημεῖον, gedanklich ist er hinzuzunehmen. Es ist klar, daß σημεῖον jetzt eine ganz andere Sinngebung erfährt. Von Vorzeichen, Hinweiszeichen ist die Rede. Wetterzeichen, Wetterregeln haben im Judentum eine Rolle gespielt[8], bei den Griechen konnten Wetterzeichen als schicksalhafte Omina betrachtet werden[9]. Letzteres ist natürlich hier nicht vorausgesetzt. Die Wetterregeln, daß das Abendrot Schönwetter, das Morgenrot Sturm verheißt, paßt nicht recht zum östlichen Mittelmeergebiet (s. Punkt I)[10]. Entscheidend ist, daß die Wetterzeichen richtig gedeutet werden, die Zeichen der Zeiten aber nicht. Der Zeitbegriff καιρός zielt ab auf den Zeitpunkt, die Jetztzeit, die Entscheidungszeit ist. Im Gespräch mit Jesus möchte man die καιροί auf ihn, sein Wirken und seine Person, beziehen. Auffällig ist der Plural. Er könnte herausstellen wollen, daß die Verkennung der entscheidungsvollen Zeitpunkte wiederholt das Verhältnis des Volkes zu seinem Gott belastete. In einer Glosse könnte sich das paränetische Anliegen in den Vordergrund schieben. Es gilt zu jeder Zeit, den καιρός zu erkennen. Auf jeden Fall hat der Plural verallgemeinernde Wirkung.]

4 Die Antwort Jesu auf die Zeichenforderung ist eine entschiedene Absage wie in 12,39 (s. dort). Die dem bösen und ehebrecherischen Geschlecht gebotene Schelte weitet den Adressatenkreis über die Gegner hinaus aus. Vielleicht ist der schlechte Einfluß auf das Volk angedeutet.

---

[7] BILLERBECK I 727 bringt rabbinische Belege dafür, daß man von Propheten Zeichen und Wunder erwartete.
[8] Jüdische Wetterregeln bei BILLERBECK I 727f.
[9] Nach DIO CHRYSOSTOMOS 7,70 ist ein guter, glückverheißender Tag, der für die Hochzeitsfeier geeignet ist, ein Tag, an dem die Luft klar ist und der Himmel strahlend. Nach 38,18 sind „Zeichen am Himmel", das heißt, kosmische Zeichen, unglückverheißend.
[10] Kodex D liest in V 3: denn *die Luft* ist feurig und trübe. Am Ende des Verses ergänzen verschiedene Hss das fehlende Verb: δοκιμάζειν, γνῶναι, συνίετε.

Der Ehebruch weist auf den Bund mit Jahve. Die brüske Abwendung Jesu von den Zeichenforderern läßt sie als Sieger zurück. Sie sehen sich in ihrem Ansinnen, Jesus zu erproben, bestätigt. Gewiß wird dies nicht mehr gesagt. Für Mt ist allein belangvoll, das Gehabe des Unglaubens, der sich in der Zeichenforderung äußerte, dargestellt zu haben. Das folgende Jüngergespräch schließt daran an.

III

Für Mt dürfte die Perikope, die die Szene von 12,38 ff nur in verschärfter Form wiederholt, vor allem kompositionelle Bedeutung haben. Am Ende des ersten Teils des Evangeliums spitzt sich der Konflikt zu. E aber bleibt bei der negativen Schilderung des Konflikts nicht stehen. Er wendet ihn auf die Jüngerschaft, und damit auf uns, an, wie das Folgende zeigen wird. Mit dem Messiasbekenntnis des Simon Petrus schafft er dann das Gegengewicht, den Ausblick, die Verheißung einer neuen Situation.

LITERATUR: O. LINTON, The Demand for a Sign from Heaven: StTh 19 (1965) 112–129; A. AMBROZIZ, Die Zeichenforderung und der christliche Dialog mit der Welt: Biblische Randbemerkungen (Schüler-Festschrift R. SCHNACKENBURG) (Würzburg 1974) 272–282; C.-P. MÄRZ, Lk 12,54b-56 par Mt 16,2b.3 und die Akoluthie der Redequelle: SNTU 11 (1986) 83–96.

73. Warnung vor der Lehre der Pharisäer und Sadduzäer (16,5–12)

5 Und als die Jünger an das andere Ufer kamen, hatten sie vergessen, Brote mitzunehmen. 6 Jesus aber sprach zu ihnen: Gebt acht und hütet euch vor dem Sauerteig der Pharisäer und Sadduzäer! 7 Sie aber dachten bei sich selbst und sagten: Wir haben keine Brote mitgenommen. 8 Jesus erkannte es und sprach: Was denkt ihr bei euch selbst, ihr Kleingläubigen, daß ihr keine Brote habt? 9 Versteht ihr noch nicht und erinnert ihr euch nicht an die fünf Brote für die Fünftausend und wieviel Körbe ihr aufgehoben habt? 10 Und nicht an die sieben Brote für die Viertausend und wieviel Körbe ihr aufgehoben habt? 11 Wie versteht ihr nicht, daß ich nicht über Brote zu euch sprach? Hütet euch vor dem Sauerteig der Pharisäer und Sadduzäer![1] 12 Da begriffen sie, daß er nicht gesagt hatte, daß sie sich hüten sollten vor dem Sauerteig der Brote, sondern vor der Lehre der Pharisäer und Sadduzäer.

I

Die Auseinandersetzung mit den Pharisäern und Sadduzäern, die in V 1 als Zeichenforderer aufgetreten waren, setzt sich fort, im Kreis der Jünger-

---

[1] KLOSTERMANN, SCHWEIZER, BEARE fassen V 11 als einen einzigen Fragesatz: Wie versteht ihr nicht, daß ich nicht über Brote zu euch sprach: Hütet euch …? – Diese Version könnte sich auf KNPΓΔ 33 565 700 sy^h berufen, eine LA, die aber sicher sekundär ist.

schaft. In formaler Hinsicht rahmt die Warnung vor dem Sauerteig der Pharisäer und Sadduzäer die Perikope (6 und 11 b). Sie muß das entscheidende Thema sein. Ausgangspunkt aber sind die vergessenen Brote, die Anlaß sind für die Warnung und einen verhaltenen Jüngertadel. Eingestreut ist die Erinnerung an die beiden Speisungen, die das Mißverständnis der Jünger überwinden hilft. Es überschneiden sich somit zwei Themen, von denen man meinen möchte, daß sie nichts miteinander zu tun haben: der Sauerteig der Pharisäer und Sadduzäer und die vergessenen Brote.

Die Perikope ist schon bei Mk 8,14–21 änigmatisch, woraus sie E schöpft. Sie gewinnt bei Mt eine glattere und nüchternere Gestalt. Das ist auf zweierlei Weise erreicht worden, zunächst durch die Präzisierung der Warnung, die sich glatt an 16,1–4 anschließt. Nach Mk 8,15 warnt Jesus vor dem Sauerteig der Pharisäer und dem des Herodes. Auch ist das änigmatische Wort Mk 8,14b, daß die Jünger ein einziges Brot bei sich im Boot hätten, ausgelassen. Zum anderen hat E den scharfen Jüngertadel der mk Fassung aufgelöst. Der Vorwurf des verstockten Herzens, der blinden Augen und tauben Ohren in Mk 8,17f, der sich an Jer 5,21; Ez 12,2 anlehnt, fehlt. An seine Stelle ist der für Mt charakteristische Vorwurf des Kleinglaubens gerückt (8). Das Jüngergespräch ist beseitigt. Die Jünger antworten nicht mehr wie in Mk 8,19f. An die Stelle der alles noch offen lassenden, abschließenden Frage „Versteht ihr noch nicht?" Mk 8,21 setzt Mt in 11f ein klärendes Wort, das sowohl die änigmatische Warnung eindeutig erklärt als auch das Jüngerverständnis aufhebt. Umstritten ist, ob die Warnung vor dem Sauerteig der Pharisäer auch in Q stand[2]. Lk 12,1 bringt sie als isolierte Warnung an ganz anderer Stelle (im Anschluß an die Wehe gegen Pharisäer und Gesetzeslehrer), die mk Perikope übergeht er. Lk deutet den Sauerteig – sicherlich sekundär – auf die Heuchelei der Pharisäer. Auch bei Mt/Mk sperrt sich die Warnung immer noch ein wenig gegen den Kontext, der an die Speisungen erinnert, so daß mit einem isolierten Logion zu rechnen ist, daß auch in Q gestanden haben könnte. Ein Einfluß des Q-Logions auf Mt ist nicht feststellbar.

II
5 Es macht eine ausgesprochene Seltenheit innerhalb der Evangelien aus, daß allein von der Ankunft der Jünger gesprochen wird[3]. Ist Jesus nicht im Boot?[4] Derlei Fragen erübrigen sich, weil das Interesse ganz auf die Jünger gelenkt werden soll. Es geht um ein Anliegen, ein Sorgen, das ausschließlich sie betrifft. Sie habe keine Brote bei sich. Entgegen Mk 8,14ff spielt das Folgende nicht im Boot, sondern nach der Ankunft am

---

[2] Mit einem Q-Logion rechnen KNOX, Sources II 68; W. BUSSMANN, Synoptische Studien II (Halle 1929) 79f; B. H. STREETER, The Four Gospels (London ²1926) 279.
[3] LW f¹ lat sy lat lesen: *seine* Jünger. Wenn in einzelnen Hss οἱ μαθηταί fehlt, könnte dies Einfluß von Mk 8,14 sein.
[4] SCHNACKENBURG erwägt, ob Jesus zunächst allein angekommen ist.
[5] Dies ist mit KLOSTERMANN zu betonen.

anderen Ufer⁵. Diese Veränderung ist merkwürdig. Die Ortsangabe ist sehr unbestimmt. Im folgenden werden sie sich nach Kaisareia Philippi begeben (V 13). Ist damit eine Richtung angezeigt? Die Richtung zum Ort der mt Gemeinden? Man kommt in diesem Fall über Vermutungen nicht hinaus.

6 Im unmittelbaren Kontext erscheint die Warnung vor dem Sauerteig der Pharisäer und Sadduzäer unvermittelt. Durch die Zeichenforderung dieser Gruppe in V 1 aber ist sie vorbereitet. Der Leser ist sich ihrer Gefährlichkeit bewußt. Indem E Pharisäer und Sadduzäer wiederum zusammennimmt, kennzeichnet er die allgemeine Frontstellung gegenüber dem Judentum. Auf die bestehenden Unterschiede zwischen den beiden Gruppierungen kommt es ihm nicht an. Das im Judentum verbreitete Bild vom Sauerteig veranschaulicht den Einfluß, der von jemandem ausgeht, und ist meist in malam partem gefaßt⁶ (anders 13,33). Man darf das Bild auch dahingehend verstehen, daß dieser Einfluß wie die Wirkung des Sauerteigs unaufhaltsam und unbeobachtet voranschreitet. Zwischen dem vergessenen Brot, das den Hunger stillt, und der Metapher vom Sauerteig, vor dem gewarnt wird, besteht in narrativer Hinsicht nur eine äußere Verbindung. Oder gibt es für Mt eine innere Brücke?⁷ Auf diese Möglichkeit ist in der weiteren Erörterung zu achten. Auf jeden Fall ergeht die Warnung, unter keinen Umständen wie die Pharisäer und Sadduzäer zu werden, für die Jüngerschaft in einer Notsituation.

7f Ihre besorgten Gedanken verharren bei ihrer Not⁸. Man wird dieser Kennzeichnung grundsätzliche Bedeutung einräumen müssen. Der Mensch ist um seine Existenz besorgt. Es gibt ein Sorgen und Besorgen, das vom Eigentlichen wegführt. Die Jünger werden zum negativen Beispiel für das, was Jesus in der Bergpredigt gesagt hat (vgl. 6,25ff). Darum trifft sie der Tadel Jesu, der sie durchschaut. Wie in 6,30 ist es der Vorwurf des Keinglaubens. Er hat immer mit einer äußeren Gefährdung des menschlichen Lebens zu tun, die geeignet ist, die Jüngeraufgabe zu vergessen, hintanzusetzen oder gar preiszugeben.

9f Neben den für Mt charakteristischen Kleinglauben tritt der Vorwurf des Unverständnisses. Obwohl E die starken Sätze von Mk 8,17f erheblich abgeschwächt hat, läßt er diesen Vorwurf stehen, was man als „inkonsequent", „lediglich rhetorisch" beurteilt hat⁹. Gewiß ist das Unverständ-

---

⁶ Vgl. Lv 2,11; 1 Kor 5,6–8; Gal 5,9; Philo, Quaest. in Ex 1,15; 2,14.
⁷ BILLERBECK I 728 erwägt die Möglichkeit, daß Jesus die Jünger warnen wollte, Brot von den Pharisäern und Sadduzäern anzunehmen. LOHMEYER 261f erblickt im Hintergrund einen kultischen Brauch der galiläischen Gemeinde, der jeden Sauerteig an Festtagen verboten habe und sich an priesterliche Vorbilder anlehne, räumt dieser Deutung selbst aber nur einen geringen Grad von Sicherheit ein.
⁸ Am Beginn von V 7 lesen D it sy^s statt οἱ δέ: τότε. Obwohl eine typisch mt Partikel, wird man sie fallenlassen müssen.
⁹ Vgl. BARTH, Gesetzesverständnis 106; ROLOFF, Kerygma 254.

nis als vorübergehendes gedacht (οὔπω). Glauben und Verstehen sind für Mt zwei eng zueinander gehörende Aspekte. Glaube ist nach ihm unbedingtes Vertrauen, das sich ganz auf Jesus einläßt. Die Wendung πιστεύειν ἐν τῷ εὐαγγελίῳ (Mk 1,15) hatte Mt nicht übernommen. Solchem vertrauenden Glauben wird das Verstehen zuteil. Unser Text verdeutlicht im umgekehrten Sinn, daß der schwächer werdende Glaube an Verstehen einbüßt. Das Unverständnis ist verknüpft mit mangelnder Erinnerungsfähigkeit. Die Rekapitulation der beiden Speisungen ruft den Jüngern ihr Beteiligtsein in Erinnerung. Sollte man so vergeßlich sein? Man wird den Sinn dieser Rekapitulation nicht auf die einfache Formel bringen dürfen, daß Jesus immer helfen wird. Eher schon, daß er immer helfen kann. Die Rekapitulation zielt auf Wiederholbarkeit. Aber man soll keine spektakulären Wunder erwarten. In der Erinnerung gilt es, den Glauben im besagten Sinn zu stärken.

11f Jesus warnt – wiederholend und korrigierend wird es gesagt – vor dem Sauerteig der Pharisäer und Sadduzäer. Das Mißverständnis, das ausgeräumt wird, betraf die wörtliche Auffassung vom Sauerteig. Der Sauerteig aber ist ihre Lehre[10]. Ein ähnliches Aneinandervorbei-Reden geschieht bei der Technik des johanneischen Mißverständnisses. Die Jünger meinten also doch, von den Juden Brot empfangen zu können. Brot und Lehre stehen nebeneinander. Positiv gewendet, heißt das, es gilt unter allen Umständen, an der Lehre Jesu festzuhalten. Sie könnten davon abgezogen werden. Die jüdische Lehre könnte das erreichen. Man wird den Schluß ziehen dürfen, daß diese Sorge im Hinblick auf die mt Gemeinde Aktualität besitzt. Vermutlich konnte für manche Gemeindemitglieder auch der Hunger zum Motiv werden. Sollte es in der konkurrierenden Synagoge mehr reichere Mitglieder gegeben haben als in der christlichen Kirche? Sollte man auch mit diesen Mitteln geworben haben? Wir kommen über Vermutungen nicht hinaus.

III

a)b) Mt hat die Perikope, deren Entstehung in der nachösterlichen Situation anzusiedeln ist[11], soweit es möglich war, seinen Intentionen dienstbar gemacht. Er läßt ihre christologischen Implikationen zugunsten der Paränese etwas zurücktreten. In der Nachbarschaft zur Synagoge bindet er die Mitglieder seiner Gemeinde an die Lehre Jesu und warnt sie vor Infiltration. Der allein auf Jesus setzende Glaube soll ihr Leben tragen. Die Versuchung geht von der Welt aus, zu deren Repräsentant in diesem Fall die Synagoge wird. Vor allem verstand es Mt, die Perikope in den Kontext ein-

---

[10] BILLERBECK I 728 bringt – allerdings späte – rabbinische Belege für die gleiche Verwendung des Bildes vom Sauerteig: „Wenn (die Israeliten) mich verließen, aber meine Thora beobachteten, so würde der Sauerteig darin sie mir wieder nahebringen" (pChag 2,76c, 37).
[11] Vgl. GNILKA, Markus I 309f.

zupassen. Die Zeichenforderung der Pharisäer und Sadduzäer als Ausdruck ihres Unglaubens ging voran. Das Bekenntnis des Simon Petrus, des Garanten der Lehre Jesu, folgt nach.

c) Die auf zwei Ebenen laufende Erzählung bringt den Dualismus der Gefährdetheit der christlichen Existenz zum Vorschein. Sie ist in ihrem Glauben angefochten und, weil menschlich, in ihrer Physis versuchlich. Beides gehört eng zusammen. Erfahrungen und Schicksale könnten dies auf vielfältige Weise belegen. Der Entzug der primitivsten Lebensgüter kann den Glauben in Gefahr und zu Fall bringen. Und er kann den Mut zum Glaubensbekenntnis zerstören und zu einer Auffassung verführen, die B. Brecht mit den drastischen Worten kennzeichnete: „Zuerst kommt das Fressen, und dann kommt die Moral." Beide Aspekte, der moralische und der physische, sind auch präsent in der Institution, die Jesus angreift[12]. Sadduzäer und Pharisäer vertreten eine Institution. Jesus bekämpft nicht die Institution als solche, sondern ihre Verfälschung. Es ist an das Wort Jesu in den Speisungsgeschichten zu erinnern, auf die in der Perikope rekurriert wird: „Gebt ihr ihnen zu essen!" (14,16; vgl. 15,33). Kirche als Institution hat sich um das Heil des ganzen Menschen zu kümmern, nicht um Bauern zu fangen, sondern in der Sorge Jesu um den Menschen.

LITERATUR: C. DANIEL, L'Énigme du levain: NT 9 (1967) 306–314.

74. Die Verheißung für Simon Petrus (16,13–20)

13 Als Jesus aber in die Gegend von Kaisareia Philippi kam, fragte er seine Jünger und sprach: Für wen halten die Menschen den Menschensohn? 14 Sie aber sprachen: Die einen für Johannes den Täufer, andere für Elija, wieder andere für Jeremia oder einen der Propheten. 15 Und er sagt ihnen: Ihr aber, für wen haltet ihr mich? 16 Simon Petrus antwortete und sprach: Du bist der Christus, der Sohn des lebendigen Gottes. 17 Jesus aber antwortete und sprach zu ihm: Selig bist du, Simon Barjona, denn nicht Fleisch und Blut offenbarten dir, sondern mein Vater in den Himmeln. 18 Und ich, ich sage dir: Du bist Petrus (Fels), und auf diesen Fels werde ich meine Kirche bauen, und die Pforten der Unterwelt werden sie nicht überwältigen. 19 Ich werde dir die Schlüssel der Himmelsherrschaft geben. Und was du auf Erden binden wirst, soll in den Himmeln gebunden sein, und was du auf Erden lösen wirst, soll in den Himmeln gelöst sein. 20 Dann gebot er den Jüngern, sie sollten keinem sagen, daß er der Christus ist.

---

[12] Vgl. LAUBA, Institution 24; BARTH, Dogmatik IV/3, 723; WERNER, Weg II 401.

I

Mit diesem Jüngergespräch, das in die an Simon Petrus gerichtete Verheißung einmündet, schließt der erste große Teil unseres Evangeliums ab. Diese Schlußposition zeigt die Bedeutung an, die E dem Text eingeräumt wissen wollte. Man darf ohne Übertreibung feststellen, daß er der meistdiskutierte Text unseres Evangelims ist, der eine nur noch schwer zu übersehende Fülle von Literatur hervorgebracht hat. Die am Ende dargebotene reichhaltige spezielle Literaturliste ist nur eine Auswahl. Die Bedeutsamkeit der Perikope erfordert eine eindringliche Behandlung und in besonderer Weise die Auseinandersetzung mit der Literatur. In einem angeschlossenen Exkurs sollen die theologiegeschichtlichen Wirkungen der Perikope und ihre Stellung in der theologischen Diskussion zum Bewußtsein gebracht werden, um ein wenig nachzutragen, was in der exegetischen Behandlung nicht gesagt werden kann.

Eingeleitet mit einer Ortsangabe, gliedert sich der Text in zwei Teile: das Jüngerskrutinium mit dem Bekenntnis des Petrus (13–16) und die an Petrus gerichteten Jesusrede (17–19). Die Schlußbemerkung V 20, ein indirektes Jesuswort, an alle Jünger gerichtet, hebt sich davon ab (Einleitung mit τότε). Der Text ist sorgfältig strukturiert: im Skrutinium die parallelen Fragen τίνα λέγουσιν/λέγετε εἶναι (13 und 15), in der ersten Frage der Gegensatz „die Menschen – der Menschensohn", in der Antwort der Jünger gliederndes μέν-δέ-δέ (14). Die Jesusrede schließt sich eng an das Bekenntnis des Petrus an, indem sie als Antwort gekennzeichnet und nur an diesen gerichtet ist (17: εἶπεν αὐτῷ). Die Jesusrede hat strophischen Aufbau, wie schon seit langem erkannt ist [1]. Es zeichnen sich drei Strophen ab:

Μακάριος εἶ, Σίμων Βαριωνᾶ,
 ὅτι σὰρξ καὶ αἷμα οὐκ ἀπεκάλυψέν σοι
 ἀλλ' ὁ πατήρ μου ὁ ἐν τοῖς οὐρανοῖς.

καγὼ δέ σοι λέγω ὅτι σὺ εἶ Πέτρος,
 καὶ ἐπὶ ταύτῃ πέτρᾳ οἰκοδομήσω μου τὴν ἐκκλησίαν,
 καὶ πύλαι ᾅδου οὐ κατισχύσουσιν αὐτῆς.

δώσω σοι τὰς κλεῖδας τῆς βασιλείας τῶν οὐρανῶν,
 καὶ ὃ ἐὰν δήσῃς ἐπὶ τῆς γῆς ἔσται δεδεμένον ἐν τοῖς οὐρανοῖς,
 καὶ ὃ ἐὰν λύσῃς ἐπὶ τῆς γῆς ἔσται λελυμένον ἐν τοῖς οὐρανοῖς.

Jede Strophe ist dreizeilig. Die erste Zeile ist jeweils die Führungszeile, die zweite und dritte Zeile bietet jeweils einen antithetischen Parallelismus. Die Einsichten in die Struktur sind für die Interpretation zu beachten. Wir können davon ausgehen, daß in allen drei Fällen die Führungszeile das Thema ankündigt.

Trotz des einheitlichen Erscheinungsbildes des Textes setzt er sich – bereits in formaler Hinsicht – aus unterschiedlichen Einzelelementen zusam-

---

[1] Vgl. JEREMIAS, Golgotha 68f; LOHMEYER 263; C. F. BURNEY, The Poetry of our Lord (Oxford 1925) 112ff.

men. Strophe 1 ist ein Makarismus. Dabei ist die Feststellung von Belang, daß es sich um einen Makarismus besonderer Art handelt. Zwei Merkmale kennzeichnen ihn: einmal enthält er eine persönliche, sogar namentliche Anrede; zum anderen ist er in einem von Gott gegebenen Geschenk begründet, in diesem Fall im Geschenk der Offenbarung[2]. Zur Rarität dieser Form des Makarismus darf man erwähnen, daß es im ganzen NT keinen zweiten Makarismus mit namentlicher Anrede gibt[3]. Im AT ließe sich nur Dt 33,29 vergleichen: „Selig bist du, Israel." Die Strophen 2 und 3 sind im futurischen Stil gehalten. Die Führungszeile der zweiten wird durch ein „Bekenntnis" Jesu zu Petrus eröffnet, das im Text dem Bekenntnis des Simon Petrus zu Jesus korrespondiert (σὺ εἶ), in V 18a fehlt allerdings der Artikel. Auch diese Korrespondenz bindet Jüngerskrutinium und Jesusrede aneinander. Man könnte die VV 18f als Verheißungen charakterisieren, für 19b bleibt das juridische Gepräge zu beachten. Ein Satz heiligen Rechtes liegt nicht vor, auch keine Talio im Sinn der Vergeltung. Die völlige Entsprechung betrifft vielmehr das Handeln (Binden und Lösen) des Petrus und ein entsprechendes Handeln Gottes, das passivisch und bildhaft umschrieben wird. In der Interpretation wird zu fragen sein, ob letzteres sich auf das endzeitliche Gericht bezieht oder nicht.

Zur komplexen traditionsgeschichtlichen Problematik leitet die Frage nach einem möglichen semitischen Sprachhintergrund über. Dieser ist immer wieder behauptet worden, und in der älteren Exegese war diese Meinung gang und gäbe. Als Hinweise auf eine aramäische Sprachvorlage wertete man in V 17 Barjona, die Wendungen „Fleisch und Blut", „der Vater in den Himmeln"; in V 18 ein im Griechischen mit πέτρος/πέτρα verdorbenes Wortspiel über den Fels, die Hadespforten; in V 19 Binden und Lösen in ihrem spezifisch rabbinischen Verständnis, die Wendung „in den Himmeln"[4]. Nun können zwei dieser Belege als Matthäismen ausgemacht werden: „der Vater in den Himmeln" (V 17), „in den Himmeln" (V 19). Andere haben in von Haus aus griechisch abgefaßten Schriften ihre Entsprechungen: „Fleisch und Blut" (1 Kor 15,50; Gal 1,16; Eph 6,12; Hebr 2,14), „die Hadespforten" (Weish 16,13; 3 Makk 5,51)[5], Binden und Lösen im Sinn von „einen Bann aussprechen und aufheben" (Josephus,

---

[2] Die Mehrzahl der biblischen Makarismen sind im Tat-Folge/Verheißung-Schema aufgebaut (etwa Mt 5,3ff; 24,46f; Lk 6,20ff) bzw. nennen eine Bedingung (etwa Mt 11,6 par; Lk 11,28; 23,29; Joh 13,17; 20,29; Ps 1,1; 34,9; 40,5 usw.). KÄHLER: NTS 23 (1977) 44 Anm. 4 spricht darum von einem unkonditionierten Makarismus. Vgl. SCHENK: BZ 27 (1983) 71.
[3] Einen nichtkonditionierten Makarismus mit Anrede, wenn auch nicht namentlichen, haben wir in Mt 13,16. Im AT habe ich außer Dt 33,29 keinen ausfindig machen können.
[4] Folgende Autoren treten mit unterschiedlicher Ausführlichkeit für eine semitische/ aramäische Vorlage der VV 17-19 ein: JEREMIAS, Golgotha 69 (Anm. 5); BULTMANN, Geschichte 148f; STRECKER, Weg 202; SCHWEIZER 218; CULLMANN, Petrus 216.
[5] Das Bild kennen auch die Griechen. Vgl. HOMER, Ilias 5,646: πύλας Ἀίδαο. BULTMANN, Geschichte 148, macht dagegen geltend, daß Mt 16,18 endzeitlichen Horizont voraussetze, und dieser sei biblisch.

bell. 1, 111)⁶. Es nimmt nicht wunder, wenn sich heute die Stimmen mehren, die sich gegen eine aramäische Urfassung der VV 17-19 äußern⁷. Biblische Wörter erfordern nicht zwingend eine semitische Sprachvorlage. Barjona bleibt ein „rätselhaftes Element"⁸, doch treffen wir unübersetzt gelassene Namen auch anderswo an (Bartimäus, Bartholomäus).

So spitzt sich in gewisser Weise das Sprachproblem auf das Wortspiel in 18 und auf die Frage zu, ob wenigstens für dieses Wort mit einer aramäischen Urform gerechnet werden kann. Die gesamte Problematik hat mit der Bestimmung des Alters der Tradition zu tun. Doch werden für die Altersbestimmung vor allem sachliche Überlegungen miteinzubeziehen sein. Die Unmöglichkeit der Rücküberführung ins Aramäische läßt sich ohnehin nicht evident machen, freilich auch nicht das Gegenteil. Mit dem Petrus- bzw. Kephas-Namen berühren wir ein Kernproblem. Auf dessen philologischen Aspekt ist nun einzugehen. Der erstberufene Jünger, der Simon hieß, erhielt den Beinamen Kepha (gräzisiert: Kephas). Im NT begegnet nur die gräzisierte Form Kephas, insgesamt 9mal, von Joh 1, 42 abgesehen allein in den Protopaulinen. Petrus ist ihre griechische Übersetzung, die sich in den griechisch sprechenden Gemeinden durchsetzt. Petrus ist als Eigenname in vorchristlicher Zeit nicht nachweisbar, für Kepha könnte es einen Beleg in den Elephantine-Papyri geben, doch ist er umstritten⁹. Das in V 18 vorliegende Wortspiel kann nur dann als sinnvoll angesehen werden, wenn sowohl für πέτρος als auch für πέτρα die Bedeutung „Fels" vorausgesetzt wird. So war es sicher die Intention des E. Störend ist der Genuswechsel. Dieser fiele im Aramäischen weg. Hier wäre beide Male *kepha* einzusetzen¹⁰. Dies spräche für eine aramäische Urfassung. Es tritt aber eine weitere Schwierigkeit hinzu, die erst in jüngerer Zeit ins Bewußtsein rückte. ὁ πέτρος bedeutet Stein (vielfach der Schleuderstein), nicht Fels, erst ἡ πέτρα hat die Bedeutung Fels¹¹. Es ist somit davon auszugehen, daß im griechischen Text des V 18 die Neuinterpretation eines alten Namens vorliegt. Was bedeutet kepha? Etymologisch zunächst: Bogen, Wölbung, Gewölbe. Seine Semantik umfaßt zwar zahlreiche Begriffe, doch kommen letztlich zwei Grundbegriffe in Frage: Stein

---

⁶ Der griechische Text lautet: λύειν τε καὶ δεσμεῖν (v. l. δεῖν), nach NIESE und MICHEL-BAUERNFEIND. BILLERBECK I 738 bevorzugt die v. l.
⁷ FRANKEMÖLLE, Jahwebund 241 und Anm. 109 (mit Zurückhaltung); KÄHLER: NTS 23 (1977) 38 f. VÖGTLE, Messiasbekenntnis 164, hat sich insbesondere gegen eine aramäische Abfassung von V 17 ausgesprochen.
⁸ VÖGTLE, Zum Problem 390.
⁹ Positiv J. A. FITZMYER, Aramaic Kepha' und Peter's name in the NT: Text and Interpretation (Festschrift M. BLACK) (Cambridge 1979) 121-132, hier 127 ff; skeptisch urteilt P. GRELOT, Documents araméens d' Égypte (Paris 1972) 476. Im Griechischen gab es die Eigennamen Petraios, Petrokorax, Petrios, Petrichos, Petronas, Petron, Petrun. Bei LAMPE: NTS 25 (1979) 228.
¹⁰ Vgl. JEREMIAS, Golgotha 69 Anm. 5.
¹¹ PASSOW II/1, 900 f bemerkt zu πέτρος: „stets in der Bedeutung *Stein*, und dadurch von πέτρα, *Felsen*, bestimmt unterschieden". Für πέτρος = πέτρα kann Passow nur auf drei Stellen bei Sophokles verweisen. Bei späteren Dichtern wird πέτρος wie λίθος gebraucht.

und Fels, freilich überwiegt in Targum und Midrasch bei weitem ersteres. Für „Fels" könnte man sich auf einzelne Qumran-Belege berufen[12], deren Alter Bedeutung verdiente. Mit letzter Sicherheit ist der ursprüngliche semitische Sinn des dem Simon übertragenen Namens Kepha nicht mehr zu eruieren. Falls es „Fels" wäre, legte sich in der Tat eine aramäische Vorlage für V 18 nahe. Doch empfiehlt die Übersetzung des Kepha-Namens mit „Petrus" die Bedeutung „Stein" auch für jenen. Bei der Interpretation und unter IIIb ist auf das Problem zurückzukommen.

Den Rahmen der Perikope, Ortsangabe, Skrutinium, Petrusbekenntnis und Schweigeverbot holt E aus Mk 8, 27-30. Die von ihm vorgenommenen wichtigeren Veränderungen sind folgende: In der Jesusfrage setzt er an die Stelle von „Für wen halten mich die Menschen?" (Mk 8, 27) das gegensätzliche „die Menschen den Menschensohn?"[13] Da er in der folgenden Leidensankündigung V 21 im Unterschied zu Mk 8,31 den Menschensohntitel durch αὐτόν ersetzt, läßt sich in gewisser Weise sagen, daß er diesen vorgezogen hat. Die Vorausstellung des Menschensohnes erfolgte, wie sich zeigen wird, nicht aus ästhetischen, sondern bedeutsamen theologischen Intentionen. In der Antwort erwähnen die Jünger neben Johannes dem Täufer und Elija zusätzlich Jeremia als Volksmeinung über Jesus (14). Das Schweigegebot in V 20 ist weniger scharf formuliert (διεστείλατο statt ἐπετίμησεν in Mk 8,30[14]) und ausdrücklich darauf bezogen, „daß er der Christus ist".

Weitaus problematischer ist die Beurteilung der bei Mt als Sondergut zu lesenden VV 17-19. In diese Überlegungen ist die Erweiterung des Messiasbekenntnisses des Simon Petrus um ὁ υἱὸς τοῦ θεοῦ τοῦ ζῶντος miteinzubeziehen. V 16 bezeichnet den Jünger schon in der Redeeinführung mit seinem vollen Namen Simon Petrus (Mk 8, 29 nur: ὁ Πέτρος). Die Einführung ἀποκριθεὶς δὲ εἶπεν in 16 und 17 entspricht mt Stil. Im folgenden sollen verschiedene Positionen beschrieben werden, um dem Leser einen Einblick in die Forschungslage zu vermitteln.

1. Eine Forschungsrichtung geht davon aus, daß schon Mk die mt VV 17-19 bekannt gewesen seien, dieser sie aber aus bestimmten Gründen unterdrückt habe. Diese Auffassung teilten die alten Vertreter der Mt-Priorität wie L. Vaganay[15], für den Mk die Verse dem von ihm favorisierten Motiv des Jüngerverständnisses opferte, oder die Verfechter der „Demutshypothese"[16], nach der hinter dem Markusevangelium Petrus

---

[12] Das Material ist sorgfältig gesammelt bei LAMPE: NTS 25 (1979) 232ff, der sich für Kepha = Stein entscheidet. SCHWARZ, Und Jesus sprach 16f, plädiert für Fels. Die Qumran-Belege bietet auch FITZMYER (Anm. 9) 125f. Es sind dies 11 Qtg Job 32,1, wo auf Job 39,1; 33,9, 39,28 Bezug genommen ist, ferner drei Stellen aus dem aramäischen Henoch aus Höhle 4. FITZMYER vermerkt die Bedeutungen rock oder crag.
[13] Harmonisierender Ausgleich ist es, wenn in DLΘ f[1.13] it sy[p.h] wieder με eindringt. Auch das Fehlen von οἱ μέν in V 14 in DW it dürfte so zu erklären sein.
[14] B* D e sy[c] lesen wieder ἐπετίμησεν.
[15] Le problème synoptique I (1954) 279f.
[16] Z. B. D. J. SAUNDERS, The Confession of Peter: TS 10 (1949) 539; D. BUZY, Évangile selon St. Matthieu (1934) 215f.

steht, der aus Bescheidenheit die ihn auszuzeichnenden Worte nicht aufgenommen wissen wollte. Diese Hypothese mag auf sich beruhen.

2. Auf einen ganz anderen Weg gelangt Bultmann[17] zu dem Ergebnis, daß die VV 17–19 der ursprüngliche Schluß schon des Messiasbekenntnisses in Mk 8,27–30 gewesen sein müßten. Die mk Erzählung sei fragmentarisch, da eine Stellungnahme Jesu zu dem von ihm provozierten Bekenntnis des Petrus zu erwarten sei. Mk, der das hellenistische Christentum repräsentiere, polemisiere, indem er die an Petrus ergangene Verheißung wegbricht, gegen das durch diesen vertretene Judenchristentum. Bultmann spricht von einer von ihm als Einheit begriffenen Tradition der palästinensischen Urgemeinde, die als Ostergeschichte zu bezeichnen wäre (Verweis auf Joh 20,22f; 21,15–19 als Parallelen), wie das Ostererlebnis des Petrus die Geburtsstunde des Messiasglaubens der Urgemeinde sei. – Die These von der Streichung der Petrusverheißung durch den Markus-Evangelisten ist abzulehnen. Der Mk-Bericht ist nicht fragmentarisch. Darüber hinaus ist er mit seinem explikationsbedürftigen Messiasbekenntnis des Petrus für die Aufnahme der Petrusverheißung nicht geeignet[18]. Mt hat die mk Vorlage entsprechend geändert, nicht zuletzt dadurch, daß er Leidensankündigung und Petrusschelte absetzte. Als Ergebnis bleibt festzuhalten, daß erst Mt die VV 17–19 in die Perikope einbrachte. Woher hat er sie?

3. Cullmann[19] rechnet mit einer selbständigen Tradition, die er in der Abendmahlsfeier verwurzelt sieht. Der Bezug zum Abendmahl wird kombinatorisch hergestellt. Joh 6,66ff, das johanneische Bekenntnis des Simon Petrus, sei als eine direkte Parallele zu Mt 16,17ff aufzufassen und stehe im Kontext der Eucharistie. Lk 22,31, ein in den lk Abschiedsgesprächen an Simon gerichtetes Wort, komme zwar nicht dem Wortlaut, aber dem Sinn nach Mt 16,17ff nahe. Wenn Jesus dem Simon den Kepha-Namen verliehen hat, sei zu vermuten, daß er diesen auch einmal erklärte. Cullmann beobachtet treffend, daß die Seligpreisung in V 17 kein Objekt angibt und folgert daraus, daß ihr eine Einleitung vorausgegangen sei. In ihr sei von einem Bekenntnis Simons zu Jesus als dem Sohn Gottes die Rede gewesen. So wird eine Abendmahlsszene mit Gottessohn-Bekenntnis des Simon Petrus und Petrusverheißung gewonnen, die Mt in das Caesarea-Gespräch hereingeholt habe, indem er Messias- und Gottessohn-Bekenntnis verband und die Absicht verfolgte, das Petrusbild der Markus-Vorlage zu korrigieren: Petrus nicht Werkzeug des Teufels, sondern der göttlichen Offenbarung. – Cullmanns Kombination kann nicht überzeu-

---

[17] Geschichte 275–278. Auch für OEPKE, Herrnspruch 149ff, bietet Mt 16,17–19 den ursprünglichen Abschluß des Caesarea-Gesprächs. OEPKE argumentiert aber im Gegensatz zu BULTMANN auf der historischen Ebene. Seine Position ist insofern etwas verworren, als er nicht bezweifelt, daß erst Mt die VV 17–19 in das Gespräch eingefügt und sie möglicherweise aus Q genommen habe.
[18] Ausführliche Beweisführung bei VÖGTLE, Messiasbekenntnis 148f. 155ff. Vgl. GNILKA, Markus II 18f.
[19] PETRUS 196–214.

gen. Joh 6,66ff weist keine Berührung mit Mt 16,17-19 auf, sondern erweist sich – wie Vögtle gezeigt hat – als „echt johanneische Bearbeitung der Mk 8 berichteten Bekenntnisszene."[20] Der „Heilige Gottes" kann nicht gegen den Christustitel ins Feld geführt werden; Petrus spricht hier im Namen der Jüngerschaft wie in Mk 8; V 17 hat in Joh 6 keine Entsprechung. Es findet sich keine Spur einer Petrusverheißung, alles ist auf die Entscheidung der Jüngerschaft abgestellt wie in Mk 8. Die Szene spielt am Ende der galiläischen Tätigkeit wie in Mk 8. Das Logion Lk 22,31 kann weder mit dem Bau der universalen Ekklesia noch mit der Schlüsselgewalt auf einen Nenner gebracht werden.

4. Wiederholt ist der Apostel Paulus als angeblicher Kenner der Tradition Mt 16,16ff zu Rate gezogen worden. Man beruft sich auf Gal 1,16ff, einen Passus, den der Apostel in Anlehnung an die mt Überlieferung gestaltet habe. Bei dieser Argumentation können verschiedene Intentionen verfolgt werden, das hohe Alter des Mt-Textes zu erweisen, strukturelle Übereinstimmungen aufzuzeigen, eine Auseinandersetzung zwischen Paulus und Petrus bzw. zwischen Heiden- und Judenchristentum ins Spiel zu bringen[21]. In der Tat scheinen frappierende Gemeinsamkeiten zwischen Gal 1 und Mt 16 zu bestehen. Es sind dies insbesondere der Sohn Gottes, die Offenbarung, die Wendung „Fleisch und Blut". In beiden Fällen geht es um die Einsetzung (Investitur) in eine wichtige Funktion. Mögen auch sachliche Konvergenzen vorhanden sein, eine präzisere formale Bestimmung der Texte läßt weiterreichende Rückschlüsse nicht zu. Auch wer für Mt mit einer Ostergeschichte oder Protophanieszene rechnet, muß zugeben, daß Gal 1 kein Bekenntnis voraussetzt und die Wendung „Fleisch und Blut" in einem ganz anderen Sinn verwendet wird. Auch fehlt in Gal 1 eine Seligpreisung, die für unsere Bestimmung von Mt 16 noch Bedeutung erlangen wird.

5. Im Zusammenhang mit Ideen, die teilweise schon bei Bultmann und Cullmann nachzulesen waren, hat eine Position eine Anzahl von Anhängern gefunden, die die mt Tradition als vorgegebene Ostergeschichte/Protophanie interpretieren. Der Verheißungsstil weist ohnehin in die Zukunft, das heißt, in die nachösterliche Situation. In der Rekonstruktion und Begründung dieser Vorlage weichen verschiedene Vorschläge nochmals voneinander ab. H. Thyen[22] rechnet zu ihr die VV 18f (nicht V 17) und als deren Einleitung ein Bekenntnis Simons zu Jesus als dem Sohn des lebendigen Gottes und als Jesus-Antwort – unter Hinzuziehung von Joh 1,42 – die Worte: κἀγὼ δέ σοι λέγω, σὺ εἶ Σίμων Βαριωνᾶ, σὺ κληθήσῃ Κηφᾶς κτλ. Diese Ostergeschichte sei in der Gemeinde von Antiochia in

---

[20] Messiasbekenntnis 162f.
[21] Vgl. DUPONT, Révélation 419f; B. GERHARDSSON, Memory and Manuscript (Uppsala 1961) 266ff; A.-M. DENIS, L' investiture de la fonction apostolique par „apocalypse": RB 64 (1957) 335-362. 492-515; REFOULÉ, Primauté; PESCH, Simon-Petrus 100f.
[22] Studien zur Sündenvergebung (FRLANT 96) (Göttingen 1970) 218-236. In der Rückverlegung der Ostergeschichte in die vorösterliche Situation erkennt THYEN die Absicht, ihre auf Petrus abzielende Bedeutung abzuschwächen.

Verbindung mit dem antiochenischen Zwischenfall (Gal 2,11 ff) entstanden, aus dem Petrus gegenüber Paulus als Sieger hervorgegangen sei und durch den das gesetzesfreie Evangelium des Paulus eine nominstische Reaktion erfahren habe. Vögtle[23] hat gegen diese und ähnliche Rekonstruktionen den Einwand vorgebracht, daß das Bekenntnis des Jüngers als Reaktion auf die Vision unverständlich sei und in dieser Hinsicht auch Joh 21,15-17 keine Hilfe biete, obwohl hier der Ausgangspunkt von der dreimaligen Verleugnung des Petrus ein ausdrückliches Bekenntnis zur heilsgeschichtlichen Bedeutung Jesu ermöglicht hätte.

Auch Kähler[24] hält die Vermutung, daß Mt 16,17-19 eine Ostergeschichte sei, für die er eine späte Entstehungszeit in einer jüdisch-hellenistischen Gemeinde annimmt, für die beste Lösung. Er nimmt allerdings V 17 als für ihn wichtiges Element in diese Geschichte mit auf. Hingegen schließt er das Vorhandensein eines Bekenntnisses des Jüngers aus, weil dann dieses Bekenntnis als Gegenstand der Offenbarung, um deretwillen der Jünger seliggepriesen wird, angesehen werden müsse. Das Bekenntnis setze vielmehr die Offenbarung voraus. So sei in der vormt Tradition den VV 18f folgender Makarismus vorausgegangen: „Selig bist du, Simon Bariona, weil dir der (mein) Vater (in den Himmeln) *den Sohn* offenbarte." Als Sprecher der Worte sei der erhöhte Christus zu denken. K. vermutet weiter, daß diese Ostergeschichte in einer vorgegebenen Überlieferung mit einem Erzählkranz von Petrusgeschichten verbunden gewesen sei, deren Höhepunkt sie darstelle. Ohne Zweifel verliert der Rekonstruktionsversuch durch diese Hypothese an Überzeugungskraft. Dennoch hat K. wichtige Einsichten in die Gattungsbestimmung vorgelegt, auf die noch zurückzukommen sein wird.

6. Andere Autoren lehnen eine Mt vorliegende Sprucheinheit ab und betonen das Zusammengesetztsein der Überlieferung. So hält Trilling[25] die VV 18f zwar für Sprüche hohen Alters, sie seien aber erst sekundär zusammengefügt worden. Man erkenne dies daran, daß V 18 eine bildhaft kosmische, V 19 hingegen eine juristische Sprache rede. Zu V 17 äußert er sich nicht. Hoffmann[26], der Trillings Differenzierung aufgreift, trennt zusätzlich V 19a von 19b mit Hinweis auf die unterschiedliche Bildsprache: Schließen/Öffnen und Binden/Lösen. V 17 hält er im Anschluß an Vögtle für MtR. Schenk[27] weist die ganze Spruchreihe 17-19 MtR zu. E habe sie

---

[23] Problem 379.
[24] NTS 23 (1977) 43-46. PESCH, Simon-Petrus 97-111, der sich von KÄHLER abhängig zeigt, rechnet zur Tradition die VV 16-19, also auch das Bekenntnis. Als Entstehungshintergrund hält er den antiochenischen Konflikt für möglich. Im Unterschied zu KÄHLER setzt er ihr Alter höher hinauf, denn Paulus konnte in Gal 1 bereits auf sie zurückgreifen.
[25] Israel 156-158.
[26] Petrus-Primat 96f.
[27] BZ 27 (1983) 73f. Die Vermutung redaktioneller Bildung der VV 17-19 klingt an bei FRANKEMÖLLE, Jahwebund 242 (17-19a); HOFFMANN, Petrus-Primat 105 (für V 18); KILPATRICK, Origins 39f (17-19). KILPATRICK bietet die Alternative MtR oder mündliche Tradition an.

aus Q-Material gebildet. Vor allem hätten Lk 10,21 f.23 f (= Q) Pate gestanden. Im übrigen ist die Bestimmung des traditionsgeschichtlichen Verhältnisses von V 19b (Binden/Lösen) zum verwandten Logion 18,18 seit langem ein heftig diskutiertes Problem in der Forschung.

Wir kommen zur eigenen traditionsgeschichtlichen Beurteilung. Die Hypothese von einer vorgegebenen Protophanie-Erzählung ist belastet mit der Vermutung, daß Simon-Petrus in ihr ein eigenes, an den Sohn Gottes gerichtetes Bekenntnis abgelegt habe bzw. daß im Makarismus die Offenbarung *des Sohnes* zu ergänzen sei. Abgesehen davon, daß allen auf uns gekommenen Ostergeschichten ein vergleichbares Bekenntnis mangelt, läßt sich die Erweiterung des Bekenntnisses zu Christus, *dem Sohn des lebendigen Gottes,* leichter als MtR erklären. Im Unterschied zu Mk legt Petrus nach Mt ein vollgültiges, nicht korrekturbedürftiges Messiasbekenntnis ab. Wir dürfen es als das christologische Bekenntnis der mt Gemeinden ansehen. Schon in Mt 1 hatte E seinen Lesern Jesus als Christus (1,1–17) und Sohn Gottes (1,18ff) präsentiert. Die atl Wendung vom „lebendigen Gott" (Jos 3,10; Ps 41,3; 83,3; Hos 2,1) greift E auch an anderer Stelle auf, in der beschwörenden Einvernahme Jesu durch den Hohenpriester, die gleichfalls Bekenntnisgepräge hat (26,63). Fällt eine Protophanie-Überlieferung aus, ist es geboten, die Verse im einzelnen zu betrachten.

Auch für V 17 legt sich am ehesten MtR nahe. Zwar ist nur „mein Vater in den Himmeln" ad verbum mt Sprachgebrauch, doch läßt sich plausibel machen, daß Mt den Vers nach Analogie zu 11,25 und 27 gebildet hat. Die sachlichen Übereinstimmungen bestehen in der Offenbarung des Sohnes und in der Untauglichkeit des Menschen – verstärkt durch „Fleisch und Blut" –, von sich aus die Erkenntnis, daß Jesus der Sohn ist, zu erlangen. Von 11,25ff her war E geradezu genötigt, das Vollbekenntnis des Simon Petrus theologisch zu rechtfertigen[28]. Für einen nichtkonditionierten Makarismus (vgl. oben) besaß E in 13,16 ein Vorbild. Für Tradition könnte die einmalige Form Barjona sprechen. Wahrscheinlich war E dieser Beiname bekannt. Ohne Zweifel hatte Petrus zu Syrien besondere Beziehungen. Wir dürfen vermuten, daß uns hier ein alter Beiname Simons überliefert ist.

V 18 enthält eine alte Deutung des Petrusnamens. Sie ist Mt vorgegeben. Es ist zwar richtig, daß Mt an der Frage der Heilserben Israels besonders interessiert ist. Doch spricht die Verwendung des Begriffs ἐκκλησία in dem hier vorliegenden Sinn und die Bedeutsamkeit der an den Jünger gegebenen Verheißung, für die ein Redaktor nicht so ohne weiteres mit Zu-

---

[28] Vgl. VÖGTLE, Messiasbekenntnis 165–167, der über den Gegensatz die Menschen/der Menschensohn in V 13 zusätzlich damit rechnet, daß in V 17 die apokalyptische Vorstellung zur Anwendung komme, daß der Menschensohn ein Geheimnis ist (Henaeth 48,6f; 62,7). Vgl. VÖGTLE, Das Problem 122. Etwas phantastisch hingegen G. W. E. NICKELSBURG, Enoch, Levi and Peter: Recipients of Revelation in Upper Galilee: JBL 100 (1981) 575–600, der Henaeth 12–16 und Test Lev 2–7 als Hintergrundtexte für 16,13–19 annimmt und für die Mt-Priorität in dieser Sache eintritt.

stimmung hätte rechnen können, für Vorgabe[29]. Die Sprachgestalt des Logions verweist es in das hellenistische Judenchristentum (Schule des Mt?). Es ist nicht notwendig, das Pronomen μου MtR zuzuweisen[30]. Der christologische Bezug kann vom Logion nicht getrennt werden. Wohl dürfte E das verbindende κἀγὼ δέ σοι λέγω ὅτι eingeführt haben, da er auch sonst die Krasis κἀγώ in Herrenworten verwendet[31].

V 19, der aus dem Schlüssel-Logion und dem Wort vom Binden und Lösen zusammengesetzt ist, bedarf einer entsprechenden Beurteilung. Beginnen wir mit dem zweiten. Das Wort vom Binden und Lösen hat in der „Gemeinderede" eine Parallele. Wie 16,18 ist auch 18,18 Sonderüberlieferung des Mt. Weil zwischen beiden Fassungen weitgehende Übereinstimmung besteht, ist die Frage der Priorität heftig diskutiert. Zur Veranschaulichung bieten wir den Textvergleich:

16,19b καὶ ὃ ἐὰν δήσῃς ἐπὶ τῆς γῆς
ἔσται δεδεμένον ἐν τοῖς οὐρανοῖς,
καὶ ὃ ἐὰν λύσῃς ἐπὶ τῆς γῆς
ἔσται λελυμένον ἐν τοῖς οὐρανοῖς.

18,18 ἀμὴν λέγω ὑμῖν,
ὅσα ἐὰν δήσητε ἐπὶ τῆς γῆς
ἔσται δεδεμένα ἐν οὐρανῷ,
καὶ ὅσα ἐὰν λύσητε ἐπὶ τῆς γῆς
ἔσται λελυμένα ἐν οὐρανῷ.

Wir formulieren die Unterschiede vom Standpunkt von 16,19b aus: In 16,19 fehlt die Einleitung mit Amen. Vermutlich ist sie in 18,18 MtR. In 16,19 ist von den Himmeln die Rede (Plural 2mal), 18,18 bietet den Singular. Letzteres ist sicher ursprünglicher. 16,19 ist die einzige Stelle bei Mt (und in den Evangelien), an der bei einer Gegenüberstellung von Erde und Himmel von den Himmeln gesprochen wird (vgl. 5,18.34; 6,10; 11,25; 24,35). Die einzigartige Ausnahme in 16,19 erklärt sich durch Angleichung an den Kontext (17: mein Vater in den Himmeln; 19a: die Schlüssel der Herrschaft der Himmel). Darüber hinaus ist der Singular in 18,18 besonders auffällig: 10mal wird „Himmel" in Mt 18 erwähnt, jedoch nur in V 18 im Singular[32]. – Das Relativum am Anfang des Satzes und entsprechend die Partizipien sind in 16,19 singularisch (ὃ ἐὰν ... δεδεμένον ... λελυμένον), in 18,18 hingegen pluralisch (ὅσα ἐὰν ... δεδεμένα ... λελυμένα) formuliert[33]. Vom Stil her ist eine Entscheidung nicht mög-

---

[29] Nach TRILLING, Israel 156f, ist die hier vorliegende bildgesättigte Sprache, wie sie auch in den Qumran-Handschriften vorliegt, MtR fremd.
[30] So FRANKEMÖLLE, Jahwebund 242.
[31] Vgl. 10,32.33; 11,28; 21,24.
[32] In der Textüberlieferung sind später Angleichungen zu beobachten. So lesen Sinaiticus L 28 33 892 c f co in 18,18a, D L 33 c f co in 18b den Plural ἐν τοῖς οὐρανοῖς.
[33] Auch hier gibt es Angleichungen. Θ f¹ it ORIGENES, CYPRIAN, EUSEBIOS, CYRILL VON ALEXANDRIEN lesen in 16,19 den Plural ὅσα κτλ.

lich[34]. Die pluralische Formulierung ist umfassender, gesteigerter, und könnte von daher sekundär sein. – Der gravierendste Unterschied besteht in den Adressaten. Nach 18,18 wird die Vollmacht des Bindens und Lösens der Jüngerschaft verliehen, nach 16,19 nur dem Simon Petrus. Für beide Prioritäten hat man historische und theologische Argumente ins Spiel gebracht. Falls die in der Verkündigung ausgeübte eschatologische Vollmacht den Hintergrund des Logions ausmacht[35], würde dies für die Priorität von 18,18 sprechen. Doch ist diese Erklärung fragwürdig (s. Interpretation). Bultmann[36] ordnet 18,18 zeitlich 16,19 in dieser Weise nach: 16,19 sei in den Gesetzesdebatten der palästinensischen Gemeinde entstanden zu einer Zeit, als Petrus die Autorität der Jerusalemer Gemeinde war. Nach seiner Vertreibung sei eine institutionelle Autorität von Gemeindevorstehern an seine Stelle getreten. Dies spiegle 18,18 wider. Gegen diese Auffassung wurde eingewendet, daß Petrus in Jerusalem nicht die alleinige Autorität gewesen sei, sondern zu den drei Säulen gehörte (Gal 2,9). Bultmann hat in der Abfolge vom einzelnen zum Kollegium etwas Richtiges gesehen, nur wird man den geographischen Rahmen von Jerusalem nach Syrien (galiläisches Grenzgebiet) verlegen müssen. Petrus ist die Autorität für die Kirche dieser Provinz und inzwischen eine Größe der Vergangenheit. Die Vollmacht von 18,18 aber wird in der Gegenwart noch ausgeübt. Das historische Gefälle verläuft vom einzelnen zum Kollegium. Dem korrespondiert das theologische Gefälle von Mt, der beide ihm schon vorgegebenen Logien überliefert und im Sinn dieses Gefälles einander zuordnet. Wir möchten darum 16,19b das zeitliche Prae einräumen[37]. Das Schlüsselwort in 16,19a, als isoliertes Wort kaum existenzfähig, besitzt in 23,13 ein augenfälliges Pendant: κλείετε τὴν βασιλείαν τῶν οὐρανῶν. Wir möchten 16,19a MtR zuweisen, der das Schlüsselwort im bewußten Gegensatz zur Schlüsselgewalt der Schriftgelehrten gestaltet hat. Mithin ergibt sich, daß E 16,16–19 als dreistrophigen Text unter Aufnahme zweier Logien (18 und 19b) bildete.

---

[34] ὅσα ἐάν bei Mt noch 7,12; 23,3; vgl. 18,25; 21,22, aber auch Mk 3,28; Lk 12,3; vgl. Mk 6,56; Lk 9,5.
[35] HOFFMANN, Petrus-Primat 100f.
[36] BULTMANN, Geschichte 147–151.
[37] Für die Priorität von 16,19b sind außer BULTMANN noch E. SCHWEIZER, Gemeinde und Gemeindeordnung im NT (AThANT 35) (Zürich 1959) 51f; TRILLING, Israel 156–158; G. KLEIN, Die Verleugnung des Petrus: Rekonstruktion und Interpretation (Ges. Aufsätze) (München 1969) 88 Anm. 223; BORNKAMM, Binde- und Lösegewalt 101f; H. ZIMMERMANN, Die innere Struktur der Kirche und das Petrusamt nach Mt 18: Cath 30 (1976) 168–183, hier 172ff; KÜNZEL, Gemeindeverständnis 200. Für die Priorität von 18,18 sind außer HOFFMANN noch E. KÄSEMANN, Die Anfänge christlicher Theologie: Exegetische Versuche und Besinnungen II (Göttingen 1964) 82–104, hier 104; DINKLER, Petrus-Rom-Frage 36; A. VÖGTLE, Ekklesiologische Auftragsworte des Auferstandenen: Das Evangelium und die Evangelien (Düsseldorf 1971) 243–252, hier 251. SCHNACKENBURG, Vollmachtswort 155, relativiert die Frage nach der Priorität im Hinblick darauf, daß die Vollmacht zu binden und zu lösen überhaupt übertragen wurde. – Joh 20,23 ist eine johanneische Überlieferungsvariante zu Mt 18,18. Hierzu vgl. C. H.

Die Funktion des Textes 16,17–19 im Rahmen des gesamten Evangeliums erschließt sich aber erst dann, wenn man wahrnimmt, daß er nach dem Vorbild eines literarischen Schemas aufgebaut ist, das man das Schema von der Investitur des Offenbarungstradenten genannt hat [38]. Zu beachten ist, daß die Ausbildung dieses Schemas auf der literarischen Ebene erfolgt, so daß von seinem Sitz in der Literatur gesprochen werden kann. Von hier aus werden die Eingriffe des Mt in den Text voll verständlich [39]. Ausgangspunkt ist die seltene (nichtkonditionierte) Makarismusform in V 17. Der Makarismus ist verknüpft mit der Offenbarung, die dem Seliggepriesenen zuteil wurde. Dieser wird zum Offenbarungstradenten und Garanten der Überlieferung.

Kähler [40] hat vergleichbare Texte beigebracht. Zur Veranschaulichung beschränken wir uns auf ein paar ausgewählte Analogien. In 4 Esr 10,57 wird Esra vom Deuteengel seliggepriesen: „Selig bist du vor so vielen, und du hast beim Höchsten einen Namen wie nur wenige." Im unmittelbaren Anschluß wird ihm verheißen, daß er (in Traumgesichten) Offenbarungen empfangen wird, die die ausstehende endzeitliche Zukunft betreffen (V 59). Zwar fehlt im Makarismus eine Namensverleihung oder -deutung, aber formmäßig stimmt er mit Mt 16,17 überein. Zu beachten ist, daß dies der einzige Makarismus dieser Art in 4 Esr ist und Esra als der Vermittler der in diesem Buch mitgeteilten Belehrungen und Enthüllungen gilt. Esra vertritt die Gemeinde und deren Anliegen und Sorgen, für die er schreibt, und steht ihr gleichzeitig als ihr autoritativer Lehrer gegenüber. – In JosAs 16,14 gilt der Makarismus Aseneth, die göttliche Offenbarungen empfängt: „Selig bist du, Aseneth, denn Gottes unaussprechliche Geheimnisse sind dir enthüllt." Wieder ist die Form aufschlußreich. Nach 15,7 empfängt sie einen neuen Namen, nämlich „Zufluchtsstadt", weil Völker zu ihr fliehen und sich in ihren Mauern gesichert fühlen werden. Das Bildmaterial berührt sich mit Mt 16,18. Der Schrift fehlt die eschatologische Qualität. Auch wird Aseneth nicht mit der Abfassung in Verbindung gebracht. Letzteres ist wiederum gegeben in Hen hebr 4,9 und Memar Marqah II § 9, einem Thesaurus samaritanischer Traditionen. Henoch bzw. Mose gelten als die Garanten der Offenbarung, die seliggepriesen werden.

Die Vergleiche vermögen die Bedeutsamkeit des Simon Petrus für unser Evangelium anzuzeigen. Dennoch möchte ich mich scheuen, unser Evangelium als Petrusevangelium zu bezeichnen [41]. Esra bekommt von Gott den Auftrag, die ihm geschenkten Offenbarungen aufzuschreiben (4 Esr 14,24ff). Etwas Vergleichbares fehlt in unserem Evangelium.

II

13 Jesus wendet sich nach Norden. Die Jünger werden erst im nachhinein erwähnt. Kaisareia Philippi, das alte Panion/Paneas (heute Baniyas)

Dodd, Some Johannine „Herrenworte": NTS 2 (1955/56) 85f; Schnackenburg, Vollmachtswort 146–149.
[38] Kähler: NTS 23 (1977) 55.
[39] Es ist nicht notwendig, mit Kähler: NTS 23 (1977) 57 einen Erzählkranz von Petrusgeschichten zu postulieren, in dem Mt 16,17–19 ursprünglich seinen Ort gehabt hatte.
[40] NTS 23 (1977) 47–55.
[41] So Kähler: NTS 23 (1977) 57; Schenk: BZ 27 (1983) 58ff.

wurde vom Tetrarchen Philippos zur Stadt gestaltet und zu Ehren des Augustus „die Kaiserliche" genannt. Die westlich des Jordan dorthin führende Straße (Via Maris) kam von Kafarnaum her, die Straße östlich des Flusses von Betsaida[42]. Freilich betritt Jesus nicht die Stadt, sondern hält sich in deren Umkreis auf. Symbolische Deutungen des Topos (Pansgrotte, Augustus-Tempel), in denen eine nahe Felswand zum Felsenwort in Beziehung gesetzt wurde, sind vom Text fernzuhalten, der schon in Mk 8,27 dieselbe Lokalisierung besitzt[43]. Nur die Nähe zur Grenze zum heidnischen Land und zum Gebiet der mt Gemeinden könnte für E von Bedeutung gewesen sein. Das Wegmotiv von Mk 8,27 ist nicht übernommen. Es taucht bei Mt erst im Zusammenhang mit der dritten Leidensankündigung auf (20,17) und wird nicht weiter ausgebaut. Für die Anfrage Jesu fällt die sprachlich eindrucksvolle Gegenüberstellung der Menschen und des Menschensohnes auf. „Menschensohn" ist nicht schematisch eingetragen oder bloßer Ersatz für das Personalpronomen, sondern voller christologischer Titel. Für Mt ist Jesus bereits als der Irdische der Menschensohn. Der Gegensatz Menschen/Menschensohn wiederholt sich in V 17 auf andere Weise: Fleisch und Blut/mein Vater in den Himmeln. Dies bedeutet, daß die Erkenntnis des Menschensohnes dem natürlichen Menschen nicht möglich ist (vgl. 11,27). Diese Erkenntnis muß geschenkt werden, auch den Jüngern. Möglicherweise steht im Hintergrund die apokalyptische Vorstellung: „Von Anbeginn war der Menschensohn verborgen, und der Höchste ... offenbarte ihn den Auserwählten" (Henaeth 62,7; vgl. 48,7; 69,26)[44].

14   Die vielfältigen Volksmeinungen über Jesus, über die die Jünger Auskunft geben, kommen darin überein, daß sie unzureichend sind. Jesus wird als Prophet angesehen. Die namentlich genannten Propheten – auch Johannes der Täufer gehört dazu (vgl. 11,9f) – sollen in Jesus wiedergekehrt sein. Mit der Wiederkunft des Elija rechnete man im Volk. Die Identifizierung mit dem Elija redivivus stellte Jesus auf eine Stufe mit dem Täufer (vgl. 11,14; 14,2). Von einer Erwartung der Wiederkehr des Propheten Jeremia, den E hier einbringt, wissen wir nichts[45], es sei denn, daß man ihn in eine Aussage wie 4 Esr 6,26 miteinbezieht: „Dann schaut man jene Männer, die einst hinweggenommen wurden und die den Tod seit der Geburt nicht kosteten." Da sich die Vorstellung von einem gewaltsamen Tod des Jeremia weit verbreitet hatte, kann auch diese Stelle für eine solche Erwartung nicht in Anspruch genommen werden. In 2 Makk 15,14 ist von Jeremia als himmlischem Fürsprecher für das Volk und die heilige Stadt die Rede. Er weilt also im Himmel. E scheint die Möglichkeit seiner Wiederkehr und auch anderer Propheten vorauszusetzen.

---

[42] DALMAN, Orte und Wege 218.
[43] Mit BRAUN, Qumran I 32f, gegen JEREMIAS, Golgotha 73 Anm. 2.
[44] Vermutung von VÖGTLE, Das Problem 134f.
[45] Vgl. BILLERBECK I 730; J. JEREMIAS: ThWNT III 219.

Warum ist auch Jeremia genannt? Weil er ein Lieblingsprophet des Volkes war? Weil er gemäß dem Volksglauben getötet worden war und so Jesus nahe stand (vgl. 23,37)? Für Frankemölle[46] weist Jeremia als himmlischer Fürsprecher (2 Makk 15,12–16; 2,1–9) auf die Neukonstituierung des Bundesvolkes. Gewiß ist es so möglich, einen Zusammenhang mit 16,18 zu gewinnen, man wird aber stärker den mt Makrotext zu beachten haben. Mt ist der einzige ntl Autor, der Jeremia namentlich erwähnt, außer an unserer Stelle noch in 2,17 (Kindermord von Bethlehem) und 27,9 (Selbstmord des Judas), also eindeutig in unheilvoller Verbindung. Dies empfiehlt ein entsprechendes Verständnis. Jeremia sagt die Schändung und das Ende Jerusalems an (13,20ff; 15,5ff u. ö.). Mit der Identifizierung Jesu mit Jeremia ist wahrscheinlich zu verstehen gegeben, daß man Jesus für einen Unheilspropheten hält. Dies wäre a fortiori eine unzureichende Meinung über ihn[47].

15f Schon die vom Vorangegangenen sich absetzende, an die Jünger gerichtete Frage Jesu[48] läßt erwarten, daß diese zu besserer Antwort befähigt sind. In der Einführung der Antwort wird Simon Petrus nochmals von den Jüngern abgesetzt (mit δέ). Wie auch das Folgende zeigt, spricht er für sich, nicht im Namen der Jünger. So ist es die Sicht des Mt. Die Antwort des Petrus ist das voll gültige Bekenntnis, für das wir annehmen dürfen, daß es für die mt Gemeinden bestimmend ist. Es bedarf keiner Korrektur oder Weiterführung, wie das in der Vorlage Mk 8,29ff der Fall ist. Der Christus ist grammatisch zwar die Hauptaussage, doch gewinnt der Sohn Gottes durch die Rede vom lebendigen Gott Eigengewicht. Diese Rede ist im AT vorgeprägt (Ps 42,3; 84,3; Jos 3,10; Os 2,1), wenn auch nicht häufig, im NT gewinnt sie an Verbreitung (Mt 26,63; Apg 14,15; Röm 9,26; 2 Kor 3,3; 6,16; 1 Thess 1,9; Hebr 3,12; 9,14; 10,31; 1 Tim 3,15; 4,10; 6,17; 1 Petr 1,23; Apk 7,2; 15,7). Wenn man sich das atl Umfeld der genannten Stellen anschaut, ist es nicht so sehr der geschichtsmächtige Gott, der so bezeichnet wird, sondern der Lebensspender, der Herrenmacht hat über die Mächte des Verderbens[49]. Paßt dies gut zum mt Kontext, ist für E zusätzlich die Ausrichtung auf Israel, das Gottesvolk, zu berücksichtigen, wie wir sie in 2,15 antrafen. Als Messias und Gottessohn ist Jesus der eschatologische Heilbringer, der Retter seines Volks. Zu beachten ist auch die Dreiheit Menschensohn-Messias-Gottessohn, wie sie auch in 26,63f

---

[46] Jahwebund 234.
[47] J. CARMIGNAC, Pourquoi Jérémie est-il mentionné en Matthieu 16,14? Tradition und Glaube (Festschrift K. G. KUHN) (Göttingen 1971) 283–298, urteilt historisch und denkt an national (zelotisch?) gesinnte Gegner Jesu.
[48] C 33 1010 1424 it fügen sekundär den Jesus-Namen ein.
[49] Vgl. H. W. WOLFF, Hosea (BK. AT) (Neukirchen ³1976) 30f. Os 2,1 spricht von „Söhnen des lebendigen Gottes". Vermutlich ist diese Formulierung von Hosea geprägt worden. W. W. GRAF BAUDISSIN leitete die Rede vom „lebendigen Gott" ab von einem altorientalischen Mythos von einem sterbenden und wieder lebendig werdenden Gott. Zur kritischen Auseinandersetzung vgl. CLEMEN, Erklärung 59.

gegeben ist. Als Menschensohn ist er als der Erniedrigte der zum kommenden Richter Bestimmte. Simon Petrus hat die rechte Einsicht in das Geheimnis Jesu.

17 Die Erwiderung Jesu ist eine kleine an Simon gerichtete Verheißungsrede, die freilich eine weit über seine Person hinausgreifende Bedeutung besitzt[50]. In der Analyse (Punkt I) machten wir bereits auf die Besonderheit der Form des Makarismus aufmerksam. Petrus wird seliggepriesen, weil ihm etwas geschenkt wurde, nicht weil er etwas aufzuweisen hat (vgl. die Makarismen der Bergpredigt). Er wird namentlich angesprochen. Die Einmaligkeit der Seligpreisung im Evangelium weist aus – wie vergleichbare Analogien nahelegten –, daß er für dieses Bedeutung hat.

Simon wird neben seinem Rufnamen auch mit dem umrätselten Barjona angeredet – zahlreiche Handschriften trennen βὰρ Ἰωνᾶ[51] –, der bis heute noch nicht sicher geklärt ist. Es kann als zutreffend gelten, daß E diesen Namen aufgriff und der Jünger in den syrischen Gemeinden unter dem Namen Simon Barjona bekannt war. Die getrennte Schreibweise Bar Jona empfiehlt einen Vatersnamen: Sohn des Jona. Jona aber war trotz des gleichnamigen Propheten zur Zeit Jesu und lange davor als Name nicht mehr in Gebrauch. Es wird zutreffen, daß auf diese Weise entsprechend dem folgenden die menschliche Komponente des Jüngers unterstrichen werden soll[52], aber wie? Am verbreitetsten ist die Deutung im Sinn des Vaternamens Bar Jochanan, Sohn des Johannes, dann als Abkürzung, meist mit Berufung auf Joh 1,42; 21,15. Solche Abkürzung ist jedoch sonst nicht nachweisbar[53]. Barjona (auch barjon) ist daneben ein aramäisches Wort (Lehnwort aus dem Akkadischen?) mit der Bedeutung „zügelloser Mensch"[54]. Es gibt Belege, daß die Zeloten Barjone genannt wurden, etwa: „Unter ihnen (den Aufständischen in Jerusalem) waren Barjone, und als die Rabbanan rieten, hinauszugehen und mit jenen (den Römern) Frieden zu schließen, ließen diese es nicht zu" (bGit 56a). Die Belege sollen spät sein[55]. Dennoch könnten sie alte Erinnerungen bewahrt haben. So bleibt der Beiname Simons ein Rätsel. Sollte er einmal Sympathisant der Zeloten gewesen sein? Sein Versagen in der Passion Jesu könnte dafür sprechen. Daß er als Fischer und Hausbesitzer in Kafarnaum ein relativ gut situierter Bürger war, spricht nicht unbedingt dagegen[56].

---

[50] ἀποκριθεὶς δέ (Sinaiticus BDΘ f[1.13] 33 1241 lat) wird ebenso geboten wie καὶ ἀποκριθείς (CLW f ff[1] sy[h]). Im Mt-Evangelium wechseln beide Formen einander ab. Hier ist die erste Form besser bezeugt. Sie fügt sich auch besser zum Beginn von V 16.
[51] LΓ f[1.13] 28 33 565 700 892 1010 1241 1424 usw.
[52] VÖGTLE, Zum Problem 388.
[53] BILLERBECK I 730. Vgl. R. E. BROWN u. a., Der Petrus der Bibel (Stuttgart 1976) 79 und Anm. 203.
[54] G. DALMAN, Aramäisch-neuhebräisches Handwörterbuch (Göttingen ³1938) 65. JASTROW differenziert zwischen barjona = rebel, outlaw und barjon = palace-soldier, castle-guard. Hierzu vgl. M. HENGEL, Die Zeloten (AGSU 1) (Leiden 1961) 56.
[55] Nach HENGEL (Anm. 54) 55f.
[56] So HENGEL (Anm. 54) 57 Anm. 5. Positiv urteilt CULLMANN, Petrus 23f.

Die dem Simon Petrus zuteil gewordene Offenbarung kommt von Gott, den der mt Christus auch hier seinen Vater in den Himmeln nennt[57]. „Fleisch und Blut" bezeichnen den Menschen in seiner Begrenztheit, Hinfälligkeit, oft im Gegenüber zu Gott (vgl. 1 Kor 15,50; Gal 1,16). Offenbarung, Enthüllung des Göttlichen ist immer nur von Gott zu haben. Der natürliche Mensch ist von sich aus nicht fähig, sie zu erfassen. Was würde dem Jünger geoffenbart? Der Satz enthält kein Objekt, nicht einmal ein ταῦτα wie die vergleichbare Feststellung in 11,25. Sinngemäß wäre zu übersetzen: Mein Vater schenkte dir (die) Offenbarung. In erster Linie umfaßt die Offenbarung das christologische Bekenntnis des Simon. Darüber hinaus ist dieses Bekenntnis die Grundlage der christlichen Überlieferungen, als deren Garant der Jünger steht. Im Petrusbild unseres Evangeliums wird dies näher darzustellen sein (III a).

18 Das Tempus wechselt von der Vergangenheit in die Zukunft. In der Zukunft ist Christus der Handelnde. Er löst gleichsam den Vater ab, der die Offenbarung geschenkt hat. In diesem Sinn ist das betont vorangestellte „Und *ich* sage dir" sowie die Ich-Form der VV 18.19 a zu verstehen. Das „Bekenntnis" Christi zu diesem Simon bezeichnet diesen als Petrus. Im folgenden wird dann eine Deutung dieses Namens gegeben. Es ist umstritten, ob V 18 über die Deutung hinaus auch von der Verleihung des Namens erzählt. Dies ist zu bejahen[58]. Daß dieser Jünger schon wiederholt Petrus genannt wurde (selbst in V 16), spricht nicht dagegen. Eine der Gemeinde bereits längst bekannte Sache wird hier ätiologisch auf ihren Ursprung zurückgeführt. Ebenso ist schon lang vor dem Messiasbekenntnis des Simon der hörenden Gemeinde bekannt, daß Jesus der Christus ist. Die Deutung des Namens besagt, daß Simon der Fels ist, auf dem Christus seine Kirche bauen will. „Petrus" wird also im Sinn von Fels gedeutet. Etymologisch ist dies durchaus nicht selbstverständlich, da wir bereits oben feststellen konnten, daß die erste Bedeutung von πέτρος Stein ist. Im wesentlichen sind drei Fragen zu besprechen: das Bildmaterial, das Wort Ekklesia und die Funktion Simons als Fels der Ekklesia.

1. Das Bildmaterial vom Fundament und Stein hat im NT weite Verbreitung. In den älteren Schichten wird es christologisch verwendet. Christus ist der Stein, den die Bauleute verworfen haben (Mk 12,10f), das Fundament, das der Apostel Paulus bei der Gründung der Gemeinde legte (1 Kor 3,10). In darauf aufbauenden Reflexionen werden die Apostel und Propheten zum Fundament (Eph 2,20). Die Jerusalemer Gemeinde besitzt drei Säulen (Gal 2,9). Die Fundamente der Mauern des himmlischen Jerusalem tragen die Namen der zwölf Apostel (Apk 21,14). In Herm (v) 2,3ff wird die Kirche mit einem Turmbau auf dem Felsen Christus verglichen[59].

---

[57] f¹³ 565 lesen: mein himmlischer Vater.
[58] Mit JEREMIAS, Golgotha 69 Anm. 7; HOFFMANN, Bedeutung 22. Anders FRANKEMÖLLE, Jahwebund 241 Anm. 109.
[59] Qumran scheidet für diesen spezifischen Sprachgebrauch aus. Mauer, Eckstein, Fundament sind hier die Gemeinde, nicht bestimmte Leute in ihr. Vgl. 1 QS 8,8 und BRAUN, Qumran I 31.

Das Bildmaterial stammt weitgehend aus dem AT. Wird in Mk 12,10f; Apg 4,11; 1 Petr 2,7 nur Ps 118,22 zitiert, so ist Is 51,1f wegen des personalen Bezuges erwähnenswert: „Blickt auf den Felsen (LXX: πέτραν), aus dem ihr gehauen seid ... Blickt auf Abraham, euren Vater." Das Bild vom Bauen der Gemeinde haben wir jetzt in Qumran. Die Gemeinde ist das unter den Menschen erbaute Heiligtum (4 Q flor 6), Gott baute ein zuverlässiges Haus in Israel (Dam 3,19); der Lehrer der Gerechtigkeit ist bestellt, „ihm eine Gemeinde zu erbauen" (4 QpPs 37,3,15f). Qumran teilt mit Mt 16,18 die Metaphorik[60]. Den Gedanken an den Tempel, das Heiligtum, wird man von unserer Stelle fernhalten müssen[61]. Neu an ihr ist die Verbindung von Gemeindebau und Felsfundament. Der älteste biblische Beleg für die Hadespforten findet sich in Is 38,10: „In der Mitte meiner Tage muß ich gehen, zu den Toren des Totenreiches (LXX: ἐν πύλαις ᾅδου) bin ich entboten für den Rest meiner Jahre." Das Frühjudentum hat das Bildwort, das die Macht des Todes umschreibt, aufgenommen (Weish 16,13; 3 Makk 5,51; Ps Sal 16,2). In der Kombination der Bilder Todestore, Fundament, Fels, Bau der Gemeinde kommt jetzt 1 QH 6,24–28 unserer Stelle sehr nahe[62]. Der Psalmist schildert die Bedrängnis, der er in der Vergangenheit ausgeliefert war, und vergleicht sie mit einem in Seenot Geratenen:

„Und es brauste die Urflut zu meinem Stöhnen,
und (meine Seele kam) bis zu den *Pforten* des Todes.
Und ich war wie einer, der kommt in eine feste Stadt,
bewehrt mit hoher Mauer zu retten.
Und ich (freute mich an) deiner Wahrheit, mein Gott,
denn du legtest ein *Fundament* auf Fels ...
zu bauen eine starke Mauer, die nicht erschüttert wird."

Der Unterschied ist wieder der, daß die Gemeinde nicht nur Bau und Mauer, sondern auch Fundament und Fels ist. Auch sind die Tore des Todes (vgl. Job 38,17; Ps 9,14) nicht ganz dasselbe wie die Tore der Unterwelt. Im Rabbinischen gibt es Spekulationen über den Tempelfelsen, auf die zurückzukommen sein wird.

2. Die Ekklesia, die Christus „bauen" will, läßt sich auf mehrfache Weise näher bestimmen. Zunächst ist sie als seine Ekklesia gekennzeichnet. Das vorangestellte μου unterstreicht diesen Gedanken. Damit ist die Verbindung zum Messiasbekenntnis des Simon hergestellt. Es ist berechtigt, für Mt von ἐκκλησία τοῦ Χριστοῦ zu sprechen, ein Ausdruck, der im NT nur im Röm 16,16 (Plural) seine Entsprechung hat[63]. Dies bedeutet,

---

[60] TRILLING, Israel 160, erblickt in der Metaphorik die Idee einer Neugründung. – D it vg Eusebios lesen den Akkusativ: ἐπὶ ταύτην τὴν πέτραν.
[61] Mit G. KLINZING, Die Umdeutung des Kultus in der Qumrangemeinde und im NT (StUNT 7) (Göttingen 1971) 207.
[62] Vgl. O. BETZ, Felsenmann und Felsengemeinde: ZNW 48 (1957) 49–77, hier 55ff. Zur Auseinandersetzung BRAUN, Qumran I 33ff.
[63] Paulus favorisiert den Ausdruck ἐκκλησία τοῦ θεοῦ.

daß in dieser Ekklesia alle jene vereinigt sind, die sich – wie Simon – zu Jesus als dem Christus und Gottessohn bekennen. Bindung an den Messias Jesus impliziert aber auch Bindung an den irdischen Jesus und sein Wort. Die Verankerung der Verheißung im Leben des Irdischen bestätigt dies. Kirchliche Gemeinschaft ist Jüngergemeinschaft. Hinzu tritt der universale Aspekt. Auch die Jesusbekenner, die nicht zum Volk Israel gehören, haben Zutritt zu dieser Ekklesia. Zwar wird der universale Aspekt nicht explizit ausgesprochen. Er ergibt sich aber aus der Zulassungsbedingung, die in der Annahme des Glaubens an Jesus den Christus und Gottessohn besteht. Insofern trifft es zu, daß unser Text auf 28,16-20 verweist[64]. Weil es sinnvoll ist, dort das Wort „Kirche" zu verwenden, wo das universale Gottesvolk angesprochen ist, und das Wort „Gemeinde", wo die Ortsgemeinde im Blick ist, empfiehlt sich nachdrücklich ersteres für unser Logion.

Mt trifft den Begriff Ekklesia bereits in der christlichen Überlieferung an. Es wird zutreffen, daß dieser Begriff im hellenistischen Judenchristentum seine Prägung gefunden hat, wie W. Schrage[65] zeigte. Dann eignet ihm von vornherein eine antinomistische Note. Er gibt zu verstehen, daß das Christentum nicht einfach die Prolongation des Judentums ist. Indem Mt das Wort aufgreift, erfährt es in diesem Punkt eine gewisse Veränderung. Mt entwickelt eine eigene Stellungnahme zum Gesetz, die dadurch geprägt ist, daß Gesetz und Propheten erfüllt werden müssen (vgl. 5,17-20). Dennoch vermeidet er die Bezeichnung „Synagoge" für die Gemeinschaft der Jesusjünger, die im frühen Christentum Verwendung finden konnte (Jak 2,2)[66]. Mt distanziert sogar Ekklesia und Synagoge, wenn er wiederholt von „ihren Synagogen" redet (4,23; 9,35; 10,17; 12,9; 13,54; 23,34). Damit ist immer das Haus gemeint, in dem sich die jüdische Gemeinde versammelt. Es darf vermutet werden, daß in der Beibehaltung von Ekklesia für Mt der Einfluß der LXX-Theologie auch eine Rolle spielte[67]. Dort wird das Volk Israel, seine Volksversammlung, wiederholt Ekklesia genannt. Äußere Abtrennung – vom Haus der Synagoge – und theologische Kontinuität bestimmen dann die mt Ekklesiologie. Auf das Wörtchen μου rückt dann nochmals der Akzent. Es verleiht der Kirche eschatologische Qualität. Die ἐκκλησία τοῦ Χριστοῦ ist für die letzte Zeit bestimmt. Dies ist im Folgenden zu berücksichtigen.

3. Die Bedeutung des Petrus für die Kirche ist, im Bild gesprochen, die des Felsenfundaments, auf dem die Kirche auferbaut werden soll. Darüber hinaus hat die Verheißung, daß die Pforten der Unterwelt die Kirche nicht werden überwältigen können, ebenfalls mit dem Felsenfundament

---

[64] FRANKEMÖLLE, Jahwebund 243.
[65] „Ekklesia" und „Synagoge": ZThK 60 (1963) 178-202.
[66] Judenchristen im Ostjordanland bezeichnen ihre kirchliche Gemeinschaft später als Synagoge. Vgl. K. L. SCHMIDT: ThWNT III 521.
[67] Dies ist wahrscheinlicher als Polemik gegen hellenistische Judenchristen, wie SCHRAGE (Anm. 65) 201 vermutet.

zu tun. Dieses ist gleichzeitig Grundstein des auszuführenden Baus und Verschlußstein gegenüber den bedrohlichen Mächten der Unterwelt. Die Pforten des Hades stehen im Sinn des pars pro toto für das Totenreich. Da sie angreifen, erscheinen sie personifiziert und als gefährliche Potenzen. Die Doppelfunktion als Grund- und Verschlußstein hat Parallelen in der Mythologie des Frühjudentums. Hier ist der Tempelfels der feste Punkt, von dem aus die Welt geschaffen wurde – „Vom Sion aus wurde die Welt gegründet" (bJoma 54b Bar.) –, aber auch der Verschlußstein zur Urflut, aus der die Welt wie ein großes Gewölbe emporstieg. Dieser Felsen kann mit Abraham oder den Erzvätern identifiziert werden, die dann die Funktion, die Welt zu tragen und den Unheilsmächten zu wehren, übernehmen. Als Gott auf Abraham schaute, sprach er: „Siehe, ich habe einen Felsen gefunden, auf dem ich die Welt bauen und gründen kann."[68] Mögen die rabbinischen Vergleichstexte auch späteren Datums sein, so stellt die in ihnen dem Fels zugesprochene Doppelfunktion eine bemerkenswerte Parallele dar, die das verwandte Milieu bestätigt.

Versucht man das Bild in eine sachliche Aussage zu überführen, so haben alle Interpretationen auszuscheiden, die dem Simon eine persönliche Verheißung zugesprochen sehen, etwa daß er nicht sterben und die Parusie erleben werde[69], oder daß er selbst der Scheol der Gottlosen nicht verfallen wird[70]. Der Fels ist auch nicht der Glaube, den Simon bekundete und der übertragbar ist[71]. Schon Schlatter[72] bemerkte zu dieser Hypostasierung des Glaubens, daß sie einer ganz anderen Logik als der unseres Evangeliums entspreche, weil nicht von einem Begriff, sondern von einem Menschen gesprochen werde, dem Jesus sein Werk übergibt. Fels ist Simon als Bürge und Garant der Lehre Jesu. Er ist der Erstberufene (4,18; 10,2) und somit der Anfang der Jüngerschaft, der Anfang der Kirche, die als Jüngerschaft und Bruderschaft zu begreifen ist (vgl. zu 4,18–22). Als Mann des Anfangs ist er zur Bürgschaft befähigt. Er hat die Offenbarung empfangen. Die Zentralität von 16,17 haben wir oben herausgestellt. Zwar will E nicht die Fiktion aufstellen, daß Simon Petrus das Evangelium abfaßte, aber er nimmt ihn als Gewährsmann für sein Evangelium in Anspruch. Die auf diesen Felsen gebaute Kirche kann als Kirche der Endzeit den Todesmächten widerstehen[73]. Diese Verheißung ist kämpferisch. Man wird in ihr weniger die Zusage ausgedrückt sehen, daß die zur Kirche

---

[68] Jalqut Schimeoni I § 766 zu Nm 23,9. Belege bei Jeremias, Golgotha 74f. 54ff; Billerbeck I 733; Klinzing (Anm. 61) 206 Anm. 30 und 31.
[69] A. von Harnack, Der Spruch über Petrus als den Felsen der Kirche (SPAW) (Berlin 1918) 637ff, hier 644f.
[70] Dies scheint die Auffassung von Jeremias, Golgotha 71, zu sein.
[71] So etwa Billerbeck I 732.
[72] 507f.
[73] αὐτῆς in V 18 fin kann grammatisch sowohl auf den Fels als auch die Kirche bezogen werden, der/die nicht überwältigt werden können. Jedoch empfiehlt sich der Bezug auf die Kirche. Abwegig ist der Versuch Cullmanns, Petrus 233, den Spieß umzudrehen und die Kirche als (erfolgreiche) Angreiferin zu verstehen.

Gehörigen das ewige Leben erben werden[74]. Dies hätte wohl anders formuliert werden müssen. Vielmehr ist der Kirche der Endzeit über das Felsenfundament der bleibende Schutz Christi, ihres Herrn, in Aussicht gestellt (vgl. 28,20b).

19 Simon Petrus empfängt zusätzlich die Schlüssel, den Schlüsselbund der Himmelsherrschaft. Das Schlüsselbild ist alt und läßt sich bis in das alte Ägypten verfolgen[75]. Paläste und Tempel konnten schon in der Antike mit gewaltigen Schlüsseln verschlossen werden. Wer öffnete und schloß, hatte für die Sicherheit der Ein- und Austretenden zu sorgen. Jedoch ist bereits in Is 22,22 die Sinngebung des Bildes erheblich ausgeweitet. Hier empfängt Eljakim die Herrschaft und Verfügungsgewalt über die Dynastie der Davididen mit den Worten: „Und ich lege den Schlüssel des Davidshauses auf seine Schultern. Und er wird auftun und keiner schließt, und er wird schließen und keiner tut auf."[76] Die Metaphorik lebt in Apk 1,18; 3,7 (Christus hat die Schlüssel des Todes und des Hades/die Schlüssel Davids) ebenso fort wie bei den Rabbinen. Wer die Schlüssel des Todes, des Regens, der Ernte hat, gebietet über den Tod, den Regen, die Ernte[77]. Petrus empfängt also mit den Schlüsseln Vollmacht über die Himmelsherrschaft. Er übt diese allerdings auf Erden aus, nicht als Himmelspförtner entsprechend dem Klischee. Als Tradent und Garant der Lehre und Gebote Jesu, deren Befolgung dem Menschen die Himmelsherrschaft eröffnet, verpflichtet er auf jene. Mt 23,13 bietet das Pendant. Die Schriftgelehrten und Pharisäer übten als bisherige Schlüsselträger dieselbe Vollmacht aus. Indem sie aber das Evangelium ablehnen, verschließen sie nurmehr die Himmelsherrschaft vor den Menschen. Simon Petrus tritt an ihre Stelle. Wenn man diese Gegenüberstellung beachtet, ergibt sich, daß dem Jünger vornehmlich die Aufgabe zukommt, die Himmelsherrschaft zu öffnen. Seine Aufgabe ist als positive zu beschreiben[78]. Man wird Kirche und Himmelsherrschaft nicht identifizieren dürfen[79]. Ihr Beieinander an dieser einzigen Stelle im Evangelium aber gibt Gelegenheit, über ihr gegenseitiges Verhältnis nachzudenken. Die Basileia, von Mt als kosmischuniversale und auch schon gegenwärtige Größe konzipiert, ist das Übergreifende und Bleibende.

Der Kirche als dem Volk Gottes ist die Basileia anvertraut (21,43). In

---

[74] Vgl. TRILLING, Israel 162. E. MEYER, Ursprung und Anfänge des Christentums I (Stuttgart/Berlin 1921) 112 Anm. 1, möchte die Kirche mit dem Himmelreich gleichstellen und so ihre Unbezwingbarkeit begründet sehen.
[75] Vgl. H. WILDBERGER, Jesaja II (BK. AT) (Neukirchen 1978) 848f. – Sinaiticus² B² CD f$^{1.13}$ lesen κλεῖς statt κλεῖδας.
[76] Vgl. Is 9,5: „Die Herrschaft liegt auf seiner Schulter."
[77] Belege bei BILLERBECK I 737; J. JEREMIAS: ThWNT III 749f.
[78] Vgl. SCHNACKENBURG, Vollmachtswort 148.
[79] Gegen JEREMIAS, Golgotha 72f, mit E. HAENCHEN, Die Komposition von Mk 7,27 – 9,1 und Par.: NT 6 (1963) 81–109, hier 101. – Die Schlüsselgewalt des Petrus sollte auch nicht auf die missionarische Aufgabe bezogen werden, wie CULLMANN, Petrus 235, erwägt.

ihr leben die Menschen, die für die Basileia bestimmt sind. Die Kirche aber muß „Frucht" bringen, die Lehre Jesu in ihrem Leben zur Geltung bringen und realisieren. Petrus tut seinen Dienst in der Kirche, wenn er an die Lehre Jesu erinnert, die die Menschen in die Basileia eintreten läßt.

Das Schlüsselbild verlangte eigentlich eine Fortsetzung, die vom Öffnen und Schließen handelt. Wenn statt dessen vom Binden und Lösen die Rede ist, zeigt sich die Selbständigkeit dieses Teilverses (s. Analyse). Mit dem Binden und Lösen ist ein jüdisch-rabbinischer Terminus aufgegriffen. Damit ist eine exegetische Entscheidung getroffen.

Binden und Lösen können auf vielfältige Weise verwendet werden. Im AT sind sie vornehmlich auf die Gefangensetzung und Befreiung gerichtet: „die Fesseln Unschuldiger zu lösen" (Is 58,6). Daneben kann, bereits in bildlicher Form, vom „Lösen der Sünde" gesprochen werden (vgl. LXX Is 40,2). Dieser Sinn kommt für unser Logion nicht in Frage. Näher kommt schon Dam 13,10, wo es über den Aufseher der (essenischen) Gemeinde heißt: „Er soll alle Bande ihrer Fesseln lösen." Dieses in seiner Interpretation umstrittene Wort bezieht sich vielleicht auf die Auflösung von Gelübden[80]. Eine ältere Auslegung wollte das Binden und Lösen vom hellenistischen Zauberwesen her erklären[81]. Die „Schlüssel der Mysterien", die der Erlöser in die Welt gebracht hat, dienen dazu, den Menschen in der Welt von den Banden und Siegeln der Äonen und Archonten zu lösen und im Land des Lichtes an die Ordnungen des Lichtes zu binden. Man wollte dann das Binden und Lösen mit der Taufe in Verbindung bringen. Die Terminologie scheint zu passen. Auch ist die Gegenüberstellung von Erde und Himmel geklärt. Doch ist diese Ableitung abwegig. Im Judentum hingegen besitzen die aramäischen Äquivalente von Binden und Lösen (*asar* und *s⁽ra*) den spezifischen Sinn von verbieten und erlauben hinsichtlich halachischer Lehrentscheidungen. Neben die Lehr- tritt die Disziplinargewalt. Auf diesem Feld bedeuten die beiden Verben „bannen" und „den Bann aufheben"[82]. Diese doppelte Vollmacht ist Petrus anheimgegeben[83]. Man wird die Lehr- nicht von der Disziplinargewalt trennen und die eine mit 16,19, die andere mit 18,18 zusammenbringen dürfen. Es ist allerdings kaum zu bestreiten, daß in unserem Vers die Lehrgewalt, und zwar besonders im Sinn des Festlegens der (halachischen) Lehre, im Vordergrund steht. Petrus erscheint als Rabbi supremus. Freilich besteht der nicht uner-

---

[80] BRAUN, Radikalismus I 105 Anm. 1 Abs. 2.
[81] Vertreter dieser Auslegung waren KÖHLER und GRESSMANN. Zur Auseinandersetzung vgl. CLEMEN, Erklärung 241 f.
[82] Belege bei BILLERBECK I 738 ff. Vgl. O. MICHEL: RAC II 374 ff.
[83] Diese Interpretation bedeutet nicht, daß V 19b eine aramäische Sentenz zugrunde liegt. Nur ist der aramäische Wortsinn auf die griechischen Äquivalente übertragen. Einen ähnlichen Vorgang haben wir bei JOSEPHUS, bell. 1,111, wo λύειν und δεσμεῖν im ganz ungriechischen Sinn von „den Bann aufheben" und „bannen" verwendet werden. Es gibt nur einen rabbinischen Beleg, wo Öffnen und Schließen die Bedeutung von Lehrentscheidungen zu treffen hat (Sifre Dt 32,25 § 321 [138a], bei DALMAN, Worte Jesu 176 f).

heblische Unterschied zum Judentum, daß der Dienst des Petrus nicht auf das Gesetz, sondern die Weisung und Lehre Jesu ausgerichtet ist[84].

Das Binden und Lösen Simons wird in den Himmeln anerkannt. Es ist die Frage, ob dieses Anerkennen in der Gegenwart oder im eschatologischen Gericht geschieht. Geht man davon aus, daß 18,18 die ältere Version des Binde- und Lösewortes ist und daß dieses darüber hinaus sich ehedem auf die urchristlichen Wanderpropheten und -prediger bezog, die jene dem endzeitlichen Gericht überantworteten, die ihre Botschaft ablehnten, so wäre ein Bezug auf das Gericht klar gegeben. Jedoch trägt diese Interpretation dem Nebeneinander von Binden *und* Lösen zu wenig Rechnung. Was soll in diesem Zusammenhang mit dem Lösen gemeint sein?[85] Wir entschieden uns oben auch für die Priorität von 16,19. Die von Petrus getroffenen Lehrentscheidungen werden in der Gegenwart von Gott (= „in den Himmeln") oder vom himmlischen Gerichtshof bestätigt[86]. Der gleiche Vorstellungskomplex ist im Judentum nachweisbar[87]. Den himmlischen Gerichtshof dachte man sich aus Engeln zusammengesetzt. Der Gedanke an das eschatologische Gericht liegt ferner, gerade wenn man auch disziplinarische Entscheide miteinbezieht. Diese Härten kennt das älteste Christentum wohl noch nicht (vgl. 1 Kor 5,5b).

20 An dieser Stelle übernimmt E das Schweigegebot aus Mk 8,30, aber er wandelt es ab. Zunächst ist der Befehl abgemildert (διεστείλατο statt ἐπετίμησεν)[88]. Dann wird ausdrücklich festgestellt, worüber sie schweigen sollen: daß er der Christus ist. Während das Messiasbekenntnis des Simon bei Mk noch ein nicht völlig adäquates und gleichsam korrekturbedürftiges war, ist es bei Mt der volle Ausdruck christlichen Glaubens. Auch hier entwickelt E keine Messias-Geheimnis-Theorie (vgl. das zu 8,4 Gesagte). Vielleicht markiert das Schweigegebot an dieser Stelle die literarische Zäsur. Der erste große Teil des Evangeliums ist zu Ende. Der zweite beginnt mit der an die Jünger gerichteten Leidensansage. Das christologische Anliegen tritt expliziter hervor.

III
a) Zusammenfassend ist an dieser Stelle etwas über *das Petrus*bild unseres Evangeliums zu sagen[89]. Man wird zwei Aspekte zu berücksichtigen

---

[84] Vgl. BORNKAMM, Binde- und Lösegewalt 105.
[85] HOFFMANN, Bedeutung 18, der Verfechter dieser Auffassung beruft sich auf das Staubabschütteln in den Aussendungsreden. Dies ließe sich mit dem Binden in Einklang bringen. Was aber ist dann das Lösen?
[86] Mit JEREMIAS, Golgotha 72.
[87] Material bei BILLERBECK I 743ff.
[88] Letzteres dringt sekundär wieder in verschiedene Hss ein: B* D e sy^c. Ganz auf das Bekenntnis hin ausgerichtet ist die Version von Sinaiticus² CW lat sy^h mae bo: daß er *Jesus*, der Christus, ist.
[89] Vgl. STRECKER, Weg 198–206, der das Typisierende im Petrusbild betont; PESCH, Simon-Petrus 140–144; F. MUSSNER, Petrus und Paulus. Pole der Einheit (QD 76) (Freiburg 1976); R. SCHNACKENBURG, Petrus im Matthäusevangelium: À cause de l'évangile (Festschrift J. DUPONT) (Cerf 1985) 107–125.

haben. Es gibt einen Strang, in dem Petrus als der exemplarische Jünger dargestellt wird. Was ihm widerfuhr, ist übertragbar. Das gilt für das Löbliche, aber auch für sein Versagen. Wie schon bei Mk, kommt gerade auch letzteres schonungslos zur Sprache. Die typisierende Zeichnung gilt gewiß auch für die Jünger. In ihrer Gruppe aber wird Petrus, dessen Name am häufigsten genannt wird (23mal), nochmals zum Exempel. Er wird berufen wie andere Jünger auch (4,18), er nimmt Jesus in sein Haus auf (8,14). Im Seesturm überschätzt er seine eigene Kraft und übersieht seinen Kleinglauben (14,28ff), auf dem Verklärungsberg äußert er törichte Wünsche (17,4). Er widersetzt sich dem Leidensgedanken und wird von Jesus „Satan" gescholten (16,22f). Vor allem versagt er schändlich in der Passion (26,40.69ff), obwohl Jesus ihm dies vorausgesagt hatte (26,34f). Daneben aber gibt es eine Linie, in der die Bedeutung des Petrus für die Kirche aufgewiesen wird. Er ist der Erstberufene (4,18), er führt die Liste der zwölf Apostel an (10,2: πρῶτος). Die Seesturm-Geschichte zeigt seine Hinordnung auf Jesus, der ihn auf den Wogen, die die Chaosmächte symbolisieren, trägt (14,31). Wiederholt tritt er als Sprecher auf. Dabei ist zu beachten, daß seine Fragen regelmäßig eine das Leben der Jüngerschaft/ Gemeinde betreffende Weisung Jesu anzielen: die levitische Reinheit (15,15), die Tempelsteuer (17,24ff), die Vergebung (18,21), den Lohn der Nachfolge und den falschen Ehrgeiz (19,27ff). Vor allem aber wird der Text 16,17ff wichtig, wo Simon zum Fels der Kirche erklärt wird, die Schlüsselgewalt und die Vollmacht zu binden und zu lösen erhält. Es ist richtig, daß E die dem Petrus übertragene Aufgabe auf die Jüngerschaft hin auslegt. Sie setzt das Binden und Lösen fort (18,18). Die vom österlichen Herrn ausgesendeten Elf sollen die Völker alles zu halten lehren, was er ihnen aufgetragen hat. Er ist mit ihnen bis zur Vollendung des Äons (28,20). Dies kann als Analogie zur Schlüsselgewalt und zur Verheißung der Nichtüberwindung durch die Todesmächte aufgefaßt werden. Das Bekenntnis des Simon hat eine Antezipation im Bekenntnis der Jünger im Boot (14,33), seine Seligpreisung kann mit der Seligpreisung der Jünger (13,16) verglichen werden. Dennoch bleibt dem Simon Petrus eine unverwechselbare einmalige Funktion. Letztlich läßt sich diese darin zusammenfassen, daß er der Fels der Kirche des Messias Jesus ist und bleibt. Er ist dies als Erster im Sinn der zeitlichen und rangmäßigen Prävalenz. Seinem Bekenntnis wird von Jesus zugesichert, daß es der Offenbarung des Vaters entspricht. Petrus ist der Bürge der Christus-Tradition, wie sie das Mt-Evangelium vertritt. Diese Tradition ist auslegungsbedürftig und möglicherweise schon gefährdet[90]. Die ersten Halachot, die auf Jesus zurückgeführt werden, sind mit dem Namen des Petrus verknüpft. In seinem Amt löst er die Schriftgelehrten und Pharisäer ab, die bislang die Schlüssel des Himmelreiches trugen. An eine Fortsetzung des einem einzelnen übertra-

---

[90] Letzteres erwägt PESCH, Simon-Petrus 142. SCHWEIZER 220f bezeichnet die Namensübertragung durch Jesus als „eine Art prophetischer Vorwegnahme" des neuen Standes des Jüngers.

genen Petrusamtes hat E noch nicht gedacht, wohl aber an eine Fortsetzung des Petrusdienstes. Ihm kommt es zu, die Lehre Jesu in ihrer ganzen Kraft unverfälscht zur Geltung zu bringen.

b) Für die historische Rekonstruktion, die in das Leben des irdischen Jesus zurückreicht, ist besonders die Frage nach der Übertragung des Petrusnamens wichtig. Daß Mt 16,17ff erst in der nachösterlichen Situation möglich ist, schließt keinesfalls die Namensgebung durch den irdischen Jesus aus. Im Gegenteil, wir konnten feststellen, daß V 18a die Neuinterpretation des älteren Petrusnamens darstellt. Der Wechsel von „Stein" zu „Fels", also die ekklesiologische Inanspruchnahme des Petrusnamens setzt dessen höheres Alter voraus. Wer anders als Jesus sollte ihm dann diesen Namen gegeben haben? Auffällig ist, daß Jesus in den Evangelien den Jünger immer mit „Simon" anredet (Mk 14,37; Mt 16,17; 17,25; Lk 22,61; Joh 21,15-17). Die einzige Ausnahme, wo er „Petrus" zu ihm sagt, ist sekundär (Lk 22,34; vgl. Mk 14,30). Daraus darf man folgern, daß der Petrusname zur Zeit Jesu den Namen Simon noch nicht verdrängt hatte, sondern Beiname war[91], ähnlich dem Namen Boanerges für die Zebedäussöhne. Da der Name Boanerges bald verschwindet, der Petrusname aber bleibt, darf man Verbindungslinien zwischen seinem vor- und nachösterlichen Gebrauch vermuten. Will man eine Gelegenheit für die Namensübertragung festmachen, so bieten sich die Berufung des Jüngers oder die Konstituierung des Zwölferkreises an[92]. Ersteres ist näherliegend, obwohl es hypothetisch bleibt. Denn was diesen Jünger vor den anderen auszeichnete, ist seine Erstberufung zusammen mit seinem Bruder Andreas, der vermutlich der jüngere war. Diese markinische Nachricht (vgl. Mk 1,16ff), durch Joh 1,37-42 aus theologischen Gründen anders gestaltet, verdient historische Glaubwürdigkeit. Wenn sich Simon zum Sprecher des Jüngerkreises entwickelt, läßt sich auch dies am besten auf seine Erstberufung zurückführen. Simon wäre dann als der Erstberufene der „Stein", möglicherweise verstanden als „Edelstein"[93], mit dem die Jüngerschaft Jesu begann. Die Bezugnahme auf eine Charaktereigenschaft ist bei der Wahl dieses Namens weniger wahrscheinlich. Nach dem Karfreitag wird Simon zum ersten Osterzeugen (Luk 24,34; 1 Kor 15,5). Dies hat seine Stellung im Jüngerkreis neu begründet. Die dem Simon nach Mt 16,17ff zugewiesene Rolle als Tradent und Garant der Lehre Jesu, die im historischen Sinn ebenso plausibel gemacht werden muß wie seine herausragende Stellung in weiten Schichten des NT, findet eine angemessene Erklärung darin, daß er zweimal der Erste war, am See und nach Ostern. Für unser Evangelium und die Kirche des Mt muß ein zeitweiliges Wirken des Petrus in diesen Gegenden (Syrien) in Rechnung gestellt werden, das die Erinnerung an seine Person festigte.

---

[91] Keinesfalls folgert daraus die nachösterliche Entstehung des Petrusnamens. Gegen E. DINKLER: RGG ³V 247.
[92] Für den zweiten Vorschlag plädiert PESCH, Simon-Petrus 27.
[93] Vorschlag von R. PESCH: EWNT II 721f. Vgl. G. DALMAN, Aramäisch-neuhebräisches Handwörterbuch (Göttingen ³1938) 197 links.

LITERATUR: K. G. GOETZ, Zwei Beiträge zur synoptischen Quellenforschung: ZNW 20 (1921) 165-169; J. JEREMIAS, Golgotha (Angelos 1) (Leipzig 1926); K. L. SCHMIDT, Jesu Worte an Petrus über die Kirche: Festgabe für A. DEISSMANN (Tübingen ²1932) 280-302; H. RHEINFELDER, Philologische Erwägungen zu Mt 16,18: BZ 24 (1938/39) 136-163; H. J. CADBURY, The Meaning of John 20,23, Matthew 16,19 and Matthew 18,18: JBL 58 (1939) 251-254; R. BULTMANN, Die Frage nach der Echtheit von Mt 16,17-19: ThBl 20 (1941) 265-279; H. STRATHMANN, Die Stellung des Petrus in der Urkirche: ZSTh 20 (1943) 223-282; A. OEPKE, Der Herrnspruch über die Kirche: StTh 2 (1948) 110-165; O. J. F. SEITZ, Upon this Rock: JBL 69 (1950) 329-340; H. CLAVIER, Πέτρος καὶ πέτρα: Ntl Studien für R. BULTMANN (BZNW 21) (Berlin ²1957) 94-109; E. DINKLER, Die Petrus-Rom-Frage: ThR 25 (1959) 189-230. 289-335; 27 (1961) 33-64; O. CULLMANN, Petrus (Zürich-Stuttgart ²1960); J. RINGGER, Zur Sinndeutung von Mt 16,18, vor allem im Lichte der Symbolgeschichte: Begegnung der Christen (Festschrift O. KARRER) (Stuttgart-Frankfurt ²1969) 271-347; J. SCHMID, Petrus „der Fels" und die Petrusgestalt der Urgemeinde: Begegnung der Christen 347-354; J. A. EMERTON, Binding and Loosing – Forgiving and Retaining: JThS 13 (1962) 325-331; A. LEGAULT, L'authenticité de Mt 16,17-19 et le silence de Marc et de Luc: M. C. MATURA u. a., L'Église dans la Bible (Bruges-Paris 1962) 35-52; E. F. SUTCLIFFE, St. Peter's Double Confession in Mt 16,16-19: HeyJ 3 (1962) 31-41; K. L. CARROLL, „Thou art Peter": NT 6 (1963) 268-276; J. DUPONT, La révélation du Fils de Dieu en faveur de Pierre (Mt 16,17) et de Paul (Gal 1,16): RSR 52 (1964) 411-420; R. H. GUNDRY, The Narrative Framework of Mt 16,17-19: NT 7 (1964) 1-9; F. REFOULÉ, Primauté de Pierre dans les Évangiles: RSR 38 (1964) 1-41; O. DA SPINETOLI, La portata ecclesiologica di Mt 16,18-19: Anton 42 (1967) 357-375; P. BARBAGLI, La promessa fatta a Pietro in Mt 16,16-18: ECarm 19 (1968) 323-353; G. BORNKAMM, Die Binde- und Lösegewalt in der Kirche des Matthäus: Die Zeit Jesu (Festschrift H. SCHLIER) (Freiburg 1970) 93-107; A. VÖGTLE, Messiasbekenntnis und Petrusverheißung: Das Evangelium und die Evangelien (KBANT) (Düsseldorf 1971) 137-170; J. KAHMANN, Die Verheißung an Petrus: M. DIDIER, L'Évangile selon Matthieu (Gembloux 1972) 261-280; A. VÖGTLE, Zum Problem der Herkunft von Mt 16,17-19: Orientierung an Jesus (Festschrift J. SCHMID) (Freiburg 1973) 372-393; Z. W. FALK, Binding and Loosing: JThS 25 (1974) 92-100; P. HOFFMANN, Der Petrus-Primat im Matthäusevangelium: NT und Kirche (Festschrift R. SCHNACKENBURG) (Freiburg 1974) 94-114; M. WILCOX, Peter and the Rock: NTS 22 (1976) 73-87; C. KÄHLER, Zur Form- und Traditionsgeschichte von Mt 16,17-19: NTS 23 (1977) 36-58; P. HOFFMANN, Die Bedeutung des Petrus für die Kirche des Matthäus: J. RATZINGER, Dienst an der Einheit (Düsseldorf 1978) 9-26; J. D. KINGSBURY, The Figure of Peter in Matthew's Gospel as a Theological Problem: JBL 98 (1979) 67-83; P. LAMPE, Das Spiel mit dem Petrusnamen – Mt 16,18: NTS 25 (1979) 227-245; R. PESCH, Simon-Petrus (Päpste und Papsttum Bd. 15, hg. v. G. DENZLER) (Stuttgart 1980); R. SCHNACKENBURG, Das Vollmachtswort vom Binden und Lösen, traditionsgeschichtlich gesehen: Kontinuität und Einheit (Festschrift F. MUSSNER) (Freiburg 1981) 141-157; W. SCHENK, Das „Matthäusevangelium" als Petrusevangelium: BZ 27 (1983) 58-80; A. VÖGTLE, Das Problem der Herkunft von Mt 16,17-19: ders., Offenbarungsgeschehen und Wirkungsgeschichte (Freiburg 1985) 109-140; F. HAHN, Die Petrusverheißung Mt, 16,18f: Exegetische Beiträge zum ökumenischen Gespräch (Göttingen 1986) 185-200; J. LAMBRECHT, „Du bist Petrus" – Mt 16,16-19 und das Papsttum: SNTU 11 (1986) 5-32.

Exkurs 5:

Die Petrusverheißung in Geschichte und Gegenwart

Die Petrusverheißung Mt 16, 17 ff ist der Angelpunkt kontroverstheologischer Auseinandersetzungen in Geschichte und Gegenwart. Nicht selten waren die Äußerungen aus verschiedenen Lagern von starken Emotionen getragen. So konnte katholischerseits der Papst nicht nur als Nachfolger und Vikar Christi angesehen, sondern umgekehrt auch Christus als der erste Papst bezeichnet werden[1]. Und noch in diesem Jahrhundert schrieb der Salesianer L. Bertetto[2], daß Jesus den Papst über die Propheten, die Vorläufer, die Engel, ja auf die gleiche Stufe mit Gott gestellt habe. Wenn solche Aussagen auch von einem sonst völlig unbekannten, naiv zu nennenden Autor stammen und in einem Meditationsbuch nachzulesen sind, so sind sie dennoch schlimm. Die Einwände der Reformatoren gegen das Papsttum, gemacht in einer bestimmten historischen Situation, ließen an Schärfe nichts zu wünschen übrig. Aus zahlreichen Bemerkungen Luthers zitieren wir eine aus seinen Annotationes zum Mt-Evangelium: „Petrus bekennt und lehrt Christus, den Sohn des lebendigen Gottes, der Papst lehrt sich selber und seine Macht und Ehre. Petrus will Glauben an den Sohn Gottes, der Papst will Gehorsam gegen seine satanischen Habsuchtsgesetze und -gewohnheiten. Petrus lehrt das ewige Leben, der Papst zeitliche Tyrannei."[3] Die Texte lassen erkennen, daß die Kontroverse vordringlich die Frage der Nachfolge im Petrusamt und die Art und Weise seiner Ausübung betrifft. Freilich konnte die Interpretation der Mt-Stelle davon nicht unbeeinflußt bleiben. Ihr allein können wir uns hier zuwenden. Und auch dies kann nur in einem sehr eingeschränkten Maß geschehen. Damit grundsätzliche Positionen besser erfaßt werden können, wählen wir den Weg der Gegenüberstellung. Zunächst sollen West- und Ostkirche einander gegenübergestellt werden, dann katholische und protestantische Positionen. Abschließend kommen kritische und versöhnliche Stimmen von Außenstehenden, die sich in der Gegenwart zu Wort gemeldet haben, zur Sprache.

a) Die alte Kirche des Westens und Ostens
Die wahrscheinlich ältesten für uns greifbaren Verwendungen der Mt-Stelle finden sich bei Justin, dial. 100, 4, und Eirenaios, adv. haer. III. Bei beiden – darum seien sie hier eingangs zusammengefaßt – wird nur das Offenbarungswort V 17 zitiert. Nach Justin hat Jesus dem Simon auf Grund

---

[1] So HERVEUS NATALIS († 1323), bei R. LAURENTIN, Das Petrus-Fundament in der gegenwärtigen Unsicherheit: Conc 9 (1973) 209–218, hier 212.
[2] San Giovanni Bosco. Meditazioni (Turin 1955) 90.
[3] II 543.

der Offenbarung, daß er Christus, der Sohn Gottes, sei, den Beinamen Petrus verliehen. Eirenaios führt V 17 gegen die gnostische Meinung ins Feld, daß nur Paulus vom Herrn die ganze Offenbarung empfangen habe[4]. Tertullian muß sich in seiner vormontanistischen Zeit mit der gleichen gnostischen These auseinandersetzen, beruft sich seinerseits aber auf die VV 18f[5]. Die Stelle gilt als die älteste wortwörtliche Zitierung der mt Petrusverheißung. Aus der montanistischen Zeit stammt die Schrift Scorpiace, in der es heißt (10,9): „Solltest du etwa glauben, der Himmel sei auch jetzt noch verschlossen, so erinnere dich, daß der Herr hier auf Erden die Schlüssel zu ihm dem Petrus und durch ihn der Kirche hinterließ." Tertullian aber streitet der organisierten Bischofskirche die Vollmacht, Sünden nachzulassen, ab, und überträgt sie den Geistesmännern. Dies deutet er an, wenn er fortfährt: „und daß infolgedessen jeder Verhörte und Bekenner sie (die Schlüssel) bei sich trägt"[6]. Cyprian benutzt Mt 16,18 als Stiftungsurkunde für den monarchischen Episkopat (ep. 33,1). Der Stuhl Petri als Ausdruck der Einheit der Kirche befindet sich aber nicht bloß in Rom, sondern auch in jeder anderen Kirche, der ein rechtmäßiger Bischof vorsteht. Das umstrittene, in einer doppelten Textrezension erhaltene 4. Kapitel der Schrift De ecclesiae unitate wird nicht im Sinn eines päpstlichen Primates auszulegen sein. Das Wort primatus enthält wahrscheinlich nur den Gedanken der zeitlich früheren Berufung, wie es auch ep. 71,3 nahelegt: quem Deus *primum* elegit et super quem aedificavit ecclesiam suam[7]. Hilarius von Poitiers († 367) preist in seinem Mt-Kommentar Simon als beatus coeli ianitor und felix ecclesiae fundamentum[8], spielt auch an anderer Stelle auf diese Funktionen des Erstapostels an[9], bezieht aber in de trin. 6,36f erstaunlicherweise den Fels nicht auf die Person des Petrus, sondern seinen Glauben. Sollte ihn der Aufenthalt im Osten, nämlich in Kleinasien, wo er die letztgenannte Schrift abgefaßt hat, dazu geführt haben, dem Petrus nur den persönlichen Primat des Erstapostels zuzusprechen? Den eindeutigen Schritt zum römischen Primat vollzieht in Nordafrika Optatus von Mileve († ca. 370). Seinem donatistischen Kontrahenten Parmenian schreibt er: „Du weißt genau, daß in Rom dem Petrus zuerst die bischöfliche Kathedra anvertraut wurde, damit auf ihr das Haupt aller Apostel sitze – darum wurde ihm auch der Name Kephas zuteil – und damit in dieser einen Kathedra die Einheit von allen bewahrt werde."[10] Im Unterschied zu Cyprian sieht Optatus das Einheitsprinzip nicht allein in der cathedra Petri, sondern in der cathedra Petri in Rom.

---

[4] Adv. haer. III 13,2. Vgl. auch 18,4; 19,2; 21,8.
[5] Praescr. haer. 22ff. Vgl. LUDWIG, Primatworte 11.
[6] CSEL 20,2, 167.
[7] Vgl. H. KOCH, Cyprian und der römische Primat (Leipzig 1910); LUDWIG, Primatworte 20ff; CULLMANN, Petrus 186f (Literatur).
[8] PL 9, 1010.
[9] De trin. 6,20.
[10] Contra Parm. Donatist. 2,2 (CSEL 26,36). LUDWIG, Primatworte 61, bemerkt zutreffend, daß Optatus Kephas vom griechischen κεφαλή ableitet.

Ambrosius († 397) kennt die Interpretation des Felsens von Mt 16,18 als des Glaubens: „Der Fels ist dein Glaube ... Bist du ein Fels, bist du in der Kirche, weil die Kirche auf dem Felsen steht."[11] Daneben steht für ihn der römische Primat fest: Ubi Petrus, ibi ergo ecclesia[12]. In seiner Schrift De incarnationis dominicae sacramento 6,32 macht er allerdings die Einschränkung: primatum confessionis utique non honoris, primatum fidei *non ordinis*[13]. Mit dieser Einschränkung könnte die Aufrechterhaltung des Felsenbezugs auf den Glauben zu tun haben.

Augustinus beruft sich zu wiederholten Malen auf Mt 16,18 f. Interessant ist dabei die Differenzierung von petra und Petrus. Das erste ist Christus, das zweite der Erstapostel. Diese Differenzierung muß im Zusammenhang mit seiner Unterscheidung von unsichtbarer und sichtbarer Kirche gesehen werden. Was die Kirche von Christus als ihr Eigenes besitzt, das stellt Petrus sinnenfällig dar[14]. An der Anerkennung des römischen Primates durch Augustinus ist kaum zu zweifeln, wie auch sein Verhalten in den pelagianischen Streitigkeiten zeigt, aus denen das geflügelte Wort: Roma locuta, causa finita hervorgegangen ist (vgl. sermo 131,10,10)[15]. In den Retractationes 1,20,2 liest man die Selbstkorrektur, daß er einerseits geschrieben habe, auf den Apostel Petrus sei die Kirche wie auf einen Felsen gegründet, daß er aber andererseits die Stelle wiederholt anders ausgelegt habe: Christus sei der Fels der Kirche und Petrus Repräsentant, der die Schlüssel des Reiches besitze. Er überläßt es dem Leser, zwischen beiden Möglichkeiten selber zu entscheiden.

Hieronymus († 419/420), vorübergehend Sekretär des greisen Papstes Damasus, versteht Mt 16,18 in uneingeschränktem Sinn des römischen Primates, wobei in zwei Briefen an den genannten Papst eine „völlig neue Devotion der Form und Unterwürfigkeit der Gesinnung gegenüber dem römischen Nachfolger Petri zum Ausdruck kommt", wie Caspar bemerkt[16]. Wenn Hieronymus ausdrücklich feststellt, daß nicht nur Christus Fels sei, sondern es auch dem Apostel verliehen habe, Fels genannt zu werden (ut vocaretur petra)[17], mutet dies wie eine Klarstellung der in den Retractationes von Augustinus offengelassenen Frage an. Eine kritische Auffassung, nach der in V 18b den Aposteln verheißen sei, sie würden nicht sterben, lehnt er mit dem Hinweis auf deren Martyrium ab. V 19b hingegen dürfte er auf die allgemeine Nachlaßgewalt und nicht auf die auf Rom beschränkte ausgelegt haben[18]. Trifft dies zu, bedeutet dies eine gewisse Einschränkung der Primatialgewalt.

---

[11] Expositio ev. sec. Luc. 6,98 f (CSEL 32/4, 275).
[12] Exp. Ps. 40,30,5 (CSEL 64,250). Weitere Belege bei LUDWIG, Primatworte 66 f.
[13] PL 16,826. Ist mir Ordo die Jurisdikton gemeint?
[14] Vgl. LUDWIG, Primatworte 76 f.
[15] Vgl. B. ALTANER, Patrologie (Freiburg ⁶1960) 407; anders CULLMANN, Petrus 187; H. KOCH, Cathedra Petri (Gießen 1936) 170; E. CASPAR, Geschichte des Papsttums I (Tübingen 1930) 607.
[16] (Anm. 15) 246.
[17] In Jer. proph. 3,65 (CSEL 59,202).
[18] Vgl. LUDWIG, Primatworte 69 f.

Exkurs 5: Die Petrusverheißung in Geschichte und Gegenwart

Mit Leo d. Gr. († 461) kommt das römische Verständnis der Petrusverheißung Mt 16,18f zu einem gewissen Abschluß. Die Stelle steht im Mittelpunkt seiner einschlägigen Argumentation. Hatte die vorausgehende römische Praxis besonders in den sog. Dekretalen die Administration des römischen Bischofs über die Glaubenswacht auf Disziplin und Recht hinauswachsen lassen, so versteht Leo den Primat eindeutig als Glaubens- und Jurisdiktionsprimat. Die Differenzierung Augustins von petra und Petrus aufgreifend, betont er mit Hilfe des Wortspiels von V 18a die enge Verbindung von Petrus und petra (Christus). Das Wort wird so paraphrasiert: „Auch du (Simon) bist petra, denn durch meine Kraft bist du gegründet, damit du Anteil gewinnst an dem, was mir an Vollmacht zu eigen ist."[19] Durch diese Verbindung ist Petrus Fundament der Kirche und Schlüsselträger. V 19 beinhaltet Sündennachlaß und disziplinarische Gewalt[20]. Und wenn später im gleichen Sinn Gregor d. Gr. († 604) neben Mt 16,18f noch Joh 21,17 und Lk 22,31 für den römischen Prinzipat zitiert, „auf Grund dessen er Verantwortung trägt für die ganze Kirche"[21], bleibt das Mt-Wort das führende in der Gedankenführung.

Die Ostkirche geht nur zum Teil dieselben Wege wie die Kirche des Westens. Die Entwicklung ist eine andere. Für Origenes[22] ist die in Mt 16,17 angesprochene Erkenntnis höchst belangvoll. Zu erkennen, daß Jesus der Christus, der Sohn des lebendigen Gottes ist, bedarf einer besonderen Einsicht, einer Schau, die durch die Liebe ermöglicht wird. Jeder Christ kann diese Schau erlangen, wenn er die Vollkommenheit des Apostels besitzt. Zwar scheint dem Alexandriner die Bedeutung der Mt-Stelle, nach der dem Petrus die Leitung der Kirche anvertraut wurde, bekannt zu sein, doch empfängt der Vollkommene nicht nur die gleiche Schau, sondern auch den gleichen Namen wie der Apostel, nämlich Petrus, weil er in der Einheit mit Christus lebt und die Kirche infolgedessen auch auf bzw. in ihm ruht. Entsprechend verallgemeinernd werden auch die Schlüsselgewalt und das Binden und Lösen interpretiert, nämlich als die Tugenden, die den Himmel aufschließen, und die Urteile der Vollkommenen, die auch im Himmel gelten. Möglicherweise polemisiert Origenes an mancher Stelle gegen die römischen Primatialdoktrin. Chrysostomos bezieht in seinem Mt-Kommentar[23] den Fels von V 18 auf den Glauben, der im Bekenntnis des Simon zum Ausdruck kommt. Die dem Petrus übertragene Vollmacht ist eine universale und bezieht sich auf die ganze Erde. V 19 wird auf die Sündenvergebung gedeutet. Eine Petrus-Nachfolge erwähnt Chrysostomos nicht, es sei denn, daß man in der Bemerkung zur Identität

---

[19] Sermo 4,2.
[20] Sermo 3. Hier auch die Argumentation für die Fortdauer des Petrusprimates. Zum Ganzen vgl. LUDWIG, Primatworte 84ff.
[21] Ep. 5,20.
[22] Zu Origenes vgl. LUDWIG, Primatworte 37ff; A. LIESKE, Die Theologie der Logosmystik bei Origenes (Münster 1938) 38ff; C. BARDY: DThC XI/2, 1489ff; CULLMANN, Petrus 184.
[23] Z. St. (PG 58,534ff).

von Fels und Glaube: „Viele schon stehen in Bereitschaft zu glauben", einen solchen Hinweis erblickt. Den Vorrang des Glaubens, den Petrus besaß, scheint man in der Ostkirche immer wieder aus dem Mt-Text herausgelesen zu haben. So gilt diese Auffassung für Kyrill von Jerusalem († 386)[24] ebenso wie für Johannes Damascenus († 749), der feststellt: „auf ihn (den Glauben) wurde die Kirche wie auf einen Fels errichtet."[25] Für Eusebios von Caesarea († 339), der nach der konstantinischen Wende die Vorstellung von einer Reichskirche entwickelt, ist im Blick auf Mt 16,18 Christus das Fundament der Kirche, indem er die Mt-Stelle mit 1 Kor 10,4 verbindet[26]. Didymus der Blinde († 398), der sich mit den Arianern auseinandersetzt, stellt seine Interpretation ganz in den antiarianischen Kampf. Petrus, der Fels der Kirchen, öffnet kraft seiner Schlüsselgewalt jenen Gläubigen die Tore des Reiches Gottes, die am wahren Glauben festhalten. Die Hadespforten werden in diesem Rahmen mit der Lehre der Häretiker gleichgestellt[27]. Auffällig ist der Plural „die Kirchen" (statt „meine Kirche"). Denkt Didymus an verschiedene herausragende Lokalkirchen? Auch dem Epiphanius von Salamis († 403)[28] gilt Petrus als Garant des unverfälschten Glaubens; in der konkreten Streitigkeit heißt das für ihn, des Glaubens an den dreieinen Gott. Auch die Schlüsselvollmacht und das Binden und Lösen dürfte er mit den Glaubensentscheiden in Verbindung gebracht haben. Auf ganz ähnliche Weise verweilen die Kappadokier beim Glaubensvorrang des Simon Petrus. Aus ihm leiten sie seine Vorzugsstellung als unzerbrechlicher Fels und Schlüsselträger ab[29]. Bemerkenswert ist, daß Gregor von Nyssa († 394) die Binde- und Lösegewalt von V 19 durch Petrus an die Bischöfe vermittelt sieht[30]. Vermutlich ist dabei an die Vollmacht der Sündenvergebung zu denken. Überschaut man die vorherrschenden Linien der Interpretation, die wir aus der Ostkirche kennengelernt haben, so steht der Vorrang des Petrus – abgesehen von der Meinung des Origenes – nahezu außer Diskussion. Beachtung verdient die Betonung des Glaubens, und zwar nicht nur in dem Sinn, daß der Fels der Glaube sei, sondern auch so, daß Petrus selbst als zuverlässiger Gewährsmann des überlieferten Glaubens angesehen werden kann. Möglichkeiten der Nachfolge werden im Anschluß an die Mt-Stelle erwogen, eine Bezugnahme auf Rom wird kaum in den Blick gefaßt.

b) Reformatorische und katholische Auffassungen

Es ist selbstverständlich, daß für die Reformatoren eine Petrus-Nachfolge nicht in Frage kommt. Scharf wird gegen diesen Anspruch des römischen Bischofs polemisiert. Geistliche Güter sind nicht erblich wie die Güter

---

[24] Vgl. cat. 17,27; 11,3 (PG 33, 997 und 693).
[25] Hom. in Transfiguratione Domini (PG 96, 556).
[26] Vgl. LUDWIG, Primatworte 45ff.
[27] De trin. 1,30 (PG 39, 416f).
[28] Vgl. Anc. 9,6ff; haer. 59,7; 8,1f.
[29] Vgl. GREGOR VON NAZIANZ, carm. 1, sectio 2,489; BASILIUS, adv. Eunom. 2.
[30] De castigatione (PG 46, 312).

Exkurs 5: Die Petrusverheißung in Geschichte und Gegenwart

dieser Welt (Luther)[31]. Darüber hinaus ist für Luther der Fels nicht Simon Petrus, sondern Christus[32]. Alle Reformatoren stimmen darin überein, daß die dem Petrus gegebene Verheißung sich auf seinen Glauben bezieht (Calvin, Zwingli, Melanchthon)[33]. Nach Luther hat Petrus nicht bloß im Namen aller Jünger gesprochen, sondern auch die Seligpreisung wurde ihm als einfacher Hörer des offenbarenden Wortes des Vaters zuteil. „Wie sollte hier ein Lästermaul das Wort Christi auf Petrus drehen?"[34] Die Schlüssel sind nicht ihm, sondern jedem Glaubenden, sind der ganzen Kirche gegeben, die durch den Glauben unerschütterlichen Bestand hat. Bei einem Vergleich mit Mt 18,18 kommt Luther zu dem Ergebnis, daß die Vollmacht, zu binden und zu lösen, bei der gesamten Kirche liegt[35]. Mit ihr ist in erster Linie die Gewalt zum Lehren gemeint: „Denn die Schlüssel beziehen sich auf alles das, womit ich meinen Nächsten helfen kann, auf den Trost, den einer dem anderen gibt, auf die öffentliche und heimliche Beichte, auf die Absolution, aber meistens doch auf das Predigen."[36] Ganz ähnlich denkt Calvin: Das Bild der Schlüssel paßt sehr gut auf das Lehramt. Daraus folgt, daß den Dienern am Wort der Schlüssel gewissermaßen in die Hand gegeben ist. Die Predigt ist dazu bestimmt, unsere Bande zu lösen. Für diejenigen, die das erlösende Evangelium verschmähen, ist den Predigern die Vollmacht zum Binden gegeben. Dies aber sei etwas dem Evangelium eigentlich Fremdes[37]. Die Grundlinien der Auslegung der Reformatoren wirken weiter bis in die systematisch-theologischen Lehrbücher der Gegenwart. Nicht ist nach Ebeling Petrus als Mensch der Felsengrund. Dann wäre – gemäß einem Lutherwort – Kirche „auf eine Pfütze oder Misthaufen gegründet". Vielmehr erhält Simon den Petrusnamen um des Bekenntnisses willen[38]. Die dem Petrus erteilte Vollmacht gilt allen Aposteln in gleicher Weise[39]. Petrus dient durch sein Bekenntnis als der Felsen, auf dem nach Mt 7,25 ein kluger Mann sein Haus bauen wird. Daß dieser Glaube nicht überwältigt werden wird, läßt sich nur unter Vorbehalt sagen, weil Gott es war, der offenbarte[40]. Mit dem Binden und Lösen wird Petrus zur Verkündigung beauftragt[41]. Es wird aber auch auf das Sakrament bzw. das Bußsakrament bezogen[42]. Daneben gibt es eine Reihe von originellen Interpretationen, die freilich

---

[31] II 544.
[32] II 543.
[33] Vgl. CALVIN, Auslegung II 62; CULLMANN, Petrus 188.
[34] Vgl. II 524 f.
[35] II 526 f.
[36] II 542.
[37] Auslegung II 63 f.
[38] Dogmatik III 359 f.
[39] BURI, Weg I 270. Vgl. BARTH, Dogmatik I/2, 231; SCHLINK, Dogmatik 593 f.
[40] Vgl. BARTH, Dogmatik IV/2, 716; II/2 489.
[41] Vgl. BARTH, Dogmatik II/2, 488; ELERT, Glaube 427 f. Weitere Autoren bei OBRIST, Echtheitsfragen 162 ff.
[42] ELERT, Glaube 427 f; BURI, Weg I 270. Weitere Autoren bei OBRIST, Echtheitsfragen 158 f.

teilweise ihre Vorläufer schon in weit zurückliegenden Zeiten haben. Wenn A. von Harnack in der Petrusverheißung eine dem Simon gegebene persönliche Zusage erblickte, daß der Tod ihn nicht überwältigen werde, so ist das eine Auffassung, die schon Hieronymus bekämpfte[43]. A. Schweitzer löst auf andere Weise das Wort von der Kirche ab, indem er die dem Petrus erteilte Vollmacht mit dem Gericht des Menschensohnes, das für die nächste Zukunft erwartet wird, verbindet und Ekklesia mit dem Reich Gottes gleichsetzt[44].

Wo der jüdische Hintergrund der Petrusverheißung angenommen wird, ist man im allgemeinen geneigt, die persönliche Ausstattung des Petrus mit Vollmacht anzuerkennen. Die jüdischen Parallelen zu den Bildern wurden nicht erst von P. Billerbeck erarbeitet, schon J. Lightfoot[45] und J. J. Wettstein[46] haben auf jüdisches Vergleichsmaterial aufmerksam gemacht. So deutet Lightfoot das Binden und Lösen auf die Lehre. Es betreffe Urteile über erlaubte und verbotene Dinge (de doctrina solum, non de personis), im Unterschied zu Joh 20,23, wo de personis, non de doctrina die Rede sei. Aufschlußreich sind die Bemerkungen A. Schlatters: „Die antikatholische Polemik hat sich an dem Satz vergriffen, da sie nicht den Petrus, sondern seinen Glauben und sein Bekenntnis als den Felsen beschrieb, auf den Jesus seine Gemeinde baue. Die Hypostasierung des Glaubens, die ihn mit Wirkungen ausstattet, ohne daß es dazu eines Glaubenden bedarf, gehört einer ganz anderen Logik an als der, die das geistige Leben Jesu und der Evangelisten formte. Für sie bestand die Gemeinde Gottes aus den Menschen. Darum wird, wenn an den Anfang der Gemeinde gedacht wird, nicht von einem ‚Glauben' oder einem Begriff, sondern von dem Menschen gesprochen, dem Jesus sein Werk übergibt, damit die neue Gemeinde durch ihn entsteht."[47] Die Möglichkeit einer Petrus-Nachfolge wird weitestgehend abgelehnt[48]. Wo sie in Erwägung gezogen wurde, wie im Fall von M. Lackmann, H. Asmussen oder R. Baumann, stieß dies auf Ablehnung oder sogar kirchliche Maßregelung[49]. Als positives Resultat darf verbucht werden, daß die ausführlichen Diskussionen über die sog. Echtheitsfrage als kontroverstheologisches Thema in den Hintergrund getreten sind. Die Szenerie war lange Zeit dadurch bestimmt, daß man protestantischerseits die theologische Bedeutung der Petrusverheißung durch den Nachweis ihrer „Unechtheit" abschmetterte, während man katholischerseits dem mit dem Nachweis der „Echtheit" entgegentrat. Auch als nachösterliches Logion, als Wort des Erhöhten, hat die Verheißung im Blick auf Petrus theologische Relevanz. In beiden Punkten

---

[43] A. von Harnack, Der Spruch über Petrus als den Felsen der Kirche (SPAW) (Berlin 1918) 637 ff. H. streicht den Satz vom Bau der Kirche. Vgl. Cullmann, Petrus 190 f.
[44] Leben-Jesu-Forschung 416.
[45] Horae Hebraicae et Talmudicae in quattuor Evangelistas (Leipzig 1684) z. St.
[46] Novum Testamentum graecum (Amsterdam 1751) z. St.
[47] 507 f.
[48] Exemplarisch Cullmann, Petrus 238 ff.
[49] Vgl. Obrist, Echtheitsfragen 176 ff. 109–113.

besteht heute weitreichende Übereinstimmung zwischen den exegetischen Lagern.

In der katholischen Theologie nach der Kirchenspaltung der Reformation, auf die hier nur kurz die Sprache kommen kann, lebt das Verständnis der Petrusverheißung fort, das wir bereits bei Leo und Gregor d. Gr. kennengelernt haben. Petrus und seine Nachfolger wurden mit der Leitung der gesamten Kirche beauftragt. Schlüsselgewalt und Vollmacht zum Binden und Lösen werden regelmäßig zusammengeschaut. Die Schlüsselgewalt wird dabei als die umfassende Vollmacht gesehen, das Binden und Lösen als die daraus abgeleitete Ausübung bestimmter Vollmachten[50]. Dabei kommt es – etwa bei J. de Maldonado († 1583)[51] – zu diffizilen Differenzierungen zwischen äußerer und innerer Vollmacht, Exkommunikation und Sündenvergebung oder zwischen Lehr-, Leitungs-, disziplinarischer Kompetenz[52]. Dabei ist zu beachten, daß wiederholt von summa potestas die Rede ist. So erklärt C. a Lapide († 1637)[53] die Schlüssel als die summa potestas tum ordinis tum jurisdictionis und das Binden als potestas ligandi amplissima. Es gab auch andere Stimmen. Auf dem 1. Vatikanischen Konzil etwa machte Kardinal Schwarzenberg von Prag mit einem Vergleich von Mt 16,18 und 18,18 (und anderen Stellen) geltend, daß Christus dieselben Rechte, die er Petrus allein verliehen hat, auch auf die anderen Apostel übertragen habe[54]. Um einen Dogmatiker unseres Jahrhunderts zu erwähnen, so versteht M. Schmaus[55] Mt 16,18 im Sinn der dem Petrus übertragenen Leitung der Kirche, welche die übrigen Apostel in Abhängigkeit von Petrus vollziehen. Da die Kirche eine solche Leitung hat, ist sie gegen die Pforten des Hades geschützt. Gemäß V 19 sind Petrus und seine Nachfolger – die Nachfolge ist mit der Sache selbst gegeben[56] – Träger der höchsten Ordnungsgewalt, als Vikare des Hauses mit Leitungs- und Disziplinargewalt ausgestattet, hierin Stellvertreter Christi (Vergleich mit Apk 3,7f). Etwas behutsamer urteilt Y. Congar[57]: „Die Kirche wird die Festigkeit eines Gebäudes haben, das Christus auf dem Felsen auferbauen wird, der Petrus in dem Augenblick ist, in dem er durch Gnade von oben seinen Glauben an Jesus, den Messias und Gottessohn, bekennt."

Bis in die Gegenwart hinein ist das sehr unterschiedliche Verständnis der Petrusverheißung Kernpunkt der Spaltung für die Kirchen. Erweist sich das Problem als unlösbar, wie Buri[58] meint, weil wir Partei sind?

---

[50] Vgl. SCHEEBEN, Dogmatik IV 673f (Nr. 546f).
[51] Comm. in IV evangelia (Venedig 1597) 420.
[52] Vgl. VORGRIMLER: ZKTh 85 (1963) 462–469.
[53] Comm. in S. Scripturam (ed. A. CRAMPON) (Paris 1872) XI 370f.
[54] Bei W. KASPER, Glaube und Geschichte (Mainz 1970) 423.
[55] Katholische Dogmatik III (München ⁵1958) 162ff.
[56] III 186.
[57] In: Mysterium Salutis IV/1 (Einsiedeln 1972) 575f.
[58] Weg I 269.

c) Ausgewählte Stimmen der Gegenwart

Die Frage der Petrus-Nachfolge kann exegetischerseits nicht entschieden werden. Nach Pesch[59] konnte der Gedanke an Nachfolger des Petrus überhaupt erst aufkommen, als sich der Monepiskopat nach den früheren Anfängen im Osten auch in der Kirche des Westens durchsetzte. Für Mt ist an die Auslegungslinie zu erinnern, die von 16,18 zu 18,18 und 28,19f führt, das heißt, vom einzelnen zur Gruppe, zur Kirche. Verfolgt man diese Linie zurück, so wird Petrus als jener gesehen, der, beschenkt durch göttliche Offenbarung, die Kirche auf den Glauben an Jesus, den Christus und Gottessohn, verpflichtet, der die Treue zur Überlieferung und Weisung Jesu gewährleistet. Nicht zuletzt angeregt durch das 2. Vatikanische Konzil und die charismatische Persönlichkeit des Papstes Johannes XXIII., mehren sich protestantischerseits Stimmen, die Verständnis für den Petrusdienst in der Kirche aufbringen. Dabei treten der Glaube und die Art und Weise der Ausübung des Petrusdienstes als Dienst der Einheit in den Mittelpunkt. So meint U. Kühn[60], es entspräche einer gemeinsamen Einsicht, daß das spätere Papsttum als solches nicht direkt im NT grundgelegt sei. Gleichwohl könne von einem ntl Petrusamt im Sinn einer nachösterlichen Petrusidee oder einer Symbolisierung des Petrus gesprochen werden. Diese Petrus-Idee habe primär eine Art Legitimationsfunktion im Blick auf die nachösterliche Weitergabe der Evangelien-Überlieferung. Thielicke[61] lehnt zwar eine juridische Sukzession ab, nicht aber das Papsttum als symbolische Verkörperung der Wahrheit, des Auftrags und des Dienstes der Kirche. Katholischerseits wird vom Dienstcharakter des Petrusamtes gesprochen und der Vorschlag gemacht, den Jurisdiktions- als Pastoralprimat zu verstehen[62]. W. Kasper[63] meint, daß es „ein geschichtliches Unglück" gewesen sei, daß die Petrusfunktion des Bischofs von Rom schon bald mit der Administration des römischen Bischofs als Patriarch der lateinischen Kirche verwechselt worden sei mit dem Versuch, diese patriarchalischen Rechte auf die Patriarchate des Ostens auszudehnen. Er fordert eine Entzerrung dieser Aufgabe mit dem Ziel, daß der Papst als Bischof von Rom unter Bischöfen wieder als Zentrum erscheine. Für J. Ratzinger[64] hieße dies, daß Vereinigung der Kirche nicht mehr bedeuten würde, sich einer einheitlichen Verwaltung anzugliedern, sondern sich der Einheit des Glaubens und der communio einzufügen und dabei dem Papst die Vollmacht verbindlicher Auslegung der in Christus ergangenen Offenbarung zuzuerkennen. Schon F. Heiler hatte

---

[59] Simon-Petrus 166.
[60] Systematische Theologie Bd. 10 (hg. von C. H. Ratschow) (Gütersloh 1980) 216f.
[61] Glaube III 295ff.
[62] Vgl. Küng, Kirche 522–562. L. Boff, Kirche: Charisma und Macht (Düsseldorf ⁴1985) 107f, fordert im Blick auf Mt 16,18b die prophetische Gelassenheit angesichts der äußeren Bedrohung der Kirche anstelle von Anpassung an die Regime der Welt.
[63] Dienst an der Einheit und Freiheit der Kirche: J. Ratzinger (Hrsg.), Dienst an der Einheit (Düsseldorf 1978) 95f.
[64] Das neue Volk Gottes (Düsseldorf 1969) 142.

bemerkt: „Wer die Einheit der Kirche will, der darf einem ‚centrum unitatis' in der Kirche nicht ausweichen."[65] In der modernen Literatur ist das Papsttum wiederholt ein Thema, meist kritisch wie in R. Hochhuths, Der Stellvertreter, oder als Sehnsucht nach einem ganz anderen Leben[66]. In seinem Buch „In den Schuhen des Fischers" sagt M. L. West über den von ihm geschilderten Papst:

„Die Schlüssel zum Himmelreich hängen an seinem Gürtel, und doch kann es sein, daß er sich für immer ausgeschlossen sieht vom Frieden der Erwählten und der Gemeinschaft der Heiligen. Wenn er behauptet, unberührt von Selbstherrlichkeit und Ehrgeiz zu sein, spricht er die Unwahrheit. Wenn er nicht manchmal von Furcht erfaßt ist und oft im Dunkeln betet, dann ist er ein Tor."[67]

LITERATUR: J. LUDWIG, Die Primatworte Mt 16,18.19 in der altkirchlichen Exegese (NTA 19/4) (Münster 1952); O. CULLMANN, Petrus (Zürich-Stuttgart ²1960); F. OBRIST, Echtheitsfragen und Deutung der Primatstelle Mt 16,18f in der deutschen protestantischen Theologie der letzten dreißig Jahre (NTA 21/3-4) (Münster 1961); K. FROEHLICH, Formen der Auslegung von Matthäus 16,13-18 im lateinischen Mittelalter (Tübingen 1963); H. VORGRIMLER, Das „Binden und Lösen" in der Exegese nach dem Tridentinum bis zu Beginn des 20. Jahrhunderts: ZKTh 85 (1963) 460-477; H. BIEDERMANN, Das Primatswort Mt 16,18 in römischem, orthodoxem und protestantischem Verständnis: BiKi 23 (1968) 55-58; P. STOCKMEIER, Das Petrusamt in der frühen Kirche: Zum Thema Petrusamt und Papsttum (Stuttgart 1970) 61-79; J. A. BURGESS, History of the Exegesis of Matthew 16,17-19 from 1871-1965 (Ann Arbor/Mich. 1976); G. HAENDLER, Zur Frage nach dem Petrusamt in der alten Kirche: StTh 30 (1976) 89-122; P. GRELOT, Pierre et Paul fondateurs de la „primauté" romaine: Ist 27 (1982) 228-267; (weitere Literatur s. bei Nr. 74).

---

[65] Zitiert nach GRESHAKE, Gottes Heil 351.
[66] Vgl. KUSCHEL, Jesus 104.
[67] Zitiert nach KUSCHEL, Jesus 105.

ZWEITER HAUPTTEIL

Jesus geht den Weg zur Passion (16,21 – 25,46)

1. Die Petrus-Schelte (16,21–23)

21 Von da an begann Jesus seinen Jüngern zu zeigen, er müsse nach Jerusalem gehen und vieles leiden von den Ältesten und Hohenpriestern und Schriftgelehrten und getötet werden und am dritten Tag auferweckt werden. 22 Und Petrus nahm ihn zu sich und begann, ihn anzufahren, und sprach: Gnädig sei er dir, Herr. Dies soll dir nicht widerfahren. 23 Er aber wandte sich um und sagte zu Petrus: Weiche hinter mich, Satan! Du bist mir ein Ärgernis, denn du sinnst nicht auf das Göttliche, sondern auf das Menschliche.

I
Der Beginn des zweiten Hauptteiles des Evangeliums wird durch eine zeitliche Bemerkung angezeigt, die in 4,17 ihre Entsprechung hat: von da an (ἀπὸ τότε). Die den zweiten Teil bestimmende Thematik wird sogleich genannt: Jesu Weg nach Jerusalem zum Leiden. Die markierende Bedeutung des ἀπὸ τότε, das nur in 4,17 und 16,21 vorkommt, ist durch die Funktion des einleitenden Verses als Überschrift gesichert. War es in 4,17 die Verkündigung der Herrschaft der Himmel in Galiläa, so ist es jetzt das Aufzeigen der Notwendigkeit des Leidens Jesu in Jerusalem. Zum Themenwechsel kommt der Ortswechsel. Galiläa ist auch für Mt die Heimat des Evangeliums, Jerusalem ist der Ort der Passion Jesu.

Der Text setzt sich aus zwei Teilen zusammen: die Leidensankündigung (in indirekter Rede), deren Funktion als Überschrift wir schon erwähnten (V 21), und die Petrus-Schelte, ein lebhafter Dialog zwischen Petrus, der auf die Leidensankündigung reagiert, und Jesus (22 f). In V 21 taucht eine neue gegnerische Gruppierung auf: Älteste, Hohepriester und Schriftgelehrte. Die Gegensatzpaare Satan–Gott, Gott–Mensch prägen die VV 22 f.

Vergleicht man des Text mit par Mk 8,31–33, so ergeben sich erhebliche Veränderungen. Zunächst ist es die schon erwähnte andere Einordnung der Perikope, die den zweiten Teil des Evangeliums beginnen läßt. Bei Mk 8,27 ff ist die Zäsur mit dem Petrus-Bekenntnis gegeben. Dementsprechend hat Mt den einleitenden Vers 21 ausgeweitet: der Jesus-Name, die Jünger, der Gang nach Jerusalem sind hinzugefügt. Statt vom Lehren ist vom Zeigen (δεικνύειν) die Rede. Das Verworfenwerden (Mk 7,31) streicht Mt, ebenso Mk V 32a. An Stelle von „nach drei Tagen auferstehen" sagt Mt: „am dritten Tag auferweckt werden"[1]. Die Petrus-Rede wird ausgeführt (V 22 b). In der Einleitung der Antwort Jesu ist der Blick auf die Jünger weggefallen. Die Rede ist ganz auf Petrus konzentriert. Schließlich ist in ihr noch „Du bist mir ein Ärgernis" hinzugekommen. Alle Eingriffe erklären sich als MtR[2]. Eine Sonderquelle anzunehmen erübrigt sich. Durch die Ausweitungen hat Mt der Perikope an ihrem bevorzugten Platz ein stärkeres Gewicht geben wollen. σκάνδαλον ist ein von Mt bevorzugtes Wort[3]. Auch vermeidet er ἀνίστημι für die Auferstehung Jesu (vgl. 17,9 mit Mk 9,9f; 17,23 mit Mk 9,31). Es ist möglich, daß er mit „am dritten Tag auferweckt" auf einen vorgegebenen christologischen Glaubenssatz Rücksicht nimmt[4].

II
21 Die zeitliche Angabe „von da an" bezieht sich auf das Messias- und Gottessohnbekenntnis des Petrus, auf das schon V 20 zurückgelenkt hatte. Nachdem die Jünger vollen Einblick in die Person Jesu gewonnen hatten, kann dieser ihnen unverhüllt seinen bevorstehenden Weg eröffnen. Es ist der Weg nach Jerusalem zum Leiden. Der zweite Teil des Evangeliums verfolgt die Absicht, Einsicht in die Notwendigkeit des Leidens und Auferwecktwerdens Jesu zu vermitteln. Adressat sind die Jünger, die allein durch diese Bemerkung stärker in den Vordergrund rücken. Mit ihnen muß die hörende Gemeinde Einsicht in diese Notwendigkeit gewinnen. Das Motiv des Weges nach Jerusalem, das bei Mt hier aufklingt und das Lk am meisten vertiefte, setzt sich fort in 20,17f; 21,1.10.

Notwendig sind das Gehen nach Jerusalem, das viele Leiden, das Getötet- und Auferwecktwerden. Die Notwendigkeit kann im Sinn der Schrifterfüllung gemeint sein, aber auch im apokalyptischen Sinn der Abfolge heilsgeschichtlicher Ereignisse vor dem Ende. In der Apokalyptik ist dabei die Vorstellung von einem Plan Gottes vorhanden. Weil Mt mit dem Weglassen des „Verworfenwerdens" die Anspielung auf ψ 117,22 getilgt hat, muß das δεῖ apokalyptisch genommen werden. Dazu paßt das eingeführte Verb „zeigen, aufzeigen" (δεικνύειν), das auch in Apk 1,1; 4,1; 17,1; 21,9f; 22,1–8 im Hinblick auf die Enthüllung zukünftiger Ereignisse verwendet wird. Demzufolge enthüllt Jesus vor den Jüngern sein zukünftiges Schicksal, das heilsgeschichtlich notwendig ist. Das viele Leiden ist bei Mt wegen der Verbindung mit den Ältesten, Hohenpriestern und Schriftgelehrten auf die Passion zu beziehen (anders Mk 8,31). Diese Gruppierung tritt bei Mt nochmals spottend unter dem Kreuz auf (27,41). In der Passionsgeschichte rücken die Ältesten und Hohenpriester (wiederholt mit dem Zusatz „des Volkes"[5]) in den Vordergrund (26,3.47.57;

---

[1] In D bo dringt „nach drei Tagen auferstehen" aus Mk 8,31 wieder ein.
[2] Gegen LOHMEYER 264.
[3] Bei Mt 5mal, bei Lk 1mal, bei Mk 0mal. Das Wort ist ein Vorzugswort des Paulus.
[4] So SCHWEIZER 224f.
[5] In 16,21 lesen Θ f[1.13] mae den Zusatz „des Volkes".

27,1.3.12.20). Somit bildet die Leidensankündigung eine Klammer zur Passionsgeschichte. Den gewaltsamen Tod zu erleiden ist Schicksal des Gerechten (ψ 36,32; 37,13; 53,5; 62,10; 69,2f; 85,14; 108,16) wie des Propheten (Jer 2,30; 11,18ff; 20,2; 1 Kg 18,4.13 usw.). Mit dem Auferwecktwerden am dritten Tag klingt das christologische Credo an. Der Tod Jesu wird christologisch, nicht soterologisch gedeutet.

Ein textliches Problem bildet die LA „Jesus Christus". Ist sie gegenüber dem einfachen „Jesus" zu bevorzugen? Dafür sprechen CLW f[1.13] latt sy. In Sinaiticus und B ist die ursprüngliche LA „Jesus Christus". Der erste Korrektor des Sinaiticus strich den Namen ganz, der zweite setzte einfaches „Jesus". Letzteres tat auch der erste Korrektor von B. Nestle-Aland sind in der 26. Auflage wieder zur LA „Jesus" zurückgekehrt. Dem dürfte zuzustimmen sein. „Jesus Christus" wäre nach 1,18 das einzige Vorkommen dieses vollen Namens bei Mt[6].

22 Wie in 16,18 reagiert allein Petrus. Er stellt sich Jesus in den Weg, um ihn zu hindern, das angegebene Ziel weiter zu verfolgen. Die sehr menschliche Reaktion ist durch das Verb „anfahren" angedeutet. Er meint, Jesus gebieten zu können. Seine zweiteilige Rede – man könnte von einer Doublette sprechen – bringt zunächst eine Redensart. Von Haus aus handelt es sich um einen Flehruf. Dieser hat zur Voraussetzung, daß jedes schwere menschliche Schicksal Schuldigsein voraussetzt[7]. Gott möge gnädig sein, vergeben, nicht bestrafen. Man kann aber fragen, ob in einer abgeflachten Redensart der volle Sinn noch erfaßt ist. Sie wird zu einer entrüsteten Zurückweisung im Sinn von μὴ γένοιτο[8]. Der zweite Teil der Rede wiederholt verdeutlichend[9]. Petrus will den Gedanken von Leiden und Tod von Jesus absolut ferngehalten wissen. Die Szene schildert ihn so, daß er die Auferweckung nicht begriffen zu haben scheint. Sie beeindruckt ihn nicht. Seine Gesinnung ist irdisch. Petrus wird zum Exempel für den das Leiden zurückweisenden Jünger. Er steht am Anfang eines langen Weges.

23 Jesus läßt sich von seinem Weg nicht abbringen. Daß er sich umwendet, gibt zu verstehen, daß er auf dem Weg voranschreitet. Der gebieterische Ruf an Petrus ist erneuter Ruf in die Nachfolge, aus der der Jünger herauszufallen droht. „Hinter mich" greift auf die Berufungsgeschichte (4,19) zurück. Indem Petrus versucht, Jesus von dem ihm zugewiesenen Ziel abzubringen, macht er sich zum Werkzeug Satans[10]. Die Notwendigkeit des Leidens wies auf den göttlichen Plan zurück. Satan und Gott bilden den eigentlichen Gegensatz. Als Werkzeug Satans ist Petrus das Ärgernis, wörtlich: das Stellholz, die Falle, die Jesus auf dem Weg zum

---

[6] SCHWEIZER bevorzugt „Jesus Christus".
[7] Die hellenistischen Belege bringen dies klar zum Ausdruck: „(Serapis) sei dir gnädig, Alypius"; „Platon sei uns gnädig", heißt es auf Inschriften. Belege schon bei KLOSTERMANN. DITTENBERGER, OGJS Nr. 721 bemerkt zur zweiten Stelle, daß Platon wie ein Gott angerufen werde.
[8] Vgl. LXX 2 Kg 20,20; 23,17; 1 Chr 11,19; Jos 22,29; 24,16; Gn 44,7.17.
[9] σοι wird hier ausgelassen von a b e ff² sy^c.
[10] Nach LXX 3 Kg 11,14 wurde der Edomiter Hadad für Israel zum Satan.

Fall kommen lassen möchte. Auch für Mt besteht ein Zusammenhang zwischen Petrus-Schelte und Petrus-Verheißung. Ob er aber an den Fels des Ärgernisses von Is 8,14 (πέτρα σκανδάλου) denkt und so die Vorstellung vom Fels von 16,18 weiterspinnt [11], erscheint fraglich. Zwar haben wir die Version vom „Fels des Ärgernisses" in 1 Petr 2,8; Röm 9,33. Der Begriff σκάνδαλον erscheint Is 8,14 aber nicht in LXX, sondern bei Aquila und Theodotion. Für Mt ist die Problematik der σκάνδαλα im Hinblick auf die Gemeinde auch sonst wichtig (vgl. 13,41; 18,7). Das Verhalten des Petrus gewinnt exemplarische Bedeutung für die Gemeinde, die von Ärgernissen bedroht ist. Die Erwägungen des Jüngers entspringen menschlichem Kalkül. Die jetzt aufgestellte Antithese von göttlich-menschlich hebt darauf ab – wie rabbinische Analogien nahelegen [12] –, daß Petrus von selbstsüchtigen, egoistischen Gedanken geleitet war.

III
a) Mt setzt die erste Leidensankündigung Jesu an den Anfang des zweiten Hauptteils des Evangeliums und markiert damit das Folgende als Hinführung der Jüngerschaft (und Leserschaft) zur Einsicht in die Notwendigkeit von Jesu Geschick. Die Widersetzlichkeit des ersten Jüngers und dessen Schelte sind exemplarisch. Jeder Christus-Nachfolger bedarf der Hinführung zu diesem Verständnis. Letztlich kann sie nicht in der Theorie, sondern nur in der Nachfolge gewährt werden. Der energische Ruf des voranziehenden Christus trifft alle, die sich auflehnen möchten. Die Auflehnung besitzt einen mythologischen Hintergrund. Satan bereitet Stolpersteine, Ärgernisse, die den Fall provozieren. Die Perikope bietet die Kehrseite des Petrusbildes von 16,17ff. Ausgerechnet der erwählte Jünger, der zum Fels der Kirche gemacht ist, wird zum Werkzeug des Satans. Die Gefährdung spart auch ihn nicht aus. Wenn er angenommen bleibt, ist es der Gnade verdankt.

b) Das historische Urteil ist aus par Mk 8,31ff abzuleiten [13]. Die Leidensankündigung ist nachösterlich geprägt. Wenn Jesus sein bevorstehendes Geschick ankündigte, dürfte er in der Ich-Form gesprochen haben (vgl. Mk 14,7.25; 12,9). Die Petrus-Schelte muß als unerfindlich gelten. Weswegen sie erfolgte, kann nur vermutet werden. Entweder war es eine Rede vom künftigen Geschick Jesu [14] oder sein Entschluß, nach Jerusalem zu ziehen.

c) Die Konfrontation mit einem Sterben ist immer auch die Konfrontation mit dem eigenen Tod, besonders wenn es das Sterben eines Freundes ist [15]. Das ist menschlich. Der Tod Christi ist, auch als Tod des Freundes,

---

[11] So G. Stählin: ThWNT VII 347f; Schweizer. Zur Interpretation vgl. Baumbach, Verständnis 113f.
[12] Bei Billerbeck I 748. – D q lesen den Singular: τὰ τοῦ ἀνθρώπου.
[13] Vgl. Gnilka, Markus II 18 und 12f. [14] Vgl. Riesner, Lehrer 479.
[15] Chrysostomos, in Matth. hom. 54,3 (zu 16,21), meint, die Jünger begriffen das Leiden nicht und hielten es für besser, nicht zu sterben. – Das ist die Berührungsangst vor dem Sterben.

jenes Sterben, das den eigenen Tod und den Tod aller aufhebt. Das aber geschieht nicht durch Umgehung des eigenen Todes, sondern in dessen Annahme und in der Annahme des Sterbens und Leidens der anderen[16]. Kierkegaard empfiehlt gegen das Abgestumpftsein gegenüber dem Kreuz, an das man sich längst gewöhnt hat, die Geschichte vom Gekreuzigten einem Kind zu erzählen, das noch nichts von ihr gehört hat. Weil das Kind die Schlechtigkeit der Menschen nicht begreifen wird, wird der Erwachsene dastehen wie ein Ankläger, der sich selbst und das ganze Menschengeschlecht anklagt[17].

LITERATUR: E. Fascher, Theologische Beobachtungen zu δεῖ: Ntl Studien für R. Bultmann (BZNW 21) (Berlin ²1957) 228–254; A. F. J. Klijn, Scribes, Pharisees, Highpriests and Elders in the New Testament: NT 3 (1959) 259–267; A. Feuillet, Les trois grandes prophéties de la Passion et de la Résurrection des évangiles synoptiques: RB 67 (1967) 533–560. 68 (1968) 41–74; M. Black, The „Son of Man" Passion Sayings in the Gospel Tradition: ZNW 60 (1969) 1–8; H. K. McArthur, „On the Third Day": NTS 18 (1971/72) 81–86; J. B. Chomiskey, Begone, Satan: BiTod 58 (1972) 520–526; B. A. E. Osborne, Peter: Stumbling-Block and Satan: NT 15 (1973) 187–190.

2. Die Kreuzesnachfolge (16, 24–28)

24 Dann sprach Jesus zu seinen Jüngern: Wenn jemand hinter mir hergehen will, verleugne er sich selbst, und nehme sein Kreuz auf, und so folge er mir nach. 25 Denn wenn einer sein Leben retten will, wird er es verlieren. Wer aber sein Leben verliert um meinetwillen, wird es finden. 26 Denn was wird es einem Menschen nützen, wenn er die ganze Welt gewinnt, sein Leben aber einbüßt? Oder was wird ein Mensch als Kaufpreis geben für sein Leben? 27 Denn der Menschensohn wird kommen in der Herrlichkeit seines Vaters mit seinen Engeln. Und dann wird er jedem vergelten nach seinem Tun. 28 Amen, ich sage euch: Es sind einige unter den hier Stehenden, die den Tod nicht kosten werden, bis sie den Menschensohn kommen sehen in seinem Reich.

I
An der gleichen Stelle wie bei Mk und in weitgehender Übereinstimmung mit ihm bringt Mt eine Jüngerbelehrung. An der Spitze steht der Spruch von der Kreuzesnachfolge (24), der uns bereits, in anderer Version, in 10,38 begegnete. Es folgen drei Psyche-Logien, begründend angeschlossen, die das Thema der entschiedenen Nachfolge aufgreifen und weiterführen. V 25 (vgl. 10,39) ist eine paradoxe Aussage, in formaler Hinsicht ein antithetischer Parallelismus. V 26 enthält zwei Fragesätze, die so formuliert sind, daß sie nur verneinend beantwortet werden können (es nutzt

---

[16] Luther II 564 nennt Ähnliches die Kreuzauffindung.
[17] Einübung 233.

nichts bzw. es gibt nichts). Sie wirken bezwingend. Ihre Prägung ist weisheitlich. Die beiden abschließenden VV 27 f sind Menschensohn-Sprüche, die auf die Parusie hinlenken, jedoch von unterschiedlicher Gestalt. V 27 ist ein Gerichtswort, V 28 eine – mit Amen eingeleitete – Weissagung, der man nach dem Gerichtswort tröstende Kraft zusprechen muß.

Einzige Vorlage des Textes ist Mk 8,34 – 9,1. Der Mt-Text weist folgende bemerkenswerte Veränderungen auf: In der einführenden Rahmenbemerkung ist das Herbeirufen der Volksmenge Mk 8,34 weggelassen. Die Sprüche sind ausschließlich an die Jünger gerichtet. Im Spruch von der Kreuzesnachfolge heißt es statt „hinter mir nachfolgen" Mk 8,34 „hinter mir hergehen" (ἐλθεῖν). Vermutlich wollte E den zweimaligen Gebrauch des gleichen Verbs im Satz vermeiden. Im ersten Psyche-Logion V 25 wurde die Wendung „um des Evangeliums willen" gestrichen. Dies entspricht der älteren Fassung, die Mt bekannt ist (10,39) und aus Q stammt. Mt meidet die absolute Verwendung von εὐαγγέλιον, die für Mk charakteristisch ist. In V 26 setzt E das Futur, Mk 8,36 hat das Präsens. Er lenkt damit auf das eschatologische Gericht hin. Ganz neu gestaltet ist der Menschensohn-Spruch V 27. Das Mk 8,38 entsprechende Menschensohn-Wort brachte Mt bereits in der Jüngeraussendungsrede 10,33. V 27 spricht jetzt vom künftigen Kommen des Menschensohnes und seiner richterlichen Vergeltung. Dabei ist ein atl Zitat aufgegriffen, dessen Identifizierung Schwierigkeiten bereitet (s. Interpretation). Typisch mt ist die Rede von „seinen Engeln" (vgl. 13,41; 24,31; Mk 8,38: „mit den heiligen Engeln"). In der abschließenden Weissagung V 28 liest man an Stelle von „bis sie das Reich Gottes in Macht gekommen sehen" (Mk 9,1) „bis sie den Menschensohn kommen sehen in seinem Reich". Mk hatte die Weissagung durch eine eigene Einleitung („und er sagte zu ihnen") abgesetzt. Auch das hat E nicht übernommen. Er knüpft somit die Logienkette enger zusammen. Als mt Proprium in der Gestaltung wird man die Akzentuierung der Zukunft und der Menschensohn-Erwartung anzusehen haben. – Es ist abwegig, die Form des Weissagungs-Logions V 28 gegenüber Mk 9,1 als älter anzusehen. Sie ist stärker christologisch geprägt und darum jünger[1]. Die Fassung des Spruches von der Kreuzesnachfolge V 34 ist gegenüber 10,38 gleichfalls die spätere[2]. Mt hat in diesem Fall auf eine Angleichung beider Varianten verzichtet[3].

II
24 Im Aufbau des Mt-Evangeliums gewinnt der Spruch von der Kreuzesnachfolge gesteigerte Bedeutung. Hier ist es die erste Belehrung im zweiten Hauptteil, die Jesus erteilt, nachdem die erste Leidensankündi-

---

[1] Mit GRÄSSER, Parusieverzögerung 133 Anm. 3, gegen J. JEREMIAS, Jesus als Weltvollender (BFChTh 33,4) (Gütersloh 1930) 57 Anm. 2.
[2] Vgl. GNILKA, Markus II 22; ders., Bd. I 393 f dieses Kommentars.
[3] In V 25b hingegen ist εὑρήσει statt σώσει (Mk 8,35) als Einfluß von Mt 10,39b zu erklären.

Mt 16,24–26

gung mit der unziemlichen Reaktion des Petrus vorausgegangen war. Jünger sein heißt Jesus nachfolgen auf seinem Weg nach Jerusalem, wo ihn das Kreuz erwartet. Selbstverleugnung bedeutet, der Nachfolge nichts vorziehen. Die Bereitschaft zur Kreuzesnachfolge impliziert die Todesbereitschaft. Mt kann den Spruch nur noch vom Kreuz Jesu her verstehen. In der Ursprungssituation im Leben Jesu war dieses noch nicht explizit im Blick. Da aber jeder sein eigenes Kreuz tragen soll, darf man in diese Nachfolge neben der letzten Möglichkeit der Preisgabe des Lebens alle Schwierigkeiten, Bewährungen, Opfer eingeschlossen sehen, die die Jüngerexistenz im Alltag abfordert.

25   Ein paradoxer Spruch, der zwei entgegengesetzte Möglichkeiten in Betracht zieht, erhellt den Sinn der Kreuzesnachfolge vom Lebensgedanken her. Das Ziel ist das Finden des Lebens. Damit ist ein in jedem Menschen wurzelndes Anliegen angesprochen. Dieses Anliegen kann man nur radikal verfehlen oder radikal erreichen. Die harte Alternative läßt ein Drittes nicht zu. Psyche muß von der semitischen Anthropologie aus interpretiert werden. Dann bezeichnet das Wort das Leben, nicht die die körperliche Existenz überdauernde Seele. Leben – hier und über die Grenze des Todes hinaus – gewinnt man in der Preisgabe des Lebens. Die Paradoxie versteht sich in den unterschiedlichen, entgegengesetzten Lebensbegründungen. Falsche Absicherungen führen zum Verlust des Lebens. Indem man sein Leben verliert, an Gott und die Menschen, wird man es finden. Das eigentliche Leben ist ein Leben im Werden. Es zu erreichen ist der letzte Sinn von Nachfolge. Die Kategorien der Eigentlichkeit und Uneigentlichkeit vermögen die Antithese näherzubringen.

26   Die beiden Sprüche handeln von der Gefährdung des Lebens. Sie ist dann gegeben, wenn man falsch lebt, auf falsche Sicherungen baut. Wiederum ist für das spezifische Verständnis die besondere Prägung des Lebensbegriffs zu bedenken. Nicht das Leben als biologischer Wert steht zur Debatte, nicht das gesunde oder lange Leben. Darum sorgt sich der „natürliche" Mensch. Aber diese Sorge trägt nur auf Zeit. Auch geht es nicht um die Kultur der Seele, die verletzt würde, wenn man sich irdischen Geschäften völlig preisgäbe. So entspräche es griechischem Empfinden[4]. Das eigentliche Leben, das man gemäß der Bibel mit Gott, gemäß dem Evangelium in der Nachfolge lebt, ist gefährdet durch irdische Konkupiszenz. „Die ganze Welt gewinnen" wollen, die Unmöglichkeit, dieses eigentliche Leben kaufen zu können, zielen in erster Linie auf das falsche Vertrauen auf Besitz und Reichtum ab. Darum kommen biblische Analogien, vorab Ps 49,8ff, besonders nahe, der möglicherweise eingewirkt hat: „Doch niemand kann sich je loskaufen oder Gott ein Lösegeld zahlen ...,

---

[4] Vgl. Dio Chrysostomos 14,15, der den Schaden, den einer seiner Seele zufügt, höher einschätzt als den Schaden am Leib oder am Vermögen.

daß er noch weiterlebe auf ewig, nicht sehe die Grube."[5] Der Psalm warnt mit dem Tod, das Evangelium bietet das eigentliche Leben an. Darum muß man die Gefährdung, die mit dem Streben gegeben ist, die ganze Welt gewinnen zu wollen, weiterstecken und die vielen Abarten irdischer Existenzsicherung einbeziehen, Karriere, Prestige, Leistungsdünkel miteingeschlossen. Für Mt ist der Ausblick auf das Gericht wichtig (futurische Formulierungen). Im Gericht trägt kein ἀντάλλαγμα, keine finanzielle Bestechung oder Verrechnung. Nach apokalyptischen Vorstellungen ist beim Gericht nicht einmal mehr „eine Gelegenheit für das Gebet und nicht eine Entsendung von Bitten und nicht Erlangen von Erkenntnis usw."[6] Im Gericht wird das „Leben" gewogen.

27 Mt verharrt bei der Beschreibung des Gerichts. Es liegt in der Hand des Menschensohnes. Die Engel bilden seinen Hofstaat. Nach 13,41; 24,31 kommen den Engeln im Gericht bestimmte dienende Funktionen zu. Die „Herrlichkeit seines Vaters" weist Jesus als den Sohn Gottes aus. Die Kombination der Titel Menschensohn und Gottessohn (schon Mk 8,38) ist zu beachten. Das Gericht bringt die Vergeltung nach dem Tun. Der Gedanke ist atl und apokalyptisch. Zum Vergleich zitiere ich folgende Stellen:

Mt   τότε ἀποδώσει ἑκάστῳ κατὰ τὴν πρᾶξιν αὐτοῦ.
ψ 61,13   ὅτι σὺ ἀποδώσεις ἑκάστῳ κατὰ τὰ ἔργα αὐτοῦ.
M Ps 62,13   „Denn du vergiltst dem Menschen nach seinem Tun."
LXX Spr 24,12   ὅς ἀποδίδωσιν ἑκάστῳ κατὰ τὰ ἔργα αὐτοῦ.
M Spr 24,12   „Er vergibt den Menschen nach seinem Tun."

Verwandt sind gleichfalls ψ 27,4; Sir 35,22 (κατὰ τὰς πράξεις αὐτοῦ). Paulus zitiert in Röm 2,6 ψ 61,13 (nur Personenwechsel). Für Mt kommen als Hintergrund-Text beide zitierten atl Parallelstellen in Frage[7]. Sir 35,22 greift zwar πράξεις auf, formuliert aber sonst anders. Der LXX-Text liegt näher als Masora. Für letztere ist aber in Ps 62,12; Spr 24,12 das singularische „Tun" (LXX: ἔργα[8]) kennzeichnend, wie Mt mit dem singularischen πρᾶξιν ein zusammenfassendes Kriterium angibt. Der Vergeltungsgedanke ist im NT, besonders bei Paulus, verbreitet, der ihn verschieden abwandeln kann (Röm 14,12; 1 Kor 4,5; 2 Kor 5,10).

Die Zusammenfassung des Gerichtsmaßstabes im Tun des Menschen, wörtlich in seiner Praxis, verdient Beachtung. Hier kommt das von Mt vertretene praktische Christentum voll zum Zuge. Die Lebenspraxis wird hier

---

[5] Vgl. DAUTZENBERG, Leben 68 ff. – Die Version von Mt 16,26a lautet in Tho 67: „Wer das All erkennt und sich selbst verfehlt, verfehlt den ganzen Ort." – Abwegig ist die Interpretation SCHLATTERS, der Kosmos in V 26a im Sinn der „Menschheit" auffaßt und „die ganze Welt gewinnen" dann auf die Missionsbemühungen bezieht!
[6] ApkBarsyr 85,12.
[7] STRECKER, Weg 27f, plädiert für Abhängigkeit von Spr 24,12.
[8] LXX-Einfluß ist es zuzuschreiben, wenn Sinaiticus* f¹ 28 1424 it vg^cl sy^c.p.h co in Mt 16,27 τὰ ἔργα lesen.

aber nicht, wie es rabbinischer Sehweise entspricht und wie es auch die LXX-Versionen der erwähnten atl Stellen im Blick haben, in ihre vielen Einzeltaten zerlegt. In der Gerichtsstunde kommen nach jüdischer Auffassung alle Werke des Menschen herbei und werden einzeln aufgezählt. Vielmehr ist das Leben des einzelnen als Einheit begriffen, als zum Ende gelangter Lebensvollzug, der seine Beurteilung fast aus sich selbst entläßt. Wie wir in V 25 das Leben als Leben im Werden kennenlernten, so ist im Gericht die Lebenspraxis zu ihrer Vollendung gekommen. K. Koch[9] hat den Begriff der „schicksalwirkenden Tatsphäre" geprägt. Mit dem Gericht des Menschensohnes ist das öffentliche Forum geschaffen, vor dem sich ihre Aufdeckung vollzieht.

28   Auch über den Menschensohn ist das abschließende Logion mit V 27 eng verknüpft. Mt hat diese Verknüpfung geschaffen, indem er den Menschensohn-Titel in das Logion einbrachte, während Mk 9,1 vom Reich Gottes sprach. Die Verheißung hat damit eine personalisierte, auf den Menschensohn Jesus hin orientierte Gestalt gewonnen. Er ist der Garant der Basileia. Wie in 13,42 und 20,21 verwendet E auch hier den von ihm geprägten Begriff der Basileia des Menschensohnes. Hatten wir bereits in 13,42 erkannt, daß diese Basileia nicht mit der Kirche identifiziert werden kann, sondern über sie hinausgreift, so ist ihr universaler, weltumspannender, kosmischer Bezug hier kaum zu übersehen. Das Kommen des Menschensohnes in seinem Reich kann nur auf seine Parusie gedeutet werden (ähnlich 20,21), bei der seine Herrschaft sich endgültig durchsetzen wird.

Der Akzent des Logions liegt aber auf der an einige gerichteten Verheißung, daß sie den Tod nicht kosten werden, bis jenes Ereignis eintrifft. In der Apokalyptik sind es Henoch und Elija, die den Tod nicht schmeckten, weil sie zum Himmel entrückt wurden (4 Esr 6,26). Ähnliche Verheißungen sind in Lk 2,26; Joh 21,18 ff namentlich bezeichneten Personen zugedacht, was in V 28 nicht der Fall ist. Die Zusage hat etwas heilvolles. Hierin liegt der weiterführende Gedanke gegenüber V 27, wo das Gericht im Mittelpunkt stand. Die Interpreten geben unterschiedliche Auskünfte und bestätigen damit die Schwierigkeit des Verständnisses. Mt gebe Trost durch die Zugehörigkeit zum Herrn – so Strecker[10], der ὧδε ἑστώτων so verstehen will; er versichere, daß der Jünger im Wissen um den überwundenen Tod sterben darf[11]; denke an die Entfaltung der Kirche nach der Zerstörung Jerusalems[12]. Die Mehrzahl der Interpreten ist sich einig, daß die Parusieerwartung für Mt nicht überbewertet werden darf. Man wird sagen müssen, daß die Zusicherung des Trostes für Mt den Ton trägt. Der

---

[9] Gibt es ein Vergeltungsdogma im AT?: ZThK 52 (1955) 1 ff. Zu rabbinischen Auffassungen vgl. BILLERBECK IV 1036ff.
[10] Weg 42 f. - ἑστηκότων in Mk 9,1 ändert Mt in ἑστώτων. Hierzu vgl. Mt 24,15/Mk 13,14. Als v.l. lebt ersteres in K 28 565 1424 wieder auf.
[11] SCHWEIZER.
[12] Erwägung von R. SCHNACKENBURG, Gottes Herrschaft und Reich (Freiburg ³1963) 143.

Menschensohn wird bei seinem Kommen seinen bedrängten Nachfolgern zu Hilfe eilen. Eine ähnliche Verbindung von Bedrängnis in der Gegenwart und Hilfe in der Zukunft wie in 16,24–28 trafen wir in 10,22f an. Doch bleibt der Ausblick auf die nicht allzu ferne Parusie in Geltung. Wie in der eschatologischen Rede zu zeigen sein wird, kämpft E gegen Ermüdungserscheinungen in der Gemeinde.

III

a) Jesus-Nachfolge ist Kreuzesnachfolge. Ist der zweite Hauptteil des Mt-Evangeliums unter die Ankündigung des Leidens, Getötet- und Auferwecktwerdens Jesu gestellt, so sind diese nicht als anschaubare Objekte mißzuverstehen. Vielmehr fordern sie den Jünger heraus, der im Schicksal seines Meisters sein eigenes Schicksal erkennen und übernehmen soll. Nachfolgen heißt auf dem Wege sein. Das Leben, das es zu finden gilt, ist ein Leben im Werden, wie die Psyche-Logien veranschaulichten. Die Praxis, nach der der Jünger gerichtet wird, läßt sein christliches Leben Gestalt gewinnen und zu einer Summe reifen. Freilich kann am Ende auch ein negatives Ergebnis stehen. Die warnenden Töne im Text sind nicht zu überhören. Wie in so vielen Reden des Mt steht am Ende der Ausblick auf die Parusie. Sie soll nicht aus dem Blick kommen. Das von Mt abgewandelte Naherwartungs-Logion dient diesem Zweck. Auffällig ist die Wiederholung mancher Logien. Nachfolge-Spruch und Psyche-Wort lasen wir bereits in 10,38f. Die Wiederholung unterstreicht ihre Wichtigkeit, läßt sie jetzt aber auch in einem neuen Licht erscheinen. Im Kontext der Jüngeraussendungs-Rede galten sie in erster Linie dem ausgesendeten Glaubensboten. Jetzt erscheint ihre Allgemeingültigkeit für jeden, der sich zu den Jüngern Jesu zählt.

b) Zur historischen Beurteilung des Spruches von der Kreuzesnachfolge und des Psyche-Logions V 25 vgl. das zu 10,38f Gesagte[13]. Der Menschensohn-Spruch V 27 ist MtR. Zu seiner Vorlage vgl. das zu 10,32f Gesagte[14]. V 26 hat zwar weisheitlichen Charakter. Aber es besteht keine Veranlassung, ihn Jesus abzusprechen. Jesus hat sich weisheitlicher Rede bedient. Zum Naherwartungslogion ist par Mk 9,1 zu befragen. Die neuere Forschung neigt mit Recht dazu, befristete Naherwartungslogien in der nachösterlichen Gemeinde zu verankern. In der nachösterlichen Situation, die nicht nur die Parusie-Erwartung aufkommen, sondern auch im verstärkten Maß apokalyptische Denkmuster aufgreifen ließ – befristete Zeitaussagen gehören hierher –, ist ihre Entstehung verständlich.

c) Will man nochmals – jetzt in bezug auf die Nachwirkung – das spezifisch Matthäische erfassen, so ist dies insbesondere in den VV 27f zu suchen. In V 27 ist es das Gericht nach dem Tun. Hier kommt die Gnadenproblematik auf. Das vorausgegangene Heilsangebot im Angebot des Evangeliums darf für Mt nicht übersehen werden, wenngleich er die

---

[13] Bd. I 398 dieses Kommentars.
[14] Bd. I 390f dieses Kommentars.

Praxis betont. Luther wird in seiner Deutung dem singularischen πρᾶξιν in V 27 durchaus gerecht, wenn er bemerkt, daß es nicht heiße: „Er wird einem jeglichen Werk vergelten, sondern ... einem jeglichen das heißt wie die wirkende Person sein wird, so wird sie Lohn empfangen. Nicht die Werke, sondern der Wirker wird den Lohn empfangen."[15] Eine weitere mt Fragestellung ist das Reich des Menschensohnes in V 28. Sie greift Pannenberg[16] auf, indem er über ihr Verhältnis zum Reich Gottes nachdenkt. Es ist im Sinn des Mt zu sagen, daß die eine durch die andere nicht ihre Schranke, sondern ihre Vollendung findet. Der Sinn seiner eigenen (des Menschensohnes) Herrschaft könne nur die Durchsetzung der Herrschaft Gottes in der Welt sein, endgültig und entscheidend im bevorstehenden Gericht. Eine Harmonisierung mit 1 Kor 15,28 ist freilich problematisch. Die mt Vorstellung vom Reich des Menschensohnes bildet mit den sachlichen Hintergrund für den Satz des Bekenntnisses von Konstantinopel 381: cuius regni non erit finis (seines Reiches wird kein Ende sein)[17].

LITERATUR: R. KOOLMEISTER, Selbstverleugnung, Kreuzaufnahme und Nachfolge. Eine historische Studie über Mt 16,24: Charisteria J. KOPP (Stockholm 1954) 64–94; E. DINKLER, Jesu Wort vom Kreuztragen: Ntl Studien für R. Bultmann (BZNW 21) (Berlin ²1957) 110–129; E. FASCHER, „Der unendliche Wert der Menschenseele". Zur Auslegung von Mk 8,36 und Mt 16,26: Forschung und Erfahrung (Festschrift O. HAENDLER) (Göttingen 1961) 44–57; A. SCHULZ, Nachfolgen und Nachahmen (StANT 6) (München 1962) 79 ff; L. OBERLINNER, Die Stellung der „Terminworte" in der eschatologischen Verkündigung des NT: Gegenwart und kommendes Reich (Schülerfestschrift A. VÖGTLE) (Stuttgart 1975) 51–66; M. KÜNZI, Das Naherwartungslogion Markus 9,1 par. Geschichte seiner Auslegung (BGBE 21) (Tübingen 1977).

3. Die Vorwegnahme der Vollendung (17,1–8)

1 Und nach sechs Tagen nimmt Jesus den Petrus und Jakobus und Johannes, dessen Bruder, und führt sie beiseite auf einen hohen Berg. 2 Und er wurde vor ihnen verwandelt. Und sein Angesicht leuchtete wie die Sonne, seine Kleider aber wurden weiß wie das Licht. 3 Und siehe, es erschien ihnen Mose und Elija, die redeten mit ihm. 4 Petrus aber antwortete und sprach zu Jesus: Herr, es ist schön, daß wir hier sind. Wenn du willst, werde ich hier drei Hütten machen, für dich eine, für Mose eine und für Elija eine. 5 Als er noch redete, siehe, da überschattete sie eine lichte Wolke. Und siehe, eine Stimme aus der Wolke sprach: Dieser ist

---

[15] II 570. LUTHERS Polemik gegen die Trennung von Glaube und Werken, die in diesem Sinn nur berechtigt ist, erscheint uns heute völlig überholt. Auch CHRYSOSTOMOS, in Matth. hom. 55 f (zu 16,27 f), sieht etwas Richtiges, wenn er V 27 dem Gericht, V 28 dem Trost zuweist. Er gesteht, daß er sich beim Anhören des V 27 jedesmal nicht zu jenen gezählt habe, die gekrönt werden.
[16] Christologie 383.
[17] DENZINGER 150. Vgl. Lk 1,33.

mein geliebter Sohn, an dem ich Wohlgefallen habe, höret auf ihn! 6 *Und als das die Jünger hörten, fielen sie auf ihr Angesicht und fürchteten sich sehr.* 7 *Und Jesus trat heran, berührte sie und sprach: Stehet auf und fürchtet euch nicht!* 8 *Als sie aber ihre Augen erhoben, sahen sie niemanden außer Jesus allein.*

I

Wie bei Markus folgt auf die Belehrung über die Kreuzesnachfolge die Verklärungsgeschichte. Die Übersichtlichkeit ihrer Gliederung soll folgendes Schema veranschaulichen:
1. Exposition mit Personenauswahl und Ortsveränderung (1)
2. Hauptteil
   a) das sichtbare Geschehnis (2f)
   b) Reaktion des Petrus (4)
   c) das hörbare Geschehnis mit dem Erscheinen der Wolke (5)
   d) Reaktion der Jünger (6)
3. Epilog (7f).

Bei Mt hat die Geschichte Achtergewicht. Die sorgfältige Gestaltung des Schlußteiles (6–8) zeigt dies an, aber möglicherweise auch die dreimalige Setzung des „(und) siehe". Damit werden das Erscheinen von Mose und Elija, der lichten Wolke und das Ertönen der Stimme eingeleitet, die als Interpretamente des Geschehens der Metamorphosis aufgefaßt werden können.

Der Markustext (9,2–8), auch hier für E die einzige Vorlage[1], ist von diesem mannigfach bearbeitet worden. Die völlige Neugestaltung des Schlußteils haben wir schon angedeutet. Bemerkt Mk 9,8 nur, daß die Jünger, als sie um sich blickten, nur mehr allein Jesus sahen, erzählt E von einer devoten Reaktion der drei Jünger auf die Wolkenstimme und dem Zuspruch, den ihnen Jesus in ihrer Furcht gewährt. Darüber hinaus ist Folgendes zu beachten: Einleitend wird Johannes ausdrücklich als Bruder des Jakobus bezeichnet (vgl. 4,21; 10,2). Die Metamorphosis Jesu wird in V 2b mit anderen Vergleichen erläutert. Die mk „Sprache des Dorfes" vom Tuchscherer, der kein Kleid so weiß machen kann (Mk 9,3), übernimmt Mt nicht. Die Reihung „Mose und Elija" (Mk 9,4: „Elija mit Mose") stellt die richtige chronologische und wohl auch bedeutungsmäßige Folge wieder her. Die Reaktion des Petrus ist anders gefaßt. Von seinem Unverstand ist nicht mehr die Rede (Mk 9,6), er spricht Jesus mit „Herr, wenn du willst" an (Mk: Rabbi), er allein will die Hütten bauen (Mk 9,5 bietet die 1. Ps. Plur.)[2]. Schließlich hat E die Wolkenstimme in völlige Übereinstimmung mit der Himmelsstimme von 3,17 gebracht.

---
[1] Übereinstimmungen zwischen Mt und par Lk 9,28–36 legten sich von der Sache her von selber nahe: die Korrektur der Reihenfolge Mose-Elija, die Konzentration auf das Antlitz Jesu in der Beschreibung der Verklärung (Lk 9,29), „und siehe" in Lk 9,30. Zu beachten sind die unterschiedlichen Formulierungen.
[2] Sekundär taucht die 1. Ps. Plur. in Mt 17,4 in einzelnen Textzeugen auf, sowohl im Konjunktiv wie Mk 9,5 (D L W Θ lat sy co) als auch im Indikativ (Φ f¹).

Die gattungskritische Frage bedarf für Mt einer eigenen Diskussion[3]. Bemerkenswert zahlreiche Gemeinsamkeiten besitzt die Perikope mit der Mose-Geschichte Ex 24. Mose steigt auf den Berg Sinai und nimmt drei Begleiter mit (V 9: Aaron, Nadab und Abihu). Die Wolke, die die Herrlichkeit Gottes anzeigt, umhüllt den Berg. Nach sechs Tagen ruft der Herr aus der Wolke Mose an (V 16). Nimmt man Ex 34, 29 hinzu, so kann das strahlende Antlitz des Mose als weitere Analogie zur Verklärungsgeschichte verzeichnet werden. Die Mose-Geschichte ist eine Theophanie-Geschichte. Ein entscheidender Unterschied liegt darin, daß Mose wegen des Verkehrs mit Gott strahlt, während Jesus aus sich heraus zu leuchten beginnt. Dennoch kann auch die mt Perikope als Theophaniegeschichte bezeichnet werden. Als Vorbild, an das sich Mt in seiner Gestaltung angeschlossen hätte, kommt Ex 24 nicht in Frage. Dies ist allerdings für die vormarkinische Fassung der Überlieferung, deren Strukturen bis zu Mt hin weiterwirken, in Erwägung zu ziehen.

Mussies[4] macht auf Dio Chrysostomos 36, 40 f aufmerksam, wo wir von Zoroaster hören, der für sich allein auf einem Berg gelebt habe. Viel Feuer sei vom Himmel gefallen und habe den Berg in Flammen gesetzt. Zoroaster sei unversehrt aus dem Feuer dem ihm sich nahenden König und dessen vornehmer Begleitung entgegengetreten und habe sich ihnen gnädig erwiesen. Diese Erzählung vermag nur dies zu bestätigen, daß Berg, Feuer, Licht uralte und allgemeine religiöse Ausdrucksformen darstellen, die auf das Heilige verweisen[5].

Die Vorbilder der mt Gestaltung liegen auf einem anderen Feld, der Apokalyptik. Aus ihr sind die Vergleiche gezogen, die die Metamorphosis Jesu erläutern, wie in der Interpretation zu zeigen sein wird. Vor allem ist auch die von E eingebrachte Schlußszene apokalyptisch gestaltet. Das Motiv vom Niederfallen auf sein Angesicht ist zwar im AT verbreitet – es erfolgt im Anschluß an eine Epiphanie (Gn 17, 3), in der Mehrheit der Fälle aber als Geste der Huldigung und des Flehens (LXX Lv 9, 24; Nm 14, 5; 16, 4.22; Jos 5, 14; 1 Kg 20, 41 usw.), – zu beachten aber ist die Aktionskette: Schauen des Göttlichen bzw. Hören der göttlichen Stimme, Erschrecken, Niederfallen, Berühren und Aufrichten durch eine himmlische Gestalt. Wir haben diese Aktionskette in Dn 8, 16–18; 10, 9 f (in LXX-Version weitreichende wörtliche Übereinstimmungen). Man könnte geneigt sein, an literarische Abhängigkeit zu denken (vgl. Mt 24, 15). Der apokalyptische Hintergrund ist richtungweisend für die Interpretation.

II

1 Die einzige präzise Zeitangabe im Evangelium (außerhalb der Passionsgeschichte) hat symbolische Bedeutung. Von Ex 24 her (s. Punkt I)

---

[3] Zur Gattungsbestimmung der den Synoptikern vorausliegenden Tradition vgl. GNILKA, Markus II 30–32; auch CLEMEN, Erklärung 242 f.
[4] Dio 71.
[5] Vgl. M. ELIADE, Die Religionen und das Heilige (Darmstadt 1976) 147 ff; Joh. JEREMIAS, Der Gottesberg (Gütersloh 1919).

wäre man geneigt, damit den Zeitpunkt der göttlichen Offenbarung bezeichnet zu sehen. Der apokalyptische Horizont empfiehlt für Mt eine andere Deutung. Der siebte Tag ist der Tag der Vollendung. Die siebte Weltwoche leitet die Vollendung ein[6]. Unter diesem Aspekt soll das Folgende gelesen werden. Drei Jünger sind Begleiter dieses Geschehens, das die Vollendung vorwegnimmt. Auch in 26,37 werden diese Jünger zu Begleitern erwählt. Man wird hier eine bewußte Korrespondenz erkennen dürfen, zumal Mt in der Geschichte von der Auferweckung der Tochter des Jairus ihre Auswahl zu Zeugen des Geschehens gestrichen hat (9,18ff, anders Mk 5,37). Erneut werden Jakobus und Johannes als Brüder gekennzeichnet. Der Gedanke der Bruderschaft, übertragbar auf eine geistige Bruderschaft, ist E wichtig[7]. Der Berg hat im ersten Evangelium seine Korrespondenz in der Versuchungsgeschichte (4,8)[8] und in der Sendung der Elf durch den auferweckten Herrn am Schluß des Buches (28,16).

2 Die Verwandlung Jesu, die sich auf dem Berg ereignet, ist – trotz des gleichen Wortes – von der griechischen Idee der Metamorphose fernzuhalten. Dort verwandeln sich Götter in Menschen und Tiere, Menschen in Tiere und zurück, hier ist die Vorwegnahme der endzeitlichen Vollendung geschildert[9]. „Er wurde verwandelt" ist der allgemeine Satz, die Veränderungen an Gesicht und Kleidern erläutern. Sonne und Licht sind Symbole der Vollendung, des Göttlichen, wie die „äußerste Finsternis" das Unheil und die Gottesferne symbolisiert[10]. Hatte das AT diese Bildersprache noch metaphorisch verstanden – etwa: „Die ihn lieben, sind wie der Aufgang der Sonne in ihrer Macht" (Ri 5,31) –, so wird in der Apokalyptik, die über die Grenze des Todes hinausdenkt und ein jenseitiges Leben der vom Tod erstandenen Menschen in den Blick nimmt, von einer verklärten, lichtvollen Leiblichkeit geredet. „Dann werden die Gerechten leuchten wie die Sonne im Reich ihres Vaters" (Mt 13,43). Darum ist die Verklärung, die Jesus zugeschrieben wird, auf den Menschen Jesus, seinen menschlichen Leib zu beziehen, dessen Klarheit durch die Kleider strahlt[11]. Die Darstellung der Vollendung Jesu aber gibt nur Sinn, wenn

---

[6] Die apokalyptische Vorstellung lehnt sich an die Schöpfungsgeschichte an. Die Entsprechung der Urzeit und Endzeit bestimmt dieses Denken.

[7] Daß damit eine besondere Erinnerung an Jakobus sichergestellt sein soll (SCHLATTER, LOHMEYER, SCHWEIZER), ist nicht recht einzusehen.

[8] Die Parallelität hat vermutlich die v.l. λίαν (D) verursacht. Wenn D Θ it am Beginn von V1 καὶ ἐγένετο lesen, ist das auf Einfluß von par Lk 9,28 zurückzuführen. Außerdem lesen D f¹ Origenes ἀνάγει.

[9] So wird in des Apuleius berühmtem „Goldenen Esel" der Held vorübergehend in einen Esel verwandelt. Freilich ist diese Geschichte letztlich auch eine Befreiungsgeschichte.

[10] D lat sy^c lesen: seine Kleider aber wurden weiß wie Schnee. Hierzu vgl. 28,3.

[11] Man wird darum hinter der Schilderung nicht die apokalyptische Vorstellung von den himmlischen Kleidern sehen dürfen, die die Gerechten empfangen sollen und die neue Leiblichkeit meinen. Hierzu vgl. HENAETH 62,15f; HENSLAV 22,8 und BILLERBECK I 752f.

sie im Blick auf die Jünger, das heißt auf uns, gelesen wird, daß Jesus der Anführer auf dem Weg zu dieser Vollendung ist, daß er allein diesen Weg eröffnet.

3 Die zusätzliche Erscheinung von Mose und Elija muß unter einem zweifachen Aspekt gesehen werden. Einmal ist ihr Erscheinen dadurch ermöglicht, daß sie als zum Himmel Entrückte galten. Für Elija ist dies durch 2 Kg 2,11 belegt. Für Mose hatte sich dieser Volksglaube herausgebildet, als dessen vielleicht frühester Beleg Josephus, ant. 4,323 gelten kann (ἔμελλεν ἀφανισθήσεσθαι)[12]. Zum anderen stehen sie zum kommenden messianischen Heilbringer in einer erwartungsvollen Beziehung. Wie diese genau zu umschreiben ist, ist auch deshalb schwierig, weil uns über den Inhalt des Gespräches, das die beiden himmlischen Gestalten mit Jesus führen, nichts mitgeteilt wird. Lk 9,31 hat das aus seiner Sicht nachgeholt. Es bieten sich zwei Möglichkeiten an. Elija ist uns bereits als der Vorläufer des Messias, dessen erwartetes Kommen E in Johannes dem Täufer erfüllt sieht, bekannt. Mose ist von E als Typos des Messias verstanden (vgl. den Mose-Midrasch in Mt 2, das Bergmotiv in 5,1; 8,1). Für Mt aber ist wahrscheinlicher, Mose und Elija als Repräsentanten von Gesetz und Propheten anzusehen. Die Formel vom „Gesetz und den Propheten" ist bei Mt innerhalb des NT nicht nur am häufigsten belegt (5,17; 7,12; 11,13; 22,40), sondern sie hat für ihn auch grundlegende Bedeutung. Eine christologische Relevanz kommt der Formel in 5,17 zu. Wie Jesus gekommen ist, Gesetz und Propheten zu erfüllen, so treten auf dem Berg Mose und Elija als seine Zeugen auf[13].

4 Zunächst reagiert allein Petrus. Die Kyrie-Anrede ist angemessen, weil sie bei Mt insbesondere dem Jünger zukommt und den Charakter eines Gebetsrufes gewinnen kann. Das Ansinnen, Hütten zu bauen, ist an sich töricht, wird aber von E als solches nicht gekennzeichnet. Es hat weder etwas mit der Stiftshütte[14] noch mit dem Laubhüttenfest zu tun, sondern drückt das Verlangen aus, das Endgültige, das in der Vision in Erscheinung tritt, festhalten zu wollen. Damit erklären sich die Hütten, die Petrus – und nur er – bauen will, in Analogie zu den ewigen Wohnungen, die nach der Apokalyptik die Gerechten erwarten. Letztlich ist das Ansinnen des Petrus von V 22 nicht weit entfernt[15]. Der Grund, warum E den Petrus an dieser Stelle verschont, wird in der folgenden Wolkenstimme liegen.

---

[12] Die Frage erörtert ausführlich G. LOHFINK, Die Himmelfahrt Jesu (StANT 26) (München 1971) 61–69. – CLW f¹ vg^cl sy^p.h lesen korrigierend ὤφθησαν.
[13] Zur Problematik vgl. SAND, Gesetz 178f. – Mose und Elija werden zusammen erwähnt in Mal 3,22f. Der Gefährte des Elija ist sonst Henoch.
[14] PEDERSEN: NT 18 (1975) 257 will die Hütten mit der Stiftshütte verbinden. Dagegen spricht schon die Dreizahl der Hütten, die Petrus bauen will.
[15] LOHMEYER; PEDERSEN: NT 18 (1975) 260 lenken in eine falsche Richtung, wenn sie die Torheit des Petruswortes darin sehen, daß es Jesus mit Mose und Elija auf die gleiche Stufe stellt.

Diese soll zur Geltung gebracht werden. Sie stimmt mit dem Bekenntnis überein, das Petrus, erleuchtet durch die Offenbarung des Vaters, ablegen durfte. So erscheint sein Wunsch, verweilen zu wollen, als Bestätigung des faszinierenden endzeitlichen Bildes, das ihm gewährt ist[16]. Die Sonderstellung des Petrus bei der Verklärung auf dem Berg wird auf gewisse Weise durch 2 Petr 1,18 bestätigt, insofern durch die pseudonyme Abfassung des Briefes die Erinnerung mit Petrus in Verbindung gebracht wird.

5   Das Erscheinen der lichten Wolke[17] deutet die Gegenwart Gottes an. Die Sprache ist biblischer Terminologie angeglichen. Beim Wüstenzug der Mose-Generation begleitete die Wolke das Volk. Sie ließ sich auf dem Offenbarungszelt nieder (LXX Ex 40,35: ἐπεσκίαζεν) und die Herrlichkeit des Herrn erfüllte die Wohnung. Diese Erscheinung der Herrlichkeit des Herrn, „wie sie sich zur Zeit des Mose zeigte", erwartete man nach 2 Makk 2,8 für die eschatologische Zeit. Ob in unserem Falle die drei Jünger in die überschattende Wolke miteinbezogen sind, läßt der Text nicht klar erkennen. Dies ist aber nach Analogie von Ex 40,35 eher zu verneinen. Denn auch Mose betritt nicht das Offenbarungszelt, wenn die Wolke auf diesem ruht. Die Wolkenstimme ist der Höhepunkt der Perikope. Man muß ihren mt Sinn im Horizont unseres Evangeliums zu erfassen trachten. Man wird davon ausgehen können, daß die Perikope in ihrer vorsynoptischen Gestalt von der Inthronisation Jesu zum messianischen König erzählte[18]. Für Mt (schon für Mk) kommt diese Deutung nicht mehr in Frage. Für ihn ist Jesus messianischer König und Sohn Gottes von Anfang an. Jedoch verbleibt auch bei Mt die Sohn-Gottes-Aussage noch in einem funktionalen Rahmen und bezeichnet das auszuübende Amt. Mt hat die Wolkenstimmen mit 3,17 vollständig parallelisiert. Wie zu dieser Stelle ausgeführt, rückt damit die Anlehnung an ψ 2,7 zurück. Is 42,1 erscheint als nächstliegender Hintergrund. Das Interesse an Is 42,1ff hat Mt in 12,15ff sehr deutlich bekundet, wo er im Rückgriff auf das erste Gottesknecht-Lied sein Messiasbild bot. Hervorstechender Zug war der milde und helfende Messias. Diese Rückbesinnung sowie die mt Gestaltung der Perikope im Hinblick auf eine Prolepse der Endvollendung lassen es angeraten sein, die Wolkenstimme, die eine christologische Aussage macht, auf das durch Jesus vermittelte Heil auszurichten. Als der Sohn Gottes ist er der Bringer des endgültigen Heiles, das in seiner Verklärung und Gemeinschaft mit den himmlischen Gestalten ansichtig geworden ist. Darum gilt es, ihn zu hören. Hier liegt eine Anspielung auf Dt 18,15 vor: „Einen Propheten wie mich wird der Herr, dein Gott, dir mitten unter deinen Volksgenossen erstehen lassen. Auf den sollt ihr hören." Der Gottessohn freilich ist mehr als der erwartete mosegleiche Endzeitprophet. Wer zum definitiven Ziel

---

[16] In Apk Pt 17 sehen die Jünger in den Himmel hinein und die anderen Gerechten.
[17] φωτεινός beschreibt in Sir 17,31; 23,19 das hellstrahlende Sonnenlicht.
[18] Vgl. GNILKA, Markus II 30–34.

seines Lebens gelangen, wer die Fülle des Lebenssinnes empfangen will, ist an ihn gewiesen.

6 Die Reaktion der drei Jünger ist Niederfallen und große Furcht. So ist es ein stehender Zug in Epiphaniegeschichten, daß der Mensch, der mit dem Göttlichen in Berührung kommt, in großer Betroffenheit reagiert. Es ist aber auch ein stehender Zug in Apokalypsen, daß der Mensch nach dem Empfang der Offenbarung zu Boden sinkt. Schlatter sieht dieses Verhalten zu Recht im biblischen Gottesbild begründet, nach dem Gott, das Göttliche, dem Menschen gegenübertritt, der Mensch das ganz andere Wesen ist. Anders ist es in Gnosis und Mystik. Auffällig ist, daß die Reaktion mit dem Hören der Stimme verknüpft ist. Auch das könnte mit der biblischen Einstellung zu tun haben, nach der das Wort das Geschaute an Bedeutung übertrifft. Auch in der Apokalyptik bedarf das fließende Bild der klärenden Deutung durch das Wort.

7f Der Epilog führt, wie es im apokalyptischen Schrifttum üblich ist, in die irdische Wirklichkeit zurück. Jene, die eine Schauung hatten, sind erschrocken, betäubt, wie tot (LXX Dn 8,17; 10,9; Apk 1,17). Sie müssen durch andere Hilfe, durch einen göttlichen Boten, hier durch Jesus, wieder zu sich selbst gebracht werden. Man wird die Aussagen nicht überinterpretieren und gleichsam als eine Vorwegnahme der künftigen Totenauferstehung deuten dürfen[19]. Alles bleibt im Rahmen apokalyptischer Erzählweise. Mt unterstreicht diese, indem er in V9 von einem Gesicht (ὅραμα) spricht.

III
a) Christus erscheint in der mt Perikope als der Vollendete und als jener, der zur Vollendung führt. Dies ist sein Amt als Sohn Gottes. Darum ist auf ihn zu hören. Für die mt Arbeitsweise sind interessante Verweiszusammenhänge zu beachten. Da ist zunächst der Berg. Er steht am Beginn (4,8), in der Mitte (17,1) und am Ende des Evangeliums (28,16). Der Berg ist der Ort Gottes, aber auch der Ort des Kyrios Jesus. Dieser gewinnt gleichsam diesen Ort auf seinem Weg über das Kreuz. In der Versuchungsgeschichte ist der Berg verführerisches Angebot, in der Verklärungsgeschichte ist er Antezipation. Von diesem Berg führt auch für Jesus der Weg wieder herunter ins Tal. Am Ende ist der Berg sein Ort geworden. Der Jünger ist in die Geschichte Jesu hineingenommen. Was den Drei widerfuhr, hat allgemeine Bedeutung. Wir kommen nochmals auf die Beobachtung zurück, daß Mt die Auswahl der Drei auf die Verklärungsgeschichte und die Getsemani-Perikope (26,37) beschränkt. Dies soll als Entsprechung gelesen werden. Die Bewährung erfolgt im Leiden, in der Anfechtung. Das Gespräch beim Abstieg vom Berg wird diese Zusammenhänge noch verdeutlichen. Schließlich verdient das Aufgreifen apokalyptischer Motive durch

---
[19] So SCHWEIZER.

Mt unsere Aufmerksamkeit. In den Deutungen der Gleichnisse vom Unkraut und vom Fischnetz (13, 36 ff. 49 f) ist uns dies schon in besonderer Weise aufgefallen. Zwischen 17, 2 und 13, 43 besteht sogar eine enge Relation. Mt benutzt apokalyptische Motive als Interpretamente für die Jesus-Überlieferung. Damit akzentuiert er nicht nur das eschatologische Anliegen, sondern vermag auch eine Beziehung zwischen Christologie und Soteriologie herzustellen. Christus ist der Anführer auf dem Weg zur Vollendung.

b) Es ist abwegig, die Verklärungsgeschichte auf rationalistische Weise zu interpretieren, wie es in der Leben-Jesu-Forschung gang und gäbe war. Man sagte, hinter ihr stünde eine optische Erscheinung im Schnee, Sonnenaufgang und Herbstgewölk oder ein nächtliches Gewitter[20]. Diese Meinungen bringen nichts und wirken heute eher peinlich. An ein subjektives Erlebnis Jesu zu denken, ist vom Text nicht nahegelegt. So will Baltensweiler die Geschichte mit einem Laubhüttenfest verbinden, an dem Jesus im Ringen um sein messianisches Verständnis durch eine himmlische Vision darüber belehrt worden sei, daß er nicht den Weg des zelotisch-politischen Messianismus gehen dürfe[21]. Die Geschichte gehört in die ntl Christologie und faßt die Fülle der Glaubenserfahrungen zusammen, die das Leben Jesu von Nazaret ausgelöst hat.

c) Die Vermittlung der Botschaft der Verklärungsgeschichte heute ist nicht einfach. Die Geschichte entstand zu einer Zeit, als Petrarca noch lange nicht den Mt. Ventoux bestiegen und mit dieser denkwürdigen Bergbesteigung den numinosen Zauber der hohen Berge, die zu besteigen als gotteslästerlich galt, gebrochen hatte. In der Parodie auf das Evangelium, die sein „Zarathustra" darstellt, kehrt Nietzsche die Geschichte um. Bei seiner Bergbesteigung trägt Zarathustra seine Asche zu Berge und sein Feuer zurück in die Täler. Letzteres ist die Botschaft vom Tode Gottes. „Dieser alte Heilige hat in seinem Walde noch nichts davon gehört, daß Gott tot ist[22]." Man muß die Verklärungsgeschichte in ihrem Kontext belassen und darf sie nicht isolieren. Der Kontext handelt vom Sterben Jesu, vom gewaltsamen Sterben (16, 21 f. 25; 17, 12). So handelt auch die Verklärungsgeschichte vom Tod, von der Überwindung des Todes, oder, wie Luther sagt: „daß man den Tod verachten und ihn nur für einen Übergang aus diesem Arbeits- und Diensthaus in die Herrlichkeit eines besseren Lebens halten soll[23]." Vor einem Mißverständnis der Geschichte bewahrt der Imperativ „Höret auf ihn!" (V 5). Ihn höret, auch wenn er gekreuzigt werden will[24]. Schließlich: auch wenn der hohe Berg seine numinose Kraft verloren hat, der Mensch bedarf der Stille und Einsamkeit, um sich über

---

[20] Zusammengestellt bei SCHWEITZER, Leben-Jesu-Forschung 619 f.
[21] Verklärung 37 ff.
[22] Also sprach Zarathustra. Vorrede (KTA 75) (Stuttgart 1964) 6–8.
[23] II 574. Es ist zu beachten, daß die Verklärungsgeschichte die Vollendung des Menschen Jesus betrifft, die unsere Vollendung ist. Sie hat nicht eine Vergottung Jesu zum Inhalt. Gegen PANNENBERG, Christologie 132.
[24] Vgl. CHRYSOSTOMOS, in Mt. hom. 56, 3 (zu 17, 5).

sein Leben und Sterben Klarheit zu verschaffen. Warum sollte es nicht erlaubt sein, in Verbindung mit dieser Perikope nicht auch von dieser Notwendigkeit zu reden? Denn wo die Einsamkeit aufhört, „da beginnt der Markt ... da beginnt auch der Lärm der großen Schauspieler und das Gewirr der giftigen Fliegen[25]."

LITERATUR: J. BLINZLER, Die ntl Berichte über die Verklärung Jesu (Münster 1937); H. RIESENFELD, Jésus transfiguré (ASNU 16) (Kopenhagen 1947); A. FEUILLET, Les perspectives propre à chaque évangeliste dans les récits de la Transfiguration: Bib 39 (1958) 281–301; H. BALTENSWEILER, Die Verklärung Jesu (AThANT 33) (Zürich 1959); C. E. CARLSTON, Transfiguration and Resurrection: JBL 80 (1961) 223–240; M. SABBE, La rédaction du récit de la Transfiguration: La venue du Messie (RechBib 6) (Tournai 1962) 65–100; R. le DÉAUT, Actes 7,48 et Matthieu 17,4 à la lumière du Targum palestinien: RSR 52 (1964) 85–90; W. GERBER, Die Metamorphose Jesu, Mk 9,2 f par: ThZ 23 (1967) 385–395; W. H. WILLIAMS, The Transfiguration – A New Approach? StEv 6 (TU 112) (Berlin 1973) 635–650; S. PEDERSEN, Die Proklamation Jesu als des eschatologischen Offenbarungsträgers (Mt 17,1–13): NT 17 (1975) 241–264.

4. Der Abstieg vom Berg (17,9–13)

9 Und als sie vom Berg herabstiegen, gebot ihnen Jesus und sprach: Sagt niemandem von dem Gesicht, bis der Menschensohn von den Toten auferweckt worden ist. 10 Und die Jünger fragten ihn und sprachen: Was sagen denn die Schriftgelehrten, Elija müsse zuerst kommen? 11 Er aber antwortete und sprach: Elija kommt zwar und wird alles wiederherstellen. 12 Ich aber sage euch: Elija ist schon gekommen, und sie haben ihn nicht erkannt, sondern an ihm getan, was sie wollten. So wird auch der Menschensohn durch sie leiden. 13 Da verstanden die Jünger, daß er von Johannes dem Täufer zu ihnen redete.

I
Die Perikope hat die Form einer Jüngerbelehrung. Ihr Aufbau bei Mt ist übersichtlich. Ein Schweigegebot (9) löst eine Anfrage der Jünger aus, die eine Meinung der Schriftgelehrten aufgreift (10). Jesus erteilt eine korrigierende, jedoch – betrachtete man die Perikope in sich selbst – rätselvolle Antwort. Für die korrigierende Weiterführung verdient das „zwar – aber" (11 f: μὲν – δέ) Beachtung. Am Ende erfährt man, daß mit Elija der Täufer gemeint war.

Wieder reicht als Vorlage par Mk 9,9–13 aus. Gewiß hat E den bei Mk etwas verworren erscheinenden Text geordnet. Aber er hat mehr getan. Stellen wir die wichtigsten Eingriffe heraus: Vor allem sind die Auslassungen zu beachten. E übernimmt nicht die Jüngerreflexion, die die Auferstehung von den Toten betrifft (Mk 9,10). Damit rückt das Gespräch unter

---

[25] F. NIETZSCHE, Also sprach Zarathustra. Von den Fliegen des Marktes (Anm. 22) 54.

ein verändertes Thema. E verzichtet auch auf den Schriftverweis, sowohl den allgemeinen (Mk 9,13b: „wie über ihn geschrieben steht") als auch den besonderen. In Mk 9,12 fin wird wie in Mk 8,31 auf Ps 118,22 Bezug genommen[1]. Da Mt 16,21 in der ersten Leidensankündigung (= Mk 8,31) die Anspielung auf Ps 118 ebenfalls tilgte, ist er nur konsequent. Der in der Jesus-Antwort ausgesprochene Gedanke der Notwendigkeit gewinnt so auch eine andere Note. Schließlich führt er in V9 den Jesus-Namen, womit er einen gewissen Neueinsatz schafft, und den Begriff τὸ ὅραμα ein; erwähnt in V10 die Jünger[2] und in V12 das für ihn typische Motiv des Nichterkennens. In V9 wandelt er ἀναστῇ (Mk 9,9) in ἐγερθῇ um[3], wie er es auch in 16,21 getan hat. Der Schluß der Perikope ist ganz neu gestaltet (12b.13). Das Leiden des Menschensohnes wird repetierend genannt (vgl. 16,21), das Verstehen der Jünger wird ausdrücklich festgestellt (vgl. 16,12). Will man die redaktionelle Bearbeitung durch Mt zusammenfassen, so sind es die Parallelisierung mit der ersten Leidensankündigung 16,21, das Hervortreten des Menschensohnes und eines apokalyptischen Interesses (s. Interpretation) unter Zurückdrängen des Schriftreflexes, das Erkenntnis-Motiv.

Lohmeyer nennt drei Beobachtungen, die ihn verlassen, für Mt eine Sondertradition neben Mk zu vermuten: die sonderbare Formulierung ἐκ τοῦ ὄρους (9), das semitische ἐποίησαν ἐν αὐτῷ (12) und die Einführung der Jünger in V10, die angeblich vergessen mache, daß nur Drei auf den Berg gegangen waren[4]. Letzteres kann als mt Charakteristikum gelten. Die Formulierung mit ἐν kann Nachahmung von LXX-Stil sein. Wir haben sie etwa auch In LXX Gn 40,14; Thdt. Dn 11,7. Zu ἐκ τοῦ ὄρους vgl. LXX Ex 19,3.14; 32,1; 34,29 usw. Lohmeyers Vermutung ist nicht stichhaltig.

II

9 Im Gespräch vom Berg wird die Verklärung Jesu auf ein bestimmtes Verständnis hin ausgelegt. Das Gebot, über das Gesicht bis zur Auferweckkung des Menschensohnes von den Toten zu schweigen, hat bei Mt nicht mehr die grundsätzliche Bedeutung wie bei Mk, wo es als abschließendes in einer Kette von Schweigegeboten deren mk Sinn erhellt. Bei Mt bleibt das Schweigegebot auf das Gesicht beschränkt, das jetzt ausdrücklich auf die Auferstehung hin ausgelegt wird. Im Gesicht durften die Jünger den vollendeten, auferweckten Jesus im vorhinein schauen. Mit dem Wort ὅραμα (Gesicht) gibt E dem Geschehen auf dem Berg zusätzlich eine verstärkte apokalyptische Färbung. Das Wort, zwar auch in LXX Gn 15,1; 46,2; Ex 3,3 usw. vorhanden, ist in LXX Daniel der führende Begriff für die dem Apokalyptiker zuteil werdenden Gesichte und Träume[5]. Im nach-

---

[1] Zur Version ἐξουδενηθῇ vgl. Apg 4,11.
[2] BCF f¹³ sy mae lesen: *seine* Jünger.
[3] Sinaiticus CLWZΘ f¹.¹³ führen wieder ἀναστῇ ein. Diese LA wird zu Unrecht von HUCK-GREEVEN bevorzugt.
[4] 269. – ἐν in V12 fehlt in zahlreichen Hss: Sinaiticus DWf¹³ 700 1010 1241 1424 syʰ bo.
[5] In LXX Dn 24mal, Thdt. Dn 6mal.

hinein rückt von diesem Begriff her die mt Verklärungsgeschichte in die Nähe eines Traumgesichtes.

10 Die Jüngerfrage greift eine besondere Polemik auf. Wenn sie diese als einen von den jüdischen Schriftgelehrten vorgebrachten Einwand bezeichnet, steht zu vermuten, daß sie ein noch aktuelles Argument der Juden gegen die christliche Predigt betrifft. Nicht ist für Mt der Gedanke der Auferstehung von den Toten in diesem Zusammenhang problematisch, wie das in der Jüngerreflexion Mk 9,10 der Fall ist. Das eigengeprägte Verständnis des Mt von der Auferstehung Jesu ist uns bereits in 12,40 begegnet und wird uns noch in der Erörterung der mt Ostergeschichte beschäftigen (28,3 ff). Der jüdische Einwand betrifft das Ausbleiben eines messianischen Vorläufers und die damit verbundene Bereitung des Gottesvolkes für die Ankunft des Messias. Beides sollte die Aufgabe des erwarteten Elija sein, der nach Mal 3,23 f (vgl. Sir 48,10) eine zerrüttete Sozialordnung wiederherstellen sollte[6]. Die jüdische Seite war nicht bereit, die Elija-Erwartung in Johannes dem Täufer erfüllt zu sehen, wie es der christlichen Interpretation von Person und Werk des Täufers entsprach. Auch vermißte man die Verbesserung der familiären und gesellschaftlichen Verhältnisse, die der Messias bei seinem Kommen schon antreffen sollte.

11 f In seiner Antwort greift Jesus zunächst das Argument der Schriftgelehrten bejahend auf[7]. Damit bejaht er auch die Notwendigkeit, daß Elija kommen müsse. Indem er aber den Schriftverweis, sowohl den allgemeinen als auch den besonderen (s. Punkt I), ausläßt, gewinnt sein weiterführendes Wort, eingeleitet mit „ich aber sage euch", eine besondere Kraft[8]. Die Notwendigkeit des Kommens des Elija gewinnt er aus seinem unmittelbaren Einblick in die Notwendigkeiten der Heilsgeschichte, in diesem Fall (wie in 16,21) nicht aus einer mittelbaren Ableitung aus der Schrift. In dieser Einsicht vermag er zu sagen, daß Elija schon gekommen ist und – darauf zielt der Gedankengang – sein Schicksal das Vorabbild seines eigenen Schicksals geworden ist. Mt läßt hier, wie in der ersten Leidensankündigung, die Absicht erkennen, Jesus seine Leidensankündigungen vollmächtig aussprechen zu lassen. Damit löst sich der Gegensatz zwischen der erwarteten Wiederherstellung von allem, die der Elija herbeiführen sollte, und dem notwendigen Leiden des Menschensohnes. Die Wiederherstellung scheiterte am Ungehorsam der Menschen. „Sie haben an ihm getan, was sie wollten" (vgl. 14,1 ff). In seinem Todesgeschick besiegelte der Täufer seine Vorläuferrolle und zeigte so dem Menschensohn den Weg an, den er zu gehen hatte. Die Zusammenführung der Schicksale des

---

[6] Vgl. das zu 11,14 in Band I 418 dieses Kommentars Gesagte.
[7] CΘD f¹³ sy^{p.h} fügen den Jesus-Namen ein, CLZ f¹³ sy^{p.h} das Wörtchen „zuerst". In D it sind die VV 12 b und 13 vertauscht.
[8] Vgl. SCHLATTER.

Täufers und Jesu ist ein besonderes Anliegen des Mt (vgl. 11,19). Eigenartig ist das Futur in V11: „Er wird alles wiederherstellen[9]." Ist damit ein künftiger Zustand angezeigt? Doch wird man aus dieser Beobachtung kaum weitere Schlüsse ziehen dürfen.

13 Das Verstehen der Jünger – für alle ist es bedeutsam – bezieht sich darauf, daß das verheißene Kommen des Elija durch Johannes den Täufer erfüllt wurde. Das klingt recht nüchtern. Ob sie auch die Konsequenzen bejahten, die sich aus dieser Art der Erfüllung ergibt, daß Jesus leiden muß und sie auf seinen Weg gestellt sind, steht auf einem anderen Blatt.

III
a) b) Für Mt ist die Erfüllung der Elija-Verheißung im Täufer wichtig (vgl. 11,10 und 14f), nicht nur aus gegebenem Anlaß, sondern auch, weil dieser Elija die Passion vorbedeutete. Die Parallelisierung des Textes mit der ersten Leidensankündigung, die für die Verklärungsgeschichte einen bestimmten Rahmen schafft, besagt, daß man dieser nur im Horizont der Passion gerecht wird. Die Häufung des Menschensohn-Titels gibt Aufschluß über das mt Menschensohn-Verständnis. Die Frage, was man vom Menschensohn zu halten habe, die durch das Petrusbekenntnis vollgültig beantwortet wurde (16,13ff), erscheint am Beginn des zweiten Teils des Evangeliums erneut aufgegriffen. Der Menschensohn, auf dem Berg als Sohn Gottes geoffenbart (17,5), beim Gericht sich als Gottessohn offenbarend (16,27), geht den Weg zur Vollendung durch das Leiden (16,21; 17,9.12). Es ist unser Weg (16,24). – Die Debatte über die Erfüllung der Elija-Verheißung hat ihre Entstehung in der Gemeinde und ihrem katechetischen und apologetischen Schulbetrieb.

c) Es ist darauf aufmerksam zu machen, daß die Ankündigung V11 „Elija kommt und wird alles wiederherstellen" die alte Kirche im starken Maß beschäftigt hat. Noch Luther[10] bemerkt, daß Christi Verheißungen „verwickelt und dunkel" geschrieben seien und daß die Meinung von der (noch ausstehenden) Wiederkunft des Elija (und Henoch) in der ganzen Kirche verbreitet sei. Obwohl er – wie auch Calvin[11] – diesen Spekulationen letztlich ablehnend gegenübersteht, sagt er, man müsse geschickt dazu sein, wenn man etwas über die Autorität der alten Väter hinaus darüber ausführen wollte. Die Spekulationen, die vorab aus Mt 17,11 gewonnen wurden, besagen, daß Elija, der Thesbiter, vor der zweiten Ankunft Christi erscheinen und alles wiederherstellen würde. Letzteres bezog man auf die Bekehrung der dann noch lebenden Juden zum Evangelium. So bezeugt es etwa Chrysostomos[12]. Es ist klar, daß diese Spekulationen mit den Intentionen des Textes nicht übereinstimmen, wenngleich das sonderbare Futur zu ihnen Anlaß geben konnte.

---
[9] bo liest „er wird euch alles verkündigen."
[10] II 578 und 576.
[11] II 81.
[12] In Matth. hom. 57,1 (zu 17,11).

Dennoch bleibt die vom Propheten Maleachi angekündigte Wiederherstellung, die der Vorläufer Elija leisten sollte, ein aktuelles Problem im Hinblick auf die Messianität Jesu. Der christliche Gesprächspartner kommt mit ihm insbesondere im Gespräch mit Juden heute in Berührung. Der Vorwurf lautet bündig: Wie kann Jesus der Messias sein, wo sich die Welt seit seinem Auftreten nicht zum Besseren gewandelt hat? So formuliert der Jude J. Klausner[13], daß das Gottesreich, die Tage des Messias mit ihrer nationalen Tröstung und Aufrichtung immer noch nicht gekommen seien. Wenn Jesus auch der Lehrer der Sittlichkeit genannt wird, sei sein (falsches) Messiastum zusammengebrochen. Solche Stellungnahmen bedeuten für den Christen eine Herausforderung, insofern sie ihn daran erinnern, daß er hinter den Forderungen Jesu (Bergpredigt) weit zurückgeblieben ist. Theologisch aber bleibt zu bedenken, daß die Ablehnung der Menschen den Messias Jesus zum Kreuz führte und führt. Das Kreuz, nicht irgendwelche Herrlichkeiten, soll das Leben seiner Jünger bestimmen.

LITERATUR: A. Skrinjar, Elias quidem venturus est: VD 14 (1934) 361–367; K. Hruby, Das Leiden des Messias: Jud 20 (1964) 193–212.

5. Der Kleinglaube der Jünger verzögert die Heilung des mondsüchtigen Knaben (17, 14–20)

14 Und als sie zur Volksmenge kamen, trat zu ihm ein Mensch, fiel vor ihm auf die Knie 15 und sprach: Herr, erbarme dich über meinen Sohn, denn er ist mondsüchtig und leidet schwer. Denn oft fällt er in das Feuer und oft in das Wasser. 16 Und ich habe ihn zu deinen Jüngern gebracht, und sie konnten ihn nicht heilen. 17 Jesus aber antwortete und sprach: O ungläubiges und verkehrtes Geschlecht. Wie lange werde ich mit euch sein? Wie lange werde ich euch ertragen? Bringt ihn mir hierher! 18 Und Jesus herrschte ihn an, und der Dämon fuhr von ihm aus. Und der Knabe war von jener Stunde an geheilt. 19 Da traten die Jünger für sich an Jesus heran und sprachen: Warum konnten wir ihn nicht austreiben? 20 Er aber sagt ihnen: Wegen eures Kleinglaubens. Denn, Amen, ich sage euch: Wenn ihr Glauben habt wie ein Senfkorn, werdet ihr zu diesem Berg sagen: Hebe dich von hier nach dort! Und er wird sich heben. Und nichts wird euch unmöglich sein.

I

Auch hier wahrt Mt noch die Mk-Akolouthie. Wie in seiner Vorlage, folgt auf das Gespräch beim Abstieg vom Berg die Heilung des mondsüchtigen

---

[13] Jesus 573 f und Anm. 235 (Schlußabschnitt: Was bedeutet Jesus für die Juden?).

(epileptischen) Knaben. In formaler Hinsicht ist der Gesprächscharakter der Wundergeschichte auffällig. Damit berühren wir erneut eine Eigenheit der mt Wundergeschichten. Das Gespräch kennzeichnet die Exposition (14–16), in der der Vater das Erbarmen Jesu erfleht, die Krankheit seines Sohnes schildert und vom vergeblichen Bemühen der Jünger berichtet. Der Hauptteil (17f) erzählt lapidar von der Heilung und ist von einer Klage Jesu begleitet. Der Epilog (19f) ist ausschließlich ein Gespräch mit den Jüngern: Wiederholungen kennzeichnen den Inhalt des Gesprächs. Es ist die Unfähigkeit der Jünger zu heilen. Sie wird vom Vater gerügt (16), von den Jüngern selbst betroffen festgestellt (19), von Jesus auf ihren Grund zurückgeführt (20). Weil diese Unfähigkeit mit dem Glauben bzw. dem Mangel an Glauben zu tun hat, könnte man die Perikope als Lehrgespräch über den Glauben charakterisieren. Ansonsten bestimmen Parallelisierungen und Korrespondenzen auch das Detail: das Herantreten des Menschen (14) und der Jünger an Jesus (19); die Krankheitsschilderung „oft in das Feuer – oft in das Wasser" (15b); die Doppelfrage in der Klage Jesu (17b, schon Mk 9,19). Der negativen Feststellung „sie konnten ihn nicht heilen" (16) korrespondiert das positive „er war geheilt" (18). In der Glaubensverheißung (V 20) ist das korrespondierende „hebe dich – er wird sich heben" zu beachten.

Mit diesen Stilbesonderheiten sind bereits wesentliche Elemente der mt Bearbeitung der Vorlage Mk 9,14–29 genannt. Bei einem Vergleich fällt zunächst die beträchtliche Straffung auf (bei Mk umfaßt die Perikope 16, bei Mt nurmehr 7 Verse). Verschwunden sind die Begrüßungsszene Mk 9,14b–16, der ausführliche Heilungsbericht, in dem der Vater nochmals die Krankheit des Kindes darstellt und zum Glauben herausgefordert wird (Mk 9,20–27). Aus dieser Darstellung holt E die Bedrohung des Knaben durch Feuer und Wasser. Wie oben schon angedeutet, hat E den Text aber keinesfalls nur zusammengestrichen, sondern gestaltet. Er führt den Vater als Glaubenden ein (14f). Darum kann die Auseinandersetzung über den Glauben mit ihm ausfallen. Die Kyrie-Anrede und der Erbarmungsruf (noch 9,27; 15,22; 20,30f) können als typisch mt bezeichnet werden. γονυπετέω treffen wir noch in der Spottszene an (27,29). Die Krankheitsschilderung ist neu gefaßt: der Knabe ist mondsüchtig, leidet schwer (15; nach Mk 9,17 hat er einen stummen Geist). Freilich ist auch bei Mt der dämonische Hintergrund nicht außer acht gelassen, wie die Heilung zeigt (18). Die Jesus-Klage ist Dt 32,5 angeglichen: ungläubiges und verkehrtes Geschlecht. Nicht übersehen werden soll das μεθ' ὑμῶν in V 17 (Mk 9,19: πρὸς ὑμᾶς), das einen größeren kontextualen Zusammenhang eröffnet (s. Interpretation). Die Feststellung der Heilung „von jener Stunde an" (18) hat Parallelen in 8,13; 9,22; 15,28. Schließlich hat Mt der Jüngerbelehrung einen neuen Akzent verliehen, indem Jesus den Kleinglauben tadelt und über den Glauben spricht (20). Diese Übersicht über die mt Eingriffe bestätigt, daß Mt, der das Wundergeschehen zurück- und das Gespräch über den Glauben hervortreten läßt, eine Glaubensbelehrung bieten will. Dies ist der Fall, obwohl Mt die Auseinandersetzung Jesu mit dem Glauben des Vaters nicht mehr bringt. Die Akzente sind verschoben. Die Jünger – und über sie die Gemeinde – sind die Adressaten der Glaubensbelehrung. Der Vater hat einen vorbildlichen Glauben.

Wiederholt ist die Meinung vertreten worden, daß Mt außer von par Mk 9,14ff noch von einer anderen Version der Geschichte abhängig sei[1]. Diese soll ihrer vormarkinischen Form entsprechen oder nahestehen. Anlaß für diese Meinung bot par Lk 9,37–43, die angebliche Übereinstimmungen mit Mt aufweist. Am auffälligsten ist, daß auch bei Lk die Auseinandersetzung Jesu mit dem Glauben des Vaters fehlt. Bei näherem Zusehen aber stellt sich die lk Version als etwas ganz anderes als die des Mt heraus. Lk hat die Erzählung in Analogie zu antiken Wundergeschichten gestaltet[2]. Der Wundertäter, seine Macht und Hilfe, tritt ganz in den Vordergrund. Die Jünger spielen keine Rolle, das abschließende Jüngergespräch ist weggelassen. Der Glaube kommt überhaupt nicht mehr vor. Nicht literarische Abhängigkeit, sondern redigierender Gestaltungswille sind für die beiden Versionen verantwortlich zu machen[3].

Die Glaubensverheißung in V 20 bedarf einer eigenen Reflexion. Mt bietet das Logion nochmals in 21,21, dort in Anlehnung an par Mk 11,23. Das dort überschießende Zweifelsmotiv ist sicher sekundär. Für V 20 ist Lk 17,6 zu vergleichen (Q-Überlieferung). Bei Lk fehlt die Amen-Einleitung. An Stelle des Berges ist vom Maulbeerfeigenbaum die Rede. Entsprechend heißt es: „Entwurzele dich und pflanze dich ins Meer. Und er würde euch gehorchen." Die entscheidende Frage lautet, ob der Berg oder der Maulbeerfeigenbaum das Ursprüngliche ist. Hahn[4] hat sich jüngst für den Berg ausgesprochen und beachtliche Gründe vorgelegt: Weil das Bewegen der Berge schon im AT Sache Gottes ist, nehme das Wort Bezug auf das eschatologische Handeln Gottes. Angedeutet sei die Idee, daß das Meer nicht mehr sein wird. Schließlich passe das Meer ausgezeichnet zum Berg. Letzteres läßt sich gewiß am wenigsten bestreiten. Aber gerade so erscheint der Maulbeerfeigenbaum als die schwierigere Version, die Beachtung verdient. Die Rede vom Berge versetzenden Glauben ist im Jüdischen eine sprichwörtliche Redensart, die eingewirkt haben könnte[5]. Zudem ist Mt auch sonst bemüht, parallele Überlieferungen einander anzugleichen. So möchten wir meinen, daß Mt den Maulbeerfeigenbaum durch den Berg ersetzt hat und die älteste Version, die Q bot, von der Sykomore sprach. Der eschatologische Bezug, den Hahn geltend macht, ist für diese Version nicht weniger bedeutungsvoll. Die Amen-Einleitung

---

[1] Lohmeyer; Schweizer 329.
[2] Vgl. U. Busse, Die Wunder des Propheten Jesus (FzB 24) (Stuttgart ²1979) 249–267. Zur vormarkinischen Version vgl. Gnilka, Markus II 44ff.
[3] Man beachte für Lk 9,37ff, daß der Sohn der einzige seines Vaters ist; auch in V 42 die Angleichung an 7,15, den rühmenden Abschluß. Die Übereinstimmung der Jesus-Klage in 9,41 mit Mt 17,17 erklärt sich über LXX Dt 32,5. Vgl. Phil 2,15.
[4] ZNW 76 (1985) 156–158. Hier auch eine Auflistung der Vertreter der beiden Positionen.
[5] Vgl. 1 Kor 13,2; Billerbeck I 759.

(auch Mt 21,21/Mk 11,23) dürfte ursprünglich sein[6]. Lk 17,6 könnte sie wegen der redaktionellen Rahmung unterdrückt haben.

II

14f Die Volksmenge, die sie[7] bei der Rückkehr vom Berg bei den anderen Jüngern versammelt antreffen, ist wiederum der stumme Zeuge des folgenden Geschehens. Ein Mann tritt hervor, der für seinen Sohn bittet. Verbunden mit einem Kniefall, ist der Ruf „Herr, erbarme dich usw." einem Gebetsruf gleichgestaltet. E sieht sich veranlaßt, die Krankheit gegenüber Mk 9,17 neu zu bestimmen. Er wählt aber nur einen anderen Namen für die gleiche Sache: Mondsucht. Das gebotene Krankheitsbild – das Kind fällt oft in das Feuer oder das Wasser – läßt auf Epilepsie schließen[8]. Das Hinfallen des Kranken galt als deren auffälligstes Symptom. Das dem antiken Menschen rätselhaft erscheinende Verhalten des Kranken führte zur Auffassung, daß eine höhere Macht von ihm als Strafe für eine Sünde Besitz ergriffen hätte. Die Epilepsie konnte die heilige Krankheit genannt werden. Der aufgeklärte Verfasser der ersten, in der hippokratischen Sammlung enthaltenen Monographie über die Epilepsie erklärt diesen Namen aus der Unwissenheit des Volkes über medizinische Sachverhalte. Auch der Name Epilepsie (ἐπιληψία = Überfall, Anfall) entspringt dem Vorstellungsbereich dämonistischer Medizin. Auf häufiges Vorkommen im Kindesalter weist der Begriff puerilis passio. Verbreitet war der Glaube an einen magischen Zusammenhang zwischen dem Mond bzw. seinen Gottheiten Selene und Mene und dieser Krankheit. Daher rührt die von Mt bevorzugte Begriffsbestimmung „er ist mondsüchtig", die in der spätantiken Literatur häufig begegnet (lunaticus). Als Verursacher auch dieser Krankheit gilt unserem Text ein Dämon (V 18). Feuer und Wasser kennzeichnen die elementare Bedrohung.

16 Die Geschichte setzt die vorübergehende Abwesenheit Jesu voraus. Während dieser hatte sich der Vater vergeblich an die Jünger gewandt. Die Unfähigkeit der Jünger zu heilen, nicht ohne einen vorwurfsvollen Akzent vorgetragen, erinnert zunächst an das weitverbreitete Motiv vom unfähigen Lehrling oder Schüler, das, angefangen vom AT und antiken Heilungsgeschichten, bis in mittelalterliche christliche Legenden hineinreicht[9]. Im AT entspricht ihm die Geschichte von Elischa und Gehasi, der

---

[6] HAHN: ZNW 76 (1985) 154. Anders SCHULZ Q 466.
[7] Eine Differenzierung zwischen den Drei und den übrigen Jüngern nimmt Mt nicht mehr vor. In Sinaiticus B f[1.13] fehlt im einführenden Genitivus abs. das Subjekt αὐτῶν. NESTLE-ALAND, The Greek NT übernehmen diese LA. Anders HUCK-GREEVEN, die mit CLWΘ αὐτῶν lesen. D lat bieten: Und er kam zur Volksmenge. Die Auslassung von αὐτῶν dürfte versehentlich erfolgt sein.
[8] Zur Epilepsie vgl. E. LESKY – A. WASZINK: RAC V 819–831; BILLERBECK I 758. – Die LA κακῶς ἔχει haben Sinaiticus BLΘ. Dennoch ist κακῶς πάσχει zu bevorzugen, das außer von CDW f[1.13] lat sy[c.h] von zahlreichen Minuskeln geboten wird. DΘf[1] it mae lesen: zuweilen (ἐνίοτε) in das Wasser.
[9] Belege bei O. WEINREICH, Antike Heilungswunder (RVV 8/1) (Gießen) 1909 81–87.

vergeblich mit dem Stab des Propheten den toten Sohn der Sunamitin zu erwecken versucht (2 Kg 4,29-31). Im Evangelium gewinnt das Motiv einen zusätzlichen Akzent. Nicht allein die Größe des Wundertäters steht im Vordergrund[10], sondern die Glaubensthematik, auf die sich die Geschichte zusehends verlagert. E richtet diese auf die Jünger aus.

17 Die Klage Jesu hat die Unfähigkeit der Jünger zum unmittelbaren Anlaß. Doch sie richtet sich gegen „das ungläubige und verkehrte Geschlecht". Ihr kommt weitreichende Bedeutung zu. Sie betrifft – in Übereinstimmung mit den anderen γενεά-Aussagen unseres Evangeliums – das Volk Israel, näherhin die gegenwärtige Generation dieses Volkes, die durch das Auftreten des Messias zur Entscheidung gerufen ist[11]. Dieses „bundestheologische" Verständnis der Klage ist auch durch ihre atl Prägung geboten[12]. Mt gleicht sie LXX Dt 32,5 an („ungläubiges und *verkehrtes* Geschlecht"), einem Wort aus dem Mose-Lied Dt 32, das die Heilstaten Jahves Israels Abfall gegenüberstellt. Die Doppelfrage „wie lange?" hat als Klageruf ihre Entsprechungen im Psalter (Ps 6,4b; 13,2f; 35,17 u.ö.), am nächsten aber kommt Nm 14,27, weil es dort Gott ist, der klagt: „Wie lange soll es noch währen, daß diese nichtswürdige Gemeinde gegen mich murrt?" Es ist zu beachten, daß auf die atl Gottes- oder Prophetenklage ein Drohwort folgt, etwa Nm 14,29: „Hier in der Wüste werden eure Leiber hinsinken" (vgl. Is 6,11ff; Jer 5,21 – 6,1; Ez 12,2ff). Das Bedrohliche muß auch aus Jesu Klage herausgehört werden. Die Doppelfrage schließt den Gedanken mit ein, daß er nicht mehr lang mit ihnen weilen wird (vgl. Apk 6,10). Mt hat den bundestheologischen Aspekt der Klage unterstrichen, indem er die Bundesformel „mit euch" einsetzt, die für seine Theologie bedeutungsvoll ist (vgl. Dt 5,2; 23,15; Ex 33,3). Jesus ist der Emmanuel, der seinem Volk verheißene „Gott-mit-uns" (vgl. Mt 1,23). Mithin klagt in der Klage der Gottessohn über sein widerspenstiges Volk.

18 Die Heilung vollzieht sich als Exorzismus. Gebieterisch herrscht Jesus den Dämon an, der das Siechtum des Knaben verursachte. Der Dämon verläßt seine Behausung, der Knabe ist von Stund' an gesund. In prägnanter Form ist in diesem Satz die volksmedizinische, primitive Diagnose

---

[10] So dient in epidaurischen Inschriften das Motiv der Größe und Verbreitung des Gottes von Epidauros. Beispiele bei WEINREICH (Anm. 9).
[11] HELD, Wundergeschichten 181, möchte die Klage nur auf die Jünger beziehen.
[12] Diese Zusammenhänge hat FRANKEMÖLLE, Jahwebund 21ff, gut herausgearbeitet. Römisch-griechische Analogien vermögen den Hintergrund der Klage nicht zu beleuchten, etwa Horaz, carm. 1,2,45ff:
„Oh, so kehre erst spät zum Olymp zurück und
Wohne lang und froh bei Quirinus' Volke,
Zürnend unseren Freveln entschwebe nicht zu
Schnell in die Lüfte."
Dies ist eine an Juppiter gerichtete Bitte, keine Klage des Gottes – ZΦ lesen an Stelle von ἄπιστος: πονηρά, Sinaiticus* läßt den Jesus-Namen aus.

zusammengefaßt. Siechtum beruht auf der Einwirkung dämonischer Mächte. Obwohl E diese Auffassung teilt, verzichtet er auf eine Ausmalung des Heilungsvorganges. Der positive Sinn, der mit dem Reich Gottes zu tun hat, ist bedeutungsvoller. Die Niederzwingung der Macht der Dämonen bedeutet den Anbruch des Reiches Gottes (vgl. 12,25–28).

19f Die Jüngerunterweisung zieht gleichsam das Fazit aus der Geschichte. Die unfähigen Schüler wenden sich mit der Bitte um Auskunft über den Grund ihres Versagens an ihren Meister. Die Belehrung gibt zunächst als Grund des Versagens ihren Kleinglauben an. Damit ist ein typisch mt Begriff aufgenommen[13]. Wir haben ihn bislang als Mangel an Vertrauen in existentiellen Gefährdungen kennengelernt (6,30; 14,31; 16,8). So kann er hier nicht verstanden werden, weil eine solche Gefährdung für die Jünger nicht gegeben ist. Ist er mit dem Unglauben identisch? Einzelne Handschriften setzen an die Stelle des Kleinglaubens den Unglauben[14]. Wegen der folgenden Sentenz, die doch den Jüngern den geringsten Glauben bestreitet, möchte man den Klein- mit dem Unglauben in diesem Falle gleichsetzen. Dennoch würde man so die Nuancierung übersehen. Das trifft auch zu, wenn man sagt, die Jünger könnten als Vorbilder für die Gemeindemitglieder in der Nachfolge nicht ungläubig sein[15]. Ein Zweifaches ist zu beachten: Einmal vermeidet E den Begriff Unglauben, den er auf die Bewohner von Nazaret anwendet (13,58). Zum anderen behält er den Kleinglauben der Jüngerschaft vor. Darum meint er an unserer Stelle den bedrohten Glauben. Ein schon gewonnener Glaube kann so bedroht sein, daß er wieder zum Unglauben wird. Der vertrauende Charakter des Glaubens ist darin gegeben, daß die Jünger in dieser Situation dem Wort Jesu nicht die Macht zu heilen zutrauten. An diesem Wort partizipieren sie (vgl. 10,7f). Bezüglich des mangelnden Vertrauens stimmt V20 mit den übrigen Stellen, die vom Kleinglauben sprechen, überein. Es ist im Sinn des Mt richtig zu sagen, daß der Kleinglaube einer ethischen Übertretung gleichkommt[16].

Die positive Belehrung schließt sich an. Als Hyperbel stellt sie das Geringste dem Größten gegenüber. Das Senfkorn als sprichwörtlicher Ausdruck für die kleinste dem menschlichen Auge wahrnehmbare Größe ist uns bereits von 13,31 her bekannt. Jedoch wird der Glaube nicht gemessen: „Die Paradoxie wird durch die Verbindung der höchsten Wirkung mit dem geringsten Maß des Glaubens verschärft."[17] Der Glaube als Senfkorn will diesen auch nicht als etwas bezeichnen, was dem Menschen von

---

[13] Als Substantiv nur hier.
[14] CDLW latt sy$^{s.p.h}$. LOHMEYER 271 bevorzugt diese LA. Ebenfalls sekundär ist die Einfügung des Jesus-Namens.
[15] FRANKEMÖLLE, Jahwebund 23.
[16] STRECKER, Weg 233.
[17] SCHLATTER 534. Ähnlich SCHULZ, Q 467; C.-H. HUNZINGER: ThWNT VII 289. – Abweichende LAA mit μετάβηθι und ἐντεῦθεν sind sachlich nicht von Gewicht.

Gott ins Herz gesenkt worden ist[18]. Vielmehr ist der Glaube immer unscheinbar in bezug auf das, was er hervorzubringen vermag[19]. Er vermag dies, weil Gott, wenn der Mensch glaubt, durch den Menschen wirken kann. Glaube versteht sich auch hier als Vertrauen auf die Wirkmacht Gottes, die in Jesus erschienen ist. Dieser Glaube hat Gott für sich, ist gleichsam Gottes gewiß und inne. Was der Glaube bewirkt, wird hyperbolisch als das Versetzen eines Berges beschrieben. Im Rabbinischen besagt „Berge entwurzeln" soviel wie etwas unmöglich Erscheinendes möglich machen[20]. Mt wendet kontextual das Wort auf die Wundermacht an. Man wird das Bild nicht wörtlich nehmen dürfen. Hahn[21] verweist darauf, daß das Bewegen der Berge schon im AT Sache Gottes sei und das Motiv darum das eschatologische Handeln bezeichne, das die Verwandlung der Welt bedeutet. Jedenfalls ist der eschatologische Bezug des Bildwortes unumgänglich. Schon in der Aussendungsrede hatte Mt die unlösliche Verbindung der Wunder mit der Proklamation der Himmelsherrschaft hergestellt (10,7f), wie er in der Zusammenfassung des Wirkens Jesu 11,4f dessen Wunderwirken mit dem an die Armen gerichteten Evangelium verknüpft. In der durch den Glauben gewährleisteten völligen Bindung des Jüngers an Gott erfährt dessen Wirken seine Größe und auch seine Grenze. Es muß vor jeder Beliebigkeit geschützt werden[22]. Zu diesem Mißverständnis könnte der abschließende Satz, daß ihnen nichts unmöglich sein wird, Anlaß geben. Alles, was Gott wirken will, aber auch alles, jedoch nur dieses alles wird der Jünger wirken, wenn er im Sinn des Evangeliums ein wirklich Glaubender ist. Es ist durchaus groß oder könnte überaus groß sein, denn allein es hilft und rettet[23].

III

a) Mt läßt die Perikope durch ein Zweifaches bestimmt sein. Zunächst ist es das Verhältnis Jesu, des Messias und Gottessohnes, zu seinem Volk. Diesem Volk hat er seine Wirksamkeit gewidmet als der Emmanuel. Als

---

[18] So LOHMEYER 273.
[19] Mit HAHN: ZNW 76 (1985) 159f.
[20] BILLERBECK I 759.
[21] ZNW 76 (1985) 157. 165–167.
[22] DIO CHRYSOSTOMOS 3,29ff bietet ein Wunderverständnis, das von den Göttern gelöst ist. Er spricht von Menschen unter der Sonne, die den Göttern an Macht nicht nachstehen und staunenerregende Dinge vollbracht hätten.
[23] V 21 „Diese Art aber kann nicht ausgetrieben werden außer durch Gebet und Fasten" ist zu streichen. Er fehlt in Sinaiticus* BΘ 33 sy$^{c.s}$. Obwohl er in zahlreichen Hss gelesen wird und in Patristik und Mittelalter fast immer als zum Mt-Text gehörig angesehen und interpretiert wurde, paßt er auch nicht mehr zum mt Gedankengang, der mit V 20 offenkundig seinen Abschluß gefunden hat. Seine Hinzufügung erklärt sich durch Paralleleinfluß von Mk 9,29. Dabei ist interessant zu sehen, daß sich der sekundär erweiterte Mk-Text durchgesetzt hat. Der ursprüngliche Mk-Text las nur: „durch Gebet". Diese Entwicklung hat mit einer sich ausbreitenden asketischen Haltung zu tun, aber wahrscheinlich auch mit der liturgischen Praxis. Vor der Taufe, bei der auch ein Exorzismus gespendet wurde, mußten Täufling und Taufspender fasten. Vgl. Did 7,4; JUSTIN, apol. 1,61,2.

der Gott-mit-uns klagt er über dieses Geschlecht und kündigt bedrohlich das Ende seines Wirkens in diesem Volk an. Diese Perspektive kommt auch in folgenden Texten immer wieder zum Tragen, so in den Gleichnissen von den bösen Winzern und vom königlichen Hochzeitsmahl (21,33 ff; 22,1 ff). Am Ende seines Wirkens in der Öffentlichkeit zieht sich der mt Christus buchstäblich aus dem Tempel zurück, nach der großen Wehrede (24,1), ein Akt, der in seiner Symbolik nicht unterschätzt werden darf. Zum anderen rücken die Jünger mit ihrem Kleinglauben in den Brennpunkt. Ihnen gegenüber eröffnet Jesus, zu welchen Dingen ein echter Glaube fähig sein könnte. Es kann nicht übersehen werden, daß sich die Klage Jesu, zwar an dieses Geschlecht gerichtet, am Versagen der Jünger entzündet. Jüngerschaft, Kirche ist vor Gottes Gericht nicht sicher.

b) Die Geschichte wird in ihrem Kern die historische Erinnerung an ein Versagen der Jünger aufbewahrt haben[24]. Zu beachten ist die vorausgesetzte Abwesenheit Jesu, die ihre Einordnung an dieser Stelle im Evangelium möglich machte. Als authentisches Jesus-Logion ist der Spruch vom Glauben in V 20 weithin unbestritten. Als dessen Urform nahmen wir Lk 17,6 an: „Wenn ihr Glauben habt wie ein Senfkorn, werdet ihr zu diesem Maulbeerfeigenbaum sagen: Entwurzele dich und pflanze dich ins Meer usw." Hinzu kommt die Amen-Einleitung. Das Wurzelvermögen der Sykomore galt als besonders stark[25]. Man darf durchaus an einen konkreten Baum denken. Mit dem Meer ist wahrscheinlich der See Gennesaret gemeint. Es ist zu vermuten, daß Jesus von seinem eigenen Glauben sprach und mit diesem Wort, das an die Jünger (bei deren Aussendung?)[26] gerichtet gewesen sein dürfte, zur Teilnahme an seinem Glauben einlud. So gerät das Wort in den unverzichtbaren Zusammenhang mit der Reich-Gottes-Predigt, die Jesus als (in besonderer Weise) Glaubender proklamierte. „In besonderer Weise" soll heißen, daß diesem Glauben nichts unmöglich war.

c) Das zentrale Anliegen der Perikope ist der Glaube, der von seiner negativen Seite, von seinem Mangel aus betrachtet, in ein besonderes Licht rückt. Der Kleinglaube, in unserem Evangelium wiederholt und hier zum letztenmal gerügt, gewinnt erst durch diesen Text seine volle Bedeutung. Er erscheint als der eigentliche Grund für das Versagen der Jünger, damit auch das Versagen der Kirche. Wegen ihres Kleinglaubens bringen die Jünger das Große nicht zustande, werden sie zum Ärgernis für die Menschen und zum Anlaß der bitteren Klage Jesu. Wenn Glauben im Sinn unseres Textes heißt, dem Gott alles zutrauen, der in Jesus gesprochen und gehandelt hat, und infolgedessen auch alles dransetzen, werden wir im Blick auf uns selbst zu sagen haben, daß der Kleinglaube der Normalzustand des Christen ist. Wenn die alte Kirche einem Gregor Thaumaturgus († ca. 273) die Legende nachsagte, daß er einen Berg versetzt habe[27], mag

---

[24] Vgl. HENGEL, Charisma 88 Anm. 154.
[25] Vgl. BILLERBECK II 234.
[26] Vermutung von HAHN: ZNW 76 (1985) 167.
[27] CHRYSOSTOMOS, in Matth. hom. 57,3 (zu 17,20).

das einmal manche erbaut haben, solche Geschichten können aber auch als ein falsches Alibi gewertet werden. Luther[28] spricht zu unserer Perikope von einem „wahren und gewissen Glauben", der in allen Dingen Wunder wirken könne, Ebeling[29] vom allmächtigen Glauben, der Gott wirken läßt und ihm gibt, was seine Sache ist. Der Mensch weiß sich in seinem Glauben als der Hilflose, der aber Gott alles zutraut und so sein Leben ändert.

LITERATUR: X. LEON-DUFOUR, Episode de l'enfant épileptique: La formation des évangiles (RechBib 2) (Bruges 1957) 94–100; J. DUPLACY, La foi qui déplace les montagnes: A. BARUCQ u. a., A la rencontre de Dieu (Memorial A. GELIN) (BFCTL 8) (Lyon 1961) 272–287; G. BARTH, Glaube und Zweifel in den synoptischen Evangelien: ZThK 72 (1975) 269–292; W. SCHMITHALS, Die Heilung des Epileptischen: ThViat 13 (1975/76) 211–234; H. ACHINGER, Zur Traditionsgeschichte der Epileptiker-Perikope: A. FUCHS, Probleme der Forschung (SNTU, A 3) (Linz 1978) 114–143; J. ZMIJEWSKI, Der Glaube und seine Macht: Begegnung mit dem Wort (Festschrift H. ZIMMERMANN) (Bonn 1980) 81–103; H. KLEIN, Das Glaubensverständnis im Matthäusevangelium: F. HAHN - H. KLEIN, Glaube im NT (BThSt 7) (Neukirchen 1982) 29–42; F. HAHN, Jesu Wort vom bergeversetzenden Glauben: ZNW 76 (1985) 149–169.

6. Erneute Leidensankündigung (17, 22–23)

22 Als sie sich aber in Galiläa versammelten, sprach Jesus zu ihnen: Der Menschensohn wird ausgeliefert werden in die Hände der Menschen. 23 Und sie werden ihn töten, und am dritten Tag wird er auferweckt werden. Und sie wurden sehr traurig.

I
E schließt die Perikope enger an die voraufgegangene Jüngerbelehrung an, indem er mit αὐτοῖς (V22) auf die in V19 erwähnten Jünger zurückverweist. Ein Neuansatz ist mit dem Genitivus absolutus (Ortswechsel) gegeben. In der Formulierung der Leidensankündigung ist das Bemühen, an die erste Leidensankündigung in 16, 21 (töten) und auch die dritte in 20, 19 anzugleichen (am dritten Tag auferweckt werden) unverkennbar. Die Gegenüberstellung Menschen/Menschensohn erinnert an 16, 13, war aber schon in Mk 9, 31 vorgegeben. Die unverständige Reaktion der Adressaten ist stilgemäß. War es in 16, 21 ff Simon Petrus, so sind es jetzt die Jünger insgesamt.

Traditionsmäßig ist E von Mk 9, 30–32 abhängig, mit dem zusammen er den Text auch nach der Heilungsgeschichte einordnet. Den Anschluß nach vorn strafft er, das Geheimnis-Motiv Mk 9, 31 läßt er weg. Die Formulierung mit μέλλει entspricht seinem Stil[1]. Die Angleichung vermutlich

---
[28] II 582.
[29] Jesus und Glaube: ZThK 55 (1958) 64–110, besonders 95–98.
[1] Vgl. 2, 13; 11, 14; 16, 27; 17, 12; 20, 22.

an einen christologischen Glaubenssatz mit „am dritten Tag wird er auferweckt werden" ist uns schon von 16,21 her bekannt[2]. Die Jüngerreaktion hat E neugestaltet. Von Unverständnis und Furcht wird nicht mehr gesprochen (Mk 9,32), statt dessen von ihrer Traurigkeit. λυπέω kann als mt Vorzugswort gelten[3].

II

22 Nach 16,13 (Kaisareia Philippi) ist Galiläa wieder die erste präzisere Ortsangabe. Sie gibt zu verstehen, daß alles Dazwischenliegende, einschließlich der Verklärung, außerhalb von Galiläa spielte. Der einleitende Satz ist durch die Bedeutungsunsicherheit des Verbs belastet. Die Übersetzungsvorschläge für συστρεφομένων weichen erheblich voneinander ab[4]. Man wird kaum an ein Zusammendrängen des Volkes denken dürfen, gegen das Jesus die Leidensankündigung gerichtet habe[5]. Einen Adressatenwechsel hätte E doch deutlicher angezeigt, zumal die Leidensankündigungen sich immer an die Jünger wenden. So wird man es am besten bei der Übersetzung „sie versammelten sich" belassen. Da das Verb auch „zusammendrängen" bedeuten kann, sollte es die Angst der Jünger anzeigen[6]? Die Variation gegenüber der Leidensankündigung in 16,21 besteht vorab darin, daß sie die Auslieferung des Menschensohnes an die Menschen ankündigt. Die Menschen insgesamt erscheinen als ein dem Menschensohn gegenüberstehender Block. Er wird in die letzte Einsamkeit gehen. „Ausliefern" (παραδιδόναι) ist ein geprägter Terminus, der zunächst juristisch (vgl. 18,34; in das Gefängnis ausliefern), aber dann vor allem theologisch geprägt ist. Gott liefert aus. Wie er einst das Volk, um es zu strafen, in die Hand seiner Feinde auslieferte (vgl. LXX 4 Kg 21,14; ψ 105,41), so jetzt den Menschensohn. Trifft ihn der Zorn Gottes, so scheint hier andeutungsweise der Stellvertretungsgedanke auf.

23 Die Auslieferung führt zum Tod. Da sich das Ausliefern als Handeln Gottes verstand, schließt sich das Auferwecktwerden sinnvoll an. Gott wird auch die große Wende herbeiführen. In der Reaktion der Jünger vermeidet es Mt, von ihrem Nichtbegreifen zu sprechen. Er hat wiederholt ihr Verstehen betont. Wenn sie von Trauer erfüllt werden, kennzeichnet dies

---

[2] Einzelne Hss parallelisieren mit Mk 9,31: μετὰ τρεῖς ἡμέρας (D it sy^s bo); ἀναστήσεται (B 047 f[13] 892 1424).
[3] Mt 6mal; Mk 2mal; Lk keinmal.
[4] Einzelne Beispiele: sie wandelten (KLOSTERMANN), sie drängten sich zusammen (SCHWEIZER), sie versammelten sich (LOHMEYER), gathering (BEARE), sie durchzogen miteinander (GAECHTER), sie hatten ihr Wesen (LUTHER). συστρέφω begegnet im NT nur noch Apg 28,3, in LXX 28mal, jedoch meist in aktivischer Form. Zu beachten ist vielleicht LXX Ez 1,13.
[5] So SCHWEIZER.
[6] BAUER, Wörterbuch 1574, erwähnt die Auffassung von V. E. HASLOW: Jesus habe eine halbmilitärische Musterung der Jünger in Galiläa durchgeführt. – CD LWΘ f[13] bo lesen ἀναστρεφομένων (sie hielten sich auf). Dies ist sicher erleichternde Korrektur.

nicht Sympathie, sondern ablehnende Betroffenheit. In einem ganz ähnlichen Sinn ist von Trauer in 19,22; 26,22 die Rede.

III
Wie sich der Gegensatz der Menschen zum Menschensohn in ihren unzureichenden Auffassungen über diesen äußerte (16,13), so wird dieser Gegensatz sie in Zukunft dazu bringen, ihn zu töten. Die Thematik des Ausgeliefertseins, die sich in der Passionsgeschichte konzentriert – zur Kreuzigung (26,2), in die Hände der Sünder (26,45), an Pilatus (27,2), zur Kreuzigung (27,26) –, bedeutet sein letztes Alleingelassensein. Und doch wirkt er gerade in seinem Tod die Versöhnung der Menschen mit Gott (26,28). An ihm kommt das Handeln Gottes zur Versöhnung der Menschen ans Ziel. Die λύπη der Jünger stellte auch sie zunächst auf die andere Seite. Es ist ein langer Weg von der ablehnenden zur dankbar annehmenden Betroffenheit.

LITERATUR: N. Perrin, The Use of (παρα)διδόναι in Connection with the Passion of Jesus in the NT: Der Ruf Jesu und die Antwort der Gemeinde (Festschrift J. Jeremias) (Göttingen 1970) 204–212; W. G. Thompson, Matthew's Advice to a Divided Community Mt 17,22 – 18,35 (An Bib 44) (Rom 1970).

7. Die Freiheit von der Tempelsteuer (17, 24–27)

24 Als sie aber nach Kafarnaum kamen, traten die Einnehmer der Doppeldrachme an Petrus heran und sprachen: Entrichtet euer Lehrer die Doppeldrachme nicht? 25 Er sagt: Doch. Und als er in das Haus kam, kam ihm Jesus zuvor und sagte: Was meinst du, Simon? Von wem nehmen die Könige der Erde Zoll und Steuer? Von ihren Söhnen oder von den Fremden? 26 Wie er aber sprach: Von den Fremden, sagte Jesus zu ihm: Also sind die Söhne frei. 27 Damit wir ihnen aber kein Ärgernis geben, geh an das Meer, wirf die Angel und den ersten Fisch, der aufsteigt, nimm! Und wenn du seinen Mund öffnest, wirst du einen Stater finden. Den nimm, gib (ihn) ihnen für mich und dich!

I
Die Geschichte von der Tempelsteuer, die Mt an die zweite Leidensankündigung anschließt, besitzt in der Perikope vom Rangstreit der Jünger und dem Kind, mit der Mk 9,33 ff fortsetzt, zwei formale Übereinstimmungen: beide spielen in Kafarnaum und im Haus. Wir werden zu prüfen haben, ob E die Ortsangabe aus Mk übernahm. Die Übereinstimmungen mag er als Gelegenheit angesehen haben, die Geschichte hier unterzubringen, zumal er über die Art und Weise der Einziehung der Tempelsteuer offenbar noch gut unterrichtet war. Die Perikope vom Rangstreit und dem Kind wird er anschließen, um mit ihr die „Gemeinderede" zu eröffnen (18,1 ff).

Hinzu kommt, daß die Geschichte vor der Gemeinderede nicht unpassend erscheinen mochte, weil auch sie unmittelbar ein Gemeindeproblem betrifft.

Die Exposition der Geschichte erzählt vom Auftreten der Steuereinnehmer mit ihrer an Petrus gerichteten Frage (24). Es folgt eine allein dem Petrus geltende Belehrung im Haus mit dreigestaffelter Frage, Jüngerantwort und Schlußfolgerung (ἄρα γε). Die Einleitungsfrage „was meinst du?" ist typisch mt, sie entspricht aber dem jüdischen Lehrgespräch[1]. In der Argumentation Jesu ist der Chiasmus zu beachten (Söhne–Fremde/Fremde–Söhne). Durch den Epilog (27), der von einem Wunder berichtet, erfährt die Perikope einen zweiten Höhepunkt. Eigentlich hätte sie schon mit V 26 zu Ende sein können. Der Epilog aber bringt eine nicht unerhebliche Sinnverlagerung. – Gattungsgemäß ist die Perikope eine Mischform. Die VV 24–26 sind ein Lehr- oder Schulgespräch. V 27 ist eine knappe Wundererzählung, die allerdings nur in Verbindung mit dem Lehrgespräch sinnvoll ist. Obwohl sie dem Verständnis oft Probleme bereitet hat, sollte man lieber doch nicht von Gleichnishandlung sprechen[2]. Wir haben es mit einem Normenwunder zu tun, das die verhandelte Frage mit Hilfe höherer Gewalt zu Ende führt[3].

Die Perikope ist Sondergut des Mt. Die einführende Bemerkung „Als sie aber nach Kafarnaum kamen" ist nach verbreiteter Auffassung bloße Übertragung aus Mk 9,33 a[4]. Der Genitivus absolutus sieht nach MtR aus. Aber hat E hier so mechanisch gearbeitet? Weil die Steuererhebung am Ort erfolgte und Petrus in Kafarnaum seinen Wohnsitz hatte, ist durchaus mit der Möglichkeit zu rechnen, daß die Bindung der Perikope an diese Stadt vormatthäisch ist. Der Text weist Matthäismen[5] und nichtmatthäische Spracheigentümlichkeiten auf[6]. Im allgemeinen rechnet man zu Recht damit, daß E eine mündliche Tradition schriftlich gefaßt hat[7]. Sie ist als alt anzusehen, auf jeden Fall aus der Zeit vor dem Jahr 70 stammend, in der die Tempelsteuer eingezogen wurde. Der Epilog, der die Wundergeschichte einbringt, ist als Zusatz zu betrachten[8]. Er verschiebt

---

[1] Vgl. Mt 18,12; 21,28; 22,17.42; 26,66. Mk und Lk verwenden die Frage nicht. Rabbinische Belege bei SCHLATTER 539.
[2] A. RICHARDSON, The Miracle-Stories of the Gospels (London 1941) 57, spricht von „enacted parable". Ähnlich ROLOFF, Kerygma 118.
[3] Vgl. THEISSEN, Wundergeschichten 194.
[4] LOHMEYER 276; STRECKER, Weg 200 Anm. 1.
[5] Dazu gehören das Hinzutreten der Leute in V 24; die Phrase „Was meint ihr?" in 25; ἄρα γε in 26 (vgl. 7,20, sonst nicht in den Evv); pleonastisches λαβών in 27 (vgl. 27,24.48.59).
[6] Die Häufung der hapax legomena ist von der Sache her verständlich. Beachtung verdienen προέφθασεν und die Anrede „Simon" in 25; die Form ἀνοίξας τὸ στόμα, die ganz anders wie in 5,2 und 13,35 verwendet wird, und der Stater in 27.
[7] STRECKER, Weg 200f. Vgl. SCHWEIZER 232; GUNDRY 355ff.
[8] Mit ROLOFF, Kerygma 118; MENOUD: RHPhR 28/29 (1948/49) 189; KILPATRICK, Origins 42. – FRANKEMÖLLE, Jahwebund 175, neigt umgekehrt dazu, die VV 25b.26 als nachträgliche Redaktion einzustufen. BULTMANN, Geschichte 34, hält hingegen die bei-

die Pointe, wechselt in der Münzbezeichnung von Doppeldrachme zu Stater und greift vielleicht doch ein hellenistisches Wundermotiv auf (s. Interpretation). Er ist nur für eine in der Nähe zum Judentum lebenden Gemeinde sinnvoll. Wir möchten vermuten, daß er E vorgegeben war und aus der Schule des Mt stammt, die auch sonst halachische Stoffe bildete.

II
24 In Kafarnaum, wo er und Jesus (4,13) ihren Wohnsitz haben, treten die Einnehmer der Tempelsteuer an Petrus heran mit einer Frage, die Jesus betrifft, ob denn Jesus die Steuer zahlen würde. Diese Verschränkung deutet von vornherein an, daß eine Entscheidung in Sachen Tempelsteuer für die Gemeinde wichtig ist und sie von Jesus eine Antwort erheischt.

Eine Kopf- und Tempelsteuer wurde in Israel erst in der nachexilischen Zeit eingeführt. Nach Ex 30,11–16, einem relativ späten Text[9], steht die Erhebung in Verbindung mit einer Musterung der Männer von 20 Jahren und darüber, beträgt sie einen halben Schekel und dient sie den Bedürfnissen des Kultes. Wenn nach Neh 10,33f die Steuer nur ein Drittel Schekel beträgt, kann daraus abgeleitet werden, daß sie zu einem späteren Zeitpunkt erhöht wurde. Eingetrieben wurde die Steuer, zu deren Zahlung alle Männer über zwanzig verpflichtet waren, von eigens dafür bestimmten Leuten, die diesen Dienst als Auszeichnung betrachteten. Die Zeit der Eintreibung war der Monat Adar, der letzte Monat des gottesdienstlichen Jahres, das mit dem Nisan begann. Im hellenistischen Judentum wurde die Steuer entsprechend dem zu zahlenden Beitrag einfach „die Doppeldrachme" genannt (schon LXX Ex 30,13: κατὰ τὸ δίδραχμον τὸ ἅγιον), die wertmäßig einem halben Schekel entsprach[10]. Nach der Zerstörung des Tempels gingen die Römer dazu über, einen entsprechenden Betrag, fiscus Judaicus genannt, für den Tempel des Juppiter Capitolinus in Rom einzufordern. Josephus bemerkt dazu: „Jährlich hatten sie zwei Drachmen an das Kapitol zu entrichten, entsprechend der Steuer, die sie vorher an den Jerusalemer Tempel zahlten. Das war die Lage der Juden" (bell. 7,218). Noch Origenes bezeugt diese Verhältnisse[11].

Selbstverständlich hat E nicht den römischen fiscus Judaicus im Blick (V 25 b!), sondern die an den Jerusalemer Tempel zu zahlende Steuer. Für

---

den Verse für den ältesten Bestand und meint, daß sie sich ursprünglich auf etwas ganz anderes bezogen haben könnten.

[9] Vgl. M. NOTH, Das 2. Buch Mose (ATD 5) (Göttingen [7]1984) 193.

[10] Näheres bei SCHÜRER, Geschichte II 314f; BILLERBECK I 760ff; DERRETT: NT 6 (1963) 1ff; J. M. POWIS SMITH, Origin and History of Hebrew Law (Chicago – Toronto 1931) 158f. Beim Wechsel in die alttyrische bzw. althebräische Währung, der aus Gründen der levitischen Reinheit erforderlich war, wurde das Geld gewogen und evtl. ein Aufpreis verlangt.

[11] Ep. ad Africanum 14. – Die Aufschrift auf einer Münze Kaiser Nervas: fisci Judaici calumnia sublata mißversteht KILPATRICK, Origins 42, in dem Sinn, daß Nerva die Steuer aufgehoben habe. Gemeint ist aber nur die Denunziation im Interesse des fiscus Judaicus, welche Nerva verbot. Die Juden setzten sich zur Wehr. Vgl. SCHEQ 8,8.

die vorausgesetzte Situation des Lebens Jesu ist dies ohnehin klar. Aber auch nach 70 gingen die Diskussionen über Tempelfragen in jüdischen Gemeinden und schriftgelehrten Kreisen weiter. Der Tempel galt nach wie vor als Wahrzeichen der göttlichen Gnade, sein Verlust wurde bitter beklagt, sein Wiederaufbau ersehnt[12]. Es ist begreiflich, daß eine christliche Gemeinde mit judenchristlicher Überlieferung, die in der Nähe zur jüdischen Gemeinde lebte, mit der Problematik konfrontiert wurde.

25f Die bejahende Antwort des Petrus wird im Haus – Kafarnaum läßt an das Haus des Petrus denken – aufgegriffen und weitergeführt[13]. Vermutlich deutet sie an, daß Teile der Judenchristenheit bereit waren, die Steuer zu zahlen. Jesus stellt – zunächst für sich – die grundsätzliche Freiheit fest. An seiner Freiheit aber partizipiert seine Gemeinde. Der Vergleich mit den „Königen der Erde" (vermutlich Anlehnung an ψ 2,2) veranschaulicht deren lieblosen Umgang mit ihren Untertanen. Auch an anderer Stelle kritisiert Jesus deren Verhalten (20,25). Das Gegenüber ist Gott, der den Menschen in Liebe zugetan ist, sie nicht ausbeutet, sondern ihnen Freiheit gewährt. Jesus spricht in seinem Namen, als der Sohn, der auch Herr ist über den Sabbat (12,8) und mehr als der Tempel (12,6). Der Satz „Also sind die Söhne frei" kann als Spitzensatz ntl Verkündigung gelten. Die Freiheit basiert auf dem Verhältnis des Sohnes zu den Söhnen und gibt das eschatologische Freiheitsbewußtsein der ältesten Christen wieder. Jedoch darf man nicht übersehen, daß der Satz theologisch zu deuten ist, sich auf den Tempel und damit auf Gott bezieht. Die Gemeinde hat einen neuen Gottesbezug gewonnen, der nicht mehr an den Tempel, sondern an Jesus gebunden ist. Es wäre verfehlt, aus dem Satz die Steuerfreiheit der Christen gegenüber den Königen der Erde ableiten zu wollen[14]. Diese irreführende Überlegung kann sich nur einstellen, wenn man übersieht, daß Jesus das Verhalten Gottes, das er vertritt, mit dem der irdischen Könige vergleicht.

27 Der Epilog greift das legendarische Motiv von der Kostbarkeit im Innern eines Fisches auf, das sowohl in der griechischen als auch in der jüdischen Literatur nachzuweisen ist. Sein frühester Beleg dürfte die

---

[12] Interessant ist die Nachricht, daß zur Zeit Hadrians, als es zum Wiederaufbau des Tempels zu kommen schien, zwei angesehene Juden, Pappos und Julianus, die später als Märtyrer gefeiert wurden, sogleich wieder Geldwechslertische aufstellen ließen für die aus der Diaspora nach Jerusalem wallfahrenden Pilger. Vgl. GnR 64 (40d) bei BILLERBECK I 770.
[13] Der Text in den VV 25f besitzt zahlreiche Varianten, die kaum sachliche Bedeutung haben und meist die rahmenden Bemerkungen betreffen. Einzelne Hss lesen pluralisch: Und als *sie* in das Haus kamen. Paraphrasierend ist der Zusatz bei Ephraem und in 713 nach V 26: „Simon sprach: Ja. Jesus sagt: Gib also auch du ihnen wie ein Fremder!" – Ob in V 24 vor dem zweiten δίδραχμα der Artikel zu lesen ist, ist schwer zu entscheiden. Die Bezeugungen für und wider sind nahezu gleich gut. Vielleicht ist die Einfügung des Artikels eine nachträgliche Korrektur.
[14] So WALKER, Heilsgeschichte 102f.

Geschichte vom Siegelring des Polykrates bei Herodet 3,41-43 sein[15]. Rabbinische Geschichten wenden das Motiv von der Perle im Fisch einfach als Lohnmotiv im erbaulichen Sinn an (Josef, der Sabbatverehrer)[16]. Bei Mt erscheint es als Beglaubigung einer vorgetragenen Lehre. Daß Zeichen die Lehrentscheidung eines Rabbi bestätigen, auch das hat Parallelen im rabbinischen Bereich[17]. Das Mirakelhafte des Geschehens ist nicht nur der Stater im Fischmaul, sondern auch darin zu sehen, daß das Geld genau der von zwei Männern zu zahlenden Tempelsteuer entspricht. Ein Stater entspricht vier Drachmen. Der mirakelhafte Epilog verändert den Sinn der vorausgehenden Weisung über die Freiheit der Söhne und schwächt ihn ab. Nun ist die Tempelsteuer doch zu zahlen. Es soll geschehen, damit ihnen, den Juden, kein Ärgernis gegeben wird. Wenn es auch im Bewußtsein geschieht, daß man grundsätzlich frei bleibt. Diese Entscheidung ist interessant für einen Punkt, den das Verhältnis dieser Kirche zur Synagoge erreicht hat. Innerlich weiß man sich frei und losgelöst von der Synagoge, äußerlich ist man ihr noch in mancherlei Hinsicht verbunden (vgl. auch das Halten des Sabbates 12,1-14). Auch missionarische Überlegungen im Hinblick auf zu gewinnende Juden können eine Rolle gespielt haben. Daß die Geschichte auf Petrus beschränkt bleibt und die anderen Jünger nicht miteinbezieht, hat keine sachlichen Konsequenzen. Die Beschränkung mag mit dem Ort zusammenhängen, wo sie spielt, nämlich im Haus des Petrus; für E aber ist Petrus wiederum wichtig als Vermittler der Weisung Jesu.

III

a) Im Zentrum der Perikope steht die Halacha, die Weisung, welche die Frage der Tempelsteuer und darüber hinaus das Verhältnis der Gemeinde zu Synagoge und Judentum betrifft. Die von E übernommene und akzeptierte Lösung kreist um den Begriff der Freiheit. Eine gleichsam schrankenlose Freiheit allerdings erscheint ihm nicht akzeptabel. Er schränkt sie in dem Sinn ein oder definiert sie auf eine Weise, daß sie innerlich voll erhalten bleibt, aber hinsichtlich des äußeren Verhaltens zu Kompromissen bereit ist. Man kann das auf dem Hintergrund des Liebesgebotes interpretieren[18]. Wichtiger ist zu sehen, daß die vom Text dargebotene Lösung eine interne Lösung ist. Im Haus wird die Freiheit verkündet, im äußeren Verhalten ist sie eingeschränkt. Betrachtet man die VV 25b.26 in sich selbst, bedeutet diese Position einen Rückzieher. Das mag mit der positiven Gesetzeseinstellung des Mt zu tun haben. Die intern gewahrte Freiheit, abgehoben vom äußeren Verhalten, kann als Ausdruck eines

---

[15] Sie wird als böses Omen gedeutet: „daß Polykrates, der in allem Glück hat, kein gutes Ende nehmen werde" (3,43,1).
[16] Belege bei BILLERBECK I 675 (zu 13,46) und 612 oben.
[17] Rabbi Eliezer verrückt einen Johannisbrotbaum um hundert Ellen (bBM 59b). – Abwegig ist der rationalistische Erklärungsversuch KLOSTERMANNS (nach LOISY), daß Petrus den Fisch für einen Stater verkaufen solle.
[18] SCHWEIZER 233.

Bemühens gesehen werden, das um ein eigenes Selbstverständnis und den eigenen Selbstvollzug ringt.

b) Die Debatte um die Tempelsteuer erfolgte im nachösterlichen Judenchristentum. Man kann fragen, ob die VV 25 b.26, die wir als Spitzenaussage der Perikope bezeichnet haben, auf Jesus zurückgehen. Wenn sie sich schon immer auf die Tempelsteuer bezogen haben, ist das zu verneinen. Es ist kaum anzunehmen, daß Jesus die Steuer abgelehnt hat. Sie galt als Ausdruck der Zugehörigkeit zum Volk. Selbst die Essener haben sie gezahlt. Wenn einzelne Kreise, etwa die Priester, sich um Dispens bemühten, hatte das andere Gründe. Bultmann geheimnißt, daß die Verse sich ursprünglich auf etwas ganz anderes als auf die Tempelsteuer bezogen haben könnten[19], verrät aber nicht, an was er denkt. Auf was soll sich ein Logion, das von finanziellen Abgaben spricht, und sei es auch nur im Vergleich, sonst beziehen? So wird man es am besten einer dem Mt vorausliegenden Gruppierung, hellenistischen Judenchristen, vielleicht der Stephanusgruppe, zuweisen.

c) Das Thema der Freiheit ist auch ein politisches Thema[20]. Insofern rückt die Perikope in die Nähe der Perikope von der kaiserlichen Steuer (22,15 ff). Unter diesem Aspekt ist es möglich, den Text aus seiner zeitbedingten Problematik herauszuholen. Auf indirekte Weise ist das Verhältnis des Christen zum Staat behandelt. Zu dieser Problematik kann im NT auf sehr unterschiedliche Weise Stellung bezogen werden (vgl. Röm 13,1 ff und Apk 13). Mt bezeichnet die Christen als freie königliche Söhne, läßt aber keine schrankenlose Freiheit zu. Es wäre abwegig, aus dem Text eine prinzipielle Freiheit der Christen bezüglich der staatlichen Steuer abzuleiten. Es ist aufschlußreich, daß Luther[21] den Text mit der Zwei-Reiche-Lehre verbindet: Christus zeigt an, „daß sein Reich nicht weltlich und bürgerlich sei, als wollte er sagen: Petrus, geh und wisse, wir sind Könige und Königskinder in einem anderen Königreich. Laß ihnen ihr Königreich, in dem sind wir Gäste, drum wollen wir unser Gastgeld zahlen, damit sie nicht sagen, wir seien nicht redlich in ihrem Reich, äßen ihr Gut und zahlten nicht. Er hat die Jünger öfters ermahnen müssen, daß sie in dem kommenden Messias nicht einen weltlichen König erwarteten, sondern lernten, daß es sich um ein anderes Reich handelt. Und darauf, *die zwei Reiche zu unterscheiden,* geht Christus hier vor allem aus." Keinesfalls bedeutet die Aufspaltung in innen und außen Kritiklosigkeit gegenüber der staatlichen Autorität oder gar Zähmung der christlichen Freiheit.

LITERATUR: M. S. GINSBURG, Fiscus Judaicus: JQR 21 (1930/31) 281–291; R. MEYER, Der Ring des Polykrates. Mt 17,27 und die biblische Überlieferung: OLZ 40 (1937) 665–670; Ph.-H. MENOUD, La signification du miracle dans le NT: RHPhR 28/29 (1948/49) 173–192; A. HUMBERT, Essai d'une théologie du scandale: Bib 35 (1954) 1–28; D. FLUSSER, Mt 17,24–27 and the Dead Sea Sect: Tarb 31 (1961) 150–156; J. D. M. DERRETT, Peter's Penny. Fresh Light on Matthew 27,24–7: NT 6 (1963) 1–15.

---

[19] Geschichte 34.
[20] Vgl. THIELICKE, Ethik II/2, Nr. 349.
[21] II 583.

Die Rede von den Kleinen und den Brüdern (18,1–35)

Die vierte Redekomposition in unserem Evangelium hat man oft als etwas Besonderes angesehen. Noch Trilling konnte sagen, daß sich für sie die Bezeichnung Gemeindekatechismus weithin eingebürgert habe[1]. Man ließ sie an die Gemeindeleiter gerichtet sein[2] oder rückte sie in die Nähe einer Kirchenordnung. Für Mt jedoch fügt sie sich wie die anderen Redekompositionen in das Evangelium ein. In der stereotypen Schlußformel wird auch sie zu den λόγοι Ἰησοῦ gerechnet (19,1). Wie die Aussendungsrede und der zweite Teil der Gleichnisrede ist sie allein an die Jüngerschaft gerichtet (vgl. 10,5; 13,36). Von ihrem Inhalt her geht sie gewiß in besonderer Weise das Gemeindeleben an. Doch ist nicht zu übersehen, daß die Anfangsszene mit dem Kind einen alle betreffenden Imperativ enthält, der eschatologisch begründet ist und sich von seinem Inhalt her mit der Seligpreisung der geistig Armen am Beginn der Bergpredigt vergleichen läßt (5,3). Mit den übrigen Redekompositionen teilt sie auch die eschatologische Ausrichtung auf das Endgericht, die für Mt wichtig ist. Von den späteren Kirchenordnungen ist Mt 18 noch weit entfernt. Der Text 18,15–17 hat wahrscheinlich immer wieder den Anlaß gegeben, die Rede als Kirchenordnung einzustufen, doch ist dieser Text nicht prägend. Wenn wir es mit einer Kirchenordnung zu tun hätten, könnten wir Anweisungen über die Verfassung, die Liturgie der Gemeinde erwarten. Aber alles das fehlt. Als Themenangabe für Kap. 18 bestehen zahlreiche Vorschläge: Rede über brüderliches Verhalten, Weisungsrede für die Gemeinde, Rede vom praktischen Verhalten der Söhne der Basileia, Gemeinderede usw.[3] Selbstverständlich sehen alle diese Bezeichnungen etwas Richtiges. Wir wählten eine Überschrift, die sich strikt an die jetzt noch vorzustellende Gliederung anlehnt: Rede von den Kleinen und den Brüdern. Wegen der Einleitungsszene könnte man auch von der Rede vom Kind sprechen.

Die Redekomposition besitzt in V 15 eine gewisse Zäsur. Sie ist dadurch angezeigt, daß im ersten Teil 1–14 das führende Wort die Kleinen sind, in

---

[1] Israel 122. TRILLING distanziert sich von dieser Auffassung.
[2] KILPATRICK, Origins 79; JEREMIAS, Gleichnisse 36. – BONNARD, Composition 131 f, vergleicht Mt 18 mit einem Mischna-Traktat.
[3] In der Reihenfolge: LOHMEYER; R. SCHNACKENBURG, Das Vollmachtswort vom Binden und Lösen: Kontinuität und Einheit (Festschrift F. MUSSNER) (Freiburg 1981) 141–157, hier 142; FRANKEMÖLLE, Jahwebund 36. SAND, SCHWEIZER und GRUNDMANN sprechen noch von Gemeindeordnung.

15–35 ist es der Bruder; die Kleinen, die an Jesus glauben, und der Bruder, der sündigt. Jeder der beiden Teile schließt wirkungsvoll mit einem Gleichnis ab, der erste mit dem Gleichnis vom verlorenen Schaf (10–14), der zweite mit dem Gleichnis vom unbarmherzigen Sklaven (23–35)[4]. Am Ende der beiden Gleichnisse findet sich eine konkrete Anwendung, die auf den himmlischen Vater lenkt. Sein Wille und die Gegenwart Jesu in der Gemeinde (20) bilden die heimliche Mitte der Rede.

LITERATUR: L. Vaganay, Le schématisme du discours communautaire à la lumière de la critique des sources: RB 60 (1953) 203–244; W. Trilling, Hausordnung Gottes (WB 10) (Düsseldorf 1960); W. Pesch, Die sogenannte Gemeindeordnung Mt 18: BZ 7 (1963) 220–235; W. Pesch, Matthäus der Seelsorger (SBS 2) (Stuttgart 1966); P. Bonnard, Composition et signification historique de Mt 18: De Jésus aux Évangiles (BEThL 25) (Gembloux 1967) 130–140; E. Schweizer, Matthäus und seine Gemeinde (SBS 71) (Stuttgart 1974).

8. Vom Kindwerden (18,1–4)

1 In jener Stunde traten die Jünger an Jesus heran und sprachen: Wer also ist der Größte in der Herrschaft der Himmel? 2 Und er rief ein Kind herbei, stellte es in ihre Mitte 3 und sprach: Amen, ich sage euch: Wenn ihr euch nicht wendet und werdet wie die Kinder, werdet ihr nicht hineinkommen in die Herrschaft der Himmel. 4 Wer darum sich selbst erniedrigt wie dieses Kind, dieser ist der Größte in der Herrschaft der Himmel.

I
Kap. 18 ist die einzige Rede in unserem Evangelium, die mit einer Jüngerfrage eingeleitet wird. Jesus antwortet, indem er mit dem Herbeirufen eines Kindes ein besonderes Szenario schafft. Dieses hat Bedeutung über die Perikope hinaus. Die Frage wird erst in V 4 beantwortet. In diesem Sinn kann man den Komplex als Apophthegma bezeichnen. V 3 (Amen-Satz) schiebt sich als grundsätzliche Feststellung dazwischen. Als unmittelbare Jüngeranrede hebt er sich von Frage und Antwort ab, was seine Bedeutung noch unterstreicht. Entgegen einer verbreiteten Einteilung empfiehlt es sich, V 5 zum Folgenden zu ziehen. Zwar steht auch in diesem noch das Stichwort παιδίον, doch in anderer Perspektive, die es mit 5 ff verbindet. Während in 3 f die Identifikation mit dem Kind im Mittelpunkt steht, wird das Kind in V 5 Objekt des liebevollen Handelns.

Der traditionskritische Vergleich vermag die starken Eingriffe des Redaktors in die Vorgaben, die in Mk 9,33–36 und 10,15 gegeben sind, zu zeigen. Im Vergleich mit Mk 9,33 ff hat er erheblich gekürzt. Es fehlen die Angaben von Ort und Haus (schon in 17,24 f geboten); der Jüngerstreit auf dem Weg, wer der Größte sei, der zu einer sachlichen Anfrage gewor-

---
[4] Vgl. Pesch: BZ 7 (1963) 220.

den ist; die szenische Bemerkung, daß Jesus sich gesetzt habe; das Logion Mk 9,35b, das wir in Mt 23,11 wiederfinden; die Umarmung des Kindes. Statt dessen eröffnet Mt mit einer allgemeinen zeitlichen Angabe[1] und dem typischen Herantreten der Jünger. Die Belehrung Jesu wird ausgebaut. Hierzu bietet E einen Mk 10,15 vergleichbaren Eingangsspruch, in welchem er mit „wenden und werden wie die Kinder" von Mk abweicht (Mk: „Wer das Reich Gottes nicht annimmt wie ein Kind"). Zum γίνεσθαι vgl. Mt 5,45/Lk 6,35; Mt 10,25/Lk 6,40; Mt 10,16b[2]. „Himmelsherrschaft" ist ohnehin mt Proprium. Der abschließende V 4 hat bei Mk keine Parallele. Er dürfte von E gestaltet worden sein, indem er aus 23,12 „wer sich selbst erniedrigt" übernahm. Insgesamt schuf er eine auf das Kind als Vorbild bezogene Wortgruppe, die die folgende Rede markiert und in eine bestimmte Richtung lenkt[3].

II

1   Vielleicht will Mt mit der verbindenden Zeitangabe „in jener Stunde"[4] zum Ausdruck bringen, daß – wie in 17,24ff – unmittelbare Gemeindefragen anstehen. Auf jeden Fall ist dies durch eine Jüngerfrage angezeigt, mit der die Rede – und im Evangelium nur diese – eingeleitet wird. Weil die Frage nach dem Größten in der Himmelsherrschaft nicht mehr (wie Mk 9,33f) mit einem Jüngerstreit verknüpft ist, erscheinen die Jünger zwar nicht in einem viel besseren Licht wie bei Mk, wie die Jesus-Antwort gleich zu verstehen geben wird, ihre Frage aber gewinnt grundsätzlichere, lehrhafte Bedeutung. Ihre Frage betrifft nicht einen einmal ausgetragenen Streit, sie bzw. ihre Beantwortung ist von bleibendgültiger Bedeutung. Auffällig ist τίς ἄρα (wer also), als würde auf etwas Vorangegangenes Bezug genommen[5]. Man darf an die Bevorzugung der Drei (17,1ff), aber auch an die Bevorzugung des Simon Petrus denken (16,17ff). Trotz des lehrhaften Hintergrundes ist die Frage, wer der Größte sei, keine akademische. Schlatter bringt rabbinische Beispiele: Zifi verglich sich mit Mose und sagte: Ich bin größer als er (Sifre Nm 131); in Uscha erwiesen sie Juda ben Elai die Ehre, daß er beim Abschiedsgottesdienst zuerst sprechen durfte (HlR 2,5). Es ist gar nicht notwendig, extra muros zu gehen. Es ist umstritten, auf welche Größe sich die Frage bezieht, näherhin ob die Basileia gegenwärtig oder zukünftig zu verstehen ist[6]. Präsentisches ἐστίν

---

[1] Zu „in jener Stunde" vgl. Mt 8,13; 9,22; 15,28.
[2] στρέφω im moralischen Sinn nur hier in den synoptischen Evangelien, noch Joh 12,40. Zur Mk-Fassung vgl. GNILKA, Markus II 80.
[3] Bestandteile der Perikope sind in Tho 12 (Wer ist es, der groß sein wird über uns?) und Tho 22 (Diese Kleinen, die saugen, gleichen denen, die eingehen in das Reich. Sie sprachen zu ihm: Werden wir, indem wir klein sind, eingehen in das Reich?) zu erkennen. Zu V3 vgl. Herm (m) 2,1; (s) 9,29,3.
[4] Eschatologische Qualität wird man der Stunde kaum zumessen können. Θ f¹ 33 700 1424 it sy^{s.c} lesen „an jenem Tag", B e bo fügen vor der Stunde ein δέ ein.
[5] In Mt 19,25.27; 24,45 ist τίς ἄρα deutlich motiviert.
[6] WELLHAUSEN, HOLTZMANN, LAGRANGE deuten präsentisch; ZAHN, KLOSTERMANN, SCHMID futurisch. TRILLING, Israel 107, macht einen vermittelnden Vorschlag und spricht von einer Wesensfrage.

könnte an die Gegenwart denken lassen, doch kann ἐστίν zeitlose Bedeutung gewinnen (vgl. 11,10). Folgendes ist zu beachten: Ohne Zweifel ist das Interesse der Jünger auf die Gegenwart gerichtet. Das schließt aber eine futurische Bedeutung der Basileia nicht aus. Sie möchten jetzt schon wissen, wer – zu verstehen im Sinn von: wer von ihnen – der Größte ist. Sie fragen als Betroffene. Aber in diesem Sinn ist die Frage nicht beantwortbar.

2f So beantwortet sie Jesus auch nicht im gewünschten Sinn. Vielmehr gibt er den Jüngern zu verstehen, daß ihr Fragen töricht und Ausdruck einer erforderlichen Sinnesänderung ist. Sein Wort wird durch einen symbolischen Gestus eindrucksvoll unterstrichen. Als Vorbild stellt er ein Kind in ihre Mitte[7]. Der Eingangsspruch, negativ gefaßt (vgl. 5,20), mit Amen eingeleitet, hat stark paränetischen, fast bedrohlichen Charakter. Das Amen verbürgt die Sicherheit der Auskunft in der Sache, die die Himmelsherrschaft betrifft. Wer so redet, deutet unmittelbare Einsicht an, die normalem menschlichem Sinn verborgen ist, sogar töricht erscheinen kann. Die Forderung lautet: στραφῆτε καὶ γένησθε ὡς τὰ παιδία. Um sie recht zu erfassen, ist zunächst ein Wort zum Kind zu sagen. Die Antike sah in ihm insbesondere das Unfertige und Kindische. παιδίον bezeichnet ein Kind im Alter bis zu 12 Jahren. Im AT, besonders in der Weisheitsliteratur wird der Unverstand des Kindes betont, das darum strenger göttlicher und menschlicher Zucht bedarf (Weish 12,24; 15,14; Sir 30,1ff). Im Hellenismus kommt es zu einer vorübergehenden Entdeckung des Kindes in Kunst und Literatur. In der Gesellschaft spielte es keine Rolle und ist zur Gruppe der Unterdrückten zu rechnen. Auf diesem Hintergrund muß die offenkundige Bevorzugung des Kindes durch Jesus als erstaunlich und seine Forderung als provokant gelten. στρέφω ist nicht unmittelbar Bekehrungsterminus[8]. Auch Rückübersetzungen ins Hebräische helfen in dieser Richtung kaum weiter[9]. In Verbindung mit „werden wie die Kinder" ist ein Prozeß angezeigt, der in Gang kommen soll und natürlich der Bekehrung sehr nahe steht[10]. Jedoch ist mit der Forderung auf einen bestimmten Aspekt abgehoben. Man wird στρέφω am besten mit „wenden" übersetzen. Der zu vollziehende Standortwechsel, der auf den Standort des Kindes zurückführt, ist ganz aus dem Kontext heraus zu interpretieren. Darum ist weder die Sündlosigkeit (Billerbeck) noch die Anspruchslosigkeit (Klostermann) im Blick, sondern die schlichte Tatsache, daß das Kind klein ist vor Gott und den Menschen. Es ist das Gegenteil jener Haltung gemeint, die die Größe für sich in Anspruch nehmen möchte. Die als

---

[7] Sekundär ergänzen in V2 DWΘ f[13] latt sy sa mae den Jesusnamen, D e sy[s.c] fügen das Wörtchen ἕν ein.
[8] Die geläufigen Bekehrungstermini sind ἐπιστρέφω (Mt 13,15 = Is 13,10) und μετανοέω.
[9] Vor allem hat man šub als semitischen Hintergrund vermutet. Zur Auseinandersetzung vgl. DUPONT 50ff.
[10] Es empfiehlt sich, mit BONNARD καί im explikativen Sinn zu deuten.

Haltung zu übernehmende Position des Kindes ist nicht auf das Verhältnis zu Gott einzuschränken. Der Drang, groß sein zu wollen, größer als die anderen, vermag menschliches Zusammenleben, christliches Gemeindeleben empfindlich zu beeinträchtigen.

4 Das Wort Jesu kehrt unmittelbar zur Jüngerfrage zurück und nimmt jetzt direkt auf dieses Kind, das in der Mitte steht, Bezug. Auch damit wird der grundsätzliche Tenor von V 3, der von den Kindern redete, verschärft. Dennoch wird auch dieses Wort nicht zur Antwort in der gewünschten Form. Von einer Anwendung des Grundsatzes in V 3 kann man nur in einem bestimmten Sinn sprechen, nämlich so, daß der Satz von den Kindern auf dieses Kind angewendet wird. Es bietet lebendigen Anschauungsunterricht. Es steht als das kleine Kind konkret vor den Jüngern. Die Sprache des Evangeliums ist real und konkret. Inhaltlich bietet V 4 dasselbe wie V 3, nur wird der Gedanke positiv gefaßt. Die Erniedrigung steht in 23,12 in Verbindung mit dem Gericht. Darum wird man auch hier das Gericht einblenden dürfen. Das Gericht bringt die große Umwertung der Werte, von der im Evangelium so oft gesprochen wird. Was wirklich groß ist vor Gott, bildet sich zwar in diesem Leben schon ab, wird definitiv aber erst dann erkannt werden[11].

III

a) Mit einem Kind läßt Mt seine vierte Redekomposition eröffnet sein. Der Blick auf das Kind soll den Hörer beim Anhören der Worte begleiten. Noch ist dieses Kind ganz konkret verstanden. Aber es wird zum Vorbild, zum Symbol, zur Metapher. Zunächst für die Haltung der Jünger. Mit ihrer Frage greift E eine Gemeindenot auf. Der Drang, groß sein zu wollen, führt zu Unterdrückung. Wer in dieser Weise drängt, ist in Gefahr, die Basileia zu verfehlen. Die Warnung ist massiv. Die anstehende Umwertung der Werte durchzieht leitmotivisch den zweiten Teil des Evangeliums (19,14; 20,1–16; 23,6–12).

b) Für die historische Beurteilung ist die verwandte Perikope Mt 19,13–15/Mk 10,13 ff mitzuberücksichtigen. Als historische Szene stellt sich eine Begebenheit heraus, in der Jesus Kinder vor den Jüngern in Schutz nimmt. Die Hinwendung zu den Kindern gehört zu seiner Sendung. Dabei ist es durchaus vorstellbar, daß er den Jüngern das Kind als Vorbild vor Augen gestellt hat.

c) Für Jesus und die Gemeinde ist das Kind nicht bloß Durchgangsstadium zum Erwachsenen, denn es ist der privilegierte Anwärter der Himmelsherrschaft[12]. Die Antwort Jesu auf die Jüngerfrage nach der Größe in der Basileia läßt die Gegensätzlichkeit der Kategorien des Evangeliums zu denen der Welt krass in Erscheinung treten. Die Wertmaßstäbe sind an-

---

[11] ἐστίν darf keinesfalls dazu verführen, bei der Basileia an die Kirche zu denken.
[12] Vgl. D. BONHOEFFER, Predigten (Gesammelte Schriften 5) (München 1972) 146.

dere. Für Gogarten[13] vertritt das Kind jene, die in der „Welt der Historie" ohne eigene Bedeutung sind. In dieser von Menschen gemachten Welt herrschen eigene Kategorien und Maßstäbe, die streng bewacht werden, weil sie mit Macht und Machtausübung verknüpft sind: „Aber wir wollen auch gar nicht ins Himmelreich: Männer sind wir worden, – so wollen wir das Erdenreich[14]." Für die Kirche ist es lebensgefährlich, wenn die weltlichen Kategorien der Macht und Machtausübung in sie eindringen. Nicht herrschen oder unterdrücken wollen, sondern sich erniedrigen – vor Gott und den Menschen – ist das Beispiel, das Jesus selbst gesetzt hat. Es bedeutet nicht Servilität, Duckmäusertum, „Hundedemut", Mangel an Verantwortung, sondern macht im Gegenteil frei für eine Verantwortung, die in Liebe wahrgenommen wird[15].

LITERATUR: R. SCHNACKENBURG, Mk 9,33–59: Synoptische Studien (Festschrift A. WIKENHAUSER) (München 1953) 184–206; H. C. KEE, „Becoming a Child" in the Gospel of Thomas: JBL 82 (1963) 307–314; J. BLINZLER, Kind und Königreich: Aus der Umwelt des NT (Stuttgart 1969) 41–63; J. DUPONT, Matthieu 18,3: Neotestamentica et Semitica (Festschrift M. BLACK) (Edinburgh 1969) 50–60; S. LÉGASSE, Jésus et l'enfant (EtB) (Paris 1969).

9. Warnung vor Ärgernissen (18, 5–9)

5 Und wer ein solches Kind in meinem Namen aufnimmt, nimmt mich auf. 6 Wer aber einem von diesen Kleinen, die an mich glauben, Ärgernis gibt, dem wäre besser, wenn ihm ein Eselsmühlstein um den Hals gehängt und er in der Tiefe des Meeres ertränkt würde. 7 Wehe der Welt wegen der Ärgernisse! Denn Ärgernisse müssen kommen. Doch wehe dem Menschen, durch den das Ärgernis kommt! 8 Wenn aber deine Hand oder dein Fuß dich ärgert, so hau sie ab und wirf sie von dir. Es ist besser für dich, verkrüppelt oder lahm in das Leben einzugehen, als mit zwei Händen oder zwei Füßen in das ewige Feuer geworfen zu werden. 9 Und wenn dein Auge dich ärgert, so reiß es aus und wirf es von dir. Es ist besser für dich, einäugig in das Leben einzugehen, als mit zwei Augen in die Feuergehenna geworfen zu werden.

I

Die Perspektive wechselt. Das Verhältnis zu den Kinder bzw. Kleinen ist zu bedenken. V 5 hat Scharnierfunktion, indem er zwar noch vom Kind

---

[13] Jesus Christus 142. Vgl. WERNER, Weg I 107. Für THIELICKE, Glaube II 117f, erfolgt die Jüngerfrage unter den Bedingungen einer noch nicht erlösten Welt.
[14] F. NIETZSCHE, Also sprach Zarathustra. Das Eselfest (KT 75) (Stuttgart 1964) 350.
[15] Weil ein traditionsgeschichtlicher Zusammenhang mit Joh 3,3 und 5 besteht, wurde in Verbindung mit 18,3 wiederholt die Frage der Kindertaufe behandelt. Die Taufe ist von der Mt-Perikope fernzuhalten. Vgl. BARTH, Dogmatik IV/4, 198f.

spricht, aber schon die neue Perspektive bezieht. Die VV 5 f benennen zwei einander entgegengesetzte Verhaltensweisen dem Kind/Kleinen gegenüber. Auch das bindet sie zusammen. Die eine ist mit einer Verheißung, die andere mit einer Drohung versehen. Der Weheruf V 7 schließt sich sinnvoll an. In seiner Doppelung und Begründung ist er freilich ein Weheruf besonderer Art. Der zweifache Spruch vom Ärgernis (8 f) enthält Bildwörter mit hyperbolischem Charakter, wie sie im Evangelium wiederholt anzutreffen sind.

Die Anordnung der Sprüche in diesem Zusammenhang entspricht in etwa par Mk 9,37.42 ff, wo gleichfalls die Perikope vom Kind vorausgeht. Die bei Mk dazwischengeschaltete Geschichte vom fremden Exorzisten (9,38–41) hat E nicht übernommen. Als Ursache vermutet man mit Recht, daß die duldsame Behandlung des Mannes, der in Jesu Namen Dämonen austreibt, aber nicht zum Jüngerkreis gehört, sich dem Jüngerverständnis unseres Evangeliums nicht einpaßte. Ein Vergleich von V 6 mit par Mk 9,42 läßt im Vordersatz zwei Zusätze erkennen: von *diesen* Kleinen, die *an mich* glauben. Die Strafankündigung, mit συμφέρει eingeleitet, ist schärfer formuliert: in der Tiefe des Meeres ertränkt (Mk: in das Meer geworfen)[1]. Den Weheruf V 7 entnimmt E der Spruchquelle. Lk 17,1 b dürfte ihn besser bewahrt haben. Auch in diesem Fall setzt Mt schärfere Akzente, indem er von der Notwendigkeit (Lk: es ist unausbleiblich) der Ärgernisse redet und den Ruf: Wehe der Welt wegen der Ärgernisse! einfügt. Werufe über die Welt finden sich im übrigen auch in der rabbinischen Literatur, wie das συμφέρει *(noaḥ lo)* im jüdischen Lehrgespräch seinen Ort hat[2]. Der Doppelspruch vom Ärgernis 8 f ist bei Mt eine Doublette (schon 5,29 f). Hier folgt E weitgehend der Mk-Vorlage. Nur zieht er die Dreierreihe Mk 9,43.45.47 (Hand, Fuß, Auge) zu einer Zweierreihe zusammen (Hand und Fuß werden zusammengenommen). Auch ist er um Parallelisierungen bemüht: zweimaliges βάλε ἀπὸ σοῦ, καλόν σοί ἐστιν, εἰς τὴν ζωήν entsprechen sich. Das Zitat von Is 66,24 in Mk 9,48 wird gestrichen. Die Frage, ob die Spruchreihe auch in Q zu lesen war, haben wir bereits bei der Erörterung von 5,29 f verneint und die dort vorliegende Version als MtR bestimmt[3].

II
5 Kind und Kindsein haben für Mt vorbildhafte Bedeutung. Wie das in den Jüngerkreis gestellte Kind über sich selbst hinausweist, so ist die Aufnahme eines solchen Kindes auf die Aufnahme des Jüngers zu beziehen. In der vollzogenen Umkehr ist er zum Kind geworden. An die Aufnahme

---

[1] συμφέρει verwendet unter den Synoptikern nur Mt (4mal); καταποντίζομαι noch 14,30.
[2] Belege bei BILLERBECK I 778 f und 775. – Ob Mt 18,6/parMk 9,43 gleichfalls in Q vorkam (Lk 17,2) ist strittig. Der zwanglose Anschluß von Lk 17,2 an 1 läßt das vermuten. Vgl. POLAG, Fragmenta Q Nr. 66. Mt hätte sich in der Formulierung dann an Mk gehalten und im Vergleich mit Q (Lk 17,1 f) eine Satzvertauschung vorgenommen.
[3] Vgl. Bd. I 160 dieses Kommentars. Anders TRILLING, Israel 111 Anm. 36.

von Waisenkindern ist hier nicht gedacht. Auch die in der Qumran-Gemeinde geübte Praxis, Kinder aufzunehmen, um sie im eigenen Geist zu erziehen, trägt für das Verständnis nichts bei[4]. Es ist vielmehr aufschlußreich, daß die Hinwendung zu den Kindern transparent wird für das Verhältnis der Christen untereinander. Aufnahme bedeutet mehr als die Gewährung von Gastfreundschaft. Sie schließt andere Hilfeleistungen in ihrer Vielfalt ein. Man soll nicht kritisieren, daß nicht über die Grenze der Gemeinde hinausgedacht wird. Der Aufbau der Gemeinde ist das Thema. Die Aufnahme ist in zweifacher Hinsicht christologisch begründet. Sie erfolgt in Jesu Namen, unter Berufung auf ihn und seine Weisung. Mit dem aufgenommenen Jünger, der in seiner Umkehr zum Kind geworden ist, wird Jesus selbst aufgenommen. In der Aufnahme der Kinder vollzieht sich Christus-Begegnung (vgl. 25,35 ff). Sie sind gefährdet und schutzbedürftig.

6   Der Gedanke verharrt bei der Gefährdung. Sie kommt durch das Ärgernis zustande. Dieses Ärgernis geht von anderen aus und gefährdet die Kleinen. Der Wechsel vom Kind zu den Kleinen bestätigt, daß von den Jüngern die Rede ist (vgl. 10,42). Nachdem die Kleinen des näheren als jene gekennzeichnet werden, die „an mich glauben", kann das Ärgernis nur damit zu tun haben, daß sie dadurch von ihrem Glauben abgebracht werden sollen. Die Bedrohung der Kleinen wird vornehmlich von außerhalb der Gemeinde gekommen sein. Die Verführung zum Abfall ist im Blick. Nichts Geringeres steht auf dem Spiel. Vermutlich spricht das Wort in die Auseinandersetzung der Gemeinde mit der Synagoge hinein. Beachtung verdient die christologische Ausrichtung des Glaubens. Nur hier haben wir innerhalb der synoptischen Evangelien die Bestimmung des Glaubensobjektes mit εἰς, eine Formulierung, wie sie in Apg, bei Paulus und Johannes häufig vorkommt (vgl. 27,42: ἐπ' αὐτόν und parMk 15,32, wo die Präposition fehlt). Läßt Mt also die Ausrichtung des Glaubens auf Jesus erkennen, so bleibt dessen mt Eigenheit als vertrauender Glaube in Erinnerung zu rufen. Die Kleinen haben ihr glaubendes Vertrauen auf Jesus gesetzt und sollen durch Ärgernisse von ihm abgebracht werden. Die von Mt verschärfte Drohung von der Ertränkung im Meer ist geringer als das, was die Erreger der Skandala erwartet[5]. Davon sprechen die VV 8f in herkömmlicher Weise: ewiges Feuer, Feuergehenna. Das Wort vom Mühlstein ist im rabbinischen Judentum sprichwörtlich[6]. Der Eselsmühlstein ist jener größere durchlochte Stein, der gelegentlich von einem Esel beim Mahlen auf einem Pflock-Stein gedreht wurde[7].

---

[4] SCHLATTER verweist auf den Essener-Bericht des JOSEPHUS, bell. 2,120.
[5] Zur Ertränkung im Meer als Bestrafung vgl. JOSEPHUS, Ap. 1,34; ant. 14,450; DIO CHRYSOSTOMOS 31,96.
[6] Der „Mühlstein auf dem Hals" bezeichnete drückendste Sorge und Not. Vgl. BILLERBECK I 778. Zum Mühlstein als Waffe vgl. LXX Ri 9,53; 2 Kg 11,21f.
[7] P. BONNARD, Composition et signification historique de Matthieu 18: De Jésus aux Évangiles (BEHThL 25) (Gembloux–Paris) 130–140, näherhin 134, sieht V6 gegen das

7   Das Wehe holt zu einer umfassenden Klage aus. Es ist bei dem zweifachen Wehe, dem auf die Welt und dem auf den Menschen gerichteten, der jeweils andere Akzent zu beachten. Über die Welt wird eine Klage, gegen den Menschen, der das Ärgernis bringt, eine Anklage gesprochen. Ähnliche Weherufe über die Welt im Sinn der Klage liest man auch in der rabbinischen Literatur, etwa: „Wehe der Welt wegen seiner Gerichte" (Gn R 10 [8 a])[8]. Man wird dabei an die Menschenwelt zu denken haben, das heißt, den auf der Welt lebenden Menschen gilt die Klage. Diese apokalyptisch gefärbte pessimistische Klage erfährt ihre Begründung darin, daß das Vorhandensein von Ärgernissen, von Verführung zu Abfall und Gottlosigkeit, einer Notwendigkeit entspricht. Mt hat gegenüber Lk 17,1, wo nur von einem schicksalhaften Verhängnis gesprochen ist, den Gedanken pointiert. Dies wurzelt in seiner dualistischen Weltbetrachtung, nach der Licht und (äußerste) Finsternis einander gegenüberstehen. Das Böse wirkt in der Welt. Letztlich ist es an den Teufel gebunden, wie E schon in der von ihm geprägten Deutung des Gleichnisses vom Unkraut (13,36ff) verdeutlicht hatte. Das Böse wirkt auch in der Kirche oder in sie hinein. Weil es bis zum Ende fortbesteht und erst beim Ende „alle Ärgernisse und die da die Gesetzlosigkeit tun" ausgeräumt werden (13,41), ist sein Wirken unausweichlich. Es bedient sich des Menschen, der zum Werkzeug des Bösen wird. Weil aber auch ihm die Freiheit, sich für das Böse zu entscheiden, gewahrt bleibt und er somit verantwortlich ist, wird ihm ein anklagendes und bedrohliches Wehe entgegengeschleudert[9].

8 f   Es mag Stichwortassoziation sein, die E veranlaßte, die Sprüche vom Ärgernis, das durch Hand oder Fuß oder Auge ausgelöst ist, nochmals an dieser Stelle zu bringen. In etwas anderer Gestalt lasen wir sie schon in der zweiten Antithese der Bergpredigt (5,29f). Manche Autoren erblicken eine Übereinstimmung in beiden Zusammenhängen darin, daß dort die schwachen Frauen, hier die schwachen Gemeindemitglieder in Schutz genommen werden sollen[10]. Worin aber soll das durch die genannten Organe hervorgerufene Ärgernis im Kontext bestehen? Sind es wiederum, wie in 5,29f, die durch die sich verselbständigenden Organe gekennzeichneten Begierden des Menschen? Man muß zugestehen, daß ein solcher Sinn sich nur mühevoll einfügt. Darum verdient der Vorschlag Beachtung, daß mit den Gliedern Menschen gemeint sind, von denen das Ärgernis ausgeht[11]. Sie sind auf jeden Fall zu meiden, und, falls sie sich in der Gemeinde befinden, zu entfernen. Man wird gegen diese Interpretation nicht einwenden können, daß sich das Leib-Glieder-Schema bei Mt nicht fin-

---

Bemühen gerichtet, ein Noviziat in der mt Gemeinde einzurichten. Das ist ziemlich weit hergeholt.
[8]   Belege bei BILLERBECK I 778f; SCHLATTER 549.
[9]   BWΘ f^{13} it lesen: Doch wehe *jenem* Menschen (vgl. 26,24). Die im griechischen Text fehlende Kopula wird in V7b von Sinaiticus DWf^{13} ergänzt: ἀνάγκη γάρ ἐστιν.
[10]   Etwa SCHLATTER.
[11]   W. PESCH: BZ 7 (1963) 223f; HUMBERT: Bib 35 (1954) 8.

det[12]. Dies trifft zwar zu, doch kennt Mt das personale Verständnis der Ärgernisse (13,41; 16,23). Wir möchten darum an dieser Stelle die zu entfernenden Organe mit jenen identifizieren, die Ärgernisse geben und die Gesetzlosigkeit tun (13,41)[13]. Dann schließt sich auch der folgende V 10 nahtlos an.

III
a) Die Auseinandersetzung mit dem Bösen, das die Gemeinde bedroht, in sie hineinwirkt und in ihr anwesend ist, bestimmt den Abschnitt. Man wird aus diesem Anliegen konkrete Rückschlüsse auf die Situation der mt Gemeinden ziehen dürfen. Das Wirken der Gegenkraft hat Mt auch in den Deutungen der Gleichnisse vom Unkraut und vom Fischnetz stark betont (13,36–43.49 f). Die Christen sollen gegenüber dieser Gegenkraft gefeit sein. Die Welt befindet sich – auch post Christum – nicht in einem idealen Zustand. Das Böse bleibt bestehen. Mit dieser Notwendigkeit muß die Gemeinde in aller Nüchternheit rechnen. Dies bedeutet freilich keinesfalls, daß sie gegenüber dem Bösen resigniert. Vielmehr gilt es, sich entschlossen gegen die Angriffe des Bösen zu wehren und mit Liebe und Geduld das Gute durchzusetzen. Davon wird das Folgende künden.
b) Die Grundformen der hier vorliegenden Überlieferung kann als jesuanisch angesehen werden. Dabei ist zu berücksichtigen, daß es sich um Einzellogien handelt. Sowohl V 5 als auch die VV 6 f – von letzterem hat Lk 17,1 f die ältere Fassung bewahrt – beziehen sich in der Predigt Jesu auf die Kinder. Es kann als ein Proprium seiner Verkündigung angesehen werden, daß er sich auch den Kindern zuwandte. Den Kindern als den Schwachen galt seine Aufmerksamkeit und Zuwendung. Zu den VV 8 f vgl. das zu 5,29 f Gesagte[14].
c) Das Ärgernis hat viele Themen und Gesichter. Es wird den Kleinen gegeben, die hilfsbedürftig und manchmal ratlos sind. Es gibt ein Klima in der Kirche und in Gemeinden, das nicht geeignet ist, einen „qualitativen Ruf" in die Nachfolge aufkommen zu lassen. Es gibt abgestandenes Christentum. Balthasar[15] verweist auf den Fall Kierkegaard, der den Weg über den Ehestand hinaus als notwendig erachtete, aber im Protestantismus dafür keinen Stand finden konnte, jedoch auch auf viele Katholiken, die innerhalb der Kirche praktisch im gleichen Fall sind. Die Verluste sind groß. Bonhoeffer[16] sieht die vielen ungelösten Fragen in der Welt und die Erwartung der Kleinen, von der Kirche in konkreten Fällen ein richtungweisendes Wort zu empfangen. Wenn es ausbleibt, bedeutet dies ein Ärgernis. Gültige Antwort ist in einer Zeit, in der die Christen in der Welt

---
[12] Schweizer.
[13] In V 8a korrigieren einzelne Hss das grammatisch inkorrekte αὐτόν zu αὐτά (W sy^h bo) bzw. αὐτήν (U 28). Gemäß Kodex D beginnt V 9 mit: τὸ αὐτὸ εἰ καί. – Es ist nicht angezeigt, mit W. Pesch: BZ 7 (1963) 224 an Irrlehrer zu denken.
[14] Bd I 164 dieses Kommentars.
[15] Stand 407.
[16] Ethik (München 1975) 376 f.

einander nähergerückt sind, nur in gemeinsamen Bemühungen möglich. V 7 ist nach Thielicke[17] für die Opfer der Gesellschaft eine Tröstung, für die Gesellschaft aber bedeutet er Gericht. Jedoch klagt Mt den Menschen an, nicht die Welt, wofür man auch Gesellschaft sagen könnte. Verantwortung für einen Zustand in der Welt und in der Kirche tragen Menschen. Sie dürfen und können die Verantwortung nicht auf eine anonyme Über-Person abschieben.

LITERATUR: A. HUMBERT, Essai d'une théologie du scandale dans les synoptiques: Bib 35 (1954) 1–28.

10. Suchen des Verirrten (18,10.12–14)

10 Sehet zu, daß ihr keines von diesen Kleinen verachtet. Denn ich sage euch: Ihre Engel in den Himmeln schauen allezeit das Angesicht meines Vaters in den Himmeln. 12 Was meint ihr? Wenn irgendein Mensch hundert Schafe hat und eines von ihnen verirrt sich, läßt er nicht die neunundneunzig auf den Bergen und geht hin, um das verirrte zu suchen? 13 Und wenn er es findet, Amen, ich sage euch, er freut sich darüber mehr als über die neunundneunzig, die sich nicht verirrten. 14 So ist es nicht der Wille vor eurem Vater in den Himmeln, daß eines von diesen Kleinen verlorengeht.

I
Die Rede bleibt den Kleinen zugewandt. Der Text beginnt und schließt inklusionsartig mit einem Satz, der die Kleinen betrifft. Auch das dazwischen gebettete Gleichnis muß die Kleinen betreffen, zumal V 14 das Fazit aus dem Gleichnis zieht (Einleitung mit οὕτως). Dabei ist zu beachten, daß von den Kleinen in neutrischer, nicht in maskulinischer Form gesprochen wird (V 14)[1]. Der Blick auf die Eingangsszene vom Kind wird durchgehalten. In formaler Hinsicht ist auch der Wechsel von „meinem Vater" (V 10) zu „eurem Vater" (V 14) interessant[2]. Er deutet an, daß die Jünger in das Gottesverhältnis Jesu eingeschlossen werden, wenn sie sich so verhalten, wie er es hier gebietet. Die Erzählform des Gleichnisses, das man das Gleichnis vom verlorenen Schaf zu nennen pflegt, ist stark argumentativ geprägt. Dieser Eindruck entsteht insbesondere durch die beiden Fragen

---

[17] Ethik II/1, Nr. 1519.
[1] Dieser Aspekt wird in den Übersetzungen, auch der Kommentatoren, meistens übersehen. Richtig die Luther-Übersetzung. Für V 14 existiert die v.l. εἰς, gelesen von W Θ 078 f[1.13] lat.
[2] In V 14 ist die LA „vor *eurem* Vater" (Sinaiticus D^c KLWf[1] 28 1242 1344 vg sy^{c.p}) vorzuziehen. BΘ 078 f[13] 33 892 sy^{s.h} arm geo lesen „vor *meinem* Vater". Vermutlich ist dies Angleichung an V 10. Ganz abwegig ist die LA „vor *unserem* Vater" (1646 2148 CHRYSOSTOMOS).

am Anfang (V 12). Die zweite überredet förmlich zur Zustimmung. Ähnliches erreicht zweimaliges „ich sage euch" (10 und 13), im zweiten Fall noch durch Amen verstärkt. Vokabelmäßig sticht das dreifache Vorkommen des Verbs „verirren" im Gleichnis in die Augen. Es kann als Themawort aufgefaßt werden.

Uneinheitlich ist die gattungsmäßige Charakterisierung des Gleichnisses: Jüngergleichnis, Hyperbel, Parabel, Allegorie, Maschal sind im Gespräch[3]. Trotz der Kurzform ist es am besten, von einer Parabel zu reden, von einer Geschichte also, die einen besonderen Fall erzählt. Wie schon angedeutet, tritt dabei bei Mt das Argumentative und Lehrhafte in den Vordergrund. V 10 ist ein selbständiges Mahnwort mit einer eigenen Begründung. – V 11 ist aus dem Text zu streichen: „Denn (und) der Menschensohn ist gekommen (zu suchen und) zu retten das Verlorene." Dieser Satz ist sekundär aus Lk 19, 10 in einzelne Handschriften eingedrungen[4].

Das Gleichnis vom verlorenen Schaf holt Mt aus Q (vgl. Lk 15, 3–7). Die Hauptunterschiede der beiden Versionen sind von der verschiedenen Anwendung her zu beurteilen, die es bei Mt und Lk gefunden hat. Nach Lk richtet es sich an Pharisäer und Schriftgelehrte, denen gegenüber Jesus seine Tischgemeinschaft mit Zöllnern und Sündern rechtfertigt. Bei Mt wendet es sich nach innen, an die Jüngerschaft, die Gemeinde. Von daher gesehen ist seine Ausrichtung auf die Kleinen (10 und 14) sicher MtR zuzuschreiben. Im einzelnen sind folgende erwähnenswerte Varianten festzustellen: Die Einleitungsfrage „Was meint ihr?" ist mt Stil (vgl. 17,25; 21,28; 22,17.42; 26,66). Mit ihr dürfte die konditionale Form in den VV 12 f eingebracht worden sein. Mt spricht vom Verirren, Lk vom Verlorengehen des Schafes. Das Verlorengehen taucht bei Mt aber in V 14 auf, was für seine Ursprünglichkeit sprechen dürfte. Das Verirren haben wir bereits als das die mt Version Kennzeichnende ermittelt (Themawort)[5]. Statt „er läßt sie auf den Bergen" (Mt) heißt es in Lk 15, 4: „Er verläßt sie in der Wüste." Eine Entscheidung ist hier kaum möglich[6]. Anstelle von „er geht hin, um das verirrte zu suchen" (Mt), liest man bei Lk 15,4: „er geht dem verlorenen nach, bis er es findet." Mt ist hier spannungsreicher und darum wohl älter. Das Finden ist keinesfalls sicher. Nicht nur das zusätzliche Amen in V 13 ist sekundär, Mt dürfte auch den ausschmückenden Zug, daß der Hirt das gefundene Schaf auf seine Schultern nimmt, gestrichen haben. Die Argumentation ging ihm über die Ausmalung[7]. Die lk

---

[3] In der Reihenfolge: JEREMIAS, Gleichnisse 36; LINNEMANN, Gleichnisse 71; SCHULZ, Q 389, und JÜLICHER, Gleichnisreden II 314; PESCH: BZ 7 (1963) 225; TRILLING, Israel 112: „eigentlich nur noch ein kurzer Maschal".
[4] In völliger Übereinstimmung mit Lk 19,10: 1009 1010 1195 1216, ohne ζητῆσαι καί DKWX 078 28 565 700 1365 vg sy$^{c.p}$ arm.
[5] πλανάω bringt Mt auch in 24,11 und 24 ein. – Anders MERKLEIN, Gottesherrschaft 187, der das Verlorengehen für LkR hält, weil es die Klammer in Lk 15 schaffe.
[6] JEREMIAS, Gleichnisse 133, führt die Differenz auf die unterschiedliche Übersetzung einer aramäischen Vorlage *(betura)* zurück.
[7] Anders LINNEMANN, Gleichnisse 73.

Schlußszene von der Versammlung der Freunde und Nachbarn des Hirten stand möglicherweise schon in Q. Sie ist von der parallelen Szene im Gleichnis von der verlorenen Drachme beeinflußt und möglicherweise ihr nachgebildet[8]. Auch für sie hat sich Mt nicht interessiert. V 14 ist seine Anwendung[9]. – In V 10 dürften wir ein altes Logion vor uns haben, das sich ursprünglich auf die Kinder bezog und Mt auf die Kleinen anwandte. Dafür spricht die Tatsache, daß in ihm zwar die typisch atl-jüdische Vorstellung vom Schutzengel aufgegriffen ist, aber auf neue, spezifische Weise ausgelegt wird, wie in der Interpretation zu zeigen ist.

Alttestamentliches und Jüdisches ist in der Perikope reichlich vorhanden. Dazu gehören außer der Vorstellung vom Schutzengel das Motiv vom verlorenen Schaf und das implizit gegebene vom Hirten, die hier vorliegende Verwendung des Begriffs verirren, die Wendung „es ist Wille vor Jahve". Auch darauf ist zurückzukommen[10].

II

10 War es nach V 6 das den Kleinen gegebene Ärgernis, so ist es jetzt die Verachtung, die unbedingt auszuschließen ist[11]. Wie in 10,42 mischt sich mit den Kleinen die Vorstellung, daß sie in sozialer Hinsicht verunsichert, gesellschaftlich schwach sind. Ihre unbedeutende gesellschaftliche Position ist der Grund dafür, daß sie verachtet werden können. In der Gemeinde gibt es Begüterte und Arme. Dennoch kann auch hier nicht davon die Rede sein, daß die Kleinen einen eigenen Stand in der Gemeinde darstellen. Gott ist in besonderer Weise mit den Kleinen. Das ist letztlich der Sinn der Begründung in 10b, die „ihre Engel" einbringt[12] und die – als Rahmenbemerkung – in Verbindung mit V 14 zu sehen ist.

Im AT begegnet die Vorstellung, daß Engel die Menschen in Gefahren schützen (etwa Gn 24,7.40; 48,16; Ex 23,20; Ps 91,11; Dn 3,49). Gott sendet seinen Engel dem Volk, das sich im Kampf befindet, zu Hilfe (2 Makk 11,6; 15,22f). Die Gerechten erfahren die Hilfe eines für sie eintretenden

---

[8] Nach LINNEMANN, Gleichnisse 73, paßt die Szene nicht in das Bergland bzw. die Wüste. Auch ist die Freude in die eschatologische Zukunft vertagt. Falls die Szene Lk 15,9f nachgebildet ist, könnte die Nachbildung in Zusammenhang mit der Paarung der beiden Gleichnisse von Schaf und Drachme erfolgt sein. Das Gleichnis von der verlorenen Drachme wäre demnach von Haus aus ein selbständiges Gleichnis.

[9] Mt favorisiert die Kleinen, ἔμπροσθεν ist sein Vorzugswort, der Wille des Vaters sein theologisches Anliegen. Das Verlorengehen bestimmten wir als Reminiszenz aus der Gleichnisvorlage. Der Versuch von JEREMIAS, Gleichnisse 37, Mt 18,14 und Lk 15,7 durch Rückübersetzung ins Aramäische zu koordinieren, kann kaum überzeugen.

[10] Abwegig ist die Meinung KOSSENS: NT 1 (1956) 79f, die Komposition Mt 18,8–14 sei von Jer 31,7–14 beeinflußt. Die Blinden und Lahmen in Jer 31,8 lassen sich mit Mt 18,8f nicht vergleichen. – Die Version des Gleichnisses in Tho 107 ist ganz sekundär. Nach ihr geht der Hirt dem einen Schaf nach, weil nur dieses diese Zuwendung verdient. Daraus spricht das Erwählungsbewußtsein des Gnostikers.

[11] In Analogie zu V 6 fügen D ist sy^c in V 10 hinzu: die an mich glauben. Obwohl sekundär, ist dieser Zusatz sachlich zutreffend.

[12] Statt „in den Himmeln" liest B singularisch „im Himmel". In N f^1 sy^s fehlt diese adverbiale Bestimmung.

Engels (Tob 5,6.22; Jdt 13,20). In der Qumran-Gemeinde weiß man sich in der Gemeinschaft der Himmlischen (1 QH 3,22). Was an den genannten Stellen dem Volk zuteil wird oder einzelne in außergewöhnlichen Situationen erfahren, ist bei Mt den Kleinen als beständiger Schutz zugesagt. Sie sind darum ausgezeichnet. „Das Angesicht Gottes schauen" ist eine dem orientalischen Hofzeremoniell entlehnte Sprachregelung, die soviel bedeutet wie: vor dem Thron Dienst tun. Mit V 10 ist die Vorstellung vom Schutzengel grundgelegt (vgl. Apg 12,15). Rabbinische Zeugnisse belegen sie für das Judentum für eine spätere Zeit. Nach deren Vorstellung besteht die vornehmste Aufgabe des Schutzengels darin, den Menschen zu begleiten, aber er hat auch vor Gott Bericht zu erstatten und ist Vollstrecker des göttlichen Strafwillens[13].

12f   Da die Parabel vom verlorenen Schaf, eingeleitet mit einer die Meinung der Hörer herausfordernden Frage, lehrhaft-argumentativ geprägt ist, helfen Bildbeschreibungen in der Art, daß der Hirt bei der eben durchgeführten Zählung der Herde den Verlust eines Tieres festgestellt habe oder daß eine Herde von hundert Schafen eine Herde mittlerer Größe sei, nicht viel weiter[14]. Die Zahl 100 ist eine runde Zahl und das Verhältnis 99:1 spielt auch in der rabbinischen Argumentation eine Rolle[15]. Auslöser des Geschehens ist das verirrte Schaf. Damit ist ein Bild aufgegriffen, das schon im AT (nicht erst in LXX)[16] den vom Jahwe-Bund abgefallenen Israeliten bezeichnet. Im Blick ist demnach das Gemeindemitglied, das vom christlichen Glauben abzufallen droht. Wenn unsere Interpretation der VV 8f zutrifft, daß dort Ärgernisgeber angesprochen sind, kann die Verführung zu Gleichgültigkeit und Abfall mitherausgehört werden. Die Betroffenheit des Verlustes bewegt den Hirten, die 99 auf den Bergen zurückzulassen, um das verirrte Tier zu suchen[17]. An dieser Stelle verläßt das Bild das reale Hirtenleben, wenn man davon ausgeht, daß die 99 nicht zuvor in der Hürde untergebracht worden sind. Keinesfalls weil die 99 dem Hirten weniger teuer waren, sondern weil die Erzählspur jetzt ganz auf das verlorene hingelenkt wird, dessen Wert in der Betroffenheit des Verlustes die 99 aufwiegt, bleibt Ablenkendes ungedacht. Und ebenfalls ist beim überraschenden Finden, das durchaus nicht gewiß ist, die Freude in der Situation des wiedererlangten verlorenen größer als über die 99. Man muß auf die Momente des Verlierens und des Findens abheben, um die Situa-

---

[13] BILLERBECK III 437 ff. Nach manchen Rabbinen hat jeder Mensch sogar zwei ihn begleitende Engel. Davon kann einer ein böser Engel sein. Hier kann die Gewissenserfahrung eingewirkt haben. Entgegen Mt 18,10 vermögen nach rabbinischer Anschauung nur die höchsten Engel Gottes Angesicht zu sehen. Vgl. BILLERBECK I 783f.
[14] Vgl. JEREMIAS, Gleichnisse 133.
[15] Vgl. BILLERBECK I 784f.
[16] Gegen H. BRAUN: ThWNT VI 243; SCHULZ, Q 389. Vgl. Is 53,6: „Wir alle gingen wie Schafe in die Irre"; Ps 119,176: „Ich bin verirrt wie ein verlorenes Schaf." In Ez 34,4 und 16 stehen das Verlorene und das Versprengte nebeneinander.
[17] Gut herausgearbeitet von LINNEMANN, Gleichnisse 71f.

tion nachempfinden und in ihrer Wirklichkeitsnähe bestätigen zu können. Weil es sich bei Mt um Weisung handelt, rückt das erforderliche Suchen des Verlorenen in den Vordergrund[18].

14 Die Anwendung der Parabel macht diese zur Anweisung für die Gemeinde, den verirrten Gemeindemitgliedern nachzugehen. Das Verirrtsein verschiebt sich zum Verlorengehen. Dies soll auf jeden Fall verhindert werden. Der Wille Gottes geht auf die Rettung der Kleinen. Dies bedeutet einen beachtenswerten Eingriff in den ursprünglichen Sinn der Geschichte. Wir werden davon ausgehen können, daß sie ursprünglich die Sünderliebe Jesu rechtfertigte und so im suchenden Hirten seine Tätigkeit abgebildet schien (vgl. III b). Im mt Kontext spiegelt die Parabel nicht mehr seine Hirtensorge wider. Vielmehr wird unmittelbar auf Gottes Willen abgestellt, dem dann entsprochen wird, wenn die Gemeinde sich um die Verirrten kümmert. Gott als der gute Hirte seines Volkes ist ein dem AT vertrautes Motiv (Ez 34,11 ff; 20,34; Ps 23; 79,13; 95,7; 100,3; Is 40,11 u.ö.). „Es ist Wille *vor* Jahve" ist eine jüdisch empfundene Redeweise, die es vermeiden möchte, Gott direkt eine Tätigkeit zuzuschreiben[19]. Es ist zu beachten, daß sich alle Gemeindemitglieder in die Sorge um die Verirrten teilen sollen[20]. Man darf aus dieser Weisung folgern, daß die mt Kirche bereits die Erfahrung von Lauheit und Abfall gemacht hat.

III
a) In Mt 18 erscheinen die Konturen einer gefährdeten Gemeinde, auch einer von innen heraus gefährdeten Gemeinde. Sie muß am Willen Gottes, des himmlischen Vaters, ausgerichtet werden, der sein gnädiger Heilswille ist. Gleichzeitig ist es sein fordernder Wille, wie auch das Vaterunser (6,10) und andere Stellen betonen (7,21; 12,50; 21,31). Wenngleich – wie wir sahen – im Parabeltext selbst Jesu Hirtensorge nicht mehr unmittelbar in Erscheinung tritt, ist es letztlich Jesus, der zu dieser „Seelsorge" ermuntert, dessen Hirtensorge in anderen Zusammenhängen thematisiert wird (9,36; 15,24; 26,31) und der seinerseits bereit ist, sich dem Willen des Vaters bis zum Äußersten zu beugen (26,42).
b) Für die Rekonstruktion der jesuanischen Fassung der Parabel kann man davon ausgehen, daß sie im wesentlichen Mt 18,12f/Lk 15,4f enthielt: Welcher Mensch von euch, der hundert Schafe hat und eines davon verliert, läßt nicht die 99 auf den Bergen/in der Wüste und geht hin, um das verlorene zu suchen? Und wenn er es findet, legt er es auf seine Schul-

---

[18] Ein entfernt vergleichbares rabbinisches Gleichnis, das von 11 und 1 Ochsen erzählt, fällt gegenüber dem Gleichnis vom verlorenen Schaf stark ab. Es will die Erwählung Josefs vor seinen Brüdern rechtfertigen. Bei BILLERBECK I 785. – Textvarianten in V 13 wie die Einfügung von „Schafe", die Auslassung von „auf den Bergen", das Futur $\zeta\eta\tau\acute{\eta}\sigma\epsilon\iota$ sind unerheblich.
[19] Vgl. DALMAN, Worte Jesu 173. ἔμπροσθεν ist ausgelassen in Sinaiticus f[13] bo.
[20] Nach Dam 12,9 ist es die Aufgabe des essenischen Mebaqqers (Aufseher), „alle ihre Verstreuten zurückzubringen wie ein Hirt seine Herde".

tern. Ich sage euch: er freut sich darüber mehr als über die 99, die nicht verlorengingen[21]. Lk 15,1f hat den konkreten Anlaß für die Parabel aufbewahrt. Jesus rechtfertigt seine Sünderliebe und gibt zu verstehen, daß in seinem Wirken sich das vorbehaltlose Finden des Sünders und somit die Gnade Gottes ereignet. Das Schockierende war diese Vorbehaltlosigkeit, daß die Gnade der Umkehr vorausgeht, sie gleichsam aus sich entläßt[22].

c) Gott ist auf seiten der Kleinen. Diesen Gedanken wird man vor allem aus V 10 herauszulesen haben. Armenrecht ist Gottesrecht. Wer die Kleinen und Armen verachtet, verachtet Gott. Gott hat viele Möglichkeiten, um die Armen zu schützen. Es ist darum gewiß nicht abwegig, wenn Calvin aus V 10 eine Drohung heraushörte[23]. Das Gleichnis vom verlorenen Schaf hat auch mit unserem eigenen Heil zu tun. Dies nicht allein in dem Sinn, daß wir Gefahr laufen, uns zu verirren. Wir können unser eigenes Heil nur so erhoffen, wenn wir auch um das Heil der anderen besorgt sind[24].

LITERATUR: H. B. Kossen, Quelques remarques sur l'ordre des paraboles dans Luc XV et sur la construction de Matthieu XVIII 8–14: NT 1 (1956) 75–80; E. F. F. Bishop, The Parable of the Lost or Wandering Sheep: AThR 44 (1962) 50ff; J. Dupont, Les implications christologiques de la parabole de la brebis perdue: J. Dupont (Hrsg.), Jésus aux origines de la christologie (BEThL 40) (Gembloux 1975) 331–350.

11. Vom Zurechtweisen und gemeinsamen Beten (18,15–20)

15 Wenn aber dein Bruder sündigt, so gehe, weise ihn zurecht, allein, unter vier Augen. Wenn er dich hört, hast du deinen Bruder gewonnen. 16 Wenn er aber nicht hört, so nimm noch einen oder zwei zu dir, damit jede Sache beruhe auf zweier oder dreier Zeugen Mund. 17 Wenn er aber sie nicht anhört, so sage es der Kirche. Wenn er aber auch die Kirche nicht anhört, so sei er dir wie der Heide und der Zöllner. 18 Amen, ich sage euch: Was ihr auf Erden binden werdet, soll im Himmel gebunden sein, und was ihr auf Erden lösen werdet, soll im Himmel gelöst sein. 19 Weiter sage ich euch: Wenn zwei von euch auf Erden betend übereinstimmen in jedwedem Vorhaben, wird es ihnen widerfahren von meinem Vater in den Himmeln. 20 Denn wo zwei oder drei versammelt sind in meinem Namen, dort bin ich in ihrer Mitte.

---

[21] Rekonstruktionen bei Merklein, Gottesherrschaft 188; Weder, Gleichnisse 173; Linnemann, Gleichnisse 70.72f.
[22] Weiteres zum Verständnis Jesu der Parabel bei Linnemann, Gleichnisse 74ff; Merklein, Gottesherrschaft 190ff.
[23] II 95. – Man wird gegen Barth, Dogmatik III/3, 607f, doch an der Ableitung der Vorstellung vom Schutzengel aus dem Judentum festhalten. B. denkt an einen Zusammenhang mit dem griechischen Begriff des Daimons.
[24] Dies betont Chrysostomos, in Matth. 59,5. Vgl. Küng, Kirche 301f.

I
Mit diesem Text ist ein gewisser Neueinsatz in Kap. 18 gegeben. Am auffälligsten ist der Wechsel von den „Kleinen" zum Brudernamen. Doch bestehen enge Querverbindungen. So gibt es einen Zusammenhang zwischen den Kleinen und den Brüdern, dem Sich-verirren und Sündigen. Auch stellt die Sorge um den anderen eine Klammer zum Vorausgehenden dar.

In formaler Hinsicht sticht das siebenmalige ἐάν (δέ), das jeweils eine Bedingung nennt, in die Augen: Wenn dein Bruder sündigt, wenn ihr übereinstimmt usw. Doch heben sich die Logien voneinander ab. In 15–17 folgt jeweils ein Imperativ: weise ihn zurecht, nimm hinzu usw. Die Verse bilden eine geschlossene Geschehenskette, die in 15b durch eine Zusage, in 16b durch ein atl Zitat (Finalsatz) unterbrochen wird. Die VV 15–17 bieten Halacha oder rechtlich geprägte Weisung. Verwandt sind atl Weisungen über die Sünder (ἐὰν ἁμάρτῃ: Lv 4,2.22.27; 5,1; Nm 15,27 usw.). Zu beachten ist, daß im AT von unvorsätzlichen Sünden gesprochen wird. – In den VV 18 und 19 steht dem Vordersatz jeweils ein im Futur formulierter Nachsatz gegenüber. Beide Zukunftsaussagen sind Zusagen. In V 18, einem Rechtssatz, hat die Zusage bestätigenden, in V 19 Verheißungs-Charakter (Gebetserhörung). V 20, der einzige Begründungssatz im ganzen Abschnitt, macht erneut eine verheißungsvolle Zusage (im Präsens). Man wird ihn auf den gesamten Text (ab V 15) zurückbeziehen dürfen. So kommt ihm besonderes Gewicht zu.

Das Grundmuster des Abschnitts entnimmt E der Logienquelle. Mt 18,15 entspricht Lk 17,3a (ἐὰν ἁμάρτῃ). Es ist interessant zu sehen, daß der Faden von Lk 17,3b.4 von Mt in V 21 wiederaufgenommen wird (die Vergebung). E fügt also in die Q-Akolouthie Lk 17,3a und b den Text 18,15–20 ein[1]. Vom Grundmuster abgesehen, ist dieser Text mt Sondergut. Woher stammt es? Die Halacha 15–17 hat E bereits vorgefunden. Dafür spricht, daß die Zeugenregel in 16b, die im Kontext nahezu funktionslos ist, später eingebracht worden sein dürfte, aller Wahrscheinlichkeit nach von E, der auf diese Weise wieder das AT zur Geltung brachte. Den halachischen Stoff möchten wir, wie vergleichbare halachische Texte (5,22b; 6,2ff.5ff.16ff), jenem Kreis zuweisen, den wir die Schule des Mt nannten. Bei einem Vergleich von Mt 18,15a mit Lk 17,3a erscheint letzteres ursprünglicher: „weise ihn zurecht" (ἔλεγξον αὐτόν) ist schon Angleichung an eine ähnliche Weisung in LXX Lv 19,17 (Lk: ἐπιτίμησον αὐτῷ)[2]. Auch dies könnte von Mt sein. „Wenn er dich hört" (15b) leitet zu den folgenden ähnlichen Weisungen über. Auch hier ist Lk 17,3: „und wenn er umkehrt" der Tradent des älteren Textes. – Das Logion vom Binden und Lösen V 18 besitzt in 16,19b seine sachliche Parallele. In der dort vorgenommenen Analyse haben wir 16,19b das höhere Alter zuer-

---
[1] Es ist daran zu erinnern, daß Lk 17,1f in Mt 18,6f seine Entsprechung hatte. Diese Verse dürften auch in Q Lk 17,3 vorausgegangen sein.
[2] Anders SCHULZ, Q 321.

kannt[3]. 18,18 weitet die dem Simon Petrus übertragene Vollmacht auf die Jüngerschaft aus. Vermutlich hat erst E den ihm schon vorgegebenen V 18 in den gegenwärtigen Zusammenhang gestellt. Dabei könnte er das Amen hinzugetan haben. Gegen eine schon vorgegebene Verbindung des V 18 mit 15–17 spricht der Personenwechsel vom Du zum Ihr[4]. Die VV 19f schlössen ohne weiteres an 17 an, doch sind sie eine in sich ruhende Einheit. E verknüpfte mit πάλιν. V 19 hat in 21,22/Mk 11,24 eine weitreichende sachliche Analogie. Er weist mt Spracheigentümlichkeiten auf, stammt aber mit V 20 aus (wahrscheinlich noch mündlicher) Tradition[5]. V 20 wird weithin als Nachbildung eines rabbinischen Spruches angesehen[6]. Dieser lautet: „Aber wenn zwei zusammensitzen und sich mit Thoraworten beschäftigen, so ist die Schechinah (= Gottes Gegenwart) unter ihnen" (Ab 3,2). V 20 soll als christliche Antithese zu diesem jüdischen Spruch gebildet worden sein. Abgesehen von der ungewissen zeitlichen Fixierung des Mischnatextes, sind die Unterschiede beträchtlich[7]. Eher sind qumranische Parallelen – wie auch für 15–17 – zu erwägen (s. Interpretation). Daß eine Milieunähe zu AT und Judentum besteht, ist unter anderem jetzt zu zeigen.

II
15 Der Abschnitt 15–17 beinhaltet eine rechtlich geprägte Weisung, die das Verhalten zum sündigenden Bruder in der Gemeinde betrifft, und wurde auch als Kirchenzuchtverfahren bezeichnet. In sich selbst betrachtet, erscheint er in einem etwas anderen Licht als im Kontext von Mt 18. Wir werden auf beide Ebenen zu achten haben. Worin besteht die Sünde des Bruders? Unmißverständlich beschreibt die textliche Lesart „Wenn aber dein Bruder *gegen dich* sündigt" diese als persönliche Kränkung oder Schädigung. Diese Lesart ist aber als sekundär anzusehen (Anpassung an V 21)[8]. So bleibt die Art der Sünde unbestimmt. Auch an unvorsätzliche

---

[3] Vgl. oben S. 55f.
[4] BARTH: ZNW 69 (1978) 175 Anm. 59 vermutet, daß V 18 schon vormt mit 15–17 verknüpft war, weil er den Ausschluß des Sünders aufgreife.
[5] Mt ist „mein Vater in den Himmeln"; „auf Erden" könnte in Anlehnung an V 18 hinzugefügt sein. Über συμφωνέω – 6mal im NT, 3mal bei Mt, 3mal in Lk/Apg – gibt es keine sichere Erkenntnis.
[6] Etwa TRILLING, Israel 41: „Die Verwandtschaft ... mit dem bekannten Torawort gilt als weithin gesichert." Noch eindeutiger G. BORNKAMM, Die Binde- und Lösegewalt in der Kirche des Mattäus: Die Zeit Jesu (Festschrift H. SCHLIER) (Freiburg 1970) 93–107, hier 96.
[7] Studium und Gebet sind nicht dasselbe. Diesem Unterschied entspricht der von Sitzen und Sich-versammeln; „zwei oder drei" kann durch Ab 3,2 nicht veranlaßt sein. – συνηγμένοι könnte MtR sein. Vgl. FRANKEMÖLLE, Jahwebund 34. Aber was stand dann für ein Verb in der Vorgabe? Die Formulierung τὸ ἐμὸν ὄνομα ist bei Mt singulär, sonst τὸ ὄνομά μου (10,2; 18,5; 19,29; 24,5.9), auch ἐν μέσῳ für das Mitsein Jesu mit seinen Jüngern.
[8] Dies gilt trotz ihrer breiten Bezeugung. εἰς σέ fehlt in Sinaiticus B f[1], bei ORIGENES. NESTLE-ALAND[26], The Greek NT, setzen die zwei Wörter in eckige Klammern, HUCK-GREEVEN nehmen sie uneingeschränkt in den Text auf.

Sünden zu denken ist angesichts der Konsequenz des Verfahrens nicht empfehlenswert[9]. Man wird nur sagen können, daß es sich um Sünden handelt, die in der Gemeinde geschehen und dieser zum Ärgernis werden. Das Verfahren richtet den Blick mehr auf die Gemeinde, der mt Kontext hingegen mehr auf den Sünder, den es zu bewahren gilt. Hört er auf die Zurechtweisung, so ist er – für die Gemeinde – wiedergewonnen[10].

Die Weisung, den Nächsten zurechtzuweisen, findet sich auch in Lv 19,17, aber eindeutig nur im LXX-Text (ἐλεγμῷ ἐλέγξεις); der masoretische Text der Stelle ist dunkel[11]. Der Mt-Text lehnt sich an die Stelle an. Im rabbinischen Judentum hielt man zwar die Pflicht, den sündigenden Genossen zurechtzuweisen, aufrecht, hielt aber Durchführung und Wirkung der correctio fraterna für sehr problematisch[12]. Anders ist es nach TestGad 6,3: „Und sündigt einer gegen dich, so sage es ihm in Frieden" und in Qumran (s. unten).

16 Eigentlich könnte der Fall schon auf der ersten Stufe – Zurechtweisung unter vier Augen – zu Ende geführt sein. Nunmehr wird die Möglichkeit der Unbußfertigkeit ins Auge gefaßt. Ein Verfahren kommt ins Rollen, in dem ein oder zwei – sicherlich Gemeindemitglieder, Brüder – hinzugezogen werden sollen. Mt zitiert die Zeugenregel Dt 19,15. Wir vergleichen die Texte:

Mt   ἐπὶ στόματος δύο μαρτύρων ἢ τριῶν σταθῇ πᾶν ῥῆμα.
LXX ἐπὶ στόματος δύο μαρτύρων καὶ ἐπὶ στόματος τριῶν μαρτύρων σταθήσεται πᾶν ῥῆμα.
M   „Auf dem Mund zweier Zeugen oder auf dem Mund dreier Zeugen soll die Sache aufgerichtet werden."

Im Dt-Text geht es um das Zustandekommen eines Gerichtsspruches, dessen Gültigkeit auf der Aussage von zwei oder drei Zeugen beruht. Ähnliches ist Dt 17,6; Nm 35,30 verfügt. Obwohl M und LXX in Dt 19,15 eng beieinander liegen, ist anzunehmen, daß Mt den LXX- oder einen diesem verwandten Text in verkürzter Form wiedergibt.

Störend ist, daß entsprechend dem Zitat die Hinzugezogenen Zeugen heißen[13]. Was sollen sie bezeugen? Die Unbußfertigkeit? Oder haben sie Schutzfunktion[14]? Das Zitat will die Übereinstimmung mit dem Gesetz bestätigen und im Verfahren der Zurechtweisung Nachdruck verleihen[15].

---

[9] Dies könnte sich wegen der festgestellten formalen Nähe zu Lv 4,2.22.27 usw. (s. Analyse I Absatz 2) nahelegen. BONNARD, Composition 135, äußert diese Vermutung im Hinblick auf die Kleinen, die sich ihres Weges noch unsicher seien.
[10] κερδαίνω ist in der ntl Briefliteratur Terminus der Missionssprache (1 Kor 9,19–22; 1 Petr 3,1).
[11] Vgl. M. NOTH, Das dritte Buch Mose (ATD 6) (Göttingen 1962) 122. Seine Übersetzung: „Du sollst sorgfältig entscheiden über deinen Gefährten."
[12] Vgl. BILLERBECK I 787ff.   [13] In Kodex D ist μαρτύρων gestrichen.
[14] So SCHWEIZER.
[15] Nach BOHREN, Kirchenzucht 96, geben die Zeugen der Zurechtweisung den Anstrich des Gerichtsverfahrens. – Die Zeugenregel wird im NT noch 1 Tim 5,19 und 2 Kor 13,1 zitiert.

17 Seinen Abschluß erfährt das Verfahren im Fall der Ablehnung der verstärkten Zurechtweisung in der dritten Instanz, nämlich vor der Kirche. Damit ist die Ortsgemeinde gemeint. Nimmt er auch deren Wort nicht an, ist der Sünder ausgeschlossen. Dies ist mit der Formel „er sei dir wie der Heide und der Zöllner" verfügt[16]. Die Formel ist ganz jüdisch empfunden (vgl. 5,46f; 6,7) und zeigt die Nähe der dieses Verfahren praktizierenden Gemeinde zur Synagoge an. Jesus hatte sich den Zöllnern vorbehaltlos geöffnet. Aus dem knappen Text geht nicht klar hervor, wie der Fall des Sünders vor der Gemeinde verhandelt wurde. Ist an eine Vollversammlung aller Gemeindemitglieder zu denken oder an die Versammlung eines Ausschusses? Hat man den Sünder förmlich ausgeschlossen? Die Formel legt nahe, daß man praktisch die Gemeinschaft mit ihm aufhob[17].

Es bleiben noch zwei Fragen zu klären: 1. Gibt es für das Verfahren, das in seiner Dreiteilung im NT einmalig ist, Vorbilder? Im rabbinischen Judentum gibt es kein Vorbild, da der früher gelegentlich zu Rate gezogene Synagogenbann keine echte Vergleichsmöglichkeit darstellt[18]? Um so bemerkenswerter ist eine weitgehend übereinstimmende Praxis in der Qumran-Gemeinde: „Es soll keiner gegen seinen Nächsten eine Sache vor die Vollversammlung (wörtlich: die Vielen) bringen ohne vorausgehende Zurechtweisung vor Zeugen" (1 QS 6,1). Ganz ähnlich lautet Dam 9,2–4: „Und jeder Mann von den Bundesgliedern, der gegen seinen Nächsten eine Sache vorbringt, ohne ihn vor Zeugen zurechtgewiesen zu haben ..., gilt als einer, der sich rächt und grollt." Es besteht kaum ein Zweifel über denselben dreistufigen Instanzenweg[19]. Nur ist die Perspektive eine andere. Man will die sofortige Behandlung eines Falles vor der Vollversammlung verhindern. Daß im Unterschied zu Mt keine Zahl der Zeugen angegeben wird, bedeutet wenig. Wichtig ist, daß das Verfahren auch mit der Zeugenregel Dt 19,15 verbunden erscheint[20]. Der Verfahrensmodus in der dritten Instanz ist in der Qumran-Gemeinde durchsichtiger, insofern die Sache vor die Vollversammlung kommt. Jedoch ist nicht zu vergessen, daß diese Versammlung nach Rangordnungen gegliedert war. In Dam 9 wird die Vollversammlung nicht erwähnt. Hier kommt die Sache vor ein Richterkollegium[21]. 2. Was für Gründe mögen für die Einführung des Verfahrens, das die Möglichkeit des Ausschlusses vorsah, maßgeblich gewesen sein? Primär waren es ekklesiologische, die auch im Zusammenhang

---

[16] In D fehlt die Partikel ὥσπερ.
[17] BARTH: ZNW 69 (1978) 173 spricht vom Selbstausschluß des Sünders.
[18] Vgl. BILLERBECK IV 293ff. Die Unterscheidung von niederem und verschärftem Bann mit vorausgehendem Verweis ist vor dem 3. Jh. n.Chr. nicht zu belegen. Hierzu FORKMAN, Limits 92ff.
[19] Zwischen 1 QS 6,1 und Dam 9,2ff besteht der Unterschied, daß 1 QS Gemeinderegeln, die Dam Paränese bietet.
[20] Das bedeutet, daß Mt durch die Einbringung der Zeugenregel in V 16b (vgl. die Analyse) die Nähe zur Qumranpraxis noch intensivierte. In Dam 9,2ff und 1 QS 5,26ff ist überdies auf Lv 19,17 Bezug genommen. Die Angleichung an diese Stelle konstatierten wir auch für Mt 18,15.
[21] Vgl. Dam 10,4–7 und GNILKA: BZ 7 (1963) 55f.

standen mit der Verzögerung der Parusie. Die Gemeinde war auf ihre Heiligkeit bedacht. Die Problematik des Bösen in den eigenen Reihen wurde früh empfunden und drängte nach Lösungen (vgl. 1 Kor 5; 2 Thess 3,6–15; 2 Joh 10; Did 15,3). Mt freilich sieht die Dinge anders und korrigiert die Praxis von *seinem* ekklesiologischen Konzept her, wie im folgenden noch näher zu zeigen sein wird. Auf jeden Fall stellt er das Gleichnis vom verlorenen Schaf der Regel voran und läßt Aufforderungen zur Vergebung folgen. Zwar hat er das Verfahren aufgenommen und damit dessen Gültigkeit bestätigt. Doch verschiebt er den Akzent vom Rechtsdenken auf ein pastoral-ekklesiologisches Anliegen. Die Spannung des Verfahrens sowohl zu Jesus als auch zu Mt bestätigt, daß es von außen hereingeholt wurde. Qumran bietet die nächste Analogie. Eine Abhängigkeit von dort kann nicht nachgewiesen werden, ist aber auch nicht völlig auszuschließen.

18   Das Binde- und Lösewort wird mit einem bekräftigenden „Amen, ich sage euch" eingeführt. Wie schon zu 16,19 ausgeführt, bedeutet Binden und Lösen im lehrmäßigen Bereich verbieten und erlauben, im Disziplinarbereich bannen und den Bann aufheben. Obwohl beide Aspekte nicht voneinander zu trennen sind, ist klar, daß hier der disziplinarische in den Vordergrund tritt. Die Aufkündigung der Gemeinschaft geschieht in Vollmacht und wird im Himmel, das heißt, von Gott, gleichsam beglaubigt. Auch hier ist der Gegenwartsbezug gegenüber dem auf das endzeitliche Gericht zu bevorzugen. Doch sollte das Lösen nicht übersehen werden. Mit der Vollmacht zu lösen ist im konkreten Fall die Möglichkeit gegeben, den Sünder, der die Zurechtweisung annimmt, wieder in die Gemeinschaft zurückzuholen, und zwar nicht nur bei der Verhandlung seines Falles, sondern auch zu jedem Zeitpunkt in der Zukunft. V 18 steht im Gesamtrahmen des Evangeliums in einem Verhältnis zu 16,19, das noch näher zu bestimmen ist. E hat zwischen beiden Aussagen keinen Widerspruch gesehen. Die petrinische Vollmacht bezog sich auf die gesamte Kirche, hier ist von der in der Ortsgemeinde ausgeübten Vollmacht die Rede. Man wird sagen können, daß die petrinische Vollmacht die in der Gemeinde ausgeübte autorisiert. Letztere wird in der Nachfolge Petri auf einer partiellen Ebene in Anspruch genommen[22].

19   Erneut gewichtig eingeleitet[23], folgt eine Zusage, die das gemeinsame Gebet betrifft. Dies kann wegen der pluralischen Form der Zusage („ihnen wird es widerfahren") als sicher vorausgesetzt werden[24]. Zum gemeinsamen Gebet muß die innere Übereinstimmung der Betenden hinzutre-

---

[22] SCHWEIZER 242 sagt, die Gesamtgemeinde ist Nachfolger Petri. Der universale und der partielle Bezug hier und dort sollten nicht außer acht gelassen werden.
[23] Ob Amen in V 19 zu lesen ist, ist kaum sicher zu entscheiden. Es fehlt in Sinaiticus DLf¹ 892 lat sy^p bo, gelesen wird es von B 058 078 f¹³ it sy$^{s.c}$ sa mae.
[24] TRILLING, Israel 121, erwägt eine Einschränkung auf die innere Übereinstimmung.

ten[25]. Die Angabe der Zahl zwei – wie auch in V20: zwei oder drei – ist erwähnenswert. Die Zahl zwei läßt sich etwa auf Eheleute beziehen. Im Kontext empfiehlt sich ein Zusammenhang mit V16, das heißt, die mit dem Verfahren Betrauten sollen den Sünder in ihr Gebet aufnehmen, um seine Bußfertigkeit zu erwirken. Das Machtmittel der Gemeinde ist das Gebet. Schon im jüdischen Bereich gilt das gemeinsame Gebet mehr als das des einzelnen: „Gott verachtet das Gebet der Vielen nicht."[26] Es ist anzumerken, daß auch in der Gemeinderegel von Qumran auf die Weisung zur correctio fraterna die zum Gebet folgt: „Gemeinsam sollen sie lobpreisen!" (1 QS 6,3).

20 Der abschließende Begründungssatz verheißt jenen zwei oder drei, die im Namen Jesu sich versammeln, seine Gegenwart. Diese Gegenwart bezieht sich zunächst auf das gemeinsame Gebet V19. „In meinem Namen" (εἰς τὸ ἐμὸν ὄνομα) ist kausal aufzulösen: im Wissen um seine Gegenwart, weil er unter ihnen ist, versammeln sie sich (vgl. 10,41f)[27]. Darüber hinaus gilt die Verheißung für jedwede Versammlung in seinem Namen", für jedes gemeinsame Bemühen in seinem Namen, im Kontext gerade auch für das Bemühen um den sündigenden Bruder. Vom Ende her erfährt der Text seine Vertiefung. Sie geschieht durch das damit angedeutete Kirchenbild. Hatte Mt bereits das den VV 15–17 zugrunde liegende Bild einer heilig und rein zu erhaltenden Kirche dahingehend korrigiert, daß das Bemühen um den irrenden oder sich verfehlenden Bruder im Vordergrund zu stehen hat, so stellt er jetzt das Ganze in den Horizont einer ekklesialen Gemeinschaft, die Gott, den himmlischen Vater, über sich (V19) und Jesus in ihrer Mitte weiß. Das Mit-sein Jesu mit seiner Gemeinde ist hier nicht – wie oben ausgeführt (vgl. Punkt I) – aus einem rabbinischen Spruch abzuleiten, sondern macht eine theologische Leitlinie unseres Evangeliums aus (1,23; 28,20). Es hat sein Vorbild im Mit-sein Jahves mit Israel. Von daher bestimmt sich dieses Mit-sein Jesu – wie Frankemölle gezeigt hat[28] – geschichtlich dynamisch. Jesus zieht mit seiner Kirche wie Jahve mit seinem Volk. Dabei ist er sogar mit der kleinen Schar von zwei oder drei. Christologisch ist die Übertragung von Funktionen Jahves auf Jesus bedeutungsvoll.

III
a) Mit diesem Text erhalten wir Einblick in eine frühe Gemeindeproblematik: Wie ist mit dem sündigen Bruder in der Gemeinde zu verfahren?

---

[25] Die Formulierungen im überlieferten Text sind uneinheitlich: συμφωνήσωσιν ἐξ ὑμῶν, ὑμῶν συμφωνήσωσιν, ὑμῖν συμφωνήσουσιν usw. Sachliche Unterschiede bestehen nicht. Das erste ist vorzuziehen.
[26] Ein häufig wiederholter rabbinischer Spruch. Vgl. BILLERBECK I 793.
[27] KRETZER, Herrschaft 237f, möchte συνηγμένοι als Antithese zur jüdischen Synagoge verstehen. Ähnlich BARTH, Dogmatik IV/2,791.
[28] Jahwebund 29–36 und LXX Ex 33,6; 34,9; Nm 14,42; Dt 1,30.42; 20,1.4; 31,6.8; 32,12 usw. – KINGSBURY, Matthew 70, sieht in V20 Jesus als den Sohn Gottes vorgestellt.

Die Problematik kommt früh auf (1 Kor 5). Mt kennt eine in der Gemeinde geübte, relativ rigorose Praxis (VV 15-17). Er schafft sie nicht ab, hat aber etwas gegen ihre Praktizierung, wenn sie nur juridisch erfolgt, läßt sie als äußerstes Mittel gleichsam in Geltung. Er macht der Gemeinde klar, was sie ist, wenn sie sich versammelt, oder nur einzelne von ihnen, zum Gebet oder um über den sündigen Bruder zu entscheiden. Sie ist Ort der Gegenwart Christi, der durch sie wirken und entscheiden will. Im Makrotext des Evangeliums melden sich andere Worte an: vom Richten, vom Splitter und Balken (7,1 ff). Sie heben gleichfalls das Verfahren gegen den sündigen Bruder nicht auf, machen aber den Entscheidenden bewußt, daß ihr Entscheid auch sie selber betrifft. Gemeinde, Kirche ist mit Jesus unterwegs. Dies wird der Ausblick des Evangeliums sein (28,20). Diese christologische Mitte gilt es nicht aus dem Blick zu verlieren.

b) Das „Kirchenzuchtverfahren" ist in der Gemeinde aufgekommen, sogar von außen, wie wir erkannten, beeinflußt. Die Mahnung, den Sünder zurechtzuweisen, ist zwar verbreitet, in Lk 17,3f aber ist sie als Doppelspruch mit der Aufforderung zu schrankenloser Vergebung verknüpft. In diesem Verbund kann ihr die Rückführung auf Jesus nicht abgesprochen werden. V 20 ist nur als Wort, das auf den erhöhten Kyrios verweist, begreiflich. Daß aber die Verheißung der Erhörung gläubigen Betens – in ihrer wörtlichen Fassung gewiß schwer rekonstruierbar – von Jesus herkommt, legt ihr vielfältiges Vorkommen in den Evangelien nahe (Mk 11,24; Mt 21,22; Joh 14,13f; 15,7; 16,23b).

c) Notwendigkeit und Problematik der correctio fraterna sind in gleicher Weise wachzuhalten. Von mittelalterlichen Theologen wurde sie höher geschätzt als das leibliche Almosen. Man unterschied zwischen der autoritativen Zurechtweisung, die der Höher- dem Niedergestellten zu leisten verpflichtet war und die als Akt der Gerechtigkeit galt, und der brüderlichen Zurechtweisung, die man als Akt der Liebe ansah. In der hierarchisch strukturierten Gesellschaft war die Zurechtweisung des Höher- durch den Niedergestellten besonders problematisch[29]. Der Antiochenische Zwischenfall (Gal 2,11 ff) galt als Präzedenzfall. Moderne Moraltheologen diskutieren ihre Voraussetzungen, betonen, daß sie nur im Bewußtsein erfolgen darf, daß man selbst einer weiteren Bekehrung bedarf, oder setzen sie zu dem aus der Gruppendynamik stammenden Feedback in Beziehung[30]. Etwas anderes ist es mit dem „Kirchenzuchtverfahren" in 18,15-17. Es hat kaum eine Nachgeschichte in der kirchlichen Praxis. Aufschlußreich ist, daß es in der Didaskalia 2,38, geschrieben im 3. Jh., hinsichtlich der Durchführung auf den Bischof eingeschränkt wird. Die zwei oder drei Zeugen werden mit der Trinität gleichgesetzt[31]. Das

---

[29] Vgl. J. GRÜNDEL, Correctio fraterna und Feedback im Dienste des Menschen und der Gesellschaft: J. GRÜNDEL u. a., Humanum. Moraltheologie im Dienst des Menschen (Düsseldorf 1972) 264–284, hier 264–268.
[30] B. HÄRING, Frei in Christus Bd. 2 (Freiburg 1980) 436; GRÜNDEL (Anm. 29).
[31] Vgl. H. VON CAMPENHAUSEN, Kirchliches Amt und geistliche Vollmacht in den ersten drei Jahrhunderten (Tübingen 1953) 268 und Anm. 3.

zeigt die veränderte Situation in einer Kirche an, die zur Massenkirche wird. Das Zuchtverfahren aber hat ein Fortleben bei den Mönchen. Kapitel 23 der Regel des hl. Benedikt sieht vor, daß der stolze und mürrische Bruder zurechtgewiesen werde, zunächst im geheimen, dann öffentlich und schließlich, wenn alles nichts fruchtet, durch die Strafe der Exkommunikation oder durch körperliche Züchtigung[32]. Es ist auf den Zusammenhang von Zurechtweisung und Gebetsgeist zu achten. Letzterer ist es, der ekklesiale Gemeinschaften hervorbringt[33].

LITERATUR: R. Bohren, Das Problem der Kirchenzucht im NT (Zollikon-Zürich 1952) 92ff; J. M. Bover, Si peccaverit in te frater tuus: EstB 12 (1953) 195–198; C.-H. Hunzinger, Die jüdische Bannpraxis im ntl Zeitalter (Diss. Göttingen 1954); W. Doskocil, Der Bann in der Urkirche (München 1958) 30–38; H. van Vliet, No Single Testimony. A Study on the Adoption of the Law of Deut. 19,15 par. into the NT (Utrecht 1958); W. C. van Unnik, Dominus vobiscum. The Background of a Liturgical Formula: NT Essays (Gedächtnisschrift T. W. Manson) (Manchester 1959) 270–305; J. Gnilka, Die Kirche des Matthäus und die Gemeinde von Qumran: BZ 7 (1963) 43–63; H. D. Preuß, „... ich will mit dir sein!": ZAW 80 (1968) 139–173; G. Forkman, The Limits of the Religious Community (Lund 1972); G. Barth, Auseinandersetzungen um die Kirchenzucht im Umkreis des Matthäusevangeliums: ZNW 69 (1978) 158–177.

12. Vom Vergeben –
das Gleichnis vom unbarmherzigen Sklaven (18, 21–35)

21 Da trat Petrus heran und sprach zu ihm: Herr, wie oft soll ich, wenn mein Bruder gegen mich sündigt, ihm vergeben? Bis siebenmal? 22 Jesus sagt ihm: Nicht, sage ich dir, bis siebenmal, sondern bis siebzigmal siebenmal. 23 Deshalb verhält es sich mit der Himmelsherrschaft wie mit einem Menschen, einem König, der mit seinen Sklaven Abrechnung halten wollte. 24 Als er aber begann abzurechnen, wurde ihm einer vorgeführt, ein Schuldner von zehntausend Talenten. 25 Da er aber nichts hatte, um zurückzuzahlen, befahl ihm der Herr, sowohl die Frau als auch die Kinder und alles, was er besaß, zu verkaufen und zurückzuzahlen. 26 Da fiel der Sklave also nieder, huldigte ihm und sagte: Habe Geduld mit mir, und ich werde dir alles zurückzahlen. 27 Es erbarmte sich aber der Herr jenes Sklaven und ließ ihn los. Auch das Darlehen schenkte er ihm. 28 Jener Sklave aber zog hinaus und fand einen seiner Mitsklaven, der ihm hundert Denare schuldete. Und er packte, würgte ihn und sagte: Zahle

---

[32] Vgl. B. Steidel, Die Benediktusregel (Beuron o.J.) 120. – Calvin II 106, der Mt 18,15–17 vom historischen Jesus gesprochen sieht, bezieht das Verfahren auf die Praxis der Synagoge. Luther II 614ff bejaht im Anschluß an V 17 die Bannung, warnt vor Mißbrauch vor allem in materieller Hinsicht und weiß sich selbst als Sünder: „Ich hab wohl eigene Sünd genug, meine verlorene Jugend, hernach mein Mönchtum" (616).

[33] Thielicke, Glaube III 123, spricht treffend im Anschluß an 18,19f vom kirchenbildenden Amt des Gebetes.

zurück, was du schuldest! 29 Da fiel sein Mitsklave also nieder, bat ihn und sagte: Habe Geduld mit mir, und ich werde dir zurückzahlen. 30 Er aber wollte nicht, sondern ging weg, warf ihn ins Gefängnis, bis er die Schuld zurückgezahlt hätte. 31 Als aber seine Mitsklaven sahen, was geschehen war, wurden sie sehr traurig und berichteten ihrem Herrn alles, was geschehen war. 32 Da rief ihn sein Herr herbei und sagte ihm: Böser Sklave, jene ganze Schuld habe ich dir geschenkt, weil du mich gebeten hattest. 33 Mußtest nicht auch du dich über deinen Mitsklaven erbarmen, wie auch ich mich über dich erbarmt habe? 34 Und sein Herr erzürnte und lieferte ihn den Folterknechten aus, bis er die ganze Schuld zurückgezahlt hätte. 35 So wird mein himmlischer Vater auch euch tun, wenn ihr nicht aus euren Herzen, jeder einzelne seinem Bruder vergebt[1].

I

Wie im Vorausgehenden ist der sündigende Bruder das Thema, jedoch der Bruder, der „gegen mich" sündigt. Die einzige Entsprechung ist die Vergebung. In zwei Schritten wird dies dargelegt: in Frage und Antwort von Petrus und Jesus und im Gleichnis vom unbarmherzigen Sklaven, das in der lutherischen Tradition auch das Gleichnis vom Schalksknecht heißt[2]. E hat die beiden Einheiten auch in der Weise enger verknüpft, daß das Verb vergeben (ἀφιέναι) den gesamten Text inklusionsartig einrahmt (21 und 35) und „deshalb" in V 23 eine begründende Überleitung schafft. Im Gespräch mit Jesus wird die Quantität der Vergebung, im Gleichnis ihre Qualität behandelt.

Die Gleichnisgeschichte, eine Parabel, ist bestimmt durch zwei einander kontrastierende Szenen, der gewährte und der verweigerte Schulderlaß[3]. Zwar ist der König der Handlungssouverän, doch ist die Hauptfigur der in beiden Szenen auftretende Sklave. Er tauscht die Rolle des Schuldners ein mit der des Gläubigers. Dessen Spiegelbild als Schuldner ist der Mitsklave in der zweiten Szene, eine weitere dramatis persona. Die anderen Mitsklaven (31) und die Folterknechte (34) sind Staffage. Mit vertauschten Rollen wiederholt sich nahezu wortwörtlich die Bitte um Zahlungsaufschub: „Habe Geduld mit mir, und ich werde dir (alles) zurückzahlen" (26 und 29), verbunden mit der demütigen Geste des Sich-Niederwerfens. Übereinstimmung besteht auch in der Umschreibung der Befristung der Bestrafung: „bis er die (ganze) Schuld zurückgezahlt hätte" (30 und 34). Wo der König bzw. der Herr beteiligt ist, ist entsprechend der Höhe der von ihm eingeforderten Schuld die Aussage gesteigert: alles zurückzahlen, die

---

[1] In der Textüberlieferung des Gleichnisses gibt es eine Anzahl von Varianten, die nur Personalpronomen ergänzen oder streichen. So lesen einzelne Hss in V 25: *sein* Herr, *seine* Frau; in V 26: *jener* Sklave; in V 27: *sein* Herr; in V 28: zahle *mir* zurück; in V 34: *ihm* zurückgezahlt hätte. Umgekehrt fehlt in manchen Hss in V 21: *zu ihm;* oder wird in V 27: *der Herr des Sklaven* gelesen usw.
[2] LUTHER übersetzt in V 32: du Schalksknecht.
[3] Vgl. HARNISCH, Gleichniserzählungen 256 ff.

ganze Schuld. Diese zweite Übereinstimmung könnte als ein Argument dafür ins Feld geführt werden, daß der Strafvollzug (34) immer schon Bestandteil der Parabel war. Aus erzählerischen und theologischen Gründen wurde dies bestritten. Darauf ist gleich zurückzukommen.

Traditionsgeschichtlich betrachtet, schöpft E aus zwei Quellen. In der einleitenden Belehrung des Petrus kommt er nochmals auf die Q-Überlieferung, die er schon in 18,15 eingebracht hatte, zurück. In Lk 17,3f heißt es nach der Mahnung zur Zurechtweisung: „Und wenn er (dein Bruder) bereut, so vergib ihm. Und wenn er siebenmal des Tages gegen dich sündigt und siebenmal sich dir zuwendet und sagt: Ich bereue, so sollst du ihm vergeben." Aus diesem Spruch hat E Petrusfrage und Jesus-Antwort gestaltet[4]. – Die redaktionellen Eingriffe des Mt in das Gleichnis erfolgten am Anfang und am Schluß (Überleitung mit „deshalb" in V 23 und die Anwendung des Gleichnisses in V 35, einem 5,15 nachgebildeten Logion). Auf diese Weise wird das Gleichnis, dem ursprünglich ein anderer Adressatenkreis zuzusprechen ist, zu einem Jüngergleichnis, das sich in die Gemeinde hinein weitersagen läßt[5]. Doch vermutlich wurde die Geschichte schon zu einem früheren Zeitpunkt zu einem Jüngergleichnis umgeformt. Besonders auffällig ist die unglaubliche Geldmenge, die der Sklave seinem Herrn schuldet. Sie läßt ihn in der Tat als einen hohen Regierungsbeamten, einen Satrapen, erscheinen, der ihm vom König anvertraute Gelder veruntreut hatte. Daß die Eintragung der hohen Geldsumme sekundär erfolgt sein könnte, legt ein ähnlicher Vorgang in der Überlieferung des Gleichnisses von den anvertrauten Geldern nahe. Auch hier spricht Mt 25,14ff von Talenten, parLk 19,11ff hingegen nur von Minen, was ursprünglich sein dürfte. Im Zusammenhang mit der Steigerung der Geldsumme dürfte die Umwandlung des Herrn (27.31.32) in einen König (nur in V 23) geschehen sein (vgl. 22,2/par Lk 14,16). Das Gleichnis wurde zu einer Erläuterung der Basileia. Die Einleitungsformel 21a stimmt ganz mit 13,24; 22,2 überein. Innerhalb der Gleichnisgeschichte ist V 34 ein zusätzliches Element, denn er verlagert den Akzent von der Güte des Herrn auf das unerbittliche Gericht. Diese Verlagerung muß im Verein mit den anderen Eingriffen gesehen werden[6]. Ein rudimentäres Element ist in V 27 mit dem Darlehen (δάνειον) gegeben. Damit ergibt sich folgende ursprüngliche Gleichnisgeschichte: Ein Herr leiht einem Sklaven eine hohe Geld-

---

[4] Vgl. SCHULZ, Q 321 f. Lk gibt die Q-Fassung im wesentlichen wieder. Mt Spracheigentümlichkeiten sind τότε προσελθών, die Betonung der Sprecherrolle des Petrus, die Kyrie-Anrede. 70mal 7mal ist vermutlich von LXX Gn 4,24 beeinflußt.

[5] WEISER, Knechtsgleichnisse 84–86; MERKLEIN, Gottesherrschaft 237, halten V 31 für MtR. Das ist kaum glaubhaft. Die Feststellung von einzelnen mt Vorzugswörtern, wie KÜNZEL, Gemeindeverständnis 204f, sie vornimmt, läßt auf eine gewisse mt Sprachprägung schließen. Dazu gehören προσκυνεῖν (26), σπλαγχνίζεσθαι (27), λυπεῖν (31), πονηρός (32), ἐλεεῖν (33).

[6] Auch HARNISCH, Gleichniserzählungen 261 f; BROER, Parabel vom Verzicht 156f, halten V 34 für einen Zusatz. WEDER, Gleichnisse 210ff, läßt die ursprüngliche Erzählung mit V 30 schließen. Zurück bleibt ein wenig befriedigender Torso. Formal wird V 34 als Zusatz durch den Wechsel in die indirekte Rede erhärtet.

summe (die Höhe läßt sich nicht mehr bestimmen, jedenfalls nicht 10000 Talente). Bei Zahlungsunfähigkeit erläßt er angedrohte Strafe und Schuld. Das Folgende verläuft gemäß dem Text, endet aber mit der eindringlichen Frage des Herrn in V 33. In der folgenden Interpretation wird es auch darum gehen, das mt Verständnis des Gleichnisses von seinem ursprünglichen Sinn abzuheben.

In dieser Rekonstruktion ähnelt die Geschichte dem Gleichnis von den beiden Schuldnern Lk 7,41–43. Auch hier ist von einem Darlehen die Rede (V 41: δανιστῇ). Man könnte fragen, ob ein traditionsgeschichtlicher Zusammenhang besteht[7]. Jedoch fehlt bei Lk der entscheidende Zug der Geschichte, der Rollenwechsel des größeren Schuldners.

II

21 f Erneut ist es Petrus, der mit einer für das Leben der Gemeinde wichtigen Frage an Jesus herantritt. Die Sünde des Bruders betrifft jetzt „mich". Jedoch im Verhältnis der einzelnen zueinander wird Gemeinde aufgebaut und zerstört. Die Sünde gegen „mich" ist in vielfältigen Formen denkbar, als Beleidigung, Verleumdung, Lüge, Schädigung usw. Die Bereitschaft zur Vergebung ist in die Fragestellung eingeschlossen, sie sucht aber die Grenze in einem quantitativen Sinn. Die Antwort Jesu, ein Zahlenspiel, weist die Grenze zurück und verlangt nicht endende Vergebungsbereitschaft. Das Zahlenspiel legt eine Anlehnung an das Lamech-Lied nahe (LXX Gn 4,24): „Wird Kain siebenmal gerächt, so Lamech siebzigmal siebenmal." Das Lamech-Lied ist das Prahllied eines mächtigen Mannes vor seinen Frauen, der im Imponiergehabe übersteigerte Selbstbehauptung demonstriert[8]. Der Fall Kain ruft in Erinnerung, daß das Verhältnis unter Brüdern zum Mord führen kann. Liegt die Anspielung vor, hebt sich die Forderung unbegrenzter Vergebung um so schärfer auf dem Hintergrund allgemein menschlichen Vergeltungs- und Rachestrebens ab (vgl. Gn 4,15; TestBenj 7,4).

23–34 Begründend wird die Parabel vom unbarmherzigen Knecht eingeleitet. Sie liefert also den Grund solch unbegreiflicher Forderung. Betrachten wir zunächst die Bildhälfte: Ein König und Herr, der mit seinen Sklaven Abrechnung hält, läßt einen in exorbitanter Weise verschuldeten sich vorführen. Daß dieser sich schon in Haft befindet, ist nicht vorausgesetzt[9]. Die Riesensumme von 10000 Talenten, die die größte vorstellbare Geldmenge bezeichnet, läßt den Sklaven als hochgestellten Satrapen erscheinen[10]. Die Bezeichnung Sklave für einen hohen Beamten ist im Blick

---

[7] Mit FIEDLER, Jesus 199ff.
[8] Vgl. C. WESTERMANN, Genesis I (BK AT) (Neukirchen ³1983) 456f. Im rabbinischen Judentum erfolgte die Abbitte eines Beleidigers vor Zeugen. Vgl. BILLERBECK I 795.
[9] So JEREMIAS, Gleichnisse 208. BAUER, Wörterbuch 1427 und 1410, verzeichnet diese Bedeutung weder für προσηνέχθη noch die v. l. προσήχθη (B D).
[10] Das Talent wurde in verschiedenen Zeiten und Gegenden verschieden berechnet, ist auf jeden Fall die höchste Münzeinheit. Es variiert zwischen 6000 und 10000 Denaren. 1

auf einen absoluten Monarchen nicht ungewöhnlich. Weil der Verschuldete zahlungsunfähig ist, verfügt der Herr, daß er seine Frau, seine Kinder und seinen Besitz verkaufen müsse. Dies deutet an, daß die Geschichte von einem heidnischen König erzählt. Ex 22,2 sieht den Verkauf eines Diebes vor, der restitutionsunfähig ist, Talmud und Mischna kennen den Verkauf der eigenen Person und der Kinder[11]. Den Verkauf der Frau kennt das Judentum nicht. Der zur Rechenschaft Gezogene bittet um Zeitaufschub, wobei er dem König kniefällig seine Huldigung leistet[12]. Daß er je zur Rückerstattung fähig sein würde, ist völlig illusorisch. Nunmehr geschieht das gänzlich Unerwartete. Der König schenkt dem Sklaven die Riesenschuld und läßt ihn frei. Die zweite Hälfte der Geschichte spielt in einem anderen Milieu. Der Schuldner des von der Schuld Freigesprochenen, als Mitsklave eingeführt, ist nicht in der Lage, die vergleichsweise lächerliche Summe von 100 Denaren zurückzuzahlen. Bei nächster Gelegenheit packt ihn der zum Gläubiger gewordene Schuldner. Die vor ihm sich abspielende Bittszene müßte ihn an seine eigene jüngste Vergangenheit erinnern, zumal sie in der gleichen Weise verläuft. Das Versprechen des Verschuldeten zurückzuzahlen ist realistisch. Dennoch ist der Geldleiher unerbittlich und besteht auf Einweisung in das Schuldgefängnis (vgl. 5,25 f). Empörte Kollegen des Sklaven berichten dem Herrn das Vorgefallene. Dessen warnende Frage wird überspielt von seinem Zorn, mit dem er jetzt seinerseits den unbarmherzigen Sklaven in das Schuldgefängnis einliefert, bis er die ganze Schuld zurückbezahlt habe.

Welches ist die Botschaft der Parabel nach Mt? Ihre Grundstruktur ist insofern erhalten geblieben, als die Geschichte in ihrer zweiten Hälfte von einem Verhalten erzählt, wie es im Alltag gang und gäbe ist. Der Mensch besteht auf seinem Recht, ohne danach zu fragen, ob sein Verhalten nicht Unglück stiften kann. Nun aber ist der Geschichte vom normalen Umgang eines Gläubigers mit seinem Schuldner der unwahrscheinliche Schuldenerlaß vorgeordnet[13]. In seinem Licht wird deutlich, daß dieser Umgang brutal und lieblos ist. Die einander gegenüberstehenden Geldsummen lösen den Protest gegen dieses aberwitzige Tun aus. Durch ihre Überarbeitung aber gewinnt die Parabel allegorische Züge. Mit der abschließenden Auslieferung an die Folterknechte, bis der Schuldner die ganze Schuld bezahlt hätte, kann nur das Strafgericht des jüngsten Tages, die äußerste Finsternis, gemeint sein. Hinter der Gestalt des Königs wird Gott erkennbar, der dem Sklaven gewährte Schuldenerlaß von 10000 Talenten steht für die von Gott dem Menschen gewährte Vergebung der Sünden. Weil Mt in die Gemeinde hineinspricht, ist der dem Christen durch den Tod Jesu ge-

---

Denar ist ein Tageslohn. Vgl. JEREMIAS 208 Anm. 4; VIA, Gleichnisse 136 Anm. 68a; BAUER, Wörterbuch 1590. – Der Sinaiticus* schwächt ab: ein Schuldner von *vielen* Talenten; c liest: von hundert Talenten.
[11] Belege bei BILLERBECK I 798. Vgl. H. G. KIPPENBERG, Religion und Klassenbildung im antiken Judäa (StUNT 14) (Göttingen ²1982) 141 ff.
[12] Sinaiticus LW 058 f[1.13] it sy[p.h] co fügen die Anrede: Kyrie ein.
[13] Vgl. WEDER, Gleichnisse 213 f.

schenkte Nachlaß der Schuld im Blick (vgl. 26,28). Die Grundmetapher, daß die Schuld des Menschen vor Gott den Geldschulden vergleichbar ist, bestimmt die mt Version. Es ist richtig, wenn man gesagt hat, daß Mt die Argumentationsrichtung verkehrt[14]. Der Schwerpunkt liegt auf der Bestrafung. Dennoch bleibt zu beachten, daß Gott mit seiner zuvorkommenden Gnade Handlungsinitiator bleibt. Der Mensch, der die Gnade ausschlägt, ist nicht mehr derselbe, der er vorher war. Dabei kann nicht übersehen werden, daß die Gnade durch liebloses, unmenschliches Verhalten zurückgestoßen wird.

Welches aber ist die Botschaft der Parabel in ihrer vor-mt Fassung, wenn wir von V 34 absehen und einräumen, daß sie von einem Herrn erzählte, der jenem Sklaven ein großes Darlehen erläßt, der in der Rückforderung eines kleinen unerbittlich ist, und wenn sie mit der Frage von V 33 endet? Weist sie ein in die Ordnung der Barmherzigkeit[15]? Kündet sie davon, daß die Fähigkeit zu vergeben, jetzt empfangen werden kann[16]? Ermuntert sie zur Aufgabe des Prinzips von Leistung und Gegenleistung, weil jeder Mensch soviel Erbarmen erhalten hat, daß auch er Erbarmen zeigen muß, und bleibt sie somit im Rahmen jüdischer Frömmigkeit[17]? Gewährt die Geschichte etwas, nämlich eine unglaubliche Fülle von Zeit, die der Mensch gewinnt, um ein Liebender zu sein[18]? Der Aufbau der Geschichte – ein liebloses Handeln wird durch eine vorausgreifende Güte entlarvt – kommt jetzt besser zum Zuge. Die Güte prägt das Ganze, doch darf nicht übersehen werden, daß der größere Schuldner in seinem Rollenwechsel vom Schuldner zum Gläubiger der Protagonist ist. Der kritische Imperativ, der sich in der Frage V 33 ausdrückt, kann nicht heruntergespielt werden. Ohne eine christologische Implikation bleibt die Parabel farblos, wird sie zur Moral. Ihr Milieu ist das Milieu der einfachen Leute. Der arme Jesus erzählt vom Geld. Diesmal rechtfertigt die Geschichte nicht die Frohbotschaft an die Armen. Wir dürfen vermuten, daß sie ursprünglich an die Armen, das normale Publikum Jesu, gerichtet war. Sie enthält ein kritisches Wort an sie. Das macht dann ihre Besonderheit aus. Jesus hatte den Armen die Basileia verheißen, sie in seine befreiende Gemeinschaft aufgenommen, Mahl mit ihnen gehalten, ihnen die Güte seines Vaters zugesprochen. Dies darf in ihrem Leben nicht ohne Resultat bleiben. Es gibt auch gegenseitigen Hader unter den Armen und Randfiguren. Nicht wird das Gericht angekündigt, natürlich ist es nicht ausgeschlossen. Wer das gesetzlich nennt, sollte bedenken, daß der in Anspruch genommene Mensch ein beschenkter ist.

---

[14] WEDER, Gleichnisse 217 f.
[15] LINNEMANN, Gleichnisse 117 ff. In der Rekonstruktion der Parabel weichen die Autoren voneinander ab. Vgl. oben Punkt I.
[16] VIA, Gleichnisse 136 f.
[17] BROER, Parabel vom Verzicht 157 ff. Jüdische Analogien finden sich 160 ff.
[18] Vgl. die bestechenden Ausführungen von HARNISCH, Gleichniserzählungen 265–270. Ebenfalls auf die geschenkte Zeit hin deutet DIETZFELBINGER, Gleichnis 447 ff.

35 Der abschließende Vers, der das Gleichnis im mt Sinn deutet und im Kap. 18 fester verankern möchte, unterstreicht dessen bedrohlichen Charakter, näherhin den des V 34. Ins Positive gewendet, ist er eine energische Aufforderung zur uneingeschränkten Vergebung[19]. Letztlich wird man auch den sündigenden Bruder von 15ff miteinbeziehen dürfen. Auch ihm gegenüber muß man, wenn er sich zurückwendet, jederzeit zur Vergebung bereit sein. „Von Herzen" ist mehr, als nur mit den Lippen. In seinem ganzen Sein soll der Bruder sich angenommen wissen.

III

a) Mt intensiviert das Thema Vergebung und läßt diese wichtige Weisung Jesu für die Gemeinde wieder durch Petrus vermittelt sein. Vergebung ist dem Bruder unbegrenzt zu gewähren. Das Gleichnis vom unbarmherzigen Sklaven wird konsequent auf die Gemeinde angewendet. Es macht das Voraus Gottes im Gnadenakt bewußt, weist aber auch die Konsequenzen einer verweigerten Vergebung gegenüber dem Bruder auf. In gewisser Weise veranschaulicht das Gleichnis die fünfte Vaterunser-Bitte (6,12), die in 6,14f nochmals aufgegriffen worden war. Auf die Problematik des Gerichtsgedankens als Motivation für die Vergebung ist nochmals zurückzukommen.

b) Für das Q-Logion Lk 17,3f ist Authentie zu reklamieren, ebenfalls für die oben vermutete Rekonstruktion der Parabel. Die Vergebung und Versöhnung ist ein zentrales Thema der Verkündigung Jesus. In der Interpretation ist der Adressatenkreis der Parabel schon ausgemacht worden, die Armen in ihrer Gefährdetheit. Von Jesus vorgetragen, gewinnt die Parabel als Sprachereignis ihre Glaubwürdigkeit und Überzeugungskraft. In seinem Umgang mit den Menschen trifft auf diese die Barmherzigkeit Gottes. Diese aber will den Menschen verwandeln, daß auch er barmherzig werde.

c) Die Frage des Petrus kommt aus der alten Existenz[20]. Er muß erst noch gewandelt werden. Im Duktus der Parabel sind empfangene und weiterzuschenkende Barmherzigkeit nicht zwei getrennte Dinge. Sie gehören unzertrennlich zusammen. Der Christ soll in Übereinstimmung mit dem Verhalten Gottes an ihm handeln, die an ihn ergangene Geschichte Gottes nachvollziehen. Als Spender von Barmherzigkeit ist er Gott gegenüber der ohne Verdienst Empfangende. Wer diese Zusammenhänge zerreißt, gelangt in der Kette seines Tuns und Ergehens in das Unheil. So verstanden, wird der Gerichtsgedanke begreiflich, nicht daß mit der Peitsche gedroht wird, sondern daß das eigene Tun und Ergehen des Unbarmherzigen das Gericht heraufführt[21]. W. Solowjew, der die Gefährlichkeit gesetzlichen Denkens im Blick auf unseren Text wie kaum ein anderer er-

---

[19] CW f[13] sy[h] fügen hinzu: ihre Verfehlungen.
[20] THIELICKE, Glaube II 117.
[21] Vgl. PANNENBERG, Christologie 239; BRUNNER, Dogmatik II 328; THIELICKE, Ethik II/2, Nr. 1606.

kannt hat, stellt fest, daß im Reich der Gnade nur ein Gesetz herrsche: die Liebe zu Gott und der rettende Glaube an seine Barmherzigkeit[22]. Zur vollkommenen Freiheit wird nur der befähigt sein, für den allein die Barmherzigkeit und Liebe Maßstäbe des Handelns sind. Diese absolute Sicht hat Mt nicht durchgehalten.

LITERATUR: F. H. BREUKELMANN, Eine Erklärung des Gleichnisses vom Schalksknecht: Parrhesia (Festschrift K. BARTH) (Zürich 1966) 261–287; C. DIETZFELBINGER, Das Gleichnis von der erlassenen Schuld: EvTh 32 (1972) 437–451; T. DEIDUN, The Parable of the Unmerciful Servant: BTB 6 (1976) 203–224; I. BROER, Die Parabel vom Verzicht auf das Prinzip von Leistung und Gegenleistung: À cause de l'évangile (Festschrift J. DUPONT) (Cerf 1985) 145–164.

13. Gespräche über Ehescheidung und Ehelosigkeit (19,1–12)

1 Und es geschah, als Jesus diese Worte vollendet hatte, brach er von Galiläa auf und kam in das Gebiet von Judäa jenseits des Jordan. 2 Und große Volksscharen folgten ihm nach, und er heilte sie dort. 3 Und Pharisäer traten an ihn heran, um ihn zu versuchen, und sagten, ob es dem Menschen erlaubt sei, seine Frau aus jedem Grund zu entlassen. 4 Er aber antwortete und sprach: Habt ihr nicht gelesen, daß der Schöpfer sie am Anfang als Mann und Frau erschuf? 5 Und er sprach: Deshalb wird der Mensch den Vater und die Mutter verlassen und sich seiner Frau verbinden, und die Zwei werden ein Fleisch sein, 6 so daß sie nicht mehr zwei, sondern ein Fleisch sind. Was also Gott zusammengefügt hat, darf der Mensch nicht trennen. 7 Sie sagen ihm: Was also gebot Mose, eine Scheidungsurkunde zu geben und sie zu entlassen? 8 Er sagt ihnen: Mose hat euch hinsichtlich eures verhärteten Herzens erlaubt, eure Frauen zu entlassen. Von Anfang aber war es nicht so. 9 Ich aber sage euch: Jeder, der seine Frau entläßt, außer bei Unzucht, und eine andere heiratet, bricht die Ehe. 10 Die Jünger sagen ihm: Wenn die Sache des Menschen mit der Frau so steht, ist es nicht gut zu heiraten. 11 Er aber sprach zu ihnen: Nicht alle fassen das Wort, sondern denen es gegeben ist. 12 Denn es gibt etliche Eunuchen, die aus dem Mutterleib so geboren sind; und es gibt etliche Eunuchen, die von Menschen zu Eunuchen gemacht wurden; und es gibt etliche Eunuchen, die sich um der Himmelsherrschaft willen zu Eunuchen gemacht haben. Wer es fassen kann, fasse es[1].

---

[22] Drei Gespräche über Krieg, Fortschritt und das Ende der Weltgeschichte: Deutsche Gesamtausgabe, hg. von W. SZYŁKARSKI u. a. (München 1980) Bd. 8, 484. S. spricht von kühnem Anarchismus des religiösen Gefühls.

[1] In der Textüberlieferung sind folgende Paralleleinflüsse festzustellen: in V 3 statt ἀνθρώπῳ: ἀνδρί (vgl. Mk 10,2); V 9 die Streichung von ὅτι (vgl. Mk 10,11). – Umstritten sind verschiedene Personalpronomen. Sekundär sind: sie sagten *ihm* (V 3); er sprach *zu ihnen* (V 4). In eckige Klammern setzen NESTLE-ALAND[26], The Greek NT[3]: und *sie* zu entlassen (V 7); *seine* Jünger (V 10). Im zweiten Fall ist Streichung anzuraten. αὐτοῦ fehlt in 𝔓[71] Sinaiticus BΘ. Hierzu vgl. 13,10; 14,15.19.22.26 usw.

I

Mit dieser Perikope kehrt E wieder zu Mk-Akolouthie zurück. Ein Ortswechsel markiert den Abschluß der galiläischen Tätigkeit Jesu. E vermehrt das Streitgespräch Jesu mit den Pharisäern über die Ehescheidung um ein Jüngergespräch, das die Ehelosigkeit zum Inhalt hat. Eine Feststellung aus dem Jüngerkreis (10) schafft die minder oder mehr geglückte Überleitung. Das Streitgespräch, in dem verständlicherweise die Wortgruppe „die Frau entlassen" dominiert, aber auch der zweimalige Verweis auf den (Schöpfungs-)Anfang auffällt (4 und 8), ist neu strukturiert. Die Pharisäer fragen zweimal (3 und 7), dementsprechend erhalten sie zwei Antworten. Das Ganze hat also zwei Höhepunkte[2]. In den Jesus-Antworten werden die einzelnen Sätze durch eigene Einleitungen – V 5: und er sprach; V 9: ich sage euch aber – voneinander abgesetzt, so daß der äußerliche Eindruck einer gewissen Selbständigkeit der vier Sentenzen entsteht. Mt war sich wohl dessen bewußt, daß in der ersten Antwort (4–6) zwei verschiedene atl Zitate nebeneinander stehen (Gn 1,27 und 2,24), während er in der zweiten Antwort ein von Haus aus selbständiges Logion (V 9), das in Mk 10,11 noch nicht dem Streitgespräch zugehörte, in dieses hereinholt.

Einzige Vorlage für 19,1–9 ist Mk 10,1–11. Die Eingriffe des Mt sind beträchtlich. In die Einführung 1f, einen kleinen Sammelbericht, fügt er neben der stereotypen Abschlußformel einer Redekomposition den Aufbruch Jesu von Galiläa und die diesen begleitenden Volksscharen, denen Heilungen zuteil werden, ein. Wenn er das Wörtchen „und" zwischen Judäa und „jenseits des Jordan" streicht, dient das vermutlich der geographischen Präzisierung. Die strukturelle Neuordnung des Streitgespräches zeigte bereits wichtige Veränderungen gegenüber Mk an. Dort provozierte Jesus zuerst die Zitation des Scheidebriefgebotes durch die Gegner. Bei Mt erfolgt zunächst sein Hinweis auf die Schöpfungsordnung mit Gn 1,27 und 2,24, eingeführt durch das vorwurfsvolle: „Habt ihr nicht gelesen?" Gn 2,24 wird ausführlicher zitiert, vermehrt um „und er wird sich seiner Frau verbinden". Die am Beginn stehende Pharisäerfrage hatte Mt um den Zusatz „aus jedem Grund" erweitert und damit sein Anliegen angezeigt. Die zweite Pharisäerfrage geht nach dem Scheidebrief. In die Antwort Jesu ist „vom Anfang aber war es nicht so" (8) hinzugekommen. Die Sentenz V 9 ist im Vergleich mit Mk 10,11f um die Unzuchtsklausel erweitert, die unklare mk Formulierung μοιχᾶται ἐπ' αὐτήν ist geglättet; V 12, der in der Entlassung des Mannes durch die Frau griechisch-römische Rechtsverhältnisse berücksichtigt, ist ausgelassen[3]. Die Unzuchtsklausel ist gegenüber 5,32 anders formuliert. Vielleicht trägt Mt eine ihm dort vorgegebene Klausel seinerseits in das Streitgespräch ein[4].

---

[2] Vgl. BALTENSWEILER, Ehe 84.
[3] STRECKER, Weg 132, bestreitet, daß andere Rechtsverhältnisse die Streichung von V 12 veranlaßten, überschätzt aber die Möglichkeiten der Frau im jüdischen Bereich. Vgl. GNILKA, Markus II 76ff.
[4] Vgl. Bd. I 165f und Anm. 4 dieses Kommentars.

Für das Jüngergespräch über die Ehelosigkeit fußt Mt auf einer Vorlage, die mindestens V 12 umfaßte. Ihr Inhalt weist auf einen judenchristlichen Hintergrund (s. Interpretation). Auch Justin, Apol. 1,15,4, bringt das Logion. Seine Fassung läßt vermuten, daß er es nicht aus Mt schöpft:

εἰσί τινες οἵτινες εὐνουχίσθησαν ὑπὸ τῶν ἀνθρώπων,
εἰσὶ δὲ οἳ ἐγεννήθησαν εὐνοῦχοι,
εἰσὶ δὲ οἳ εὐνούχισαν ἑαυτοὺς διὰ τὴν βασιλείαν τῶν οὐρανῶν·
πλὴν οὐ πάντες τοῦτο χωροῦσιν.

Justin dürfte hinsichtlich des Satzes, daß es nicht alle fassen, die ursprüngliche Plazierung und Formulierung bewahrt haben. Mt stellt diesen Satz um des Anschlusses willen an die Spitze und ergänzt die Jüngerfrage in V 10[5]. „Wer es fassen kann, fasse es" (12 d) ist dann eine sekundäre Wiederholung. Ob „denen es gegeben ist" (11) und „aus dem Mutterleib" (12 a) – ein Biblizismus – ursprünglich ist, ist schwer zu entscheiden. Zeile 2 des Justin-Textes könnte älter sein[6].

Die Kombination von Streit- und Jüngergespräch, die Neufassung des ersteren, die veränderte Fragestellung in V 3 b, auf die die Unzuchtsklausel in V 9 eingeht, haben dazu beigetragen, den Text zu versachlichen und als Gemeinde-Halacha erscheinen zu lassen[7].

II

1 f Jesus trennt sich von Galiläa. Er wird sich – so die Darstellung unseres Evangeliums – in seinem irdischen Leben nicht mehr dahin zurückwenden. Judäa, die südliche Provinz, heißt das neue Wirkungsgebiet. Zu ihr gehören auch Jericho (20,29) und Jerusalem (20,17; 21,1), die nunmehr das unmittelbare Ziel sind. Aus der Mk-Vorlage übernimmt E Transjordanien, bindet dieses aber eindeutig an Judäa (Streichung des καί in Mk 10,1), so daß dahinter die Vorstellung vom Land jenseits des Jordan als eines Teiles von Judäa zu vermuten ist. Gab es zur Zeit des Mt dort christliche Gemeinden? Es ist richtig, daß E die Wirksamkeit Jesu in Judäa mit neuen Überlieferungen auffüllt. Von einer Gleichgewichtigkeit mit dem Wirkungsgebiet Galiläa wird man aber nicht sprechen können[8]. Jerusalem ist auch für Mt primär der Ort, wo sich der Weg Jesu vollendet. Ganz allgemein wird von seiner Heilungstätigkeit auch in dieser Gegend geredet, um – wie so oft – in Erinnerung zu rufen, daß er nicht nur Erbarmen forderte, sondern auch selbst unablässig übte.

---

[5] Mit BLINZLER, Justinus. Anders A. J. BELLINZONI, The Sayings of Jesus in the Writings of Justin Martyr (NT. S 17) (Leiden 1967) 60f.
[6] In V 10 weist der Gebrauch von οὕτως auf E – vgl. BLINZLER, Justinus 52 Anm. 4 –, ebenfalls συμφέρει als mt Vorzugswort. Durch die Voranstellung des Logions ist grammatisch nicht klar, ob sich τὸν λόγον nach vorn oder nach rückwärts bezieht. Sachlich empfiehlt sich der Bezug auf V 12.
[7] Vgl. HUMMEL, Auseinandersetzung 50.
[8] So TRILLING, Israel 136. – D it lesen in V 1 ἐλάλησεν. In V 2 fehlt in 𝔓[25] sy[s] ἐκεῖ.

3 Pharisäer treten auf den Plan, als ob sie ihn verfolgt hätten[9]. Ihre Frage, als versucherische gekennzeichnet, paßte zwar vorzüglich in den Mund der Anhänger des Rabbi Hillel, für den sich sagen läßt, daß er nahezu jeden beliebigen Grund als ausreichend für die Entlassung der Frau ansah. Die Frage darf aber nicht von einer historisch rekonstruierten Situation des Lebens Jesu aus gesehen werden, der aufgefordert worden sei, zu den Auffassungen Hillels und Schammajs Stellung zu beziehen[10]. Anvisiert ist die Gemeindeproblematik, die Perikope bietet Gemeindebelehrung. Die Frage setzt die Initiative des Mannes bei der Ehescheidung klar voraus und ist nicht mehr – wie in Mk 10,2 – grundsätzlich gestellt. Vielmehr visiert sie die mögliche Ausnahme an und bereitet somit die Unzuchtsklausel in V 9 vor. Damit gewinnt das Versucherische in ihr einen anderen Sinn. War es bei Mk noch der Tenor, Jesus zu einer Stellungnahme gegen das Gesetz zu bewegen, ist hier nur angezeigt, daß sie sich ohnehin nicht belehren lassen wollen. Zwar Fragesteller, bleiben die Pharisäer im Grunde genommen draußen.

4–6 Die Antwort Jesu geht auf die Fragestellung zunächst nicht ein, sondern stellt die Unauflöslichkeit der Ehe grundsätzlich fest. Das geschieht in Übereinstimmung mit parMk 10,6–9. Zur Begründung greift Jesus auf die Schöpfungsordnung zurück, indem er Gn 1,27c und 2,24 zitiert, voneinander abgesetzt. Die Zitate stammen aus den zwei unterschiedlichen Schöpfungsberichten. Zwar haben das Judentum und das frühe Christentum die Berichte nicht kritisch gelesen, aber die Tatsache, daß nach Gn 1 von vornherein ein Menschenpaar, nach Gn 2 zunächst der Mann und erst später die Frau erschaffen wird, bereitete Schwierigkeiten und den Anlaß für allerlei Spekulationen[11]. Die Einleitungsformel „Habt ihr nicht gelesen?" ist vorwurfsvoll, zeiht die Fragenden der Schriftunkenntnis. Sie erscheinen wie Schüler. Die Wendung „am Anfang" ist weisheitlich (vgl. Weish 6,22; 9,8; Sir 15,14; 16,26 u.ö.). Gn 1,27c wird in vollständiger, Gn 2,24 in weitestgehender Übereinstimmung mit dem LXX-Text dargeboten. Nur in dem über Mk 10,7 hinausgehenden „und sich seiner Frau verbinden" gibt es eine Abweichung[12]. Von Haus aus haben beide Zitate mit der Unauflöslichkeit der Ehe nichts zu tun. Die Ätiologie von der Erschaffung der Eva will den dem Menschen geheimnisvoll erscheinenden Drang des Mannes zur Frau vom Schöpfungsakt her begreiflich machen. Der Bezug zur Eheschließung unter Menschen wird durch V 6 hergestellt. Wohl schon im Hinblick auf die jeweilige geschlechtlich-personale Verbindung von Mann und Frau in der Ehe wird das Einswerden im Fleisch

---

[9] Durch Hinzufügung des Artikels: „*die* Pharisäer" determinieren Sinaiticus D die Gruppe.
[10] So noch BILLERBECK I 801.
[11] Vgl. BILLERBECK I 801f; 2 Clem 12,2; HIPPOLYT, ref. omn. haer. 5,7,15.
[12] Mt 19,5: καὶ κολληθήσεται τῇ γυναικὶ αὐτοῦ. LXX Gn 2,24: καὶ προσκολληθήσεται πρὸς τὴν γυναῖκα αὐτοῦ. Sinaiticus CKL f¹ 33 565 gleichen an die LXX an: προσκολληθήσεται. In V 4 lesen anstelle von ὁ κτίσας Sinaiticus CD f¹³ lat sy ὁ ποιήσας.

Mt 19,6–8

wiederholt. Der Satz „Was Gott zusammengefügt hat, darf der Mensch nicht trennen" ist nur verständlich, wenn davon ausgegangen werden kann, daß Gott jedes einzelne Ehepaar verbindet[13]. Der Rückgriff auf die Schöpfungsordnung sieht somit in der Erschaffung des ersten Menschenpaares den Willen Gottes bekundet, daß die Verbindung von Mann und Frau in der Ehe eine bleibende sei. Zusammenfügen, wörtlich: unter ein Joch bringen, kennzeichnet die Schwierigkeit, aber auch die gemeinsam zu bewältigende Aufgabe der Ehe.

Auch in der essenischen Theologie wird Gn 1,27c für die Eheweisung in Anspruch genommen. In Dam 4,20f heißt es: „Sie wurden durch zwei Dinge in der Unzucht gefangen, daß sie zwei Frauen nehmen zu ihren Lebzeiten. Aber die Grundlage der Schöpfung ist: Als ein Mann und eine Frau hat er sie erschaffen." Der Text fordert die Einehe auf Lebenszeit bzw. verbietet die Polygamie. Eine höchst bemerkenswerte Übereinstimmung mit der synoptischen Tradition ist in der Uminterpretation der Genesis-Stelle zu sehen[14]. Eine gemeinsame Grundlage ist kaum in Zweifel zu ziehen.

7f In einem zweiten Anlauf stellen die Pharisäer die Frage nach der Scheidungsurkunde. Damit ist ihre erste Frage modifiziert aufgegriffen, insofern es um die Möglichkeit der Entlassung geht. Jesu Weisung steht im Gegensatz zu Dt 24,1ff, wo die Entlassung der Frau vorgesehen ist. Damit ist die Thematik der dritten Antithese der Bergpredigt erneut aufgegriffen (5,31f). Die Pharisäer betrachten die Entlassung der Frau in dem von Dt 24 vorgesehenen Rahmen als ein Gebot des Mose. Die Antwort Jesu korrigiert diese Auffassung. Es handelt sich nicht um ein Gebot, vielmehr konzedierte ihnen Mose die Entlassung ihrer Frauen hinsichtlich ihrer Herzenshärte. Ehescheidung ist Ausdruck menschlicher Verstocktheit, Äußerung eines fühllos gewordenen Herzens. Die Klage der Herzensverhärtung bewegte schon die atl Propheten (vgl. LXX Is 4,4; Ez 3,7; Dt 10,16). Die präpositionale Wendung πρὸς τὴν σκληροκαρδίαν ὑμῶν ist nicht im finalen Sinn zu interpretieren, als sollte Dt 24,1ff die Verstocktheit hervorrufen, sondern die Weisung entspricht dem Zustand der Adressaten[15]. Sie deckt ihn auf. Wieder wird demgegenüber auf die Schöpfungsordnung rekurriert, daß es von Anfang nicht so gewesen sei. Die Argumentation bewegt sich im Horizont einer Auffassung, nach der später erlassene Gesetze von den am Anfang gegebenen abfielen und somit im Horizont einer immanenten Gesetzeskritik (vgl. Ez 20,25!)[16]. Die abfal-

---

[13] Im Judentum ist diese Auffassung vorhanden. Pesikt 11b erzählt die reizende Geschichte von der heidnischen Matrone, die an Stelle Gottes 1000 Knechte und Mägde zur Ehe verbindet. Die Folge ist Mord und Totschlag unter den so Verbundenen. Bei BILLERBECK I 803. Daube, New Testament 83ff, interpretiert den Text auf dem Hintergrund der in der rabbinischen Theologie nachweisbaren Vorstellung vom ersten Menschen als einem androgynen Wesen. Daß Mt diese Vorstellung aufgriff, erscheint aber mehr als fraglich. – Am Ende von V 6 fügen D it εἰς ἕν hinzu.
[14] Vgl. BRAUN, Qumran I 40f; GNILKA, Markus II 73.
[15] Gegen GREEVEN: NTS 15 (1968/69) 377f.
[16] Vgl. GNILKA, Markus II 72f. – Sinaiticus Φ mae fügen in V 8 den Jesus-Namen ein.

lende Gesetzesweisung ist mit dem Mose-Namen verknüpft. Trotz des Subjektwechsels von Gott zu Mose (6f) ist das Mosewort nicht als reine Menschensatzung aufgefaßt. Das Mosewort übte Gerichtsfunktion aus, da es die Herzenshärte der Menschen an den Tag brachte [17]. Auch dies ist eine Dimension im Gesetzesverständnis unseres Evangeliums.

9 Der abschließende Satz faßt zusammen. Sachlich ist er mit V 6b parallel. Er beantwortet die eingangs gestellte Frage. Antithetisch formuliert (ich aber sage euch), weist er die Praxis des Scheidebriefes mit einer einzigen Ausnahme zurück. Hierin stimmt er mit 5,32 überein [18]. Nur fehlt hier die Erwähnung des Falles der Heirat einer entlassenen Frau. Bei der Erörterung der dritten Antithese haben wir πορνεία als Fall des Ehebruchs der Frau interpretiert [19]. Liegt dieser vor, darf der Ehemann seine Frau entlassen. Auf dem Hintergrund des in Dt 24,1ff vorauszusetzenden Sexualtabus war der Umgang mit der ehebrecherischen Frau im Judentum – und auch in nichtjüdischen Rechtssystemen – verpönt. Darauf ist Rücksicht genommen. Wir ließen bei der Erörterung von 5,32 noch die Frage offen, ob Mt dem entlassenden Mann eine Wiederheirat zubilligt. Die Formulierung des V 9 scheint dies zu empfehlen, der Kontext jedoch spricht dagegen. Der Rückgriff auf die Schöpfungsordnung, nach der in diesem Verständnis ein Mann und eine Frau in der Ehe bleibend verbunden wurden, der Vorwurf der Herzenshärte an die jüdische Adresse, den Dt 24 laufend bestätigt, sind zu streng, als daß Mt eine Wiederheirat hätte konzedieren können, es sei denn, daß er die Entlassung der Frau im Fall der „Unzucht" als neue jetzt in der Gemeinde aufkommende Herzensverhärtung wertete. Dies erscheint widersprüchlich. Mt hat einen Weg beschritten, der gesetzliche Regelungen einleitete und gesetzliches Denken förderte.

10f Die Feststellung der Jünger lenkt zum neuen Thema der Ehelosigkeit über. Sie fragen nicht wie in Mk 10,10 nochmals nach der Ehescheidung. Sie sind bei Mt auch hier Verstehende. Warum redet hier nicht, wie sonst üblich, Petrus? Weil dieser verheiratet war? Die Feststellung der Jünger, daß es nach dieser Lage der Dinge besser sei, unverheiratet zu bleiben, klingt nüchtern, realistisch. Sie paßte auch, wie Lohmeyer bemerkt [20], in den Mund eines Don Juan. Dieser hätte allerdings anderes im Sinn. Immerhin ebnet sie das Verständnis des schwierigen Eunuchen-Begriffs in

---

[17] Darum ist die Gesetzgebung Solons etwas anderes. Von ihm heißt es: „Er gab eindeutig schlechte Gesetze, da er sie so verfaßte, daß sie Schlechten gefallen sollten" (Dio Chrysostomos 80,4). Solon handelt rein pragmatisch.
[18] Zahlreiche Hss gleichen den Text an 5,32 an, sei es, daß 9b wie 5,32b formuliert wird (B f¹ bo), auch gekürzt (C* N) oder nur in der Unzuchtsklausel angeglichen (D f¹³ 33 it sa mae), sei es, daß der Fall der Heirat einer Entlassenen (5,32c) hinzugefügt wird (BC* WΘ 078 f¹.¹³ lat sy^{p.h} bo), auch in etwas veränderter Textgestalt ($\mathfrak{P}^{25}$ mae).
[19] Bd. I 167ff dieses Kommentars.
[20] 282. – D liest: Sache des *Mannes*.

diesem Zusammenhang. Das schwer zu fassende Wort[21], von dem Jesus in seiner Antwort redet, ist das folgende. Dafür spricht, daß es nur Gottes Gabe verdankt ist, es zu fassen. Damit muß etwas Außergewöhnliches, nicht von jedem Akzeptiertes gemeint sein. Die Ehebelehrung galt allen. Weil es sich um eine eigene Gabe oder Berufung handelt, ist das Mißverständnis abgewehrt, daß Ehelosigkeit aus der Flucht vor der Ehe resultiert, wie es die Feststellung der Jünger, die nicht besonders glücklich formuliert ist, nahelegen könnte.

12   Es folgt der Eunuchen-Spruch. Nach der Regeldetri aufgebaut, ruht der Akzent auf der dritten Aussage, die von Eunuchen redet, die sich selbst um des Himmelreiches willen zu solchen gemacht haben. Die beiden vorher genannten Gruppen haben nur hinführende Funktion. Das Wort Eunuch an dieser Stelle ist merkwürdig, sogar anstößig. Wie ist es zu verstehen, und warum wurde nicht ein besser klingendes verwendet? Nach griechischem Sprachgebrauch[22] bezeichnet es den Verschnittenen, Kastrierten, Zeugungsunfähigen. An griechischen und orientalischen Fürstenhöfen als Aufseher des weiblichen Geschlechts und Kämmerlinge eingesetzt, konnten Eunuchen zu großem Ansehen gelangen. Das Wort gewinnt dann auch die allgemeine Bedeutung von Hausssklave, Vornehmer, Hofbeamter (Apg 8,27ff), die freilich für unsere Stelle auszuschließen ist. Für Israel ist die Kastration ein Greuel (vgl. Dt 23,2ff; Lv 22,24). Dennoch weiß man um sie. Die Unterscheidung: Eunuchen, aus dem Mutterleib so geboren, und Eunuchen, von den Menschen dazu gemacht, entspricht der rabbinischen: von der Sonne an (beim Erblicken des Lichtes) kastriert, von den Menschen verschnitten. Die Aufzählung, die keinesfalls vollständig ist[23], will nur besagen, daß es verschiedene Gründe gibt, die Menschen zur Ehe- und Zeugungsunfähigkeit geführt haben[24]. Die Pointe des dreigliedrigen Spruches liegt im überraschenden Wertungswechsel vom zweiten zum dritten Glied. Ist in den ersten beiden Gliedern die Eheunfähigkeit ein zu beklagendes Schicksal, so im letzten ein positiver Wert, nicht in sich selbst, sondern in Verbindung mit der Himmelsherrschaft. Die Pointe wird verschärft durch den Übergang vom physisch-realistischen zum bildhaften Verständnis in dem Sinn, daß Eheunfähigkeit einmal Schicksal, das anderemal freiwillig übernommen ist. Der Verzicht auf Ehe, Zeugung, Frau, Kinder geschieht um des Himmelreiches willen, nicht so sehr um es persönlich zu gewinnen, sondern um ungeteilt und mit allen Kräften für die Basileia und ihre Gerechtigkeit wirken zu können (vgl. 6,33). Die positive Wertung der Ehelosigkeit mußte im Judentum, wo faktisch Ehe- und Zeugungspflicht bestand, schockierend wirken. Aller-

---

[21] Die LA: *dieses* Wort (Sinaiticus CDLWZ f¹³ lat sy co) ist vermutlich sekundär, τοῦτον könnte als Erleichterung hinzugefügt sein. Es fehlt in B f¹ 892*. Vgl. Mt 19,22.
[22] Passow I/2, 1243.
[23] Das betont Blinzler: ZNW 48 (1957) 256.
[24] Es ist darum abwegig, bei den Zweiten mit Daniel: RdQ 6 (1968) 353ff an zölibatär lebende Qumran-Essener zu denken.

dings gab es Ausnahmen, zu denen vor allem in Qumran zölibatär lebende Mönche gehören, die sich aus Gründen der kultischen Reinheit zu dieser Lebensform bekannten[25]. Wir können vermuten, daß es in der Kirche des Mt freiwillig Ehelose gegeben hat, die in Schutz genommen werden. Das ungewöhnliche Wort Eunuch mag mit einem an Jesus gerichteten Vorwurf zu tun haben. Auch er hatte ehelos gelebt (vgl. Punkt III b). Die Ungewöhnlichkeit eines ehelosen Lebens bringt der einer Weckformel angeglichene Satz: „Wer es fassen kann, fasse es" nochmals zum Ausdruck.

III
a) E verknüpft das Gespräch über die Unauflöslichkeit der Ehe mit dem Gespräch über die Ehelosigkeit zu einer Gemeinde-Halacha. Die Verknüpfung erfolgte nicht rein assoziativ. In der Gemeinde leben beide Gruppen, die Verehelichten und die Ehelosen, nebeneinander. Sie sollen im gemeinsamen Streben sich gegenseitig inspirieren und Gemeindeleben aufbauen, nicht sich beargwöhnen oder verständnislos einander begegnen. Jeder Teil hat seinen wichtigen Beitrag zu leisten. Die Eheperikope hat Mt in der Weise neu gestaltet, daß eindeutig von der Schöpfungsordnung aus argumentiert wird. In ihr ist der Wille Gottes erkennbar, der von Christus neu in Geltung gesetzt wird. Die Eheproblematik des Alltags hat in der mt Gemeinde dazu geführt, wieder die Entlassung der Frau in einem bestimmten Fall zu tolerieren. Der damit beschrittene gesetzliche Weg ist wahrscheinlich ein unvermeidbarer. Doch ist er stets im Rückblick auf die unverstellte Weisung Jesu, der gesetzliches Denken überwinden wollte, zu überdenken.
b) Wie bereits zu 5,32 ausgeführt, geht die Forderung der Unauflöslichkeit der Ehe – ohne Unzuchtsklausel – auf Jesus zurück[26]. Die auf die Schöpfungsordnung zurückgreifende Schriftreflexion mit dem Streitgespräch spiegelt die Gemeindediskussion wider, in der man ein qumrannahes Schriftargument an sich zog. Der Eunuchenspruch ist jesuanisch. Er fällt mit seiner Begründung ganz aus dem Rahmen des zeitgenössischen Judentums[27]. Jesus lebte ehelos. Das ungewöhnliche Wort Eunuch läßt sich gut als Schimpfwort begreifen, mit dem man ihn belegte[28]. So wie er wegen seines Umgangs und seiner Mähler mit Zöllnern und Sündern als „Fresser und Weinsäufer" (11,19) gescholten wurde, verstand man auch

---

[25] Dabei kann es hier auf sich beruhen, ob in Qumran alle Mönche zu einem ehelosen Leben verpflichtet waren oder dies nur einzelne freiwillig taten, wie H. HÜBNER, Zölibat in Qumran?: NTS 17 (1970/71) 153–167, meint. Ein immer wieder zitiertes Beispiel für Ehelosigkeit ist Rabbi Ben Azzai (um 110), der sich so sehr mit der Thora beschäftigte, daß für die Ehe keine Zeit blieb. Vgl. BILLERBECK I 807. Im AT muß der Prophet Jeremia um seines prophetischen Auftrags willen ehelos bleiben (Jer 16,2). Weish 3,13 f ist kaum eine Empfehlung der Ehelosigkeit. Gegen BERGER, Gesetzesauslegung 573. Vgl. J. FICHTNER, Weisheit Salomos (HAT II/6) (Tübingen 1938) 21.
[26] Vgl. Bd. I 169 f dieses Kommentars.
[27] BRAUN, Radikalismus II 112 Anm. 3.
[28] Mit BLINZLER: ZNW 48 (1957) 269.

nicht seinen völligen Einsatz für die Basileia, der sich in seiner Lebensform ohne Frau und Familie ausdrückte. Es war nicht das Opfer des Büßers, sondern der Liebe (Schlatter).

c) Es ist interessant, daß die Auffassung, der Mann sei verpflichtet, die ehebrecherische Frau zu entlassen, in der alten Kirche weiterbesteht. Dies bedeutet eine nachträgliche Bestätigung unserer Interpretation der Porneia-Klausel als Sexualtabu. So heißt es in Herm(m) 4,1,5, daß der Mann, der mit der im Ehebruch verharrenden Frau weiterlebt, ihrer Sünde teilhaftig und Genosse ihres Ehebruches werde. Ähnlich äußert sich Tertullian, adv. Marc. 4,34[29]. Diese Linie wird besonders in der Ostkirche fortgesetzt. Basilius findet es dann – verständlicherweise – als widersprüchlich, daß nicht Entsprechendes für die Frau im Fall des Ehebruchs des Mannes gelte[30]. Luther rät zur Versöhnung. Nur dem „bösen Buben" soll man die Scheidung erlauben. „Denn wenn die Obrigkeit nicht straft, so straft doch zuletzt der Teufel." Anderseits hat er mutig die Doppelehe des hessischen Landgrafen verurteilt[31]. Von unserem Text her ist die Unauflöslichkeit der Ehe eine in der Schöpfungsordnung begründete Weisung, führt Gott in der Ehe zwei Menschen zusammen, ist Ehescheidung Ausdruck schlimmer Herzensverhärtung. Im Abwägen der gesetzlichen Porneia-Klausel, der angedeuteten gesetzlichen Entwicklung im Eheverständnis und der vorausgehenden Weisung Jesu, der mit seinen klaren Weisungen gesetzliches Denken kritisierte, ist die Intention Jesu stärker zur Geltung zu bringen[32]. Unser Text ist ein eindringlicher Umkehrruf an alle, die leichtfertig über die Ehe denken und die mit der Ehescheidung gegebene Schuld in Abrede stellen oder bagatellisieren. Eine christliche Ehe zu führen ist letztlich nur denen möglich, die sich bewußt in die Nachfolge Jesu stellen[33]. Eine andere Frage ist die pastorale Behandlung Geschiedener, die aus dem Geist der Barmherzigkeit – und hier gegen Matthäus – erfolgen sollte[34]. Von unserer Perikope verdient auch festgehalten zu werden, daß die Entscheidung für ein eheloses Leben, um frei zu sein für die Sache der Basileia, von den Anfängen der Kirche in der Jüngerschaft vorhanden war und als eine besondere und intensive Form der Nachfolge gewertet wurde[35].

---

[29] CSEL 47, 534.
[30] Ep. 188,9 (PG 32,677f). Vgl. G. Delling: RAC IV 714.
[31] II 644. 645. 646.
[32] Vgl. J. Ratzinger, in: J. Ratzinger – R. Schnackenburg – H. D. Wendland, Theologie der Ehe (Regensburg ²1972) 83f.
[33] Vgl. B. Häring, Frei in Christus III (Freiburg ²1980) 512.
[34] Thielicke, Ethik III Nr. 2126f, meint, daß man von zahllosen leichtfertig geschlossenen Ehen junger Menschen kaum sagen könne, daß Gott sie zusammenfügte, betont aber auch die Schuld an der Schöpfungsordnung, wenn solche Ehen zerbrechen.
[35] Häring (Anm. 33) 518 sagt in diesem Zusammenhang vom ehelos lebenden Jesus, daß er seine Liebe besonders jenen schenkte, in die sich niemand verliebte. – Ein leicht übersehbares Problem stellen jene dar, die zur Ehelosigkeit gezwungen wurden und von denen Mt 19,12 auch spricht. Zu ihnen zählt sich Kierkegaard, Tagebücher 391f, mit seiner – allerdings nicht resignierenden – Klage.

LITERATUR: W. BAUER, Matthäus 19,12 und die alten Christen: Ntl Studien (Festschr. G. HEINRICI) (Leipzig 1914) 235–244; J. A. KLEIST, Eunuchs in the NT: CBQ 7 (1945) 447–449; J. BLINZLER, Εἰσὶν εὐνοῦχοι: ZNW 48 (1957) 254–270; J. DUPONT, Mariage et divorce dans l'Évangile (Bruges 1959); H. ZIMMERMANN, μὴ ἐπὶ πορνείᾳ (Mt 19,9) – ein literarisches Problem: Cath 16 (1962) 293–299; A. ISAKSSON, Marriage and Ministry in the New Temple (ASNU 24) (Lund 1965); H. BALTENSWEILER, Die Ehe im NT (AThANT 52) (Zürich 1967); C. DANIEL, Esséniens et Eunuques: RdQ 6 (1968) 353–390; Q. QUESNELL, „Made themselves Eunuchs for the Kingdom of Heaven": CBQ 30 (1968) 335–358; H. GREEVEN, Ehe nach dem NT: NTS 15 (1968/69) 365–388; J. BLINZLER, Justinus Apol. I 15,4 und Matthäus 19,10–12: Mélanges Bibliques (Festschr. B. RIGAUX) (Gembloux 1970) 45–55; J. Galot, La motivation évangélique du célibat: Gr 53 (1972) 731–752; A. KRETZER, Die Frage: Ehe auf Dauer und ihre mögliche Trennung nach Mt 19,3–12: Biblische Randbemerkungen (Schülerfestschr. R. SCHNAKKENBURG) (Würzburg 1974) 218–230; T. MATURA, Le célibat dans le NT d'après l'exegèse récent: NRTh 107 (1975) 481–500. 593–604; J. KODELL, The Celibacy Logion in Mt 19, 12: Bibl. Theol. Bulletin 8 (1978) 19–23; A. VARGAS-MACHUCA, Divorcio e indisolubilidad del matrimonio en la Sagrada Escritura: EstB 39 (1981) 19–61; A. SAND, Reich Gottes und Eheverzicht im Evangelium nach Matthäus (SBS 109) (Stuttgart 1983).

14. Jesus und die Kinder (19,13–15)

13 Da wurden Kinder zu ihm gebracht, daß er ihnen die Hände auflege und bete. Die Jünger aber fuhren sie an. 14 Jesus aber sprach: Laßt die Kinder und hindert sie nicht, zu mir zu kommen, denn solchen gehört die Herrschaft der Himmel. 15 Und er legte ihnen die Hände auf und ging von dort weg.

I

Die Perikope von den Kindern hat einen engen Bezug zur Einführung der Rede in 18,1–4, wo sie E gleichsam schon vorweggenommen hatte. Ihre Einordnung an dieser Stelle stimmt mit Mk 10,13 ff überein. Nach der Eheordnung wird etwas über die Kinder gesagt. Der Aufbau der kurzen apophthegmatischen Geschichte ist problemlos: Das Vorhaben irgendwelcher Leute, Kinder von Jesus segnen zu lassen, das die Jünger verhindern wollen, wird von ihm verwirklicht. Über das Einschreiten der Jünger gewinnt der Text belehrenden Charakter. Er hat mit der Basileia zu tun. V 14 ist der Merksatz, mit dem das Apophthegma zu Ende sein könnte. Wenn dennoch V 15 folgt, ist ein Rest Erzählung geblieben.

Alleinige Vorlage ist Mk 10,13–16. Bemerkenswerte Eingriffe sind die folgenden: Nach Mk 10,13 soll Jesus die Kinder berühren, nach Mt 19,13 ihnen die Hände auflegen und beten. Dies ist ohne Zweifel jüdischer empfunden. Entsprechend ist die Schlußszene abgeändert. Die Umarmung der Kinder hat E nicht übernommen, vielmehr die Handlung auf die Handauflegung (vgl. Mk 10,16) konzentriert. Auch vom Unwillen Jesu über die Jünger hören wir nichts mehr (Mk 10,14)[1]. Gegenüber Mk hat das Ganze an Lebendigkeit eingebüßt. Es ist ein Lehrstück daraus geworden. Den

---

[1] Vielleicht stieß sich E daran, daß von einem Affekt Jesu berichtet wurde.

fehlenden Einlaßspruch Mk 10,15 hatte E in abgewandelter Form in der Kindesszene 18,3 vorweggenommen. Der Weggang Jesu entspricht Mk 10,17a[2].

II
13 Irgendwelche Leute wollen ihre Kinder von Jesus segnen lassen. Die passivische Formulierung „Kinder wurden gebracht"[3] läßt diese noch stärker hervortreten und deutet an, daß es sich um Kleinkinder handelt. Die Hände aufzulegen und zu beten war die Weise der Segensspendung (vgl. Mk 10,16). Segen wurde im Haus gespendet, von den Eltern den Kindern; im Kult segneten die Priester das Volk (vgl. 1 QS 2,1; 6,5; TestRub 6,10), der Rabbi segnete seine Schüler. Auch vom kommenden königlichen Messias erwartete man, daß er das Volk des Herrn segnen werde (PsSal 17,40). Die Bitte der Kinder an ihre Eltern um Segen im rabbinischen Judentum lautete: Bete für mich, auch: Segne mich![4] Im AT hat sich die *baruk*-Formel bei der Segensspendung ausgebildet, etwa: „Seid gesegnet vom Herrn usw." (2 Sm 23,21)[5]; später begegnet uns aber eine freie Vielfalt, die erkennen läßt, daß der Segen echtes, lebendiges Glück- und Heil-Wünschen vom Herrn war, das je nach Lage verschieden ausformuliert werden konnte[6]. Darüber hinaus galt der Segen – wie umgekehrt der Fluch als dessen Aufhebung – als Ausdruck aufrichtiger, persönlicher Gemeinschaft und Solidarität[7]. Weiterreichende Spekulationen verbieten sich[8]. In eine historische Situation des Lebens Jesu zurückversetzt (vgl. Punkt III b), bitten die Leute (die Mütter?) Jesus um den Segen als Gottesmann, Prophet oder Rabbi. Für Mt kann die messianische Qualität des Segens vorausgesetzt werden[9].

Die Intervention der Jünger, die den Zutritt der Kinder zu Jesus hindern wollen, hat man auf dem Hintergrund der Problematik der Kindertaufe interpretiert. Das Wort „hindern" (κωλύειν) gab dazu Anlaß, weil dieses in Tauftexten der Apg begegnet: „Was hindert, daß ich getauft werde?" (8,36; vgl. 10,47; 11,17). Demnach spreche sich der Text für die Kindertaufe aus[10]. Jedoch ist ein Taufbezug nicht zu erkennen. Gegen ihn spricht die übertragene, vorbildhafte Bedeutung der Kinder, die die folgende Ant-

---
[2] ἐκεῖθεν ist mt Vorzugswort.
[3] Die LA προσηνέχθη in KWΓΔΘ f[1.13] 28 565 700 ist grammatische Korrektur.
[4] Beispiele bei BILLERBECK I 807f.
[5] Vgl. J. SCHARBERT: ThWAT I 814ff. Zur *baruk*-Formel hier zahlreiche Belege.
[6] BILLERBECK I 807f.
[7] J. SCHARBERT: ThWAT I 835–841.
[8] O. BETZ, Das Volk seiner Kraft: NTS 5 (1958) 67–75, hier 74f, bringt die Perikope mit 1 QH 9,29f; 15,14f in Verbindung und vergleicht den Segen Jesu mit dem des Lehrers der Gerechtigkeit.
[9] G. FRIEDRICH, Messianische Hohepriestererwartung in den Synoptikern: ZThK 53 (1956) 265–311, hier 294ff, meint, Jesus spendete den Segen als priesterlicher Messias. Hierzu vgl. BRAUN, Qumran I 42, und J. GNILKA, Die Erwartung des messianischen Hohepriesters in den Schriften von Qumran und im NT: RdQ 2 (1960) 395–426.
[10] So JEREMIAS: ZNW 40 (1941) 243ff.

wort Jesu zu erkennen gibt. Auch 2 Kg 4,27 – Giezi stößt die Sunamitin von Elischa weg – hat auf die Perikope nicht abgefärbt[11]. Sie vermag aber zu verdeutlichen, daß die unbedeutende Stellung der Kinder (wie der Frauen) in der antiken Gesellschaft der Grund für das harte Jüngerverhalten ist.

14f Jesus weist die Jünger zurecht. Der Zutritt zu ihm darf den Kindern nicht verwehrt werden. Die Begründung lautet, daß solchen Menschen die Himmelsherrschaft zukommt. In der Tat fügte sich der Gedanke an die Taufe in die Argumentation ein. Aber wiederum – wie in 18,3 – wird das Kind zum Vorbild. Jene Szene beleuchtet diese. Die Wendung „*solcher* ist die Herrschaft der Himmel" sucht den Vergleich. Die Zusage beruht darauf, daß die Kinder die Basileia völlig als Geschenk annehmen können. Sie haben keine Verdienste vor Gott. Nach jüdischer Auffassung haben die Kinder keine Verdienste in der Thora[12]. Darum ist das Logion ein Plädoyer für die Gnade, die der Mensch sich schenken lassen soll, die ihn aber auch verwandeln will, nämlich zum Kind im besagten Sinn. Die Basileia wird man auch hier zukünftig-eschatologisch verstehen dürfen[13]. Der Segen Jesu über die Kinder besiegelt gleichsam sein Wort.

III
a) Mt unterstreicht den Segenscharakter der Perikope, er unterstreicht aber auch das Vorbildhafte des Kindseins. Die Rede in Kap. 18 hatte er auf das Kind hin ausgerichtet. Dem zum Kind Gewordenen gilt die Verheißung der Basileia. Auch die Jünger müssen das noch lernen. Im Gesamtkontext des Evangeliums ist es derselbe Akkord, der in der ersten Seligpreisung der Bergpredigt über die Armen im Geist angeschlagen worden war. Mt berichtete auch von zwei Wundern, die Jesus Kindern geschenkt hatte (9,18ff; 15,21ff).

b) Im Wirken Jesu bezog sich die Zuwendung unmittelbar auf die Kinder. Wir dürfen in dieser ein Proprium seines Wirkens sehen. Auf dem Hintergrund der unbedeutenden Stellung des Kindes versteht sich dieses Handeln über das Gnadenangebot an die Habenichtse hinaus als Kritik an den vorgefaßten Urteilen in der Erwachsenenwelt. Das Kind wird als Partner Gottes ernst genommen. Für die Historizität dieser Zuwendung spricht insbesondere die Beobachtung, daß die Überlieferung die Kindszenen in ihrer Transparenz ausbaute. Der unmittelbare Kindbezug tritt zurück, etwa zugunsten der „Kleinen" in der Gemeinde.

---

[11] So BULTMANN, Geschichte 32. – Von Rabbi Aqiba gibt es eine ähnliche Geschichte. Bei BILLERBECK I 808.
[12] Vgl. BILLERBECK I 786.
[13] JEREMIAS: ZNW 40 (1941) 244f bezieht die Basileia auf die Taufe. – In der Gnosis konnte das Kindwerden im antisexuellen Sinn interpretiert werden: „Wenn ihr das Männliche und das Weibliche zu einem einzigen macht, damit nicht das Männliche männlich und das Weibliche weiblich sei ..., dann werdet ihr eintreten in das Reich" (Tho 22; vgl. ActPhil 140).

c) In ihrer Auslegungsgeschichte ist die Perikope häufig mit der Frage der Kindertaufe verknüpft worden, besonders durch die Reformatoren[14]. Sie wurde dann zu einem positiven Zeugnis. Halten wir diese Perspektive fern, so rückt das Kind in seiner Haltung in den Mittelpunkt. Eine treffende, den Sinn des Mt erfassende Auskunft über das, was das Wesen des Kindes ausmacht, hat Chrysostomos gegeben, wenn er sagt, allein die Liebe gebe ihm den Maßstab für das, was ihm nahesteht oder fremd ist. „Selbst wenn du ihm die Königin im Diadem zeigst, gibt es doch der Mutter den Vorzug, mag diese auch in Lumpen gehüllt sein."[15] Die Kinder öffnen sich unverstellt dem Segen Gottes, den Jesus ihnen schenken will. Darin wird ihnen schon jetzt ungeheucheltes Glück zuteil.

LITERATUR: O. CULLMANN, Les traces d'une vieille formule baptismale dans le NT: RHPhR 17 (1937) 424–434; J. JEREMIAS, Mc 10,13–16 parr. und die Übung der Kindertaufe in der Urkirche: ZNW 40 (1941) 243–245; R. PÉTER, L'imposition des mains dans l'AT: VT 27 (1977) 48–55.

15. Reichtum und Besitz verhindern die Nachfolge (19,16–26)

16 Und siehe, einer trat an ihn heran und sprach: Lehrer, was soll ich Gutes tun, damit ich ewiges Leben habe? 17 Er aber sprach zu ihm: Was fragst du mich über das Gute? Einer ist der Gute. Wenn du zum Leben eingehen willst, halte die Gebote. 18 Er sagt ihm: Welche? Jesus aber sprach: Das Du sollst nicht töten, du sollst nicht ehebrechen, du sollst nicht stehlen, du sollst kein falsches Zeugnis geben, 19 ehre den Vater und die Mutter, und: Du sollst deinen Nächsten lieben wie dich selbst! 20 Der Jüngling sagt ihm: Alles dies habe ich beobachtet. Was fehlt mir noch? 21 Jesus sagte ihm: Wenn du vollkommen sein willst, geh, verkaufe deinen Besitz und gib es den Armen, und du wirst einen Schatz in den Himmeln haben. Und komm, folge mir nach! 22 Als aber der Jüngling dieses Wort hörte, ging er traurig fort, denn er hatte viele Güter. 23 Jesus aber sprach zu seinen Jüngern: Amen, ich sage euch: Ein Reicher wird schwer in die Herrschaft der Himmel hineinkommen. 24 Weiter aber sage ich euch: Leichter ist es, daß ein Kamel durch ein Nadelöhr hindurchgeht, als daß ein Reicher in das Reich Gottes hineinkommt. 25 Als aber die Jünger das hörten, gerieten sie ganz außer sich und sagten: Wer kann denn dann gerettet werden? 26 Jesus aber blickte sie an und sprach zu ihnen: Bei den Menschen ist dies unmöglich, bei Gott aber ist alles möglich[1].

---

[14] Vgl. LUTHER II 654–664; CALVIN II 130.
[15] In Matth. 62,4.
[1] Auch hier sind in den Text sekundär zahlreiche Varianten aus parMk 10,17–27 eingedrungen wie in V 16: *guter* Lehrer; daß ich ewiges Leben *erbe* (vgl. Mk 10,17); in V 17: Was nennst du mich gut? Keiner ist gut außer Gott allein (vgl. Mk 10,18); in V 20: von meiner Jugend an (vgl. Mk 10,20); in V 21: im Himmel (Sing., vgl. Mk 10,21); in V 24: τρυμαλιᾶς.

I

In Übereinstimmung mit parMk 10,17ff folgt auf die Begegnung mit dem reichen Mann, eine apophthegmatische Geschichte, eine Jüngerbelehrung, die eine Warnung vor dem Reichtum enthält. Thematisch gehört beides zusammen wie öffentliches und Jüngergespräch über die Ehe 19,1–12. Die Erzählung vom reichen Mann berichtet von einem verweigerten Ruf in die Nachfolge. Insofern rückt sie als apophthegmatische Geschichte in die Nähe der Berufungsgeschichten. Man könnte von einer Berufungsgeschichte mit negativem Ausgang sprechen.

In formaler Hinsicht hat Mt durch das zweifache „Wenn du willst zum Leben eingehen/vollkommen sein" (17 und 21) die entscheidenden Stationen in der Belehrung klar markiert. Wie ein Vergleich mit der Mk-Vorlage zeigen kann, hat er auch sonst nicht geringfügig in den Text eingegriffen und eine neue Ordnung eingebracht. Zunächst das Apophthegma: bei Mt besteht die Geschichte aus drei Fragen und drei Antworten, in Mk 10,17 gab es nur eine Frage am Anfang. Der Akzent ruht auf der dritten Antwort, dem apophthegmatischen Wort (21). Die erste Frage ist anders gefaßt. Statt „Guter Lehrer, was soll ich tun" heißt es: „Lehrer, was soll ich Gutes tun."[2] Entsprechend ist die Antwort abgewandelt. Anstelle von „Was nennst du mich gut" liest man: „Was fragst du mich über das Gute." Der anschließende Verweis auf Gott in Mk 10,18 ist gekürzt. εἰ μὴ εἷς ὁ θεός fehlt. Die zweite knappe Frage nach den Geboten ist neu eingeführt (18a) und darum der Verweis Jesu auf die Gebote in Mk 10,19a gestrichen. In der Antwort werden die Dekalog-Gebote mit einem Artikel (V 18: τό) eingeführt. Ihr Text wurde etwas geändert (LXX). Vor allem wurde – mit καί abgesetzt – das Gebot der Nächstenliebe hinzugefügt (19), das Gebot „du sollst nicht berauben" (Mk 10,19) ausgelassen, vermutlich weil es nicht im Dekalog steht. Im dritten Gesprächsgang fehlt „von meiner Jugend an" (Mk 10,20). Statt dessen wird der Unbekannte als Jüngling vorgestellt (20). In der Antwort ist der Begriff „vollkommen" eingeführt (21). Auch hat E affektbetonte Bemerkungen ausgelassen: „er blickte ihn an, küßte ihn" (Mk 10,21), „er wurde verdrießlich" (Mk 10,22). Als die schwerwiegendsten Eingriffe haben die Zufügungen des Liebesgebotes und des Vollkommenheitsgedankens zu gelten, deren Zuordnung – wie die Interpretation zeigen wird – erhebliche Schwierigkeiten bereitet. Auch das Jüngergespräch wurde gestrafft und neu geordnet. Mt hat die Aussagen auf die Reichen konzentriert. Zweimal wird vom Reichen (πλούσιος in 23f) gesprochen. Mk 10,23 variiert mit οἱ τὰ χρήματα ἔχοντες. Beide Sätze über die Reichen werden mit „ich sage euch", der erste durch Amen verstärkt, eingeleitet. Vor allem hat E den allgemeinen Satz Mk 10,24: „Kinder, wie schwer ist es, in das Reich Gottes hineinzukommen" weggelassen. Von einer Jüngerreaktion berichtet er nur einmal, am Schluß vor dem theologisch bedeutsamen V 25b. Bei Mk 10,24 und 26 waren es zwei Reaktionen. Auch dieser abschließende V 25b ist geglättet und zu einer prä-

---

[2] Im einführenden V 16 streicht E das Wegmotiv von Mk 10,17. Vgl. Mt 19,15b.

gnanten Antithese geworden. Insgesamt hat Mt in seiner redaktionellen Bearbeitung das Lehrhafte unterstrichen und das Erzählerische zurücktreten lassen.

II

16 Die äußere Situation des Mannes, der an Jesus herantritt – daß er reich ist –, wird eingangs nicht erwähnt; nur seine Fragestellung ist wichtig. Sie ist jüdisch-apokalyptisch, im Judentum erst durch die Apokalyptik, die den Glauben an die Auferstehung der Toten und eine Individualisierung der Ethik brachte, möglich geworden. Eine der ältesten Erwähnungen des ewigen Lebens im Bereich des Judentums dürfte Dn 12,1 sein: „Viele von denen, die im Schoß der Erde schlafen, werden erwachen, die einen zum ewigen Leben usw." (vgl. 2 Makk 7,9.36; PsSal 3,12; Henaeth 37,4; 40,9). Ähnliche Fragestellungen haben wir auch im Rabbinat: „Rabbi, lehre uns die Wege des Lebens, damit wir auf ihnen das Leben der zukünftigen Welt erlangen."[3] Demgegenüber nannte man dieses Leben das Leben der flüchtigen Stunde[4]. Aus der Frage spricht religiöser Ernst, aber auch Unsicherheit. Diese war geschürt durch die Vielfalt der Gesetzesinterpretationen, die in den verschiedenen jüdischen Gruppierungen existierten. Das Gute zu tun war schon die allgemeine Forderung der Propheten (vgl. Am 5,14f; Mich 6,8)[5]. In seiner Unsicherheit fragt der Mann, welches Gute er tun soll. Die jüdische Qualität der Frage erweist sich auch darin, daß sie zur Voraussetzung hat, Kenntnis und Wille des Menschen reichen aus, das Ziel des ewigen Lebens zu erreichen, allerdings ausgerichtet am Gesetz. So leitet sie von selbst auf das Gesetz hin.

17 Mt mag die mk Fassung der Gegenfrage „Was nennst du mich gut?" (Mk 10,18) aus christologischen Erwägungen geändert haben. Jedoch könnte man auch an seiner Formulierung „Was fragst du mich über das Gute?" Anstoß nehmen. Auch nach Mt verweist Jesus auf den einen Guten, nämlich Gott[6]. Ihm gegenüber sind die Menschen böse. Sie müssen sich von seiner Güte beschenken lassen, um gewandelt zu werden. Dies geschieht in der Ausrichtung auf seinen Willen, der im Gesetz vorhanden ist. Freilich verweist Jesus nicht allgemein auf das Gesetz, sondern die Gebote. Daß in seiner Antwort etwas Vorwurfsvolles liegt, wird man kaum ausmachen können. Jedenfalls gibt er bereitwillig Auskunft.

---

[3] Seine Schüler richteten diese Frage an den erkrankten Rabbi Eliezer († ca. 90). Vgl. bBer 28b Bar.
[4] Belege bei BILLERBECK I 808f.
[5] Mich 6,8 zeigt, daß das Gute identisch ist mit dem, was „der Herr von dir fordert". Somit hat Mt die Fragestellung judaisiert. parMk 10,17: „guter Lehrer" ist eine nichtjüdische Anrede. Für DIO CHRYSOSTOMOS 13,12; 24,1 ist das Gute das, was nützt.
[6] e liest: Einer ist der Gute, *der Vater*. – In der LXX wird ἀγαθός selten auf Gott bezogen. Vgl. Is 63,7: Der Herr ist ein guter Richter für das Haus Israel; Is 39,8: Gut ist das Wort des Herrn. Im Rabbinischen ist „der Gute" für Gott geläufiger. Vgl. BILLERBECK I 809.

18f Die zweite Frage des Mannes, welche Gebote zu halten seien, hat die Funktion, auf den Dekalog hinzulenken, von dessen zweiter Tafel fünf Gebote zitiert werden. Damit rücken die Verpflichtungen des Menschen dem Mitmenschen gegenüber in den Brennpunkt. In der Zitationsweise des Textes ist der LXX-Text aufgegriffen (οὐ + Indikativ Futur), in der Reihenfolge freilich behält E die masoretische bei[7]. Nur das vierte Gebot ist nachgeordnet (wie schon Mk 10,19). Damit ist zu verstehen gegeben, daß die im Elterngebot enthaltenen sozialen Aufgaben der Kinder den Eltern gegenüber eingeschärft sein sollen[8]. Nicht übersehen werden soll die Zusammenordnung dieser fünf Gebote der zweiten Tafel durch den einleitenden Artikel (τό), der diesen Block nahezu als ein katechetisches Lehrstück erscheinen läßt. Abgesetzt (mit καί) und zugeordnet ist das Gebot der Nächstenliebe (= LXX Lv 19,18; vgl. Mt 22,39; 5,43). Ist bei dieser Zitation vorausgesetzt, daß das Gebot der Nächstenliebe noch nicht im Sinn Jesu verstanden ist, sondern in einem oberflächlichen Sinn, wie er in der These 5,43 vorliegt: Du sollst deinen Nächsten lieben und deinen Feind hassen?[9] Jedoch ist ein eingeschränktes Verständnis in V 19 weder angezeigt noch aus 5,43ff zu übertragen. Außerdem spricht Jesus! Die nachgestellte Zuordnung des Liebesgebotes deutet vielmehr an, daß dieses wie in 22,39f; 7,12 als die Summe von Gesetz und Propheten aufgefaßt ist.

20f Durch das Liebesgebot, wie es Jesus versteht, rückt die Reaktion des Mannes in ein etwas anderes Licht wie bei Mk. War die Bestätigung der Beobachtung der Dekaloggebote bei Mk durchaus glaubwürdig, so erscheint sie jetzt – mit Einschluß des Liebesgebotes – als Selbstüberschätzung. Der noch bestehende Mangel wird auch nicht von Jesus konstatiert (wie Mk 10,21), sondern vom Mann selbst empfunden und als Frage formuliert. Will man Nägel mit Köpfen machen, könnte man paraphrasieren: Wie kann er das Liebesgebot im Sinne Jesu erfüllt haben, wo er in Sicherheit und Reichtum lebt, während Armut und Elend ganz in seiner Nähe sind?[10] Im übrigen ist bei Mt der Mann zum Jüngling geworden, sicherlich nicht, weil seine Entscheidung am Ende plausibler gemacht werden sollte. Eher läßt sich daran denken, daß Mt junge Menschen zu einer großherzigen Entscheidung für Christus ermuntern will.

Die Antwort Jesu geht von der Bedingung aus, daß einer vollkommen

---

[7] M Ex 20,13ff; Dt 5,17ff hat als 5. Gebot „Du sollst nicht töten"; LXX „Du sollst nicht ehebrechen". LXX Ex 20 und Dt 5 stimmen in der Reihung 6. und 7. Gebot zusätzlich nicht überein. – Gegenüber dem LXX-Text läßt Mt 19,18 das Passiv-Pronomen σου vermissen. Dt 5,16 hat es zweimal, Ex 20,12 nur nach πατέρα.
[8] Eine Nachordnung des vierten Gebotes ist im Frühjudentum kaum belegt, sie begegnet aber bei frühchristlichen Autoren. Belege bei Berger, Gesetzesauslegung 420.
[9] Das scheint die Auffassung von Barth, Gesetzesverständnis 92f, zu sein.
[10] Das Nazoräer-Evangelium Fragment 16 bietet eine ähnliche paraphrasierende Ergänzung: „Wie kannst du sagen, Gesetz und Propheten habe ich erfüllt usw." Bei E. Hennecke – W. Schneemelcher, Ntl Apokryphen I (Tübingen ³1959) 97.

sein will. Damit ist nicht ein neues Blatt im Gespräch mit dem reichen Mann aufgeschlagen in dem Sinn, als sei zunächst von den Bedingungen, in das ewige Leben einzugehen, und jetzt von den Bedingungen des Vollkommenseins die Rede[11]. Die Bedingung, die Jesus jetzt nennt, ist vielmehr vom reichen Jüngling zu erfüllen, wenn er das ewige Leben erreichen will. Nirgendwo hat Mt im Sinn, zwei Klassen von Christen zu konstituieren, die normalen und die vollkommenen. Vollkommen zu sein ist eine Forderung, die sich an alle richtet[12]. Wie in 5,48, ist sie an das jesuanische Verständnis des Gesetzes geknüpft, betrifft sie die größere Gerechtigkeit (5,20). Wie zu 5,48 ausgeführt, hebt die Vollkommenheit, die sich dort an der Vollkommenheit Gottes orientierte, auf das Ganz- und Ungeteiltsein des Menschen in seinem Dienst vor Gott und an den Mitmenschen ab. Dabei geht die Forderung, vollkommen zu sein, von den jeweiligen Lebensbedingungen aus. Der reiche Jüngling soll seine Ganzhingabe darin erweisen, daß er sich von seinem Besitz trennt und den Erlös den Armen schenkt. Dies ist in der konkreten Situation des an ihn ergehenden Rufes der angemessene Ausdruck seiner Nächstenliebe, die die Summe des Gesetzes ist und die er soeben beteuert hatte. Weil er in die Nachfolge gerufen wird, kann diese Forderung zugleich an ihn gestellt werden. Der Besitzverzicht, den es auch anderswo gab, erfolgt nicht aus Gründen der Heiligkeit wie in Qumran oder als Ausdruck der Selbstüberwindung wie in Kynismus und Stoa[13]. Seinen christlichen Rang gewinnt er als Ausdruck der Nächstenliebe, die das Eigene an die Armen verschenkt. Die Zusicherung des Lohnes – Schatz in den Himmeln – bleibt dann vor dem Mißverständnis des Do-ut-des bewahrt, wenn er als Gnadenlohn begriffen wird.

22 Der junge Mann lehnt den Ruf in die Nachfolge ab[14]. An die mit ihr verknüpfte Bedingung geht er nicht ein. Die Traurigkeit, in der er von dannen zieht, wurzelt in der Selbst- und Weltliebe. So wurden auch die Jünger traurig nach der Ankündigung des Leidens Jesu (17,23). Die Information, daß er viele Güter besaß, wird im nachhinein geliefert. Jedoch bestimmten Besitz und Reichtum das Gespräch von Anfang an. Sie bilden auch den Übergang zum folgenden Jüngergespräch. Im nachhinein wird auch die Nachfolge zu einer Art Schlüsselwort für das Verständnis der gesamten Perikope, die als Geschichte von der verweigerten Nachfolge erkennbar wird. Letztlich führt die Nachfolge Jesu in das ewige Leben. Aber der Ruf erreicht die Menschen nicht auf gleiche Weise, sondern paßt sich ihren Lebensbedingungen an, fordert dementsprechend Unterschiedliches. Den einen erreicht er bei der täglichen Arbeit (4,18ff; 9,9ff), einen anderen vor

---

[11] So noch Braun, Qumran I 43.
[12] Vgl. Barth, Gesetzesverständnis 89ff.
[13] Vgl. Braun, Qumran I 42f; Hengel, Charisma 31f. Beispiele von großherzigen Rabbinen bei Billerbeck I 817f. – In V 21 ist der Artikel τοῖς mit BDΘ co im Text zu belassen.
[14] B 1230 1253 lesen: *dieses* Wort, im Sinaiticus ist das Objekt ganz gestrichen. B bietet χρήματα.

der Beerdigung seines Vaters (8, 21 f), wieder einen anderen in einer wohlsituierten Existenz. Wie Gott sich diese Freiheit wahrt, verantwortet der Angerufene in Freiheit seine Entscheidung.

23 f Die Jüngerbelehrung warnt vor dem Reichtum. Darin kommt sie mit atl Weisung, besonders weisheitlicher Prägung überein: „Wer das Gold liebt, bleibt nicht schuldlos, und wer dem Geld nachjagt, geht zugrunde. Des Geldes wegen kamen viele zu Fall, und ihr Verderben stand vor ihnen" (Sir 31, 5–7; vgl. Spr 15, 16 f; Ps 62, 11)[15]. Mt bekräftigt mit der doppelten „(Amen-)ich-sage-euch"-Einleitung die Aussage. Die Rigorosität kommt insbesondere im Paradoxon von Kamel und Nadelöhr zum Ausdruck. Faktisch meint es, daß ein Reicher nicht in das Reich Gottes gelangen kann. Varianten in der Textüberlieferung bzw. Konjekturvorschläge bemühen sich, diese Rigorosität abzubauen: ein Schiffstau durch ein Nadelöhr (κάμιλον: Theophylakt, Euthymios); ein Kamel durch ein Loch (τρήματος: Sinaiticus B)[16]. Auffällig ist der Wechsel in 23 f von Himmelsherrschaft zu Gottesherrschaft. Für die Interpretation ist er ohne Bedeutung. Die Abkehr des reichen Jünglings lieferte die Bestätigung für dieses bedrohliche Wort.

25 f Die Jünger reagieren fassungslos[17], als ob sie zu den Reichen dieser Welt gehörten. Sie stellen sogar die Rettungsmöglichkeit für jeden Menschen in Frage. Diese ihre verzweifelte Frage kann nicht mehr allein im Horizont der Problematik des Reichtums begriffen werden. Sie bereitet vielmehr die Antwort Jesu vor, der die Rettung des Menschen von Gott abhängig macht. Der Mensch vermöchte es nicht. So wird das Schlußwort zu einem eindeutigen Plädoyer für den Primat der Gnade. Ein ähnliches Wort spricht Ijob am Ende seiner Leidensgeschichte: „Nun erkenne ich, daß du alles vermagst ... Drum leiste ich Widerruf und bereue in Staub und Asche" (42, 2.6). Die Rettung des Menschen ist auf jeden Fall der Gnade Gottes verdankt.

III
a) Mt, der den Gesprächscharakter der Perikope vom reichen Mann ausbaute, benutzt diese, um vor allem zwei seiner Grundanliegen zu verdeutlichen: die Nächstenliebe als Summe und Kriterium des Christseins und

---

[15] Im Rabbinischen gibt es ähnliche Sentenzen, daneben die Auffassung, daß der Reichtum, recht gebraucht, dem Gerechten zum Schmuck und Segen gereicht. Vgl. BILLERBECK I 826 ff.
[16] Diese ausgezeichnete Bezeugung ist dennoch als Erleichterung zu verdächtigen. εἰσελθεῖν fehlt in Sinaiticus L 892, wird aber dafür anstelle von διελθεῖν (vor ἢ πλούσιον) geboten. Der Pilger Joh. Poloner (ca. 1422) will das Nadelöhr (lat. foramen) auf ein Jerusalemer Stadttor beziehen. In Sure 7 des Koran lebt das Bildwort fort: „Sie sollen nicht eher ins Paradies eintreten, als bis ein Kamel durch ein Nadelöhr geht." Gemeint sind bestimmte Sünder. Vgl. ZAHN 592 Anm. 71; KÖBERT.
[17] D it sy^c verschärfen: sie gerieten außer sich *und fürchteten sich*.

den Vollkommenheitsgedanken. Beides gehört auf das engste zusammen. Die Gebote 5–8 des Dekalogs, negativ formuliert, fortgeführt durch das 4. Gebot, positiv formuliert, gipfeln im Gebot der Nächstenliebe. In der Situation des Rufes in die Nachfolge kann dies für den einzelnen, der über die Güter dieser Welt verfügt, bedeuten, alles für die Armen dranzugeben. Es ergeben sich Verbindungslinien, zunächst zu den Antithesen der Bergpredigt. Auch sie münden aus in das Gebot der Nächstenliebe und den Vollkommenheitsgedanken. Auch hier wird die Vollkommenheit anhand der neuen Interpretation des Gesetzes entfaltet. Auch in den Antithesen dominieren die Gebote des Dekalogs. In unserer Perikope tritt die Nachfolge explizit hinzu. Erst sie eröffnet letztlich den Weg zum Leben. Darum werden die Jünger eigens belehrt. Eine zweite Verbindungslinie ergibt sich zu 22,34–40. Die Frage nach dem größten Gebot kann mit der Frage des reichen Mannes verglichen werden. Die Antwort Jesu rückt auch hier das Gebot der Liebe zu Gott und den Nächsten in den Mittelpunkt. Die Zusammenhänge verdeutlichen den zentralen Rang unseres Textes im Evangelium. In ihm wird die christliche Agape als etwas sehr Konkretes aufgewiesen.

b) Zwar ist im Rabbinischen die Rede von Elefant und Nadelöhr sprichwörtlich[18], sie wird aber nirgends auf den Reichen angewendet. V 24 gibt in seiner Schärfe den Standpunkt Jesu kund. Seine Verknüpfung mit V 26 könnte anzeigen, daß er Schwierigkeiten bereitete. Ursprünglich war er ein isoliertes Logion. Auch die Begegnung mit dem reichen Mann, zwar in typisierender Form vorgetragen, gibt Jesu Stellungnahme zu Besitz und Reichtum treffend wieder. Die Geschichte verdeutlicht, daß Jesus die radikale Forderung des Besitzverzichtes mit dem Ruf in die Nachfolge verbinden konnte. Ins Grundsätzliche hat er sie kaum erhoben. Das paßte weniger zu seiner unsystematischen, unjuridischen, individuierenden Art des Nachfolgerufes[19]. Der Besitzverzicht, den er selbst vollzogen hatte, ist für ihn und seine Nachfolger Ausdruck des Gottvertrauens. Er bedeutet die Preisgabe irdischer Sicherungen[20].

c) Die Perikope gehört zu den härtesten der Evangelien. Ihre exakte Interpretation kann nicht darüber hinwegtäuschen, daß die in ihr enthaltene Weisung wenn auch nicht mißachtet, so doch nicht mehr verstanden wird. Der junge Hegel meinte, sie sei eine Litanei, die nur in Predigten oder in Reimen noch verziehen werde. Das Schicksal des Eigentums sei uns so mächtig geworden, daß eine Trennung von ihm für uns nicht mehr denkbar wäre[21]. Der hier geforderte völlige Besitzverzicht, wobei der Erlös den

---

[18] Ein Beispiel: Du bist wohl aus Pumbeditha, wo man einen Elefanten durch ein Nadelöhr gehen läßt (bBM 38b bei BILLERBECK I 828). Offenbar scherzte man so über einen Aufschneider.
[19] Vgl. BRAUN, Radikalismus II 75 Anm. 1.
[20] Auch hierin unterscheidet sich der Armutsgedanke Jesu von der Qumran-Gemeinde, wo man in eine klösterliche Gemeinschaft eintrat.
[21] G. W. F. HEGEL, Theologische Jugendschriften, hg. von H. NOHL (Tübingen 1907) 273.

Armen zu geben ist, wird auch nicht in unseren Klöstern geübt. Dennoch ist es abwegig, wenn M. Luther in der Erklärung unseres Textes über die Klöster herfällt, selbst über den hl. Franziskus, der vielleicht als einziger die Forderung Jesu wirklich verstanden hat. Monastische Existenz ist auf dem Weg zur Realisierung dieser Forderung. Luther hat aber richtig erkannt, daß der monastische Mensch sich nicht über die anderen Christen erheben und als etwas Besonderes fühlen darf[22]. Er realisiert dasselbe Christsein wie der Christ in der Welt, nur auf seine Weise, gemäß dem an ihn ergangenen Ruf, wie der Ruf zum Besitzverzicht gerade an diesen reichen Mann im Evangelium erging. Es gibt keine doppelte Wertetafel oder Moral. Wo im Glauben an Gott und in der Nachfolge Jesu das Eigentum bejaht und verantwortet wird, geschieht nichts anderes, als wo im Glauben an Gott in der Nachfolge Jesu auf das Eigentum verzichtet wird[23]. Notwendig ist das aktive Eintreten für die Armen als Äußerung der Nächstenliebe. Das unterscheidet die Forderung Jesu vom stoisch-kynischen Philosophen, der seinen Besitz ins Meer wirft. Und würde der Besitzende nicht teilen wollen, würde sein Besitz gottlos. Hegel[24] betont freilich auch, daß der Besitz Freiheiten einschränkt, Bestimmtheiten in den Menschen bringt, die kein vollständiges Leben mehr zulassen. In dialektischer Form spricht K. Barth[25] davon, daß der reiche Jüngling in der Preisgabe des Besitzes die Freiheit der totalen Bindung an Gott hätte gewinnen können. Die Mentalität des reichen Jünglings oder der Verhinderung der Nachfolge trifft K. Martis „Gedicht am Rand":

„komfort mein trost
komm fort und fort:
wie käm ich fort
kommst du mir fort?"[26]

LITERATUR: P. S. MINEAR, The Needle's Eye: JBL 61 (1942) 152–169; W. HILLMANN, Perfectio evangelica: WiWei 19 (1956) 161–172; P. J. du Plessis, Teleios (Kampen 1959); K. PRÜMM, Das ntl Sprach- und Begriffsproblem der Vollkommenheit: Bib 44 (1959) 76–92; W. ZIMMERLI, Die Frage des Reichen nach dem ewigen Leben: EvTh 19 (1959) 90–97; A. F. J. KLIJN, The Question of the Rich Young Man in an Jewish-Christian Gospel: Placita Paideia (Festschrift G. SEVENSTER) (Leiden 1966) 85ff; R. SCHNACKENBURG, Die Vollkommenheit des Christen nach Matthäus: Christliche Existenz nach dem NT I (München 1967) 131–155; K. KOCH, Der Schatz im Himmel: Leben angesichts des Todes (Festschrift H. THIELICKE) (Tübingen 1969) 47–60; E. YARNOLD, Τέλειος in St. Matthew's Gospel: StEv IV (TU 102) (Berlin 1968) 269–273; K. M. FISCHER, Asketische Radikalisierung der Nachfolge Jesu: J. ROGGE – G. SCHILLE, Theologische Versuche IV (Berlin 1972) 11–26; R. KÖBERT, Kamel und Schiffstau: Bib 53 (1972) 229–233; M. MEES, Das Paradigma vom reichen Mann und seiner Berufung nach den Synoptikern und dem Nazaräerevangelium: VetChr 9 (1972) 245–265.

---

[22] LUTHER II 665f. Er deutet den Besitzverzicht geistlich, auf ein innerliches Verlassen. Das Wort „Reicher" bedeute soviel wie „Gottloser" (668ff).
[23] Vgl. D. BONHOEFFER, Ethik (München 1963) 381f.
[24] (Anm. 21).
[25] Dogmatik II/2, 689.
[26] MARTI, Geduld 49.

16. Der Lohn der Nachfolge (19, 27–30)

27 Da antwortete Petrus und sprach zu ihm: Siehe, wir haben alles verlassen und sind dir nachgefolgt. Was wird uns also zuteil? 28 Jesus aber sprach zu ihnen: Amen, ich sage euch: Ihr, die ihr mir nachgefolgt seid, werdet bei der Wiedergeburt, wenn der Menschensohn auf dem Thron seiner Herrlichkeit sitzen wird, auch auf zwölf Thronen sitzen und die zwölf Stämme Israels richten. 29 Und jeder, der Häuser oder Brüder oder Schwestern oder Vater oder Mutter oder Kinder oder Äcker um meines Namens willen verläßt, wird Hundertfaches empfangen und ewiges Leben erben. 30 Viele Erste aber werden Letzte sein und Letzte Erste.

I

Mt hat – obwohl als Antwort des Petrus eingeführt – diese Perikope stärker verselbständigt[1]. Eine Jüngerfrage leitet ein (wie 18,1 und 21). Es schließt eine kleine Redekomposition an, die 19,28 – 20,16, eine unmittelbare und weiterführende Stellungnahme Jesu, umfaßt. Letztere beinhaltet auch ein Gleichnis. Diese Struktur erinnert an 18,22-35. Daß dabei dieselbe Sentenz das Gleichnis rahmt (19,30 und 20,16), bindet die Einheit noch stärker zusammen. In unserer Perikope antwortet Jesus zunächst mit einer mit Amen eröffneten, die Jünger direkt anredenden Verheißung (28). Auch V 29 kann als prophetische Verheißung gelten, ist aber unpersönlich formuliert: Jeder, der ... V 30 schließlich ist eine Gnome, die allerdings durch den Kontext, der sie eindeutig auf das Gericht bezogen sein läßt, eschatologische Qualität gewinnt.

Mk 10,28–31 ist die Vorlage, in die Mt ein aus Q stammendes Logion einschiebt (V 28). Ein Vergleich mit der Mk-Vorlage ergibt folgende Veränderungen: Die Petrusfrage „Was wird uns also zuteil?" ist neu hinzugekommen (27 c), ebenso die Bezeichnung der Adressaten Jesu (28: αὐτοῖς). Die Verheißung in V 29 ist positiv formuliert: „Jeder, der" (Mk 10,29: „es gibt keinen, der"). Mt spricht von Häusern, Mk vom Haus. Ob im Mt-Text auch die Frau erwähnt war, ist nicht sicher. Zu 18,12c würde es gut passen. Zusätzliches ἢ γυναῖκα wird gelesen von Sinaiticus CKLWΘ f¹³ 28 33 565 700 892 vg sy^{p.h} arm aeth, es fehlt in B 2148. Trotz der guten Bezeugung wird man von einer sekundären Zutat sprechen müssen, die sich aus dem Einfluß von parLk 18,29 erklärt[2]. Anstelle von „um meinetwillen und um des Evangeliums willen" (Mk 10,29) sagt Mt „um meines Namens willen". Die Lohnverheißung Mk 10,30 hat Mt erheblich gekürzt, der Jetzt-Lohn ist weggelassen, ebenfalls die Bemerkung „unter Verfolgungen". Dafür führt er das Verb „erben" ein. – Die Rekonstruktion des Q-Logions V 28

---

[1] Vgl. LOHMEYER 289.
[2] NESTLE-ALAND²⁶, The Greek NT nehmen im Gegensatz zu HUCK-GREEVEN, Synopse, ἢ γυναῖκα nicht in den Text auf. Sein Fehlen als Einfluß von parMk 10,29 zu erklären ist weniger wahrscheinlich.

(vgl. par Lk 22,28–30) ist mit erheblichen Schwierigkeiten belastet und führt zu keinen sicheren Ergebnissen. Übereinstimmend ist nur der zweite Teil: und ihr werdet auf (zwölf) Thronen sitzen und die zwölf Stämme Israels richten. Die Zwölfzahl der Throne könnte MtR sein[3]. Wie lautete der Vordersatz? „Ihr, die ihr mir nachgefolgt seid" oder „Ihr, die ihr mit mir ausgeharrt habt?"[4] Wie lautete die Zeitbestimmung? „Wenn der Menschensohn auf dem Thron seiner Herrlichkeit sitzen wird" und/oder „bei der Wiedergeburt" oder „in meinem Reich"? Das erste hat seine Parallele in 25,31 und dürfte MtR sein[5]. „Wiedergeburt" ist ein ausgesprochen hellenistischer Terminus und wird häufig für MtR gehalten[6]. Vielfach wird Basileia als ursprünglich angesehen, κρίνειν kann dann im Sinn von „herrschen" verstanden werden: ihr werdet in (meinem?) Reich auf Thronen herrschen[7]. Oder sollte ursprünglich eine andere Menschensohn-Formulierung dagestanden haben, so daß das Logion einmal gelautet haben könnte: Ihr, die ihr mit mir ausgeharrt habt, werdet, wenn der Menschensohn kommt, auf Thronen sitzen und die zwölf Stämme Israels richten?[8] Die Frage muß offen bleiben. Die nicht mehr umschreibbare, aber charakteristische Gegenüberstellung von Gegenwart Jesu und eschatologischer Zukunft (Zukunft des Menschensohnes?) ist erhalten geblieben (vgl. Lk 12,8f). Seine Gegenwart entscheidet über die Zukunft.

II

27 Petrus stellt die Frage nach dem Lohn der Nachfolge. Obwohl in die Nachfolge gerufen, erwartet er Lohn dafür, daß sie alles verlassen haben. Wie in seinen anderen Fragen, fragt er nicht allein für sich selbst, sondern für alle Nachfolgenden. Zwar wird er von Jesus nicht zurechtgewiesen

---

[3] Eine Streichung der Zwölfzahl durch Lk ist bei der Bedeutung des Zwölfer-Apostolates im dritten Evangelium weniger wahrscheinlich. Auch καὶ ὑμεῖς ist bei Mt überschießend.

[4] Die Nachfolge bei Mt könnte Angleichung an V 27 sein. „In meinen Versuchungen" wird als LkR vermutet. Vgl. SCHULZ, Q 330. BERGER, Gesetzesauslegung 450, verweist darauf, daß das Thronen als Lohn für überstandene Versuchungen auch TestJob begegne. Beide Motive liegen aber erheblich auseinander: 4,6 und 33,1ff. BROER, Gemeinde 153f, bestreitet die Ursprünglichkeit des Anrede-Charakters des Logions. Dies ist nicht einzusehen. Lk dürfte zwei Logien verknüpft haben. Das Mahlmotiv und das Motiv des Richtens passen nicht gut zusammen.

[5] Die Rede vom Menschensohn (3. Ps.) im Gegensatz zum Ich in der Rede Jesu bei Lk 22,28ff spricht nicht dagegen. Lk kombinierte zwei Logien.

[6] SCHWEIZER 252; FIEDLER, Sohn Gottes 94; DALMAN, Worte Jesu 145; A. VÖGTLE, Das NT und die Zukunft des Kosmos (KBANT) (Düsseldorf 1970) 161ff. Anders scheint J. ROLOFF, Apostolat–Verkündigung–Kirche (Gütersloh 1965) 148ff, zu urteilen.

[7] Vgl. POLAG, Fragmenta Q 78f (Literatur-Übersicht), der aber das Possessiv-Pronomen μου nicht in die Rekonstruktion aufnimmt. Die Bedeutung κρίνειν = herrschen wird in den Wörterbüchern nicht verzeichnet, wohl bei BAUER, Wörterbuch 894 z.St. Von den hier angegebenen Belegen LXX 4 Kg 15,5; ψ 2,10; 1 Makk 9,73; PsSal 17,29 sind nur die ersten beiden überzeugend.

[8] Für V 28 als von MtR geformt, sprechen auch die parallelisierenden Formulierungen (hier: das Sitzen auf dem Thron bzw. den Thronen), die als seine Stileigentümlichkeit gelten können.

(vgl. 20,22), doch ist seine Frage töricht. Mt läßt die Frage gelten, hat er sie doch erst in die Perikope eingebracht, korrigiert sie aber im folgenden Gleichnis 20,1 ff. Die Frage ist jüdisch empfunden, menschlich verständlich, doch läßt sie außer acht, daß göttlicher Lohn immer Gnade ist. Mt hat nicht zuletzt durch unsere Perikope den Lohngedanken forciert. Auch das ist ein Ausdruck seiner Nähe zum Judentum. Alles verlassen zu haben basiert auf einem radikalen Entschluß und dient dem Ziel der ungeteilten Jesus-Nachfolge. Es macht den Nachfolger zu einem sozial Entwurzelten, der ganz auf die Unterstützung anderer angewiesen ist, theologisch gesprochen: auf die Hilfe Gottes vertraut. Zur Zeit des Wirkens Jesu besaß Petrus ein Haus in Kafarnaum (8,14). Erst später verließ er es, um nach Jerusalem und auf Missionsreise zu gehen. Besitzlose Wanderprediger gab es auch im Umkreis des Christentums, zu denen dieses jetzt in Konkurrenz trat[9].

28 In einem feierlichen Amen-Wort wird den Jesus-Nachfolgern eine besondere Zusage gemacht. Sie sollen beim Erscheinen des Menschensohnes nicht nur seine Gemeinschaft wiedererlangen, sondern auch wie er auf Thronen sitzen[10]. Das Bild bedeutet soviel wie die Herrschaft antreten und richten. Weil die zwölf Stämme Gesamtisrael ins Auge fassen (nicht die Kirche als das neue Israel), ist die Bedeutung von κρίνειν auf das Richten einzuschränken. Indem Mt von zwölf Thronen spricht, schränkt er historisierend die Richterfunktion auf die zwölf Apostel ein (vgl. 10,2)[11]. Die Gegenüberstellung der zwölf Jünger und der zwölf Stämme zeigt eine verpaßte Gelegenheit an, da die Zwölf die geistigen Stammväter des Gottesvolkes sein sollen. Das Gericht ist primär als strafendes konzipiert, wie das fast regelmäßig in der apokalyptischen Literatur der Fall ist, wenn von einer aktiven Beteiligung der Gerechten am Gericht gesprochen wird[12]. Von einem Vernichtungsgericht sollte man nicht reden, Rachetöne, die häufig in der genannten Literatur anzutreffen sind, werden nicht angeschlagen[13]. Die Partizipation der Gerechten (Weish 3,8; Henaeth 91,12;

---

[9] Vgl. Dio Chrysostomos 12,10: „Wenn ihr bereit seid, euch ihnen (den Philosophen) anzuschließen und *alles andere* aufzugeben, Eltern und Vaterland usw. und ihnen zu folgen, wohin auch immer sie euch führen..., so werdet ihr glücklicher sein als das Glück." Vgl. 40,1 f. Theissen: NT 19 (1977) 161 ff, der die soziale Entwurzelung im Umfeld des Christentums untersucht, unterscheidet den Ausstieg mit Fluchtcharakter (evasiv), verbunden mit aggressivem Verhalten, und den in der Erwartung menschlicher und/oder göttlicher Hilfe (subsidiv). Emigranten, Räuber, Bettler sind Repräsentanten der drei Typen, in religiöser Hinsicht Qumran, Widerstandskämpfer, prophetische Bewegungen. Die Jesus-Bewegung sei in die letztgenannte Gruppe einzuordnen.
[10] Die LAA καθίσεσθε (D* KΓ 33 565 700), καθεσθήσεσθε (Z f¹) betonen die Einsetzung.
[11] Nach dem Verbleib des Judas ist nicht zu fragen. Die Zwölfzahl ist eine Institution.
[12] Vgl. Volz, Eschatologie 275.
[13] Vgl. Henaeth 98,12: „Wehe euch, die ihr die Werke der Ungerechtigkeit liebt. Warum hofft ihr für euch auf Gutes? Wißt, daß ihr in die Hände der Gerechten gegeben werdet. Sie werden euch die Hälse abschneiden und euch erbarmungslos töten." Auch 96,1; 95,3.

95,3; 38,5), des Volks (Jub 24,29), der Heiligen des Höchsten (LXX Dn 7,22), der Erwählten (Henaeth 48,9) am endzeitlichen Gericht wurde in der Apokalyptik erwartet, ebenso in Qumran: „In die Hand seiner Auserwählten legt Gott das Gericht über alle Völker, und durch ihre Züchtigung werden alle Frevler seines Volkes büßen" (1 QpHab 5,4f; vgl. 1 QS 8,10). In NT wird der Gedanke auf die christliche Gemeinde übertragen (1 Kor 6,2f; vgl. Apk 20,4). Neu ist in Mt 19,28, daß Gesamtisrael gerichtet wird. In der jüdischen Literatur richten die Gerechten die Völker, die Frevler in Israel, niemals aber das gesamte Volk. Die Wiedergeburt (παλιγγενεσία) als Zeitpunkt der Erscheinung des Menschensohnes meint die Neuschöpfung der Welt, den Zeitpunkt, zu dem auch die Toten auferstehen werden, zu dem „der Allmächtige seine Schöpfung erneuert" (ApkBar syr 32,6; vgl. 1 QS 4,25)[14]. Das Wort hat seine Heimat in der griechischen Philosophie, die Sache besitzt eine Analogie etwa in Vergils 4. Ekloge: „Letzte Zeit ist nun da cumaeischen Sanges; groß aus dem Unversehrten erwächst der Zeitalter Ordnung"[15], kommt aber hier weit weniger radikal zum Ausdruck. Der Thron der Herrlichkeit, auf den sich der Menschensohn setzt, ist im Judentum Gott vorbehalten. Hier gehört er mit der Thora zu den Dingen, die vor der Welt erschaffen wurden. Nur in den Bilderreden des Henochbuches sitzt der Messias – hier der Auserwählte genannt – auf dem Thron seiner Herrlichkeit. Das ist eine bemerkenswerte Übereinstimmung mit unserem Evangelium (vgl. Mt 25,31; Henaeth 45,3; 51,3; 55,4; 61,8; 62,2)[16]. Also: Die Nachfolge des irdischen Jesus führt zur Teilhabe an der Herrlichkeit des kommenden Menschensohnes[17]. Das ist die erste dem Petrus erteilte Antwort.

29 Die zweite Antwort weitet aus auf jeden. Das Verlassen, die Preisgabe familiärer Bindungen und irdischen Besitzes steht im Mittelpunkt. Der Plural „Häuser" fällt auf. Kann man Mk 10,29 beim „Haus" noch den Eindruck haben, daß an das Verlassen der bergenden Hausgemeinschaft gedacht ist, läßt der Plural diesen Gedanken kaum zu. Vielleicht sind Wohlhabendere angesprochen, die über Häuser verfügen. „Um meines Namens willen" schließt die Nachfolge Jesu ein. Sie ist das Movens des Handelns. Der hundertfache Lohn, ein atl Topos (vgl. 2 Sm 24,3; 1 Chr 21,3), ist vom ewigen Leben abgesetzt. Soll das heißen, daß er schon im irdischen Leben erfolgt, wie Mk 10,30 es vorsieht und es weisheitlichem

---

[14] Im zeitgenössischen Judentum konnte die Welterneuerung als Erweckung der alten Welt zu neuem Leben oder als völlige Neuschöpfung gedacht werden. Vgl. BILLERBECK III 840ff. Für Mt ist die zweite Konzeption zu reklamieren, die auch die verbreitetere war.
[15] Zeile 4f. Vgl. E. NORDEN, Die Geburt des Kindes (Darmstadt 1958, Nachdruck) 8 und 47; CLEMEN, Erklärung 148. Von Neuschöpfung wird man für die griechisch-römische Literatur nicht sprechen können.
[16] Vgl. BILLERBECK I 974–978.
[17] Sinaiticus DLZ f¹ 892 lesen anstelle von ὑμεῖς: αὐτοί, von HUCK-GREEVEN, Synopse, bevorzugt.

Denken nach dem Beispiel des Ijob entspricht?[18] Oder umschreiben der hundertfache Lohn und das ewige Leben dieselbe Sache[19]? Weil Mt den ausdrücklichen Bezug auf die Gegenwart (vgl. Mk 10,30) gestrichen hat, ist letzteres zu vermuten. Auch das ist ein apokalyptischer Zug, weil in diesem Milieu die Endzeit vom Bösen erfüllt ist. Mt erwartet keinen besonderen Lohn für diese Zeit. In der Zukunft aber sollen sie erben, die Jesus nachgefolgt sind, das ewige Leben, die Erde (5,5), das Reich (25,34). Das Bild vom Erbbesitz basiert auf der Übertragung der Landnahme auf die eschatologische Verheißung[20].

30 Im Gericht ist aber nicht nur Lohn zu erwarten. Es bringt auch die Umwertung der Werte. Dies ist in die Gemeinde hineingesprochen. Zu ihrer Warnung ist es gesagt. Die Degradation vieler Erster beinhaltet auch, daß einige von den Ersten als solche anerkannt werden sollen. Gott wahrt sich seine Freiheit. Der wahre Wert des Menschen wird hervortreten, der nach anderen Kriterien bemessen werden wird, als es menschlichen Werturteilen entspricht[21]. Diese dringen auch in die Gemeinde ein. Mt 20,16 bringt denselben Spruch in umgekehrter Reihenfolge.

III
a) Mt eröffnet mit der Petrusfrage einen kleinen Traktat über den Lohn (19,27 – 20,16). Der Jünger darf auf Lohn hoffen. Mt akzeptiert den Lohngedanken, stellt aber zwei Dinge klar. Der göttliche Lohn übertrifft bei weitem die menschliche Erwartung. Allerdings zieht E daraus nicht die Konsequenz, die Frage nach dem Lohn lieber zu lassen. Vielmehr warnt er mit der Umwertung der Werte. Damit ist das folgende Gleichnis vorbereitet. Darüber hinaus ist es ihm wichtig, mit dem Spruch von den zwölf Thronen und Stämmen die Israel-Theologie in die Perikope einzubringen. Darf die Jüngerschaft aus ihm Heilssicherheit ableiten?[22] Man wird Mt 25,31ff dagegenhalten müssen.
b) Eine Grundform des Logions in V 29, die aus parMk 10,29f abzuleiten ist[23], kann auf Jesus zurückgeführt werden. Im Zug seiner Überlieferung hat das Wort Erweiterungen erfahren. Der in ihm vorausgesetzte Familienzwist hat die Jüngerschaft und hat auch Jesus selbst betroffen. Die Gewährung des Heils erscheint an Gott gebunden, wenngleich die Bindung an Jesus heilseröffnend ist. V 28 in seiner vorliegenden Gestalt ist traditionell/redaktionell geprägt. Die Rekonstruktion seiner Urform er-

---

[18] So SCHLATTER 584f.
[19] So BORNKAMM, Enderwartung 27. Vgl. BURNETT: JStNT 17 (1983) 61f. – Anstelle von „Hundertfaches" lesen BL 1010 sa mae „Vielfaches". Dies ist Einfluß von parLk 18,29.
[20] Bd. I 123 dieses Kommentars.
[21] Eine Geschichte des Rabbi Josef (ca. 250) besagt Ähnliches: Eine umgekehrte Welt habe ich gesehen, die Obersten zuunterst und die Untersten zuoberst. Er aber sprach zu ihm: Eine lautere Welt hast du gesehen (bBB 10b, bei BILLERBECK I 830).
[22] Vgl. BROER, Gemeinde 162.
[23] Vgl. GNILKA, Markus II 91 und 93f.

wies sich als sehr schwierig. Die Gegenüberstellung der Zeit des irdischen Jesus und der Zukunft des kommenden Menschensohnes könnte zur Verkündigung Jesu passen. Ursprünglich wandte sich das Wort nicht an die Zwölf, sondern die gesamte Jüngerschaft bzw. die Gemeinde. κρίνειν ist von Anfang an im Sinn von Richten, nicht von Herrschen, zu verstehen [24]. Der schroffe Gerichtsgedanke, gegen Israel gewendet, läßt an eine Entstehung in der Q-Gemeinde denken. Ein christlicher Prophet mag das Wort unter Berufung auf den zu Gott erhöhten Jesus zum erstenmal gesprochen haben.

c) Die Lohnfrage muß in ihrer Ambivalenz gesehen werden. Einmal entspringt sie menschlichem Kalkül. Zum anderen wird sie durch die Größe der Gabe Gottes ad absurdum geführt [25]. Ist himmlischer Lohn Movens, alles Irdische preiszugeben? Für die Christen der Mt-Gemeinde ohne Zweifel. Uns Heutigen fällt die Einsicht schwerer. Dennoch zeigt die Perikope angesichts des Kommenden die Brüchigkeit irdischen Besitzes. Petrus, der als positives Gegenüber zum reichen Jüngling gezeichnet ist – er hat alles verlassen und ist Christus nachgefolgt –, müßte auch bereit gewesen sein, den Erlös den Armen zu geben. Auch die radikale Lösung von allem erscheint uns utopisch. Chrysostomos empfiehlt die Politik der kleinen Schritte, zunächst das Überflüssige zu beseitigen und die Güter zu verteilen [26]. Wenn dies etwa im katholischen Latein-Amerika geschähe! Oder im Verhältnis der Ersten zur Dritten und Vierten Welt. Ohne Aufgeben der Dinge wird nichts ausgerichtet, sagte Luther zu unserer Perikope in einer Predigt vom Jahr 1517 [27].

LITERATUR: I. BROER, Das Ringen der Gemeinde um Israel: Jesus und der Menschensohn (Festschrift A. VÖGTLE) (Freiburg 1975) 148–165; P. FIEDLER, Der Sohn Gottes über unserem Weg in die Gottesherrschaft: Gegenwart und kommendes Reich (Schülerfestschrift A. VÖGTLE) (Stuttgart 1975) 91–100; H. FÜRST, Verlust der Familie – Gewinn einer neuen Familie (Mk 10,29 Parr): Studia Historico-Ecclesiastica (Festschrift L. G. SPÄTLING) (BPAA 19) (Rom 1977); G. THEISSEN, „Wir haben alles verlassen": NT 19 (1977) 161–196; F. W. BURNETT, Παλιγγενεσία in Matt. 19,28: A Window to the Matthean Community: JStNT 17 (1983) 60–72.

17. Das Gleichnis von den Arbeitern im Weinberg (20,1–16)

1 Denn mit der Himmelsherrschaft verhält es sich wie mit einem Menschen, einem Hausherrn, der gleich am Morgen ausging, um Arbeiter in seinen Weinberg zu mieten. 2 Da er aber mit den Arbeitern um einen De-

---

[24] Anders TÖDT, Menschensohn 59; FIEDLER, Sohn Gottes 94.
[25] Vgl. THIELICKE, Glaube II 355; GOGARTEN, Verkündigung 109 f.
[26] In Matth. 63,3.
[27] II 671. – Nach R. SCHWARZ, Vorgeschichte der reformatorischen Bußtheologie (Berlin 1968) 179, leitete der Reformator aus Mt 19,28 kirchliche Autorität zum Gerichthalten ab, lehnte aber den Gedanken der Herrschaftsausübung ab. Vielmehr wolle Christus, der verborgene Herrscher, auf diese Weise den Glauben ins Leben rufen.

nar für den Tag übereinkam, schickte er sie in seinen Weinberg. 3 Und er ging um die dritte Stunde aus und sah andere auf dem Markt untätig stehen. 4. Und jenen sagte er: Gehet auch ihr in den Weinberg! Und was recht ist, werde ich euch geben. 5 Sie aber gingen hin. Wieder um die sechste und neunte Stunde ging er aus und tat ebenso. 6 Als er aber um die elfte ausging, fand er andere herumstehen und sagt ihnen: Was habt ihr hier den ganzen Tag untätig herumgestanden? 7 Sie sagen ihm: Weil keiner uns gemietet hat. Er sagt ihnen: Gehet auch ihr in den Weinberg! 8 Als es Abend wurde, sagt der Herr des Weinbergs seinem Verwalter: Rufe die Arbeiter und zahle ihnen den Lohn aus, angefangen von den letzten bis zu den ersten. 9 Und als die von der elften Stunde kamen, erhielten sie je einen Denar. 10 Und als die ersten kamen, meinten sie, daß sie mehr erhalten würden. Und auch sie erhielten je einen Denar. 11 Als sie ihn aber erhielten, murrten sie gegen den Hausherrn 12 und sagten: Diese letzten haben eine Stunde gearbeitet, und du hast sie uns gleichgestellt, die des Tages Last und die Hitze getragen haben. 13 Er aber antwortete und sprach zu einem von ihnen: Freund, ich tue dir nicht unrecht. Bist du nicht um einen Denar mit mir übereingekommen? 14 Nimm den deinen und gehe! Ich will aber diesem letzten geben gleich dir. 15 Oder ist es mir nicht erlaubt, mit dem, was mir gehört, zu tun, was ich will? Oder ist dein Auge böse, weil ich gut bin? 16 So werden die Letzten Erste und die Ersten Letzte sein[1].

I

Obwohl das Gleichnis auch andere Namen erhielt – vom gleichen Lohn für verschiedene Arbeit, vom gütigen Arbeitsherrn, von der seltsamen Gerechtigkeit Gottes –[2], überwiegt die alte, zu bevorzugende Bezeichnung von den Arbeitern im Weinberg. Im wesentlichen gliedert sich die durch V 1 als Basileia-Gleichnis gekennzeichnete Erzählung in zwei Teile: die Werbung und Einstellung der Arbeiter (1–7), ihre Auszahlung (8–15). Das rahmende Schlußlogion (16) korrespondiert 19,30. Jeder der beiden Teile beginnt mit einer Zeitangabe: am Morgen, als es Abend wurde (1 und 8). Die Geschichte ist eingespannt in einen Tagesablauf. Ort der Handlung sind im ersten Teil Marktplatz und Weinberg. Geht hier der Hausherr den Arbeitern nach, so begeben sich diese im zweiten Teil zu ihm zur Löhnung. Dieser ist für die gesamte Erzählung der Handlungssouverän. In bezug auf die Arbeiter ist ein deutliches Gefälle zu beobachten, das zeitlich strukturiert ist. Vom Morgen an werden im Dreistundentakt die Arbeiter geworben. Bei den letzten wird dieser Takt durchbrochen, ihre Werbung erfolgt

---

[1] Es gibt eine Reihe von LAA, die den Erzählzusammenhang glätten und Angleichungen schaffen, so in V 3: und er fand (statt: sah) andere (vgl. V 6); in den VV 4 und 7: in *meinen* Weinberg (vgl. V 1); in V 6: um die elfte *Stunde;* fand er andere *untätig* herumstehen (vgl. V 3); in V 7: + und was recht ist, werdet ihr erhalten (vgl. V 4).
[2] In der Reihenfolge: JÜLICHER, JEREMIAS, SCHWEIZER.

eine Stunde vor Sonnenuntergang. Insbesondere dieser Bruch muß das Interesse des Hörers wecken. Tatsächlich spielen im zweiten Teil, bei der Löhnung, nur noch die Letzten und die Ersten eine Rolle. Dabei konzentriert sich das Gespräch mit dem Hausherrn auf einen, der aus der Gruppe der Ersten herausgegriffen wird. Dem Zeitgefälle entspricht das Gefälle hinsichtlich der Abmachung des Lohnes. Bei den Ersten kommt man klar um einen Denar überein. Zur dritten Stunde ist von dem die Rede, was recht ist (4). Bei der nächsten Werbung heißt es dann ganz allgemein: Er tat es ebenso (5). Bei den Letzten liest man nur noch von der Aufforderung, in den Weinberg zu gehen (7). Der zweite Teil zerfällt im einzelnen in drei Akte: Löhnung (8–10), Protest (11f) und Rede des Hausherrn (13–15). Beachtung verdient, daß dieser in V 8 „Herr des Weinbergs" genannt wird (sonst Hausherr). Die Bedeutung der Rede des Hausherrn ist durch ihre Länge und kunstvolle Strukturierung angezeigt. Sie hat zwei einander entsprechende Abschnitte[3]:

I Feststellung in Ichform: Ich tue dir nicht unrecht[4];
rhetorische Frage: Bist du nicht ... übereingekommen?
Imperativ: Nimm ... und gehe!

II Feststellung in Ichform: Ich will aber diesem letzten geben ...;
rhetorische Frage: Oder ist es mir nicht erlaubt ...?
erneute Frage: Oder ist dein Auge böse ...?

Übernimmt man diese Analyse, so muß der Strukturbruch in II c auffallen. Statt des erwarteten Imperativs (etwa: Habe kein böses Auge! Sei auch gut!) liest man eine erneute Frage[5]. Diese wird nicht mehr beantwortet. Sie kann es auch nicht, weil die Löhnung schon abgeschlossen ist. Die Frage wirbt um Einverständnis und geht über den Querulanten letztlich an den Hörer/Leser des Gleichnisses, dessen Einverständnis eingeholt werden soll[6].

Mt holt das Gleichnis aus seiner Sonderüberlieferung. Die Einführung des Gleichnisses (1a) stimmt mit 13,31.33.44.45.47 überein. Ob es von Haus aus mit einer Basileia-Einführungsformel verknüpft war, ist schwer zu sagen. Vermutlich war das nicht der Fall. Mt hat mit dem rahmenden Logion 19,30; 20,16 der Geschichte eine neue, das Gericht betonende Interpretation gegeben. Dies läßt vermuten, daß er auch die Einleitungsfor-

---

[3] Nach HARNISCH, Gleichniserzählungen 182.
[4] Hier liegt eine Litotes (Suggestion mit sparsamen Ausdrucksmitteln) vor.
[5] BROER: Biblische Notizen 5 (1978) 25 redet von einer Leerstelle, die zum Mitvollzug anregt.
[6] VIAS Einteilung der Gleichnisse in tragische und komische, das heißt, in solche mit unglücklichem und glücklichem Ausgang, stößt für unser Gleichnis auf Schwierigkeiten. Der Konflikt, in den die Ganztagsarbeiter hineingeraten, bleibt am Ende offen. VIA, Gleichnisse 143, meint, vom Standpunkt des Erzählgerüstes aus hätten wir es mit einer Tragödie, vom Standpunkt des Themas aus mit einer Komödie zu tun. Das ist offenkundig eine Verlegenheitslösung. Es bleibt anzumerken, daß MtR zu einem unglücklichen Ausgang tendiert.

mel schuf. Obwohl gewisse stilistische und sprachliche Eigentümlichkeiten des Mt ausgemacht werden können[7] – sachlich sind sie kaum von Bedeutung –, wird man sagen dürfen, daß er die Erzählung in ihrem wesentlichen Bestand unversehrt bewahrte. Auffällig ist, daß das Wort ἑταῖρε im NT nur in unserem Evangelium vorkommt (außer V 13 noch 22,12; 26,50), und zwar immer in Zusammenhängen, die den Angeredeten in einer fatalen Situation erscheinen lassen. Sollte das Wort MtR sein?

II
Die Interpretation der Parabel, die von einem zwar wiederholbaren, aber in seinem besonderen Verlauf einmaligen Vorkommnis berichtet, muß in drei Schritten erfolgen. Zunächst fassen wir die Geschichte als solche ins Auge, bemühen uns dann um ihr ursprüngliches Verständnis und versuchen schließlich, die mt Auffassung zu gewinnen.

1–7 Ein Gutsbesitzer benötigt Arbeiter für seinen Weinberg. Er selbst – nicht sein Verwalter – geht am Morgen aus, um Lohnarbeiter zu gewinnen. Die Arbeitszeit reichte vom Sonnenaufgang (vgl. Ps 104,22f) bis zum Abend, zum Aufstrahlen der Sterne. Wo er die Leute findet, wird nicht gesagt. Sollten es die immer Bevorzugten gewesen sein? Die Anheuerung von Lohnarbeitern am Morgen scheint ein alltäglicher Vorgang gewesen zu sein[8]. Zur Zeit Jesu muß es in Israel noch eine große Anzahl von Weinbergen gegeben haben. Später sind diese durch den Islam weitgehend verschwunden. Die Lohnarbeiter sind in einer ganz anderen Ausgangslage als etwa die Weinbergspächter des Gleichnisses 21,33 ff. Vielfach nur für einen Tag beschäftigt, ist ihr Interesse weniger auf den Erfolg ihrer Arbeit als vielmehr auf den Lohn gerichtet, für den sie ihre Arbeitskraft vermieten[9]. Das Ausgangsmilieu läßt erwarten, daß die Lohnfrage wichtig werden wird. Ein Denar, eine römische Silbermünze, die wertmäßig etwa einem halben jüdischen Schekel entsprach, kann als der gängige Tageslohn für schwere Arbeit gelten. Jedoch muß er ausgehandelt werden. Üppig war er nicht. In Tob 5,15 kommt zum täglichen Denar noch der Lebensunterhalt hinzu[10]. Um die dritte Stunde (9 Uhr) findet der Hausherr auf dem Markt, wo im Mittelmeergebiet alle Geschäfte erledigt werden, andere Männer, die noch keine Arbeit gefunden hatten. Die Zusage, daß sie erhalten sollen, was recht ist, läßt den Lohn in der Schwebe, weckt aber die Erwartung, daß sie – wie auch die folgenden – ein Entgelt bekommen werden, das in Übereinstimmung mit der kürzeren Arbeitszeit geringer ausfällt. Wer davon ausgeht, daß auch sie Anspruch haben auf einen

---
[7] Vgl. KRETZER, Herrschaft 280ff.
[8] Nach einem Wort von Raschi muß der Hausherr noch etwas früher auf sein als die Arbeiter, wenn er diese mieten will. Bei BILLERBECK I 830.
[9] Schon PHILO, agr. 5: „Außerdem ist zu erwägen, daß der Landarbeiter nur auf das eine Ziel, die Löhnung, sein Augenmerk richtet."
[10] Rabbi Hillel verdiente als vormaliger Arbeiter nur einen halben Denar. Vgl. bJoma 35b bei BILLERBECK I 831.

Denar[11], verdirbt die Geschichte und hat VV 11 f eindeutig gegen sich. Der Dreistundentakt, der die aufeinander folgenden Einstellungen bestimmt, stimmt mit der Einteilung des Tages in vier Tageszeiten überein[12]. Man mag das Bemühen des Hausherrn, möglichst viele Arbeiter zu mieten, mit dem Hinweis auf die Erntezeit, zu befürchtendem Regen erklären, spätestens bei der Anstellung zur elften Stunde (17 Uhr) wird deutlich, daß die erzählerische Plausibilität, nicht die Erfordernisse des Weinbergs, das Verhalten des Hausherrn leitet. Im Alltag gäbe dieses nur notdürftig einen Sinn[13]. Die Akzentverlagerung auf die Letzten deutet das Gespräch an, das der Hausherr mit ihnen führt. Dabei darf weder die Frage: Was habt ihr den ganzen Tag untätig herumgestanden? als Vorwurf noch ihre Antwort als faule Ausrede, die echt orientalische Gelassenheit bemäntelt, gesehen werden[14]. Eher wird man an die reale große Arbeitslosigkeit im Land denken und in der Werbung in letzter Stunde einen Akt der Güte des Hausherrn erkennen dürfen.

8–10 Die Löhnung des Taglöhners erfolgt am Abend nach getaner Arbeit, wie es schon das Gesetz vorsah: „Am gleichen Tag gib ihm seinen Lohn!" (Dt 24,15; vgl. Lv 19,13; Tob 4,15). Der Verwalter wird damit beauftragt. Der Herr des Weinbergs ist anwesend. Das läßt Besonderes erwarten. Ein Protestmarsch zu seiner Villa findet nicht statt[15]. Der Auftrag an den Verwalter lautet, die Arbeiter zu rufen und ihnen den vollen Lohn auszuzahlen. Dies ist bereits aus dem ἀπόδος τὸν μισθόν herauszuhören. Dabei soll er mit den Letzten beginnen[16]. Dies ist erzählerisch notwendig, damit die Ersten zu Zeugen der Löhnung der Letzten werden können. Sie sehen also, daß auch die Letzten einen Denar, den vollen Tageslohn, erhalten. Dies nährt in ihnen die Erwartung, mehr zu bekommen. Aber an dieser Stelle wird die Geschichte hinsichtlich eines realen Arbeitsverhältnisses erneut unwahrscheinlich. Wieder bestimmt die Sache den Duktus der Erzählung. Auch die Ersten erhalten nur einen Denar.

11–15 Ihre Reaktion ist das Murren und Aufbegehren wider den Hausherrn. Mit ausdrücklichem Verweis auf die noch anwesenden Letzten ver-

---

[11] Gegen BAUER: Biblica 42 (1961) 224ff.
[12] Bei Griechen und Römern. Die Römer nannten die Tageszeiten mane, ad meridiem, de meridie, suprema. Vgl. W. SONTHEIMER: KP V 496f.
[13] Vgl. LINNEMANN, Gleichnisse 88.
[14] Mit WEDER, Gleichnisse 221 Anm. 54, gegen JEREMIAS, Gleichnisse 136. Abwegig ist auch die Erwägung, der Preis der Arbeit würde zum Abend hin steigen. So DERETT: JJS 25 (1974) 69.
[15] So JEREMIAS, Gleichnisse 136f.
[16] ἀρξάμενος ἀπὸ τῶν ἐσχάτων könnte grammatisch auch „einschließlich der Letzten" heißen (Erwägung von JEREMIAS, Gleichnisse 136); damit verwischte man aber eine Nuance. – In V 8 fehlt αὐτοῖς in Sinaiticus, CLZ 085. Zu Beginn der VV 9f erfolgt der Anschluß in einzelnen Hss mit δέ, οὖν, δὲ καί. Statt πλεῖον lesen in V 10 Sinaiticus C² πλείονα, D πλείω. Die Differenz ist unerheblich. Der Artikel τό ist im Text zu belassen, mit Sinaiticus LZΘ 33. Vgl. 19,18.

gleichen sie sich mit jenen, ihre Arbeit mit der Arbeit jener. Sie haben zwölf Stunden gearbeitet. Es war ein heißer Tag. In der LXX bezeichnet ὁ καύσων wiederholt den aus dem Osten, von der Wüste kommenden Glutwind (Job 27,21; Jer 18,17; Ez 17,10; 19,15; Os 12,1; 13,15). Jene arbeiteten nur eine Stunde zum kühlenden Abend hin[17]. Am Schluß ergreift der Hausherr das Wort, um sein Verhalten zu erklären und zu rechtfertigen. Er wendet sich dabei an einen der protestierenden Ganztagsarbeiter, der vermutlich als der Wortführer gedacht ist. Die Anrede „Freund" (ἑταῖρε) – sonst Anrede eines Unbekannten – läßt nichts Gutes ahnen. Sie bezeichnet bei Mt einen schon in Schuld Verstrickten (22,12; 26,50), doch möglicherweise ist sie MtR (s. Punkt I). Im wesentlichen hat der Hausherr zwei Argumente. Er beruft sich auf das Recht, das er nicht verletzt hat, und interpretiert sein Verhalten als Güte. Das Recht macht er gegenüber dem Ganztagsarbeiter geltend. Dieser ist mit ihm um einen Denar als Tageslohn übereingekommen[18]. Er soll seinen Denar nehmen[19] und sich fortscheren. Die Abweisung erfolgt brüsk. Seine Güte macht der Herr gegenüber den Letzten – vor den Ersten – geltend. Er will beiden Gruppen den gleichen Lohn geben[20]. Dieser Wille darf nicht als Willkür mißverstanden werden. Er ist Güte und leitet sich daraus ab, daß er allein über den auszuteilenden Lohn verfügt. Der Arbeiter verfügt nicht. Er soll aber einsehen, daß er einem gütigen Herrn ausgeliefert ist. Die abschließende Frage wirbt um das Einverständnis der Güte und die Teilhabe an ihr. Das böse Auge ist Ausdruck des bösen Herzens, das dem anderen die Gabe mißgönnt[21]. Zwar wird der Kläger noch nicht zum Beklagten, aber er könnte es werden, wenn er die Teilhabe verweigert. Im gewissen Sinn hebt die um Zustimmung werbende Frage den Platzverweis von V 14a auf, vorübergehend. Man könnte zur Erhellung der Güte anmerken, daß auch der letzte Arbeiter auf den Denar angewiesen ist, um sich und seine Familie zu ernähren. Jedoch ist der Rahmen der Weinbergsgeschichte längst überschritten, auf die Sache hin. Die Geschichte kann nicht wiederholt werden. Sie will sich aber auswirken.

1-15 Bemühen wir uns um das ursprüngliche, das heißt Mt vorausliegende Gleichnisverständnis. Zur Information ist anzuzeigen, daß im wesentlichen zwei Interpretationsmöglichkeiten vorhanden sind. Die eine ist die historische. Sie sucht nach den Adressaten im Leben Jesu, findet sie in den Pharisäern, die Anstoß nehmen an seiner Güte, der Zöllnern und Sündern Tischgemeinschaft gewährt, holt die Geschichte zurück in einen

---

[17] ποιεῖν hat in V 12 die Bedeutung von arbeiten. Vgl. LXX Ruth 2,19.
[18] In V 13 lesen LZ 33 892 sy^s bo: Bin *ich* nicht mit *dir* um einen Denar übereingekommen?
[19] Zu τὸ σὸν ist gedanklich δηνάριον zu ergänzen. Dies ist besser als zu übersetzen: nimm das Deine.
[20] Kodex B unterstreicht dies durch zusätzliches ἐγώ.
[21] Rhetorisch ist die Frage in V 15b ein Oxymoron (Gegensatz böse – gut). Die Partikel ἤ am Anfang ist besser im Text zu belassen, mit Sinaiticus CW 085 f$^{1.13}$ lat sy$^{p.h}$ co.

Konflikt im Wirken Jesu und läßt das Gleichnis als Rechtfertigung des Evangeliums an die Armen und Unterdrückten erscheinen. Seine Botschaft betrifft dann die Güte Gottes, die im Handeln Jesu anschaulich geworden ist[22].

Kritisch wurde zu dieser Interpretationsrichtung gesagt, daß das Evangelium keiner Rechtfertigung bedürfe, daß das im Gleichnis inkriminierte Verhalten nicht auf die Pharisäer eingeschränkt werden könne, daß die historische Interpretation einen Standpunkt außerhalb des Erzählten einnehme und den Gesichtspunkt der narrativen Autonomie verkenne usw.[23]. Die zweite Möglichkeit setzt bei dieser Autonomie ein, faßt das Gleichnis als Sprachgeschehen, das über die historische Situation hinauswirkt[24]. So ist es Aufruf, sich vom erdrückenden Schema von Lohn und Leistung befreien zu lassen, Einweisung in eine neue Lebensordnung, die von der Liebe bestimmt ist, ja In-Erscheinung-Treten der Liebe Gottes selber, das begreiflich mache, daß das Wunder der Liebe die Ortsangabe Gottes ist. Wird auch auf eine Rekonstruktion der historischen Ausgangssituation verzichtet – ihre Realität wird unterschiedlich eingestuft –, so bleibt der Bezug zum Geichniserzähler, nämlich Jesus, gewahrt, in dessen Verkündigung das Reich Gottes da war. Keine Belehrung über das Reich Gottes also will die Erzählung bieten, seine befreiende Macht soll durch sie aufscheinen und vermittelt werden.

Das Anliegen des Gleichnisses soll nun mit Hilfe seiner besonderen Züge nachgezeichnet werden. Im Vordergrund steht die Lohnfrage. Man kommt um einen festen Lohn überein, den üblichen, aber nur mit einem Teil der Betroffenen. Die Löhnung bringt die große Überraschung. Die einen erwarten mehr und werden enttäuscht, ja zum Protest gereizt. Die anderen erhalten überreichlich mehr, obwohl dasselbe, und werden beglückt. Diese Abfolge ist hineingestellt in die Dreierbeziehung Hausherr-Erste-Letzte. Die Ersten gewinnen eine Beziehung zu den Letzten erst in der Situation der Löhnung, freilich negativer Art. Von der umgekehrten Beziehung der Letzten zu den Ersten wird nicht geredet. Auf die Ersten, die Ganztagsarbeiter, kommt es an. Sie sind aufgerufen, ihre Einstellung zu ändern durch das unerwartete, ungewöhnliche, sie empörende Verhalten des Hausherrn. Sie bringen ihre Leistung zur Geltung. Die von ihnen erwartete Sinnesänderung besteht nicht nur darin, daß sie es aufgeben, in Leistungskategorien zu denken, sondern vor allem auch darin, daß sie ein neues, barmherziges Verhältnis zu den Letzten gewinnen. Freilich ist der Lohn als Streitobjekt nicht die soziale Löhnung, wenngleich die Bereitschaft zu teilen eine Folge der geänderten Gesinnung sein kann[25]. Im so-

---

[22] Klassische Vertreter dieser Interpretation sind JEREMIAS, Gleichnisse 138f; DODD, Parables 122f. Vgl. auch EICHHOLZ, Gleichnisse 98; JÜLICHER, Gleichnisreden II 466f.
[23] Vgl. HARNISCH, Gleichniserzählungen 186; WEDER, Gleichnisse 227f.
[24] Vgl. HARNISCH, Gleichniserzählungen 194ff; WEDER, Gleichnisse 223ff; LINNEMANN, Gleichnisse 92ff.
[25] Was das in Zeiten grassierender Arbeitslosigkeit bedeutet, ist vor allem denen klar, die keine Arbeit haben.

zialen Umfeld versagt die Geschichte, die massiv kapitalistische Verhältnisse voraussetzt. Es kann nicht übersehen werden, daß vom Weinberg und Herrn des Weinbergs (V 8) gesprochen wird. Damit ist angedeutet, daß die Geschichte mit dem Gottesvolk zu tun hat, das schon der Prophet mit einem Weinberg verglich, dessen Herr Jahve ist (Is 5,1ff, besonders V 7). Im Rahmen des Heilshandelns Gottes an seinem Volk, das in Jesus seinen Höhepunkt erfuhr, wird die Geschichte verstehbar, insbesondere die skandalöse Löhnung. Sie wirbt um Sympathie für die Sympathie Gottes für die Armen, Entrechteten, das gemeine Volk. Sie wirbt um Barmherzigkeit bei den Unbarmherzigen, die privilegiert sind, sich als etwas Besseres dünken und die anderen verachten. Besonders auch in ihrem offenen Schluß hat sie viel Gemeinsames mit dem Gleichnis vom verlorenen Sohn Lk 15,11ff. Der Lohn Gottes ist niemals verdient, sondern Geschenk. Die paradoxe Formulierung vom Gnadenlohn trifft die Sache. Gott ist Richter und Retter. Auf Lohn darf gehofft werden. Was für das Gleichnis zu beachten bleibt, ist, daß es nicht das Gericht in den Blick faßt, sondern das auf es hingeordnete, ihm vorauflaufende Ereignis der grenzenlosen Güte Gottes, das den Namen Jesus trägt. Das Gleichnis ist einer jener synoptischen Texte, die der paulinischen Rechtfertigungslehre sehr nahe stehen, die die eigene Gerechtigkeit nicht gelten läßt. Vielleicht meinte dies Jülicher, als er es ein evangelium in nuce nannte[26].

16 Mit dem rahmenden Spruch (19,30) haben wir das mt Verständnis des Textes vor uns. Mit der ins Auge gefaßten Umkehrung der Werte verlagert sich der Akzent des Gleichnisses von der Gegenwart auf die Zukunft und damit auch von der Güte auf das endzeitliche Gericht. Mt knüpft bei seinem Verständnis an V 8c an und macht die Vertauschung der Reihenfolge zum Ausdruck des Gerichtsgeschehens. Immerhin hat er im Vergleich mit 19,30 die Paare umgekehrt, das Aufrücken der Letzten vorangestellt und sich damit auch dieser angenommen. Dennoch hat er den Charakter der Erzählung, den wir evangelium in nuce nannten, nicht durchgehalten. An wen sollte er bei den Letzten und Ersten gedacht haben, da jetzt die Allegorisierung Platz greift? Der Kontext der Jüngerbelehrung läßt an die Kleinen denken, die in Schutz genommen werden[27]. Dies griffe 18,10 auf. Jedoch dürfte ihm die Symbolik des Weinbergs kaum entgangen sein. Diese läßt auch den Bezug auf Jüngerschaft und Kirche zu, weil auf diese der Weinberg übergegangen ist (21,43). Dennoch ist nicht auszuschließen, daß ihm die Vertauschung der Plätze ein Bild für Israel und die Heiden war. Auf keinen Fall wird man das Bild pressen dürfen[28].

---

[26] Gleichnisreden II 471.
[27] Dies ist die verbreitete Auskunft der Exegese. Vgl. HARNISCH, Gleichniserzählungen 199; SCHWEIZER 258.
[28] So lehnt SCHWEIZER 258 diesen Bezug ab, weil alle den gleichen Lohn erhielten. – Sekundär wird in CDWΘ f[1.13] latt sy mae an V 16 das Logion: „Viele nämlich sind berufen,

III

a) Mt rückt das Gleichnis an das Ende einer Jüngerbelehrung und macht es – dies ergibt sich schon aus seinem Umfang – zu deren Kernstück. Es ist also für ihn Lehre, belehrt über die Herrschaft der Himmel. Auf die Frage des Petrus nach dem Lohn hatte Jesus zunächst große Verheißungen ausgesprochen (19,28f). Die Gleichniserzählung macht nun klar, daß der Lohn keinesfalls sicher ist. Das göttliche Gericht, das irdische Verhältnisse auf den Kopf stellen kann, steht noch bevor. Es wird auch in die Kirche hineinwirken, gerade auch in sie, und Verhältnisse umkehren. Den oben vermuteten zusätzlichen Bezug der Ersten und Letzten auf die Juden und Heiden hatte E mit Hilfe des eingeschobenen V 28 andeutend vorbereitet. So darf man es vermuten.

b) Im Leben Jesu war die im Gleichnis verkündete Güte Gottes, die sich den Benachteiligten zuwendet und die Privilegierten kritisiert und zur Güte bewegen will, Ereignis. Das Gleichnis ist sein ureigenes Gut, kommentiert es doch sein Verhalten gegenüber den Sündern und Armen einerseits und den führenden Schichten andererseits. Mit dem in der Erzählung zentralen Lohngedanken mußte er sich auseinandersetzen. Es ist umstritten, in welchem Maß das hier inkriminierte Lohndenken im zeitgenössischen Judentum vorhanden war[29]. Pauschalurteile sind zu verwerfen. Sicher gab es auch die Vorstellung vom Gnadenlohn, wie sie bereits der Thoralehrer Antigonos von Socho (ca. 200 v. Chr.) bezeugt: „Seid nicht wie die Knechte, die dem Herrn dienen unter der Bedingung, Lohn zu empfangen, ... und es sei die Furcht des Himmelreiches auf euch."[30] Jedoch wird man es kaum bestreiten können, daß die Vorstellung „wie das Verdienst, so auch der Lohn" im zeitgenössischen Judentum große Bedeutung hatte. Lohndenken versklavt. So will Jesu Gleichnis von diesen versklavenden Kategorien lösen helfen und zur Liebe befreien.

c) Das Gleichnis in seinem Urverständnis ist grundlegend für das Selbstverständnis des Christen. Er lebt ganz aus der Gnade Gottes, ist aber so bereit, sich ihm ganz zur Verfügung zu stellen. In seinem Einsatz darf er Lohn erhoffen. In seinem Angewiesensein auf Gott wird er auf den Mitmenschen verwiesen, dem gegenüber er vor Gott seine vermeintlich größeren Taten nicht aufrechnen kann. Gott wahrt sich die jeden menschlichen Selbstruhm niederschmetternde Freiheit der Gnadenwahl. Sie ist nicht Willkür, sondern Liebe und als solche zu begreifen[31]. Es nimmt nicht wunder, wenn Luther[32] das Gleichnis mit der paulinischen Rechtfertigungslehre verknüpft und in ihm das Prinzip der geschenkten Barmherzigkeit

---

wenige aber auserwählt" angehängt. Es ist aus 22,14 herübergeholt. Mit ihm würde das Gleichnis vollends zur Drohung.

[29] Vgl. WEDER, Gleichnisse 225 Anm. 76; FIEDLER, Jesus 177ff; C. G. MONTEFIORE, Rabbinic Literature and Gospel Teachings (London 1930) 285ff.

[30] Bei HENGEL, Judentum 236.

[31] Vgl. THIELICKE, Glaube III 592; GOGARTEN, Jesus Christus 106; BARTH, Dogmatik IV/2, 874.

[32] II 674–682.

gegenüber dem Prinzip der Werkgerechtigkeit zur Geltung gebracht sieht. Freilich überträgt er diese Prinzipien auf die Ersten und die Letzten. Die Ersten sind ihm von der Werkgerechtigkeit geprägt und verfehlen alles. So übersieht er die Verschränkung der Ersten und Letzten, näherhin daß es dem Gleichnis darum geht, die Ersten dahin zu bringen, sich den Letzten barmherzig zuzuwenden. Eine Übertragung der Ersten und Letzten auf die Juden und Heiden, wie wir sie für Mt vermuteten, kann nur im kritischen Sinn gelesen werden. Deutlich wird das durch einen späteren islamischen Text, der unser Gleichnis aufgenommen und weiter verarbeitet hat[33]. Hier arbeiten die Juden vom Morgen bis zum Mittag, die Christen vom Mittag bis zum Nachmittag und die Anhänger des Islam vom Nachmittag bis zum Sonnenuntergang. Hier verteidigt Gott seine Löhnung gegenüber den erzürnten Juden und Christen. Die notwendige kritische Ergänzung bietet in unserem Evangelium das Gleichnis vom königlichen Hochzeitsmahl, näherhin dessen Epilog mit dem Mann, der kein Festgewand hat (22,11 ff; s. dort).

LITERATUR: J. DUPONT, La parabole des ouvriers de la vigne: NRTh 89 (1957) 785-797; J. B. BAUER, Gnadenlohn oder Tageslohn (Mt 20,8-16)?: Bib 42 (1961) 224-228; G. BORNKAMM, Der Lohngedanke im NT: Studien zu Antike und Christentum (BEvTh 28) (München 1963) 69-92; E. FUCHS, Das Zeitverständnis Jesu: Zur Frage nach dem historischen Jesus (Tübingen ²1965) 304-376, näh. 361-364; C. L. MITTON, Expounding the Parables. VII. The Workers in the Vineyard: ET 77 (1966) 307-311; G. DE RU, The Conception of Reward in the Teaching of Jesus: NT 8 (1966) 202-222; J. D. M. DERRETT, Workers in the Vineyard: A Parable of Jesus: JJS 25 (1974) 64-91; O. SPIES, Die Arbeiter im Weinberg (Mt 20,1-15) in islamischer Überlieferung: ZNW 66 (1975) 279-282; I. BROER, Die Gleichnisexegese und die neuere Literaturwissenschaft. Ein Diskussionsbeitrag zur Exegese von Mt 20,1-16: Biblische Notizen 5 (1978) 13-27; L. SCHOTTROFF, Die Güte Gottes und die Solidarität von Menschen. Das Gleichnis von den Arbeitern im Weinberg: L. SCHOTTROFF – W. STEGEMANN, Der Gott der kleinen Leute II: NT (München – Gelnhausen ²1979) 71-93; F. SCHNIDER, Von der Gerechtigkeit Gottes. Beobachtungen zum Gleichnis von den Arbeitern im Weinberg: Kairos 23 (1981) 88-95; C. DIETZFELBINGER, Das Gleichnis von den Arbeitern im Weinberg als Jesuswort: EvTh 43 (1983) 126-137.

18. Dritte Leidensankündigung (20,17–19)

17 Und als Jesus nach Jerusalem hinaufzog, nahm er die zwölf Jünger beiseite, und auf dem Weg sprach er zu ihnen: 18 Siehe, wir ziehen hinauf nach Jerusalem, und der Menschensohn wird den Hohenpriestern und Schriftgelehrten ausgeliefert werden. Und sie werden ihn zum Tod verurteilen 19 und ihn den Heiden ausliefern zu verspotten und auszupeitschen und zu kreuzigen. Und am dritten Tag wird er auferweckt werden.

---

[33] Der Text findet sich bei SPIES: ZNW 66 (1975) 279 f. Es handelt sich um eine in mehreren islamischen Traditionswerken enthaltene Hadith.

I

Die dritte Leidensankündigung besitzt Übereinstimmungen mit den beiden ersten (16,21; 17,22f), bringt aber auch neue und weiterführende Elemente. Im Anschluß und Wechsel ist der Text gestaltet. Jerusalem (16,21), das Menschensohn-Prädikat (17,22), das Ausliefern (17,22), die Hohenpriester und Schriftgelehrten (16,21 erwähnt nicht die Ältesten) sind schon bekannte Motive, „und am dritten Tag wird er auferweckt werden" ist der cantus firmus aller drei Ankündigungen. Neu sind demgegenüber die Verurteilung zum Tod, die Auslieferung an die Heiden (17,22: in die Hände der Menschen), Verspottung, Auspeitschung und Kreuzigung. Durch diese Elemente wird die Ansage vollends zum Passionssummarium. Die Reihenfolge trifft nicht ganz zu, weil in der Passionsgeschichte die Auspeitschung (27,26) der Verspottung durch die Heiden vorausgeht (27,29). Hinsichtlich der formalen Strukturierung verdient das parallel gesetzte Hinaufziehen nach Jerusalem (in 17 als Bericht, in 18 als Aussage) ebenso Aufmerksamkeit wie die doppelte Auslieferung: an die Hohenpriester und Schriftgelehrten (passivisch), an die Heiden (aktivisch formuliert). Damit erscheinen die Hohenpriester und Schriftgelehrten als die verantwortlichen Akteure.

Ein Vergleich mit der Vorlage Mk 10,32–34 zeigt, daß E die berichtende Einführung V 17 neu gestaltet hat. Das Beiseitenehmen, die Rede von den zwölf Jüngern (Mk 10,32: die Zwölf) sind hinzugekommen[1]. Ausgelassen sind Jüngerschrecken und -furcht, das Vorangehen Jesu (Mt 10,32). In der Ankündigung Jesu hat er mit der Hinzufügung des final zu verstehenden εἰς τό (V 19) die Verantwortung der Hohenpriester und Schriftgelehrten verstärkt. Daß Jesus angespuckt werden wird, läßt er aus (nicht so in 26,27; 27,30). An Stelle des „sie werden ihn töten" (Mk 10,34) heißt es: „sie werden ihn kreuzigen". Nur Mt bringt dieses Verb in den Passionsansagen noch 26,2. Wie schon in 16,21; 17,23 lesen wir vom Auferwecktwerden am dritten Tag (Mk 10,34: nach drei Tagen auferstehen)[2]. Mt berücksichtigt eine schon vorhandene Glaubensformel.

II

17–19 War in der ersten Leidensankündigung 16,21 der Zug Jesu nach Jerusalem vorerst Ankündigung, so hat er nunmehr diesen Weg angetreten. Das Beiseitenehmen der zwölf Jünger könnte ein Hinweis darauf sein, daß sie auf dem Pilgerweg sind, den auch zahlreiche andere Festpilger beschritten haben. Für die Jünger ist es der Weg der Nachfolge. Dies deutet insbesondere der Wechsel vom Singular (17) in den Plural an: „Siehe, wir ziehen hinauf." Wenn Jesus sich an die zwölf Jünger wendet, so sind diese

---

[1] In Sinaiticus DLΘ f[1.13] 892 sy[s.c] bo fehlt μαθητάς. Dies erklärt sich am besten durch Einfluß von par Mk 10,32; Lk 18,31. Einzelne Minuskeln it sy[p] lesen: *seine* Jünger. Auch der Beginn von V 17 besitzt sekundäre Varianten. Der Jesusname fehlt in Minuskel 13. B sy[p] Origenes bieten: μέλλων δὲ ἀναβαίνειν Ἰησοῦς.
[2] ἀναστήσεται dringt auch hier aus parMk 10,34 sekundär in den Text ein (BC²D WΘ 085 f[1.13]).

für das in die Nähe gerückte Passionsgeschehen von besonderer Bedeutung. Ihnen ist es zugedacht, ihn auf diesem schweren Weg begleiten zu dürfen. In Jerusalem soll er den Hohenpriestern und Schriftgelehrten ausgeliefert werden. Die Verbindung Hohepriester-Schriftgelehrte ist bei Mt nur noch in den Perikopen vom Kommen der Magier (2,4) und vom Einzug in Jerusalem (21,15) anzutreffen. In der Passionsgeschichte überwiegt die Verbindung Hohepriester-Älteste (des Volkes) (26,3.47; 27,1.3.12). Die Schriftgelehrten treten in ihr zurück und werden nur zweimal als Synhedrialfraktion neben den beiden anderen Fraktionen der Hohenpriester und Ältesten bzw. neben dem Hohenpriester und den Ältesten erwähnt (27,41; 26,57). Die Verbindung Hohepriester-Schriftgelehrte in V 18 ist von Mk 10,33 her vorgegeben. Jesu Ausgeliefertwerden an ihren Kreis deutet in der passivischen Formulierung auf ein verborgenes Handeln Gottes hin. Er wird in ihrer Hand sein. Seine Auslieferung an die Heiden ist ihre Tat und belastet sie. Bemerkenswert ist, daß Mt hier das von ihnen gefällte Todesurteil aus Mk 10,33 übernimmt[3], während er im Bericht von der Synhedrialverhandlung 26,66 das Wort „verurteilen" (vgl. Mk 14,64) aufgibt. Wahrscheinlich hat er doch auch an ein Todesurteil seitens der jüdischen Behörde gedacht. Einzelne Leidensstationen – Verspottung, Auspeitschung – werden genannt, der besondere Tod am Kreuz wird erstmalig ins Auge gefaßt. War es die Auslieferung an die Heiden (Römer), die dies veranlaßte[4]? Die Kreuzigung war in jener Zeit die römische Hinrichtung. Welche theologischen Implikationen Mt mit ihr verband, kann erst in Verbindung mit dem Kreuzigungsbericht erörtert werden.

III
Der Weg Jesu nähert sich Jerusalem. Ihn zu beschreiben, wird als Kreuzesnachfolge erkennbar. Von einer Reaktion der Jünger erzählt Mt in dieser Perikope nichts (anders parLk 18,34). Es folgt aber die törichte Bitte der Zebedäiden. Dies gibt zu verstehen, daß den Kreuzweg als Nachfolge zu begreifen eine herausfordernde Aufgabe darstellt. Die zwölf Jünger waren als erste vor diese Aufgabe gestellt und gleichzeitig zu Zeugen des Passionsgeschehens berufen. Wenn sie bei Mt Jünger und noch nicht Apostel heißen (vgl. zu 10,1f), ist ihre Nähe zur Gemeinde und damit eine Aufgabe impliziert, die alle betrifft, die sich zu Jesus bekennen.

19. Falscher Ehrgeiz (20,20–28)

20 Da trat die Mutter der Söhne des Zebedäus mit ihren Söhnen an ihn heran, fiel nieder und bat etwas von ihm. 21 Er aber sprach zu ihr: Was willst du? Sie sagt ihm: Sprich, daß diese meine zwei Söhne, einer zu dei-

---
[3] Den ungewöhnlichen Dativ am Schluß von V 18 – Latinismus wie capite damnare? – ändert Sinaiticus in εἰς θάνατον.
[4] Vermutung von SCHWEIZER 259.

*ner Rechten und einer zu deiner Linken, sitzen werden in deinem Reich.
22 Jesus aber antwortete und sprach: Ihr wißt nicht, was ihr bittet. Könnt ihr den Becher trinken, den ich trinken werde? Sie sagen ihm: Wir können es. 23 Er sagt ihnen: Meinen Becher werdet ihr zwar trinken, doch das Sitzen zu meiner Rechten und Linken, dies zu gewähren ist nicht meine Sache, sondern für die es von meinem Vater bereitet worden ist. 24 Und als die Zehn das hörten, erregten sie sich über die zwei Brüder. 25 Jesus aber rief sie heran und sprach zu ihnen: Ihr wißt, daß die Herrscher der Völker sie unterdrücken und die Großen Gewalt gegen sie gebrauchen. 26 Nicht soll es unter euch so sein. Sondern wer unter euch groß sein will, werde euer Diener, 27 und wer unter euch Erster sein will, werde euer Sklave, 28 wie der Menschensohn nicht gekommen ist, um bedient zu werden, sondern um zu dienen und sein Leben zu geben als Lösepreis für viele.*

I

Mt hat den Anschluß der Perikope an die dritte Leidensankündigung gewahrt (vgl. Mk 10,35 ff). Ihre Verbindung wird durch den beiderseitigen ausdrücklichen Bezug auf die zwölf Jünger verstärkt (VV 17 und 24). Sie ist eine Jüngerbelehrung. Obwohl sie sich aus zwei Teilen zusammensetzt, erscheint sie bei Mt noch mehr vereinheitlicht wie bei Mk. Der erste Teil mit apophthegmatischem Charakter betrifft die törichte Bitte der Zebedäiden (20–23), der zweite eine Belehrung über das Dienen (24–28). In beiden Teilen treten die Jünger stark hervor, im ersten sogar zwei namentlich genannte, was in den Evangelien selten ist. Beide Teile nehmen Bezug auf Jesu Tod, das Wort vom Becher und vom Lösepreis (22 f und 28). Parallele Strukturen verstärken die Hauptanliegen: das Sitzen zur Rechten und Linken (21 und 23) und – gegenläufig dazu – das Trinken des Bechers (22 f). In der Belehrung über das Dienen haben wir zwei synthetische Parallelismen vor uns: der erste bezieht sich auf die Manier der Herrscher dieser Welt (25: sie unterdrücken, sie gebrauchen Gewalt), der zweite auf die Jüngerschaft, die Gemeinde (26 f: der Große – euer Diener, der Erste – euer Sklave). Man könnte diesen eine kleine Gemeindeordnung nennen. Die beiden synthetischen Parallelismen sind in Antithese gegeneinander gestellt. Gemeinde steht gegen Welt. Nachdruck haben jeweils die abschließenden Sätze, in Teil 1: „für die es von meinem Vater bereitet worden ist", in Teil 2 das Menschensohn-Logion.

E hat seine Vorlage Mk 10,35–45 in mancherlei Hinsicht abgeändert. Die schon erwähnte engere Zusammenführung der beiden Teile erreicht er vor allem durch Stilanpassungen. Nicht mehr sind die Teile 1 und 2 wie bei Mk dadurch voneinander abgehoben, daß im einen die Satzverbindungen mit δέ, im anderen mit καί erfolgen[1]. Bei wiederholtem Verzicht auf eine Verbindungspartikel fließen die Sätze ineinander. Am auffälligsten

---

[1] Vgl. GNILKA, Markus II 100.

mag sein, daß Mt die Mutter der Zebedäiden einführt. So war eine entsprechende Umgestaltung der Exposition erforderlich. Für die Bezeichnung der linken Seite bleibt er beim Wort εὐώνυμος (21 und 23; Mk 10,37.40 wechselt mit ἀριστερός[2]), auch das ein Ausdruck seiner durchgängigen Parallelisierungstendenz. Anstelle von „in deiner Herrlichkeit" (Mk 10,37) lesen wir in V 21 „in deinem Reich". In der Antwort Jesu ist das parallel zum Becherwort stehende Logion von der Taufe weggelassen (zweimal, vgl. Mk 10,38 f), was angesichts der eben erwähnten Tendenz einer besonderen Erklärung bedarf (s. zu V 22). μέλλων ist in V 22 hinzugefügt. Wichtiger ist die Prädizierung des Bechers als meines Bechers (V 23: parMk 10,39 einfach: der Becher). Wenn V 23 „für die es bereitet worden ist" erweitert wurde um „von meinem Vater" (vgl. parMk 10,40), bildet dies eine Korrespondenz. Mein Becher/mein Vater, beides zusammen schafft eine christologische Sinnspitze. In V 25 löst E die Rede von denen, „die die Völker zu beherrschen scheinen" (Mk 10,24), auf in: „die Herrscher der Völker"[3]. Wenn er in V 27 für: der Erste werde „der Sklave aller" anscheinend abschwächend „er werde *euer* Sklave" sagt, wird es ihm vornehmlich wieder um die Gewinnung der Parallelität zu V 26: „er werde euer Diener" gegangen sein. Das Menschensohn-Logion wird vergleichend (V 28: ὥσπερ) eingeführt. Mk 10,45 (καὶ γάρ) verstand es als Begründungssatz.

II
20 Mit einem zeitlichen Anschluß erreicht Mt die unmittelbarere Verknüpfung der Bitte, die von der Mutter der Zebedäus-Söhne vorgetragen wird, mit der Leidensankündigung. Der Unwille – nicht das Unverständnis –, auf das Leiden Jesu einzugehen, konnte kaum nachdrücklicher zu verstehen gegeben werden. Der Vortrag der Mutter anstelle der Söhne mag seinen Grund darin haben, daß die Mutter die Sorgende ist, besonders hinsichtlich des Glaubenslebens ihrer Kinder[4]. Bedeutende Söhne zu haben, ist das Anliegen vieler Mütter. Wie das Folgende zeigt, geschieht der Vortrag nicht ohne Billigung der beiden. Vorausgesetzt ist ihr jugendliches Alter. Bestätigt sich hier die Absicht des Mt, gerade auch junge Menschen anzusprechen? Die Vermutung äußerten wir bereits in der Erklärung zu 19,16ff, wo der Reiche von Mt als junger Mann gekennzeichnet worden war. Die Namen der beiden, Jakobus und Johannes, werden nicht erwähnt. Doch sind sie als die Söhne des Zebedäus hinreichend identifiziert. Sie gehören zu den Erstberufenen (4,21f). Die Benennung der Mutter nach ihren Söhnen erfolgt aus gegebenem Anlaß, ist aber nicht ungewöhnlich, wenn sie hier auch ein wenig umständlich geschieht[5].

---

[2] Im Griechischen gibt es zwei Wörter für „links".
[3] Die Ersetzung der beiden Namen Jakobus und Johannes (Mk 10,41) durch „die zwei Brüder" in V 24 ist von geringer Bedeutung.
[4] Vgl. LOHMEYER 292. – Sinaiticus CLWZΘ f[1.13] lesen παρ' αὐτοῦ.
[5] Frau des Zebedäus oder Mutter des Jakobus und Johannes wäre glatter gewesen.

21 Die Bitte wird auf die Gegenfrage Jesu hin spezifiziert. Die Gegenfrage „Was willst du?" klingt, nachdem die Frau vor ihm niedergefallen war, königlich[6]. Die Bitte entspricht dem. Er soll verfügen, daß ihre beiden Söhne in seinem Reich die Ehrenplätze zu seiner Rechten und Linken einnehmen dürfen[7]. Die Bitte ist in der Nähe von Jerusalem und in der Erwartung dessen, was beim und nach dem Einzug in die Stadt geschehen soll, gestellt (21,5 und 9). Faktisch sollen die Zwei die Thronassistenten Jesu werden, an seiner Macht in besonderer Weise partizipieren, wenn dieser – wie erwartet – demnächst seinen königlichen Thron besteigt. Die Rangordnung von rechts und links ist aus der Tischordnung übernommen[8]. Die Ehrenplätze waren rechts und links vom Vorsitzenden. Beachtung verdient die eigengeprägte Basileia-Vorstellung. Wie in 13,41 und 16,28 ist von der Basileia des Menschensohnes die Rede. Das Menschensohn-Prädikat ist auch hier (aus V 28) zu ergänzen[9]. Im Zusammenhang dieser Stellen konnten wir bereits ermitteln, daß die Basileia des Menschensohnes – ein von Mt geschaffener Begriff – universal ist, nicht mit der Kirche identifiziert werden darf, schon jetzt die Welt betrifft, aber erst beim endzeitlichen Kommen des Menschensohnes sich endgültig durchsetzen wird. Die Basileia ist nach dem Menschensohn benannt, weil Heil, Gericht und Vollendung an ihn gebunden sind. Dies bedenkend, tritt die Diastase zwischen der Erwartung der ehrgeizigen Mutter und ihrer Söhne und dem eigentlichen Gehalt dieser Basileia hervor.

22 Jesus deckt die Diastase auf. Der Weg in die Basileia ist ein anderer, als sie ihn sich vorstellen. Das Bildwort vom Becher, den man trinken muß, bezeichnet schon im AT Leiden und (gewaltsamen) Tod: „Siehe, denen es nicht gebührt, den Becher zu trinken, die müssen ihn trinken" (Jer 49,12). Oder als Spruch Gottes an den Propheten: „Nimm diesen Becher voll Zornwein aus meiner Hand und gib davon allen Völkern zu trinken, zu denen ich dich sende, daß sie trinken und taumeln" (Jer 25,15; vgl. 51,17; Ps 75,9; Klgl 4,21 u. ö.). Das Bildwort kann auf den Martyrer übertragen werden (MartIs 5,13). Besonders nahe an Mt 20,22 kommt Mart Pol 14,2 heran, weil hier vom „Becher des Christus" – wie in V 22 von „meinem Becher" – die Rede ist: „Ich preise dich, daß du mich dieses Tages und dieser Stunde gewürdigt hast, Anteil zu empfangen in der Zahl der Martyrer am Becher des Christus." Der Zornesbecher impliziert den Gedanken des göttlichen Gerichts, das Jesus für die Sünder übernimmt. Das parallele Bild von der Taufe Mk 10,38b.39b hat Mt gestrichen, nicht weil es ihm unverständlich war, sondern vermutlich weil es ihm mißver-

---

[6] Vgl. SCHLATTER 595.
[7] In V 21 lassen einzelne Hss das Possessiv-Pronomen σου, das zweimal vorkommt, einmal aus. – εὐώνυμος als Bezeichnung für links ist ein Euphemismus (= glückverheißend).
[9] Das Menschensohn-Prädikat ist der einzige christologische Hoheitstitel der Perikope. In V 18 ging er ihr voran.

ständlich erschien[10]. Von „meiner Taufe" analog zu „meinem Becher" zu sprechen hätte in der Tat den Gedanken an die christliche Taufe nahegelegt. Aufschlußreich ist, daß Taufe, Untertauchen als Bild für die Übernahme von Schmerz, Leid, Tod nur im griechischen, nicht im jüdischen Bereich nachweisbar ist, so daß seine Auslassung durch Mt als Annäherung an jüdisches Denken gesehen werden kann[11]. Die Zuversicht der Zebedäiden, das Leiden zu bestehen, erinnert an 26, 33–35. Dort folgt auf die Zuversicht der Jünger ihr Versagen in der Passion Jesu.

23 An dieser Stelle wird die Jüngerbelehrung hin zu einer prophetischen Ansage überschritten. Die Belehrung klärte darüber auf, daß nicht das Streben nach einem besonderen Lohn, sondern die Bereitschaft zur Kreuzesnachfolge das Jüngerdenken beherrschen soll. Die prophetische Ansage setzt das Martyrium der Zebedäiden voraus. Für Jakobus ist es durch Apg 12,2 bezeugt. Über das Ende des Johannes geben uns die Quellen unterschiedliche Auskünfte. Es gibt neben der Überlieferung, daß er in hohem Alter eines natürlichen Todes gestorben sei, auch die Überlieferung von seinem Martyrium[12]. Unsere Perikope spricht für letzteres. Werden die beiden trotz ihres Martyrerschicksals, mit dem sie doch die gestellte Bedingung erfüllen, die Ehrenplätze nicht erreichen? Die Frage stellen heißt sich in die Torheit der Mutter der Zebedäiden begeben. Es ist Gott zu überlassen, wem er seine besonderen Geschenke macht[13]. Wenn Jesus von „meinem Vater" spricht, steht das in Korrespondenz zu „meinem Becher", den sie trinken werden. Mt deutet damit an, daß sich das Geschick der Jünger nach dem Geschick Jesu bemißt. Das soll ihnen genügen.

24f Die Erwähnung der zehn Jünger läßt die Perikope auf die Zwölf bezogen sein, so daß eine feste Verknüpfung mit der Leidensansage V 17 gegeben ist. Auch die Zehn sind in denselben Erwartungen gefangen wie die beiden Söhne des Zebedäus. Wenn sie in heftige Aufregung geraten[14], so offenbar nicht, weil sie der Meinung Jesu sind, sondern weil sie sich durch das Ansinnen der beiden zurückgedrängt fühlen. Die grundsätzliche Weisung Jesu knüpft beim Gebaren der Mächtigen dieser Welt an, von dem infiziert zu werden Jüngerschaft, Kirche stets bedroht ist. Sie mißbrauchen

---

[10] Sekundär wird Mk 10,38b und 39b in CW 0197 h q sy$^{p.h}$ in den Mt-Text eingetragen. – Zur Begründung der Auslassung vgl. TRILLING, Israel 34f.
[11] Vgl. K. H. SCHELKLE, Die Passion Jesu (Heidelberg 1949) 215. Als Beispiel eines griechischen Belegs sei Libanius, or. 64,115: „eine Seele stärken, die mit Trauer getauft ist", genannt.
[12] PHILIPPOS VON SIDE, GEORGIOS HAMARTOLOS, der Kalender von Karthago. Der erste beruft sich auf Papias. Vgl. GNILKA, Markus II 103 Anm. 17.
[13] Die LA „*anderen* ist es bereitet worden" (225 d) macht das Wort zu einer schroffen Abweisung. τοῦτο ist gegen Sinaiticus BLZΘ f$^{1.13}$ lat im Text zu belassen, geboten von CDWΔ 085 33 sy^h. Seine Streichung dürfte auf Einfluß von parMk 10,40 zurückzuführen sein. Einzelne Hss fügen in V 23 sekundär den Jesusnamen ein.
[14] Das ist die erste Bedeutung, die PASSOW s.v. zum Verb ἀγανακτέω verzeichnet. In Verbindung mit Personen: erzürnen.

die ihnen anvertraute Macht zu ihrem Vorteil und damit gegen die von ihnen Beherrschten. Im griechischen Text haben wir zwei bemerkenswerte, seltene Wörter mit κατα- (gegen). Das Herrschen und das Machtausüben, das für die Menschen geschehen soll, wird pervertiert[15].

26–28 Für die Jüngerschaft kommt ein solches Gebaren nicht in Frage. Über andere Menschen herrschen wollen würde dem Geist Jesu völlig widersprechen. Ein Doppelzeiler kündet von der echten Größe. Sie besteht darin, Diener und Sklave der anderen zu werden[16]. Das Sklavendasein hatten die Menschen damals beständig vor Augen. Das Schockierende des Wortes ist uns nicht mehr so ohne weiteres zugänglich. Es ist richtig, wenn man gesagt hat, daß das Evangelium durch diese und ähnliche Verwendungen des Begriffs Sklave allmählich einen neuen humaneren Geist in das Wesen bzw. Unwesen des Sklaventums einzubringen in der Lage war[17]. Die Aufforderung, im geistigen Sinn Sklave zu werden, richtet sich an freie und einflußreiche Menschen in der Gemeinde. Die glaubwürdige Bestätigung erfährt diese Weisung durch den Verweis auf den Menschensohn. Mt bringt ihn als Vergleich (ὥσπερ) und stellt somit den Menschensohn als Vorbild vor Augen. Das Leben des Menschensohnes – die sog. Ich-bin-gekommen-Sätze fassen es jeweils unter einem bestimmten Aspekt zusammen – war Dienst. Sein freiwilliger Sühnetod ist aus diesem Dienst als konsequente Folge hervorgegangen. Nur in diesem Menschensohn-Logion ist der Menschensohn-Titel mit dem Heilstod verbunden[18]. Für sein Verständnis sind zwei Voraussetzungen zu berücksichtigen: Einmal wird man ohne den Hintergrund von Is 53,10–12 nicht auskommen, von dem der Gedanke der stellvertretenden Sühne entlehnt ist. Zum anderen liegt in V 28c vermutlich ein eingearbeiteter christlicher Glaubenssatz vor (vgl. 1 Tim 2,6), der den Tod Jesu in diesem Sinn deutete und in der Abendmahlsfeier verwurzelt ist. λύτρον ist das Sühnegeld, die Sühneleistung für eine zu begleichende Schuld (vgl. LXX Nm 35,31: „Ihr sollt kein *Sühnegeld* annehmen für das Leben eines Mörders, der schuldig gesprochen und zum Tod verurteilt ist, denn er muß mit dem Tod bestraft werden"). Der Menschensohn hat sie für die Vielen, die durch ihre Sünde dem Unheil verfallen waren, mit seinem Sterben beglichen und sie damit endgültig befreit. Die Vielen müssen inkludierend verstanden werden und sind somit mit der Menschheit identisch. Mt hat die schon vorgegebene Verbindung mit Sündenvergebung und Abendmahl weiter ausgebaut, indem er das Deutewort über den eucharistischen Becher erweiterte um den Gedanken der Sündenvergebung (26,28: „mein Bundesblut vergossen für die Vielen zur Vergebung der Sünden"). Zwischen beiden Logien besteht

---

[15] κατακυριεύω wird in der LXX für den Frevler verwendet: er unterdrückt seinen Feind und die Armen (vgl. ψ 9,26 und 31).
[16] Einzelne Hss lesen statt ἐν ὑμῖν: ὑμῶν μέγας (LZ 892), ὑμῶν πρῶτος (B).
[17] Vgl. J. VOGT, Sklaverei und Humanität (Wiesbaden 1972) 147ff.
[18] Vgl. die eingehendere Erörterung des Logions bei GNILKA, Markus II 103f.

ein makrotextueller Verweiszusammenhang. Die durch das Sterben des Menschensohnes gewirkte Sündenvergebung und Sühne wird in der Abendmahlsfeier vermittelt[19].

III

a) Mt gestaltet die Perikope in zweifacher Hinsicht, wobei er vorgegebene Linien weiter auszieht. Zum einen ist es die Christologie. Der Heilstod Jesu, des Menschensohnes, war schon in der Vorgabe gedeutet mit Hilfe des Becher- und des λύτρον-Wortes. Mt intensiviert, insofern Jesus jetzt von „meinem Becher" spricht. Makrotextuell besteht eine Verbindung zur Getsemani-Perikope (26,39). Weil das Becherwort die Antwort auf die Frage ist, wie man Anteil gewinnt an der Basileia des Menschensohnes, ist ein festerer Zusammenschluß zwischen Becher- und λύτρον-Logion erreicht. Das Reich des Menschensohnes ist eine mt Prägung, die den gesamten Text von innen heraus erfüllt. Das Reich des Menschensohnes ist der Rahmen für die zweite Intention. Sie hat mit der Gemeinde zu tun. Gewiß ist diese Basileia nicht mit der Kirche identisch, aber sie umgreift diese. Die in der Gemeinde geltende Ordnung bemißt sich nach dem Beispiel, das der Menschensohn hinterließ. Zum selbstlosen Dienen bereit zu sein kann als ihre Quintessenz gelten. Es ist bemerkenswert, daß E das Wort V 26b auch in die umfänglichere Gemeindeordnung 23,11 aufgenommen hat. Plastizität gewinnt das Ganze durch den forschen Auftritt der Mutter der zwei Söhne und den Verdruß der Zehn.

b) Für eine historische Rekonstruktion kann nicht vom Mt-Text ausgegangen werden, da dieser eindeutig von der Vorlage Mk 10,35–45 abhängig ist. Die Rekonstruktion müßte darum von Mk aus erfolgen[20]. Hier sei nur vermerkt, daß für den ersten Teil der Perikope Mk 10,35–38 als Ausgangsbasis zu dienen hat und für den zweiten parLk 22,24–27 zu berücksichtigen ist. Die beiden Teile sind von Haus aus selbständig. Auf jeden Fall kennzeichnen der Wille zum Dienen und auch die Bereitschaft zum Leiden das Wirken des irdischen Jesus. Ihm die Leidensbereitschaft bestreiten zu wollen hieße die Geschichte auf den Kopf stellen.

c) Ihre Brisanz besitzt die Perikope darin, daß das Geschehen auf zwei Ebenen spielt, einmal auf der Ebene der Welt, wo in weltlichen Kategorien gedacht wird, und das andere Mal auf jener Ebene, die durch den Begriff „Basileia des Menschensohnes" bezeichnet ist. Die eine ist pointierend dargestellt im Verhalten der Großen, ihrem Unterdrücken, Beherrschen; die andere ist bestimmt vom Verhalten des Menschensohnes Jesus, der dient und sein Leben hingibt. Die Jünger als Protagonisten des Geschehens bewegen sich zwischen diesen beiden Ebenen, genauer: in ihrem

---

[19] Kodex D liest im Anschluß an V 28: „Ihr aber sucht aus Kleinem zur Größe zu wachsen und vom Größersein zum Geringersein." Es folgt eine Parallelversion des Gleichnisses von den rechten Tischplätzen (vgl. Lk 14,8–10). Mit geringfügigeren Varianten findet sich dasselbe in Φ it sy^c.

[20] Vgl. GNILKA, Markus II 98–100 und 104.

Streben und Murren sind sie auf der weltlichen Ebene, obwohl sie für die Basileia bestimmt sind. Das Beispiel Jesu soll zum Umdenken bewegen. Der Perikope eignet eine im hohen Grad kritische Funktion. Ihre Problematik kommt bei Luther[21] voll zum Durchbruch, der den Text zwar „eine süße liebliche Predigt" nennt, mit der Zwei-Reiche-Lehre seinen Anliegen aber nicht gerecht zu werden vermag. Luther rät dem Bischof und Seelenhirten, daß er den Bruder mit Liebe an sich binden solle. Wenn er aber nicht hört, möge er dem Fürsten überlassen und dem Kaiser unter das Schwert gestoßen werden, und nicht nur dem Kaiser, sondern dem Satan. „Wenn kein Henker da wäre, wollt ich Henker sein."[22] Man kann mit J. Ratzinger[23] beklagen, daß die konstantinische Wende die Identifikation der Kirche mit der geschlossenen Gesellschaft des Abendlandes brachte, die die Nachfolger der Apostel zu den Fürsten dieser Gesellschaft werden ließ. Man kann dies auch mit P. Weiss[24] mit bitterer Ironie belegen: „Wie nimmt sich denn sowas heute aus, da unser Kaiser von kirchlichen Würdenträgern umgeben ist, und es sich immer aufs neue zeigt, wie sehr das Volk des priesterlichen Trostes bedarf." Kierkegaard[25] erfaßt das Anliegen des Textes zutiefst, wenn er bemerkt, daß Jesus Christus einlädt nicht aus der Herrlichkeit, sondern als der Erniedrigte. Lüde er aus der Herrlichkeit ein, wäre es so ganz leicht, der Herrlichkeit einfach in die Arme zu fallen. Und wörtlich: „Du hast nicht den geringsten Anteil an ihm, nicht die entfernteste Gemeinschaft mit ihm, wenn du nicht so völlig gleichzeitig mit ihm in seiner Erniedrigung geworden bist."

LITERATUR: M. GOGUEL, La demande des premiers places dans le Royaume messianique: RHR 123 (1941) 27–43; J. JEREMIAS, Das Lösegeld für viele: Jud 3 (1947) 249–264; H. W. WOLFF, Jesaja 53 im Urchristentum (Berlin ³1952); E. LOHSE, Märtyrer und Gottesknecht (FRLANT 64) (Göttingen 1955); R. LE DEAUT, Goûter le calice de la mort: Bib 43 (1962) 82–86; H. H. BRONGERS, Der Zornesbecher: OTS 15 (1969) 177–192; O. CULLMANN, Courants multiples dans la communauté primitive. A propos du martyre de Jacques fils de Zébédée: RSR 60 (1972) 55–69; J. ROLOFF, Anfänge der soteriologischen Deutung des Todes Jesu: NTS 19 (1972/73) 38–64; S. LEGASSE, Approche de l'épisode préévangélique des Fils de Zébédée: NTS 20 (1973/74) 161–177; W. J. MOULDER, The Old Testament Background and the Interpretation of Mk 10,45: NTS 24 (1977/78) 120–127.

20. Die zwei Blinden von Jericho (20, 29–34)

29 Und als sie von Jericho auszogen, folgte ihm eine große Volksmenge nach. 30 Und siehe, zwei Blinde, die am Weg saßen, hörten, daß Jesus vorübergeht. Sie schrien und sagten: Erbarme dich unser, Herr, Sohn

---

[21] II 684–687.
[22] II 686.
[23] Das neue Volk Gottes (Düsseldorf 1969) 273.
[24] Wider das Kreuz als Bild der Hilflosigkeit. Text bei KUSCHEL, Jesus 24.
[25] Einübung 87 f.

Davids! 31 *Die Volksmenge aber fuhr sie an, daß sie schweigen sollten. Sie aber schrien lauter und sagten: Erbarme dich unser, Herr, Sohn Davids!* 32 *Und Jesus blieb stehen, rief sie und sprach: Was wollt ihr, daß ich es euch tue?* 33 *Sie sagen ihm: Herr, daß unsere Augen sich öffnen.* 34 *Voll Erbarmen berührte Jesus ihre Augen, und sofort sahen sie wieder und folgten ihm nach.*

I

Die Perikope bietet am Anfang eine Ortsangabe (29) und erzählt perspektivisch vom Standpunkt der zwei Blinden aus. Als Wundergeschichte zerfällt sie in die Bitte um Heilung (30f) und die Schilderung des Wunders (32–34). In der Bitte sind die beiden Erbarmensrufe in ihrer genauen Übereinstimmung zu belassen: „Erbarme dich unser, Herr, Sohn Davids!"[1] Der Ruf erscheint formalisiert, fast wie schon aus der Liturgie übernommen[2]. Das Dazwischentreten der Volksmenge (31) entspricht dem Motiv des Hindernisses, das in Wundergeschichten verbreitet ist. Die Heilung ist mit einem Gestus verknüpft. Das Wort Nachfolgen rahmt die Geschichte (29 und 34).

Die mt Bearbeitung der Vorgabe Mk 10,46–52 ist gekennzeichnet durch Straffung und Reduktion der narrativen Elemente. Dies gilt bereits für die Einleitung, in der der Einzug in Jericho nicht mehr erwähnt wird. Statt vom Bettler Bartimäus spricht Mt von zwei Blinden. Sie hören, daß Jesus vorübergeht (30; Mk 10,47: „daß es Jesus, der Nazarener, ist"). Wie hier die Bezeichnung „Nazarener" ausgelassen ist, so gleicht E die beiden Erbarmensrufe einander an, die um die Kyrie-Anrede erweitert werden. Auffällig ist die Setzung des Davidssohnes im Nominativ[3]. Jesus ruft die Blinden selbst zu sich, nach Mk 10,49f tut es die Menge im Auftrag Jesu. E hat hier unter anderem die temperamentvolle Reaktion des Bettlers, der seinen Mantel abwirft, gestrichen. Das Gespräch ist neu gestaltet. Anstelle der Anrede „Rabbuni" (Mk 10,51) steht „Kyrie". Mt führt das Erbarmensmotiv ein (32: σπλαγχνισθείς), läßt aber das Glaubensmotiv aus (Mk 10,52) und berichtet von einem Heilgestus, dem Berühren der Augen der Blinden. Im letzten Satz, der von der Nachfolge der Blinden spricht, fehlt die Erwähnung des Weges, der in Mk 10,52 theologische Bedeutung hat. Will man die Verfahrensweise des Mt auf eine Formel bringen, so läßt sich sagen, daß er aus der Glaubensgeschichte des Mk[4] eine Wunderge-

---

[1] In V 30 gibt es für den Ruf zahlreiche Varianten. KWZΓΔ 28 bieten den empfohlenen Text. Sinaiticus Θ f¹³ 700 arm lesen: Erbarme dich unser, Jesus, Sohn Davids (vgl. Mk 10,47; Lk 18,38); D 565: Erbarme dich unser, Sohn Davids; B 085: Herr, erbarme dich unser, Sohn Davids; L 892: Herr, erbarme dich unser, Jesus, Sohn Davids. Für den empfohlenen Text spricht der Hang des Mt zum Parallelisieren.
[2] Vgl. BURGER, Davidssohn 74.
[3] CDN 085 33 1010 1241 korrigieren das in beiden Fällen zu υἱὲ Δαυίδ (vgl. Mk 10,47f), einzelne Hss nur jeweils einmal.
[4] Vgl. GNILKA, Markus II 109.

schichte reineren Stils machte. Trotz der erwähnten Erzählperspektive steht Jesus, der Wundertäter und Kyrios, im Mittelpunkt.

Das Verfahren des Mt wird nur dann voll verständlich, wenn man sich daran erinnert, daß er in 9,27–31, wo wir gleichfalls von der Heilung zweier Blinder hörten, eine Doublette zu unserer Geschichte geboten hat[5]. Dort wirkte gleichfalls das Vorbild Mk 10,46–52 nach, aber auch Mk 8,22–26, die Heilung des Blinden von Betsaida, die Mt ausließ! Mk 8,22f beeinflußt aber auch unsere Geschichte von den Blinden von Jericho. Sie dürfte Mt in der Schilderung der Heilung inspiriert haben[6]. Will man die Traditionslage graphisch darstellen, ergibt sich folgendes Bild:

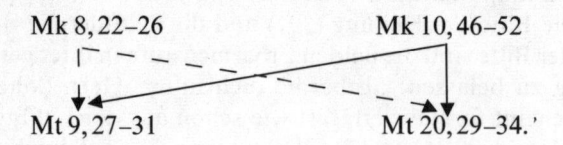

$$\begin{array}{cc} \text{Mk } 8,22{-}26 & \text{Mk } 10,46{-}52 \\ \downarrow & \downarrow \\ \text{Mt } 9,27{-}31 & \text{Mt } 20,29{-}34. \end{array}$$

II

29 Abgesehen vom Hinaufzug nach Jerusalem (20,17) ist Jericho nach dem „Land jenseits des Jordan" (19,1) wieder eine genauere Ortsangabe. Gemäß dieser Route hat Jesus inzwischen wieder den Jordan in westlicher Richtung überschritten, von den Jüngern und viel Volk begleitet[7]. Jericho war von König Herodes d. Gr. neu erbaut worden. Der König hatte sich dort eine luxuriöse Winterresidenz geschaffen, um die herum die neue Stadt entstanden war. Mit einem Amphitheater und einem Hippodrom hatte sie griechisches Gepräge. Geographisch ist Jericho, die Palmenstadt, eine Oase, von der aus die Straße nach Jerusalem durch das Wadi-el-kelt hinaufzieht und dabei einen Höhenunterschied von über 1000 Metern überwindet.

30 Beim Verlassen der Stadt erfolgt die Begegnung mit zwei Blinden am Weg, im Unterschied zur parallelen Geschichte 9,27ff also in der Öffentlichkeit, nicht im Haus. Daß aus dem Bartimäus Mk 10,46 zwei Blinde geworden sind, verstärkt das Wunder, folgt aber auch einem Zug, der in volkstümlicher Erzählweise und in der bildenden (christlichen) Kunst nachgewiesen werden kann[8]. Die Geschichte ist daran, sich zum Gemälde zu entwickeln. Darum mag man mit Lohmeyer fragen, ob der Vorübergang Jesu – παράγει ist von Mt eingefügt – die Nähe Gottes ankündigt oder gar ein Bezug zu Ex 12,11 vorliegt. Jedoch verwendet LXX Ex 12,12

---

[5] Vgl. Bd. I 344 dieses Kommentars.
[6] Besonders auffällig ist das Wort ὄμμα (für Auge), das im NT nur Mt 20,34 und Mk 8,23 begegnet und in der griechischen Literatur vor allem in der Dichtung, seltener in Prosa vorkommt. Vgl. Passow II/1, 439.
[7] Die Jünger, die parMk 10,46 eigens erwähnt, sind in den Genitivus absolutus miteinzuschließen. 𝔓[45] D 1424 it sy[h] lesen pluralisch: ἠκολούθησαν ... ὄχλοι πολλοί.
[8] Interessante Belege bei Bultmann, Geschichte 343ff.

διελεύσομαι ἐν γῇ Αἰγύπτῳ und ist der Vorübergang Jahves im Land der Ägypter ein schädigender[9]. Die Steigerung der Geschichte gegenüber Mk liegt im Erbarmensruf, in dem Jesus mit dem Bekenntnis der hellenistisch- und judenchristlichen Gemeinde angeredet wird: Herr und Davidssohn (wie 15,22). Offenkundig soll dies dem christlichen Leser es ermöglichen helfen, sich mit den Blinden zu identifizieren und sich in einer vergleichbaren Not auf die gleiche Weise an Jesus zu wenden. Weil beide Titel ihr volles Gewicht haben, mag man dies als einen Hinweis auf die Zusammensetzung der mt Gemeinde werten. Diese positive Sicht ist wichtiger als der Gedanke, daß E die Anrede „Nazarener" (Mk 10,47) aus messianologisch-apologetischen Gründen ausgelassen hat. Freilich besteht diese Vermutung zu Recht (vgl. zu 1,23)[10].

31–34 Wenn die Volksmenge die beiden anfährt, sie sollten schweigen, werden sie auf die Probe gestellt. Im weiteren Verlauf ist der Text in der angedeuteten Richtung weiter ausgebaut worden. Der Gebetsruf wird um so lauter wiederholt[11]. Die Frage Jesu: „Was wollt ihr, daß ich es euch tue?" (vgl. 20,21) klingt in dieser Situation wie die Frage eines Herrschers, der einem Bittsteller eine Audienz gewährt. Die Anrede „Herr" in der Antwort unterstreicht dies. Bemerkenswert ist, daß eine textliche (sekundäre) Überlieferung erweitert: „daß unsere Augen sich öffnen *und wir dich sehen*". Dieser syrische Text (sy^c) ist mit seinem symbolischen Verständnis wahrscheinlich von der Intention des Mt nicht weit entfernt (s. III a). Das Erbarmen mit den Elenden ist das Motiv, aus dem Jesus helfend eingreift. Es ist das Erbarmen des Kyrios mit seinem Volk (vgl. 9,36; 14,14; 15,32). Seine Berührung bringt Hilfe. Die Blinden können nicht nur wieder sehen, sie folgen auch Jesus nach, der zu seinem Leiden nach Jerusalem zieht. Damit ist angedeutet, daß sie als seine Nachfolger betrachtet werden sollen.

III

a) b) Sicher bereitet die Perikope den Einzug Jesu in Jerusalem vor. Dies gilt schon für Mk. Mt hat, indem er die Geschichte stilisierte, Christus und die beiden Blinden noch näher aneinanderrückte, das Ganze zu einem Gemälde werden lassen und ihm einen neuen symbolischen Sinn hinzugefügt. Das geschichtliche Ereignis wird nicht aufgelöst, aber tritt zurück zugunsten eines Bildes, das im Bild gesucht werden muß[12]. Dieses Bild im Bild ist die Befähigung, Erleuchtung zur Nachfolge, die die Blindenhei-

---

[9] Lohmeyer 293 und NThT 23 (1934) 206ff.
[10] Vgl. Burger, Davidssohn 74.
[11] Einzelne Hss verwenden das Verb κραυγάζω.
[12] Das Bild im Bild zu suchen ist – auf eine Formel gebracht – die Aufgabe der Symbolinterpretation. Dazu vgl. P. Ricœur, Die Interpretation (Frankfurt/M. 1969) 15ff. 50ff; M. Schlesinger, Geschichte des Symbols (Berlin 1912, Nachdruck 1967); H. Looff, Der Symbolbegriff in der neueren Religionsphilosophie und Theologie (KantSt 69) (Köln 1955).

lung symbolisch zum Ausdruck bringt. Wie die physische Blindheit ein schlimmes Übel ist, so ist das Sein in der Finsternis Ausdruck des Unerlöstseins. Von hier aus ist das Vorübergehen Jesu ein Element, das in den Berufungsgeschichten seine Entsprechung besitzt (9,9), wie auch die Nachfolge, mit der unser Text schließt. Entscheidend ist die Begegnung mit Jesus. Darum ruft er selbst, nicht läßt er – wie bei Mk – die Blinden durch die Menge rufen. Im Unterschied zur Berufungsgeschichte aber ist sein Rufen noch nicht unmittelbar der Ruf in die Nachfolge, sondern zunächst der Ruf zur Heilung. Der Mensch muß geheilt, von seiner Blindheit befreit werden, bevor er die wirkliche Nachfolge, die nach Jerusalem führt, antreten kann. Im Kontext des gesamten Evangeliums gewinnt diese Symbolik weitreichende Bedeutung. Wir erinnern uns, daß Jesus als das über dem Land aufstrahlende Licht gesehen wurde (4,15), daß die „äußerste Finsternis" Ausdruck letzten Unheils ist, daß Mt Blindenheilungen einen gewissen Vorzug gibt und daß in der Begegnung mit Jesus Sehende blind werden können (13,14f). Licht und Finsternis, Erleuchtung, Öffnung der Augen und Verblendung stehen für die Gnade und das Gericht. So hat Mt auch das Glaubensmotiv, das er in der parallelen Geschichte 9,27ff zur Geltung brachte, gestrichen. Nicht daß er den Glauben geringgeschätzt hätte. Nach allem, was wir bisher erfahren haben, ist das Gegenteil der Fall. Der Glaube ist sogar in unserem Text latent vorhanden, nur ist auch er ins Bild gesetzt. Im Verhalten der Blinden prägt er sich dem Betrachter als ein festes sich an Jesus Klammern ein. Es ist klar, daß bei einer solchen Sicht der Dinge die mt Perikope für die historische Rekonstruktion nicht viel hergibt. Für sie ist Mk maßgeblich, der eine Blindenheilung des Bettlers Bartimäus in Jericho als historischen Ausgangspunkt erkennen läßt.

c) Ein Blick in die Wirkungsgeschichte des Textes zeigt, daß eine Form der allegorisierenden Interpretation bekannt war, die aber die von Mt gesetzten Grenzen sprengte. Verbreitet scheint die Deutung gewesen zu sein, nach der die Perikope den gesamten Weg Jesu abbildet. Jericho – etymologisch oft im Sinn von „Mondstadt" verstanden – wird zum Sinnbild für die Erde, die Blinden symbolisieren die Menschheit, die Christus heimsucht, um sie nach Jerusalem, in die himmlische Heimat, zu führen[13]. Die Heilung der Blindheit geschieht durch die Annahme des Evangeliums[14]. Letzteres allein wäre im Sinn des Mt akzeptabel. Es ist der Symbolsprache zu eigen, daß sie jeweils das Ganze einer Welt erfassen will, das durch eine „vernünftige" Sprache nicht erfaßt werden kann. Insofern wird die spätere allegorisierende Interpretation verständlich. Die „Welt" des Mt jedoch ist in seinem Evangelium zu suchen. Von ihm insinuierte Symbole vermögen das Ganze seiner Botschaft gegenwärtig zu machen, aber diese Grenze ist

---

[13] Etwa Theophylakt, Beda, Erasmus von Rotterdam. Belege bei GNILKA, Markus II 112 Anm. 24.
[14] CALVIN II 159 bezieht die die Blinden anfahrende Menge auf die schlechten Christen, die den Menschen den Zugang zu Christus eher verbauen als eröffnen.

strikt einzuhalten. Zu denken gibt das Gedicht „Bartimäus" von R.O. Werner[15]:

> Ich bin der, welchen er
> sehend machte.
> Was sah ich? Am Kreuz
> ihn, hingerichtet,
> ihn, hilfloser als ich war,
> ihn, den Helfer, gequält.
> Ich fragte: Mußte ich meine
> Blindheit verlieren, um das
> zu sehn?

Die Intention der Perikope ist in ihr Gegenteil verkehrt. Sympathisches Mitleid mit Jesus, Verständnislosigkeit gegenüber dem Kreuz Jesu. Oder sollte es doch die Annäherung eines Juden an Jesus sein?[16]

LITERATUR: E. LOHMEYER, Und Jesus ging vorüber: NThT 23 (1934) 206–224; K. BERGER, Die königlichen Messiastraditionen des NT: NTS 20 (1973/74) 1–44; E. LÖVESTAM, Jesus Fils de David chez les Synoptiques: StTh 28 (1974) 97–109. Weitere Literaturangaben s. Bd. I 346.

21. Der Einzug des Davidssohnes in Jerusalem (21,1–11)

1 Und als sie sich Jerusalem näherten und nach Betfage und zum Ölberg kamen, da sandte Jesus zwei seiner Jünger aus 2 und sagte ihnen: Gehet in das Dorf vor euch, und sogleich werdet ihr eine Eselin finden, angebunden und ein Füllen bei ihr. Bindet sie los und führt sie zu mir. 3 Und wenn euch jemand etwas sagt, sollt ihr sprechen: Der Herr bedarf ihrer. Sofort wird er sie schicken. 4 Dies aber ist geschehen, damit erfüllt werde, was gesagt ist vom Propheten, der spricht: 5 Sagt der Tochter Sion: Siehe, dein König kommt zu dir, mild und reitend auf einer Eselin und auf einem Füllen, dem Jungen eines Lasttieres. 6 Die Jünger aber gingen und taten, wie Jesus es ihnen aufgetragen hatte. 7 Sie brachten die Eselin und das Füllen, und sie legten Kleider auf sie. Und er setzte sich auf sie. 8 Die überaus große Volksschar breitete ihre Kleider auf den Weg, andere aber hieben Zweige von den Bäumen und streuten sie auf den Weg. 9 Die Volksscharen aber, die ihm vorausgingen und nachfolgten, riefen und sagten: Hosanna dem Sohn Davids! Gepriesen, der kommt im Namen des Herrn! Hosanna in den Höhen! 10 Und als er in Jerusalem einzog, erbebte die ganze Stadt und sagte: Wer ist dieser? 11 Die Volksscharen aber sagten: Dieser ist der Prophet Jesus aus Nazaret in Galiläa.[1]

---

[15] Bei KUSCHEL, Jesus 388.
[16] R. O. WERNER ist Jude.
[1] Einzelne Textvarianten entstanden durch Einfluß von ParMk 11,1ff wie πρὸς τὸ ὄρος in V 1 (vgl. Mk 11,1); κύριος αὐτοῦ und ἀποστέλλει in V 3 (vgl. Mk 11,3) oder die Auslassung von ἐπί in V 7 (vgl. Mk 11,7).

I

Zwar schließt wie bei Mk der Einzug Jesu in Jerusalem an die Blindenheilung in Jericho an und ist die Stadt die letzte Station seines Wirkens, doch hat Mt dem Wirken Jesu in der Metropole mehr Raum gewidmet. Dies ist vor allem durch die große Redekomposition in den Kap. 23–25 geschehen. Doch wird man nicht von einer Gleichgewichtigkeit von Galiläa und Jerusalem sprechen können. Auch für Mt ist Galiläa der Schwerpunkt der Tätigkeit Jesu. Jerusalem ist die Stadt der Ablehnung, der Ort, der ihm das Kreuz bereitet. Unter diesem Aspekt ist schon sein Einzug in Jerusalem zu lesen. Welche theologischen Intentionen im einzelnen zum Tragen kommen, überlassen wir der detaillierten Exegese.

Die Perikope ist gerahmt von geographischen Bemerkungen: Sie nähern sich Jerusalem (1), er betritt die Stadt (10). Also spielt sich das Geschilderte vor der Stadt ab. Zwei Teile lassen sich unterscheiden: eine Jüngergeschichte, genauer eine Geschichte, die zwei Jünger betrifft (1–7), und die begeisterte Begrüßung, die ihm die große Volksmenge – die in 1–7 vergessen zu sein scheint – bereitet (9–11). Diese steht in 10f in Opposition zur Stadt, gehört nicht zu ihr. Beide Teile sind jeweils durch ein atl Zitat geprägt. Teil 1 durch ein prophetisches Reflexionszitat (5), Teil 2 durch den Begrüßungsruf, in dessen Mitte ein Psalmwort steht (9). Weil beide auf Jesus ausgerichtet sind, bedeutet dies, daß er die Mitte des Textes ausmacht und Jünger und Volksmenge nur Statisten sind. – In formaler Hinsicht stimmt Teil 1, die Aussendung der beiden Jünger, mit der Geschichte von der Vorbereitung des Paschafestes 26,17–19 überein. Auch hier werden zwei Jünger ausgesendet, erhalten sie ein Zeichen, führen sie den Auftrag im Gehorsam aus. Das Schema, hier dem Mt ebenfalls von Mk her vorgegeben, hat atl Vorbilder, vor allem in der Geschichte von Sauls Suche nach den verlorenen Eselinnen seines Vaters (1 Sm 10,2–10).

Doch hat Mt eigene Akzente gesetzt. Dies wird deutlich bei einem Vergleich mit Mt 1,20–25, wo ein ähnliches Auftragsschema begegnet: Josef, der vorhat, Maria zu entlassen, erhält von Gott den Auftrag, sie heimzuführen. Die Begründung erfolgt mit Hilfe eines atl Reflexionszitates. Josef entspricht gehorsam dem Auftrag. In der Einschaltung eines Reflexionszitates zwischen Auftrag und Auftragserfüllung, wie sie auch in unserer Perikope geschieht, ist die Übereinstimmung zu sehen. Auftrag und Auftragserfüllung – auch dies ein atl Schema [2] – gewinnen also bei Mt sowohl in 1,20ff als auch in 21,1ff ihre Besonderheit durch das atl Zitat. Auf es ist vorzüglich zu achten.

Hinsichtlich der traditionsgeschichtlichen Lage hat man immer wieder die Auffassung vertreten, daß Mt neben Mk von einer von diesem unabhängigen Sonderüberlieferung abhängig sei. Vor allem hat man dafür geltend gemacht, daß es E nicht zuzumuten sei, daß er in völliger Verkennung

---

[2] Kennzeichnend für dieses Schema ist insbesondere der Satz: Die Jünger ... taten, wie Jesus es ihnen aufgetragen hatte (V 6). Dieses Schema hat PESCH: BZ 10 (1966) 220ff herausgearbeitet. Hier zahlreiche atl Belegstellen (225).

des Parallelismus membrorum im Sacharja-Text von zwei Tieren rede, auf die sich Jesus gesetzt habe. Die Sondervorgabe habe bereits von den zwei Tieren gesprochen, so daß diese – nicht umgekehrt das Zitat – die Geschichte beeinflußt habe[3]. Gegen eine Sondervorlage spricht die strenge Ausrichtung des Mt-Textes an der Mk-Vorlage. Alle Abänderungen und Erweiterungen können als dem Mt angemessen erklärt werden[4]. Daß die beiden Tiere auf das Konto des Mt zu setzen sind, zeigt V 7. Denn hätte er diese, aus einer Vorlage stammend, als ungeschickt empfunden, durfte er diesen Vers, dem es gerade darauf ankommt, daß Jesus sich auf beide Tiere gesetzt habe, nicht so formulieren (s. Interpretation).

Weil wir meinen, mit der Mk-Vorlage auszukommen, stellen wir den Vergleich mit ihr an und nennen die wichtigen Eingriffe. Die einführenden Ortsangaben (1) beschränkt E auf drei (jeweils mit εἰς eingeleitet). Betanien ist gestrichen. Deutet dies an, daß er darum wußte, daß die Pilgerstraße von Jericho nach Jerusalem nicht über Betanien führte?[5] Der Jesusname ist eingeführt. Die auffälligste Abweichung in den Anweisungen Jesu an die Jünger besteht darin, daß nicht mehr nur von einem Füllen, sondern von einer Eselin und dem Füllen bei ihr die Rede ist. Ansonsten ist der Text etwas gekürzt, vor allem fehlt die Bemerkung, daß noch kein Mensch auf dem Füllen gesessen hat (Mk 11,2)[6]. Zusätzlich ist ein Reflexionszitat eingefügt, das Zach 9,9 und Is 62,11 umfaßt. Die Einführungsformel (Finalsatz) entspricht 4,14; 12,17, nur fehlt ein Prophetenname, vermutlich weil es sich um ein Mischzitat handelt[7]. Die Auftragserfüllung V 6 ist sehr knapp gehalten. Sie ist formelhaft und lehnt sich an atl Vorbilder an (vgl. Anm. 2). Die Zurüstung und Besteigung bleibt konsequent auf die beiden Reittiere ausgerichtet. Einmalig in unserem Evangelium ist die Erwähnung eines πλεῖστος ὄχλος, einer überaus großen Volksschar (superlativisch) in V 8, die Jesus begrüßt habe[8]. Statt von Büscheln, die sie von den Feldern abgerissen hatten (Mk 11,8), spricht V 8 von Zweigen, die sie von den Bäumen hieben. Vielleicht erschien dies E plausibler. Der Begrüßungsruf ist zu einem Dreizeiler stilisiert: Hosanna – Gepriesen – Hosanna, und in christologischer Hinsicht präzisiert. Begrüßt wird nicht die kommende Königsherrschaft unseres Vaters David (Mk 11,10), sondern der Sohn Davids. Die Abschlußbemerkung Mk 11,11a, daß Jesus in Jerusalem und in den Tempel eingezogen sei, weitet Mt aus zu einer ersten Berührungsszene mit der Stadt, die erbebt sei[9]. Der

---

[3] STENDAHL, School 200f. Andere Autoren, die ähnlich argumentieren, bespricht MÄRZ, König 4–6. STRECKER, Weg 72ff, hält das Reflexionszitat für vormt.
[4] Vgl. MÄRZ, KÖNIG 6ff; PESCH: BZ 10 (1966) 239ff.
[5] Auch heute noch läßt die Straße von Jericho nach Jerusalem el-azarije, das biblische Betanien, rechts liegen.
[6] Der Imperativ πορεύεσθε in V2 anstelle von ὑπάγετε Mk 11,2 entspricht mt Stil. Vgl. 2,20; 9,13; 10,7; 22,9; 25,41 u.ö.
[7] Zu τοῦτο δὲ γέγονεν vgl. 1,22; 26,56.
[8] In den Evangelien nur noch Mk 4,1. Zu πλεῖστος vgl. Mt 21,8.
[9] Das Verb σείω findet sich in den Evv nur bei Mt, noch 27,51; 28,4.

Tempel wird noch nicht erwähnt. Dafür fragt die ganze Stadt nach ihm, und sie erhält die Antwort, daß er der Prophet aus dem galiläischen Nazaret sei. Auch für diesen kleinen Epilog eine eigene Vorlage anzunehmen ist abwegig[10]. Der Prophetentitel fügt sich ganz in den Zusammenhang. Makrotextuell bietet die Szene ein Pendant zu 2,2f[11].

Atl Orientierung gewinnt der Text über eine atl Ausführungsformel, die den Gehorsam der Jünger veranschaulicht, und das Prophetenzitat, das anzeigt, daß Jesus den in der Schrift grundgelegten Willen des Vaters vollzieht. Beides liegt auf einer Linie, denn wie die Jünger an den Willen Jesu gebunden sind, so er an den Willen Gottes.

II
1 Jerusalem kommt in Sicht. Auch Mt verwendet wie Mk stets den Namen Jerosolyma für die Stadt. Das ist die hellenisierte Form des Namens. Nur in 23,37 (Q-Tradition) gebraucht er den Namen Jerusalem, der Dignität und sakralen Klang besitzt. Obwohl Ort des Todes Jesu, kann er Jerusalem die Stadt des großen Königs heißen (5,35). Die Lage von Betfage (etymologisch gleich Feigenhaus) ist ungewiß. War es ein Dorf oder nur ein Landgut? Die Mischna erwähnt Betfage wiederholt und rechnet es zum äußersten Teil des Gebietes, das noch zu Jerusalem zählt[12]. Der Ölberg[13], ein dreizipfliger Berg, der vom Osten her die Stadt beherrscht – Ez 11,23: „Der Berg, der gegen Morgen vor der Stadt" – einen Sabbatweg (Apg 1,12), fünf Stadien (= 952 m) von ihr entfernt, dürfte zur Zeit Jesu als die Stätte gegolten haben, von der her sich der Messias zeigen wird. Wenige Jahre nach dem Tod Jesu wollte sich ein Messiasprätendent auf dem Ölberg zu erkennen geben[14].

2f Der Auftrag an die beiden Jünger, der den Einzug in die Stadt vorbereiten helfen soll, betrifft eine Eselin, die angebunden ist, und ihr Füllen. Neben der Erwähnung der zwei Tiere ist auch auffällig, daß von einer angebundenen Eselin gesprochen wird. Dies ist im Rückgriff auf Gn 49,11, den Segen Jakobs über seinen Sohn Juda, verständlich: „Er bindet seinen Esel (LXX: τὸν πῶλον αὐτοῦ) an den Weinstock, an die Rebe das Junge seiner Eselin." Obwohl die Geschichte auf Sach 9,9 hinausläuft, hat Mt die Genesis-Stelle im Blick, hat sie doch messianischen Charakter und erwartete man aus Juda den Messias. So lautet der vorausgehende Vers Gn 49,10: „Nicht weicht das Zepter von Juda noch der Führerstab von seinen

---

[10] So LOHMEYER 297f; SAND, Gesetz 140.
[11] Zur Formulierung οὗτός ἐστιν vgl. 14,2; 27,37. – Für die ganze Perikope gilt, daß E im narrativen Teil alle präsentischen Verbformen der Mk-Vorlage in solche der Vergangenheit umwandelte.
[12] Vgl. SCHLATTER 606f; BILLERBECK I 839f. Offenbar hat Betfage den Jüdisch-Römischen Krieg überdauert.
[13] Obwohl das AT wiederholt von diesem Berg redet, wird der Name Ölberg nur Zach 14,4 genannt.
[14] Davon berichtet JOSEPHUS, ant. 20,169; bell. 2,262.

Füßen, bis daß sein Herrscher kommt, und ihm gehorchen die Völker." Mit Jesus kommt der vom Patriarchen Jakob vorausverkündete Herrscher der Völker. Natürlich gilt in diesem Zusammenhang der Esel als ein fürstliches Tier[15]. Das Herrscherliche in der Szene hat E ausgebaut. Gebieterisch läßt Jesus ausrichten: Der Herr bedarf ihrer. Dies war schon von Mk 11,3 her so vorgegeben. Die Gewißheit von V 3b, daß der Besitzer die Tiere sogleich schicken wird, stammt von E[16]. Der Eigner kann förmlich nichts anders, als diesem Kyrios zu gehorchen.

4f Ein Reflexionszitat erhellt, daß dieses ganze Geschehnis schriftgemäß ist, das heißt, von Gott im voraus verfügt. Jesus handelt nach dem Willen Gottes. Obwohl es vom Satzanschluß her möglich wäre, wird man das atl Zitat nicht mehr zur Rede Jesu rechnen[17]. Zunächst ist der Text des vierzeiligen Zitats genau zu bestimmen. Zeile 1 entspricht Is 62,11, Zeile 2–4 Zach 9,9. Wir vergleichen die Texte:

Is 62,11   Mt   εἴπατε τῇ θυγατρὶ Σιών.
           M   „Saget der Tochter Zion."
           LXX   εἴπατε τῇ θυγατρὶ Σιών.
Zach 9,9   Mt   ἰδοὺ ὁ βασιλεύς σου ἔρχεταί σοι,
                 πραῢς καὶ ἐπιβεβηκὼς ἐπὶ ὄνον,
                 καὶ ἐπὶ πῶλον υἱὸν ὑποζυγίου.
           M   („Freu dich sehr, Tochter Zion, jauchze Tochter Jerusalem!)
                 Siehe, dein König kommt zu dir,
                 gerecht und heilvoll ist er,
                 arm und reitend auf einem Esel,
                 und auf einem Hengst, dem Jungen einer Eselin."
           LXX   (χαῖρε σφόδρα, θύγατερ Σιών κήρυσσε, θύγατερ Ἱερουσαλήμ·)
                 ἰδοὺ ὁ βασιλεύς σου ἔρχεταί σοι,
                 δίκαιος καὶ σῴζων αὐτός,
                 πραῢς καὶ ἐπιβεβηκὼς ἐπὶ ὑποζύγιον καὶ πῶλον νέον.

Angezeigt sei noch die Übersetzung der letzten beiden Zeilen in der Quinta[18]:

πτωχὸς καὶ ἐπιβεβηκὼς ἐπὶ ὑποζύγιον καὶ πῶλον
υἱὸν ὄνων.

Zum Text des Mt ist Folgendes zu sagen: In Zeile 1 stimmt Mt mit LXX Is 62,11 überein, M freilich entspricht dem völlig. Wichtiger ist, daß der analoge Text Zach

---

[15] Neben Zach 9,9 ist Ri 10,4 und 12,14 vom Reiten auf einem Esel die Rede. Immer sind es Vornehme, die es tun.
[16] parMk 11,3c handelt von der Rücksendung des Tieres!
[17] So LOHMEYER 295 (mit Fragezeichen).
[18] Vgl. STENDAHL, School 119 Anm. 2. – In Sinaiticus[1] LZ fehlt υἱόν, in CDW Θ latt ἐπί, vielleicht in Angleichung an LXX.

9,9 Zeile 1: „Freu dich sehr, Tochter Zion ..." (in Klammern gesetzt), der sich auch nahegelegt hätte, zugunsten von Is 62,11 zurückgestellt ist[19]. Wichtig war demnach die an die Tochter Sion gerichtete Verkündigung. Hinsichtlich Zach 9,9 lehnt sich der Mt-Text an LXX an, was besonders für das Wort πραΰς auffällt. Die Zeile „gerecht und ein Retter bzw. heilvoll ist er" ist ausgelassen. Dies mag wegen des sonst von Mt favorisierten δίκαιος (auf Christus angewendet in 27,19) befremdlich erscheinen. Die Auslassung kann nur der Absicht gedient haben, die Milde des Königs (πραΰς) in den Mittelpunkt zu rücken[20]. In der Benennung des Reittieres geht Mt eigene Wege. ἐπὶ ὄνον stimmt noch mit M überein. Die letzte Zeile hat keine gleichlautende Variante. Am nächsten kommt noch die Quinta. Die verschiedenen Texte lassen gerade an dieser Stelle größere Freiheit erkennen.

Sowohl Is 62,11 als auch Zach 9,9 künden für Jerusalem den kommenden Retter, der den Frieden mit sich bringt, bzw. fordern Jerusalem auf, ihn jubelnd zu begrüßen. Sion bezeichnet zwar in besonderer Weise den Tempelberg, steht aber synonym für Jerusalem[21]. Die Anrede „Tochter Sion" richtet sich an die Bevölkerung der Stadt. Hinter dieser Anrede verbargen sich einmal verschiedene Bedeutungen, das Unbezwungensein der Stadt, die Treue der Bewohner zu Jahve, im Zentrum aber steht die Liebe Jahves zu seinem Volk, die auch für unseren Text vorauszusetzen ist[22]. Mt erreicht mit der Vorordnung des Is-Zitats, daß das Wort des Propheten Sacharja „Siehe, dein König kommt zu dir" zu einer Botschaft an die Tochter Sion wird. Sie reagiert nicht mit Jubel (V 10). Jesus kommt als milder König, nicht als strafender oder richtender. Er bietet Jerusalem das Heil an, das jetzt gerufen ist, sich für dieses Heil zu entscheiden[23].

6f Gemäß der Weisung Jesu handeln die beiden Jünger ohne behindert zu werden. Erst an dieser Stelle wird deutlich, wie ernst Mt die Erwähnung der zwei Tiere, der Eselin und ihres Füllens, nahm. Die Jünger legen über beide Tiere Kleider[24] als eine Art Sattel (oder Schmuck), und Jesus setzt sich auf beide. Die Schwierigkeit kann nicht damit aufgehoben werden, daß man sagt, er habe sich auf die Kleider gesetzt[25]. Weil Mt kein abgeschmackter Schriftsteller ist, wird er damit eine konkrete Vorstellung verbunden haben, etwa, daß Jesus das kleinere Füllen als Fußstütze benutzte. Man ritt ohnehin so auf einem Esel, daß beide Beine nach derselben Seite

---

[19] Auch die jüdisch-rabbinische Exegese kennt durchaus die Kombination zweier Schriftstellen.
[20] STRECKER, Weg 72f, unterbewertet den Befund, wenn er vorab eine gedächtnismäßige Zitierung für die Abweichungen verantwortlich macht.
[21] Zur Bedeutungsentwicklung von Sion vgl. G. FOHRER: ThWNT VII 239f.
[22] Vgl. G. DELLING: ThWNT V 831, 9ff.
[23] Eine Mose-Typologie liegt nicht vor. Nm 12,3 wird Mose ein „überaus milder Mensch" genannt. Nach Pirqe R El 31 ritt Mose auf dem Esel, auf dem einst der Messias reiten wird (bei BILLERBECK I 844). Der Text ist zu spät, als daß er zum Vergleich in Frage käme.
[24] Die LA „ihre Kleider" (Sinaiticus[1] CLW f[1.13] lat sy[h]) dürfte von V 8 beeinflußt sein.
[25] Andere Autoren helfen sich mit der Berufung auf die erleichternde singularische LA ἐπέϑηκαν ἐπ' αὐτῷ (Θ f[13] 33) bzw. αὐτόν (D Φ). So ZAHN 610 Anm. 8.

gerichtet waren. Wichtiger ist für E die buchstäbliche Erfüllung des Prophetenwortes, in dessen Interpretation er den Parallelismus membrorum (bewußt?) mißverstand. Daraus den Schluß abzuleiten, Mt sei kein Juden-, sondern Heidenchrist, ist abwegig, schon deshalb, weil die rhetorische Figur des Parallelismus keinesfalls auf die semitische Literatur beschränkt ist[26]. Die Eselin (LXX Zach 9,9 nicht vorhanden) holt Mt entweder aus Gn 49,11 oder dem masoretischen Text von Zach 9,9. Sollte das Bild der Eselin mit ihrem Jungen den Eindruck des milden Königs verstärken? Es steht aber zu vermuten, daß Mt dieses Bild als ein Zeichen auffaßte, an dem Jerusalem seinen König erkennen sollte. Seine Vorliebe für Zeichen in christologischen Zusammenhängen bestätigt 24,30 und 28,11-15.

8 f Unversehens ist die Jesus begleitende Volksmenge wieder da, nur hier im Evangelium als überaus groß (πλεῖστος) gekennzeichnet. Eine Massenszene bietet sich dar. Als ihn begleitende Schar sind sie als Festpilger aufzufassen, gehören sie nicht zur Bewohnerschaft Jerusalems. Im Angesicht der Stadt legen sie ihre Kleider und von den Bäumen abgehauene Zweige auf die Straße. Das erste ist Bestandteil des Inthronisationsrituals; bleibt dort aber auf die Stufen des Thrones beschränkt (vgl. 2 Kg 9,13). Das zweite wird man als Ausdruck der Huldigung werten können[27]. Der Jesus entgegengebrachte Begrüßungsruf ist sorgfältig stilisiert. Das rahmende Hosanna fand bereits in der jüdischen Liturgie Verwendung, am Laubhüttenfest und im Hallel-Psalm 118,25 a. Seine wörtliche Bedeutung ist: „Hilf doch!", die aber hier wegen des Dativs nicht angenommen werden kann. Hosanna ist zu einem Heilruf abgeschliffen[28]. Er gilt dem messianischen Davidssohn, dem König, der seine Stadt heimsucht.

Die Akklamation „Gepriesen, der kommt im Namen des Herrn" (= ψ 117,26 a)[29] – von Haus aus Begrüßungsruf im Tempeltor für die Festpilger – hat bei Mt eschatologische Bedeutung. Mit ihr soll auch der Parusie-Christus begrüßt werden (23,39). Das abschließende Hosanna fordert die Engel in den Höhen auf, in den Jubel miteinzustimmen, oder ist direkt an Gott gerichtet. Vielleicht liegt in diesem stilisierten Dreizeiler schon eine in der Liturgie der mt Gemeinde verwendete Akklamation vor[30].

10 f Erst beim Betreten der Stadt reagiert diese, in panischer Erregung. Ihre Bewohner sind ihm also nicht entgegengezogen (anders Joh 12,18).

---

[26] Gegen STRECKER, Weg 76.
[27] Eine Parallele war nicht ausfindig zu machen. In Ri 9,48 f verfolgt das Abhauen von Baumzweigen einen ganz anderen Zweck.
[28] Vgl. DALMAN, Worte Jesu 180–182.
[29] Die ursprüngliche Zusammengehörigkeit des ersten Hosanna mit dem „Gepriesen, der kommt usw." als Zitat von Ps 118,25 a.26 a wie in Mk 11,9 ist bei Mt verlorengegangen.
[30] In einem liturgischen Kontext bietet Did 10,6 den Ruf „Hosanna dem Gott Davids". Hosanna als Preisruf (mit Dativ) ist griechisch empfunden und im Hebräischen nicht möglich. Vgl. DALMAN, Worte Jesu 181.

Die Antwort auf ihre Auskunft erheischende Frage wird sehr unterschiedlich ausgelegt: als Steigerung der Davidssohn-Proklamation und Hinweis auf den eschatologisch-messianischen Propheten[31] oder als unzureichender Ausdruck der Bedeutung Jesu, der dem Fassungsvermögen der Bewohner entspricht[32]. In der Tat hat Mt den Prophetentitel, auf Jesus angewendet, nirgendwo überbewertet, sondern als unzureichend zu verstehen gegeben (16,14; 21,46; vgl. 11,9). Ihre Schärfe erhält die Auskunft durch die Bindung dieses Propheten an das galiläische Nazaret, mit der Mt sonst Schwierigkeiten zu haben scheint (2,23). So wird man die Auskunft als gegen Jerusalem gerichtete polemische Spitze sehen dürfen[33]. Aus dem fernen Winkel kommt der Prophet Jesus zu ihm.

III

a) Der Einzug Jesu in Jerusalem ist für Mt die Erfüllung einer alten Prophetie, die der Stadt verkündet wird. Mit der Berufung auf Zach 9,9 expliziert er einen schon in Mk 11,1ff angelegten Gedanken[34]. Dabei akzentuiert er die Milde des einziehenden Königs; das Bild vom Reiter auf der Eselin und ihrem Füllen, umgeben von einer großen Schar, wird ihm zum Zeichen, an dem die Stadt ihn hätte erkennen sollen. Die buchstäbliche Erfüllung der Schrift ist eine auf Jota und Häkchen. Der Fall erhärtet die christologische Dimension des Erfüllungsgedankens auch für 5,17ff[35]. Die Milde des Königs Jesus bezieht sich auf seine Leidensbereitschaft, hat aber für Mt vorab auch zu tun mit seiner Hinwendung zu den Kleinen und Schwachen (vgl. die gleich folgende Episode 21,14ff). Im Gesamtaufriß des Evangeliums korrespondiert die Perikope mit der Magiergeschichte (2,1ff), in der Jerusalem, der Davidssohn, der König (der Juden) gleichfalls eine Rolle spielen und in der die universale Bedeutung dieses Königs schon angezeigt war, aber auch die ablehnende Haltung der Stadt. Die theologische Bedeutung Jerusalems ist in unserem Evangelium voll präsent, und auch hierin erweist sich E als Judenchrist. Sie ist für ihn die „Stadt des großen Königs" (5,35). So hat er die Einzugsperikope als eindringliche Verkündigung an die geliebte Tochter Sion gestaltet, die zur Entscheidung gerufen ist.

b) Das Mt-Evangelium vermittelt wie die beiden anderen Synoptiker den Eindruck, daß Jesus im Zuge seines öffentlichen Wirkens zum erstenmal nach Jerusalem kommt. Das dürfte nicht zutreffen, obwohl der Schwerpunkt seines Wirkens sicher in Galiläa lag. Der festliche Empfang

---

[31] LOHMEYER 298; SAND, Gesetz 140f. – SCHWEIZER 264 (mit Fragezeichen), SCHLATTER 611 denken an Dt 18,15ff.
[32] KLOSTERMANN; WALKER, Heilsgeschichte 63f.
[33] Vgl. TRILLING, Einzug 306. – Einzelne Hss lesen in anderer Wortstellung „Jesus, der Prophet", wieder andere nur „der Prophet". In der Schreibweise von Nazaret variiert Mt: Ναζαρα (4,13), Ναζαρετ (2,23), Ναζαρεθ (11,11). Lk/Apg bevorzugen die dritte (Ausnahme: Lk 4,16), Mk und Joh die zweite.
[34] Vgl. GNILKA, Markus II 114.
[35] Vgl. Bd. I 143f dieses Kommentars.

vor den Toren der Stadt ist ihm von seinen Jüngern und ihn begleitenden Festpilgern bereitet worden. Mit dazu beigetragen hat vermutlich die Blindenheilung von Jericho. Der historische Begrüßungsruf ist schwer zu rekonstruieren. Wahrscheinlich sprach dieser Jesus noch nicht unmittelbar messianisch an. Er könnte gelautet haben: Hosanna! Gepriesen, der kommt im Namen des Herrn! Die begeisterte Volksmenge dürfte von der Hoffnung auf das kommende Reich Gottes getragen gewesen sein. Eine zelotische Rekonstruktion des Ereignisses ist zurückzuweisen [36].

c) Das historische Ereignis des Einzugs Jesu in Jerusalem kann man eigentlich nur kommemorieren. Will man es vermitteln, muß man es am besten nachspielen, wie es in der liturgischen Feier der Karwoche immer schon geschehen ist. Die theologische Intention des Mt wird vor allem greifbar im Propheten-Zitat. Luther hat das empfunden, wenn er zur Erschließung unserer Perikope, die er ein „Hauptstück des Evangeliums" nennt, den Prophetentext interpretiert [37]. In dessen Licht wird ihm der in Jerusalem einziehende Jesus ein Bild vom gnädigen Gott. Jesus zeigt sich gerade den Sündern gegenüber als gnädiger König. Er kommt nicht mit schrecklicher Pracht und Gewalt, sondern sitzt auf einem Esel, der kein Streittier ist, sondern bereit zu Belastung und Arbeit, um den Menschen zu helfen. Hier erhält sogar das Lasttier (ὑποζύγιον) eine hintergründige Bedeutung, die nicht irreleitet [38]. Das Bild vom gnädigen Gott kann aber nur im Glauben erfaßt werden, der unter der Armut den Reichtum, unter der Schmach die Ehre, unter dem Tod das Leben zu erkennen vermag. Ein weiterer wichtiger Gedanke ist der Friede, den dieser die Gewalt mißachtende König bringt. Wie seufzten unsere Väter, sprechen die Könige zu Zarathustra, „wenn sie an der Wand blitzblanke ausgedorrte Schwerter sahen! Denen gleich dürsteten sie nach Krieg." [39] Der König ohne Schwert und Schild wird das Opfer seiner Stadt.

LITERATUR: D. M. STANLEY, Études matthéennes: l'entrée messianique à Jérusalem: ScEc 6 (1954) 93–106; P. VANBERGER, L'entrée messianique de Jésus à Jérusalem: QLP 38 (1957) 9–24; W. TRILLING: Der Einzug in Jerusalem: Ntl Studien (Festschrift J. SCHMID) (Regensburg 1963) 303–309; R. PESCH, Eine atl Ausführungsformel im Mt-Evangelium: BZ 10 (1966) 220–245. 11 (1967) 79–95; W. BAUER, Der Palmesel: Aufsätze und kleine Schriften (Tübingen 1967) 109–121; S. L. JOHNSON, The Triumphal Entry of Christ: BS 124 (1967) 218–229; P. ZARRELLA, L'entrata di Gesù in Gerusalemme nella redazione di Matteo: ScC 98 (1970) 89–112; H. PATSCH, Der Einzug in Jerusalem: ZThK 68 (1971) 1–26; E. SCHWEIZER, Matthäus 21–25; Orientierung an Jesus (Festschrift J. SCHMID) (Freiburg 1973) 364–371; R. BARTNICKI, Das Zitat von Zach 9,9–10 und die Tiere im Bericht von Matthäus über den Einzug Jesu in Jerusalem: NT 18 (1976) 161–166; C.-P. MÄRZ, „Siehe, dein König kommt zu dir…" (EThSt 43) (Leipzig 1980); P. W. MEYER, Matthew 21,1–11: Interp 40 (1986) 180–185.

---

[36] Vgl. die ausführlichere Stellungnahme bei GNILKA, Markus II 119–122.
[37] II 688–697 (Adventspostille 1522).
[38] In der alten Kirche behalf man sich mit Allegorese. Origenes deutet die beiden Tiere als die juden- und heidenchristliche Mission, was natürlich mit den Intentionen des Textes gar nichts mehr zu tun hat. Vgl. in Matth. tom. 16,17 (GCS 10,533).
[39] F. NIETZSCHE, Also sprach Zarathustra (KT 75) (Stuttgart 1964) 273.

22. Jesus im Tempel – Protest und Heilungen (21,12–17)

12 Und Jesus trat in den Tempel Gottes ein. Und er trieb alle Verkäufer und Käufer im Tempel hinaus, und die Tische der Geldwechsler stieß er um und die Stühle der Taubenverkäufer. 13 Und er sagt ihnen: Es ist geschrieben: Mein Haus wird Haus des Gebetes heißen, ihr aber macht es zu einer Räuberhöhle. 14 Und Blinde und Lahme im Tempel traten an ihn heran, und er heilte sie. 15 Als aber die Hohenpriester und Schriftgelehrten die Wunder sahen, die er tat, und die Knaben im Tempel schreien und sagen: Hosanna dem Sohn Davids, erregten sie sich 16 und sprachen zu ihm: Hörst du, was diese sagen? Jesus aber sagt ihnen: Ja. Habt ihr niemals gelesen: Aus dem Mund von Unmündigen und Säuglingen hast du Lob bereitet? 17 Und er verließ sie und ging hinaus aus der Stadt nach Betanien. Und er übernachtete dort.

I

Im Unterschied zu Mk ordnet Mt die Perikope von Jesu Protest im Tempel anders ein. Bei Mk 11,11 verläßt Jesus nach seinem Einzug die Stadt, um in Betanien zu nächtigen. Die Verfluchung des Feigenbaums, auf den nächsten Morgen verlegt, schließt sich an (11,12ff). Es folgt der Tempelprotest, nach dem Jesus der Stadt wieder den Rücken kehrt (11,15ff). Mt mag den Einzug ohne Ausklang in der Stadt als unbefriedigend empfunden haben. Er schließt den Tempelprotest und andere Vorkommnisse unmittelbar an den Einzug an und läßt Jesus erst danach nach Betanien gehen, das er hier überhaupt zum erstenmal erwähnt. Die Perikope ist um einen neuen Teil bereichert. Im ersten Teil erzählt sie von Jesu Einschreiten gegen den Tempelmarkt (12f), im zweiten zusätzlichen von Heilungen an Blinden und Lahmen, Kinderjauchzen im Tempel und einer kurzen, aber scharfen Auseinandersetzung mit den Hierarchen (14–16). Beide Teile kommen formal darin überein, daß sie mit einer atl Reflexion abschließen, der Tempelprotest mit einem Mischzitat aus Is 56,7; Jer 7,11. In seiner Auseinandersetzung mit den Führern rechtfertigt sich Jesus, indem er Ps 8,3 zitiert.

Im Bericht über den Tempelprotest ist E von parMk 11,15–17 abhängig. Er fügt den Jesusnamen ein, auch das Wörtchen „*alle* Käufer usw." Das Verbot Jesu, daß jemand ein Gerät durch den Tempel trug (Mk 11,16), läßt er aus, ebenso im Doppelzitat die Wendung „Gebetshaus *für alle Völker*". Bemerkenswert ist auch der Tempuswechsel „ihr macht es" (Mk 11,17: πεποιήκατε), wie die Einleitung des Zitats, in der „er lehrte" (Mk 11,17) fehlt. Daß E in der Gestaltung des zweiten Teils durch Mk 11,18f angeregt wurde, erkennt man daran, daß die Hohenpriester und Schriftgelehrten (15) wie in Mk 11,18 – freilich in anderer Funktion – auftreten. Der Gang nach Betanien entspricht Mk 11,11b.19. Sonst ist alles anders. Statt von einem Tötungsbeschluß und der Reaktion des Volkes auf seine Lehre (Mk 11,18) hören wir von Blinden, Lahmen, Knaben. Die zusätzlichen

Verse 14–16 sind MtR zuzuschreiben. Mt favorisiert kurze Sammelberichte von Heilungen. Der Hosanna-Ruf greift V 9 auf. Die Schrifteinführung „Habt ihr nicht gelesen" hat in 12,3.5; 19,4; 21,42 ihre Entsprechungen. Wiederholt vermutete man eine weitere Abhängigkeit des Mt von einer Überlieferung, die auch in Lk 19,39f anzutreffen ist. Dort sind es die Pharisäer, die bei Jesus intervenieren, weil seine Jünger ihn beim Einzug in Jerusalem feierlich begrüßen. Jesus antwortet: „Ich sage euch: Wenn diese schweigen, werden die Steine schreien." Diese Abhängigkeit ist zurückzuweisen. Die anders gelagerte Intervention der Gegner spricht gegen diese Auffassung[1].

II

12 Der Einzug Jesus in die Stadt mündet ein in den Tempel, genauer: den Vorhof der Heiden, so daß der Eindruck vermittelt wird, Jesus hat durch das sog. Goldene Tor das Tempelareal betreten. Im Vorhof der Heiden fand der Tempelmarkt statt, auf dem die für die Tempelopfer geeigneten Tiere verkauft wurden und das Normal- in das Tempelgeld umgewechselt wurde, mit dem man die Tempelsteuer bezahlte. Weil Mt den Satz vom Gerät, das durch den Tempel getragen wird (Mk 11,16), strich und man vermuten kann, daß diese Bemerkung auf den Kult abzielte[2], legt sich nahe, daß er an eine umfassende Kritik jüdischer Frömmigkeit denkt. Der Tempelkult hat für ihn und seine Gemeinde keine praktische Bedeutung mehr, weil er durch die Tempelzerstörung längst beendet worden war. Mißhelligkeiten beim Verkauf der Tiere oder Betrügereien beim Geldwechsel sind nicht im Blick. Offenbar ist es die Verbindung von Tempeldienst und Geld, die Verfilzung von Gottesdienst und finanziellem Vorteil, die die Kritik auslöst. In der Ausräumung aller Käufer und Verkäufer zeichnet sich das Ende des Tempels ab. Die LA „und Jesus trat ein in den Tempel Gottes" (ἱερὸν τοῦ θεοῦ) verdient Beachtung. Ihre Bezeugung ist zwar weniger gut als die des Kurztextes (ἱερόν)[3], doch ist wichtig, daß im Tempellogion Mt 26,61 wieder nur in unserem Evangelium derselbe Genitiv zu lesen ist (ναὸν τοῦ θεοῦ). Wir möchten sie darum bevorzugen. Der Kurztext erklärt sich durch Paralleleinfluß Mk 11,15/Lk 19,45[4]. Mt weiß um die einzigartige Bedeutung, die der Jerusalemer Tempel besaß.

13 Da die Handlung Jesu nur sehr kurz beschrieben wurde, fällt der Akzent auf das Begleitwort, ein Mischzitat, das in Anlehnung an Mk 11,17 zitiert wird. „Mein Haus wird Haus des Gebetes heißen" stimmt ganz mit LXX Is 56,7 überein. Aus LXX Jer 7,11 stammt die Räuberhöhle: μὴ

---

[1] Gegen GUNDRY 414; SCHWEIZER 266.
[2] Vgl. GNILKA, Markus II 129.
[3] ἱερόν lesen Sinaiticus BLΘ f[13] 33 700 arm; ἱερὸν τοῦ θεοῦ CDKWΔ f[1] 28 565 vg sy[c.p.h].
[4] Vergleichbar ist Lk 1,9: Tempel des Herrn, eine Wendung, die auch in der LXX häufiger vorkommt.

σπήλαιον ληστῶν ὁ οἶκός μου. Die Rede vom „Haus Gottes", die sich bereits in 1 Sm 1,7.24; 3,15 findet, in den Prophetentexten in eine Gottesrede aufgenommen, bezeugt die Würde des Tempels. Sie schuf die Möglichkeit für die Zitatenkombination. Der Jesajatext spricht von der Heimführung der Versprengten nach Jerusalem und seinem Tempel. Das Jeremiawort kündet die Zerstörung des Tempels an. In unserer Perikope zeichnet das eine die göttliche Absicht, das andere deren Vernichtung durch menschliche Schuld. Die Funktion des Tempels ist an ihr Ende gekommen. Aus diesem Grund dürfte E seine Bestimmung, „Haus des Gebetes für alle Völker" (Mk 11,17) zu werden, nicht mehr übernommen haben. Auch die präsentische Formulierung „ihr macht es zu einer Räuberhöhle" geht in dieselbe Richtung[5].

14 Während Mk von keinen Heilungen in Jerusalem berichtet, flicht Mt an dieser Stelle einen knappen Sammelbericht ein, der von Wundern an Blinden und Lahmen im Tempel erzählt. Man hat diese Episode immer wieder mit 2 Sm 5,8 in Verbindung gebracht: „Kein Blinder und Lahmer darf ins Haus" (LXX: „in das Haus des Herrn") oder an die menschenfeindlichen Regeln der Qumrangemeinde gedacht, nach denen Verkrüppelte, Hinkende, Blinde, Taube, Stumme keinen Zutritt zur Heilsgemeinde der Endzeit haben (1 QSa 2,5–7; vgl. 1 QM 7,4f; 4 QD^b/Dam 15,15–17). Aus dem Vergleich schloß man, daß Jesus den Tempel zurüstet zur eschatologischen Vollendung und gerade dabei an die Randfiguren denkt[6]. Jedoch wird man den Gedanken von einer Zurüstung oder Vollendung des Tempels fernhalten müssen. Er paßt nicht zum Duktus des negativen Urteils über die Situation im Tempel. Auch ist daran zu erinnern, daß Krüppel und Bettler an den Tempeltoren ihre Plätze hatten (Apg 3,1; Joh 9,1) und am Betreten des Tempels nicht gehindert wurden. Die Szene hat christologische Relevanz. Jesus offenbart sich als der barmherzige, menschenfreundliche Messias. Wenn Mt wiederholt ähnliche Sammelberichte bietet (4,23f; 9,35; 12,15; 14,14; 15,30; 19,2), so kommt den Wundern in Jerusalem, im Haus Gottes, herausragende Bedeutung zu.

15f Die angemessene Reaktion ist die dem Davidssohn geltende Hosanna-Akklamation, in der der Einzugsruf 21,9 nachklingt. Es sind aber Jerusalemer Knaben im Tempel, die ihm diesen Ruf entgegenbringen, nicht die Bevölkerung der Stadt. Damaligem Empfinden entsprechend, mag man darin etwas Geringes gesehen haben[7], für Mt stehen die Kinder für die Kleinen, denen Jesus auch sonst eine besondere Sorge gezeigt hat

---

[5] Einzelne Hss ändern ab: ἐποιήσατε (CDW f^{13}), πεποιήκατε (f^1), letzteres wohl durch Einfluß von parMk 11,17.
[6] LOHMEYER 299. Vgl. BRAUN, Qumran I 46, der mit Recht die Auffassung ablehnt, daß Jesus hier als priesterlicher Messias dargestellt werden solle.
[7] Nach DIO CHRYSOSTOMOS 1,33 legt der König Wert darauf, von Freien und Edlen Lob zu empfangen.

(18,2ff.10ff). An eine mantische Begabung der Kinder ist keinesfalls gedacht[8]. Erregt über die Wunder Jesu und das Schreien der Kinder treten die Hohenpriester und Schriftgelehrten auf den Plan. Von 2,4 abgesehen, beziehen die Hohenpriester, die bislang in den Leidensankündigungen erwähnt wurden (16,21; 20,18), hier zum erstenmal gegen Jesus Stellung (noch 21,23.45), wie sie dann in der Passionsgeschichte hervortreten. Die im NT singuläre Formulierung θαυμάσια ποιεῖν (Wunder tun) ist der LXX entnommen, wo mit dieser Wendung öfter Gottes wunderbares Wirken umschrieben wird (ψ 71,18; 77,4.12; 85,10; Jos 3,5 u.ö.)[9]. Von den Gegnern zur Rede gestellt, verweist Jesus auf Ps 8,3, der in völliger Übereinstimmung mit dem LXX-Text zitiert wird. Diese Übereinstimmung kann man im Zusammenhang damit sehen, daß der griechische Psalter oder einzelne Psalmen bereits in der Liturgie der Gemeinde einen festen Platz hatten[10]. Wie der Psalmvers hier eingebracht ist, ist umstritten: Auch Gott hat das Lob von Kleinkindern angenommen (Klostermann); Gott läßt aus kindischem Gerede machtvolle Mannesrede erwachsen (Zahn). Man wird darauf abheben müssen, daß die Kinder die Feinde Jesu widerlegen und Recht erhalten.

17 Erst jetzt begibt sich Jesus – nach Mt zum erstenmal – nach Betanien, jenem 15 Stadien (= 2,77 km) östlich vom Ölberg gelegenen Dorf, um zu nächtigen. Weil eine ähnliche Bemerkung nicht mehr folgt, ist mit ihr eine kleine Zäsur angezeigt. Man könnte von einem Tag Jesu in Jerusalem sprechen, der durch Einzug und Tempelprotest gekennzeichnet ist. Die folgenden lehrhaften Auseinandersetzungen und Reden (21,18–25,46) wird man hingegen im Sinn des Mt nicht auf einen weiteren Tag beschränken dürfen[11]. Er legt auf eine Tageszählung keinen Wert. Ansonsten benötigt er auch den Aus- und neuen Einzug in die Stadt, um die Begegnung mit dem unfruchtbaren Feigenbaum ermöglichen zu können.

III
a) Der Tempelprotest Jesu war Mt an dieser Stelle zu wenig. Er bereicherte die Perikope um Heilungen und die messianische Begrüßung Jesu durch Kinder im Tempelbezirk. Das lag einmal gewiß in seinem Interesse, dem Wirken Jesu in Jerusalem mehr Raum zu geben. Zum anderen offenbart Jesus sich auch an diesem Ort, indem er sich den Kranken und Hilflosen zuwendet und sich von unbedeutenden Kindern empfangen läßt. Gerade auf diese Weise gibt er sich als der barmherzige Davidssohn, der

---

[8] So wiederholt die ältere Exegese mit Berufung auf PLUTARCH, Is. et Os. 14,356e; AELIAN, nat. an. 11,10. Vgl. CLEMEN, Erklärung 250.
[9] LXX Sir 48,14 ist die Wendung auf Elischa bezogen.
[10] So STENDAHL, School 134f. Der Psalmvers war nur in der griechischen Version zitierbar. Der masoretische Text ist: „Aus dem Mund der Kinder und Säuglinge hast du ein Bollwerk erbaut." Der Sinn ist dunkel. Vgl. H.-J. KRAUS, Psalmen I (BK. AT) (Neukirchen ³1966) 68f.
[11] So KLOSTERMANN 167.

milde König, zu erkennen. Er wirkt die göttlichen ϑαυμάσια, die aber von der Stadt übersehen werden. Auf diesem Hintergrund wird der Tempelprotest Jesu zur Voraussage des Gerichts, das über die Stadt zu kommen droht, weil sie das Heilsangebot nicht wahrnimmt. Auch der Auftritt der Hierarchen läßt nichts Gutes ahnen.

b) Die Motive, die den historischen Jesus bewogen, im Tempel einzuschreiten, sind nur schwer zu ermitteln [12]. Auf jeden Fall werden sie im Kontext seiner Reich-Gottes-Predigt gesehen werden müssen. Die Aktion versteht sich dann als flammender Ruf zur Umkehr, möglicherweise verbunden mit der Erwartung eines erneuerten Tempels in der eschatologischen Zeit. Wenn wir davon ausgehen, daß Jesus nicht zum erstenmal nach Jerusalem kam, erhebt sich die Frage, warum er nicht schon zu einem früheren Zeitpunkt protestierend im Tempelbezirk auftrat. Sein Auftritt zu diesem Zeitpunkt würde verständlicher, wenn V. Eppstein [13] recht hat mit seiner These, daß der Hohepriester Josef Kajafas kurz zuvor den Tempelmarkt in den Tempelvorhof aufgenommen hatte, um dem den gleichen Zwecken dienenden Markt auf dem Ölberg Konkurrenz zu machen. Dies sei im Frühjahr des Jahres 30 geschehen. Ansonsten hat auch noch Mt zwei erwähnenswerte Fakten aufbewahrt: die Gruppe der Hohenpriester wird initiativ im Vorgehen gegen Jesus; dieser hatte während seines letzten Jerusalemaufenthaltes in Betanien Quartier bezogen.

c) Mt stellt in dieser Perikope Gericht und Gnade, den zornigen Richter und den sanften König, die unansprechbaren Gegner und die aufnahmebereiten Elenden und Kleinen nebeneinander. Der Hintergrund der Gegner ist der für eigene Vorteile zweckentfremdete Tempel, der Hintergrund der Elenden und Kleinen nur die eigene Hilflosigkeit. Dennoch leben letztere das eigentliche, richtige Leben, sind sie bei sich selbst und darum fähig, das Angebot des Friedens wahr- und anzunehmen. Die Hierarchen existieren von sich weg, sind aus auf ihre eigene Ehre, ihre Privilegien und Vorteile [14]. Auf die Kritik, die sie erfahren, reagieren sie mit Erbitterung und Feindseligkeit. Das Friedensangebot kann sie nicht treffen. Nirgendwo erfährt der Mensch, der von sich weg existiert, seinen Selbstverlust spürbarer als angesichts der Friedensbotschaft der Offenbarung [15]. So wird die Perikope in ihrem Nebeneinander von Gericht und Gnade auch

---

[12] Vgl. GNILKA, Markus II 103f.
[13] ZNW 55 (1964) 54ff.
[14] D. BONHOEFFER, Kirchenkampf und Finkenwalde (München 1959) 60, erblickt in V 13 eine Parallele zum Verhalten der sog. Deutschen Christen in der NS-Zeit, die mit dem Regime zusammenarbeiteten. Die Parallelität besteht wohl darin, daß der Dienst für Gott in den Hintergrund getreten war.
[15] Vgl. E. BISER, Der Sinn des Friedens (München 1960) 43 ff. – BARTH, Dogmatik IV/4, 201, stellt zum Verhalten der Kinder in V 15 treffend fest, daß sie mehr tun, als sie wollen und wissen. Sie imitierten den Einzugsruf oder seien beeindruckt von den Wundern. In ihren Grenzen seien sie faktisch stärker als die Bewegungen vieler schon Urteilsfähiger. Abwegig aber ist es, wenn B. sich mit diesen Überlegungen als einem Argument für die Säuglingstaufe kritisch auseinandersetzt.

zum Imperativ, zu werden wie die Kinder, zu sich selbst zurückzutreten, sich zu öffnen dem Angebot des Friedens [16].

LITERATUR: E. LOHMEYER, Die Reinigung des Tempels: ThBl 10 (1941) 257–264; T. W. MANSON, The Cleansing of the Temple: BJRL 33 (1951) 271–282; J. W. DOEWE, Purification du temple et dessèchement du figuier: NTS 1 (1954/55) 297–308; S. MENDNER, Die Tempelreinigung: ZNW 47 (1956) 92–112; V. EPPSTEIN, The Historicity of the Gospel Account of the Cleansing of the Temple: ZNW 55 (1964) 42–58; N. Q. HAMILTON, Cleansing and Temple Bank: JBS 83 (1964) 365–372; E. TROCMÉ, L'expulsion des marchands du Temple: NTS 15 (1968/69) 1–22; R. H. HIERS, Pruification of the Temple: Preparation for the Kingdom of God: JBL 90 (1971) 82–90; C. K. BARRETT, The House of Prayer and the Den of Thieves: Jesus und Paulus (Festschrift W. G. KÜMMEL) (Göttingen 1975) 13–20.

23. *Der Fluch über den unfruchtbaren Feigenbaum mahnt zum Glauben (21, 18–22)*

18 Als er aber am Morgen in die Stadt zurückkehrte, hungerte ihn. 19 Und wie er einen Feigenbaum am Weg sah, trat er an ihn heran. Und er fand nichts an ihm als allein Blätter. Und er sagt ihm: In Ewigkeit soll aus dir keine Frucht mehr kommen! Und sogleich verdorrte der Feigenbaum. 20 Und da es die Jünger sahen, erstaunten sie und sagten: Wie ist der Feigenbaum sogleich verdorrt? 21 Jesus aber antwortete und sprach zu ihnen: Amen, ich sage euch: Wenn ihr Glauben habt und nicht zweifelt, werdet ihr nicht nur das mit dem Feigenbaum tun, sondern auch, so ihr zu diesem Berg sprecht: Hebe und stürze dich ins Meer, – wird es geschehen. 22 Und alles, um was ihr im Gebet glaubend bittet, werdet ihr empfangen.

I
Nachdem Mt den Tempelprotest unmittelbar an den Einzug Jesu angeschlossen hatte, verbindet er jetzt die Verfluchung des unfruchtbaren Feigenbaums mit der Glaubensbelehrung der Jünger. Mk 11,12 ff hatte die Feigenbaum-Episode vom Glaubensgespräch abgesetzt, indem er den Tempelprotest dazwischen schaltete. Auf diese Weise tritt bei Mt der erste Teil in seinem Charakter als Wundergeschichte reiner hervor[1]. Der Baum verdorrt auf der Stelle. Freilich weist auch bei Mt dieser Teil über sich hinaus. Im anschließenden Gespräch wird das Wunder am Feigenbaum ausdrücklich aufgenommen (21). Es wird zum Glaubensparadigma für die Jünger. Vielleicht deutet der Jesusname in 21 an, daß das Glaubensthema noch wichtiger ist als der inzwischen verdorrte Baum. Beachtung verdient

---

[16] Zur Ablehnung eines solchen Imperativs vgl. F. NIETZSCHE, Also sprach Zarathustra (KT 75) (Stuttgart 1964) 350 (Das Eselsfest): „Aber nun laßt mir diese Kinderstube, meine eigene Höhle ... Männer sind wir worden."
[1] Vgl. HELD, Wundergeschichten 276f.

die doppelte, imperativisch gemeinte Erwähnung des Glaubens der Jünger: wenn ihr Glauben habt; alles, um was ihr glaubend bittet (21 f).

Die Vorlage Mk 11,12–14.20–25 hat E nicht unbedeutend gekürzt. Außer den Veränderungen, die sich durch den Zusammenschluß der beiden Teile ergaben, sind noch folgende erwähnenswert: Jesus zog zur Stadt hinauf (18; Mk 11,12: sie zogen von Betanien aus); der Feigenbaum steht am Weg. Die Bemerkung „es war nämlich nicht die Zeit der Feigen" (Mk 11,13 c) läßt E aus. Sie mag ihm unpassend erschienen sein. In der Verwünschung setzt E den Konjunktiv, und er formuliert: Keine Frucht soll mehr von dir kommen (19; Mk 11,14 bietet den Optativ mit der Formulierung: keiner soll von dir eine Frucht mehr essen)[2]. Die Reaktion auf das Wunder erfolgt auf seiten der Jünger[3], nach Mk 11,20 reagiert Petrus. Die Einleitung der Rede Jesu ist: „Amen, ich sage euch: Wenn ihr Glauben habt" (21; Mk 11,22: „Habt Glauben Gottes. Amen, ich sage euch"). Mt gleicht an 17,20 an, wo er das Logion vom Berge versetzenden Glauben schon einmal gebracht hatte[4]. Das Zweifelsmotiv ist vorgezogen (vgl. Mk 11,23), das Logion ansonsten stark verkürzt. In V 22 ist der Glaube partizipial formuliert, in Mk 11,24 imperativisch. Mk 11,25 fehlt (vgl. Mt 6,14). E erreicht durch seine Redaktion eine noch straffere Ausrichtung auf den Glauben der Jünger. Inhaltlich ist freilich auch bei ihm der Übergang vom Wunder zum Gespräch nur teilweise gelungen.

II

18f In der Geschichte vom Feigenbaum bleiben die Jünger zunächst ebenso unerwähnt wie in der Perikope vom Tempelprotest. Der Weg zurück nach Jerusalem am Morgen führt an diesem Baum vorbei, der in seinem Blätterschmuck Früchte verspricht. Nach 4,2 wird hier zum zweitenmal vom Hunger Jesu geredet. Die Jünger hungern am Sabbat (12,1). Doch der Baum hat keine Frucht. Der Fluch Jesu spricht den Baum wie eine Person an. Weil er ihm seine Frucht versagte, soll er in Ewigkeit keine Frucht mehr bringen dürfen[5]. „In Ewigkeit" (εἰς τὸν αἰῶνα) begegnet im Bannspruch (LXX Dt 13,17), aber auch im Segenswunsch (Ex 29,9; Dt 12,28 u.ö.). Von der Wirksamkeit des Fluches sind AT und Judentum überzeugt. Doch hier redet der Christus zu einem Baum. Die übertragene Bedeutung, obwohl im Text nicht angesprochen und durch die anschließende Jüngerbelehrung eher verstellt (V 21a), drängt sich auf. Der Kontext – Tempelprotest, Vollmachtsfrage – legen sie nahe. Der Feigenbaum steht für Jerusalem/Israel, die unfruchtbar geworden sind. Die Verwünschung ist hart. Sie steht für die Ablösung Israels durch eine neue heilsge-

---

[2] LOHMEYER 302 hält die mt Formulierung für einen Biblizismus wie auch συκῆν μίαν. Auch das nachgestellte μόνον verdient Beachtung.

[3] 238 sy^c lesen: seine Jünger.

[4] Die Übereinstimmung wird vollständig, wenn Φ sekundär liest: Wenn ihr Glauben habt wie ein Senfkorn.

[5] BL verstärken die Verwünschung durch Zusätzliches οὐ, Sinaiticus Θ Origenes lesen den Optativ γένοιτο.

schichtliche Größe, ein neues Volk. Das neue Volk tritt jedoch in der rein negativen Szene nicht in den Blick (anders 21,43). Die Symbolik des Feigenbaums ist im AT vorgegeben (vgl. Mich 7,1ff; Jer 8,13; 24,1ff; 29,17; Os 9,10). Wegen des symbolischen Verständnisses ist die Frage, ob denn zur Paschazeit überhaupt Früchte am Feigenbaum zu erwarten sind, zweitrangig[6].

20f Die unmittelbar eingetretene Wirkung des Fluches löst begreiflicherweise das Erstaunen der Jünger aus. Man mag fragen, warum Mt den reagierenden Petrus bei Mk 11,21 durch die fragenden Jünger ersetzt hat, wo er doch an anderen Stellen den Petrus in den Vordergrund schiebt. Es könnte die Art der Belehrung betreffen, die keine Gemeindepraxis enthält, sondern eine Verheißung bietet. Aber wie ist sie zu verstehen? Die Jünger sollen in Zukunft, wenn sie Glaubenskraft haben und nicht zweifeln, das Wunder vom Feigenbaum überbieten und diesen Berg ins Meer stürzen können. Im Rabbinischen ist mit dieser Redensart gemeint, daß das Unmögliche möglich wird. Als Überbietung des symbolischen Feigenbaumwunders wird man erwägen dürfen, daß das Versetzen des Berges ins Meer eschatologisches Geschehen anzeigt. Im AT ist das Bewegen der Berge Sache Gottes (Is 40,4). Es ist Teil der endzeitlichen Umgestaltung des ganzen Kosmos (Is 49,10f; 54,10)[7]. An diesem verwandelnden Werk sollen die Jünger beteiligt sein. Sollte Mt konkret in diesem Fall an den Ölberg gedacht haben, dem schon im AT eschatologische Bedeutung zugesprochen wird (Zach 14,4)[8]?

22 Abschließend lesen wir wieder eine Zusicherung der Gebetserhörung. War eine solche in 7,7ff an eine eindringliche Form des Betens und in 18,19 an die Gemeinsamkeit von zwei Betern geknüpft, so ist diesmal auf das Gebet als Ausdruck des Glaubens (πιστεύοντες) zu achten. Natürlich meint Glauben nicht ichbezogenes Beharren darauf, daß meine Wünsche in Erfüllung gehen, sondern – weil gerade bei Mt Glauben auf das Vertrauen zielt – das im Gebet zu gewinnende und zu stärkende Vertrauen, daß Gott zum Heil wirken wird. Das Wie dieses Wirkens wird der Beter nicht bestimmen wollen, sondern je mehr er in das glaubende Vertrauen hineinwächst, um so stärker Gott überlassen.

III
a) b) Wenn Mt die Verwünschung des Feigenbaums und das Gespräch über den Glauben zusammenzog, schuf er eine Doppelperikope mit einer negativen und einer positiven Seite, vergleichbar der erweiterten Erzäh-

---

[6] Man kann an vereinzelte Winterfeigen oder noch unreife Feigen denken, die gern gegessen wurden. Im Rabbinat gab es eine ausführliche Diskussion über die Zeit des Fruchtansatzes der Feigen. Vgl. BILLERBECK I 856ff.
[7] Belege bei HAHN: ZNW 76 (1985) 157.
[8] Ganz andere Bedeutung gewinnt das Logion in Tho 48: Wenn zwei Frieden machen miteinander in einem Haus, werden sie zum Berg sagen: Fall um! und er wird umfallen.

lung vom Tempelprotest. Waren es dort die Krüppel und Kleinen, denen sich Jesus zuwandte, so sind es hier seine Jünger. Die Tendenz des Mt, das Gericht in ein positives Resultat einmünden zu lassen, wird erkennbar und sollte im Auge behalten werden. Die Verwünschung des Feigenbaums als Ausdruck für den Abschluß der Etappe der Heilsgeschichte mit Israel erscheint in Verknüpfung mit der Ansage der eschatologischen Versetzung der Berge selbst als eschatologisches Ereignis. Über dieses läuft die Geschichte auf ihr Ziel zu. Die Verantwortung der Menschen als Bundespartner Gottes muß sich darin bewähren, daß sie – bildlich gesprochen – Frucht bringen. So verweist die Feigenbaum-Episode auf die Geschichte von den bösen Winzern (21,33ff), in der es auch um die verweigerten oder verheißenen Früchte geht. – Die Verwünschung des Feigenbaums ist eine Episode, die nachösterlich entstand. Sie kann weder als Ableitung aus dem Gleichnis vom unfruchtbaren Feigenbaum Lk 13,6–9 noch als Ätiologie erklärt werden, das heißt, als Erzählung, die sich im Anschluß an einen verdorrten Baum in der Nähe von Jerusalem bildete. Zu sehr ist sie von atl-jüdischen Voraussetzungen geprägt[9]. Als Urform des Logions V 21 eruierten wir bei der Analyse des parallelen Wortes Mt 17,20 die Version Lk 17,6.

c) Nimmt man der Feigenbaum-Episode ihre symbolische Bedeutung, wird die Exegese banal[10]. Sie ist auf dem Hintergrund des Unglaubens zu lesen. Unglaube und Glaube werden in der Perikope einander konfrontiert. Wir sollen aber nicht beim Unglauben stehen bleiben, nicht in den Abgrund starren und uns fürchten, sondern uns zum Glauben beleben lassen, in dem allein wir Gottes freisprechende Gerechtigkeit erfahren[11]. Glaube ist für Mt primär Vertrauen auf das Wort Jesu. Darum kann er mit dem Glauben in den Wundergeschichten verglichen werden[12]. Wenn auch der Glaube die sichtbare Macht der Krankheit überspringt und sich auch durch andere Hindernisse nicht beeinträchtigen läßt, ist in den Glauben die Ausrichtung auf den Willen Gottes miteinzubeziehen. Dies gilt insbesondere für V 22[13].

LITERATUR: J. DUPLACY, La foi qui déplace les montagnes: Memorial A. GELIN (Le Puy 1961) 273–281; H. W. BARTSCH, Die „Verfluchung" des Feigenbaumes: ZNW 53 (1962) 256–260; G. MÜNDERLEIN, Die Verfluchung des Feigenbaumes: NTS 10 (1963/64) 89–104; J. G. KAHN, La parabole du figuier stérile et les arbres recalcitrants de la Genèse: NT 13 (1971) 38–45; H. GIESEN, Der verdorrte Feigenbaum – Eine symboli-

---

[9] Vgl. GNILKA, Markus II 122f.

[10] Nach CHRYSOSTOMOS, in Matth. 67,1f, sei die Meinung, Jesus suchte Früchte, eine falsche Auffassung der Jünger gewesen. Jesus sei es nur darauf angekommen, seine Gewalt zu demonstrieren.

[11] Vgl. BARTH, Dogmatik II/2, 441.

[12] Auf die Wundergeschichten beziehen V 21 SCHLINK, Dogmatik 313; G. EBELING, Wort und Glaube I (Tübingen 1960) 234ff.

[13] LUTHER II 710f setzt das Verheißungswort V 21 zu den Worten, die bei der Spendung der Sakramente gesprochen werden, in Beziehung. Letztere würden auch bei fehlendem Glauben der Beteiligten ihre Wirkung haben.

sche Aussage? BZ 20 (1976) 95–111; J. T. WRIGHT, Amos and the Sycomore Fig: VT 26 (1976) 362–368; F. HAHN, Jesu Wort vom bergeversetzenden Glauben: ZNW 76 (1985) 149–169.

24. Die verweigerte Antwort auf die Vollmachtsfrage (21, 23–27)

23 Und als er in den Tempel kam, traten, wie er lehrte, die Hohenpriester und Ältesten des Volkes an ihn heran und sagten: In welcher Vollmacht tust du dieses? Und wer hat dir diese Vollmacht gegeben? 24 Jesus aber antwortete und sprach zu ihnen: Auch ich werde euch eine Sache fragen. Wenn ihr mir es sagt, werde ich euch sagen, in welcher Vollmacht ich dieses tue. 25 Woher war die Taufe des Johannes? Vom Himmel oder von Menschen? Sie aber überlegten bei sich und sagten: Wenn wir sagen: Vom Himmel, wird er sagen: Weshalb habt ihr ihm dann nicht geglaubt? 26 Wenn wir aber sagen: Von Menschen, fürchten wir das Volk. Denn alle halten den Johannes für einen Propheten. 27 Und sie antworteten Jesus und sprachen: Wir wissen es nicht. Es sprach zu ihnen auch er: Ich sage euch dann nicht, in welcher Vollmacht ich dieses tue.

I

Mt folgt nicht nur der Mk-Akoluthie, sondern auch Struktur und Reihung der Perikope blieben unverändert: die Doppelfrage der Gegner (23), die Antwort Jesu, die gleichfalls in eine Doppelfrage einmündet (24. 25 a), das Dilemma der Gegner (25 b–27 a), die Weigerung Jesu zu antworten (27 b). Bei einem Vergleich mit der Vorlage Mk 11, 27–33 ergeben sich feine, teilweise charakteristische Veränderungen. Folgende seien erwähnt: Jesus lehrt im Tempel (23; Mk 11,27: er geht im Tempel umher). Anstelle der Hohenpriester, Schriftgelehrten und Ältesten (Mk 11,27) treten die Hohenpriester und Ältesten des Volkes auf. Ihre Doppelfrage ist mit „und" verknüpft (23; Mk 11,28: oder). Außerdem ist sie gekürzt. Das wirkt dienstlicher. Das umgestellte λόγον ἕνα (24; Mk 11,29: ἕνα λόγον) hat in LXX 2 Kg 3,13 eine auffällige Parallele[1]. Im gleichen Vers bietet Mt zweimal κἀγώ (Mk nur einmal). Diese Herausstellung der Person entspricht dem zusätzlichen αὐτός in V 27. Auch in der ratlosen Überlegung der Gegner parallelisiert er (25 b.26 a zweimal ἐάν). ἐν ἑαυτοῖς in V 25[2] (Mk 11,31: πρὸς ἑαυτούς) liest man auch in 3,9; 9,3; 16,7; 21,38. Die Bemerkung, „sie fürchteten das Volk" (Mk 11,32) ist in die Frage der Hierarchen aufgenommen: wir fürchten (26). Die Volksmeinung, nach der Johannes ein Prophet ist, wird vom Standpunkt der Gegner aus formuliert und wirkt so als eine ihnen lästige Meinung (ἔχουσιν Präsens). Mk 11,33: „ein wirklicher Prophet" ist abgeschwächt in ὡς προφήτην. Insgesamt läßt sich fest-

---

[1] Schon beachtet von LOHMEYER 306 Anm. 1.
[2] v.l. παρ' ἑαυτοῖς in Sinaiticus CDWΘ 0138 f[1.13].

stellen, daß die mt Bearbeitung die Vollmacht Jesu noch stärker herausstellte und das Gespräch um einen Grad amtlicher erscheinen läßt.

II
23 Die mt Perikope, die gegenüber der Mk-Vorlage nicht tiefgreifend verändert ist, gewinnt ihr Relief vor allem durch den Gesamt-Kontext des Evangeliums, auf den wir achten wollen. Jesus ist erneut (wie in 21,12ff) im Tempel. Offenbar ist wieder an den Vorhof der Heiden gedacht[3]. Jesus lehrt. Diese Bemerkung ruft seine gesamte Lehrtätigkeit in Erinnerung, die in 7,29 als die Lehre eines Menschen gekennzeichnet worden war, der Vollmacht besitzt. Die Hohenpriester und Ältesten des Volkes treten auf den Plan. Die so bezeichnete gegnerische Gruppierung findet sich nur in unserem Evangelium. Die Bezeichnung „Älteste des Volkes" ist vom AT her vorgegeben (vgl. LXX Ex 19,7; Is 3,14; Jer 19,1). Sie kennzeichnet die Gruppierung als Repräsentanten des Volkes und ist hier zum erstenmal erwähnt. Für sie ist charakteristisch, daß sie in der Passionsgeschichte in den Vordergrund tritt und so als der Hauptinitiator im Vorgehen gegen Jesus in das Blickfeld rückt (vgl. 26,3.47; 27,1.3.12.20; 28,11f[4]).

Weil Hohepriester, Älteste und Schriftgelehrte die drei Fraktionen des Synhedrions ausmachten, meinte man, der Begriff „Älteste" fasse die Ältesten und Schriftgelehrten als die nichtpriesterlichen Mitglieder des Synhedrions zusammen[5]. Das ist nicht sicher. In 16,21 und 26,57 werden die drei Fraktionen immerhin aufgezählt. Darum ist es auch zweifelhaft, daß es Mt darum gegangen sei, die historische Situation sorgfältig wiederherzustellen[6]. Vermutlich kam es E darauf an, die einzelnen Gruppierungen zu verteilen. Die Schriftgelehrten und Pharisäer sind die Hauptkontrahenten in der Lehre (23,13ff). Die Hohenpriester und Ältesten sind die Betreiber des Todesprozesses. Dabei sind Querverbindungen, wie erwähnt, insbesondere mit Hilfe der Schriftgelehrten möglich. Die Anfrage nach der Vollmacht Jesu ist umfassend und darf nicht auf seinen Tempelprotest eingeschränkt werden. Mt hat nicht nur Feigenbaum-Episode und Glaubensgespräch dazwischen geschaltet, sondern stellt Jesus auch als den im Tempel Lehrenden dar. Die Anfrage ist darum vor allem eine Frage nach der Vollmacht seiner Lehre.

24.25a Die Antwort Jesu ist zunächst eine Gegenfrage. In rabbinischen Lehrgesprächen waren Gegenfragen ein beliebtes Argumentationsmittel[7]. Jesus setzt sein Wirken zu dem Johannes des Täufers, hier zusammengefaßt in dessen Taufe, in Beziehung. Die Parallelisierung des Wirkens bei-

---

[3] Nach Apg 4,11ff lehrt Petrus in der Halle Salomos. – Die LA ἐλθόντι αὐτῷ (KWΔ 087 28 565) gleicht an διδάσκοντι an.
[4] Der Genitiv τοῦ λαοῦ ist nur in 21,23; 26,3.47; 27,1 vorhanden.
[5] HUMMEL, Auseinandersetzung 21.
[6] So HUMMEL, Auseinandersetzung 22.
[7] Vgl. BILLERBECK I 861 f.

der kann als besonderes Anliegen unseres Evangeliums gelten. Nur Mt läßt Johannes schon wie Jesus die Himmelsherrschaft proklamieren (3,2; 4,17). In 11,18f ist die Tätigkeit beider nebeneinandergestellt – Johannes ist gekommen, der Menschensohn ist gekommen – unter dem Aspekt, daß beide abgelehnt wurden. In seinem Todesschicksal ist der Täufer ganz nahe an Jesus herangetreten (17,9–13). Johannes ist voll für die Aufgabe, der Vorläufer Jesu zu sein, in Beschlag genommen. Wer ihn akzeptiert, muß darum auch Jesus als den von ihm Angekündigten akzeptieren. Theoretisch müßte das Gespräch so verlaufen sein: Die Frage Jesu, ob die Johannestaufe vom Himmel oder von Menschen sei, hätte mit: vom Himmel! beantwortet werden müssen. „Himmel" umschreibt den Gottesnamen bzw. „vom Himmel" kennzeichnet die Herkunft von Gott[8]. Die Folgerung wäre: Also ist auch die Lehre Jesu eine, die mit einer vom Himmel gegebenen Vollmacht vorgetragen wird. Aber die Hohenpriester und Ältesten verweigern die Anerkennung der Johannestaufe.

25b–27 So nimmt das Gespräch einen anderen Verlauf. An die Stelle der Zustimmung zur Johannestaufe tritt zunächst eine taktische Überlegung der Hierarchen. In ihrer Überlegung respektieren sie die Volksmeinung. Sie fürchten das Volk, weil dieses den Johannes als einen Propheten ansah. Eine ganz ähnliche Bemerkung finden wir in 14,5: Der König Herodes Antipas möchte den Täufer töten lassen, fürchtet aber das Volk, weil dieses Johannes als einen Propheten ansah. Nochmals haben wir diese Bemerkung in 21,46, diesmal auf Jesus bezogen. Dies bedeutet zweierlei: Einmal ist die Einschätzung sowohl des Täufers als auch Jesu als eines Propheten, die ihn vor dem Zugriff der Mächtigen vorübergehend schützt, ein weiterer Zug in der Parallelisierung. Zum anderen zeigt das Schicksal des Täufers an, daß dieser Schutz den letzten Zugriff nicht verhindern konnte. Die Situation ist für Jesus gefährlich geworden. Der Unglaube, dessen Selbstrechtfertigungsstrukturen in der Überlegung durchleuchtet werden, verstrickt sich in ein unlösliches Dilemma. Jesus verweigert die Antwort. Die Anerkennung seiner Lehre als einer Lehre in göttlicher Vollmacht kann für den Unglauben nicht in Frage kommen[9].

III

a)b) Johannes der Täufer ist in unserem Evangelium mit seiner Predigt, seiner Taufe und seinem Tod der Vorläufer Jesu. Er ist völlig auf Jesus hingeordnet. Es kann mit dem Täufer für Jesus und das Evangelium argumentiert werden. Mt schafft in diesem Zusammenhang, wo Johannes zum letztenmal erwähnt wird, einen kleinen, diesen betreffenden Abschnitt, zu dem auch das folgende Gleichnis gehört. Es hat Bedeutung, daß die Vollmachtsfrage an den lehrenden Jesus im Tempel von Jerusalem von den of-

---

[8] Zur Differenzierung vgl. DALMAN, Worte Jesu 179f.
[9] W liest in V 26: von einem Menschen (Singular); Sinaiticus sy[c.p.] fügen in V 27 den Jesusnamen ein.

fiziellen Vertretern Israels gestellt wird. Es ist Stunde der Entscheidung für Israel. – Die Perikope hat ihren Ursprung in der Auseinandersetzung der palästinischen Gemeinde hinsichtlich der Bedeutung der Johannestaufe. Vermutlich ging es ursprünglich um eine Verhältnisbestimmung der Johannes- zur christlichen Taufe. Die Rekonstruktion, die mit erheblichen Schwierigkeiten belastet ist, braucht hier nicht zu erfolgen[10].

c) Hat die Perikope zu tun mit der Vergewisserung des Glaubens[11]? Sie hat eher zu tun mit der Vergewisserung des Unglaubens. Dieser ist sich seiner durchaus nicht sicher und sucht nach vermeintlichen Stützen. Die Perikope lehrt aber auch dies, daß der Unglaube durch rationale Argumente nicht überzeugt werden kann. Dem Glauben muß eine innere Wende vorausgehen. Die erste Forderung, die der mt Christus – wiederum in Übereinstimmung mit Johannes dem Täufer – stellt, ist die Umkehr (3,2; 4,17). Der gegenüber der Ratio skeptische Luther[12] betrachtet die Vollmachtsfrage dialektisch als Torheit unserer Vernunft, die Gottes Weisheit fassen möchte und sich doch daran zerreibt[13].

LITERATUR: J. KREMER, Jesu Antwort auf die Frage nach seiner Vollmacht: BiLe 9 (1968) 128–136; G. S. SHAE, The Question on the Authority of Jesus: NT 16 (1974) 1–29.

25. Das Gleichnis von den ungleichen Brüdern (21, 28–32)

28 Was aber meint ihr? Ein Mensch hatte zwei Söhne. Und er trat an den ersten heran und sprach: Kind, geh heute, arbeite im Weinberg! 29 Er aber antwortete und sprach: Ich will nicht. Später aber bereute er es und ging hin. 30 Er trat an den anderen heran und sprach ebenso. Er aber antwortete und sprach: Ja, Herr. Und er ging nicht hin. 31 Wer von den zweien hat den Willen des Vaters getan? Sie sagen: Der erste. Jesus sagt ihnen: Amen, ich sage euch: Die Zöllner und die Dirnen gehen vor euch in die Herrschaft Gottes. 32 Denn Johannes ist zu euch gekommen auf dem Weg der Gerechtigkeit, und ihr habt ihm nicht geglaubt. Die Zöllner und die Dirnen aber haben ihm geglaubt. Ihr aber saht es und bereuet später nicht, daß ihr ihm geglaubt hättet.

Bevor wir in die Analyse des Textes eintreten, bedarf dieser einer Klarstellung. Der oben gebotene Text, den wir den Kodizes Sinaiticus* C* K W 0138 565 vg sy$^{c.p.h}$ verdanken, besitzt in den VV 29–31 zwei wichtige Varianten:

a) Er aber antwortete und sprach: Ja, Herr. Und er ging nicht hin. Er trat an den

---

[10] Vgl. GNILKA, Markus II 136 ff. 140.
[11] Vgl. THIELICKE, Glaube I 449 f.
[12] II 712.
[13] CHRYSOSTOMOS, in Matth. 67,2, faßt die Vollmachtsfrage als Parallele zur Zeichenforderung auf. Gewiß zielen beide Perikopen in dieselbe Richtung der Kenntlichmachung des Unglaubens.

zweiten heran und sprach ebenso. Er aber antwortete und sprach: Ich will nicht. Später aber bereute er es und ging hin. Wer von den zweien hat den Willen des Vaters getan? Sie sagen: Der letztere (B)[1].

b) Die zweite Variante stimmt mit dem von uns bevorzugten Text überein, nur lautet die Antwort der Hierarchen auf die Frage, wer den Willen des Vaters getan habe, in V 31: Der letzte (D sy^s).

Variante A wird von Weder, Jeremias, Gaechter, bevorzugt[2] mit Hinweis darauf, daß sie dem Ereignisgang besser entspreche – die Ablehnung des ersten Sohnes veranlasse den Vater, sich an den zweiten zu wenden –, daß der Akzent auf dem Neinsager ruhe, der bereut. Von der Textüberlieferung her ist Variante A dem von uns bevorzugten Text nahezu gleichrangig. Jedoch findet die sekundäre Entstehung von Variante A eine plausible Erklärung im Folgenden: Man deutete später die beiden Brüder allegorisierend auf die Juden und die Heiden[3]. Das zog die Vorordnung des Ungehorsamen vor den Gehorsam nach sich. – Gemäß Variante B geben die Hierarchen auf Jesu Frage eine falsche Antwort. Wer dies für ursprünglich hält, kann es als Ausdruck böswilliger Verstocktheit werten. Die Variante hat in Michaels und S. Schulz[4] ihre Verfechter gefunden. Doch ist sie abzulehnen. Gegen sie spricht neben ihrer dürftigen Bezeugung der Umstand, daß man bei einer falschen Antwort eine Korrektur durch Jesus erwarten darf.

I

Der Text gliedert sich in zwei Teile: zunächst die Gleichniserzählung, höchst knapp gehalten, näherhin eine Parabel, die von einem besonderen Fall berichtet (Vergangenheitstempus) und von zwei Fragen eingerahmt ist (28–31a). Ihre parallele Struktur – je 2mal: προσελθὼν – εἶπεν – ὁ δὲ ἀποκριθεὶς εἶπεν – (οὐκ) ἀπῆλθεν – läßt sie als antithetischen Parallelismus erscheinen. Die beiden Brüder verhalten sich in Wort und Tat genau gegensätzlich[5]. Den zweiten Teil bildet die Anwendung der Parabel (31b bis 32), bestehend aus der knappen Antwort der Hierarchen und der Belehrung Jesu. Der Jesusname wird neu eingeführt. Es sind zwei Logien, ein Amenspruch und ein Begründungssatz, die durch das Stichwort „Zöllner und Dirnen" verklammert sind. Der Begründungssatz ist eine Antithese, die die Antithese der Parabel nachahmt. Nichtglauben und Glauben entspricht dem Nicht- bzw. dem In-den-Weinberg-Gehen der Brüder. Der abschließende Halbvers mit dem „ihr bereutet später nicht" steht dem „später bereute er" von V 29 gegenüber. Auch das ist nochmals eine Antithese. So zeigen sich die einzelnen Elemente des Textes auf mancherlei Weise verschränkt.

Als Sonderüberlieferung des Mt erfuhr die Perikope die unterschiedlichsten traditionsgeschichtlichen Beurteilungen. Man hielt die ganze Pe-

---

[1] Mit kleinen Abänderungen bieten diese Reihenfolge auch 700 Θ f^{13} 4 273.
[2] WEDER, Gleichnisse 235; JEREMIAS, Gleichnisse 125 Anm. 2; GAECHTER 677.
[3] ORIGENES, CHRYSOSTOMOS, HIERONYMUS, BEDA. Belege bei FONCK, Parabeln 377.
[4] MICHAELS: HThR 61 (1968) 26; S. SCHULZ, Die Mitte der Schrift (Stuttgart–Berlin 1976) 169.
[5] Die ästhetische Wertung der Parabel reicht von: geringer Ertrag an religiösen Gedanken (JÜLICHER, Gleichnisreden II 365) bis: meisterhafte Kürze (KRETZER, Herrschaft 155). Die Wahrheit wird auch hier in der Mitte liegen.

rikope für MtR[6]; man hielt Parabel und V 31 für alt und nur V 32 für MtR[7]; man hielt die VV 31 b.32 für vorgegeben[8]. Hinzu kommt die Verwandtschaft von V 32 mit Lk 7,29f. Beginnen wir mit der Parabel! Sie wirkt in ihrer parallelen Strukturierung matthäisch und auch im Sprachstil weist sie einzelne Matthäismen aus, vor allem in den Wendungen προσελθών, ἀποκριθεὶς εἶπεν[9]. Doch ist das erzählerische Arrangement neu und keinesfalls als Gegenstück zum Gleichnis vom verlorenen Sohn (Lk 15,11ff) aus dem Gleichnis von den Arbeitern im Weinberg (Mt 20,1ff) abgeleitet[10]. Diese Gleichnisse nehmen einen anderen Verlauf und besitzen eine völlig andere Pointe. Am besten rechnet man mit schriftlicher Fixierung einer mündlichen Vorlage durch Mt. Sollte er gekürzt haben? Die einleitende Frage „Was meint ihr?", die die abschließende Frage vorwegnimmt, hat Mt geschaffen (vgl. 18,12). V 31 b ist mit seiner einmaligen Wendung „Zöllner und Dirnen" als alt anzusehen. Die gleiche Wendung im folgenden V 32 ist nachgebildet. Freilich ist V 31 b allein nicht überlieferbar. Wohin gehört er?

Zuvor ist auf das Verhältnis von V 32 zu Lk 7,29f einzugehen. Auch hier werden das ganze Volk/die Zöllner den Pharisäern/Gesetzeslehrern gegenübergestellt. Die einen nahmen die Johannestaufe an, die anderen nicht. Sollte die Tradition aus Q stammen? Es besteht zwar sachlich unleugbar eine Übereinstimmung, doch nicht im Wortbestand. Falls Mt V 32 von dieser Tradition beeinflußt ist, hat er sie ganz neu gestaltet: zu „Johannes ist gekommen" vgl. 11,18; zu „ihm (= dem Täufer) glauben" 21,25; zu „die Zöllner und die Dirnen" 21,31; zu „ihr bereutet später nicht" 21,29. Der „Weg der Gerechtigkeit" ist beliebter Terminus der Weisheitsliteratur (vgl. LXX Job 24,13; 28,4A; Spr 8,20; 16,31; 17,23; 21,16; Tob 1,3). Dann könnte V 31 b ehemals Einleitung dieses Traditionsstückes gewesen sein. Seine Auslassung durch Lk fände durch den Kontext (Volksrede) eine hinreichende Erklärung. Mt bildete mit „Jesus sagt ihnen" den Übergang von der Parabel zur Anwendung.

II
28–30 Die argumentative Frage „Was meint ihr?" bezieht die Hörer – immer noch sind es die Hohenpriester und Ältesten von V 23 – von vornherein in die Auseinandersetzung mit ein. Sie sollen Stellung beziehen zu einer kleinen Geschichte, die von einem Menschen, einem Vater, Besitzer eines vermutlich kleinen Weingartens erzählt, der sich in zeitlicher Reihenfolge an seine beiden Söhne wendet mit der Bitte, im Weingarten zu arbeiten[11].

---

[6] GUNDRY 422ff; MERKEL: NTS 20 (1974) 254ff.
[7] WEDER, Gleichnisse 230ff: V 32 sei MtR bzw. Redaktion der mt Gemeinde.
[8] FIEDLER, Jesus 233ff.
[9] Vgl. KRETZER, Herrschaft 155f.
[10] Gegen GUNDRY 422. – Eine mt Bildung der Parabel wird auch dadurch unwahrscheinlich, daß sich die Anwendung VV 31f nicht reibungslos anfügt.
[11] Falls τις in V 28, gelesen von CΔΘ f[1.13] 33 1241 1424 it sy, ursprünglich wäre, hätten

Die Anrede „Kind" ist liebevoll, bittend. Die Zeitbestimmung „heute" ist auf die Aufforderung zu gehen zu beziehen[12]. Daß es sich um den ältesten Sohn handelte, ist nicht gesagt und wäre für den Erzählverlauf ohne Belang. Auf die verbale Ablehnung des Sohnes folgt keine Reaktion des Vaters, wohl aber eine Umbesinnung des Beauftragten. Von ihr ist der Gedanke der Reue fernzuhalten[13]. Der Sohn ändert seine Meinung. Er geht später doch in den Weinberg. Erfährt der Vater davon nicht? Jedenfalls wendet sich dieser auch an den anderen[14] Sohn mit derselben Bitte. Dessen verbale Reaktion ist überschwenglich positiv (wörtlich: Ich, Herr). Das Ich malt einen Eifer, für den der Gehorsam ganz selbstverständlich ist. Dazu paßt die unterwürfige Anrede Herr statt Vater[15]. Er geht aber trotzdem nicht.

Die Geschichte ist realitätsnahe. Wer kennt nicht die eigensinnige Verteidigung der Freiheit im familiären Kreis? Die Deutung der Geschichte – zunächst in sich selbst betrachtet – muß über ein moralisches Verständnis hinausführen. Brächte man sie auf die Quintessenz des rabbinischen Spruches: Die Gerechten versprechen wenig und tun viel, die Gottlosen sprechen viel und tun gar nichts[16], wäre das zu wenig. Im Brennpunkt stehen Anspruch Gottes und Antwort des Menschen. Die erste Reaktion des Menschen ist korrigierbar. Entscheidend ist, wie er verbleibt, beim Nein oder beim Ja. Legt man den Akzent auf den Wechsel vom Nein zum Ja, ist die Parabel ein dringender Appell an die Ablehnenden, doch ja zu sagen. Betont man umgekehrt den Wechsel vom Ja zum Nein, wird sie zur Warnung. Die Entscheidung ist herausgefordert durch Jesu Wort. Es macht die Vergangenheit zur Vorgeschichte. Heil und Gericht ereignen sich jetzt. Die Nachstellung des Ungehorsamen empfiehlt, den warnenden Charakter der Parabel in den Vordergrund zu rücken[17].

Ein vergleichbares rabbinisches Gleichnis erzählt von einem König, der ein Feld verpachten will. Vier lehnen ab, weil sie sich der Arbeit nicht gewachsen fühlen. Der fünfte nimmt an, läßt aber das Feld brach liegen. Auch dieses Gleichnis, das auf das Angebot der Thora an die Heidenvölker und an Israel angewendet wird, schließt mit einer Frage: Über wen wird der König erzürnt sein? Im Gleichnis fehlt der Meinungswechsel der

---

wir ein sog. ἄνθρωπός τις-Gleichnis vor uns. Vgl. Lk 10,30; 14,16; (15,4); 15,11; 16,1.19 – Die LA εἰς τὸν ἀμπελῶνα (D 1424) bezieht die Wendung auf ὕπαγε. Die Näherbestimmung „mein Weinberg", die zahlreiche Hss bieten, legte sich nahe.
[12] Anders die Luther-Übersetzung: arbeite heute.
[13] So ältere Erklärer. Bei FONCK, Parabeln 377.
[14] Sinaiticus² BC² LZ f¹ 28 33 700 mae bo lesen: δευτέρῳ.
[15] Abzulehnen ist die Übersetzung als Frage: Ich, Herr? Ich, der ich schon so lang und treu in deinem Weinberg gearbeitet habe? Diese ältere Interpretation ist offenkundig vom älteren Sohn im Gleichnis Lk 15,11ff beeinflußt. Dazu vgl. JÜLICHER, Gleichnisreden II 369.
[16] Bei BILLERBECK I 866 (zu Mt 21,29).
[17] WEDER, Gleichnisse 235ff, betont den einladenden Charakter der Geschichte, geht dabei aber von Textvariante A aus.

ersten. Wegen seines jüngeren Alters kommt eine Abhängigkeit ohnehin nicht in Frage[18].

31 Über ihre Meinung befragt, stimmen die Hierarchen der Handlungsweise des Neinsagers, der bereut, zu. Werden sie auch der jetzt erfolgenden Anwendung zustimmen? Sie besteht aus einem höchst schockierenden Satz. Die Bekehrung von Zöllnern und Dirnen galt als ungemein schwer. Jesus sagt, daß sie vor den Hierarchen in die Herrschaft Gottes gelangen. Wir haben es mit einem sog. Eingangsspruch zu tun, der jeweils Bedingungen für den Zutritt zur Basileia nennt (vgl. 5,20; 7,21; 18,3; 19,23). Auffällig für diesen ist die präsentische Zeitform. Sie erklärt sich am besten aus der Beobachtung einer in der Gegenwart vorliegenden Situation. Jesus beobachtet, daß Zöllner und Sünder die Heilsbotschaft von der Basileia willig annehmen, während sich jene, die man für die Berufenen halten möchte, verschließen. An dieser Stelle hat Mt den vorgegebenen Begriff Gottesherrschaft beibehalten und nicht in Himmelsherrschaft abgewandelt. Daß er damit einen besonderen theologischen Gedanken verband, läßt sich nicht ausmachen[19]. Jedoch gibt Mt durch die Anwendung des Spruches auf die Parabel zu verstehen, daß er im Jasager, der ungehorsam ist, die Hierarchen, im Neinsager, der bereut, die Zöllner und Dirnen abgebildet sieht[20]. Erst durch diese Kombination erhält προάγουσιν ausschließende Bedeutung. Die Hierarchen sind von der Basileia ausgeschlossen, bzw. sie schließen sich selber aus.

32 In der In-Beziehung-Setzung der Parabel zum Wirken Johannes' des Täufers haben wir die besondere Leistung des Mt zu erblicken. Sichtlich ist er um eine Angleichung bemüht: Sie kommt darin zum Vorschein, daß die Hierarchen beim Nein blieben, im Unglauben verharrten und nicht bereuten wie der Neinsager in der Parabel. Der Vers kann nur dann richtig verstanden werden, wenn man von der vollständigen Einbindung des Täufers in das Evangelium ausgeht. Glaube an ihn bedeutet darum die Annahme seiner Predigt, die – wie die Predigt Jesu – die Himmelsherrschaft proklamierte (3,2). Die Annahme erfolgte in der Bereitschaft, umzukehren und seine Taufe zu empfangen. Darin hat man den Weg der Gerechtigkeit zu sehen, auf dem Johannes gekommen ist. Man wird sogar einen Zusammenhang mit 3,15 herstellen dürfen, wo Jesus beim Empfang der Johannestaufe sagt, wir müßten alle Gerechtigkeit erfüllen. Gerechtigkeit ist darum auch hier auf die Basileia auszurichten und auf das, was der himmlische Vater vom Menschen angesichts der Basileia fordert.

---

[18] Text bei BILLERBECK I 865.
[19] KRETZER, Herrschaft 171, meint, die Gottesherrschaft setzte Mt dort ein, wo die heilsgeschichtliche Rolle Israels im Blick sei. Kann man das für 12,28; 19,24 sagen? – 13ff[1] lesen in V 31: Himmelsherrschaft.
[20] DIO CHRYSOSTOMOS 4,98; 14,14 kennt die Wendung: Zöllner und Bordellwirte. Auch sie setzt den schlechten Ruf der Zöllner voraus.

III

a) Man muß die Frage stellen, warum Mt an dieser Stelle des Evangeliums nochmals der Tätigkeit des Täufers, genauer: der Reaktion seines Publikums, so viel Raum gibt. Vermutlich erschien ihm die Perikope von der Vollmachtsfrage ausführungsbedürftig. Die Stellung der Hierarchen zu Johannes in ihrer Ablehnung mußte noch genauer dargestellt werden, zumal dieser für Mt in die Zeit des Evangeliums von der Basileia hineingehört (11,12f). Diese genauere Darstellung leistet unsere Perikope. In ihr wird auch ein weiterer paralleler Zug, der Johannes mit Jesus verbindet, erwähnt. Das Publikum, das sich vom Täufer angesprochen fühlte, waren Zöllner und Sünder (9,9ff). Beachtung verdient auch die Differenzierung von Führern und Sündern, von Unwilligen und Willigen. Sie hat ihre Entsprechungen in noch zu erörternden Texten, vor allem in 22,1–14. Es ist abwegig, Israel im Sinn des Mt als massa perditionis und Einheit des Radikal-Bösen zu bezeichnen [21]. Es gibt für Mt Übergänge. Sie sichern die Kontinuität.

b) Die Parabel, die in ihrer ersten „Aufführung" etwas ausführlicher gehalten gewesen sein mag, kann Jesus zugesprochen werden. Sie war mehr als eine Belehrung darüber, daß das Tun, nicht das Reden den Ausschlag gibt. Sie ist Kritik an jenen, die sich in ihrer frommen Selbsteinschätzung Gott gegenüber verselbständigen, und Ermunterung für jene, die sich auf ihn angewiesen wissen oder es jetzt so erfahren, aber noch zögern, aus irgendwelchen Gründen, weil sie als Sünder angesehen werden? Gerade darum kann schon in der Predigt Jesu der Ton auf der Kritik gelegen haben. Diese kommt vollends in V 31b zum Zuge, einem Logion, das wegen seines umstürzlerischen Inhaltes fast einhellig als authentisches Jesuswort angesehen wird.

c) Es ist richtig, daß sich die Hierarchen mit ihrer Antwort in V 31 selbst das Urteil sprechen. Dennoch wird man die Parabel nicht auf die Heiden und Juden deuten dürfen, wie es einer bestimmtn Auslegungstradition entspricht [22]. Jedoch ist es bemerkenswert, daß man aus der Perikope viel Trost und Zuversicht gewonnen und vermittelt hat. Kein Sünder soll verzagen, sagt Chrysostomos und führt zahlreiche Beispiele bedeutender Bekehrungen an, darunter die der Pelagia von Antiochien (oder Jerusalem?), die eine weltbekannte Hetäre ihrer Zeit war, in Affären mit dem Kaiserhaus verwickelt [23]. Über diese Konkretionen hinaus kündet der Text die neue Ordnung Gottes, die menschlichem Verstehen widerspricht und

---

[21] So WALKER, Heilsgeschichte 104. Differenzierter urteilt OGAWA: NT 21 (1979) 149. – E. SCHWEIZER, Matthäus 21–25: Orientierung an Jesus (Festschrift J. SCHMID) (Freiburg 1973) 346–371, hier 366, ordnet die vier Perikopen Mt 21,23 – 22,14 in der Reihung Befragung – Schuldigsprechung – Strafzumessung – Urteilsvollstreckung einander zu. Ob damit die mt Intention getroffen ist?
[22] Vgl. Anm. 3.
[23] In Matth. 67,3f. Drastisch formuliert LUTHER II 713: „Es fahren mehr Christen vom Galgen gen Himmel als vom Kirchhof." Der Reformator nimmt die reichen Junker ins Verhör.

darüber steht. Das Kommen Gottes in die Welt, das sich in Christus ereignet, ist das Gericht über die Welt[24].

LITERATUR: J. A. KLEIST, Greek or Semitic Idiom? A Note on Mt 21,32: CBQ 8 (1946) 192-196; J. SCHMID, Das textkritische Problem der Parabel von den zwei Söhnen Mt 21,28-32: Vom Wort des Lebens (Festschrift M. MEINERTZ) (Münster 1951) 68-84; J. R. MICHAELS, The Parable of the Regretful Son: HThR 61 (1968) 15-26; J. D. M. DERRETT, The Parable of the Two Sons: StTh 25 (1971) 109-116; H. MERKEL, Das Gleichnis von den „ungleichen Söhnen": NTS 20 (1974) 254-261; A. OGAWA, Paraboles de l'Israel véritable? Reconsidération critique de Mt 21,28 - 22,14: NT 21 (1979) 121-149.

26. Das Gleichnis von den bösen Winzern (21,33–46)

33 Ein anderes Gleichnis höret! Da war ein Mensch, ein Hausherr, der pflanzte einen Weinberg und umgab ihn mit einem Zaun und grub in ihm eine Kelter und baute einen Turm und verpachtete ihn an Winzer und reiste ab. 34 Als aber die Zeit der Früchte sich näherte, schickte er seine Knechte zu den Winzern, um seine Früchte zu empfangen. 35 Und die Winzer ergriffen seine Knechte, einen prügelten sie, einen töteten sie, einen steinigten sie. 36 Wieder schickte er andere Knechte, mehr als die ersten, und sie taten ihnen ebenso. 37 Zuletzt aber schickte er seinen Sohn zu ihnen und sagte: Meinen Sohn werden sie achten. 38 Als aber die Winzer den Sohn sahen, sprachen sie untereinander: Dieser ist der Erbe. Komm, laßt uns ihn töten und sein Erbe an uns bringen! 39 Und sie ergriffen ihn, warfen ihn aus dem Weinberg hinaus und töteten ihn. 40 Wenn also der Herr des Weinbergs kommt, was wird er jenen Winzern tun? 41 Sie sagten ihm: Die Bösen – böse wird er sie umbringen und den Weinberg an andere Winzer verpachten, die ihm die Früchte zu ihren Zeiten abliefern werden. 42 Jesus sagt ihnen: Habt ihr niemals in den Schriften gelesen: Der Stein, den die Bauleute verworfen haben, dieser wurde zum Haupteckstein. Durch den Herrn ist das geschehen, und es ist wunderbar in unseren Augen? 43 Deshalb sage ich euch: Die Herrschaft Gottes wird von euch genommen und einem Volk gegeben werden, das ihre Früchte bringt. 44 Und wer auf diesen Stein fällt, der wird zerschellen. Auf wen er aber fällt, den wird er zermalmen. 45 Und als die Hohenpriester und die Pharisäer seine Gleichnisse hörten, erkannten sie, daß er über sie redet. 46 Und sie suchten, ihn zu ergreifen; sie fürchteten die Volksscharen, da sie ihn für einen Propheten hielten.

Ein textliches Problem von besonderer Schwierigkeit bietet V 44. Er fehlt in einer Reihe von Handschriften (D 33 it sy^s). Die Textausgaben setzen

---

[24] Vgl. D. BONHOEFFER, Theologie-Gemeinde (München 1960) 536; THIELICKE, Glaube I 516.

ihn in eckige Klammern zum Ausdruck der Unentschiedenheit. Das Problem gehört zu den sog. Western-non-interpolations. Die Bestreiter der Zugehörigkeit von V 44 zum Text führen ihn auf Einfluß von parLk 20,18 zurück. Sie meinen, daß er an der falschen Stelle eingefügt sei. Doch es läßt sich zeigen, daß der Vers als Verweis auf die Parusie sinnvoll plaziert ist (s. Interpretation). Auch ist die verbale Übereinstimmung mit Lk 20,18 nicht vollständig. Er ist im Text zu belassen[1].

I

Mt schließt unser Gleichnis in der Rede Jesu an die Hierarchen unmittelbar an das Gleichnis von den ungleichen Brüdern an. Mit einem Imperativ zu hören, wird es eröffnet. In seinem ersten Teil (33–37) ist „der Mensch, der Hausherr" der primär Handelnde. Aktion und Reaktion sind von der Regel-de-tri geprägt: drei Aussendungen und in V 35 drei Weisen der schimpflichen Behandlung der Knechte. Im zweiten Teil (38 f) handeln die Winzer. Vielleicht besteht ein chiastischer Gegenbezug darin, daß sowohl der Hausherr als auch die Winzer vor ihrem endgültigen Handeln dieses reflektieren (37 und 38)[2]. Das Gleichnis schließt mit einer Frage, für die die Befragten die richtige Antwort finden (40 f). Diese wird zum Sarkasmus. Ein künftiges Handeln, eine Strafsanktion des Weinbergsherrn wird in Aussicht genommen. Eine mit atl Zitaten ausgestattete Belehrung Jesu („Habt ihr niemals in den Schriften gelesen?") schließt sich an (42–44). Sie betrifft Vergangenes und Zukünftiges. Abschließend hört man von der Reaktion der Adressaten (45 f). Das Gleichnis bei Mt ist in formaler Hinsicht als Parabel, von Allegorisierungen stark durchsetzt, und bezüglich seines Inhaltes als Gerichtsparabel anzusehen.

Hauptvorlage für Mt ist parMk 12,1–12. Auf folgende wichtige Eingriffe ist zu verweisen: Mt spricht nicht mehr von einem „Reden in Gleichnissen" (Mk 12,1). Aus dem „Menschen" in der Parabel ist ein „Hausherr" geworden (vgl. 20,1). Das Zitat von Is 5,1 f ist geringfügig erweitert. Vor allem ist das Arrangement der Aussendungen verändert (34–36). Während Mk 12,2–5 von der dreimaligen Aussendung je eines Knechtes und anschließend von der Aussendung vieler anderer Knechte handelt, konzentriert Mt dies auf die zweimalige Aussendung mehrerer Knechte. Das erstemal werden sie ausgeschickt, „als die Zeit der Früchte sich näherte" (Mk 12,2 einfach: καιρῷ). Sie sind als „seine Knechte" qualifiziert, die „seine Früchte" in Empfang nehmen sollen. Von ihrer schmählichen Behandlung wird nur im ersten Fall detailliert erzählt, im zweiten Fall begnügt sich E mit „sie taten es ebenso" (36; Mk 12,3ff ist hier viel wortreicher). Die Sendung des Sohnes – das Epitheton „der geliebte" Mk

---

[1] Bezeugt wird V 44 von Sinaiticus BCDWΘ 0102 f[1.13] 1342 lat sy[p.h] mae. Für seine Zugehörigkeit zum Text sind GAECHTER, GUNDRY, LOHMEYER, SCHLATTER; STRECKER, Weg 110f. Für seine Streichung sind BEARE, BONNARD, KLOSTERMANN; KLAUCK, Allegorie 289f. Die Auslassung von V 44 in westlichen Textzeugen kann damit zusammenhängen, daß man ihn am falschen Platz wähnte (vgl. Lk 20,18).
[2] WEDER, Gleichnisse 154.

12,6 ist ausgelassen – ist mit der Zeitangabe „zuletzt" versehen (37). Während Mk 12,8 davon berichtet, daß die Winzer den Sohn töten und erst dann aus dem Weinberg hinauswerfen, kehrt E die Reihenfolge um (39). Schlußfrage und Antwort – bei Mk beides im Mund Jesu – werden verteilt. Die Hierarchen antworten! Das Fazit in V 41 ist vermehrt um „Winzer, die ihm die Früchte zu ihren Zeiten abliefern werden (vgl. Mk 12,9). Das Psalmzitat (42) hat eine eigene Einführung: „Jesus sagt ihnen" und erscheint so abgesetzt. Die VV 43 f sind neu hinzugekommen. V 43 ist MtR. Die unmatthäische Formulierung βασιλεία τοῦ θεοῦ (statt τῶν οὐρανῶν) ficht diese Auffassung nicht an. Vermutlich wurde sie im Anschluß an V 31 gewählt. Die Erwartung des Früchtebringens paßt völlig in den Duktus der mt Redaktion. Die rahmende Schlußbemerkung 45 f hat E neu gestaltet. Der Plural „seine Gleichnisse" faßt 21, 28 ff. 33 ff zusammen. Die Volksmeinung von Jesus dem Propheten parallelisiert mit 11, 26.

Benutzte E neben Mk 12,1 ff noch eine andere Vorlage? Dafür könnten bemerkenswerte Übereinstimmungen mit parLk 20, 9 ff sprechen, in denen beider Text von Mk abweicht (minor agreements). Es sind dies die Reihung: „sie warfen ihn aus dem Weinberg hinaus und töteten ihn" (39; vgl. Lk 20,15/Mk 12,8) und V 44 (vgl. Lk 20, 18). Im ersten Fall ist deutlich, daß beide die Umstellung der zwei Verben am Mk-Text vornahmen[3]. Das kann durchaus unabhängig voneinander geschehen sein und seine Veranlassung im Wissen um das historische Geschehnis des Todes Jesu draußen vor der Stadt oder im Wissen darum haben, daß Ähnliches schon im AT (Lv 24,14.23; 16,27; Nm 15,36; Dt 22,24) vorgesehen ist (vgl. Hebr 13,12; Apg 7,58). Die Übereinstimmungen zwischen V 44 und Lk 20, 18 sind zwar nicht vollständig, aber doch so weitgehend, daß eine gemeinsame Abhängigkeit anzunehmen ist. Christologisch relevante atl Stellen, die das Bild vom Stein aufgreifen (Ps 118,22 f; Is 8,14; 28,16), sind im NT wiederholt verwendet worden, auch in ihrer Kombination (1 Petr 2,4 ff; Röm 9,32 f; Eph 2,20; Apg 4,11). Vermutlich gebrauchte man Florilegien von Schriftstellen, denen man besondere Bedeutung zumaß. Die Schule des Mt kann sich dieser Praxis bedient haben[4]. Für V 44 im Anschluß an Ps 118,22 f möchten wir darum die Abhängigkeit von einem Florilegium vermuten.

II

33 Die Aufforderung, ein Gleichnis zu hören, könnte, betrachtet man den Ausgang, bedrohlich klingen (vgl. jedoch 13,18). Die Geschichte baut auf den ökonomischen Verhältnissen Palästinas im 1. Jh. n. Chr. auf, wo große Latifundien im Besitz ausländischer Großagrarier waren, die ihre

---

[3] D it Θ behalten in V 39 die mk Reihung bei. KLAUCK, Allegorie 289 f, möchte diese LA als die originäre ansehen. Er beobachtet, daß ein Teil dieser Textzeugen auch V 44 nicht hat und sieht hier einen Zusammenhang.
[4] Das Vorhandensein von Florilegien bestätigt jetzt die Qumran-Gemeinde. Zum Problem vgl. J. A. FITZMYER, 4 Q Testimonia and the NT: TS 18 (1957) 513–537.

Ländereien verpachteten, auch an Pächterkollektive. Nach der verbreiteten Pachtform mußte ein bestimmter Teil des Ernteertrages an den Grundherrn abgeführt werden, der die Wahrung seiner Rechte durch die Entsendung von Boten sicherstellen mußte. Die Stimmung der galiläischen Bauern gegen die landfremden Herren war gedrückt, gelegentlich aufsässig[5]. Doch überträgt der Erzähler die Geschichte schon in ihrem Ursprung auf eine höhere Verstehensebene. Mit Hilfe der Allegorisierung wird sie zum Abriß der Geschichte Gottes mit seinem Volk. Mt hat diese Tendenz weiter ausgebaut. Hinter „dem Menschen, dem Hausherrn"[6], ist sofort Gott zu erkennen. Der Weinberg ist Israel, dessen Anlage in Anlehnung an LXX Is 5,2 geschildert wird. Zum Vergleich:

Mt ἐφύτευσεν ἀμπελῶνα καὶ φραγμὸν αὐτῷ περιέθηκεν καὶ ὤρυξεν ἐν αὐτῇ ληνὸν καὶ ᾠκοδόμησεν πύργον.

Mk ἀμπελῶνα ... ἐφύτευσεν καὶ περιέθηκεν φραγμὸν καὶ ὤρυξεν ὑπολήνιον καὶ ᾠκοδόμησεν πύργον.

LXX καὶ φραγμὸν περιέθηκα καὶ ἐχαράκωσα
καὶ ἐφύτευσα ἄμπελον ...
καὶ ᾠκοδόμησα πύργον ἐν μέσῳ αὐτοῦ
καὶ προλήνιον ὤρυξα ἐν αὐτῷ.

M „Er grub ihn um und entsteinte ihn,
bepflanzte ihn mit Edelreben,
baute einen Turm darin
und hieb eine Kelter in ihm aus."

Man kann nicht sagen, daß Mt sich mehr als Mk an den LXX-Text anlehnt. Zusätzliches αὐτῷ/ἐν αὐτῷ fällt gegenüber Mk auf. Das zweite könnte sowohl Angleichung an LXX als auch an M sein. Eine Unterscheidung von ληνόν, ὑπολήνιον, προλήνιον (Kufe, Kelter?) ist nur schwer möglich[7].

Schon der atl Text bedient sich einer Symbolsprache, deren Elemente in der Liebeslyrik anzutreffen sind (vgl. Hl 8,11)[8]. Dem Begründer des Weinbergs geht es nicht um einen gewöhnlichen Weinberg, sondern um eine Musteranlage. Im Mt-Text weist noch der Turm darauf hin. Normalerweise genügte eine Hütte[9]. Der gepflanzte Weinberg wird vom abreisenden Herrn Pächtern überlassen.

34-37 In der Sendung der Knechte, die die Früchte zur Erntezeit abholen sollen, unterscheidet sich insbesondere die Parabel von Is 5. Daß dort

---

[5] Der γεωργός (colonus) hat nicht die Rechte des Bürgers. Vgl. JOSEPHUS, bell. 4,84, und SCHLATTER 627f.
[6] C³EFGH f¹³ 892 1342 2542 e f sy$^{s.c.p}$ lesen ἄνθρωπός τις. Vgl. DIO CHRYSOSTOMOS 43,4, wo ein παράδειγμα eingeführt wird mit: ἦν τις ἄνθρωπος.
[7] GUNDRY 425 möchte zwischen Kufe (Mk) und Weinpresse (Mt) unterscheiden. Zur Sache vgl. H. WILDBERGER, Jesaja I (BK.AT) (Neukirchen 1972) 168f.
[8] Das Wortfeld Geliebte, Garten, Weinberg hat in der altorientalischen Literatur weite Verbreitung. Vgl. WILDBERGER (Anm. 7) 169.
[9] WILDBERGER (Anm. 7) 168.

der Weinberg keine Früchte, sondern nur Herlinge bringt, während hier die Erntefrüchte zurückbehalten werden, macht im Hinblick auf den entscheidenden Gedanken, daß die Früchte verweigert werden, keinen gravierenden Unterschied aus. Doch tritt die Verantwortung der Pächter, hinter denen sich die Führer des Volkes verbergen, hervor. In den Knechten sind unschwer die Propheten zu erkennen, die zum ganzen Volk gesendet werden. Es ist an Stellen zu erinnern wie: „Der Herr schickte Propheten zu ihnen, um sie zur Umkehr zum Herrn zu bewegen, aber man hörte nicht auf die Warnung" (2 Chr 24,19) oder: „Von dem Tag an, als eure Väter aus Ägypten auszogen, bis auf den heutigen Tag sandte ich zu euch immer wieder alle Knechte, die Propheten. Aber man hörte nicht auf mich und neigte mir nicht das Ohr, vielmehr blieben sie hartnäckig und trieben es noch schlimmer als ihre Väter" (Jer 7,25 f). Die zweimalige Sendung einer Anzahl von Knechten, wobei beim zweiten Mal ihre Zahl vermehrt wird, läßt sich kaum genauer bestimmen[10]. Es soll einfach ein größerer Zeitraum beschrieben sein. Charakteristisch für Mt ist, daß die Knechte alle Früchte für ihren Herrn fordern, weil es seine Früchte sind. Das Schicksal, das sie erfahren – Prügel, Tod, Steinigung – ist Prophetenlos. Folgende Beispiele seien erinnert: Urija wird mit dem Schwert erschlagen (Jer 26,23); Jeremia wird in den Block gespannt (Jer 20,2); Secharja wird gesteinigt (2 Chr 24,21). Neh 9,26 stellt pauschal fest: „Deine Propheten warnten sie zwar ..., doch man tötete sie und verübte schwere Frevel"[11]. Das gewaltsame Geschick, das die Propheten erleiden, führt ein in ein atl Geschichtsschema, nach dem dieses Los der Gottesmänner unweigerlich das Gericht herbeiführt[12]. Der letzte Versuch des Hausherrn ist die Sendung des Sohnes, die in der Erwartung geschieht, daß man ihm Respekt zollen wird. Die Zeitpartikel „zuletzt" qualifiziert ihn als den Messias. Um den messianischen Charakter dieser Sendung zu akzeptieren, redet Mt möglicherweise nicht vom „geliebten Sohn" wie Mk 12,6.

38f Die Ankunft des Sohnes läßt den Mordplan bei den Winzern aufkommen, der in Anlehnung an einen ähnlichen Plan der Brüder Josefs formuliert ist (Gn 37,20). Das Christus- wird mit dem Prophetengeschick verknüpft. Christus aber überragt die Propheten als der Sohn und Erbe. Dieselben christologischen Assoziationen haben wir in Hebr 1,1f, wo Christus, von den Propheten abgehoben, als der eschatologische Gesandte, Sohn und Erbe des Alls erscheint in einem traditionell vorgeprägten Text. Das Ansinnen der Winzer, das Erbe an sich zu reißen, will ein Zweifaches bewirken: die Übertragung des Besitzes an sie und die Verhin-

---

[10] Abwegig ist die Überlegung LOHMEYERS 313, daß auf die zeitliche Einteilung von Mt 1,1ff zurückgegriffen sei mit dem Einschnitt der babylonischen Gefangenschaft.
[11] Bittere Klagen über das Los der Propheten finden sich in der rabbinischen Literatur, teilweise in Gleichnisform. Beispiele bei BILLERBECK I 875.
[12] Vgl. STECK, Israel 297ff.

derung der Partizipation anderer am Erbe[13]. Im Klartext heißt das, daß sie die Heilsprivilegien für Israel absichern und die Heiden davon ausschließen wollen. Die Ironie ihres Handelns besteht darin, daß sie letztlich das erreichen, was sie verhindern wollten (V 43). Angesichts dieser bestimmenden theologischen Anliegen sind rechtshistorische Überlegungen, daß der Sohn als der Alleinerbe auftrete, weil der Vater verstorben sei; daß herrenlos gewordenes Gut binnen einer bestimmten Frist angeeignet werden konnte, zweitrangig, wenn nicht störend. Der ruchlose Plan wird wie eine Exekution, die vor den Mauern der Stadt zu erfolgen hatte, durchgeführt[14].

40f In Is 5,5 wird das künftige Ergehen des Weinbergs verkündet. Unser Gleichnis schließt mit einer Frage. Die durch das Gleichnis angeredeten Hierarchen sollen selbst ihre Meinung äußern, was der Herr des Weinbergs tun wird. Die Szene erinnert an David und Natan (2 Sam 12,1ff). Das Kommen des Herrn zielt auf ein Gerichtshandeln, jedoch nicht die Parusie[15]. Die Antwort weist auf ein anderes schlimmes Gericht, das Mt in der Zerstörung Jerusalems erfüllt gesehen haben dürfte (vgl. 22,7)[16]. Die Übergabe des Weinbergs an andere Winzer wird von Mt in V 43 erläutert. Wiederum betont er das erwartete Früchtebringen und damit ein paränetisches Anliegen.

42 Die Frage „Habt ihr nicht gelesen?" verwendet Mt immer im Streit mit den Gegnern (12,3.5; 19,4; 21,16; 22,31). Dies deutet an, daß das zitierte Schriftwort in der Gemeinde-Apologetik eine Rolle spielte. In Übereinstimmung mit rabbinischer Gepflogenheit spricht E stets von den Schriften (Plural: 22,29; 26,54.56). Das Zitat betrifft ψ 117,22f, der in vollständiger Übereinstimmung mit Mk 12,10f und der LXX angeführt wird[17].
Ps 118 (masoretische Zählung) ist ein Danklied, das vermutlich in den Bereich der Tempelliturgie gehört[18]. V 22 dankt dafür, daß einer, der in die Nähe des Todes geraten war, wieder lebt und in den Tempel ziehen kann, mehr noch: daß er eine angesehene Stellung gewonnen hat, die der eines Ecksteines oder Schluß- und Zinnensteines in einem Bauwerk verglichen werden kann[19]. V 23 („Durch den Herrn ist das geschehen usw.") ist wahrscheinlich ein Sprichwort. Schon von seinem genuinen Verständnis

---

[13] CW 0138 f[13] ff[1] sy[p.h] lesen in V 38: κατασχῶμεν (zurück-, im Besitz behalten).
[14] Vgl. Lv 24,14.23; Nm 15,36; Dt 22,24. Auch PLAUTUS, Mil. glorios. 359f: extra portam.
[15] GUNDRY 428 mit Verweis auf ὅταν und Mt 19,28; 25,31. Weil das Gleichnis ursprünglich mit V 40 geendet haben wird, ist für das älteste Verständnis ein Parusiebezug naheliegend, nicht für Mt.
[16] Die Wendung in V 41 mit κακοὺς κακῶς hat zahlreiche Analogien in der griechischen Literatur, die LOHMEYER 313 Anm. 1 zusammengestellt hat.
[17] D f[1.13] sa mae lesen: in *euren* Augen.
[18] Vgl. H.J. KRAUS, Psalmen II (BK.AT) (Neukirchen ³1966) 802ff. 807f.
[19] Die genaue Bestimmung der Funktion des Steins im Bau ist nicht wesentlich.

her war das Zitat in besonderer Weise geeignet, auf die Auferweckung und Erhöhung Jesu übertragen zu werden. Dennoch wird man für sein christologisches Verständnis das Einwirken anderer, unmittelbarer messionologischer Stellen wie Dn 2, 34 (Zach 4, 7; Dn 7, 14) nicht ausschließen dürfen.

43 Kreuz und Auferweckung Jesu markieren eine Wende in der Heilsgeschichte. Feierlich eingeleitet („deshalb sage ich euch"), als göttliche Aktion beschrieben (zweimaliges passivum divinum: es wird genommen und gegeben werden), erfolgt sie im Übergang der Herrschaft Gottes auf ein anderes Volk. Die Herrschaft Gottes muß hier als etwas Präsentisches aufgefaßt werden. Mit der Erwählung Israels, dem Weinberg, war sie diesem Volk anvertraut. Faktisch ist sie mit der Königsherrschaft Jahves über das Volk identisch. Jahve wollte König sein über Israel[20]. Vermutlich ist von βασιλεία τοῦ θεοῦ (statt τῶν οὐρανῶν) die Rede um der persönlichen Zugehörigkeit Israels zu Gott, dem Herrn des Weinbergs, willen. Die präsentische Basileia ist noch nicht die endgültige, aber ihr Vorlauf. Darum kann sie verlorengehen, genommen werden. Sie ist auf Bewährung gegeben. Die Bewährung besteht darin, Früchte zu bringen. Für das neue Volk heißt das, dem Willen Gottes zu entsprechen, wie Jesus ihn verkündet hat, vor allem in der Bergpredigt. Matthäisch formuliert bedeutet es, die Gerechtigkeit tun. Für das neue Gottesvolk ist der Begriff ἔθνος verwendet, also weder ἐκκλησία noch λαός. Faktisch ist dieses ἔθνος mit der Kirche identisch. Dieses Wort dürfte in Anlehnung an Dn 2, 44 aufgegriffen worden sein, wo die beiden entscheidenden Begriffe gleichfalls vorkommen: „Diese Herrschaft wird er keinem anderen Volk überlassen" (αὕτη ἡ βασιλεία ἄλλο ἔθνος οὐ μὴ ἐάσῃ; vgl. Dn 7, 27)[21]. Das neue Volk ist das „dritte Geschlecht", das aus den Juden und Heiden besteht, die zum Glauben an das „Evangelium von der Basileia" kamen. Daß es ihre Früchte bringt, die Früchte der Basileia[22], ist konditional, nicht als Ausdruck der Selbstsicherheit zu verstehen. Es geht seinerseits auch dem noch ausstehenden, endgültigen göttlichen Gericht entgegen.

44 Ein Drohwort schließt ab. Mit Hilfe der Metapher vom zermalmenden Stein kündet es das endzeitliche Gericht an. Der Stein ist der Parusie-Christus, der Gericht halten wird. Über die Metapher „Stein" schließt das Logion an V 42 an, zu V 43 besteht ein Bezug über Dn 2, 44 (und 45). Die Herrschaft, die dem neuen Volk gegeben wird und die in Dn 2, 44f ihr Vorbild hat, ist in der danielischen Vision als Stein beschrieben, der die bestehenden irdischen Reiche zermalmt. Wenn Mt den Stein mit dem

---

[20] Ähnlich FRANKEMÖLLE, Jahwebund 253 f; KRETZER, Herrschaft 167. HUMMEL, Auseinandersetzung 148, hingegen bezieht die Basileia auf das Endgericht.
[21] Mit V 43 läßt sich 1 Sm 15, 28, ein Wort Samuels an Saul, vergleichen: „So entreißt dir heute der Herr die Herrschaft über Israel und gibt sie einem anderen, der besser ist als du."
[22] Die LA des Sinaiticus*: καρποὺς αὐτοῦ statt αὐτῆς übersieht dies.

Menschensohn gleichsetzt, ist das durch Dn 7 nahegelegt (VV 14 und 27)[23]. Die Formulierung „Auf wen der Stein fällt, den wird er zermalmen" (44b) erinnert an Dn 2,44f.34. V 44a hingegen: „Wer auf diesen Stein fällt, der wird zerschellt" ist dem Bild vom Stein des Anstoßes (Is 8,14f) verwandt, über den man zu Fall kommt. Gemäß dem Prophetentext ist Jahve dieser Stein: „Viele stolpern darüber, sie fallen und zerschellen." Beachtung verdient die bedrohliche Metaphorik vom Stein, die sich abhebt von einer Metaphorik, in der Jahve als schützender Fels vorgestellt ist oder als einer, der wacht, daß der Fuß nicht anstößt an einen Stein[24]. Als unbezwingbarer, bedrohlicher Stein wird sich der gekreuzigte und erhöhte Christus bei seiner Wiederkunft erweisen gegenüber denen, die sich ihm entgegenstellten. Der Ausblick auf die Parusie am Ende eines heilsgeschichtlichen Durchblicks entspricht mt Gepflogenheit und besitzt im analog strukturierten folgenden Gleichnis seine Parallele (22,11 ff).

45f Die Verhüllung, unter der die Hierarchen in V 41 noch ahnungslos antworteten, ist gefallen. Sie haben die an sie mit den beiden Gleichnissen von den ungleichen Brüdern und den bösen Winzern gerichtete Warnung verstanden, nehmen sie aber nicht an. Vielmehr reagieren sie mit der Absicht, Gegenmaßnahmen zu ergreifen. Noch erscheint das Volk als Schutzwall um Jesus. Freilich ist die Vorstellung von Jesus als einem Propheten, die schon bei seinem Einzug in die Stadt geltend gemacht wurde (21,11; vgl. 16,14), nicht genügend. Die Gruppierung der Hohenpriester und Pharisäer (noch 27,62) führt die politisch Mächtigen und die in der jüdischen Lehre Maßgeblichen zusammen[25].

III

a) b)   Ein theologisch bedeutsamer Text, in dem Mt die vorgegebenen Linien weiter auszieht! Israel, die Herrschaft Gottes, das Gottesvolk sind die Themen. In narrativer Form wird eine heilsgeschichtliche Standortbestimmung geboten, Rückblick und Ausblick an einem Punkt des Überganges. Die Vorgeschichte ist die Geschichte Israels, die mit der Sendung des Messias ihren Höhepunkt erfuhr. Der Messias ist eingefügt in die Sendung und das Schicksal der Propheten (wie in 23,32ff), überbietet aber das Wirken der Propheten und schließt es ab. Die Wende ist nicht nur Gericht über Israel, sondern auch Neuschaffung eines ἔθνος, von dem Früchte erwartet werden. Im Blick auf die ausstehende Parusie des Menschensohnes ist damit eine nicht geringe Anforderung an die Kirche, die Juden und Heiden in sich vereint, gesteckt. Für Mt ist wichtig, daß er die vorgegebene

---

[23] Auch in der rabbinischen Literatur wird Dn 2,44f auf den Messias gedeutet. Vgl. BILLERBECK I 877.
[24] Vgl. Ps 91,12; Mt 4,6 und L. ALONSO-SCHÖKEL, Stilistische Analyse bei den Propheten: VT. S 7 (Leiden 1960) 154–166, hier 161.
[25] Abweichende LAA in V 46 sind τὸν ὄχλον (vermutlich Einfluß von parMk 12,12), ἐπειδή und ὡς προφήτην (vgl. Mt 21,26).

Parabel samt christologischer Weiterführung mit Hilfe apokalyptischen Gedankengutes überarbeitet hat. Der Übergang der Herrschaft auf ein neues Volk, die Herrschaft des Menschensohnes, die sich bei dessen Parusie endgültig durchsetzen wird, sind von daher bestimmt. Auch ist zu beachten, daß zwischen diesem Gleichnis und den beiden benachbarten Gleichnissen Querverbindungen geschaffen wurden. Im Folgenden ist darauf zu achten. Die Parabel von den bösen Winzern, für deren Rekonstruktion auf Mk zu verweisen ist, gehört in die nachösterliche Situation der Gemeindetheologie[26].

c) Der heilsgeschichtliche Abriß, den die Parabel bietet, wendet den Blick in die Vergangenheit. Uns steht es weniger an, Israel zu verdammen. Die Aktualisierung des Textes besteht darin, daß die Gefahr, die Früchte zu verweigern, auch für die Kirche und die einzelnen Christen besteht. V 43 ist konditional und nicht im Sinn der Gewißheit zu verstehen. Kirche bleibt dann das neue Gottesvolk, wenn sie die erwarteten Früchte bringt. Die lauernde Gefahr ist die Sünde. Worin besteht sie? Es ist bemerkenswert, daß systematische Theologen, wenn sie auf unser Gleichnis eingehen, fast immer, indem sie die Haltung der bösen Winzer erörtern, von der Sünde reden und ihr Wesen beschreiben: Verweigerung der Früchte; Emanzipation von dem, der uns verantwortlich macht; Gottesleugnung und Selbstvergottung[27]; verblendetes Abweisen des Heilsangebotes[28]. Im 3. Gespräch „Über Krieg, Frieden und das Ende der Weltgeschichte" läßt W. Solowjew[29] die Frage erörtern, nachdem einer das Gleichnis von den bösen Winzern verlas, wessen diese denn eigentlich überführt worden seien. Daß sie die wahre Lehre nicht befolgten, antwortet der Fürst; daß sie Taugenichtse waren, der Politiker; daß sie den Sohn getötet haben, die Dame. Von diesen drei Antworten, der theoretischen, der pragmatischen und der theologischen, trifft die dritte den Kern. Denn nicht nur sein Wort oder seine Lehre, sondern er selbst wird abgelehnt. Es gibt kein Wort von ihm, daß nicht auf ihn bezogen wäre; kein Satz von ihm ruht in sich selbst, sondern weist auf ihn, den Sprecher. Er hat in diesem Sinn nicht zeitlos gültige Wahrheiten verkündet, die von ihm getrennt werden könnten. Darum tritt die Sünde erst vor ihm in ihrer Eigentlichkeit in Erscheinung[30].

LITERATUR: E. LOHMEYER, Das Gleichnis von den bösen Weingärtnern: ZSTh 18 (1941) 242–259; R. SWAELES, L'arrière-fond scripturaire de Mt 21,43 et son lieu avec Mt 21,44: NTS 6 (1959/60) 310–313; W. G. KÜMMEL, Das Gleichnis von den bösen Wein-

---

[26] Vgl. GNILKA, Markus II 142 ff. 148 f.
[27] Vgl. BRUNNER, Dogmatik II 107.
[28] Vgl. TRILLHAAS, Dogmatik 190.
[29] W. SZYLKARSKI u. a. (Hrsg.), Dt. Gesamtausgabe VIII (München 1979) 239 ff.
[30] Vgl. BARTH, Dogmatik I/2, 67. – LUTHER II 717 f deutet V 44 positiv: „das ist ein seliges und heilsames Zerbrechen." Paulus sei auf den Stein gefallen und mit seinem Selbstbewußtsein zerschellt (Phil 3,5 f). „So bin auch ich im Kloster ein großer Heiliger gewesen, aber mein Krüglein ist zerbrochen."

gärtnern: Heilsgeschehen und Geschichte (MTSt 3) (Marburg 1965) 207–217; J. A. T. Robinson, The Parable of the Wicked Husbandmen: A Text of Synoptic Relationship: NTS 21 (1974/75) 443–461; H. Hubaut, La parabole des vignerons homicides (CRB 16) (Paris 1976); K. Snodgrass, The Parable of the Wicked Tenants (WUNT I/27) (Tübingen 1983).

27. Das Gleichnis vom königlichen Hochzeitsmahl (22,1–14)

1 Und Jesus antwortete, sprach abermals in Gleichnissen zu ihnen und sagte: 2 Mit der Himmelsherrschaft verhält es sich wie mit einem Menschen, einem König, der seinem Sohn die Hochzeitsfeier ausrichtete. 3 Und er schickte seine Knechte, um die Geladenen zur Hochzeitsfeier zu rufen, und sie wollten nicht kommen. 4 Wieder schickte er andere Knechte und sagte: Sprecht zu den Geladenen: Siehe, ich habe mein Mahl bereitet, meine Ochsen und die Mastkälber sind geschlachtet, und alles ist bereit. Kommt zur Hochzeitsfeier. 5 Sie aber mißachteten es und gingen weg, einer auf seinen eigenen Acker, der andere hinter seinem Handel her. 6 Die übrigen ergriffen seine Knechte, mißhandelten und töteten sie. 7 Der König aber wurde zornig und schickte seine Heere aus, ließ jene Mörder umbringen und ihre Stadt verbrennen. 8 Dann sagt er seinen Knechten: Die Hochzeit ist zwar bereit, die Geladenen aber waren nicht würdig. 9 Darum gehet zu den Ausgängen der Straßen und wen ihr findet, ladet zur Hochzeit. 10 Und jene Knechte zogen aus auf die Straßen und brachten alle zusammen, die sie fanden, Böse und Gute. Und der Hochzeitssaal füllte sich mit Tischgästen. 11 Als aber der König eintrat, die Tischgäste zu besehen, erblickte er dort einen Menschen, der kein hochzeitliches Kleid angelegt hatte. 12 Und er sagt ihm: Freund, wie bist du hier hereingekommen, ohne ein hochzeitliches Kleid zu haben? Er aber verstummte. 13 Dann sprach der König zu den Dienern: Bindet seine Füße und Hände und werft ihn in die äußerste Finsternis! Dort wird Heulen und Zähneknirschen sein. 14 Denn viele sind berufen, wenige aber auserwählt.

I

Mt unterbricht an dieser Stelle die Mk-Akoluthie, um das Gleichnis vom königlichen Hochzeitsmahl einzubringen. Er benutzt es als Antwort Jesu (V 1: ἀποκριθείς) auf das Ansinnen der Hohenpriester und Pharisäer, die nur noch aus Furcht vor den Volksscharen davon abgehalten werden, ihn zu ergreifen. So bietet E in 21,28 – 22,14 jene Parabel-Trilogie, die eine sich steigernde Anklagerede gegen die Hierarchen darstellt. Die Parabeln sind aufeinander abgestimmt. Auch die dritte greift Thematik und Gedanken der vorausstehenden auf, präzisiert und führt diese weiter aus.

Die Parabel, eingangs als Basileia-Gleichnis charakterisiert, gliedert sich in drei Handlungsabläufe. Der erste ist bestimmt durch die Einladung des Königs zur vorbereiteten Hochzeitsfeier und die Ablehnung der Geladenen (2-6). Die zornige Reaktion des Königs (V 7) leitet über zur Ersatzeinladung neuer, fremder Gäste, die willig kommen (8-10). Den Schluß bildet der Einzug des Königs in den Hochzeitssaal und die Entfernung eines unwürdigen Gastes (11-13). Die Sentenz in V 14 steht schon außerhalb der Geschichte, ist aber für deren Verständnis im Sinn des Mt von Bedeutung. Beherrschende Figur in der Geschichte ist der König. Seine Anweisungen bringen das Geschehen in Bewegung, regeln es, führen es auf ein Ziel hin. Weil sie in der Mehrheit in direkter Rede formuliert sind – V 4: „Siehe, ich habe mein Mahl bereitet usw."; V 8: „Die Hochzeit ist zwar bereit, die Geladenen aber waren nicht würdig."; V 9: „Darum gehet zu den Ausgängen der Straßen usw."; V 12: „Wie bist du hier hereingekommen usw.?"; V 13: „Bindet seine Füße und Hände usw." –, beherrschen sie auch in quantitativer Hinsicht das Feld. Zentrales, immer wiederholtes Handeln des Königs ist das Einladen (καλεῖν). Die anderen Handlungsträger treten dem König als die Eingeladenen gegenüber, die sich verweigern, die annehmen, die sich der Einladung als unwürdig erweisen.

Für die Gestaltung der Geschichte ist es wichtig zu sehen, daß sie, soweit es der erzählerische Ablauf erlaubte, mit der Parabel von den bösen Winzern parallelisiert werden sollte. Am auffälligsten ist die wörtliche Übereinstimmung in der zweimaligen Sendung mehrerer Knechte (V 3/21,34: ἀπέστειλεν τοὺς δούλους αὐτοῦ; V 4/21,36: πάλιν ἀπέστειλεν ἄλλους δούλους). Hinzu kommen folgende Gemeinsamkeiten: einzelne Knechte werden getötet (V 6/21,35); die Frevler werden umgebracht (V 7/21,41: ἀπώλεσεν/ἀπολέσει); die Erwähnung des Sohnes in V 2 und 21,37; die Erwähnung der Basileia in V 2 und 21,43; der Ausblick auf das endzeitliche Gericht in V 13 und 21,44, mag dieses auch in ganz anderen Bildern dargestellt sein. – Federführend bei der Gestaltung der Perikope war die Absicht, erneut ein Kompendium der Heilsgeschichte zu entwerfen. Es ist in hohem Maß mit allegorisierenden Elementen zu rechnen, wenn man das Ganze in seinem vorliegenden Entwurf nicht eine Allegorie nennen will[1]. Freilich könnte die mt Fassung auf einem längeren Weg aus einer evtl. allegoriefreien Form entstanden sein. Nachdem die Sache die Ereignisfolge bestimmte, ergaben sich erzählerische Verstiegenheiten, zu denen insbesondere der Heereszug des erzürnten Königs gegen die Stadt der Ablehnenden gehört, aber auch die harte Behandlung des Mannes, der ohne Gala bei der Hochzeitsfeier erscheint. Auf einen Versuch, die Erzählung als bündige, aus dem Leben gegriffene Geschichte zu begreifen, ist von vornherein zu verzichten.

Wie ist es zum Mt-Text gekommen? Er besitzt eine Parallele in Lk 14,15-24, dem Gleichnis vom großen Abendmahl[2]. Daß die Titulatur: Gleichnis vom königlichen Hochzeitsmahl auf dieses nicht übertragbar ist, zeigt bereits die große Unterschiedenheit an. Die Mehrheit der Inter-

---

[1] So HARNISCH, Gleichniserzählungen 234.
[2] Tho 64 bietet eine weitere Variante.

preten rechnet mit einer gemeinsamen literarischen Vorlage. Im einzelnen wird die Traditionsgeschichte recht verschieden beurteilt. Man spricht von zwei Varianten desselben Gleichnisses[3]; man meint, daß keine der beiden Fassungen sich aus der anderen ableiten lasse[4]; man redet lediglich von einer gemeinsamen Vorlage[5]; im allgemeinen spricht man der lk Version die größere Ursprünglichkeit zu[6].

Das Erzählgerüst der lk, mt (und der Thomas-)Version stimmt im Kern überein, sieht man einmal vom mt Epilog vom Gast ohne hochzeitliches Kleid ab: ein Mensch lädt zu einem Gastmahl ein – die Geladenen lehnen ab – Ersatzgäste werden eingeladen – diese kommen. Dieser übereinstimmende Kern zwingt zur Annahme einer gemeinsamen Vorlage. Im Detail bestehen jedoch erhebliche Divergenzen. So erzählt Mt von zwei Einladungen an die ersten Gäste (3f), Lk hingegen läßt nach der Ablehnung der ersten zwei verschiedene Gruppen von Ersatzgästen eingeladen sein (Lk 14,21–23). Beide Entwicklungen sind sekundär. Mt unterstreicht die Geduld des Gastgebers gegenüber den Erstgeladenen bzw. deren Aufsässigkeit, Lk differenziert zwischen den Armen, Krüppeln usw. und einer dritten Gruppe, die offenkundig mit den Heiden zu identifizieren ist. Bei der Ablehnung der ersten Gäste begnügt sich Mt mit einem lapidaren „sie wollten nicht kommen" (3). Lk weiß von drei Entschuldigungen zu berichten (14,18–20; Tho von vier!). Hier ist Lk als ursprünglich anzusehen. Die Entschuldigungen verleihen der Erzählung frische Farbe. Mt hat dieses narrative Element gestrichen, weil es für seinen heilsgeschichtlichen Entwurf ohne Belang war[7]. Uns muß hier aber vorab die mt Version interessieren. Im einzelnen ist noch Folgendes anzumerken: Die Einführung 1f ist weitgehend MtR. Erst Mt kennzeichnet das Gleichnis als Basileia-Gleichnis, führt das Hochzeitsmotiv ein, aber auch den König und seinen Sohn[8]. Es kam ihm auf eine dem Winzergleichnis vergleichbare Allegorie an. Das dort vorhandene, in die Richtung Israel weisende Stichwort „Weinberg" hatte er hier nicht. So mußte er eine entsprechende verständliche Bilderwelt aufbauen. Daß die doppelte Sendung mehrerer Knechte sekundär ist, wurde bereits oben erwähnt, auch daß die zweiten mißhandelt und getötet werden. Ursprünglich ist demnach die Aussendung eines einzigen Knechtes (Lk 14,17). An die Stelle der Entschuldigungen ist die Schilderung schroffer Ablehnung getreten (5)[9]. Die anschauliche Beschreibung des bereiteten Mahles in V 4b schießt über. Sie könnte MtR[10],

---

[3] LINNEMANN: ZNW 51 (1960) 247. Der Mt-Text sei eine Neufassung (254).
[4] VÖGTLE, Einladung 218.
[5] WEISER, Knechtsgleichnisse 59.
[6] R. W. FUNK, Language, Hermeneutic, and Word of God (New York 1966) 163, meint, daß Jesus dasselbe Gleichnis bei verschiedenen Gelegenheiten erzählt habe. Hier ist die historische Dimension der Überlieferung völlig ignoriert.
[7] Tho 64 hat das paränetische Anliegen verstärkt. Dabei ist zu beachten, daß die Entschuldigungen, die mit Geld zu tun haben, in den Vordergrund treten.
[8] ἐν παραβολαῖς in V 1 kann von Mk 12,1 beeinflußt sein.
[9] Zu ἀμελήσαντες vgl. das gegensätzliche μεταμεληθείς in 21,29 (auch 32).
[10] SCHULZ, Q 394, schreibt sie MtR zu, ebenfalls WEDER, Gleichnisse 180 Anm. 65. Man

aber auch ursprünglicher Gleichnisbestand sein (dann in Verbindung mit der ersten Einladung). Sicher sekundär ist das Motiv von den ausziehenden Truppen und der Verbrennung der Stadt (7), ein Motiv, das in der atljüdischen Literatur weite Verbreitung hat (s. Interpretation), aber nicht zur bestimmenden Mitte der Geschichte gemacht werden sollte[11]. Im Erzähl-Kontext erfüllt es die Funktion, die in 21,41 angesagte Bestrafung (ἀπολέσει) der Aufsässigen ergänzend zu berichten[12]. In der jetzt ergehenden Einladung sind die „Ausgänge der Straßen" (V 9) gegenüber den „Plätzen und Straßen der Stadt" (Lk 14,21) als sekundär anzusehen, da sie – in Verbindung mit πορεύεσθε (vgl. Mt 28,19) – den Missionsgedanken nahebringen sollen. Die „Bösen und Guten" (10) vertreten ein mt Anliegen, das mit der Kirche zu tun hat (vgl. 7,17f; 13,38.49). Das Gleichnis schloß einmal mit dem Ausblick auf das mit Gästen gefüllte Haus des Gastgebers (vgl. Lk 14,23)[13].

Die angehängte Geschichte vom Mann ohne hochzeitliches Gewand (11–13) hat erst Mt mit dem Gleichnis vom Mahl fusioniert. Es fragt sich, ob sie von Haus aus ein selbständiges Gleichnis war. Dies ist wiederholt mit Hinweis auf ein rabbinisches Gleichnis in bSchab 153a vermutet worden, das von einem König erzählt, der zum Gastmahl lud, ohne die genaue Zeit zu bestimmen. Die Klugen zogen ihr Festkleid an und warteten, die Toren begaben sich an ihre Arbeit. Als plötzlich der Ruf zum Mahl erfolgte, wurden nur die zugelassen, die entsprechend gekleidet waren[14]. Das Vokabular des Mt-Textes weist zahlreiche Matthäismen auf[15]. Auffällig ist der Übergang von den δοῦλοι zu den διάκονοι in V 13. Wir möchten vermuten, daß E eine mündliche Überlieferung schriftlich fixierte[16]. Der

---

betrachtet diesen Halbvers mit Recht als verlockende Verstärkung der Einladung. Dies läßt aber keine Entscheidung zu. Die Vokabelstatistik versagt hier vollständig, weil das singuläre Wortmaterial durch die Sache bedingt ist.
[11] So RENGSTORF, Stadt 126f, der freilich für Mt mit einem selbständigen Gleichnis rechnet.
[12] Zum Motiv des Mordes vgl. Mt 23,31 und 35.
[13] Lk 14,24 ist später hinzugetreten. Der Vers verweist auf das eschatologische Gericht. Im Gleichniszusammenhang erweist er sich als erzählerischer Störfaktor, denn er schließt die vom Mahl aus, die gar nicht kommen wollten! Der Versuch LINNEMANNS: ZNW 51 (1960) 250ff, die Ablehnung der Geladenen mit der Absicht zu verbinden, später, nach der Erledigung der Geschäfte, noch zum Gastmahl kommen zu wollen, überzeugt nicht. Diese Absicht ist nicht einmal angedeutet. V 24 ist nur sinnvoll als Gerichtsansage.
[14] JEREMIAS, Gleichnisse 62 und 187; VIA, Gleichnisse 125. Das rabbinische Gleichnis wird auf Jochanan ben Zakklai (ca. 80 n.Chr.) zurückgeführt.
[15] Dazu gehören εἰσελθών (11), ἑταῖρε (12), die Wendungen von der äußersten Finsternis und dem Heulen und Zähneknirschen (13).
[16] Der Vergleich mit dem rabbinischen Gleichnis macht es verständlich, warum der Mann ohne hochzeitliches Gewand so hart behandelt wird. Erzählerisch erscheint diese Behandlung bei Mt nicht plausibel. – DIO CHRYSOSTOMOS 30,41–44 ist nur eine entfernte Parallele. Das irdische Leben wird hier mit einem festlichen Mahl verglichen, das Zeus, der König der Götter, veranstaltet. Die einen genießen das Fest auf eine maßvolle Weise, die anderen betrinken sich. Am Ende behält der Gott nur die Maßvollen bei sich, um sie für immer mit Nektar zu bewirten.

abschließende V 14 ist ein apokalyptisch gestimmtes Logion, das in 4 Esr 8,3 seine nächste Parallele hat: „Geschaffen sind gar viele, gerettet werden wenige" (vgl. 4 Esr 8,1; 9,15; ApkBarsyr 44,15)[17].

II
1f Als Antwort auf das feindliche Ansinnen der Hierarchen eingeleitet, gewinnt die Gleichnisgeschichte den Charakter der Rechenschaft. Hat es etwas zu bedeuten, daß nur hier bei Mt ein einzelnes Gleichnis als ein Sprechen „in Gleichnissen" (Plural) gekennzeichnet ist?[18] Sollte dann vielleicht soviel gesagt sein wie: Er redete in Bildern zu ihnen? Auf jeden Fall kommt es darauf an, die einzelnen bildhaften Züge der Geschichte zu werten. Erläutert wird die Himmelsherrschaft. Ihr Ziel ist die Erscheinung des Königs am Ende. Aber sie hat ihre Vorgeschichte in Israel, im Gottesvolk. Der Aorist ὡμοιώθη könnte dies unterstreichen wollen[19]. Sie ist einem hochzeitlichen Festmahl zu vergleichen, das ein König seinem Sohn bereitet[20]. Ist die Hochzeit ein üppiges, mehrere Tage sich hinziehendes Freudenfest, so erscheint sie der atl-jüdischen Erwartung in besonderer Weise geeignet, Bild der kommenden messianischen Heilszeit zu sein[21]. Im Bild des Königs werden die Züge Gottes erkennbar. Es ist nur formal zutreffend, wenn man gesagt hat, daß der Sohn im weiteren Verlauf der Geschichte unberücksichtigt bleibt. Seine Erwähnung ist notwendig für das Verständnis des gesamten Textes. Zwar kann Mt aufgrund der Anlage der Erzählung nicht (wie in 21,37) von der Sendung des Sohnes sprechen, doch ist mit der Nennung des Sohnes am Anfang das irdische Wirken des Messias hereingeholt. Weil er der zu Feiernde ist, macht er sogar das magnetische Zentrum des Handlungsablaufs aus.

3f Die Einladung zur königlichen Hochzeitsfeier erfolgt durch ausgesendete Knechte. Da sie die Geladenen rufen sollen, dürfte der besonders höfliche Brauch vorausgesetzt sein, gemäß dem die Knechte jene zum Mahl abholen sollen, die eine (schriftliche) Einladung schon zuvor erhielten[22]. Dieser Brauch ist für die Stadt Jerusalem in Midrasch Klgl 4,2 be-

---

[17] WEDER, Gleichnisse 177ff, rechnet mit einer zweifachen redaktionellen Überarbeitung, die er der vormatthäischen Gemeinde und Mt zuschreibt. Weitere Rekonstruktionen bei SCHULZ, Q 391ff; HARNISCH, Gleichniserzählungen 240ff; VÖGTLE, Einladung 190. – In der älteren Exegese wurde auch die Auffassung vertreten, Mt 22,1–13 setze sich aus drei ehemals selbständigen Gleichnissen zusammen, dem Gleichnis vom Gastmahl, von der Strafexpedition und vom Mann ohne hochzeitliches Kleid. Vgl. MANSON, Teaching 83ff; GAECHTER 690f; BUZY: RB 41 (1932) 36ff; M. HERMANIUK, La parabole évangélique (Brügge 1947) 224ff.
[18] In 13,3.10.13.35 bezieht sich die Wendung auf die im Gleichniskapitel versammelten Gleichnisse.
[19] Vgl. 13,24; 18,23.
[20] V 2 wörtlich: Er machte seinem Sohn die Hochzeitsfeier. Die Formulierung hat rabbinische Parallelen. Vgl. BILLERBECK I 879. – Θ f[1] lesen ποιῶν.
[21] Das Hochzeitsmotiv spielt auch in altorientalischen Mythen eine wichtige Rolle (Marduk). Vgl. CLEMEN, Erklärung 230.
[22] Die andere Möglichkeit ist, κεκλημένοι als die Einzuladenden zu übersetzen.

legt: „Keiner von ihnen (den Jerusalemern) ging zu einem Gastmahl, bevor er nicht zweimal eingeladen war."[23] Das Drängende der Einladung ist damit ebenso zu verstehen gegeben wie die Bevorzugung der Gäste. Die brüske Abweisung erscheint um so unbegreiflicher. Eine – normalerweise nicht mehr übliche – wiederholte Aussendung von anderen Knechten, die Geladenen zu rufen, ist mit einem persönlichen Auftragswort des Königs verbunden. Mit ἄριστον wird das Frühmahl bezeichnet. Dann begann die fürstliche Hochzeit mit einer Vorfeier. Das Wort kann aber auch für das Mittagsmahl verwendet werden (vgl. Josephus, ant. 5, 190). Die geschlachteten Ochsen und Mastkälber, die schon zubereitet wurden, dulden keinen Aufschub des Mahles[24]. Der metaphorische Sinn läßt die Knechte als die Sendboten Gottes erkennen. Ist es berechtigt, die zweimalige Sendung verschiedener Knechte auf verschiedene Epochen der Heilsgeschichte zu verteilen? Auf die älteren und jüngeren Propheten? Auf die Propheten und die christlichen Missionare? Oder soll man nur an letztere denken?[25] Auf jeden Fall sind letztere in die zweite Sendung miteinzuschließen. Dies erfordert die erwähnte christologische Zentriertheit der Geschichte wie die schließliche Reaktion des Königs. Eine präzise Aufteilung ist besser zu unterlassen. Wichtiger ist, daß das Rufen (καλεῖν) eschatologischen Klang hat, in den Berufungsgeschichten verwendet ist (4, 21; 9, 13) und bei Paulus den Ruf in die Basileia Gottes bezeichnen kann (1 Thess 2, 12). Das lockende Wort der Einladung erinnert an das Wort der Weisheit: „Sie hat ihr Vieh geschlachtet, ihren Wein gemischt und schon ihren Tisch gedeckt. Sie hat ihre Mägde ausgesandt und lädt ein auf der Höhe der Stadtburg" (Spr 9, 2f; vgl. Is 25, 6; 1 Kg 1, 9).

5f Auch der zweite Ruf wird abgelehnt und mit ostentativ durchgeführten Arbeiten und Geschäften dem König Mißachtung gezollt. Diese sind den Geladenen wichtiger als das Fest. Wenn andere Geladene dazu übergehen, die Knechte zu mißhandeln und zu töten, ist – wie in 21, 35 – das Motiv vom gewaltsamen Prophetengeschick aufgegriffen. Da in 23, 34 dieses Geschick auch den christlichen Sendboten angesagt ist, ist deren Einbeziehung in unseren Kontext – wie oben vorgeschlagen – durchaus möglich. Vermutlich hat die mt Gemeinde bereits entsprechende Erfahrungen gemacht.

Eine gewisse Veranschaulichung erfährt die Szene durch die Schilderung des Josephus, ant. 9, 264f, der Aussendung der Boten durch König Hiskija, der die Israeliten zum Paschafest einlädt (vgl. 2 Chr 30, 1ff), oder die Erzählung von Davids Gesandtschaft an die Ammoniter, die diesen die Anteilnahme des Königs am Tod des Nahasch bekunden soll (2 Sm

---

[23] Beleg bei BILLERBECK I 880f. Der gleiche Brauch bestand im alten China. Vgl. E. F. K. ROSENMÜLLER, Das alte und neue Morgenland 5 (Leipzig 1820) 192f.
[24] Die Zeitform in V 4 ist unterschiedlich überliefert: ἡτοίμακα (Sinaiticus BC* DL 085 f¹ 33 700); ἡτοίμασα (C³ WΘ 0138 f¹³); ἡτοίμασται (238). Das erste ist zu bevorzugen.
[25] Vorschlag von HAHN, Gleichnis 79.

10,1ff). Die Boten des einen werden verhöhnt, verlacht, getötet, die des anderen schändlich behandelt, indem man ihnen Bärte und Kleider halb abschneidet.

7 In einem dem Kenner des AT vertrauten Bild wird ein Gottesgericht gezeichnet. Die Aussendung des Heeres gegen eine rebellierende Stadt, die Vernichtung ihrer Bewohner, das Niederbrennen der Stadt, ist ein Topos, der wiederholt anzutreffen ist. Er begegnet in den Annalen der geschichtlichen Bücher und hat zweifelsohne seine Entsprechung in der harten realen Geschichte (vgl. Ri 1,8; 2 Sm 12,26ff; 1 Makk 5,28 u.ö.)[26]. Bemerkenswert ist, daß der Topos auch in rabbinischen Gleichnissen vorkommt, dann auf Gott übertragen ist und die Frage aufkommen läßt, ob Gott alle töten läßt oder auch Menschen verschont[27]. Auch die rabbinischen Gleichnisse sind Königsgleichnisse. Der Zorn, aus dem heraus der König handelt[28], ist das Gericht Gottes, wofür es zahllose Beispiele gibt. Besonders nahe kommt Is 5,24f: „Denn sie haben die Weisung des Herrn der Heere von sich gewiesen und über das Wort des Heiligen Israels gelästert. Darum entbrennt der Zorn des Herrn wider sein Volk und schlägt zu." Es ist die Frage, ob V 7 nur einen Gerichtstopos bietet oder ob sich hier bereits die Erfahrung der Zerstörung Jerusalems im Jahr 70 durch Titus ausspricht. Die Beantwortung bietet auch eine Stütze für die Bestimmung der Abfassungszeit des Evangeliums. Gegen einen Bezug auf das Jahr 70 ist eingewendet worden, daß Jesus gemäß 28,19f seine Jünger unmittelbar nach seiner Auferstehung zur Heidenmission aussendet, während dies nach der entsprechenden Deutung unseres V 7 erst nach der Zerstörung Jerusalems denkbar sei[29]. Wer so argumentiert, überstrapaziert die bildhafte Aussage und verkennt die historischen und theologischen Folgen, die sich für die frühe Christenheit aus der Zerstörung Jerusalems ergaben. In der Argumentation des Mt ist diese nicht der Auslöser, aber die Bekräftigung der Hinwendung des Evangeliums an die Heidenvölker.

8–10 Diese wird nunmehr beschrieben. Wenn die jetzt ergehende Weisung des Königs präsentisch eingeführt ist (τότε λέγει), soll das vielleicht die für die Zukunft bleibende Gültigkeit des Auftrags anzeigen. Die Hochzeit wird nicht abgesagt, die Basileia muß gefeiert werden. Die Unwürdigkeit der Geladenen, die eigens festgestellt wird, bestätigt nochmals die Privilegien Israels. Jetzt ist eine neue Situation gegeben. Das Auftragswort „Gehet!" ist dem Missionsbefehl nachempfunden (28,19). Auch das ange-

---

[26] Das Material hat RENGSTORF, Stadt 108ff, gesammelt.
[27] Vgl. RENGSTORF, Stadt 122f.
[28] Einzelne Hss schließen V 7 wie folgt an: Und als jener König es hörte (CW 0138 sy^h); der König aber hörte es (Θ f[13] lat sy^p mae). D f[1] sy^c lesen den Singular: er schickte *sein Heer.*
[29] So GUNDRY 437. Auch RENGSTORF, Stadt 125, lehnt einen Bezug auf das Jahr 70 ab und meint, mit dem Topos auskommen zu können.

gebene Ziel: die Ausgänge der Straßen weist in dieselbe Richtung. Man wird dabei nicht an die Wegkreuzungen denken dürfen, sondern an die Tore der Stadt, von denen aus die Straßen in das Land ihren Ausgang nehmen[30]. Die Knechte ziehen hinaus. Schon im Auftragswort „wen ihr findet, ladet zur Hochzeit" ist eine bestimmte Entwicklung angezeigt. Die Einladung soll schlechterdings alle erreichen. Im Zusammenbringen Böser und Guter – die Ersterwähnung der Bösen ist nicht zufällig – setzt sich die Entwicklung fort. Ihre Versammlung (συνήγαγον) assoziiert den Begriff Synagoge. Sie werden eingebracht in die Kirche. Wenn sich Mt in der Beziehung des neuen Gottesvolks für den Begriff ἐκκλησία entscheidet, befindet er sich schon in einer Tradition (vgl. zu 16,18). Der terminus technicus συναγωγή, der auch bereit gestanden hätte, wird vermieden. Mt stellt uns somit die Kirche als ein compositum mixtum von Bösen und Guten dar. Anders als in der Deutung des Gleichnisses vom Unkraut (13,36–43), wo das Problem des Bösen gleichfalls thematisiert wurde, ist hier nicht die Welt als das Reich des Menschensohnes im Blick[31]. Dies verbietet auch der gedankliche Duktus unserer Geschichte, der von Israel zum neuen Gottesvolk voranschreitet. Freilich ist dem Text nicht zu entnehmen, daß Juden von nun an ausgeschlossen oder in der Kirche nicht zu finden wären. Es ist nicht zu vergessen, daß die Geschichte gegen die jüdischen Führer gerichtet ist. Die Stadt, über die das Gericht hereinbricht, ist in Sonderheit ihre Stadt. Gegen den Willen der Unwürdigen (vgl. zu 21,38) kommt das Hochzeitsfest doch zustande. Der Saal ist angefüllt mit Gästen[32]. Mit der Erwähnung der Bösen ist ein neues Spannungsmoment in die Erzählung gekommen, das auf eine Lösung zielt. So ist die folgende Episode vorbereitet.

11 Der König tritt in den Hochzeitssaal ein. Durch seine Anwesenheit ist das Fest in besonderer Weise ausgezeichnet. Jedoch wird nichts mehr vom festlichen Mahl erzählt, sondern nur davon, daß der König seine Gäste besichtigt. Die Visitation wird zur Allegorie auf das endzeitliche Gericht. Ein einzelner Tischgast wird herausgegriffen, weil er ohne hochzeitliches Kleid erschienen ist. Die Frage, wie er als ein von draußen Hereingerufener zu einem solchen Kleid hätte kommen können, kann nicht gestellt werden. Rabbinische Gleichnisparallelen sind hier plausibler (s. oben Punkt I). Wir hören zwar im AT wiederholt von Festkleidern als Geschenk

---

[30] Wer an die Wegkreuzungen denkt, betont im Wort διέξοδος die erste Präposition. Die LXX verwendet das Wort ca. 25mal, etwa für die Ausgänge einer Quelle oder die Endpunkte einer Grenzlinie (Nm 24,4.5.8.9.12; Jos 15,4.7.11; 16,3.8; ψ 67,20).
[31] Vgl. VÖGTLE, Einladung 214f.
[32] Für Hochzeitssaal lesen DKWXΔΘ f[1.13] 28 33 565 vg: ὁ γάμος, Sinaiticus B* L 0138 892: ὁ νυμφών. Das erste Wort (= Hochzeit, Hochzeitsmahl) kann nur im übertragenen Sinn auf den Hochzeitssaal angewendet werden. Als lectio difficilior ist es zu bevorzugen. – Dem ἐπλήσθη in V 10 liegt nicht die Vorstellung eines Maßes zugrunde, das erfüllt werden muß. So BAUMBACH, Verständnis 73, mit Hinweis auf 24,14. B. übersieht, daß Böse und Gute gekommen sind, die Scheidung also noch bevorsteht.

(Gn 45,22; Ri 14,12; 2 Kg 5,22), ein Brauch, den Gästen an der Tür des Festsaales ein Festgewand zu reichen, konnte jedoch nicht nachgewiesen werden. So wird man sich mit dem Hinweis begnügen müssen, daß andere Gäste dieses Festkleid tragen. Es mag nur an ein sauberes Kleid gedacht sein. Natürlich besitzt es metaphorische Bedeutung.

Seine Deutung hat die interpretatorische Phantasie vor allem angeregt: das Leben aus dem Glauben; die Rechtfertigung aus dem Glauben; das endzeitliche Heil mit Verweis auf Is 61,10; Henaeth 62,15; die Erfüllung des Gesetzes; die Werke der Gerechtigkeit[33].

Das hochzeitliche Kleid muß etwas bezeichnen, für das der Mensch Verantwortung trägt. Seine nähere Bestimmung hat über vergleichbare Texte im Evangelium zu erfolgen. In anderen Gerichtsschilderungen bei Mt wird der Mensch nach seinem Tun gerichtet, daß er die Worte der Bergpredigt nicht nur gehört, sondern auch getan hat (7,24ff), daß er den Willen des Vaters getan hat (7,21), daß er die Werke der Barmherzigkeit aufzuweisen hat (25,41ff). Somit ist es das Tun der Gerechtigkeit (vgl. 3,15).

12f Vom König zur Rechenschaft gezogen, verstummt der Mensch, Eingeständnis der Schuld, Einsicht in die ausweglos gewordene Lage. Die an ihn gerichtete Frage bestreitet ihm das Recht, an der Feier teilzunehmen. Die Diener (διάκονοι) sollen vielleicht die Gerichtsengel darstellen. Der Ausschluß von der Tafel durch den Gastgeber wurde als schwerer Schimpf empfunden[34]. Mt metaphorisiert den Ausschluß wieder mit Hilfe der Bilder von der extremen Finsternis, wo sie heulen und mit den Zähnen knirschen (vgl. 5,12; 25,30)[35]. „Die Frevler ..., Gefesselte einer langen Nacht, eingeschlossen in den Häusern, von der ewigen Vorsehung verbannt" (Weish 17,2).

14 Mit einer apokalyptischen Sentenz schließt die Erzählung ab, mit deren Hilfe Mt die Quintessenz herausstellt (vgl. 20,16). Sie ist nochmals Antwort auf die Frage, wer gerettet wird. Die Antwort lautet: die Erwählten, nicht ohne weiteres die Berufenen. Verschärft wird die Antwort durch die Kontrastierung viele – wenige. Hat Mt den Heilspessimismus der Apokalyptik geteilt, wo solche Sentenzen verbreitet und auch die Erwählten wichtig waren?[36] So sagt 4 Esr 8,41: „Nicht alle werden Rettung finden, die in der Welt gesät sind" (noch schärfer 8,3). Die Anzahl der Erwählten

---

[33] In der Reihenfolge: CHRYSOSTOMOS; die ältere protestantische Exegese (bei EICHHOLZ, Gleichnisse 70); JEREMIAS, Gleichnisse 187f; BAUMBACH, Verständnis 74; TRILLING: BZ 4 (1960) 259f.
[34] Vgl. BILLERBECK I 882f.
[35] Der Befehl des Königs ist unterschiedlich überliefert. Varianten sind: Packt ihn an Füßen und Händen und werft ihn ... (D it); Bindet ihn an Füßen und Händen, packt ihn und werft ihn hinaus ... (CW 0138f).
[36] Zu den Erwählten vgl. Henaeth 29,17; Mt 24,22.24.31 (synoptische Apokalypse); Weish 3,9; 4,15.

galt in der Apokalyptik als geheim (Apk Abr 29,17). Wer sind die Berufenen? κλητός, in den Paulusbriefen siebenmal anzutreffen, haben wir in den Evangelien nur hier[37]. Als Resümee der Geschichte darf man die Sentenz nicht auf die zur Kirche berufenen Heiden beschränken, das heißt, nur auf die VV 8 ff zurückbeziehen[38]. Das widerspräche auch dem mt Basileia-Konzept, nach dem diese mit der Erwählung Israels ihren Anfang nimmt. Zu den Berufenen gehörten auch die Juden, auch die Hohenpriester und die Pharisäer, mit denen sich Jesus gerade auseinandersetzt. Faktisch kommt die Sentenz darauf hinaus, daß alle berufen sind, nicht alle aber zu den Erwählten gehören, das Ziel wirklich erreichen. Die Sentenz ist mehr als Paränese oder die sinnvolle Warnung: Viele Gäste, wenig Beste[39]; mehr auch als der den Dionysoskult betreffende Warnspruch: Viele tragen zwar den Stab (das Zeichen dionysischer Begeisterung) zur Schau, nur wenige aber sind wirklich begeistert[40]. Weil faktisch alle berufen sind, stimmt Mt mit dem apokalyptischen Heilspessimismus nicht überein. Dennoch schwingt in der Erwählung der Ratschluß Gottes mit. Über die Zahl spricht sich Mt nicht aus. Sie wird gewiß auch für ihn Geheimnis gewesen sein. So wird die Sentenz zu einem eschatologischen Rat, zu einem dringenden Appell, dem Ruf im Leben ganz zu entsprechen[41].

III
a) Die Geschichte Gottes mit seinem Volk als die Geschichte der Himmelsherrschaft, die in der Zeit anhebt und am Ende der Zeit ihre Vollendung finden wird, ist das Thema, das Mt mit Hilfe eines vorgegebenen Gleichnisses zu entfalten versucht. Die Geduld Gottes mit dem alten Volk und dessen Widerspenstigkeit bestimmen den ersten Teil, der mit der Strafexpedition gegen die Stadt Ende und Wende findet. Die Herbeiholung eines neuen Volkes, dessen Geschichte an die des alten anschließt, und dessen Bewährung und Gefährdung bilden den zweiten. Am Ende steht das Gericht mit der Parusie des Königs. Man sollte bei der Feststellung polemischer und scharfer Töne gegen Israel nicht den Zusammenhang übersehen, der unter dem gemeinsamen Dach der Basileia für die Kirche mit Israel besteht. Und man sollte gleichfalls nicht außer acht lassen, daß E auch das neue Volk bedroht und auf die Probe gestellt sieht. Die Schärfe des Schwertes richtet sich gegen die Führer Israels, die Jerusalem als Symbol und Repräsentanz des alten Volkes verspielen. Weiter ist die christologische Zentriertheit der Geschichte wichtig. Zwar wird der Sohn, der Bräutigam, nur am Anfang erwähnt, aber für ihn wird das Fest gefeiert, der König lädt zu seiner Hochzeit ein. Am Messias Jesus scheiden sich die Geister. Mt akzentuiert das hochzeitliche Kleid und damit das

---

[37] Apk 17,14: κλητοὶ καὶ ἐκλεκτοί!
[38] Gegen KRETZER, Herrschaft 184.
[39] Vgl. JÜLICHER, Gleichnisreden II 426.
[40] Bei PLATO, Phaed. 69c; XENOPHON, Cyrop. II 3,8.
[41] L f¹ 700 892 sa lesen mit Artikel: Denn viele sind *die* Berufenen, wenige aber *die* Auserwählten. Dabei ist dann an begrenzte Gruppen gedacht.

Tun der Gerechtigkeit. Sie ist Kriterium des Gerichts, das über den einzelnen ergeht. Beschafft sich der Mensch selber sein Heil? Die Frage stellen heißt, sie verneinen. Die Himmelsherrschaft ist gewährt. Man wird in sie gerufen und für sie erwählt. Zwischen Ruf und Erwählung liegt die Zeit der Bewährung. Aber die Zeitspanne besteht nur aus menschlicher Perspektive. So muß sich der Begnadete bewähren.

b) Das Gleichnis vom großen Gastmahl, dessen genaue Rekonstruktion hier nicht geleistet werden kann, geht sicher auf Jesus zurück. Das Erzählgerüst dieses Gleichnisses, an das nochmals zu erinnern ist, umfaßte dies: Ein Mensch lädt zu seinem Mahl ein, sie lehnen ab; daraufhin werden Ersatzgäste geladen, sie kommen. Jeremias [42] hat für die Erklärung des extravaganten erzählerischen Zuges, daß alle Erstgeladenen ablehnen, auf die rabbinische Geschichte vom reichen Zöllner Bar Majan verwiesen, die im Hintergrund stehen soll. Sie erzählt von einem neureichen Parvenu, der die Hautevolee der Stadt zu sich zum Mahl bittet, aber einhellig ignoriert wird. Um sich zu revanchieren, lädt er jetzt die Bettler von den Straßen ein, die sein Haus bereitwillig füllen. Jeremias vermag auf diese Weise, die vermutete Anklage Jesu, daß die Theologen und Frommen den Ruf Gottes in den Wind schlagen, die Verachteten und Gottesfernen hingegen ihn annehmen, eindrücklich zu konterkarieren. Diese Rekonstruktion aber baut auf der lk Besonderheit auf, daß anstelle der Erstgeladenen die Armen, Krüppel, Blinden, Lahmen, also die Bettler der Stadt, kommen, einem Zug, der von den Exegeten nahezu einstimmig als LkR angesehen wird [43], von der Problematik, ob die Geschichte vom Zöllner Bar Majan nicht jüngeren Datums ist, ganz abgesehen. Weder und Harnisch [44] weigern sich, von einem Wechsel des geladenen Publikums zu sprechen. Konfrontiert seien vielmehr zwei mögliche Weisen, auf die Einladung zum Fest zu reagieren. Die eine stellt die Notwendigkeiten des Alltags – Geschäft, Handel und Familie – über die Freude des Festes. Bei ihr verliert der Mensch sich selbst, seine Zeit. Bei der anderen läßt er sich in die Gemeinschaft der Feiernden führen. Er gewinnt das Glück selbstvergessener Gegenwart, erfüllte Zeit. Die Entschuldigungen der lk Version, mit denen die Geladenen ihre Absage begründen, werden bei dieser Auslegung wichtig. Ihre Zugehörigkeit zur Jesus-Parabel sollte auf jeden Fall nicht bestritten werden [45]. Ist es aber berechtigt, den Austausch der Gäste in der Parabel auf zwei Seiten im Hörer zu übertragen? Konnte die Geschichte so verstanden werden? Die Puppenhochzeit in Büchners „Leonce und Lena", die Harnisch zu Rate zieht, auf der zum Verdruß aller Gäste das königliche Brautpaar nicht erscheint und maskierte Passanten dessen Rolle auf Geheiß des Königs übernehmen müssen, hat seine Pointe darin, daß am Ende des burles-

---

[42] Gleichnisse 178f.
[43] Vgl. die Rekonstruktionen von VÖGTLE, Einladung 190; WEDER, Gleichnisse 185f; SCHULZ, Q 396f; HARNISCH, Gleichniserzählungen 241f.
[44] WEDER, Gleichnisse 189f; HARNISCH, Gleichniserzählungen 246–252.
[45] Gegen SCHULZ, Q 395, mit den in Anm. 43 genannten Autoren.

ken Spiels das maskierte Paar sich als das echte zu erkennen gibt. Die Identität der Personen in der Verschiedenheit der Rollen aber ist in der Parabel gerade nicht gegeben. So wird man bei der Kritik an den Frommen und der Heilszusage an die Verachteten, die nicht der Staffage der Bettler bedürfen, als der Intention der Jesus-Parabel bleiben wollen und – durch Harnisch belehrt – den Entschuldigungen größeres Gewicht beimessen müssen. Die Überschätzung des Alltags, die zum Heilsverlust führt, und das Freisein für das Spiel der Herrschaft Gottes gewinnt wahrscheinlich durch die Veranschaulichung, die die Musterfrommen und das „gewöhnliche Volk" gewähren, an Eindringlichkeit[46].

c) Ausgangspunkt der Geschichte vom königlichen Hochzeitsmahl ist die Basileia als das Fest der Freude. Obwohl bei Mt dieser Ton der Freude zweifelsohne überdeckt ist, sollte er nicht überhört werden. Positiv heißt das, die Geladenen sollen den Ruf freudig annehmen. Unlustige Annahme der Einladung ist nicht viel besser als Ablehnung[47]. Ist für Mt gewiß der Zusammenhang von Israel und Kirche ein bedeutsames Thema, so lehrt er uns doch, wie man mit der Einladung, dem Ruf umgeht. Die Erfahrung ist auch heute, daß viele den Ruf nicht annehmen oder angenommen haben und sich nicht sonderlich darum kümmern. Daraus entsteht die Frage nach der Partikularität oder Universalität der Kirche, die – nach Ebeling[48] – die Pneumatologie von Anfang an durchzieht. Prinzipiell für alle Menschen bestimmt und offen, erreicht die Kirche immer nur einen Teil. Mt beurteilt die Lage sehr realistisch, man möchte sagen: zu realistisch, wenn auch nicht pessimistisch. Er stellt die Kirche als compositum mixtum oder, anders ausgedrückt: als Kirche der Sünder dar. Es gibt nicht die reine Gemeinde der Endzeit[49]. Gott hat das letzte Wort. Er erwählt. Der Erwählungsgedanke schließt paradoxerweise die menschliche Freiheit nicht aus. In seiner Freiheit soll sich der einzelne bewußt werden, daß es ein Zu-Spät geben kann[50].

LITERATUR: E. LINNEMANN, Überlegungen zur Parabel vom großen Abendmahl: ZNW 51 (1960) 246–255; W. TRILLING, Zur Überlieferungsgeschichte des Gleichnisses vom Hochzeitsmahl Mt 22,1–14: BZ 4 (1960) 251–265; V. HASLER, Die königliche Hochzeit: ThZ'18 (1962) 25–35; K. H. RENGSTORF, Die Stadt der Mörder: Judentum-Urchristentum-Kirche (Festschrift J. Jeremias) (BZNW 26) (Berlin ²1964) 106–129; H. SCHLIER, Der Ruf Gottes: Besinnung auf das NT. Exegetische Aufsätze und Vorträge

---

[46] Es ist abwegig, wenn für HAENCHEN, Gleichnis 153f, die vorgeschlagene Deutung zum Anlaß wird, die Authentie des Gleichnisses in Frage zu stellen. Das Gleichnis spricht weder von einem theologisch notwendigen noch einem historischen Nacheinander, sondern geht auf Hörerdispositionen ein. Daß die Frommen die Erstgeladenen sind, entspricht deren Selbstbewußtsein. VÖGTLE, Einladung 194f, sieht schon für die Jesus-Parabel in den Ersatzgästen die Heiden. Auch das kann nicht überzeugen.
[47] Vgl. BARTH, Dogmatik II/2, 653.
[48] Dogmatik III 75. – BALTHASAR, Stand 382, vertritt die Auffassung, daß viel mehr Menschen zur persönlichen Christus-Nachfolge berufen wären; das heißt doch wohl, sich mit der Halbheit begnügen.
[49] Gegen WEBER, Dogmatik II 493.
[50] Vgl. FRITZSCHE, Dogmatik II 200; THIELICKE, Glaube I 128.

II (Freiburg 1964) 219-226; S. PEDERSEN, Zum Problem der vaticinia ex eventu: StTh 19 (1965) 167-188; E. HAENCHEN, Das Gleichnis vom großen Mahl: Die Bibel und wir. Gesammelte Aufsätze II (Tübingen 1968) 135-155; F. HAHN, Das Gleichnis von der Einladung zum Festmahl: Verborum Veritas (Festschrift G. STÄHLIN) (Wuppertal 1970) 51-82; A. VÖGTLE, Die Einladung zum großen Gastmahl und zum königlichen Hochzeitsmahl: Das Evangelium und die Evangelien (KBANT) (Düsseldorf 1971) 171-218.

28. Die Steuerfrage 22,15-22

15 Da gingen die Pharisäer hin und faßten einen Beschluß, daß sie ihn in der Rede fingen. 16 Und sie schickten ihre Jünger zu ihm mit den Herodianern und sagten: Lehrer, wir wissen, daß du wahrhaftig bist und den Weg Gottes in Wahrheit lehrst und dich um niemanden scherst. Denn du blickst nicht auf die Person der Menschen. 17 Sage uns also, was meinst du? Ist es erlaubt, dem Kaiser Steuer zu zahlen oder nicht? 18 Jesus aber erkannte ihre Bosheit und sprach: Was versucht ihr mich, Heuchler? 19 Zeiget mir die Steuermünze! Sie aber reichten ihm einen Denar hin. 20 Und er sagt ihnen: Wessen Bild ist dies und die Aufschrift? 21 Sie sagen ihm: Des Kaisers. Da sagte er ihnen: Gebet also, was des Kaisers ist, dem Kaiser, und was Gottes ist, Gott! 22 Und als sie das hörten, wunderten sie sich. Und sie verließen ihn und gingen fort[1].

I
Die Auseinandersetzungen mit verschiedenen Gegnern, die bis zum Ende des 22. Kapitels reichen, die fälschlich sog. Jerusalemer „Streitgespräche", hat E in ihrer mk Reihung belassen. Die erste Auseinandersetzung um die Steuer hat er – in Übereinstimmung mit Mk – enger an das Vorangehende angeschlossen, vom Folgenden aber durch eine Schlußbemerkung (22b) etwas abgehoben, vermutlich um den episodisch auftretenden Sadduzäern den Platz einzuräumen. Ansonsten sind es die Pharisäer, die auch hier das Feld beherrschen. Deren Verbindung aber mit den Herodianern hat er in V 16 beibehalten (vgl. Mk 12,13).

Die Gestalt des Gesprächs: Anrede, Captatio benevolentiae der Gegner, ihre Frage (als Doppelfrage formuliert); vorwurfsvolle Gegenfrage Jesu, Aufforderung, die Steuermünze vorzuweisen, mit einer Frage verbunden; Antwort der Gegner und abschließende Feststellung Jesu stimmt vollständig mit parMk 12,13-17 überein. Das Gespräch ist nach dem Vorbild rabbinischer Lehrgespräche gefaßt, in denen auch die Demonstration beliebt ist. Der Schlußsatz (21 b) ist der Merksatz (Apophthegma), auf den es insbesondere ankommt. Von einem Streitgespräch kann man korrekter-

---

[1] Verschiedene Textvarianten erklären sich aus Paralleleinfluß, wie in V 16: πρὸς αὐτόν/vgl. Mk 12,13 (D a c f); in V 17: die Auslassung von „Sage uns also"/vgl. Mk 12,14 (D it sy^s) + „was meinst du?" (1424); in V 21: die Auslassung von αὐτῷ/vgl. Lk 20,24 (Sinaiticus B sy^p).

weise nicht sprechen, denn die Gegenmeinung der Kontrahenten wird nicht bekanntgegeben, darum auch nicht überwunden[2].

Dennoch hat E einige erwähnenswerte Eingriffe an der Mk-Vorlage vorgenommen. Zunächst hat er die Exposition neu gestaltet. Während nach Mk 12,13 Pharisäer und Herodianer die Abgesandten sind (vermutlich von den Synhedristen gesendet), sind nach Mt 22,15f die Absender die Pharisäer. Sie schicken ihre Jünger und Herodianer zu Jesus gemäß einem Beschluß, den sie gefaßt hatten. συμβούλιον λαμβάνειν ist eine von Mt bevorzugte Wendung (noch 12,14; 27,1.7; 28,12), παγιδεύω (= mit der Schlinge fangen) hingegen ist hapax legomenon im NT. In der Captatio benevolentiae stellt E den „Weg Gottes", den Jesus lehren würde, an den Anfang (V 16; vgl. Mk 12,14). Damit erhält die Auseinandersetzung umfassendere Bedeutung. Die Lehre Jesu rückt in das Zentrum[3]. Die Doppelfrage der Abgesandten ist abgewandelt. „Sage uns also, was meinst du?" (vgl. 17,25; 18,12; 21,28; 22,42; 26,66) ist hinzugetreten, dafür ist „Sollen wir sie zahlen oder nicht zahlen?" ausgelassen (V 17; vgl. Mk 12,14). In V 18 ist der Vorwurf verschärft: Statt „Er aber erkannte ihre Heuchelei" (Mk 12,15) heißt es: „Jesus aber erkannte ihre Bosheit" und schimpft sie „Heuchler". Für „Reicht mir einen Denar" (Mk 12,15) liest man: „Zeiget mir die Steuermünze" (V 19). Im Merksatz V 21 vertauscht E Akkusativ- und Dativ-Objekt („was des Kaisers ist, dem Kaiser usw."; Mk 12,17: „dem Kaiser, was des Kaisers ist usw."). Die Abschlußsentenz „Und sie verließen ihn und gingen fort" (V 22b), las man in Mk 12,12 schon am Ende der Winzerparabel. Insgesamt hat die mt Redaktion den Text pointierter gestaltet, die Fronten verschärft.

II

15f Von Beschlußfassungen der Pharisäer bzw. der Führer Israels, die gegen Jesus gerichtet sind, hören wir auch in 12,14; 27,1[4]. Sie beschließen, ihn in der Rede (wie mit einer Schlinge) zu fangen. Das anschauliche seltene Verb παγιδεύω ist ein Proprium des Griechisch der Bibel und kirchlicher Schriftsteller[5]. Übernimmt Mt die Wendung „in der Rede fangen" aus dem Rabbinischen?[6] Um ihren Zweck zu erreichen, schicken die Pharisäer ihre Schüler im Verein mit den Herodianern zu Jesus. Von Pharisäerjüngern hören wir innerhalb der Evangelien nur mehr in Mk 2,18 (vgl. Mt 12,27). Die Formulierung ist ungenau, weil die Pharisäer keine

---

[2] Etwas anderes ist die Meinung SCHLATTERS 644, daß in den Auseinandersetzungen 22,15ff jede auftretende Gruppe Jesus die Meinung ihrer eigenen Gegner zutrauen würde. In unserem Fall wäre das die zelotische Meinung. Aber woher weiß das Schlatter?

[3] Vgl. SAND, Gesetz 63f.

[4] Von diesen Stellen her ist vermutlich κατ' αὐτοῦ sekundär in V 15 eingedrungen in C[2] ΔΘ 0233 f[1] 33 205 bo.

[5] LXX 1 Kg 28,9; Prd 9,12. Vgl. Passow II/1,617.

[6] Belege bei BILLERBECK I 188 (zu Mt 4,19). Wer einen in der Rede fängt, ist ein Menschenjäger.

Jünger um sich scharten. Wohl taten dies die Schriftgelehrten. Es wird somit an Schriftgelehrte pharisäischer Provenienz zu denken sein. Die Herodianer begegnen uns in unserem Evangelium nur an dieser Stelle (sonst nur noch Mk 3,6; 12,13). Man kann fragen, warum Mt sie hier beibehielt, nachdem er sie in 12,14 (parMk 3,6) gestrichen hatte. Bei den Herodianern ist an Parteigänger der Herodes-Dynastie, am besten an Parteigänger Agrippas I. (41–44 n.Chr.) zu denken, der mit den Pharisäern sympathisierte und mit diesen gemeinsame Sache gegen die Christen machte. Zu den Römern besaßen sie ein zwiespältiges Verhältnis[7]. A. Schalit[8] möchte ihnen eine messianische Verehrung Herodes' d.Gr. zuschreiben. Diese Auffassung, die auf späten Quellen beruht, ist unwahrscheinlich. Beides, sowohl ihr Sympathisieren mit den Pharisäern als auch ihre ambivalente Position Rom gegenüber, kann für Mt der Anlaß gewesen sein, die Herodianer in der brisanten Perikope von der Steuermünze zu belassen und darüber hinaus sie sogar der pharisäischen Delegation zuzuordnen.

Nachdem sie ihn in der Rede fangen wollen, kann die der eigentlichen Fragestellung vorausgeschickte Ergebenheitsadresse nur als Täuschungsmanöver verstanden werden. Die Anrede „Lehrer", an Jesus gerichtet, finden wir bei Mt fast ausschließlich im Mund der Gegner (12,38; 22,24.36; vgl. 9,11; 17,24). Sie bestätigen ihm, den Weg Gottes, das heißt, die mit dem Willen Gottes übereinstimmende Lehre, ohne Rücksicht auf menschliche Vorurteile, uneingeschränkt zu lehren. Nachdem Mt den Aspekt des Weges Gottes an den Anfang setzt, streicht er die Bedeutung der Auseinandersetzung für die Lehre heraus. Die Fragesteller geben ihre Meinung nicht kund, wollen aber in der einverlangten Stellungnahme Jesu einen Angriffspunkt gewinnen, um seine Lehre schädigen zu können.

17 Jesus soll Stellung beziehen zur Erlaubtheit der kaiserlichen Steuer, die seit der Bestellung eines römischen Statthalters für die Provinz Judäa im Jahr 6 n.Chr. dort gefordert wurde. Sie machte den Juden ihre politische Abhängigkeit bewußt und stellte in gleicher Weise ein politisches wie theologisches Problem dar. Die Zeloten lehnten die römische Steuer strikt ab mit der Begründung, daß man nach Gott keinem sterblichen Gebieter untertan sein dürfe[9]. Die Pharisäer empfanden die Steuer zwar als schwere Last, hatten sich aber für deren Zahlung entschieden.

Angesprochen ist die Kopfsteuer (tributum capitis), die die Römer von allen, Männern, Frauen und Sklaven, vom 12. bzw. 14. bis 65. Lebensjahr verlangten[10]. Über die Höhe der Kopfsteuer sind wir nicht sicher informiert. Sie dürfte für alle oder für ganze Bevölkerungskategorien gleich

---

[7] Vgl. GNILKA, Markus I 128f.
[8] König Herodes (SJ 4) (Berlin 1969) 479. Zu den hier angegebenen Belegen ist noch zu vergleichen TERTULLIAN, praescr. haer. 45.
[9] Vgl. JOSEPHUS, bell. 2,118; ant. 18,4.
[10] Vgl. SCHÜRER, Geschichte I 551ff. Die Altersangaben gelten für Syrien.

hoch gewesen sein[11]. Aus unserer Perikope entnahm man in der Regel die Auffassung, daß sie einen Denar betragen habe. Die sog. Judensteuer (fiscus Judaicus), die Kaiser Vespasian nach dem Römisch-Jüdischen Krieg im Jahr 70 eingeführt hat, betrug zwei Denare und glich in ihrer Höhe der Tempelsteuer (vgl. 17,24ff)[12].

Die Frage ist so formuliert, daß sie eigentlich nur mit Ja oder Nein beantwortet werden konnte. Beides hätte Jesus fragwürdig erscheinen lassen können: im Fall eines Ja hätte er die wichtige theologische Problematik überspielt, im Fall eines Nein hätte er als Aufrührer angezeigt werden können (vgl. Lk 23,2). Die Frage, ob etwas erlaubt sei, war schon wiederholt an ihn gerichtet worden (12,10; 19,3). Sie fragt nach Gottes Gebot und Wille[13].

18f Jesus durchschaut das Versucherische der Anfrage, daß es ihnen nicht darum geht, ein weisendes Wort von ihm zu erhalten. Er erkennt das menschliche Herz und sieht die Bosheit[14]. Die Schelte „Heuchler" richtet sich nicht nur gegen die Verstellung, sondern auch gegen die dahinter liegende Gottlosigkeit. Dies ist ein Verständnis der Heuchelei, das bereits in der LXX vorgeprägt ist[15]. Wenn er sich die Steuermünze zeigen läßt, ist ein Zweifaches zu bedenken. Soll angedeutet sein, daß Jesus nicht über das Geld verfügt, während es seine Kontrahenten flugs zur Hand haben? Dann wäre er als der Mittellose und Arme dargestellt (vgl. 8,20). Ferner ist der Tempel als Schauplatz des Geschehens in Erinnerung zu rufen. Das Bild des Kaisers auf dem Denar verletzt die Würde des Ortes. So entsprach es jüdischem Empfinden. Indem sie ihm im Tempelareal einen Denar vorweisen, überführen sie sich selbst.

20–22 Die Münze ist Machtsymbol. Bild und Aufschrift[16] weisen es aus. Für die Münzprägung galt der Grundsatz, daß das Herrschaftsgebiet eines Kaisers/Königs sich mit dem Gültigkeitsgebiet seiner Münzen deckt. Der zur Zeit des Kaisers Tiberius verbreitetste Denar, eine Silbermünze, trug die Aufschrift: Tiberius Caesar Divi Augusti Filius Augustus Pontifex Maximus (Kaiser Tiberius, des göttlichen Augustus anbetungswürdiger Sohn, oberster Priester)[17]. Das der Münze aufgeprägte Bild des Kaisers nimmt Jesus als argumentum ad hominem dafür, daß dem Kaiser die Steuer gebührt. Die Pointe der Sentenz liegt aber in dem Nebeneinander von Kaiser

---

[11] In Ägypten war die Kopfsteuer nicht schlechterdings für alle Einwohner gleich hoch. Vgl. SCHÜRER, Geschichte I 512 Anm. 11.
[12] Vgl. SCHALIT (Anm. 8) 272.
[13] f[1] sy[s] formulieren: Ist es *uns* erlaubt.
[14] πονηρία verwendet Mt nur hier; πονηρός hingegen häufig. W und einzelne Hss der vg lesen den Plural τὰς πονηρίας.
[15] Vgl. zu Mt 6,2 Bd I 204 dieses Kommentars.
[16] Beide Begriffe stehen auch DIO CHRYSOSTOMOS 31,61 nebeneinander.
[17] Vgl. GNILKA, Markus II 153. – DLZΘ f[13] 33 892 lat sy[s.c.p.] bo führen in V 20 die Rede Jesu ein mit: Und Jesus sagt ihnen.

und Gott[18]. Dieses kann nicht als beschwichtigendes Nebeneinander gesehen werden. Bei Anerkenntnis der kaiserlichen Steuer ist Gott unter allen Umständen als jener anzusehen, dem der größere Gehorsam gebührt. Wenn man die Basileia-Predigt mitberücksichtigt, erscheint die imperiale Macht in ihrer Vergänglichkeit, die Gottesherrschaft aber als die bleibende und endgültige. Im Konfliktfall ist dem Kaiser der Gehorsam aufzukündigen und allein Gott zu leisten. Es ist aufschlußreich, daß Jesus nicht mit dem erwarteten Ja oder Nein antwortet, sondern eine Weisung gibt, die im konkreten Fall dem einzelnen die Entscheidung ermöglichen hilft, aber nicht abnimmt. Sie weist über die Steuerfrage hinaus. Gott ist in jedem Fall mehr zu gehorchen als den Menschen. Es ist für dieses grundlegende Verständnis nicht notwendig, zum Begriffspaar Bild des Kaisers/Kaiser die Parallele Bild Gottes/Gott zu schaffen und beim Bild Gottes dann an den Menschen zu denken[19]. Die Parallele ist nicht angedeutet. Das Wort ist klar genug. Das Verwundern der Gegner ist nicht Aufbruch zu einem Gesinnungswandel. Es ist eine Mischung von Bewunderung und Unverständnis. Sie müssen sich geschlagen geben und ziehen wortlos ab.

III

a) b) Für Mt sind die Pharisäer die Hauptkontrahenten Jesu in der Lehre. Die Auseinandersetzung um die Steuermünze wie auch die folgenden sind Auseinandersetzungen in der Lehre über den Weg Gottes. In der Steuerfrage bezieht Jesus eine Position, die der Auffassung der Pharisäer verwandt ist, von der Position der Zeloten setzt er sich ab. Die Problematik hatte für Mt nicht mehr die Brisanz, die sie vor dem Jahr 70 in Israel besaß. So wird für ihn die Weisung Jesu für die Gemeinde wichtig gewesen sein. Gott und seine Herrschaft überragen jeglichen menschlichen Anspruch. In der Situation des historischen Jesus erscheint die Thematik in einem schärferen Licht. Von seinem Aktualitätsbezug, von seinem Tenor her, von der in ihm enthaltenen Überlegenheit der geistlichen Autorität über die imperiale Macht paßt der Text völlig zu Jesus und seiner Botschaft[20], mag er auch in der schriftlichen Aufzeichnung stilisiert worden sein. Für Jesus war die Umkehr als die entscheidende Forderung Gottes in eschatologischer Stunde wichtiger als Diskussionen über Fragen nationalpolitischen Ranges.

c) Die Perikope tangiert eine unendliche Thematik. Eine zweitausendjährige Kirchengeschichte hat uns eine Vielfalt von geglückten und mißglückten Kirche-Staat-Verhältnissen vorgeführt: Verfolgung der Kirche durch den Kaiser, Umarmung der Kirche durch den Staat, Caesaropapismus, papale Hierokratie, Zweigewalten-Theorie, Laisierung des Staates, Trennung von Kirche und Staat usw. Für unsere Perikope bleibt zu berücksichtigen, daß der Kaiser, von dem Jesus spricht, ein heidnischer Kai-

---

[18] In V 21 ergänzen DΔΘ 565 892 den Artikel: τῷ Καίσαρι.
[19] So jetzt wieder GUNDRY.
[20] Vgl. BRAUN, Radikalismus II 83 Anm. 2

ser in einem heidnischen Reich ist. Es macht einen Unterschied aus, auf welchem Hintergrund man unseren Text sieht, etwa auf dem Hintergrund des Heiligen Römischen Reiches oder des NS-Regimes. Trifft es dann zu, wenn Ebeling[21] sagt, der Glaube vermöge zuallererst die Unterscheidung von Gott und Welt zu treffen? Hat sich der Staat nicht allzuoft des Glaubens bemächtigt? Hat es nicht Überschritte in beide Richtungen gegeben? W. Solowjew[22] klagt über Byzanz, daß Gottes nur das rechtgläubige Dogma, die Pracht der Liturgien sei, des Kaisers aber das tätige Leben, alle menschlichen Beziehungen, die Gesellschaft, die Geschichte. Gott werde beschränkt auf den Tempel und die Zelle des Coenobiten. Der Kaiser habe die soziale Funktion der Kirche absorbiert und der religiösen Seele nur die persönliche Befriedigung einer einsamen und untätigen Tugend belassen. Kierkegaard[23], der sich in der dänischen Staatskirche auskennt, äußert sich zur Emanzipation der Kirche so: „Wenn die Kirche vom Staate frei ist: nun gut; ich finde mich sofort in den gegebenen Zustand. Aber soll die Kirche emanzipiert werden, so muß ich fragen: auf welche Weise; mit welchen Mitteln? Religiöse Bewegung muß religiös bedient werden – sonst ist es ein Falsum. Also muß diese Emanzipation durch Martyrien geschehen." – Und Bonhoeffer[24], der Kämpfer für Gott im NS-Regime, fordert vom Staat Freiheit und Schutz der Predigt und von der Gemeinde, daß sie das ihr vom Herrn aufgetragene Werk ohne Furcht tue.

LITERATUR: L. Goppelt, Die Freiheit zur Kaisersteuer: Christologie und Ethik (München 1968) 208–219; C. H. Giblin, „The Things of God" in the Question Concerning Tribute to Caesar: CBQ 33 (1971) 510–527.

29. Die Auferstehungsfrage (22, 23–33)

23 An jenem Tag traten Sadduzäer an ihn heran und sagten: Auferstehung gibt's nicht, und sie fragten ihn 24 und sagten: Lehrer, Mose sprach: Wenn jemand stirbt, der keine Kinder hat, soll sein Bruder als Schwager seine Frau heiraten und seinem Bruder Nachkommenschaft erwecken. 25 Bei uns aber waren sieben Brüder. Der erste heiratete und starb. Und da er keine Nachkommenschaft hatte, hinterließ er seine Frau seinem

---

[21] Dogmatik II 242.
[22] Der östliche Dualismus: W. Szylkarski u.a. (Hrsg.), Deutsche Gesamtausgabe III (Freiburg 1954) 107.
[23] Tagebücher 491.
[24] Theologie-Gemeinde (München 1960) 362f. – H. U. von Balthasar, Herrlichkeit III/2 (Einsiedeln 1969) 468, meint, Christus überherrsche alle sakral-politischen Instanzen. Thielicke, Ethik II/1, Nr. 265, sieht in V 21 die freie, ungesetzliche Entscheidung des Christen herausgefordert. In der Bindung an Gott sei der Christ frei sowohl für als von dem Kaiser.

Bruder. *26 Desgleichen auch der zweite und der dritte bis zum siebten. 27 Zuletzt aber von allen starb die Frau. 28 Wem von den Sieben nun wird die Frau bei der Auferstehung gehören? Denn alle hatten sie. 29 Jesus aber antwortete und sprach zu ihnen: Ihr irrt, da ihr weder die Schriften noch die Macht Gottes kennt. 30 Denn bei der Auferstehung heiraten sie weder, noch werden sie geheiratet, sondern sie sind wie Engel im Himmel. 31 Habt ihr über die Auferstehung der Toten nicht gelesen, was euch von Gott gesagt ist, der spricht: 32 Ich bin der Gott Abrahams und der Gott Isaaks und der Gott Jakobs? Nicht ist er der Gott der Toten, sondern der Lebenden. 33 Und als die Volksscharen das hörten, gerieten sie außer sich über seine Lehre*[1].

I

Die Frage der Sadduzäer (23–28) und die Antwort Jesu (29–32) machen die beiden Hälften des Textes aus. Eine Bemerkung über die Reaktion des eigens als anwesend erwähnten Volkes schließt ab (33). Die Anfrage der Sadduzäer erfolgt nicht zum Zweck der Belehrung, sondern zur Verteidigung ihrer Meinung, die erwähnt ist und im Gegensatz zur Meinung Jesu steht. Wir haben ein Streitgespräch vor uns. Dabei beruft sich jede Seite auf ein Schriftwort aus der Thora, von den Sadduzäern als Mosewort (24), von Jesus als Gotteswort zitiert (31 b). Formal fällt das viermalige Vorkommen des Wortes ἀνάστασις (τῶν νεκρῶν) auf (par Mk 12,18ff hat es nur zweimal). Die Auferstehung ist natürlich das Thema.

Wieder hat E die Mk-Vorlage anscheinend nur geringfügig verändert. Folgende Eingriffe jedoch sind bemerkenswert: die Perikope setzt mit einer Zeitangabe ein; die Auffassung der Sadduzäer über die Auferstehung wird nicht referiert, sie bringen sie selber vor (23; vgl. Mk 12,18). Das die Schwagerehe betreffende Zitat ist anders gefaßt (24; dazu s. Interpretation). Die Geschichte von den sieben Brüdern wird als ein Fall erzählt, der sich „bei uns" zugetragen hat (25). Die Erzählung ist gestrafft. In der Jesus-Antwort wird das Schriftzitat anders eingeführt. Anstelle von: „Habt ihr nicht im Buch des Mose bei der Stelle vom Dornbusch gelesen, wo Gott zu ihm sprach", heißt es: „Habt ihr nicht gelesen, was euch von Gott gesagt ist, der spricht" (31; vgl. Mk 12,26). Dies erinnert entfernt an die Einführung der Reflexionszitate[2]. In das Schriftzitat ist εἰμι eingefügt, was eine exaktere Zitation bedeutet. Vielleicht sind auch die Artikel vor θεός in V 23 neu (dreimal: der Gott Isaaks, der Gott Jakobs; nicht ist er der Gott der Toten), aber in diesem Fall ist der Mk-Text unsicher überliefert[3]. Die abschließende Rahmenbemerkung V 33 ersetzt fehlendes „Ihr

---

[1] Einzelne Textvarianten erklären sich aus Paralleleinfluß, wie in V 23: Zusätzliches relativisches οἱ (Sinaiticus² EFGΘ 565; vgl. Lk 20,27); in V 24: ἵνα (D) und ἐξαναστήσει (FHΘ 1424; vgl. Mk 12,19); in V 27: zusätzliches καί (DΘ f¹³ 33 1342; vgl. Mk 12,22); in V 30: pluralisches ἐν οὐρανοῖς (Θ mae; vgl. Mk 12,25).
[2] Zu τὸ ῥηθὲν ... ὑπὸ ... λέγοντος vgl. 1,22; 2,15.
[3] Die Rekonstruktion des Mk-Textes braucht hier nicht zu geschehen. Für Mt 22,23 ist οὐκ ἔστιν ὁ θεὸς νεκρῶν mit BLΔ f¹ 33 zu bevorzugen. Die Auslassung des Artikels in

irrt sehr" in Mk 12,27. Das besondere Kennzeichen der mt Redaktion ist die persönliche Gestaltung. Dies gilt sowohl für die Darlegung des Falles seitens der Sadduzäer als auch für die Antwort Jesu, der sich unmittelbar seinen Kontrahenten zuwendet. Auf diese Weise hat der Text auch an Lebendigkeit gewonnen.

II

23 Die bei Mt seltene Zeitangabe „an jenem Tag" (nur noch 13,1)[4] bindet die Perikope an das Vorausgegangene. Sadduzäer treten auf den Plan. Weil der Artikel fehlt – andernfalls: die Sadduzäer[5] –, wirkt ihr Auftreten konkret. Diese Konkretion teilt Mt aber mit den Seitenreferenten[6]. Nur hier und in V 34 werden allein Sadduzäer in unserem Evangelium genannt (sonst sind sie mit den Pharisäern vereinigt: 3,7; 16,1–12). Vor Überinterpretationen ist zu warnen[7]. Mt ist in unserer Perikope von Mk abhängig. Die sich zu Worte meldenden Sadduzäer benennen selbst[8] den Streitpunkt: Eine Auferstehung gibt es nicht.

Die Sadduzäer[9] begründeten ihre Bestreitung der Totenauferstehung damit, daß sie in der Thora nicht zu finden sei. Sie lehnten gleichfalls die Existenz von Engeln und ein Wirken der göttlichen Vorsehung ab. Mit ihren Positionen standen sie im Gegensatz zu den Pharisäern, zur Apokalyptik und zu den Weisheitsschulen. Die Polemik in Sanh 10,1 läßt an Schärfe nichts zu wünschen übrig: „Wer da sagt, die Auferstehung der Toten sei nicht vom Gesetz herzuleiten, der hat keinen Anteil an der zukünftigen Welt." Was wir in Weish 2,1ff über die Meinung von Leuten hören, die Frevler gescholten werden, paßt zu den Sadduzäern: „Sie sagen: … Für das Ende des Menschen gibt es keine Arznei, und es gibt keinen, der aus der Unterwelt befreit. Durch Zufall sind wir geworden, und danach werden wir sein, als wären wir nie gewesen. Der Atem in unserer Nase ist Rauch, und das Denken ist ein Funke, der vom Schlag des Herzens entfacht wird. Verlöscht er, dann zerfällt der Leib zu Asche, und der Geist verweht wie dünne Luft." Ähnlich polemisch äußert sich die Apokalyptik gegenüber Auferstehungsleugnern (vgl. Henaeth 102,6ff). Die Perikope fügt sich somit ein in eine innerjüdische Auseinandersetzung.

24 Als Gegenargument gegen den Auferstehungsglauben zitieren die Sadduzäer das Mose-Gebot der Schwager- oder Leviratsehe, das den Bru-

---

Sinaiticus DW 1424* ist vermutlich Einfluß von parMk 12,27. Einzelne Minuskeln verdoppeln θεός.

[4] In 7,22 hat „an jenem Tag" eine andere Bedeutung.
[5] Der vorangestellte Artikel wird sekundär geboten von f[13] 700.
[6] Gegen KILPATRICK, Origins 120, der darin eine Besonderheit des Mt gegenüber Mk erblickt. Vgl. auch Lk 20,27: einige der Sadduzäer.
[7] KILPATRICK, Origins 120, meint, die Sadduzäer bezeichneten für Mt alle nichtpharisäischen Juden. Ähnlich Walker, Heilsgeschichte 13.
[8] Das erste λέγοντες wird man in diesem Sinn verstehen dürfen. Anders die Luther-Übersetzung: Sadduzäer, die da halten, es sei kein Auferstehen.
[9] Vgl. SCHÜRER, Geschichte II 458 ff; BILLERBECK I 885 f; R. MEYER: ThWNT VII 35–54.

der eines kinderlos Verstorbenen verpflichtete, dessen Frau zu ehelichen, damit – gewissermaßen im Namen des Verstorbenen – Nachkommenschaft erweckt werde. Die Witwe konnte ihren Anspruch geltend machen. Diese die jüdische Zeugungsfreudigkeit bestätigende Weisung wird aber nicht nach dem Grundtext Dt 25,5–10, sondern in Anlehnung an Gn 38,8 zitiert. Dort erhält Onan von Jahve den Befehl, mit der Witwe seines verstorbenen Bruders Er die Schwagerehe zu vollziehen. Vergleichen wir die Texte:

LXX Gn 38,8 εἴσελθε πρὸς τὴν γυναῖκα τοῦ ἀδελφοῦ σου
καὶ γάμβρευσαι αὐτὴν
καὶ ἀνάστησον σπέρμα τῷ ἀδελφῷ σου.

Mt 22,24 ἐάν τις ἀποθάνῃ μὴ ἔχων τέκνα,
ἐπιγαμβρεύσει ὁ ἀδελφὸς αὐτοῦ τὴν γυναῖκα αὐτοῦ
καὶ ἀναστήσει σπέρμα τῷ ἀδελφῷ αὐτοῦ.

Mk 12,19 ἐάν τινος ἀδελφὸς ἀποθάνῃ ... καὶ μὴ ἀφῇ τέκνον,
ἵνα λάβῃ ὁ ἀδελφὸς αὐτοῦ τὴν γυναῖκα
καὶ ἐξαναστήσῃ σπέρμα τῷ ἀδελφῷ αὐτοῦ.

Es ergibt sich folgendes Bild: In Zeile 3 stimmt Mt weitgehend mit der LXX überein, aber auch mit Mk. Zeile 1 lehnt sich, wie schon bei Mk, an die Vorschrift Dt 25,5 an: ἐὰν ... ἀποθάνῃ εἷς ἐξ αὐτῶν, σπέρμα δὲ μὴ ᾖ αὐτῷ. Die auffälligste Veränderung ist die Einführung von ἐπιγαμβρεύσει in Zeile 2 (vgl. LXX). Das Verb ist der terminus technicus für die Schwagerehe und kommt nahezu nur im biblisch-jüdischen Schrifttum vor[10].

25–28 Der vorgetragene Fall von den sieben Brüdern, die alle starben und in peinlicher Befolgung von Dt 25,5ff – allerdings wirkungslos! – die Schwagerehe jeweils an der hinterbliebenen Witwe vollzogen, ist geeignet, ein schallendes Gelächter auszulösen. Er wird so erzählt, als habe er sich jüngst zugetragen. Wir werden freilich kaum damit rechnen können, daß die Schwagerehe zur Zeit Jesu noch sonderlich praktiziert wurde. Dt 25,5 setzt voraus, daß die Brüder zusammenwohnen. Im Streitgespräch wurden Schriftargumente sehr ernst genommen. Der Fall erinnert an Sara, die Tochter Raguels, die sieben Männer überlebte (Tob 3,8; 6,14). Der aus dem konstruierten Fall sich ergebende Einwand gegen den Auferstehungsglauben basiert auf der Vorstellung, daß im Jenseits die diesseitigen Verhältnisse fortbestehen, also auch geheiratet wird. Wem wird die Frau gehören? Natürlich konnten die Sadduzäer diese Vorstellung, die im Volk verbreitet gewesen sein dürfte und auch von den Pharisäern geteilt wurde[11], nur ironisierend aufgreifen. Die Argumentation erschiene uns noch logischer, wenn man davon ausgehen könnte, daß das Institut der Schwagerehe, das zum Zweck der Erweckung der Nachkommenschaft für den kinderlos verstorbenen Bruder geschaffen worden war, institutionell

---

[10] Abzuleiten von ὁ γαμβρός = jeder durch Verheiratung Verwandte. BAUER, Wörterbuch 575, verzeichnet zwei nichtbiblische Belegstellen.
[11] Vgl. BILLERBECK I 887ff.

die Auferstehungslehre ausschließt, in dem Sinn etwa, daß der Verstorbene in seiner Nachkommenschaft weiterlebt. Doch ist das zu modern gedacht. Die Schwagerehe wurde zu einer Zeit geschaffen, als in Israel eine Auferstehungshoffnung noch lange nicht bekannt war, so daß sie als Opposition zu ihr – wie jetzt zumindest möglich – gar nicht gedacht sein konnte. Der Kernpunkt der Frage, an dem sich der Sarkasmus der Fragesteller ausläßt, sind die Rechtsverhältnisse.

29f Jesus teilt die popularistische und pharisäische Auffassung über das Jenseits nicht. Doch zuvor erinnert er die Kontrahenten tadelnd an die Schriften, die sie offenkundig nicht richtig verstehen, und an die Macht Gottes. Das erste läßt ein Schriftzeugnis erwarten, das zweite – die Macht Gottes – markiert den jegliche menschliche Resignation übersteigenden göttlichen Willen zum Leben und Lebenschenken. Macht (δύναμις) steht in 24,30 parallel zu Herrlichkeit, in 26,64 wird das Wort sogar als Gottesname verwendet. Auferstehung ist für Jesus nicht die Wiederkehr des alten Lebens, sondern ein neues Leben, das Gottes Dynamis wirken wird. Damit wird die Geschichte der Gegner ad absurdum geführt. Weil dann die Menschen sein werden wie die Engel im Himmel[12], werden sie weder heiraten noch geheiratet werden. Die aus der Apokalyptik stammende Vorstellung vom Sein wie die Engel (vgl. Apk Barsyr 51,10; Henaeth 104,6) ist für die Argumentation notwendig. Nur sie vermag in diesem Horizont die Gegner zu widerlegen. „Im Himmel" aber ist nicht Ortsbestimmung des neuen Lebens der Verwandelten. Ihr Ort ist die gewandelte Erde[13].

31f Nunmehr wird ein Schriftbeleg für die Totenauferstehung aus der Thora angeführt, wie es in der Auseinandersetzung mit den Sadduzäern allein Eindruck zu machen vermochte, und ihnen noch zugesichert, daß Gott das Wort *ihnen* gesagt habe[14]. Es handelt sich um Ex 3,6, ein göttliches Offenbarungswort, in dem sich Jahve als Gott der Väter Abraham, Isaak und Jakob dem Mose offenbarte. Der Bezug auf Ex 3,6 ist gegenüber dem auf Ex 3,15f; 4,5; LXX 3 Kg 18,36 vorzuziehen. Zwar haben wir auch dort die Formel vom Gott der Väter, nur in Ex 3,6 ist sie aber mit „Ich bin" verbunden. Es darf in Erinnerung gerufen werden, daß die Vorstellung vom Gott der Väter vorwiegend das Verhältnis Gottes zum Menschen, zum menschlichen Verband tangiert. Der Erwählungsgedanke ist in ihr präsent[15]. Der Bezug des Exodus-Zitats zum Auferstehungsglauben wird erst durch die hinzugefügte weiterführende Interpretation erreicht – etwas änigmatisch, wie es scheint. Der lebendige Gott (vgl. LXX Nm 14,28; Jos 3,10; ψ 41,2; Is 37,4.17; 49,18) wird hier der Gott der Leben-

---

[12] Verschiedene Hss lesen: wie (die) Engel *Gottes* im Himmel (Sinaiticus LW f[13] 28 33 892 1241 1424). HUCK-GREEVEN, Synopse, bevorzugen diese LA. Statt γαμίζονται gibt es in V 30 die LAA ἐκγαμίζονται (L 0138 0161), γαμίσκονται (WΘ f[13] 33 700).
[13] Mit ZAHN 635 Anm. 51.
[14] Wenn ΔΘ 0102 f[13] 565 ὑμῖν nicht lesen, ist eine Nuance verlorengegangen.
[15] Vgl. G. VON RAD, Theologie des AT I (München ⁶1969) 21f.

den, nicht der Toten genannt. Die Ableitung der Auferstehung aus Ex 3,6 ist erst auf der Basis der durch die Apokalyptik veränderten Eschatologie ermöglicht worden, etwa so: Wem sich Gott zuwendet, wen er erwählt, dem gewährt er sein Leben. Die Väter sind schon bei Gott und harren der Auferstehung (vgl. Lk 16,23; 4 Makk 7,19; 16,25).

33 Eigens erwähnt Mt eine Reaktion der Volksscharen. Von einem Außersichgeraten über seine Lehre hörten wir auch am Ende der Bergpredigt (7,28), bei Jesu Auftritt in Nazaret (13,54). Auch seine Jünger können auf ein schockierendes Wort Jesu auf diese Weise reagieren (19,25). Die Übersicht zeigt, daß in dieser Reaktion Verschiedenes vermischt ist. Jedenfalls ist es kein adäquates Antworten auf das Vernommene, mag es auch Bewunderung enthalten[16].

III

a)b) Vielleicht kann man das Außersichgeraten der Volksscharen über Jesu Lehre an dieser Stelle als Signal dafür werten, daß Mt der Perikope Gewicht verleihen wollte. Als positive Bilanz enthält sie zwei wichtige Gedanken: die Hoffnung auf die Auferstehung der Toten und das Bild eines Gottes, der sein Leben verschenkt. Es ist der Gott der Väter, Abrahams, Isaaks und Jakobs, der Gott des jüdischen Volkes, zu dem sich die mt Gemeinde bekennt. – Auffällig für diese Perikope ist, daß sie in ihrer Argumentation für die Totenauferstehung ganz im jüdischen Horizont verbleibt. Ähnlich hätte auch ein Pharisäer oder ein Angehöriger einer apokalyptischen Gemeinde gegen die sadduzäische Meinung argumentieren können. Daß im Hintergrund schon der Glaube an die Auferstehung Jesu von den Toten steht, ist im Text nicht auszumachen. Im Gesamtkontext des Evangeliums ist dieser Horizont natürlich gegeben. Jedoch kann diese für die Perikope geltende Beobachtung als Indiz dafür gelten, daß sie die Erinnerung an eine Auseinandersetzung Jesu aufbewahrt hat[17].

c) Die Auseinandersetzung mit den Sadduzäern ist unter einem zweifachen Aspekt aufschlußreich. Einmal zeigt sie die Nähe des Evangeliums zum Judentum, begründet in der Botschaft Jesu, die im Judentum verwurzelt ist. Dies gilt für das gläubige Judentum, insbesondere pharisäischer und apokalyptischer Provenienz. Man kann die Essener noch hinzunehmen. Wichtig ist das echt theologische Denken, das von Gott her mißt und die Auferstehung der Toten allein von ihm ermöglicht, ja fast wie selbstverständlich sich von ihm her ergeben sieht. Jüdische Apokalyptik hat Auferstehung genauso gedacht, nicht als ein Naturphänomen – die anthropologische Physiologie spricht strikt gegen die Auferstehung der Toten –, sondern als ein Heilsgeschehen[18]. Gott allein gewährt sie frei, sie

---

[16] WALKER, Heilsgeschichte 13, sieht in V 33 ausgedrückt, daß das Volk die sadduzäische Auffassung geteilt habe. Vgl. Anm. 7.
[17] Vgl. GNILKA, Markus II 160f.
[18] Vgl. PANNENBERG, Christologie 74f.

wird denen zuteil, denen er sich zuwendet, so wie er sich den Vätern Abraham, Isaak und Jakob zugewendet hat. Ist er ein Gott, so muß der, dessen Gott er ist, etwas sein[19]. Die Sadduzäer, Weltmenschen, Mächtige ihres Volkes, Realpolitiker – Solowjew heißt sie Materialisten[20] – bestreiten die Auferstehung der Toten und machen sich über sie lustig. Wie modern das ist. Einschneidend ist, daß der Atheismus die spiegelbildliche Position zur Gottesauffassung Jesu vertritt. Gott ist ärgerlich als Gewährer der Auferstehung, weil er das irdische Leben richtet. F. Nietzsche sieht in diesem Gottesbild „die Spitze aller décadence-Bewegungen", verwirft bezeichnenderweise das Christentum in gleicher Weise wie das Judentum – „die Juden sind das merkwürdigste Volk der Weltgeschichte" – und fordert die Umwertung der Werte. Unsterblichkeit zu leugnen wäre eine wirkliche Erlösung[21]. In einem Gedicht „Sadduzäische Argumente" hat Marti die Sorge der Sadduzäer um die Endgültigkeit des Todes so beschrieben:

> „Wenn der Arzt es sagt,
> ist er tot.
>
> Wenn der Schreiner kommt,
> ist er tot.
>
> Wenn es Blumen schneit,
> ist er tot.
>
> Wenn der Pfarrer spricht,
> ist er tot."[22]

LITERATUR: F. DREYFUS, L'argument scripturaire de Jésus en faveur de la résurrection des morts: RB 66 (1959) 213–224; S. BARTINA, Jesús y los saduceos: EstB 21 (1962) 151–160; E. E. ELLIS, Jesus, the Sadducees and Qumran: NTS 10 (1963/64) 274–279; G. BAUMBACH, Das Sadduzäerverständnis bei Josephus Flavius und im NT: Kairos 23 (1971) 17–37; K. MÜLLER, Jesus und die Sadduzäer: Biblische Randbemerkungen (Schülerfestschrift R. SCHNACKENBURG) (Würzburg ²1974) 3–24.

30. Die Frage nach dem größten Gebot (22,34–40)

34 Die Pharisäer, die hörten, daß er die Sadduzäer zum Schweigen gebracht hatte, versammelten sich am selben Ort. 35 Und einer von ihnen fragte, um ihn zu versuchen: 36 Lehrer, welches Gebot ist das größte im Gesetz? 37 Er aber sprach zu ihm: Du sollst deinen Gott lieben von deinem ganzen Herzen und von deiner ganzen Seele und von deinem ganzen

---

[19] Vgl. LUTHER II 752
[20] Der Talmud und die neueste polnische Literatur über ihn: W. SZYLKARSKI u. a. (Hrsg.), Deutsche Gesamtausgabe IV (München 1972) 519.
[21] Der Antichrist: Werke in vier Bänden, Bd. IV (Wien 1980) 447. 446. 473.
[22] Geduld 51. In der Originalfassung wird Zeile 1 am Schluß jeder der vier Strophen wiederholt, die 5. Strophe wird ganz wiederholt. Provozierend ist, daß der Pfarrer in die Überlegungen miteinbezogen ist. Die Sadduzäer befaßten sich mit der Thora.

Denken! 38 Dies ist das größte und erste Gebot. 39 Das zweite aber ist ihm gleich: Du sollst deinen Nächsten lieben wie dich selbst! 40 An diesen zwei Geboten hängt das ganze Gesetz und die Propheten.

I

Der Aufbau der Perikope ist sehr unkompliziert. Eine Überleitungsbemerkung schließt an das Voraufgehende an und führt die neuen (alten) Kontrahenten, die Pharisäer, ein (vgl. V 15). Einer von ihnen stellt eine knappe Frage (36), die von Jesus, wie sich zeigen wird, grundsätzlich, aber auch unpolemisch beantwortet wird (37–40). Von einer Reaktion verlautet nichts. Trotz der versucherischen Absicht des Fragestellers kann man den Text kaum als Streitgespräch bezeichnen. Wir haben es mit einer grundsätzlichen Äußerung Jesu zu tun, die durch eine Frage provoziert ist[1].

Die traditionskritische Analyse bereitet besondere Schwierigkeiten. Im Vergleich mit parMk 12,28–34 hat E den Text erheblich gekürzt und umgestaltet. Vor allem tritt der Mann nicht mehr als bereitwilliger Fragesteller, sondern mit böser Absicht auf. Darum fehlt die zustimmende Reaktion des Schriftgelehrten, für die er nach Mk 12,32–34 von Jesus ein beachtliches Lob erhält. In der Zitation von Dt 6 in V 37 vermißt man das „Höre Israel; der Herr, unser Gott, ist ein Herr" (vgl. Mk 12,29). Beide Auslassungen haben wir nun auch in parLk 10,25–28. Freilich bietet der dritte Evangelist unseren Text in einem ganz anderen Zusammenhang, nämlich als Vorspann des Gleichnisses vom barmherzigen Samariter, der unter die Frage: „Was muß ich tun, um das ewige Leben zu erben?" gestellt ist. Weil noch andere Gemeinsamkeiten des mt mit dem lk Text hinzutreten, wird vielfach die Auffassung vertreten, daß neben der Mk-Vorlage noch eine zweite Vorlage der Perikope existiert habe, von der Mt und Lk zusätzlich abhängig seien[2].

Hier soll die Auffassung von der zweiten Vorlage nicht übernommen und die These vertreten werden, daß eine Abhängigkeit von Mk ausreicht. Betrachten wir Mk 12,28ff als die älteste Fassung, so ist davon auszugehen, daß deren Intention, mit der Übereinstimmung des Schriftgelehrten mit der Meinung Jesu bei jüdischen Adressaten zu werben, weder für Mt noch für Lk brauchbar war. Mt kommt es auf Konfrontation an, Lk 10,25–42 interpretiert Gottes- und Nächstenliebe für ein heidenchristliches Publikum[3]. Darum übernehmen beide nicht die versöhnliche Fortset-

---

[1] Von einem Streitgespräch reden BORNKAMM, Doppelgebot 44; BERGER, Gesetzesauslegung 202. Anders HUMMEL, Auseinandersetzung 52f.
[2] In der quellenmäßigen Bestimmung sind die Autoren zurückhaltend. Meist spricht man nur von einer Mt und Lk gemeinsamen Vorlage. Die Auffassung vertreten BORNKAMM, Doppelgebot 44; BERGER, Gesetzesauslegung 203; FULLER, Doppelgebot 322 (hier eine Rekonstruktion). STRECKER, Weg 25f, weist die Vorlage ausdrücklich der Logienquelle zu, SCHWEIZER 277 der mündlichen Überlieferung. SCHULZ, Q, und POLAG, Fragmenta Q, berücksichtigen den Text nicht.
[3] Die weiterreichende Konzeption des Lk erkennt man darin, daß das Gleichnis vom barmherzigen Samariter die Nächstenliebe, die Einkehr Jesu bei Maria und Marta die Gottesliebe erläutern will.

zung des Gesprächs Mk 12,32-34. Das Lob des Schriftgelehrten in Lk 10,28 kann aber noch als Erinnerung daran gewertet werden. Die Auslassung des „Höre, Israel ..." von Mk 12,29 erklärt sich für beide Evangelisten am besten damit, daß für sie und ihre Gemeinden dieser Text kein wichtiger und liturgischer Text mehr war, als welcher er dem Judentum galt[4]. Als weitere Gemeinsamkeiten von Mt und Lk werden genannt: die Kennzeichnung des Mannes als νομικός (35/Lk 10,25). Das Wort ist – trotz relativ guter Bezeugung – als Paralleleinfluß besser aus dem Mt-Text zu streichen[5]. Das versucherische Ansinnen ist unterschiedlich formuliert (35: πειράζων/Lk 10,25: ἐκπειράζων) und auch in Mt 16,1; 19,3 vorhanden. Die Anrede „Lehrer" (36/Lk 10,25) bietet Mt auch in den anderen Gesprächen des 12. Kapitels (VV 16 und 24); die Wendung ἐν τῷ νόμῳ (36/Lk 10,26) hat jeweils einen anderen Bezug und ist beiden Evangelisten auch sonst vertraut[6]. Schließlich gehört noch hierher die Übereinstimmung der Präpositionen im Gebot der Gottesliebe gegen Mk 12,30. Sie ist aber nicht vollständig (37: dreimal ἐν/Lk 10,27: ἐξ-ἐν-ἐν) und kann bei Mt als Angleichung an den hebräischen Text von Dt 6,5 erfolgt sein[7]. Auch die Dreigliedrigkeit ist Anpassung an die Bibelvorlage (Mk 12,30 bietet vier Glieder). Zu beachten ist die Differenz im dritten Glied. Wenn Mt ἐν ὅλῃ τῇ διανοίᾳ σου, Lk ἐν ὅλῃ τῇ ἰσχύϊ σου bietet, hat jeder eine unterschiedliche Wahl aus Mk getroffen.

Hat E den Text allein aus der Mk-Vorlage gestaltet, so sind noch folgende Abänderungen erwähnenswert: Die Überleitung (34) ist neu gestaltet. Dabei ist vermutlich auf ψ 2,2 Rücksicht genommen. Statt nach dem ersten Gebot von allem (Mk 12,28) fragt der Mann nach dem größten Gebot im Gesetz[8]. Die Verhältnisbestimmung der beiden Gebote in 38f erfolgt auf neue Weise. Das größte und erste Gebot und das zweite, das diesem gleich ist, stehen nebeneinander. Mk 12,31 schloß nur an mit: Das zweite ist dies. Mit dem abschließenden V 40, der die Fortführung des Gesprächs bei Mk ersetzt, bietet E nochmals eine Beurteilung der beiden Gebote. Die Wendung „Gesetz und Propheten" hatte er auch in 5,17; 7,12 eingeführt. Die Absicht der Mt-Redaktion ist deutlich. Es ging ihr darum, in der Auseinandersetzung mit den Pharisäern nochmals eine fundierte Stellungnahme eben zum Gesetz und zu den Propheten zu bieten.

---

[4] JEREMIAS: ZNW 50 (1959) 272 bemerkt, daß nach dem Jahr 70 das „Höre Israel" in der griechisch sprechenden Kirche nicht mehr gebetet worden sei. An seine Stelle wäre, jedenfalls in Syrien, das Vaterunser getreten.
[5] NESTLE-ALAND[26] setzt es in eckige Klammern. Sinaiticus BDKLWΘ f[13] 28 33 565 bieten es; FGH 372 lesen νομικός τις; es fehlt in f[1] sy[s] arm geo. Dabei ist zu beachten, daß parLk 10,25ff auch sonst die Überlieferung des Mt-Textes beeinflußte. Es handelt sich um unbestritten sekundäre LAA. Dazu gehören: in V 35 die Zufügung von καὶ λέγων (DW 0102 f[1.13] 1006 1342 it mae; vgl. Lk 10,25); in V 37: an Stelle von διανοίᾳ: ἰσχύϊ (c sy[s.c]; vgl. Lk 10,27).
[6] Vgl. Mt 12,5; Lk 2,23f; 24,44.
[7] JEREMIAS: ZNW 50 (1959) 274.
[8] In der Frage V 36 fehlt die Kopula.

II

34 Pharisäer und Sadduzäer sind sich in der mt Darstellung einig in der Frontstellung gegen Jesus, wie sie in 16,1–12 auch unmittelbar verbunden worden waren. So ist die Kunde, daß Jesus die Sadduzäer im Gespräch überwunden hatte, für die Pharisäer nicht Anlaß zur Schadenfreude, sondern Antrieb, sich erneut gegen ihn zu versammeln. Der Satz enthält zwei bemerkenswerte jüdische Elemente. Was oben mit „zum Schweigen bringen" übersetzt wurde, heißt wörtlich: „(den Mund) stopfen" und greift wahrscheinlich eine auch im Rabbinischen nachweisbare Redewendung auf[9]. „Sie versammelten sich am selben Ort" hat im messianischen Ps 2,2 seine wörtliche Entsprechung (LXX: καὶ οἱ ἄρχοντες συνήχθησαν ἐπὶ τὸ αὐτὸ ... κατὰ τοῦ Χριστοῦ), wo vom Zusammenschluß der Könige und Fürsten gegen den Herrn und seinen Gesalbten gesprochen wird. Daß E auf diese Psalmstelle rekurriert, könnte durch V 42 (MtR: περὶ τοῦ Χριστοῦ) eine Stütze erfahren.

35f Worauf richtet sich die Frage des Pharisäers? Auf die Beschaffenheit eines großen Gebotes oder darauf, welches das größte Gebot im Gesetz sei?[10] Es ist nämlich auffällig, daß vor μεγάλη der Artikel fehlt (anders V 38). Im ersten Fall fragte er, welche Qualität ein Gebot haben müsse, um unter die großen, wichtigen gezählt zu werden. Im zweiten Fall wäre die Frage eindeutig auf ein bestimmtes Gebot gerichtet. Gewiß ist die erste Möglichkeit rabbinischer. Im Rabbinat unterschied man zwischen leichten und schweren Geboten. Die Kriterien allerdings fielen recht unterschiedlich aus[11]. Weil man alles „Geschriebene" ernst nahm, lag eine Differenzierung im Sinn von wichtig und weniger wichtig nicht unbedingt nahe. Man wird die Frage im Sinn der Antwort verstehen und auf das größte Gebot gerichtet sehen müssen. Nicht die historische Erinnerung diktiert die Feder, sondern der Wille, die Gemeinde zu belehren. Das Wissen um die Antwort Jesu ist gleichsam schon vorausgesetzt. μεγάλη kann superlativische Bedeutung haben[12]. Das Versucherische der Fragestellung ist dann darin zu erblicken, daß die Angabe eines größten Gebotes das rabbinische Bemühen um alle Einzelgebote und ein dahinter liegendes formales Gesetzesverständnis kritisieren würde. Mag die Unterscheidung von 613 Einzelsatzungen der Thora, näherhin von 248 Tu-Geboten und 365 Tu-nicht-Geboten, wie sie die Synagoge vornahm, auch erst für den Anfang des 2. Jh. n. Chr. zum ersten Mal belegt sein[13], die Einstellung, der ein religiöser Ernst nicht abgesprochen werden kann, ist älter.

37f Gott ist das Zentrum. Das Gebot der Gottesliebe steht schon in Dt

---

[9] Belege bei BILLERBECK I 898.
[10] Vgl. BERGER, Gesetzesauslegung 204ff.
[11] Vgl. BILLERBECK I 901ff.
[12] Vgl. BL.-REHK. § 245,2. – Θ liest μείζων.
[13] BILLERBECK I 900 gibt als ersten Rabbi, der von 365 Verboten sprach, Schimeon ben Azzai (ca. 110) an.

6,5 und wird entsprechend zitiert (vgl. oben Punkt I). Herz, Seele, Denken bezeichnen drei fast synonyme geistige Kräfte, die als Trias das gesamte Streben, Wollen, Fühlen, Denken auf den einen Punkt hin ausgerichtet sein lassen wollen. Das in den Evangelien seltene Wort διάνοια (außer Lk 1,51 nur in dieser Perikope)[14], das vor allem in ntl Spätbriefen anzutreffen ist, ersetzt δύναμις in LXX Dt 6,5. Letzteres wurde in der rabbinischen Literatur auf das finanzielle Vermögen gedeutet[15]. διάνοια enthält das Element des Rationalen. Gott ist nicht nur Objekt des Liebens, Strebens, Wollens, Fühlens, sondern auch des Intellekts. Er soll aus diesem Raum nicht ausgesperrt sein. Als das größte und erste Gebot ist die Gottesliebe zweimal als das vorrangigste gekennzeichnet.

39f Das Überraschende in der Antwort Jesu besteht darin, daß er das Gebot der Nächstenliebe, das auch schon im AT steht (Lv 19,18), aus dem dortigen Kontext herausholt und neben Dt 6,5 rückt. Zitiert wird es in der Übereinstimmung mit parMk 12,31 (= LXX). Mt forciert die Bedeutung der Nächstenliebe als des zweiten Gebotes, indem er es als dem Gebot der Gottesliebe gleichwertig erklärt[16]. Mk 12,31 hatte nur vom zweiten Gebot gesprochen. Schließlich erfahren wir, daß beide Gebote, Gottes- und Nächstenliebe, in ihrer Zusammenführung fundamentale Bedeutung gewinnen: An ihnen hängen das ganze Gesetz und die Propheten. Gesetz und Propheten (vgl. 5,17; 7,12) sind die Summe der Forderungen Gottes. Ohne Zweifel hat diese Feststellung erneut Bedeutung für das Gesetzesverständnis des Mt. In der Akzentuierung des Gesetzes (ὅλος ὁ νόμος)[17] ist vermutlich auf die Auseinandersetzung mit dem Pharisäer (vgl. dessen Frage) Rücksicht genommen. Was aber bedeutet diese summierende Feststellung in concreto? Will sie besagen, daß die Forderungen der Thora, die Gebote des Dekalogs, überflüssig geworden sind, weil sie in diesen beiden Geboten enthalten sind, und wer diese erfüllt, auch jenen entspricht? Oder ist das „Hängen an" rabbinisch zu interpretieren, da in der Tat die Wendung auch bei den Rabbinen begegnet?[18] Bar Qappara (ca. 220) hat öffentlich vorgetragen: „Welches ist der kleinste Schriftabschnitt, an welchem die Hauptsachen der Thora hängen? Auf allen diesen Wegen erkenne ihn, so wird er deine Pfade ebnen" (Spr 3,6)[19]. Rabbinisch interpretiert, bedeutete der Satz, daß aus dem „kleinsten Schriftabschnitt", also Dt 6,5 und Lv 19,18, alle Weisungen deduzierbar sind. Im Sinn der rabbinischen Ableitbarkeit, für die entsprechende halsbrecherische Exegesen zu

---

[14] Auch in LXX Jos 22,5 ist die Gottesliebe mit der διάνοια verknüpft.
[15] BILLERBECK I 905 ff.
[16] In V 39 gibt es zahlreiche sekundäre LAA: Das zweite, gleiche aber ist dieses (nominativisches αὕτη bzw. ταύτη: EFGH f[13] 565 892 sa mae bzw. D bo); δευτέρα ὁμοίως (B); δευτέρα δὲ ὁμοία αὐτῆς (Δ 0102).
[17] ὅλος fehlt in Sinaiticus* 1424 sy[s.c.p] sa.
[18] So TRILLING, Israel 206 f. Ablehnend BARTH, Gesetzesverständnis 71 f; SCHWEIZER 278.
[19] bBer 63a bei BILLERBECK I 907.

Hilfe zu holen wären, werden wir den Satz nicht interpretieren dürfen. Auch ist der Beleg relativ spät[20]. Aber auch an das Überholtsein der übrigen Gebote im oben erwähnten Sinn hat Mt nicht gedacht. Gottes- und Nächstenliebe aber überragen alle anderen Gebote, insofern sie das Kriterium sind, an dem jene gemessen werden. Wem das zu wenig ist, der nehme den Gedanken hinzu, daß alles sittliche Tun des Menschen der Liebe nicht widersprechen darf, sondern aus ihr gespeist sein soll, und zwar aus der Liebe in ihrem doppelten, auf Gott und den Nächsten, gerichteten Sinn. Das ganze Gesetz und die Propheten hängen an ihr, wie eine Tür in den Angeln[21].

Die Gottes- und Nächstenliebe als Spitzensatz des Gesetzes darf man als christliches Proprium auffassen. Zwar gibt es auch im Judentum, besonders dem hellenistischen, Bemühungen, Zusammenfassungen der ethischen Forderungen des Gesetzes ausfindig zu machen, zwar können auch hier Gott und Mensch nebeneinandertreten, aber der Hintergrund ist ein anderer. Am nächsten kommt Philo, spec. leg. 2,63: „Und es gibt sozusagen zwei Grundlehren, denen die zahllosen Einzellehren und -sätze untergeordnet sind: in bezug auf Gott die Gottesverehrung und Frömmigkeit, in bezug auf die Menschen die Menschenfreundlichkeit und Gerechtigkeit."[22] Philo orientiert sich am hellenistischen Denken, für das εὐσέβεια und φιλανθρωπία grundlegende Moralbegriffe sind[23]. Gottes- und Nächstenliebe meint mehr. Auch sind diese Begriffe unmittelbar aus dem Gesetz geholt.

III

a) Mt hat die Perikope polemischer und hinsichtlich ihres Inhaltes grundsätzlicher im Vergleich mit der Mk-Vorlage gestaltet. Dies gelang ihm vor allem durch Kürzungen. Die Auseinandersetzung tritt schärfer in den Blick in der Darlegung des eigenen Standpunktes. Für diesen ist nochmals ein Zweifaches in Erinnerung zu rufen. Zunächst sind Gottes- und Nächstenliebe gleichrangig. Dies muß man auch als Ausdruck ihrer Untrennbarkeit nehmen. Der Jünger kann diese beiden sein Leben bestimmenden Orientierungen nicht voneinander ablösen. Zum anderen betont E die Zugehörigkeit von Gottes- und Nächstenliebe zu den Weisungen von Gesetz und Propheten. Sie sind deren Aufhänger und Richtmaß, nicht daß sich die anderen aus ihnen ableiten ließen, aber daß sie ihr Kriterium

---

[20] Die Wendung „Hängen an" findet sich auch bei griechischen und lateinischen Schriftstellern. So sagt der Platoniker Attikus, daß die ganze Philosophie Platons befestigt und aufgehängt sei (ἐξηρτημένων καὶ ἐγκρεμαμένων) an den Prinzipien der Göttlichkeit und Unsterblichkeit der Seele (bei EUSEBIOS, Praep. Ev. 15,9,5 = 809c). Belege bei BERGER, Gesetzesauslegung 227f; LOHMEYER 330 Anm. 1. LOHMEYER vermerkt auch ältere Autoren, die V 40 als Latinismus erklärten.
[21] Vgl. BAUER, Wörterbuch 890.
[22] In Test Iss 5,2; 7,6 stehen auch Gottes- und Nächstenliebe nebeneinander, aber der Kontext zeigt, daß sie zwar herausragende, aber nicht die schlechthinnigen Gebote sind.
[23] Bei DIO CHRYSOSTOMOS finden sich wiederholt die Ehrfurcht vor den Göttern und die Sorge für die Menschen als sittliche Pflichten vereint (1,6.17; 3,51.55; 31,7).

sind. Im Gesamtkontext des Evangeliums ergibt sich ein Bezug zur Goldenen Regel, die gleichfalls als die Summe von Gesetz und Propheten aufgefaßt war (7,12). Es zeigt sich, daß die Goldene Regel vom Gebot der Gottes- und Nächstenliebe her zu interpretieren und zu praktizieren ist. Gesetz und Propheten stehen auch in 5,17 nebeneinander. Der mt Christus sagte, er sei gekommen, sie zu erfüllen. Man darf von unserer Perikope her erwägen, daß die Liebe das Prinzip sei, das ihn bei dieser Erfüllung drängte. Mt bietet noch andere summierende Formeln der Ethik: Erbarmen, nicht Opfer (9,13; 12,7); κρίσις, ἔλεος, πίστις (23,23). Dem Doppelgebot der Gottes- und Nächstenliebe aber räumt er Priorität ein.

b) Wenn die Vereinigung von Gottes- und Nächstenliebe als Spitzensatz des Gesetzes als christliches Proprium gelten kann, legt es sich nahe, diese Verbindung – sie ist Quintessenz der Perikope – auf Jesus zurückzuführen[24]. Ihre Ableitung aus dem hellenistischen Judentum ist, wie der Philo-Beleg zeigte, zumindest problematisch. Es wäre dann auch daran zu erinnern, daß Jesus den Begriff des Nächsten neu definiert hat (vgl. Lk 10,30–37).

c) Wir haben es mit einem Kernsatz ntl Ethik zu tun. Das Doppelgebot löst nicht konkrete Einzelprobleme, stellt aber in einen Raum hinein, in dem eine selbständige christliche Lösung ethischer Probleme ermöglicht wird. Interpretationsgeschichtlich ist zu berücksichtigen, daß ein Dreiecksverhältnis gegeben ist: Gott–Nächster–ich. Die Nächstenliebe hat die Selbstliebe zur Voraussetzung. Nicht daß die Selbstliebe die Grenze setzt, aber daß ich aus dem Besorgtsein um mich selbst weiß, was das Besorgtsein um den Nächsten sein könnte[25]. Man wird darum eine Übersetzung des ὡς σεαυτόν im Sinn von „als dich selbst" ebenso fragwürdig empfinden wie die Ausklammerung Gottes. Dies geschähe, wenn man die Nächstenliebe an die Stelle der Gottesliebe setzte. Beides gehört zusammen. Wohl kann die Nächstenliebe ein Zugang zur Gottesliebe sein[26], aber Gott muß sich in seiner Liebe eröffnen. In Christus hat er es getan. Die Eröffnung der Gottesliebe als Ermöglichung der Nächstenliebe wird in der systematischen Theologie betont. Brunner[27] sagt, daß die Forderung Gottes nur dem verständlich sei, der die Erfüllung dieses Gebotes in der Hingabe Christi kennengelernt hat. C. F. von Weizsäcker[28] spricht in diesem Zusammenhang von einer Aporie der bloßen Moral. Darunter

---

[24] FULLER, Doppelgebot 328 f, urteilt positiv und erkennt Jesus hier als Weisheitslehrer. – F. W. BEARE, The Earliest Records of Jesus (Oxford 1962) 159, hält Lk 10,25–28 für ursprünglich und möchte darum das Doppelgebot der Gottes- und Nächstenliebe dem Gesetzeslehrer zuschreiben!
[25] Zur Problematik vgl. W. SCHRAGE, Die konkreten Einzelgebote in der paulinischen Paränese (Gütersloh 1961) 253.
[26] LUTHER II 756: „Gott spricht: Mensch, ich bin dir zu hoch, du kannst mich nicht begreifen, ich habe mich dir in deinem Nächsten gegeben, den liebe, dann liebst du mich."
[27] Dogmatik I 206 f.
[28] Der Garten des Menschlichen (München 1977) 121.

versteht er eine Moral, die nicht in der religiösen Erfahrung begründet ist. Allerdings gilt dann auch, daß man jede Sache, die man nicht durch Mitteilung an andere verliert, nicht so besitzt, wie man sie besitzen soll, solange man sie nur selber besitzt. Wenn die Eröffnung der Gottesliebe die Ermöglichung der Nächstenliebe ist, sagt Jesus mit dem Gebot der Nächstenliebe vielleicht gar nicht etwas Neues, aber etwas ganz anderes[29].

LITERATUR: W. GRUNDMANN, Das Doppelgebot der Liebe: ZZ 11 (1957) 449–455; E. FUCHS, Was heißt: „Du sollst deinen Nächsten lieben wie dich selbst"?: Zur Frage nach dem historischen Jesus (Tübingen 1960) 1–20; H. MONTEFIORE, Thou Shalt Love the Neighbour as Thyself: NT 5 (1962) 157–170; G. BORNKAMM, Das Doppelgebot der Liebe: Geschichte und Glaube I. Gesammelte Aufsätze III (BEvTh 48) (München 1968) 37–45; C. BURCHARD, Das doppelte Liebesgebot in der frühen christlichen Überlieferung: Der Ruf Jesu und die Antwort der Gemeinde (Festschrift J. JEREMIAS) (Göttingen 1970) 39–62; J. ERNST, Die Einheit von Gottes- und Nächstenliebe in der Verkündigung Jesu: ThGl 60 (1970) 3–14; V. P. FURNISH, The Love Command in the NT (Nashville–New York 1972); G. SCHNEIDER, Die Neuheit der christlichen Nächstenliebe: TThZ 82 (1973) 257–275; A. NISSEN, Gott und der Nächste im antiken Judentum (WUNT 15) (Tübingen 1974); R. H. FULLER, Das Doppelgebot der Liebe: Jesus Christus in Historie und Theologie (Festschrift H. CONZELMANN) (Tübingen 1975) 317–329.

31. Die Davidssohnfrage (22, 41–46)

41 Als aber die Pharisäer versammelt waren, fragte sie Jesus 42 und sprach: Was meint ihr über den Christus? Wessen Sohn ist er? Sie sagen ihm: Davids. 43 Er sagt ihnen: Wie nennt ihn denn David im Geist Herrn, da er spricht: 44 Es sprach der Herr zu meinem Herrn: Setze dich zu meiner Rechten, bis ich deine Feinde unter deine Füße lege? 45 Wenn David ihn also Herrn nennt, wie ist er sein Sohn? 46 Und niemand konnte ihm ein Wort antworten, auch wagte es von jenem Tag an keiner mehr, ihn weiter zu fragen.

I

Ein Lehrgespräch besonderer Art! Auch hier kann man von keinem Streitgespräch reden, weil die Auffassung der Kontrahenten, der Christus sei Davids Sohn, von Jesus geteilt wird. Formal ist das Gespräch vom Fragen Jesu bestimmt. Er richtet zweimal eine Doppelfrage an seine Gesprächspartner (42 und 43–45). Die ersten beiden Fragen sind inhaltlicher Art (τί – τίνος), die zweiten sind Problemfragen (zweimal πῶς: 43 und 45 b), aufgehängt an einer Schriftstelle. Die erste Doppelfrage wird beantwortet (42 c), die zweite nicht, ja, es heißt, sie vermochten ihm keine Antwort zu geben. Die abschließende Bemerkung zieht einen Schlußstrich unter alle

---

[29] Vgl. GOLLWITZER, Befreiung 176 f; D. BONHOEFFER, Seminare – Vorlesungen – Predigten 1924–1941 (München 1972) 162 f.

vorausgegangenen Debatten (46). Dabei hat die Aporie, in die die Pharisäer hineingeraten sind, weiterreichende Bedeutung.

Die auffälligste Veränderung des Mt gegenüber seiner Vorlage Mk 12,35–37 ist wahrscheinlich, daß er aus dem Monolog Jesu ein Gespräch mit den Pharisäern gemacht hat. Während nach Mk Jesus die Sache als Lehre im Tempel vorträgt und selber die Meinung der Schriftgelehrten referiert, daß der Christus Sohn Davids sei, versammeln sich nach Mt die Pharisäer aufs neue, und Jesus befragt sie über den Christus, näherhin, wessen Sohn dieser sei. Damit ist ein neues Konzept geschaffen. Die Frage nach der Sohnschaft des Christus wird explizit gestellt und beherrscht, weil am Anfang aufgeworfen, das ganze Gespräch. Der Eingriff hatte eine andere, nebensächliche Veränderung zur Folge. Die Formulierung, daß der Christus Sohn Davids sei (Mk 12,35: ὅτι ὁ Χριστὸς υἱὸς Δαυίδ ἐστιν), ist unter den Tisch gefallen. Das Fehlen des Artikels vor „Davidssohn" deutet vermutlich an, daß Mk den Begriff hier nicht titular, sondern genealogisch versteht[1]. Für Mt ist der messianische Davidssohntitel wichtig, hat er diesen doch, vom Stammbaum 1,1 angefangen, verschiedentlich zur Geltung gebracht (9,27; 12,23; 15,22; 20,30f; 21,9.15). Wenn die Pharisäer antworten: τοῦ Δαυίδ (42c) könnte das diese Sicht bestätigen. Die anschließende Doppelfrage hat Mt durch zweifaches „wie nennt ihn David ..., wie ist er?" klar als Problemfrage artikuliert. In Mk 12,37 schließt die Perikope mit der versöhnlichen Bemerkung: „Und die große Volksmenge hörte ihn gern." Mt hingegen stellt die Unfähigkeit der Pharisäer zu einer Antwort fest und holt zusätzlich die Aussage nach, daß keiner ihn mehr zu fragen wagte, die man bei Mk 12,34 schon am Ende der vorausgegangenen Perikope las. „Von jenem Tag an" unterstreicht die Zäsur. Ähnliches erreicht E, indem er die heitere Geschichte vom Scherflein der Witwe Mk 12,41ff nicht bringt, sondern sogleich mit Kapitel 23 die Weherede gegen die Schriftgelehrten und Pharisäer anschließt, die allerdings in Mk 12,38ff einen gewissen Anknüpfungspunkt besitzt.

II

41f Wiederum erscheinen die Pharisäer auf dem Plan, die schon die Steuerfrage und die Frage nach dem größten Gebot an Jesus gerichtet hatten (22,15 und 34). Diesmal sind sie nicht die Fragenden, sondern werden zu Befragten. Sie sollen ihre Meinung über Christus äußern. An dieser Stelle schon wird die Perikope transparent im Hinblick auf die nachösterliche Situation. Ginge es um die Rekonstruktion einer historischen Situation im Leben Jesu, müßte man Χριστός besser mit „Messias" wiedergeben. Natürlich ist Christus hier titular verwendet, aber es wird gefragt im Blick auf den Christus, der Jesus heißt. Gefragt ist der christliche Glaube. Das pharisäische Judentum soll zu ihm Stellung beziehen. Darum auch die konkrete Frage nach der Sohnschaft dieses Christus. Die Pharisäer lassen sich auf die eigentliche Fragestellung nicht ein. Sie antworten gewis-

---

[1] Vgl. Gnilka, Markus II 170.

sermaßen akademisch. Gemäß ihren Vorstellungen kommt der Messias aus dem Geschlecht Davids, ist er Davidssohn. Diese Vorstellung wurzelt im AT (vgl. 1 Sm 7,12ff; Is 11,1; Jer 23,5; Ez 34,23; 37,24; Ps 89,20ff). Auch in Qumran erwartete man den (königlichen) Messias aus Davids Haus (1 Qflor 1,11; 1 QPB 3 f). Die Bezeichnung Davidssohn für den Messias taucht erstmalig in den vermutlich in pharisäischen Kreisen abgefaßten Psalmen Salomos auf, die von einem messianischen König in Macht und Glanz künden: „Sieh, Herr, darein! Laß ihnen ihren König wiederum erstehen, *den Davidssohn,* zur Zeit, die du erkoren, Gott, daß Israel, dein Knecht, ihm diene. Umgürte ihn mit Kraft, daß er des Frevels Herrscher niederschmetterte" (17,23 f).

43-45 Die gängige pharisäische Auffassung vom Messias als Davidssohn wird problematisiert. Nicht, daß sie abgetan würde, aber daß sie weitergeführt werden muß. Dafür spricht ein Psalmwort, das zu den meistzitierten atl Schriftworten im NT gehört. Ntl Autoren benutzen es, um die Auferweckung – Erhöhung – Inthronisation Jesu zur Rechten Gottes aus der Schrift zu belegen (vgl. Apg 2,34f; 1 Kor 15,25; Hebr 1,13). David gilt als Verfasser der Psalmen. Als inspirierter Autor, im Geist, hat er gesprochen. Seinem Wort kommt besonderes Gewicht zu[2]. Betrachten wir zunächst den Text von Ps 110,1/ψ 109,1, den Mt in Übereinstimmung mit parMk 12,36 zitiert:

Mt/Mk εἶπεν κύριος τῷ κυρίῳ μου,
κάθου ἐκ δεξιῶν μου
ἕως ἂν θῶ τοὺς ἐχθρούς σου ὑποκάτω τῶν ποδῶν σου.

M „Spruch Jahves für meinen Herrn:
Setze dich zu meiner Rechten,
bis ich deine Feinde gemacht habe zum Schemel deiner Füße."

LXX εἶπεν ὁ κύριος τῷ κυρίῳ μου,
κάθου ἐκ δεξιῶν μου
ἕως ἂν θῶ τοὺς ἐχθρούς σου ὑποπόδιον τῶν ποδῶν σου.

Mt hat den Text weder M noch LXX angeglichen. Er trägt das Bild vom Schemel nicht ein. Einzelne Textzeugen haben es später getan[3], ebenfalls parLk 20,43.

Der Psalm handelt von der Inthronisation des Königs in Jerusalem. Der König wird im Namen Jahves angeredet, wahrscheinlich von einem Tempelbeamten, zur Rechten Jahves Platz zu nehmen. Der Anredende weiß sich zum König im Verhältnis des Sklaven („mein Herr"). Das Platznehmen zur Rechten ist möglicherweise ursprünglich so zu verstehen, daß der königliche Thron neben der Bundeslade aufgestellt war, die als Thronsitz Gottes galt[4]. Die messianologische Verwendung des Psalms 110 im Juden-

---

[2] DΔΘ f[13] 565 1424 it sy[h] mae wiederholen ἐν πνεύματι in V 45. Einzelne Hss fügen in V 43 den Jesus-Namen ein.
[3] Dies tun W 0102 f[1] 33 1342 lat mae. Auch der Artikel vor κύριος wird in Übereinstimmung mit LXX geboten von LWΘ 0102 f[1.13] 33 892 1006 1342.
[4] Vgl. H.-J. Kraus, Psalmen II (BK.AT) (Neukirchen ³1966) 757.

tum konnte bisher nicht nachgewiesen werden. Sie scheint spezifisch christlich zu sein[5]. In der Übertragung auf den Christus Jesus sagt der Psalm dessen Erhöhung nach seinem Kreuzestod zur Rechten Gottes voraus. Der Satz war so wichtig, daß er sogar in das Glaubensbekenntnis eingegangen ist: sedet ad dexteram Patris. In der Auseinandersetzung mit den Pharisäern stellt Jesus zunächst im Anschluß an den Psalmvers die Davidssohnschaft der Kyrioswürde, die er durch die Erhöhung erlangt, gegenüber. Kyrios Jesus ist das Bekenntnis der hellenistischen Gemeinden, in denen unsere Perikope entstanden sein wird. Mt aber führt den Gedankengang noch weiter. Die Kyrioswürde Jesu wird für ihn zum Argument, daß dieser noch der Sohn eines anderen ist, nämlich Gottes[6]. Auf diese im Text nicht mehr ausgesprochene Auskunft läuft die Frage: Wessen Sohn ist er? hinaus. Die argumentative Verwendung des Psalmverses in diesem Sinn kommt durch die Wie-Fragen gut heraus.

46 Die Pharisäer verstehen nicht. Sie geben keine Antwort mehr. Die Auseinandersetzung ist zu Ende. Man wird dies als Ausdruck ihres Unglaubens werten müssen.

III
a) b)   Für Mt hat die Perikope eine zweifache Bedeutung. Sie ist eine Art Resümee seiner Christologie. Alle drei christologischen Prädikate, Davidssohn, Kyrios und Gottessohn, sind für ihn belangvoll. Die Perikope vereinigt die für die judenchristliche wie für die heidenchristliche Gemeinde relevanten Bekenntnisse. Kyrie ist die bevorzugte Anrede Jesu seitens der Jüngerschaft. Das Nebeneinander von Davidssohn bzw. Christus und Gottessohn bietet E auch in anderen Zusammenhängen. Erinnert sei nur an Kap. 1, wo Genealogie und Jungfrauengeburt auf diese Titel ausgerichtet sind und das Petrusbekenntnis in 16,16, dessen Zentralität wir kennenlernten[7]. Daß der Gottessohn in unserer Perikope verschwiegen, nur angedeutet wird, mag seine Bedeutsamkeit nur unterstreichen. Dies hat aber mit dem zweiten Anliegen zu tun, dem Problem des Unglaubens. Die Pharisäer erkennen nicht, wer Jesus „wirklich" ist. Auch über den Messias reden sie nur theoretisch. Die Gottessohnschaft Jesu aber könnte ihnen nur aufgehen, wenn ihnen diese Erkenntnis geschenkt würde. Daß Mt die Gottessohnschaft Jesu mit dem Offenbarungsgedanken verbindet, haben wir an anderer Stelle gezeigt[8]. Die Entstehung der Perikope wurde bereits oben in der hellenistischen Gemeinde festgemacht.

---

[5] Wer das bestreitet, muß annehmen, daß das Judentum die messianologische Deutung des Psalms 110 wegen antichristlicher Polemik aufgegeben habe. Vgl. Billerbeck IV 452–465.
[6] Mit WREDE, Davidssohn 174; HUMMEL, Auseinandersetzung 121; SUHL: ZNW 59 (1968) 61; GIBBS: NTS 10 (1963/64) 461. Nicht gesehen wird dies von BORNKAMM, Enderwartung 30; STRECKER, Weg 119f.
[7] Es ist darum falsch, wenn GIBBS: NTS 10 (1963/64) 461 meint, Mt halte die Davidssohnschaft Jesu für inadäquat.
[8] Vgl. Bd. I 22f dieses Kommentars.

c) Die Perikope enthält das Kernstück des christlichen Glaubens, die entscheidenden Bekenntnisse zu Jesus dem Christus, dem Kyrios, dem Gottessohn. Mt favorisiert den Gottessohn. Das Christusbekenntnis ist ihm wichtig wegen seiner Verwurzelung im atl Glauben, das Kyriosbekenntnis wegen seiner existentiellen Bedeutung für das Jüngerverständnis, das Gottessohnbekenntnis wurzelt in der Offenbarung. Zwar ist Mt noch nicht zum Präexistenzgedanken vorgedrungen, aber Jesus ist ihm Gottessohn von seiner Geburt an. Die Perikope verdeutlicht – wie Kierkegaard es formuliert –, daß Jesus Christus die einzige Person ist, die als einzige das Christentum auszudrücken vermag [9].

Freilich macht sie auch klar, daß die Frage nach Christus für uns ein Leben lang gestellt bleibt. Sie bleibt bis zum jüngsten Tag. Theoretisch, akademisch kann sie nur unbefriedigend beantwortet werden. Ihre Antwort erfolgt vor allem im Alltag und seiner Bewährung im christlichen Glauben [10].

LITERATUR: W. WREDE, Jesus als Davidssohn: Vorträge und Studien (Tübingen 1907) 147–177; R. P. GAGG, Jesus und die Davidssohnfrage: ThZ 7 (1951) 18–30; E. LÖVESTAM, Die Davidssohnfrage: SEA 27 (1962) 72–82; J. M. GIBBS, Purpose and Pattern in Matthew's Use of the Title „Son of David": NTS 10 (1963/64) 446–464; S. E. JOHNSON, The Davidic-Royal Motif in the Gospels: JBL 87 (1968) 136–150; A. SUHL, Der Davidssohn im Matthäusevangelium: ZNW 59 (1968) 57–81; G. SCHNEIDER, Zur Vorgeschichte des christologischen Prädikats „Sohn Davids": TThZ 80 (1971) 247–253; D. M. HAY, Glory on the Right Hand: Psalm 110 in Early Christianity (JBL. MS 18) (Nashville 1973); F. NEUGEBAUER, Die Davidssohnfrage (Mk 12,35–7 parr) und der Menschensohn: NTS 21 (1974/75) 81–108.

---

[9] Tagebücher 531. Nach KASPER, Jesus der Christus 191, ist „das Bekenntnis zu Jesus Christus als dem Sohn Gottes eine Kurzformel, die das Wesentliche und das Spezifische des gesamten christlichen Glaubens zum Ausdruck bringt". – In der patristischen und mittelalterlichen Theologie wurde unsere Perikope im Sinn der Zweinaturenlehre gedeutet. Vgl. CHRYSOSTOMOS, in Matth. 71,2; LUTHER II 759ff; Calvin II 222.
[10] LUTHER II 759; In der Kunst, zu wissen, wer Christus sei, bin „ich noch Schüler ..., und habe doch viele Magister gemacht".

Die Rede von den Wehe (23,1-39)

Auch diese Redekomposition verdankt ihre vorliegende Gestalt weitgehend der redaktionellen Arbeit des Mt. Dies gilt, obwohl er in seiner Vorlage (Q) bereits eine Rede ähnlicher Gestalt, nämlich eine Weherede, vorgefunden hat. Was seine Redekomposition von der in Q in struktureller Hinsicht vor allem unterscheidet, ist, daß er für sie einen die Gemeinde unmittelbar betreffenden Vorbau geschaffen hat (1–12) und daß er sie mit einem an Jerusalem gerichteten Logion und mit dem Ausblick auf die Parusie abschließt[1].

Damit ist bereits das Wesentliche zum Aufbau des 23. Kapitels gesagt: Auf den „Gemeindeteil" (2–12) folgen als der Schwerpunkt des Ganzen die sieben Wehe (13–31), an die sich Gerichtsworte anschließen (32–39)[2]. Freilich werden schon am Anfang des „Gemeindeteils" die Schriftgelehrten und Pharisäer genannt, so daß ihnen von vornherein die besondere Aufmerksamkeit gilt. Über ihre Autorität wird erstaunlich positiv gesprochen. Unmittelbar die Regelung des Gemeindelebens betrifft der Abschnitt 8–12, der sich als Kontrast aus seiner Umgebung heraushebt. Auch die Weherufe sind – wie zu zeigen sein wird – strukturell nicht einheitlich. Besonders der 3. Weheruf (16–22), der auch der längste ist, fällt ganz aus der Reihe. Einheitlich sind sie vor allem in der skandierenden Anrede „Wehe euch, Schriftgelehrte und Pharisäer, Heuchler", die freilich wiederum im 3. Weheruf durchbrochen wird. Die Gerichtsworte, die sich (von 32f abgesehen) aus zwei kleineren Einheiten zusammensetzt (34–36 und 37–39) weiten den Blick aus auf dieses Geschlecht, auf Jerusalem, letztlich auf ganz Israel.

Rhetorisch bestimmt die Antithese – wie so oft bei Mt – die Redekomposition. Es ist nicht nur die Antithese von Reden und Tun (3f), die für unser Evangelium auch sonst so wichtig ist, sondern vor allem auch die von Gemeinde (8–12) und Judentum, das durch die Schriftgelehrten und Pharisäer bestimmt ist. Rhetorische Mittel sind ferner die Wiederholung (als Pathosformel), die Klimax (gradatio), die sich vor allem in der Steigerung der Vorwürfe bis hin zum Prophetenmord kundtut[3]. Hierher gehört auch das Adressenproblem. Aufgrund der Texte könnte man vier Adressa-

---

[1] Vgl. die Analysen zu den einzelnen Texteinheiten.
[2] Über die Zuweisung der VV 32f besteht Unsicherheit. Sie haben Überleitungscharakter.
[3] Vgl. FRANKEMÖLLE, Pharisäismus 175. Vgl. HAENCHEN, Matthäus 23: 49: „Die Rede beginnt gleichsam piano."

tenkreise unterscheiden: das Volk (2–7), die Jünger (8–12), die Schriftgelehrten und Pharisäer (13–33), das ganze Volk, insbesondere Jerusalem (34–39)[4]. Freilich fällt auf, daß die gesamte Redekomposition unter eine einzige Rahmenbemerkung eingespannt ist, nach deren Ausweis sich die Worte Jesu an die Volksscharen und seine Jünger richten (1). So entsteht eine überraschende Abwendung (Apostrophe) von den Schriftgelehrten und Pharisäern, die dennoch als gewähltes Zweitpublikum zentrales Objekt der Auseinandersetzung bleiben[5]. Bedeutet das, daß die Weherufe und Vorwürfe sich im Sinn des Mt letztlich an die Gemeinde wenden, der ein Spiegel vor das Gesicht gehalten werden soll, also nicht Polemik, sondern insgesamt Gemeindeparänese vorliegt? Diese von Frankemölle[6] favorisierte Betrachtung hat einen wichtigen Aspekt zur Geltung gebracht, doch wird man die Rede nicht einseitig daran festmachen dürfen. Zwar hat Mt in der Tat die Schriftgelehrten und Pharisäer nicht als Adressaten auftreten lassen – was ohne weiteres möglich gewesen wäre –, zwar wird gleichsam über sie in Abwesenheit verhandelt, dennoch hat er im Text 13 ff die Anrede an diese Gruppe nicht aufgegeben. Man kann die Sektenregel von Qumran zum Vergleich heranziehen, wo auch über die nicht anwesenden Widersacher, aber in der 3. Person, verhandelt wird (1 QS 2,11–18). Das heißt, daß die Schriftgelehrten und Pharisäer für Mt und seine Gemeinde nicht bereits tot sind. Sie sind auch noch Objekt der Auseinandersetzung. Mt 23 ist auch polemisch gemeint. Noch mehr aber dient sie der Bestimmung des eigenen Standorts. Dieser betrifft die Position der Kirche nach der Katastrophe des Jahres 70. Diese ist auch in unserer Redekomposition deutlich vorausgesetzt[7]. Die Stereotypie der Anrede der Schriftgelehrten und Pharisäer kennzeichnet diese als die Kontrahenten unseres Evangeliums. Es ist das pharisäisch geleitete Judentum nach dem verlorenen Krieg.

Abschließend ist ein Wort zum Verhältnis der Weherede zur eschatologischen Rede (Kap. 24f) zu sagen. Wiederholt wurden beide Reden als eine Einheit gesehen, vor allem wegen der Schlußformel in 26,1, die sich am Ende aller mt Redekompositionen findet. Man glaubt, auf diese Weise die Fünfzahl der mt Reden sicherstellen zu können, die in Analogie zu den fünf Büchern Moses geschaffen worden sei. Ohne Zweifel besteht ein enger Zusammenhang zwischen Kap. 23 und 24f wie zwischen allen Redekompositionen überhaupt. Dennoch möchten wir Kap. 23 als Einheit fassen und nicht mit dem Folgenden zu einem Ganzen verbinden. Signal dafür ist, daß die folgende Rede ein neues Auditorium erhält, das nur die Jünger sind (24,3: κατ' ἰδίαν).

---

[4] So Schweizer 280.
[5] Zur Apostrophe oder aversio als Mittel der Rhetorik vgl. H. Lausberg, Handbuch der literarischen Rhetorik (München 1960) § 762–765; auch Frankemölle, Pharisäismus 176.
[6] Pharisäismus 157f.
[7] Vgl. Hummel, Auseinandersetzung 87.

LITERATUR: D. FARBSTEIN, Waren die Pharisäer und die Schriftgelehrten Heuchler?: Jud 8 (1952) 193–207; O. MICHEL – O. BAUERNFEIND – O. BETZ, Der Tempel der goldenen Kuh. Bemerkungen zur Polemik im Spätjudentum: ZNW 49 (1958) 197–212; O. MICHEL, Polemik und Scheidung: Jud 15 (1959) 193–212; T. F. GLASSON, Anti-Pharisaism in St. Matthew: JQR 51 (1960/61) 316–320; E. HAENCHEN, Matthäus 23: Gott und Mensch (Tübingen 1965) 29–54; G. BAUMBACH, Jesus und die Pharisäer: BiLi 41 (1968) 112–131; J. FREUDENBERG, Die synoptische Wehrerede (Diss. Münster 1972); S. LEGASSE, L'„antijudaïsme" dans l'Évangile selon Matthieu: M. DIDIER (Hrsg.), L'Évangile selon Matthieu (Gembloux 1972) 417–428; W. PESCH, Theologische Aussagen der Redaktion von Matthäus 23: Orientierung an Jesus (Festschrift J. SCHMID) (Freiburg 1973) 286–299; P. S. MINEAR, False Prophecy and Hypocrisy in the Gospel of Matthew: NT und Kirche (Festschrift R. SCHNACKENBURG) (Freiburg 1974) 76–93; H. FRANKEMÖLLE, „Pharisäismus" in Judentum und Kirche: H. GOLDSTEIN (Hrsg.), Gottesverächter und Menschenfeinde? (Düsseldorf 1979) 123–189; E. GARLAND, The Intention of Matthew 23 (NT. S 52) (Leiden 1979); H. SCHÜRMANN, Die Redekomposition wider „dieses Geschlecht" und seine Führung in der Redenquelle (vgl. Mt 23,1–39 parLk 11,37–54) Bestand – Akoluthie – Kompositionsformen: SNTU 11 (Linz 1986) 33–81.

32. Über die Autorität (23,1–12)

1 Da redete Jesus zu den Volksscharen und zu seinen Jüngern 2 und sagte: Auf dem Stuhl des Mose sitzen die Schriftgelehrten und Pharisäer. 3 Alles nun, was sie auch sagen, tut und haltet; nach ihren Werken aber tut nicht. Denn sie sagen es zwar, tun es aber nicht. 4 Sie binden schwere und unerträgliche Lasten und legen sie den Menschen auf die Schultern, sie selbst aber wollen diese nicht mit dem Finger bewegen. 5 Alle ihre Werke aber tun sie, um von den Menschen gesehen zu werden. Denn sie machen ihre Gebetsriemen weit und die Quasten groß. 6 Sie lieben den ersten Platz bei den Gastmählern und die ersten Stühle in den Synagogen 7 und daß sie auf den Marktplätzen gegrüßt und von den Menschen Rabbi genannt werden. 8 Ihr aber laßt euch nicht Rabbi nennen. Denn einer ist euer Lehrer, ihr alle aber seid Brüder. 9 Und Vater sollt ihr euch nicht nennen auf Erden, denn einer ist euer Vater, der himmlische. 10 Noch sollt ihr euch Meister nennen lassen, weil einer euer Meister ist, der Christus. 11 Der Größte von euch soll euer Diener sein. 12 Wer sich aber selbst erhöht, wird erniedrigt werden, und wer sich selbst erniedrigt, wird erhöht werden.

I

Äußerer Anlaß für Mt, die Rede an dieser Stelle des Evangeliums unterzubringen, war die Mk-Vorlage. Auch Mk 12,38–40 bringt nach der Erörterung der Davidssohnfrage eine Kritik der Schriftgelehrten. Beschränkt sich diese bei Mk auf drei Verse, so ist bei Mt ein ganzes Kapitel daraus geworden. Der zusätzliche Stoff stammt aus der Spruchquelle und aus Sonderüberlieferungen. Der erste Teil der Rede, den wir mit den VV 1–12 ausgrenzen, umfaßt nach einer knappen Einleitung (1a) – grob gesagt –

zwei Abschnitte, einen, der sich mit den Schriftgelehrten und Pharisäern beschäftigt (1 b–7), und einen, der sich der Gemeinde zuwendet (8–12). Mit „Ihr aber nicht" (beachte vorangestelltes ὑμεῖς in 8) wird übergeleitet. Der ganze Teil hat also antithetischen Charakter. Auch im ersten Abschnitt ist die Gemeinde der Adressat, wird doch nicht zu den Schriftgelehrten und Pharisäern, sondern über sie geredet, erst grundsätzlich, dann tadelnd und kritisierend. Über das Stichwort Rabbi – sie lassen sich Rabbi nennen, ihr sollt euch nicht Rabbi nennen lassen – ist eine Klammer zum Gemeindeteil geschaffen. Hier bilden die VV 8–10 einen geschlossenen Text, der durch das Verb καλεῖν (3mal) zusammengehalten wird. Die Strukturen sind parallel, doch ist der Parallelismus nicht vollständig[1]. Die VV 11 f bieten zwei zusätzliche Sentenzen (V 12 ist formal ein antithetischer Parallismus, inhaltlich ein Satz heiligen Rechts). Den ganzen Abschnitt 8–12 darf man im Anschluß an Haenchen eine kleine Gemeinderegel heißen[2].

Traditionsgeschichte: E hat Stoff verschiedenen Alters und verschiedener Herkunft zusammengetragen. Daß er diesen zu einer Redekomposition mit einer durchschaubaren Strukturierung vereinigte, darin liegt die besondere Kühnheit seiner literarischen Tätigkeit. Die Einleitung (1) stammt ganz von ihm. Wie in der Rede vom Berg (vgl. 5,1) sind Volk und Jüngerschaft die Adressaten[3]. 2–4 sind Vorgabe. 2f stehen mit ihrer schrankenlos erscheinenden Anerkennung der Autorität der Schriftgelehrten und Pharisäer in Spannung zu 16,11 f. V 4 hat seine Parallele in Lk 11,46, ist also sicher Q entnommen. Lk bietet freilich einen Weheruf! Ob auch 2f in Q zu lesen war, ist umstritten[4]. Wir möchten die beiden Verse der Schule des Mt zuweisen, wo sie längere Zeit vor der Entstehung unseres Evangeliums gebildet worden sein mögen. Man kann die Frage stellen, ob in der Gruppierung „Stuhl der Schriftgelehrten und Pharisäer" die Pharisäer sekundär hinzugetreten sind. Weil damit in der Tat der Anschluß an die Weherufe gegen diese beiden Gruppen geschaffen ist, müßte dies durch E geschehen sein[5]. Die Frage läßt sich ebensowenig sicher beantworten wie die nach der Ursprünglichkeit eines Weherufes für V 4/Lk 11,46. Weil E aber auch in V 6 einen ursprünglichen Weheruf (Lk

---

[1] V 8 ist ein Dreizeiler, die VV 9 und 10 sind je ein Zweizeiler. μὴ κληθῆτε bindet 8 und 10 zusammen, V 9 bietet aktivisches μὴ καλέσητε. Schließlich wird in 9 und 10 gesagt, wer der ist, dem der Name Vater bzw. Meister (Plural!) gebührt, in V 8 ist das nicht der Fall, so daß vom Text her offenbleibt, ob der Vater im Himmel oder Christus der Lehrer ist. Einzelne Hss ergänzen sekundär: der Christus (0102 1342 1506 sy[c.h.]).
[2] Matthäus 23: 34.
[3] ἐλάλησεν in der Einleitung einer Rede auch 13,3. Wie kann LOHMEYER 333 sagen, daß nur in 23,1 eine Rede Jesu als λαλεῖν bezeichnet sei? τότε ist typisch mt.
[4] SCHÜRMANN, Redekomposition 37ff, schreibt 2f Q zu und ordnet die Verse ein in eine Spruch einheit wider die Schriftgelehrten, die mit Ausnahmen von 5.6 a die VV 2–13 umfaßt habe. SCHENK, Synopse 75ff, rechnet auch mit einer Gerichtsdrohung gegen die Gesetzeslehrer in Q, zählt zu ihr aber die VV 4.13.29–31. STRECKER, Weg 16, meint, daß E 2f in Q[Mt] las.
[5] Vermutung von SCHWEIZER 281.

11,43 = Q) aufgelöst hat, möchten wir dies ebenso für V 4 vermuten [6]. V 5 a, der in 6,1 seine weitgehende Entsprechung hat, wurde von E als Überleitung angefügt. Gleiches könnte auch für V 5 b, der anschauliche Beispiele pharisäischen Verhaltens bietet, gelten. In 6.7 a kombiniert E Mk 12,38 f und Q (Lk 11,43) [7]. 7 b hingegen (sie lassen sich von den Menschen Rabbi nennen) ist MtR [8]. Damit gelingt ihm der Übergang zum folgenden selbständigen Traditionsstück 8–10, das höchst divergierend beurteilt wird [9]. 10 ist offenkundig eine Nachbildung von 8, die den jüdischen Rabbi durch den hellenistischen καθηγητής ersetzt [10]. V 9 fällt formal und inhaltlich aus dem Rahmen (s. Anm. 1 und Interpretation). Die hier gebotene Weisung ist hart. Wir möchten sie für eine selbständige kleine Traditionseinheit halten. Vermutlich hat Mt die Dreiheit 8–10 schon vorgefunden. 11 und 12 fügt er an. Auch dies sind isolierte Logien. V 11 hat eine Parallele in 20,26 (ἔσται ὑμῶν διάκονος), V 12 in Lk 14,11. Möglicherweise stand letzterer auch in Q.

Überblickt man die Gestaltung des Einleitungsteils der Rede, so springt ihr von Mt forcierter jüdischer Charakter in die Augen. Der Stuhl des Mose, die Gebetsriemen und Kleiderquasten, die Rabbi-Anrede vermögen dies nochmals in Erinnerung zu rufen.

II

1 Es verdient Beachtung, daß diese Rede im Mt-Evangelium bzw. dieser Redeteil (Kap. 23) wie die Rede vom Berg (5,1) Volksscharen und Jünger zum Adressaten hat. Die Reden in den Kapiteln 10 und 18 sind nur an die Jünger gerichtet. In der Gleichnisrede (Kap. 13), die primär an das Volk geht, erhalten die Jünger besondere Belehrungen. Diese formale Übereinstimmung mit der Bergpredigt darf man als Hinweis nehmen, daß Kap. 23

---

[6] Anders SCHÜRMANN, Redekomposition 69. – Andere verbale Unterschiede zwischen V 4 und Lk 11,46 sind von nicht so großer Bedeutung. Dazu vgl. SCHULZ, Q 106f.
[7] HAENCHEN, Matthäus 23: 33, bestreitet hier Abhängigkeit von Q. Doch hat E die Reihenfolge: erste Stühle in den Synagogen – Grüße auf den Marktplätzen deutlich gegen Mk abgeändert.
[8] RIESNER, Lehrer 270f, hält 7b für vormatthäisch. Daß 7a/7b eine parallele Figur sei, reicht nicht aus für diese Behauptung, zumal R. aus 7b einen weitreichenden historischen Rückschluß zieht: Beleg, daß die Schriftgelehrten schon vor 70 als Rabbi angeredet worden seien.
[9] Folgende Auffassungen werden vertreten: 8f Tradition, 10 hellenistisch-christlicher Zusatz: STRECKER, Weg 216f; ähnlich ZIMMERMANN, Lehrer 185f, der für 8f mit einem ursprünglichen aramäischen Doppellogion rechnet und 10 als heidenchristliche Erläuterung bezeichnet. – 8 ältester Bestand, 9 evtl. erweiternder Zusatz, 10 Bildung nach Muster von 8: HAENCHEN, Matthäus 23: 34f. – 8 ältester Bestand, 10 Nachbildung, 9 jüngster Nachtrag: ZELLER, Mahnsprüche 120. – 8 und 9f zwei selbständige Überlieferungseinheiten: RIESNER, Lehrer 262ff. Die Liste ließe sich fortsetzen!
[10] Weil V 10 sachlich gegenüber 8 kaum etwas Neues einbringt und auch die Wendung ὁ Χριστός Indiz für eine spätere Bildung ist, ist die Frage nach einem semitischen Äquivalent für καθηγητής nicht zu stellen. – Rekonstruktionen einer angeblichen Vorform von V 8 sollte man lieber unterlassen. Nach LOHMEYER 339 sei sein ursprünglicher Sinn gewesen: Einer ist euch groß.

Mt 23,2–3

eine Art negativer Folie, Ergänzung, Weiterführung der Bergpredigt ist oder besser: für ihr Verständnis auf die Berücksichtigung der Bergpredigt angewiesen ist. Sie bietet primär Kritik und Schelte, freilich nicht nur. So weist sie auf die positive Weisung zurück. Obwohl Schelte an anderen, sollen Volk und Jünger hören, vor allem auch die Jünger, weil sie von denselben Gefahren bedroht sind und ihnen verfallen.

2   Wie in einem Blickfang, richtet der Anfang der Rede die ganze Aufmerksamkeit auf die auf der Kathedra des Mose sitzenden Schriftgelehrten und Pharisäer. Die Kathedra des Mose war in den Synagogen aufgerichtet, ein ausgezeichneter, besonders geschmückter Stuhl, oft aus Stein, den im Gotteshaus Versammelten gegenüber[11]. Dieses Interesse ist auffällig. Die auf dem Stuhl des Mose Sitzenden übten die Lehrgewalt in der Synagoge aus. Wie der einschränkende Blick auf das synagogale Institut, so lenkt die von Schriftgelehrten und Pharisäern (allein) ausgeübte Lehrgewalt in eine spätere Zeit. Erst nach dem Jahr 70 gelangten die Pharisäer in diese Position. In dieser Zeit war der uneingeschränkte Austausch der Begriffe Schriftgelehrter und Pharisäer möglich geworden, weil die Pharisäer als einzige Religionspartei die nationale Katastrophe überlebten, sich aber auch das Verdienst zurechnen dürfen, die Existenz des Judentums für die Zukunft gerettet zu haben. Die Jerusalemer Autoritäten sind jetzt nicht mehr im Blick. So erscheint die Gebrochenheit der Situation, in der der mt Jesus im Tempel lehrt, wie wir allerdings erst aus 24,1 erfahren. Der Würde entsprechend, trugen die Schriftgelehrten ihre Lehre sitzend vor. In unserem Evangelium schafft dies ein Korrespondenzverhältnis zum Beginn der Bergpredigt, die von Jesus gleichfalls sitzend vorgetragen wurde (5,1).

3   Zwischen der Synagoge und der Jüngerschaft/Gemeinde gibt es Verbindendes und Trennendes. Es ist erstaunlich, daß das Verbindende sei: „alles, was sie euch sagen"[12]. Im Gesamtkontext des Evangeliums steht dies in einer unerträglichen Spannung zu 16,11f, wo Jesus vor der Lehre der Pharisäer (und Sadduzäer) warnt, aber auch in einem Mißverhältnis zu den Antithesen der Bergpredigt (5,20ff). Es gibt verschiedene Versuche, die Spannung auszugleichen. Ohne Zweifel haben wir es mit älterer Tradition zu tun, die eine Situation anzeigt, in der das Verhältnis Synagoge/Gemeinde friedlicher gewesen sein mag. Sollte Mt um der Tradition willen die Diskrepanz hingenommen haben? Immerhin stehen Mt

---

[11] Vgl. S. Krauss, Talmudische Archäologie III (Leipzig 1912) 207f. In den Ruinen der Synagoge auf Delos ist die Cathedra Mosis gut erhalten: Abb. 99 in E. Stauffer, Die Theologie des NT (Stuttgart ⁴1948). In der Anordnung gleicht der Stuhl des Mose dem Bischofsstuhl in alten romanischen Kirchen. In der LXX begegnet das Wort in ψ 106,36: ἐν καθέδρᾳ πρεσβυτέρων.

[12] In der Textüberlieferung gibt es zahlreiche Varianten: alles, was sie euch *zu halten* sagen (W 0102 f¹³ 33 sy^p.h), *zu tun* sagen (700), *höret* und tut (sy^c), tut (Sinaiticus*), haltet (Φ).

und seine Gemeinde noch vor dem offiziellen Ausschluß der Christen aus der Synagoge, die durch die Aufnahme der Verfluchung der Häretiker in das Sch^emone Esre erfolgte. Die Brücken zur Synagoge, aus der die Gemeinde herauswuchs, sind noch nicht völlig abgebrochen. Man kann auf die Struktur von Kap. 23 verweisen, das wie ein Crescendo von leisen zu starken Vorwürfen voranschreitet. Überzeugender sind zwei andere Vorschläge. Wenn man dem Mt nicht eine gedankenlose Weitergabe der Tradition unterschieben will, wird vorauszusetzen sein, daß er sie in einem anderen als dem ursprünglichen Sinn, nämlich in einem eingeschränkten, verstand. Dann kann er die Autorität der Schriftgelehrten und Pharisäer auf deren Wiedergabe des AT[13] oder ihre richterliche Tätigkeit[14] bezogen haben. Als die öffentlichen Hüter der Ordnung hatten sie Autorität. Man mag das eine taktische Weisung nennen. Zum Martyrium fordert E in diesem Fall nicht auf (vgl. 10,17). Das Bekenntnis zum Evangelium steht nicht auf dem Spiel. Was die Synagoge von der Kirche trennt, ist die Praxis der Schriftgelehrten und Pharisäer. Die Diskrepanz von Reden und Tun ist ein bitterer Vorwurf. Er versteht sich aber auch als Appell an den christlichen Leser, an sich die Frage zu richten, ob nicht auch er dieser Diskrepanz verfallen ist (vgl. 7,24ff).

4 Das Bild vom Lastenschnüren veranschaulicht die Fülle der Einzelvorschriften, die der Pharisäismus als Zaun um das Gesetz angelegt hatte und die man als verbindlich betrachtete[15]. Daß jetzt diese Fülle der Gebote angesprochen ist, darin liegt der gedankliche Fortschritt. Ihre Wertung erfolgt hier im Blick auf jene, die die Lasten schnüren. Objektiv werden die Gebote weder verworfen noch akzeptiert. Das subjektive Verhalten wird gebrandmarkt. Mt weiß um Fälle wie den Mißbrauch des Korban-Gelübdes (15,3ff). Das Urteil ist pauschal. Es muß daran erinnert werden, daß auch innerhalb des Pharisäismus die Diskrepanz von Lehren und Tun getadelt wurde. Man nannte solche Leute später Schulterpharisäer[16].

5 Der Vorwurf, daß sie ihre Taten zur Schau stellen, greift auf 6,1ff. 5f. 16ff zurück, wo gleichfalls krasse Beispiele einer veräußerlichten Frömmigkeit zur Warnung für die Gemeinde geboten wurden. Jetzt werden die Gebetsriemen (griech. Phylakterien, aram. Tephillin) und Kleiderquasten (aram. Sisit) bzw. ihr Mißbrauch erwähnt. Die Sisit, deren Gebrauch

---

[13] HAENCHEN, Matthäus 23: 31; Trilling, Israel 203 (als Frage); BARTH, Gesetzesverständnis 66 Anm. 3.
[14] LOHMEYER 334f.
[15] Die längere LA „schwere *und unerträgliche* Lasten" (BKWΔΘ f[13] 28 33 565 vg sy^h arm) ist zu bevorzugen. Mt favorisiert die Bilder und schöpft das seltene Wort aus Q (Lk 11,46). Den Kurztext bieten L f[1] 892 sy^c.p.s. Sinaiticus liest „große Lasten"; 700 1010 nur: „unerträgliche Lasten."
[16] Vgl. GRESSMANN, Religion 410. Andere Belege bei BILLERBECK I 913. Das Motiv ist verbreitet. Vgl. EPIKTET, diss. 3,24,110: „Erweise dich nicht in Worten, sondern in Taten als sittlich gut." Das Bild von der schweren Last bietet auch ψ 37,5.

schon in Nm 15,37ff; Dt 22,12 geboten ist, waren Fransen oder Quasten aus hyazinthblauer oder weißer Wolle, die an den vier Zipfeln des Obergewandes zu tragen waren. Ursprünglich von magisch-apotropäischer Bedeutung, sollen sie nach Nm 15,39 an die Gebote Jahves erinnern. Dasselbe gilt für die Phylakterien. Die Mahnung Dt 6,8: „Binde sie (die Worte Jahves) zum Zeichen an deine Hand, und Marken sollen sie an deiner Stirn sein" (vgl. 11,18), in Dt noch bildlich gemeint, wurde später wörtlich genommen. Man band sich kleine würfelförmige hohle Kapseln aus Pergament, in die man Pergamentröllchen mit Schrifttexten (bevorzugte Texte Ex 13,1-10; 13,11-16; Dt 6,4-9; 11,13-21) steckte, an Arm und Stirn und trug sie beständig oder bei bestimmten Gelegenheiten[17]. Hinsichtlich der Größe von Riemen und Quasten gab es einen Streit zwischen Hillel und Schammaj, den beiden Zeitgenossen Jesu, der damit endete, daß man sich nicht festlegte, sondern dies dem einzelnen überließ[18]. Mt 9,20; 14,36 vermitteln den Eindruck, daß auch Jesus die Kleiderquasten trug.

6f Der Jahrmarkt der Eitelkeiten trägt sich aus in dem Streben nach den ersten Plätzen. Auch das Gleichnis Lk 14,7ff kritisiert die Sucht, beim Gastmahl den Ehrenplatz einzunehmen. Dieser ist neben dem Gastgeber oder Hausherrn an der Tafel zu suchen. Weil später im Rabbinischen die Rangordnung nach dem Alter festgelegt wurde, steht zu vermuten, daß sie in jener Zeit nach dem äußeren Ansehen geregelt wurde. Die Ehrsucht bestimmt sogar die Religion. Auch im Gotteshaus will man den ersten Platz. Man darf diesen gegenüber dem Thoraschrein vermuten. Nach der Tosephta saßen die Gelehrten nicht beim Volk, sondern auf eigenen Stühlen. In der Diaspora kam es vor, daß verdienten Gemeindemitgliedern nach griechischer Sitte durch Gemeindebeschluß der Ehrenplatz (προεδρία) verliehen wurde[19]. Man ringt um Ansehen und Anerkennung in der Öffentlichkeit. Für das antike Gastmahl ist zu bedenken, daß es öffentlich und jedem zugänglich war. Öffentliche Anerkennung zollt der Gruß, besonders auf dem Marktplatz, wo sich das Volk versammelte. Die ehrende Anrede Rabbi (wörtlich: mein Großer) wurde gegen Ende des 1. Jh. n.Chr. zum Titel der palästinischen Gesetzeslehrer und verlor ihre ursprüngliche Bedeutung. Hillel und Schammaj waren in diesem Sinn noch nicht Rabbi[20]. Möglicherweise haben wir an unserer Stelle einen der älte-

---

[17] Vgl. SCHÜRER, Geschichte II 566–569; BILLERBECK IV 250–292. In Qumran-Höhle 8 hat man zahlreiche Phylakterien gefunden. Zum Teil enthielten sie noch andere atl Texte als die oben angegebenen. Vgl. M. BAILLET u.a., Les „Petites Grottes" de Qumran (DJD 3) (Oxford 1962) 149f. – In V 5 ergänzen einzelne Hss „die Quasten *ihrer Kleider*" (LW 0102 f[13] 33 892 sy bo).
[18] Vgl. SCHLATTER 669.
[19] Vgl. SCHÜRER, Geschichte II 527 Anm. 94; BILLERBECK I 915f. DIO CHRYSOSTOMOS erwähnt wiederholt den Ehrenplatz im Theater: 31,16.108; 34,29; 44,2 u.ö. In 34,51 erwähnt er Streitereien um erste Plätze.
[20] Vgl. GRESSMANN, Religion 169; BILLERBECK I 916f; SCHÜRER, Geschichte 375 Anm. 8. Im AT heißt *rab* der „Oberste" (z.B. Jer 39,3.13), in der Mischna der „Herr"

sten Belege für die offizielle Verwendung des Titels vor uns. Es ist zu beachten, daß die Kritik am äußeren Verhalten haftenbleibt. Gewiß verfehlen die Kritisierten in ihrer Sorge um äußeres Ansehen den Weg zum Eigentlichen, zum bleibend Gültigen, zu Gott. Doch reicht die Kritik, wie sie im Gleichnis vom Pharisäer und Zöllner ausgesprochen wird, tiefer (Lk 18,9ff).

8   Auf der negativen Folie zeichnet Mt das christliche Verständnis der Gemeinde. In ihr soll es anders zugehen. Das Verbot des Titels Rabbi [21] hat zur Frage geführt, ob nur der Titel oder auch die Ausübung eines vergleichbaren Dienstes in der Gemeinde verpönt werden soll. Man wird die Warnung vermutlich sehr konkret nehmen und im Zusammenhang mit der Ausbildung des offiziellen Rabbi-Titels in der Synagoge sehen dürfen. Die starke Einflußnahme der Synagoge auf das Judenchristentum und dessen Fortsetzung kann bei aller gegenseitigen Polemik kaum unterschätzt werden. Es lebten angesehene Juden in der christlichen Gemeinde wie der Herrenbruder Jakobus der Gerechte in Jerusalem. Daß es in der mt Gemeinde Leute gab, die den Dienst von Lehrern, den Schriftgelehrten entsprechend, taten, ist nicht zu bestreiten (23,34; 13,52) [22]. Ihnen wird eingeschärft, daß es in der Gemeinde letztlich nur einen Lehrer gibt [23], Christus, wie von V 10 her zu ergänzen ist. Ihm gegenüber haben sich alle als Brüder (und Schwestern) zu begreifen [24]. Mt, der ja selbst unter die Gruppe dieser christlichen Schriftgelehrten einzureihen ist, kommt es darauf an, daß der Charakter der Gemeinde als Bruderschaft unter allen Umständen gewahrt bleibt. Vielleicht möchte man als Gegenüber zum Lehrer Christus die Bezeichnung „Jünger" für die Gemeinde erwarten, zumal die Jüngerschaft bei Mt im Hinblick auf die Gemeinde transparent ist. Der Brudername wird bevorzugt, weil dem Herrschaftsstreben und -dünkel gewehrt werden soll. Den Anfängen soll entgegengewirkt werden.

9   Auch die Vater-Anrede verbietet Jesus. Sie steht allein dem himmlischen Vater zu. In welchem Sinn aber gilt das Verbot? Der Satz ist mit einer grammatischen Ungenauigkeit belastet.

ὑμῶν (man erwartete ὑμῖν [25]) kann auf dreierlei Weise übersetzt werden: 1. Und Vater sollt ihr euch nicht nennen (Aramaismus); 2. Und Vater sollt ihr niemanden von euch nennen (Genit. partitivus); 3. Und niemanden sollt ihr Vater nennen (Attraktion zu „Vater").

Die Übersetzungsvorschläge 1 und 2 liegen dicht beieinander. Wir haben oben Variante 1 bevorzugt. Auf jeden Fall wird man dem Tenor des

---

etwa im Gegensatz zum Sklaven. – In V 7 verdoppeln DW f[13] 1006 1342 1506 sy[s.c.h]: Rabbi Rabbi.

[21] Θ formuliert: μηδένα καλέσητε.
[22] Anders WALKER, Heilsgeschichte 24; HAENCHEN, Mt 23: 35f.
[23] Statt διδάσκαλος lesen Sinaiticus* DLΘ 0102 f[1.13] καθηγητής.
[24] Ob Jer 31,33f; Is 54,13 im Hintergrund steht, kann gefragt werden.
[25] Die LA ὑμῖν (DΘ lat sy[s.c.p] sa bo) ist als sekundär anzusehen.

ganzen Abschnitts entnehmen dürfen, daß wie die Anrede Rabbi so auch die Anrede Vater gegenüber herausragenden Mitgliedern der Gemeinde zu unterlassen ist. Im AT redet der Prophetenschüler den Propheten mit „mein Vater" an (2 Kg 2,12; 6,21; 13,14). Im Judentum erhielten bedeutende Gestalten der Vorzeit wie auch herausragende Gelehrte den Ehrennamen Vater (vgl. den Mischna-Traktat Aboth = die Väter). Ein eindeutiger Beleg dafür, daß Schriftgelehrte mit „Vater" angeredet wurden, konnte bis heute nicht ausfindig gemacht werden [26]. Nur unser Vers scheint dies vorauszusetzen. Die Schwierigkeit dürfte damit zusammenhängen, daß der Satz – als isolierte Überlieferung – gemäß Variante 3 zu übersetzen war: Und niemanden sollt ihr auf Erden euren Vater nennen usw. Das bezöge sich dann auch auf den leiblichen Vater. Im Horizont einer radikaleschatologischen Reich-Gottes-Botschaft proklamierte der Satz die geistige Loslösung von der Familie und die gänzliche Hinwendung zu Gott. Für Mt bzw. die von ihm aufgenommene Überlieferungseinheit hat der himmlische Vater ekklesiologische Relevanz. Als Brüder und Schwestern mit Christus geeint, steht die Gemeinde unter dem Schutz des Vaters. Sie ist sein „Haushalt" (Lohmeyer) und ihm anheimgegeben.

10 Das Verbot, sich καθηγηταί nennen zu lassen, korrespondiert mit V 8. Nur wird jetzt der eine καθηγητής, Christus, ausdrücklich herausgestellt [27]. Der begriffliche Unterschied zu διδάσκαλος ist gering. Das Wort entstammt der philosophischen Tradition. Bei Plutarch, Mor. 327 F heißt Aristoteles καθηγητής. Vielleicht kann man sagen, daß das Wort den anspruchsvolleren Lehrer bezeichnet [28].

11f Erkannten wir die Texteinheit 8–10 als eine dem Mt vorgegebene kleine Gemeinderegel, so interpretiert er diese nunmehr abschließend mit Hilfe von zwei Logien der Jesustradition. Beide kommen in der Forderung des Dienens überein. Echte Autorität erweist sich im Dienen. In 20,26 war dies bereits im Gegenüber zum Gebaren der Mächtigen dieser Welt betont worden. Nun wird es ausdrücklich auf den Dienst in der Gemeinde bezogen. Wenn es im Gegenüber zur Synagoge geschieht, ist mit Billerbeck [29] darauf hinzuweisen, daß dort niemals gefordert worden sei, der Größere solle Diener des Geringeren sein. Weil der Satz an eine Gemeinderegel anschließt, kommt auch ihm die Qualität einer Anordnung zu [30], behält er Gültigkeit für das christliche Amtsverständnis. Der Ausblick auf das Ge-

---

[26] Vgl. die ausführliche Diskussion bei ZIMMERMANN, Lehrer 164–185. Nach J. JEREMIAS, Abba (Göttingen 1966) 44f.63, wurden alte Männer mit Abba angeredet. DALMAN, Worte Jesu 278, stellt fest: Als Anrede an Lehrer kommt Abba nicht vor.
[27] Sinaiticus W 0102 1006 1342 1506 sy^h co lesen in leichter Abwandlung εἷς γὰρ ὑμῶν ἐστιν ὁ καθηγητής.
[28] Im Neugriechischen bedeutet das Wort „Professor". Spicq: RB 66 (1959) 390f hebt ab auf den Gewissenserzieher.
[29] I 920.
[30] STRECKER, Weg 217.

richt kündet die endzeitliche Vertauschung von Hoch und Niedrig, die Umwertung der Werte an, die in der Gemeinde schon jetzt Platz greifen soll. Daß Gott die Hochmütigen demütigt und die Demütigen zu Ehren bringt, wird im AT wiederholt ausgesprochen (Job 22,29; Spr 29,23; Is 3,17; 10,33 b). Am nächsten kommt Ez 21,31: „Das Niedrige wird hoch, das Hohe wird niedrig." Der Unterschied ist, daß die christliche Gemeinde das eschatologische Gerichtshandeln Gottes erwartet, während die atl Logien sich als Lebens- oder Klugheitsregeln verstehen [31].

III
a)   Mit den Schriftgelehrten und Pharisäern, die auf dem Stuhl des Mose sitzen, intoniert Mt die große Rede über das pharisäische Judentum. Er führt diese Auseinandersetzung aber antithetisch, das heißt in diesem Fall, im Blick auf die Gemeinde, die nicht in Abhebung vom Judentum sich als etwas Besseres als dieses dünken, sondern die begreifen soll, daß sie von denselben Gefahren bedroht ist und ihnen verfällt. Kann man sagen, daß es das Anliegen des Mt ist, daß die Gemeinde das wahre Judentum sei, Christentum nichts anderes als ein von seinem Versagen in der Praxis gereinigter, strenger Pharisäismus?[32] Wir werden diese Frage im Zuge der weiteren Interpretation der Rede zu verfolgen haben. Auf jeden Fall zeigt dieser Text wie kaum ein anderer, daß der Boden, auf dem Kirche gewachsen ist, besonders diese Kirche gewachsen ist, das Judentum ist. Darüber hinaus wird bereits die differentia specifica zum Judentum deutlich: das Bekenntnis zu Jesus, dem Christus, der als der einzige Lehrer der Gemeinde anerkannt ist. Sein Wort ist die Form der Gemeinde. Es verpflichtet jeden in ihr zum Dienst, vor allem jene, die ein Amt übernommen haben. Wer die Ausübung seines Amtes zum Herrschen mißbrauchen würde, pervertierte die ihm übertragene Aufgabe. Das bevorstehende Gericht wird die wahre Größe aufdecken. Wenn wir dieser Perikope die Überschrift „Über die Autorität" gegeben haben, sollte angezeigt sein, daß die Antithese, die den Text durchwaltet, die unechte von der echten Autorität scheidet.

b)   Dem Wort Jesu begegnen wir in den VV 4 (vgl. Lk 11,46); 11 (vgl. Mt 20,26); 12, aber auch in 9 (vgl. die Interpretation). Die Kritik an versklavenden Einzelvorschriften, wie sie V 4 artikuliert, stimmt mit seiner Predigt überein, der die Wiederherstellung der von Gott dem Menschen geschenkten Würde ein wichtiges Anliegen war. Die Bereitschaft zum Dienen ist durch das Beispiel Jesu in vollkommener Weise gedeckt. Es kommt uns darauf an, daß auch der schroffe V 9: „Und niemanden sollt ihr auf Erden euren Vater nennen usw." als Jesu ipsissimum verbum gesehen wird. Auf den leiblichen Vater bezogen, mag das Wort denen gegolten ha-

---

[31] Das gilt auch für die – ansonsten nahezu identische – rabbinische Sentenz Er 13 b, 35: „Wer sich selbst erniedrigt, den wird Gott erhöhen, und wer sich selbst erhöht, den wird Gott erniedrigen. Wer der Größe nachläuft, vor dem flieht sie, und wer vor der Größe flieht, dem läuft sie nach." Bei BILLERBECK I 921.
[32] Vgl. LOHMEYER 341; HAENCHEN, Matthäus 23: 52.

ben, die er in seine besondere Nachfolge aufnahm, daß sie ihn in seiner Reich-Gottes-Predigt unterstützen. Für die Gesamtbeurteilung ist von Bedeutung, daß das alte Jesuswort die Textkomposition bestimmt, wenngleich die Härte seiner Forderung – wie V 9 veranschaulichen kann – abgeschwächt wurde.

c) Im Text ist die Gemeinde im Blick, wie sie nicht sein soll und wie sie sein könnte. Echte Autorität verpflichtet auf die Autorität Jesu, des einzigen Lehrers. Im Text und im gesamten Evangelium wird dies auch dadurch verdeutlicht, daß der Korrelatbegriff Bruder auf die Gemeinde ausgerichtet bleibt. Er nennt sie seine Brüder (12,48–50; 28,10), die Notleidenden heißen seine geringsten Brüder (25,40), umgekehrt nennen die Jünger Jesus niemals Bruder[33]. Unechte Autorität bemüht sich, neben der Autorität Jesu menschliche Autorität in der Kirche aufzurichten, Menschenbindungen herzustellen. Wenn F. Schleiermacher[34] in einer Predigt sagt, daß der Erlöser alles, was Herrschaft und Ansehen ist, unter den Seinigen aufhebt und keine andere Wirksamkeit als die des Dienens kenne, fügt er zu Recht hinzu, daß der natürliche Mensch, der nicht vom Geist Gottes erleuchtet ist, nicht dienen kann. Marti[35] glossiert es auf seine Weise: „Der Herr, den wir duzen, gepredigt von Herren, die wir siezen." Das Gegenbild, die Antithese, ist die Ethik des Pharisäers, die nicht in der historischen Distanz gesehen werden darf. Sie scheitert, weil sein Tun ein Richten des anderen Menschen ist, daß es die Öffentlichkeit des Urteils sucht, gesehen, anerkannt sein will. Als Ausdruck der Entzweiung des Menschen mit sich selbst ist dies das schwerste Hindernis, um zum wirklichen Tun gelangen zu können[36].

LITERATUR: L. SAGGIN, Magister vester unus est, Christus: VD 30 (1952) 205–213; E. FASCHER, Jesus der Lehrer: ThLZ 79 (1954) 325–342; C. SPICQ, Une allusion au Docteur de Justice dans Mt. 23,10?: RB 66 (1959) 387–396; H. SHANKS, Is the Title „Rabbi" anachronistic in the Gospels? JQR 53 (1962/63) 337–345; J. DONALDSSON, The Title Rabbi in the Gospels: JQR 63 (1972/73) 287–291; A. F. ZIMMERMANN, Die urchristlichen Lehrer (WUNT II/12) (Tübingen 1984).

---

[33] Vgl. EBELING, Dogmatik II 503.
[34] Predigten III (Berlin 1843) 687–699, hier 695. Vgl. D. BONHOEFFER, Gemeinsames Leben (München 1964) 94.
[35] Geduld 39. Titel des Gedichts: Herren.
[36] Vgl. D. BONHOEFFER, Ethik (München 1963) 34. DIEM, Dogmatik 141, beurteilt den Pharisäer von der paulinischen Rechtfertigungslehre aus, wenn er sagt, daß der Pharisäer die Last nicht trage, bis er scheitert, sondern sie auf andere ablade. Ganz anders W. SOLOWJEW, der mit den VV 2f das Prinzip des Pharisäertums gerechtfertigt sieht, das in den Forderungen nach Werken des Gesetzes bestünde. Denn Christus sage: Taten sind nötig, aber ihr vollbringt sie nicht: W. SZYLKARSKI u.a. (Hrsg.), Deutsche Gesamtausgabe IV (München 1972) 521.

33. Die sieben Wehe (23,13–31)

13 Wehe euch, Schriftgelehrte und Pharisäer, Heuchler, denn ihr verschließt die Herrschaft der Himmel vor den Menschen. Ihr nämlich tretet nicht ein, die aber eintreten wollen, laßt ihr nicht eintreten[1]. 15 Wehe euch, Schriftgelehrte und Pharisäer, Heuchler, denn ihr durchzieht das Meer und das Trockene, um nur einen Proselyten zu machen. Und ist er es geworden, macht ihr ihn zu einem Sohn der Gehenna, zwiespältiger als ihr. 16 Wehe euch, blinde Führer, die ihr sagt: Wer beim Tempel schwört, das ist nichts. Wer aber beim Gold des Tempels schwört, ist verpflichtet. 17 Ihr Toren und Blinden! Wer ist denn größer: das Gold oder der Tempel, der das Gold heiligt? 18 Und wer beim Altar schwört, das ist nichts. Wer aber beim Opfer schwört, das auf ihm liegt, ist verpflichtet. 19 Ihr Blinden! Was ist denn größer: das Opfer oder der Altar, der das Opfer heiligt? 20 Wer darum beim Altar schwört, schwört bei demselben und bei allem, was auf ihm liegt. 21 Und wer beim Tempel schwört, schwört bei demselben und bei dem, der drinnen wohnt. 22 Und wer beim Himmel schwört, schwört beim Thron Gottes und bei dem, der darauf sitzt. 23 Wehe euch, Schriftgelehrte und Pharisäer, Heuchler, denn ihr verzehntet die Minze und den Dill und den Kümmel und laßt das Wichtigere am Gesetz fahren, das Recht und die Barmherzigkeit und den Glauben. Dies soll man tun, jenes nicht lassen. 24 Ihr blinden Führer, die ihr die Mücke siebt und das Kamel schluckt! 25 Wehe euch, Schriftgelehrte und Pharisäer, Heuchler, denn ihr reinigt das Äußere des Bechers und der Schüssel, inwendig aber sind sie voll von Raub und Unmäßigkeit. 26 Blinder Pharisäer, reinige zuerst das Innere des Bechers, damit auch sein Äußeres rein werde! 27 Wehe euch, Schriftgelehrte und Pharisäer, Heuchler, denn ihr gleicht übertünchten Gräbern, die außen zwar schön erscheinen, inwendig aber voll von Totengebein und jeder Unreinheit sind. 28 So erscheint auch ihr den Menschen gerecht, inwendig aber seid ihr voll von Heuchelei und Gesetzlosigkeit. 29 Wehe euch, Schriftgelehrte und Pharisäer, Heuchler, denn ihr baut den Propheten Gräber und schmückt die Grabmäler der Gerechten 30 und sagt: Wären wir in den Tagen unserer Väter gewesen, wären wir nicht mit ihnen teilhaft geworden am Blut der Propheten. 31 So gebt ihr über euch selbst Zeugnis, daß ihr Söhne der Prophetenmörder seid.

I

Der Block der sieben Wehe gewinnt seine Geschlossenheit durch die wiederholte Formel „Wehe euch, Schriftgelehrte und Pharisäer, Heuchler, denn ..." – Weheruf, Anrede, Scheltwort (Heuchler) und Begründung machen demnach den festen Bestandteil der einzelnen Sprüche aus, die auf

---

[1] V 14 ist zu streichen: Wehe aber euch, Schriftgelehrte und Pharisäer, Heuchler, denn ihr freßt die Häuser der Witwen, und zum Schein betet ihr lang. Deshalb werdet ihr ein

diese Weise eingeleitet werden[2]. Aus der Reihe fällt freilich das dritte Wehe (16–22), das eine eigene Anrede hat (blinde Führer), eigenstrukturiert ist und eine besondere Länge besitzt. Aber auch die mit der sterotypen Einleitung versehenen sechs Wehe sind in ihrer Struktur nicht einheitlich. Keines der mt Wehe begnügt sich mit einer einfachen Begründung, wie z. B. Lk 11,43: „Wehe euch, Pharisäer, denn ihr liebt den ersten Stuhl in den Synagogen und die Begrüßungen auf den Marktplätzen." Jedes fährt fort, ist angereichert. Aber hier sind strukturelle Differenzen erkennbar, die wenigstens angedeutet seien. Die ersten Wehe führen die (jeweils belastenden) Begründungen weiter aus, V 13b: Behinderung derer, die in die Herrschaft der Himmel eintreten wollen; V 15b: Sohn der Gehenna. Das vierte und fünfte Wehe enthält positive ethische Weisung, V 23b: Recht, Barmherzigkeit, Glaube; V 26: Reinige zuerst das Innere. Beide bieten eine zusätzliche Anrede: blinde Führer (24), blinder Pharisäer (26); in V 24 verknüpft mit einer eigenen hinzugetretenen Schelte. Das sechste Wehe ist zu einem kleinen Gleichnis ausgestaltet, V 28: so auch ihr. Das siebte Wehe schließlich nimmt eine Rede der Betroffenen auf (30: und ihr sagt), aus der dann eine Schlußfolgerung gezogen wird (so gebt ihr Zeugnis).

Das dritte Wehe, auf dessen Besonderheit schon aufmerksam gemacht wurde, ist ein kleiner Exkurs über das Schwören. Sein Aufbau ist streng parallel. In einem doppelten Anlauf wird zunächst die Auffassung der „blinden Führer" als falsch hingestellt (16–19: jeweils ihre Auffassung über den ungültigen und gültigen Schwur, tadelnde Anrede, Gegenfrage). In einem dreifachen Parallelismus wird der Zusammenhang des Schwörens mit Gott aufgewiesen (20–22).

Der Weheruf als Redeform ist vorgeprägt. Er begegnet bei Mt auch in anderen Zusammenhängen (11,21; 18,7; 24,19; 26,24). In seiner voll ausgeprägten Form ist er dreiteilig, zusammengesetzt aus dem Wehe + Anrede, der Begründung des Wehe und einer Strafankündigung, z. B.: „Wehe jenem Menschen – durch den der Menschensohn ausgeliefert wird – es wäre besser für ihn, wenn jener Mensch nicht geboren wäre" (26,24; vgl. Is 31,1f). Der Vergleich ergibt, daß in den Weherufen des Kap. 23 die Strafankündigung fehlt. Dies dürfte sich daraus erklären, daß die Strafandrohung in den anschließenden Gerichtssprüchen erfolgt (23,32–39). In der LXX, in der sich über 60 Weherufe finden, kann das Wehe mit dem Dativ (wie bei Mt, z. B. „Wehe dir, Moab"; „Wehe dir, Stadt" [Nm 21,29; Prd 10,16]), aber auch mit dem Nominativ verbunden werden: οὐαὶ οἱ συνάπτοντες οἰκίαν πρὸς οἰκίαν (Is 5,8)[3]. Die Dativform wirkt bedrohlicher.

---

um so schlimmeres Gerichtsurteil empfangen (vgl. Mk 12,40; Lk 20,47). – Den Vers haben an dieser Stelle f[13] it vg^{cl} sy^c, nach V 12 ordnen ihn ein W 0107 28 565 700 sy$^{p.h}$ aeth. Er fehlt in Sinaiticus BDLZΘ f[1] 33 892* vg sy^s sa mae.

[2] Das begründende ὅτι sollte in der Übersetzung nicht unter den Tisch fallen, wie das in den Kommentaren von KLOSTERMANN, GAECHTER, BONNARD geschieht.

[3] Der hebräische Weheruf ist vielgestaltig: 'wj, 'j, hw, hj, hwh. Die LXX übersetzt jeweils mit οὐαί.

Das Besondere unserer Perikope besteht in der Reihung mehrerer Wehesprüche. Aber auch das hat schon Vorbilder im AT. Is 5,8–22 bietet eine Kette von sechs Wehe. Auch in der Thematik und im Tenor gibt es Berührungspunkte. Schon im AT wird die Gattung benutzt, um soziale Ungerechtigkeit und sittlichen Verfall zu geißeln (Os 7,13; Hab 2,6.12.19; Is 5,8ff; 10,1 usw.).

Mt schöpft die Mehrzahl der Weherufe aus Q. Wir werden mit hoher Wahrscheinlichkeit damit rechnen dürfen, daß schon in Q sieben Weherufe zu lesen waren[4], mögen diese auch ursprünglich einmal isolierte Sprüche gewesen sein.

pLk 11,37–52 bietet 2mal 3 Weherufe. Um dieser sorgfältigen Verteilung von je drei Wehrufen an Pharisäer und Gesetzeslehrer willen dürfte der dritte Evangelist das erste Wehe (V 39/Mt 23,25) aufgelöst haben[5]. Dennoch ist damit die Zahl 7 für Q noch nicht gewährleistet. Mt bietet nämlich mit dem 2. und 3. Wehe zwei überschüssige Texte (15–22), die Lk nicht kennt. Lk hingegen hat zwei Wehe (11,43 und 46), die Mt aufgab und in den Vorspann aufgenommen hatte (23,4 und 6b.7a; vgl. die Analyse zu Perikope Nr. 32). Obwohl die Wehesprüche vermehrt wurden, kam es Mt darauf an, die Siebenzahl zu wahren bzw. wiederherzustellen[6]. Die Reihung der Sprüche in Q ist kaum wieder zu gewinnen; Schulz[7] bevorzugt die lk Folge, Schürmann[8], der eine detaillierte Untersuchung vorlegte, die mt. Berücksichtigt man die Stichwortassoziation, die für die Tradition syn Texte von Bedeutung ist, spricht manches für Mt. Das 5. und 6. Wehe sind durch die Stichwörter ἔξωθεν-ἔσωθεν zusammengeschlossen, das 6. und 7. Wehe durch μνημεῖα/τάφος. Weheruf 4 und 5 haben mit detaillierten Gesetzesfragen zu tun, sie stehen auch Lk 11,39–42 beisammen, allerdings in umgekehrter Reihenfolge. Die ersten drei Wehe in Q mögen das erste mt Wehe und die beiden Wehe über die schweren Lasten und die Ehrenplätze gewesen sein (Lk 11,46 und 43), aber das ist hypothetisch und braucht hier nicht weiter verfolgt zu werden[9].

Im einzelnen: Als sicher kann gelten, daß die stereotype sechsfache Anrede „Wehe euch, Schriftgelehrte und Pharisäer, Heuchler" sekundär ist.

---

[4] Mit Lührmann, Redaktion 45; Schulz, Q 94 und Anm. 5.
[5] Der Anschluß an eine Tafelszene mag mit dazu beigetragen haben.
[6] Die Künstlichkeit der Vermehrung vermag der 3. mt Weheruf zu veranschaulichen.
[7] Q 95 Anm. 5.
[8] Redekomposition 69ff. Schürmann rechnet mit drei Spruchheinheiten, von denen die erste gegen die Schriftgelehrten, die zweite gegen die Pharisäer und die dritte gegen dieses Geschlecht gerichtet gewesen sei und die in Q zusammengefügt worden seien. Das erste Wehe (13) wird zu Spruchheinheit 1, das siebte (29–31) zu 3 gerechnet. Spruchheinheit 2 habe aus 15.23.25f.27 parLk 11,42.39–41.44, also vier Weherufen bestanden. Die Zuweisung von 15 zum Vorspann erscheint fraglich, weil in 15 ein kritischeres Verhältnis zu den Schriftgelehrten zum Ausdruck kommt als in 2f. Für Sch. inkludieren die Verse die erste Spruchheinheit. Daß das siebte Wehe zu den anschließenden Gerichtsworten überleitet, ist nicht zu bestreiten, berechtigt aber kaum dazu, es von den anderen Wehe zu lösen.
[9] Mt 23,13/Lk 11,52 und Lk 11,46 gehören inhaltlich eng zusammen.

Ob sie MtR oder vormatthäisch ist, mag dahingestellt bleiben. Denn auffällig ist die Abweichung im 3. Wehruf (16). In Q gab es an Pharisäer gerichtete Wehe, wie Lk 11,42f bezeugt, und vermutlich solche an die Schriftgelehrten gerichtete[10]. Im folgenden traditionsgeschichtlichen Vergleich konzentrieren wir uns auf die wichtigen Beobachtungen. Der 1. Weheruf (13) unterscheidet sich von parLk 11,52 darin, daß Lk vom Wegnehmen der Schlüssel der Erkenntnis redet (Aorist), Mt vom Verschließen der Himmelsherrschaft vor den Menschen (Präsens). Mt hat das Bild besser bewahrt, denn das Eintreten paßt zur Basileia, nicht zum Schlüssel der Erkenntnis[11]. – Das 2. Wehe (15) ist Sondergut des Mt. Es enthält zwei typisch jüdische Wendungen: „das Meer und das Trockene" (vgl. LXX Jon 1,9; Agg 2,7.22; 1 Makk 8,23.32)[12] und „Sohn der Gehenna". Sollte es aus der Schule des Mt stammen? – Letzteres dürfte für das 3. Wehe gelten, den Exkurs über das Schwören. Er hat tadelnden und belehrenden Charakter. Vielleicht hat E eine mündliche Überlieferung schriftlich fixiert. Die parallelen Strukturen könnten dies erkennen lassen. Er könnte dabei die Trias 20–22 gebildet haben, mit der nachdrücklich auf den Zusammenhang von Schwören und Gott hingelenkt wird[13]. – Im 4. Wehe vom Verzehnten spricht Mt von Minze, Dill, Kümmel (23), Lk 11,42 von Minze, Raute und jedem Gemüse. Mt ist ursprünglicher, jüdischer, weil die von Lk eingeführte Raute nach Schebi 9,1 nicht zehntpflichtig ist. „Das Wichtigere am Gesetz" dürfte MtR sein, der damit seine Gesetzesinterpretation zur Geltung bringt, für die Kurzformeln wichtig sind (vgl. 7,12; 22,40). Die Trias, Recht, Barmherzigkeit, Glaube kann gegenüber Recht und Gottesliebe (Lk 11,42) das höhere Alter für sich in Anspruch nehmen. Die Trias hat atl Hintergründe (s. Interpretation) und paßt besser mit ihrer Einschärfung der Pflichten dem Mitmenschen gegenüber[14]. Der selbständige Spruch vom Seihen und Schlucken, ein Sarkasmus (24), dürfte aus der christlichen Polemik gegen die jüdischen Reinheitsvorschriften herkommen. – Das 5. Wehe handelt vom Reinigen von Becher und Schüssel. In der unterschiedlichen Bezeichnung der Schüssel (Mt: παροψίς, Lk: πίναξ) ist Mt vorzuziehen, denn das Hapax legomenon im NT hat eine spezielle Bedeutung: Schüssel für das Nebengericht[15]. Auch macht die Formulierung „inwendig aber sind sie voll von Raub und Unmäßigkeit" (25) in ihrer Unbestimmtheit im Vergleich mit Lk 11,39: „euer Inneres aber ist voll von Raub und Bosheit" den älteren Ein-

---

[10] νομικός ist lk Vorzugswort. Sein einziges Vorkommen in Mt 22,35 ist textlich nicht gesichert. – LÜHRMANN, Redaktion 45, rechnet mit der Möglichkeit, daß in Q nicht alle Weherufe mit einer Anrede verbunden waren.
[11] Wahrscheinlich war in Q von der Herrschaft Gottes die Rede. Man kann mit SCHULZ, Q 110, fragen, ob ἔμπροσθεν τῶν ἀνθρώπων MtR ist. Es handelt sich um eine von Mt bevorzugte Wendung.
[12] Rabbinische Belege bei SCHLATTER 674.
[13] Vgl. HAENCHEN, Matthäus 23: 38f.
[14] Möglicherweise verstand Lk κρίσις als Gericht Gottes. Vgl. SCHULZ, Q 101.
[15] Vgl. BAUER, Wörterbuch 1250.

druck[16]. Das seltene Wort ἀκρασία begegnet im NT nur noch 1 Kor 7,5. Ob der Lk 11,40 zu lesende Satz: „Ihr Toren, hat nicht, der das Äußere schuf, auch das Innere geschaffen?" in Q zu lesen war und somit von Mt gestrichen wurde, kann kaum noch entschieden werden. Bemerkenswerterweise erscheint er auch im Thomasevangelium (Logion 89). Die Anrede „blinder Pharisäer" ist hingegen als MtR zu betrachten. Auch im abschließenden Imperativ variieren Mt und Lk. Mt fordert auf, zuerst das Innere des Bechers zu reinigen (26), nach Lk 11,41 sollen sie Almosen geben. Weil Lk auch sonst das soziale Anliegen konkretisiert, möchten wir hier Mt bevorzugen[17]. – Das 6. Wehe divergiert erheblich von parLk 11,44. Während wir es bei Mt mit übertünchten Gräbern zu tun haben, vergleicht Lk die Pharisäer mit verborgenen Gräbern, über die die Menschen gehen, ohne es zu wissen. Mt hat hier ausgestaltet, den Gegensatz von außen-inwendig des voranstehenden Weherufes nochmals aufgegriffen und forciert, mit den übertünchten Gräbern vielleicht ein rabbinisches Sprichwort aufgenommen (vgl. Apg 23,3) und das Ganze zu einem kleinen Gleichnis gemacht. Anwendungen mit οὕτως[18] sind für ihn ebenso charakteristisch wie die Begriffe δίκαιος, ὑπόκρισις, ἀνομία (28). Daß Lk ursprünglich ist, mag man auch daran erkennen, daß sein Bild einer atl Weisung entspricht (Nm 19,16). – Das 7. Wehe, das Prophetenmord und -gräber gegenüberstellt, hat Mt um das Schmücken der Grabmäler der Gerechten bereichert[19]. Ebenso dürfte die wörtliche Rede (30), die das Blut der Propheten erwähnt, auf ihn zurückgehen. Mit ihr bereitet er 34ff vor. Der knappe Satz Lk 11,47b: „Eure Väter aber haben sie getötet" gibt die Q-Version wieder. Den abschließenden Folgesatz (31) aber hat wieder Mt besser bewahrt, nur wird er das verschärfende φονεύω an die Stelle von ἀποκτείνω gesetzt haben (vgl. 22,7). Die Logik von Lk 11,48 beruht auf dem sicher redaktionellen συνευδοκεῖν[20].

Überblickt man den Mt-Text, so ist dieser – wie der in die Augen springende cantus firmus der Adresse anzeigt – zu einer geradlinig gegen das pharisäisch bestimmte Judentum gerichteten Auseinandersetzung geworden. Die Beispiele und Argumente sind rabbinischer geworden; das Proselytenmachen, das kasuistische Schwören, das Wichtigste am Gesetz, die übertünchten Gräber können dies nochmals in Erinnerung bringen. Im Makrotext des Evangeliums bilden die Weherufe ein negatives Pendant zu den Seligpreisungen der Rede vom Berg. Weheruf und Seligpreisung sind strukturverwandt: μακάριοι ... ὅτι/οὐαὶ ... ὅτι. Beide finden ihre jeweiligen Begründungen. Weil die Weherufe insofern Leerstellen sind, als sie

---

[16] Mit SCHULZ, Q 96.
[17] HAENCHEN, Matthäus 23: 40f, hält V 26 für einen sekundären Zusatz, weil die in ihm enthaltene Paränese nicht zu einem Weheruf passe. Teilt man diese Meinung, müßte der Zusatz vor der Endredaktion von Q erfolgt sein.
[18] Vgl. Mt 18,14.35; 20,16; 24,39. Auch TRILLING, Israel 201; SCHÜRMANN, Redekomposition 53.
[19] Dabei hat E das Wort τάφος eingeführt.
[20] Vgl. STECK, Geschick 28; HOFFMANN, Studien 162f.

keine oder nur wenig positive Weisung bieten, wird man für ihre theologische Beurteilung ihre Einordnung in das gesamte Werk nicht aus dem Auge verlieren dürfen. Freilich läßt das auch die Frage nach sachlicher Kritik aufkommen.

II

13 „Wehe euch, Schriftgelehrte und Pharisäer, Heuchler" ist der cantus firmus, der die Weherede bestimmt. Die Verbindung der Schriftgelehrten und Pharisäer verweist auf V 2, wo ihre Autorität herausgestellt war, und zielt ab auf das pharisäisch bestimmte Judentum, das heißt, auf das Judentum der Zeit des Mt nach dem Jahr 70. Zu beachten ist die direkte Anrede. Sie fällt um so mehr auf, als in V 1 das Volk und die Jünger, also nicht die Schriftgelehrten und Pharisäer als Adressaten der Rede genannt waren. Die daraus sich ergebende Redeperspektive ergibt, daß das Volk und die Jünger über die Schriftgelehrten und Pharisäer belehrt werden. Sicher geschieht das (auch) zu dem Zweck, die Jünger vor den im Folgenden gegeißelten Mißständen zu warnen, weil auch sie davon betroffen werden können und betroffen sind. Dennoch kann man so den Sinn der Weherufe nicht zu einer gutgemeinten Pädagogik erklären[21]. Das hieße ihre Bedeutung verharmlosen. Die Perspektive ergibt: die Auseinandersetzung mit den Schriftgelehrten und Pharisäern findet in der Gemeinde statt, ohne daß jene anwesend sind. Gewiß wird die Gemeinde gewarnt, es ihrem negativen Beispiel gleichzutun, aber es wird auch die Grenze gezogen.

Der Vorwurf der Heuchelei hat mit der Lehre und Praxis der Angeredeten zu tun. Wollte man sie im psychologischen Sinn als Verstellung bewerten, wäre sie unterbelichtet. Wie die folgenden Vorwürfe ausweisen, meint sie die Diskrepanz von Sein und Schein, die Verkennung der Wertordnung, wie sie etwa in der Nichtbeachtung des Zusammenhangs von inwendig und außen oder der Nichtbeachtung der Unterscheidung von Wichtigem und weniger Wichtigem, von Zentralem und Peripherem zum Ausdruck kommt. Dies aber als Erweis einer sich von Gott entfernt habenden Religion. Darum wiegt der Vorwurf so schwer[22].

Das Bild vom Verschließen setzt voraus, daß sie Inhaber der Schlüsselgewalt sind, die Lehrautorität besitzen. Dies wird (noch) anerkannt, aber sehr kritisch beurteilt. Denn sie versperren kraft ihrer Autorität den Menschen, die unter ihrer Autorität stehen, Juden und Proselyten, den Zugang zur Himmelsherrschaft. Diese ist hier auch in ihrer präsentischen Dimension gesehen, darf aber auf keinen Fall mit der Kirche identifiziert werden. Ist das Anliegen also nur, das Judentum zu reformieren? Im Sinn von E kann die von Jesus verkündete βασιλεία τῶν οὐρανῶν nicht ausgeklam-

---

[21] So MINEAR, Prophecy 88 ff.
[22] In 4QpNah 7 heißen die Pharisäer „die nach glatten Lehren suchen". Rabbi Gamaliel II. (ca. 90) verkündigte: „Ein Schüler, dessen Inneres nicht wie sein Äußeres ist, soll nicht in das Lehrhaus eintreten." Bei BILLERBECK I 922. Zur Heuchelei vgl. auch Bd. I 204 dieses Kommentars (zu Mt 6,2).

mert werden. Die Autoritäten verhindern die Akzeptanz des Evangeliums von der Basileia.

15 So schließt sich das zweite Wehe nahtlos an. Die jüdische Missionstätigkeit wird persifliert. Über die jüdische Propagandatätigkeit nach dem Jahr 70 bestehen unterschiedliche Urteile. Man sagt, daß die geschichtliche Lage den missionarischen Gedanken zurücktreten ließ, weil alles darauf angekommen wäre, die Massen bei der Fahne zu halten[23]. Doch könnte die Tatsache, daß der hillelitische Zweig des Pharisäismus nach der nationalen Katastrophe die Kraft war, aus der heraus das Judentum sich neu sammelte, ein Indiz dafür sein, daß das Bemühen um die Heiden nicht erlosch. Denn Hillel urteilte in der Frage des Übertritts von Heiden zum Judentum großzügiger als sein Rivale Schammaj[24]. Auch besitzen wir Hinweise. Der Jude Trypho beruft sich in Justins Dialog 121,4 für die Proselytenmacherei auf Is 49,6: „Ich habe dich gemacht zum Licht der Heiden." Hier kommt auch die für Mt vorauszusetzende Konkurrenz zum Vorschein. Justin sagt: „Ihr behauptet zwar, diese Worte beziehen sich auf den Geora[25] und die Proselyten; in der Tat aber sind sie auf uns gesprochen, die wir durch Jesus erleuchtet worden sind" (122,1). Gerade in der Diaspora wird die Synagoge den Heiden die Tür nicht zugeschlagen haben. Die Propagandaliteratur des Josephus und Philos ist in dieser Zeit entstanden. Josephus, Ap. 2,10.39, bestätigt die Erfolge des missionarischen Wirkens[26]. Der Ganzproselyt verpflichtete sich zur Übernahme der Beschneidung und des ganzen Gesetzes. Daneben gab es die Halbproselyten oder Gottesfürchtigen mit eingeschränkten Rechten und Pflichten[27]. Das Wehe verwünscht die Proselytenmacherei. Die Gewonnenen werden zu Söhnen der Gehenna, verfallen dem Verderben. Dem Wort διπλότερον – gewöhnlich übersetzt mit „doppelt so schlimm wie ihr"[28] – sollte man die Nuance des Zwiespältigen im Hinblick auf das in den folgenden Weherufen beschriebene Verhalten belassen[29]. Diese Art der Verwünschung bedarf der Sachkritik, die am Maßstab der Bergpredigt zu nehmen ist (vgl. unten Punkt III c).

16–19 Die Anrede wechselt. „Blinde Führer" (vgl. 15,14)[30] schließt an

---

[23] BILLERBECK I 925.
[24] Belege bei BILLERBECK I 102 ff.
[25] Auch die LXX verwendet das Wort γειώρας für die Proselyten (von aram. *gijora;* Ex 12,19; Is 14,1). Die Verwendung des Wortes προσήλυτος im technischen Sinn kennt sie noch nicht. In der LXX bezeichnet προσήλυτος den in Israel wohnenden heidnischen Beisassen (Ex 12,48 f; 20,10; 22,21 u. ö.).
[26] DIO CASSIUS 37,17,1 spricht in seinem Referat über die Juden von vielen Menschen, „die, obgleich von fremder Rasse, ihren Sitten nacheifern." Vgl. auch Seneca bei AUGUSTINUS, Civ. D. 6,11. Zum Ganzen SCHÜRER, Geschichte III 162–167.
[27] Vgl. BILLERBECK II 715 ff.
[28] BAUER, Wörterbuch 395.
[29] PASSOW I/1, 700, verzeichnet die metaphorische Bedeutung des Wortes.
[30] In Anlehnung an 15,14 v.l. lesen Θ e: blinde Blindenführer.

Mt 23,16–22

die Proselytenmacherei an und persifliert diese nochmals. Wahrscheinlich ist auch an das Ehrenprädikat „Führer der Blinden" gedacht, das in der Mission seinen „Sitz im Leben" hat (vgl. Röm 2,19). Das Wehe knüpft am Mißbrauch des Schwörens an. Der Hintergrund ist folgender: Man bediente sich verschiedener Schwurformeln. Ursprünglich geschah das aus Achtung vor dem heiligen Namen Jahves. Um ihn nicht in den Mund nehmen zu müssen, schwor man beim Himmel, bei Jerusalem usw. (vgl. 5,34f). Dabei muß sich der Übelstand eingestellt haben, daß falsch Schwörende, zur Rede gestellt, sagten, sie hätten nicht bei Jahve geschworen, seien also nicht gebunden. Die Differenzierung wurde offenbar weitergetrieben. Der verpflichtendere Charakter des Schwures beim Tempelgold[31], bei der Opfergabe ist darin zu suchen, daß Gold und Opfer gemäß dieser Mentalität als Gott in besonderer Weise zugeeignet galten. Auch hier war die ursprüngliche Absicht, unbedachtes Schwören in seinen Wirkungen aufzuheben[32]. Jesus weist die kasuistischen Kautelen, die beim Schwören angewendet werden, energisch zurück. Sie sind Ausdruck von Torheit und Blindheit[33]. Die Argumentation verbleibt freilich ganz im rabbinischen Bereich. Die beiden Suggestiv-Fragen können nur so beantwortet werden, daß Tempel und Altar das Größere sind, weil sie – gleichsam kraft ihrer Weihe (vgl. Ex 29,37) – das mit ihnen in Berührung Kommende heiligen. Eine Unterscheidung von gültigen und nichtgültigen Schwüren kommt nicht in Frage. Die rein jüdisch geprägte Auseinandersetzung hätte auch zwischen pharisäischen Schulen stattfinden können. Auch jüdische Stimmen erklärten den bei Altar und Tempel geleisteten Schwur für verbindlich (vgl. Ned 1,1 und 3)[34].

20–22 An dieser Stelle setzt eine etwas anders verlaufende Argumentation ein. In der Analyse vermuteten wir, daß diese Verse hinzugewachsen sind. V 20 bildet den Übergang, indem nochmals jede Ausflucht in die Kasuistik verwehrt wird. Die VV 21f betonen die Einheit von Tempel, Himmel, Gott. Tempel und Himmel gehören ihm, sind sein Haus bzw. sein Thron (vgl. 1 Kg 8,13; Ps 26,8; Is 66,1; Mt 5,34)[35]. „Beim Himmel"

---

[31] Was mit dem Tempelgold gemeint ist, ist umstritten, das den Tempel schmückende Gold, das goldene Gerät oder der Tempelschatz.

[32] οὐδέν ἐστιν, ὀφείλει, entspricht rabbinischen Wendungen: er hat nichts gesagt, er ist es schuldig. Die Schwurformeln beim Tempelgold, beim Opfer konnten bisher in der rabbinischen Literatur nicht nachgewiesen werden. Vergleichbar ist die Differenzierung „bei der Thora – bei dem in ihr Geschriebenen" bNed 14b bei BILLERBECK I 931f. Nach Schebu 4,13 ist, wer bei Himmel und Erde schwört, nicht gebunden.

[33] In V 19 lesen BCW 0102 f[13] 33 1006 1342 1506 sy[p.h] co in Anlehnung an V 17: Ihr Toren und Blinden.

[34] In der essenischen Damaskusschrift werden zwar nicht bestimmte Schwurformeln wie in der Jesustradition bekämpft, wohl aber die Neigung, bestimmte mit einem Schwur übernommene Verpflichtungen aufzulösen: 16,7f.13–16; 6,15. Vgl. BRAUN, Radikalismus II 81 Anm. 6, und ders., Qumran I 49.

[35] CDEFGLWZ 0102 565 bieten das seltene Verb κατοικήσαντι, 33 οἰκήσαντι anstelle von κατοικοῦντι in V 21. Das erste könnte man mit „einwohnen" übersetzen.

scheint eine Beteuerungsformel gewesen zu sein, wie sie etwa auch noch in deutscher Umgangssprache geläufig ist[36]. Bei dem, was Gott gehört, läßt sich nicht von ihm absehen. Jeder Schwur ist eine Anrufung Gottes als Zeugen, somit ein Akt der Gottesverehrung. Sein Mißbrauch richtet sich gegen ihn. Es kann nicht verborgen bleiben, daß dieser kleine Exkurs über das Schwören im Widerspruch zur vierten Antithese der Bergpredigt steht, wo das Schwören verboten und absolute Wahrhaftigkeit gefordert wurde (5,33ff). Es läßt sich kaum bestreiten, daß die (judenchristliche) Gemeinde, in der der kleine Exkurs entstand, das Schwören praktizierte. Man hielt Jesu radikale Forderung nicht durch[37]. Wie war es in den Gemeinden des Mt? Vermutlich ebenso. Allerdings ist anzumerken, daß E das Traditionsmaterial entsprechend dem Duktus der Weherufe primär dazu benutzt, gegen das pharisäische Judentum zu polemisieren.

23 Gegen die Umkehrung der Werteordnung ist das vierte Wehe gerichtet. Was ist das Wichtigere am Gesetz? Äußere Vorschriften wie das Verzehnten von Kräutern werden den tragenden sittlichen Pflichten gegenübergestellt. Dabei ist vorausgesetzt, daß die Kritisierten die äußeren Vorschriften wichtiger nähmen. Das Verzehnten von Minze, Dill und Kümmel, den am meisten verwendeten Gewürzkräutern, erscheint übertrieben. Im Gesetz war nur die Verzehntung von Öl, Most, Getreide, die dann auf die gesamte Ernte ausgedehnt wurden, vorgesehen (Nm 18,12; Dt 14,22f; Lv 27,30)[38]. Das Wichtigere am Gesetz sind Recht, Barmherzigkeit, Glaube. Hier haben wir erneut eine Art Zusammenfassung des Gesetzes vor uns, nicht in dem Sinn, daß wer diese drei Forderungen erfüllt, das ganze Gesetz erfüllt, sondern daß sich von diesen drei die anderen Forderungen bemessen lassen müssen (vgl. 7,12; 22,40). Die Trias hat zwar keine unmittelbare Entsprechung im AT, doch werden ihre Elemente, vorab Recht und Erbarmen, wiederholt nebeneinander genannt: „Haltet gerechtes Gericht, jeder zeige seinem Bruder Güte und Erbarmen" (Zach 7,9; vgl. Is 1,17; Jer 22,3; Mich 6,8). κρίσις ist dabei primär auf die Rechtsprechung im Gericht zu beziehen. Dies dürfte zur Voraussetzung haben, daß die Gemeinde noch der allgemeinen jüdischen Jurisdiktionsgewalt untersteht und keine eigene Rechtsprechung entwickelt hat (vgl. das zu 23,2f Gesagte)[39]. Die Barmherzigkeit hat der mt Christus zu wiederholten Malen eingeschärft (vgl. das Zitat von Os 6,6 in Mt 9,13; 12,7). Umstritten ist, ob πίστις auf das Verhältnis zum Mitmenschen oder zu Gott zu beziehen ist. Wir möchten letzteres bevorzugen und das Wort dann mit „Glaube" übersetzen[40]. Die Herausstellung des Wichtigeren am

---

[36] Belege bei BILLERBECK I 334. Vgl. DALMAN, Worte Jesu 168f.
[37] Vgl. die „Unzuchtsklausel" in 5,31f, wo wir dieselbe Feststellung treffen mußten.
[38] In der rabbinischen Literatur ist die Verzehntung der Minze nicht ausdrücklich belegt, wohl die von Dill und Kümmel. Vgl. BILLERBECK I 933.
[39] Mit BORNKAMM, Enderwartung 24.
[40] Dafür sprechen makrosyntaktische Überlegungen. πίστις hat bei Mt, wo es 8mal vor-

Gesetz mag sich entfernt an der jüdischen Differenzierung von schweren und leichten Geboten orientieren, doch ist ihr Sinn ein anderer (vgl. auch 5, 19)[41]. Mit der weisheitlich geprägten Regel, dies zu tun, jenes nicht zu lassen (vgl. Prd 7, 18), wird zu verstehen gegeben, daß man am Verzehnten festhält. Man darf es aber nur tun – aus taktischen Gründen? –, wenn man die Trias als das Entscheidende vor Augen hat. Damit ist die Kritik nach innen, in den Raum der Gemeinde gewendet, die sich vor ähnlichen Veräußerlichungen bewahren muß.

24 Eine sprichwortartige Sentenz brandmarkt auf ironische Weise das eben erörterte Verhalten, bei dem der Mensch sich in Geringfügigkeiten abstrampelt und dabei über Wesentliches großzügig hinwegsieht. Die Mücke galt – ähnlich wie das Senfkorn im pflanzlichen Bereich – als winziges Geschöpf. Im Hintergrund steht die Reinheitsvorschrift Lv 11, 41, daß jedes Kleintier, das sich auf dem Boden bewegt, abscheulich sei und nicht gegessen werden dürfe. Darum seihte man Getränke durch ein Tuch[42]. Doch steht die Metaphorik der Sentenz im Vordergrund. Diese ist darum auch übertragbar.

25 f Das fünfte Wehe attackiert die Mißachtung des unlöslichen Zusammenhangs von inwendig und außen. Konkret angesprochen ist das Reinigen von Becher und Schüssel, wie es pharisäischen Reinheitsvorstellungen entsprach. Daß man mit einem wörtlichen Verständnis des Textes nicht auskommt, der dann als Aufklärung darüber, wie man levitisch korrekt Becher und Schüssel zu reinigen hat, zu verstehen wäre, deuten die Vorwürfe des Raubes und der Unmäßigkeit unmißverständlich an. Dennoch ist es wahrscheinlich, daß ein pharisäischer interner Streit im Hintergrund steht, wie Neusner vermutet[43].

Hillel und Schammaj stritten darüber, wie die levitische Reinigung von Bechern etc. zu erfolgen habe. Hillel begnügte sich mit dem Säubern des Innern des Bechers und meinte, daß damit auch sein Äußeres rein geworden sei. Schammaj hingegen widersetzte sich der Auffassung, daß das Äußere durch das Innere (des Bechers) bestimmt sei und verlangte eine gründlichere Reinigung. Auf dem Hintergrund dieser Auseinandersetzung könnte V 26 einmal bedeutet haben, daß die Meinung Hillels als die richtige anerkannt wird[44]. Dieser konkrete Sinn aber liegt nicht mehr vor. Das

---

kommt, stets die Bedeutung von Glaube. LXX Zach 7,9; Os 4,1; Is 1,17; Jer 22,3; Mich 6,8 kommt πίστις nicht vor. Anders SAND, Gesetz 40.
[41] f¹ 205 sy^{s.c.p} meiden den Komparativ und lesen: τὰ βάρεα τοῦ νόμου.
[42] Vgl. BILLERBECK I 934. Raschi spricht in diesem Zusammenhang von kleinen Mükken, die sich zwischen den Weinfässern aufhalten. Zu unterscheiden sind der hygienische und der religiöse Aspekt.
[43] NTS 22 (1976) 486 ff.
[44] Für NEUSNER: NTS 22 (1976) 495 muß darum der Spruch vor dem Jahr 70 entstanden sein, weil danach die Richtung Hillels sich ohnehin auf breiter Front durchsetzte. Zum Verständnis der jüdischen Reinheitsvorschriften vgl. GNILKA, Markus I 279 f.

Bemühen um die Reinheit der Außenseite des Bechers wird nunmehr dazu benutzt, um die Fragwürdigkeit eines sittlichen Verhaltens anzuprangern, das sich nur um den äußeren Schein, nicht das innere Sein kümmert. Die Aufforderung, an den blinden Pharisäer gerichtet, zuerst das Innere des Bechers[45] zu reinigen, besagt jetzt, aus dem Herzen und aus dem Leben alles Böse zu entfernen. Raub und Unmäßigkeit[46] sind schlimme Anklagen, die aber auch übertragbar sind, wie das Vorkommen von ἀκρασία in 1 Kor 7,5 beweist. Gerade sie paßt zu der durch Becher und Schüssel anvisierten Mahlsituation. Die auch in diesem Weheruf anzutreffende positive Weisung will den legalistischen durch einen ethischen Radikalismus überbieten. Es ist bemerkenswert, daß sich in AssMos 7,7–10, einer essenisch beeinflußten (?) jüdischen Schrift, ähnliche gegen die Pharisäer gerichtete Vorwürfe finden, daß sie levitisch-kultische Reinheit überstrapazieren, die ethische jedoch vernachlässigen würden[47].

27f Die Schärfe der Anklage steigert sich zum Ende der Wehe hin. Der sechste Weheruf ist durch den Gegensatz von inwendig und außen mit dem fünften verbunden, nimmt aber nicht mehr auf ein konkretes Tun der Schriftgelehrten und Pharisäer Bezug. Es ist ein scharfzüngiger Vorwurf, wenn sie mit übertünchten Gräbern verglichen werden[48].

Zum genauen Verständnis des Vergleichs bedarf es einer Erinnerung an die jüdischen Beerdigungssitten. Der Verstorbene wurde zunächst, in Linnen gewickelt, in einem von außen zugänglichen Höhlen- oder Felsengrab beigesetzt. Nachdem er dort etwa ein Jahr geruht hatte und bis auf das Skelett zerfallen war, wurden seine Knochen genommen, in Körbe oder Säcke gepackt, auf Feldern oder wieder in Höhlen, den sog. Knochenhäusern, endgültig beigesetzt. Diese Begräbnisstellen wurden, um klar erkennbar zu sein, mit Kalk bestrichen. Die Tünche wurde alljährlich nach der Regenzeit erneuert. Man wollte eine Annäherung und damit eine levitische Verunreinigung am Grab verhindern[49]. An diese „Knochenhäuser" ist hier gedacht. Im Hintergrund steht darum wieder der Gegensatz von übertrieben beobachtetem Zeremonialgesetz und vernachlässigten ethischen Pflichten, der jetzt ausgeweitet und auf sarkastische Weise persifliert wird. Wie bei diesen Gräbern die weiße Farbe nur Tünche ist, die das Totengebein mühsam verdeckt, so ist die Gerechtigkeit der Gescholtenen

---

[45] Sinaiticus BCLW 0102 f¹³ 33 892 lat sy^{p.h} fügen in V 26 „und des Bechers" hinzu, Sinaiticus B²CLW 0102 33 892 sy^{p.h} lesen entsprechend den Plural τὸ ἐκτὸς αὐτῶν. Beides dürfte – trotz guter Bezeugung – sekundär sein (Einfluß von V 25). Aufschlußreich ist, daß B* τὸ ἐκτὸς αὐτοῦ bewahrt hat.
[46] Hier gibt es zahlreiche Textvarianten: Raub und Ungerechtigkeit, Raub und ungerechte Unmäßigkeit; Raub und Unreinheit; Raub und Habsucht.
[47] Vgl. O. Eissfeldt, Einleitung in das AT (Tübingen ²1956) 771.
[48] Für V 27b sind folgende LAA zu verzeichnen: von außen erscheint das Grab schön, inwendig aber ist es voll ... (D); die außen zwar den Menschen gerecht erscheinen, inwendig aber ... (33).
[49] Vgl. Krauss, Archäologie II 54–82.

äußerlich. Wenn Heuchelei und Gesetzlosigkeit als ihr Inneres bezeichnet werden, so sind zwei Lieblingswörter unseres Evangeliums aufgegriffen, die die Entfernung von Gott kennzeichnen. ἀνομία, innerhalb der Evangelien nur bei Mt anzutreffen, ist schon die Klage der Propheten, besonders des Ezechiel[50]. Es ist möglich, daß der Vergleich mit den übertünchten Gräbern, an denen man sich verunreinigen kann, den Gedanken nahelegen will, daß man im Umgang mit den Schriftgelehrten und Pharisäern Vorsicht walten lassen soll, daß man sich nicht verunreinigt[51]. Auch hier ist die Schroffheit der Kritik an eine Grenze gestoßen. Freilich kann der mt Christus auch Mitgliedern der christlichen Gemeinde den Vorwurf der Gesetzlosigkeit machen. In diesem Fall ist die Gesetzlosigkeit ausgerichtet an der Interpretation des Gesetzes durch Christus, wie sie insbesondere in der Bergpredigt erfolgt ist (vgl. 7,23; 13,41).

29-31 Das siebte und letzte Wehe geht auf die Verehrung der Propheten und Gerechten ein, die die Schriftgelehrten und Pharisäer diesen dadurch leisten, daß sie ihnen Gräber und Grabmäler erbauen. Aber was ist daran verwerflich? Indem eine Kontinuität zwischen Vätern und Söhnen aufgewiesen wird, faßt dieser Text die Geschichte Israels in einem umfassenderen Sinn ins Auge. Während parLk 20,47 wohl an eine Kontinuität in der Gesinnung denkt[52], ist für das mt Verständnis an V 30 anzuknüpfen, wonach sie sich von der Blutschuld der Väter in der Weise lossprechen, daß ihnen das Tun der Väter nicht in den Sinn gekommen wäre. So wird man die Ablehnung des Teilhaftseins am Blut der Propheten interpretieren müssen. Das Erbauen der Grabmäler soll ihren Gesinnungswandel demonstrieren. Aber ihre Rede bezeugt, daß sie die Söhne der Väter sind, die die Propheten gemordet haben. Nun hieße es, die Argumentation des Mt zu verharmlosen, wollte man nur die Äußerlichkeit oder die Eitelkeit angeprangert sehen, die im Erbauen der Grabmäler liegen soll[53]. Vielmehr wird es ihnen bestritten, daß sie das Recht haben, den Propheten und Gerechten ehrende Grabmäler zu errichten. Wenn es Mahnmäler wären, die sie an die Umkehr gemahnten, die die Väter beim Anhören der Botschaft der Propheten verweigerten, wäre dies ein anderes. Wenn der Vergleich erlaubt ist, der freilich eine ganz andere Schulddimension aufreißt, so kommt es uns Deutschen nicht zu, Ehrenmähler für die Toten der Konzentrationslager zu errichten, wohl aber Mahnmäler (wie im ehemaligen Konzentrationslager Bergen-Belsen), die uns an die Verstrickung in die Geschichte erinnern. Für die Schriftgelehrten und Pharisäer wollen die gleich folgenden Verse erweisen, daß sie sich, indem sie die Umkehr abschlagen, gegenüber den zu ihnen gesandten Boten Gottes ähnlich verhalten wie ihre Väter.

---

[50] Bei Ez LXX kommt ἀνομία etwa 50mal vor.
[51] Vermutung von SCHÜRMANN, Redekomposition 53.
[52] Vgl. HOFFMANN, Studien 164.
[53] Vgl. MINEAR, Prophecy 92. Auch ein angebliches Wortspiel zwischen *bonim* und *ba-*

Propheten- und Heiligengräber gab es in Jesu Umwelt nicht wenige. J. Jeremias[54], der sie sorgfältig beschrieben hat, verzeichnet für Galiläa, Samaria und Judäa 39, die meisten davon für Judäa (vgl. auch Apg 2,29, Neh 3,16). Es gab aber auch im Judentum kritische Stimmen. Von Rabbi Schimon ben Gamliel (ca. 140 n.Chr.) ist das Wort überliefert: Den Gerechten baut man keine Denkmäler. Ihre Aussprüche sind ihr Gedächtnis[55].

III

a) Das siebenfältige Wehe, das E – wie wir vermuteten – schon in Q vorfand, aber neu gestaltete, erhebt schwere Vorwürfe gegenüber Schriftgelehrten und Pharisäern und damit gegenüber dem pharisäisch geleiteten Judentum. Das Leitmotiv des Textes ist neben dem Wehe die Heuchelei, die wir als Diskrepanz von Sein und Schein kennenlernten und darüber hinaus als Ausdruck einer Religion, die sich von Gott entfernt. Das Anliegen des Textes läßt sich nicht auf seine Kontextfunktion beschränken, will sagen, es geht nicht darin auf, der Gemeinde ein negatives Beispiel zu bieten. Zwar richtet sich die Rede an Volk und Jüngerschaft (vgl. 23,1), aber das Wehe gilt einer der Jüngerschaft vertrauten Gruppe. So impliziert sie ein Zweifaches: Warnung und Standortbestimmung.

Als Warnung an die Gemeinde adressiert, veranschaulicht sie Gefahren, die auch für sie ständig bestehen. Auch in der Gemeinde ist immer mit der Möglichkeit zu rechnen, daß das Tun veräußerlicht wird, religiöse Betriebsamkeit sich ausbreitet, der Blick für das Wesentliche verlorengeht. Weil für Mt so viel auf die Verwirklichung des von Jesus verkündeten Willens des Vaters ankommt, bedarf die Weherede der Ergänzung, ist sie in diesem Sinn auf den Kontext in besonderer Weise angewiesen, bildet sie ein negatives Pendant zur Rede vom Berg. Über diese grundsätzliche Konfrontation hinaus bestehen nähere Korrespondenzen. Die Heuchelei wird auch dem Bruder vorgeworfen (7,5), wie die Diskrepanz von innen und außen, von Reden und Tun nach 7,21 den Zugang zur Herrschaft der Himmel versperrt. Die Gewährung der Barmherzigkeit ist ein cantus firmus des ganzen Evangeliums. Die Zusammenfassung des Gesetzes in der Trias Recht, Erbarmen, Glaube (23,23) hat ihre Entsprechung in der Goldenen Regel (7,12) und im Doppelgebot der Gottes- und Nächstenliebe (22,40). Die Forderung der Gerechtigkeit schließlich, die jene der Schriftgelehrten und Pharisäer bei weitem übertreffen soll (5,20) und die in der Bergpredigt entfaltet wird, ist das Gegenstück zu ὑπόκρισις und ἀνομία, die als Zusammenfassung in V 28 des in den Wehe getadelten Zustands gelten kann. Auch lassen sich die Seligpreisungen (5,3ff) im Gegenüber zu den Weherufen lesen.

---

nim (aram. für Erbauer oder Zeugen und Söhne) hilft nicht weiter. Erwogen von SCHWEIZER 289. – In V 30 lesen W f¹ 205 565 1006 den Indikativ ἦμεν (2mal).
[54] Heiligengräber in Jesu Umwelt (Göttingen 1958).
[55] Bei BILLERBECK I 938.

Daneben aber ist unser Text Standortbestimmung. Die Gemeinde grenzt sich von der Synagoge ab. Zwar meinten wir, feststellen zu können, daß sie noch in bezug auf die Rechtsprechung mit der Synagoge verbunden ist, zwar haben wir immer wieder viel Jüdisches in diesem Evangelium entdeckt, dennoch kündigt sich die Trennung an. Für die Schelte wird man zu berücksichtigen haben, daß es innerjüdische Kritik, gegenseitige Vorwürfe zwischen verschiedenen Gruppierungen, etwa zwischen Essenern und Pharisäern, gegeben hat und daß der Tadel an Schärfe nichts zu wünschen übrigläßt[56]. Von diesem Standpunkt aus betrachtet, erscheint die Schelte von Mt 23 wie eine vergleichbare innerjüdische Attacke. Die Kirche des Mt aber ist an die Grenze gestoßen.

b) Über die Beziehung der Weherufe zum historischen Jesus bestehen sehr unterschiedliche Auffassungen. So möchte Haenchen die gesamte Siebenerreihe – mit entsprechenden, später erfolgten redaktionellen Veränderungen – in der judenchristlichen Gemeinde von Jerusalem vor dem Jahr 70 entstanden sein lassen. Sie hätten mit Jesus nichts mehr zu tun[57]. Gaechter hingegen läßt sie von Jesus gesprochen sein. Es seien Worte des Richters, verkündet vor dem Weltgericht und darum nicht die endgültige Verwerfung beinhaltend[58]. Dazwischen liegen viele andere Meinungen[59]. In der Regel rechnet man mit einzelnen jesuanischen Logien oder Logienfragmenten[60]. Dieser Auffassung ist grundsätzlich zuzustimmen. Die Analyse hat uns einen Einblick in die komplizierte Entstehungsgeschichte des Textes gewährt. Daß die Siebenerreihe in einem Wurf entstanden sein soll, ist extrem unwahrscheinlich. Hierfür sind die einzelnen Weherufe inhaltlich und formal zu unterschiedlich. Wir werden aber mit Paarungen rechnen dürfen bzw. damit, daß sich Weherufe schon in der Überlieferungsgeschichte vereinigten (etwa die Rufe 4 und 5, die Rufe 6 und 7, evtl. auch die Rufe 1 und 2)[61]. So kann auch mancher Einzeltext erst später zu einem Weheruf ausgestaltet worden sein. Als von Jesus stammend kann der erste Weheruf gelten. Dafür spricht das hier pointiert zur Geltung gebrachte Eintreten für die Irregeleiteten. Zwar kennt auch das Judentum die Kritik der Heuchelei. Sie geschieht aber in der Regel so, daß darauf gesehen wird, wie Gott reagiert, nicht darauf, was sie für die betroffenen Menschen bedeutet[62]. Auf Jesus kann auch das Kampfeswort V 23 (ohne τὰ βαρύ-

---

[56] Vgl. AssMos 7,3 ff; 1 QH 4,6 ff; bBer 14 b; bSota 22 b. Weitere Belege bei BILLERBECK II 33 (zu Mk 12,40).
[57] Matthäus 23: 42 f.
[58] 748. – W. BEILNER, Christus und die Pharisäer (Wien 1959) 201. 212, möchte die Weherufe in die allerletzte Periode der Wirksamkeit Jesu verlegen.
[59] So rechnet A. FINKEL, The Pharisees and the Teacher of Nazareth (AGSU 4) (Leiden 1964) 134 ff, damit, daß Jesus nur gegen die Pharisäer der schammaitischen Schule polemisiere. DERRETT: ZNW 77 (1986) 255 ff hält Mt 23,24–30 für einen Midrasch zu Ps 5,10.
[60] Vgl. SCHÜRMANN, Redekomposition 49 f. 72 f, der für die VV 23 b. 25 f; KÜMMEL, Weherufe 145, der für die VV 13.23 ab. 27 f plädiert; BRAUN, Radikalismus II passim.
[61] Stichwortassoziationen und inhaltliche Nähe können das gefordert haben.
[62] Vgl. BRAUN, Radikalismus II 93 Anm. 1 Absatz 2.

τερα τοῦ νόμου und das abschließende weisheitlich geprägte Logion, beginnend mit ταῦτα)⁶³ zurückgeführt werden. Die Ersetzung des rechten Verhaltens zum Nächsten (und zu Gott) durch die Kräuterverzehntung fügt sich ebenso in seine Botschaft ein wie sie nicht mit dem Denken des offiziellen Judentums übereinstimmt.

Die anderen Weherufe unterschiedlichen Gepräges werden wir als sekundäre Bildungen anzusehen haben. In der Tat bedeuten sie – Weherufe 3–5 (Weheruf 4 in seiner redaktionellen Bearbeitung) – einen Rückfall in das Judentum und können mit dem Bemühen in Verbindung gebracht werden, den Pharisäismus zu reinigen. Dies fällt insbesondere bei einem Vergleich des 3. Wehe (vom Schwören) mit der 4. Antithese der Bergpredigt auf, die das Schwören überhaupt untersagte und eine absolute Wahrhaftigkeit forderte. Aber es gibt auch die Gegentendenz. Wir nahmen sie im 5. Weheruf wahr, wo das ethische Anliegen gegen das Zeremonialgesetz durchgesetzt wird. Ungeheuer kritisch und kaum noch mit dem Willen, den Pharisäismus zu reinigen, zu vereinen sind die letzten beiden Wehe. Hier fordert, wie auch für V 15, die Härte der Auseinandersetzung die Frage heraus, ob nicht das Zentrum des Evangeliums, die Liebe zu Gott und zum Nächsten, verletzt erscheint.

c) Als Kritik an Schriftgelehrten und Pharisäern oder, anders gewendet: als Kritik am Judentum ist der Text nicht mehr vermittelbar und sollte er nicht mehr gepredigt werden. Wir sind als Kirche heute in einer ganz anderen Situation als die Gemeinde des Mt. Das gilt a fortiori nach dem sog. Dritten Reich in Deutschland und dem Grauen von Auschwitz. Darum trifft es zwar zu, wenn H. U. von Balthasar[64] sagt, in Mt 23 werde die Situation der alten Propheten präsent gemacht, aber nur im Blick auf die Vergangenheit des Mt, nicht im Blick auf die Gegenwart. Die alten Propheten haben Israel auch auf herbe Weise gescholten. Und das Wort der Propheten kann nicht kritisiert, sondern nur angenommen oder in den Wind geschlagen werden. Schelte ist nur sinnvoll, wenn es ihr letztlich darum geht, dem Gescholtenen zu helfen, ihn von einem falschen Weg abzubringen, wenn sie Ausdruck liebender Sorge ist, so paradox es erscheinen mag. Wo die Schelte Mittel der Abgrenzung ist, wird sie zur Verteufelung. Das ist die entscheidende an Mt zu richtende Frage[65]. Wir können den Text nurmehr als Aufforderung zur Selbstkritik lesen. Mt ist auch in diesem Sinn an eine Grenze gekommen. Er gibt es selbst in der Weise zu verstehen, daß er die Pharisäerschelte in eine Rede setzt, die an Volk und Jüngerschaft gerichtet ist (23,1). Damit ist sie von außen nach drinnen, in den Raum der Gemeinde, gewendet, wenngleich – wie wir meinen – der Bruch mit der Synagoge noch nicht vollständig ist. Wenn wir also die Weherufe als Mahnung und Warnung auf uns selbst und auf die

---

[63] Vgl. oben die Analyse und Braun, Radikalismus II 90 Anm. 2; 62 Anm. 2.
[64] Herrlichkeit III/2 (Einsiedeln 1969) 33.
[65] Vgl. D. Flusser in einer Diskussion über: Antijudaismus im NT?, hrg. von W. Eckert – N. P. Levinson – M. Stöhr (München 1967) 208 f.

Kirche unserer Tage anwenden, stellt sie uns die Aufgabe zu prüfen, ob unser Glaubensleben veräußerlicht ist, ob religiöse Betriebsamkeit ohne Anteilnahme des Glaubens geschieht und ob schließlich in einem grundsätzlichen Sinn unser Glaube vergesetzlicht ist[66]. Dies wäre überall dort der Fall, wo an die Stelle des persönlichen Vertrauens und Gehorsams der Schein oder gar die – objektive oder subjektive – Verlogenheit getreten wären. Luther berichtet in einer Predigt auf Mt 23 in seiner zupackenden Art von einem Juden, der in Köln sich habe taufen lassen und später sogar im dortigen Stift Dechant geworden sei. Auf seinem Grabstein habe er eine Katze und eine Maus darstellen lassen, um damit anzuzeigen: Kein Jude würde wahrhaftig Christ werden, solang die zwei Tierlein nicht eins geworden seien. Und er fährt fort: „Denn sie sehen unter uns solch Ärgernis, Schande und Laster, daß sie viel größer sind als die Laster bei ihnen."[67]

LITERATUR: G. KLEIN, Rein und unrein Mt 23,25. Lc 11,37.42: ZNW 7 (1906) 252–254; W. BRANDT, Jüdische Reinheitslehre und ihre Beschreibung in den Evangelien: BZAW 19 (1910) 1–62; H. LUDIN JANSON, Existait-il à l'époque hellénistique des prédicateurs itinérants juifs?: RHPhR 18 (1938) 242–254; D. CORRENS, Die Verzehntung der Raute Lk 11,42 und M Schebi 9,1: NT 6 (1963) 110–112; W. G. KÜMMEL, Die Weherufe über die Schriftgelehrten und Pharisäer Mt 23,13–36: W. ECKERT - N. P. LEVINSON - M. STÖHR, Antijudaismus im NT? (ACJD 2) (München 1967) 135–147; S. VAN TILBORG, The Jewish Leaders in Matthew (Leiden 1972); S. WESTERHOLM, Jesus und Scribal Authority: CB. NT 10 (1978) 85–91; F. MUSSNER, Traktat über die Juden (München 1979) 275–281; J. NEUSNER, „First Cleanse the Inside": NTS 22 (1976) 486–495; J. D. M. DERRETT, Receptacles and Tombs (Mt 23,24–30): ZNW 77 (1986) 255–266.

34. Gerichtsworte (23,32–39)

32 Und erfüllt das Maß eurer Väter! 33 Schlangen, Otterngezücht, wie werdet ihr dem Gericht der Gehenna entfliehen? 34 Darum: Siehe, ich sende zu euch Propheten und Weise und Schriftgelehrte. Und etliche von ihnen werdet ihr töten und kreuzigen, und etliche von ihnen werdet ihr in euren Synagogen geißeln und verfolgen von Stadt zu Stadt, 35 auf daß über euch alles gerechte Blut komme, das auf Erden vergossen ist, vom Blut des gerechten Abel bis zum Blut des Zacharias, des Sohnes Barachias, den ihr zwischen Tempelhaus und Altar mordetet. 36 Amen, ich sage euch: Dies alles wird kommen über dieses Geschlecht. 37 Jerusalem, Jerusalem, die tötet die Propheten und steinigt die zu ihr Gesandten, wie oft habe ich deine Kinder versammeln wollen, wie eine Vogelmutter ihre Küchlein unter den Flügeln versammelt. Und ihr habt nicht gewollt.

---

[66] Der Gedanke der Vergesetzlichung des Verhältnisses des Menschen zu Gott wird betont von GOGARTEN, Verkündigung 58 f. 93; DERS., Jesus Christus 95 ff; THIELICKE, Ethik III Nr. 1183 f. 1275; vgl. WEBER, Dogmatik II 446.
[67] II 778 f. – Bekannt ist auch das Wort des HIERONYMUS: Vae nobis, ad vos vitia Pharisaeorum transierunt.

38 Siehe, euer Haus soll euch öde überlassen werden. 39 Denn ich sage euch: Ihr werdet mich von jetzt an nicht mehr sehen, bis ihr sprecht: Gepriesen, der kommt im Namen des Herrn.

I

Mit diesem Text schafft E einen wirkungsvollen Abschluß der Rede über die Schriftgelehrten und Pharisäer. So heterogen im einzelnen das hier zusammengestellte Material sein mag, es kommt überein im Wechsel von Anklage und Ankündigung des Gerichts. So ist V 32 Anklage in Form des Imperativs (πληρώσατε), V 33 – obwohl ein Fragesatz – ein Gerichtsspruch. In der Einheit 34–36 wird zunächst die Anklage des Prophetenmordes erhoben. Es folgt die Ansage, daß das Blut von ihnen gefordert werden wird. Dabei ist die Ausweitung von den Schriftgelehrten und Pharisäern, die bis V 35 im Blick sind, auf dieses Geschlecht zu beachten, die in V 36 erfolgt. Auch der Block 37–39 – die an Jerusalem gerichtete Du-Anrede markiert den Neuansatz – bietet zunächst die Anklage des Prophetenmordes und der fortwährenden Widerspenstigkeit und leitet über zu einer bildhaft verschlüsselten Gerichtsansage, die vom verlassenen Haus spricht und die Begrüßung Christi bei der Parusie ins Auge faßt. Die Interpretation wird sich als schwierig erweisen. Aber schon dieser erste Überblick vermag den Willen des Redaktors erkennen zu lassen, die von ihm zusammengefügten Überlieferungseinheiten, soweit dies möglich war, auf eine Linie zu bringen.

Die Formen lassen sich mit Hilfe atl Analogien näher bestimmen. V 32 als ironischer Imperativ prophetischen Stils hat etwa in Am 4,4 eine Parallele: „Kommt nach Bet-El und sündigt ...!" (vgl. Joh 2,19). Die Ankündigung des unausweichlichen Gerichts im Stil einer suggestiven Frage (V 33) begegnet gleichfalls bei den Propheten (Is 10,3; Mt 3,7 b)[1]. In den Einheiten 34–36 und 37–39 läßt sich die atl Unheilsweissagung entdecken, die nach K. Koch[2] drei Elemente enthält: das Scheltwort, das die Situation scharf rügend darlegt; den Drohspruch, der zukünftiges Geschehen ankündigt, das aber schon in der Gegenwart angelegt ist; und die abschließende Charakterisierung, die das ausstehende Unheil bekräftigt (oft mit „denn" eingeleitet). Vergleichen wir unsere Texte mit einem atl Beispiel, der Unheilsweissagung, die Elija dem König von Israel zu überbringen hat (2 Kg 1,3 f). Die Ziffern bezeichnen die drei Elemente: I Scheltwort, II Drohspruch, III Bekräftigung:

| I Gibt es keinen Gott in Israel, daß ihr fortgehen müßt, um Beelzebul, den Gott von Ekron zu befragen? | Siehe, ich sende zu euch Propheten ... und etliche von ihnen werdet ihr töten und kreuzigen usw. | Jerusalem, Jerusalem, die tötet die Propheten und steinigt die zu ihr Gesandten usw. |

---

[1] Vgl. STECK, Israel 290 Anm. 5.
[2] Was ist Formgeschichte? (Neukirchen 1964) 217 ff.

II Vom Lager, auf das du dich gelegt hast, wirst du nicht mehr aufstehen.	auf daß über euch alles gerechte Blut komme, das auf Erden vergossen ist usw.	Siehe, euer Haus soll euch öde überlassen werden.
III Denn du bist gewißlich des Todes.	Dies alles wird kommen über dieses Geschlecht.	Denn ich sage euch: Ihr werdet mich von jetzt an nicht mehr sehen, bis ihr sprecht usw.

Vielleicht darf man auch darauf hinweisen, daß sich in 2 Kg 1,4 die Beteuerungsformel findet: So spricht der Herr. Sie läßt sich mit der Wendung Amen bzw. denn[3] ich sage euch (36 und 39) vergleichen. Als irritierend hat man immer wieder das einleitende „darum" (διὰ τοῦτο) in V 34 empfunden. In parLk 11,49 kommt seine Funktion als Botenformel noch klar heraus: „Darum sprach auch die Weisheit Gottes: Ich werde zu ihnen senden ..." – Ganz Entsprechendes liest man am Beginn der Unheilsweissagung in 2 Kg 1,3: „Der Engel des Herrn sprach zu Elija aus Tischbe: Mach dich auf, geh..."[4] Die Unheilsweissagung, bereits im Vollzug befindlich, ist Botschaft, die ausgerichtet werden muß. Freilich gewinnt dieses „darum" bei Mt eine andere Funktion, wie er bereits durch die Auslassung von „Die Weisheit Gottes sprach" andeutet. In der Analyse der Weherufe (Perikope Nr. 33 Punkt I) haben wir darauf hingewiesen, daß die Weherufe 23,13ff nur die Schelte und die Begründung der Schelte, nicht aber eine Straf- oder Gerichtsankündigung enthalten, wie das sonst in Weherufen der Fall sein kann. Wir sagten dort, daß Mt die Auslassung der Gerichtsankündigung hinnehmen kann, weil er diese in 23,34ff bietet. Auf die Reihe der Weherufe folgt die Reihe der Gerichtssprüche, eingeleitet mit διὰ τοῦτο. Auch das hat im AT seine Parallele. Der Prophet Jesaja bietet in 5,8-23 eine Kette von Weherufen. In V 24 wird mit „darum" (LXX: διὰ τοῦτο) übergeleitet zur Ansage des Gerichts: „Darum: Wie des Feuers Zunge die Stoppeln frißt ..., so soll ihre Wurzel verfaulen usw." – Wir werden unseren Text als Gerichtsankündigung zu lesen haben. Die VV 32 f bereiten vor und gehören gemäß ihrem Tenor zu 34ff.

Traditionsgeschichte: Die VV 32 und 33 sind Sonderüberlieferung, das Übrige holt E aus Q. Letzteres sollte nicht bestritten werden[5]. Ob V 32 Vorgabe oder MtR ist, ist umstritten. Die seltene Rede von den Vätern

---

[3] Dieses γάρ in 23,39 stammt von Mt. Vgl. parLk 13,35. Sollte es Mt um der Angleichung an das atl Schema der Unheilsweissagung willen eingebracht haben?
[4] Koch (Anm. 2) 217 erinnert daran, daß die Unheilsweissagung dem Botenspruch, der eine eigene Gattung ausmacht, ähnlich ist.
[5] Steck, Israel 283 Anm. 1, urteilt, daß das Verhältnis des Jerusalemlogions zur Spruchquelle nicht deutlich sei. Dazu vgl. Schulz, Q 347 Anm. 183.

könnte für Vorgabe sprechen⁶, doch kann sie E aus V 30 genommen haben. πληροῦν ist sein Vorzugswort. V 33 ist Nachbildung eines Wortes aus der Gerichtspredigt Johannes des Täufers (3,7). Das „Gericht der Gehenna" korrespondiert mit dem „Sohn der Gehenna" in 23,15. Die Einheit VV 34-36 hat ihre Parallele in Lk 11,49-51 (hier auch in der Weherede, aber nicht an deren Schluß)⁷. Ein Vergleich ergibt, daß Mt starke Eingriffe vornahm⁸. So bringt er nicht mehr die Kennzeichnung der Rede als Rede der Weisheit Gottes. Nicht die Weisheit sendet, sondern Jesus. Mit dieser Übertragung hängt der Wechsel der Tempi und der Personen zusammen (Lk: ich werde zu ihnen senden ... sie töten; Mt: ich sende zu euch ... ihr werdet töten). Die Gesandten sind nach Lk 11,49 Propheten und Apostel, nach Mt 23,34 Propheten, Weise und Schriftgelehrte. Auch hier wird man für Ursprünglichkeit bei Lk und der Anwendung durch Mt auf die Gemeindesituation plädieren, besonders dann, wenn man mit Hoffmann⁹ der Meinung ist, daß ἀπόστολος in der Vorgabe noch die allgemeine Bedeutung „Sendbote" hatte und nicht die spezifisch christliche Vorstellung vom Apostel vertrat.

Die Schmähung der Gesandten hat E aufgefüllt. Während Lk allein das Töten und Verfolgen erwähnt, liest man bei Mt vom Kreuzigen, das zum jüdischen Hintergrund nicht zu passen scheint, vom Geißeln in ihren Synagogen (vgl. 10,17), vom Verfolgen von Stadt zu Stadt (vgl. 10,23). „Das Blut aller Propheten" ist wie die Zeitangabe „von Grundlegung der Welt" in Lk 11,50 als primär zu betrachten, gleichfalls die Wendungen mit ἀπό (3mal). Wenn Mt V 35 „alles gerechte Blut" nennt, umgeht er die Schwierigkeit, Abel unter die Propheten rechnen zu müssen. Zweimal setzt er eindrucksvoll die Wendung: es kommt bzw. es wird kommen über euch (35f¹⁰; Lk 11,50f formuliert mit ἐκζητεῖν). Entsprechend bezeichnet Mt den Abel als Gerechten. Sicher ist die Kennzeichnung des Zacharias als Barachias Sohn, die der Interpretation Probleme aufgibt, MtR. Das Morden (35; Lk 11,51: Umbringen) schließt an die Prophetenmörder von V 31 an¹¹. Die Einführung des Amen in 36 entspricht mt Stil. Schon diese Einblicke vermögen den Eindruck zu vermitteln, daß die mt Redaktion vorab zwei Ziele verfolgte: den Text zu aktualisieren und die Gerichtsansage zu verschärfen. – In das Jerusalem-Logion hat E vergleichsweise nur geringfügig eingegriffen. Vor allem hat er es an den Abschluß der Rede gestellt. Seine Stellung in Q läßt sich nicht mehr ausmachen, doch spricht seine

---

[6] A. VON HARNACK, Sprüche und Reden Jesu: Beiträge zur Einleitung in das NT II (Leipzig 1907) 72, vermutete Ursprünglichkeit.
[7] Wegen der Ausweitung auf dieses Geschlecht steht zu vermuten, daß Mt die Plazierung der Texteinheit am Schluß der Rede bewahrt hat.
[8] Vgl. Die Analysen bei HOFFMANN, Studien 164-171; STECK, Israel 29ff; SCHULZ, Q 336ff; LÜHRMANN, Redaktion 45f.
[9] Studien 165f.
[10] Die Formulierungen mit ἐπί parallelisieren mit 27,25.
[11] Ob τοῦ ναοῦ V 35 oder τοῦ οἴκου Lk 11,51 älter ist und wer die Wortstellung von Q überliefert hat, mag dahingestellt bleiben.

ganz andere Einfügung in Lk 13,34 f zumindest für eine andere Plazierung in Q[12]. Ob der Plural „ihre Küchlein" (τὰ νοσσία αὐτῆς) und Aorist II in V 37 gegenüber dem Singular „ihre Nestbrut" (τὴν ἑαυτῆς νοσσίαν) und Aorist I in Lk 13,34 sachlich etwas bedeutet, wird zu prüfen sein[13]. In den V 38 fügt Mt das Wörtchen „öde" ein. Nicht nur um seiner guten Bezeugung, sondern auch um atl Vergleichsstellen willen (s. Interpretation) ist es im Text zu belassen[14]. Aus V 39 macht Mt einen Begründungssatz (γάρ), was wir schon bei der Formanalyse beobachteten. Auch liest man bei ihm die zusätzliche Zeitangabe „von jetzt an" (vgl. 26,64)[15]. Damit ist eine Zäsur angedeutet.

II
32f Die pharisäischen Führer des Judentums werden aufgefordert, das Maß ihrer Väter zu erfüllen. Eben sind ihre Väter als Prophetenmörder gekennzeichnet worden (V 30). Das Maß ist das Maß der Schuld. Wenn es voll ist, kommt das unaufhaltsame Gericht. Die Vorstellung vom erfüllten Schuldmaß ist auch in der rabbinischen Literatur nachweisbar[16]. Sie impliziert auch die Geduld, die Gott bislang walten ließ. Der Imperativ ist prophetische Ironie. Wenn sie ihn ausführen, ziehen sie gleichsam selbst das Gericht auf sich herab. Voll wird das Maß gemäß dem, was wir im Folgenden hören, durch das, was sie den christlichen Sendboten antun, also noch nicht durch den Tod Jesu. Die Rede von den Vätern in diesem Zusammenhang bringt einen zusätzlichen bitteren Geschmack in den Text ein[17], weil man in Israel gewohnt war, auf die Verdienste der Väter zu vertrauen. Allerdings hatte schon Johannes der Täufer ein blindes Vertrauen auf den Vater Abraham scharf angegriffen (3,9). V 33 ist auf das der Taufpredigt entlehnte Gerichtswort V 34 hingeordnet. Dies schließt sich – auch in der Kritik des Vertrauens auf die Väter – sinnvoll an. Außerdem wurde inzwischen auch Johannes ein Opfer der Gewalt. Die Täuferkritik ist verschärft, nicht nur durch die Doppelung „Schlangen, Natternzucht", sondern auch im Fehlen des Umkehrrufes, den Johannes mit seiner Gerichtspredigt verknüpfte (3,8).

---

[12] Auch die Plazierung in Lk 13 ist redaktionell. Nach LÜHRMANN, Redaktion 48, seien in Q die VV 37–39 auf 34–36 gefolgt. Dies bestreitet STECK, Israel 47. Vgl. HAENCHEN, Matthäus 23: 47.
[13] Zum Aorist vgl. BL.-REHK. § 75,1. – In Anlehnung an Lk 13,34 lesen Sinaiticus² CLΘ f¹·¹³ 1006 1342 1506 ἑαυτῆς.
[14] Es wird geboten von $\mathfrak{P}^{77}$ Sinaiticus* B¹ DWΔ 0102 33 892 1424, es fehlt in B* 700. NESTLE-ALAND[26], The Greek NT, nehmen es in den Text auf. TRILLING, Israel 86 Anm. 72; HOFFMANN, Studien 172, wollen es streichen.
[15] Mit Zufügung von ἄν. Lk 13,35 heißt es: „bis es kommt, daß ihr sprecht." Dies dürfte älter sein. Allerdings ist ἥξει ὅτε textlich umstritten.
[16] „Wenn voll ist das Maß, kommt die Not über ihn", heißt es im Job-Midrasch. Bei BILLERBECK I 939.
[17] Hierzu vgl. Apg 7,15ff, zur Polemik auch 1 Thess 2,15f. – DH lösen den Imperativ in eine Feststellung auf: Ihr erfüllt das Maß eurer Väter. 1506 liest: das *Werk* eurer Väter.

34 Eine neue Spruchreihe wird mit begründendem „darum" eingeleitet (s. oben Punkt I). Weil dieses Wörtchen gleichsam die Weherufe zusammenfaßt und aus ihnen das Gericht ableitet, von dem nunmehr die Rede ist, liegt der Ton nicht auf der Sendung, sondern der Ablehnung der Boten. Die Sendung erfolgte durch Christus, nach der Vorlage durch die Weisheit Gottes (vgl. Lk 11,49)[18]. Mt identifiziert Christus mit der Weisheit (vgl. 11,19). Der Blick ist nach rückwärts, in die Zeit vor der Katastrophe des Jahres 70 gerichtet. Zu Israel gesandt waren in dieser verhältnismäßig kurzen, aber entscheidungsvollen Zeitspanne zwischen 30 und 70 (christliche) Propheten, Weise und Schriftgelehrte. Da wir oben vermuteten, daß Mt die beiden letzten Namen einbrachte, weiß er um die Existenz dieser Gruppen in seinem Bereich. Christliche Propheten setzte er auch in 10,41; 7,22 voraus, wenngleich er diesen schon mit einer gewissen Zurückhaltung gegenübertreten kann. Das Nebeneinander von Weisen und Schriftgelehrten deutet eine spätere Situation an, weil man vom 1. Jh. an im Judentum dazu überging, die Schriftgelehrten „Weise" zu nennen und den Namen „Schriftgelehrter" der älteren Generation dieses Standes reservierte[19]. Diese Sendboten waren in Israel als „Missionare" tätig. Die Namen lassen auf Schriftdeutung, Weisheitslehre schließen[20]. Obwohl von ihrer Tätigkeit in der vergangenen Zeit gesprochen wird, ist nicht auszuschließen, daß es sie auch jetzt noch in den mt Gemeinden gibt. Ihre Anwesenheit und ihr Wirken dürfen aber das brüderliche Gemeindeprinzip nicht in Frage stellen (23,8ff). Ihre Ablehnung in der Zeit der Israelmission reichte von Verfolgung, Flucht, Geißelung bis zu Kreuzigung und Tod. Hier dürfen historische Reminiszenzen eingefangen sein. „In euren Synagogen" klingt distanziert. Die Kreuzigung als römische Hinrichtungsweise kann nicht von Juden verhängt, aber von ihnen betrieben worden sein. Die Kreuzigung Jesu mag Mt als Muster dieses Zusammenspiels vorgeschwebt haben. Sollte er auch an die Kreuzigung des Petrus in Rom gedacht haben[21], über deren präzise Umstände wir nicht informiert sind? Die Tötung christlicher Propheten und Sendboten schließt sich lückenlos an das Schicksal der alten Propheten und Gerechten an (23,29ff).

35 Die Kontinuität von Ablehnung und Schuld hat einen Zielpunkt, der jetzt erreicht ist. In einem Überblick wird die ganze Geschichte zusammengefaßt. Es ist die Geschichte Israels. „Alles gerechte Blut, das auf Erden vergossen ist", macht die Summe aus. Dabei kann man fragen, ob mit γῆ das Land Israel gemeint ist. Da mit dem geschichtlichen Aufriß von

---

[18] In Anlehnung an parLk 11,49 lesen D 33 co das Futur: ἀποστελῶ. Daß die Weisheit Menschen sendet, hat m. W. keine Parallele, wohl ist sie Agens der Heilsgeschichte (etwa in Weish 10f). Gott sendet (vgl. 2 Sm 12,1; Jer 7,25; 25,4; Mal 3,1).
[19] Vgl. HAENCHEN, Matthäus 23: 44; DALMAN, Jesus 28 (Belege!). Vom christlichen Schriftgelehrten spricht Mt 13,52, nicht mehr vom christlichen Weisen. Vgl. 11,25.
[20] HILL: NTS 11 (1964/65) 296f schreibt den Propheten die Verkündigung, den Weisen und Schriftgelehrten die Lehre zu.
[21] Vermutung von HAENCHEN, Matthäus 23: 45.

Abel bis Zacharias in der Vorgabe die umfassende biblische Geschichte gemeint war, gekennzeichnet durch den ersten und letzten von der Bibel berichtetem Mord, läßt sich die Frage in dem Sinn bejahen, daß γῆ für das Land steht, auf dem sich die Geschichte Gottes mit den Menschen und mit seinem Volk zugetragen hat, wohin immer man die Geschichte von Kain und Abel verlegt haben mag. Der geschichtliche Durchblick bleibt auf Israel ausgerichtet. „Gerechtes Blut" ist gleichbedeutend mit unschuldig vergossenem Blut[22]. Abel als Gerechten zu betrachten, ist inzwischen zu einem bibeltheologischen Topos geworden (vgl. 1 Joh 3,12; Hebr 11,4). Welchen Zacharias aber hat Mt als Letzten in der Reihe der Getöteten vor Augen? Sein Mord erfolgte im Tempelbezirk. Es ist zu vermuten, daß Mt mit der von ihm eingeführten Kennzeichnung des Zacharias als Barachias Sohn die Vorlage neu interpretierte. Drei Träger des Namens Zacharias stehen zur Debatte:

1. Der Prophet Zacharias (LXX-Version), der nach Zach 1,1 „Sohn des Barachias" heißt (τὸν τοῦ Βαραχίου). Hier stimmt der Name vollständig mit V 35 überein. Nur ist nichts von einem gewaltsamen Tod bekannt, auch nicht in der jüdisch-legendarischen Überlieferung.

2. Zacharias, der Sohn des Priesters Jojada. Von ihm erzählt 2 Chr 24,20f, daß er das Volk wegen seiner Gesetzesübertretungen rügte und dafür auf Befehl des Königs Joasch „im Hof des Hauses des Herrn" gesteinigt wurde. LXX 2 Chr 24,20 nennt ihn τὸν Ἀζαρίαν τὸν τοῦ Ἰώδαε τὸν ἱερέα.

3. Zacharias, der Sohn des Bareis. Ihn kennen wir nur aus Josephus, bell. 4,334–344. Dort wird berichtet, daß er von den Zeloten verräterischer Beziehungen zu den Römern angeklagt wurde. Ein in den Tempel einberufenes Gericht von siebzig Männern sprach ihn frei. Daraufhin hätten ihn zwei besonders verwegene Männer mitten im Tempel (ἐν μέσῳ τῷ ἱερῷ) niedergeschlagen, und er sei sogleich vom Tempel in die darunter liegende Schlucht gestürzt worden.

Für die Vorlage (Q) nimmt man zutreffend an, daß sie an den Priester Zacharias aus 2 Chr dachte. Die Bluttat hat auch die jüdische Literatur stark beschäftigt und die Legende vom unvergänglichen Blutfleck des Zacharias hervorgebracht[23]. Die wiederholt für Mt vertretene Auffassung, daß auch er an 2 Chr gedacht, aber den Vatersnamen mit Zach 1,1 verwechselt habe, befriedigt nicht[24]. Es muß ihm auf eine gewichtige Spezifizierung angekommen sein. Der von Josephus überlieferte Mord hat sich

---

[22] Vgl. JOEL 4,19: „wegen der Gewalttat an Judas Söhnen, in deren Land unschuldiges Blut vergossen" (LXX: αἷμα δίκαιον); Klgl 4,13; Spr 6,17: „Hände, die unschuldiges Blut vergießen" (LXX: αἷμα δικαίου). Von Blutschuld reden Is 59,3; Jer 19,4; vor allem Ez 24,6.7. Dabei erscheint Jerusalem als πόλις αἱμάτων.
[23] Vgl. BILLERBECK I 940ff; STECK, Israel 33ff; Schlatter 688.
[24] Etwa STRECKER, Weg 114 Anm. 5; SCHWEIZER 290. – Das Hebräer-Evangelium und Petrus Laodic. überliefern den Namen: Zacharias Sohn des Jojada bzw. Joda. Bei ALAND, Synopsis 393. – Im Kodex Sinaiticus* fehlt in V 35 „des Sohnes Barachias". Offenbar wurde das Problem früh empfunden.

wenige Jahre vor der Eroberung Jerusalems und der Zerstörung des Tempels zugetragen (im Jahr 67 oder 68). Mt hat ihn im Blick. Dafür spricht die Tendenz, den Text insgesamt zu aktualisieren und auf die Gegenwart anzuwenden. Die Uneinigkeit hinsichtlich des Vaternamens (Barachias/ Bareis) fällt demgegenüber kaum ins Gewicht. Die Zerstörung des Tempels hat symbolische Bedeutung. Für Mt ist der von den Zeloten verübte Mord im Tempel der in die Gegenwart hereinreichende Schlußpunkt der Kette der Auflehnung. Die Lokalisierung der Mordtat zwischen Tempelhaus und Altar brandmarkt die Verruchtheit des Geschehens, das an heiliger Stätte erfolgte[25]. Jesus spricht im Tempel. Von dessen Schicksal wird gleich die Rede sein.

36 Sprach V 35 unheilvoll vom „Kommen" des unschuldig vergossenen Blutes, so ist dies jetzt noch einmal im allgemeinen aufgegriffen: dies alles wird kommen. Der gedankliche Fortschritt liegt in der Ausweitung von den angeredeten Schriftgelehrten und Pharisäern auf dieses Geschlecht. Dieser bereits bekannte Begriff (vgl. zu 11,16 a) richtet sich immer auf Israel, die gegenwärtige Generation, der das Heil angeboten ist, und ist negativ besetzt. Dieses Geschlecht ist ein böses und ehebrecherisches (12,39). So kann man auch sagen, daß sie sich in der Ablehnung Jesu und seiner Boten als „dieses Geschlecht" erweisen. Aber was kommt mit „diesem allen"? Mt hat empfunden, daß diese das Gericht unbestimmt umschreibende Ankündigung eine Präzisierung erheischt. Darum schloß er das Jerusalem-Logion an.

37 Ganz Israel steht vor dem Auge des Redenden. Das als Mutter angesprochene Jerusalem wird an seine Vergangenheit erinnert[26]. Sie ist gekennzeichnet durch Ungehorsam gegen Gott und Auflehnung. Die Stadt hat den Propheten und Gottesboten immer wieder den Tod bereitet. Die Formulierung im Ptzp. Präsens unterstreicht die allgemeine Erfahrung. In der distanzierten Anrede „die tötet und steinigt"[27] wird die gesamte Geschichte Israels bis zu ihren Anfängen nochmals eingeholt. Sender ist Gott bzw. die Weisheit (wie Lk 11,49, von Mt 23,34 gewandelt)[28]. Man hat mit Recht in der Ablehnung der Weisheit und ihrer Boten das an zahlreichen Stellen der atl Weisheitsliteratur geschilderte Schicksal der Sophia wiedergefunden (vgl. Spr 1,20ff; Bar 3,14f; Henaeth 42,1 f u.ö.). Der Redende, also Jesus, ist in die Reihe der von der Weisheit gesandten Boten miteinzubeziehen, der dasselbe gewaltsame Geschick wie die Propheten

---

[25] Die Entfernung zwischen Brandopferaltar und Tempelhalle beträgt nach BILLERBECK I 943 22 Ellen (ca. 10 m).
[26] Nach BILLERBECK I 943 ist die Wiederholung eines Namens in der Anrede in der rabbinischen Literatur ungemein häufig.
[27] SCHWEIZER, KLOSTERMANN übersetzen: die *du* tötest. Dabei ist πρὸς αὐτήν nicht beachtet. Die LA πρὸς σέ (D lat sy^s) ist sekundär.
[28] BILLERBECK I 943 bietet eine Liste von atl und rabbinischen Überlieferungen von Prophetenmorden, zu denen Urija (Jer 26,20ff) und Jesaja gehören.

erfahren hat. Diese Interpretation des Todes Jesu verdient wegen ihres Alters unsere besondere Aufmerksamkeit. Vom Standpunkt des Mt sind auch die christlichen Israel-Missionare einzuschließen, unter denen es auch solche gab, die gesteinigt wurden[29].

In der Anwendung des Bildes von der Vogelmutter und ihren Küchlein im zweiten Teil des Logions wandelt sich die Perspektive. Jetzt spricht Jesus im Aorist von der eigenen Erfahrung: wie oft wollte ich. Die Kinder Jerusalems sind die Israeliten, keinesfalls nur die Bewohner der Stadt, um die er sich in seinem ganzen Wirken hingebend bemüht hat. Das Bild von der schützenden Vogelmutter kennt auch das AT (Is 31,5; Ps 36,8)[30]. Hat Mt mit diesem Bild das vergebliche Locken der Henne zum Ausdruck bringen wollen, auf die die Küchlein nicht hören, im Unterschied zu Lk 11,34 (= Q), wo die in Jerusalem weilende und ihrer Nestbrut Schutz bietende Weisheit gemeint sei[31]? Man wird die Differenz von Plural (Mt) und Singular (Lk) nicht pressen dürfen[32] und mit „ihren Küchlein" im Unterschied zu „ihrer Nestbrut" im Anschluß an die Kinder Jerusalems die liebende Mühe um jedes einzelne veranschaulicht sehen dürfen. Weil in beiden Versionen das ἐπισυνάγειν dominiert, stehen Schutz und Rettung im Vordergrund. Die „Kinder Jerusalems" aber haben nicht gewollt. Alle Mühe war vergeblich. Dies gilt auch für die Mühe der Sendboten Jesu. Das grundsätzliche, heilsgeschichtlich relevante Urteil, zu dem Mt hinführen will, schließt natürlich die – allerdings vergleichsweise wenigen – Umkehrwilligen nicht ein, die letztlich den Grundstock der christlichen Gemeinde ausmachen.

38 Es folgt die Gerichtsansage, eingeführt mit „Siehe". Sie bezieht sich auf „euer Haus". Die prophetische Gerichtsansage wird aus der Ablehnung gefolgert. So entspricht es einer aus der geschichtlichen Erfahrung gewachsenen Ereigniskette, die das deuteronomistische Geschichtsbild genannt wird[33]. Es besteht eine lange Debatte, ob mit ihrem Haus der Tempel, die Stadt Jerusalem oder das Gemeinwesen Israel gemeint sei. Billerbeck[34] hat sich für Letzteres ausgesprochen, weil der Tempel – als Haus bezeichnet – immer näher bestimmt sei: mein Haus, Haus Gottes o. ä. Das Verb ἀφίεται ἔρημος, das hier futurische Bedeutung hat, läßt auf ein Gebäude bzw. eine Stadtanlage schließen. Im apokalyptischen Sprachgebrauch kann das Haus sowohl die Stadt Jerusalem als auch den

---

[29] Hat Mt von der Steinigung des Stephanus gewußt?
[30] Rabbinische Parallelen kommen V 37 noch näher, weil sie neben der Henne auch deren Junge erwähnen. Bei BILLERBECK I 943.
[31] So STECK, Israel 171f. – BALTZER: HThR 58 (1965) 273 und Anm. 3 sah einen Zusammenhang mit der kabod-Vorstellung bei Ez, die auch in der Theophanie vor dem Untergang des Jerusalemer Tempels nachwirken würde, von der Josephus, bell. 6,288ff, erzählt.
[32] Mit HOFFMANN, Studien 171f.
[33] Vgl. STECK, Israel passim.
[34] I 943f. Zur Debatte vgl. HOFFMANN, Studien 174f; HUMMEL, Auseinandersetzung 88f; HAENCHEN, Matthäus 23: 46f; KWAAK: NT 8 (1966) 162f.

Tempel bezeichnen. Die Bedeutungen gehen ineinander über, etwa: „Ihr Feinde, dringt herein! Ihr Hasser, kommt herbei! Denn der das Haus bewacht, hat es verlassen" (ApkBarsyr 8,2)[35]. Auch Mt wird Stadt und Tempel in eins gesehen haben. Wenn von „eurem Haus" gesprochen wird, ist schon angedeutet, daß Gott es verläßt. In der passivischen Form ἀφίεται ist dann dieses Handeln Gottes angekündigt. „Es soll euch öde überlassen werden" meint ein Zweifaches: Gott wird das Haus verlassen, und es wird den Feinden preisgegeben werden[36]. Die Verbindung beider Aspekte ist im AT wiederholt gegeben: „Ich verlasse mein Haus, ich verstoße mein Erbe (LXX ἀφῆκα τὴν κληρονομίαν μου). Meinen Herzensliebling gebe ich preis in die Hand seiner Feinde" (Jer 12,7). „Jerusalem wird öde sein (LXX: ἔσται ἔρημος) und das Haus Gottes darin verbrannt werden und öde sein" (Tob 14,4; vgl. 1 Kg 9,7f). Es verdient Beachtung, daß der Begriff ἔρημος (öde) in diesem Zusammenhang einen festen Topos ausmacht, um den Mt wußte. Das Wort ist im Text zu belassen[37]. Gewiß sind Profanierung und Zerstörung von Tempel und Stadt ein über sich hinausweisendes Zeichen. Sie verkünden, daß die Geschichte Israels als des erwählten Gottesvolkes an ein Ende gekommen ist. Soll das – gemäß Mt – jetzt für immer gelten?

39 Die Beantwortung dieser Frage hat man mit dem abschließenden Vers verknüpft. Entsprechend der Formanalyse (s. Punkt I) haben wir es mit dem dritten Element der Unheilsweissagung zu tun, der (oft begründenden) Bekräftigung. Einleitendes „ich sage euch" verleiht ihr Feierlichkeit. Jesus spricht von seinem Auszug. Sie sollen ihn nicht mehr sehen. Als Begründung des Vorangehenden wird sein Auszug zum Verlassen- und Preisgegebensein des „Hauses" in Beziehung gesetzt. Beides ist nicht identifiziert; dort ist Gott, hier Jesus Subjekt. Jesu Auszug aber bereitet Gottes richterlich-strafendes Handeln über Stadt und Tempel vor, leitet es ein. Sein Auszug ist die Folge seiner Ablehnung. Mt hat mit der Zeitpartikel „von jetzt an" eine Zäsur gesetzt (auch 26,29 und 64, jeweils mit λέγω ὑμῖν). Sie markiert den Abschluß seines öffentlichen irdischen Wirkens, der Entscheidungszeit für Israel, und lenkt gleichzeitig auf die Parusie (so auch in 26,29 und 64)[38]. Der Rückzug Jesu hat sein Vorbild im Rückzug der Weisheit (vgl. Sir 15,7; Spr 1,28). Die weisheitliche Prägung des Logions erlaubt den Vergleich.

Was aber geschieht bei der Parusie, die zweifelsohne im zweiten Teil des Verses ins Auge gefaßt ist[39]? Am Schluß seiner Redekompositionen ver-

---

[35] In HENAETH 89,51 und 54 steht: „sie verließen ihr Haus" neben „sie verließen das Haus des Herrn". Einmal dürfte an die Stadt, das anderemal den Tempel gedacht sein.
[36] E. HIRSCH, Frühgeschichte des Evangeliums II (Tübingen 1941) 133, bezog das Wort auf den Auszug der christlichen Gemeinde aus dem Tempel.
[37] Vgl. Anm. 14. Auch LXX Agg 1,9; Is 64,9.
[38] Beide Blickrichtungen sind ernstzunehmen; TRILLING, Israel 86f, betont die eschatologische, HUMMEL, Auseinandersetzung 141, die rückwärts gerichtete.
[39] Das ergibt sich aus dem strukturellen Vergleich mit 26,29 und 64. KWAAK: NT 8

weist Mt auf das Ende. Dann werden sie ihn mit dem Begrüßungsruf aus Ps 118,26 empfangen, dem gleichen Ruf, mit dem Jesus bei seinem Einzug in Jerusalem willkommen geheißen wurde (21,9). Die messianologische Deutung des Psalms 118 im Judentum ist umstritten[40]. Doch läßt sich darauf aufmerksam machen, daß nach den Vorstellungen der Apokalyptik dem Menschensohn Lobpreis gebührt (Henaeth 61,7; 62,6) und dieser „im Namen des Herrn (der Geister)" das Gericht ausüben wird (Henaeth 55,4; 61,9)[41], die Elemente des Begrüßungsrufes sich also in die Menschensohn-Christologie einfügen. Bedeutet der Begrüßungsruf, daß bei der Parusie des Menschensohnes Jesus Israeliten da sein werden, die sich zum Evangelium bekehrt haben? Will Mt also mit diesem Ende der Rede einen verheißungsvollen Ausblick bieten? Dies ist immer wieder behauptet worden[42]. Man hat eben vor allem sich auf den Begrüßungsruf gestützt und darauf, daß Mt eine bedrohliche Konfrontation mit dem Menschensohn-Richter anders darstellt (etwa 24,30). Auf der anderen Seite versteht man die Begrüßung des Menschensohnes durch die Juden mit den Worten des Ps 118,26 als Anerkennung seiner nunmehr nicht mehr zu leugnenden Herrlichkeit[43]. Sie sei ohne Heil. Hoffmann[44] zitiert als Analogie Henaeth 62,5: „Sie werden erschrecken, ihren Blick senken, und Schmerz wird sie ergreifen, wenn sie jenen Menschensohn auf dem Thron seiner Herrlichkeit sitzen sehen." So sonderbar der Begrüßungsruf erscheinen mag, der Duktus der Weherede, die sich zum Schluß hin in ihren Vorwürfen steigerte, läßt einen Lichtblick im Sinn von Röm 11,26 nicht erwarten. Das Kapitel altes Israel ist für Mt geschlossen. Dabei ist daran zu erinnern, daß für ihn die erwartete Parusie nicht in allzu weiter Ferne lag. Man wird aber sagen müssen, daß im Mittelpunkt des V 39 der Menschensohn steht, seine Anerkennung als Richter und Retter, weniger das Los der Menschen. So versteht sich auch der befremdliche Begrüßungsruf. Das Los der Menschen wird Mt am Ende von Kap. 25 explizieren.

III
a) Mt führt die Redekomposition an deren Ende auf zwei bestimmte Ziele hin: die Katastrophe des Jahres 70, auf die er mit seiner Gemeinde bereits zurückblickt, und die Parusie des Menschensohnes, den er mit der Weisheit identifiziert. Jerusalem-Katastrophe und Parusie sieht auch er in einem eschatologischen Zusammenhang, wenngleich die Katastrophe nicht das Ende ist, sondern das Gericht über das alte Israel bedeutet. Sie

---

(1966) 169; GAECHTER 756 denken an einen Zeitpunkt vor der Parusie. – Kodex D liest sekundär: ἐν ὀνόματι θεοῦ.
[40] Vgl. BURGER, Davidssohn 49f.
[41] Vgl. STECK, Israel 236 Anm. 7.
[42] GUNDRY 474; GAECHTER 756f; SCHLATTER 691; SCHWEIZER 290 („ganz leise angedeutet"). KWAAK: NT 8 (1966) 168f möchte V 39 konditional verstehen: Wenn ihr den Messias anerkennt, wird die Trennung aufgehoben. Vgl. ALLISON: JStNT 18 (1983) 75ff.
[43] STRECKER, Weg 11ff; TRILLING, Israel 87.
[44] Studien 177f.

haben das Maß ihrer Väter erfüllt, sie haben sich dem Werben der Christus-Sophia widersetzt. Dafür zieht sich Gott von ihnen zurück und gibt sie den Feinden preis. In den geschichtstheologischen Konsequenzen, die Mt hier entfaltet, verbindet sich die Perikope mit anderen Texten des Evangeliums, vorab den Gleichnissen in den Kapiteln 21 f. Ist in V 39 mit der Zeitpartikel „von jetzt an" die Zäsur markiert, so sprach es das Gleichnis von den bösen Winzern noch klarer aus: „Die Herrschaft Gottes wird von euch genommen und einem Volk gegeben werden, das ihre Früchte bringt" (21,43). Im Gleichnis vom königlichen Hochzeitsmahl folgte auf die Verbrennung ihrer Stadt die Anweisung an die Knechte, zu den Völkern zu gehen (22,7ff). So verhilft der Text der Gemeinde zum Selbstverständnis als des Erben Israels. Sie soll sich aber nicht in Sicherheit wiegen. Der Menschensohn kommt als ihr Retter und Richter.

b) Wir stellen die Rückfrage für die Einheiten 23,34–36 und 37–39 getrennt. Für beide Einheiten wird die Auffassung vertreten, daß sie Zitat aus einer jüdischen Weisheitsschrift seien (mit eventuellen christlichen Zusätzen)[45]. Man muß dann davon ausgehen, daß die zitierte Weisheitsschrift verlorengegangen ist, da sich vergleichbare Logien in der uns erhaltenen Sapientialliteratur nicht nachweisen lassen. Im übrigen spräche eine solche Abhängigkeit von der Weisheit noch nicht gegen ihre Verwendung durch Jesus, der sie selbst dann zitiert hätte[46]. Doch ist die Vorstellung, daß wir es mit weisheitlichen Zitaten zu tun hätten, aufzugeben. In der Formanalyse zu 23,34–36/parLk 11,49–51 haben wir gezeigt, daß die Einleitung in Lk 11,49: „Darum spricht die Weisheit Gottes" stilgemäß als Botenformel zur Unheilsweissagung gehört, darum also nicht in dem Sinn mißverstanden werden darf, daß auf diese Weise das Folgende als Zitat gekennzeichnet werden solle. Das Logion ist aller Wahrscheinlichkeit nach in Q überarbeitet worden. Als Überarbeitung möchten wir die Spezifizierung der Blutschuld von Abel bis Zacharias (Lk 11,51a) ansehen, die den Spruch im Vergleich zu V 50 noch intensiver auf Israel hin ausrichtet[47]. Der verbleibende Spruch, der diesem Geschlecht das Gericht ansagt – dieses Geschlecht dann verstanden als die letzte Generation vor dem Ende –, weil es die Sendboten Gottes fortwährend verachtete und mißhandelte, begreift sich gut als Jesu Wort. Er hat sich dann selbst als einer verstanden, der in der Reihe der verworfenen Propheten und Gottesboten steht. Das Logion wäre dann nicht nur für das Todesgeschick Jesu interes-

---

[45] Für 23,34–36: BULTMANN, Geschichte 119f; KLOSTERMANN 189; GRUNDMANN 495; U. WILCKENS: ThWNT VII 516,3 („Worte der Weisheit in Jesu Mund"); SCHNIEWIND 236; STECK, Israel 51.222ff. Für die VV 37–39: BULTMANN, Geschichte 120f; J. M. ROBINSON, ΛΟΓΟΙ ΣΟΦΩΝ: Zeit und Geschichte (Festschrift R. BULTMANN) (Tübingen 1964) 77–96, hier 78. Mit einem selbständigen jüdischen Weisheitswort rechnen BRAUN, Radikalismus II 63 Anm. 5; STECK, Israel 57; CHRIST, Sophia 138.

[46] BULTMANN, Geschichte 120, rechnet mit dieser Möglichkeit für die VV 37–39.

[47] Vgl. HAENCHEN, Matthäus 23: 45; LÜHRMANN, Redaktion 47, die allerdings den ganzen Vers Lk 11,51 als QR ansehen möchten. Jedoch gehört 51b schon von der Form her zum Spruch.

sant, sondern auch für den noch nicht technischen Gebrauch des Wortes Apostel. – Für die VV 37–39 konnten wir den Wechsel von der sachlich beschriebenen Vergangenheit des widerspenstigen Jerusalem zur persönlichen Erfahrung des Sprechers in seinen Bemühungen um die Kinder der Stadt feststellen. Dies paßt vorzüglich zu Jesus als Sprecher, der sich dann selbst als – letzter – Sendbote Gottes bzw. der Weisheit als Stellvertreterin Gottes begriff und infolge der Ablehnung des Heilsangebotes in letzter Stunde Jerusalem/Israel das Gericht Gottes ankündigt. V 39 b, die Ansage der Parusie des Menschensohnes, ist als eine auf der Ebene von Q erfolgte Zufügung zu betrachten, nach der man das Gericht nicht mehr anders als mit der Ankunft des Menschensohnes Jesus verknüpft denken konnte.

c) Das Hauptproblem des Textes ist das Gericht über Jerusalem/Israel. Auch die systematische Theologie beschäftigt sich mit diesem Problem, wenn sie auf unseren Text zu sprechen kommt. Aber sie tut sich leichter, insofern sie immer wieder Röm 11 einfließen läßt[48]. Im übrigen geschieht das auch bei Exegeten[49]. Die exegetische Methode verlangt die Befragung der einzelnen ntl Schrift, gegebenenfalls die Sachkritik. Doch wir haben prophetische Worte Jesu vor uns. Der redaktionelle Ausblick auf die Parusie (39 b) ist schon von den Alten so und so gedeutet worden, will sagen, im Sinn der Endbekehrung Israels und als Anerkennung des Richters, die kein Heil mehr bringt. Luther[50] sieht die Rettung der Juden angezeigt und zitiert ergreifende Worte des AT (Dt 4,30f; Os 3,4f; 2 Chr 15,2–4). Calvin[51] hingegen sieht hier eine Drohung ausgesprochen, ebenso Chrysostomos („Nur wird es ihnen dann nicht mehr zur Rechtfertigung dienen")[52]. Wenn wir uns den Grundbestand der prophetischen Worte anschauen, so wird sie von einem Zweifachen bestimmt: von der großen Liebe Jesu zu seinem Volk – Luther spricht von der Gluckhenne Christus, zu der wir uns flüchten sollen –,[53] die allerdings abgewiesen wurde, und dem daraus sich ergebenden Gericht über Jerusalem. Das Jerusalem-Logion läßt erkennen, daß der Sprecher an den Menschen litt (Nietzsche: „Ihr leidet noch nicht genug, denn ihr littet noch nicht am Menschen")[54]. Das über Jerusalem ergangene Gericht, das Mt im Auge hat, liegt über 1900 Jahre zurück. Das Ende, das die Parusie bringen soll, steht noch aus. Das Gericht hat im Sinn des Mt, der allerdings einen früheren Zeitpunkt der Parusie erwartete, einen Schlußstrich gezogen und einen neuen Anfang gesetzt. Die inzwischen verlaufene Geschichte hat uns gelehrt, ja, sie verpflichtet uns, die auf das Heil gerichtete Liebe, die aus dem Jerusalem-Logion spricht, auf

---

[48] Etwa BARTH, Dogmatik IV/2, 289; H. U. von BALTHASAR, Herrlichkeit III/2, Teil 1 (Einsiedeln 1967) 365 f.
[49] Etwa SCHWEIZER 290.
[50] II 816.
[51] II 251.
[52] In Matth. 74, 3.
[53] II 813 f.
[54] ALTHAUS, Wahrheit 679, hebt darauf ab, daß in den Wehrufen Ganzheiten, Jerusalem, Kafarnaum, Bethsaida, angesprochen seien. Vgl. auch ELERT, Glaube 458.

alle Menschen, nicht zuletzt die Juden, die seine Adressaten waren, zu beziehen.

LITERATUR: D. F. Strauss, Jesu Weheruf über Jerusalem und die σοφία τοῦ θεοῦ: ZWTh 6 (1863) 84–93; M. Plath, Der ntl Wehruf über Jerusalem: ThStKr 78 (1905) 455–460; J. Chapman, Zacharias, slain between the temple and altar: JThS 13 (1912) 398–410; H. J. Schoeps, Die Tempelzerstörung des Jahres 70 in der jüdischen Religionsgeschichte: Aus frühchristlicher Zeit (Tübingen 1950) 144–183; A. Szabó, Anfänge einer judenchristlichen Theologie bei Matthäus: Jud 16 (1960) 193–206; D. Hill, Δίκαιοι as a Quasi-Technical Term: NTS 11 (1964/65) 296–302; K. Baltzer, The Meaning of the Temple in Lukan Writings: HThR 58 (1965) 263–277; H. van der Kwaak, Die Klage über Jerusalem: NT 8 (1966) 156–170; D. C. Allison jr., Matth. 23,39 = Luke 13,35 f as a Conditional Prophecy: JStNT 18 (1983) 75–84.

Die Rede vom Ende (24,1–25,46)

Diese Redekomposition ist als eine selbständige anzusehen, darf also nicht mit der Weherede (Kap. 23) zusammengenommen werden. Sie besitzt eine eigene Eröffnungsszene und einen eigenen Adressatenkreis, von dem in 23,1 unterschieden, nämlich nur die Jüngerschaft. Darin kommt sie mit den Redekompositionen in den Kapiteln 10 und 18 überein. Wie in Kap. 18 wird sie durch eine Jüngerfrage eingeleitet. Die Jünger kommen aber später nicht mehr zu Wort (anders 18,21). Von einem Jüngergespräch sollte man in Verbindung mit den Kapiteln 24f nicht reden.

Für die Gestaltung des Stoffes ist es wichtig zu sehen, daß E in Kap. 24 Mk 13 als Vorlage benutzt, am Schluß von Kap. 24 und in Kap. 25 aber anderes Überlieferungsmaterial, genommen vorab aus Q und bestehend insbesondere aus Bildwörtern, Vergleichen, Gleichnissen, einbringt[1]. Schon darin ist die Absicht erkennbar, eine eigenständige Redekomposition zu bieten. Der Stoff ist im Vergleich mit Mk 13 um mehr als das Doppelte vermehrt. So führt Mt auch neben neuem Material wichtige neue eschatologische Termini ein: Ankunft (Parusie) des Menschensohnes, Vollendung des Äons (24,3), Zeichen des Menschensohnes (24,30).

Die Ausrichtung auf die Jüngerschaft besagt, daß die Unterweisung für die Gemeinde bedeutungsvoll ist. Sie soll über die Ereignisse des Endes und seines Vorlaufs informiert und vor allem in Stand gesetzt werden, dem Kommenden gegenüber gewappnet zu sein. Was geschehen soll, ist bedrohlich und erfordert gespannte Aufmerksamkeit. So findet sich in der Rede apokalyptische Belehrung und ihr entsprechende Paränese. Diese Doppelheit ermöglicht eine Gliederung des Ganzen. Auf die zweifache Frage der Jünger (3) bietet Jesus zunächst einen Einblick in die zu erwartenden Geschehnisse (4–31). Er spricht vom Anfang der messianischen Wehen (4–14), der großen Drangsal (15–28) und der Ankunft des Menschensohnes und deren Begleiterscheinungen (29–31). V 32 leitet über zur Frage nach dem Wann. Der Zeitpunkt der Heilswende wird bekanntgegeben (30) und doch in einer relativen Unbestimmtheit gelassen. Der ungewisse Tag und die ungewisse Stunde (36) sind die Stichwörter, die zur Paränese weiterleiten. Sie erfolgt in Vergleichen und Gleichnissen, die

---

[1] WEISER, Knechtsgleichnisse 215, sieht in diesem Abschnitt 7 Gleichnisse (24,38.40f.43.45–52; 25,1–13.14–30.31–46) und darin eine Entsprechung zum Gleichniskapitel in Mt 13. Es ist möglich, daß Mt die Siebenzahl beabsichtigte. Vom modernen Standpunkt aus allerdings kann man nicht alle diese Texte als Gleichnisse bezeichnen.

vom Ruf, wachsam und bereit zu sein, unterbrochen werden (24,42.44; 25,13). Nach dem Abschnitt 24,36–44 bieten die in sich geschlossenen Gleichnisgeschichten die Möglichkeit der Untergliederung (24,45–51; 25,1–13.14–30). Die Schilderung des Völkergerichts, die nicht als Gleichnis begriffen werden darf, ist in ihrer Mischung von apokalyptischer Belehrung und Gerichtsparänese zusammenfassender Abschluß und erzählerischer Höhepunkt der Redekomposition (25,31–46).

Wir werden auf den eschatologischen Standort des Mt und seiner Gemeinde zu achten haben. Man gewinnt den Eindruck, daß in der Gemeinde Ermüdungserscheinungen sich einzustellen scheinen. E bringt die Endereignisse zur Geltung und ist bemüht, das Leben der Christen auf die Parusie des Menschensohnes hin zu orientieren.

LITERATUR: A. FEUILLET, La synthèse eschatologique des s. Matthieu: RB 56 (1949) 340–364; 57 (1950) 62–91.180–211; S. G. F. BRANDON, The Fall of Jerusalem and the Christian Church (London 1951); G. R. BEASLEY-MURRAY, A Century of Eschatological Discussion: ET 64 (1952/53) 313–316; C. PERROT, Essai sur le discours eschatologique: RSR 47 (1959) 481–514; N. WALTER, Tempelzerstörung und synoptische Apokalypse: ZNW 57 (1966) 38–49; W. HARNISCH, Verhängnis und Verheißung der Geschichte (FRLANT 97) (Göttingen 1969); L. GASTON, No Stone on Another (NT.S 23) (Leiden 1970); F. W. BEARE, The Synoptic Apocalypse. Matthean Version: Understanding the Secret Text (Festschrift M. S. ENSLIN) (Valley Forge 1972) 117–133; J. LAMBRECHT, The Parousia Discourse: M. DIDIER (Hrsg.), L'Évangile selon Matthieu (BEThL 29) (Gembloux 1972) 309–342; V. MONSARRAT, Matthieu 24–25: FV 5 (1977) 67–80; L. SABOURIN, Il discorso sulla parousia e le parabole della vigilanza: BibOr 20 (1978) 193–211; S. BROWN, The Matthean Apocalypse: JStNT nr. 4 (1979) 2–27; V. K. AGBANOU, Le discours eschatologique de Matthieu 24–25 (EtB. NS 2) (Paris 1983); E. BRANDENBURGER, Markus 13 und die Apokalyptik (FRLANT 134) (Göttingen 1984).

35. Das Eröffnungsszenario (24,1–3)

1 Und Jesus, der aus dem Tempel trat, ging fort. Und seine Jünger traten an ihn heran, um ihm die Bauten des Tempels zu zeigen. 2 Er aber antwortete und sprach zu ihnen: Seht ihr nicht dies alles? Amen, ich sage euch: Kein Stein wird hier auf dem anderen bleiben, der nicht zerstört werden wird. 3 Als er auf dem Ölberg saß, traten die Jünger allein an ihn heran und sprachen: Sage uns, wann wird das sein und was ist das Zeichen deiner Ankunft und der Vollendung des Äons[1]?

I
Obwohl sich Mt in der Ausgestaltung des Eröffnungsszenarios der Rede weitgehend an seine Vorlage Mk 13,1–4 anschließt, gewinnt dieses im

---

[1] Einzelne Textvarianten erklären sich durch Paralleleinfluß, so in V 1 die Wortumstellung ἐπορεύετο ἀπὸ τοῦ ἱεροῦ (CW 0101 1006 1342 1506), die Präposition ἐκ (B; vgl. Mk 13,1); in V 2 die Auslassung des Verneinungswortes οὐ (DL 33 700 892 lat sy^s bo; vgl. Mk 13,2).

Kontext eine etwas andere, nämlich bedrohlichere Konnotation. Dies ist nicht nur dadurch geschehen, daß Mt die Perikope vom Scherflein der Witwe (Mk 12,41–44) ausließ, sondern auch vor allem durch die Einschaltung der Weherede mit ihren Vorwürfen und Anklagen erreicht worden. Die Ansage der Tempelzerstörung erscheint in einem grelleren Licht. Sie bildet den ersten Teil unserer Perikope (1f). Aus Situationsangabe, provozierendem Jüngerwort und weisendem (prophetischem) Jesuswort (Gegenfrage + Amen-Logion) zusammengesetzt, erweist sie sich als Apophthegma. Vers 3 bietet eine neue Situationsangabe und die von den Jüngern vorgetragene Doppelfrage, die die Endzeitrede auslöst.

Im Vergleich mit Mk sind folgende Veränderungen erwähnenswert: Seine Jünger – nicht einer der Jünger wie Mk 13,1 – treten an Jesus heran, um ihm die Bauten des Tempels zu zeigen. Die direkte Rede „Siehe, was für Steine usw." ist aufgegeben[2]. Auch die Steine werden nicht mehr genannt. Die Gegenfrage Jesu wird gleichfalls verkürzt (ταῦτα πάντα auch 13,51.56; 23,36), aber negativ formuliert. Die Prophetie wird durch zusätzliches „Amen, ich sage euch" verstärkt, um das Wörtchen „hier" bereichert und futurisch gefaßt (καταλυθήσεται). Die doppelte Verneinung οὐ μή (Mk 13,2) wird nicht beibehalten. In der zweiten Situationsangabe ist die Bemerkung „dem Tempel gegenüber" (Mk 13,3) gestrichen. Die Frager sind nicht mehr Petrus, Jakobus, Johannes, Andreas, sondern wieder die Jünger, die an ihn herantreten. Von besonderem Interesse ist die Abänderung des zweiten Teils der Jüngerfrage V 3: Was ist das Zeichen deiner Ankunft und der Vollendung des Äons? (Mk 13,4: Was ist das Zeichen, wann dieses alles sich vollenden wird?) Mit den Begriffen παρουσία und συντέλεια τοῦ αἰῶνος greift Mt termini technici auf, mit denen er die Fragestellung offenkundig zu präzisieren beabsichtigt. Beide Begriffe verwendet er als einziger unter den Evangelisten auch sonst, davon παρουσία nur in der Endzeitrede (24,27.37.39)[3].

II

1f Der Auszug Jesu aus dem Tempel ist in unserem Evangelium die Beendigung seiner öffentlichen Wirksamkeit. Er spricht jetzt nicht mehr zum Volk. Der erste Teil der Ansage in 23,39 beginnt sich zu verwirklichen. Die Öde ihres Hauses (vgl. 23,38) bereitet sich vor. Beim Auszug in Richtung Ölberg weisen die Jünger auf die Bauten des Tempels hin. Die Schönheit des herodianischen Tempels wird in der rabbinischen Literatur gepriesen[4]. Jesus lenkt in seiner Gegenfrage die Aufmerksamkeit der Jünger auf „dieses alles". Als Einführung der Tempelprophetie kann dies nur

---

[2] προσῆλθον ist typisch mt, ἐπιδείξαι von ihm bevorzugt (vgl. 16,1; 22,19). Den Jesusnamen verlegt Mt nach V 1 (vgl. Mk 13,2). Einzelne Hss wiederholen ihn in V 2.
[3] συντέλεια τοῦ αἰῶνος noch 13,39.40.49; 28,20.
[4] Vgl. BILLERBECK I 944. Von der Größe der Steine spricht Josephus, ant. 15,392; bell. 5,224.

als Verweis auf die Gesamtanlage des Tempels verstanden werden [5]. Mit einem prophetischen Wort wird die völlige Zerstörung des Heiligtums angekündigt. Daß „hier" kein Stein auf dem anderen gelassen werden wird, bedeutet die Schleifung des Tempels, so wie sie in der Tat später erfolgte. Am 8./9. Ab (entspricht dem Monat August) des Jahres 70 wurden die Tempelgebäude von den Römern verbrannt. Nach der endgültigen Eroberung der Stadt befahl Vespasian, Tempel, Stadt und den größeren Teil der Ringmauer zu schleifen [6]. Die Schärfe der prophetischen Ankündigung erinnert an ähnliche Worte der alten Propheten (Jer 7,14; 9,10; 26,6.18; Mich 3,12).

3 Jesus setzt sich auf den Ölberg, wie er sich zu Beginn der großen ersten Rede auf den Berg gesetzt hatte (5,1). So entspricht es der Würde des Lehrers (vgl. 13,2; 23,2). Die Auslassung der Bemerkung „dem Tempel gegenüber" (Mk 13,2) zeigt Distanz an, auch andeutungsweise in dem Sinn, daß seine Zerstörung und das Weltende nicht zusammengehören. Es ist kein Volk mehr anwesend, nur die Jüngerschaft, die κατ' ἰδίαν an ihn herantritt. Die Absonderung ist der Jüngerfrage und ihrer Beantwortung angemessen. Es geht um die Vermittlung eines besonderen Offenbarungswissens. Das Schema entspricht 13,36ff. Wie dort, können wir davon ausgehen, daß mit den Jüngern der Gemeinde wichtige Mitteilungen gemacht werden sollen. Die Jüngerfrage löst auch in apokalyptischen Schriften besondere Belehrungen aus (vgl. 4 Esr 4,6.22–25.33.39 u.ö.), doch wird man für die Endzeitrede nicht von einem Lehrgespräch reden können [7]. Die Jünger melden sich nicht mehr zu Wort. Ihre Frage bezieht sich auf den Zeitpunkt der Tempelzerstörung und dem Zeichen, das die Parusie Christi und die Vollendung des Äons anzeigen soll [8]. παρουσία ist im hellenistischen Bereich terminus technicus für den Besuch eines Herrschers oder hohen Beamten. In welchem Maß das griechische Wort oder sein Äquivalent in der apokalyptischen Literatur für das Kommen Gottes oder des Messias verwendet wird, ist umstritten [9]. Sein Wortsinn bei Mt ist Ankunft, nicht Wiederkunft. An allen anderen Stellen spricht Mt von der Parusie des Menschensohnes (24,27.37.39). συντέλεια τοῦ αἰῶνος ist eine von Mt geschaffene Wendung, die aber in apokalyptischen Texten ihre Analogien besitzt, vor allem bei Daniel [10]. Die Ankunft des Menschensohnes und die Vollendung des Äons fallen zusammen. Diese raumzeitliche

---

[5] HUMMEL, Auseinandersetzung 86, möchte V 2a auf 23,36 zurückbeziehen und übersetzen: „Versteht ihr das alles (was ich euch gesagt habe) nicht?" – βλέπειν kann hier jedoch nicht im Sinn von Verstehen interpretiert werden.
[6] Vgl. JOSEPHUS, bell. 6,252f; 7,1–4; BILLERBECK I 944ff.
[7] Vgl. BRANDENBURGER, Markus 13: 95.
[8] In V 3 lesen CWΔ 1424 c ff[1] sy[s.p] korrigierend: *seine* Jünger.
[9] TestJud 22,2; ApkBarsyr 30,1 könnten hinsichtlich des Parusiegedankens christliche Interpolation sein. Vgl. Henaeth 38,2; 52,9; 69,29 und A. OEPKE: ThWNT V 861. LUTHER übersetzt παρουσία mit Zukunft.
[10] Etwa LXX Dn 11,35; 12,4: καιρὸς συντελείας; 12,13: συντέλεια ἡμερῶν; Hebr 9,26: συντέλεια τῶν αἰώνων. Vgl. G. DELLING: ThWNT VIII 66.

Welt, die mit Äon bezeichnet ist, geht einem absehbaren Ende entgegen. Gemäß apokalyptischer Erwartung kündigt sich das Ende durch Zeichen an. Gefragt wird allerdings nicht nach Zeichen, sondern nach dem Zeichen, das ein Mißverständnis nicht mehr ausschließt. Das Beieinander von Tempelzerstörung und Vollendung des Äons gibt zu verstehen, daß jene einmal als dieses Zeichen für das Ende angesehen wurde. Doch haben sich inzwischen die Akzente verschoben.

III

a) b)   Die Einführung ist – wie auch die folgende Rede – mit apokalyptischem Denken vertraut und bringt dieses zur Geltung[11]. Dazu gehören die Vorstellungen, daß der Zeitpunkt des Kommens des Menschensohnes im göttlichen Weltplan feststeht, daß ihm eine Drangsalsperiode voraufgeht und er sich durch Zeichen ankündigt, daß die Parusie des Menschensohnes identisch ist mit der Vollendung dieses Äons[12]. Es wird aber im Folgenden zu prüfen sein, wie Mt die apk Tradition interpretiert. Vorerst ist ein Zweifaches erkennbar. Das Mißverständnis, daß die Tempelzerstörung das Ende der Welt bedeutet, ist für ihn nicht mehr so akut wie für Mk. Die Tempelzerstörung ist das Strafgericht über Israel. Seinerseits bemüht er sich um eine christologische Konzentration. Die Ankunft des Menschensohnes Jesus ist das Ziel des Weltenlaufs. – Die Prophetie von der Schleifung des Tempels (V 2) ist deutlich ex eventu gestaltet. Ihre Entstehung gehört in eine spätere Zeit.

LITERATUR: M. MEINERTZ, Die Tragweite der Weissagung Jesu von der Zerstörung des Tempels: ThGl 35 (1943) 135–141; R. FEUILLET, Le sens du mot Parusie dans l'évangile de Matthieu: The Background of the NT and its Eschatology (Festschrift C. H. DODD) (Cambridge 1956) 261–280; E. FASCHER, Jerusalems Untergang in der urchristlichen und altkirchlichen Überlieferung: ThLZ 89 (1964) 81–98; J. DUPONT, Il n'en sera pas laissé pierre sur pierre: Bib 52 (1971) 301–320; B. REICKE, Synoptic Prophecies on the Destruction of Jerusalem: Studies in NT and Early Christian Literature (Festschrift A. P. WIKGREN) (NT.S 33) (Leiden 1972) 121–134.

36. Der Anfang der messianischen Wehen (24, 4–14)

4 Und Jesus antwortete und sprach zu ihnen: Gebt acht, daß euch nicht jemand irreführt! 5 Denn viele werden in meinem Namen kommen und sagen: Ich bin der Christus. Und sie werden viele irreführen. 6 Ihr werdet aber von Kriegen und Kriegsgerüchten hören. Sehet zu, erschreckt nicht! Denn es muß geschehen, ist jedoch noch nicht das Ende. 7 Denn Volk wird gegen Volk aufstehen und Reich gegen Reich und Hungersnöte und Erdbeben werden an verschiedenen Orten sein. 8 Alles dies aber Anfang

---

[11] Dies urgiert BRANDENBURGER, Markus 13 passim.
[12] Vgl. BILLERBECK I 949.

der Wehen! 9 *Dann werden sie euch in Drangsal ausliefern und euch töten. Und ihr werdet gehaßt werden von allen Völkern um meines Namens willen.* 10 *Und dann werden viele Anstoß nehmen und einander ausliefern und einander hassen.* 11 *Und viele falsche Propheten werden aufstehen und viele irreführen.* 12 *Und weil die Gesetzlosigkeit überhandnehmen wird, wird die Liebe der vielen erkalten.* 13 *Wer aber ausharrt bis ans Ende, dieser wird gerettet werden.* 14 *Und dieses Evangelium vom Reich wird dem ganzen Erdkreis verkündet werden allen Völkern zum Zeugnis. Und dann wird das Ende kommen*[1]*.*

I

Dieser Text besteht aus zwei Teilen: die Ankündigung weltweiter Katastrophen (5–8) hebt sich ab von der von der Jüngerschaft zu erwartenden Drangsal (9–14). Ein Imperativ, der vor Verführung – erläutert durch V 5 – warnt, leitet ein (4). Die Verführung durch falsche Propheten wird in V 11 (später nochmals in V 24) wiederholt, so daß auf ihr ein gewisser Nachdruck liegt. Anrede und sachliche Ankündigungen (3. Ps.) lösen einander ab, es überwiegt das letztere. Die Tempusform ist fast durchgängig das Futur. Die Zukunft wird apokalyptisch-prophetisch erschlossen. Unterbrochen wird diese bestimmende zeitliche Perspektive nur durch zwei Imperative (neben dem schon erwähnten in V 4 noch: Sehet zu, erschreckt nicht! in 6) und durch qualifizierende, interpretierende Kurzsätze, nämlich: Denn es muß geschehen, ist jedoch noch nicht das Ende (6b), und: Alles dies aber Anfang der Wehen (8). Auf diese kommt es in besonderer Weise an, denn sie zeigen eine zeitliche Linie an, die durch ein dreifaches „dann" (τότε) fortgesetzt wird (9, 10 und 14c). Das dritte markiert den Schluß: Und dann wird das Ende kommen. Der Text führt demnach bis unmittelbar an das Ende heran und lenkt – durch dreimaliges Erwähnen des τέλος – auf dieses Ende hin: noch nicht das Ende (6b), ausharren bis ans Ende (13), Kommen des Endes (14).

Traditionsgeschichtliche Vorlage des Textes ist parMk 13, 5–13. Für das Verständnis seines Zustandekommens ist wichtig, sich daran zu erinnern, daß Mt die Verse Mk 13, 9.11–13, die von Verfolgung durch die Synagoge und Könige, dem Beistand, den die Jünger dabei erfahren sollen, und dem Zerbrechen der Familie handeln, bereits in seine Aussendungsrede eingebracht hatte (vgl. 10, 18–22)[2]. Er hat aber die so in der eschatologischen Rede entstandene Lücke nicht leer gelassen, sich auch nicht wiederholt[3], sondern mit den VV 9–12 einen neuen Text geschaffen, der eine Verfolgungssituation schildert, in der die Jüngerschaft den Völkern ausgeliefert

---

[1] Durch Paralleleinfluß sind folgende LAA zu erklären: in V 5 die Einfügung von ὅτι vor Beginn der Rede der Verführer (C* f; vgl. Mk 13, 6); in V 9 die kurze Lesart: gehaßt *von allen* (Cf¹ 205 2542; vgl. Mk 13, 13).
[2] Vgl. Bd. I 373f dieses Kommentars.
[3] Nur V 13 las man schon in 10, 22b (vgl. Mk 13, 13b); V 9b ist gegenüber 10, 22a (= Mk 13, 13a) leicht abgewandelt.

sein wird. Im allgemeinen nimmt man zu Recht an, daß diese Verse MtR verdankt sind[4].

Im einzelnen: V 9 variiert die Auslieferung an die Synhedrien (Mk 13,9) zu: εἰς θλῖψιν, nimmt das Töten auf und kombiniert mit Mk 13, 13a[5]. Wenn Mt „gehaßt von allen Völkern" (Mk: von allen) sagt, tritt hier – wie auch gleich in V 14 – sein besonderes Anliegen in den Blickpunkt[6]. Die VV 10f greifen schon vorhandene Gedanken der Endzeitrede auf: das Auftreten von falschen Propheten (24), Irreführen, Ausliefern, Hassen. σκανδαλίζομαι ist ein von Mt favorisiertes Wort[7]. V 12 schließlich erweist seinen mt Charakter in der Gegenüberstellung von Gesetzlosigkeit (ἀνομία innerhalb der Evangelien nur bei Mt) und Liebe. Die Liebe ist für E die Summe des Gesetzes. So gilt auch das Gegenteil.

V 14, der Ausblick auf die Weltmission, besitzt zwar in Mk 13,9b.10 eine Parallele, ist aber weitgehend neu gestaltet worden. Mk spricht davon, daß das Evangelium zuerst verkündet werden muß. Mt unterdrückt die näheren Bestimmungen und sagt zuversichtlich die Verkündigung (κηρυχθήσεται) dieses Evangeliums vom Reich an. εἰς μαρτύριον mag von Mk 13,9c beeinflußt sein. In dem ersten Teil des Textes (4–8) hat E nur geringfügig eingegriffen. Von den Einfügungen der Begründungspartikel γάρ in den VV 5 und 6b abgesehen, ist eigentlich nur die Neufassung des Anspruches künftiger Verführer erwähnenswert: ich bin der Christus (5; Mk 13,6: ich bin es). Insgesamt dürfte E durch seine Textgestaltung eine noch größere Geschlossenheit des Abschnittes erzielt haben.

II

4–8 Jesus warnt vor Verführern und kündigt weltweite Katastrophen an. Für deren Schilderung ist zu berücksichtigen, daß sie Mt – über Mk – aus einer kleinen christlich-apokalyptischen Schrift schöpft, die im Zusammenhang mit dem Ausbruch des Jüdisch-Römischen Krieges entstanden sein dürfte[8]. Die Ankündigung von Kriegen, Völkerzerwürfnissen, Hungersnöten (auch als Folge der Kriege), Erdbeben entspricht dem apokalyptischen Repertoire und ist entsprechend allgemein gehalten. Einige Parallelen mögen dies verdeutlichen. Vom Krieg als apokalyptischem Topos sprechen ApkBarsyr 70,3: „Dann hassen sie einander und reizen sich gegenseitig zum Krieg"; Dn 11,10: „Doch seine Söhne rüsten zum Krieg und bringen gewaltige Heere zusammen"; von Völkerzerwürfnis Henaeth 99,4: „In jenen Tagen kommen die Völker in Aufruhr, und die Geschlechter erheben sich am Tag des Verderbens"; OrSib 3,635f: „Ein König greift den anderen an und nimmt ihm das Land weg. Ein Volk vertilgt das an-

---

[4] Vgl. LAMBRECHT, Discourse 320; GUNDRY 479.
[5] Zum Töten vgl. 10,28.
[6] Zu πάντα τὰ ἔθνη, vgl. 25,32; 28,19.
[7] 29mal im NT, davon 14mal bei Mt.
[8] Die Rekonstruktionsversuche weichen voneinander ab. Eine nochmalige Rekonstruktion braucht hier nicht zu geschehen. Vgl. GNILKA, Markus II 211f; BRANDENBURGER, Markus 13: 166f.

dere"; 4 Esr 13,31: „Sie planen Kriege gegeneinander, Stadt gegen Stadt, Ort gegen Ort, Volk gegen Volk, Reich gegen Reich"; von Hungersnöten 4 Esr 6,22: „Und plötzlich stehen ungesäte Felder ohne Frucht, und volle Scheunen werden eilends leer erfunden"; von Erdbeben ApkBarsyr 70,8: „Wer sich aus dem Krieg rettet, stirbt durch ein Erdbeben; wer sich aus dem Erdbeben rettet, verbrennt; und wer sich aus dem Feuer rettet, verhungert." [9] Die zum Schluß zitierte Stelle nimmt noch einmal alles zusammen. Sie vermag auch, vielleicht in besonderer Weise, den grenzenlosen Zukunftspessimismus des Apokalyptikers zu veranschaulichen. Die Allgemeinheit der Ansagen bei Mt bringt es mit sich, daß die Adressaten in entsprechenden zeitgenössischen Begebenheiten apokalyptische Signale zu sehen vermochten, beispielsweise in den Erdbeben von Pompeji (63 n. Chr.) und Kleinasien (61 n. Chr.), in der Hungersnot unter Kaiser Claudius (vgl. Apg 11,28), in zahlreichen lokalen Kriegen. Die Gemeinde soll sich als in dieser Zeitepoche stehend begreifen. Darüber hinaus soll sie einsehen lernen, daß es geschehen muß[10]. Damit ist nicht primär auf die Schrift verwiesen, sondern auf den göttlichen Geschichtsplan, nach dem die Dinge ablaufen. Dies kann ihr Sicherheit verleihen. Freilich ist für Mt auch die Schrift für das Verstehenlernen des von Gott für die Welt vorgezeichneten Weges belangvoll (vgl. V 15). Die Zeitepoche wird negativ und positiv definiert: Sie ist noch nicht das Ende, aber sie ist der Anfang der Wehen. Mit diesem jüdischen Bildwort – in der jüdischen Literatur ist allerdings nur singularisch von der Wehe des Messias die Rede[11] – ist die dem Erscheinen des Messias vorauslaufende Zeit gemeint, die als eine begrenzte und böse vorgestellt wurde und aus der, wie aus den schmerzvollen Wehen einer Geburt, der Messias hervortreten wird. Die vielfältigen Katastrophen sollen als Erscheinungen betrachtet werden, die notwendigerweise die Zeitepoche der Wehen des Messias bestimmen. Doch zuvor gilt es achtzugeben. Das Wissen um die Zeit fordert ein entsprechendes Verhalten ein. Die Gemeinde wird die Bosheit der Zeit zu spüren bekommen. Verführer werden sie mit lügnerischem Anspruch in die Irre zu leiten versuchen. Wenn sie in seinem Namen auftreten werden, ist angedeutet, daß sie aus der Gemeinde hervorgehen werden. Mt unterstreicht ihren messianischen Anspruch[12].

9 In der Hinwendung zur Gemeinde und zu den sie speziell betreffenden Nöten liegt vorab die mt Eigenprägung des Textes. Der Gemeinde wird

---

[9] In Mt V 7 fügen LW 33 579 lat noch „Seuchen" hinzu (vgl. Lk 21,11). Auch sie sind ein apokalyptischer Topos.
[10] Einzelne Hss ergänzen in V 6 „alles dieses", „alles" bzw. „dieses". HUCK-GREEVEN, Synopse, nehmen πάντα, bezeugt von CW 0102 f[13] 1006 1342 sy[p.h], in den Text auf, wohl zu Unrecht.
[11] Vgl. BILLERBECK I 950.
[12] BRAUN, Qumran I 50, macht darauf aufmerksam, daß auch 1 QpHab 10,9–13 vor Verführung warnt. Jedoch ist der dort erwähnte Lügenprophet eine Gestalt der Vergangenheit.

Verfolgung angesagt. Drangsal als allgemeine Umschreibung der Anfechtung steht in 13,21 zusammen mit Verfolgung. Die Verfolgung geht bis zum Tod. Es steht zu vermuten, daß die Gemeinde diese Erfahrung schon gemacht hat. Der Haß von allen Völkern umschreibt eine kaum noch zu ertragende Isolation. Auch er ist nur als apokalyptische Not verständlich. Es ist frappierend, daß Mt seinerseits die Völker hier eingefügt und mit dem Haß aller Völker eine Art Gegenpol zum Zeugnis für alle Völker (14) und letztlich auch zur missionarischen Aussendung an alle Völker (28,19; vgl. 25,32) geschaffen hat. Diese Stellen sind durchaus zusammenzusehen. Es ist einerseits richtig, daß im Völkerhaß die Gemeinde die Erbin des Judentums wurde[13]. So heißt es Jub 23,23: „Dann erweckt er gegen sie (die Abrahamssöhne) die Sünder der Heiden, die weder Erbarmen noch Mitleid kennen und auf niemand Rücksicht nehmen ... Sie werden an Israel Gewalt ausüben und an Jakob Verbrechen begehen." Anderseits kann nicht übersehen werden, daß der Begriff πάντα τὰ ἔθνη – besonders vom Missionsbefehl her – bei Mt eine neue Bestimmung erfahren hat. Er bezeichnet nicht mehr, wie von einem jüdischen Verständnis her, die Völker im Gegensatz zu den Juden, sondern die Völker im Gegenüber zur Gemeinde, schließt also die Juden mit ein[14].

10f Die folgenden Verse richten den Blick nach innen. Verrat, Verführung und Abfall werden in die Gemeinde eindringen. Man darf dies auch als Konsequenz der äußeren Bedrängnis ansehen. Wegen V 13 (εἰς τέλος) steht diese Entwicklung noch enger in Beziehung zum Ende[15]. Der Anstoß, das Ärgernis wird viele dazu bewegen, den Glauben preiszugeben. Gemeindemitglieder – nach parMk 13,12; Mt 10,21 Familienangehörige – werden einander (in die Gefängnisse) ausliefern, das heißt konkret: anzeigen, sich gegenseitig denunzieren[16]. Wie schon in 7,15ff wird vor falschen Propheten gewarnt, die den Glauben vieler ins Wanken bringen werden. Ihre Tätigkeit wird jetzt in den apokalyptischen Horizont einbezogen. Über die genauere Art ihres Wirkens verweigerte uns schon 7,15 (s. dort) nähere Auskunft. Sie als Antinomisten zu bezeichnen, bleibt ungewiß[17]. Vermutlich verwirren sie die Gemeinde durch ihre Heteropraxie.

12 Mt formuliert nochmals auf seine Weise den Abfall. Das Überhandnehmen der Gesetzlosigkeit in der Zeit der messianischen Wehen ist auch Erwartung in der jüdischen Apokalyptik. Nach Henaeth 91,7 löst sie das Zorngericht Gottes aus. 4 Esr 5,2 und 10 klagt, daß es dann viel Ungerech-

---

[13] So BORNKAMM, Enderwartung 19.
[14] Vgl. FRANKEMÖLLE, Jahwebund 121f.
[15] Vgl. LAMBRECHT, Discourse 321.
[16] Statt „sie werden einander hassen" lesen Sinaiticus „sie werden einander ausliefern *in die Drangsal*" (Einfluß von V 9), Φ „in den Tod".
[17] So BARTH, Gesetzesverständnis 70. – Die apokalyptische Literatur spricht von Gerüchten, eitlen Verheißungen, Hirngespinsten, die sich ausbreiten und die Menschen beunruhigen werden. Etwa ApkBarsyr 48,34.

tigkeit und Mutwillen auf Erden geben wird[18]. Nach Mt 7,23; 13,41 ist die ἀνομία Grund für das Verwerfungsurteil. Nach 7,23 wird sie den falschen Propheten vorgeworfen, nach 13,41 sollen dann alle, die die Gesetzlosigkeit übten, aus dem weltumspannenden Reich des Menschensohnes entfernt werden. Auch in unserem V 12 ist die ἀνομία als eine weltweit überhandnehmende gesehen. Unter ihrer Pression wird die Liebe vieler Gemeindemitglieder erkalten. Weil die Liebe der Kern der sittlichen Botschaft des Evangeliums vom Reich ist, bedeutet dies, daß sie praktisch dem Evangelium den Rücken kehren werden.

13f Die beiden Verse sind unter dem Wort τέλος zusammengeschlossen: ausharren bis ans Ende, weltweit das Evangelium verkünden bis zum Ende. Ausharren heißt zunächst, den Pressionen standhalten und sich nicht abbringen lassen. Die Verkündigung des Evangeliums vom Reich aber bringt den entscheidenden positiven Akzent ein. Von ihm erhält der Text eine zuversichtliche Note, zumal Mt nicht (wie Mk 13,10) von einer auferlegten Notwendigkeit redet. Das Evangelium wird in der ganzen Ökumene verkündet werden. Der bei Mt nur hier vorkommende Begriff bezeichnet die ganze bewohnte Erde, den Erdkreis. Es ist dasselbe Evangelium vom Reich (τοῦτο), das Jesus verkündet hatte (4,23; 9,35). κηρύσσειν ist stets auf die Himmelherrschaft bzw. das Evangelium vom Reich ausgerichtet. Durch das κηρύσσειν wird vor allen Völkern Zeugnis abgelegt. Die formelhafte Wendung „ihnen zum Zeugnis" (vgl. 8,4; 10,18) hat positive Bedeutung. Das Zeugnis zielt auf die Gewinnung der Völker. Freilich kann das in der Verkündigung abgegebene Zeugnis auch zurückgewiesen werden. Es besteht – wie in V 9 – keine Veranlassung, die Bezeichnung „alle Völker" in irgendeiner Weise einzuschränken[19]. Die Aufgabe, allen Völkern zu künden, und die Erfahrung, von allen Völkern gehaßt zu werden, stehen in einer eigenartigen Ambivalenz zueinander. Sie will wohl besagen, daß die Aufgabe des Künders nur im Ertragen von Widerständen zu leisten ist, wie angefochtene christliche Gemeinde durch die Verkündigung sich und ihre Botschaft zur Sprache zu bringen hat. Alle Völker werden vor die Entscheidung gestellt. Damit wird das Völkergericht (25,31ff), auf das die weltweite Verkündigung zuläuft, vorbereitet. Die Zusage, daß dann das Ende kommen wird, macht die Konfrontation aller Völker mit dem Evangelium vom Reich zur Bedingung des Kommens des Endes, nicht zum Zeichen, nach dem gefragt wurde. Auch das ist jüdisch-apokalyptisch empfunden[20].

---

[18] GUNDRY nimmt Einfluß vom LXX Dn 12,4a an: καὶ πλησθῇ ἡ γῆ ἀδικίας. Jedoch formuliert E eigenständig.
[19] Gegen WALKER, Heilsgeschichte 83–86, der die Juden entschieden ausklammern möchte. – 𝔓[70] Sinaiticus eh formulieren in V 14 akkusativisch: εἰς ὅλην τὴν οἰκουμένην.
[29] εἰς τοὺς γάμους = hinein zur Hochzeitsfeier (nicht: in das Hochzeitshaus). Gegen JEREMIAS, Gleichnisse 174.

III

a) b) Die mt Bearbeitung des Textes ist im wesentlichen durch zwei Anliegen geprägt. Das eine ist der Aufweis einer zeitlichen Linie. Die noch ausstehende Zeit bis zum Ende ist überschaubar. Was in ihr an Not und Drangsal sich ereignet, soll als Signatur der Zeit der messianischen Wehen gesehen werden. Das zweite ist die der angefochtenen Gemeinde gestellte Aufgabe, die insbesondere die der ganzen Welt, allen Völkern zugewandte missionarische Verkündigung ist. Endzeiterwartung und Missionsauftrag rücken für Mt in einen unmittelbaren Zusammenhang. Von der Erwartung des Endes her wird dieser Auftrag dringend. Nicht, daß die Gemeinde das Ende herbeizwingen könnte, aber daß der kommende Herr von ihr das universale Zeugnis, das unter dem Ertragen von Haß und Gefährdung abzulegen ist, erwartet. – Für eine historische Rekonstruktion ist von Mk auszugehen. Doch haben wir es mit Stoff aus der schon erwähnten kleinen christlichen Apokalypse und Verfolgungstraditionen zu tun, die im Anschluß an Mk 13,9–13 von Mt ganz neu gefaßt sind[21].

LITERATUR: J. W. THOMPSON, The Gentile Mission as an Eschatological Necessity: RestQ 14 (1971) 18–27.

37. Die große Drangsal (24,15–28)

15 Wenn ihr also den Greuel der Verwüstung, von dem geredet wurde von Daniel, dem Propheten, stehen seht an heiliger Stätte – wer es liest, erfasse es! –, 16 dann sollen die in Judäa in die Berge fliehen. 17 Wer auf dem Dach ist, steige nicht herab, um die Sachen aus seinem Haus zu holen. 18 Und wer auf dem Feld ist, soll sich nicht rückwärts umwenden, um seinen Mantel zu holen. 19 Wehe aber den Schwangeren und Stillenden in jenen Tagen! 20 Betet aber, daß eure Flucht nicht in den Winter oder auf einen Sabbat fällt. 21 Denn dann wird eine große Drangsal sein, wie sie nicht gewesen ist von Anfang der Welt bis jetzt und nicht mehr sein wird. 22 Und wenn jene Tage nicht abgekürzt würden, würde kein Fleisch gerettet werden. Wegen der Auserwählten aber werden jene Tage abgekürzt werden. 23 Wenn euch dann jemand sagt: Siehe, hier der Christus! oder: Hier!, glaubt nicht. 24 Denn falsche Christusse und falsche Propheten werden sich erheben und große Zeichen und Wunder gewähren, um – wenn möglich – die Auserwählten irrezuführen. 25 Siehe, ich habe es euch vorhergesagt. 26 Wenn sie euch also sagen: Siehe, er ist in der Wüste!, ziehet nicht hinaus. Siehe in den Kammern!, glaubt nicht. 27 Denn wie der Blitz ausgeht vom Aufgang und scheint bis zum Niedergang, so wird die Ankunft des Menschensohnes sein. 28 Wo das Aas ist, dort werden sich die Geier versammeln[1].

---

[21] Zur Verfolgungstradition vgl. GNILKA, Markus II 192.
[1] Folgende Paralleleinflüsse sind zu verbuchen: in V 17: um *etwas* zu holen (DEΘ f¹ 33

I

Der Text gewinnt seine Zielstrebigkeit und innere Geschlossenheit durch den Eröffnungsvers 15, in dem ein neues markantes Ereignis angesagt wird: die Erscheinung des Greuels der Verwüstung. Alles weitere ist durch es ausgelöst. Dennoch kann man zwei Teile unterscheiden, die Beschreibung der panikartigen Flucht und der Größe der Drangsal (16–22) und die vielfältigen, im Zusammenhang mit der Ankunft des Menschensohnes stehenden Verführungen (23–28). Beide Teile werden mit τότε eingeleitet (16 und 23). Das Material, das in diese gedankliche Ordnung eingefügt ist, ist, unter formalem Aspekt betrachtet, recht heterogen. Auf die konkrete Aufforderung zur Flucht (16) folgen bilderreiche Mahnungen, die Flucht nicht zu verzögern (17f), ein Weheruf (19), eine Anweisung zum Gebet (20). Die VV 21–23 künden im apokalyptisch-prophetischen Stil die Größe der Drangsal an, geben aber auch eine tröstende Verheißung. In den Warnungen vor Verführern besteht eine Parallele zwischen 23 und 26 (am Schluß jeweils: μὴ πιστεύσητε). Der erwartete Messias soll hier oder hier bzw. in der Wüste oder in den Kammern sein. Ein Vergleich (27) und ein erstaunliches Bildwort schließen ab bzw. leiten über.

Der Text und seine Komposition war dem Mt in Mk 13,14–23 vorgegeben. Was Erwähnenswertes hat er geändert? Wohl am stärksten griff er in den Eröffnungsvers 15 ein. Diesen schließt er mit οὖν (also) an das Voraufgehende an. Den Greuel der Verwüstung erläutert er mit der Bemerkung „von dem geredet wurde von Daniel, dem Propheten". Er begreift den Greuel nicht mehr als Person wie Mk 13,15 (ἑστηκότα), sondern als Sache (ἑστός). Zu erwarten ist er „an heiliger Stätte" (Mk: wo er nicht stehen soll). Was hat Mt zu dieser Neufassung veranlaßt? Die Eingriffe in 16–22 sind fast nur Retuschen. So spricht er etwa in V 17 von den Sachen aus dem Haus (τὰ ἐκ τῆς οἰκ.; Mk 13,15: etwas aus dem Haus), erwähnt in V 20 ausdrücklich „eure Flucht", bezeichnet in V 21 die Drangsal als *große*, wie sie nicht gewesen ist von Anfang der Welt (Mk 13,19: Anfang der Schöpfung)[2]. Die Auslassung des Kyrios in V 22 (vgl. Mk 13,20) geht wohl darauf zurück, daß Kyrios hier Gott bezeichnet, während Mt diesen Hoheitstitel in der Endzeitrede, wo er 19mal vorkommt, Jesus vorbehält. Beachtung verdient, daß E in V 20 zum Winter den Sabbat hinzufügt. Die Warnung 23–28 hat er um 26–28 bereichert, einen Text, den er Q entnimmt (vgl. Lk 17,23f.37b). Dabei hat er die Reihenfolge von Q beibehalten (betrifft nur die Stellung von V 28) und auch den Text der Vorlage weitgehend unverändert gelassen[3]. Die Ortsangaben die Wüste/die Kammern in 26 können dem attrahierten „Siehe: dort, siehe: hier" Lk 17,23 gegenüber als ursprünglich gelten. Auch die Beschreibung des Weges des Blitzes

---

205 1424 latt; vgl. Mk 13,15); in V 23: Imp. Präs. πιστεύετε (B*; vgl. Mk 13,21); in V 24 Auslassung von μεγάλα (Sinaiticus W* ff[1]; vgl. Mk 13,22); in V 28 zusätzliches καί (WΔΘ f[13] 1424 lat; vgl. Lk 17,37).
[2] Mt streicht die Relativsätze „die Gott schuf" (Mk 13,19), „die er erwählte" (Mk 13,20).
[3] Vgl. LÜHRMANN, Redaktion 71–73; SCHULZ, Q 277–281.

„vom Aufgang bis zum Niedergang" (Lk 17,24: von einem [Ende] unter dem Himmel bis zum anderen unter dem Himmel) dürfte die Vorlage wiedergeben[4]. Nur änderte Mt den Tag in die Ankunft des Menschensohnes ab. Im Geierwort V 28 hat er das anstößige πτῶμα (Aas) beibehalten, das Lk 17,37 in σῶμα erleichternd abwandelte. Die mk Warnungen vor Verführern Mk 13,21–23 hat E kaum bedeutend verändert. Vielleicht sollte man erwähnen, daß es in V 24 heißt: sie werden *große* Zeichen gewähren (Mk 13,22: Zeichen), daß Mt den Halbvers Mk 13,23a „Ihr aber gebet acht" ausläßt und 23b einschränkt: ich habe es (Mk: alles) euch vorhergesagt (25). Indem er die Warnungen der Q-Apokalypse (26–28) an die des Mk-Evangeliums anfügt, gewinnt er eine erstaunlich breite und eindringliche apokalyptische Paränese, die Verwirrungen der Gemeinde vor der Ankunft des Menschensohnes zu verhindern sucht.

II
15 Vom Greuel der Verwüstung sprach bereits Mk 13,14 an dieser Stelle. Die Frage lautet, ob Mt die Ansage durch seine Neufassung neu interpretieren wollte, und wenn ja, wie. Hat er vor allem – von seinem Standpunkt aus – den Greuel als etwas Vergangenes oder noch Ausstehendes angesehen? Daß dieser vom fiktiven Standpunkt in V 3 noch aussteht, versteht sich von selbst.

Die Daten sind nochmals in Erinnerung zu rufen. Der „Greuel der Verwüstung" bezeichnet bei Daniel (11,31; 12,11; 9,27), auf den Mt ausdrücklich verweist, den Götzenopferaltar, den die Syrer zwischen den Jahren 167–164 v. Chr. im Tempel von Jerusalem aufrichteten. Näherhin wurde auf eine Ecke des Brandopferaltars ein βήϑυλος (Götzenbild) zum Zweck der Darbringung von Opfern für Zeus Olympius gestellt[5]. Dieser Bezug – bei Daniel noch in apokalyptischer Verhüllung – wird in 1 Makk 1,54.59 unmißverständlich hergestellt: „Am 15. Kislev ... ließ er (Antiochus Epiphanes) über dem Brandopferaltar einen Greuel der Verwüstung aufbauen ... Am 25. des Monats opferte man auf dem Altar, der über dem Brandopferaltar war" (vgl. 1 Makk 6,7). Es ist für apokalyptische Sprache kennzeichnend, daß unheilvolle Erfahrungen der Vergangenheit in Bilder gefaßt und als Bildmaterial für unheilvolle Zukunftsansagen verwendet werden. Die historische Erinnerung gleicht die Unschärfe der Zukunftsweissagung aus, umgibt diese aber gleichzeitig mit einer geheimnisvollen Aura. Der christliche Verfasser der zu Beginn des Jüdischen Krieges entstandenen kleinen Apokalypse, die Mt 24 – auf dem Weg über Mk 13 – zugrunde liegt, hatte als erster das danielische Bild vom Greuel der Verwüstung aufgenommen und mit dem Weltende in Verbindung gebracht. Jedoch hatte sich seine Prophezeiung nicht erfüllt. Mit der Kata-

---

[4] ἀστράπτειν Lk 17,24 im NT nur noch Lk 24,4.
[5] N. W. Porteous, Das Danielbuch (ATD 23) (Göttingen 1962) 119, vermutet ein Wortspiel zwischen *mešomem* (Verwüstung) und *baʿal šamem* (Gott des Himmels).

strophe des Jüdischen Krieges war das Ende nicht gekommen. Freilich ist das Bild vom Greuel als in die Zukunft gerichtete historische Erinnerung interpretationsfähig und auf andere Situationen übertragbar. Es erscheint unwahrscheinlich, daß Mt – und das Gleiche gilt schon für Mk – nach dem Ausbleiben des Endes die Prophezeiung seines Vorgängers nochmals wiederholt und also gesagt hätte, daß die Jerusalem-Katastrophe das Weltende einläutet.

Ähnliche Übertragungen haben wir in der apokalyptischen Literatur immer wieder. So werden die „Kittäer", die einst als Chiffre die Griechen bezeichneten, im Habakuk-Pescher von Qumran auf die Römer bezogen[6]. Das vierte Weltreich von Dn 7, das dort noch das Reich der Griechen meint, ist für 4 Esr das Imperium Romanum. Nicht mit den Griechen, sondern mit den Römern kommt das Ende: „Das vierte Weltreich ist es, das deinem Bruder Daniel erschien. Ihm wurde es freilich nicht so gedeutet, wie ich es dir heute und vorher gedeutet habe" (4 Esr 12,11f). In Apk 11,1f, wo von der Vermessung des Tempels berichtet wird, ist vermutlich eine alte, aus dem Jüdischen Krieg stammende Weissagung auf eine völlig neue, zukünftige Situation übertragen worden.

Es ist davon auszugehen, daß V 15 sich nicht auf die Tempelzerstörung, sondern ein noch ausstehendes, dem Ende vorauslaufendes Ereignis bezieht[7]. Schon in V 14 hatte Mt an das Ende herangeführt. Nach V 29 schließt sich das Kommen des Menschensohnes unmittelbar (εὐθέως) an die große Drangsal an. Jedoch bedarf es für das Verständnis des vom Propheten Daniel Vorausgesagten besonderer Einsicht (hierzu vgl. Apk 13,18; 17,9; Dn 12,4b.10b)[8]. Es gilt, auch Daniel selbst zu lesen. Sollte dies etwa vor allem wegen des dort angekündigten Sieges Gottes geschehen (12,7; 7,13f.26f)?

Was meint Mt mit dem Greuel der Verwüstung? Die heilige Stätte (τόπος ἅγιος) ist ein Begriff, der in Apg 6,13; 21,28 den Tempel, in 2 Makk 2,18 vermutlich das Land Israel bezeichnet. Freilich haben wir hier den Artikel bzw. das Demonstrativum „*dieser* heilige Ort" (Apg)[9]. Das Fehlen des Artikels bei Mt läßt Ausweitungen, Übertragungen zu. Mt denkt nicht an eine Person wie Mk 13,14[10], doch kann diese Korrektur rein grammatisch bedingt sein. Es ist zu vermuten, daß die die große Drangsal einleitende Erscheinung ein großer Frevel ist, eine Aufgipfelung des Bösen in einem noch nicht dagewesenen Maß. Die apokalyptische Literatur kennt diesen letzten großen Frevel und bringt ihn mit verschiedenen Bildern und Namen in Verbindung. Der Begriff Antichrist ist eher eine spätere syste-

---

[6] Vgl. PORTEOUS (Anm. 5) 141.
[7] LAMBRECHT, Discourse 321f, bezieht V 15 auf die Belagerung Jerusalems und das Schicksal des Tempels.
[8] Der Verweis auf den „Propheten" Daniel erinnert entfernt an die Reflexionszitate, vor allem wegen des τὸ ῥηθέν (vgl. 1,22; 2,15.17.23 u.ö.).
[9] Apg 6,13 ist τούτου textlich umstritten.
[10] Einzelne Hss ändern das wieder, indem sie anstelle von ἑστός: ἑστώς lesen (B²D*Θ f¹·¹³ 1006 1342). In 1010 sy^s fehlt die ganze Wendung: stehend an heiliger Stätte.

matisierende Zusammenfassung. In Apk 13 erscheint der letzte Frevel in der Gestalt der Sage vom Nero redivivus, 2 Thess 2,3 spricht vom Menschen der Gesetzlosigkeit und Sohn des Verderbens, Did 16,4 vom Weltverführer, 4 Esr 5,6 von der Herrschaft dessen, auf den die Bewohner der Erde nicht hoffen, Ass Mos 8,1 von der zweiten Heimsuchung. Beachtung verdient, daß nach 2 Thess 2,4 dieser Sohn des Verderbens sich in den Tempel Gottes setzen wird, also auch hier eine Verbindung mit Jerusalem hergestellt ist. Doch ist für Mt der Greuel der Verwüstung nicht das Zeichen für die Ankunft des Menschensohnes[11]. Dieses Zeichen wird er erst in V 30 benennen.

16–18 Die Flucht ins Gebirge soll die Möglichkeit des Überlebens gewähren. Der Frevel wird insbesondere die Gemeinde bedrohen, denn sie empfängt die Anweisung. Vermutlich soll sie auch vor Götzendienst bewahrt bleiben. Die apokalyptische Bedrohung ist so umfassend, daß von Bekenntnis nicht gesprochen wird. Die Flucht ins Gebirge ist ein in weiten Schichten der atl-jüdischen Literatur verbreitetes Motiv, das auf Erfahrungen basiert, die man im Lauf zahlloser Nöte und Bedrängnisse gemacht hat. „Bring dich in Sicherheit, es geht um dein Leben ... Rette dich ins Gebirge, sonst wirst auch du weggerafft" (Gn 19,17). Dieses Wort kann wie viele andere die Situation veranschaulichen (Ez 7,16; 1 Makk 2,28; 2 Makk 5,27; 10,6; Josephus, bell. 5,420–423; Hebr 11,38 u. ö.) Weil Judäa Bergland ist, gewinnt das Fluchtmotiv allgemeine Bedeutung. Die Bilder vom Mann auf dem Dach oder auf dem Feld, der nicht auf den Gedanken kommen soll, irgendwelche Habseligkeiten zu retten, besagen, daß allein die Rettung des nackten Lebens gilt[12].

19f Es können sich Hindernisse auf der Flucht einstellen: Schwangere Frauen sind in besonderer Weise gefährdet. Auch in 4 Esr 6,21 begegnet das Motiv, daß Frauen wegen der Schrecken Frühgeburten haben werden. Im Winter, wenn der Regen fällt, sind die Wege aufgeweicht und schwer passierbar. Wenn Mt die Flucht (ἡ φυγὴ ὑμῶν) nochmals in der persönlichen Anrede nennt, wird er an die Verfolgung der Gemeinde gedacht haben (vgl. 10,23). Interessant ist, daß auch der Sabbat Behinderungen schafft. Das ist keinesfalls ein Anachronismus[13], sondern zeigt erneut den judenchristlichen Charakter der Redaktion. Darum besagt der Sabbat nicht, daß an diesem Tag in jüdischem Land Fliehende sich als Christen zu erkennen geben[14]. Wir werden die Bemerkung als Indiz dafür nehmen dürfen, daß die mt Gemeinde noch den Sabbat gehalten hat. War man in der Zeit der Makkabäerkriege im Judentum dazu übergegangen, auch am Sabbat sich zu verteidigen (1 Makk 2,32–41), erklärte man sich im Jüdi-

---

[11] So GUNDRY 481.
[12] Die pluralische LA in V 18: seine Mäntel zu holen (EFGHWΔ 579 1006 1342 1506 sy^h) gleicht an den Plural in 17b an.
[13] Gegen WALKER, Heilsgeschichte 134; LAMBRECHT, Discourse 322 Anm. 36.
[14] So GUNDRY, SCHLATTER.

schen Krieg sogar bereit, am Sabbat anzugreifen (Josephus, bell. 2.289 ff. 424.456.517), so kam um die Jahrhundertwende erneut die Sabbatdiskussion in Gang. Rabbi Eleazar ben Perata (um 110 n. Chr.) wagt keine Antwort auf die Frage, ob man in der Verfolgungssituation am Sabbat fliehen dürfe[15]. Auch Mt denkt an die Heiligung des Sabbats. Das an Gott zu richtende Gebet aber erfolgt im Vertrauen, daß er auch in der Not die Dinge ordnet.

21f Die einmalige, noch nicht dagewesene große Drangsal wird in Anlehnung an LXX Dn 12,1 gekennzeichnet[16]. Nach dem Danieltext geht die Drangsal der Auferstehung der Toten unmittelbar voraus. Auch Ass Mos 8,1 umschreibt die zweite Heimsuchung mit ähnlichen Worten: „Ein zweiter Zorn, wie er nie bei ihnen war, von Urzeit bis auf jene Stunde." Doch Gott hat schon im voraus an seine Erwählten gedacht und beschlossen, jene Tage abzukürzen. Der hier aus der Apokalyptik übernommene Begriff der Erwählten (Henaeth 38,2; 39,6f), die dort auch die Gerechten heißen (vgl. Mt 13,43.49; 10,41), begegnet noch Mt 22,14, wo er im Gegensatz zu den Berufenen jene bezeichnet, die wirksam ihr Ziel erreichen. So ist er auch hier gemeint. Ihre ermöglichte Rettung beinhaltet die Verheißung, daß sie die schlimme Bedrängnis und Verfolgung seelisch unbeschadet durchstehen werden. Die Verkürzung der Zeit ist ein Gedanke, der apokalyptischem Denken geläufig ist (Henaeth 80,2; ApkAbr 29,13; ApkBarsyr 20,1f; 83,1; 4 Esr 4,26). Er ist dort mit der Vorstellung verknüpft, daß Gott die Bewegung der Himmelskörper beschleunigt. Festinans festinat saeculum (4 Esr 4,26c). Er kann mit der Schlechtigkeit und Bosheit dieser Welt theologisch begründet werden, daß sie endlich vergeht[17]. Der Evangelientext stellt die göttliche Barmherzigkeit in den Vordergrund, die auf die Gemeinde gerichtet ist.

23–25 Die Warnung vor Verführern ist gegen solche gerichtet, die dann vorgeben werden zu wissen, daß der Christus schon da ist. Die Verführung der Erwählten aber wird selbst falschen Christussen und falschen Propheten nicht möglich sein, auch nicht unter Vorweis großer Zeichen und Wunder. Die Ambivalenz des Wunders kommt hier zum Vorschein. Freilich vermied es auch Mt – wie vor ihm schon Mk – die Wunder Jesu mit den hier verwendeten Begriffen σημεῖα καὶ τέρατα zu bezeichnen. Die Formulierung lehnt sich an Dt 13,2f an[18], wo vor einem Propheten und Traum-

---

[15] Vgl. BILLERBECK I 953. KILPATRICK, Origins 116, meint, daß Mt mit seiner Sabbatpraxis der Mischna nahesteht. – Der Text hat mehrere Varianten: σαββάτου (DL), σαββάτων (094 e), ἐν σαββάτῳ (EFGH 565 1424).
[16] LXX Dn 12,1: θλῖψις οἵα οὐ γέγονεν. Durch Streichung von τοιαύτη (Mk 13,19) gleicht Mt an den Dn-Text an. Die LA οἵα οὐκ ἐγένετο (Sinaiticus DΘ 700) verwischt diese Nuance.
[17] Vgl. HARNISCH, Verhängnis 272–275.
[18] GUNDRY, Use 50f, verzeichnet einen Einfluß von Tg Jonathan und Neofiti 1 zu Dt 13,2 (Lügenprophet, M und LXX nur: Prophet).

deuter gewarnt wird, dessen von ihm angekündigte Zeichen und Wunder sich sogar erfüllen. Bemerkenswert ist, daß dieser zum Götzendienst verleitet, wie auch bei Mt an den Abfall vom Glauben zu denken ist. Das AT kennt zwar falsche Propheten (LXX Jer 33,7f.11.16; 34,9; Zach 13,2), von falschen Messiassen spricht es nicht. Das Wort ist als christliche Bildung anzusprechen. Ihre Vielzahl steht im Kontext der großen Drangsal und macht eine Variante in deren vielfältigen Beschreibungen im apokalyptischen Schrifttum aus. Wenn sich an dieser Stelle der Redner ausdrücklich zu Wort meldet – „ich habe es euch vorhergesagt" –, kommt dem Gewicht zu, erweist er sich als mit verläßlichem Offenbarungswissen ausgestattet, im Gegensatz zu den Verführern. Mt aber schränkt das Wort ein. Es bezieht sich nur auf die Ansage der Verführer, nicht mehr wie in Mk 13,22 auf *alles* bisher Gesagte.

26 Refrainartig wird die Warnung wiederholt. Die Variante besteht darin, daß die Verführer jetzt einen Ort angeben, an dem er (der Christus) sich schon aufhalte. Wüste und Kammer bleiben allgemein, könnten aber einmal auf bestimmte messianologische Vorstellungen bezogen gewesen sein. In der Wüste erwarteten die Essener von Qumran das Erscheinen der messianischen Erlösung. Darum waren sie in die Wüste am Toten Meer umgesiedelt, um ihr bei ihrer Ankunft nahe zu sein (vgl. 1 QS 8,12–14; 9,19f; 1 QM 11,9[19]). „In den Kammern" könnte auf die Vorstellung zurückgreifen, nach der der Messias zunächst verborgen ist und selbst auf den Tag wartet, an dem er hervorzutreten hat oder offenbar gemacht wird. Diese in der jüdischen Literatur nachweisbare Idee[20] hat vermutlich auch in Joh 7,27; 1,26 Spuren hinterlassen. Die Kammer (ταμεῖον; vgl. 6,6)[21], in der auch der Vorrat aufbewahrt werden kann, ist der einzig verschließbare Raum des einfachen dörflichen Hauses. Ob Mt noch auf diese detaillierten messianologischen Erwartungen reflektiert, bleibe dahingestellt.

27 Ein Vergleich belehrt über die Art und Weise der Ankunft des Menschensohnes. Es ist zu beachten, daß Mt vom Christus- zum Menschensohnprädikat überwechselt. Die Ankunft des Menschensohnes betrifft alle Menschen. Dementsprechend wird sie erfolgen. Der von Osten nach Westen aufleuchtende Blitz kann nicht übersehen werden. Der Vergleichspunkt mit der Parusie liegt in dieser Evidenz, nicht im Unerwarteten, Plötzlichen. Diese Evidenz steht im Gegensatz zur betrügerisch angesagten Ankunft in Wüste und Kammern. Das Bild vom Blitz haben wir auch in ApkBarsyr 53,8–10: „Gar hell leuchtete der Blitz, daß er die ganze Erde hell beleuchtete … Er nahm die ganze Erde in Besitz und herrschte über sie." Hier handelt es sich nicht mehr um einen Vergleich. Der Blitz ist zur Allegorie auf den Messias und sein Reich geworden (vgl. 74,1–4).

---

[19] Vgl. BRAUN, Qumran I 51.
[20] Vgl. BILLERBECK I 86f; 954f; auch JUSTIN, dial. 8,4.
[21] Nach LXX 4 Kg 9,2 soll Jehu im Innersten der Kammer zum König gesalbt werden. Vgl. LXX Gn 43,30.

28 Ein seltsames Bildwort schließt ab. Jülicher hat es unter die Gleichnisse eingereiht [22]. Daß wir es mit einem Sprichwort zu tun haben, legt Job 39,30 nahe: „Wo Erschlagene sind, findet (der Adler) sich ein." ἀετός kann sowohl den Adler als auch den Aasgeier bezeichnen [23]. Letzteres liegt näher. Wegen der Seltsamkeit des Bildes in unserem Zusammenhang hat man wiederholt gemeint, das Aas symbolisiere die in ihrer Schlechtigkeit für das Gericht reif gewordene Erde [24]. Doch kann im Kontext das Bildwort nichts anderes besagen als dies, daß den Menschen die Ankunft des Menschensohnes so wenig verborgen bleiben wird wie den Geiern das Aas.

III

a) b) Überblickt man die mt Gestaltung des Textes, so lassen sich bei der Spärlichkeit der Eingriffe doch zwei Tendenzen erkennen. Die eine ist die bewußtere Anlehnung an den „Propheten" Daniel. Mt bestätigt damit seine auch sonst immer wieder anzutreffende Berücksichtigung des AT, wie sie etwa in den Reflexionszitaten sich artikuliert. Doch zeigt die Ausrichtung an Daniel als der ältesten apokalyptischen Schrift in unserem Zusammenhang darüber hinaus an, daß Mt in vorgegebenen apokalyptischen Denkkategorien gewissermaßen weiterdenkt. Das bringt ihn in die Nähe von zeitgenössischen jüdischen Apokalypsen, für die Daniel wohl in einem noch stärkeren Maß Vorbild und Anknüpfungspunkt des Denkens ist. Wir haben oben erwähnt, daß etwa 4 Esr 12,11f Daniel in der Weise korrigiert und weiterführt, daß er nicht das griechische – wie Daniel –, sondern das römische Weltreich als das letzte betrachtet. Direkte Äußerungen dieser Art fehlen in unserem Evangelium. Der Adler in V 28 kann keinesfalls auf den Adler der römischen Legionen bezogen werden [25]. Doch hat Mt sicherlich nicht über die zeitlichen Grenzen des Imperium Romanum hinausgedacht. Die zweite Tendenz ist die noch stärkere Hinwendung zur Gemeinde. Er deutet im Fluchtmotiv die Verfolgung an und warnt mit besonderem Nachdruck vor Irrungen und Wirrungen, die in Verbindung mit der dringenden Erwartung des Menschensohnes auftreten. Trotz der großen Drangsal soll sich die Gemeinde beruhigen. Die Ankunft des Menschensohnes wird eine weltweit unübersehbare sein. Hatten wir das Eingehen auf Gemeindebelange auch schon in 24,9–14 festgestellt, so zeigt sich im Vergleich, daß jetzt, auf dem Höhepunkt der Not, von der Verkündigung des Evangeliums nicht mehr gesprochen wird. Allein die Flucht wird angeraten und den Erwählten Trost zugesprochen. Die existenzielle Bedrängnis des Jüngers kann apokalyptische Ausmaße erreichen, wo allein nur noch diese beiden Faktoren zu helfen vermögen. – Jesuanisches wird man in den Wortgruppen VV 17f und 26–28 suchen

---

[22] Gleichnisreden II 133–137.
[23] BAUER, Wörterbuch 38.
[24] ZAHN, SCHLATTER, GUNDRY. Letzterer für ein vormt Verständnis.
[25] Vgl. ZAHN 661.

dürfen. Trifft dies zu, so spräche das für die bedrängende eschatologische Qualität seiner Verkündigung[26]. Die Erwähnung des Menschensohnes spricht nicht gegen ein Jesuswort, nur ist der Begriff Parusie mt (vgl. Lk 17,24b). Bemerkenswert wäre dann auch die Stellungnahme gegen die Erwartung des Heilbringers in der Wüste (und die Esoterik von Qumran?) im oben genannten Sinn.

LITERATUR: R. THIBAUT, La grande tribulation: NRTh 55 (1928) 373–376; C. H. DODD, The Fall of Jerusalem and the „Abomination of Desolation": JRS 37 (1947) 47–54; B. HJERL-HANSEN, Did Christ know the Qumran Sect?: RdQ 4 (1959) 495–508; B. RIGAUX, ΒΔΕΛΥΓΜΑ ΤΗΣ ΕΡΗΜΩΣΕΩΣ: Bib 40 (1959) 675–685; S. SOWERS, The Circumstances and Recollection of the Pella Flight: ThZ 26 (1970) 305–320; G. M. STANO, La distruzione di Gerusalemme dell'anno 70 e l'esegesi di Dan. 9,24–27: Collectio Assiensis 8 (Assisi 1971) 79–110.

38. Die Ankunft des Menschensohnes (24,29–31)

29 Sogleich aber nach der Drangsal jener Tage wird die Sonne verfinstert werden, und der Mond wird seinen Schein nicht geben, und die Sterne werden vom Himmel fallen, und die Kräfte der Himmel werden ins Wanken gebracht werden. 30 Und dann wird das Zeichen des Menschensohnes am Himmel erscheinen, und dann werden wehklagen alle Stämme der Erde und werden kommen sehen den Menschensohn auf den Wolken des Himmels mit Macht und großer Herrlichkeit. 31 Er wird seine Engel aussenden mit der großen Posaune, und sie werden seine Erwählten zusammenbringen aus den vier Winden von den einen Enden der Himmel bis zu den anderen[1].

Mit diesen Zeilen erreicht die Schilderung des Künftigen ihr Ziel. Das Kommen des Menschensohnes steht im Mittelpunkt. In formaler Hinsicht ist zu vermerken, daß alle Sätze im Futur gehalten sind. Es fehlt jede Anrede, jeder Imperativ. Die kosmischen Katastrophen (29) sind mit besonderer sprachlicher Sorgfalt formuliert, Sonne, Mond, die Sterne und Kräfte des Himmels betreffend (Vierzeiler, Anschluß mit καί)[2]. Auffällig ist der beständige Wechsel Singular/Plural im Gebrauch von der/die Himmel.

Die Vorlage Mk 13,24–27 hat E zunächst hinsichtlich der zeitlichen Einführung verändert: sogleich aber nach der Drangsal jener Tage (Mk 13,24:

---

[26] Vgl. BRAUN, Radikalismus II 46 Anm. 1.

[1] Textvarianten, die durch Paralleleinfluß entstanden, sind: in V 29 ἐκ τοῦ οὐρανοῦ (Sinaiticus D; vgl. Mk 13,25); in 31 der Singular ἐπισυνάξει, bezogen auf den Menschensohn (Sinaiticus* sy^s; vgl. Mk 13,27), und der Zusatz: Wenn aber dies zu geschehen anfängt, richtet euch auf (ἀναβλέψατε, Lk: ἀνακύψατε) und erhebet eure Häupter, denn eure Erlösung naht (D it; vgl. Lk 21,28).

[2] Die Zeile 1 und 4 sind passivisch, 2 und 3 aktivisch formuliert.

Aber in jenen Tagen nach jener Drangsal)[3]. Vor allem fügt er den Satz vom Zeichen des Menschensohnes ein, das die Stämme der Erde zur Wehklage bewegt (30). Es besteht keine Veranlassung, den Satz wegen seiner Rätselhaftigkeit als alt anzusehen[4]. Der Rückbezug auf 3b innerhalb der Rede und atl Anspielungen sprechen für MtR. Die Formulierung in V 30 ἐπὶ τῶν νεφελῶν τοῦ οὐρανοῦ (Mk 13,26: ἐν νεφέλαις) bedeutet Anpassung an LXX Dn 7,13. E spricht von der großen Herrlichkeit des Menschensohnes (Wortumstellung von πολλῆς), davon, daß der Menschensohn *seine* Engel aussendet (vgl. 13,41; 16,27), um *seine* Erwählten zusammenzubringen (31; anders Mk 13,27)[5]. Auch die kosmische Beschreibung ist geändert: von den einen Enden der Himmel bis zu den anderen (Mk 13,27: vom Ende der Erde bis zum Ende des Himmels). Insgesamt läßt sich für die Redaktion des Mt feststellen, daß sie das AT noch genauer berücksichtigt und darauf abhebt, die Hoheit des Menschensohnes zu unterstreichen.

II

29 Mit einer Zeitangabe schließt die Schilderung der ersehnten Wende zum Heil unmittelbar an. Die große Drangsal geht nahtlos in dieses Heil über. Doch zuvor geht die alte Welt zugrunde. Wenn ihre physische Ordnung sich auflöst, muß dies im Zusammenhang mit dem Bösen gesehen werden, das sich bis zum Ende hin ins Uferlose steigerte. Die Auflösung des himmlischen Kosmos beherrscht auch Endzeitschilderungen der Apokalyptik (4 Esr 5,4; AssMos 10,5; Henaeth 80,4; Ez 32,7f). V 29 lehnt sich aber an alt-prophetische Texte wie Is 13,10; 34,4; Joel 2,10 – 3,4 an. Brandenburger hat darum etwas Richtiges gesehen, wenn er in der Schilderung das Sinngefüge einer atl Theophanie wiedererkennt[6]. Das Kommen Jahves erfolgt mit Rauch, Blitz, Donner, Hagel. Die Erde gerät ins Wanken, die Grundfesten der Berge erbeben[7]. Einzigartig ist der Text Is 34,4: „Da rollt sich der Himmel zusammen wie ein Blatt, auf das man schreibt, und all sein Heer verwelkt."[8] Der Prophet spricht vom Gottesgericht über Edom. Dennoch bleibt zu bedenken, daß die atl Bilder im apokalyptischen Horizont neue Konnotationen erfahren. In den Theophanien des AT wird – wie schon Jörg Jeremias bemerkte[9] – die „Theophanie" im eigentlichen Sinn nie beschrieben, das heißt, Jahve selbst tritt nie in Erscheinung. Sein Kommen kann nur an den erwähnten Begleitumständen abgelesen werden. In

---

[3] V 29 πεσοῦνται ἀπό glättet die etwas umständliche Formulierung Mk 13,25.
[4] So AGBANOU, Discours 108; K. H. RENGSTORF: ThWNT VII 235 Anm. 264.
[5] Subjekt des Zusammenbringens sind nach V 31 seine Engel, nach Mk 13,27 ist es der Menschensohn.
[6] Markus 13: 54–58.
[7] J. JEREMIAS, Theophanie (WMANT 10) (Neukirchen ²1977) 3–5, nennt u. a. die folgenden Stellen Ps 18,8–16; 77,17–20; 97,2 a.3–5; 144,5f; 50,1–6; Hab 3,3–15.
[8] H. WILDBERGER, Jesaja III (BK.AT) (Neukirchen 1982) 1342, stellt fest, daß das Bild vom Sichzusammenrollen des Himmels singulär sei.
[9] (Anm. 7) 1.

unserer apokalyptischen Schilderung hingegen steht die Erscheinung des Menschensohnes im Mittelpunkt. Dazu kommt ein Zweites. Die kosmischen Begleitumstände bleiben in den atl Theophaniegeschichten Metaphern. „Von einer kosmischen Katastrophe, dem Untergang der Welt überhaupt, will aber an all diesen vorapokalyptischen Stellen nicht gesprochen werden, es wird lediglich überkommenes Bildmaterial verwendet." Ordnung und Lauf der Welt sind grundsätzlich nicht zusammengebrochen[10]. In der Apokalyptik ist genau dies der Fall, daß die Welt an ihr Ende gekommen ist. Mit der atl Theophanie aber kommt die Epiphanie des Menschensohnes darin überein, daß Gottes Königtum durchgesetzt wird[11]. Der Gerichtshorizont jener aber legt nahe, daß im Zusammenbruch der kosmischen Ordnung das Gericht über die Frevler sich ankündigt.

30 Im Chaos und in der Auflösung wird das Zeichen des Menschensohnes am Himmel erscheinen. Und alle Stämme der Erde werden wehklagen. Beide Aussagen hat Mt mit zeitlichen „dann" eingeleitet, wahrscheinlich, um sie zu akzentuieren, sind sie doch beide von ihm in den Text eingebracht.

Das Wehklagen der Stämme lehnt sich an Zach 12,10.14 LXX an: Sie werden hinblicken (ἐπιβλέψονται) auf den, den sie durchbohrt haben, und werden wehklagen um ihn (κόψονται ἐπ' αὐτόν) ... alle Geschlechter (πᾶσαι αἱ φυλαί), die übriggeblieben sind." Weil auch in Apk 1,7 Zach 12,10.14 (in Verbindung mit Dn 7,13) zitiert wird, hat man auf eine gemeinsame Vorlage geschlossen. Freilich stimmen die Texte Mt/Apk nicht überein und fehlt bei Mt der Hinweis auf den Durchbohrten. Sollte die Assoziation von Zach 12,10.14 und Dn 7,13 in mündlicher Vorgabe bestanden haben?[12]

Was ist unter dem am Himmel erscheinenden Zeichen des Menschensohnes des näheren zu verstehen?[13] Die Auskünfte sind vielfältig. Damit ist aber nur die Schwierigkeit angedeutet. Sicher wird man sagen können, daß es jenes Zeichen ist, nach dem die Jünger gefragt haben (V 3). Viele Erklärer wollen heute das Zeichen mit dem Menschensohn identifizieren, τοῦ υἱοῦ τοῦ ἀνθρώπου also als Genitivus epexegeticus verstehen[14]. Es gäbe kein Zeichen. Der Menschensohn selbst sei das Zeichen. Träfe dies zu, hätte sich E letztlich V 30a ersparen können. Andere Interpreten denken an ein Licht, einen Stern oder Kometen[15]. Beliebt ist es auch, im Zeichen das Kreuz zu sehen[16]. Der Duktus des Textes aber dürfte in eine

---

[10] H. Wildberger, Jesaja II (BK.AT) (Neukirchen 1978) 517.
[11] Vgl. Jeremias (Anm. 7) 182.
[12] Vgl. Stendahl, School 212–214, der dafür plädiert, daß Mt und Apk die Texte unabhängig im Rückgriff auf das AT formuliert haben.
[13] Kodex D bezieht pluralisches ἐν οὐρανοῖς auf den Menschensohn: das Zeichen des Menschensohnes, der in den Himmeln (ist).
[14] Etwa Lambrecht, Discours 324; Bonnard, Gundry; Geist, Menschensohn 223.
[15] Billerbeck I 956; Beare.
[16] Higgins: NTS 9 (1962/63) 382; schon W. Bousset, Die Offenbarung Johannis

andere Richtung weisen. Wie die große Trompete die Ankunft des Menschensohnes hörbar begleitet, so das Zeichen auf sichtbare Weise. Das Zeichen aber hat etwas Bedrohliches, weil es die Wehklage der Stämme der Erde auslöst. Vielleicht vermag Is 49,22 die Situation zu erhellen. Dort ist Jahves Panier (LXX: σύσσημον) das Zeichen zum Beginn des Kampfes gegen die Völker. Ebenso zeigt das Panier des Menschensohnes das gegen die Völker ergehende Gericht an[17]. Die Wehklage der Stämme auf der Erde ist die Reaktion auf das Zeichen am Himmel. Es ist auch bei dieser Interpretation zu beachten, daß das in Aussicht gestellte Zeichen nicht mehr die Möglichkeit gibt, die Ankunft des Menschensohnes zu berechnen. Zeitlich fällt es faktisch mit dieser zusammen.

Die Stämme der Erde werden ihn sehen, nachdem sein Zeichen erschienen ist, genauer: seine Ankunft. Es ist das Kommen des vom Doxa-Lichtglanz umgebenen himmlischen Menschensohnes, von dem schon Daniel, der Prophet, kündete, wie Mt durch Angleichung an den Text LXX Dn 7,13 verstärkt zu verstehen gibt. Wenn Mt die wehklagenden Stämme der Erde den Erwählten gegenüberstellt, könnte er in apokalyptischer Manier andeuten wollen, daß deren Zahl nicht groß ist. Doch muß das offenbleiben. Das Sehen ist auf die Stämme eingeschränkt, weil es bedrohlich gemeint ist (vgl. Henaeth 62,3.10) und nur sie über die Ankunft erschrecken.

31 War bisher das Unheilsgericht angedeutet, so erfolgt nunmehr die Sammlung der Erwählten. Mt betont die Zugehörigkeit sowohl der Engel als auch der Erwählten zum Menschensohn. Damit könnte ihre sie zusammenschließende eschatologische Gemeinschaft zu verstehen gegeben sein. Die Sammlung erfolgt so, wie im AT schon die Sammlung der über die Völker zerstreuten Israeliten erzählt wird. Keiner ist vergessen: „Und wenn etliche von dir bis an das Ende des Himmels versprengt sind, wird dich der Herr, dein Gott, von dort zusammenführen" (Dt 30,4; vgl. Zach 2,10). Ähnliches will das Ausmaß von den einen bis zu den anderen Himmelsenden besagen. Nach Henaeth 61,1.5 sind auch die nicht vergessen, die in der Wüste oder im Meer umkamen, von wilden Tieren oder Seeungeheuern verschlungen wurden. Die große Posaune ruft alle zusammen[18]. Mit diesem heilvollen Ausblick schließt der erzählende Abschnitt der eschatologischen Rede.

(Nachdruck Göttingen 1966 = ⁶1906) 190, mit Verweis auf Did 16,6. σημεῖον ἐκπετάσεως ἐν οὐρανῷ (Zeichen der Ausbreitung am Himmel) könnte mit K. WENGST, Didache u. a. (SUC) (München 1984) 99f (Anm. 139), so verstanden werden. Vgl. BARN 12,4; OdSal 42,1; ApkEl 32,4. – Andere Interpreten lassen die Deutung offen wie STENDAHL, School 213f; AGBANOU, Discours 108. B. RIGAUX, Témoignage de l'évangile de Matthieu (Bruges 1967) 185, spricht allgemein von einem „cadre apocalyptique".
[17] Panier ist LXX Jer 6,1 mit σημεῖον wiedergegeben.
[18] Ähnlich Schemone Esre 10 (paläst. Rez.): „Stoße in die große Posaune ..., um unsere Verbannten zu sammeln" (auch PsSal 11,1f). Die Posaune kann auch Schrecken verursachen: 4 Esre 6,23; Jer 4,21; 6,1; 51,27. – Einzelne Hss ergänzen Mt 24,31: (καὶ) φωνῆς (BD f¹³ 33 1006 1342 lat sa).

III
a) b) Wiederum hat Mt den Text, der dem prophetischen Verfasser der christlichen Apokalypse zuzuschreiben ist, christologisch überarbeitet. Der Menschensohn Jesus hat seine Engel und seine Erwählten, er wird in großem Lichtglanz erscheinen, Panier und Posaune begleiten seine Erscheinung. Indem E ausdrücklich von einem Zeichen des Menschensohnes spricht, läßt er die Frage nach der Ankunft des Menschensohnes beantwortet sein. Damit hat er den ihm vorgegebenen Text in seinem Sinn geklärt, aber nur ein Zeichen zugelassen, daß – genau besehen – kein apokalyptisches Zeichen, das noch Kalkulationen und Maßgaben zuließe, mehr ist. Die Sorge, bereit zu sein, läßt sich nicht bis zu einem solchen Zeichen verschieben. Ist er denn auf den ersten Teil der Jüngerfrage, wann dies (die Zerstörung des Tempels) geschieht (V 3), eingegangen? Es erweist sich, daß die Frage für Mt und seine Gemeinde, die bereits auf die Ruinen des Tempels blickten und einige Jahre nach dem Jüdischen Krieg haben verstreichen sehen, nur unter einem besonderen Aspekt interessant ist, in welchem Zusammenhang nämlich Tempelzerstörung und Weltende stehen, näherhin ob die Tempelzerstörung das Zeichen ist. Nach seiner Erklärung hat Mt dies implizit verneint und zu verstehen gegeben, daß die große Drangsal noch aussteht und nicht mit dem Jüdischen Krieg gleichgesetzt werden kann. Zwei Motive des Abschnitts erfahren im Makrotext des Evangeliums bemerkenswerte Erläuterungen. Zunächst sind es die Erwählten, über die in 22,14 am Schluß des Gleichnisses vom königlichen Hochzeitsmahl gesagt ist, daß sie auf dem Weg über Entscheidung und Gehorsam zu solchen werden. Das Kommen des Menschensohnes sagt Christus auch in 13,37 ff; 16,27; 26,64 voraus, Stellen, die den für Mt wichtigen Gerichtsgedanken weiter ausführen: Partizipation der Söhne des Reiches am Doxaglanz des Menschensohnes, Gericht nach den Werken, Identität des Menschensohnes mit dem leidenden und sterbenden Christus.

c) An dieser Stelle soll etwas Weiterführendes zum gesamten Abschnitt 24,3–31 gesagt werden. Was hat uns das apokalyptische Drama noch zu sagen, das im Anschluß an althergebrachte jüdische Vorstellungen entworfen ist, die bis in das Danielbuch zurückreichen? Kriege, Kriegsgerüchte, Hungersnöte, Zusammenbruch der kosmischen Ordnung, Ankunft des Menschensohnes auf den Wolken des Himmels, sind sie nicht mit einem überholten Weltbild erledigt? Und was auch zu beachten ist: Ist die weltpessimistische Sicht nicht lähmend für den, der mit Hoffnung in die Zukunft blicken will? Kann das die Völker zur Wehklage veranlassende Gericht des Menschensohnes Evangelium genannt werden? Das verstärkte Eindringen apokalyptischen Gedankengutes in die Jesustradition, wie es die eschatologische Rede in besonderer Weise veranschaulicht, hat die frühe Christenheit ein Zweifaches gelehrt bzw. diese Überzeugung bestärkt: Die Geschichte läuft auf ein Ziel zu, und: an diesem Ziel wird sich Jesus als der kommende Menschensohn-Richter offenbaren. Ihr Glaube an den Menschensohn Jesus hatte sie veranlaßt, seine Worte sorgfältig zu sammeln, sich an seine Weisung zu halten, seine Worte weiterzusagen[19], hatte sie doch Jesus gesprochen, den Gott in der Auferstehung von den Toten bestätigt hatte und von dem sie glaubte, daß Gott ihn vor aller Welt bei der Parusie bestätigen wird. Für die frühe Christenheit bestand ein enger Zusammenhang zwischen Auferstehung und Parusie Jesu, auch in einem zeitlichen Sinn. Wenn inzwischen auch 2000 Jahre vergangen sind, bleibt für uns der sachliche Zusammenhang von Auferstehung Jesu und noch ausstehendem Ende bestehen, denn nur in Verbindung mit diesem noch ausstehenden Ende kann das durch die Auferstehung an Jesus Geschehene für uns Offenbarungscharakter haben und behalten[20]. Die Erfüllung, die für die Jünger in den Erscheinungen des Auferstandenen schon zum Greifen nahe war, ist für uns wieder Verheißung geworden. Wir bleiben auf diese noch ausstehende Offenbarung angewiesen und sind auf diese Zukunft hin offen.

Für das apokalyptische Böse und die radikale Bedrohung der Welt haben wir im Atomzeitalter wieder neues Verständnis gewonnen. Es kommt dem Verkünder des Evangeliums nicht zu, die Stimmung aufzuheizen, die Angst zu schüren. Allerdings muß er um die Radikalität des Bösen und der Bedrohung wissen. Darum wird man den Akzent auf V 14 legen müssen, den Auftrag, das Evangelium zu verkündigen und zu leben, weil dieses Evangelium – würde es von allen angenommen – in der Lage wäre, die Menschheit von allen Bedrohungen zu befreien[21].

Ein besonderes Problem ist die Deutung des Greuels der Verwüstung in der Auslegungsgeschichte geblieben. Beachtenswert ist, daß man meist den Bezug zu Jerusalem aufrechterhielt, mag man es auf die Vergangenheit, Gegenwart oder Zukunft bezogen haben. So ist es für Luther von Bedeutung, daß die Verwüstung des Tempels, die die Römer anrichteten, liegen bleiben soll, „bis an der Welt Ende"[22]. Auch die Vorstellung vom Antichrist, die in der russichen Orthodoxie vor allem in lebendigem Bewußtsein blieb, ist an Jerusalem gebunden. Solowjew[23] entwirft den Alptraum vom Antichrist, der als Weltherrscher ein ökumenisches Konzil auf das Tempelfeld von Jerusalem einberuft und seine universale Anerkennung fordert.

LITERATUR: P. JOÜON, „Les Forces des Cieux seront ébranlées": RSR 29 (1939) 114–115; A. J. B. HIGGINS, The Sign of the Son of Man: NTS 9 (1962/63) 380–382; T. F. GLASSON, The Ensign of the Son of Man: JThS 15 (1964) 299–300; R. SCHNACKENBURG, Kirche und Parusie: Gott in Welt I (Festschrift K. RAHNER) (Freiburg 1964) 551–578;

---

[19] Dies betont GOGARTEN, Jesus Christus 41, zu Recht.
[20] Vgl. PANNENBERG, Christologie 105.
[21] THIELICKE, Ethik II/2, Nr. 2970, meint, ein Goethewort zitierend, daß der Mensch derselbe bleibt, während die Menschheit fortbesteht. Darum werden Kriege bleiben, sich nur verlagern, in wirtschaftlich-soziale Auseinandersetzungen, ideologische Kämpfe usw.
[22] II 817. Vgl. CALVIN II 265.
[23] Vom Antichrist: W. SZYLKARSKI u. a. (Hrsg.), Deutsche Gesamtausgabe VIII (München 1979) 277 ff.

A. VÖGTLE, Das NT und die Zukunft des Kosmos (Düsseldorf 1970) 67–71; H. MERKLEIN, Untergang und Neuschöpfung: Biblische Randbemerkungen (Schülerfestschrift R. SCHNACKENBURG) (Würzburg ²1974) 349–360.

39. Unbekannt sind Tag und Stunde (24, 32–44)

32 Vom Feigenbaum aber lernet das Gleichnis: Wenn sein Zweig schon weich wird und die Blätter herauswachsen, erkennt ihr, daß der Sommer nahe (ist). 33 So erkennt auch ihr, wenn ihr alles dies geschehen seht, daß es nahe vor der Türe ist! 34 Amen, ich sage euch: Dieses Geschlecht wird nicht vergehen, bis alles dies geschieht. 35 Der Himmel und die Erde wird vergehen, meine Worte aber werden nicht vergehen. 36 Was aber jenen Tag und (jene) Stunde betrifft, so kennt sie keiner, weder die Engel der Himmel, noch der Sohn, sondern nur der Vater allein. 37 Denn wie die Tage des Noe, so wird es mit der Ankunft des Menschensohnes sein. 38 Denn wie sie in den Tagen vor der Sintflut aßen und tranken, heirateten und sich heiraten ließen bis zu dem Tag, da Noe in die Arche ging, 39 und sie nicht zur Erkenntnis gelangten, bis die Sintflut kam und alle dahinraffte, so wird es auch mit der Ankunft des Menschensohnes sein. 40 Dann werden zwei auf dem Feld sein, einer wird angenommen und einer zurückgelassen. 41 Zwei werden an der Mühle mahlen, eine wird angenommen und eine zurückgelassen. 42 Darum wachet, denn ihr wißt nicht, an welchem Tag euer Herr kommt. 43 Jenes aber erkennt: Wenn der Hausvater wüßte, in welcher Nachtwache der Dieb kommt, so würde er wachen und nicht in sein Haus einbrechen lassen. 44 Deshalb seid auch ihr bereit, denn der Menschensohn kommt zu einer Stunde, da ihr es nicht meint[1].

I
Mit diesem Text beginnt ein neuer Abschnitt in der eschatologischen Rede. Die Ankündigung dessen, was in der Zukunft geschehen soll, ist mit der Ankunft des Menschensohnes an ihr Ziel gekommen. Jetzt werden Folgerungen für die Jüngerschaft gezogen. Dabei ist mit V 37 wieder ein Übergang gegeben. Zunächst gilt es, aus dem Gesagten zu lernen (32–36). Mit V 37 wird die Paränese eröffnet, der Mt einen breiten Raum gewährt. Lauten die Imperative zunächst: Lernet, erkennet (32f), so heißt es in der Paränese: wachet, seid bereit (42 und 44). Auch die Zeitangaben sind unterschiedlich getönt. Zunächst erscheinen sie bestimmt: vor der Tür, dieses

---

[1] Drei LAA seien an dieser Stelle angezeigt, die sich als Paralleleinfluß oder – das gilt für die ersten beiden Beispiele – als grammatische Korrektur verstehen lassen: in V 32 ergänzen D 33 2542 fehlendes ἐστίν (mit unterschiedlicher Wortstellung; vgl. Mk 13,28); in V 35 setzen Sinaiticus² WΘ f¹·¹³ 1342 1506 wieder das Futur παρελεύσονται (vgl. Mk 13,31); in V 41 fügen D f¹³ it hinzu: Zwei auf einem Bett, einer wird angenommen und einer zurückgelassen (vgl. Lk 17,34).

Geschlecht (33 f), dann ist von Tag und Stunde die Rede, die freilich im Ungewissen bleiben (36). Die Unbestimmtheit von Tag und Stunde prägt dann leitmotivisch die Paränese im Folgenden (42.44.50; 25,13). Insofern hat V 36 bei Mt eine Überleitungsfunktion gewonnen. Brandenburger[2] hat gezeigt, daß der hier gegebene Zusammenhang der Motive in der Apokalyptik (insbesonders 4 Esr) vorgeprägt erscheint. Es sind dies die Belehrung über die Funktion des Zeichens, die Enthüllung des Zeitpunktes der Heilswende im Verein mit deren Kritik, die allein Gott die Bestimmung des genauen Zeitpunktes zuweist, und die Abfolge von apokalyptischer Lehre und Paränese. Wir werden darüber hinaus auf die Eigenakzente des Mt zu achten haben.

Trotz der in sich geschlossenen Strukturierung ist der Text aus unterschiedlichen Einheiten zusammengesetzt. Es überwiegt die Bildrede. Am Anfang steht das Gleichnis vom Feigenbaum (32), am Ende das Gleichnis vom nächtlichen Einbrecher (43). Beide finden eine eindeutige Anwendung. Dazwischen stehen Vergleiche, die im Rückblick auf das Sintflutgeschlecht gewonnen sind. V 34, ein Amen-Satz, enthält eine Weissagung, die VV 35 und 36 sind Sätze von christologischer Relevanz. Die Vergleiche sind zusammengebunden durch die wiederholte Bemerkung: so wird es mit der Ankunft des Menschensohnes sein (37 und 39), die V 27b aufgreift. Ebenso verweist das Kommen „eures Herrn/des Menschensohnes" (42 und 44) auf die Schilderung der Parusie in V 30.

Das Material schöpft E wiederum aus Mk und Q. Die Belehrung 32–36 entspricht weitestgehend Mk 13, 28–32. Im paränetischen Teil lehnt sich nur der Imperativ V 42 an Mk 13, 35 an. Registrieren wir zunächst die Abänderungen des Mk-Stoffes. Es ist nur wenig zu vermerken. In der Deutung des Feigenbaum-Gleichnisses V 33 sagt Mt: wenn ihr *alles* dies geschehen seht (Mk 13, 29 nur: dieses). Im Logion von der Unwissenheit des Sohnes V 36 spricht Mt von den Engeln der Himmel (Mk 13, 32: im Himmel) und bestärkt die Souveränität des Vaters durch zusätzliches: der Vater *allein*[3]. Den Vergleich mit den Tagen des Noe 37–41 entnimmt E der Logionquelle (vgl. Lk 17, 26–35). Dort dürfte er einmal auf die Bildwörter vom Blitz und von den Aasgeiern gefolgt sein (Mt 24, 27 f)[4]. Den Anfang und Schluß des Vergleichs 37 und 39b hat E gestaltet. Das Wort „Parusie des Menschensohnes" verrät gegenüber dem Tag des Menschensohnes (Lk 17, 26.30[5]) mt Formulierung. Doch die Beschreibung des sorglosen

---

[2] Markus 13: 115–130.

[3] Weniger bedeutend sind καὶ ὥρας (Mk; ἢ τῆς ὥρας) und die schon in Anm. 1 angedeuteten kleinen Veränderungen in den VV 32 und 35, die in manchen Hss sekundär wieder zurückgenommen wurden.

[4] Vgl. Lührmann, Redaktion 71–75. In Lk 17, 28.32 f folgt auf den Vergleich mit den Tagen Noes der Vergleich mit den Tagen Lots. Dieser Vergleich dürfte sekundär hinzugetreten sein. Mt hat ihn demnach in seiner Vorlage nicht gelesen. Die Verknüpfung von Noe und Lot hat in der jüdischen Literatur zahlreiche Parallelen, die Lührmann, Redaktion 75–83, gesammelt hat.

[5] Der Plural „in den Tagen des Menschensohnes" Lk 17, 26 dürfte LkR sein. Den Singular hat V 30 bewahrt.

Treibens der Menschen 38.39a hat er im wesentlichen bewahrt, anders als Lk 17,27, der erheblich kürzte[6]. In den Paarungen zwei auf dem Feld – zwei an der Mühle (40f) bietet Lk 17,34 ein anderes erstes Beispiel: in dieser Nacht werden zwei auf einem Bett sein. In diesem Fall ist Lk ursprünglicher (Nachtmotiv), Mt könnte von 24,18 (Lk 17,31b) beeinflußt sein[7]. Auch Tho 61 bietet die Version: Zwei werden ruhen auf einem Bett. Das Gleichnis vom nächtlichen Einbrecher, das gleichfalls Q entnommen ist (Lk 12,39f), liegt in beiden Evangelien in ziemlich übereinstimmender Gestaltung vor. Die Nachtwache (43: φυλακή, Lk 12,39: Stunde) ist sicherlich ein altes Element. Hingegen dürfte Mt die Wendung „er würde wachen" eingefügt haben. Damit unterstreicht er den vorausgehenden (wachet) und nachfolgenden Imperativ (seid bereit)[8]. Der erste wurde von ihm gestaltet (vgl. Mk 13,35), der zweite ist wörtlich aus Q genommen (= Lk 12,40).

II
32f Nachdem der Ablauf der noch ausstehenden Geschehnisse geschildert ist, ist die Jüngerschaft in die Lage versetzt, das, was sich ereignet, zu beurteilen und einzuordnen. Aber dieses Wägen der Zeit ist nicht leicht. Anstrengung, Lernbereitschaft sind notwendig. Wie sie bereits in V 15 zur achtsamen Lektüre des Danielbuches aufgerufen wurde, so jetzt zum Erlernen der Zeichen der Zeit. Die Aufforderung ist 4 Esr 8,63 – 9,1 vergleichbar: „Herr, du hast mir bereits viel Zeichen offenbart, die du in den letzten Tagen wirken willst. Du hast mir noch nicht offenbart, zu welcher Zeit. Er sprach zu mir: Ermiß es bei dir selbst!"[9] – Die Antwort auf die Frage nach dem Wann wird in das Gleichnis vom Feigenbaum gekleidet, das über den Vergleich mit den Veränderungen in der Natur zur Beobachtung der Zeiten anregen will. Weil der Feigenbaum im Gegensatz zu immer grünenden Bäumen in Israel im Herbst sein Laub abwirft und im Frühjahr Blätter hervortreibt, ist er der untrügliche Bote des Sommers. In gleicher Weise sollen die Jünger an „allem diesem" erkennen, daß Es (Er?) nahe vor der Türe ist[10]. Vor der Türe ist die Heilswende, die Ankunft des Menschensohnes, wenn alles dieses sich ereignen wird. Vermutlich greift Mt mit πάντα ταῦτα weiter aus, um nicht nur das – in letzter Sekunde erscheinende – Zeichen des Menschensohnes in das Wägen einzubeziehen.

---

[6] Dafür sprechen die conjugatio periphrastica, das seltene Verb τρώγειν, die Formulierung ἦρεν ἅπαντας. Vgl. SCHULZ, Q 279.
[7] Mt hat aber die Mühle bewahrt. Das Futur Lk 17,34f dürfte älter sein. τότε (40) ist MtR.
[8] Weitere Differenzen sind geringfügig. διὰ τοῦτο (44) dürfte MtR sein. Das Gleichnis vom nächtlichen Einbrecher liest man auch in Tho 21 in einem gnostisierenden Kontext. In Tho 103 ist es kaum noch zu erkennen.
[9] Vgl. BRANDENBURGER, Markus 13: 116f.
[10] B³DW 579 1006 2542 lesen an Stelle des Imperativs: γινώσκεται. In V 33 bieten Sinaiticus DHW f¹·¹³ 33 205 700 892 1006 die Wortstellung ταῦτα πάντα, von HUCK-GREEVEN, Synopse, bevorzugt. Eine sichere Entscheidung ist kaum möglich, zumal dieselbe Unsicherheit für V 34 besteht.

Dann ist die große Drangsal, beginnend mit V 15, mitzureflektieren. Doch liegt es noch näher, eben alles in die Waagschale zu werfen, von dem in der eschatologischen Rede gesprochen wurde. Diese Vermutung stützt sich auf den eschatologischen Stand der Gemeinde, der im Folgenden besser erkennbar werden wird.

34f In Übereinstimmung mit Mk bietet Mt an dieser Stelle eine präzise Zeitangabe. Noch zur Zeit dieses Geschlechts soll es geschehen. Dieses Geschlecht ist – abgesehen davon, daß die Wendung die Unbußfertigkeit der Menschen einschließt – die lebende Generation. Damit ist ein Zeitraum von etwa 30-40 Jahren aufgesteckt. Das wiederum unbestimmte „alles dieses" muß jetzt die Heilswende mit der Ankunft des Menschensohnes implizieren. Mt läßt diese „Weissagung" stehen und führt sie (wie Mk) mit der Zusicherung des bleibenden Bestandes der Worte Jesu weiter. Die Zusicherung ist umfassend gemeint und keinesfalls auf V 34 einzuschränken. Die Worte Jesu aber sind zu tun (vgl. 28,20). In unserem Evangelium besteht ein Verweiszusammenhang mit 5,18, wo Ähnliches über das Gesetz gesagt wurde. Doch besteht der Unterschied, daß die Gültigkeit des Gesetzes währt, solange Himmel und Erde bestehen. Die Worte Jesu aber werden die Auflösung von Himmel und Erde, die man erwartet (vgl. 29; Is 65,17), überdauern. Sie sind also beständiger, gewichtiger als das Gesetz[11].

36 Neben die gewiß erscheinende Zusage (V 34) tritt das kritische Element. Der genaue Zeitpunkt der Heilswende und Ankunft des Menschensohnes ist außer allein dem Vater niemanden bekannt[12]. Auch die Engel und der Sohn werden in dieses Nichtwissen miteinbezogen. Dies schuf später ein christologisches Problem[13], stellt aber hier die der Gemeinde – auch durch die Christusoffenbarung – nicht zugängliche Entscheidung Gottes hinsichtlich des Endes der Welt fest. Sowohl das Nichtwissen der Engel als auch die absolute Souveränität Gottes hat im atl-jüdischen Bereich Parallelen: „Ich weiß es selber nicht", sagt der Engel Uriel auf die Frage des Esra nach dessen Lebensdauer und fügt hinzu, daß er dies mitzuteilen nicht gesandt sei (4 Esr 4,52). Anderseits bekennt Baruch in einem Gebet: „Du ganz allein weißt das Ende der Zeiten" (ApkBarsyr 21,8; vgl. Ps Sal 17,23). Es bleibt zu beachten, daß der Sohn, der über den Engeln steht, mithin als himmlisches, göttliches Wesen gedacht ist. Es ist interessant, daß die andere absolute Sohnes-Aussage in unserem Evangelium, der sog. messianische Jubelruf, auch im Kontext der göttlichen Offenbarung steht. Dort erfährt diese keine Einschränkung (11,27). Die kritische Korrektur, die den genauen Zeitpunkt zu bestimmen als das aus-

---

[11] Im Kodex Sinaiticus fehlt V 35, vermutlich ein Versehen.
[12] EFGHW 579 983 1006 1506 lesen: nur *mein* Vater allein.
[13] Damit hängt es zusammen, daß in zahlreichen Hss der Teilvers „noch der Sohn" gestrichen wurde: Sinaiticus¹ LW f¹ 33 892 1006 1242 1506 vg sy co.

schließliche Privileg des Vaters begreifen lehrt, hielt ein Potential bereit, mit der Problematik der Naherwartung fertig zu werden[14]. Doch Mt lenkt den Blick der Gemeinde auf das Ende, daß sie nicht müde werde in der Welt.

37-39 Dies geschieht in dem nunmehr einsetzenden paränetischen Teil. Die Jüngerschaft wird darüber belehrt, wie sie sich in der auf ein Ende zulaufenden Weltzeit zu verhalten hat. Die Gefahr ist, daß sie auf die Ankunft des Menschensohnes nicht vorbereitet ist. Diesem Anliegen dient der Vergleich mit der Sintflutgeneration des Noe. Die Tage der der Sintflut vorausgehenden Zeit sind in ihrer Gegenüberstellung zum Tag, da Noe in die Arche ging, als letzte Entscheidungszeit gekennzeichnet[15]. Genauso verhält sich die Gegenwart zur Parusie des Menschensohnes. Mt bevorzugt diese Formulierung und spricht nicht vom Tag des Menschensohnes (vgl. Lk 17,29). Weil die Menschen unvorbereitet waren, raffte sie die Flut dahin. Diese Generation ist gleichfalls bedroht. Die Worte thematisieren nicht die Rettung, sondern die Gefährdung. In der Predigt Jesu (vgl. III b) bezogen sie sich einmal auf die Israeliten. Im Evangelium sind sie auf die Gemeinde angewendet, die sich über die Welt ausbreitet. Essen, Trinken, Heiraten[16] sind die normalsten Lebensvollzüge, die hier die Funktion haben, den Stumpfsinn angesichts der sich zuspitzenden Zeit zu brandmarken. In diesem Punkt unterscheidet sich der Text von jüdischen Parallelen, in denen die Sintflutgeneration fast regelmäßig als im höchsten Maß verderbt geschildert wird[17].

40-42 Das Gericht wird unvermittelt über die Ahnungslosen hereinbrechen. In ihrer Gleichgültigkeit sind sie zu Ahnungslosen geworden. Das Gericht wird die Menschen scheiden und aufdecken, wer bereit war. Die Scheidung wird durch engste Lebensgemeinschaften hindurch erfolgen. Mt bietet zwei Beispiele aus der Arbeitswelt, das eine betrifft Männer, das andere Frauen. Zwei Männer arbeiten auf dem Feld, zwei Frauen mahlen an der Mühle. Mahlen und Backen galten als Frauenarbeit.

Die einfachste Form des Mahlens erfolgte auf einem Reibestein. Zwei Frauen beim Mahlen, das setzt die Trichter-Mühle voraus, bei der der Oberstein durch zwei Quersteine gedreht wurde[18].

---

[14] Vgl. BRANDENBURGER, Markus 13: 124.
[15] Zu bevorzugen ist in V 38 die LA: in den Tagen vor der Sintflut (Sinaiticus LWΘ f$^{1.13}$ 33 892 1006 1342 1506 lat mae bo). BD 892 it sy$^{s.p}$ co bieten: in jenen Tagen vor der S.; 1424: in den Tagen des Noe vor der S. – In V 39 ist καί besser im Text zu belassen (mit Sinaiticus LWΘ f$^{1.13}$ 33 1006 1342 1506 lat sy^h).
[16] Zu γαμίζοντες (Sinaiticus D 33 1006) in V 38 bestehen zahlreiche Varianten: γαμίσκοντες, ἐκγαμίσκοντες, ἐκγαμίζοντες, ἐγγαμίζοντες.
[17] Belege bei BILLERBECK I 961-964; LÜHRMANN, Redaktion 75-83.
[18] Abbildung einer solchen Trichter-Mühle bei GALLING, Reallexikon 387 (Abb. 3). GALLING bezeichnet sie als römischen Import. – DHΘ f$^{1.13}$ 205 565 700 892 1424 1506 bieten in V 41: ἐν τῷ μυλῶνι (im Mühlenhaus). Zum Mahlen als Frauen- und Sklavinnenarbeit vgl. BILLERBECK I 966f.

Angenommen- und Zurückgelassenwerden ist ein Vorgang, hinter dem sich ein Ausleseverfahren verbirgt. Vermutlich ist es als ein von Engeln durchgeführtes vorzustellen. Es entspricht dem Einsammeln der Auserwählten des Menschensohnes aus den vier Winden (V 31). Mt unterbricht die Bildrede mit der Aufforderung zu wachen. Das Verb erscheint im Evangelium hier zum erstenmal. Sein Inhalt ist durch Kontext und Erläuterung klar bestimmt. Wachen heißt, sich durch die Unbestimmtheit des Tages, an dem der Herr kommen wird, nicht überraschen lassen. „Euer Herr" anstelle von Menschensohn verdichtet den Bezug auf die Gemeinde, mag es auch durch Einfluß von Mk 13,35 gewonnen sein. Neben dem eschatologischen besitzt das Wachen den Aspekt der Leidensbereitschaft. Dieser wird in der Passionsgeschichte deutlicher werden (26,38–41). Der Tag, an dem der Herr kommt, der Tag des Herrn, ist ein fester Begriff der biblischen Eschatologie, hier aber im Anschluß an V 36 zu sehen[19]. Der Vers wird gleichsam paränetisch expliziert. Darum wechselt Mt zwischen Tag und Stunde (44). Es gibt aber auch die Vorstellung, daß die Parusie des Menschensohnes zur Nachtzeit erfolgen wird. Ist sie älter?

43 f Im Gleichnis vom nächtlichen Einbrecher scheint sie vorausgesetzt. Freilich wird der Bezug zum nächtlichen Kommen des Menschensohnes erst durch V 44 hergestellt. Sieht man von diesem zunächst erst einmal ab, so enthält das zu bedenkende kleine Gleichnis in seinem Kern eine Klugheitsregel. Es ist sehr unwahrscheinlich, daß es von einem jüngst erfolgten Einbruch ausgeht (Irrealis!)[20]. Der Dieb pflegt in der Nacht zu kommen. Ungewiß ist die Zeit (φυλακή) seines Kommens. Im Judentum wurde die Nacht in drei Wachen aufgeteilt. Auf der Hut zu sein ist die Aufgabe des klugen Hausvaters. Das Wort διορύσσω (einbrechen, wörtlich: durchgraben) darf zu Spekulationen keinen Anlaß geben, als meide der Dieb aus abergläubischen Motiven die Tür. In dörflichen Verhältnissen läßt sich daran denken, daß in die Hauswand, bestehend aus Fachwerk von Lehm und Reisig, mit dem Schwert oder Dolch leicht ein Loch geschnitten werden kann[21]. Überträgt man das Gleichnis auf die Situation Jesu, so lenkt es im Rahmen seiner Reich-Gottes-Predigt die Aufmerksamkeit auf das Kommen der Basileia, das für die Unbußfertigen und Unvorbereiteten ein schlimmes Gericht bedeutet. Schon in der Spruchquelle erhielt das Gleichnis V 44 als Zusatz (vgl. Lk 12,40 und oben die Analyse). Damit rückt die Ankunft des Menschensohnes Jesus in das Zentrum, sein Kommen in die Nähe zum Kommen des Diebes (vgl. Apk 3,3). Der Ton des Bedrohlichen wird verstärkt. Die Nachtwache gewönne einen zusätzlichen

---

[19] L 1006 1342 1506 lat sy^{p.s} lesen in V 42: zu welcher Stunde.
[20] Gegen JEREMIAS, Gleichnisse 45. Gegen diese Auffassung wandte sich bereits JÜLICHER, Gleichnisreden II 138f.
[21] Vgl. FONCK, Parabeln 555. JOSEPHUS, ant. 16,1, kennt für den Einbrecher das Wort τοιχώρυχος (der die Mauer durchbricht). – BWΘ f^{1.13} 1342 lesen διορυγῆναι.

Sinn, wenn man davon ausgehen darf, daß es damals schon eine christliche Vigilfeier gab, in der man sich für die Parusie des Menschensohnes Jesus (in der Paschanacht) rüstete[22]. Auch unabhängig von dieser nicht sicheren Auskunft, legt die Kombination die Ertwartung einer nächtlich erfolgenden Parusie nahe. Die Aufforderung, bereit zu sein, die der Gemeinde gilt, hat am Schluß dieses Abschnittes einen warnenden Unterton.

III
a) Der vorliegende Textabschnitt enthält Belehrung (32–36) und Mahnung (37–44). Mt hat vor allem die Paränese ausgebaut und neu gestaltet. Sie muß – wie auch das Folgende zeigen wird – sein vordringliches Anliegen gewesen sein. Dabei liefert ihm das Logion vom Nichtwissen des Tages und der Stunde (36) eine Art Themenangabe. Denn angesichts der Ungewißheit zu wachen und bereit zu sein ist es dieser Imperativ, der leitmotivisch die Paränese der eschatologischen Rede bestimmt. Man wird aus diesem Befund die Erkenntnis ableiten dürfen, daß die mt Gemeinde beginnt, müde zu werden, in ihrer eschatologischen Wachsamkeit nachzulassen. Mt forciert seinerseits nicht die Nähe der Ankunft des Menschensohnes. Hier hält er sich an das Überkommene. Aber er stellt die Ungewißheit ihres Zeitpunktes heraus, um wirksam gegen die Ermüdungserscheinungen angehen zu können. Interessant ist es auch, die Akzentverschiebungen zu beobachten, die sich bei der Aufnahme von Jesustraditionen dieser Art in das Evangelium ergaben. Die Erwartung des Menschensohnes tritt beherrschend in den Vordergrund. Jene Worte, die einmal auf das ungestüm kommende Reich und Gericht hinlenken wollten, verlieren in ihrer Anwendung auf die Gemeinde nichts von ihrer Bedrohlichkeit, vielmehr partizipiert jetzt auch der Menschensohn an dieser Bedrohlichkeit[23]. Mt kam diese Entwicklung nicht ungelegen, sind doch der Ausblick auf das Gericht und das Kommen des Menschensohnes immer wieder von ihm aufgegriffene Motive.

b) Auf Jesus zurückgehende Traditionen werden wir zunächst in den beiden Gleichnissen erblicken dürfen. Mit dem Gleichnis vom Feigenbaum dürfte er auf die in seinem Wirken gegebenen Anzeichen des bevorstehenden und schon wirksam gewordenen Reiches Gottes verwiesen haben. Klauck[24] macht auf diese im Gleichnis angezeigte Prolepse aufmerksam. Der grünende Feigenbaum kündet den Sommer, er ist schon der beginnende Sommer. Mit Jesus ist in analoger Weise die Basileia bereits erfahrbar geworden. Das Gleichnis vom nächtlichen Einbrecher (43) fügt

---

[22] Das ist die These von A. STROBEL, Untersuchungen zum eschatologischen Verzögerungsproblem (NT.S 2) (Leiden 1961) 207–215.
[23] Diese Entwicklung ist zu berücksichtigen, wenn man festgestellt hat, daß es zwei Strömungen in der altchristlichen Eschatologie gäbe, eine, wo man die Ankunft des Menschensohnes sehnsüchtig erwartet, und eine andere, wo man vor dem Kommen des Weltenrichters zittert. Vgl. JÜLICHER, Gleichnisreden II 143; SCHULZ, Q 270 Anm. 23.
[24] Allegorie 321 f.

sich in die Reich-Gottes-Predigt Jesu ein. Mit seiner aufrüttelnden Bildersprache erinnert es an das Gleichnis von der Sturmflut (7, 24–27). Was wir oben den bedrohlichen Charakter nannten, besagt, daß diese Sprache die Menschen hellhörig machen und bewegen will, das in Aussicht stehende Heil nicht zu verscherzen. Der Vergleich mit der Generation der Sintflut (37–41) kann Jesus nicht mit dem Hinweis abgesprochen werden, daß hier der Menschensohn vorkommt. Möglich aber wäre, daß ursprünglich an Stelle des Tages des Menschensohnes (vgl. Lk 17, 30) von „jenem Tag" die Rede war (vgl. Mt 26, 29; 24, 36)[25].

c) Die Texte setzen die Naherwartung des Endes voraus. Es macht keinen besonderen Unterschied aus, ob man diese Naherwartung auf eine Generation befristet oder noch einige Zeit zugibt. Was haben uns die Texte noch zu sagen, nachdem wir uns dem Ende des zweiten christlichen Jahrtausends nähern? Es ist sicher richtig, daß die Erwartung der Parusie des Menschensohnes Jesus uns ferne gerückt ist, nicht nur zeitlich, sondern auch inhaltlich. Viele Christen sind von ihr nicht mehr existentiell betroffen. Hat sich das theologische Konzept von Eschatologie so gewandelt, daß wir die ntl Erwartung der Parusie preisgeben müssen?[26] Man kann diese Erwartung nicht im Sinne Kants umwandeln in ein Kommen des Reiches Gottes als geschichtsimmanent religiösen oder ethischen Fortschritt – die Fortschrittsgläubigkeit ist ohnehin getrübt. Man kann das Reich Gottes auch nicht als zeitlos gültige Idee begreifen wollen, es sei denn, man verabschiedet sich von der Wahrheit der Botschaft Jesu von der kommenden Gottesherrschaft und dem kommenden Menschensohn und der ntl Botschaft seiner Einsetzung zum Kyrios über seine Gemeinde und die Welt[27]. In der Auslegungsgeschichte des Gleichnisses vom nächtlichen Einbrecher läßt sich ein Umbruch im Verständnis an der Stelle feststellen, wo das Kommen des Diebs nicht mehr auf das kollektive Ende, sondern auf den individuellen Tod bezogen wird[28]. Dieser Umbruch von der kollektiven auf die individuelle Eschatologie hatte sich für Jahrhunderte bestimmend durchgesetzt. Doch muß es in der Rückbesinnung auf die evangeliaren Texte Bestand der Verkündigung bleiben, daß nicht nur der einzelne, sondern die Welt auf ein Ziel zuläuft, an dem sie aufgehoben werden soll in die Offenbarng Gottes. Die Bildwörter von den beiden Männern auf dem Feld und den beiden Frauen an der Mühle geben uns zu verstehen, daß die ungebrochene Selbstverständlichkeit des Alltags (und des Weltlaufs) ein Ende hat, von dem her die Frage zu stellen ist nach dem Rang irdischen Existierens[29]. Die grundsätzliche Bewältigung der Nah-

---

[25] LÜHRMANN, Redaktion 75, meint, daß die Art, in der hier atl Stoff interpretiert wird, nicht auf Jesus zurückgehen könne. Gewiß ist die Gegenüberstellung Urzeit-Endzeit apokalyptisch, aber Jesu Predigt besitzt apokalyptische Elemente.
[26] Vgl. EBELING, Dogmatik III 30.
[27] Vgl. SCHLINK, Dogmatik 409.
[28] Exemplarisch ist CHRYSOSTOMOS, in Matth. 77, 2 (Ende). Zum Verständnis individuelle/kollektive Eschatologie vgl. RAHNER, Grundkurs 426–429.
[29] Vgl. THIELICKE, Ethik II/1, Nr. 2191.

erwartung, die als Ausdruck der Hoffnung auf das verheißene Ziel bleibt, erfolgte im Glauben an die Auferstehung Jesu, die K. Barth[30] in diesem Sinn als Abschluß der Weltgeschichte bezeichnen kann.

LITERATUR: A. MALVY, „Cette géneration ne passera pas": RSR 14 (1924) 539–544; H. RIESENFELD, Zum Partizip Mt 24,14: CNT 13 (1949) 12–16; N. LOEVESTAM, En problematisk eskatologisk utsaga: Mk 13,30 par.: SEÅ 28/29 (1963/64) 64–80; E. FASCHER, „Von jenem Tag aber und von jener Stunde weiß niemand": Ruf und Antwort (Festschrift E. FUCHS) (Leipzig 1964) 475–483; W. G. KÜMMEL, Die Naherwartung in der Verkündigung Jesu: Zeit und Geschichte (Festschrift R. BULTMANN) (Tübingen 1964) 31–46; J. DUPONT, La parabole du figuier qui bourgeonne: RB 75 (1968) 526–548; J. WINANDY, Le logion de l'ignorance: RB 75 (1968) 63–79; H. GOLLINGER, „Ihr wißt nicht, an welchem Tag euer Herr kommt": BiLe 11 (1970) 238–247; E. GRÄSSER, Die Naherwartung Jesu (SBS 61) (Stuttgart 1973); L. OBERLINNER, Die Stellung der „Terminworte" in der eschatologischen Verkündigung des NT: Gegenwart und kommendes Reich (Schülerfestschrift A. VÖGTLE) (Stuttgart 1975) 51–66; D. ZELLER, Prophetisches Wissen um die Zukunft in synoptischen Jesusworten: ThPh 52 (1977) 258–271.

40. Das Gleichnis vom Haushalter (24,45–51)

45 Welcher ist also der treue und kluge Sklave, den der Herr über sein Gesinde setzte, daß er ihnen zur rechten Zeit die Speise gebe? 46 Selig jener Sklave, den sein Herr, wenn er kommt, damit beschäftigt findet. 47 Amen, ich sage euch: Er wird ihn über alle seine Güter setzen. 48 Wenn aber jener böse Sklave in seinem Herzen spricht: Mein Herr läßt sich Zeit, 49 und anfängt seine Mitsklaven zu schlagen, mit den Zechern zu essen und zu trinken, 50 wird der Herr jenes Sklaven an einem Tag kommen, da er es nicht vermutet, und zu einer Stunde, die er nicht kennt. 51 Und er wird ihn zerspalten und ihm den Teil bei den Heuchlern anweisen. Dort wird Heulen und Zähneknirschen sein[1].

I
Wenn Mt das Gleichnis vom Türhüter, das er in seiner Vorlage Mk 13,34–36 gelesen haben mußte, nicht bringt, wird dies damit zusammenhängen, daß er die Verwandtschaft des Gleichnisses vom Haushalter mit jenem bemerkte und dieses seinen Anliegen – wie zu zeigen sein wird – noch näher kam. Wir bevorzugen den Namen „Gleichnis vom Haushal-

---

[30] Dogmatik IV/1, 820. – C. SCHÜTZ: Mysterium Salutis V (Zürich 1976) 654, betont, daß der entscheidende eschatologische Impuls von erfahrener und verwirklichter Eschatologie und nicht von einer Enthüllung künftiger Geheimnisse ausgehe. Das Faktum der Parusieverzögerung nötige dazu, sich darüber Rechenschaft zu geben, was eschatologisch eigentlich geschehen war.

[1] Durch Paralleleinfluß können folgende LAA entstanden sein: in V 45: θεραπείας (D f¹ 1006 1342 1506 sy^s; vgl. Lk 12,42); in V 46: ποιοῦντα οὕτως, Wortstellung (W 1006 1506; vgl. Lk 12,43); in V 49: ἐσθίειν δὲ καὶ πίνειν (G 565 700 1506; vgl. Lk 12,45).

ter"[2], obwohl nur parLk 12,42 vom οἰκονόμος, Mt hingegen schlicht von einem Sklaven (δοῦλος) spricht. Faktisch sind beide mit derselben Aufgabe betraut, die der des Stellvertreters des Hausherrn entspricht. Die Gleichnisgeschichte handelt von nur einem Sklaven und den beiden Möglichkeiten seines Verhaltens, nicht von zwei konträr sich verhaltenden Knechten. Mt akzentuiert das schlechte Verhalten (V 48: jener böse Sklave), jedoch ist das Urteil Jülichers: Es gibt keinen treuen Knecht, zu pessimistisch[3].

Entsprechend den zwei Möglichkeiten des Verhaltens des Haushalters gliedert sich der Text in zwei Teile: zunächst wird das Positive (45–47), dann das Negative vorgeführt (48–51). In beiden Fällen wird die Reaktion des Herrn geschildert: große Belohnung und schlimme Bestrafung. Das Gleichnis beginnt mit einer Frage. Seligpreisung und Verheißung (Amen-Satz) schließen sich an. Narrative Breite gewinnt der Text erst im zweiten Teil, der dem bösen Sklaven gewidmet ist. Dieses Achtergewicht gibt unmißverständlich zu verstehen, daß die zweite Verhaltensweise im Brennpunkt steht. In dieser Hinsicht stimmt der Text mit dem Gleichnis von den anvertrauten Geldern überein, mit dem es auch sonst Gemeinsamkeiten gibt. Auch gemäß 25,21.23 wird der treue Sklave über vieles gesetzt, der böse dorthin verwiesen, wo man heult und mit den Zähnen knirscht (25,30)[4]. Prägend ist das Verhältnis eines Sklaven zu seinem Herrn. Das Gleichnis gehört zu den sog. Knechtsgleichnissen der synoptischen Tradition. Freilich hat sich die Sache, von der die Rede ist, auf dem Weg der Allegorese schon kräftig im Text angesiedelt.

Das Gleichnis stammt aus der Spruchquelle (vgl. par Lk 12,42–46), in der es auf das Gleichnis vom nächtlichen Einbrecher gefolgt sein dürfte (vgl. Lk 12,39f). Beide Evangelisten haben die Akolouthie bewahrt[5]. Auch haben beide den Text nur relativ wenig verändert. Bemerkenswerte Unterschiede sind folgende: Wenn Mt vom Sklaven, Lk 12,42 (nur in diesem Vers!) vom Haushalter (οἰκονόμος) spricht, hat letzterer im Hinblick auf die vorangestellte Petrusfrage verdeutlicht. οἰκετεία (Mt 24,45: Gesinde) und θεραπεία (Lk 12,42: Dienerschaft) liegen ebenso dicht beieinander wie „die Speise geben" (Mt) und „die Getreide-/Brotration geben" (Lk: σιτομέτριον). Lk hat den Text verfeinert, Mt fügt „zur rechten Zeit" (ἐν καιρῷ) hinzu. Auch Amen am Beginn von V 47 (Lk 12,44: ἀληθῶς) wird sekundär sein. In V 48 kennzeichnet Mt jenen Sklaven als böse (vgl. Lk 12,45). Hingegen hat er in V 49: er schlägt seine Mitsklaven (Lk 12,45: die Knechte und Mägde) wohl das Ältere bewahrt. Auch die Gemeinschaft mit den Zechern in V 49 könnte vorgegeben sein (vgl. Lk 12,45 fin).

---

[2] Andere Benennungen: Gleichnis von dem mit der Aufsicht betrauten Knecht (JEREMIAS), vom treuen und bösen Sklaven (SCHULZ), vom guten oder schlechten Knecht (SCHWEIZER 301), du serviteur à la Venue de son Maître (AGBANOU).
[3] Gleichnisreden II 146 (im Anschluß an BLEEK).
[4] Im Unterschied zum Gleichnis vom Haushalter hat das Gleichnis von den anvertrauten Geldern mehrere Sklaven im Blick.
[5] Lk 12,41 schaltet eine Petrusfrage redaktionell zwischen beide Gleichnisse.

Der Teil bei den Heuchlern (51; Lk 12,46: bei den Ungläubigen) könnte der rabbinischen Vorstellung entsprechen, daß die Heuchler für den Gehinnon bestimmt sind[6]. Die Formel vom Heulen und Zähneknirschen (51b) hat E auch an anderen Stellen eingebracht[7].

Mit der Formulierung in V 45, daß er ihnen die Speise gebe zur rechten Zeit, hat sich E vermutlich an ψ 103,27 angeschlossen: δοῦναι τὴν τροφὴν αὐτοῖς εὔκαιρον (vgl. ψ 144,15).

II
45 Die Frage nach dem treuen und klugen Sklaven beantwortet sich insofern von selbst, als das Tun eines solchen geschildert wird. Freilich sind letztlich die Leser des Evangeliums angesprochen, ob sie sich zu diesem zählen können, und indirekt aufgerufen, es ihm gleichzutun. Als treuer und kluger Sklave wird in der beginnenden Gleichnisgeschichte einer vorgestellt, den sein Herr, der offenbar verreiste, zu seinem Stellvertreter bestellte, nämlich hinsichtlich der Versorgung der Dienerschaft, des Gesindes. Prototyp des treuen Verwalters ist der ägyptische Josef, dessen Einsetzung in LXX Gn 39,4 mit ähnlichen Worten beschrieben wird (κατέστησεν αὐτὸν ἐπὶ τοῦ οἴκου αὐτοῦ)[8]. Freilich sind die in unserem Gleichnis vorausgesetzten Verhältnisse bescheidener im Vergleich zu denen Josefs. Immerhin besitzt der Haushalt mehrere Sklaven, denen der frisch ernannte Obersklave[9] in der Zeit der Abwesenheit seines Herrn rechtzeitig die Speise zuteilt. Weil die Speise im Orient als einziger Entgelt für Sklaven in Frage kommt, heißt das, daß er sie entlohnt[10]. Es besteht kaum ein Zweifel, daß dieser Sklave nicht nur das besondere Vertrauen seines Herrn genießt, sondern daß das Gesinde auch in eine gewisse Abhängigkeit zu ihm gerät.

46f Die Zeit der Abwesenheit seines Herrn ist für ihn die Zeit der Bewährung. Bewährt er sich, daß heißt, erfüllt er die ihm übertragene Aufgabe gewissenhaft, ist er seligzupreisen. Denn bei seiner Rückkehr wird der Herr einen solchen Sklaven belohnen, befördern, ihn zu seinem beständigen Stellvertreter hinsichtlich des gesamten Besitzes machen. Bis hierhin verbleibt die Geschichte durchaus im Rahmen eines möglichen Vorfalls. Nur die Seligpreisung könnte von Ferne andeuten, daß mehr auf dem Spiel steht als eine irdische Stellung.

---

[6] Vgl. BILLERBECK I 969.
[7] Mt bietet die Formel 6mal, sonst kennt sie nur Lk 13,28 (= Mt 8,12). Sie war demnach bereits in Q bekannt.
[8] In V 45 lesen Sinaiticus 565 579 892: ἐπὶ τῆς οἰκίας αὐτοῦ. Im griechischen AT kommt οἰκετεία nur S. Job 1,3 vor (vom Gesinde Jobs).
[9] BILLERBECK I 967 vermerkt, daß der Obersklave in der rabbinischen Literatur „Sohn des Hauses" heißen kann.
[10] FONCK, Parabeln 562, berichtet, daß gegen Ende des 19. Jh. Tagelöhner im Beqa-Tal pro Woche 18 Liter Getreide verdienten.

48f Konditional wird ein anderes, gegenteiliges Verhalten des bevorzugten Sklaven eingeleitet. Er könnte seine Position auch mißbrauchen, sich als Tyrann und großer Egoist gerieren. Dabei werden ganz gewöhnliche Genüsse genannt: mit den Zechern essen und trinken. Der Gegensatz zu den darbenden anderen Sklaven ist zu beachten, die statt ihrer Verpflegung Prügel empfangen. Wir haben es hier mit einem Topos zu tun, der in jüdischen Volkserzählungen seine Parallelen besitzt. Im Achikar-Roman versammelt Nathan, der Achikars Vermögen verwaltet, allerlei liederliches Volk um sich, schlemmt und quält und prügelt die Mägde und Knechte[11]. Eigene Farbe gewinnt der Topos in unserem Text durch ein zusätzliches Motiv. Jener böse Sklave fängt an, böse zu handeln, weil er damit rechnet, daß sein Herr sich Zeit nimmt, sein Kommen verzögert[12]. „In seinem Herzen sprechen" ist eine atl Wendung, die Selbsttäuschung signalisiert (LXX Dt 8,17; 9,24) und auch mit dem Strafgericht verknüpft sein kann (Is 47,8f; Apk 18,7f). Mag man dieses Motiv, das gleich wieder im folgenden Gleichnis von den klugen und törichten Mädchen auftaucht (25,5), als notwendiges erzählerisches Element begreifen, es verleiht der Geschichte Originalität und muß für den Erzähler wichtig sein. Weil auch im Folgenden das Allegorische voll durchschlägt, rechnen wir damit, daß das Motiv die Problematik der Parusieverzögerung anspricht, zumindest gemäß der Intention des Mt. Ob eventuell bezüglich einer vorausliegenden Überlieferung des Gleichnisses anders zu urteilen ist, wird zu prüfen sein (vgl. III b). Für Mt ist der auslösende Faktor für mögliche sich ausbreitende Mißstände das Zeitproblem, die sich dehnende Zeit.

50f Die Rückkunft des Herrn erfolgt für den Sklaven unerwartet. Er wird in seinem schlimmen Tun überrascht und grausam bestraft. Man mag die Todesstrafe als im Herrenrecht über die Sklaven begründet finden. Im AT hören wir wiederholt von entsetzlichen Bestrafungen. Menschen werden in Stücke gehauen (1 Sm 15,33; Dn 2,5; 13,59), zerspalten (Dn 13,55), zersägt (LXX 1 Chr 20,3), ebenfalls bei antiken Schriftstellern (Herodot 2,139,2: in der Mitte durchschnitten; ferner 3,13,2; 7,39,2). An letzteres ist auch in unserem Fall zu denken[13]. Endgültig aber gibt die Wendung vom Heulen und Zähneknirschen zu verstehen, daß der Erzähler von der Parusie und dem Gericht des Menschensohnes spricht.

III
a) Auch dieses Gleichnis gehört zur eschatologischen Paränese. Die Frage ist, ob Mt an alle Gemeindemitglieder denkt oder ob er die Warnung, die das Gleichnis ausspricht, an eine bestimmte Gruppe in der Ge-

---

[11] Bei WEISER, Knechtsgleichnisse 194f. Hier noch andere Beispiele.
[12] W f¹³ 1006 1342 1506 latt sy mae (CDLΘ 1424 mit anderer Wortstellung) lesen in V 48: Mein Herr läßt sich Zeit *zu kommen*. – In Sinaiticus* Θ 0204 1006 fehlt ἐκεῖνος.
[13] LXX Ex 29,17 wird διχοτομεῖν für die Zerteilung der Opfertiere verwendet, ApkBargr 16,3 für eine Bestrafung.

meinde gerichtet sieht. Für parLk 12,41 f dürfte es klar sein. Die Petrusfrage, ob das Gleichnis allen oder nur „uns", den „Amtsträgern", gelte, und die Einführung des οἰκονόμος-Begriffs geben eine eingeschränkte Bedeutung zu verstehen. Aber auch für Mt wird man Ähnliches erwägen müssen. Die Bildersprache legt es nahe. Nicht, daß von einem Sklaven die Rede ist, ist ausschlaggebend – dies wäre auf alle übertragbar –, aber daß im Mittelpunkt einer steht, dem besondere Verantwortung über die anderen verliehen wurde. Auch in den mt Gemeinden muß es solche gegeben haben, die besondere Verantwortung übernommen hatten. Die Verzögerungsproblematik ist für Mt akut. Im weiteren Verlauf wird es noch deutlicher hervortreten. Die eschatologische Spannung läßt in den Gemeinden nach. Vielleicht ist es auch schon zu eklatanten Verfehlungen von Gemeindeverantwortlichen gekommen. Mt ist darum bemüht, den Sinn für die bevorstehende Rechenschaft im Gericht des Menschensohnes zu schärfen.

b) Die Frage, ob das Gleichnis vom Haushalter auf Jesus zurückgeführt werden kann, hängt weniger an der Allegorie-Problematik[14]. Die Interpretation hat gezeigt, daß die Geschichte – vom mt V 51 b abgesehen – einigermaßen wirklichkeitsgetreu ist und das Sklavenmilieu wiedergibt. Angelpunkt der Frage ist die Verzögerungsproblematik, näherhin das Motiv, aus dem heraus „jener Knecht" zum Lumpen wird: Mein Herr läßt sich Zeit. Dieses Motiv ist kein beiläufiges, sondern verleiht der Geschichte Originalität. Läßt man es beiseite, unterscheidet sie sich kaum noch von jüdischen Parallelen wie dem Achikar-Roman. Wir vermuten, daß das Gleichnis letztlich um dieses Motivs willen gebildet worden ist und darum erst in der nachösterlichen Gemeinde entstand[15]. Es hatte dann von vornherein die Parusie des Menschensohnes im Blick und war mit der Absicht verknüpft, den Gefahren der Verzögerung zu steuern. Man gewinnt den Eindruck, daß es für Parusiegleichnisse kennzeichnend ist, die Schilderung der Strafe zu verschärfen[16].

c) Entsprechend dem Tenor des Textes ist die Parusie zu betonen. Es gibt Menschen, die besondere Verantwortung übertragen bekamen, in der Kirche, aber auch in der Gesellschaft. Denkt man im Sinn des Mt an jene, die in der Gemeinde tätig sind, an die „Amtsträger", so ist deren Funktion eindeutig als Dienst qualifiziert[17]. Die ihnen Anvertrauten sind σύνδουλοι

---

[14] Zum Problem vgl. KLAUCK, Allegorie.
[15] Die Auffassungen der Autoren ist geteilt. Vgl. die Übersicht bei WEISER, Knechtsgleichnisse 204–214, der mit einem ursprünglichen Reich-Gottes-Gleichnis rechnet. Daß Jesus von seiner eigenen Parusie redete, ist unwahrscheinlich. In diesem Punkt ist WEISER 205, zuzustimmen, auch wenn er es zurückweist (gegen STROBEL), χρονίζει μου ὁ κύριος (48) mit „mein Herr bleibt aus" (= kommt überhaupt nicht), zu übersetzen. Vgl. WEISER, Knechtsgleichnisse 190f. 212. Das ist die Problematik in S. BECKETTS, Warten auf Godot, nicht die der Evangelien.
[16] Das gilt auch für die Umgestaltung mancher Krisis- in Parusie-Gleichnisse (vgl. 25,29f; Lk 19,26f; 12,47f).
[17] Vgl. KÜNG, Kirche 418.

(V 49), sie sind nicht Herren über die anderen. Alle haben gemeinsam den einen Herrn über sich. Der Mißbrauch des Amtes ist im höchsten Grad tadelnswert, wie die harte Bestrafung zu verstehen geben will. In der patristischen Exegese ist das Gleichnis auch auf die Reichen übertragen worden, deren Besitz nicht ihnen gehört, sondern der ihnen von Gott zur Verwaltung übertragen wurde. Nach Chrysostomos[18] gehört ihr Besitz sogar den Bedürftigen, denen sie verpflichtet sind, ihnen die Nahrung zur rechten Zeit zu geben. Auf Christus zu warten, ist der Impetus sittlichen Handelns, seine Zeit nicht zu verbrauchen, sondern zu gebrauchen[19].

LITERATUR: O. Betz, The Dichotomized Servant and the End of Judas Iscariot: RdQ 5 (1964) 43-58.

41. Das Gleichnis von den törichten und klugen Jungfrauen (25,1–13)

1 Dann wird es sich mit der Himmelsherrschaft verhalten wie mit zehn Jungfrauen, die ihre Lampen nahmen und auszogen zur Begegnung mit dem Bräutigam. 2 Aber fünf von ihnen waren töricht und fünf klug. 3 Denn die törichten nahmen ihre Lampen, nicht nahmen sie Öl mit sich. 4 Die klugen aber nahmen Öl in Krügen mit ihren Lampen. 5 Als der Bräutigam sich Zeit ließ, wurden alle schläfrig und schliefen ein. 6 Mitten in der Nacht aber war ein Geschrei: Siehe, der Bräutigam, ziehet aus zur Begegnung! 7 Da standen alle jene Jungfrauen auf und richteten ihre Lampen her. 8 Die törichten aber sprachen zu den klugen: Gebt uns von eurem Öl, weil unsere Lampen verlöschen! 9 Die klugen aber antworteten und sagten: Nein, es wird nicht reichen für uns und euch. Geht lieber zu den Krämern und kauft es euch. 10 Als sie aber fortgingen zu kaufen, kam der Bräutigam. Und die bereit waren, gingen mit ihm hinein zur Hochzeit. Und die Türe wurde geschlossen. 11 Zuletzt aber kommen auch die übrigen Jungfrauen und sagen: Herr, Herr, öffne uns! 12 Er aber antwortete und sprach: Amen, ich sage euch: Ich kenne euch nicht. 13 Wachet also, denn ihr kennt weder den Tag noch die Stunde.

I

Das Gleichnis von den törichten und klugen Jungfrauen[1] ist das einzige in der eschatologischen Rede, das durch eine Einleitungsformel ausdrücklich als Gleichnis von der Himmelsherrschaft gekennzeichnet ist (vgl. unten zu 25,14). Die futurische Formel (mit ὁμοιόω) ist singulär[2]. Am besten

---

[18] In Matth. 77,5.
[19] Vgl. Barth, Dogmatik III/4,669; Calvin II 287.
[1] Diese Bezeichnung ist weit verbreitet, auch von den zehn Jungfrauen (Via, Weder). Ausnahme ist Schweizer: von der rechten Bereitschaft.
[2] Zu vergleichen ist 7,24.26. Dort fehlt aber die Himmelsherrschaft.

gliedert man in vier Abschnitte: die Exposition, in der die Jungfrauen als törichte und kluge markiert werden – die Reihenfolge ist zu beachten (1 f). Der Akzent liegt auf den törichten. 3–5 handeln von der Vorbereitung, 6–10 von der Ankunft des Bräutigams und dem Beginn des Hochzeitsfestes. 11 f ist ein Epilog, der den törichten gewidmet ist. V 13 ist der die Paränese der eschatologischen Rede leitmotivisch durchziehende Imperativ. Integrationsfigur ist der Bräutigam als Erwarteter, Kommender und Angekommener[3]. Die Markierung töricht/weise, die Spannung erzeugt, wird in 3 f erläutert, in 8 f, wo die törichten den klugen konfrontiert werden, in den Konsequenzen aufgewiesen, und dann aufgegeben (10: die bereit waren: 11: die übrigen). Man kann mit Via[4] von einem tragischen Gleichnis sprechen. Die Tragödie bahnt sich von vornherein an, erfährt in der Konfrontation der törichten und klugen ihre Zuspitzung und im Ausschluß ihr Ende. Von psychologischen Erwägungen hören wir nichts (anders im folgenden Gleichnis 25, 24 f). Signalwirkung kommt dem „Siehe" (V 6: Eröffnung des 3. Teils) und dem Zeitwechsel in V 22: ἔρχονται zu (nur hier das Präsens; Eröffnung des Epilogs). Die Abschlußszene ist mit besonderer Schärfe gestaltet: doppelte Herr-Anrede, Amen-Logion (11 f). Auffällig ist, daß die klugen mit maskulinischer Adjektiv-Endung (V 10: αἱ ἕτοιμοι) versehen werden, die törichten mit femininer (V 11: αἱ λοιπαί)[5]. Hat dies etwas zu bedeuten[6]?

Hinsichtlich der näheren Bestimmung der Gattung unseres Textes ist in der Literatur gegenwärtig eine Diskussion im Gang, ob wir es mit einer Parabel oder einer Allegorie zu tun haben[7]. Jülicher sprach noch – sachlich beschreibend – von einem „Durcheinander von eigentlich zu nehmenden und geistlich zu deutenden Bestandteilen."[8] Man wird den Unterschied von Parabel und Allegorie nicht darin erblicken dürfen, daß erstere eine kohärente Geschichte ist. Vielmehr ist die Allegorie als etwas anzusehen, was keine eigene Gattung konstituiert, sondern mit verschiedenen Gattungen, nicht zuletzt mit der Parabel, eine Verbindung eingeht. Wichtige Aufbauelemente der Allegorie sind Metaphern, die entweder der Konvention entnommen sind oder sich durch einen situativen Kontext nahelegen. Die Auslegung der Allegorie ist nicht allegorisch, sondern erfolgt gemäß den Intentionen des Autors. Allegorische Textelemente zu verkennen, müßte als methodischer Fehlgriff gewertet werden[9].

---

[3] WEDER, Gleichnisse 243.
[4] Gleichnisse 120.
[5] Beobachtung von SCHENK: NT 20 (1978) 287.
[6] Die zweimal erwähnte „Begegnung, Einholung" (1 und 6) wird unterschiedlich wiedergegeben: ὑπάντησις und ἀπάντησις. Allerdings gibt es variae lectiones: in V 1 ἀπάντησιν (DLWΘ f¹³ 33 1006 1342), συνάντησιν (1506); in V 6 ὑπάντησιν (ZΘ), συνάντησιν (c).
[7] WEDER, Gleichnisse 239 Anm. 138: keine Allegorie im eigentlichen Sinne; ähnlich LINNEMANN, Gleichnisse 187 Anm. 2: SCHENK: NT 20 (1978) 283: Mt bietet eine Allegorie.
[8] Gleichnisreden II 456 f.
[9] Vgl. KLAUCK, Allegorie 354 f.

Noch umstrittener ist die traditionsgeschichtliche Herkunftsbestimmung. Sie hängt mit der Gattungsbestimmung zusammen. Es gibt drei Auffassungen: 1. Man hält das Gleichnis für jesuanisch. Es handelte von der Herrschaft Gottes. Die Überlieferung bzw. Mt haben es auf die Parusie bezogen und allegorisiert[10]. 2. Man hält das Gleichnis für Gemeindebildung bzw. für MtR. Es hat von vornherein die Parusie im Visier und setzt sich mit der Verzögerungsproblematik auseinander[11]. 3. Das Gleichnis in seiner vorliegenden Form ist nachösterlich bzw. stark durch Mt geprägt. Es liegt ihm aber ein Jesusgleichnis zugrunde, das nicht mehr rekonstruiert werden kann[12]. Freilich hat es immer wieder Rekonstruktionsversuche gegeben. Einer der letzten, der wenig zu überzeugen vermag, stammt von Schenk. Das ursprüngliche Jesusgleichnis habe die Frage nach jenen beantwortet, die jetzt noch, in der kurzen Zeitspanne bis zur Ankunft der Gottesherrschaft, sterben müssen. Die Antwort habe gelautet, daß auch sie, die Schlafenden, an der Basileia teilhaben werden[13].

Redaktionelle Eingriffe des Mt sind an folgenden Stellen faßbar: die Einleitungsformel hat er gestaltet (1a: Anschluß mit τότε, Futurform, Himmelsherrschaft). Mit Hilfe des Schlußverses 13 fügt er die Gleichnisgeschichte leitmotivisch in die eschatologische Rede ein. In der Schlußszene dürfte er die Verdoppelung des κύριε (11; vgl. 7,22) und die Einführung des Richterspruches „Amen, ich sage euch" (12) geschaffen haben. Die Charakterisierung der Jungfrauen als töricht und kluge hat im Gleichnis von der Sturmflut ihre Entsprechung (7, 24–27). Dort erkannten wir die Charakterisierung des Mannes, der sein Haus auf den Fels oder auf Sand baut, als klug und töricht als MtR, wie Mt auch sonst diese beiden Wörter bevorzugt[14]. Trifft dies zu, muß V 2 auf ihn zurückgeführt werden. Die VV 3f könnten dann einmal gelautet haben: Fünf nahmen ihre Lampen, nicht nahmen sie Öl mit sich. Fünf aber nahmen Öl in Krügen mit ihren Lampen[15] Diese Eingriffe berechtigten aber keinesfalls zu der Auffassung, das ganze Gleichnis als MtR anzusehen. Auch wenn sich sonst noch mt Stileigenheiten nachweisen lassen[16], kann damit gerechnet werden, daß E eine vorgegebene (mündliche?) Überlieferung neu geformt

---

[10] So mit sehr unterschiedlichen exegetischen Ansätzen JEREMIAS, Gleichnisse 175.48f; WEDER, Gleichnisse 241–249. Der Unterschied zeigt sich darin, daß JEREMIAS von einem Krisisgleichnis spricht, was WEDER ablehnt.
[11] BORNKAMM, Verzögerung 49–55. GUNDRY 497 plädiert für MtR. Kompositionselemente seien Mk 13,33–37; Lk 12,35–38; 13,25–28 gewesen.
[12] MANSON, Sayings 244f; SCHWEIZER 305. – Vgl. auch die Forschungsübersichten bei LINNEMANN, Gleichnisse 187–193; VIA, Gleichnisse 119f.
[13] Vgl. SCHENK: NT 20 (1978) 278ff. Für SCHENK bedeutet der Schlaf der Jungfrauen den Tod. Vorstellungshintergrund ist 1 Thess 4,15–17. SCHENK muß das Gleichnis für seine Zwecke völlig ummodeln. Nur 5 Jungfrauen seien eingeschlafen! Das Rumpfgleichnis soll die Verse/Teilverse 1f.5–7.10 umfaßt haben.
[14] Vgl. Bd. I 280 und Anm. 3 dieses Kommentars.
[15] Auch die VV 8f sind entsprechend zu ändern.
[16] Dazu gehören ἀπεκρίθησαν + λέγουσαι bzw. εἶπεν (9 und 12), der Genitivus absolutus in 5 und 10. Vgl. KRETZER, Herrschaft 199f.

hat. Wichtiger ist, daß die Schlußszene von der verschlossenen Tür (10 c–12) in Lk 13,25 eine Parallele hat. Dort wird eine kleine Gerichtsschilderung dargeboten:

'αφ' οὗ ἂν ἐγερθῇ ὁ οἰκοδεσπότης καὶ ἀποκλείσῃ τὴν θύραν
καὶ ἄρξησθε ἔξω ἑστάναι καὶ κρούειν τὴν θύραν λέγοντες·
κύριε, ἄνοιξον ἡμῖν, καὶ ἀποκριθεὶς ἐρεῖ ὑμῖν· οὐκ οἶδα ὑμᾶς πόθεν
ἐστέ[17].

„Von da an, wann der Hausherr sich erhebt und die Tür schließt, werdet ihr anfangen, draußen zu stehen und an die Tür zu klopfen und zu sagen: Herr, öffne uns! Und er wird antworten und euch sagen: Ich kenne euch nicht, woher ihr seid."

Die Übereinstimmung besteht nicht nur darin, daß wir es auch am Ende des Gleichnisses mit einer Gerichtsschilderung zu tun haben, sondern daß diese darüber hinaus im Detail wörtliche Gemeinsamkeiten aufweist: der Ruf der Ausgeschlossenen, die Antwort des Richters. Wir rechnen mit dem Vorhandensein dieser Tradition in Q, zumal sie Mt schon in 7,22f berücksichtigte. Dann aber legt es sich nahe, ein vorgegebenes Gleichnis, das von der Bereitschaft und Nichtbereitschaft von zehn Brautjungfern in der Erwartung des Bräutigams erzählte, mit V 10b schließen zu lassen, näherhin mit dem Satz: Und die bereit waren, gingen mit ihm zur Hochzeit. Damit wäre ein sinnvoller Schluß gegeben, welcher der Geschichte einen erfreulicheren Akzent verleiht, ihr das Bedrohliche nimmt, ohne ihren ernsten Charakter in Frage zu stellen. Wir werden den Sinn eines solchen vorgegebenen Gleichnisses zu eruieren und die Möglichkeit, ob es auf Jesus zurückgeführt werden kann, zu prüfen haben. Mt hat dann, indem er es mit einer der Spruchquelle entnommenen Gerichtsszene verknüpfte, den Nachdruck auf dieses Gericht gelegt und das Gleichnis eindeutig zu einem Parusiegleichnis gemacht. Dabei ergaben sich auffällige Parallelen mit dem Schluß der Bergpredigt. Auch dort lesen wir eine ähnliche Gerichtsszene, auch dort wird ein kluges einem törichten Verhalten gegenübergestellt.

II

1a Die Einleitung setzt die folgende Geschichte zur Herrschaft der Himmel in Beziehung. Dabei ist die futurische Verbform zu beachten. Sie verlagert, obwohl die ganze Geschichte zu beachten bleibt, deren Schwerpunkt auf das Ende, auf das verschiedene Schicksal der beiden Gruppen, von denen die Rede sein wird, bei der Ankunft des Bräutigams.

1b–5 Die Geschichte, die wir zunächst bezüglich ihrer Bildhälfte betrachten, erzählt im ersten Teil vom Warten von zehn Brautjungfern auf den Bräutigam. Es ist hochzeitliche Feier. Die allgemeine Zahl Zehn dient zur Aufteilung in zwei Gruppen zu fünf törichten und fünf klugen. Diese Charakterisierung läßt aufhorchen. Man möchte wissen, worin sich Torheit und Klugheit erweisen. Die Aufgabe der Brautjungfern besteht darin,

---

[17] Die Gemeinsamkeiten sind unterstrichen.

den Bräutigam mit brennenden Lampen einzuholen. V 1 versteht man dabei am besten als Prolepse von V 6 und nicht in dem Sinn, daß die Mädchen sofort hinausziehen, vor das Dorf, um von dort aus dem Bräutigam entgegenzueilen[18]. Sie warten im Haus oder vor dem Haus, offenbar des Bräutigams. Wo befindet sich die Braut? Im Text ist sie nicht erwähnt[19]. Man darf aber davon ausgehen, daß sie sich bereits im Haus des Bräutigams aufhält. Denn nach V 10 beginnt die hochzeitliche Feier. Die Klugheit der Klugen besteht darin, daß sie zu den Lampen einen Ölvorrat in Krügen bereithielten[20], während dies die Törichten versäumten. Die Klugen kalkulieren eine längere Wartezeit ein. Weil es Schlafenszeit ist, werden die Mädchen müde und schlafen alle ein. Über die Beschaffenheit und Bedienung der Lampen werden verschiedene Auskünfte gegeben. Man rechnet entweder mit gewöhnlichen Öllampen, die die Stunden über gebrannt hätten, oder mit Fackeln, am oberen Ende mit Lappen umwickelt, die mit Öl getränkt wurden, von kurzer Brenndauer. Letztere hätten erst bei der Ankunft des Bräutigams entzündet werden können. Jeremias rechnet mit letzterem, weil er den Mädchen auch die Aufgabe zuschreibt, dann im Hochzeitshaus den Fackeltanz zu Ehren des Brautpaares aufzuführen[21]. Die Geschichte dürfte brennende Lampen voraussetzen, denn nach V 8 drohen sie (doch nach längerem Brennen) zu verlöschen. In römischer Zeit benutzte man für Umzüge auch Laternen (neben Fackeln, vgl. Joh 18,3)[22]. Daß ihre Lampen brennen, zeichnet die Klugen aus.

Die Forschung hat sich darum bemüht nachzuweisen, daß die geschilderten Verhältnisse den Hochzeitsgebräuchen des Landes und der Zeit entsprechen. Freilich war dies jeweils nur eine bestimmte Forschungsrichtung. Andere haben diese Bemühungen verhöhnt oder für unnötig gehalten, weil sie davon ausgingen, daß das Ganze von vornherein allegorisch gemeint und von der Sache, um die es ginge, geprägt sei[23]. Die von Jeremias angeführten Belege sind unterschiedlicher Art. Der eine aus dörflichen Verhältnissen stammend, setzt getrennte Einholungen erst der Braut, dann des Bräutigams in dessen Haus durch die Freundinnen der Braut voraus, nach Anbruch der Nacht. Im anderen Fall, der in Jerusalem spielt, hören wir von einer nächtlichen Einholung des Bräutigams in das Haus der Braut, von dem aus dann das Paar in das Haus des Vaters des Bräutigams zieht[24]. Allerdings haben die Belege den großen Nachteil, daß sie

---

[18] Mit JEREMIAS: ZNW 56 (1965) 199; anders SCHWEIZER 305.
[19] In V 1 tragen DΘ f¹ latt sy mae sekundär; „Zur Begegnung mit dem Bräutigam *und der Braut*" ein. BURKITT: JTS 30 (1929) 267ff; FONCK, Parabeln 577, verteidigen zu Unrecht diese LA. – 892* liest τῶν νυμφίων. Damit dürften Bräutigam und Braut gemeint sein.
[20] Ölkrüge (ἀγγεῖα τοῦ ἐλαίου) werden auch LXX Nm 4,9 erwähnt. Nach SCHWARZ: NTS 27 (1980/81) 270 verwendete man Butter als Zündstoff. – D fügt am Schluß von V 3 hinzu: in ihren Krügen.
[21] ZNW 56 (1965) 198–200.
[22] Vgl. GALLING, Reallexikon 149.
[23] Die erste Richtung führt JEREMIAS, Gleichnisse 171–175 an, die zweite JÜLICHER, [29] εἰς τοὺς γάμους = hinein zur Hochzeitsfeier (nicht: in das Hochzeitshaus). Gegen JEREMIAS, Gleichnisse 174.

sich auf arabisch-palästinische Hochzeitsbräuche um die letzte Jahrhundertwende beziehen. Kann man annehmen, daß die Bräuche durch 1900 Jahre dieselben geblieben sind? Wir müssen zugeben, daß wir über die Hochzeitssitten vor dem Jahr 70 verhältnismäßig wenig unterrichtet sind. In 1 Makk 9,37-39 wird anläßlich einer Hochzeitsfeier von der Heimholung der Braut berichtet, der der Bräutigam entgegenzieht. Auch für die rabbinische Zeit ist der Zug der Braut, auf der Brautsänfte getragen, in das Haus des Bräutigams nachgewiesen[25]. Das schließt allerdings nicht aus, daß es die Sitte der Einholung des Bräutigams (als lokale Sitte) gab. Jeremias weiß sogar, für die Verspätung des Bräutigams einen handfesten Grund anzugeben. Das Feilschen des Bräutigams mit den Brauteltern über die Höhe der Hochzeitsverschreibung der Braut habe lange Zeit in Anspruch genommen[26]. Die hohe Wertschätzung der Braut schmeichelte dem Bräutigam. Wir werden bei den Bemühungen um die Lebensnähe der Geschichte fiktionale Züge nicht auszuschließen und zu berücksichtigen haben, daß sie als Parabel vorgetragen ist (Vergangenheitstempus), die in der Regel von einem besonderen Fall erzählt.

6-10 Ein lauter Schrei, der die Ankunft des Bräutigams verkündet, weckt die Mädchen aus dem Schlaf. Die Auslassung des Verbs: „Siehe, der Bräutigam!" unterstreicht die Plötzlichkeit[27]. Es ist mitten in der Nacht, nicht unbedingt präzis die mitternächtliche Stunde. Wer den Schrei ausstieß, wird nicht vermerkt. Irgendwelche Leute, die den Angekommenen zuerst bemerkten, mögen es gewesen sein. Beim Herrichten der Lampen, die etwa vom Ruß befreit werden mußten, stellen die einen die Konsequenz ihres törichten Verhaltens fest, daß sie es versäumten, Öl in Krügen mitzunehmen. Ihre Lampen drohen zu erlöschen. Um sich nicht zu blamieren, bitten sie die anderen um Öl. Deren Rat, zu den Krämern zu gehen, um Öl zu kaufen, ist seit Augustinus ironisch verstanden worden[28]. Es sind hier aber jene Interpreten im Recht, die dörfliche Verhältnisse voraussetzen. Auf dem Dorf ist eine Hochzeit Anlaß genug, daß die gesamte Bevölkerung auf den Beinen bleibt. Die Klugen wollen die Törichten auch nicht desavouieren, sondern mit ihrem Zug die Einholung des Bräutigams sicherstellen, mag sie jetzt auch in bescheidenerer Form sich vollziehen. Das ganze Ehrengeleit könnte sonst im Spott enden. Durch den Weggang zu den Krämern verspäten sich die Törichten. Der Bräutigam ist inzwischen mit den anderen zur Hochzeitsfeier in das Haus eingezogen[29]. Sie stehen

---

[25] Vgl. KRAUSS, Archäologie II 37-40; BILLERBECK I 969.
[26] JEREMIAS, Gleichnisse 172.
[27] C³ WΘ f¹.¹³ 1006 1342 1506 lat sy mae fügen ἔρχεται ein. Statt „zieht aus zur Begegnung" lesen Θ f¹ 205 c: „stehet auf z.B."
[28] Sermones de verbis Scripturae 93,11: non consulentium, sed irridentium est ista responsio.
[29] εἰς τοὺς γάμους = hinein zur Hochzeitsfeier (nicht: in das Hochzeitshaus). Gegen JEREMIAS, Gleichnisse 174.

vor verschlossener Tür. Die Gelegenheit haben sie verpaßt[30]. Zu dieser Erkenntnis müssen sie jetzt gelangen.

11–13 Durch den Epilog wird die Stimmung in der Geschichte entscheidend verändert, erhält sie den Anstrich des Tragischen. Erst im Epilog hören wir etwas vom inneren Beteiligtsein der Mädchen. Sie stellen sich vor der verschlossenen Tür ein und bitten um Einlaß. Die präsentische Formulierung „sie kommen und sagen" zeigt im Sinn des Mt den dramatischen Höhepunkt an[31]. Bereits die doppelte Herr-Anrede sprengt die Szene. Noch mehr tut dies die Reaktion des Bräutigams. Mit der formelhaften Verleugnungssentenz „Ich kenne euch nicht" sagt er sich von den törichten Mädchen los (vgl. 7,23; Lk 13,25 c)[32]. Es kann kein Zweifel mehr darüber bestehen, daß die Gerichtssituation eingeblendet ist.

1–13 Damit ist es möglich, das mt Verständnis des Gleichnisses aufzuzeigen. Von seinem Ende her ist es eindeutig als Parusiegleichnis zu lesen, dessen Anliegen darin besteht, angesichts der ungewissen, aber nicht fernen Ankunft des Menschensohnes zur Bereitschaft zu ermuntern. Von diesem Ende her gewinnen einzelne Züge allegorische Bedeutung. Diese wird zusätzlich durch parallele Stellen im Evangelium gestützt. Der Bräutigam ist von vornherein Christus (vgl. 9,15 f). Die Schlußszene ist sein Gericht, die Brautjungfern stehen für die Gemeinde, wie ihre Herr-Herr-Akklamation ausweist. Der Ausschluß der Törichten ist das Strafurteil. Die Einholung des Bräutigams gewinnt den Rang der Einholung eines Herrschers (vgl. 1 Thess 4,17; Mt 8,34). Die nächtliche Erwartung der Parusie stimmt mit 24,43 überein. Ob der mitternächtliche Schrei dem prophetisch-inspirierten Schrei, der nach frühchristlicher Vorstellung Weltende und Gericht ankündigt, entspricht, mag dahingestellt bleiben[33]. Das Erwachen der eingeschlafenen Mädchen mit der Auferstehung der Toten identifizieren zu wollen[34], führt zu weit und übersteigt sicherlich die Intentionen des Mt. Wichtig ist die Einstufung der Verzögerung des Bräutigams. Im Blick auf 24,48 wird man für Mt sagen müssen, daß auch in unserem Gleichnis die Verzögerungsproblematik mitbedacht ist. E will erneut angesichts des Verzuges der Zeit vor aufkommender Müdigkeit und Gleichgültigkeit warnen. Es ist aber auf den Perspektivenwechsel gegenüber 24,48 aufmerksam zu machen. Ist dort der einkalkulierte Verzug der Zeit Anlaß zu Bosheit und Frevel, so wird es den törichten Mädchen zum Verhängnis, daß sie gerade diese Verzögerung nicht berücksichtigen. Es wird darauf

---

[30] Die verschlossene Tür ist im Rabbinischen sprichwörtlich für die verpaßte Gelegenheit. Vgl. BILLERBECK I 970.
[31] Mit SCHENK: NT 20 (1978) 286. JÜLICHER, Gleichnisreden II 452, sieht durch das Präsens die Eile angezeigt. – DW it ändern ab in ἦλθον. Damit ist eine mt Nuance verdorben.
[32] Die Verleugnungsformel ist rabbinisch. Vgl. BILLERBECK I 469.
[33] Vermutung von BORNKAMM, Verzögerung 53.
[34] So WEDER, Gleichnisse 242 Anm. 155.

zurückzukommen sein, was dies bedeuten könnte (vgl. III b). Im abschließenden V 13 faßt E im Ruf zur Wachsamkeit sein Anliegen zusammen. Es ist verfehlt, in diesem Ruf einen Widerspruch zur Geschichte erblicken zu wollen, in der alle Mädchen eingeschlafen sind[35]. Wachen ist mehr als Nichtschlafen, sondern hebt ab auf die Bereitschaft, jederzeit dem Bräutigam mit brennender Lampe entgegengehen zu können. Diese Metapher bedarf einer Erläuterung, die im Folgenden zu geben ist.

III

a) Mt läßt uns hinsichtlich seines Verständnisses von den brennenden Lampen nicht im Stich. Gewiß haben wir atl Analogien, die uns die Richtung weisen könnten: „Das Licht der Gerechten strahlt auf, die Lampe der Frevler erlischt" (Spr 13,9; vgl. Job 18,5). Doch ist Anhalt für die Gewinnung des Verständnisses die schon erwähnte Beobachtung, daß Mt den Gleichnisschluß in gewisser Übereinstimmung mit dem Ende der Bergpredigt gestaltet hat (vgl. Punkt I). Auch dort haben wir eine Gerichtsszene mit dem Strafurteil (7,23), auch dort begegnet uns die Antithese des Klugen und Toren (7,24ff). Klug sein bedeutet dort schlicht: die Worte Jesu nicht bloß hören, sondern auch tun. Diese Bestimmung ist auf unser Gleichnis zu übertragen. Bereit dem Herrn zu begegnen sind jene Christen, die sich durch die Dehnung der Zeit nicht davon abbringen lassen, den Willen Gottes zu tun, und zwar so, wie Jesus ihn in der Bergpredigt proklamierte[36]. Wenn sich der Bräutigam-Richter von den Törichten lossagt, so kann als vergleichbare Stelle 10,33 herangezogen werden.

b) Ist das Gleichnis auf Jesus rückführbar oder kann es nur als nachösterliche Auseinandersetzung mit der Problematik der Parusieverzögerung verstanden werden[37]? Wir meinten oben, eine Grundgestalt der Parabel herausschälen zu können, die mit dem Einzug des Bräutigams zur Hochzeitsfeier schloß. Ist so von der abschließenden Gerichtsszene abzusehen, die die Geschichte auf eine allegorische Ebene erhob, so bleibt als metaphorisches Element der Bräutigam, der in einem Jesusgleichnis nicht auf den Messias, sondern auf Jahve zu beziehen ist. Diese Metaphorik ist vorgeprägt[38]. Das Gleichnis vom kommenden Gott, das heißt, von der kommenden Gottesherrschaft, darf aber nicht als Krisisgleichnis angesprochen werden[39]. Vielmehr macht es hellhörig dafür, auf diesen kommenden und nahen Gott hin zu leben und sich von ihm bestimmen zu lassen. Das Motiv von der Verzögerung der Ankunft des Bräutigams, das

---

[35] Gegen JEREMIAS, Gleichnisse 48f; W. G. KÜMMEL, Verheißung und Erfüllung (AThANT 6) (Zürich ³1956) 50.
[36] Für DONFRIED: JBL 93 (1974) 422–428 ist das Öl eine Metapher für gute Werke.
[37] Letzteres ist die Position von BORNKAMM, Verzögerung; LINNEMANN, Gleichnisse 132.
[38] Mit WEDER, Gleichnisse 244. Vgl. Is 62,5 und BILLERBECK I 970.
[39] Gegen JEREMIAS, Gleichnisse 175; VIA, Gleichnisse 120–122, für den die Parabel die Lehre enthält, daß man einer Krise nicht unvorbereitet entgegengehen darf. Diese existentialistische Interpretation kann kaum befriedigen.

anders verläuft wie in 24,48, hat dann nicht den Sinn, die Verzögerungsproblematik zu beantworten, sondern will darüber belehren, daß die Welt nicht im apokalyptisch-enthusiastischen Sinn übersprungen werden darf[40]. Dies könnte dadurch geschehen, daß man den Zeitpunkt meint berechnen zu können, weil so die Bereitschaft eine Grenze erführe. So verstanden ist die Parabel aufschlußreich für Jesu Basileia-Erwartung.

c) Thema des Gleichnisses ist das Warten: Warten ist ein Faktor der Zeit. Die Zeit ist ein Faktor menschlicher Existenz. Ein Warten bestimmt auf irgendeine Weise stets unser Leben. Es gibt ein beiläufiges und ein wesentliches Warten[41]. Letzteres erfüllt den Menschen in seinem ganzen Sinn. So wartete etwa die Mutter auf den vermißten Sohn nach dem Krieg. Die klugen Jungfrauen warten wesentlich. Dies bedeutet nicht, daß das irdische Leben zum Wartesaal für das künftige wird, aber daß es im Blick auf den ankommenden Gott als verantwortetes gelebt wird. Warten auf Gott setzt Glaube voraus. Darum ist Luthers[42] Interpretation, die mit dem Öl in den Lampen den Glauben abgebildet sieht, erwähnenswert, wenngleich sie die mt Intention, der an die Werke denkt, nicht trifft, eher schon die Intention Jesu. Es ist interessant zu sehen, daß die Deutung auf die Werke bei den Vätern fortlebt, die auch andere Züge des Gleichnisses allegorisierten[43]. Der Nihilist und Atheist hält solches Warten für sinnlos und kann seiner nur spotten. Man vergleiche ein Gedicht von L. Ferlinghetti, in dem es unter anderem heißt: „Und ich warte ernsthaft auf Billy Graham und Elvis Presley, die ihre Rollen vertauschen sollen; und ich warte, Gott im Fernsehen zu sehen ..., wenn sie nur den richtigen Kanal finden könnten."[44] Warten auf Gott erfüllt sich vorläufig im Tod – schon bald wurde in der Auslegungsgeschichte die Parabel auf den Tod bezogen[45] –, erfüllt sich endgültig in der jüngsten Nacht, am jüngsten Tag, „wenn Gottes Wort wie Springflut kommt."[46]

LITERATUR: F. W. BURKITT, The Parable of the Ten Virgins: JTS 30 (1929) 267–270; H. L. GOUDGE, The Parable of the Ten Virgins: JTS 30 (1929) 399–401; M. MEINERTZ, Die Tragweite des Gleichnisses von den zehn Jungfrauen: Synoptische Studien (Festschrift A. Wikenhauser) (München 1954) 94–106; A. STROBEL, Zum Verständnis von Mt 25,1–13: NT 2 (1958) 199–227; J. JEREMIAS, ΛΑΜΠΑΔΕΣ Mt 25,1.3f.7f: ZNW 56 (1965) 196–201; J. M. FORD, The Parable of the Foolish Scholars: NT 9 (1967) 107–123; G. BORNKAMM, Die Verzögerung der Parusie: Geschichte und Glaube I (BEvTh 48)

---

[40] Vgl. WEDER, Gleichnisse 246f.
[41] Vgl. GOGARTEN, Schatz 333.
[42] II 846. In den klugen und törichten Jungfrauen erblickt der Reformator die rechten und die erdichteten Christen (844).
[43] Vgl. CHRYSOSTOMOS, in Matth. 78,1 (Ende). Griechische Väter setzten die Parabel zur Jungfräulichkeit in Beziehung, Hieronymus und Gregor d. Gr. die Fünfzahl zu den fünf Sinnen. Belege bei FONCK, Parabeln 584f.
[44] Aus: A Coney Island of the Mind. Abgedruckt bei VIA, Gleichnisse 123.
[45] CHRYSOSTOMOS, in Matth. 78,1, versteht das Gleichnis zwar als Parusiegleichnis, deutet den Schlaf der Jungfrauen aber auf den Tod.
[46] Vgl. MARTI, Geduld 30. – BARTH, Dogmatik III/2, 608f, leitet aus dem Gleichnis den Gedanken ab, daß die Gemeinde am Kommen Christi beteiligt sein wird.

(München 1968) 46–55; I. MAISCH, Das Gleichnis von den klugen und törichten Jungfrauen: BiLe 11 (1970) 247–259; K. P. DONFRIED, The Allegory of the Ten Virgins as a Summary of Matthean Theology: JBL 93 (1974) 415–428; W. SCHENK, Auferweckung der Toten oder Gericht nach den Werken. Tradition und Redaktion in Mt 25,1–13: NT 20 (1978) 278–299; G. SCHWARZ, Zum Vokabular von Mt 25,1–12: NTS 27 (1980/81) 270–276.

42. Das Gleichnis von den anvertrauten Talenten (25,14–30)

14 Denn es verhält sich wie mit einem Menschen, der auf Reisen ging. Er rief die ihm gehörenden Sklaven und übergab ihnen seine Güter. 15 Und einem gab er fünf Talente, einem zwei, einem eins, jedem nach seiner Tüchtigkeit. Und er reiste ab. Sofort 16 ging der, welcher die fünf Talente empfangen hatte, hin, wirtschaftete mit ihnen und gewann fünf weitere. 17 Ebenso gewann der mit den zwei zwei weitere. 18 Der aber das eine empfangen hatte, ging weg, grub die Erde auf und versteckte das Geld seines Herrn. 19 Nach langer Zeit aber kommt der Herr jener Sklaven und hält Abrechnung mit ihnen. 20 Und es trat, der die fünf Talente empfangen hatte, heran, überbrachte fünf weitere Talente und sagte: Herr, fünf Talente hast du mir übergeben. Siehe, weitere fünf Talente habe ich gewonnen. 21 Sein Herr sprach zu ihm: Schön, guter und treuer Sklave, über wenigem warst du treu, über vieles werde ich dich stellen. Tritt ein zum Freudenfest deines Herrn! 22 Und es trat der mit den zwei Talenten heran und sprach: Herr, zwei Talente hast du mir übergeben. Siehe, weitere zwei Talente habe ich gewonnen. 23 Sein Herr sprach zu ihm: Schön, guter und treuer Sklave, über wenigem warst du treu, über vieles werde ich dich stellen. Tritt ein zum Freudenfest deines Herrn! 24 Es trat aber auch heran, der ein Talent bekommen hatte, und sprach: Herr, ich wußte von dir, daß du ein harter Mensch bist, erntest, wo du nicht gesät hast, und sammelst ein, was du nicht ausgeteilt hast. 25 Und aus Furcht ging ich weg und versteckte dein Talent in der Erde. Siehe, da hast du das Deine. 26 Sein Herr aber antwortete und sprach zu ihm: Du böser und fauler Knecht, du wußtest, daß ich ernte, wo ich nicht gesät habe, und einsammle, was ich nicht ausgeteilt habe. 27 Du hättest also meine Gelder bei den Wechslern anlegen müssen, und ich hätte bei meinem Kommen das Meine mit Zins wiederbekommen. 28 Darum nehmt ihm das Talent und gebt es dem, der die zehn Talente hat. 29 Denn jedem, der hat, wird gegeben werden, und er wird Überfluß haben. Wer aber nicht hat, dem wird auch, was er hat, genommen werden. 30 Und den unnützen Sklaven werft in die äußerste Finsternis. Dort wird Heulen und Zähneknirschen sein.

I

Das Gleichnis wird meist das Gleichnis von den anvertrauten Geldern genannt. Wir bevorzugen: von den anvertrauten Talenten, um es von der Lk-Parallele abzusetzen. Es ist eine Parabel, da es von einem besonderen Fall erzählt, und ein Basileiagleichnis. Die anakoluthische Einleitung[1] – zu ergänzen: *mit der Himmelsherrschaft* verhält es sich wie – deutet dies an. Begründend ist sie an den voraufgehenden Wachsamkeitsruf (13) angeschlossen. Die erzählerische Handlung zerfällt im wesentlichen in drei Teile: ein verreisender Herr vertraut seinen Sklaven sein Vermögen an (Exposition: 14f); das Verhalten der Sklaven während der Abwesenheit des Herrn (16–18); der zurückgekehrte Herr hält mit den Sklaven Abrechnung (19–30). Der abreisende und zurückkehrende Herr ist die die Geschichte einende Figur, die ansonsten von der volkstümlichen Regeldetri (drei Sklaven) geprägt ist. Im Blick auf die Sklaven ergibt sich eine antithetische Struktur (gut–böse)[2]. Die Sprache ist von Fachwörtern des Bankwesens gespickt (Wechsler, Zins, gewinnen, Talent, Geld, Abrechnung halten). Kennzeichnend sind die Dialoge, die im dritten Teil zwischen dem Herrn und den Sklaven geführt werden. Sie sind aufeinander abgestimmt und parallelisiert. Der Sklave redet jeweils den Herrn an und legt Rechenschaft ab. Auch der Herr redet jeweils den Sklaven an, begründet seine Belohnung/Bestrafung und schließt mit einem Imperativ (Tritt ein! Nehmt ihm das Talent!). Es besteht eine Abstimmung zwischen Tun und Ergehen, wie im dritten Fall deutlich wird: der Herr greift die Ausrede des bösen Sklaven auf. So kommt es zu Wiederholungen, auch in der Belobigung der beiden guten Sklaven. Die Repetitionen sind offenbar wichtig und sollen sich dem Hörer einprägen. Ein gewisser Akzent liegt, entprechend der Regeldetri, auf dem dritten Knecht. Ihm wird auch der breiteste Raum gewidmet. Doch sind die beiden anderen mehr als nur Staffage und Vorspiel. Darum ist es nur bedingt zutreffend, von einem tragischen Gleichnis zu sprechen[3]. Beachtung verdienen auch die Wechsel der Tempi. In V 19 wechselt das Erzähltempus der Vergangenheit, das die ganze Geschichte bestimmt, in das Präsens. Die Ankunft des Herrn, der jetzt Abrechnung hält, soll auf diese Weise unterstrichen werden. In den VV 29f erscheint die futurische Zeitform. V 29 ist eine Gnome, in V 30 weitet sich der Horizont eindeutig allegorisierend zur Szene des letzten Gerichts. Dies hat rückwirkende Bedeutung.

Das Gleichnis von den Talenten hat seine Analogie im lk Gleichnis von den Minen Lk 19,12–27. Es besteht kein Zweifel, daß beide Ausformungen der Geschichte auf eine gemeinsame Vorlage zurückgehen, die in Q zu suchen ist[4]. Betrachten wir zunächst die Unterschiede. Lk erzählt von ei-

---

[1] Vgl. JÜLICHER, Gleichnisreden II 472.
[2] Vgl. KRETZER, Herrschaft 208: dualistisch geprägte Schilderung.
[3] So VIA, Gleichnisse 113.
[4] Die Auffassung von WEISER, Knechtsgleichnisse 256, daß Mt und Lk das Gleichnis je ihrer Sonderüberlieferung entnahmen, kann nicht überzeugen. Hierzu sind die Überein-

nem Kronprätendenten, der in ein fernes Land reist, um sich die Königswürde zu holen und seinen zehn Sklaven zehn Minen überläßt. Die Einwohner des Landes wollen die Einsetzung zum König verhindern und schicken eine Delegation hinterher. Dennoch kommt er als König zurück und hält Abrechnung mit seinen Sklaven. Einer gewann zehn, der zweite fünf Minen hinzu, der dritte hatte das Geld in seinem Schweißtuch verborgen. Zur Belohnung werden die ersten beiden zu Gouverneuren über zehn und fünf Städte bestellt, während der dritte für seine Gleichgültigkeit mit dem Entzug des Geldes bestraft und vor den Augen des Königs niedergehauen wird. Trotz des erweiterten Erzählverlaufs und der anderen Rahmenbedingungen kann die übereinstimmende Grundstruktur ohne weiteres erkannt werden: die Abreise des Herrn, die Übergabe von Geld an die Sklaven, die Abrechnung mit drei Sklaven nach der Rückkehr, von denen der dritte schlecht wegkommt und sich mit zum Teil den gleichen Worten rechtfertigt wie in Mt 25,24 (die Antwort des Herrn entspricht dem). Auch die abschließende Gnome V 29 ist bei Lk 19,26 nahezu wortgleich zu finden. Die Verwandlung, die das lk Gleichnis erfuhr, ist darauf zurückzuführen, daß Lk eine historische Begebenheit in die Geschichte einflocht, die Reise des Herodessohnes Archelaos im Jahr 4 v. Chr. nach Rom, der sich vom Kaiser seine Herrschaft über Judäa bestätigen lassen wollte. Von hier aus gewinnt die mt Version den größeren Anspruch auf Ursprünglichkeit und erweisen sich zahlreiche lk Züge als sekundär: daß aus dem Mann ein Edelmann wurde, daß er die Sklaven zu Gouverneuren ernennt, daß er den letzten hinrichten läßt[5]. Dennoch hat auch Mt die Parabel gesteigert. Dies geschah durch die Ersetzung der Minen durch Talente. 1 Mine entspricht 100 Denaren, 1 Talent hingegen 60 Minen, wenn wir das kleinere attische Talent voraussetzen dürfen[6]. Der abreisende Herr hinterläßt fürstliche Summen. Umstritten ist insbesondere, ob die Abstufung der Geldvergabe in 5,2 und 1 (Talente) bei Mt älter ist, oder ob Lk das Ursprüngliche bewahrte, wenn jeder das Gleiche übertragen bekommt, eine Mine. Gegen Mt macht man geltend, daß eine Abstufung von vornherein die Diskrepanz zwischen dem dritten Sklaven und den ersten beiden verringern würde[7]. Jedoch besteht die auffällige Übereinstimmung, daß bei Mt und Lk der erste Sklave am Schluß mit 10 Talenten/Mi-

---

stimmungen zu groß (besonders in den VV 24.26-29). In den daneben bestehenden beträchtlichen Unterschieden ist das Gleichnis vom königlichen Hochzeitsmahl 22,1-14 mit Lk 14,15-24 zu vergleichen.

[5] Es ist abwegig, aus der lk Version ein Gleichnis vom Thronprätendenten herauszuschälen, daß mit dem Gleichnis von den Minen fusioniert worden sei. Gegen JEREMIAS, Gleichnisse 56; M. ZERWICK, Die Parabel vom Thronanwärter: Bib 40 (1959) 654-674. WEDER, Gleichnisse 194 Anm. 124, meint zu Recht, daß ein solches Gleichnis als reinste Allegorie aufgefaßt werden müßte, was zu Jesus nicht paßt, und schlägt vor, vom Motiv des Thronprätendenten zu reden.

[6] Vgl. FONCK, Parabeln 608. τὸ τάλαντον kommt in LXX häufig vor (Ex 25,38; 2 Kg 12,30; 3 Kg 9,14.28; 10,10 usw.). Ursprünglich handelt es sich um ein Gewichtsmaß (= 36 oder 26 kg). Vgl. BAUER, Wörterbuch 1590.

[7] WEDER, Gleichnisse 196 Anm. 131.

nen dasteht, nur hat er sie nach Mt aus 5, nach Lk aus 1 Einheit gewonnen. Das Letzte ist eine krasse Steigerung. Das Gröbere pflegt das Spätere zu sein[8]. Gehen wir davon aus, daß Minen in der Vorgabe verteilt wurden, ist der originelle Zug, daß der böse Sklave das Geld im Schweißtuch verbirgt, als ursprünglich zu betrachten. Mt war durch die Einführung der Riesensumme gezwungen, den Mann das Geld in der Erde vergraben zu lassen[9].

Was für Veränderungen hat Mt außer der Einführung der Talente und deren Vergraben durch den dritten Sklaven noch vorgenommen? Wir beschränken uns auf das Wichtige. Sicher stammt V 30 von ihm, der am Schluß die Bestrafung des faulen Knechtes im messianischen Gericht darstellt. Dem entspricht in den VV 21 c und 23 c das Wort: Tritt ein zum Freudenfest deines Herrn, das allegorisierend die Zulassung zur Himmelsherrschaft umschreibt und gleichfalls MtR ist. In der Abrechnung mit den Sklaven betont Mt deren Einsatz: ich habe gewonnen (20 und 22), Lk hingegen die Zinskraft des Geldes: deine Mine hat erbracht (19, 16 und 18)[10]. In der Rechtfertigung des dritten Sklaven charakterisiert nach Mt 25,24f dieser zunächst seinen Herrn, äußert dann seine Furcht und erzählt, was er mit dem Geld getan hat. In Lk 19,20f verläuft der Gedankengang genau umgekehrt. In beiden Fällen läßt sich kaum noch entscheiden, was ursprünglicher ist, vielleicht war es im ersten Fall die Zinskraft des Geldes. „Du sammelst ein, was du nicht ausgeteilt hast" (Mt 25,24; vgl. 26) wird hingegen gegenüber „du nimmst (hebst ab), was du nicht angelegt hast" (Lk 19,21; vgl. 22) als dem banktechnischen Ausdruck sekundär sein[11]. Auch hat Mt in die Gnome V 29 „und er wird Überfluß haben" eingefügt. Ebenfalls schwer zu entscheiden ist die Frage, von wem die Bemerkung „nach langer Zeit" in 19 stammt. Die Antwort ist für die Exegese nicht ohne Belang. Weil die hier vorausgesetzte längere Zeitspanne das Tun der Sklaven nicht veranlaßt, sondern ermöglicht, möchten wir für Vorgabe plädieren[12].

II

14–18 Die Parabel hat es wie die voraufgehende von den törichten und klugen Jungfrauen mit der Himmelsherrschaft zu tun. Den engen Anschluß an diese deutet die ganz knappe Einführung an. Die Begründung[13], die die Parabel liefern will, bezieht sich zwar zunächst auf die Aufforderung zu wachen in V 13, doch wird man damit auch angezeigt sehen dür-

---

[8] Mit JÜLICHER, Gleichnisreden II 493f.
[9] Anders etwa WEDER, Gleichnisse 203.
[10] Wechsel von προσηργάσατο zu ἐποίησεν.
[11] Mt schafft eine Parallele zum Erntebild.
[12] Zu weiteren Details, die aber für die Interpretation kaum von Bedeutung sind, vgl. auch die Analysen von JÜLICHER, Gleichnisreden II 472–495; SCHULZ, Q 288–293; WEISER, Knechtsgleichnisse 227–258; WEDER, Gleichnisse 193–202. Die VV 16-18 als MtR anzusehen, kann kaum überzeugen. Auch nicht die Annahme einer vormt Redaktion.
[13] γάρ wurde sekundär in DW und einigen Vulgata-Hss gestrichen.

fen, daß diese Parabel die andere fortsetzt, bezüglich des zu verhandelnden Themas von der Basileia.

Betrachten wir zunächst den Erzählverlauf. Ein Mann, der am besten als Großkaufmann vorzustellen ist, verreist, vermutlich ins Ausland. Er überträgt dreien seiner Sklaven sein Vermögen, ohne ihnen einen besonderen Auftrag zu hinterlassen. Das bedeutet, daß er die Art und Weise, wie sie mit dem Vermögen umgehen, ihnen überläßt[14]. Es ist abwegig, in den mit dem Geld Betrauten Geldfachleute, die mit fremdem Kapital arbeiteten, und keine Sklaven zu sehen[15]. Ein Sklave konnte ein ihm von seinem Herrn übergebenes Geld nutzbringend verwenden. Er war dann in dieser Sache wie sein Herr. Nur gehörte der erzielte Gewinn natürlich nicht ihm, sondern seinem Herrn[16]. Den Sklaven werden beträchtliche Geldsummen übertragen, aber nicht jeder erhält den gleichen Betrag. Der Herr kennt seine Sklaven und weiß ihre Tüchtigkeit einzuschätzen[17]. Damit ist der dritte nicht desavouiert oder zum Fehlschlag verurteilt, sondern entsprechend behandelt. Offenbar kommt es dem Mann auch darauf an, seine Leute zu erproben. 5 Talente sind – das attische, nicht das jüdische Talent, vorausgesetzt – 30 000 Denare (ein Denar ein Tageslohn), 2 und 1 Talent also 12 000 und 6000 Denare. Sofort[18] nach der Abreise des Herrn macht sich der erste an die Arbeit. Er gewinnt die gleiche unglaubliche Summe hinzu; wie, wird nicht gesagt. Doch kann man davon ausgehen, daß es vorwiegend durch Anlage bei der Bank geschah (vgl. V 27).

Das Bankwesen im alten Israel war dem unsrigen heute ziemlich ähnlich. Die Bankhalter (τραπεζῖται, *schulchanim*, in Rom die mensularii oder collectarii) hatten im wesentlichen drei Aufgaben zu erfüllen: Geld zu wechseln (auch ausländische Währung), Geld aufzubewahren (ohne Zins), mit übertragenem Geld Zinsen zu erwirtschaften. Dieser Fall des sogenannten offenen Depositum ist für unser Gleichnis anzunehmen. Bankhalter und Geldgeber teilten sich den Gewinn. Juden hatten in nahezu allen bedeutenderen Städten des Römerreiches Bankniederlassungen. Es fehlte nicht an zuverlässigen Verbindungen nach allen Richtungen[19]. Die erwirtschafteten Zinsen konnten beträchtlich sein. So hören wir von einem

---

[14] par Lk 19,13 hat einen Auftrag ergänzt: Wirtschaftet damit, bis ich komme.
[15] Gegen DERRETT: ZNW 56 (1965) 185.
[16] Vgl. BILLERBECK I 970.
[17] In V 15 lesen D ff¹: κατὰ τὴν δύναμιν αὐτοῦ.
[18] Die Stellung des „sofort" ist textlich umstritten. Die altkirchliche Exegese einschließlich Luther bezogen es auf das Vorhergehende, also: und er reiste sofort ab. Dem entspricht die Verstellung, die εὐθέως noch zu V 15 nimmt. Heute hat sich die Auffassung durchgesetzt, das Wörtchen zum Folgenden zu ziehen: sofort ging der ... – Zahlreiche Textzeugen beziehen die eine oder andere Position, indem sie die Partikel δέ an unterschiedlicher Stelle einfügen: εὐθέως. πορευθεὶς δέ oder: εὐθέως δὲ πορευθείς. Die Partikel δέ aber fehlt im ursprünglichen Text, den Sinaiticus* B 33 bezeugen dürften. In V 16 bieten Sinaiticus* W 1006 1342 syʰ ἐποίησεν (wahrscheinlich Paralleleinfluß von Lk 19,18).
[19] Vgl. FONCK, Parabeln 608; BILLERBECK I 970. Zur Geldaufbewahrung auf Reisen und im Haus vgl. KRAUSS, Archäologie II 414–416.

Mt 25,18–28

gewissen Protos, Freigelassener der Königin Berenike, daß er Herodes Agrippa I. 17 500 Drachmen lieh, aber einen Schuldschein über 20 000 Drachmen ausstellte, mithin 2500 (= 14,2%) von vornherein verdiente[20].

Die Zinsen kamen zwar von selbst, doch sind für den Gewinn eines hohen Betrages ständige Überwachung des Geldes und wohl auch noch andere geschäftliche Unternehmungen erforderlich. Der zweite Sklave arbeitet ebenso erfolgreich. Der dritte aber vergräbt seine 6000 Denare in der Erde. So verfuhr man immer in Kriegszeiten, wenn flüssiger Besitz dem Zugriff des Feindes ausgeliefert war. Warum der Mann so handelt, wird zunächst nicht gesagt. Er wählt offenbar einen ihm sicher erscheinenden Weg. Wer ein Depositum vergrub, war nach rabbinischem Recht im Fall des Diebstahls von der Haftpflicht befreit[21].

19–28 Der nach langer Zeit[22] zurückkehrende Herr hält Abrechnung mit den drei Sklaven. Die beiden erfolgreichen weisen ihre Gewinne vor. Immerhin erhält der Herr von ihnen 14 Talente zurück. Seine Belohnung begründet er mit ihrer Zuverlässigkeit und Treue. Daß sie über wenigem treu waren, ist angesichts der Summen ein understatement, kann jedoch als bestätigender Hinweis darauf gewertet werden, daß in der Gleichnisvorlage des Mt von geringeren Beträgen die Rede war (s. Punkt I). Es stimmt mit rabbinischer Auffassung überein, daß Zuverlässigkeit im Kleinen den Menschen bei Gott groß macht[23]. Zur Belohnung werden die beiden über vieles gesetzt. Damit dürfte angedeutet sein, daß sie eine führende Position im Unternehmen ihres Herrn empfangen. Diese Auszeichnung verbleibt in der Realität. Hingegen macht die Aufforderung, in die Freude ihres Herrn einzutreten, die Szene transparent im Hinblick auf das messianische Freudenmahl im Reiche Gottes.

Der dritte Sklave, dessen Abrechnung eine psychologische Nuance erhält und allein einen Einblick in die Motivation seines Tuns eröffnet, gibt dem Herrn das anvertraute Geld zurück, ohne es vermehrt zu haben: Da hast du das Deine. Vielleicht war er bis zur Stunde seiner sicher und wurde erst durch die Abrechnung seiner Kollegen, deren Zeuge er war, verunsichert[24]. Er wähnte, genug getan zu haben, wenn er das Anvertraute bewahrt. Motivation für sein Tun war die Furcht vor dem Herrn, den er als strengen, auf seinen Besitz bedachten, sogar geldgierigen Menschen kennt, und vor der Abrechnung. Ihm fehlte der Mut zum Einsatz[25]. Der Herr packt

---

[20] JOSEPHUS, ant. 18, 157. Protos beschuldigte Agrippa, früher entliehenes Geld nicht zurückgegeben zu haben.
[21] Vgl. BILLERBECK I 972.
[22] W liest: nach einer gewissen Zeit (μετὰ δὲ χρόνον τινά).
[23] ExR 2 (68b): Gott gibt einem Menschen erst dann Größe, wenn er ihn in einer kleinen Sache erprobt hat. Bei BILLERBECK I 972. In den VV 20 und 22 lesen verschiedene Hss verdeutlichend ἐπεκέρδησα + επ' αὐτοῖς.
[24] Vermutung von RESENHÖFFT: NTS 26 (1979/80) 322.
[25] Diesen Zug sollte man nicht bestreiten mit dem Hinweis darauf, daß das Kapital schon von selbst gearbeitet hätte.

ihn mit seinen eigenen Worten und belehrt ihn darüber, was zu tun gewesen wäre, nämlich, nach dem Vorbild der beiden anderen, die Gelder anzulegen [26] und damit zu wirtschaften. Zur Bestrafung wird er des ihm anvertrauten Talents beraubt. Er sinkt wieder zurück in die Bedeutungslosigkeit. Die Übergabe des Talents an den besten Sklaven [27] soll die Kluft, die zwischen diesem und jenem besteht, noch bewußter werden lassen.

29 Eine sprichwortartige Sentenz begründet das Verhalten des Herrn, näherhin die Behandlung des ersten und dritten Sklaven. Es fügt sich auch vorzüglich in die Geschichte ein, weil es eine Erfahrung widerspiegelt, die aus dem kapitalistisch-finanziellen Bereich stammt. In der Weisheitsliteratur gibt es Analogien [28]. Mt betont den Überfluß des ersten. Jedoch ist der Spruch ein selbständiger und ursprünglich kaum mit der Parabel verbunden gewesen [29]. Er verweist von Haus aus auf einen Prozeß, der sich von selbst ergibt. In der Parabel entscheidet der Herr.

Rabbinische und orientalische Analogien zu unserer Parabel vermögen keine Abhängigkeiten zu erweisen, wohl aber zu verdeutlichen, daß die in ihr verarbeiteten Motive sich großer Beliebtheit erfreuten. Im Sohar chadasch 47,2 wird uns die Geschichte von einem König erzählt, der jedem von drei Sklaven ein Pfand überläßt. Der eine behütet es, der zweite verliert es, der dritte vermag es mit Hilfe eines anderen teilweise zu erhalten. Bei der Abrechnung ernennt der König den ersten zum Wesir über sein Haus, bestraft den zweiten mit dem Tod und macht die Entscheidung über den dritten davon abhängig, wie dessen Vertrauensmann handelte. Im Sohar will die Parabel veranschaulichen, wie das Schicksal des Menschen im Guten wie im Bösen von anderen Menschen bestimmt sein kann. Etwas ferner liegt die orientalische Erzählung von dem Mann, der bei seiner Abreise zwei Freunden je ein Maß Getreide und ein Bündel Wolle überläßt. Der erste verarbeitet das Getreide zu Mehl und webt aus der Wolle ein Tischtuch. Der zweite läßt beides unberührt liegen. Bei seiner Rückkehr lobt der Mann den einen und tadelt den anderen. Die Geschichte verdeutlicht den Gedanken, daß das unveränderliche Festhalten am Buchstaben des Gesetzes schlechter sein kann als seine lebendige Auslegung mit Hilfe der Tradition [30].

---

[26] In V 27 haben Sinaiticus² ACDL f¹·¹³ 33 892 1006 1342 mae bo den Singular: τὸ ἀργύριον (Paralleleinfluß von Lk 19,23).

[27] D liest in V 28: dem, der *fünf* Talente hat. Vielleicht setzt die Hs voraus, daß der Sklave die 5 Talente behalten durfte.

[28] Vgl. Spr 9,9; bBer 55a: Gott gibt Weisheit nur dem, der Weisheit besitzt. Weitere Belege bei BILLERBECK I 660f. – Der Text V 29 weist mehrere Varianten auf: παντί fehlt in DW 1006 syᴾ); LΔ 33 lesen korrigierend: was er zu haben scheint; C³ H schließen einen Weckruf an: Dann rief er und sprach: Wer Ohren hat zu hören, höre!

[29] WEDER, Gleichnisse 199f, rechnet V 29 zum ursprünglichen Parabelbestand. Das Tho, das die Parabel von den anvertrauten Geldern nicht kennt, überliefert den Spruch: Dem, der in seiner Hand hat, wird man geben. Und wer nicht hat, auch das wenige, das er hat, wird man aus seiner Hand nehmen (Logion 41).

[30] Diese und weitere Beispiele bei JÜLICHER, Gleichnisreden II 438f.

14–30 Der Sinn, den Mt der Parabel abgewinnt, hebt sich von dem Sinn, den Jesus mit ihr verknüpft haben könnte (vgl. III b), ab. Für Mt ist das Gleichnis zum Parusiegleichnis geworden[31], das von der Ankunft des Menschensohnes Jesus erzählt und von der Zwischenzeit, die von der Gemeinde nach dem Weggang ihres Herrn zu nutzen ist. Er akzentuiert die eschatologische Vergeltung. Dabei darf aber nicht übersehen werden, daß auch das messianische Freudenmahl, zu dem der gute Sklave einziehen darf, und der Überfluß und das Glück, die seiner harren, stark unterstrichen werden. Die Zwischenzeit, mag sie auch überschaubar sein, ist zur selbständigen Größe geworden. Dies gilt es, zu erkennen und nicht die Hände in den Schoß zu legen oder mit dem anvertrauten Gut verantwortungslos umzugehen mit der Begründung, daß der Herr die Verheißung verzieht (vgl. 24,48). Die Verantwortung in der Welt, die der Gemeinde übertragen ist, wird dieser nachdrücklich in das Bewußtsein gerufen. Dem dient die außerordentliche Steigerung des überantworteten Kapitalbetrages auf 5, 2 und 1 Talente. Wie im Gleichnis von den Jungfrauen hat Mt auch hier alle Gemeindemitglieder, alle Getauften im Visier. Die Differenzierung in der Verantwortung aber dürfte er als Hinweis auf unterschiedliche Bedeutungen von Gemeindemitgliedern für das Gelingen des Gemeindelebens und die Realisierung der Verantwortung der Christen aufgefaßt haben. Freilich ist keiner dispensiert. Gerade daß der mit dem wenigsten Betraute versagt, schließt diese Möglichkeit aus. Ob Mt bei der Mehrung der Talente konkrete Vorstellungen hatte, mag in diesem umfassenden Rahmen dahingestellt bleiben. Am nächsten liegt es, daß er an die „Früchte" denkt, die jeder erbringen soll, wie sie wachsen, wenn einer den Weisungen der Bergpredigt und insgesamt den Weisungen Jesu gehorsam ist. Auch die Treue ist ein wichtiges Element. Das Risiko, der Einsatz, muß gewagt werden. Zwischenzeit ist auch Zeit für das verantwortete Risiko, wie es das Geldgeschäft veranschaulicht. Damit ist aber das Verhältnis von Gabe und Aufgabe tangiert. Das überantwortete Gut ist Geschenk. Wer ungeteilt Jesus nachfolgt, wer sein Wort hört und tut (7,24), kann darauf bauen, daß die Gabe ihn trägt. Denn die Parabel erzählt letztlich von der Himmelsherrschaft und macht dem Hörer bewußt, wie diese sein Leben bestimmt, bewegt und als verantwortetes ergreifen lassen will.

III

a) Das Gleichnis eröffnet anschaulich-unanschaulich einen Blick in das Jenseitige. Dabei fallen die Darstellungen oder Andeutungen des negativen Ausgangs in der Regel anschaulicher aus als die des positiven, gerade bei Mt. Dennoch soll nicht übersehen werden, wie im vorliegenden Gleichnis das Positive zum Zuge kommt: die Freude, das Freudenfest, das Freudenmahl, zu dem der Herr lädt. Mt hat im Anschluß an seine Überlieferung zahlreiche Wörter, Vorstellungen, Bilder, mit denen er den positiven Ausgang benennt und umschreibt. Himmelsherrschaft und (ewiges)

---

[31] Dies gilt ebenso für Lk wie für Q.

Leben sind die zentralen (7,14; 18,8f; 19,16f.29; 25,46). In seiner Bildhaftigkeit tritt das Freudenmahl (vgl. 22,2) neben die Verheißungen, die die Seligpreisungen der Bergpredigt bestimmen (5,3–12). Es ist notwendig, auf die Freude und den Jubel aufmerksam zu machen, der auch unser Evangelium durchzieht. Noch ein Gedanke: Wir sahen, daß durch den Anschluß in V 14 unser Gleichnis als Begründung der Wachsamkeitsforderung von V 13 zu lesen ist. Damit ergibt sich etwas für das Verständnis von Wachsamkeit, die am guten und am faulen Sklaven Gestalt gewinnt. Wachsam sein heißt dann, die anvertraute begrenzte Zeit mit den Gaben füllen, die der Herr seinem Jünger gewährt. Diese Zeit verspielen, ist das abschreckende Gegenbild, das der träge und zum Risiko nicht bereite Sklave abgibt.

b) Die Urform der Parabel bewegte sich hinsichtlich der erzählerischen Staffage in bescheideneren Verhältnissen. Von Minen war die Rede, die der abreisende Herr seinen Sklaven in gestaffelter Form hinterläßt. Neben denen, die mit den anvertrauten Geldern wuchern, steht der böse Sklave, der das Geld im Schweißtuch verbirgt. Spricht diese mögliche Art, mit Geld umzugehen, auch für das für Jesu Auditorium vorauszusetzende Armenmilieu, so ist der Leichtsinn wichtiger, der sich in diesem Verhalten dokumentiert. Die Geschichte schloß mit Belohnung/Bestrafung einschließlich der Übergabe der einen Mine, die man dem dritten wieder nahm, an den ersten. Die Botschaft einer in dieser Form durchaus auf Jesus rückführbaren Parabel ist verschieden bestimmt worden [32].

Man hat sie als Aufforderung zu Arbeit und Treue verstanden, die als Bedingung für den Eintritt „in die Zahl der Auserwählten" gewertet seien, und damit die Parabel in einem Sinn begriffen, wie die Griechen Parabeln zum Zweck moralischer Belehrung erfanden [33]. Man hat aus ihr die Warnung vor einem Weltverhältnis herausgehört, das aus Furcht vor der Welt jedes Risiko vermeidet und dies mit einer Warnung vor dem Unglauben gleichgestellt [34]. Man hat die Geschichte konkret antipharisäisch gedeutet und dabei im dritten Sklaven pharisäisches Verhalten kritisiert gesehen, das gesetzlich bestimmt ist und mit Gott wie mit einem Geldwechsler umgeht [35]. Man hat die Schriftgelehrten als die Führer des jüdischen Volkes oder das ganze Volk Israel angesprochen sein lassen, denen mit Gottes Wort vieles anvertraut worden sei, und dabei in der Regel den dritten Sklaven in das Rampenlicht gerückt [36]. Diese Sicht konnte sogar auf das Verhältnis Israels zu den Heidenvölkern angewendet werden, denen mitzuteilen das Volk Gottes verabsäumt hätte [37].

Jesus erläutert mit dem Gleichnis das Reich Gottes. Er spricht nicht von

---

[32] Die Authentizität der Parabel bestreiten SCHULZ, Q 293; FIEDLER: BiLe 11 (1970) 271. Daß sich für sie „kein überzeugender Sitz im Leben Jesu" (sic!) finden ließe, ist kein überzeugendes Argument. Mit WEDER, Gleichnisse 202 Anm. 164, gegen Fiedler.
[33] JÜLICHER, Gleichnisreden II 483 und 495.
[34] VIA, Gleichnisse 117–119.
[35] Vgl. DODD, Parables 147–153; DUPONT: RThPh 19 (1969) 389.
[36] Vgl. JEREMIAS, Gleichnisse 59; DIBELIUS, Jesus 112.
[37] Vgl. CADOUX, Parables 105–109.

seiner Parusie, sondern von der Zeit, die jetzt noch eingeräumt und durch das Reich Gottes – das erwartete und in seinem Wirken schon erfahrbare – qualifiziert ist. Das Gleichnis wendet sich an alle, die auf seine Botschaft eingehen und sich durch dieses Reich bestimmen lassen. Steht auch das den Menschen gewährte Geschenk im Vordergrund, so ist der mit ihm verbundene Anspruch das eigentliche Anliegen. Entsprechung und Vergeudung, freudiger Einsatz und leichtsinniges Verspielen werden einander gegenübergestellt. Beides ist von Bedeutung, wenngleich Letzteres mit besonderer Schärfe gezeichnet ist. Die Erwähnung von zwei sich bewährenden Sklaven schöpft ihre Berechtigung aus der unterschiedlichen Gabe. Gott wirkt in dieser Welt nicht Gleichmacherei, sondern berücksichtigt die Möglichkeiten. Damit kommt keiner zu kurz. Entscheidend ist am Ende die Annahme durch Gott, auf die jener vertrauen kann, der sich ganz auf das Wort Jesu einläßt und es in sein Leben umzusetzen bemüht ist.

c) In der systematischen Theologie wird in Verbindung mit unserer Parabel insbesondere die Frage des Lohnes diskutiert. Näherhin ist es die Problematik, ob die Parabel Leistungsdenken begünstigt. In einem gewissen Sinn mag dies zutreffen, vor allem, weil jener Sklave nicht besteht, der sein Talent vergraben hat[38]. Freilich darf man die Besonderheit des Verhältnisses des Sklaven zum Herrn nicht vergessen. Jener lebt von der Gabe des Herrn. Was er erzielt, kann nur in einem relativen Sinn als sein Erfolg angesehen werden. Was von ihm erwartet wird, ist ein Beteiligt- und Interessiertsein. Wer sich als Jünger/Christ nicht für die Sache der Basileia engagiert, versagt. Wenn man das Herr-Sklave-Verhältnis in der antiken Gesellschaft bedenkt, erscheint der Lohn als Lohn von anderer Art, als Gnadenlohn[39]. Der Herr ist ihn zu zahlen nicht verpflichtet, sondern gewährt großzügige Teilhabe am Eigenen. Aufgerufen ist die Gemeinde in der Zeit zwischen Ostern und Parusie. Es ist die Zeit Jesu, insofern es die Zeit ist, in der die Gemeinde im Dienst Jesu – und das heißt: im Dienst an den Menschen – steht[40]. Die Auslegung in Altertum und Mittelalter hat in den Sklaven vorzüglich die Amtsträger der Kirche gesehen, Bischöfe, Priester und jene, welche die Geistesgaben empfingen. Die Talente sind dann vorab die Gabe des Wortes und der Lehre, um andere zu führen und anzuspornen[41]. Luther scheint die Talente auf den Glauben und damit die Parabel auf alle bezogen zu haben. Dem dritten Sklaven mangelt es an Glauben[42].

---

[38] Vgl. FRITZSCHE, Dogmatik II 185.279. Nach KÜNG, Kirche 70, verdeutlicht das Gleichnis, daß der Mensch sich für sein ganzes Leben zu verantworten hat.
[39] Vgl. GOGARTEN, Verkündigung 109f; THIELICKE, Ethik III Nr. 1204.
[40] Vgl. BARTH, Dogmatik III/2, 609f. Der dritte Sklave lehnt diesen Dienst ab und betrachtet das Übernommene als Selbstzweck.
[41] CHRYSOSTOMOS, KYRILL VON ALEXANDRIEN, THEOPHYLAKT, AUGUSTINUS. Belege bei FONCK, Parabeln 621–623. BARTH, Dogmatik III/4, 721, vergleicht die Parabel mit Röm 12,3f; 1 Kor 12, die Talente mit den Charismen, und sieht in beiden Fällen die Gaben als menschliche Tätigkeiten beschrieben.
[42] Vgl. IWAND, Glaubensgerechtigkeit 26f. In LUTHERS Evangelien-Auslegung ist zur Stelle nichts verzeichnet.

LITERATUR: P. JoüON, La parabole des mines (Luc 19,12–27) et la parabole des talents (Mt 25,14–30): RSR 29 (1939) 489–493; W. FOERSTER, Das Gleichnis von den anvertrauten Pfunden: Verbum Dei manet in aeternum (Festschrift O. SCHMITZ) (Witten 1953) 37–56; J. D. M. DERRETT, Law in the NT: The Parable of the Talents and Two Logia: ZNW 56 (1965) 184–195; E. KAMLAH, Kritik und Interpretation der Parabel von den anvertrauten Geldern: KuD 14 (1968) 28–38; J. DUPONT, La parabole des talents (Mt 25,14–30) ou des mines (Luc 19,12–27): RThPh 19 (1969) 376–391; P. FIEDLER, Die übergebenen Talente: BiLe 11 (1970) 259–273; L. C. MC GAUGHY, The Fear of Yahweh and the Mission of Judaism: A Post-exilic Maxim and Its Early Christian Expansion in the Parable of the Talents: JBL 94 (1975) 235–245; W. RESENHÖFFT, Jesu Gleichnis von den Talenten ergänzt durch die Lukas-Fassung: NTS 26 (1979/80) 318–331; A. PUIG I TÀRRECH, La parabole des talents (Mt 25,14–30) ou des mines (Lc 19,11–28): À cause de l'évangile (Festschrift J. DUPONT) (Cerf 1985) 165–193.

43. Das Endgericht (25,31–46)

31 Wenn aber der Menschensohn kommt in seiner Herrlichkeit und alle Engel mit ihm, dann wird er sich auf den Thron seiner Herrlichkeit setzen. 32 Und alle Völker werden vor ihm versammelt werden. Und er wird sie voneinander scheiden, wie der Hirt die Schafe von den Böcken scheidet. 33 Und er wird die Schafe zu seiner Rechten stellen, die Böcke aber zur Linken. 34 Und dann wird der König denen zu seiner Rechten sagen: Kommet her, ihr Gesegneten meines Vaters, empfanget als Erbteil das Reich, das euch bereitet ist seit Schöpfung der Welt. 35 Denn ich war hungrig, und ihr habt mir zu essen gegeben. Ich war durstig, und ihr habt mich getränkt. Ich war fremd, und ihr habt mich beherbergt, 36 nackt, und ihr habt mich bekleidet. Ich war krank, und ihr habt mich besucht. Ich war im Gefängnis, und ihr seid zu mir gekommen. 37 Dann werden ihm die Gerechten antworten und sagen: Herr, wann haben wir dich hungrig gesehen und gespeist, oder durstig und dich getränkt? 38 Wann haben wir dich als Fremden gesehen und beherbergt, oder nackt und haben dich bekleidet? 39 Wann haben wir dich krank oder im Gefängnis gesehen und sind zu dir gekommen? 40 Und der König wird antworten und ihnen sagen: Amen, ich sage euch: Was ihr einem von diesen meinen geringsten Brüdern getan habt, habt ihr mir getan. 41 Dann wird er auch zu denen zur Linken sagen: Gehet von mir, ihr Verfluchten, in das ewige Feuer, das dem Teufel und seinen Engeln bereitet ist. 42 Denn ich war hungrig, und ihr habt mir nicht zu essen gegeben. Ich war durstig, und ihr habt mich nicht getränkt. 43 Ich war fremd, und ihr habt mich nicht beherbergt, nackt, und ihr habt mich nicht bekleidet, krank und im Gefängnis, und ihr habt mich nicht besucht. 44 Dann werden auch sie antworten und sagen: Herr, wann haben wir dich hungrig oder durstig oder als Fremden oder nackt oder krank oder im Gefängnis gesehen und haben dir nicht gedient? 45 Dann wird er ihnen antworten und sagen: Amen, ich sage euch: Was ihr einem von diesen geringsten Brüdern nicht getan habt, habt ihr mir nicht getan. 46 Und diese werden dahingehen zur ewigen Strafe, die Gerechten aber zum ewigen Leben.

I

Diesem Text kommt besonderes Gewicht zu, weil er nicht nur die Endzeitrede, sondern auch das gesamte Wirken Jesu in der Öffentlichkeit in unserem Evangelium abschließt. Es ist damit zu rechnen, daß er mit großer Sorgfalt gestaltet worden ist. Gliederungsmäßig zerfällt er in drei Teile: 1. Der ankommende Menschensohn richtet die Völker (31–33). 2. Der Dialog mit denen zur Rechten (34–40). 3. Der Dialog mit denen zur Linken (41–45). V 46 schildert abschließend die endgültige Scheidung der Gerichteten. Die Partikel „dann" (τότε) fungiert als Gliederungssignal. Innerhalb des Dialogs zeigt sie zusätzlich den Wechsel der Gesprächspartner an (noch in 37 und 44). Die Erzählung und noch stärker der Dialog sind durch Wiederholungen und Parallelisierungen gekennzeichnet. In der Erzählung ist es die zweifache Erwähnung der Herrlichkeit (31) und im Vergleich die Gegenüberstellung des Scheidens, das der Menschensohn vornimmt, mit dem des Hirten (32). Die Position zur Rechten und zur Linken verknüpft Erzählung und Dialog (33f und 41). Der beherrschende Dialog wiederholt im gleichen Wortlaut – fast bis zur Monotonie gesteigert – sechs Werke der Barmherzigkeit. Ihr Tun wird anerkannt, ihre Verweigerung gerügt. Die Gegenfrage der Gerichteten wiederholt die Urteilsbegründung des Richters. Diese Beobachtung ergibt nahezu zwangsläufig, daß es dem Text in erster Linie auf diese Werke der Barmherzigkeit ankommt. Bei der viermaligen Darbietung der Reihung der Werke der Barmherzigkeit ist freilich anzumerken, daß sie mit zunehmender Straffung und Konzentration geschieht. In der ersten Urteilsbegründung haben wir den vollständigen Text (35f). In der zweiten werden die beiden letzten Werke, bezogen auf den Kranken und Gefangenen, zusammengezogen, und unter das Wort „besuchen" subsumiert (42f). Das Gleiche geschieht in der ersten Gegenfrage, nur dient hier das Wort „zu dir kommen" als Klammer (37–39). Diese Verteilung von ἐπισκέπτομαι und ἔρχεσθαι πρός, die jeweils 36a und 36b aufgreift, ist beachtlich, zeigt sie doch den Willen des Gestalters zur größtmöglichen Wahrung der Form. Besteht die Gegenreaktion derer zur Rechten in drei Doppelfragen entsprechend den sechs Werken (37–39), so werden in der Gegenfrage derer zur Linken nurmehr die sechs Werke nach der Not (hungrig, durstig usw.) benannt und unter dem Verb „dienen" zusammengezogen. Hier liegt die größte Straffung vor. Weil die antithetische Gegenüberstellung des Tuns und der Verweigerng der Barmherzigkeit den gesamten Dialog prägt, ist mit dem Wort Dienen am Schluß seine Quintessenz ans Licht getreten. Der Nachdruck liegt auf der Verweigerung. Der Text hat Achtergewicht. Die Verweigerung des Dienstes als Möglichkeit des Heilsverlustes ist der warnende Ausblick. Hinzu kommt ein Weiteres, wahrscheinlich das „Raffinierteste" im erzählerischen Arrangement. Der Richter ist in den Dialog miteingebracht, indem er sich hier mit den geringsten Brüdern identifiziert, die wiederum als jene erscheinen, denen der Dienst geleistet oder verweigert wurde. Diese Identifikation ist von vornherein im Dialog führend. Sie provoziert die Gegenfrage der Gerichteten. In der abschließenden jeweiligen Antwort erfolgt die Aufklärung: der Richter gibt sich zu erkennen als der, der im geringsten Bruder begegnete (40 und 45). Es ist jeweils ein Amen-Satz, was seine Wichtigkeit herausstellt.

Gattungsmäßig haben wir den Großteil des Textes (34–45) als Gerichtsdialog zu verstehen. Das Übrige ist Rahmung. Gerichtsdialoge ähnlicher Art sind in der rabbinischen Theologie – weniger in der apokalyptischen – entwickelt worden[1]. Fragmente solcher Gerichtsdialoge sind uns bereits in Mt 7,22f; 25,11f begegnet, hier jeweils auf die Übeltäter beschränkt. Mt 25,34ff ist das umfänglichste Beispiel in den Evangelien. In die Endzeitrede eingefügt, gewinnt der Dialog eine neue, apokalyptische Dimension. Er bietet apokalyptische Belehrung und schließt sich in diesem Sinn eng an 24,29–31 an. Diese neue Dimension ist durch die Beschreibung des Tuns des Menschensohnes als des über die Völker gesetzten Richters eröffnet (31–33). Obwohl sein Tun mit dem eines Hirten verglichen wird, sollte man nicht von einem Gleichnis sprechen[2], ebensowenig ein zugrunde liegendes Gleichnis voraussetzen. Dagegen spricht, abgesehen von der Dürftigkeit des Inhalts, die futurische Zeitform, in welcher der gesamte Text gehalten ist. Auch hierin setzt er 24,29–31 fort. Gleichnisse sind immer im Präsens oder im Vergangenheitstempus (als Parabeln) abgefaßt. Inhalt und Zeitform verleihen dem Text den Charakter der apokalyptischen Offenbarungsrede.

Die traditionsgeschichtliche Ableitung des Textes hat, besonders was das Detail betrifft, recht unterschiedliche Beurteilungen erfahren. Doch lassen sich – grob gesprochen – zwei Erklärungsvarianten unterscheiden. Nach der einen ist der gesamte Text MtR zuzuschreiben[3]. Nach der anderen hat E eine Tradition, die man meist als judenchristliche näher bestimmt[4], aufgegriffen und mehr oder weniger bearbeitet. Diese Tradition

---

[1] Das Material ist gesammelt bei BILLERBECK IV 1203–1212. Richter nach den rabbinischen Texten ist Gott. Gerechte und Sünder können nebeneinandergestellt werden. Letztere machen in der Regel gegen den Urteilsspruch Einwände, werden aber eines Besseren belehrt. Besonders nahe an unseren Text kommt Midr Ps 118 § 17 (243b,15) heran: In der zukünftigen Welt wird man zum Menschen sagen: Was ist dein Tun gewesen? Sagt er dann: Ich habe Hungernde gespeist, so wird man zu ihm sagen: Das ist das Tor Jahves. Der du Hungernde gespeist hast, tritt ein in das Tor. – Die anderen hier genannten Werke sind Durstende tränken, Nackte kleiden, Waisenkinder aufziehen, Almosen geben, Liebeswerke üben. Bei BILLERBECK IV 1212. Die anderen Texte haben in der Regel den lebendigen Dialogstil.

[2] Gegen JEREMIAS, Gleichnisse 204ff, der den Text in sein Gleichnisbuch aufgenommen hat, und FRIEDRICH, Gott 150.

[3] HAUFE, Soviel ihr getan habt 490; COPE: NT 11 (1969) 43f; INGELAERE: RHPhR 50 (1970) 60; H. CONZELMANN, Grundriß der Theologie des NT (München ²1968) 133; ROBINSON: NTS 2 (1955/56) 236, der mit einem vorausliegenden Gleichnis von der Herde rechnet.

[4] Vgl. HAHN, Hoheitstitel 187: frühe palästinische Urgemeinde; SCHNACKENBURG 252: hellenistisches Judenchristentum.

kann auch auf Jesus zurückgeführt werden. Dabei geht man von einer Grundgestalt des Textes aus, in der nicht der Menschensohn, sondern Gott als Richter verkündet wurde, der sich mit den Geringsten identifiziere. „Gott im Bruder" sei die Botschaft des Textes[5]. Seine erhebliche Umgestaltung sei durch eine Neuformulierung der Einleitung 31–33 und insbesondere auch durch die Zufügung des Genitivs „meines Vaters" in V 34 erreicht worden. Die These, mag sie auch von ihrem Anliegen her sympathisch wirken, muß aus exegetischen Gründen zurückgewiesen werden. Weder Jesus noch die synoptischen Evangelien entwickeln die Vorstellung von Gott als dem Bruder des Menschen oder setzen dessen Verhältnis zu Gott in die Nähe eines Bruderverhältnisses. Spezifisch ist die Vorstellung von Gott als Vater, den Jesus als der Sohn verkündet, der seinerseits damit zum Bruder der Menschen wird. Näher ist das Logion 12,50 angesiedelt. Hier ist die Relation zu Christus als Bruder hergestellt über den Willen des Vaters, den es zu tun gilt. Auch in 28,10 spricht Christus von Menschen als seinen Brüdern, näherhin von den Aposteln. Es ist der Auferweckte und Erhöhte. Dies macht eine Übereinstimmung mit dem Gerichtsdialog aus[6].

Die eigene traditionsgeschichtliche Analyse kann von dem weiterreichenden Konsens ausgehen, daß die Einleitung 31.32a MtR ist[7]. Dem ist zuzustimmen. Zwei für die Einleitung konstitutive Begriffe zeigen mit hoher Wahrscheinlichkeit die Hand des Mt an: vom „Thron seiner (= des Menschensohnes) Herrlichkeit" spricht innerhalb der Synoptiker nurmehr Mt 19,28; „alle Völker" (πάντα τὰ ἔθνη), die vor dem thronenden Menschensohn versammelt werden, hat Mt auch in andere bedeutsame Texte eingebracht (24,9; 28,19; in 24,14 ist er von Mk 13,10 abhängig)[8]. Lassen wir zunächst den Vergleich Menschensohn/Hirt. Gehen wir gleich zur Frage über: Ist der Gerichtsdialog Vorlage? Wir werden noch sehen, daß die Aufreihung der Werke der Barmherzigkeit im AT und Judentum zahlreiche nähere und entferntere Analogien besitzt und als in dieser Tradition stehend anzusehen ist (s. Interpretation). Die oben in der Formanalyse geschilderte Gestaltung des Textes mit ihren Parallelisierungen,

---

[5] Das ist die These von FRIEDRICH. Ähnlich WILCKENS, Brüder 374f.
[6] BRANDENBURGER, Recht 80–84, der die christologische Zuspitzung des Textes herausarbeitet, möchte den Bruder-Christus-Gedanken aus der Präexistenz-Christologie und Stellen wie Röm 8,29 und Hebr 2,11–18 ableiten. Dieser Umweg ist nicht überzeugend. Hebr 2 ist ein später Text. Röm 8,29 ist ein Text der Eikon-Christologie, die für Mt 25 nicht vorausgesetzt werden kann. Auch ist es fraglich, ob Mt die Präexistenz Christi kennt.
[7] Vgl. BRANDENBURGER, Recht 51; BROER: BiLe 11 (1970) 276–279; WILCKENS, Brüder 374f. FRIEDRICH, Gott 44.264, rechnet eher mit mt Umgestaltung einer vorgegebenen Einleitung. Wie diese aussah, wird nicht völlig klar.
[8] In 13,41; 16,27; 24,31 spricht Mt von „seinen (= des Menschensohnes) Engeln". Die Formulierung in 25,31 „alle Engel mit ihm" weicht verbaliter davon ab, schließt aber die Zugehörigkeit der Engel zum Menschensohn mit ein. Vom Kommen des Menschensohnes handeln auch die traditionellen Stücke 16,27; 19,28; 24,30. Vgl. LXX Dn 7,13f; Dt 33,2.

Mt 25,31–46

Wiederholungen, Straffungen stimmt im wesentlichen mit der Arbeitsweise des Mt-Redaktors überein. Die augenfällige Geschlossenheit der Perikope spricht für einheitliche Abfassung. Gegen eine Abfassung durch MtR können vor allem zwei Argumente ins Feld geführt werden. Zunächst ist es der Wechsel vom Menschensohn- (31) zum Königs-Prädikat (34 und 40), der auch einen Anlaß dafür abgab, in einer vermeintlichen Vorlage mit dem König Gott bezeichnet sein zu lassen. Neben 5,35; 18,23; 22,2ff, wo Gott als König prädiziert ist, hat Mt in der Einzugsperikope Christus im Anschluß an ein Prophetenzitat als König gepriesen (21,5). Vor allem aber ist an die unserem Evangelium eigene Basileia-Konzeption zu erinnern. Nur Mt spricht von der Basileia des Menschensohnes. Wenn auch nicht mit der universalen Kirche identisch, ist mit ihr der universale Heils- und Herrschaftsanspruch des Menschensohnes zu verstehen gegeben. Bedenkt man dies, so fügt sich die Bezeichnung des Menschensohnes als König in unserem Text in das christologische Konzept unseres Evangeliums ein. Der auf dem Thron seiner Herrlichkeit zu Gericht sitzende Menschensohn vollendet seine Basileia und tritt nunmehr offenkundig als Basileus in Erscheinung. In 13,41 hat die Szene eine gewisse Entsprechung. Ein zweiter möglicher Einwand könnte den Übergang von der Versammlung aller Völker (32) zum Gericht über die einzelnen Menschen (34ff) betreffen. Doch haben wir einen ganz ähnlichen Befund in den rabbinischen Gerichtsdialogen, die fast regelmäßig einleitend von der Versammlung der Völker der Welt vor dem göttlichen Richter sprechen [9], ehe sie ins Detail gehen. Im übrigen besitzt auch der abschließende V 46 dort durchaus Vergleichbares. So heißt es am Ende eines Gerichtsdialogs in Midr Ps 31 § 6: „Dann läßt er (Gott) die Gerechten in den Garten Eden und die Gottlosen in den Gehinnom zurückkehren." [10] Wenn die angeführten rabbinischen Texte auch relativ spät sind, so spricht das gleiche Schema im Mt-Evangelium doch für eine alte jüdische Form, weil anzunehmen, daß die rabbinischen Texte von Mt abhängig seien, absurd wäre. Diese Vertrautheit mit einem Schema frühjüdischer Eschatologie ist ein zusätzliches Argument für die Abfassung der Perikope durch E, weil solche Kenntnis als sein Proprium gelten kann.

Detaillierte Argumente aus dem Bereich der Vokabelstatistik sind außer den genannten die Begriffe „ewiges Feuer" (41; innerhalb der syn Evv nur noch in Mt 18,8), „die Gerechten" und eventuell der Teufelsname διάβολος[11]. Es bleibt die Frage, ob die „Identifikation" des Menschensohnes

---

[9] AZ 2a, 14: Dereinst wird Gott das Thorabuch in seinen Schoß legen... Sofort versammeln sich die Völker der Welt. – Tanch Schophtim 15b: In der Stunde, da Gott die Welt richtet, wird er diese ergreifen, um sie zu richten. – Midr Ps 31 § 5f (119b,29): Wenn Gott sitzen wird, die Völker der Welt und die Israeliten in der Zukunft zu richten... – Belege bei BILLERBECK IV 1203.1207f.
[10] Bei BILLERBECK IV 1208.
[11] διάβολος bei Mt 6mal, bei Lk 5mal, bei Mk keinmal. Auch die Anschlüsse mit τότε sind spezifisch mt. Die Rede von „meinem Vater", das heißt, ohne den Zusatz himmlisch/in den Himmeln, ist in 26,53 ebenfalls MtR, in 11,27; 20,23; 26,29.39.42 ist sie Tradition.

mit den geringsten Brüdern MtR zugemutet werden kann. Die Frage ist zu bejahen, weil diese Identifikation gleichfalls im jüdischen Bereich in bezug auf das Verhältnis des Menschen zu Gott Vergleichbares bietet, wie die Interpretation zu zeigen haben wird. Was unseren Text von diesen Analogien abhebt und unterscheidet, hat seinen Ermöglichungsgrund in der Erfahrung mit dem geschichtlichen Wirken Jesu von Nazaret. Für den Vergleich des Menschensohnes mit einem Hirten (32b.33) ist die Annahme einer Vorgabe nicht erforderlich. Hier versagt die Vokabelstatistik vollständig, weil es haarsträubend wäre, aus dem Fehlen etwa des Wortes ἔριφος im übrigen Evangelium oder anderer Begriffe (Schafe; rechts, links) in redaktionellen Partien irgendwelche Schlüsse zu ziehen.

Hat sich somit die Auffassung, die Perikope MtR zuzuweisen, als vertretbar erwiesen, so ist abschließend nochmals auf deren atl-jüdischen Gehalt hinzuweisen. Außer dem schon erwähnten Gerichtsdialog mit seinen Details sind es apokalyptische Formulierungen wie die vom Kommen des Menschensohnes, vom Thron seiner Herrlichkeit, sind es zu prüfende atl Zitate. Doch darauf ist im Folgenden einzugehen.

II
31 Die Erscheinung des kommenden Menschensohnes schließt sich an 24,30b.31 an. Ist dort die Beschreibung der kosmischen Begleiterscheinungen zusätzlich gegeben, so ist jetzt die Herrlichkeit seiner Epiphanie eher noch gesteigert. Er selbst, der Menschensohn, wird sichtbar. Obwohl das Bild mit theophanischen Zügen gezeichnet ist, macht dies einen wichtigen Unterschied zu atl Theophaniegeschichten aus. Während das Kommen Gottes an den Begleitumständen erkannt wird, Gott selbst aber nicht in Erscheinung tritt, kann der Menschensohn unmittelbar geschaut werden. Er kommt (Anlehnung an Dn 7,13) in *seiner* Herrlichkeit (Mt 16,27: in der Herrlichkeit seines Vaters; 24,30: mit großer Herrlichkeit). Alle Engel sind mit ihm. Die Formulierung könnte auf Zach 14,5 Bezug nehmen. Allerdings heißt es dort: Kommen wird Jahve, dein Gott, und *alle Heiligen* mit ihm (ebenso Henaeth 1,9). Die Engel (13,41; 24,31: seine Engel) üben im weiteren Verlauf keine Gerichtsfunktion aus, wie das an den genannten Stellen und auch sonst in der Apokalyptik der Fall ist[12]. Sie sind – in ihrer Universalität! – der Hofstaat des Menschensohnes, der später als König prädiziert wird. Schließlich setzt er sich auf den Thron seiner Herrlichkeit. Damit ist eine bedeutsame Metapher atl-jüdischer Eschatologie eingebracht. Nach Jer 17,12 ist „die Stätte unseres Heiligtums ein herrlicher Thron (LXX: θρόνος δόξης) vom Anbeginn". Ist der Thron hier noch Metapher für die Präsenz Gottes im Jerusalemer Tempel, so wird er später Objekt scheuer Spekulation. Beschreibungen sind selten (vgl. aber Hen aeth 14,18), nach der rabbinischen Theologie gehört er zu den vorweltlichen Schöpfungen Gottes[13]. Nur Jahve darf auf ihm Platz nehmen. Allein

---
[12] Vgl. Henaeth 53,3ff; 54,6; 56,1ff; 62,11; 63,1; 100,4f. – AW f[13] 892 1006 1342 1506 sy[p.h] lesen: alle *heiligen* Engel.
[13] Vgl. BILLERBECK I 974–979.

nach den Bilderreden des äthiopischen Henochbuches hat es Jahve (der Herr der Geister) dem Auserwählten, das ist dem Menschensohn, gegeben, sich auf den Thron seiner Herrlichkeit zu setzen (62,2 und 5; vgl. 45,3; 51,3; 55,4; 61,8; 62,2-5; 69,27.29). Dies macht eine bemerkenswerte Übereinstimmung mit Mt aus.

32f Dem Glanz der Erscheinung des Menschensohnes entspricht das nunmehr einsetzende Geschehen. Alle Völker werden vor ihm versammelt. Wer dies zuwege bringt, bleibt unausgesprochen[14]. Daß dieses unermeßliche Ereignis so unauffällig und wie von selbst sich ergibt, soll den Leser beeindrucken. In vergleichbaren atl Stellen ist es Gott, der alle Völker zum Gericht versammelt (vgl. LXX Joel 4,2; Zach 14,2; Is 66,18). Bereits das verwendete griechische Wort συνάγω ist ein Term der Hirtensprache und bereitet das gleich folgende Bild vor. Doch zunächst ist zu klären, wer genau mit allen Völkern bezeichnet ist. Die Vielzahl der Interpretationsvorschläge zeigt die Unsicherheit der Exegese an: alle Heidenvölker ohne Israel[15]; alle Heidenvölker mit Israel; alle Christen bzw. alle von Jesus berufenen Völker[16]; alle Völker einschließlich der Christen[17]. Die letztgenannte Auffassung verdient entschieden den Vorzug. Eine Ableitung hat aus dem Mt-Evangelium und nicht aus vorgegebenen atl Gerichtsschilderungen zu erfolgen[18]. Für Mt aber ist der Begriff durch die Mission geprägt, die auch die Juden nicht ausschließt. Ihre heilsgeschichtliche Rolle ist zum Ende gekommen. Eine Ausklammerung der Juden aus allen Völkern verbietet sich ebenso wie die Gegenüberstellung der Völker mit der Kirche. Vor dem Gericht des Menschensohnes hat sich gerade die Kirche zu verantworten. Nachdem Mt seine Redekompositionen beharrlich am Ende auf den eschatologischen Gerichtsprozeß ausgerichtet und damit insbesondere die Jüngerschaft angesprochen hat, ist für das Ende der letzten Redekomposition kaum etwas anderes zu erwarten. Freilich wird Mt nicht den naiven Gedanken geteilt haben, daß am Ende alle Völker christlich geworden sind, wohl aber geht er davon aus, daß alle Völker in der ganzen Ökumene mit dem Evangelium vom Reich bekanntzumachen sind (24,14). Das Verhältnis der Kirche zu den Völkern ist anläßlich der Versammlung aller vor dem Thron des Menschensohnes anders zu bestimmen. Erneut ist auf die mt Idee von der Basileia des Menschensohnes aufmerksam zu machen, die wir bereits als eine universale

---

[14] JEREMIAS, Gleichnisse 204, spricht vom Passivum divinum. – AEF GWΔ f¹ 205 892 1424 lesen grammatisch korrigierend den Singular συναχθήσεται.
[15] Dabei sieht man das Gericht über Israel in 24,15-22 und das über die nichtbewährten Gläubigen in 24,51; 25,12.30 bereits geschildert. So etwa B. WEISS.
[16] Letzteres vertritt z. B. BROER: BiLe 11 (1970) 291.
[17] Zusammenstellungen der verschiedenen Meinungen und Autoren bei FRIEDRICH, Gott, Anhang 181-185, der seinerseits an „alle nichtchristlichen Menschen" denkt (254); BRANDENBURGER, Recht 13f; BROER: BiLe 11 (1970) 290f; BAUMBACH, Verständnis 115.
[18] Die Verwendung des Begriffs in LXX (ca. 145mal) ist nicht einheitlich. Meist meint er die Völker rings um Israel. Doch gibt es auch Stellen, wo Israel mit einzubeziehen ist. Vgl. FRIEDRICH, Gott 250.

Größe kennengelernt haben, die nicht mit der universalen Kirche identisch ist, die darüber hinausgreift und die gesamte (Menschen-)Welt umfaßt (vgl. besonders 13,38.41). Wenn der Menschensohn alle Völker vor seinem Thron aufstellen läßt, tritt seine Basileia, die bislang nicht erkannte und in ihrer Universalität nicht erkennbare, in Erscheinung. Die Kirche ist aus diesem Raum seiner Herrschaft selbstverständlich nicht ausgeschlossen.

Gericht ist Scheidung. Veranschaulicht wird sie mit der Scheidung, die ein Hirt am Abend mit seiner Herde vornimmt. Seit J. Jeremias hat es sich durchgesetzt, die Herde in Schafen und Ziegen getrennt sein zu lassen. Die Begründung lautete, daß die Ziegen nachts wärmer stehen müssen. Auch würden sich die weißen Schafe von den dunklen Ziegen abheben. Dies erhält symbolische Bedeutung[19]. Doch ist für galiläische Hirten fraglich, ob sie Hürden besitzen. Die Herden nächtigen auf freiem Feld oder werden in Höhlen getrieben[20]. So liegt ein anderer Grund für die Scheidung der Herde näher. Die männlichen werden von den weiblichen Tieren getrennt, weil letztere gemolken werden. Darum möchten wir die alte Übersetzung bevorzugen, die von Schafen und Böcken sprach[21]. Das griechische Wort (ἔριφος, ἐρίφιον) empfiehlt dies sogar[22]. Die rechte Seite ist glückverheißend, die linke ist die Seite des Unglücks. Diese Vorstellung ist nahezu in der gesamten Kultur der Antike verbreitet: „Hier ist der Ort, da der Weg nach beiden Seiten sich spaltet: wo der rechte zur Burg hinstrebt des mächtigen Pluto, führt zum Elysium uns die Bahn. Der linke dort aber straft die Bösen und schickt sie hinab zum Pfuhl der Verruchten" (Vergil, Aen. 6,540–544)[23].

34 Der Richter erklärt sein Tun. Jetzt wird er König genannt. Seine königlichen Züge waren längst hervorgetreten. Er vermacht denen zu seiner Rechten das Reich. Sie empfangen es als Erbbesitz, für immer. So sind sie Gesegnete seines Vaters. Die Basileia erhält hier eine einmalige Näherbestimmung: seit Schöpfung (Grundlegung; vgl. 13,35) für sie bereitet. Der bereitet hat, ist der Vater. Die Basileia wird an dieser Stelle greifbar als der Inbegriff des endgültigen Heils, gleichbedeutend mit dem ewigen Leben (V 46). Wollte man sie in der Terminologie benennen, die Mt bislang gebrauchte, so ist es die βασιλεία τῶν οὐρανῶν. Dennoch tritt der Menschensohn als König nicht zurück. Die Idee von 1 Kor 15,28 kennt Mt nicht. Die Zubereitung des Reiches seit Schöpfung der Welt besagt, daß

---

[19] Gleichnisse 204. JEREMIAS ist von G. DALMAN, Arbeit und Sitte in Palästina VI (Gütersloh 1939) 276, abhängig.
[20] Vgl. DALMAN (Anm. 19).
[21] Vgl. FRIEDRICH, Gott 139, der HOMER, Od. 9,237ff zitiert. Polyphem trennt die Widder und Böcke von den weiblichen Tieren, um diese zu melken.
[22] Mt verwendet beide Wörter. In V 32 ist die LA ἐρίφων zu bevorzugen. B bietet ἐριφιῶν. Die Lexika verzeichnen die Wortbedeutung: junger Bock, junge Ziege (PASSOW, PAPE-SENGEBUSCH, PREISIGKE-KIESSLING).
[23] Übs. nach J. GÖTTE. Vgl. noch PLATO, Resp. 10,13 (614c); BILLERBECK I 980f.

das Reich die Schöpfung übertrifft, mag die Zubereitung ideell oder im Sinn einer realen Präexistenz gemeint sein. Vermutlich trifft letzteres zu. Nach einer jüdischen Konzeption sind die Dinge des Heils vor der Schöpfung erschaffen worden. Etwa die Thora. Daraus ergäbe sich, daß die präexistente Basileia am Gerichtstag des Menschensohnes hervortritt[24].

35f Der Richter begründet sein Tun. Die „Gesegneten" empfangen das Reich, weil sie Barmherzigkeit geübt haben. Sechs Werke der Barmherzigkeit werden angeführt. Sie mögen die wichtigsten sein, sind aber als exemplarische zu nehmen. Die Forderung, Werke der Barmherzigkeit zu tun, hat eine breite Basis im AT und Judentum. Doch findet sie sich explizit nicht in der Thora, sondern bei den Propheten und in den übrigen Schriften. Besonders häufig ist die Speisung der Hungrigen und die Bekleidung der Nackten (Is 58,7; Ez 18,7.16; MidrPs 118 § 17; Henslav 9,1; 10,5; 42,8; 63,1). Aber auch der Besuch der Kranken (Sir 7,35) und Gefangenen (TestJos 1,6) kommt vor, ebenso wie die Tränkung der Durstigen (Job 22,7). Die Gastfreundschaft (Is 58,7) wird von den Rabbinen aus dem Beispiel Abrahams abgeleitet[25]. Daneben können in diesen Traditionen noch andere Erweise der Barmherzigkeit erwähnt werden: notleidenden Verwandten beistehen (Is 57,8), Tote bestatten, Trauernde trösten (Sir 7,33f)[26], Gefangene auslösen[27].

Immer wieder zitiert werden vergleichbare Texte aus der ägyptischen und mandäischen Religion: „Ich habe dem Hungrigen Brot gegeben und dem Durstenden Wasser und dem Nackten Kleider und dem Schifflosen eine Fähre usw." (Totenbuch Kap. 125)[28]. „Seht ihr einen, der hungert, so sättigt ihn. Seht ihr einen, der dürstet, so gebt ihm zu trinken. Seht ihr einen Nackten, so legt um seinen Nacken Gewänder und Hüllen" (Rechtes Ginza I 105)[29].

Ist unser Text deutlich in die biblischen Traditionen eingebettet, so ist die Abhängigkeit von einer bestimmten Stelle nicht auszumachen. Die Übereinstimmung mit anderen Religionen – die Beispiele ließen sich fortsetzen – bedeutet, daß wir es hier mit einem religiösen Urphänomen zu tun haben, den Menschen anzuleiten, sich dem im Elend befindlichen Mitmenschen zu öffnen. Freilich ist die Situierung der Weisung zu beachten. Diese kann recht unterschiedlich sein. Es ist die prophetische Kritik an einer falschen Religiosität (Is 58,7f) oder die Nachahmung Gottes (Test Jos 1; Sota 14a)[30] oder der Gedanke an das eigene Ende (Sir 7,36) oder das

---

[24] Anders GEIST, Menschensohn 99.
[25] Vgl. BILLERBECK IV 565f.
[26] Die Sorge um die Toten nimmt einen breiten Raum ein. Vgl. BILLERBECK IV 578–610.
[27] BILLERBECK IV 572f.
[28] Bei GRESSMANN, Altorientalische Texte 12.
[29] M. LIDZBARSKI, Ginza (Göttingen–Leipzig 1925) 18.
[30] Text bei BULTMANN, Geschichte 131. Er beginnt mit den Worten: Wie kann der Mensch Gott nachahmen?... Wie Gott die Nackten bekleidete, so bekleide auch du die Nackten usw.

Mt 25,36–40

Gericht. So kommen jene Analogien unserem Text am nächsten, in denen die Werke der Barmherzigkeit zum Kriterium des göttlichen Richterspruches werden[31]. Dies ist etwa in Henslav 9f; MidrPs 118 § 17, aber auch im ägyptischen Totenbuch der Fall. Im slavischen Henoch werden sogar die Barmherzigen den Unbarmherzigen gegenübergestellt, die jeweils zu ihrem Ort gehen, der ihnen als ewiger Erbbesitz bereitet ist (9,1; 10,6). Im MidrPs 118 werden die Werke der Barmherzigkeit zum Tor, das die Ewigkeit eröffnet. Im ägyptischen Totenbuch rühmt sich der Tote seiner Taten: „Ich habe getan, was die Menschen (loben)[32] und womit die Götter zufrieden sind." Bedeutet dies, daß sich der Evangeliumstext von den angeführten Parallelen aus der Umwelt nicht unterscheidet? Zunächst ist daran festzuhalten, daß er das Tun oder Unterlassen des Menschen als entscheidend ansieht. Doch liegt seine Besonderheit darin, daß der Menschensohn-König-Richter kundtut, ihm sei die Barmherzigkeit erwiesen worden. Damit ist der folgende Dialog ermöglicht.

37–40 Überrascht erkundigen sich die Geretteten in einer dreifachen Doppelfrage, in der die Sechserreihe der Werke der Barmherzigkeit aufgegriffen ist, wann sie diese denn Jesus, dem König, erwiesen hätten. Ihre Überraschung skizziert die Neuheit der von Jesus vorgenommenen Identifikation. Für die Antwort – die Amen-Einleitung bestätigt ihre Gewißheit – ist es vor allem wichtig zu klären, wer diese seine geringsten Brüder sind[33].

Zunächst ist darauf hinzuweisen, daß der Gedanke, angewandt auf Gott, im Judentum eine gewisse Parallele hat. Er wird hier mit verschiedenen Nuancierungen vorgetragen. Im Midr Tann zu Dt 15,9 liest man: „Meine Kinder, wenn ihr den Armen zu essen gegeben habt, so rechne ich es euch so an, als ob ihr mir zu essen gegeben hättet."[34] Dieser Text ist wahrscheinlich die relativ nächste Parallele zu Mt 25. Die Begegnung mit dem Armen aber wird nicht als Begegnung mit Gott ausgegeben. In Sota 14a hingegen wird zur Nachahmung Gottes ermuntert. Sie geschieht in den Werken der Barmherzigkeit. Den Anfang dieses Textes haben wir bereits in Anm. 30 zitiert. Schließlich kann auf die Würde des Menschen als Bild Gottes hingewiesen werden: „Wer das Angesicht eines Menschen schmäht, schmäht das Angesicht des Herrn" (Henslav 44,1)[35]. Der Vergleich zeigt, daß die Besonderheit von Mt 25 darin besteht, daß die Begegnung mit dem Elenden unmittelbar als Begegnung mit Jesus, dem König, gilt.

Der Brudername ist in unserem Evangelium auf den Glaubensbruder,

---

[31] BRANDENBURGER, Recht 64–67, sieht in der Barmherzigkeit ein königliches Grundrecht, das dieser als Mandatar Gottes wahrzunehmen habe. Hierfür kann vorab auf Ps 72 verwiesen werden.
[32] Ergänzung nach GRESSMANN, Altorientalische Texte 12 Anm. d.
[33] In B* 0128* 1424 ff¹ ff² fehlt τῶν ἀδελφῶν μου.
[34] Bei JEREMIAS, Gleichnisse 205.
[35] Die Texte sind gesammelt bei BRANDENBURGER, Recht 67–69.

das Gemeindemitglied, auf einer vorausliegenden Stufe auf den Volksgenossen bezogen. Damit haben wir einen soliden Ausgangspunkt für die Interpretation gewonnen. Von *seinen* Brüdern spricht Jesus nur noch in 12,48-50 und 28,10. In 28,10 werden die Apostel so bezeichnet, 12,48 ff besitzt eine gewisse Öffnung, denn alle, die den Willen seines Vaters in den Himmeln tun, gewinnen ihn als Bruder. Die Rede von seinen geringsten Brüdern ist einmalig. Zahlreiche Interpreten[36] möchten diese auf alle Christen ausdehnen bzw. auf die notleidenden Christen oder die christlichen Missionare (oder Gemeindeleiter) beschränken und als Gegenüber zu den (Heiden-)Völkern begreifen. Die Heidenvölker würden dann gerichtet entsprechend dem Verhalten, das sie den Christen angedeihen ließen. Der Text wird dann zum Trosttext für letztere. Die Ahnungslosigkeit der Gerichteten, daß ihnen der unbekannte Christus begegnete, scheint zu dieser Interpretation zu passen. Doch mutet diese Sicht wenig christlich und wenig matthäisch an: die Christen als die Privilegierten dieser Erde[37]! Wir haben bereits oben eine Eingrenzung „aller Völker" auf die Heidenvölker abgelehnt. Die Perikope konfrontiert nicht die Heiden mit den Christen, sondern die Gerechten mit den Frevlern[38].

Die Redeweise von seinen geringsten Brüdern ist in ihrer Einmaligkeit ernst zu nehmen. Es sind die Hungernden, Dürstenden, Fremden, Nackten, Kranken, Gefangenen, in denen Jesus begegnet. Das Bruderverhältnis zu Jesus kann im NT auf mehrfache Weise begründet werden: über den Willen des Vaters (12,48-50), über den Vater, dessen Sohn er ist und dessen Kinder die Menschen werden sollen (vgl. 5,45.9), bei Paulus über das Heilsgeschehen von Tod und Auferstehung, zu denen der Christ durch die Taufe Zutritt erlangt (Röm 8,29). Die Identifizierung Jesu mit den notleidenden Brüdern wurzelt letztlich in der uneingeschränkten Zuwendung, die er diesen Menschen geschenkt hat. Sie geht zurück auf die geschichtlichen Erfahrungen, die man mit Jesus von Nazaret gemacht hat, der in die Nachfolge rief und zu einer ähnlichen Selbstlosigkeit ermunterte. So ist es möglich, daß der Brudername zwar hier zunächst auf die christlichen Brüder trifft, darüber hinaus aber alle Notleidenden miteinschließt. Diese einmalige Ausweitung des Brudernamens mag erstaunlich sein. Sie ist gleichbedeutend mit einer grenzenlosen Solidarität mit allen Notleidenden sowohl in der Kirche als auch in der Welt. Zu berücksichtigen ist ferner, daß das Gericht über seine geringsten Brüder nicht zur Debatte steht. Natürlich stehen auch sie entweder zur Rechten oder zur Linken. Weil die Barmherzigkeit das Kriterium des Gerichts ist, wird der Text zum drängenden Imperativ an die Gemeinde, Barmherzigkeit zu üben. Der Glaube

---

[36] Eine umfängliche Auflistung der Meinungen bietet FRIEDRICH, Gott, Anhang 186-189.
[37] WILCKENS, Brüder 364, bezeichnet diese Sicht als sektiererisch-parteilich.
[38] Mt 10,42 stützt die erörterte Exegese nicht. Abgesehen davon, daß der Vers keine Belehrung über das Gericht bieten will, fehlt ihm der Gedanke der Identifikation Christi mit den Kleinen. Dasselbe gilt für die paulinische „Peristasen-Kataloge" 1 Kor 4,11; 2 Kor 11,27, wo zwar Hunger, Durst, Blöße vorkommen.

ist nicht dispensiert. Aber er erweist seine Gültigkeit in der erwiesenen und seine Kraftlosigkeit in der verweigerten Barmherzigkeit. Sind die Völker vom Glauben dispensiert? Dies wird man angesichts von 24,14; 28,19f nicht sagen können. Aber das Gericht der Christen findet vor und mit den Völkern statt. Gerade für sie ist die Stunde der Wahrheit gekommen.

Was bedeutet die Ahnungslosigkeit der Gerichteten? Ihre Überraschung darüber, daß es der König Jesus war, der ihnen in den Notleidenden begegnete? Es gibt eine Interpretationsrichtung, die hier das Kernanliegen der Perikope erblickt. Sie wird dann zur Auseinandersetzung mit dem Lohngedanken. Barmherzigkeit üben nicht um irgendeines Lohnes willen, sondern um der Barmherzigkeit willen, sei ihr Anliegen. Nur solches Gutes tun zähle, das frei ist von Selbstsucht und dem Schielen nach Anerkennung[39]. Doch ist der Text aufklärerisch. Er will belehren und zum Handeln anregen. So entspricht es seinem Genre als Gerichtsparänese. So wird man den Lohngedanken ausklammern müssen. Auch rein rhetorisch, gleichsam um des Dialoges willen, ist der Überraschungseffekt nicht zu begreifen. Er ist vielmehr in der Situation begründet. Den leidenden und sterbenden Christus im notleidenden Mitmenschen zu erkennen, ist naheliegend. Daß sich aber der auf seinem Herrlichkeitsthron sitzende Menschensohn-König mit den Elenden identifiziert, bleibt die Überraschung der Stunde des Weltgerichts, auch für die Wissenden[40].

41–45 Der zweite Teil des Dialogs wendet sich denen zur Linken zu. Auch hier beginnt dieser mit der Zuweisung des Ortes und deren Begründung. Sie sind Verfluchte[41], doch sind sie es geworden in ihrer Verweigerung der Barmherzigkeit. Die andere theologische Färbung im Vergleich mit V 34 verdient Beachtung. Ist das Reich den Gesegneten des Vaters seit Schöpfung der Welt bereitet, so das ewige Feuer dem Teufel und seinen Engeln. Wenn im zweiten Fall der Rückgriff auf die Schöpfung fehlt, ist der Primat des Heiles herausgestellt. Es fehlt auch die Erwähnung des Vaters[42]. Wenn das Feuer dem Teufel, nicht den Menschen bereitet ist, dürfte damit auf dessen Verführerrolle angespielt sein, in der ihn sein Anhang unterstützte. Damit wäre auch die Entscheidungsfreiheit des Menschen erneut ansichtig geworden, der dem Bösen durchaus hätte widerstehen kön-

---

[39] Vgl. etwa G. BORNKAMM, Jesus von Nazareth (VB 19) (Stuttgart ²1956) 131. Zur Auseinandersetzung vgl. BRANDENBURGER, Recht 86–97.
[40] BRANDENBURGER, Recht 90–93, ordnet den Überraschungseffekt in eine christologische Auseinandersetzung ein. Korrigiert werden sollen solche, die einer Doxa-Christologie huldigen. Die Schwäche dieser Interpretation zeigt sich in dem Satz: „Obwohl derart infiziert, entsprechen sie (= die zur Rechten) dennoch in ihrem Tun dem Gebot, den Notleidenden beizustehen" (92).
[41] Der Artikel vor κατηραμένοι in V 41, der in Sinaiticus B L 0128 33 fehlt, ist wahrscheinlich zu streichen.
[42] D f¹ 205 it mae Cyprian fügen sekundär den Vater in V 41 ein: das der Vater bereitet hat.

nen[43]. Die Überraschung über die Identifikation des Menschensohn-Königs mit den Elenden ist dieselbe wie im ersten Fall. Nur muß sie begreiflicherweise Furcht und Schrecken einflößen, was allerdings nicht eigens gesagt wird[44].

46 Die Völker der Welt treten ab von der Bühne der Geschichte. Die Menschheit spaltet sich in Frevler – ein Adjektiv freilich ist vermieden – und Gerechte, als welche sie nunmehr erkannt sind. Der Abgang in die ewige Strafe[45] und das ewige Leben lehnt sich an LXX Dn 12,2 an: ewiges Leben – ewige Schande. Dort ist von der Auferstehung der Toten die Rede, derer, die in der Erde schlafen. Auch sie hat Mt nicht mehr ausdrücklich erwähnt. Bedeutsam aber ist, daß er, anders als Dn 12, das ewige Leben betont an den Schluß rückt, als das letztendliche Ziel des Heilswillens Gottes, die Erfüllung der Herrschaft der Himmel.

III
a) b) Mt schafft mit dem Gemälde vom Endgericht einen universaleschatologischen Ausblick am Ende der letzten Redekomposition. Der Impetus des Textes ist Gerichtsparänese, konkret: dringende Aufforderung zur Barmherzigkeit. Alle Völker sind unter diese Forderung gestellt, eine Forderung, die geeignet wäre, die Welt zu ordnen. Es macht einen bemerkenswerten weitgehenden Konsens der Weltreligionen aus, das Erbarmen gegenüber dem Mitmenschen zur Geltung zu bringen. Für die Christen ist die erwiesene oder unterlassene Barmherzigkeit die Nagelprobe ihres Glaubens. Im ersten Evangelium ist die Barmherzigkeitsforderung grundlegend. Das Hosea-Wort: „Barmherzigkeit will ich, nicht Opfer" wird in Situationen menschlicher Engstirnigkeit und Verhärtung in einem grundsätzlichen Sinn proklamiert (9,13; 12,7). Wenn in den Seligpreisungen der Bergpredigt den Barmherzigen Barmherzigkeit zugesagt wird, ist das ein Kommentar zum ersten Teil unserer Perikope. Das Gleichnis vom unbarmherzigen Knecht (18,21 ff) vermag den negativen Teil zu beleuchten. Auch macht es deutlich, daß die grenzenlose göttliche Barmherzigkeit vorausliegt. In Jesus ist der göttliche Erbarmungswille erschienen (9,36). Er ist der Knecht Gottes, auf den die Völker hoffen (12,18–21). So gibt es auch Querverbindungen über das christologische Königs- und Hirtenmotiv. Wie er jetzt der König ist, der über die Völker der Welt richtet, so war er der milde König, der wehrlos in die Stadt einzog (21,5). Wie er als Völkerhirte die Völker scheidet, so hat er als guter Hirt Erbarmen mit den ermatteten, hirtenlosen Schafen (9,36). Der Text aber gewinnt seine Ausstrahlung durch das Wort, in dem sich der König-Richter mit den Ge-

---

[43] Vgl. BAUMBACH, Verständnis 117. Zu den Engeln des Teufels vgl. Test Dan 6,1 und BILLERBECK I 983f. In der frühjüdischen Literatur begegnen sie selten.
[44] Das ewige Feuer (noch 18,8) ist eine dem Mt eigene Formulierung. Qumran kennt sie nicht. Gegen BRAUN, Qumran I 53. Dort ist aber die Sache bekannt.
[45] it Cyprian bieten: ewiges Feuer, in Anlehnung an V 41.

ringsten seiner Brüder identifiziert. Hierin erblickten wir das Besondere der Perikope im religionsgeschichtlichen Vergleich. In dieser Identifikation wird der historische Jesus erkennbar, der sich den Armen und Elenden in uneingeschränkter Offenheit zuwandte, mag auch der Text nicht selbst von ihm stammen, sondern in Erinnerung an sein Tun gebildet sein.

c) Drei Aspekte hat die systematische Theologie vor allem beschäftigt. Zunächst ist es die universale Geltung des Gerichts, das nach den Werken der Barmherzigkeit ergeht. Nach Gogarten[46] ist die Bruderschaft der einzige Sinn, auf den die Welt hin erschaffen ist. Wenn die Welt ihren Sinn in etwas anderem sucht als in der Bruderschaft, hört sie auf, heil zu sein. Zwar ist Bruderschaft immer irgendwo in der Welt. Aber sie ist oft unscheinbar. Sie ist es bis zu jenem Zeitpunkt. P. Tillich[47] verknüpft die Universalität mit dem Monotheismus, der als exklusiver Monotheismus nicht auf der Absolutheit eines partikularen Gottes gegenüber anderen Göttern gründet, sondern auf der universalen Gültigkeit von Gerechtigkeit und Agape. Dies setzt voraus, daß Gerechtigkeit und Agape Prinzipien sind, die alle partikularen Religionen transzendieren. Sie sind jenen als den sie bedingenden Kriterien unterworfen. Der zweite Aspekt ist die Identifikation. Wie schon oben bemerkt, ist das Lohnmotiv fernzuhalten. G. Ebeling[48] versucht es zu umgehen, indem er auf den Anspruch des Notleidenden abhebt, mit dem sich Jesus identifiziere. Dieser Anspruch des Mitmenschen sei der Anspruch Jesu selbst. Die Verständlichkeit dieses Anspruchs mache den Anspruch Jesu verständlich. Wem die Not des Mitmenschen nicht einleuchtet, dem könne der Anspruch Jesu auch nicht einleuchten. So richtig es ist, daß die Identifikation Jesu mit den Hilfsbedürftigen nicht erst begründet, daß diese der Hilfe würdig sind, scheint diese Interpretation den Skopus nicht ganz zu treffen. Die Identifikation hat etwas Paradoxes, das nur im Glauben angenommen werden kann. In den Notleidenden erscheint die Herrlichkeit Christi. Menschliche Gemeinschaft, Gemeinschaft mit den Elenden erhält einen über sich hinausweisenden göttlichen Sinn[49]. Die den Elenden zugewandte Gemeinde lebt als die eigentlich Gott zugewandte Gemeinde in der Welt. Marti hat im Anschluß an das bekannte Wort des Clemens von Alexandrien: „Siehst du deinen Bruder, so siehst du deinen Gott" folgendes „Gedicht am Rand" geschaffen:

> Was schaben, was pinseln
> die Maler
> auf Kirchengerüsten an toten Gemälden?
> Des Lebens und seines Fürsten
> lebendiges Bild
> sind Frauen und Männer[50].

---

[46] Schatz 354.
[47] Die Frage nach dem Unbedingten (Gesammelte Werke 5) (Stuttgart 1964) 66.
[48] Wort und Glaube II (Tübingen 1969) 21 f.
[49] Vgl. D. Bonhoeffer, Gesammelte Schriften III (München 1972) 433.
[50] Geduld 57.

Schließlich ist drittens die Frage von Belang, wie die Botschaft von der endgültigen Verfehlung des Menschen („ewiges Feuer") heute noch vermittelt werden kann. Es kann nicht darum gehen, sie zu verharmlosen. Zu schroff steht sie in den Texten. Es kommt uns aber auch nicht zu, wissen zu wollen, was genau später einmal sein wird. Der Menschensohn-Richter hat das letzte Wort. Auf es sind wir angewiesen. Er zürnt, nicht obwohl er liebt, sondern weil er liebt. So sollen wir die Texte lesen vorab als Aussagen über den jetzt existierenden Menschen. Dieser kann sich in seiner radikalen Einmaligkeit in wirklicher Freiheit entscheiden für eine der zwei letzten Möglichkeiten seines Daseins[51].

LITERATUR: C. F. BURNEY, St. Matthew 25,31–46 as a Hebrew Poem: JThS 14 (1913) 414–424; W. BRANDT, Die geringsten Brüder: JThSB 8 (1937) 1–28; J. A. T. ROBINSON, The „Parable" of the Sheep and the Goats: NTS 2 (1955/56) 225–237; C. E. B. CRANFIELD, Diakonia. Mt 25,31–46: LQHR 30 (1961) 275–281; G. GROSS, Die „geringsten Brüder" Jesu in Mt 25,40: BiLe 5 1964) 172–180; G. HAUFE, „Soviel ihr getan habt einem dieser meiner geringsten Brüder": Ruf und Antwort (Festschrift E. FUCHS) (Leipzig 1964) 484–493; B. STEIDLE, „Ich war krank und ihr habt mich besucht" EuA 40 (1964) 443–458; 41 (1965) 36–52.99–113.189–206; R. MADDOX, Who are the „Sheep" and the „Goats"? ABR 13 (1965) 19–28; J. R. MICHAELIS, Apostolic Hardships and Rightous Gentils: JBL 84 (1965) 27–37; J. WINANDY, La Scène du Jugement Dernier Mt 25,31–46: ScEc 18 (1966) 169–186; L. COPE; Matthew 25,31–46: NT 11 (1969) 32–44; I. BROER, Das Gericht des Menschensohnes über die Völker: BiLe 11 (1970) 273–295; W. GÄHLER, Wer sind die geringsten Brüder? (Auslegungsgeschichte): Die Christenlehre 23 (1970) 3–16; J.-C. INGELEARE, „La parabole" de Jugement Dernier: RHPhR 50 (1970) 23–60; L. GOPPELT, Leben für die Barmherzigen: CPH 11 (1972) 221–228; D. GEWALT, Mt 25,31–46 im Erwartungshorizont heutiger Exegese: LingBib 25/26 (1973) 9–21; J. MÁNEK, Mit wem identifiziert sich Jesus?: Christ and Spirit in the NT (Festschrift C. F. D. MOULE) (Cambridge 1973) 15–25; P. CHRISTIAN, Jesus und seine geringsten Brüder (EThSt 12) (Erfurt 1975); U. WILCKENS, Gottes geringste Brüder: Jesus und Paulus (Festschrift W. G. KÜMMEL) (Göttingen 1975) 363–383; P. BONNARD, Mt 25,31–46: FV 5 (1977) 81–87; J. FRIEDRICH, Gott im Bruder (CThM A/7) (Stuttgart 1977); R. BRÄNDLE, Mt 25,31–46 im Werk des Johannes Chrysostomos (BBE 22) (Tübingen 1979); D. R. CATCHPOLE, The Poor on Earth and the Son of Man in Heaven: BJRL 61 (1979) 355–397; E. BRANDENBURGER, Das Recht des Weltenrichters (SBS 99) (Stuttgart 1980); M. PAMMENT, Singleness and Matthew's Attitude to the Torah: JStNT nr. 17 (1983) 73–96; X. PIKAZA, La estructura de Mt y su influencia en 25,31–46: Salm 30 (1983) 11–40.

---

[51] Vgl. RAHNER, Grundkurs 109f; J. GNILKA, Die biblische Botschaft von Himmel und Hölle – Befreiung oder Versklavung?: G. GRESHAKE (Hrsg.), Ungewisses Jenseits? (Düsseldorf 1986) 16–31. – LUTHER II 857 benutzt die Perikope zu einer Unheilsprophetie über Deutschland. Hier seien seine geringsten Brüder verachtet. „Ich bin nicht gern Prophet. Aber wenn der jüngste Tag nicht kommt, so wird doch der Türke bald kommen und so mit uns umgehen, daß wir sagen werden: hier war einmal Deutschland. Oder ein anderer Tyrann wirds tun."

Passion und Ostern (26,1 – 28,20)

Im Aufriß seiner Passionsgeschichte schließt sich Mt an seine Mk-Vorlage an. In gleicher Weise gilt das für die Geschichte von der Entdeckung des leeren Grabes Jesu (28,1-8). Doch was in Mk 16,1-8 nur angelegt und noch nicht entfaltet war, nämlich das Sehen Jesu in Galiläa, führt er aus und gestaltet es zum imponierenden Abschluß seines Evangeliums.

Quantitativ bietet Mt über Mk hinaus nicht viel Neues. Das bedeutet aber keinesfalls, daß er die Passionsüberlieferung nicht neu, zum Teil sogar grundlegend neu konzipiert hat. Doch verdienen die zusätzlichen Texte – oft sind es nur eingeschobene Sätze – unsere besondere Aufmerksamkeit. Der ausführlichste Text, der im Vergleich zu Mk neu hinzugetreten ist, ist die Perikope vom Tod des Judas (27,3-10). Neu ist auch der kleine Erzählkranz, der sich um das Begräbnis Jesu rankt: die Geschichten von der Grabeswache, deren Einbeziehung in die Ereignisse des Ostermorgens, von der Bestechung der Wache durch die Hohenpriester. Schließlich hören wir von einer Erscheinung des Auferstandenen vor den Frauen in unmittelbarer Nähe des Grabes (27,62-66; 28,2-4.9-15). Von besonderem Gewicht sind auch die Bemerkungen, die Mt in den Bericht vom Prozeß Jesu vor Pilatus eingeflochten hat. Sie betreffen neben einem Traum der Frau des Pilatus die Unschuldserklärung, die der Römer feierlich für Jesus abgibt, und in Korrespondenz dazu den Blutruf des versammelten Volkes (27,19.24f). Beim Tod Jesu geschieht über die schon von Mk erzählten staunenswerten Dinge hinaus Wundersames (27,51b-53).

Der Herkunft dieser Überlieferungen und anderer Veränderungen werden wir nachzugehen haben. Daß nicht alles pauschal der Arbeit des Mt zugeschrieben werden kann, sieht man daran, daß es bemerkenswerte Übereinstimmungen und Berührungen zwischen Mt einerseits und Lk oder Joh anderseits gibt. Um hier schon einzelnes zu erwähnen, so macht die weiterführende Ausgestaltung des Pilatusverhörs eine allgemeine Gemeinsamkeit mit Joh aus. Nach beiden Berichten auch besteigt Pilatus den Richterstuhl, freilich in unterschiedlichen Zusammenhängen (Mt 27,19; Joh 19,13). Nur nach Mt 27,37; Joh 19,19 erscheint in der Kreuzesinschrift der Jesusname. In der Darstellung des Todes Jesu berührt sich Mt 27,50 mit Joh 19,30 (τὸ πνεῦμα). Die Erscheinung vor Maria von Magdala und den anderen Frauen (28,9f) kann mit Joh 20,11-18 verglichen werden, und manches andere mehr. Noch zahlreicher sind die Berührungen mit Lk. Wir beschränken uns auf wenige Beispiele: gemeinsame Auslassungen (etwa von Mk 15,44), Zufügungen (ein Wort Jesu an den Schwertschläger in Mt 26,52 und Lk 22,51). Der Schwertschläger wird als einer aus dem Jüngerkreis vorgestellt (Mt 26,51; Lk 22,50; noch weiter geht Joh 18,10). Die Frage „Wer ist es, der dich geschlagen hat?" begegnet in wörtlicher Übereinstimmung in Mt 26,68; Lk 22,64. Wenn man zusätzlich bedenkt, daß die Erzählung vom Ende des Judas in Apg 1,15-20 ihre Parallele hat und die Geschichte von den Grabeswächtern im apokryphen Petrusevangelium noch ausführlicher geboten wird, gewinnen wir einen Einblick auf ein breites Traditionsfeld. Für die richtige Einordnung werden wir nicht auskommen ohne die Annahme von zur Zeit des Mt noch fortbestehenden mündlichen Überlieferungen und die Vorstellung, daß neben dem schriftlichen Evangelium des Mk die Passionsgeschichten noch weiter mündlich erzählt wurden[1].

Gegenüber Mk treten die handelnden Personen stärker in den Vordergrund. Das ist dadurch erreicht, daß der wörtlichen Rede – wie auch sonst in unserem Evangelium – mehr Platz eingeräumt ist. Jesus aber bleibt in der Passion auch nach Mt weithin der Schweigende. Es ist sein Wort, das er zuvor gesprochen hat und das sich jetzt erfüllt. Damit tritt sein Wort neben die Schrift und über diese, insofern sich in seinem Schicksal die Schrift erfüllt. Wir finden in der Passion nicht nur das letzte Reflexionszitat (27,9f), das freilich besondere Probleme aufgibt, sondern Anspielungen auf atl Stellen wurden sorgfältiger herausgearbeitet und vermehrt. Dabei kann Mt zeitgenössische Auslegungstraditionen berücksichtigen (27,51b-53). Vor allem wird der Konflikt Jesu mit Israel herausgestellt, der Unglaube des Volkes, der sich insbesondere im Verhalten seiner Führer äußert. Die Ablehnung des Messias durch sein Volk, im Blutruf kulminierend, bedeutet die „heilsgeschichtliche Wende", den Übergang des Reiches auf ein neues Volk (21,43), die Ermöglichung der Sendung der Jünger zu allen Völkern, die zu Jüngern gemacht werden sollen. Im Zusammenhang mit dem Unglauben Israels gewinnt Mt ein neues Verständnis von Auferstehung Jesu, das er in der Perikope vom Jonazeichen bereits vorbereitet hatte (12,40). Die Auferstehung wird zum Zeichen für Israel, oder sollte man besser sagen: gegen es, weil sie immer noch nicht glauben wollen. In der betonten Bindung des Auferstehungsverständnisses an das leere Grab und auch in der scharfen Kritik an Israel sind theologische Fragen angerührt, die einer Erörterung bedürfen.

LITERATUR: J. FINEGAN, Die Überlieferung der Leidens- und Auferstehungsgeschichte Jesu (BZNW 15) (Gießen 1934); W. HILLMANN, Aufbau und Deutung der synoptischen Leidensberichte (München 1941); K. H. SCHELKLE, Die Passion Jesu in der Verkündigung des NT (Heidelberg 1949); H.-W. BARTSCH, Die Passions- und Ostergeschichten bei Matthäus: Entmythologisierende Auslegung (ThF 26) (Hamburg 1962) 80-92; E. LOHSE, Die Geschichte des Leidens und Sterbens Jesu Christi (Gütersloh ²1967); J. BLINZLER, Der Prozeß Jesu (Regensburg ⁴1969); B. GERHARDSSON, Jésus livré et abandonné d'après la passion selon s. Matthieu: RB 76 (1969) 216-227; E. L. BODE,

---

[1] DAHL, Passionsgeschichte 208, setzt voraus, daß die Mt-Kirche das Mk-Evangelium gekannt hat. Das wird zutreffen. Ob allerdings Mt in seiner schriftstellerischen Tätigkeit diese Kenntnis miteinkalkuliert, dürfte zweifelhaft sein.

The First Easter Morning (AnB 45) (Rom 1970); R. H. FULLER, The Formation of the Resurrection Narratives (London–New York 1971); I. BROER, Die Urgemeinde und das leere Grab (StANT 31) (München 1972); K. P. G. CURTIS, Three Points of Contact Between Matthew and John in the Burial and Resurrection Narratives: JThS 23 (1972) 440–444; A. DESCAMPS, Rédaction et christologie dans le récit matthéen de la Passion: Évangile selon Matthieu (BEThL 29) (Gembloux 1972) 359–415; W. SCHENK, Der Passionsbericht nach Markus (Gütersloh 1974); J. E. ALSUP, The Post-Resurrection Appearance Stories of the Gospel Tradition (CThM 5) (Stuttgart 1975); K. SMITH, Matthew 28: IThQ 42 (1975) 259–271; J. KREMER, Die Osterevangelien – Geschichten um Geschichte (Stuttgart 1977); N. A. DAHL, Die Passionsgeschichte bei Matthäus: M. LIMBECK (Hrsg.), Redaktion und Theologie des Passionsberichtes nach den Synoptikern (WdF 481) (Darmstadt 1981) 205–225; H.-J. KLAUCK, Judas – ein Jünger des Herrn (QD 111) (Freiburg 1987).

1. Die Ankündigung des Pascha (26, 1–5)

1 Und es geschah, als Jesus alle diese Worte vollendet hatte, sprach er zu seinen Jüngern: 2 Wisset, daß nach zwei Tagen das Pascha sich ereignet. Und der Menschensohn wird ausgeliefert, um gekreuzigt zu werden. 3 Da versammelten sich die Hohenpriester und Ältesten des Volkes im Palast des Hohenpriesters, der Kajafas heißt, 4 und beschlossen, Jesus mit List zu ergreifen und zu töten. 5 Sie sagten aber: Nicht am Fest, damit kein Tumult im Volk entsteht.

I
Die mt Passionsgeschichte – nur sie – beginnt mit einem Christuswort. Damit sind die Weichen gestellt, insofern die Initiative Jesu von vornherein hervortritt. Der Nebensatz (1 a) schließt die vorausgegangene Rede mit der bereits bekannten Formel ab (vgl. z. B. 8, 28). Die kleine Perikope zerfällt in zwei Teile. Gliederungsprinzip ist der Subjektwechsel. Im ersten Teil ist Jesus Subjekt (1 f), im zweiten sind es die Hohenpriester und Ältesten des Volkes (3–5). Beide Teile haben eine direkte Rede. Der Protagonist und die Antagonisten der Passion sind damit vorgestellt. Zunächst handeln sie noch getrennt voneinander.

Traditionsgeschichte: Vorlage war Mk 14, 1 f. Entgegen seiner sonst festzustellenden Tendenz zu kürzen, hat E seine Vorlage erheblich erweitert. Er hat die Rede Jesu an die Jünger eingeführt und dabei die Zeitangabe bei Mk „nach zwei Tagen..." aufgegriffen. Auffallend ist, daß er die Zeitangabe auf das Pascha konzentriert, die „Ungesäuerten Brote" ausläßt und das Verb γίνεται (statt ἦν) verwendet. Damit scheint ein besonderer Paschavollzug angekündigt zu sein. Die Leidensankündigung greift Elemente von 20, 18 f auf[1]. In V 3 spricht E von einer Versammlung im Haus des Hohenpriesters Kajafas, wo man beschloß, Jesus zu ergreifen und zu töten (Mk 14, 1 nur: sie suchten, wie sie ihn ergreifen und töten sollen). An

---
[1] Nur in den Leidensankündigungen 26, 2 und 20, 19 ist die Kreuzigung genannt.

die Stelle der Schriftgelehrten (Mk) sind neben die Hohenpriester die Ältesten des Volkes getreten. Deren wörtliche Rede hat er nur geringfügig verändert[2].

Die mt Version besitzt bemerkenswerte Parallelen mit der johanneischen Leidensgeschichte. Nur in der Passion bei Mt und Joh wird der Name Kajafas überliefert (noch 26,57; Joh 11,49; 18,13f. 24.28)[3], für den Beschluß des Hohen Rates wird in Mt 26,4 und Joh 18,14 das seltene Verb συμβουλεύω gebraucht[4]. Vielleicht darf man auch ein besonderes paschatheologisches Interesse anführen. Dennoch wird man nicht annehmen dürfen, daß Mt und Joh auf einer gemeinsamen Vorlage basieren. Vielmehr müssen wir wohl für Joh mit der Möglichkeit des Zuganges zu mündlichen Traditionen rechnen, in diesem Fall der mündlichen Weitergabe mt Überlieferungen. Doch brauchen wir diese Frage hier nicht weiter zu verfolgen[5]. Die bei Mt gegenüber Mk festzustellenden Änderungen verstehen sich am besten als MtR. Den Namen des Kajafas zu ermitteln, war nicht schwierig. Auch der Stil ist mt[6].

II

1f Mit der Endzeitrede sind alle Worte Jesu „vollendet", zu ihrem Ende gekommen. Die Schlußformel der Redekompositionen ist zusammenfassend erweitert: „*alle* diese Worte[7]". Damit sind vom Ende her alle Redekompositionen nochmals verbunden. Die Anlehnung an LXX Dt 31,1 ist deutlich: „Und als Mose, der redete, alle diese Worte vollendet hatte ..." – Mose gibt im Anschluß daran Anweisungen für die Zeit nach seinem Tod. Im Evangelium wird das letzte Kapitel aufgeschlagen, die Passion. Das öffentliche Wirken Jesu ist abgeschlossen. Dies wird den Jüngern feierlich verkündet. Darum wird man οἴδατε nicht indikativisch (ihr wißt), sondern imperativisch übersetzen müssen (wisset!)[8]. Was sie wissen sollen, ist nicht bloß die Nähe des Pascha, sondern auch, daß es ein besonderes Pascha ist, an dem der Menschensohn zur Kreuzigung ausgeliefert wird. Darum brauchen die Ungesäuerten Brote nicht mehr erwähnt zu werden. Pascha empfängt einen neuen Sinn. Die präsentische Formulierung παραδίδοται deutet den Beginn des Vollzugs der Überlieferung an[9]. Man darf die Vermutung äußern, daß Mt Christus als das eigentliche Paschalamm verstanden hat.

3 Die Antagonisten beginnen zu handeln. Nachdem Jesus das Wissen

---

[2] Wieder γένηται statt ἔσται, Tumult im Volk statt: des Volkes, ἵνα μή für μήποτε.
[3] Kajafas wird im NT nurmehr in Lk 3,2; Apg 4,6 genannt.
[4] Das Verb begegnet im NT 4mal, noch in Apg 9,23; Apk 3,18.
[5] Vgl. DAHL, Passionsgeschichte 209f.
[6] Außer dem schon Erwähnten vgl. zu συνήχθησαν 13,2; 22,34. 25,32; 26,57; 28,12; zu den Ältesten des Volkes 21,23; 26,47; 27,1. τότε ist beliebte Anschlußpartikel.
[7] πάντας ist in E f[13] 565 2542 sy[s] gestrichen.
[8] Mit LOHMEYER 347.
[9] In 20,18 (vgl. 17,22) ist die Auslieferung des Menschensohnes futurisch formuliert. Die Kodizes Θ 700 lesen in 26,2 παραδοθήσεται.

um die Notwendigkeit seines Weges proklamiert hat, erscheint ihr Handeln in einem anderen Licht. Sie sind Akteure zweiter Ordnung. Mt berichtet von einer der eigentlichen Synhedrialverhandlung vorauslaufenden Versammlung beim Hohenpriester Kajafas. Die Gruppe der Hohenpriester und Ältesten – zur Vollständigkeit des Synhedrions fehlt nur noch die Fraktion der Schriftgelehrten[10] –, zum ersten Mal mit der Vollmachtsfrage erwähnt (21,23), ist die im Prozeß Jesu treibende Kraft (26,47; 27,1.3.12.20). Als Älteste des Volkes repräsentieren jene dieses[11].

Die Amtszeit des Hohenpriesters Josephus aus dem Geschlecht der Kajaf (darum der Beiname Kajafas)[12] wird unterschiedlich angegeben. Zum Hohenpriester eingesetzt wurde er durch den Statthalter Valerius Gratus, nachdem dieser zuvor mit drei Bestellungen kein besonderes Glück hatte[13]. Dies dürfte im Jahr 18 gewesen sein. Kajafas konnte seine Stellung erstaunlich lang behaupten. Pilatus, der ihn als Hohenpriester bereits vorfand, beließ ihn auf dem Posten. Zwischen beiden hat es kein ernstes Zerwürfnis, eher Kooperationsbereitschaft gegeben. Kajafas wird gleichzeitig mit Pilatus abgesetzt, als dieser von Vitellius nach Rom zur Verantwortung geschickt wurde, der Jonathan, den Sohn des Hannas, einen Schwager des Kajafas, zu dessen Nachfolger macht, im Jahr 36 oder 37. Kajafas gilt als intelligenter Realpolitiker[14]. Der Palast des Hohenpriesters ist nach 26,58 auch der Ort der Nachtsitzung des Synhedrions.

4f Der Beschluß erscheint als allgemeine Willensäußerung, Jesus zu ergreifen und zu töten. Die List ist auch nach den Psalmen ein Mittel, mit dem man gegen den Armen und Frommen vorgeht (Ps 10,7; 35,20; 52,2). Die Psalmen, insbesondere jene, die vom leidenden Gerechten handeln, bilden immer wieder die Kulisse der Passion. Die List besteht in der Absicht, den Festtag zu umgehen, nicht wegen der Würde des Festes, sondern wegen des Volkes. Jesus besitzt noch Sympathisanten im Volk. In der Folge wird Jesus doch am Fest ergriffen und hingerichtet. Dies ist kein Widerspruch, sondern Mittel, ihre Ratlosigkeit zu demonstrieren. Ein Höherer waltet. Jesus stirbt am Pascha. τὸ πάσχα γίνεται.

III
a) b) Mt schafft am Beginn der Passionsgeschichte eine eigenständige Zusammenfassung einmal des Willens Jesu, seinen Weg zu gehen, zum anderen des Willens der jüdischen Hierarchen, ihn zu beseitigen. Göttliches und Menschliches greifen ineinander, göttliche Führung und menschliche Schuld. Das theologische Interesse ist auf Christus ausgerichtet, der seinen Weg initiiert und bereit ist, das Pascha zu vollziehen. – Daß Mt über

---

[10] 1006 1342 1506 it sy[p.h] fügen in V 13 die Schriftgelehrten ein, Kodex W die Pharisäer.
[11] τοῦ λαοῦ fehlt in B*.
[12] D it sa mae bieten den Namen Kaifa.
[13] Die Amtsvorgänger Ismael Phabi, Eleazar der Sohn des Hannas und Simon der Sohn des Kamith waren nur kurze Zeit im Amt.
[14] Vgl. SCHLATTER 733; BILLERBECK I 985; BLINZLER, Prozeß 139.

präziseres historisches Detailwissen verfügte, wenn er eine zusätzliche Synhedrialversammlung einberufen sein läßt, ist nicht anzunehmen. Die Überlieferung aber tut kund, daß man auf seiten der Gemeinde die Meinung hatte, daß der Tod Jesu vom Kreis um Kajafas geplant war.

2. Die Salbung zum Begräbnis (26, 6–13)

6 Als Jesus in Betanien im Haus Simons des Aussätzigen war, 7 trat eine Frau an ihn heran, die eine Alabasterbüchse mit teurem Salböl hatte, und goß es über sein Haupt aus, während er zu Tisch lag. 8 Da dies aber die Jünger sahen, murrten sie und sagten: Wozu diese Verschwendung? 9 Denn man hätte dieses um vieles verkaufen und den Armen geben können. 10 Jesus aber bemerkte es und sprach zu ihnen: Was belästigt ihr die Frau? Denn ein gutes Werk hat sie an mir getan. 11 Die Armen nämlich habt ihr immer bei euch, mich aber habt ihr nicht immer. 12 Denn da sie dieses Salböl auf meinen Leib goß, tat sie es, um mich für das Grab zu bereiten. 13 Amen, ich sage euch: Wo immer dieses Evangelium in der ganzen Welt verkündigt werden wird, wird man auch erzählen, was sie getan hat, zu ihrem Gedenken[1].

I

Eine präzise Ortsangabe zeichnet diese Geschichte aus. Demgegenüber fällt um so mehr auf, daß die Frau, die neben Jesus im Mittelpunkt steht, namenlos bleibt. Die Jünger sind die dritten Handlungsträger. Mit ihrem Murren treten sie in Gegensatz zu Jesus und zur Frau. Nach der eröffnenden Handlung – Salbung Jesu – beherrscht der Dialog die Szene, genauer sind es der Einwand der Jünger und die Stellungnahme Jesu. Beide stehen in formaler Hinsicht parallel zueinander: die Jünger/Jesus machen eine Beobachtung (8 und 10: partizipiales ἰδόντες und γνούς), reagieren mit einer vorwurfsvollen Frage: Wozu diese Verschwendung? Was belästigt ihr die Frau? Eine Begründung schließt sich an (9 und 10b). In der Stellungnahme Jesu folgen freilich noch zwei weitere Begründungssätze (11f) und eine abschließende mit Amen eingeleitete Verheißung (13). Die Frau steht am Anfang und am Ende der Geschichte, am Anfang mit ihrem Tun, am Ende im Verheißungswort. Gattungsmäßig ist die Perikope am besten unter die biographischen Szenen einzuordnen[2].

Die Vorlage Mk 14, 3–9 hat E vor allem gestrafft, aber auch eigene Akzente zu verstehen gegeben. Es fehlen das Zerbrechen des Gefäßes, die ausführliche Beschreibung des Salböls ist vereinfacht (vgl. Mk 14, 3). Die

---
[1] Durch Paralleleinfluß entstandene Textvarianten sind in V 7: πολυτίμου (Sinaiticus ADLΘ 33 565 892 1424; vgl. Joh 12,3); in V 9 zusätzliches „dieses *Salböl*" (EFGH f¹³ 33 579 1006 1342; vgl. Mk 14,5).
[2] Vgl. GNILKA, Markus II 222.

Murrenden sind die Jünger, bei Mk sind es einige unbestimmte Mahlteilnehmer. Es fehlen die Schätzung von 300 Denaren und der wiederholte Unwille der Kritiker (vgl. Mk 14,5). Die Antwort Jesu ist gekürzt. Die Bemerkungen „Laßt sie", „und wenn ihr wollt, könnt ihr ihnen Gutes tun" (Mk 14,6a.7b) sind ausgelassen. So kommt die Antithese: Die Armen habt ihr immer – mich habt ihr nicht immer, besser zum Vorschein. Im Bezug auf das Begräbnis fehlt der Gedanke der Vorwegnahme. Mk 14,8 προέλαβεν ist nicht übernommen. Mt erreicht, vor allem durch die Auslassungen, eine stärkere Konzentration auf Jesus. Vielleicht soll dies auch durch seine Erkenntnis (10: γνούς) unterstrichen werden.

II

6f Betanien, nur noch in 21,17 in unserem Evangelium erwähnt, ist uns von dorther bereits als Quartier Jesu während seines letzten Jerusalem-Aufenthaltes bekannt. Das Haus Simons des Aussätzigen ist präzise die Stätte der Handlung. Die Angabe aber setzt nicht unbedingt voraus, daß Simon beim Mahl zugegen war. Spekulationen über seine Person verbieten sich[3]. Eine unerwartet eintretende Frau, die eine Alabasterbüchse trägt, gießt kostbares Salböl über Jesu Haupt. Mt betont den Wert des Öls[4]. Über die Motivation der Frau erfahren wir nichts.

Man pflegte dem Gast vor dem Mahl Öl zur Salbung zu reichen oder durch einen Sklaven die Füße salben zu lassen. Salbungen während des Mahles sind uns nur als Hochzeitssitte der Juden in Babylon bekannt, wo sie beim Mahl anwesenden Rabbinen galt[5]. Man verwendete auch Alabasterbüchsen mit wertvollem Öl, um dessen Duft ausströmen zu lassen. Für die Deutung des Geschehens sind wir ganz auf die anschließenden Worte Jesu angewiesen[6].

8f Die Deutung Jesu wird ausgelöst durch den Unwillen der Jünger. Sie wenden sich mit ihrem Einspruch nicht an ihn, sondern bleiben unter sich. Er aber bemerkt ihr Raunen. Der Einspruch richtet sich gegen die Verschwendung. Keinesfalls wird man sagen können, daß sie sich über die Frau ärgern, weil sie etwas für Jesus tut, wozu sie wegen ihrer geringen finanziellen Mittel keine Möglichkeit hatten. Der verschwenderische Luxus – als solcher erscheint ihnen die Tat der Frau – bringt sie auf. Daß sie an die Armen denken, ist sympathisch. Sie sind einfache Leute aus dem Volk

---

[3] Beinamen nach einem körperlichem Gebrechen finden sich auch sonst: Simon der Stammler, Matthias der Gekrümmte, der Sohn des Stummen. Belege bei SCHLATTER 734. In der älteren Exegese gab es eine allegorische Auslegung des Namens Simon. Man brachte ihn mit σιμός (= eingebogen, nach innen gewölbt) und mit dem Mond in Verbindung und wertete Simon den Aussätzigen wie Betanien (Haus der Elenden) als Ausdruck menschlicher Hilfsbedürftigkeit. Die salbende Frau wird zum Symbol des Elends. Zur Auseinandersetzung vgl. CLEMEN, Erklärung 233f.
[4] Das seltene Wort βαρύτιμος (hapleg im NT) bedeutet wörtlich: schwer von Wert.
[5] Vgl. BILLERBECK I 426–428 und 986.
[6] An eine der Salbung des Königs (vgl. 2 Kg 9,6; 1 Sm 10,1) oder des Priesters (JOSEPHUS, ant. 3,205) vergleichbare Salbung kann nicht gedacht werden.

und Luxus nicht gewöhnt. Mt hat mit der ausdrücklichen Erwähnung der Jünger der Geschichte eine besondere Nuance gegeben. Die Frau hat den Jüngern etwas voraus. Sie hat wissend gehandelt. Sie verfügt über ein Wissen, das den Jüngern noch abgeht, das anzunehmen sie sich vielleicht sogar sträuben[7].

10f Jesus nimmt die Frau gegenüber dem Vorwurf der Jünger in Schutz. Seine Stellungnahme ist ganz auf seine Person hin ausgerichtet, ist hoheitlich. Mt war an dieser christologischen Orientierung gelegen. Das gute Werk, das sie getan hat, wird man zunächst im Sinn der rabbinischen guten Werke deuten dürfen[8]. Denn zu diesen wurde gerade auch die Sorge um die Sterbenden und Toten gerechnet. Die Gegenüberstellung der Armen und Jesus wird zu einer Todesprophetie. Die Armen bleiben, Jesus bleibt nicht. Die Sorge um die Armen ist damit nicht abgewertet. Jetzt ist die einmalige Gelegenheit eingeräumt, an Jesus ein gutes Werk zu tun. Die Formulierung lehnt sich an Dt 15,11 an: „Denn es werden die Armen nicht aus diesem Land verschwinden." Der Dt-Text fährt fort mit der Weisung: „Darum gebiete ich dir: Öffne deine Hand deinem Bruder, dem Elenden und Armen in deinem Land!" – Die Feststellung Jesu ist ebensowenig wie die des Dt resignativ. Er ist jetzt der Arme, der in den Tod geht. Beim Ausgießen des Öls an Verschwendung zu denken, ist kleinlich. Doch sitzt die Kritik an den Jüngern tiefer[9].

12 Jesus spricht ganz realistisch von seinem Tod und seinem Grab. Indem die Salbung unmittelbar zum Tod in Beziehung gesetzt wird, erscheint die Frau als eine, die im Kreis der Jünger eine prophetische Handlung setzte und sich zum erniedrigten Jesus bekannte. Das Murren der Jünger wird rückschauend zum Ausdruck des Unwillens gegenüber seinem Todesweg und bereitet ihr Versagen vor. Bemerkenswert ist die Parallelisierung des Personalpronomens με mit σῶμά μου. Dies setzt die ganzheitliche Anthropologie des semitischen Denkens voraus. Nach ihr stirbt der ganze Mensch. Das Anliegen, in der Salbung eine bei der nach dem Tod erfolgten Bestattung unterlassene Ehrung des Leichnams Jesu vorweggenommen zu sehen, ist nicht erkennbar. Auch unterdrückt Mt in der Geschichte vom Gang der Frauen zum Grab deren Vorhaben, den Leichnam zu salben (vgl. 28,1/Mk 16,1).

---

[7] BILLERBECK I 986 bietet als Parallele eine rabbinische Geschichte. Rabbi Chama rühmt sich, daß seine Familie die Synagogen von Lydda hat bauen lassen. Rabbi Hoschaja wendet ein, daß es besser gewesen wäre, für das Geld junge Leute die Thora studieren zu lassen: „Wie viele Seelen haben deine Väter hier (in die Synagogen) hineingesteckt?"
[8] Gegen LOHMEYER 349.
[9] Im Judentum gab es auch die Einstellung, daß es keine Armen mehr geben wird, wenn Israel die Gebote hält. Vgl. G. VON RAD, Das fünfte Buch Mose (ATD 8) (Göttingen 1964) 76; BILLERBECK I 986f.

13 Ein feierliches Amen-Wort verheißt der Frau für die Zukunft eine große Belohnung. Ihre Tat wird eingehen in die weltweite Verkündigung dieses Evangeliums. Das Wort ist wichtig auch für die Näherbestimmung des Evangeliums, das nur hier τὸ εὐαγγέλιον τοῦτο heißt (sonst Evangelium vom Reich: 4,23; 9,35; 24,14). Auch für Mt ist es noch das verkündigte – nicht das aufgeschriebene – Evangelium. Neben dem κηρύσσειν steht das λαλεῖν. Letzteres weist wie die zu überliefernde Geschichte von der Frau aus, daß das Evangelium als Kerygma auch narrative Bestandteile, Geschichten und Berichte enthalten soll. Durch es wird die Geschichte Jesu verkündigt. Details sollen nicht in Vergessenheit geraten. Ob man „dieses Evangelium" auf die Passionsgeschichte einschränken soll, erscheint fraglich[10]. Es ist einfach das Evangelium, so wie es Mt erzählt und verkündigt. Das Gedenken, das die Frau dabei erfährt, ist auf die Menschen gerichtet. Die Verheißung hat sich buchstäblich erfüllt. Der Tat der Frau erinnert man sich noch immer in der Gemeinde.

III

a) Die Perikope unterbricht erzählerisch die Aktivitäten der jüdischen Hierarchen. Der Judasverrat (26,14ff) knüpft an deren Beschluß in V 5 an. Gleichzeitig ist mit der Einschaltung der Perikope die kontrastreiche Gegenüberstellung der sich zu Jesus bekennenden Frau und des versagenden Jüngers gewonnen. Die Frauen schneiden in der Passion weitaus besser ab als die Männer. Sie sind tapferer und treuer. Mt rückt mit seiner Gestaltung Christus noch mehr in das Zentrum als seine Vorlage. Damit setzt sich die bereits in 26,1–5 festgestellte Tendenz fort. Hoheit strahlt auch von dem dem Tod Preisgegebenen aus.
b) Zur historischen Rekonstruktion wäre von parMk 14,3–9 auszugehen, der gegenüber Mt und Joh 12,1–8 ältesten Fassung[11]. Daß die Überlieferung ein historisches Geschehen, das sich anläßlich des letzten Jerusalem-Aufenthaltes zugetragen hat, aufbewahrte, sollte nicht bestritten werden. Das Geschehen ist genau lokalisiert. Die Reaktion Jesu paßt zu ihm, insofern er kein kleinlicher und strenger Asket gewesen sein dürfte. Ihm die Todesahnung absprechen zu wollen, wäre abwegig. Das Gedenken der Frau könnte sich ursprünglich auf das eschatologische Gericht bezogen haben, das er erwartete. Dort soll ihrer gnädig gedacht werden.
c) Die Perikope wirft zwei grundlegende Fragen auf, die hier nur ansatzweise angezeigt werden können, aber zur weiterführenden Reflexion anregen sollen. Zunächst ist es die Frage nach den Armen. Die Armen waren in besonderer Weise die Adressaten der Predigt Jesu, den Armen und Hilflosen beizustehen, ist Christenpflicht. Durch das Logion in V 11 wird das in keiner Weise in Zweifel gezogen[12]. Es klingt aber auch die realistische

---

[10] So ROLOFF, Kerygma 220; STRECKER, Weg 129.
[11] Vgl. GNILKA, Markus II 226f. 221f.
[12] LUTHER V 104 legt Jesus die Worte in den Mund: „Wenn ich gestorben bin, dann geht hin zu den Armen, laßt mich aber dies nehmen zum Abschied."

(nicht defätistische) Position an, daß es eine Illusion wäre zu meinen, daß sich der Zustand menschlicher Armut und Hilflosigkeit prinzipiell beseitigen und ein Zustand sozialer Perfektion erreichen ließe, innerhalb deren menschliche Not absolut überwunden ist[13]. Über die Nützlichkeit von Utopien wird gegenwärtig in der Philosophie sehr gestritten. E. Bloch[14] hat sie prophetisch verkündigt. H. Jonas[15] hat demgegenüber angesichts der globalen Bedrohungen und Probleme auf die Gefährlichkeit der Utopie hingewiesen. Für den Christen ist das Reich Gottes endzeitlich-eschatologisch. Als Zeichen der Hoffnung muß es aber gleichzeitig in dieser Welt erfahrbar werden. Gegen die Utopie ist der eschatologische Vorbehalt anzumelden, das heißt, das Wissen, daß das volle Heil von Gott gewirkt werden muß.

Der zweite Fragenkomplex betrifft die Tat der Frau als Äußerung ihres Bekenntnisses, ihrer Liebe, die von Jesus anerkannt werden. Das bedeutet, daß Liebe nicht bloß in ihrer Gestalt als Gehorsam und Nächstenliebe realisiert ist. Es gibt die Gottesliebe, die mit der Nächstenliebe eine unzertrennliche Einheit bildet. Sie darf nicht diskriminiert werden. Man würde die Quelle, aus der so viele Christen ihr christliches Leben gelebt haben und leben, verstopfen. Sicher sind Mißverständnisse möglich. Aber hier ist mit Barth zu sagen, daß es besser sei, mit Zinzendorf, Novalis u. a. etwas zu viel zu sagen, als denen gegenüber mit Kant, Rietschel, Bultmann bolzgerade zehnmal recht zu haben[16]. Man würde in der Mitte eine Zone des Schweigens schaffen.

LITERATUR: D. DAUBE, The Anointing at Bethany and Jesus' Burial: AThR 32 (1950) 186–199; J. B. BAUER, Ut quid perditio ista? NT 3 (1959) 54–56; A. MELI, „Sempre i poveri avete con voi ma non sempre avete me": Hum (B) 14 (1959) 338–343; J. D. M. DERRETT, The Anointing at Bethany: StEv 2 (TU 87) (Berlin 1964) 174–182; R. STORCH, „Was soll diese Verschwendung?": Der Ruf Jesu und die Antwort der Gemeinde (Festschrift J. JEREMIAS) (Göttingen 1970) 247–258; R. PESCH, Die Salbung Jesu in Betanien: Orientierung an Jesus (Festschrift J. SCHMID) (Freiburg 1973) 267–285; R. HOLST, The One Anointing of Jesus: JBL 95 (1976) 435–446; C. SCHEDL, Die Salbung Jesu in Betanien: BiLi 54 (1981) 151–162.

3. Judas liefert Jesus aus (26,14–16)

14 Dann ging einer von den Zwölfen, Judas Iskariot genannt, zu den Hohenpriestern 15 und sprach: Was wollt ihr mir geben? Und ich werde ihn euch ausliefern. Sie aber boten ihm dreißig Silberstücke. 16 Und von da an suchte er eine gute Gelegenheit, damit er ihn ausliefere.

---

[13] Vgl. THIELICKE, Ethik II/2, Nr. 2087.
[14] Das Prinzip Hoffnung (1959).
[15] Das Prinzip Verantwortung (Frankfurt/M. 1985).
[16] Dogmatik IV/2, 904f. BARTH reiht sich selbst mit seinem Römerbrief-Kommentar ein vor BULTMANN.

I

Mit dieser Perikope taucht eine neue dramatis persona in der Passion auf, Judas Iskariot. Das mag der Grund sein, warum er hier nochmals neu vorgestellt wird, ist er doch schon von 10,4 her bekannt. Die Gestaltung des Textes streicht seine Aktivitäten heraus. Mit Ausnahme von V 15b ist er in allen Sätzen Subjekt der Handlung: er ging zu den Höhenpriestern, machte ihnen ein Angebot (wörtliche Rede), sucht von da an nach einer guten Gelegenheit. Die Reaktion der Hohenpriester bietet keine wörtliche Rede, ist aber – wie noch zu zeigen sein wird – für das Verständnis des Ganzen von besonderer Bedeutung.

Im Vergleich mit der Vorlage Mk 14,10f erscheint die Perikope nicht unbeträchtlich verändert und auch erweitert. Am wichtigsten ist Folgendes: Die Charakterisierung „einer von den Zwölfen" steht am Beginn (Mk 14,10 nennt erst den Namen); „der genannt wird" erinnert an V 3. τότε πορευθείς ist an die Stelle von καὶ ... ἀπῆλθεν getreten[1]. Vor allem führt E die wörtliche Rede des Judas mit dem Geldmotiv ein. Dem entspricht das Angebot der Hohenpriester (15). In V 16 sind die Wendung „von da an" und das Substantiv εὐκαιρίαν neu. Letzteres bedeutet eine auffällige Übereinstimmung mit Lk 22,6[2].

Es ist nicht notwendig, eine unmittelbare Sonderüberlieferung anzunehmen. Allerdings ist der Einfluß von 27,3–10 zu beachten (s. dort). Das Geldangebot ist schon Mk 14,11 vorhanden, aber dort machen es die Hohenpriester von sich aus. Immerhin ist dies als Anknüpfungspunkt für die Weiterentwicklung im Sinn des Mt gut denkbar. Aufmerksamkeit verdient, daß V 15b von LXX Zach 11,12c beeinflußt ist. Darauf ist gleich zurückzukommen[3].

II

14 Wenn Judas Iskariot[4] betont erneut als einer von den Zwölf vorgestellt wird, soll damit wohl dem Leser der Gedanke nahegebracht werden, daß die enge Nähe zu Jesus die Tat nicht zu verhindern vermochte. Er wendet sich an die Hohenpriester, das Kollegium der Oberpriesterschaft, das in der Passion in den Vordergrund rückt, eine eigene Fraktion im Synhedrion bildete und politisch von herausragendem Einfluß gewesen war.

15 Als Motiv für sein Tun weiß Mt Habgier anzugeben. Indem er sich von der Jüngerschaft trennt, versucht Judas, aus diesem Schritt Geld zu machen. Doch darf dieser Aspekt nicht vordergründig betrachtet werden.

---

[1] LOHMEYER 350 entnimmt dem Verb den Gedanken, daß Judas gleichsam auf Befehl gegangen sei. Es bezeichne bei Mt oft das Wandern eines Boten.
[2] ἵνα ... παραδῷ bedeutet eine geringfügige Veränderung.
[3] κἀγώ in V 15 kann als Matthäismus gelten. Vgl. GUNDRY 523. Es ist besser, in V 15 „Was wollt ihr mir geben?" als Fragesatz abzugrenzen und das Folgende als Feststellung anzuschließen. Das bedeutete eine Änderung auch in den Ausgaben des griechischen Textes.
[4] D lat bieten die LA: Σκαριώτης.

Was Judas den Hohenpriestern vorschlägt, ist, ihnen Jesus auszuliefern. Damit ist jener doppelsinnige juristisch-theologische Term aufgegriffen, der auch die Leidensankündigungen bestimmte (17,22; 20,18f; 26,2) und in dessen passivischer Formulierung Gottes Handeln erkennbar wurde. Judas ist Werkzeug eines Höheren. Menschliche Schuld und göttlicher Wille wirken in einer für uns unauflöslichen Weise zusammen. Die Frage nach der Höhe des Soldes, die infam erscheinen muß, erhält die Funktion, die Offerte der dreißig Silberstücke zu ermöglichen. Offenkundig wird ihm das Geld jetzt schon ausgehändigt. Der Plural ἀργύρια will vielleicht den Eindruck des Abzählens der einzelnen Geldstücke vermitteln[5]. Die Formulierung läßt eine Angleichung an LXX Zach 11,12c erkennen:

Mt   οἱ δὲ ἔστησαν αὐτῷ τριάκοντα ἀργύρια.
Zach καὶ ἔστησαν τὸν μισθόν μου τριάκοντα ἀργυροῦς.

Im prophetischen Text verlangt der ausgediente Hirt den Lohn. Mit seinem Wirken geht eine nicht gewürdigte Segenszeit zu Ende. Man gewährt ihm den schändlichen Lohn von dreißig Silberstücken. Daraufhin fordert der Herr den Hirten auf, den „herrlichen Preis" wegzuwerfen „zum Gießer[6]". Weil in 27,9 ein entsprechendes ausdrückliches Schriftzitat vorliegt, ist dort des näheren darauf einzugehen. Hier sei nur so viel gesagt, daß es für Mt von Bedeutung war, daß eine analoge atl Szene existierte. Damit konnte die Schriftgewißheit dieses Geschehens aufgewiesen werden, wenn auch nur mit Mühe. Denn nicht der Hirt erhält den Lohn wie bei Sacharja, sondern der Hirt wird um dreißig Silberstücke verkauft. Die Differenz hat Mt offenbar wenig gestört. Gegenüber dem Prophetentext ist die Anweisung im Gesetz, daß als Ersatzpreis für einen getöteten Sklaven dreißig Silberschekel zu zahlen sind, kaum von Bedeutung (Ex 21,32)[7]. Ob Mt sich die Tat des Judas als durch die Verschwendung der salbenden Frau in Betanien ausgelöst dachte, erscheint fraglich[8]. Wie sollte hier ein psychologischer Konnex auch nur gedacht werden?

16 Die abschließende Bemerkung hat überleitende Funktion. Die gute Gelegenheit sieht Mt in 26,47ff gekommen. Wie eine sachliche Verbindung zwischen Judas' Gang zu den Hohenpriestern und seiner Ankunft in Getsemani vorzustellen ist, bleibt unklar[9].

---

[5] Die Ansicht SCHLATTERS, daß es nur eine Anzahlung gewesen sei, ist unnötig und ablenkend. – D a b q lesen in V 15: 30 Stater; f¹ 205: 30 Silberstater.
[6] Weil es sich um eine Allegorie handelt, ist die zeitliche Einordnung des prophetischen Textes schwierig. K. ELLIGER: ATD 25 (Göttingen ³1956) 163 denkt an das Schisma zwischen Jerusalem und Samaria, F. HORST: HAT 14 (Tübingen ³1964) 253 stellt dies in Frage.
[7] Zur rabbinischen Praxis vgl. BILLERBECK I 987.
[8] Gegen GUNDRY 522. Auch erzählt erst Joh 12,4 davon, daß Judas Iskariot den Anstoß an der Salbung genommen habe.
[9] ἀπὸ τότε in V 16 mit GUNDRY 523 als Gliederungssignal, das die Einleitung der Passionsgeschichte markiert, anzusehen, ist kaum überzeugend.

III

a) Mt hat bereits diesen Teil der Judas-Geschichte dramatisiert. Damit setzt ein Prozeß der Judas-Interpretation ein, der bald auf Abwege gerät[10]. Doch ist für Mt Folgendes zu berücksichtigen: Im Vordergrund steht nicht die Absicht, die Infamie dieses Jüngers zu steigern, sondern den in der Schrift verfügten Willen Gottes zur Geltung zu bringen. Letztlich ist auch dieses Anliegen wieder christologisch orientiert. Der Wille Gottes setzt sich durch. Jesus anerkennt diesen Willen als Weisung seines Weges. Daneben ist der paränetische Impetus nicht zu übersehen. „Einer von den Zwölf" verweist zwar auf die historische Dimension, doch ist damit auch die Nähe zu Jesus in der Jüngerschaft berührt, die übertragbar ist. Hinzu kommt, daß die Jünger gerade in der Passion typisierende Züge tragen. Man steht immer so beim Kreuz wie die Jüngerinnen; man verleugnet Jesus immer so wie Petrus; man trennt sich von ihm immer so wie Judas Iskariot. Diese Sicht ist geeignet, den „Fall Judas" in der rechten Perspektive zu sehen, nicht als Objekt der Häme, sondern als jederzeit wiederholbare Möglichkeit.

b) Historisch betrachtet bleibt der Gang des Judas zu den Hohenpriestern völlig im Dunkeln. Vermutlich wurde er aus der Anwesenheit des Jüngers im Trupp derer, die Jesus verhafteten, erschlossen (26,47). Auch über seine Motive wissen wir nichts. Am meisten hat noch die These für sich, daß er den Zeloten nahestand und von Jesus enttäuscht war[11].

c) Die Judas-Überlieferung wurde in ihrer Wirkungsgeschichte zum Ausdruck des Hasses. Am schlimmsten geschah dies durch eine andere Typisierung als die oben angedeutete, daß man ihn als Inbegriff des jüdischen Wesens wertete. Mit dem Geist Jesu hat dies nichts mehr zu tun. Darum ist eine Korrektur gerade von exegetischer Seite dringend geboten[12]. Vom narrativen Standpunkt aus könnte man sagen, daß das NT in Judas die klassische Figur des Abtrünnigen fand, wie die Griechen ihren Ephialtes besaßen. Doch wäre es auch zu wenig, mit Augustinus zu meinen, daß Gott es für besser hielt, aus dem Bösen Gutes zu machen, als nichts Böses zuzulassen[13]. Zwei Dinge sind zu reflektieren. Zunächst ist es die bereits erwähnte Wiederholbarkeit des Tuns des Judas. Zwar stellt das Evangelium die Sünde des Jüngers unzweideutig fest, aber Jesus, Jüngerschaft, Glaube, Kirche für etwas anderes (z.B. Geld) herzugeben, ist immer wieder geschehen. J. Green bemerkt in seinem Roman „Jeder Mensch in seiner Nacht", daß wir statt des Namens des Judas einen anderen Namen einfügen könnten: „Merken Sie sich, daß wir alle, wie wir sind, unseren Namen statt des Judas Namen einfügen könnten." Das andere ist die

---

[10] Hierzu vgl. KLAUCK, Judas.
[11] Vgl. GNILKA, Markus II 230.
[12] Einen wichtigen Beitrag leistete KLAUCK, Judas. Hier findet sich auch eine Darstellung des Regeltyps der Judas-Legende (135).
[13] Enchiridion 8,27, zitiert bei H. HAAG, Vor dem Bösen ratlos? (München–Zürich 1978) 266f, der noch auf die atl Josefsgeschichte, Elisabeth von Thüringen, Thomas Morus, Alfred Delp u.a. hinweist.

Möglichkeit der Vergebung. Welcher Mensch vermag über einen Menschen zu urteilen? Jesus hätte ihm vergeben, wenn er zum Kreuz geeilt wäre. Einzig Judas hätte ihn trösten können, meint wiederum Green. Und Ingeborg Drewitz läßt Judas sprechen: „Ich habe geglaubt, ich kenne Ihn. Und der mich hassen müßte, hat geweint."[14] K. Barth gibt zu bedenken, daß alle Erwählten des NT Verworfene waren[15].

LITERATUR: R. FOLLET, „Constituerunt ei triginta argenteos": VD 29 (1951) 98–100; K. LÜTHI, Das Problem des Judas Iskariot – neu untersucht: EvTh 16 (1956) 98–114; G. BAUMBACH, Judas-Jünger und Verräter Jesu: ZdZ 17 (1963) 91–98; H. L. GOLDSCHMIDT–M. LIMBECK, Heilvoller Verrat? Judas im NT (Stuttgart 1976).

4. Das Pascha mit den Jüngern (26,17–25)

17 Am ersten der ungesäuerten Brote traten die Jünger an Jesus heran und sagten: Wo willst du, daß wir Vorbereitungen für dich treffen, das Pascha zu essen? 18 Er aber sprach: Geht in die Stadt zu dem und dem und sprecht zu ihm: Der Lehrer sagt: Meine Zeit ist nahe. Bei dir halte ich Pascha mit meinen Jüngern. 19 Und die Jünger taten, wie Jesus ihnen aufgetragen hatte. Und sie bereiteten das Pascha. 20 Als es Abend wurde, legte er sich mit den Zwölfen zu Tisch. 21 Und als sie aßen, sprach er: Amen, ich sage euch: Einer von euch wird mich ausliefern. 22 Und sie wurden sehr traurig und begannen, ihm zu sagen, jeder einzelne: Bin etwa ich es, Herr? 23 Er aber antwortete und sprach: Der mit mir die Hand in den Teller eingetunkt hat, dieser wird mich ausliefern. 24 Der Menschensohn geht zwar dahin, wie über ihn geschrieben ist, wehe aber jenem Menschen, durch den der Menschensohn ausgeliefert wird. Es wäre besser für ihn, wenn er, jener Mensch, nicht geboren wäre. 25 Judas aber, der ihn auslieferte, sprach: Bin etwa ich es, Rabbi? Er sagt ihm: Du hast es gesagt.

I

In diesem Text haben wir zwei Einheiten vereinigt: die Bereitung des Paschamahles durch die Jünger (17–19) und die Ansage Jesu, daß einer der Zwölf ihn ausliefern wird (20–25). Beide Einheiten beginnen mit einer Zeitangabe: der erste Tag der ungesäuerten Brote – einsetzender Abend, in beiden haben die Jünger eine wichtige Funktion, doch kommt jeweils Jesus die beherrschende Stellung zu. Beide sind vom Dialog bestimmt, von Frage und Antwort. In der ersten Szene löst die Jüngerfrage das weisende Wort Jesu aus, das einen Botenspruch enthält. Sie ist gerahmt von der Figur ἑτοιμάζειν (φαγεῖν) τὸ πάσχα (17 und 19b). Jesus bestimmt den

---

[14] Judas Ischarioth, bei KUSCHEL, Jesus 169.
[15] Dogmatik II/2, 555. Vgl. die ausführliche Reflexion über Judas 508 ff.

Ort, seine Weisung wird genau befolgt[1]. Die zweite Szene enthält, nachdem ein feierliches Amen-Wort Jesu eröffnet, zwei Jüngerfragen in wörtlicher Übereinstimmung: Bin etwa ich es? Nur die Anrede wechselt vom Kyrie zum Rabbi. Das erstemal fragen die Zwölf, das zweitemal nur Judas (22 und 25a). Die erste Frage beantwortet Jesus ausführlich, mit einer Wiederholung der Ansage und einem apokalyptisch gefärbten Weheruf (23f); die zweite Antwort fällt sehr knapp aus. Auffallend ist der Wechsel in das Präsens in der Einleitung: λέγει αὐτῷ (25a), der vermutlich die Bedeutung der Auskunft unterstreichen will. Im Dialog ist ein bemerkenswerter Chiasmus zu beobachten. Sind in 22f – wie zu erwarten – Frage und Antwort mit λέγειν und ἀποκριθεὶς εἶπεν eingeführt, so ist es in der Judasszene umgekehrt. Judas antwortet (ἀποκριθεὶς δὲ Ἰούδας), obwohl er fragt, und vom antwortenden Judas heißt es: λέγει αὐτῷ. Judas reagiert also mit seiner Frage auf die Ansage Jesu.

Gegenüber der Vorlage Mk 14,12–21 sind folgende bedeutendere Veränderungen festzustellen: Die Einheit von der Bereitung des Paschamahles ist erheblich gekürzt. Es fehlen die zweite Zeitangabe „als man das Paschalamm schlachtete" (Mk 14,12)[2], die Aussendung von zwei Jüngern, in der Anweisung Jesu der Hinweis auf den Menschen mit dem Wasserkrug, der die Jünger in das Haus des Paschamahles führen soll, die Erwähnung des Oberzimmers (vgl. Mk 14,13–15). Auch die Ausführung des Auftrags ist reduziert. Statt dessen gibt Jesus Befehl, πρὸς τὸν δεῖνα zu gehen und ihm auszurichten, die Zeit sei nahe, bei ihm will er Pascha halten. Die Gestaltung des Textes gibt zu verstehen, daß allein Jesus dieses sein Pascha ordnet. Die im NT einmalige Wendung ποιεῖν τὸ πάσχα (18) ist von der LXX beeinflußt (vgl. Ex 12,48; Nm 9,2.4.6.10.13.14 u.ö.). Alle Eingriffe erklären sich am besten als MtR. Reduktion, christologische Konzentration und atl Reflexion zeichnen sie aus. Hinzu kommen sprachliche, stilistische Eigentümlichkeiten[3].

In der Ansage des Verrats hat Mt die Traurigkeit der Zwölf unterstrichen (17: σφόδρα) und das Reihum des Fragens anders formuliert (εἷς ἕκαστος; Mk 14,19: εἷς κατὰ εἷς). Die Frage der Zwölf ist um den charakteristischen Titel Kyrie erweitert. In der ersten Ansage Jesu ist „der mit mir ißt" (Mk 14,18c; vgl. Mt 26,21) ausgelassen. Hat Mt die Anspielung auf Ps 41,10 übersehen? Dafür ist die zweite wie folgt geändert: Der mit mir die Hand in den Teller eingetunkt hat (23; Mk 14,20: Der mit mir in den Teller eintunkt). „Einer von den Zwölfen" fehlt. Statt dessen ist empha-

---

[1] Die Szene ist mit 21,2–6 zu vergleichen. In beiden Fällen haben wir die Ausführungsformel: wie Jesus ihnen aufgetragen hatte. Dazu vgl. PESCH: BZ 10 (1966) 234–239, der auf die atl Vorgabe des Schemas aufmerksam macht. Im AT besteht jedoch wiederholt eine wörtlichere Entsprechung zwischen Auftrag und Erfüllung, etwa LXX Ex 7,9f.
[2] Dazu vgl. GNILKA, Markus II 232. – In V 17 ist von τῇ πρώτῃ ἡμέρᾳ Mk 14,12 ἡμέρᾳ ausgefallen.
[3] Dazu gehören προσῆλθον, λέγοντες (17). καιρός (18) ist zwar ein von E bevorzugtes Wort, doch ist die Rede von der Zeit Jesu einmalig in den synoptischen Evangelien. Sie kann als besondere Leistung des Mt gelten.

tisch: „Dieser wird mich ausliefern" nachgetragen. Schließlich ist der Judas-Epilog (25) neu hinzugetreten. Die Judasfrage ist der Frage in 22 gleichgestaltet – Parallelisierungen sprechen für Mt –, nur findet sich an Stelle der Anrede Kyrie: Rabbi. Weil die Judasszene den gedanklichen Duktus der Neugestaltung des Vorausgehenden fortsetzt, wie zu zeigen sein wird, ist auch hier für MtR zu plädieren.

Wieder bestehen Berührungen mit dem Johannesevangelium. Auch dort wird der Verräter in der Jüngerrunde entlarvt (Joh 13,26). Das Eintunken des Bissens, den Jesus Judas darreicht, wird zum Erkennungszeichen. Man könnte sagen, daß im Joh die mt Entwicklung noch weiter vorangetrieben erscheint, zumal dort das Satansmotiv hinzutritt. Daß Joh und Mt auf einer vorausliegenden Überlieferung basieren, wird man nicht sagen können[4]. Zum καιρός Jesu vgl. Joh 7,6 und 8.

II
17 Der erste Tag der ungesäuerten Brote war streng genommen der Paschafesttag (15. Nisan). Doch befinden wir uns noch am Rüsttag, an dem die Vorbereitungen zum Paschamahl getroffen wurden. Lohmeyer[5] vermutet, daß es volkstümlicher Rede entsprach, den Rüsttag so zu bezeichnen. An ihm wurde der Sauerteig aus den Häusern entfernt. Zu den Vorbereitungen gehörte das Schlachten eines Lammes oder Zickleins – nach Jub 49,10.12 galt die Zeit von 2 bis 6 Uhr nachmittags als Opferzeit –, die Bereitung der ungesäuerten Brote und der übrigen Zutaten, das Decken des Tisches, vor allem aber das Besorgen eines geeigneten Raumes[6]. Auf letzteres ist die Jüngerfrage konzentriert. Ihre Frage ist so formuliert, als seien sie selbst an diesem Pascha gar nicht beteiligt. Es ist das Jesus eigene Pascha, das bevorsteht.

18f Der Auftrag, in die Stadt zu gehen, gilt allen Jüngern, die hier auf die Zwölf einzuschränken sind. Mt hat auf die Aussendung von Zweien verzichtet, nicht um ein Bild der idealen Jüngerschaft zu geben, die gehorsam der Weisung Jesu entspricht[7], sondern weil sie alle an seinem Pascha beteiligt sein sollen. Statt der Vorausankündigung der Begegnung mit dem Wasserträger läßt Jesus πρὸς τὸν δεῖνα das Gebot überbringen, daß er bei ihm das Pascha halten will. Daß es sein Pascha ist, unterstreicht die christologisch bestimmte Ansage, daß seine Zeit nahe ist. Seine Zeit kann nur als die Stunde seines Sterbens begriffen werden, das dieses Pascha in seiner Besonderheit qualifiziert. Der Lehrer (διδάσκαλος), der die Weisung gibt, steht in einem besonderen Verhältnis zu seinen Jüngern. Zwar ist δι-

---

[4] Man möchte fast meinen, daß Joh eine mündlich weitergegebene synoptische Evangelienharmonie in diesem Punkt besaß, da das Satansmotiv auch Lk 22,3 anzutreffen ist. Das Problem kann hier nicht verfolgt werden.
[5] 352.
[6] Vgl. DALMAN, Jesus 98–121; BILLERBECK IV 41–76.
[7] So PESCH: BZ 10 (1966) 236. Auch Judas ist dabei. In der Passion versagen sie samt und sonders.

διδάσκαλε durchweg Anrede Jesu von solchen, die ihm ferne stehen (8,19; 12,38; 19,16; 22,16.24.36), doch gewinnt das Wort in Jüngergesprächen wie 10,24; 23,8 titulare Bedeutung[8]. Die Formel „zu dem und dem" gebraucht man, wenn man einen präzisen Namen nicht nennen will oder kann. Mt tut kund, daß ihm eine Information darüber, wo Jesus in Jerusalem mit seinen Jüngern zum letztenmal zusammenkam, abgeht[9]. Mit der Erfüllung des Auftrags ist das Mahl vorbereitet.

20–22 Zur Abendstunde beginnt das Mahl. Sein festlicher Charakter ist dadurch angezeigt, daß man zu Tische liegt. Von einer eigenen Ankunft Jesu in Jerusalm berichtet Mt nicht (vgl. Mk 14,17)[10]. Die Zwölf, die hier als Gruppe zum letztenmal im Evangelium erwähnt werden, begleiten Jesus bis zu seiner Verhaftung in Getsemani (26,56)[11]. Die Schilderung der Mahlszene konzentriert sich auf die Ansage des Verrats und ist somit eine in Szene gesetzte Prophetie. Mit feierlicher Amen-Einleitung sagt Jesus voraus, daß einer von ihnen ihn ausliefern wird. Aus dem engen Jüngerkreis soll die Tat entstehen. Die reagierende Frage der Jüngerschaft, die reihum von jedem einzelnen gestellt wird[12], ist so formuliert, daß jeder für sich eine solche Möglichkeit nicht ausschließt. Doch ist durch ihre große Traurigkeit diese Unsicherheit korrigiert. Die Anrede Kyrie vereinigt sie mit ihrem Herrn, weil diese Anrede bei Mt den Jüngern und solchen, die sich Jesus öffnen, vorbehalten ist.

23 Die Antwort Jesu bereitet die Identifizierung des Auslieferers vor oder kann schon als solche gefaßt werden. „Der mit mir die Hand in den Teller eingetunkt hat", ist am besten auf eine soeben erfolgte Tischszene zu beziehen. Kann dieser Vordersatz noch allgemein auf die ganze Tischrunde ausgedehnt werden, so legt der Nachsatz „dieser wird mich ausliefern" den Täter fest. Der gemeinsame Teller ist im Rahmen eines Paschamahles beim Verzehr der Vorspeise (Charoset) verwendet worden. Er enthielt Salzwasser oder eine Fruchtmustunke.

---

[8] KINGSBURY, Matthew 92f, wertet das Wort als Ausdruck menschlichen Respektes. – „Der Lehrer sagt" fehlt in Kodex A.
[9] STRECKER, Weg 87f, möchte aus der Wendung „meine Zeit ist nahe" im Gegenüber zu Apk 1,3; 22,10 ableiten, daß Mt gegen eine Naherwartung des Endes sich äußert. Die Zeit Jesu aber und den Kairos im absoluten Sinn muß man auseinanderhalten müssen. – Zur Wendung πρὸς τὸν δεῖνα vgl. Ruth 4,1; 1 Sm 21,3; 2 Kg 6,8 Aq.
[10] Weil Mk 14,17 von der Ankunft Jesu und der Zwölf in Jerusalem berichtet, umgeht Mt die Schwierigkeit der Zahl, die bei Mk durch die Aussendung der Zwei und der Ankunft der Zwölf entstand.
[11] Schwer ist die Frage zu entscheiden, ob in V 20 „mit den Zwölfen" (so wahrscheinlich 𝔓37 und 𝔓45, BDK f[1.13] 28 565 1010) oder „mit den zwölf Jüngern" (so Sinaiticus ALWΔΘ 33 892 1241 sy[h] sa bo arm) zu lesen ist. NESTLE-ALAND[26], Greek NT[3] ziehen die kürzere LA vor. Dem schließen wir uns an. 074 it sy[p] bieten: mit seinen zwölf Jüngern. – Die Zwölf begegnen nochmals in 26, 47: Judas, einer von den Zwölfen.
[12] 𝔓46 (wahrscheinlich) DΘ f[13] 1582 sy[s] bieten die sekundäre LA εἷς ἕκαστος αὐτῶν; AW f[1] 1006 1342 sy[h] ἕκαστος αὐτῶν. – LOHMEYER 354 lenkt ab, wenn er die erste Ansage Jesu über den Kreis der Zwölf hinaus auf alle im Haus Anwesenden ausdehnen möchte.

24 Wie bei Mk bringt ein Weheruf das Ineinander von göttlicher Verfügung und menschlicher schuldhafter Mittäterschaft zum Bewußtsein. „Dahingehen" ist Euphemismus für sterben[13]. Der Menschensohn übernimmt das ihm von Gott zugewiesene Schicksal, wie es in der Schrift grundgelegt ist. An eine bestimmte Schriftstelle ist bei Mt nicht gedacht, sondern an das Gesamtzeugnis, das die Schrift für ihn ablegt. Der Weheruf gilt jenem Menschen, eine Wendung, die in Bannflüchen Verwendung findet (LXX Lv 17,4.9; 20,3.4.5 u.ö.). Daß er besser nicht geboren wäre, kündet ihm das Gericht an (ähnlich Henaeth 38,2). Sein Leben ist verfehlt, ein unglückliches[14]. An die Strafe der Verdammnis ist nicht unbedingt gedacht.

25 Erzählerisch ist die Judasfrage so einzuordnen, daß er als Letzter, als Zwölfter fragt. Die Jesus-Anrede Rabbi ist bei Mt allein Judas vorbehalten (noch 26,49). Man sollte dies beachten und Rabbi nicht so ohne weiteres mit διδάσκαλε in eins setzen (vgl. den Übergang vom negativ besetzten Rabbi zum Didaskalos Jesus in 23,7f). Es ist zwar nicht richtig, daß die Anrede διδάσκαλε bei Mt auch negativ besetzt ist, aber Mt unterscheidet sie von Rabbi. Wenn Judas in Jesus nur den Rabbi sieht, hat er ihn nicht verstanden. Ansonsten sollte man die Szene weder psychologisieren und von ungeheurer Frechheit sprechen noch historisieren und meinen, es sei Judas in dieser Zwangslage nichts anderes übriggeblieben als auch zu fragen. Im Duktus der Erzählung, die nunmehr ihren Höhepunkt erreicht, kommt es nach der Tischszene von V 23 zur unmittelbaren Gegenüberstellung von Judas und Jesus. Ihr Sinn ist zu zeigen, daß Jesus ihn erkannt hat. „Du hast es gesagt" muß als eine Bestätigung gelesen werden. Doch hat die Szene auch einen gleichsam dogmatischen Akzent. Darum ist auch von keiner empörten Reaktion der anderen Jünger die Rede. Es muß so geschehen. Man könnte fast meinen, als gebe ihm Jesus Anweisung.

Für Lohmeyer[15] ist die Überlieferung alt, jedenfalls älter als die Episode vom Gang des Judas zu den Hohenpriestern. Die Judasfrage sei als eine ehrlich gestellte aufzufassen. Doch ist das nicht zwingend. Im mt Erzählverlauf hat Judas den letzten Schritt noch nicht getan. Er wird die Verhaftung ermöglichen helfen.

III

a) Das primäre Anliegen des Mt in diesem Text ist das christologische. In der Erzählung von der Vorbereitung des Pascha ist alles darauf abgestellt, daß Jesus dieses Pascha ordnet. Es ist das Pascha seines Todes. Seine Zeit ist nahe. Die Pascha-Christologie, die wir schon in 26,1f feststellten, setzt sich fort. In der Mahlszene läßt Mt das paränetische Anliegen, die Frag-

---

[13] Vgl. Joh 7,33; 8,14.21 u.ö. Rabbinische Belege bei SCHLATTER 740.
[14] Vgl. DIO CHRYSOSTOMOS 29,19: „Man könnte eine große Zahl von Menschen finden, für die es weit besser gewesen wäre, früh zu sterben, weil soviel Unglück über sie hereinbrach."
[15] 355.

würdigkeit der Jüngerexistenz, zurücktreten zugunsten des beherrschenden Christus-Wortes von der Kennzeichnung des Auslieferers. Wieder ist es Christus, der die Fäden in der Hand hält. Der Abstand zwischen Judas und den anderen Jüngern artikuliert sich in der unterschiedlichen Judas-Anrede. Judas ist aus dem Bekenntnis herausgefallen.

b) Der Text von der Bereitung des Paschafestes drängt zu der Frage, ob Jesus anläßlich seines letzten Beisammenseins mit den Jüngern ein Paschamahl gehalten hat und dann auch am Paschafesttag hingerichtet wurde oder ob es ein anderes Mahl war und die Hinrichtung am Vortag des Pascha erfolgte. Bekanntlich divergieren in diesem Punkt die Synoptiker und Johannes (vgl. Joh 19,14). Mit letzterem stimmt eine talmudische Stelle überein: „Am Vorabend des Paschafestes hängte man Jesus" (bSanh 43a)[16]. Gegen die synoptische Chronologie werden mehrere Umstände geltend gemacht, vor allem dieser, daß eine Synhedrialverhandlung nicht habe stattfinden können. Hinzu treten Details wie das Schwerttragen des Jüngers (26,51) oder der Spaziergang des Simon von Kyrene (27,32). Es wird sich erweisen, daß diese Schwierigkeiten überwindbar sind. Für ein Paschamahl sprechen insbesondere zwei Beobachtungen: die Zeit und der Ort. Jesus hielt Mahl mit seinen Jüngern nach Sonnenuntergang, wie es für das Pascha vorgesehen war. Im Judentum kannte man normalerweise zwei Mahlzeiten für den Tag. Die zweite wurde vor dem Einbruch der Nacht eingenommen. Jesus begibt sich zu dieser Mahlzeit nach Jerusalem und verläßt auch mit seinem Aufenthalt in Getsemani den offiziellen Paschabezirk nicht[17]. Die johanneische Chronologie erklärt sich aus der verstärkt eindringenden Paschasymbolik. Wir haben gesehen, daß diese auch in unserem Evangelium zur Geltung gebracht wird. Doch dürfte die johanneische Intention, Jesus in der Stunde sterben zu lassen, als im Tempel die Paschalämmer geschlachtet wurden (vgl. Joh 19,36), das reflektiertere und somit spätere Stadium darstellen. Der Versuch, die synoptische mit der johanneischen Chronologie auszusöhnen mit der Meinung, Jesus habe gegen den offiziellen Kalender und in Übereinstimmung mit dem Qumrankalender Pascha gefeiert, kann nicht überzeugen[18]. – Die Ansage des Judasverrats versteht sich als theologisch-dogmatische Inszenierung, die Jesu Gehorsam gegenüber dem Willen des Vaters als letztlich historischen Kern enthält.

LITERATUR: H. Preisker, Der Verrat des Judas und das Abendmahl: ZNW 41 (1942) 151–155; P. J. Heawood, The Time of the Last Supper: JQR 42 (1951/52) 37–44; S. Zeitlin, The Time of the Passover Meal: JQR 42 (1951/52) 45–50; A. Strobel, Der Termin des Todes Jesu: ZNW 51 (1960) 69–101; J. Hofbauer, Judas, der Verräter: ThPQ 110 (1962) 36–42.

---

[16] Klausner, Jesus 29.
[17] Die gelegentlich vertretene Auffassung, daß das Abendmahl in Betanien stattgefunden habe, ist aus der Luft gegriffen.
[18] Die bekannte These von A. Jaubert, La Date de la Cène (Paris 1957); E. Ruckstuhl, Die Chronologie des Letzten Mahles und des Leidens Jesu (BiBe 4) (Einsiedeln 1963).

5. Der Bund zur Vergebung der Sünden (26, 26–30)

26 Während sie aber aßen, nahm Jesus Brot und sprach das Segensgebet, brach und gab es seinen Jüngern (und) sagte: Nehmt, esset! Das ist mein Leib. 27 Und er nahm einen Becher und sprach das Dankgebet, gab ihn ihnen (und) sagte: Trinket alle daraus! 28 Denn das ist mein Blut des Bundes, das für viele vergossen wird zur Vergebung der Sünden. 29 Ich sage euch: Ich werde von jetzt an nicht mehr trinken von diesem Gewächs des Weinstocks bis zu jenem Tag, da ich es mit euch von neuem trinken werde im Reich meines Vaters. 30 Und nachdem sie den Lobgesang gesungen hatten, gingen sie hinaus zum Ölberg[1].

I

Nur in den Rahmenbemerkungen (26a.30) ist die Gruppe Subjekt: während sie aßen/sie gingen hinaus. Sonst ist allein Jesus handelnd und sprechend. Wie bei Mk folgt auf die Deuteworte über Brot und Becher ein eschatologisches Logion. Für die Handlung bei den Deuteworten fällt ein bewußt durchgeführter Parallelismus in die Augen, der sich wie folgt darstellt:

λαβών – εὐλογήσας ἔκλασεν – δούς – εἶπεν, λάβετε φάγετε
λαβών – εὐχαριστήσας ἔδωκεν – λέγων, πίετε.

Die Deuteworte mit τοῦτό ἐστιν sind ohnehin parallelisiert. Freilich ist das Becherwort überfrachtet und außerdem begründend an die Aufforderung: Trinket alle daraus! angeschlossen. Der Parallelismus indiziert die Verwendung des Textes in der liturgischen Gemeindefeier.

Als Vorlage kommt wiederum nur das älteste Evangelium, näherhin Mk 14, 22–25, in Frage. Doch ist umstritten, ob die Abweichungen MtR sind oder in der vorausliegenden Gemeindeliturgie erfolgten, die Mt dann zitieren würde, oder ob mit beiden Möglichkeiten zugleich gerechnet werden muß. Die Abweichungen sind folgende: Mt führt einleitend den Jesusnamen und die Jünger ein. Damit gewinnt der Text größere Selbständigkeit. Im Vorspann des Brotwortes sind nehmen, segnen, geben partizipial formuliert, so daß aller Nachdruck auf das finite: „er brach es" fällt. Die Partizipien sind mit καί verbunden. Das Brotbrechen ist als entscheidende Handlung festgestellt. (Mk 14, 22 formulierte: ἔκλασεν καὶ ἔδωκεν). Zur Aufforderung: Nehmt! ist: Esset! hinzugetreten. Die Szene des Bechersegens hat E neugestaltet. Eine Gegenüberstellung der beiden Versionen ist aufschlußreich. Die Reihenfolge ist diese:

Mk Darreichung des Bechers   Mt Darreichung des Bechers
„Und sie tranken alle daraus"   „Trinket alle daraus"
Deutewort   Deutewort.

---
[1] Es ist begreiflich, daß in der Abendmahlsüberlieferung besonders viele Textvarianten aufgrund von Paralleleinfluß entstanden sind. Dazu gehören in V 26: εὐχαριστήσας

Daß bei Mk das Deutewort erst gesprochen wird, nachdem alle getrunken haben, mag Mt inkonzinn erschienen sein. Er macht aus der berichthaften Bemerkung einen Imperativ: Trinket alle daraus, der im übrigen zum Imperativ: Esset! in V 26 parallel läuft. Die Abhängigkeit von Mk ist unübersehbar (ἐξ αὐτοῦ πάντες)[2]. In das Deutewort über den Becher ist die Vergebung der Sünden als wichtiges Interpretament hinzugekommen. An die Stelle von ὑπέρ (Mk 14,24) ist περὶ πολλῶν getreten. Die Wendung wurde im übrigen vorangestellt.

Im eschatologischen Logion (29) ist das Amen gestrichen, die Verneinung abgeschwächt (οὐκέτι Mk 14,25 fehlt), die Wendung „von *diesem* Gewächs des Weinstocks" präzisiert. Vor allem aber ist ein die Jünger miteinschließendes „mit euch" aufgenommen worden. An die Stelle des Reiches Gottes ist das „Reich meines Vaters" gerückt.

Um auf die eingangs erwähnten Möglichkeiten zurückzukommen, so spricht manches dafür, daß die Veränderungen auf MtR zurückgehen könnten. Vor allem ist dies die erwähnte Neugestaltung der Einführung des Becherwortes, die sich als Bearbeitung der Mk-Vorlage darbietet. Aber auch die Vergebung der Sünden ist aus dem Gesamtkonzept des Evangeliums ableitbar. Es ist daran zu erinnern, daß E in der Schilderung der Tätigkeit Johannes des Täufers der Johannestaufe die Kraft der Vergebung der Sünden absprach (3,11; vgl. Mk 1,4). Offenkundig wollte er diese ausschließlich an Jesus binden (vgl. 1,21)[3]. Freilich wird man sicher damit rechnen können, daß unser Text in den mt Gemeinden liturgische Verwendung fand. So kann er fast als Beispiel dafür gelten, wie groß die Nähe von MtR zur Gemeinde ist, die hinter dem Evangelium steht[4].

II

26 Inhaltlich stimmt der Text weitgehend mit Mk überein. Weil Jesus dieses Mahl mit seinen Jüngern gefeiert hat, darum vollzieht die Gemeinde es in gleicher Weise nach. Sie tut es auf die Weisung des Herrn hin, sich erinnernd an sein Tun. Während des Mahles reicht Jesus den Jüngern das Brot. Zeitangabe und Segensgebet ermöglichen die Einordnung des Brotritus am Beginn der Mahlzeit, für das Paschamahl ist das nach Abschluß der Vormahlzeit. Diese war durch die Pascha-Haggada geprägt, in der man erzählend die Befreiung aus Ägypten kommemorierte. Die Paschamahlzeit wird nicht erwähnt, weil die Gemeinde immer wieder, nicht bloß beim jährlichen Pascha, das eucharistische Mahl begeht. Auch hat

---

(AEFHΔ f[1.13] 565 1342 1506 sy[h]; vgl. Lk 22,19; in V 27: der Artikel τὸ ποτήριον (𝔓[37] ACDH f[13] 565 1506; vgl. Lk 22,20); das Fehlen von καί vor εὐχαριστήσας (ACLZΔ f[1] 33 892; vgl. Mk 14,23); in V 28: die Hinzufügung von καινῆς (ACDW f[1.13] 892 1006 1342 latt sy sa bo; vgl. Lk 22,20); in V 29: die Hinzufügung von ὅτι (ACLW 1006 1506; vgl. Mk 14,25).

[2] Mt fügt vor εὐχαριστήσας ein καί ein und leitet mit λέγων zum gesprochenen Wort über.

[3] PATSCH, Abendmahl 69f, schreibt die Textänderungen der Gemeindeliturgie zu.

[4] Vermittelnd auch STRECKER, Weg 221f.

Pascha für sie einen neuen Sinn gewonnen. Der Akzent liegt auf dem Brechen des Brotes und damit den gebrochenen Brotstücken, die die Mahlteilnehmer empfangen. Die Aufforderung, zu nehmen, zu essen, macht auf die Besonderheit dieses Brotes aufmerksam. Zum Essen normalen Brotes hätte es bei der Mahlzeit keiner eigenen Aufforderung bedurft. Jesus bleibt im Brot gegenwärtig, das Brot vertritt ihn, da er sich jetzt anschickt, in den Tod zu gehen. Der anthropologische Begriff Soma steht für die Person. „Das ist mein Leib" könnte auch wiedergegeben werden mit: Das bin ich.

27 Die Becherhandlung ist verbunden mit dem Dankgebet. Weil dieses nach der Mahlzeit seinen Platz hat, ergibt sich ein dazwischen liegendes, nicht eigens genanntes Mahl: für die Erzählsituation das Pascha. Ist für die mt Gemeinden vorauszusetzen, daß die eucharistische Feier mit einem Sättigungsmahl verknüpft war, das von der Darreichung der eucharistischen Gaben rahmend eingefaßt war? Es kann aber auch sein, daß das Wort εὐχαριστεῖν bereits zur Bezeichnung der besonderen christlichen Mahlfeier geworden ist. Die Aufforderung, zu trinken, an alle gerichtet, bezieht sich auf den gemeinsamen Becher, der reihum gereicht wird. Mag beim Paschamahl und auch beim jüdischen Festmahl aus einem gemeinsamen Becher getrunken worden sein – ob dem so war, läßt sich nicht mehr sicher entscheiden –, der Gemeinschaftsbecher wurde schon bald kennzeichnend für das eucharistische Gemeindemahl (vgl. 1 Kor 10,16).

28 Begründend wird das Deutewort angeschlossen. Die zum Trinken Aufgeforderten sollen wissen und bedenken, was sie genießen. Wenn sein Blut gereicht wird, wird der in den Tod sich Dahingebende präsent. „Ausgießen" kann im AT wiederholt für das Ausschütten des Opferblutes gebraucht werden (vgl. Lv 4,7.18.25 u.ö.). Auch Mose sprach am Sinai beim Bundesschluß vom Bundesblut (Ex 24,8). Der in Jesu Tod begründete Bund wird zum typologischen Gegenbild zum Alten Bund, den er überbietet. Wenn auch vom Neuen Bund nicht explizit gesprochen wird, so ist der Gedanke doch vorhanden[5]. Die Überbietung, die durch diesen Bund geschieht, ist mit seiner Universalität gegeben. Denn „die Vielen" sind inklusiv zu deuten und gleichbedeutend mit allen, der Universalität der Völker. Man wird hier eine Anspielung auf das vierte Lied vom Gottesknecht erblicken dürfen, von dem es heißt: „Denn er trug die Sünden der Vielen und trat für die Schuldigen ein" (Is 53,12c). Dem Wechsel von ὑπέρ (Mk 14,24) zu περί wird man keine größere Bedeutung beimessen dürfen, ist doch in beiden Wörtern die Sühnevorstellung enthalten.

Welchen Hintergrund besitzt die von Mt eingebrachte Sündenvergebung? Es bestehen verschiedene Vorschläge. Man dachte auch hier an den

---

[5] Zum Neuen Bund vgl. Jer 31,31.34, zum Bundesblut Zach 9,11, wo der kommende Friedenskönig kündet: „Auch deine Gefangenen werde ich um des Blutes deines Bundes willen freilassen aus ihrem Kerker."

Bundesschluß von Ex 24,8, näherhin die targumische Weiterentwicklung der Stelle, die in der Tat von „Sühne für das Volk" spricht[6]. Doch die Überlieferung ist nicht alt genug, um ernsthaft als Anknüpfung in Frage zu kommen. Man zog die Sühne für das Sündopfer Lv 4,5–7 zu Rate, bei dem Blut auszugießen war an das Fundament des Brandopferaltars[7]. Doch näher und mehr im Duktus der Überlieferung wie der mt Konzeption liegen zwei weitere Möglichkeiten. Einmal ist es der Gottesknecht, von dessen Sühneleistung wir bereits hörten (vgl. Is 53,10). Vielleicht wertete Mt die Vorgabe sogar als Anlehnung an Is 53,12b: „Er (der Knecht) schüttete sein Leben aus in den Tod." Zum anderen kann Mt das Paschalamm als Vorbild gedient haben. Wir wissen, daß bereits spätestens zur Exilszeit der Ritus des Paschablutes in erster Linie als Sühne- und Entsündigungsritus gewertet wurde (vgl. Ez 45,18). Die Sühnekraft des Paschablutes bezeugen Philo, Josephus, die rabbinische Theologie für die Zeit[8]. Die Teilnahme am eucharistischen Mahl, so läßt sich resümieren, vermittelt also den Mahlteilnehmern die personale Gemeinschaft mit dem Christus passus, sie nimmt sie auf in den in seinem Tod geschlossenen Bund und läßt sie dessen Heilsfrüchte erfahren, zu denen an erster Stelle die Vergebung der Sünden gehört.

Trifft diese Interpretation zu, so bleibt erneut eine bemerkenswerte Verwandtschaft mit dem vierten Evangelium zu registrieren. Wenn hier der Tod Jesu als universaler Sühnetod, der die Sünde des Kosmos tilgt, aufgefaßt ist, so ist dieses Konzept auch in Anlehnung an den Gottesknecht und die Paschachristologie gewonnen[9]. Auch muß erwähnt werden, daß das entscheidende Wort Johannes dem Täufer in den Mund gelegt ist (Joh 1,29.36; 19,37). Nochmals sei daran erinnert, daß ein Bezug zum Täufer auch bei Mt gegeben ist, insofern die Sündenvergebung seiner Taufe abgesprochen und allein dem Heilswirken Christi zuerkannt ist.

29 Der eschatologische Ausblick ist zunächst ein Wort der persönlichen Zukunftshoffnung und Auferstehungsgewißheit Jesu. Er sagt an, daß dieses das letzte Mahl ist, das er mit seinen Jüngern hält, erwartet aber das messianologische Mahl der Heilszeit, an dem er selbst wieder teilnehmen wird. Dieses messianologische Mahl ist besonders der apokalyptischen und essenischen Überlieferung bekannt (vgl. Henaeth 62,14; ApkBarsyr 29,8; 1 QSa 2,11–22). Spezifisch mt ist die Einbeziehung der Jünger in die Gemeinschaft mit Jesus bei diesem Mahl in der eschatologischen Vollendung: mit euch. Damit wird Jesus von einem, der für sich diese Teilnahme an jenem Tisch erwartet (bei Mk) zu einem Mahlvorsitzenden. Als der

---

[6] Tg Onk Ex 24,8. Der Sühnegedanke ist im atl Text noch nicht vorhanden. Vgl. BILLERBECK I 991.
[7] Vgl. LEROY, Vergebung 32.35.
[8] Belege bei N. FÜGLISTER, Die Heilsbedeutung des Pascha (StANT 8) (München 1963) 256f.
[9] Vgl. R. SCHNACKENBURG, Das Johannesevangelium I (HThK IV/1) (Freiburg 1965) 285–288.

Sohn erwartet er die Vollendung im Reich seines Vaters. Das eucharistische Mahl gewinnt nicht bloß die Ausrichtung auf diese messianologische Mahlzeit und nimmt sie vorweg, sondern die Gemeinschaft, die beim gegenwärtigen Pascha die Jünger mit Jesus verbindet (26,18), wird ihre endgültige Gestalt erreichen, wenn er sich dort mit ihnen erneut und für immer zu Tische legen wird.

30 Der abschließende Lobgesang war beim Paschamahl die Rezitation des kleinen Hallel, bestehend aus den Psalmen 114 bzw. 115–118. Bei der Eucharistiefeier können am Schluß gleichfalls Psalmen oder christliche Gesänge gesungen worden sein (vgl. Kol 3,16; Eph 5,19). Jesus und die Gruppe der Jünger begibt sich hinüber zum Ölberg. Ex 12,22 hatte für die Paschanacht vorgeschrieben: „Bis zum Morgen darf niemand von euch das Haus verlassen." Zur Zeit Jesu war diese Weisung dahingehend erweitert worden, das Stadtgebiet von Jerusalem, zu dem der Ölberg gerechnet wurde, nicht zu verlassen [10].

III
a) Bei der Interpretation des Textes haben wir seine doppelte Ausrichtung beobachtet. Er will Bericht dessen sein, was einst geschah, und gibt gleichzeitig einen Einblick frei in die Feier der Gemeinde. Von seinem Herkommen ist er liturgische Agende, in das Evangelium hineingestellt, rückt sein berichthafter Charakter in den Vordergrund. Die mt Gemeinde weiß sich beim Begehen des eucharistischen Mahles an die Weisung Jesu gebunden. Mt hat die christologische Bedeutung des Textes vertieft. Dies ist insbesondere dadurch geschehen, daß er das Geschenk der Sündenvergebung ausschließlich mit dem Kreuzesgeschehen verknüpft und Jesus als jenen versteht, der die Verheißung des deuterojesajanischen Knechtes Gottes und des Paschalammes erfüllt. Allein vom christlichen Pascha sind Heil und Sündennachlaß zu erwarten. Die Hoheit des Christus aber soll sich im Reich seines Vaters in der brüderlichen Gemeinschaft am messianischen Tisch enthüllen.

b) Zur historischen Frage, die mit der Rekonstruktion der ältesten Gestalt der Deuteworte über Brot und Becher verknüpft ist, habe ich an anderer Stelle schon ausführlicher Stellung bezogen [11]. Hier sei wiederholt, daß ich als älteste Gestalt des Brotwortes die mk Version (Mk 14,22) und als älteste Gestalt des Becherwortes die paulinische Version (1 Kor 11,25) im wesentlichen ansehe. Daß Jesus diese Worte beim Darreichen der besonderen Gaben des Brotes und des Bechers gesprochen hat, ist historisch nicht auszuschließen, wenn man die Nähe des Bundesgedankens zum Königtum Jahves bedenkt, wenn man mit Jesu Todesbereitschaft rechnet und wenn man die gleichsam „präsakramentale" Gestalt dieser Worte, die im Rückblick auf Kreuz und Auferstehung verdichtet wurde, berücksichtigt.

---

[10] BILLERBECK II 833 f.
[11] Vgl. GNILKA, Markus II 247–249. 240–243.

Der eschatologische Ausblick bietet einen bedeutsamen Einblick in die persönliche Jenseitshoffnung Jesu.

c) Weil in der Sündenvergebung der besondere mt Gedanke sich artikuliert, sei noch etwas bei ihr verblieben[12]. Die durch das eucharistische Mahl im Tod Jesu gewirkte Sündenvergebung ist nicht ein einmaliger Akt, sondern, weil das Mahl immer wieder gefeiert wird, geradezu das Lebenselement des Christenlebens, wie die Atmung für den Erhalt des physischen Lebens. Kann Sündenvergebung je ein endgültiger Schlußstrich sein? Wann möchte ich ihn gezogen sehen? Wann wäre ich so weit, daß ich sagen könnte, auf Sündenvergebung nicht mehr angewiesen zu sein? So kann der Abschluß nur Inhalt einer Verheißung sein, bis zum Tode. All dies heißt nicht, daß der Christ das Böse in seinem Leben forttreiben lassen könnte. Vielmehr ist die Präsenz der Sündenvergebung insofern die Kraft, die das christliche Leben am Leben erhält, weil sie der dauernd präsenten Macht der Sünde überlegen ist. Sie schließt eine kräftige und gerechte Veränderung der menschlichen Situation mit ein. Auch kirchliche Gemeinschaft, Kirche ist auf Sündenvergebung angewiesen. Dem Bruder, der mich auf meine Sünde aufmerksam machen muß (vgl. 18,15ff), werde ich nicht widersprechen, weil ich Vergebung empfangen kann. Ich werde ihm dankbar sein, weil ich hier so leicht vergesse. Und schließlich macht Sündenvergebung das Geschehene nicht ungeschehen. Der Mensch kann sich niemals von seiner eigenen Geschichte dispensieren. Er hörte auf, Mensch zu sein. Er aber ruht dann in der Vergebung Gottes, wenn das Vergangene für ihn nicht eine Erinnerung daran ist, wieviel er verbrochen hat, sondern daran, wieviel ihm vergeben wurde[13].

LITERATUR: S. TEMPLE, The Two Traditions of the Last Supper, Betrayal, and Arrest: NTS 7 (1960/61) 77–85; P. LEBEAU, Le vin nouveau du Royaume (ML.B 5) (Paris–Bruges 1966); F. HAHN, Die atl Motive in der urchristlichen Abendmahlsüberlieferung: EvTh 27 (1967) 337–374; H. THYEN, Studien zur Sündenvergebung im NT und seinen atl und jüdischen Voraussetzungen (FRLANT 96) (Göttingen 1970); H. PATSCH, Abendmahl und historischer Jesus (CThM 1) (Stuttgart 1972); H. LEROY, Zur Vergebung der Sünden (SBS 73) (Stuttgart 1974); H. MERKLEIN, Erwägungen zur Überlieferung der ntl Abendmahlstraditionen: BZ 21 (1977) 88–101.235–244; X. LÉON-DUFOUR, „Prenez! Ceci est mon corps pour vous": NRTh 104 (1982) 223–240.

6. Die Ansage des Jüngerversagens (26,31–35)

31 Dann sagt Jesus zu ihnen: Ihr werdet alle an mir in dieser Nacht Anstoß nehmen. Denn es ist geschrieben: Ich werde den Hirten schlagen,

---

[12] Vgl. G. EBELING, Wort und Glaube III (Tübingen 1975) 326–330; BARTH, Dogmatik I/2, 480ff; IV/1, 665ff.
[13] Vgl. KIERKEGAARD, Tagebücher 259. – PANNENBERG, Christologie 39, erwähnt, daß in der neuprotestantischen Christologie die Sündenvergebung in dem Sinn abgeflacht wurde, daß man nur noch die für den einzelnen eröffnete Möglichkeit ins Auge faßte, die Sünde zu überwinden.

und zerstreuen werden sich die Schafe der Herde. 32 *Nach meiner Auferstehung aber werde ich euch nach Galiläa vorausgehen.* 33 *Petrus aber antwortete und sprach zu ihm: Wenn alle an dir Anstoß nehmen werden, ich werde niemals Anstoß nehmen.* 34 *Jesus sprach zu ihm: Amen, ich sage dir: In dieser Nacht, bevor der Hahn krähen wird, wirst du mich dreimal verleugnen.* 35 *Petrus sagt ihm: Und wenn ich mit dir sterben müßte, werde ich dich nicht verleugnen. Ähnlich sprachen auch alle Jünger*[1].

I

Ein Dialog zwischen Jesus und Petrus! Beide sprechen von der Zukunft. Das Futur ist das beherrschende Tempus in der direkten Rede. Jesus weissagt den Jüngern die Zukunft. Petrus widerspricht und hält dem seine eigenen Zukunftsvorstellungen entgegen. Alle Jünger sind miteinbezogen (3mal πάντες in den VV 31, 33 und 35), doch steht Petrus im Mittelpunkt. Spricht er noch für alle? Seine Reaktion auf die Weissagung ist als Antwort gekennzeichnet (33). Ihm gilt das wichtige, mit Amen eingeleitete Wort (34). Der Text ist (wie 26, 21–25) eine in Szene gesetzte Prophetie.

Die bemerkenswerten Eingriffe des Mt in die Vorlage Mk 14, 27–31 sind folgende: Die Ansage des Jüngerversagens ist personalisiert (zusätzliches ihr, an mir V 31; vgl. Mk 14, 27). Wenn auch die Zeitansage „in dieser Nacht" hinzutritt, korrespondiert das mit V 34. Das Sacharja-Zitat ist begründend angeschlossen und vor allem um „die Schafe *der Herde"* erweitert. Erst Mt bezeichnet die Rede des Petrus als Antwort (V 33: ἀποκριθείς; vgl. Mk 14, 29). In ihr wirkt die Personalisierung fort (zusätzliches an dir). Die Sicherheit des Jüngers ist verstärkt (οὐδέποτε) und nicht mehr so abbreviaturhaft formuliert wie Mk 14, 29 fin. Die Zeitangaben in der dem Petrus geltenden Ansage sind vereinfacht: in dieser Nacht, bevor der Hahn krähen wird[2] (Mk 14, 30: heute, in dieser Nacht, bevor der Hahn zweimal krähen wird). In der zweiten Antwort des Jüngers ist dessen Erregung gestrichen worden (Mk 14, 31: ἐκπερισσῶς)[3]. Vielleicht geschah das, um Petrus etwas zu schonen. In der abschließenden Bemerkung fügt E „alle Jünger" hinzu[4].

II

31   Auf dem Weg sagt Jesus den Jüngern ihr noch in dieser Nacht bevorstehendes Versagen an. Das Verb σκανδαλίζω war ursprünglich einmal ein Bildwort (über ein Stellholz fallen), ist aber kaum noch so empfunden worden[5]. Den Anstoß werden sie an seiner Person nehmen. Damit ist die

---

[1] Der Paralleleinfluß der Textüberlieferung ist gering: zusätzliches καί in V 33 (Sinaiticus² FW 579 sy^(p.h); vgl. Mk 14, 29); fehlendes ἐν in V 34 ($\mathfrak{P}^{37}$ D; vgl. Mk 14, 30); zusätzliches δέ in V 35 (AWΘ f^(1.13) 892 1006 1342; vgl. Mk 14, 31).
[2] $\mathfrak{P}^{45}$ f¹ 205 lesen πρὶν ἀλεκτοροφωνίας. – Vgl. Lk 22, 34; Joh 13, 38.
[3] Auch hier hat Mt nochmals personalisiert: σὺν σοί.
[4] Der Wechsel von ὡσαύτως Mk 14, 31 in ὁμοίως ist unerheblich.
[5] In der LXX begegnet das Verb nur 4mal, davon 3mal in Sir (LXX 9, 5; 23, 8; 35, 15).

Nachfolge tangiert. Ihr Versagen ist beim Propheten vorausbedeutet. Hier liegt neben 27,9f das einzige explizite Schriftzitat der mt Passionsgeschichte vor (es ist geschrieben), das E aus Mk 14,27 nicht unverändert übernimmt. Zur näheren Bestimmung des Textes von Zach 13,7 ist ein Textvergleich nützlich:

Mt	πατάξω τὸν ποιμένα
	καὶ διασκορπισθήσονται τὰ πρόβατα τῆς ποίμνης.
Mk	πατάξω τὸν ποιμένα
	καὶ τὰ πρόβατα διασκορπισθήσονται.
LXX (A)	πάταξον τὸν ποιμένα
	καὶ διασκορπισθήσονται τὰ πρόβατα τῆς ποίμνης.
LXX (B)	πατάξατε τοὺς ποιμένας
	καὶ ἐκσπάσατε τὰ πρόβατα.
M	„(schlagend)[6] schlage ich den Hirten,
	und die Schafe zerstreuen sich."

In Zeile 1 stimmt Mt (Mk) mit M überein. In Zeile 2 besteht völlige Übereinstimmung mit LXX (A). Besonders auffällig ist gemeinsames zusätzliches „die Schafe *der Herde*". Ist die LA von LXX (A) von Mt abhängig? Dem widerspricht Stendahl wohl mit Recht mit Hinweis darauf, daß mt πατάξω nicht übernommen wurde[7]. So wird man das Zitat als freie Gestaltung in Anlehnung an M und LXX (A) auffassen dürfen. Das Gestaltungsziel wurde vom Kontext der Passionsgeschichte bestimmt[8].

Der prophetische Text ist dunkel. Doch dürfte mit dem Hirten, der in Zach 13,7a von Gott „Mann meiner Gemeinschaft" genannt wird, ein guter Hirt seines Volkes gemeint sein (der Messias?)[9]. Sein Tod (in der Schlacht?) bringt Zerstreuung und letzte Bedrohung über die Herde. Nach dem Reinigungsgericht kann das Heil erwartet werden. Die beim Propheten vorausgesetzte Situation ist der der Jünger analog. Der bevorstehende Tod Jesu bedeutet für ihre Gemeinschaft letzte Anfechtung[10]. Wir haben es mit einer Todes- und – nimmt man V 32 hinzu – Auferweckungsansage von einzigartiger Prägung zu tun, insofern Tod und Auferweckung Jesu auf die Jüngerschaft hin ausgelegt werden. Keinesfalls aber wird man sagen dürfen, daß die Jünger mit diesem Wort von ihrer Pflicht entbunden seien, Jesus nachzufolgen[11]. Ihr Versagen, obwohl vorausgewußt und -bedeutet, bleibt auch ihre Tat und Verantwortung.

---

[6] Mit F. Horst, K. Elliger; die LA ist nicht sicher.
[7] School 80–83.
[8] Vgl. Rothfuchs, Erfüllungszitate 83f.
[9] So K. Elliger: ATD 25 (Göttingen ³1956) 176. Unsicher urteilt F. Horst: HAT I/14 (Tübingen ³1964) 254.
[10] Zach 13,7 wird auch in Dam 19,7–9 zitiert. Wenn es sich dort auf den Lehrer der Gerechtigkeit beziehen sollte, was allerdings ungewiß bleibt, wäre dies eine beachtliche Parallele zur synoptischen Tradition. Vgl. Braun, Qumran I 54. Im rabbinischen Judentum hat man Zach 13,7 nicht messianologisch verstanden. Vgl. G. Vermes, Scripture and Tradition in Judaism (StPB 4) (Leiden 1961) 58f.
[11] Gegen Schlatter 746.

32 Im Vorausgehen des Auferweckten nach Galiläa, das auf die Erscheinungsgeschichte in 28,16-20 verweist[12], klingt erneut das Hirtenmotiv an. Dann sollen sie trotz ihres Versagens noch einmal angenommen und nach den Erfahrungen von Kreuz und Ostern zu einer vertieften Nachfolge befähigt werden. Wie der Sacharja-Text von Gericht und Heil spricht, so mündet die Zerstreuung der Jüngerschaft ein in ihre neue Sammlung. Galiläa, nicht Jerusalem, ist der Ort dieser Sammlung. Jerusalem kommt entsprechend dem Gerichtswort 23,37-39 als heilsgeschichtlicher Topos nicht mehr in Frage. Galiläa weist in Richtung auf die Region, in der die Kirche des Mt zu suchen ist.

33f Der Ansage ihres Versagens widerspricht Petrus selbstsicher. Er spricht zwar von allen, aber nicht mehr für alle, nurmehr für sich. Die Jüngergemeinschaft beginnt sich aufzulösen. Daraufhin bekommt der erste Jünger sein persönliches baldiges Versagen zu hören. Das Kompositum ἀπαρνέομαι meint ein verstärktes Verleugnen, Sich-lossagen. Noch in dieser Nacht soll es gleichfalls geschehen. Die bestimmte Zeitangabe vom Hahnenschrei (die Zeit der Morgendämmerung) hat etwas Unentrinnbares.

35 Petrus ist sich der Gefahr der Stunde für seinen Meister und für sich durchaus bewußt. Er rechnet mit der Möglichkeit des Martyriums und meint, aus eigener Kraft dazu fähig zu sein. Die Kraft zum Martyrium kommt aus anderen Quellen als den eigenen. Das sollte der Jünger später erfahren. Zur Zeit der Abfassung des Evangeliums war Petrus bereits als Zeuge für Christus gestorben. Der mt Gemeinde mußte dies bekannt sein. Doch jetzt redet er töricht. Der Chor der übrigen Jünger stimmt in dieses falsche Selbstvertrauen ein.

III

a) b) In der Passionsgeschichte hat diese Perikope integrative Funktion. Sie weist voraus auf die Jüngerflucht (V 56b) und die Verleugnung des Petrus im hohepriesterlichen Palast (26,69ff) und verknüpft diese, aber auch auf Kreuz und Auferstehung. Der Nachfolgegedanke, der aufgekündigt wird, steht im Mittelpunkt. Mt hat die Personalität des Anschlusses an Jesus und dessen Preisgabe herausgearbeitet und sich nicht gescheut, trotz seines großen Ansehens in seinen Gemeinden vom Versagen des Petrus in der Passion unverkürzt zu berichten. Letztlich aber war Petrus im Worte Jesu geborgen. Seine Wiederannahme nach der Passion im Worte Jesu ist auch der historische Haftpunkt, von dem aus die Geschichte gesehen werden kann.

c) Chrysostomos[13] rügt an Petrus nicht nur die Selbstsicherheit, son-

---

[12] 565 und einzelne Vulgata-Hss fügen am Ende von V 32 hinzu: Und dort werdet ihr mich sehen. Dies ist offenkundig Anlehnung an 28,10 fin.
[13] In Matth. 82,3.

dern auch, daß er sich über die anderen Jünger erhob. Luther[14] bemerkt: „Da seht ihr, wie die Jünger uns zum Exempel dastehen. Sie stehen auch noch in ihren Werken ... Sie wollten dem schwachen Herrn helfen und beistehen ... Diese Vermessenheit sitzt von Natur aus in uns. So gehts in der ganzen Welt: ein jeder traut auf seine Passion." Am besten scheint Kierkegaard[15] zu verstehen: „Die Menschen haben es immer geschäftig, einen Anhänger zu gewinnen ... sie beeilen sich, jedes Mittel zu gebrauchen und jeden zu verwerfen, der nicht will. Gott gewinnt seine Anhänger durch Langmut, er gewinnt sie im letzten Augenblick ... Just so gewann Christus Petrus, als er ihn verleugnete, also im letzten Augenblick."

LITERATUR: H. KOSMALA, The Time of the Cock-Crow: ASTI 2 (1963) 118-120; M. ORGE, „Percutiam pastorem et dispergentur oves": Claretianum 7 (1967) 271-292; D. ZELLER, Prophetisches Wissen um die Zukunft in synoptischen Jesusworten: ThPh 52 (1977) 258-271.

7. Jesus in Getsemani (26, 36–46)

36 *Dann kommt Jesus mit ihnen zu einem Landstück, genannt Getsemani. Und er sagt den Jüngern: Setzt euch hier, solange ich dorthin weggehe und bete.* 37 *Und er nahm den Petrus und die zwei Söhne des Zebedäus und begann, zu trauern und sich zu ängstigen.* 38 *Dann sagt er ihnen: Meine Seele ist übertraurig bis zum Tod. Bleibt hier und wacht mit mir!* 39 *Und er ging ein Stück vor, warf sich auf sein Gesicht, betete und sagte: Mein Vater, wenn es möglich ist, möge dieser Becher an mir vorübergehen. Jedoch nicht, wie ich will, sondern wie du.* 40 *Und er kommt zu den Jüngern und findet sie schlafend und sagt dem Petrus: So konntet ihr nicht eine Stunde mit mir wachen?* 41 *Wacht und betet, daß ihr nicht in Versuchung kommt. Der Geist (ist) zwar willig, das Fleisch aber schwach.* 42 *Wieder, zum zweitenmal, ging er weg, betete und sagte: Mein Vater, wenn es nicht möglich ist, daß er vorübergeht, ohne daß ich ihn trinke, geschehe dein Wille.* 43 *Und er kam und fand sie wieder schlafend. Denn ihre Augen waren beschwert.* 44 *Und er ließ sie, ging weg und betete zum drittenmal, indem er wieder das gleiche Wort sprach.* 45 *Dann kommt er zu den Jüngern und sagt ihnen: Ihr schlaft weiter und ruht euch aus? Siehe, die Stunde hat sich genaht, und der Menschensohn wird ausgeliefert in die Hände der Sünder.* 46 *Steht auf, wir wollen gehen! Siehe, es hat sich genaht, der mich ausliefert*[1].

---

[14] V 83.
[15] Tagebücher 252.
[1] Zu den zahlreichen LAA, die durch Paralleleinfluß entstanden, gehören: in V 36: mit seinen Jüngern (Sinaiticus ACDW f¹ 1424 lat sy; vgl. Mk 14,32); in V 39: Vater ($\mathfrak{P}^{53}$ LΔ f¹ 205 892; vgl. Lk 22,42); in V 40: so *konntest du* nicht (A ff²; vgl. Mk 14,37).

I

E hat die Gliederung der Perikope signalisiert. Als Signal kann die von ihm bevorzugte Zeitpartikel τότε dienen, die dreimal gesetzt wurde. Sie steht am Beginn der Perikope und damit am Beginn der Exposition (36f). Die Rede Jesu, die das Ganze beherrscht, von knappen Situationsangaben durchbrochen, wird mit τότε λέγει eingeleitet (38–44). Der Schluß, wiederum mit τότε eröffnet, ist gleichzeitig Ausleitung zum folgenden Geschehen (45f).

Die Rede Jesu richtet sich teilweise als Gebet an seinen Vater, teilweise an die Jünger. Beides aber steht nicht unverbunden nebeneinander, sondern im Dreiecksverhältnis Vater-Jesus-Jünger unterwirft Jesus sich einerseits dem Vater und wird so anderseits zum Vorbild für die Jüngerschaft. V 38, die Ansage der Todesnot und die Wachsamkeitsforderung, sind eine Art Überschrift. In drei Schritten wird das Gebet entfaltet, wobei im nachhinein die Jünger miteinbezogen werden. Mt hat Redetexte und szenische Bemerkungen, wie es seine Art ist, stark parallelisiert. Das gilt für das Gebet Jesu, bei dessen Wiederholung die Absicht erkennbar ist, die erste Anrufung fortzusetzen: Mein Vater, wenn es (nicht) möglich ist ... (39b.42). Die szenischen Bemerkungen sind bestimmt vom Rhythmus: er ging weg und betete/er kommt (kam) und findet (fand) sie schlafend (39f.42f). Im dreistufigen Aufbau des Hauptteils werden die Äußerungen zunehmend sparsamer. Auf der ersten Stufe haben wir ein ausführliches Gebetswort (39) und eine längere Jüngeranweisung (Frage-Imperative mit Finalsatz und Erklärung 40f). Auf der zweiten Stufe ist das Gebet verkürzt, aber noch in direkter Rede gehalten (42). Es erfolgt keine Jüngerweisung mehr. Dafür erhalten wir eine Begründung für ihren Schlaf (43b). Auf der dritten Stufe wird das Gebet nur noch erzählerisch angedeutet (44). Die Jüngerrede – keine Weisung mehr – ist in den Epilog aufgenommen: Fragesatz[2] und zwei Ankündigungen mit „Siehe" (45f).

Die führende Stellung Jesu in der Perikope erkennt man daran, daß allein er – von V 43b abgesehen – Subjekt der Handlung ist, auch im einleitenden V 36 (ἔρχεται). Der Text ist als Christus-Perikope gestaltet. Die Einbeziehung der Jünger und damit das paränetische Anliegen sind angezeigt durch den Gegensatz Wachen – Schlafen, die wiederholten Imperative zu wachen (38.41; vgl. 40), und das dreimalige Mitsein der Jünger mit Jesus (36.38.40), das diese aber verweigern.

Der Gestaltungswille des Mt tritt noch präziser bei einem Vergleich mit der Vorlage Mk 14,32–42 hervor. Er nahm die folgenden wichtigeren Eingriffe vor: Die Konzentration auf Jesus in V 36 (Singular und Einfügung des Jesusnamens) geht auf sein Konto (Mk 14,32: ἔρχονται)[3], ebenfalls die dreifache Erwähnung des Mitseins (μετά). In V 37 spricht er von den zwei Söhnen des Zebedäus, Mk 14,33 nennt ihre Namen. An die Stelle von

---

[2] V 45a könnte man auch als exklamatorische Feststellung fassen: Ihr schlaft also und ruht euch aus! Es ist aber besser, mit dem Greek NT[3] eine Frage zu formulieren.
[3] ἀπελθών in V 36 ist Angleichung an V 42.

„sich entsetzen" (Mk 14,33: ἐκθαμβεῖσθαι) ist „trauern" (λυπεῖσθαι) getreten. Jesus wirft sich „auf sein Gesicht" (39; Mk 14,35: auf die Erde). Vor allem hat Mt die beiden Gebete Jesu neugestaltet. Beide sind in direkter Rede gehalten (Mk 14,35 ist indirekt formuliert). Das Gebet um das Vorübergehen der Stunde Mk 14,35 ist entfallen. Dafür bittet Jesus schon beim erstenmal um das Vorübergehen des Bechers (39; mit der Anrede: mein Vater), das heißt, das zweite Gebet bei Mk (14,36) ist an die erste Stelle gerückt[4]. Die Abba-Anrede ist gestrichen. Das zweite Gebet bei Mt, das mit der zweiten Entfernung Jesu von den Jüngern verknüpft ist (anders Mk 14,36), setzt das erste fort (42). Das Bildwort vom Becher bleibt bestimmend. Die Formulierung „dein Wille geschehe" verdient Beachtung. Das mahnende Wort (40) richtet sich an alle Jünger: So konntet *ihr* nicht ... (Mk 14,37: Konntest *du* nicht)[5]. Die tadelnde Frage: „Simon, du schläfst?" ist eliminiert. Petrus wird schonender behandelt. Mt hat es offenbar als störend empfunden, daß Mk 14,41 nicht mehr den dritten Gebetsgang Jesu schildert, sondern nur seine Rückkehr zu den Jüngern erwähnt. So fügt er V 44 neu ein: Und er ließ sie, ging wieder weg und betete zum drittenmal, indem er wieder das gleiche Wort sprach[6]. Seine ordnende Hand ist auch in dem zusätzlichen „zum zweitenmal" (42) spürbar. In der Schlußrede Jesu πρὸς τοὺς μαθητάς wird ihm das rätselvolle ἀπέχει Mk 14,41 unverständlich erschienen sein. Darum läßt er es aus. Die beiden prophetischen Ansagen sind parallel gestaltet (45 f zweimal: siehe, es hat sich genaht).

Überblickt man die redaktionelle Tätigkeit des Mt, so ist das Bestreben, eine klarere Übersicht zu schaffen, unverkennbar. Die einzelnen Szenen sind sorgfältig voneinander abgesetzt, die Redetexte mit Bedacht verteilt[7]. Christus steht im Zentrum, die Gruppe der Jünger ist reflektierter in das Geschehen einbezogen. Die Auswahl der Drei scheint im Verlauf der Erzählung in Vergessenheit geraten zu sein. Auf atl Reflexe werden wir zu achten haben.

II
36f Jesus erreicht Getsemani, das man sich als ein auf dem Ölberg gelegenes Landstück oder Landgut vorstellen muß (Joh 18,1 spricht von einem Garten). Die wahrscheinliche Etymologie des Wortes (Ölekelter) weist hin auf die Ölkulturen, die es seinerzeit hier gab[8]. Er kommt in Be-

---

[4] Die Dreigliedrigkeit von Mk 14,36 hat Mt aufgelöst. „Alles ist dir möglich" fehlt. In Übereinstimmung mit Mk 14,35 beginnt das Gebet mit „wenn es möglich ist". Für ἀλλά (Mk 14,36) setzt Mt πλήν.
[5] In V 40 ist πρὸς τοὺς μαθητάς eingefügt.
[6] Dabei ist τὸν αὐτὸν λόγον εἰπών aus Mk 14,39 übernommen.
[7] Für LOHMEYER 360 ist die bessere Ordnung bei Mt Indiz dafür, daß sein Bericht gegenüber Mk ursprünglicher wäre. Genau das umgekehrte ist der Fall. Materialiter bietet Mt nicht sehr viel Neues. Nur schuf er eine neue Textkonstellation. Die angewandten Mittel: Parallelisierungen, Kennzeichnung von Einheiten mit τότε, Querverweise, atl Reflexionen sprechen für seine redigierende Hand.
[8] Von den Ölbäumen ist heute auf dem Ölberg – vom sog. Getsemani abgesehen – nichts

gleitung seiner Jünger. „Mit ihnen" weist zurück auf V 35, wo von den Jüngern berichtet war, wie selbstsicher sie redeten. Die Bemerkung „mit ihnen" schließt von vornherein alle Jünger in das folgende Geschehen ein, so daß die Auswahl der Drei bei Mt kaum selbständige Bedeutung hat. Nur Petrus, dessen Name noch genannt wird, rückt etwas in den Vordergrund. Neben ihm erscheinen die beiden Söhne des Zebedäus als Brüderpaar. Weil die Jünger sowohl in 40 als auch in 45 eigens erwähnt werden und nicht zu erkennen gegeben ist, daß die Auswahl der Drei durchgehalten ist, kann man davon ausgehen, daß alle Jünger Beteiligte sind. Trauer und Angst überfallen Jesus angesichts des bevorstehenden Leidens. Angst überkommt den leidenden Gerechten nach Ps 22,15; 31.10; 39,13; 42,12 u.ö. Doch sind die von Mt verwendeten Wörter im Psalter selten[9]. λυπέω, ein von Mt bevorzugtes Wort (doch hier auf Christus angewendet), ist Ausdruck starker menschlicher Erregung[10]. Der in seine Leiden gehende Jesus wird nicht als Held gezeichnet. Ein falscher Heroismus liegt der Passionsgeschichte fern. Auch fehlt das Bild des freudigen Martyrers, wie es in der jüdischen Literatur dargeboten werden kann[11]. Jesus erweist sich in seinem Leiden als Mensch. Die Psychologie liegt unserer Überlieferung gleichfalls fern. Doch sind die Akzente, die hinsichtlich eines Todesverständnisses gesetzt sind, sorgfältig zu beobachten.

38 Das Wort interpretiert die Situation. περίλυπος (übertraurig) greift λυπεῖσθαι auf. Ein möglicherweise in Anlehnung an LXX Jon 4,9 („Tieftraurig bin ich bis zum Tod") gewählte Formulierung muß als Wunsch zu sterben aufgefaßt werden (vgl. Jon 4,3)[12]. Noch ist nicht gesagt, warum diese Todestrauer für Jesus besteht. Doch werden die Jünger gemahnt, besser: gebeten, zu bleiben und mit ihm zu wachen. Das Mitsein ist jetzt anders gewendet. Hieß es in V 36: Jesus mit ihnen, so jetzt: die Jünger mit ihm. Ihre Gemeinschaft, die sich nach V 29 zur eschatologischen Gemeinschaft vollenden soll, hat sich zuvor in der Leidensgemeinschaft zu bewähren. Die Jünger werden transparent im Hinblick auf die Christen in der Gemeinde. Jesus wird zum Paradigma. Denn sein Weg ist auch der Weg des Jüngers[13].

39 In geringer Entfernung wirft sich Jesus auf sein Gesicht. Vorbild für diesen von Mt gewählten unterwürfigen Gebetsgestus sind die großen Beter des AT, Abraham (Gn 17,3), Mose und Aaron (Nm 14,5), auch das

---

mehr übriggeblieben. Der Berg ist übersät mit Gräbern, Kapellen, Kirchen. *Gat-schemani* kommt zweimal in der talmudischen Literatur vor: Pea 7,1; Tos Terumoth 3,6.
[9] λυπεῖν nur ψ 54,1; ἀδημονεῖν nur S.Ps 60,3; 115,2.
[10] Vgl. 14,9; 17,23; 18,31; 19,22; 26,22. Mk hat das Verb nur 2mal, Lk/Apg keinmal.
[11] JOSEPHUS, bell. 1,653; 2,153; 7,418; ant. 17,169; 18,23 berichtet vom Martyrium von Juden, Essenern, Zeloten. Vgl. SCHLATTER 751.
[12] Zur Formulierung vgl. noch ψ 41,6.12; 42,5; Sir 4,28.
[13] Vgl. FRANKEMÖLLE, Jahwebund 40–42. – C³ 1006 1342 sy^h fügen in V 38 den Jesusnamen ein.

ganze Volk (1 Kg 18,39). Das atl Bildwort vom Becher bezeichnet dort den Zornesbecher, den Becher des Grimmes (Is 51,17), der mit Zornwein gefüllt ist (Jer 25,15) und den Gott dem einzelnen, dem Volk oder den Völkern für ihr freventliches Handeln reicht. Er umschreibt Unheil und Unglück und bedeutet gleichzeitig das göttliche Gericht[14]. Später kann das Bild auf Leiden und Tod des Martyrers übertragen werden (MartIs 5,13; MartPol 14,2). Im Gebet Jesu kommen vermutlich beide Aspekte zum Tragen, vor allem der alttestamentliche. Jesus übernimmt den göttlichen Zornesbecher, der den Frevlern zugedacht ist, und leistet so Sühne. Doch zunächst bittet er um Abwendung des Übels, das zutiefst als solches empfunden ist. Für sein Gebet ist weiter die Anlehnung an das Vaterunser zu beachten. Die Vateranrede ist eine Reminiszenz, wenngleich es allein Jesus zukommt, im Gebet „mein Vater" zu sagen (vgl. 11,25f). Er allein ist der Sohn. Die Unterwerfung unter den Willen des Vaters ist zunächst ein dem Psalter vertrauter Gedanke (Ps 40,9; 103,21; 143,10). Es ist möglich, daß Mt mit Hilfe der Konjunktion πλήν (jedoch) den Übergang von der Bitte um das Vorübergehen des Bechers zur gehorsamen Annahme und damit Jesu Bereitwilligkeit unterstreichen wollte[15].

40f Zu den Jüngern – nicht bloß zu den Drei – zurückgekehrt, findet er sie schlafend, nicht bereit, mit ihm zu wachen. Seine Warnung trifft alle, denn mit dieser Bereitschaftslosigkeit bringen sie sich selbst, ihre Jüngerexistenz, ihre Zugehörigkeit zu Jesus, ihren Glauben in höchste Gefahr. Wachen und Schlafen gewinnen auf diesem Hintergrund eine weiterreichende Bedeutung. Wachen heißt, sich rüsten, bereit zu sein für die Anfechtung, die unvermeidlich kommt. Weil das Bestehen nicht eigener Leistung verdankt ist (vgl. V 33), bilden Wachen und Beten eine unzertrennliche Einheit. Die Aufforderung zu wachen verbindet den Text mit der Endzeitrede. Auch dort war von der Stunde die Rede (25,13; vgl. 26,45). Doch ist in der Getsemani-Perikope nicht die Stunde der Parusie gemeint, die mit der Stunde des Leidens identisch wäre. Es gibt ein Wachen, das die Bereitschaft zum Leiden miteinschließt. Zur Wachsamkeit angesichts der Ungewißheit der Stunde steht es insofern in Verbindung als jedes Wachen seine Zeit hat und letztlich die Wachsamkeit bis zum Ende zählt. Die gegebene Versuchung ist die des Abfalls. Hierin stimmt der Text mit der sechsten Vaterunser-Bitte überein (6,13), an die er sich auch in der Formulierung anlehnt.

Es folgt eine einzigartige anthropologische Begründung. Der Mensch, ein Wesen aus Geist und Fleisch, willigem Geist (vgl. Ps 51,14) und schwachem Fleisch, wird nicht aus sich heraus versucht. Die Versuchung tritt von außen an ihn heran, findet aber in der Fleischesnatur einen Anknüpfungspunkt. Der biblisch-anthropologische Begriff Fleisch, der die Todesverfallenheit bezeichnet, ist hier überschritten im Hinblick auf das

---

[14] Vgl. Ps 75,9; Jer 51,7; 49,12; Klgl 4,21; Ez 23,31f; Hab 2,16.
[15] Vermutung von M. E. Thrall, Greek Particles in the NT (NTTS 3) (Leiden 1962) 67–70. Vgl. oben Anm. 4.

Geneigtsein zur Sünde. Weil es darauf ankommt, die Fleischesnatur unter die Zucht des willigen Geistes zu bringen, eignet dem Satz eine asketische Note. Dieses neue Verständnis von „Fleisch" als anthropologischer Kategorie hat seine nächste Analogie in den Handschriften von Qumran, nach denen der Mensch zu Fall kommt durch die „Sünde des Fleisches" (1 QS 11, 12)[16]. Fleisch und Geist machen aber nicht zwei Bestandteile aus, aus denen sich der Mensch zusammensetzt, sondern bezeichnen jeweils den ganzen Menschen in bezug auf diese Hinneigung zum Guten und zur Sünde.

42 f Für das zweite Gebet Jesu ist der bewußt gewählte Anschluß an das erste zu beachten. „Wenn es nicht möglich ist" bedeutet gegenüber dem „wenn es möglich ist" in V 39 einen Fortschritt, der die vollzogene gänzliche Unterwerfung artikuliert. Das Bild des Bechers ist präsent, wenn auch nicht mehr ausgesprochen[17]. Es ist vor allem festzustellen, daß Jesus die dritte Vaterunser-Bitte in den Mund gelegt ist: Dein Wille geschehe (6, 10). Eindringlicher konnte die Vorbildhaftigkeit seiner Gebetshaltung kaum vorgeführt werden. Damit wird auch im nachhinein deutlich, daß der Wille des Vaters, der nach dieser Bitte im Himmel und auf der Erde geschehen soll, nach dem Verständnis des Mt nicht bloß auf die Endoffenbarung Gottes gerichtet ist, sondern die Realisierung des Willens Gottes im Alltag, besonders in der Anfechtung und im Leiden miteinschließt[18]. Der fortwährende Schlaf der Jünger wird durch ihre beschwerten Augen erklärt. Mt mag das als eine Entschuldigung verstanden haben, im Gegensatz zu Mk 14, 40. Denn die belastende Bemerkung „sie wußten nicht, was sie ihm antworteten", die nach Mk ihr Unverständnis preisgibt, hat er ausgelassen.

44–46 Der dritte Gebetsgang wird nurmehr erzählt, nicht mehr ausgeführt. Die Zahl Drei spielt in der volkstümlichen Erzählweise eine wichtige Rolle (Regeldetri). Hier drückt sie die Intensität des Betens Jesu aus[19]. Zum letztenmal zu den Jüngern zurückgekehrt, folgt auf eine leicht vorwurfsvolle Frage[20] die Ankündigung dessen, was sich nunmehr ereignen soll. Die Sätze erscheinen aus völliger Gefaßtheit formuliert. Es entsteht sogar der Eindruck, daß seine Ankündigung die Ereignisse auslöst. Die beiden parallel strukturierten Aussagen, eingeleitet mit „Siehe, es hat sich

---

[16] Vgl. BRAUN, Qumran I 54f.
[17] Θ 892 1006 lat sy[s.p] mae bo fügen es ein: dieser Becher. ACW f[13] 1006 1342 1506 sy[h] lesen zusätzliches „an mir". Auch das ist Anpassung an V 39.
[18] Vgl. Bd. I 220–222 dieses Kommentars.
[19] Vergleichbar sind 2 Kor 12, 8: Paulus bittet dreimal um Schonung; Nm 24, 10: Bileam segnet Israel dreimal; 1 Sm 3, 8: Gott ruft Samuel dreimal beim Namen; 1 Sm 20, 41: David verneigt sich dreimal usw.
[20] Ob der Artikel vor λοιπόν in V 45 zu lesen ist, läßt sich aufgrund der gleichgewichtigen Bezeugung pro und contra kaum entscheiden. Auch in Mk 14, 41 ist er textlich umstritten, doch ist dort seine Bezeugung besser. So könnte sein Erscheinen bei Mt durch mk Paralleleinfluß verursacht sein. Er wäre dann besser zu streichen.

genaht" (vgl. oben die Analyse), sind auch als inhaltlich parallel zu interpretieren. Die Stunde ist die jetzt einsetzende Passion. Den Einsatz gibt der auf der Bühne erscheinende Auslieferer. Mit der Stunde ist V 18 zu vergleichen: „Meine Zeit ist nahe". Erkannten wir dort die Anlehnung an eine Pascha-Christologie, so darf diese auch hier in Erinnerung gerufen werden. Nur hier ist die Formel von der Auslieferung des Menschensohnes mit den Sündern verknüpft (vgl. 17,22). Daß damit die Bosheit der Menschen angesprochen ist, vermag das Wort Davids zu verdeutlichen: „Wir wollen lieber dem Herrn in die Hände fallen, denn seine Barmherzigkeit ist groß. Den Menschen aber möchte ich nicht in die Hände fallen" (2 Sm 24,14).

III

a) b) Mt hat die Perikope ordnend gestaltet und dabei sowohl Jesus als auch die Jünger schärfer hervortreten lassen. Jesus ist als Vorbild der Gemeinde stilisiert, der in einem nichtnachlassenden Beten und Wachen Klarheit über seinen Weg gewinnt und diesem im Gehorsam gegenüber dem himmlischen Vater zustimmt. Mit dem Willen Gottes ringend, betet er sich gleichsam in diesen hinein. Dies muß letztlich paränetisch gemeint sein. Freilich ist es dabei auch sein ganz eigener Weg, wie es sein Pascha ist, dem er entgegengeht. Für die Jünger hat Mt die Christusgemeinschaft herausgearbeitet, ihr Mit-sein mit ihm, zu dem sie bestellt sind und das sie gerade in dieser Stunde zu bewähren hätten. Ihre Schwäche ist nicht verdeckt, doch werden sie in ihrem Versagen schonender behandelt. Es ist, als ob ihre zukünftige Wiederannahme schon einwirkt. Die Gemeinsamkeit soll alle Beteiligten verstehen lehren, daß das Christusschicksal auf irgendeine Weise dem Jünger aufgetragen ist. Schließlich ist die Perikope auch ein Beitrag zur Todesproblematik. Der sich ängstigende Christus ist ein Ja zum Leben, denn er zeigt, daß das Todeslos der Bestimmung und dem Willen des Menschen zum Leben widerstreitet. Das Todeslos hat mit der Sünde zu tun, die der Sohn stellvertretend auf sich nimmt. In seiner Annahme soll der Christ sich im Heilswillen Gottes geborgen wissen. – Die historische Rekonstruktion muß von der Mk-Fassung der Perikope ausgehen[21]. Doch ist in Erinnerung zu rufen, daß die Ortsangabe Getsemani, die als Stätte der Verhaftung Jesu durch das Folgende ausgewiesen ist, seinen Aufenthalt dort in jener Nacht verbürgt. Ist die Überlieferung auch stark stilisiert, so ist sein Beten in jener Nacht völlig plausibel.

c) Erlösung und Nachfolge könnte man als die Grundthesen der Perikope herausstellen. Warum zeigt Jesus nicht die Haltung des Sokrates angesichts des Todes? Warum nicht die Haltung, die aus zahlreichen Briefen spricht, die uns aus Konzentrationslagern erreicht haben? fragt Barth[22]. War kein anderer Weg der Erlösung möglich? Noch weiter geht Luther[23],

---

[21] Vgl. Gnilka, Markus II 264.
[22] Dogmatik IV/1, 291–300, hier 292.
[23] V 84f.

der die Meinung vertritt, V 41 b (der Geist ist willig, aber das Fleisch ist schwach) gelte auch für Christus. Um unsertwillen sei er schwach, unsere Sünden liegen ihm auf dem Hals, nicht die seinen. Die Erlösung, die er in seiner Schwäche wirkte, entspricht der Realität der Verfaßtheit von Mensch und Welt. Erkennt man dies an, tritt die Ernsthaftigkeit der Nachfolge klar hervor. Nachfolge ist passio passiva, Leidenmüssen, Bindung an den leidenden Christus, der in der Anfechtung des Leidens die unbeschreibliche Gewißheit seiner Nähe und Gemeinschaft erfahren läßt, sagt Bonhoeffer, dem es widerfahren sein dürfte. Das Leidenkönnen gehört zu den Erkennungszeichen der rechten Kirche. Eine Vorarbeit zur Confessio Augustana hat die Kirche definiert als die Gemeinde derer, „die verfolgt und gemartert werden über dem Evangelium"[24]. Wieder eine andere Dimension der Nachfolge reißt Kierkegaard auf, der sagt: „Wenn man den Schrecken der Ewigkeit wegnimmt, so wird eine Nachfolge Christi im Grund zur Phantasterei. Denn nur dieser Ernst der Ewigkeit kann einen Menschen dazu verpflichten, aber auch dazu bewegen, so entscheidend zu wagen und zu verantworten, daß er es tut."[25] Die Christen fallen aus dem Evangelium heraus, weil sie nicht beten[26].

LITERATUR: K. G. KUHN, Jesus in Gethsemane: EvTh 12 (1952/53) 260–285; M. DIBELIUS, Gethsemane: Botschaft und Geschichte I (Tübingen 1953) 258–271; A. KENNY, The Transfiguration and the Agony in the Garden: CBQ 19 (1957) 444–452; T. LESCOW, Jesus in Gethsemane: EvTh 26 (1966) 141–159; R. S. BARBOUR, Gethsemane in the Tradition of the Passion: NTS 16 (1969/70) 231–251; M. GALIZZI, Gesù nel Getsemani (BSRel 4) (Brescia 1972); J. W. HOLLERAN, The Synoptic Gethsemane (AnGr 191) (Rom 1973); A. FEUILLET, L'agonie de Gethsémani (Paris 1977); D. M. STANLEY, Jesus in Gethsemane (New York 1980) 155–187.

8. Die Verhaftung (26, 47–56)

47 *Und während er noch redet, siehe, da kam Judas, einer von den Zwölfen, und mit ihm eine große Schar mit Schwertern und Knüppeln von den Hohepriestern und Ältesten des Volkes.* 48 *Der ihn aber auslieferte, gab ihnen ein Zeichen und sagte: Den ich küssen werde, der ist es. Ergreift ihn!* 49 *Und sogleich trat er an Jesus heran und sprach: Sei gegrüßt, Rabbi. Und er küßte ihn innig.* 50 *Jesus aber sprach zu ihm: Freund, dazu bist du da. Dann traten sie heran, legten Hand an Jesus und ergriffen ihn.* 51 *Und siehe, einer von denen, die mit Jesus waren, streckte die Hand aus, zog sein Schwert und schlug auf den Knecht des Hohenpriesters und trennte sein Ohr ab.* 52 *Dann sagt Jesus zu ihm: Stecke dein Schwert an*

---

[24] Vgl. BONHOEFFER, Nachfolge 66 f.
[25] Tagebücher 368. An anderer Stelle sagt K., daß Nachfolge nicht befohlen werden kann, sondern dadurch entsteht, daß man erfaßt, was Christus „für mich" getan hat (466).
[26] Vgl. LUTHER V 84.

seinen Ort, denn alle, die das Schwert nehmen, werden durch das Schwert umkommen. 53 Oder meinst du, ich könnte nicht meinen Vater bitten und er würde mir sogleich mehr als zwölf Legionen Engel zuschikken? 54 Wie jedoch würden die Schriften erfüllt, weil es so geschehen muß? 55 In jener Stunde sprach Jesus zu den Scharen: Wie gegen einen Räuber seid ihr ausgezogen mit Schwertern und Knüppeln, mich festzunehmen. Täglich saß ich lehrend im Tempel, und ihr habt mich nicht ergriffen. 56 Dies alles aber ist geschehen, damit die Schriften der Propheten erfüllt würden. Dann verließen ihn alle Jünger und flohen.

I

Die Perikope bietet eine tumultuarische Szene. Verschiedene Personen und Personengruppen treten auf. Jeder handelt auf seine Weise. Die Schar kommt mit Waffen, Judas gibt ein Zeichen, einer der Jünger zieht das Schwert. Nur Jesus handelt nicht. Ordnung erhält die vielfältige Szenerie durch sein Wort, das er an Judas, an den Schwertträger und an die Scharen richtet[1]. Das Ganze endet mit der Flucht der Jünger, die erst am Ende erwähnt werden. Es ist eine Szenerie der Gewalt. Ergreifen, festnehmen sind die führenden Wörter. Das Schwert wird dreimal erwähnt, das drittemal im Jesuswort, das gegen das Schwert gerichtet ist (47.51.52). Zweimal wird generell auf die Erfüllung der Schriften verwiesen (54.56).

Die Eingriffe der mt Redaktion in die Vorlage Mk 14,43–52 erscheinen zunächst geringfügig: in den VV 47f sind nur gewisse Retuschierungen vorgenommen[2]. Erwähnenswert ist wieder die Abänderung der drei Fraktionen des Synhedrions in die Gruppe der Hohenpriester und Ältesten des Volkes (vgl. Mk 14,43). Am wichtigsten sind zwei Erweiterungen: Jesus nimmt Stellung sowohl zur Tat des Judas (50a) als auch zum Schwertstreich (52–54). Offenkundig hat man das Fehlen solcher Stellungnahmen als empfindsame Lücken empfunden. Denn nach Lk 22,48 spricht Jesus zu Judas: „Judas, mit einem Kuß lieferst du den Menschensohn aus?" Und eine Reaktion Jesu auf den Schwertstreich lesen wir gleichfalls in Lk 22,51 und Joh 18,11, wobei letztere Mt nahekommt: „Stecke das Schwert in die Scheide!"[3] Wieder ist am ehesten eine Vermittlung auf dem Weg mündlicher Überlieferung vorstellbar. Bei Mt begrüßt Judas Jesus zusätzlich mit: „Sei gegrüßt, Rabbi." Die Erweiterungen in der Judasszene sind als MtR anzusehen. Das Wort ἑταῖρος, von der LXX (27mal) favorisiertes Wort, führt allein Mt in das NT ein (noch 20,13; 22,12). Die Rabbi-Anrede entspricht 26,25. Auch das Jesuswort zur Schwertszene steckt voller

---

[1] „(Und) siehe" in 47 und 51 zeigt das neue Geschehen an.
[2] Streichung von εὐθύς, Hinzufügung von ἰδού, πολύς (eine *große* Schar) und ἀπό (vgl. Mk 14,43). In V 44 wechselt E das Tempus (Aorist statt Plusquamperfekt) und wählt ein anderes Wort für Zeichen (σημεῖον für σύσσημον).
[3] Joh 18,11 bringt an dieser Stelle auch das Becherwort aus der von ihm übergangenen Getsemani-Perikope.

Matthäismen⁴. Theologisch passen sowohl der Friedensgedanke (5,9) als auch die Zugehörigkeit der Engel zu Jesus, dem Menschensohn, zu Mt (vgl. 13,41; 16,27). Wir rechnen auch hier mit MtR. Der Verweis auf die Schrifterfüllung, in V 54 als Frage formuliert, stammt aus Mk 14,49 und ist um den Halbsatz „weil es so geschehen muß" erweitert. Der Jesusname ist in den VV 49 und 50 verdeutlichend eingefügt, der Schwertschläger ist „einer von denen mit Jesus" (51). Dies paßt zu dem von E akzentuierten Gemeinschaftsbegriff. Die Formulierung „die Hand ausstrecken" (51) hat in Wundergeschichten ihre Entsprechung (bei Mt noch 5mal) und ist der LXX geläufig⁵. Das Schlußwort Jesu an die Scharen ist mit „in jener Stunde" angeschlossen (55; vgl. 18,1). Die Einführung des allgemeinen Schriftverweises in 56 „Dies alles aber ist geschehen ..." besitzt eine Analogie in 1,22; vgl. 21,4⁶. Im Schlußvers 56 sind die Fliehenden als Jünger gekennzeichnet⁷. Wie so oft, zeichnet sich die mt Redaktion durch die Vermehrung der wörtlichen Rede aus. Das Geschehen wird interpretiert, der Text wird zur Belehrung für die hörende Gemeinde. Indem Christus das Wort erteilt wird, rückt er auch als Redender in das Zentrum dieser Geschehnisse.

II

47f Als sei er durch die Rede Jesu herbeigerufen, erscheint Judas in der Nacht von Getsemani, begleitet von einer bewaffneten Abordnung von seiten der Hohenpriester und Ältesten des Volkes, jener Gruppierung also, die nach 26,3f den Todesbeschluß über Jesus gefaßt hatte. Jetzt ist die gute Gelegenheit (26,16) gekommen, Jesus ihnen auszuliefern. Der Kuß als Ehrenbezeugung war bei den Rabbinen gang und gäbe⁸. Der Kuß als Mittel der Täuschung ist der biblischen Überlieferung bekannt. Sie erzählt vom Kuß Esaus, der seinen Bruder Jakob hinterging (Gn 33,4)⁹, sie erzählt von Joab, der Amasa küssend, diesen mit dem Schwert erschlug (2 Sm 20,9f). Der Judaskuß hat seine Eigenprägung darin, daß er als Zeichen dient. Jesus soll im Dunkel der Nacht kenntlich gemacht werden. Offenbar will man nur ihn, nicht auch seine Jünger, ergreifen und ist er in Jerusalem weniger bekannt. Als unauffälliges Mittel ist er zudem geeignet zu verhindern, daß die Jüngerschaft sich zur Wehr setzt. Doch ist die narrative Ausgestaltung der Szene, die Judas in ein noch schlechteres Licht rückt, unverkennbar.

49f Dies geschieht im Folgenden: Judas tritt an Jesus heran, wie die Jün-

---

⁴ Fragesätze mit δοκεῖν 18,12; 21,18; 22,17.42; 26,66; ἄρτι bei den Synoptikern nur bei Mt anzutreffen (7mal); πατήρ μου (7,21; 10,32f; 11,27; 12,50; 16,17; 18,10.14.19.35; 20,23; 25,34; 26,29). Vgl. auch GUNDRY 539.
⁵ LXX Gn 3,22; 8,9; 14,22; 19,10; 22,10 usw.
⁶ Vgl. ROTHFUCHS, Erfüllungszitate 31.
⁷ B it syˢ sa lesen: seine Jünger.
⁸ Vgl. BILLERBECK I 995.
⁹ Dazu BILLERBECK I 996.

ger oft an ihn herangetreten waren[10], küßt ihn innig (κατεφίλησεν ist Steigerung von φιλήσω in 48)[11] und grüßt ihn mit dem vertrauten Gruß: Sei gegrüßt, Rabbi. Doch weist ihn nach mt Verständnis die Rabbi-Anrede als einen aus, der aus dem Jüngerkreis herausgefallen ist (vgl. zu 26,25). Der Jünger spricht Jesus mit „Herr" an. Die Antwort Jesu ist interpretatorisch höchst umstritten. Zunächst wird man die Anrede „Freund" (ἑταῖρε) negativ werten müssen. Das legt ihre Verwendung in 20,13 und 22,12 nahe, wo jeweils in einem Gleichnis der Übergeordnete den Untergeordneten, der aufbegehrt oder versagt hat, so anspricht. Eine positive Deutung, daß Judas zur Umkehr bewegt werden soll, scheidet aus.

ἐφ' ὃ πάρει kann auf verschiedene Weise übersetzt werden. A. Deißmann schlug – mit Hinweis auf eine analoge Becherinschrift – einen Fragesatz vor: „Wozu bist du hergekommen?"[12] Spiegelberg bestritt die Fragebedeutung des Relativums und übersetzte: „Das ist es also, wozu du da bist."[13] Für eine Frage setzt sich neuerdings wieder Rehkopf ein, weil ein Ausruf Enttäuschung und Verbitterung ausdrücken würde, was nicht zum Vorauswissen Jesu paßte (26,20–25). Sein Vorschlag lautet: „Dazu bist du da?"[14] Elester denkt an die Möglichkeit eines elliptischen Ausdrucks. Jesu Antwort sei als Gegengruß zu begreifen und wie folgt zu ergänzen: Wozu du da bist, das geschehe[15]! Doch wird man gegen diese These einwenden müssen, daß Mt leicht γενηθήτω hätte ergänzen können, wie er es in V 42 getan hat. Er zeigt auch sonst das Bestreben zu klaren Formulierungen.

So wird man den Halbsatz im Sinne Spiegelbergs begreifen und von einem Relativum ausgehen müssen: Dazu bist du da. In dieser Feststellung liegt weder Enttäuschung noch Empörung, vielmehr sind aus ihr das Vorauswissen und das Einverständnis, das nicht eigens ausformuliert zu werden brauchte, herauszuhören. Denn erst nach seinem Wort legen sie Hand an Jesus, dürfen sie es gleichsam tun. Die nicht lösbare Spannung von Notwendigkeit und Freiheit kommt hier verschärft zur Geltung.

51 Erweckt parMk 14,47 noch den Eindruck, daß einer aus dem Kreis der Häscher das Schwert zieht, und wird so die Szene fast zur Burleske, so ist es nach Mt einer der Jünger, einer von denen „mit Jesus"[16]. Die voran-

---

[10] προσέρχεσθαι ist mt Lieblingswort.
[11] Im Judentum waren der Begrüßungskuß auf das Haupt oder den Mund üblich. Der Handkuß entspricht persischer Sitte. Vgl. SCHLATTER 754. Zum Judasgruß vgl. 27,29.
[12] Licht vom Osten (Tübingen ⁴1923) 102.
[13] ZNW 28 (1929) 342. Es wäre das älteste Vorkommen der Interrogativbedeutung und darum zweifelhaft.
[14] ZNW 52 (1961) 114f.
[15] Freund 82–84. In einer Übersicht zeigt E. auf, daß die Patristik den Satz weitgehend als Fragesatz auffaßte (74–81). SCHWEIZER übernahm die elliptische Deutung. Andere Konjekturen, die von älteren Exegeten vorgeschlagen wurden, bei REHKOPF: ZNW 52 (1961) 110. Es gibt eine ausgefallene LA (irischer Vulgatatext): ad quod venisti fac. Hierzu hat sich W. THIELE geäußert. Bei ELTESTER, Freund 90f.
[16] Die LA ἐπάταξεν ... καὶ ἀφεῖλεν (D it) beruht auf Paralleleinfluß von Lk 22,50.

schreitende erzählerische Ausmalung drängt zur Konkretion (vgl. Joh 18,10). Vermutlich geschieht das auch zu dem Zweck, die Jünger zu entlasten. Sie haben doch etwas getan! Das Waffentragen am Festtag ist kein Verstoß gegen die Festtagsruhe, weil man den Griff zur Waffe aus Gründen der Verteidigung auch am Festtag und Sabbat zuließ und das Schwert als zur Kleidung des Mannes gehörig angesehen werden konnte[17]. Der Knecht des Hohenpriesters ist als der wichtigste Mann der Truppe und deren Anführer anzusehen. Der Verlust des Ohres galt als besonderes Schandmal.

52 Jesus gebietet dem, der Gewalt anwenden will, Einhalt. Er tut dies zunächst mit einer grundsätzlichen weit über die Situation hinausreichenden Feststellung. Diese drückt mehr aus als eine menschliche Erfahrung. Es handelt sich um seine Weisung, die im Wort der Schrift Entsprechungen besitzt. Beim Noachbund hatte Gott zu Noach gesprochen: „Für das Leben des Menschen fordere ich Rechenschaft von jedem seiner Brüder. Wer Menschenblut vergießt, dessen Blut wird durch Menschen vergossen. Denn als Abbild Gottes hat er den Menschen gemacht" (Gn 9,5f). Darüber hinaus liegt vermutlich ein Zitat von Tg Is 50,11 vor: „Ach, ihr alle, die ihr Feuer entzündet, die ihr zum Schwert greift: Lauft, fallt in das Feuer, das ihr angezündet, und in das Schwert, zu dem ihr gegriffen habt!"[18] Das Zitat beschränkt sich, der gegebenen Situation angepaßt, auf die Schwert-Aussage[19]. Formal ist V 52 – wie die Vorgabe – ein Rechtssatz, geprägt vom ius talionis. Im Kontext des Evangeliums bestätigt Jesus mit seinem Verhalten die Weisung der fünften Antithese der Bergpredigt: „Nicht sich wehren gegen den Übeltäter, sondern wer dich auf die rechte Wange schlägt, dem wende auch die andere zu" (5,39). Die Weisung richtet sich an den Jünger[20] und damit die Gemeinde. Jesus spricht sie angesichts der Schwerter und Knüppel, die als Zeichen der Gewalt gegen ihn gerichtet sind.

53 Es folgt eine christologische Reflexion. Wenn er wollte, könnte ihm eine unübersehbare Schar von Engeln zu Hilfe kommen[21]. Der Vater könnte sie dem Sohn auf dessen Bitte zur Verfügung stellen. Nach der Auffassung des Mt hat der Menschensohn-Richter Befehlsgewalt über die Engel (vgl. 13,41; 16,27). Der hier wehrlos den Gegnern ausgeliefert wird,

---

[17] Vgl. DALMAN, Jesus 89f.
[18] Beobachtung von KOSMALA: NT 4 (1960) 3–5. Vgl. J. F. STENNING, The Targum of Isaiah (Oxford 1953) 170ff. Im Jesaja-Text ist vom Schwert nicht die Rede. Dort lautet das zweite Beispiel: die ihr Brandpfeile entflammt.
[19] FHWΔ f[13] 565 1006 1342 1506 sy[p.h] lesen: alle, die das Schwert nehmen, werden durch das Schwert *getötet* werden.
[20] W 788 bieten als Einleitung: Jesus sagt zu *ihnen*.
[21] Eine Legion umfaßte zur Zeit des Augustus 6000 Mann, dazu ebenso viele Hilfstruppen. Auch die Rabbinen sprachen von Engellegionen. Vgl. BILLERBECK I 997. Josephus verwendet das Fremdwort Legion nicht. Dafür sagt er τάγμα. Vgl. SCHLATTER 755f. Die Zwölfzahl ist nicht als Anspielung auf die zwölf Jünger zu werten. So LOHMEYER 365.

ist der Sohn, Menschensohn[22] und Richter, der nur deshalb wehrlos ist, weil er sich selbst der Hilfe entsagt. Auch dieser Sentenz eignet eine pazifistische Note. Sie könnte in besonderer Weise gegen die Mentalität der Essener gerichtet sein, die sich für den Krieg der Endzeit rüsteten, für den sie die Unterstützung der Scharen der Engel erhofften. Vom königlichen Messias erwarteten sie die Anführerschaft im Kampf[23]. Den Krieg als Mittel zur Durchsetzung der Sache Gottes lehnt die christliche Gemeinde ab, auch wenn sie über die Mittel verfügte. Eher ist sie bereit, Schmach und Anfechtung zu ertragen, wie Jesus es ihr vorgelebt hat.

54 Die Absurdität, zur Waffe zu greifen, ergibt sich aus dem Willen Gottes, der in den Schriften grundgelegt ist. Jesus muß diesen Weg gehen. Er geht ihn im Gehorsam. Die Notwendigkeit ist zweifach ausformuliert. Die Schriften haben sich zu erfüllen, und – darauf zurückbezogen – es muß so geschehen. Dieses δεῖ γενέσθαι (es muß geschehen) hat in der Apokalyptik sein Vorbild und kann als entsprechendes Zitat aufgefaßt werden (vgl. LXX Dn 2,28 f; Thdt. Dn 2,45). In der Apokalyptik zeigt es den von Gott bestimmten Geschichtsplan an, nach dem die Ereignisse sich abwickeln. Auf Christus angewendet, kann Mt das δεῖ sowohl auf die Schrift beziehen (17,10) als auch im Sinn der Apokalyptik deuten (vgl.: zu 16,21). Vermutlich kombiniert er an unserer Stelle beide Aspekte. Der Heilsplan mit dem Christus ist gefaßt und in den Schriften grundgelegt. Die Sache ist schlechthin unabänderlich. An eine besondere Schriftstelle ist nicht zu denken[24], vielmehr an das Gesamtzeugnis, das die Schriften für ihn ablegen.

55f Erst jetzt wendet sich Jesus an die Scharen, den Haufen, der auszog, ihn festzunehmen. Das Wort fällt dadurch auf, daß es das einzige in der Passionsgeschichte ist, mit dem Jesus sich selbst verteidigt. Wenn man ihn wie einen Räuber festnimmt – λῃστής bezeichnet den Plünderer, Einbrecher, Mörder, auch den Zeloten (LXX Os 7,1; Abd 1,5; Ez 22,9 AB)[25] –, so stellt er dem seine öffentliche Lehrtätigkeit im Tempel entgegen. Das lenkt zurück auf die Auseinandersetzungen mit verschiedenen jüdischen Gruppierungen in Kap. 22. Er brauchte die Öffentlichkeit nicht zu scheuen, wie es die Räuber tun. Rückschlüsse auf eine jüdische Anklage gegen Jesus als Zeloten lassen sich aus diesem Vergleich nicht ziehen. Eigentlich gehörte diese Feststellung in das Prozeßverhör. Joh 18,20 hat es so empfunden. Mt unterstreicht die Würde des Lehrers, der bei seinem Lehren sitzt (vgl. 5,1)[26]. Der nochmalige Verweis auf die Erfüllung der

---

[22] Eine Kombination der Menschensohn- mit der Gottessohn-Christologie haben wir auch in 16,27.
[23] Vgl. besonders die Kriegsrolle von Qumran.
[24] LOHMEYER 365 Anm. 3 denkt an Is 53,8.
[25] Vgl. M. HENGEL, Die Zeloten (AGSU 1) (Leiden 1961) 42–47.
[26] Das seltene Wort καθέζομαι bei Mt nur hier; Lk/Apg und Joh verwenden es zusammen 6mal, Lk 2,46 für den zwölfjährigen Jesus im Tempel.

Schriften hat zusammenfassenden Charakter (dies alles ist geschehen). Mt betont das Prophetische der Schrift. Entweder zitiert er einen Propheten oder stellt die prophetische Aussagekraft einer Schriftstelle heraus, wie das in 13,35, wo ein Psalmwort als prophetisches Wort zitiert wird, der Fall ist. Die Schriften der Propheten haben von Jesus geredet. Mit ihrer Flucht treten die Jünger von der Bühne des Passionsgeschehens ab. Auch ihre Flucht hatte er mit Hinweis auf die Schrift im voraus angekündigt (26,31).

III

a) Die Erweiterungen, die Mt in die Perikope eingeführt hat, zielen in erster Linie auf die Christologie. Jesus akzeptiert die Tat des Judas, in deren Folgen für ihn er den Willen des Vaters anerkennt. Noch stärker kommt dieses Anliegen in der Antwort an den schwertführenden Jünger zum Ausdruck, die die Bedeutung der Szene von innen her erleuchtet. Im wehrlosen, gedemütigten Jesus wird der Menschensohn-Richter erkennbar, der über die Engel gebietet und das künftige Gericht in der Hand hält. Die doppelte Erwähnung der Schrifterfüllung unterstreicht in ihrer Allgemeinheit das Walten Gottes in der Passion, mag aber auch die hörende Gemeinde zu einer vertieften Beschäftigung mit den Schriften anregen wollen. Über den Jünger aber ist die Gemeinde angesprochen mit der Weisung, die Gewalt zu vermeiden und den Frieden zu suchen, indem sie das Böse erträgt. Ihre Überzeugungskraft gewinnt diese Weisung an dem Beispiel, das er in seiner Passion hinterließ.

b) Historisch bietet Mt nichts Neues, was über Mk hinausginge[27]. Darum seien die wichtigsten Daten in Kürze in Erinnerung gerufen. Jesus wurde von seiten des Hohenpriesters bzw. der Synhedrialbehörde in Getsemani verhaftet. Ob es sich um eine regelrechte Verhaftung oder eine polizeiliche Maßnahme handelte, muß dahingestellt bleiben und ist auch nur von untergeordnetem Rang. Judas war an der Verhaftung Jesu beteiligt. Seine Tat bestand darin, daß er die Polizeitruppe zu dem Ort führte, wo sich Jesus in jener Nacht aufhielt. Nur an dieser Stelle wurde seine Beteiligung für die Jünger öffentlich. Die Vorgeschichte seines Schrittes bleibt im Dunkeln. Die Kennzeichnung Jesu durch den unauffälligen Begrüßungskuß halte ich aus den oben angeführten Gründen für historisch[28]. Gewiß ließ sich die Begrüßungsszene zur größeren Belastung des Judas narrativ ausbauen. Bei der Gefangensetzung Jesu sind seine Jünger geflohen. Das Ziel ihrer Flucht war ihre Heimat Galiläa[29].

c) In der Wirkungsgeschichte ist festzustellen, daß die Tat des Judas – wie es in Homilien geschehen kann – gern psychologisiert wurde. Nach

---

[27] Vgl. GNILKA, Markus II 272f.
[28] Bestritten von KLAUCK, Judas 65–67. Es erscheint gewagt, wenn K. den Judaskuß dem in der Liturgie üblichen heiligen Kuß gegenüberstellt.
[29] Vgl. GNILKA, Markus II 346f.

Origenes haben im Herz des Judas Ablehnung und Verehrung Jesus gegenüber miteinander gerungen. Der Kuß sei Ausdruck der Verehrung[30]. Für Luther – und wohl die Mehrheit – ist er allein Ausdruck schlimmer Täuschungsabsicht. Doch Gott lasse die besten Leute fallen, damit man sehen soll, daß er allein das Evangelium schützen kann[31]. Auch Jesu Antwort (V 50a) wurde positiv und negativ interpretiert, als Äußerung der Güte, die dem Judas im letzten Augenblick Gelegenheit zur Reue einräumt, und als Äußerung des Zornes des künftigen Richters, die dem Jünger die Gnade entzieht[32]. Aufgrund der oben gegebenen Interpretation wissen wir, daß beide Vorschläge die gemeinte Sache nicht treffen. In der Gnosis ist das dogmatische Problem, das Mysterium des Verrats, stärker gesehen worden. Man nahm geradezu eine geheime Absprache zwischen Judas und Jesus an, denn getäuscht worden sei nicht Jesus, sondern die dämonischen Weltmächte, die durch das Kreuz Jesu entmachtet worden seien[33]. Luther bricht ähnliche Spekulationen ab mit den Worten: „Die Welt ist so klug und lehrt Gott, wie er die Welt regieren soll … Aber ich sage: er weiß es besser als ich."[34] Es ist gut, im Chor der Meinungen die Stimme eines Juden zu hören. Der jüdische Historiker Klausner belegt mit einem bPes 57a überlieferten Volkslied, einer Art Gassenhauer, den Protest des einfachen Volkes gegen die Gewaltherrschaft der Priesteraristokratie:

„Weh ists mir vor dem Haus des Boethus: weh ists mir vor
ihren Keulen!
Weh ists mir vor dem Haus des Hannas: weh ists mir vor ihren
Denunziationen!…
Weh ists mir vor dem Haus des Ischmael: weh ists mir vor
ihren Fäusten!
Denn sie sind Hohepriester, und ihre Söhne Schatzmeister,
und ihre Schwiegersöhne Verwalter und ihre Diener schlagen
das Volk mit Stöcken."[35]

Besondere Beachtung verdient die Friedensbotschaft der Perikope. Jesus durchbricht mit seiner Haltung der Wehrlosigkeit die Eskalation der Gewalt, indem er selbst die Weisung von 5,39 erfüllt. Gewalt erzeugt normalerweise Gegengewalt und dies so fort, bis die Katastrophe unvermeidlich wird. Die Durchbrechung der Gewalt soll den Gegner umstimmen und zur Versöhnung leiten. Das Beispiel Jesu zeigt freilich, daß der Gegner sich nicht umstimmen läßt und die Gewaltlosen mit der Möglichkeit des Unterliegens rechnen müssen[36].

---

[30] C. Cels. 2,11.
[31] V 157f.
[32] Dazu vgl. ELTESTER, Freund 81f. Auch LUTHER V 160 deutet positiv.
[33] Belege bei ELTESTER, Freund 75f.
[34] V 159.
[35] Jesus 467f. Vgl. Tos Men 13,21.
[36] THIELICKE, Ethik II/2, Nr. 2209. 3143, spricht vom Echo-Gesetz, das durch die Ge-

LITERATUR: W. Spiegelberg, Der Sinn von ἐφ' ὃ πάρει in Mt 26,50: ZNW 28 (1929) 341-343; M. Dibelius, Jesus und der Judaskuß: Botschaft und Geschichte I (Tübingen 1953) 272-277; J. W. Doeve, Die Gefangennahme Jesu in Gethsemane: StEv I (TU 73) (Berlin 1959) 458-480; H. Kosmala, Mt 26,52 – Quotation from the Targum: NT 4 (1960) 3-5; F. Rehkopf, Mt 26,50: ZNW 52 (1961) 109-115; W. Eltester, „Freund, wozu du gekommen bist": Neotestamentica et Patristica (Festschrift O. Cullmann) (NT. S 6) (Leiden 1962) 70-91; G. Schneider, Die Verhaftung Jesu: ZNW 63 (1972) 188-209; J. D. M. Derrett, History and the Two Swords: Studies in the NT III (Leiden 1982) 193-199.

9. Das Verhör durch Kajafas (26, 57–68)

57 Die aber Jesus ergriffen hatten, führten ihn ab zu Kajafas, dem Hohenpriester, wo die Schriftgelehrten und Ältesten sich versammelt hatten. 58 Petrus aber folgte ihm von weitem nach bis zum Palast des Hohenpriesters und ging in das Innere hinein und setzte sich mit den Dienern, um das Ende zu sehen. 59 Die Hohenpriester aber und das ganze Synhedrion suchten ein lügnerisches Zeugnis gegen Jesus, damit sie ihn töten, 60 und fanden keines, obwohl viele lügnerische Zeugen herzutraten. Zuletzt aber traten zwei herzu 61 und sprachen: Dieser sagte: Ich kann diesen Tempel Gottes niederreißen und in drei Tagen aufbauen. 62 Und der Hohepriester stand auf und sprach zu ihm: Nichts antwortest du? Was für ein Zeugnis legen diese gegen dich ab? 63 Jesus aber schwieg. Und der Hohepriester sprach: Ich beschwöre dich beim lebendigen Gott, daß du uns sagst, ob du der Christus bist, der Sohn Gottes. 64 Jesus sagt ihm: Du hast es gesagt, jedoch ich sage euch: Von jetzt an werdet ihr den Menschensohn zur Rechten der Kraft sitzen und mit den Wolken des Himmels kommen sehen. 65 Dann riß der Hohepriester seine Obergewänder ein und sagte: Er hat gelästert. Was haben wir noch Zeugen nötig? Siehe, jetzt habt ihr die Lästerung gehört. 66 Was meint ihr? Sie aber antworteten und sprachen: Er ist des Todes schuldig. 67 Dann spien sie in sein Gesicht und schlugen ihn. Etliche aber gaben ihm Backenstreiche 68 und sagten: Prophezei uns, Christus, wer ist es, der dich schlug[1]*?*

I

Die Szene besitzt einen klar bezeichneten Ort: der Palast des Hohenpriesters (58). Erzählerisch ist sie in die Erzählfolge der Passion eingebettet

---

waltlosigkeit außer Kraft gesetzt werde. Jesu Situation sei keine politische und darum nur auf die Situation der Kirche übertragbar, der es verboten sei, sich mit Gewalt gegen ein Unrecht aufzulehnen. Zu dieser Einschränkung vgl. das in Bd. I 185f dieses Kommentars Gesagte.

[1] Zu den durch Paralleleinfluß entstandenen LAA gehören in V 61: wir hörten, daß er sagte (D it; vgl. Mk 14,58); evtl.: ich werde ihn aufbauen (Sinaiticus ACDLW 33 892 1006 1342 1506 lat, zum Teil mit unterschiedlicher Wortstellung; vgl. Mk 14,58); in V 66 evtl.: *alle* aber antworteten (D it sy[s]; vgl. Mk 14,64).

und mit Petri Verleugnung verschachtelt. Letzteres geschieht durch V 58, der bereits 69 ff vorbereitet. Die VV 57 f bieten mit der Überlieferung Jesu und der Ankunft des Petrus die Exposition. Das Gros der Geschichte besitzt mit der Absicht des Synhedrions, Jesus zu töten (59) und dem Todesbeschluß (66) einen inkludierenden Rahmen. Sie zerfällt in den Auftritt der lügnerischen Zeugen (59–61) und die Befragung seitens des Hohenpriesters (62–66), der sich zunächst fragend an Jesus und dann an das Richterkollegium wendet. Namentlich eingeführt (57) und als ὁ ἀρχιερεύς immer wieder erwähnt (62.63.65), tritt der Hohepriester stark in den Vordergrund, zumal die anderen Gruppierungen nur in 57 und 59 bezeichnet werden. Immerhin ist unmißverständlich zu verstehen gegeben, daß wir es mit dem Synhedrion zu tun haben, dessen drei Fraktionen – wenn auch nicht in einem Atemzug – genannt werden. Jesus ergreift nur einmal das Wort. Wenn es als einziges mit präsentischem λέγει eingeführt ist (64), dürfte dies dessen Gewicht unterstreichen wollen. Die beiden Schlußszenen, Befragung des Richterkollegiums mit Findung eines Beschlusses und Verspottung sind durch einleitendes „dann" markiert (65.67). Der entscheidende Anklagepunkt ist mit „Siehe" (65 b) angezeigt. In der Verspottung wirkt das Christusprädikat des Bekenntnisses nach.

Die Vorlage Mk 14,53–65 hat E diesmal kaum gekürzt, wohl aber an manchen Stellen in bemerkenswerter Weise redigiert. Dazu gehören folgende Beobachtungen: In der Exposition bezeichnet er den Hohenpriestern namentlich, streicht die Hohenpriester (vgl. jedoch V 59) und läßt Petrus in das Innere des Palastes des Hohenpriesters eintreten (Mk 14,54: bis hinein in den Hof des Hohenpriesters). Diese Sinnverschiebung des doppeldeutigen Wortes αὐλή (Palast und Hof) ergibt sich durch eingefügtes εἰσελθὼν ἔσω (58). Infolgedessen wärmt sich Petrus nicht mehr mit den Dienern am Feuer wie Mk 14,54, sondern setzt sich, um das Ende abzuwarten. In V 59 spricht E von vornherein von einem lügnerischen Zeugnis, das sie gegen Jesus suchen (anders Mk 14,55). Auch der Zeugenauftritt ist umgestaltet. Ausdrücklich ist von Zweien die Rede. Die zweimalige Bemerkung, daß ihr Zeugnis nicht übereinstimmte (Mk 14,56 b.59), fehlt. Das Tempellogion, prägnanter eingeführt (einfach: dieser sagte), ist neu gefaßt. Aus einer prophetischen ist eine Vollmachtsaussage geworden (61: ich kann niederreißen/aufbauen; Mk 14,58: ich werde niederreißen/aufbauen). Die Charakterisierungen von Händen/nicht von Händen gemacht sind weggelassen. Statt dessen wird vom Tempel Gottes gesprochen. Für die Christusanfrage des Hohenpriesters ist zu vermerken, daß dabei der lebendige Gott angerufen wird (63). Nicht mehr wird die altertümliche Formel vom Sohn des Hochgepriesenen verwendet (Mk 14,61), es wird einfach vom Sohn Gottes gesprochen[2]. In der Antwort Jesu lesen wir für: Ich bin es (Mk 14,62): Du hast es gesagt. Danach ist „jedoch ich sage euch: von jetzt an" eingefügt. Die Feststellung der Lästerung ist etwas an-

---

[2] εἰς μέσον fehlt ebenso wie die wiederholte Betonung des Schweigens Jesu. Vgl. 62 f mit Mk 14,60 f.

ders eingeordnet (vgl. V 65 mit Mk 14, 64), hinsichtlich des Beschlusses des Synhedrions ist das Wort „sie verurteilten ihn" (Mk 14,64: κατέκριναν) unterdrückt. Auch die Verspottungsszene ist anders arrangiert als in Mk 14,65. Sind es dort einige (der Synhedristen) und die Diener, die Jesus verspotten, so läßt Mt die Diener weg. Er spricht von etlichen (67fin: οἱ δέ). Jesu Haupt wird nicht verhüllt. Die spottende Anrede ist erweitert um: Prophezei *uns, Christus, wer ist es, der dich schlägt?*

Auf den ersten Eindruck hin mögen die Eingriffe des Mt sachlich nicht besonders erheblich sein. Doch sind sie mit einer anderen theologischen Position verknüpft, die es jetzt herauszuarbeiten gilt.

Doch muß noch auf einzelne auffallende Übereinstimmungen zwischen Mt und Lk 22,54 ff aufmerksam gemacht werden. Mt 26,58/Lk 22,54 verwenden das Imperfekt ἠκολούθει (Mk 14,54 den Aorist); in Mt 26,63/Lk 22,67 ist die Anfrage des Hohenpriesters bzw. der Synhedristen mit εἰ eingeleitet. Freilich erfährt sie bei Lk eine Fortsetzung: sage es uns. Vor allem haben wir in beiden Spottszenen die Frage: Wer ist es, der dich schlägt? (Mt 26,68/Lk 22,64). Nur für das dritte Beispiel wird man auf einen gemeinsamen Strang schließen dürfen. Ich vermute eine unliterarische, das heißt mündliche Erzählnuance.

II
57f Jesus wird zu Kajafas abgeführt, der die Verhaftungstruppe ausgeschickt hatte (vgl. zu V 47). Zum drittenmal (nach 26,3) wird dieser mit seinem Namen benannt[3] und gesagt, daß sich bei ihm die Schriftgelehrten und Ältesten eingefunden hatten. Die noch fehlende dritte Fraktion des Synhedrions, die Hohenpriester, werden in V 59 nachgetragen. Wenn Petrus nachfolgt, ist dies keine echte Nachfolge mehr, wie das zusätzliche „von weitem" zu verstehen gibt. Es gelingt ihm, in das Innere des hohepriesterlichen Palastes zu kommen und sich zu den Dienern, die Jesus verhaftet hatten, zu gesellen. Das zweideutige Wort αὐλή muß hier mit Palast übersetzt werden[4]. Wo sich Petrus des näheren befindet, ob im Hof oder in der Wachstube oder in sonst einem Raum, wird nicht gesagt (vgl. jedoch V 69). Vielleicht soll damit wie auch mit der Bemerkung, daß er das Ende (der Verhandlung) abwarten wollte, insinuiert werden, daß er Zeuge des Geschehens war. Die Nachfolge „von weitem" könnte eine Anspielung auf ψ 37,12 sein: „Meine Freunde und meine Nächsten meiden mich, meine Gefährten stehen von weitem" (ἀπὸ μακρόθεν)[5].

59f Nur an dieser Stelle wird in der mt Passionsgeschichte das Synhedrion erwähnt[6]. Als oberste jüdische Gerichtsbehörde, die auf hebrä-

---

[3] D 579 it vg^cl sa mae lesen Καϊφαν.
[4] Nach BAUER, Wörterbuch 240f, bedeutet das Wort Hof, Gehöft, Palast. Die dritte Bedeutung auch in LXX 1 Makk 11,46; 3 Makk 2,27; 5,46. SCHLATTER 757 entnimmt der Formulierung in V 58, daß das Palasttor bewacht war. Trifft dies zu, bildete diese Entwicklung eine Brücke zu Joh 18,15f.
[5] Vermutung von LOHMEYER 367 Anm. 1.
[6] Zum Synhedrion vgl. SCHÜRER, Geschichte II 237–267.

isch das Große Gerichtshaus *(beth dijn ha-migdol)* hieß, setzte es sich, offenbar nach dem Vorbild des Ältestenrates der Mosezeit (Nm 11,16; vgl. Sanh 1,6) aus 71 Mitgliedern zusammen, den amtierenden Hohenpriester miteingeschlossen. Als Intention der Synhedristen wird angegeben, mit Hilfe eines lügnerischen Zeugnisses einen Grund ausfindig zu machen, Jesus zu töten. Dies muß als ein wertendes, nicht als ein historisches Urteil gelesen werden. Die Motive haben ihre Vorbilder in den Psalmen vom leidenden Gerechten. Jesus erscheint als der leidende Gerechte: „Falsche Zeugen stehen gegen mich auf und wüten" (Ps 27,12; vgl. 35,11); „Der Frevler belauert den Gerechten und sucht ihn zu töten" (37,32; vgl. 54,5). Das jüdische Prozeßverfahren verstand sich als Zeugenverfahren, in dem Belastungs- und Entlastungszeugen auftraten, die einzeln verhört wurden. Zur Überführung eines Angeklagten kam es durch die übereinstimmende Aussage mindestens zweier Zeugen (Dt 17,6; Nm 35,30). Trotz des Auftretens zahlreicher Zeugen führt die Verhandlung zu keinem Ergebnis. Erst am Schluß treten zwei auf[7] – mit der Nennung der Zahl bietet Mt eine gewisse „Präzisierung" –, deren Aussage weiterführt.

61f Die zwei bringen ein Jesus-Logion ein, das den Tempel betrifft und dessen Neuformulierung bei Mt besondere Beachtung verdient. Es ist ein Vollmachtswort geworden, das sich auf Jesu messianische Vollmacht bezieht. Er hat die Vollmacht, den Tempel Gottes niederzureißen und wiederaufzubauen. Nicht ist gesagt, daß er es tun wird, sondern zu verstehen gegeben, daß es von ihm abhängt. Mt respektiert die Würde des Tempels (vgl. zu 21,12). Mk 14,58 hatte diesen Tempel als einen „von Händen gemachten" bezeichnet und ihm damit ein schlimmes Epitheton beigelegt[8] und den zu errichtenden einen „nicht von Händen gemachten" genannt, wobei er vermutlich an den auferweckten Jesus dachte[9]. Der Tempel Gottes hingegen, den Jesus nach Mt in drei Tagen, das heißt in kurzer Zeit, wiederaufrichten kann, darf nicht in einem spiritualisierten Sinn auf den erhöhten Christus oder die Gemeinde gedeutet werden. Gedacht ist an einen herrlich wiederzubauenden Tempel in Jerusalem. Diese Vorstellung schließt an die jüdische Erwartung an, wie sie besonders in der Apokalyptik ausgeprägt wurde (Tob 13,17; 14,4f; Bar 5,1-9; Henaeth 61,8; 90,28f; 91,13). Nach Tg Is 53,5 errichtet der Messias den neuen Tempel: „Er wird das Heiligtum bauen, das wegen unserer Verfehlungen verwüstet und wegen unserer Bosheit preisgegeben worden war." Weil Jesus aber auch die Vollmacht hat niederzureißen, kann der bedrohliche Ton nicht überhört werden. Das Judentum zur Zeit der Abfassung unseres Evangeliums blickte bereits seit Jahren auf die Ruinen des Tempels. Darum ist die Zerstörung mit dem Geschick Jesu in Verbindung zu bringen. So hörten

---

[7] CD f[13] 33 892 1006 1342 1506 latt sy[h] fügen hinzu: zwei *lügnerische Zeugen*.
[8] Nach LXX Dn 5,4.23; 6,27 sind die Götzen von Händen gemacht.
[9] Vgl. GNILKA, Markus II 280.

wir es auch am Ende der Weherede (23,38)[10]. Daß Mt den Wiederaufbau des Tempels erwartete, erscheint sehr fraglich[11]. Er nimmt nur zu einer glühenden Erwartung des Judentums seiner Zeit Stellung, das zum großen Teil über den Verlust des Tempels untröstlich war. Gerade um dieses Mißverständnis auszuschließen, dürfte Mt die futurische Formulierung: „ich werde aufbauen" (Mk 14,58) vermieden haben. Jesu den Tempel überragende Vollmacht besitzt eine eigene Begründung (vgl. 12,6). Die Ernsthaftigkeit des in den Prozeß eingebrachten Tempellogions erkennt man auch daran, daß Mt diese beiden Zeugen nicht als lügnerisch abstempelt.

Nach diesem Zeugenauftritt wird der Hohepriester aktiv. Wenn der amtierende Richter spricht, erhebt er sich von seinem Platz. Kajafas fordert Jesus zur Stellungnahme gegenüber dem nach seiner Meinung ungeheuerlichen Vorwurf auf[12].

63   Auch das Schweigen Jesu gegenüber den Anschuldigungen der Gegner hat sein Vorbild im Psalter: „Ich bin verstummt, ich tue den Mund nicht mehr auf ... Nimm deine Plage weg von mir" (Ps 39,10f; vgl. 38,14–16). Möglicherweise liegt eine Anspielung auf Is 53,7 vor, wo der Knecht mit dem verstummenden Lamm verglichen wird, das zur Schlachtbank geführt wird (vgl. unten das zu V 67 Gesagte). Die Anfrage des Hohenpriesters knüpft an die Zeugenaussage und die dort angedeutete messianische Vollmacht an[13]. Sie ist im Sinn des christlichen Bekenntnisses formuliert, das Simon Petrus in 16,16 gültig formuliert hatte. Die Angleichung ergibt sich aus dem zusätzlichen „Sohn Gottes". Auch um dieser Parallelisierung willen hat Mt die altertümliche Wendung „Sohn des Hochgepriesenen" (Mk 14,61) aufgegeben, während er das ebenfalls altertümliche „zur Rechten der Kraft" beibehielt. Petrus aber sprach vom „Sohn des lebendigen Gottes"[14]. Diese Gottesbezeichnung ist in die Beschwörungsformel geraten, mit der Kajafas Jesus unter Eid nimmt. Als Eidvernahme, noch verstärkt durch: „daß du uns sagst", muß die Äußerung genommen werden[15]. Dies legen vergleichbare Texte nahe, wenn es

---

[10] G. KLINZING, Die Umdeutung des Kultus in der Qumrangemeinde und im NT (StUNT 7) (Göttingen 1971) 204, meint, daß es für Mt nicht denkbar sei, daß Jesus den Tempel zerstört. Doch kann auch nach Mt das Geschick des Tempels vom Jesusgeschick nicht getrennt werden.
[11] HUMMEL, Auseinandersetzung 106–108, rechnet für Mt damit, daß dieser zwar den Wiederaufbau des Tempels, nicht aber die Erneuerung des Tempeldienstes erwartet habe.
[12] In V 62 löst man die Rede des Hohenpriesters am besten in zwei Fragesätze auf. Vgl. BL.-REHK. § 299,1. KLOSTERMANN formuliert einen Fragesatz und eine Feststellung, ALBRIGHT und SCHMID einen einzigen Fragesatz. Die Textausgaben sind geteilt. Während The Greek NT³ zwei Fragesätze bietet, fassen NESTLE-ALAND²⁶ alles in einem Fragesatz zusammen.
[13] ACW 1006 1342 1506 it sy führen die Frage des Hohenpriesters als Antwort ein: ἀποκριθείς.
[14] C*WΔ 1424 ff² sy^h mae bo nehmen „Sohn des lebendigen Gottes" auch in die Frage des Hohenpriesters auf.
[15] DLΘ f¹³ 565 lesen das einfache ὁρκίζω.

auch schwierig ist, den Eid juristisch näher zu bestimmen[16]. Doch nicht die historische Rekonstruktion, die theologische Intention ist im Auge zu behalten. Mit Kajafas befragt das offizielle Judentum den christlichen Glauben. Die Eidvernahme kann zusätzlich als Verstoß gegen Gottes Willen gesehen werden, wie ihn Jesus in der vierten Antithese verkündet hatte.

64 Die Antwort Jesu ist eine doppelte. Zunächst ist „Du hast es gesagt" als Bejahung der Anfrage (wie in 26,25) zu nehmen. Dies sollte nicht bestritten werden. Es gibt eine unnötig aufgeblähte Diskussion um die Sentenz, die weitgehend dadurch belastet ist, daß man diese über die theologische Intention des Mt hinweg unmittelbar in eine historische Rekonstruktion einordnete[17]. Weil wir sahen, daß Mt die hohepriesterliche Anfrage dem Messiasbekenntnis des Petrus anglich, kann über die Bejahung kein Zweifel bestehen. Mit der Anfrage bejaht Jesus das christliche Bekenntnis. Die von Mk 14,62 abweichende Formulierung „Du hast es gesagt" kann Mt gewählt haben, um eine gewisse Distanz zur Eidvernahme auszudrücken. Der Schwerpunkt liegt auf der deutenden Zukunftsansage. Die Situation, in der sich Jesus in größter Erniedrigung darstellt, bedarf der Deutung. Diese geschieht durch das kombinierte Zitat, das aus Ps 110,1 und Dn 7,13 besteht. Das Psalmwort „Setze dich zu meiner Rechten" betrifft die Erhöhung, Dn 7 die Parusie, bei der der Menschensohn mit den Wolken zum Gericht kommen wird. „Kraft" ist Umschreibung des Gottesnamens[18]. „Ihr werdet sehen" klingt bedrohlich und assoziiert wie in der parallelen Stelle der Endzeitrede 24,30 Zach 12,10: „Sie werden auf den schauen, den sie durchbohrt haben" (vgl. Weish 5,2). Mt hat diesen eschatologischen Ausblick auf die Parusie mit πλὴν λέγω ὑμῖν vom „Du hast es gesagt" abgesetzt. πλήν – am besten mit „jedoch" zu übersetzen[19] –

---

[16] Nach Gn 24,3 nimmt Abraham seinem Großknecht einen Eid ab, daß er seinem Sohn keine Kanaaniterin zur Frau aussucht. Nach JOSEPHUS, ant. 2, 200 verpflichtete Joseph, der Patriarch, die Hebräer eidlich, nach seinem Tod seine Gebeine nach Kanaan zu überführen. Es wird jeweils das gleiche Verb verwendet. LOHMEYER bestreitet für V 63 eine eidliche Erklärung und begnügt sich mit einer dringenden Anrufung Gottes, aber was macht da den Unterschied? BILLERBECK I 1006 stuft den Eid als sog. Zeugniseid ein, bemerkt aber, daß er sich hier nicht ganz einfügt, weil Jesus in eigener Sache sprechen solle.

[17] CATCHPOLE: NTS 17 (1970/71) 213ff hat die ganze Diskussion nochmals aufgerollt. Eine Übersicht über die Palette der Meinungen zeigt, daß diese von bejahend oder bedingt bejahend bis verneinend reicht (213f). Grammatisch ist dies möglich, aber man hat vom Kontext auszugehen. Darum hilft das oft zitierte Beispiel von Bar Qappara nicht viel. Dieser half sich mit dem Wort „Ihr habt es gesagt" aus einer großen Verlegenheit. In Sepphoris war Rabbi gestorben. Die Oberen der Stadt verfügten, wer sagt, daß Rabbi tot sei, müsse sterben. Daraufhin erzählte Bar Qappara dem Volk ein Bildwort, das den Tod Rabbis zu verstehen gab und das Volk zum Ruf veranlaßte: Rabbi ist tot. Der Unterschied aber ist der, daß Jesus auf eine klar gestellte Frage antwortet.

[18] Rabbinische Belege – vor allem die Wendung „aus dem Mund der Kraft" *(geburah)* – bei BILLERBECK I 1006f; DALMAN, Worte Jesu 164f.

[19] Vgl. BAUER, Wörterbuch s. v. M. THRALL, Greek Particles in the NT (NTTS 3) (Leiden

signalisiert wie „von jetzt an" den (äußeren) Gegensatz der Epochen, der den erniedrigten und erhöhten Christus, aber auch Israel betrifft. Die Zeit des Wirkens Jesu in Israel und mit ihr die Zeit Israels gehen zu Ende.

Es ist bemerkenswert, daß Mt das Schriftzitat gegenüber Mk 14,62 in zweifacher Hinsicht dem atl Bibeltext bzw. der LXX noch besser angeglichen hat. Das gilt für die Wortstellung, die zu vergleichen ist:

Mt   καθήμενον ἐκ δεξιῶν τῆς δυνάμεως
LXX κάθου ἐκ δεξιῶν μου
Mk   ἐκ δεξιῶν καθήμενον τῆς δυνάμεως,

und die Wendung ἐπὶ τῶν νεφελῶν τοῦ οὐρανοῦ (= LXX Dn 7,13; vgl. Mt 24,30). Mk 14,62: μετὰ τῶν νεφελῶν stimmt mit Theodition überein.

65f Das Einreißen des Gewandes, das der Hohepriester vornimmt, geschieht nicht aus Erregung, sondern ist für den amtierenden Richter beim Anhören einer Gotteslästerung als Zeichen der Empörung vorgeschrieben (Sanh 7,5; vgl. 2 Kg 18,37; 19,1). Mt spricht vom Obergewand (τὰ ἱμάτια; Mk 14,63: τοὺς χιτῶνας). Der Plural kann die Kleider in einem allgemeinen Sinn bedeuten. Vermutlich wollte Mt präzisieren[20]. Der Tatbestand der Gotteslästerung, im AT auf die Schmähung des Gottesnamens eingeschränkt (Lv 24,16; Nm 15,30), später ausgeweitet und etwa freche Reden gegen die Thora miteinbeziehend[21], ist in der Inanspruchnahme der messianischen und Gottessohnwürde zu erblicken. Hinzu tritt die Situation des christlichen Bekenntnisses. Man kann daraus folgern, daß von den Juden das christliche Bekenntnis zu Jesus als dem Messias und Gottessohn als gotteslästerlich angesehen wurde. Jesus gilt als überführt, seine Aussage als Geständnis. Die seltene Formulierung: „Siehe (ἴδε, nicht ἰδού), jetzt habt ihr die Lästerung gehört", deutet an, daß der nunmehr vorliegende Tatbestand schon lang vom Hohenpriester vermutet worden war (vgl. 9,3)[22]. Auf Lästerung steht der Tod. Dieser Meinung ist auch das Gremium (zum Text vgl. LXX Gn 26,11). Auffällig ist, daß Mt nicht von einer Verurteilung spricht. Da er aber in der dritten Leidensankündigung das Todesurteil der Hohenpriester und Schriftgelehrten vorwegnahm (20,18), wird man dem Fehlen des κατέκριναν αὐτόν keine Bedeutung beimessen dürfen und auch davon ausgehen müssen, daß er wie Mk 14,64 an ein Todesurteil des Synhedrions gedacht hat.

67f Mit einer Spottszene schließt die Verhandlung. Weil kein Subjektwechsel stattfindet, insinuiert die Erzählung, daß die Ratsherren selbst ih-

---

1962) 70–78, möchte πλήν im Sinn einer Beteuerung verstehen und mit indeed übersetzen.

[20] Außer GUNDRY gehen die Kommentatoren auf diese Nuance nicht ein.

[21] In nachchristlicher Zeit begann das Judentum, den Begriff der Blasphemie wieder enger zu fassen. Vgl. BILLERBECK I 1018.

[22] Sinaiticus* sy^p lesen zusätzlich in V 64: ἴδε ἐβλασφήμησεν, ACWΘ f[1.13] 33 892 1006 1342 1506 sy^{p.h} sprechen in 65 von *seiner* Lästerung.

ren Spott auslassen. Das Anspeien in das Gesicht (vgl. Nm 12,14; Dt 25,9; Job 30,10) galt als Ausdruck tiefer Verachtung. Er wird mit Fäusten (κολαφίζειν) und in das Gesicht geschlagen (ῥαπίζω)[23]. Die Schilderung lehnt sich an das dritte Gottesknechtlied Is 50,6 an: „Meine Backen bot ich den Schlagenden, mein Gesicht wandte ich nicht ab vor Schmähung und Speichel." Mt hat stärker auf den Prophetentext Rücksicht genommen als Mk 14,65, insofern man nach seiner Schilderung Jesus in das Gesicht spuckt (nach Mk spuckt man ihn an und verhüllt sein Gesicht). Nach atl-jüdischem Normalverständnis ist die Schmähung ein Beweis dafür, daß Gott den Menschen verlassen hat. In Is 50 aber kommt zum erstenmal eine neue revolutionäre Leidensinterpretation zum Vorschein. Der Knecht nimmt Angriffe, Schläge und Schmähungen auf sich, gibt sich geschlagen und äußerlich seinen Widersachern Recht in der Gewißheit, daß Gott sich auf seine Seite stellen wird[24]. Die Passionsüberlieferung, der sich Mt nachdrücklich anschließt, sah im Knecht den Typos des leidenden Christus. Eine Gruppe der Synhedristen[25] fordert Jesus zum Prophezeien auf. Die Anrede „Christus" greift wie die Aufforderung auf das Bekenntnis in V 64 zurück, weil man dem Messias prophetische Begabung zusprach. Da bei Mt die Verhüllung des Hauptes, das Blindekuhspiel, wegfällt, gewinnt die Aufforderung, prophetisch zu sagen, wer zugeschlagen hat, einen anderen Sinn. Er soll die Namen der ihn Schlagenden kundtun.

III

a) Mt vertieft, präzisiert nach seinem Verständnis die Linien des ihm Vorgegebenen. Die Person des Hohenpriesters tritt noch schärfer in den Blickpunkt. Mit ihm tritt das offizielle Judentum auf den Plan, das die Frage nach dem christlichen Bekenntnis stellt. Jesus, als Christus, Gottessohn, Menschensohn, Inhalt dieses Bekenntnisses, wird zu dessen erstem Zeugen. Der in seiner Passion Schweigende öffnet den Mund, um dieses Bekenntnis zu bestätigen. Letztlich bringt es ihm den Tod. In der gegenwärtigen Situation erscheint er als der wehrlose Gottesknecht, der in der Erniedrigung und Beschimpfung, die er erfährt, seinen Richtern, die ihn als einen von Gott Verlassenen betrachteten, Recht gibt. Aber das Bekenntnis ist getragen von der Gewißheit, daß Gott sich an seine Seite stellen, ihn annehmen und erhöhen wird. In der Ambivalenz von sichtbarer Wehrlosigkeit und erwarteter Erhöhung kommt die Grundstruktur des christlichen Glaubens zum Vorschein, der das Bekenntnis nicht nur übernimmt, sondern auch auf denselben Weg führt, vom Kreuz zur Erhöhung.

---

[23] BAUER, Wörterbuch 1456: mit dem Stock oder der Rute schlagen, dann: mit der Hand schlagen, nämlich auf die Backe, Ohrfeigen verteilen. Zum Schlag auf die Backe vgl. 1 Kg 22,24; Ps 3,8; Job 16,10; Klgl 3,30.
[24] Vgl. C. WESTERMANN, Das Buch Jesaja Kap. 40–66 (ATD 19) (Göttingen 1966) 186. Vgl. auch Mich 4,14: „Mit dem Stock schlagen sie auf die Backe den Richter Israels." Dieses Wort, das in der LXX einen veränderten Sinn gewinnt, hat die Passionschristologie nicht beeinflußt. Gegen SCHLATTER 762.

Man könnte auch sagen: Das Kreuz ist die Annahme des Menschen durch Gott. Petrus, der erste Jünger, begreift dies noch nicht. Noch legt Jesus *sein* Bekenntnis ab. In Petrus dürfen wir uns erkennen. Aber er steht bereit, das Ende zu sehen.

b) Mt bietet im Vergleich mit der Mk-Perikope, unter historischem Aspekt betrachtet, keine zusätzlichen Informationen[26]. Die einzige Ausnahme ist, daß er uns den Namen des amtierenden Hohenpriesters mitteilt. Auch die Eidvernahme Jesu betrifft keine historischen Informationen. Ihren theologischen Stellenwert haben wir erkannt. So genügt es, wenn an dieser Stelle nochmals die wichtigsten historischen Ergebnisse genannt werden[27]. Ihnen darf eine begründete hohe Wahrscheinlichkeit zugesprochen werden. Die Stellungnahme Jesu zum Tempel als Faktor im Prozeß soll nochmals eigens aufgegriffen werden. Die Beteiligung der jüdischen Seite geschah unter Führung sadduzäisch-priesterlicher Kreise, insbesondere des regierenden Hohenpriesters. Ob in jener Nacht eine offizielle Sitzung des Synhedrions stattfand, ist wegen zahlreicher zu verzeichnender Irregularitäten sehr problematisch. Am besten rechnet man mit der Versammlung maßgeblicher Synhedristen bei Kajafas zu dem Zweck, den gefangengenommenen Jesus zu verhören, um Anklagematerial für den entscheidenden Pilatus-Prozeß zu sammeln. Eine plausible Lösung böte die Annahme, daß die Versammelten ein besonderes Gerichtsorgan neben dem eigentlichen großen Synhedrion darstellten, nämlich ein durch den Hohenpriester einzuberufendes, aber vom römischen Präfekten autorisiertes Gericht zur Untersuchung politisch relevanter Fülle[28]. Doch ist die Existenz eines solchen Organs nicht gesichert. Die jüdische Seite besaß zur Zeit der römischen Präfektur – abgesehen von der Unterbrechung von 41–44 n. Chr. unter Agrippa I. – nicht die potestas gladii. Dies bedeutet, daß sie zur Durchführung einer Exekution auf die Beteiligung der römischen Seite angewiesen war. Doch wird man in diesem Punkt zwischen der gegebenen Rechtslage und der via facti zu differenzieren haben[29]. Trotz dieser bestehenden Rechtslage hat die jüdische Seite ihrerseits Menschen zu Tode gebracht. Von den allerdings nur wenigen bekannten Fällen ist vor allem die Steinigung des Stephanus zu erwähnen. Dies bedeutet, daß der Hohepriester im Fall des Prozesses Jesu den Rechtsweg unter Einbeziehung des römischen Präfekten zu gehen gewillt war.

Das Tempellogion (V 61), das Mt entschärfte, dürfte in der hellenistisch-judenchristlichen Gemeinde entstanden sein[30], deren herausragen-

---

[25] S sy sa mae bieten: ἄλλοι.
[26] Vgl. PESCH, Markusevangelium II 405.
[27] Vgl. GNILKA, Markus II 284–287; jetzt auch DERS., Der Prozeß Jesu nach den Berichten des Markus und Matthäus mit einer Rekonstruktion des historischen Verlaufs: K. KERTELGE, Prozeß 11–40.
[28] Erwägung von PESCH, Markusevangelium II 416f unter Berufung auf Rivkin: HUCA 46 (1975) 181–199.
[29] Vgl. PAULUS: ZSRG 102 (1985) 439.
[30] Vgl. GNILKA, Markus II 276.

der Repräsentant Stephanus ist. Theißen[31] hat den sozialgeschichtlichen Hintergrund des Tempelneubaus, der bis kurz vor den Beginn des Jüdischen Krieges währte, aufgerollt. Es stellt sich heraus, daß über die zentrale nationalreligiöse Bedeutung hinaus, das Interesse der Jerusalemer Stadtbevölkerung am Tempel auch ein existentielles gewesen ist. Eine große Zahl von Jerusalemer Bürgern arbeitete am Tempelbau mit oder war indirekt daran beteiligt, so daß viele Arbeit und Brot erhielten. Stellungnahmen und Proteste gegen den Tempel stießen bei der Stadtbevölkerung auf Widerstand und schroffe Ablehnung. Auf das Martyrium des Stephanus fällt von hier aus neues Licht, aber auch auf den Tod Jesu. Sein öffentlicher Tempelprotest (21,12ff) wird besonders bei den Jerusalemern auf Unverständnis gestoßen sein. Von diesem Hintergrund aus erscheint die verbreitete Annahme um so plausibler, daß sein Tempelprotest der unmittelbare Anlaß für die jüdische Behörde gewesen ist, gegen ihn einzugreifen. Doch reicht dieser Umstand allein nicht aus. Sein messianischer Anspruch, verbunden mit einer scharfen Kritik an der überkommenen Religiosität, müssen einbezogen werden. Nur der messianische Anspruch, der als ein politischer gewertet werden konnte, vermochte den römischen Präfekten zu beeindrucken, daß er ihn hinrichten ließ[32].

c) Zwischen theologischem und historischem Urteil ist schwer zu trennen. Im Sinn des Evangelisten hat die Perikope eine eminent „heilsgeschichtliche" Bedeutung. Das offizielle Judentum befragt den Christus und sagt sich von ihm los. Systematische Theologen haben dies auch immer so gesehen. Nach Barth[33] beginnt die Leidensgeschichte mit dieser Konfrontation des angeklagten Messias mit der höchsten Autorität des messianischen Volkes. Und Elert[34] sagt, daß ohne dieses Zeugnis keiner an Jesu Recht auf den Anspruch, der Sohn Gottes zu sein, glauben dürfe. Dennoch – oder gerade darum – muß die Verkündigung dieses Textes frei bleiben, frei werden von antijüdischen Haßtönen, wie sie – um dieses „klassische Beispiel" zu nennen – bei Chrysostomos zu vernehmen sind. Er spricht von einem Überfall von Räubern, davon, daß die jüdischen Hohenpriester ihre Mordlust befriedigen wollten[35]. Doch hat der Kirchenvater ein anderes Wort zu unserem Text gefunden, das wert ist, beherzigt zu werden: Wir sollten nicht immer nach dem Siege trachten, wir sollten

---

[31] Tempelweissagung. THEISSEN plädiert hinsichtlich des Tempellogions für ein ipsissimum verbum Jesu, relativiert dann diese Auffassung aber ein wenig (142–144). Interessant ist die Einordnung des Tempelkonfliktes in die sozialen Spannungen zwischen galiläischer Land- und Jerusalemer Stadtbevölkerung.
[32] Das Zusammenspiel von jüdischer und römischer Behörde im Fall des Prozesses Jesu besitzt im Unglückspropheten Jesus, dem Sohn des Ananias, der in den letzten Jahren vor dem Jüdischen Krieg wirkte, eine gewisse Parallele. Dieser wird von den jüdischen Führern dem römischen Statthalter Albinus übergeben. Dieser läßt ihn geißeln. Zu seiner Hinrichtung entschließt er sich nicht. Vgl. JOSEPHUS, bell. 6,300–309.
[33] Dogmatik III/2, 605.
[34] Glaube 299.
[35] In Matth. 84,2.

nicht jeder Niederlage ausweichen [36]. J. B. Metz nennt es die Berührungsangst gegenüber dem Leiden, in die wir geraten sind. Die Geschichte ist stets als die Geschichte der Sieger geschrieben worden. Die messianische Geschichte ist eine Geschichte des Leidens. Sie spricht vom Standpunkt der Unterlegenen und ist ein Protest gegen den Versuch, das Leben für die Endsieger zu reservieren. Deus semper minor! Weil auch wir zu Lasten der Leidenden leben, konnten wir Christen dem jüdischen Volk durch die Jahrhunderte eine Geschichte der Leiden [37] bereiten. In Stefan Heyms, des jüdischen Autors, Roman Ahasver spricht der ewige Jude, der verurteilt wurde, bis zur Wiederkunft Christi ruhelos in der Welt umherzuirren, weil er den auf seinem Passionsweg vorüberziehenden Jesus von seiner Tür fortschickte, zum Rabbi (= Jesus): „Du hast mich verflucht, Rabbi, deiner zu harren da unten, bis du wiederkehrst; darum wanderte ich unter ihnen und bin wie einer von ihnen und höre, was sie reden, und sehe, was sie tun." Die Erzählung fährt fort: „Da neigte er sein Haupt, und seine Schultern krümmten sich und seine Hand griff nach der Speerwunde an seiner Seite, so als schmerzte ihn diese von neuem, und er sagte: Ich will es nicht wissen." [38]

LITERATUR: M. Dibelius, Das historische Problem der Leidensgeschichte: ZNW 30 (1931) 193–201; H.-J. Schoeps, Die Tempelzerstörung des Jahres 70 in der jüdischen Religionsgeschichte (CNT 6) (Uppsala 1942); J. Michl, Der Tod Jesu: MThZ 1 (1950) 5–15; G. D. Kilpatrick, The Trial of Jesus (London 1953); P. Winter, On the Trial of Jesus (SJ 1) (Berlin 1961); J. C. McRuer, The Trial of Jesus (Toronto 1964); H. Reichrath, Der Prozeß Jesu: Jud 20 (1964) 129–155; H. Schumann, Bemerkungen zum Prozeß Jesu vor dem Synhedrium: ZSRG (1965) 315–320; G. Haufe, Der Prozeß Jesu im Lichte der gegenwärtigen Forschung: ZdZ 22 (1968) 93–101; H. van der Kwaak, Het Proces von Jezus (Assen 1969); G. Schneider, Gab es eine vorsynoptische Szene „Jesus vor dem Synhedrium"?: NT 12 (1970) 22–39; D. R. Catchpole, The Answer of Jesus to Caiaphas: NTS 17 (1970/71) 213–226; D. R. Catchpole, The Trial of Jesus (St PB 18) (Leiden 1972); E. Bammel, Die Blutgerichtsbarkeit in der römischen Provinz Judäa vor dem ersten jüdischen Aufstand: JJS 25 (1974) 35–49; S. Légasse, Jésus devant le Sanhédrin: RTL 5 (1974) 170–197; E. Rivkin, Beth Din, Boulé, Sanhedrin: HUCA 46 (1975) 181–199; G. Theissen, Die Tempelweissagung Jesu: Studien zur Soziologie des Urchristentums (WUNT 19) (Tübingen 1979) 142–159; B. Gerhardsson, Confession and Denial before Men: JNTS nr. 13 (1981) 46–66; C. Paulus, Einige Bemerkungen zum Prozeß Jesu bei den Synoptikern: ZSRG 102 (1985) 437–445; K. Kertelge (Hrsg.), Der Prozeß gegen Jesus (QD 112) (Freiburg 1988).

10. Petri Versagen (26, 69–75)

69 Petrus aber saß draußen im Hof. Und eine Magd trat an ihn heran und sagte: Auch du warst mit Jesus, dem Galiläer. 70 Er aber leugnete vor al-

---

[36] In Matth. 84,3.
[37] Vgl. J. B. Metz, Messianische Geschichte als Leidensgeschichte: NT und Kirche (Festschrift R. Schnackenburg) (Freiburg 1974) 63–70.
[38] Bei Kuschel, Jesus 361.

len und sagte: Ich weiß nicht, was du sagst. 71 Als er in das Torhaus hinausging, sah ihn eine andere und sagte zu denen dort: Dieser war mit Jesus dem Nazoräer. 72 Und wieder leugnete er mit einem Schwur: Ich kenne den Menschen nicht. 73 Nach einer Weile aber traten die da Stehenden heran und sprachen zu Petrus: Wahrhaftig gehörst auch du zu ihnen, denn auch deine Sprache macht dich kenntlich. 74 Dann begann er, zu fluchen und zu schwören: Ich kenne den Menschen nicht. Und sogleich krähte der Hahn. 75 Und Petrus erinnerte sich des Wortes, das Jesus gesagt hatte: Ehe der Hahn kräht, wirst du mich dreimal verleugnen. Und er ging hinaus und weinte bitter[1].

I

Die Besonderheit dieser Perikope in der Passionsgeschichte, die darum am besten als Jüngergeschichte zu kennzeichnen ist, besteht darin, daß in ihr Jesus nicht auftritt, sondern allein der Jünger. Der erste Satz in V 69 greift den in V 58 fallengelassenen Erzählfaden erneut auf und rückt Petrus in die Mitte des Geschehens, das in drei Phasen verläuft (Regeldetri). Diese sind in mehrfacher Hinsicht einer Steigerung unterworfen: Zunächst steigert sich der Personenaufwand von der ersten Magd, die zu Petrus redet, über die zweite, die zur Gruppe über Petrus redet, bis hin zur Gruppe, die sich unmittelbar an den Jünger wendet. Dann steigert sich die Intensität der Absage des Jüngers von Jesus. Sie reicht von der Verleugnung über den Schwur zur Verfluchung. Schließlich wird diese erzählerische Bewegung begleitet von der Ortsbewegung des Petrus, der sich vom Hof, wo er noch sitzt, in das Torhaus begibt, bis er schließlich hinauseilt.

Im Vergleich mit der Vorlage Mk 14,66–72 lassen sich die folgenden Besonderheiten der mt Textgestaltung feststellen: Nach V 63 sitzt Petrus draußen (nach Mk 14,66 unten); daß er sich wärmte, wird nicht mehr erwähnt. Das hat zur Folge, daß die Begegnung mit der ersten Magd anders verläuft. Nach Mk 14,67 erblickt sie ihn (im Licht des Feuers), nach Mt tritt sie einfach auf ihn zu. Im Identifizierungssatz ist in den VV 69 und 71 auf die Gemeinschaft „mit Jesus" abgehoben (dies nur in Mk 14,67). Jesus wird das erstemal als Galiläer, das zweitemal als Nazoräer bezeichnet. Mk 14,67 kennzeichnet Jesus nur das erstemal in diesem Sinn, und zwar als Nazarener. Bei der ersten Verleugnung fügt Mt hinzu, daß sie „vor allen" geschehen sei, das verleugnende Wort ist etwas gekürzt (70)[2]. Das zweite und dritte verleugnende Wort stimmt überein: ich kenne den Menschen nicht (72 und 74). Mk hatte im zweiten Fall kein Wort berichtet und im

---

[1] Textvarianten, die durch Paralleleinfluß entstanden sind, sind in V 70: die Hinzufügung von: ich weiß nicht, *noch verstehe ich* (D f¹ 205 it sy^s; vgl. Mk 14,68); in V 73 die Auslassung des akzentuierenden καὶ σύ (DΘ f¹ sy^s; vgl. Mk 14,70) und die Hinzufügung von: du bist ein Galiläer (C* sy^h). Zur LA: deine Sprache gleicht (scil. der galiläischen), die D it sy^s bieten, vgl. die entsprechende Variante mit ὁμοιάζει in Mk 14,70 im Koine-Text.

[2] οὔτε ἐπίσταμαι Mk 14,68 fehlt.

dritten Petrus sagen lassen: Ich kenne diesen Menschen nicht, von dem ihr redet (14,70 und 71). Nach Mt 26,72 ist schon die zweite Verleugnung mit einem Schwur verbunden, für den Fluch bei der dritten wählt er ein anderes Wort (V 74: καταθεματίζειν, Mk 14,71: ἀναθεματίζειν). Die zweite Magd ist klar als eine von der ersten zu unterscheidende gekennzeichnet (V 71: ἄλλη), in Mk 14,69 ist dies nicht so klar[3]. Daß Petrus als Galiläer erkannt werden kann (Mk 14,70), verdeutlicht Mt 26,73 zutreffend im Hinblick auf die Sprache. Schließlich haben beide Evangelisten die Erzählung präzis mit der Ansage Jesu in Übereinstimmung gebracht (Mt 26,34: ehe der Hahn kräht; Mk 14,30: ehe der Hahn zweimal kräht). Es gibt bei Mt nur einen Hahnenschrei am Schluß, Mk 14,68c ist gestrichen (vgl. 14,72). Das rätselvolle ἐπιβαλὼν ἔκλαιεν Mk 14,72 erscheint in Mt 26,75 neu gefaßt: Er ging hinaus und weinte bitter.

Tragen auch diesmal wieder die Veränderungen weitgehend die Spuren von MtR – Parallelismen, Matthäismen[4] –, so muß daneben auf zwei auffällige Übereinstimmungen mit Lk hingewiesen werden. Dies ist zunächst der Schlußsatz: καὶ ἐξελθὼν ἔξω ἔκλαυσεν πικρῶς (V 75c = Lk 22,62). Auch bei Lk gibt es nur einen Hahnenschrei (vgl. Lk 22,61b). Doch geht Lk andere Wege. Die zweite Person, die Petrus zur Rede stellt, ist bei ihm ein Mann, die Gruppe tritt überhaupt nicht in Erscheinung (22,58 und 59). Eine gemeinsame literarische Vorlage ist abzulehnen. Konvergenzen entstanden in der mündlichen Tradition[5].

II
69f Wenn die Petrusgeschichte die Verhörszene erzählerisch einfaßt (vgl. V 58), ist damit zu verstehen gegeben, daß beides gleichzeitig stattfindet. Während also Jesus vor seinen Richtern steht, sitzt Petrus draußen und geschieht das Folgende. Die Ortsangabe „draußen" berücksichtigt diese Verschränkung und deutet an, daß Jesus drinnen ist[6]. Das doppeldeutige Wort αὐλή (Palast, Hof) muß hier im Gegensatz zu V 58 im letzteren Sinn verstanden werden. Unerwartet wird Petrus von einer Magd des hohepriesterlichen Hauses auf seine Jesus-Gefolgschaft hin angesprochen. Mit ihm sein macht die Berufung des Jüngers aus, wie Mt immer wieder betonte[7]. Es ist zu beachten, daß Jesus Galiläer genannt wird. Dies geschieht bei Mt nur hier (im NT sonst nur noch Lk 23,6: ἄνθρωπος Γαλιλαῖος). Diese von Mt eingebrachte Charakterisierung wird neben dem Wissen, daß Jesus in Galiläa den Schwerpunkt seines Wirkens hatte, wohl

---

[3] Statt vom Vorhof (Mk 14,68: προαύλιον) spricht Mt 26,71 vom Torhaus (πυλών) als dem zweiten Verleugnungsort.
[4] προσέρχεσθαι in 69, μετὰ 'Ιησοῦ in 69 und 71, Ναζωραῖος in 71 (vgl. 2,23), τότε in 74.
[5] Lk 22,58 stimmt mit Joh 18,25 darin überein, daß Petrus bei der zweiten Verleugnung sagt: οὐκ εἰμί. Weil nach Mt 26,71 die Begegnung mit der zweiten Magd im Torhaus stattfindet, könnte man an die Türhüterin denken. Das ergäbe eine Berührung mit Joh 18,17.
[6] ἔξω fehlt in 565 892.
[7] Vgl. FRANKEMÖLLE, Jahwebund 7–83.

auch zu verstehen geben wollen, daß die mt Kirche unweit Galiläas beheimatet war und darum zum Galiläer eine besondere Beziehung hatte[8]. Petrus sagt sich von Jesus los. Was er sagt, bedeutet soviel wie, daß er mit der Sache nichts zu tun haben will. Mt hat die Verweigerung des Bekenntnisses dadurch unterstrichen, daß der Jünger Jesus vor allen[9] verleugnet habe. Dabei ist an die in V 58 zum letztenmal erwähnten Diener zu denken.

71 f Petrus entfernt sich in den Pylon, das große Eingangstor bzw. – da ein Hof vorausgesetzt ist – in das vom Haupt- abgesonderte Torgebäude. Darum kann bei der jetzt auftretenden Magd an die Torhüterin gedacht werden[10], ein Amt, das man gern Frauen übertrug (vgl. 2 Sm 4,6; Apg 12,13). Die Satzkonstruktion ist schwierig. Entweder bezieht man das Partizip zum Prädikat und übersetzt: Eine andere Magd sah ihn in das Torhaus hinausgehen, oder man denkt an einen Akkus. absol.: Als er in das Torhaus hinausging[11]. Diesmal wird der Jünger nicht direkt angesprochen. Man redet über ihn, die Magd zu den dort Befindlichen. Er wird dem Nazoräer zugeordnet. Dieser Jesus auch in 2,23 erteilte Beiname nimmt – wie Galiläer – auf sein Herkommen Bezug (Mann aus Nazaret), weist aber darüber hinaus auf seine Messianität hin[12]. Besondere Plastizität erhielte er, wenn man davon ausgehen könnte, daß Nazoräer zu dieser Zeit schon eine Bezeichnung der Jesus-Anhänger war (vgl. Apg 24,5), eine Bezeichnung, die ihnen, wie der Name „die Christen", von außen gegeben wurde. Die Szene wird transparent im Hinblick auf die Gemeinde. Obwohl nicht angesprochen, mischt sich Petrus in die Rede der anderen ein. Diesmal leugnet er mit einem Schwur ab. Darin liegt die Steigerung[13]. „Ich kenne den Menschen nicht" ist formelhaft. Mit dieser Formel kündigt man die Gemeinschaft auf, bekräftigt man, mit einem Menschen nichts mehr gemein zu haben (vgl. 7,23).

73 Daraufhin stellt die Gruppe Petrus unmittelbar. Beachtenswert ist die präsentische Formulierung: σὺ εἶ (anders in den VV 69 und 71). Wenn er

---

[8] Auch die zelotische galt als eine galiläische Bewegung. Vgl. die Namen Judas, der Galiläer (Apg 5,37); Jose der Galiläer (ein oft in der Mischna erwähnter Zeitgenosse Aqibas). Vgl. SCHLATTER 763. Doch hat die zelotische Bewegung das Jahr 70 nicht überdauert. Bei JUSTIN, dial. 108,2, spricht der Jude: Eine gottlose und schlimme Sekte ist durch einen gewissen Galiläer Jesus, einen Verführer, ins Leben gerufen worden; wir haben ihn gekreuzigt. – C sy^p lesen statt Galiläer: Nazoräer.
[9] 565 1424 1506 bieten: vor ihnen; AC*FHWΔ f¹ 205 1006 1342 2542: vor ihnen allen.
[10] D it ergänzen sinngemäß παιδίσκη.
[11] Wir bevorzugten letzteres. Die Schwierigkeit der Konstruktion demonstrieren verschiedene LAA: ἐξελθόντα δὲ αὐτόν (ACWΘ f¹.¹³ 1506); ἐξελθόντος δὲ αὐτοῦ (D lat). Dies sind offenkundig erleichternde Korrekturen.
[12] Vgl. Bd I 55–57 dieses Kommentars. – ACLWΘ f¹.¹³ 33 892 1006 1342 1506 latt sy^p.h. bo lesen in V 71: *Auch* dieser war ...
[13] Man kann dazu die 4. Antithese der Bergpredigt vergleichen. LOHMEYER 372 Anm. 1 versteht ὅτι hier nicht im rezitativen, sondern im demonstrativen Sinn entsprechend hebräischem *kj* nach Verben des Schwörens.

sich auch lossagen mag, er besitzt ein Kennzeichen, das ihn verrät, seine Sprache. Damit kann nur auf seine Aussprache, seinen Dialekt, die Klangfarbe seiner Worte abgehoben sein, nicht den Inhalt dessen, was er sagte [14]. Die Bevölkerung Galiläas besaß eine sie kennzeichnende Aussprache des Aramäischen, vor allem war es eine Ungenauigkeit in der Artikulation der Kehllaute. In der rabbinischen Literatur wird ihr wiederholt nachgesagt, daß sie es mit der Sprache nicht so genau nehme [15]. Die galiläische Landbevölkerung kann auch auf diese Weise von der Jerusalemer Stadtbevölkerung erkannt werden. Bei letzterer mag ein gewisser Dünkel mitgewirkt haben. Wie Jesus Galiläer ist, sind seine Anhänger als Galiläer bekannt.

74f Die Steigerung der Reaktion des Petrus liegt darin, daß jetzt zu Verleugnung und Schwur noch die Verfluchung hinzutritt. Diese ist objektlos. Man versteht sie am besten als Selbstverfluchung unter möglicher Einbeziehung der anderen, etwa in dem Sinn: Ich will verflucht sein, und ihr sollt es auch sein, wenn das zutrifft. Immerhin ist der Jesusname nicht in den Fluch aufgenommen (vgl. 1 Kor 12,3) [16]. Interessant ist das von Mt verwendete Verb καταθεματίζω, das einen verstärkten Fluch ausdrückt, möglicherweise von ihm gebildet [17]. Der Hahnenschrei erinnert den Jünger an das Wort Jesu, das dieser ihm, dem Selbstsicheren, gegeben hatte (26,34). Der Hahnenschrei beendet auch die für die kultische Feier bestimmte Paschanacht [18]. Petrus eilt fort vom Ort seines Versagens. Bitteres Weinen [19] bekundet tiefe innere Erschütterung, in diesem Fall Schmerz und Trauer. Die Wende kündigt sich an, freilich von Ferne, denn er hat nicht die Kraft gewonnen, unter das Kreuz zu treten. Er bleibt auf eine Wiederannahme angewiesen.

III

a) Obwohl Petrus als der Gewährsmann des Evangeliums vorgestellt wurde, hat ihn E nicht geschont. Im Gegenteil, diesmal hat er sein Versagen gesteigert, die Bedeutung seiner Absage an Jesus unterstrichen. Während nach Mk Petrus die ersten beiden Male „nur" jeweils vor einer Magd lügt – eine Frau ist nach jüdischem Recht nicht zeugnisfähig –, ist bei Mt von vornherein die Gruppe miteinbezogen, geschieht schon die erste Verleugnung vor allen. Die Szene bekommt man in ihrem mt Verständnis erst dann ganz in den Griff, wenn man ihre Verschachtelung mit dem Verhör Jesu bedenkt. Mt hatte dort die Frage des Hohenpriesters mit Petri Mes-

---

[14] Gegen SCHLATTER 764.
[15] Man vertauschte insbesondere Ajin mit Aleph und umgekehrt. Dadurch entstanden nicht selten Mißverständnisse. Teilweise köstliche Beispiele bei BILLERBECK I 157.
[16] Vgl. GNILKA, Markus II 293.
[17] Die Lexikon-Autoren geben nur christliche Belege an. Mt 26,74 ist jeweils der älteste Beleg. Das Wort ist aus καταναθεματίζω attrahiert. Dazu vgl. P. GLAUE, Der älteste Text der geschichtlichen Bücher des NT: ZNW 45 (1954) 90–108, hier 94.
[18] SCHLATTER 765.
[19] Zur Formulierung vgl. LXX Is 33,7. HOMER, Od. 4,153: da stiegen ins Aug' ihm die bitteren Tränen.

siasbekenntnis in Übereinstimmung gebracht. Dadurch erhält die Konfrontation Jesus/Petrus noch schärfere Konturen. Freilich wird man darin die Lösung angezeigt sehen. Jesus tritt gleichsam auch für seinen Jünger ein. Er legt das Bekenntnis ab, das Petrus gerade in dieser Stunde auszusprechen hätte. Sein Fall ist damit nicht beschönigt. Er verleugnet, sagt sich los und verflucht sich selbst. Das Bedrohliche seines Tuns vermag das Jesuswort 10,32f in Erinnerung zu rufen.

b) Die Perikope ist erzählerisch ausgestaltet und variiert worden (vgl. die verschiedenen Fassungen in den vier Evangelien), ihr einen historischen Kern abzusprechen besteht kein Anlaß[20]. Letztlich muß sie eine persönliche Petrus-Tradition wiedergeben. Verlaufmäßig ist sie unmittelbar nach der Verhaftung Jesu und seiner Überlieferung zum Hohenpriester, also vor dem Verhör, einzuordnen. Hier sei noch einer anderen historischen Ader kurz nachgegangen. Die dreimalige Erwähnung Galiläas – Jesus der Galiläer, der Mann aus Nazaret; Petrus, der sich durch seinen galiläischen Dialekt verrät – weisen energisch in diese Provinz als dem Ursprungsgebiet der Jesusbewegung. Das Ertapptwerden durch den Dialekt ist unerfindlich und kann nicht anders als eine historische Reminiszenz angesehen werden. Zwischen Galiläa und Jerusalem gab es volksgegebene Spannungen, die im sozialen und gesellschaftlichen Bereich (Land- und Stadtbevölkerung) begründet waren. Dieser soziologische Hintergrund müßte noch intensiver auch im Hinblick auf das Urchristentum, das Verhältnis der galiläischen Gemeinden zur Jerusalemer Muttergemeinde, die Struktur der letzteren untersucht und berücksichtigt werden. Die Dialekt-Affaire, die dem Petrus widerfährt, ist auch ein Indiz dafür, daß man im Jüngerkreis Jesu den galiläischen Dialekt des Aramäischen sprach, auch Jesus sich seiner bediente[21].

c) Menschliches Versagen und göttliche Gnade sind Anknüpfungspunkte für die Weitergabe des Textes. Gottes Handeln vollzieht sich als Überwindung des Widerspruchs gegen ihn, als Vergebung der Schuld, als Berufung der Unwürdigen. Der Mann, der sich fluchend von Jesus lossagte, soll der erste sein, der ihn wiedererkannte (1 Kor 15,5; Lk 24,34)[22]. Kierkegaard geht ins Psychologische, wenn er meint, daß erst dieses Erlebnis Petrus zum Zeugen befähigt habe. Die Erinnerung an das furchtbare Kreuz wäre vielleicht nicht imstande gewesen, ihn eifrig genug zu machen. Aber Petrus hatte eine Erinnerung mehr, die Verleugnung, die ihn an dasselbe erinnerte. Was er erlebt hatte, war wohl unmöglich wieder zu vergessen. Unmöglich konnte sein Zeugnis davon verstummen[23]. Eva

---

[20] Zum Nachweis vgl. GNILKA, Markus II 294f.
[21] Sprach Jesus auch Griechisch? Wer dies behauptet, müßte es umfassend zu begründen versuchen.
[22] Vgl. G. EBELING, Wort und Glaube III (Tübingen 1975) 300f. – Charakteristisch für eine überholte harmonisierende und historische Exegese ist CHRYSOSTOMOS, in Matth. 85,2, der die Wahrheitsfrage daran aufhängt, ob der Hahn ein- (so Mt) oder zweimal (so Mk) gekräht habe. Beides stimme zusammen, weil der Hahn beim Krähen drei oder vier Absätze mache. [23] Tagebücher 252.

Zeller bindet in ihrem Gedicht „Petrus" alles zusammen, seinen Stolz, sein Versagen und seine Reue, und macht es am Wort fest, von dem auch er lebt:

„Jemand leuchtet ihm ins Gesicht:
Du bist auch einer von denen
denn Deine Sprache verrät Dich.

Ein scharfer Akzent, der die Worte behaucht
und die sinngebende Stille betont.

Noch die unter die Dornen
gefallenen Worte nageln Dich fest.

Während er noch beteuert
er kenne den Menschen nicht
hört er sich schon bitterlich weinen."[24]

LITERATUR: E. Masson, Le reniement de Pierre: RHPhR 37 (1957) 24–35; R. Pesch, Die Verleugnung des Petrus: NT und Kirche (Festschrift R. Schnackenburg) (Freiburg 1974) 42–62; J. Ernst, Noch einmal: Die Verleugnung Jesu durch Petrus: A. Brandenburger – A. Urban, Petrus und Papst (Münster 1977) 43–62; D. B. Taylor, The Voice of the Christian: ET 92 (1981) 336f.

11. Jesu Auslieferung an Pilatus (27,1–2)

1 Als es Morgen wurde, faßten alle Hohenpriester und Ältesten des Volkes gegen Jesus einen Beschluß, daß sie ihn töten würden. 2 Und sie führten ihn gefesselt ab und lieferten ihn Pilatus, dem Statthalter, aus.

Der kurze Text markiert einen Neueinsatz. Dieser ist durch die Zeitangabe „als es Morgen wurde" und die Einführung einer neuen dramatis persona, des Pilatus, angezeigt. Der Text hat Überleitungscharakter und findet in 27,11f seine Fortsetzung. Mt aber schaltet die Perikope vom Tod des Judas dazwischen, die den VV 1f eine gewisse Selbständigkeit verleiht.

Im Vergleich mit parMk 15,1 ergeben sich folgende Veränderungen: E hat die einführende Zeitangabe neu gefaßt (Genit. absol.). Die Handlungsträger sind die bereits bekannte Zweiergruppe der Hohenpriester und Ältesten des Volkes (21,23; 26,3.47), verstärkt durch „alle". Mk erwähnt neben den drei Fraktionen zusätzlich (tautologisch) noch das ganze Synhedrion. Mt mag es als störend empfunden haben, daß bei Mk der Inhalt des Beschlusses nicht bekanntgegeben wird. Darum trägt er ihn nach: daß sie ihn töten würden. Für die Beschlußfassung verwendet er die für

---

[24] Bei S. Mühlenberger – M. Schmid, Gegenwart des Wortes (Wien–München 1986) 81.

seinen Sprachstil charakteristische Wendung συμβούλιον λαμβάνειν (vgl. 12, 14; 22, 15; 27, 7; 28, 12) und stellt ausdrücklich fest, daß es ein Beschluß κατὰ τοῦ Ἰησοῦ gewesen sei. Schließlich stellt er Pilatus mit dem Titel Statthalter (ἡγεμών) vor, den er im weiteren Verlauf noch siebenmal aufgreifen wird[1].

II

1   Der Prozeß Jesu nimmt eine Wende. Die Beschlußfassung am Morgen setzt die Synhedrialverhandlung fort und bringt sie zum Abschluß. Keinesfalls denkt Mt an einen neuen Zusammentritt des Gremiums. Der Neueinsatz ist erzählerisch bedingt und durch die Verschachtelung der Synhedrial- mit der Petrus-Perikope veranlaßt. Daß *alle* Hohenpriester und Ältesten des Volkes den Beschluß fassen[2], Jesus zu töten, soll ihre gemeinsame Verantwortung herausstellen und nicht besagen, daß am Morgen noch etliche Synhedristen zur Versammlung gestoßen seien, so daß diese erst jetzt beschlußfähig geworden wäre[3]. Mit dem Todesbeschluß erfährt die in 26, 59 bekundete Absicht ihre Verwirklichung. Auch in diesem Punkt besteht also eine erzählerische Verknüpfung. Der anbrechende Morgen ist die Zeit, da die römischen Richter ihre Gerichtssitzungen zu eröffnen pflegten: ad forum *prima luce* properantia quam turpes lites, quanto turpiores advocatos habent[4].

2   Die Auslieferung Jesu an Pilatus erfolgt so, daß man ihn in Fesseln legt, offenbar um seine Gefährlichkeit zu demonstrieren. Man kann hierfür auf LXX Is 3, 10 verweisen: δήσωμεν τὸν δίκαιον (Laßt uns den Gerechten fesseln)[5]. Daß der Gerechte (ψ 26, 12; 118, 121) oder auch der Gottesknecht (Is 53, 6.12) ausgeliefert wird an seine Bedränger, ist im AT vorgeprägt. Im Evangelium erfüllt sich damit die Ankündigung Christi (17, 22; 20, 18 f; 26, 2.45). Handlungsträger im Prozeß Jesu wird nunmehr Pilatus, der fünfte Präfekt von Judäa (26–36 n. Chr.), jener unter den judäischen Präfekten, von dem wir durch Philo und Josephus einiges erfahren und der neben Valerius Gratus, seinem Vorgänger, die längste Amtszeit hatte. Die lange Amtszeit entspricht der Politik des Kaisers Tiberius, der meinte, daß die Statthalter es machten wie die Fliegen am Körper eines Verwundeten: wenn sie sich einmal vollgesogen haben, werden sie mäßiger in ihren Erpressungen[6]. Philo stellt Pilatus ein denkbar schlechtes Zeugnis aus. Es reicht von Bestechlichkeit bis zu unerträglicher Grausam-

---

[1] 27, 11 (zweimal). 14.15.21.27; 28, 14.
[2] D mae do bieten: συμβούλιον ἐποίησαν. Dazu vgl. Mk 15, 1.
[3] Gegen LOHMEYER.
[4] SENECA, de ira 2,7,3: Am frühen Morgen eilen sie zum Forum – was für schändliche Streitigkeiten, was für noch schändlichere Anwälte haben sie!
[5] Nach DIO CHRYSOSTOMOS 14, 20 f wird Orestes, „der älteste König der Götter", gefesselt – allerdings aus anderen Motiven – und als Beispiel für einen König in Fesseln angeführt.
[6] Vgl. SCHÜRER, Geschichte I 488.

keit[7]. Verschiedene Unternehmungen weisen ihn als Judenfeind aus (vgl. auch Lk 13,1)[8]. Der dem Pilatus beigefügte Titel ἡγεμών ist allgemein und ungenau (Gebieter, Oberhaupt, Herrscher, Fürst)[9]. Aber auch Josephus, ant. 18,55, bezeichnet ihn so: Πιλᾶτος δὲ ὁ τῆς Ἰουδαίας ἡγεμών. Auf der lateinischen Inschrift von Caesarea heißt Pilatus: Praefectus Judaeae[10]. Zum Paschafest pflegten die Präfekten, die in Caesarea am Meer residierten, nach Jerusalem hinaufzuziehen, um durch ihre Anwesenheit Unruhen vorzubeugen[11].

III

a) Durch die folgende Judasperikope erscheint bei Mt der kurze Text verselbständigt. Im wesentlichen faßt er den Inhalt von Kap. 27 zusammen. Jesus wird zu Tode gebracht. Ausführendes Organ ist der Römer. Treibende Kraft sind die Hohenpriester und Ältesten. Jesus ist der leidende Gerechte, der von den Führern seines Volkes an den Heiden ausgeliefert wird.

b) Die Auslieferung Jesu an Pilatus hat die juristische Voraussetzung, daß die Juden nicht über die potestas gladii verfügten. Eine selbständige Morgensitzung der jüdischen Behörde darf aus 27,1f nicht abgeleitet werden. Lk 23,1, der eigene Wege geht, weiß nichts von einer nächtlichen Sitzung. Die Residenz des Pilatus in Jerusalem und somit der Ort des Prozesses Jesu ist nicht die Tempelburg Antonia, sondern die Herodesburg auf der Nordwesthöhe in der Oberstadt am Jaffator, in deren Gebäude in neuerer Zeit eindrucksvolle Ausgrabungen erfolgten. In dieser Burg pflegten die römischen Präfekten abzusteigen. Weil die römischen Prozesse öffentlich waren, müssen wir daran denken, daß die Verhandlung vor dem Herodespalast auf einem öffentlichen Platz stattfand. Der Kreuzweg der Pilger in Jerusalem, der erst nach den Kreuzzügen so festgelegt wurde, daß er vom Ort der Antonia seinen Ausgang nahm[12], müßte eigentlich entsprechend korrigiert werden.

---

[7] LegGaj 301–303. Pilatus war aus dem Rittergeschlecht der Pontii. – ACWΘ f[1.13] 892 1006 1342 1506 latt sy[h] lesen in V 2: Pontius Pilatus (von HUCK-GREEVEN, Synopse, bevorzugt). Sinaiticus B 33 sy[s.p] co bieten nur: Pilatus. Dies ist vorzuziehen.
[8] Gesammelt bei SCHÜRER I 488–492. In der rabbinischen Literatur wird Pilatus, von zwei zweifelhaften Stellen abgesehen, nicht erwähnt. Vgl. BILLERBECK I 1025f. 40f.
[9] Vgl. PASSOW s.v.
[10] Das 68 cm hohe Steinfragment gehörte wahrscheinlich zum Tiberieum, einem von Pilatus zu Ehren des Tiberius errichteten Gebäude in Caesarea. In zweiter Verwendung diente der Stein als Stufe im Römischen Theater, wo er auch gefunden wurde. Vgl. Y. ISRAELI: Highlights of Archaeology. The Israel Museum, Jerusalem (Jerusalem 1984) 92f.
[11] JOSEPHUS, ant. 20,109, berichtet von der Anwesenheit des Cumanus beim Paschafest in Jerusalem.
[12] Vgl. KOPP, Stätten 419.

12. Der Erwerb des Blutackers (27, 3–10)

3 Dann sah Judas, der ihn ausgeliefert hatte, daß er verurteilt war. Es reute ihn und er brachte die dreißig Silberstücke zurück zu den Hohenpriestern und Ältesten 4 und sagte: Ich habe gesündigt, daß ich unschuldiges Blut ausgeliefert habe. Sie aber sprachen: Was geht das uns an? Siehe du zu! 5 Und er warf die Silberstücke in den Tempel und entfernte sich. Er ging fort und erhängte sich. 6 Die Hohenpriester aber nahmen die Silberstücke und sprachen: Es ist nicht erlaubt, sie in den Tempelschatz zu tun, denn ein Blutpreis ist es. 7 Sie faßten aber einen Beschluß und kauften damit den Acker des Töpfers zum Begräbnis für die Fremden. 8 Daher wird jener Acker bis auf den heutigen Tag Blutacker genannt. 9 Da erfüllte sich, was gesagt ist vom Propheten Jeremia, der spricht: Und sie nahmen die dreißig Silberstücke, den Preis für den Verkauften, den sie abschätzten von den Söhnen Israels. 10 Und sie gaben sie für den Acker des Töpfers, wie mir der Herr befohlen hat.

I

Die Perikope ist innerhalb der Evangelien Sonderüberlieferung des Mt. Dieser fügt sie ein zwischen die Auslieferung Jesu an Pilatus und den Prozeß vor dem Römer. Wenn sie ihren Platz nicht nach der Auslieferung Jesu an das Kreuz durch Pilatus fand, das heißt, nach 27,26, erklärt sich dies aus der Absicht des Mt, einen Zusammenhang mit den Synhedristen als den nach seiner Sicht eigentlich Verantwortlichen herzustellen. Auch in dieser Perikope kommt Jesus nicht vor. Judas einerseits und die Hohenpriester und Ältesten anderseits bestimmen die Szene. Als Jüngerperikope rückt sie in die Nähe von 26,69–75, die Verleugnung Petri. Petrus und Judas sind die beiden Jünger, die in der Passion hervortreten. Für beide gab es eine Ansage ihres Versagens (26,21 ff und 34). Während bei Mk zwar vom weiteren Ergehen des Petrus erzählt wurde, so liest man dort noch nichts vom weiteren Ergehen des Judas. Man wird dies als ergänzungsbedürftige Lücke empfunden haben. Um diese zu schließen, entstand unsere Tradition. Zwischen der Judas- und der Petrusüberlieferung aber besteht der Unterschied, daß es für Petrus Ansagen seiner Wiederannahme gibt (Lk 22,32; Joh 13,36b), eine Ansage des Endes des Judas hingegen gibt es nicht[1]. Die Lust zu fabulieren, hat bei der Entstehung des Textes auch eine Rolle gespielt.

Die Perikope gliedert sich in drei Teile, die jeweils durch einen Subjektwechsel angezeigt sind: Im ersten Teil agiert Judas, der nochmals vor den Hierarchen erscheint und dann endgültig fortgeht (3–5); im zweiten agieren die Hohenpriester, die einen Beschluß fassen (6 f). Im dritten werden Informationen geboten über den Blutacker, über den theologischen Hin-

---

[1] Zur Verwandtschaft der Petrus- mit der Judasüberlieferung vgl. SENIOR: EThL 48 (1972) 375–381.

tergrund des Geschehens mit Hilfe eines Reflexionszitats, dem letzten in unserem Evangelium (8–10). Judas ist zwar auslösender Faktor des Geschehens, steht aber nicht im Zentrum des Ganzen. Das zentrale Interesse haftet an den (dreißig) Silberstücken, die immer wieder erwähnt werden. Sie sind der Schätzpreis, für den man Jesus kaufte, sie sind die Summe, die man für den Erwerb des Töpfer- bzw. Blutackers bezahlt. Damit sind christologische und (un-)heilsgeschichtliche Implikationen angedeutet, die das Ende des Judas in den Hintergrund treten lassen. Letztlich wird dieses nur mit einem Wort mitgeteilt: ἀπήγξατο (5)[2].

Für das Verständnis der Perikope ist deren atl Hintergrund unerläßlich. Zwischen dem atl Reflexionszitat, das besondere Probleme aufgibt, und dem narrativen Text bestehen enge Beziehungen. In beiden begegnen die dreißig Silberstücke, der Töpferacker, der Schätzpreis (τιμή; vgl. 6 und 9). Wie in der Interpretation zu zeigen sein wird, hat darüber hinaus das Umfeld prophetischer Texte auf die Erzählung eingewirkt. Doch sollte man diese nicht als Targum qualifizieren, weil im Targum ein biblischer Text neu interpretiert wird. Hier hingegen haben wir es mit einem neuen Text zu tun, der biblische Topoi einbezieht. Er ist mit Mt 2 vergleichbar und könnte – wenn man einen Begriff haben will – als Haggada bezeichnet werden[3]. Ob die atl Geschichte vom Selbstmord des Ahitofel, der sich an König David vergehen wollte, auf unsere Perikope eingewirkt hat, erscheint zweifelhaft[4]. Von der Übereinstimmung des Todes, daß auch er sich erhängte (LXX 2 Kg 17,23: ἀπήγξατο), abgesehen, sind die Unterschiede beträchtlich. Auch die Brücke, die man über die Verbindung David – Davidssohn bauen will, ist schwach. David geht aus dem Anschlag als Sieger hervor, während der Davidssohn Jesus in den Tod geht. Eher könnte die allgemeine, volkstümliche Auffassung Pate gestanden haben, daß den Frevler sein Schicksal ereilt[5]. Insgesamt reicht das AT als Grund für die Entstehung der vorliegenden Tradition nicht aus. Wie schon Benoit[6] bemerkte, müssen noch zwei weitere Faktoren in Rechnung gestellt werden: die volkstümliche Überlieferung, die vom Ende des Judas zu berichten wußte, und Gegebenheiten der Topographie Jerusalems, die den rätselvollen Blutacker betreffen.

Damit sind wir bei der traditionsgeschichtlichen Fragestellung. Die Perikope ist zwar Sondergut des Mt innerhalb der Evangelien, sie besitzt aber eine Parallele in Apg 1,18–20:

„Dieser hatte vom ungerechten Lohn ein Grundstück erworben. Aber er stürzte vornüber und barst mitten entzwei, und alle seine Eingeweide tra-

---

[2] LOHMEYER gibt in seinem Kommentar der Perikope die Überschrift: Die dreißig Silberlinge.
[3] Vgl. Exkurs 2 dieses Kommentars in Bd. I 60–62. STENDAHL, School 127, spricht von einem targumisierenden Text.
[4] Positiv urteilt KLAUCK, Judas 95f.
[5] So bildet sich später auch die Überlieferung heraus, daß Pilatus durch Selbstmord geendet sei. Vgl. EUSEBIOS, h. e. 2,7.
[6] Tod des Judas 167.

ten hervor. Und es wurde allen Bewohnern Jerusalems bekannt, so daß jenes Grundstück in der ihnen eigenen Sprache Hakeldamach genannt wurde, das ist Blutgrund."[7]

Hier verlaufen die Dinge etwas anders. Judas endet nicht durch Selbstmord, sondern einen Unglücksfall, der als Gottesgericht aufgefaßt wird. Das Grundstück erwerben nicht die Hohenpriester, sondern Judas selbst. Die Hohenpriester bleiben völlig aus dem Spiel. Gemeinsam sind Mt und Apg der Judaslohn und der Blutacker, für den Apg sogar den aramäischen Namen mitteilt. Die Gemeinsamkeiten reichen aus für die Annahme einer vorausliegenden (mündlichen) Überlieferung. Diese konnte in verschiedene Richtungen weiterentwickelt werden. In ihrer mt Gestalt sind theologische Intentionen des E auszumachen. Dies sind insbesondere die Einbeziehung der jüdischen Hierarchen und damit der Schuld Israels. Ein besonderes Problem gibt das Reflexionszitat auf. Gegen Strecker ist die Auffassung zu vertreten, daß dieses nicht ehemals als selbständiger (apokrypher) Prophetenspruch existierte[8] – was für einen Sinn sollte er gehabt haben? –, sondern daß Erzählung und Reflexionszitat aufeinander hingeordnet sind und zusammengehören. Dies wird zu zeigen sein. Die schriftgelehrte Arbeit verweist auf die Schule des Mt. Sprachliche Besonderheiten deuten an, daß die Perikope ihre definitive schriftliche Gestalt durch Mt gewann[9]. Die Ursprünge der Überlieferung, die einen verzweigten Weg durchlief, müssen wohl wegen ihrer örtlichen Bindung an Jerusalem in der dortigen Gemeinde gesucht werden (vgl. auch IIIb).

II

3f Es ist nicht von ungefähr, daß Mt die Judas-Geschichte an die Überlieferung Jesu an Pilatus bindet. Jesus erscheint verloren. Der Auslieferer erkennt, daß Jesus verurteilt ist. Die Verantwortung ist den Hohenpriestern und Ältesten angelastet. Judas tritt nochmals vor ihrem Gremium auf. Seine Tat reut ihn. Mt meidet freilich das Wort umkehren[10]. Mit der Rückgabe des Geldes soll die Abmachung von 26,15 rückgängig gemacht werden[11]. Die dreißig Silberstücke intonieren leitmotivisch das Blutgeld,

---

[7] Bei PAPIAS frg. 3 wuchert die Tradition wüst weiter. Judas leidet schlimm an Wassersucht, sein Körper bläht sich überdimensional auf, ein ihm begegnender Wagen zerquetscht ihn. Vgl. STRAUSS, Leben Jesu 567f. Den Text des Papiasfragments bietet ALAND, Synopsis 470.

[8] Vgl. STRECKER, Weg 76–82. Für STRECKER ist das Nebeneinander der Namen Töpfer- und Blutacker ein Argument. Der erste sei in V 7 aus dem apokryphen Prophetenspruch sekundär nachgetragen. Doch ist die Jeremia-Reflexion von vornherein auf den Töpfer hin orientiert.

[9] Dazu gehören zweimaliges τότε (3 und 9), der Plural ἀργυρία (vgl. 26,15), αἷμα ἀθῷον (im NT nur noch 27,24), συμβούλιον λαμβάνειν, die Übereinstimmung der Einführung des Reflexionszitates mit 2,17. Vgl. STRECKER, Weg 77; KILPATRICK, Origins 46. Zu ἕως τῆς σήμερον vgl. 28,15.

[10] Zu μεταμέλει noch 21,29.32.

[11] Zu στρέφω im Sinn von zurückgeben vgl. SENIOR: EThL 48 (1972) 405. – Sinaiticus[1] ACWΘ f[1.13] 33 892 1342 1506 lesen: ἀπέστρεψεν.

das im Folgenden nahezu zum Ereignisträger wird. Die Rückgabe erfolgt verbunden mit einem Sündenbekenntnis (vgl. Lk 15,21!). Man möchte meinen, daß damit der Weg zur Wiederannahme geebnet sei. Wenn dies nicht geschieht, tritt der atl-gesetzliche Charakter des Geschehens hervor. Das Sündenbekenntnis lautet, unschuldiges Blut, das heißt einen Unschuldigen, ausgeliefert zu haben. Unschuldiges Blut ist eine biblische Wendung, die besonders häufig in der LXX vorkommt (LXX 1 Kg 19,25; 25,26.31; 3 Kg 2,5; Jer 7,6; 22,3 u. ö.). Eng verwandt ist Dt 27,25, ein Gebot des sog. Sichemitischen Dodekalogs: „Verflucht sei, wer Bestechung nimmt, einen Unschuldigen (LXX: ψυχὴν αἵματος ἀθῴου) zu erschlagen. Und alles Volk soll antworten und sprechen: Amen." – Der Dodekalog wendet sich gegen Praktiken, die heimlich, also außerhalb der Kontrolle der Öffentlichkeit, ausgeführt werden, auch in der Regel weder einen Kläger noch einen Richter haben. Wer sich in dieser Weise vergeht, den trifft der (wirksame) Fluch Gottes. In einem quasi-sakralrechtlichen Zeremoniell distanziert sich die Kultgemeinde von ihm durch bestätigendes Amen[12]. Im mt Kontext hat das Sündenbekenntnis des Judas eine zweifache Funktion: Es eröffnet die Reihe der Aussagen, die Jesu Unschuld bezeugen (vgl. VV 19.24). Und es belastet die jüdischen Hierarchen und mit ihnen das Volk. Es ist wie eine Aufforderung an diese, von Jesus abzulassen[13]. Das aber geschieht nicht. Die Wendungen „Was geht das uns an? Siehe du zu!" – beide von klassischer Art – versuchen, die Verantwortung ganz auf Judas abzuwälzen[14].

5 Die Reaktion des Judas ist eine verzweifelte. Er wirft die Silberstücke weg[15]. Warum wirft er sie in den Tempel? Gewiß ist damit die Fortsetzung der Erzählung ermöglicht, doch dürfte eine bestimmte Rechtspraxis dahinterstehen. Im Mischnatraktat Arachin 9,4 ist folgender Fall – als Weisung Hillels des Alten – vorgesehen: Innerhalb von zwölf Monaten hat man als Verkäufer das Vorrecht, das Verkaufte – die Mischna nennt ein Haus – zurückzukaufen. Versteckt sich der Käufer, um das zu verhindern, so soll man das Geld in den Tempelvorhof werfen. Der Käufer kann dann, wenn er will, sein Geld holen. In Analogie zu diesem Fall wirft Judas die Silberstücke in den Tempel, um den Verkauf Jesu rückgängig zu machen[16].

Daneben wirkt auf die Formulierung des Satzes der prophetische Text

---

[12] Vgl. G. von Rad, Das fünfte Buch Mose (ATD 8) (Göttingen 1964) 119–121. – B¹ LΘ latt sy^s mae bo lesen in V 4: gerechtes Blut.
[13] Klauck, Judas 94f, vermerkt, daß in dieser Situation die Hierarchen entsprechend Dt 21,7-9 handeln mußten, das heißt, ein Sühnopfer darbringen, um Vergebung zu erlangen. Vgl. Schmidt: Jud 1 (1945) 34.
[14] Zu τί πρὸς ἡμᾶς – nur hier bei den Synoptikern – vgl. Bl.-Rehk. § 127,3 Anm. 4. σὺ ὄψῃ ist vermutlich ein Latinismus: tu videris.
[15] Der Kodex Sinaiticus ergänzt die Zahl: dreißig.
[16] Vgl. J. Jeremias, Jerusalem zur Zeit Jesu (Göttingen ²1958) II A 56. – Der Tempelvorhof, nicht das Tempelhaus, ist Ort der Handlung. Gegen Klostermanns Übersetzung.

Zach 11,12f ein, der schon für Mt 26,15 bestimmend war. Zur Erinnerung: Der Prophet spricht von einem ausgedienten Hirten des Volkes, dem man, um ihn zu kränken, den schändlichen Lohn von dreißig Silberstücken gab. Daraufhin befiehlt ihm der Herr, das Geld dem Gießer *(joṣer)* des Tempels hinzuwerfen [17]. „Und ich nahm die dreißig Silberstücke und warf sie im Haus des Herrn dem Gießer hin." So wirft jetzt Judas das Geld hin [18]. Die Anwendung des prophetischen Textes geschieht mit vertauschten Rollen. Der Hirt ist verkauft worden! Damit ist das Reflexionszitat der VV 9f vorbereitet. Und es ist ersichtlich, wie die – für unseren Geschmack außerordentlich kühne – Schriftreflexion die Erzählung beeinflußt. Weil Judas erfuhr, daß sein Angebot nicht angenommen wird, nimmt er sich das Leben. Die Hierarchen sind in sein Schicksal mitverstrickt.

6 Die Hohenpriester heben die Silberstücke auf. Damit ist aber das Geschäft mit Judas nicht rückgängig gemacht. Dieser ist tot. Das Geld ist herrenlos. Als solches könnte es in den Tempelschatz kommen. Das aber ist in diesem Fall unmöglich, weil es – wie sie erklären – Blutgeld ist. Damit erreicht der Sarkasmus seine Spitze. Denn Blutgeld kann nur auf den Tod Jesu bezogen werden und besagt dann, daß man sein Leben erkauft hat. Sie selbst bestätigen es. Das Wort für Tempelschatz ist Korbanas (eigentlich: Geschenk, Geweihtes), das in diesem Sinn auch bei Josephus, bell. 2,175 (jedoch κορβωνας) belegt ist [19]. Ob auch hier ein Einfluß von Zach 11,13 („ich warf sie im *Haus des Herrn* dem Gießer hin") vorliegt, ist zweifelhaft und eher abzulehnen [20]. Das Verbot, Blutgeld in den Tempelschatz zu legen, ist durch Dt 23,19 nahegelegt: „Du sollst nicht Hurenlohn oder Hundegeld in den Tempel Jahves, deines Gottes, bringen." [21]

7 Über Dt 23,19, das heißt, über die Frage, was man mit solchem Geld tun solle, gibt es eine umfängliche rabbinische Diskussion [22]. Die Meinungen gehen dahin, daß man es für öffentliche Bedürfnisse verwenden soll. Die Anlage von Badehäusern, Zisternen, Bedürfnisanstalten werden genannt. Der Kauf eines Friedhofes für Fremde – darunter sind wohl in erster Linie Pilger zu verstehen [23] – paßt in diesen Kontext. Nimmt man es

---

[17] Der Schmelzer ist jener Tempelbeamte, der wertvolle metallene Weihegaben umzuschmelzen hatte. LXX Zach 11,13 sagt für *joṣer*: χωνευτηριον (= Schmelzofen).
[18] Die Verbform ῥίψας könnte von Aq. S. Zach 11,13: ῥῖψον αὐτό beeinflußt sein.
[19] Zur Minderung des Langvokals vgl. BEYER, Texte 137. – E f¹³ 205 209 1342 bieten: κορβοναν, B* 1006* it mae: κορβαν. Mt bezeugt mit der Verwendung dieses Wortes die Nähe, die er auch zum griechisch sprechenden Judentum besitzt. Damit ist aber nicht gegeben, daß die Überlieferung vom Judastod im hellenistischen Judenchristentum entstanden sei. So STRECKER, Weg 77.
[20] Gegen SENIOR: EThL 48 (1972) 414. STENDAHL, School 124, vermutet Einfluß der Peschitta, die in Zach 11,13 *'ṣr* (Schatzhaus) liest. Doch landet das Judasgeld gerade nicht im Schatzhaus.
[21] Dt 23,19 richtet sich gegen die Tempelprostitution und kanaanäische Kultbräuche.
[22] Vgl. BILLERBECK I 37f. 1029.
[23] Manche Interpreten, die bei den Fremden an Heiden denken, verbinden mit V 7 eine

realistisch, so reicht die Summe von dreißig Silberstücken bestenfalls für Brachland aus. Wichtig ist die Überlieferung des Flurnamens, Acker des Töpfers. Damit ist erneut eine Assoziation mit Zach 11,14 gegeben. Denn das Wort *joṣer*, das wir oben mit Schmelzer übersetzen (ich warf die Silberstücke dem Schmelzer hin), bedeutet auch, sogar vordringlich: Töpfer. Gleichzeitig ist eine Verbindung mit dem Propheten Jeremia hergestellt, bei dem wir von einem Haus des Töpfers (18,2f) und davon hören, daß Jeremia einen Acker kauft (32,6-9). Möglicherweise hat auch Jer 19,11 eingewirkt: „Im Tofet wird man begraben, weil sonst zum Begraben kein Platz ist."[24] Bei der Erörterung des Reflexionszitates ist darauf zurückzukommen.

8 Mt verknüpft mit dem Kauf des Töpferackers für Begräbniszwecke dessen Umbenennung in Blutacker. Ätiologisch wird die Entstehung des neuen Namens am Blutgeld, mit dem die Hohenpriester Jesus kauften, festgemacht. Wohlgemerkt ist der Blutacker für Mt nicht jene Flur, wo Judas umkam (wie Apg 1,18ff). Als von den Hohenpriestern mit dem Blutgeld erworben, wird er zum Denkmal, das gegen sie zeugt. Der in Apg 1 aramäisch überlieferte Name Hakeldamach wird also hier und dort ganz unterschiedlich interpretiert; Apg 1 bezieht ihn auf den Tod des Judas, Mt auf den Tod Jesu bzw. die Schuld der Hohenpriester. Die Floskel „bis auf den heutigen Tag" ist in Ätiologien geläufig[25] und deutet an, daß der Name Blutacker für jene Flur noch in den Tagen, da Mt sein Evangelium schreibt, bekannt ist.

Zahlreiche Interpreten gehen davon aus, daß für Mt der Blutacker im Hinnomtal liegt, dem Südabhang von Jerusalem. Dort zeigt man heute Hakeldamach. Diese Lokalisierung ist erstmalig aber erst durch Hieronymus bezeugt[26]. Das Hinnomtal könnte sich nahelegen wiederum durch Jer 19,1, wo der Prophet aufgefordert wird, ins Hinnomtal hinauszuziehen. Nach V 6 soll es in Mordtal umbenannt werden. Wegen der Molochopfer galt es als Stätte des Unheils. Im Süden der Stadt waren die Töpfer zu Hause[27]. Zum Hinnomtal führte das Scherbentor (Jer 19,2)[28]. Obwohl dieser Ort paßte, läßt es sich für die ntl Überlieferung nicht sicher ausmachen, wo man damals den Blutacker suchte.

---

theologische Öffnung zur Heidenwelt. Dies ist eine der Überinterpretationen, die man mit unserer Perikope verband.

[24] Das Tofet (Bedeutung unbekannt) ist eine heidnische Opferstätte für Kinderopfer an Moloch. – SENIOR: EThL 48 (1972) 418 hält Jer 19,11 für die Schlüsselstelle für Mt 27,7.

[25] Vgl. Gn 26,33 (Ätiologie für Beerscheba); 2 Sm 6,8.

[26] EUSEBIOS, Onom. 38, lokalisierte Hakeldamach „nördlich von Sion". HIERONYMUS korrigierte dies in: südlich. Vgl. KOPP, Stätten 409.

[27] Vgl. BENOIT, Tod des Judas 176f. Zweifelhaft ist die Identifizierung des Töpferackers mit dem Walkerfeld von Is 7,3.

[28] Hängt der Name Scherbentor (mit dem Misttor von Neh 2,13; 3,13f identisch?) mit dem Töpferviertel zusammen oder besagt der Name einfach, daß das Tor zum städtischen Müllplatz führte?

9f Nicht final, sondern feststellend (da erfüllte sich) wird das Reflexionszitat eingeleitet. Der Unheilscharakter des Geschehens hat das veranlaßt. Das Unheil ist von Gott nicht beabsichtigt, aber vorausgewußt. In diesem Punkt, aber auch in der Berufung auf den Propheten Jeremia, stimmt die Einführung mit 2,17 (Kindermord von Bethlehem) überein. Die Rekonstruktion des zitierten Textes ist besonders schwierig. Auf jeden Fall ist es ein Mischzitat. Im Mittelpunkt steht Zach 11,12f. Wir vergleichen die Texte:

Mt   καὶ ἔλαβον τὰ τριάκοντα ἀργύρια,
     τὴν τιμὴν τοῦ τετιμημένου
     ὃν ἐτιμήσαντο ἀπὸ υἱῶν Ἰσραήλ,
     καὶ ἔδωκαν αὐτὰ εἰς τὸν ἀγρὸν τοῦ κεραμέως,
     καθὰ συνέταξέν μοι κύριος.

M   „Und sie wogen meinen Lohn, dreißig Silberstücke.
    Und Jahve sprach zu mir: Wirf sie dem Gießer hin,
    den herrlichen Preis, auf den ich von ihnen geschätzt wurde.
    Und ich nahm die dreißig Silberstücke
    und warf sie im Haus des Herrn dem Gießer hin."

LXX καὶ ἔστησαν τὸν μισθόν μου τριάκοντα ἀργυροῦς.
     καὶ εἶπεν κύριος πρός με·
     κάθες αὐτοὺς εἰς τὸ χωνευτήριον,
     καὶ σκέψαι εἰ δόκιμόν ἐστιν,
     ὃν τρόπον ἐδοκιμάσθην ὑπὲρ αὐτῶν.
     καὶ ἔλαβον τοὺς τριάκοντα ἀργυροῦς
     καὶ ἐνέβαλον αὐτοὺς εἰς τὸν οἶκον κυρίου
     εἰς τὸ χωνευτήριον.

Der Anfang des Zitats „Und sie wogen meinen Lohn, dreißig Silberstücke" wurde nochmals wiedergegeben, um den Anschluß an die Perikope vom Judasverrat 26,14–16 anzuzeigen, wo er als prägend nachgewiesen werden konnte. Vergleicht man die einzelnen Zeilen des Zitats bei Mt mit den Vorlagen, ergeben sich folgende Beobachtungen: Zeile 1 und 2 sind vertauscht. Im Sacharja-Text spricht der Prophet (ich nahm), Mt wendet ihn auf die Hierarchen an (sie nahmen)[29]. Aus dem „herrlichen Preis" ist der „Preis für den Geschätzten" geworden, die Söhne Israels sind hinzugetreten. Zeile 1 steht der LXX nahe[30], Zeile 2 eher M. Zeile 5 könnte ein Reflex sein auf „Und es sprach der Herr zu mir" (Zeile 2 in M und LXX). Die Formulierung mit συντάσσω (wie mir der Herr befohlen hat) besitzt ihre Entsprechungen in Mt 21,6; 26,19. Auch bei Mt ist an dieser Stelle das Ich des Propheten gemeint. Das prophetische Ich wird in Erinnerung gerufen, um die Erfüllung des prophetischen Wortes zu verstehen zu geben.

Trotz der beherrschenden Prägung des Textes durch Zach 11,12f führt Mt das Zitat, dessen reflektierende und akkommodierende freie Wieder-

---

[29] ἔλαβον ist in diesem Sinn doppeldeutig, doch muß es für Mt als 3. Ps. Plur. gelesen werden. Vgl. in Zeile 4: ἔδωκαν. Wenn einzelne Hss ἔδωκα (Sinaiticus W 983 sy) bzw. ἔδωκεν (A*, allerdings unsicher) bieten, ist dies sicher sekundär.

[30] Wechsel von τοὺς ἀργυροῦς in τὰ ἀργύρια. Diese Form hält Mt durch. Vgl. 26,15; 27,3.5f.

gabe deutlich geworden ist, als Jeremiazitat ein. Die sachliche Berechtigung dieser Zitierung bezieht E aus Zeile 4 des Zitats, in der auf mehrere Jeremiastellen verwiesen ist: Ackerkauf (Jer 32,6-9), Haus des Töpfers (18,2f), evtl. das Begräbnis im Tofet (19,11). Weil Jeremia für ihn der klassische Unheilsprophet ist, steht er für ihn gerade in diesem Zusammenhang dem Sacharja gegenüber im Vordergrund[31].

III

a) Für Mt steht nicht Judas und sein Schicksal im Zentrum der Überlieferung, sondern die Hohenpriester und Ältesten. Es wäre darum nicht richtig, ihn für die unselige Identifizierung des Judas mit jüdischem Wesen verantwortlich zu machen, wie sie einer später aufkommenden Tradition entspricht. Darum legt er den Erwerb des Blutackers nicht auf das Schicksal des Judas hin aus, sondern auf das Treiben der jüdischen Hierarchen. Nicht das Ergehen des Jüngers erweckt sein Interesse, sondern das theologische Schicksal des jüdischen Volkes, das von den Taten seiner Führer natürlich nicht unberührt bleibt. An deren außerordentlich scharfen Zeichnung durch Mt wird man nicht ohne Kritik vorübergehen können. Spiegeln sich in solchen Geschichten zwar die leidvollen Erfahrungen wider, die Judenchristen der ältesten Epoche in der Auseinandersetzung um ihres Glaubens willen machen mußten, so widersprechen Gedanken der Rache dem ursprünglichen Geist des Evangeliums. Die Überlieferung rückt in die Nähe des Apokryphen, wenn sie nicht schon zu diesem zu rechnen ist. Judas hingegen erscheint mit seinem Bekenntnis von Jesu Unschuld in einem freundlicheren Licht. Freilich steht diese sachliche Aussage, wiederum nicht eine Psychologie des Jüngers, im Vordergrund. Dennoch bleibt auf diesem Hintergrund die Frage um so quälender, warum diesem auch nicht der geringste Schein eines lichtvolleren Ausblicks gegönnt ist.

b) Der Selbstmord des Judas ist als Legende einzustufen. Was der historische Kern der vorliegenden Überlieferung ist, ist kaum noch auszumachen. Der atl Reflex allein reicht als Erklärung für ihre Entstehung nicht aus, wie das künstlich zusammengetragene Zitat erweist. Es muß in Jerusalem einen besonderen Begräbnisplatz gegeben haben, der zum Ausgangspunkt der Judaslegende wurde. Vermutlich war sein ursprünglicher Name Töpferacker. Der Name Hakeldamach (= Blutacker) dürfte ihm in Verbindung mit der Entstehung der Legende von der christlichen Gemeinde gegeben worden sein. Die These, daß dieser Name ursprünglich einfach Stätte des Schlafes, Friedhof *(Chaqel dama),* bedeutete, hat vieles für sich[32]. *Chaqeldama* konnte leicht in *-damach* abgeändert werden. Wie

---

[31] Nur die Kodizes 22 und sy[h] korrigieren in gelehrter Weise, indem sie in V 9 an die Stelle von Jeremias Zacharias setzen, letzterer in einer Marginalie. 33 sy[s.p] streichen den Namen Jeremias einfach, während der Eintrag des Namens Isaias in Kodes 21 die biblische Ignoranz seines Schreibers zur Schau trägt.

[32] Vgl. LOHMEYER 377 Anm. 2. Der Name Blutacker wäre für einen Friedhof sehr befremdlich.

der weitere Weg des Judas verlief, wissen wir nicht. Daß ihn die Gemeinde frühzeitig aus dem Blick verlor, könnte zur Entstehung dieser Geschichte beigetragen haben.

c) Die Wirkungsgeschichte der Judasüberlieferung ist erschreckend. Judas wird zum Abschaum der Menschheit gestempelt, die Geschichte seines Endes wird immer drastischer und perverser geschildert, er wird zum Inbegriff dessen, was hassenswert ist. Es gibt kaum einen Menschen, auf den so viel Haß ausgegossen wurde wie auf ihn[33]. In besonderer Weise gefährlich wird diese Ausgestaltung, wenn die Tat des Judas mit der ablehnenden Haltung des jüdischen Volkes kombiniert oder in eins gesetzt wird. Auf diesem Hintergrund wirken die paränetischen Anwendungen des Falles des Judas, die immer wieder erfolgten, wenig überzeugend. Für Luther ist Judas der Vater der Mönche. Weil er ein einsamer Mensch war, wurde er zur Bestie[34]. Nach Chrysostomos war das Ende des Judas so schrecklich, weil seine Reue zu spät kam[35]. In der modernen Literatur wird Judas wiederholt aufgegriffen. Man nimmt sich seiner an. Besondere Beachtung verdient W. Jens' „Der Fall Judas". „Judas, der Schacherer, Inbegriff der Zinstreiber im Getto."[36] In einem fiktiven Prozeß bemüht sich ein Franziskanerpater um die Seligsprechung des Judas. Judas ist gezeichnet als Stellvertreter all jener, die als Gebrandmarkte auf das Kreuz verweisen. Richtig ist, daß das Reden über Judas nur vom Kreuz her erfolgen kann, von dem das Erlösungsgeschehen seinen Anfang nahm[37].

LITERATUR: D. HAUGG, Judas Iskarioth in den ntl Berichten (Freiburg 1930); K. LAKE, The Death of Judas: The Beginnings of Christianity V (London 1933) 22–30; J. HERBER, La mort de Judas: RHR 129 (1945) 47–56; K. L. SCHMIDT, Der Todesprozeß des Messias Jesus: Jud 1 (1945) 1–40; R. B. HALAS, Judas Iscariot (SST 96) (Washington 1946); P. BENOIT, Der Tod des Judas: Exegese und Theologie (KBANT) (Düsseldorf 1965) 167–181; D. SENIOR, The Fate of the Betrayer: EThL 48 (1972) 372–426; W. C. VAN UNNIK, The Death of Judas in St. Matthew's Gospel: Gospel Studies in Honor of S.E. Johnson (AThR Suppl. Series 3) (Milwaukee 1974) 44–57; M. LIMBECK, Das Judasbild im NT aus christlicher Sicht: H. L. GOLDSCHMIDT – M. LIMBECK, Heilvoller Verrat? Judas im NT (Stuttgart 1976) 37–101; F. MANNS, Un midrash chrétien: Le récit de la mort de Judas: RevSR 54 (1980) 197–203; D. J. MOO, Tradition and Old Testament in Mt 27,3–10: R. T. FRANCE – D. WENHAM, Gospel Perspectives III (Sheffield 1983) 157–175; W. VOGLER, Judas Iskarioth (ThA 42) (Berlin 1983).

---

[33] Vgl. das Material bei KLAUCK, Judas 125–136.
[34] V 88.
[35] In Matth. 85,2.
[36] Bei KUSCHEL, Jesus 163.
[37] Nach KUSCHEL, Gegenwartsliteratur 224, richtet sich W. JENS gegen eine heilsgeschichtliche Theologie, die ihre Unheilsgeschichte, ihre Opfer immer schon als festen Gegenpol mit einkalkulierte. BARTH, Dogmatik III/4, 465f, benutzt die Judasperikope zu Reflexionen über den Selbstmord.

13. Das Verhör durch Pilatus (27, 11–26)

11 Jesus aber stand vor dem Statthalter. Und der Statthalter fragte ihn und sagte: Du bist der König der Juden? Jesus aber sprach: Du sagst es. 12 Und da er von den Hohenpriestern und Ältesten verklagt wurde, antwortete er nichts. 13 Dann sagte Pilatus zu ihm: Hörst du nicht, wie viele Dinge sie gegen dich vorbringen? 14 Und er antwortete ihm nicht, nicht auf ein einziges Wort, so daß sich Pilatus sehr wunderte. 15 Am Fest aber pflegte der Statthalter der Volksmenge einen Gefangenen freizugeben, welchen sie wollten. 16 Sie hatten aber damals einen berüchtigten Gefangenen mit Namen Jesus Barabbas. 17 Als sie nun versammelt waren, sprach Pilatus zu ihnen: Wen wollt ihr, daß ich ihn euch freigebe, Jesus den Barabbas oder Jesus, der Christus heißt? 18 Denn er wußte, daß sie ihn aus Mißgunst ausgeliefert hatten. 19 Als er aber auf dem Richterstuhl saß, schickte seine Frau zu ihm und ließ ihm sagen: Habe du nichts zu schaffen mit jenem Gerechten, denn ich habe heute im Traum viel erlitten seinetwegen. 20 Die Hohenpriester und Ältesten aber überredeten die Volksscharen, Barabbas zu erbitten, Jesus aber zu verderben. 21 Der Statthalter antwortete und sprach zu ihnen: Wen wollt ihr von den beiden, daß ich ihn euch freigebe? Sie aber sprachen: Den Barabbas. 22 Pilatus sagt ihnen: Was nun soll ich mit Jesus tun, der Christus heißt? Alle sagen: Er soll gekreuzigt werden. 23 Er aber sprach: Was hat er denn Böses getan? Sie aber schrien im höchsten Maß: Er soll gekreuzigt werden. 24 Als Pilatus sah, daß er nichts ausrichtet, sondern ein noch größerer Tumult entstand, nahm er Wasser, wusch sich die Hände vor der Volksmenge und sagte: Ich bin unschuldig an diesem Blut. Sehet ihr zu! 25 Und das ganze Volk antwortete und sprach: Sein Blut auf uns und unsere Kinder! 26 Dann gab er ihnen den Barabbas frei, Jesus aber, nachdem er ihn hatte geißeln lassen, lieferte er aus, daß er gekreuzigt werde.

I

Die Perikope, die ein hohes Personenaufkommen besitzt – Jesus; Pilatus, der Statthalter; dessen Frau, Barabbas, die Hohenpriester und Ältesten, die Volksmenge – stellt sich dar als ein Dialog. Hauptperson ist Pilatus, der zunächst mit Jesus spricht – nicht mit den Hohenpriestern und Ältesten –, dann mit der Volksmenge. Damit ist der Kern einer Gliederung herausgeschält. Teil 1 umfaßt die VV 11–14, Teil 2 die VV 15–26. Pilatus, der den Dialog führt, stellt nur Fragen, zwei sind an Jesus gerichtet, die restlichen an das Volk. Der Dialog gestaltet sich als Frage-und-Antwort-Spiel. Sind Fragen des Richters an Jesus, den Angeklagten, angemessen, so lassen die an das Volk gerichteten Fragen Pilatus als einen Richter erscheinen, der die Initiative aus der Hand gibt und das Urteil über Jesus letztlich dem Volk überläßt. Dies ist die Grundintention des Textes, die durch dessen Abschluß bestätigt wird. Die abschließende Feststellung des Statthalters, daß er unschuldig sei an Jesu Blut, wird vom Volk beantwortet mit der Bereitwilligkeit, das Blut zu übernehmen. Daraufhin wird Jesus ausgeliefert.

Im Rahmen dieses Konzeptes verschärfen Detailbeobachtungen das Bild. Es werden Kontraste aufgerichtet: Jesus, den die Heidin als Gerechten erkennt (19), den die Hohenpriester und Ältesten verderben (20); die Konfrontation von Jesus und Barabbas nicht bloß in der von Pilatus an das Volk gerichteten Frage (17), sondern auch im endgültigen Entscheid (26). Jesus steht (11), Pilatus sitzt (19). Zwar ist das in einem Verhör das Übliche, aber der Leser nimmt die angedeutete Hintergründigkeit wahr. Die Beteiligung des Volkes ist sorgfältig gezeichnet. Das Bild wird lebendiger, wilder und steigert sich zu einer unkontrolliert erscheinenden Orgie. Die gewählten Worte unterstreichen diese Entwicklung: die Menge (15: ὄχλος), die Volksscharen (20: τοὺς ὄχλους, Plural!), alle (22: πάντες), das ganze Volk (25: πᾶς ὁ λαός). Auffällig ist ferner die Betonung des Christustitels (17 und 22), der den Königstitel (11) ablöst. Das Volk steht seinem Christus gegenüber. Zwei Begründungssätze erhellen die Szenerie: V 18 liefert eine wichtige Nachinformation, indem er einen Grund angibt für das Verhalten des Statthalters, der Jesus in Schutz zu nehmen sucht. Nach V 23 möchte Pilatus vom Volk den Grund hören, warum es ihn verurteilen will. Aber die Antwort ist der Kreuzigungsruf. Zweimal findet sich die bei Mt beliebte Partikel τότε (dann), die hier jeweils einen Abschluß markiert: in V 13 den Abschluß der an Jesus gerichteten Fragen und damit des ersten Teils, in V 26 den Abschluß des Ganzen mit der Auslieferung Jesu an das Kreuz. Will man den zweiten Teil noch untergliedern, so läßt sich die Amnestieszene (15–21) von der Verurteilung Jesu (22–26) trennen[1]. V 19 mit dem Traum der Frau des Pilatus bietet ein gewisses retardierendes Element[2]. Er macht es notwendig, daß die Pilatusfrage V 17 in 21 wiederholt werden muß.

Vergleicht man den Mt-Text mit der Vorlage Mk 15,2–15, so lassen sich folgende erwähnenswerte Abänderungen feststellen: Mt eröffnet – nach der Judasperikope – die Verhörszene mit dem Satz: Und Jesus stand vor dem Statthalter. Er gibt dem Pilatus immer wieder diesen Titel (VV 11.14f.21). Jesus wird angeklagt von den Hohenpriestern und Ältesten (12; Mk 15,3 erwähnt nur die Hohenpriester)[3]. Sein Schweigen wird verstärkt (12: er antwortete nichts; 14: er antwortete ihm nicht, nicht auf ein einziges Wort)[4], ebenso wie die Verwunderung des Statthalters darüber (14: λίαν)[5]. Die Barabbasszene wird eingeleitet mit: Am Fest pflegte

---

[1] Am Schluß der beiden Teile findet sich jeweils eine Antwort: ἀποκριθείς (21 und 25). Für V 21 ist nicht klar, wem Pilatus antwortet.

[2] LOHMEYER 381.

[3] Mt formuliert passivisch, Mk aktivisch.

[4] Während in Mk 15,4 das Schweigen Jesu in die Pilatusfrage aufgehoben ist, stellt es Mt zweimal fest, das erstemal in Verbindung mit den Anklagen der Hohenpriester und Ältesten.

[5] In der zweiten Pilatusfrage V 13 verwendet Mt statt κατηγοροῦσιν (Mk 15,4: sie klagen an) καταμαρτυροῦσιν (wörtlich: sie zeugen gegen dich).

(εἰώθει) der Statthalter einen Gefangenen freizugeben (15; εἰώθει fehlt in Mk 15,6), und hinzugefügt wird: welchen sie wollten. Gunst des Römers und Wille des Volkes sind also akzentuiert. Auf die ausführliche Charakterisierung des Barabbas (Mk 15,7: mit den Aufrührern in Fesseln, der beim Aufruhr einen Mord begangen hatte) ist verzichtet[6]. Statt dessen erhält er nur das Epitheton: berüchtigt. Das Zusammenströmen des Volks wird wie eine offizielle Volksversammlung geschildert: συνηγμένων οὖν αὐτῶν (17; Mk 15,8: Und die Volksmenge zog hinauf). Die Pilatusfrage ist alternativ gestellt (17: Barabbas oder Jesus; Mk 15,9: wollt ihr, daß ich euch den König der Juden freigebe) und wird nach der dazwischengeschalteten Warnung der Frau des Pilatus in V 21 in verkürzter Form wiederholt. Vor allem aber ist sie um die Beinamen Jesus Barabbas und Jesus, der Christus heißt, bereichert. Auch Barabbas trägt den Jesusnamen (schon in V 16)[7]! Pilatus wußte (18; Mk 15,10: erkannte), daß die Hierarchen aus Mißgunst gehandelt hatten. Sie überredeten (20; Mk 15,11: wiegelten auf) die Volksscharen. Auch jetzt wird wieder die Alternative eingeführt: Barabbas zu erbitten, Jesus zu verderben. Auch in V 22 ersetzt Mt erneut den Titel König der Juden (Mk 15,12) durch den Christustitel[8]. Zusätzlich liest man, daß *alle* den Kreuzigungsruf ausgestoßen hätten, der passivisch formuliert ist: Er soll gekreuzigt werden (22 und 23; Mk 15,13f: Kreuzige ihn). Auch das ist eine Nuance, die den Römer entlastet.

Vor allem aber hat Mt zwei szenische Erweiterungen eingebracht, in 19 den Traum der Frau des Pilatus und in 24f die Unschuldserklärung des Pilatus mit dem Blutruf des Volkes. Hierauf ist eigens einzugehen. Daß beide Texte in den vorgegebenen Bericht eingetragen wurden, ist deutlich zu erkennen. Für V 19 ergibt es sich aus dem oben schon erwähnten Ritardando, das eine Wiederholung der Pilatusfrage in V 21 erforderlich machte. Und die VV 24f sind an die Stelle des markinischen „Pilatus aber wollte der Volksmenge Genüge tun" (15,15a) getreten, erläutern es, bauen es aus. Darum ist es unwahrscheinlich, die kleinen, aber gewichtigen Texte als eigene Tradition aufzufassen. Dibelius wollte V 19 als Fragment einer umfangreicheren Legende erklären, die einst auch näher vom Inhalt des Traumes erzählt habe[9]. Die Texte tragen zu sehr die Sprache und die theo-

---

[6] Mk: er war in Fesseln; Mt: sie hatten einen Gefangenen. Wer bei Mt als Subjekt gemeint ist, wird nicht eigens gesagt.
[7] Allerdings wird die LA Jesus Barabbas nur geboten von Θ f[1] 700* sy[s] arm geo[2] und (dem lateinischen) Origenes. In V 17 fügen f[1] sy[s] arm geo[2] und der lateinische Origenes den Artikel vor Barabbas ein. Obwohl die Masse der Hss nur den Namen Barabbas bietet, dürfte die längere LA, die anstößig erschienen sein mag und darum gestrichen wurde, zu bevorzugen sein. Nach B. M. METZGER, A Textual Commentary on the Greek NT (New York 1971) z. St., kann es sich auch nur um eine rein zufällige Auslassung handeln. The Greek NT[3] meldet gegenüber der längeren LA größere Zweifel an, NESTLE-ALAND[26] setzt sie in eckige Klammern; HUCK-GREEVEN, Synopse, verwerfen sie. Abwegig erscheint die Auffassung von DAVIES: NTS 27 (1981) 260ff, Jesus (von Nazaret) sei Barabbas genannt worden.
[8] Zur Formulierung vgl. 1,16: ὁ λεγόμενος Χριστός.
[9] Formgeschichte 113f. Zurückhaltender TRILLING, Israel 66. Die Legende wird jedoch erst in der Folgezeit ausgeweitet. In den apokryphen Pilatusakten 2,1 heißt es, nachdem

logischen Anliegen des Mt und seiner Schule. Das Traummotiv begegnete uns auch in 1,20; 2,12f.19.22[10]. Die Bezeichnung Jesu als Gerechter haben wir zwar nur hier, doch ist die Gerechtigkeit für Mt ein Thema[11]. Außerdem leitet die Szene die VV 24f ein. In diesen beiden Versen bilden die Unschuldserklärung und der Blutruf eine unzertrennliche Einheit, gehören in ihrem antithetischen Verhältnis zusammen wie die Vorder- und Rückseite einer Medaille. Die Aussagen sind stark atl-jüdisch gefärbt, wo Mt so oft seine Theologie schöpft. Die antithetische Struktur eignet seinem Sprachstil. Das „unschuldige Blut" kennzeichnete auch die Judasperikope (27,4; vgl. das „gerechte Blut" in 23,35). „Seht ihr zu" entspricht dem an Judas gerichteten Wort: Sieh du zu (27,4). Die theologische Rede vom Volk (λαός) kennt Mt auch sonst (vgl. 1,21 und die Wendung von den Hohenpriestern und Ältesten des Volkes). Wir plädieren für mt Redaktion. Oder hat Mt eine in seiner Schule entstandene Überlieferung schriftlich gefaßt[12]?

Überblickt man die Gestaltung des Textes, so sind zwei Beobachtungen festzuhalten: Die Schilderung des Verhörs hat amtlichere Züge gewonnen (Versammlung der Volksmenge, Jesus steht vor dem Statthalter, dieser stellt nur Fragen)[13]. Die Belastung des Volkes und die Entlastung des Römers sind im Vergleich mit Mk weiter vorangetrieben.

II

11 Der Angeklagte steht vor seinem Richter[14]. Dessen Anfrage greift die Anklage auf. Der Titel „König der Juden" ist unjüdisch empfunden – die Juden sagen: König von Israel (27,42) –, ist aber der Situation ganz entsprechend. So formuliert ein Heide den jüdischen Anspruch. Ähnlich sprachen die heidnischen Magier vom König der Juden (2,2). Der Königsanspruch ist politisch gefärbt und gefährlich. Das beweist das Schicksal von zeitgenössischen Usurpatoren, die ihn erhoben[15]. Mt legt den königlichen Anspruch auf den Christustitel hin aus (VV 17 und 22) und läßt ihn in der Passionsgeschichte etwas zurücktreten (nur noch 27,29.37.42). Dafür hat er ihn bereits in der Magiergeschichte, beim Einzug in Jerusalem

---

Mt 27,19 als Ausgangspunkt dient: Da rief Pilatus die Juden herbei, stand auf und sagte zu ihnen: Ihr wißt, daß meine Frau gottesfürchtig ist und eher mit euch dem Judentum anhängt. Sie antworteten ihm: Ja, das wissen wir. Weiter sprach Pilatus zu ihnen: Seht, da schickte meine Frau und ließ mir sagen usw. Der Inhalt des Traumes wird auch hier nicht mitgeteilt.

[10] Beachtenswert ist die übereinstimmende Formulierung mit κατ' ὄναρ.
[11] Mt bietet das Wort δίκαιος 17mal, Mk 2mal. Vgl. auch δικαιοσύνη als mt Theologumenon.
[12] Übereinstimmungen mit der joh Tradition sind diesmal nicht auszumachen, es sei denn, daß man die Erwähnung des Richterstuhles in V 19 (vgl. Joh 19,13) als solche versteht. Wasser und Blut in V 24 haben eine ganz andere Bedeutung als in Joh 19,34.
[13] Vgl. LOHMEYER 382: „amtliches Gepräge"; TRILLING, Israel 73.
[14] Ähnlich stehen Petrus und Johannes (Apg 4,7), Paulus vor dem Synhedrion (24,20), Paulus vor Festus und Agrippa (26,6), vor dem Richterstuhl des Kaisers (25,10).
[15] Vgl. JOSEPHUS, ant. 17,272 (ein gewisser Judas); 17,273f (Simon, ein Knecht des Königs Herodes); bell. 2,60ff (Athrongaios, ein Hirt).

(21,5), in der Bildrede (22,2ff; 25,34ff) zur Geltung gebracht. Die Antwort Jesu „Du sagst es" kann nur im Sinn eines Ja aufgefaßt werden. Das ergibt sich bereits aus der Übereinstimmung mit der Antwort auf die ähnliche Frage des Hohenpriesters (26,64; s. dort). Das Ja bedarf aber der Auslegung, in welchem Sinn der königliche Anspruch zu verstehen ist. Diese erfolgt in der Spottszene und im Kreuz.

12-14 Die Hohenpriester und Ältesten treten als Ankläger im Prozeß auf. Über den Inhalt ihrer Anklagen erfahren wir nichts (vgl. Lk 23,2), nur daß sie schlimm gewesen seien (13: πόσα). Jesus verharrt zu allem im Schweigen, was den Statthalter nochmals zu einer Aufforderung, Jesus möge reden, bewegt. Die Lebhaftigkeit und Vielfalt der Szene ist nur angedeutet in der Bemerkung, er habe nicht auf ein einziges Wort geantwortet. Sonst ist alles mit größter Knappheit und Strenge gezeichnet. Die Anklagen der Frevler und das Schweigen des Gerechten sind Motive, die auch in den Psalmen anzutreffen sind, die von der passio justi handeln (Ps 37,12; 38,14-16; 39,10; 109,3; auch Is 53,7). Im Nebeneinander von Frage nach dem königlich-messianischen Anspruch, Bejahung, Schweigen stimmt der Bericht mit dem Bericht von der Synhedrialverhandlung strukturell überein (vgl. 26,62-64)[16]. Die Verwunderung des Pilatus läßt eine gewisse Ratlosigkeit ahnen. Auch daß er nur zu Jesus und nicht zu den Hierarchen spricht, gibt zu verstehen, daß er ihm nichts Schlimmes will[17].

15-18 Das Verhör nimmt eine Wende. Das Paschafest, an dem nach der Darstellung der Synoptiker sich alles ereignet, bietet die Möglichkeit, einen Gefangenen freizulassen. Die Paschaamnestie wird von Mt als etwas Gewohntes vorausgesetzt (εἰώθει). Die Wahl des zu Begnadenden hängt vom Volk ab. Mit der Bemerkung „wen sie wollten" ist der Auftritt des von jetzt an eigentlichen Handlungsträgers angekündigt, des Volkes, dessen Versammlung vor dem Statthalter wie eine offizielle Volksversammlung beschrieben wird. Doch schränkt Pilatus die Wahlmöglichkeit auf zwei ein. Der andere Gefangene, Barabbas, wird als ἐπίσημος deklariert. Von den Bedeutungen berüchtigt, berühmt, allgemein bekannt, die das Wort haben kann, ist die erste zu bevorzugen, weil Mt damit zusammenfaßt, was er bei Mk 15,7 über Barabbas gelesen hat, daß er ein Aufrührer und Mörder gewesen sei[18]. Das Überraschende besteht darin, daß beide Jesus hei-

---

[16] Nur steht in 26,62 das Schweigen voran. – Folgende Textvarianten sind zu verzeichnen. In V 12 setzt Kodex 047 an die Stelle der Ältesten die Schriftgelehrten, sy^s die Pharisäer. In V 13 liest f¹ κατηγοροῦσιν (Einfluß von parMk 15,4).
[17] Ob hinter dieser Zeichnung die Erfahrung steht, daß die frühesten Gemeinden in ihren Anfechtungen von seiten der Synagoge bedroht, von römischer Seite in Schutz genommen wurden, wie gelegentlich behauptet wird, ist fraglich. Unverkennbar ist aber die Konfrontation Heiden/Juden und somit ein „heilsgeschichtliches" Anliegen.
[18] LOHMEYER, KLOSTERMANN, SCHWEIZER bevorzugen die andere Bedeutung. Sie ist für Röm 16,7 vorauszusetzen. Belege für ἐπίσημος = berüchtigt bei BAUER, Wörterbuch s. v. PASSOW, PAPE-SENGEBUSCH verzeichnen diese Wortbedeutung nicht. Subjekt des unbestimmten εἶχον sind die Römer.

ßen. Beide haben einen Nebennamen: Jesus der Barabbas und Jesus der Christus[19]. Barabbas, ein im damaligen Judentum häufiger Name[20], erscheint hier wie ein Nebenname, fast wie ein Titel. Das dürfte damit zusammenhängen, daß Mt sich der Etymologie des Namens Barabbas bewußt ist: Sohn des Vaters. Vermutlich will Mt auf diese Weise andeuten, daß dieser andere den Namen Barabbas zu Unrecht trägt, wie er ganz und gar von der rechten Bahn abgekommen ist. „Sohn des Vaters" ist in Wahrheit ein anderer, der neben diesem Barabbas steht und über den das Volk jetzt zu entscheiden hat. In einer Nachinformation erfahren wir, daß Pilatus das Motiv für die Hierarchen, die Mißgunst, durchschaut hat. Auch das läßt ihn in einem besseren Licht erscheinen, während es jene in den Schatten rückt.

19 Ein Intermezzo unterbricht den Handlungsablauf. Träume wurden schon in der Vorgeschichte des Evangeliums als Weisungen Gottes gedeutet (1,20; 2,12.13.19). Ebenso erhält auch hier Pilatus eine solche Weisung über den Traum seiner Frau, den sie in eben dieser Nacht geträumt hat[21]. Anstelle des Inhalts des Traums hören wir nur von der Qual, den der Traum der Frau bereitete. Er kündigte also Unheilvolles an. Die Sorge der Frau ist auf ihren Mann gerichtet. Parallelen zu dieser Episode haben wir in der jüdischen und griechisch-römischen Literatur[22]. Am bekanntesten ist vielleicht der Traum der Frau Caesars in der Nacht vor dessen Ermordung (vgl. Dio Cassius 44,17,1; mit Inhaltsangabe). Auch hier soll jeweils der Mann vor Unheil bewahrt werden. Im Handlungsablauf bedeutet der Traum, daß Pilatus nunmehr in seinem Einvernehmen für Jesus zusätzlich bestärkt wird. Erzählerisch ist ein retardierendes Element geschaffen, das den Hierarchen Zeit läßt, ihre Einflußnahme auf das Volk zur Geltung zu bringen, und das die Szene 24f vorbereitet. Jesus wird der Gerechte genannt. Er ist also unschuldig. Im Kontext steht er dem „berüchtigten" Barabbas gegenüber. Für einen von diesen beiden hat sich das Volk zu erklären. Möglicherweise denkt Mt bei der messianischen Bezeichnung „der Gerechte" an atl Stellen, in denen es vom kommenden Messias heißt, daß er Gerechtigkeit bringen wird (Is 9,6; 11,4f; 16,5) oder wo er „gerechter Sproß" genannt wird (Jer 23,5f; 33,15)[23]. Allerdings kennt das AT die messianische Bezeichnung „der Gerechte" nicht.

An dieser Stelle erwähnt Mt, fast beiläufig, den Richterstuhl (βῆμα). Das Sitzen des Richters auf dem βῆμα war eine notwendige Formalität,

---

[19] Zum Textproblem vgl. Anm. 7. – ΔΘ 064 fügen in V 17 noch (ἀπὸ) τῶν δύω ein.
[20] Vgl. BILLERBECK I 1031.
[21] Als Name der Frau des Pilatus ist Procula Claudia überliefert. Kaiser Augustus hatte das Verbot, daß römische Frauen ihre Männer auf ihre Statthalterposten in die Provinz begleiteten, aufgehoben.
[22] Rabbinische Belege bei BILLERBECK I 1032. Die Überlegungen von TRILLING, Israel 67, daß der Traum ursprünglich einmal Pilatus belasten sollte, lenkt ab.
[23] So SAND, Gesetz 197.

ohne die der Gerichtsspruch nicht rechtskräftig war. Der Richterstuhl wurde im Freien aufgestellt, so daß das Volk freien Zugang hatte [24].

20–23 Die Hohenpriester und Ältesten, die als Ankläger fungiert hatten, überreden die Volksscharen nicht nur, sich für Barabbas zu entscheiden, sondern auch, den Tod Jesu zu fordern. Dies schließt mit ein, daß das Volk bis dahin noch unentschlossen gewesen wäre. Bei der erneuten Frage des Pilatus entscheidet es entsprechend. Barabbas wird frei gebeten und Jesu Kreuzigung verlangt. Pilatus fragt so, daß alles dem Volk überlassen bleibt [25]. Die letzte Frage, was Jesus denn Böses getan habe, wird nicht mehr beantwortet. Sie geht im Schrei: Er soll gekreuzigt werden! unter. Diese Formulierung könnte sich an den amtlichen Urteilsspruch anlehnen. Die römischen Urteilssprüche waren ritualisiert und festgeprägt. Nur urteilt hier die Volksmenge.

24 In der Doppelszene der Unschuldserklärung des Pilatus und des Blutrufes des Volkes erreicht die Perikope bei Mt ihren dramatischen Höhepunkt. Angesichts des sich steigernden Tumultes, in dem der Statthalter erkennt, daß er nichts auszurichten vermag, spricht er sich selbst frei vom Blut Jesu. Die Händewaschung im Angesicht der Volksmenge kann nur von ihren biblischen Voraussetzungen her begriffen werden. Gewiß gab es bei den Griechen und Römern vergleichbare Sühneriten [26], doch lehnt sich Mt an atl Vorbilder an. Das Psalmwort „In Unschuld will ich meine Hände waschen" (ψ 25,6: νίψομαι ἐν ἀθῴοις τὰς χεῖράς μου; vgl. 72,13) klingt an. Zum Verständnis ist der Sühneritus Dt 21,1–9 zu vergleichen, der dann vollzogen werden soll, wenn jemand erschlagen aufgefunden wird, aber der Mörder unbekannt ist. Die Ältesten der Stadt sollen hinausziehen und das Blut einer geschlachteten Kuh über einen Bach ausgießen, ihre Hände waschen und sprechen: Unsere Hände haben dieses Blut nicht vergossen, und unsere Augen haben nichts gesehen. Im Hintergrund steht die archaische Vorstellung vom vergossenen Blut, das nach Art einer verselbständigten unheilvollen Macht den Täter und alle, die mit dem Blut in Berührung kommen, bedroht [27]. Von diesem Hintergrund aus wollen Geste und Wort des Pilatus die schädigende Macht des vergossenen Blutes

---

[24] Vgl. JOSEPHUS, bell. 2,175: „Als Pilatus nach Jerusalem kam, drängte sich die Menge schreiend und schimpfend um seinen Richterstuhl." Auch bell. 2,172; 1,185; LXX Neh 8,4; 2 Makk 13,26.
[25] In V 22 bieten D it den Plural: Was nun sollen *wir* tun; in V 23 leiten AW 1006 1342 1506 sy^h wie folgt ein: Der Statthalter aber sprach; DL f^1 205 892 lat sy^p mae bo hingegen: Der Statthalter sagt zu ihnen.
[26] HERODOT 1,35,1: Kroisos entsühnt einen Mörder. VERGIL, Aen. 2,717–720: Ein aus dem Krieg kommender, von Blut triefender Krieger bittet um Reinigung: „Mir bleibt Berührung verwehrt, bis ich in strömenden Wassern rein wieder werde." Hier ist die Reinigung rein rituell aufgefaßt.
[27] Vgl. KOCH: VT 12 (1962) 400–409. Bezeichnenderweise verwendet das AT im Fall des vergossenen Blutes den Plural, etwa LXX 2 Kg 3,28: ἀθῷός εἰμι ἐγώ...ἀπὸ τῶν αἱμάτων Αβεννηρ. Anders Sus 46. Gleichsam jeder Tropfen Blut ist schädigend.

von ihm abwenden. Er betrachtet die Tötung Jesu als Unrecht und erklärt somit Jesus öffentlich für unschuldig. Die Formulierung: „Ich bin unschuldig an diesem Blut" (ἀθῷός εἰμι ἀπὸ τοῦ αἵματος τούτου) hat gleichfalls atl Vorbilder (LXX 2 Kg 3,28; vgl. Sus 46). Im Kontext greift sie auf 27,4 und 6 zurück, wo Judas und die Hierarchen vom „unschuldigen Blut" Jesu freizukommen versuchten. Die Unschuldserklärung des Pilatus setzt V 19 fort. Die Fortsetzung wäre noch nahtloser, wenn man die LA: „Ich bin unschuldig am Blut dieses Gerechten" bevorzugen könnte, doch ist dies nicht berechtigt[28]. Die Anrede an das Volk ὑμεῖς ὄψεσθε kann auf zweifache Weise übersetzt werden: Sehet ihr zu (= Es ist eure Sache), oder: Ihr werdet es sehen. Dies bezieht man dann auf die Zerstörung Jerusalems, die in der Konsequenz der Tötung Jesu das Schicksal des Volkes besiegelt[29]. Wegen der Übereinstimmung mit 27,4fin ist der erste Vorschlag vorzuziehen.

25 Die Volksmenge antwortet auf die Stellungnahme des Statthalters. In ihrer Antwort begreift Mt die bislang amorph erscheinende Menge als Repräsentanz des ganzen Volkes, des Gottesvolkes Israel. Nur so wird der bei Mt einmaligen Formulierung, das ganze Volk (πᾶς ὁ λαός) habe geantwortet, ihr ganzes Gewicht belassen[30]. Der Blutruf, mit dem der Prozeß sein Ende findet, lehnt sich an eine atl sakral-rechtliche Formel an, mit der man, in der Regel, vergossenes Blut auf andere abwälzt und damit auch den Schaden und das Unheil, das man von ihm befürchtet. So spricht David zum Amalekiter, der Saul getötet hat: „Dein Blut auf dein Haupt" (2 Sm 1,16; LXX: τὸ αἷμά σου ἐπὶ τὴν κεφαλήν σου), und läßt ihn töten[31]. Der Blutruf kann auf die Nachkommenschaft ausgedehnt werden, wie im Fall Joabs, über den König Salomo spricht: „Ihr Blut (d.h. das Blut der von Joab Erschlagenen) komme für immer auf das Haupt Joabs und seiner Nachkommenschaft" (1 Kg 2,33; vgl. V 32). Auch Joab wird getötet. Dafür, daß jemand fremdes Blut auf sein eigenes Haupt herabruft, gibt es im AT kein Beispiel. Wenn die Frau aus Thekoa, die für einen Brudermörder eintritt, ausruft: „Die Schuld auf mich und das Haus meines Vaters" (2 Sm 14,9), drückt sie keinen Wunsch, sondern eine Befürchtung aus[32]. Der

---

[28] Von Gundry favorisiert. Die längere LA bieten Sinaiticus ALWΔ f[1.13] 33 892 1006 1342 1506 lat sy[p.h] mae bo (zum Teil in anderer Wortfolge), die kürzere BDΘ it sy[s]. Eine Streichung von τοῦ δικαίου ist weniger plausibel als die Hinzufügung. – Θ liest statt: ὄχλου: λαοῦ.

[29] So Hummel, Auseinandersetzung 83.

[30] Der Wechsel von ὄχλος zu λαός verdient Beachtung. Lohmeyer 386 Anm. 2 bestreitet die „heilsgeschichtliche" Perspektive zu Unrecht. Er spricht von betonter Feierlichkeit.

[31] Vgl. Jer 51,35: Mein Blut über die Bewohner Chaldäas, spreche Jerusalem. – Griechisch-römische Parallelen für den Blutruf gibt es nicht. Aristophanes, Ran. 596f: „Natürlich kriegst du wieder auf den Rücken deinen Pack" ist harmlos. Pausanias 7,25,13: „Die nicht die Wahrheit sagten, erhielten davon sofort ihre Strafe" meint etwas anderes. Lohmeyer verweist auf diese Stellen.

[32] Es ist zu ergänzen: Auf mich und das Haus meines Vaters wird man die Schuld abwälzen.

Blutruf des Volkes bei Mt besitzt demnach seine Besonderheit darin, daß man fremdes Blut auf sich und seine Nachkommenschaft herabruft. Seine elliptische Form (Fehlen des Verbs) sollte man in der Übersetzung belassen. Will man ergänzen, so am besten: komme auf uns, sei auf uns[33].

Mit diesem Ruf erklärt sich das ganze Volk bereit, das Unheil des vergossenen Blutes des Christus Jesus auf sich und seine Nachkommenschaft zu übernehmen. Mt hat das über Israel hereinbrechende Unheil in zwei Dingen verwirklicht gesehen: 1. An die Stelle des Gottesvolkes Israel ist die universale Kirche getreten, an die Stelle des λαός das ἔθνος aus den Völkern (vgl. 21, 43)[34]. 2. Über Israel ist im Jüdisch-Römischen Krieg die Katastrophe hereingebrochen. Land, Stadt und Tempel wurden dem Volk genommen. Mt sieht diese Ereignisse in einer unheilsgeschichtlichen Dimension (vgl. 23, 37-39).

Weil diese Stelle brisant ist und verhängnisvolle Mißverständnisse ausgelöst hat, sollen zur Präzisierung des Verständnisses drei Auffassungen, die sich in der Literatur finden, zurückgewiesen werden. Sie hängen an Begriffen, die man mit dem Blutruf in Verbindung gebracht hat. 1. Man sollte nicht von einer *Selbstverfluchung* des Volkes sprechen. Diese Auffassung ergibt sich zwangsläufig, wenn man die Stelle aus Dt 27, 24 heraus erklärt: „Verflucht, wer einen anderen heimlich erschlägt. Und das ganze Volk soll rufen: Amen."[35] In Dt ist die Situation völlig anders. Das Volk verflucht den Übeltäter aus seinen eigenen Reihen. 2. Man sollte nicht von einer *kollektiven Verschuldung* sprechen[36]. Dies könnte die furchtbare Assoziation auslösen – und so geschah es –, daß die Juden bis in die fernsten Geschlechter für den Tod Jesu verantwortlich sind. Das ist nicht gemeint. Gemeint ist, um es noch einmal zu sagen, daß Israel seinen Platz der universalen Kirche hat einräumen müssen. 3. Man kann dem Volk nicht die Rolle des *Goel* vor Pilatus zusprechen[37], das heißt des Gott verantwortlichen Bluträchers. Diese These will das Volk entlasten, indem sie behauptet, daß es als die Gott am engsten verbundene Nation verpflichtet gewesen sei, das Blut zu übernehmen. So bemerkenswert die These sein mag, sie geht an den Intentionen des Textes vorbei.

26 Nachdem das Volk entschieden hat, willfährt der Statthalter seinem Entscheid: Barabbas wird freigelassen, Jesus aber ausgeliefert. Jesus stirbt anstelle des Übeltäters (vgl. Is 53, 5). Die Auslieferung, die als cantus firmus

---

[33] Vgl. Koch: VT 12 (1962) 401.
[34] Frankemölle, Jahwebund 210, bezeichnet die VV 24f eine von Mt in Szene gesetzte Ätiologie für das Ende Israels.
[35] Frankemölle, Jahwebund 209-211, vermeidet zwar den Begriff Selbstverfluchung, sieht aber die Konsequenzen, die sich aus seiner aus Dt 27 abgeleiteten Interpretation ergeben, nicht ab. Das häufige Vorkommen der Wendung πᾶς ὁ λαός in Dt 27 reicht für die Herstellung eines Zusammenhangs mit Mt 27, 25 nicht aus. Dafür begegnet die Wendung im AT zu oft (Konkordanz).
[36] Noch Trilling, Israel 71.
[37] R. Nober in einem Diskussionsbeitrag zu Mt 27, 25: FrRu 11 (1958/59) 73-77.

des Leidensweges öfters wiederholt worden war (26, 2.15 f.21.23 f.25.45 f.48; 27, 2–4.18), hat ihre letzte Station erreicht. Von einem förmlichen Todesurteil hören wir nicht. Auch darin ist die Verantwortung des Volkes zu verstehen gegeben, vor allem, wenn man sieht, daß die Formulierung „er soll gekreuzigt werden" (Passiv) dem Ruf der Menge angeglichen ist (VV 22 f)[38]. Fast beiläufig wird von der der Kreuzigung vorausgehenden schrecklichen Geißelung berichtet. So war es bei den Römern üblich[39].

III

a) Mt hat dem Verhör Jesu einen amtlichen Charakter aufgeprägt. Ihm unnötig erscheinende Nebenzüge hat er getilgt, die Verteilung der Rollen, wie sie schon bei Mk gegeben ist, tritt noch pointierter hervor. Pilatus, der die Geschäfte führt, wird als einer dargestellt, der sich nach dem Willen des Volkes richtet und diesen vollstreckt. Der Heide, die Heidin gewinnen sympathische Züge, das Volk wird schwer belastet. Letztlich geschieht dies um des heilsgeschichtlichen Anliegens willen, die Ablösung Israels durch die Kirche verständlich zu machen. Sie hat ihren Grund darin, daß das Volk den Christus ablehnte. Der forcierte Christustitel will die Zusammenhänge ins Bewußtsein rücken. Mt greift Themen auf, die schon an anderer Stelle zur Sprache kamen, so die Ablösung Israels durch die Völkerkirche in Gleichnissen (21, 33 ff; 22, 1 ff), die Behaftung dieser Generation mit dem vergossenen „gerechten Blut" (23, 34–36). Im Gesamtzusammenhang des Evangeliums ist auf eine merkwürdige sachliche Diskrepanz aufmerksam zu machen. Einerseits wird im vorliegenden Text das ganze Volk Israel mit dem Blut Jesu belastet. Anderseits bezeichnete Jesus beim Abendmahl sein Blut als das für die Vielen vergossene Bundesblut zur Vergebung der Sünden (26, 28)[40]. Wir sahen: die Vielen sind gleichbedeutend mit allen, von der Vergebung der Sünden spricht nur der mt Jesus in diesem Zusammenhang. War sich Mt der Diskrepanz bewußt? Wir wissen es nicht. Doch ist damit ein Rahmen für den Bund gespannt, in den alle Völker hineingehören sollen. Israel kann nicht ausgeschlossen werden. Die Vergebung der Sünden betrifft auch dieses Volk.

b) Über das Gerichtsverfahren der römischen Statthaltergerichte in den Provinzen zur Zeit des Kaisers Tiberius wissen wir, daß es im wesentlichen aus zwei Teilen bestand, dem Vortrag der Anklage und dem Verhör des Angeklagten durch den Statthalter[41]. Diesem kam gegenüber Peregrinen, Leuten, die nicht das römische Bürgerrecht besaßen, unumschränkte Ju-

---

[38] Einzelne Hss haben diese Zusammenhänge noch schärfer gezeichnet. Sinaiticus¹DFLΘ f¹ 205 892 lat sy⁵ mae lesen: er lieferte ihn *ihnen* aus. DΘ it bieten noch: daß sie ihn kreuzigten.

[39] Vgl. Josephus, bell. 2, 306: „(Florus) ließ sie (Jerusalemer Bürger) schmählich geißeln und daraufhin kreuzigen"; 5, 449: „(Die aus dem belagerten Jerusalem Ausbrechenden) wurden gegeißelt und mit Mißhandlungen jeder Art vor ihrem Tod gefoltert, um dann schließlich der Mauer gegenüber gekreuzigt zu werden."

[40] Vgl. Schelkle, Selbstverfluchung 155.

[41] Vgl. Kunkel, Strafverfahren; Mommsen, Strafrecht 400–451.

risdiktionsgewalt zu. Unser Text läßt die Struktur dieses Verfahrens erkennen. Im Prozeß Jesu traten die jüdischen Hierarchen als Ankläger auf[42]. Möglicherweise bediente sich der Statthalter eines Dolmetschers[43]. Die gegen Jesus erhobene Anklage lautete auf Hochverrat. In diesem Sinne konnte der ins Politische gewendete messianische Anspruch Jesu, der mit der Frage nach dem König der Juden wiedergegeben ist, gedeutet werden. Der Vorwurf, der König der Juden sein zu wollen, wird uns durch die Kreuzesinschrift bestätigt, an deren historischer Zuverlässigkeit schon wegen ihrer Öffentlichkeit nicht zu zweifeln ist. Auf Hochverrat (crimen laesae maiestatis) stand nach der geltenden lex Julia maiestatis für Peregrinen die Strafe der Kreuzigung. Doch wie endete das Verhör Jesu förmlich? Mit einem offiziellen Todesurteil? Bei Rechtshistorikern ist die Auffassung verbreitet, daß Jesus auf Grund eines Geständnisses überführt worden sei[44]. Dieses sieht man im „Du sagst es" (V 11) gegeben. In V 26 ist nicht von einem Urteil, sondern von Jesu Auslieferung zur Kreuzigung die Rede. Ein Geständiger wurde wie ein Verurteilter angesehen nach dem Satz confessus pro iudicato est und konnte unverzüglich bestraft werden. Jesus sei als ein durch sein Geständnis Verurteilter in die Möglichkeit der Pascha-Amnestie einbezogen worden. Die These ist sehr bedenkenswert, doch erheben sich auch kritische Fragen. Was soll Jesus gestanden haben? Daß er ein politischer Aufrührer ist? Die theologische Sprache des Textes ist zu berücksichtigen. Ausliefern (παραδιδόναι) ist ein theologischer Terminus, der durchaus ein förmliches Urteil verdecken kann[45]. Bei der Beurteilung des Synhedrialberichtes konnten wir ermitteln, daß die Hohenpriester entschlossen waren, Jesus gegenüber den Rechtsweg einzuschlagen. Auch das könnte dafür sprechen, daß sie auf eine förmliche Verurteilung drängten[46].

Die Amnestie des Barabbas am Tag der Hinrichtung Jesu verdient historische Glaubwürdigkeit. Nur kann nicht nachgewiesen werden, daß bei den Präfekten von Judäa eine Paschaamnestie alljährlich üblich war. Die Begnadigung des Barabbas ist als ein besonderer Fall anzusehen. Allerdings lassen sich auch sonst Begnadigungsfälle nachweisen[47]. Von erheblicher Brisanz ist die Frage nach dem historischen Hintergrund der mt Sonderüberlieferungen. Der Traum der Frau des Pilatus ist leicht als eine novellistische Ausschmückung zu erkennen. Für die Doppelszene Hände-

---

[42] Das Auftreten der jüdischen Hierarchen bei Statthalterprozessen bezeugt auch JOSEPHUS, bell. 2,301.
[43] Erwogen von PAULUS: ZSRG 102 (1985) 441 f und Anm. 33.
[44] PAULUS: ZSRG 102 (1985) 442; G. THÜR – P. E. PIELER: RAC X 386.
[45] parLk 23,24 erscheint das Wort ἐπέκρινεν.
[46] Daß Pilatus von seiner Koerzitionsgewalt Gebrauch gemacht habe, das heißt, daß Jesus formlos, nur auf Grund der Ordnungsgewalt des Pilatus zu Tode gebracht worden sei, scheidet aus. Nach PESCH, Markusevangelium II 420–422, habe sich eine Verurteilung Jesu erübrigt, weil der Amnestievorschlag des Statthalters das Urteil schon vorweggenommen habe. Auch das ist unwahrscheinlich.
[47] Vgl. BLINZLER, Prozeß 303–305. Zur Amnestiefrage vgl. auch GNILKA, Markus II 304f.

waschung des Pilatus/Blutruf des Volkes hat die ältere Exegese geltend gemacht, daß Pilatus sich absichtlich eines jüdischen Brauches bedient haben könne[48] und daß das Volk sich in seinem Schrei an 2 Sm 1,16 habe anlehnen können[49]. Die starke biblische Prägung dieses Textes aber spricht dafür, daß wir es mit einer wertenden Reflexion zu tun haben, mit einer in Szene gesetzten dogmatischen Aussage.

c) Wir beschränken uns, was weiterführende Überlegungen angeht, auf die mt Sondertexte. Kampling hat einen Teil der Wirkungsgeschichte des Blutrufes (in der lateinischen Kirche bis Mitte des 5. Jh.) untersucht. Das Ergebnis ist, daß dieser den Antijudaismus in der Kirche zwar nicht begründet, aber gestützt hat[50]. Man vertrat die Auffassung, daß die Juden für die Kreuzigung Christi bestraft wurden und weiterhin bestraft werden. Das Beharren im Judentum oder die Ablehnung des Evangeliums galt als Voraussetzung dafür, daß man an der Schuld der Väter teilhat. Besonders in Predigten des 5. Jh. entwickelt sich die Vorstellung einer „Erbschuld", verbunden mit dem Gedanken, daß der einzelne Jude um die Blutschuld weiß. Die Weigerung, sich taufen zu lassen, wurde dann als Bejahung der Tat der Väter begriffen. Wird in der lateinischen Patristik das Problem Israel als eine Sache angesehen, die allein zwischen Gott und dem Volk ausgetragen wird, so taucht in der Zeit der Kreuzzüge im 11. Jh. erstmalig die Idee auf, auch Menschen könnten sich als Rächer des Blutes Christi betätigen (Rechtfertigung eines Judenpogroms im Rheinland)[51]. Das Verhältnis Juden–Christen bedarf nach einer traurigen Bilanz, die uns Christen sehr belastet, einer gründlichen Revision, die in unserem Jahrhundert – Gott sei Dank! – eingeleitet wurde, nicht zuletzt durch das II. Vaticanum. Der mt Text, der die Ablösung Israels durch die Völkerkirche rechtfertigen will, deckt seine Wirkungsgeschichte keineswegs, gab aber zu ihr Anlaß[52]. Nach Kierkegaard blieb das Volk Israel bestehen in der Situation des Untergangs. Dies sei ein göttliches Honneur für Christus in der Geschichte[53].

Pilatus hat gegensätzliche Wertungen erfahren. Teils wurde er – im Anschluß an V 24 – für unschuldig erklärt, teils voll verantwortlich gemacht

---

[48] BLINZLER, Prozeß 316f.
[49] Vgl. SCH. BEN-CHORIN, Bruder Jesus (München ³1970) 208f, der den Ruf für ungewöhnlich, aber historisch möglich hält.
[50] Blut 230f.
[51] Vgl. KAMPLING, Blut 60f.116f.195.217f.228–231.232. – CHRYSOSTOMOS, in Matth. 86,2, sagt, daß Gott das Urteil des Blutrufes nicht habe in Erfüllung gehen lassen. Er nahm den einen wie den anderen Juden gnädig auf, wenn sie sich bekehrten. Als Beispiel werden Paulus und die Tausende genannt, die in Jerusalem gläubig geworden seien. Auch hier ist also die Befreiung vom Urteil des Blutrufes an die Bekehrung geknüpft.
[52] Vgl. H. GOLLWITZER in einem Diskussionsbeitrag: W. P. ECKERT u.a. (Hrsg.), Antijudaismus im NT? (München 1967) 210: „Darum meinen wir uns finden zu dürfen in einem gemeinsamen Lob Gottes, also auch als Christen Glauben erhoffend innerhalb des Jesus Christus ablehnenden Judentums, ein Gott wohlgefälliger Glaube findet sich dort."
[53] Tagebücher 308.

(Luther: Pilatus hat teil an den Sünden [54]), bis hin zur Legende seines Selbstmordes. Es ist erstaunlich, wie sehr sich die moderne Literatur der Figur des Pilatus angenommen hat, von G. von le Forts Novelle „Die Frau des Pilatus", in der diese zur christlichen Martyrin wird, über Anatole France, Der Statthalter von Judäa, wo sich der greise Pilatus des Jesus von Nazaret nicht mehr erinnert, bis hin zur meisterhaften Skizze F. Dürrenmatts (Zwischen Gott und Mensch gibt es keine Verständigung als der Tod) [55]. Immer soll sich im Spiegelbild des Pilatus der Leser erkennen, wie im Gedicht von G. Fritsch:

> „Was sich
> Pontius Pilatus dachte,
> als er seine Hände in Unschuld
> zu waschen vorgab?
>
> Warst nicht einmal
> auch du Statthalter von Judäa?
> Dieser Jesus begegnet uns
> in seltsamer Verkleidung." [56]

LITERATUR: J. LENGLE, Zum Prozeß Jesu: HERMES 70 (1935) 312–321; C. B. CHAVEL, The Releasing of a Prisoner on the Eve of Passover in Ancient Jerusalem: JBL 60 (1941) 273–278; L. WENGER, Noch einmal zum Verfahren de plano und pro tribunali: ZSRG 62 (1942) 366–376; H. GRAF REVENTLOW, „Sein Blut komme über sein Haupt": VT 10 (1960) 311–327; K. KOCH, Der Spruch „Sein Blut bleibe auf seinem Haupt" und die israelitische Auffassung vom vergossenen Blut: VT 12 (1962) 396–416; J. COLIN, Sur le procès de Jésus devant Pilate et le peuple: Revue des Études Anciennes 67 (1965) 159–164; A. BAJSIC, Pilatus, Jesus und Barabbas: Bib 48 (1967) 7–28; K. H. SCHELKLE, Die „Selbstverfluchung" Israels nach Mt 27,23–25: W. P. ECKERT u. a. (Hrsg.), Antijudaismus im NT? (München 1967) 148–156; W. R. WILSON, The Execution of Jesus (New York 1970); M. HERRANZ MARCO, Un problema de crítica histórica en el relato de la Pasión: La liberación de Barabbás: EstB 30 (1971) 137–160; W. KUNKEL, Kleine Schriften. Zum römischen Strafverfahren und zur römischen Verfassungsgeschichte (Weimar 1974); S. L. DAVIES, Who is called Bar Abbas?: NTS 27 (1981) 260–262; D. LIEBS, Das ius gladii der römischen Provinzgouverneure in der Kaiserzeit: ZPE 43 (1981) 217–223; J. D. M. DERRETT, Haggadah and the Account of the Passion: Studies in the NT III (Leiden 1982) 184–192; R. KAMPLING, Das Blut Christi und die Juden (NTA 16) (Münster 1984); C. PAULUS, Einige Bemerkungen zum Prozeß Jesu bei den Synoptikern: ZSRG 102 (1985) 437–445.

14. Die Verspottung (27,27–31a)

27 Dann nahmen die Soldaten des Statthalters Jesus mit in das Prätorium und versammelten um ihn die ganze Kohorte. 28 Und sie zogen ihn

---

[54] V 71.
[55] Bei KUSCHEL, Jesus 124ff.135ff (141).
[56] S. MÜHLENBERGER – M. SCHMID (Hrsg.), Gegenwart des Wortes (Wien-München 1986) 84. – Die 2. Strophe wendet sich an den Leser, der sich in die Lage des Pilatus versetzen soll.

aus und legten ihm ein scharlachrotes Oberkleid an. 29 Und sie flochten einen Kranz aus Dornen und setzten ihn auf sein Haupt und ein Stock in seine Rechte. Und sie beugten das Knie vor ihm, verhöhnten ihn und sagten: Heil dir, König der Juden! 30 Und sie spuckten ihn an, nahmen den Stock und schlugen auf sein Haupt. 31 Und nachdem sie ihn verhöhnt hatten, zogen sie ihm das Oberkleid aus und zogen ihm seine Kleider an.

I

Ein neues Publikum taucht auf, die Akteure der Hinrichtung, die Soldaten mit der ganzen Kohorte. Ihr Hauptmann wird noch nicht genannt. Ihm wird eine bessere Rolle zugewiesen (V 54). Jesus steht zwar im Mittelpunkt, aber nur als Objekt ihres Tuns. Die Szene ist als Verkleidungsszene arrangiert, der Kleiderwechsel rahmt das Geschehen. Der Text fällt auf durch eine Fülle von Verben, die seine Buntheit unterstreichen. Zwischen πτύω (spucken) und τύπτω (schlagen) mag im Griechischen ein Wortspiel vorliegen.

Gegenüber Mk 15, 16-20a hat Mt den Text neu organisiert. Er hat die beiden Akte der Handlung, die Travestierung der Würde des Judenkönigs (27-29) und die Mißhandlung (30f), sorgfältig voneinander getrennt. So ergeben sich zwei Teile. Bei Mk greift beides ineinander[1]. Die Huldigung (mit γονυπετήσαντες ἔμπροσθεν αὐτοῦ in V 29), bei der Jesus das Heil zugerufen wird, ist zusammengefaßt. Bei Mk sind Gruß und Kniebeuge (15, 19: τιθέντες τὰ γόνατα προσεκύνουν αὐτῷ) getrennt. Der Stock, den man Jesus in die Hand drückt, wird bei Mt zum zusätzlichen Königsrequisit, in Mk 15, 19 ist er nur Schlagwerkzeug. Letzteres hat Mt auch beibehalten (30). Besonders auffällig ist der Wechsel in der Beschreibung des königlichen Mantels. Bei Mk 15, 17 ist es ein purpurnes Kleid (πορφύραν), bei Mt ein scharlachrotes Oberkleid (28: χλαμύδα κοκκίνην). Den Hof (Mk 15, 16) erwähnt Mt nicht mehr. Das Verb „sie führten ihn ab" (ἀπήγαγον in Mk 15, 15) bringt er erst im Anschluß an die Verspottung, wo es ihm in Verbindung mit der Abführung zur Kreuzigung angebrachter erscheint (31 b). Statt dessen heißt es: Sie nahmen Jesus in das Prätorium.

Die Verspottungsszene greift Motive der Verhöhnung Jesu nach der Synhedrialverhandlung wieder auf (26, 67: sie spuckten in sein Gesicht). Daß sie ihn verhöhnten (ἐνέπαιξαν[2]) – das einzige Verb in unserem Text, das wiederholt wird (29 und 31) –, spannt einen Bogen zur dritten Leidensankündigung (20, 19), wo dasselbe Verb Verwendung fand. Mit der parallelen johanneischen Überlieferung besteht gegen Markus eine Übereinstimmung in der Wortwahl der Dornenkrönung (ἐπέθηκεν ἐπὶ τῆς κεφαλῆς αὐτοῦ; vgl. Joh 19, 2)[3]. Dies mag Zufall sein[4].

---

[1] Vgl. GNILKA, Markus II 306.
[2] In V 29 bieten AWΘ f[1.13] 1006 1342 1506 eine andere Zeitform: ἐνέπαιζον.
[3] Joh gebraucht den Dativ.
[4] Im Ev Pt 6,9 ist die Verspottungsszene weiter ausgestaltet. Die Soldaten setzen Jesus auf den Richterstuhl (ἐπὶ καθέδραν) und fordern ihn auf, gerecht zu richten. Nach Barn 7,9 wird der Parusie-Christus mit dem scharlachroten Gewand bekleidet sein.

II

27 Wie auf das Verhör durch Kajafas (26,67) folgt auf das Verhör durch Pilatus eine Verhöhnung des Angeklagten, nunmehr Verurteilten, die sich jeweils am Anklagepunkt ausrichtet, dort Messias, hier König der Juden. Ort ist das Innere des Prätoriums, der Jerusalemer Residenz des Statthalters, der Herodesburg[5]. Die Soldaten, einzelne aus der Truppe, versammeln die Kohorte (σπεῖρα: 600–1000 Mann, übertriebene Zahlenangabe)[6]. Die Possenreißer verschaffen sich ihr Publikum. Die Juden waren vom Militärdienst befreit. Die Auxiliartruppe des Statthalters wurde aus Einheimischen, Palästinensern zusammengesetzt. Die Verspottung des Judenkönigs ist auch Äußerung des Judenhasses.

28f Der Kleiderwechsel berücksichtigt nicht die Situation. Die Geißelung ging voraus. Diese wurde am nackten Körper durchgeführt. Einzelne Handschriften korrigieren, indem sie „sie zogen ihn aus" weglassen[7]. Jesus wird mit einer scharlachroten χλαμύς bekleidet. Die χλαμύς ist ein Obergewand für Männer, das – über die Schulter geworfen – auf dem Chiton getragen wurde und aus einem viereckigen wollenen Tuch bestand[8]. Die scharlachrote Farbe erinnert an das Sagum der Liktoren. Ein roter Soldatenmantel mag dazu getaugt haben. Man setzt ihm eine aus Dornen geflochtene Krone aufs Haupt[9]. Roter Mantel und goldener Kranz sind die Insignien des hellenistischen Vasallenkönigs (vgl. 1 Makk 10,20; LXX 4 Kg 11,11f)[10]. Ein Stock aus Schilfrohr, den man ihm in die rechte Hand drückt, dient als Szepter. Nachdem die Ausstattung des Königs erfolgt ist, schließt sich die Huldigung an. Die Vasallen beugten das Knie, weil man den Herrscher einer übermenschlichen Sphäre zugehörig dachte. „Heil dir, König der Juden" ist dem Ave, Caesar, angeglichen[11]. Aber es ist blanker Hohn. Für den Leser aber soll die Possenreißerei in ihrer Hintergründigkeit offenbar werden. Dem diese Schmach angetan wird, er ist in Wahrheit der König (21,5).

30–31a Die Verhöhnung geht über in die Mißhandlung. Anspucken und

---

[5] Vgl. BILLERBECK I 1035f.

[6] Eine Kohorte war in ruhigen Zeiten die Besatzung von Jerusalem. In Caesarea, dem Wohnsitz des Statthalters, standen fünf Kohorten. Bei Unruhen läßt Florus noch zwei σπεῖραι von Caesarea nach Jerusalem kommen. Vgl. JOSEPHUS, bell. 3,66f; 2,318; ant. 19,365.

[7] Nach Sinaiticus[a] B sy[s] aeth beginnt V 28: Und sie zogen ihn *an* und legten ihm ein sch. Oberkleid an; nach einzelnen Itala-Zeugen: Und sie zogen ihm ein purpurnes Kleid an.

[8] PASSOW II/2, 2467. Vgl. LXX 2 Makk 12,35 (vom Mantel des Gorgias); S. 1 Kg 24,5 (vom Mantel Sauls). κόκκινος begegnet in LXX 2 Chr 2,6.13; 3,14 als Edelstoff (neben Porphyr und Byssus), der für die Vorhänge des Tempels verwendet wurde.

[9] Dornen dienten als Heizmaterial.

[10] J. JEREMIAS, Jerusalem zur Zeit Jesu (Göttingen ³1962) II/A, 2, erinnert daran, daß auf römischen Münzen der Kaiser einen Kranz trägt. Doch dürfte dies kaum das Vorbild sein.

[11] Sinaiticus A LW f[13] 33 892 1006 1342 1506 bieten den Vokativ: ὁ βασιλεύς. Dies ist sekundäre Stilverfeinerung.

auf das Haupt schlagen sind Akte böswilligsten Zornes. Für die Schläge benutzt man den Stock, den er eben noch als Szepter in der Hand trug. Das Bild ist vorgeprägt im dritten Gottesknechtlied: „Mein Gesicht verbarg ich nicht vor Schmähungen und Speichel" (Is 50,6). Nach dem bösen Spiel gibt man Jesus die eigenen Kleider zurück.

III

a) b) Die Spottszenen sind die einzigen Texte in der Passionsgeschichte, in denen die strenge, zurückhaltende Schilderung durchbrochen wird. Das Ereignis wird dem Leser lebendig und detailliert vor Augen geführt. Man vergleiche die außerordentliche Zurückhaltung in V 26, wo die Geißelung Anlaß für eine bestürzende Schilderung hätte sein können. Theologisch kommt in unserem Text das durch die Pilatusfrage in V 11 eingeleitete Königsmotiv am ausführlichsten zur Geltung. Wenn dies in der Form der Travestie geschieht, ist zu verstehen gegeben, daß Jesu Königtum nicht von weltlicher Art ist. Die Kreuzigung mit dem titulus crucis wird sein Königtum vollenden. – Die Spottszene besitzt in ihrer zeitlichen Einordnung historische Glaubwürdigkeit. Nach der Verurteilung mußten die Vorbereitungen für die Hinrichtung (mehrerer Personen) getroffen werden. Die dadurch entstehende Pause benutzen die Soldaten. Wenn wir uns diese als Palästinenser vorstellen müssen, erscheint ihr Judenhaß historisch begründet.

c) Der geschändete Christus ist höchster dialektischer Ausdruck dafür, daß sich im Menschen Jesus Christus Gott geoffenbart hat. Indem er sich von ihnen schänden läßt, stellt er für die Menschen das Ebenbild Gottes wieder her, das zu sein der Mensch bestimmt gewesen ist. In diesem Sinn hat die Theologie unseren Text immer wieder betrachtet[12]. Für Chrysostomos, der sich gegen eine einseitige Doxa-Christologie wendet, ist die Schmach ein wesentlicher Grund, Christus anzubeten, weil er sich um unsertwillen so weit erniedrigt hat[13]. Auch Dürrenmatt redet in seinem Essay, der das Leiden Christi betrifft, von ihm immer nur pointiert als von dem Gott: „Wie er jedoch diesen Leib sah, der entstellt war und häßlich, wie jeder gefolterte Menschenleib, und wie er dennoch in jeder Wunde und in jeder Schürfung des Fleisches den Gott erkannte, ging er stöhnend in die Nacht, während hinter ihm über dem Gott die Fackeln erloschen."[14] Doch ist es besser – wie Calvin sagt[15] –, in der Stille darüber nachzudenken, als viele Worte zu machen.

LITERATUR: R. DELBRUECK, Antiquarisches zu den Verspottungen Jesu: ZNW 41 (1942) 124–145.

---

[12] Vgl. CALVIN II 376; CHRYSOSTOMOS, in Matth. 87,1. LUTHER V 60 identifiziert die Verhöhnung Christi mit den Schmähungen, die das Evangelium erfährt.
[13] In Matth. 87,1.
[14] F. DÜRRENMATT, Pilatus. Text bei KUSCHEL, Jesus 142.
[15] II 376.

15. Kreuzweg und Kreuzigung (27, 31b–56)

Und sie führten ihn ab zum Kreuzigen. 32 Als sie aber hinauskamen, fanden sie einen Menschen von Kyrene mit Namen Simon. Diesen nötigten sie, daß er sein Kreuz aufnimmt. 33 Und sie kamen an einen Ort, der Golgota genannt wird – was Ort des Schädels heißt –, 34 und sie gaben ihm Wein zu trinken, mit Galle gemischt. Und als er es kostete, wollte er nicht trinken. 35 Als sie ihn aber kreuzigten, verteilten sie seine Kleider, indem sie das Los warfen. 36 Und sie saßen und bewachten ihn dort. 37 Und sie hefteten über sein Haupt seine Schuld, die war geschrieben: Dieser ist Jesus, der König der Juden. 38 Dann werden mit ihm zwei Verbrecher gekreuzigt, einer zur Rechten und einer zur Linken. 39 Die Vorbeikommenden aber lästerten ihn, schüttelten ihre Köpfe 40 und sagten: Der du den Tempel niederreißt und in drei Tagen aufbaust, rette dich selbst, wenn du Gottes Sohn bist, steige herab vom Kreuz. 41 Ähnlich höhnten auch die Hohenpriester mit den Schriftgelehrten und Ältesten und sagten: 42 Andere hat er gerettet, aber sich selbst kann er nicht retten. Er ist der König von Israel, steige er jetzt vom Kreuz herab, und wir werden an ihn glauben. 43 Er hat auf Gott vertraut. Der rette ihn jetzt, wenn er ihn will, denn er hat gesagt: Gottes Sohn bin ich. 44 Genau so schmähten ihn auch die Verbrecher, die mit ihm gekreuzigt waren. 45 Von der sechsten Stunde aber entstand eine Finsternis über der ganzen Erde bis zur neunten Stunde. 46 Um die neunte Stunde aber rief Jesus mit lauter Stimme und sagte: Eli, eli, lema sabachthani. Das ist: Mein Gott, mein Gott, warum hast du mich verlassen? 47 Einige der dort Stehenden, die es hörten, sagten: Dieser ruft Elija. 48 Und sogleich lief einer von ihnen hin, nahm einen Schwamm, füllte ihn mit Essig und steckte ihn auf ein Rohr und tränkte ihn. 49 Die übrigen aber sagten: Laß, wir wollen sehen, ob Elija kommt, ihn zu retten. 50 Jesus aber schrie wiederum mit lauter Stimme und gab den Geist auf. 51 Und siehe, der Vorhang des Tempels riß von oben bis unten entzwei. Und die Erde wurde erschüttert, und die Felsen wurden gespalten. 52 Und die Gräber wurden geöffnet, und viele Leiber entschlafener Heiliger wurden auferweckt. 53 Und sie kamen aus den Gräbern hervor – nach seiner Auferstehung – und gingen in die heilige Stadt, und sie wurden vielen offenbar. 54 Der Hauptmann aber und die mit ihm Jesus bewachten fürchteten sich sehr, als sie das Erdbeben sahen und was geschehen war, und sagten: Wahrhaftig, dieser war Gottes Sohn. 55 Viele Frauen aber schauten von weitem zu, die Jesus nachgefolgt waren von Galiläa und die ihm gedient hatten. 56 Unter ihnen war Maria von Magdala und Maria, die Mutter des Jakobus und Josef, und die Mutter der Söhne des Zebedäus[1].

---

[1] Zahlreiche Textvarianten entstanden durch Paralleleinfluß, vor allem von Mk und Joh. Dazu gehören: in V 32 die Zufügung von „der vom Feld kam" (33; vgl. Mk 15,21); in V 35 die Zufügung von „Da erfüllte sich das Wort vom Propheten: Sie teilten meine Kleider unter sich und warfen über mein Gewand das Los" (ΔΘ 0233 0250 f$^{1.13}$ 205 1424

I

Der umfangreiche Text läßt sich in drei Abschnitte gliedern, wobei Subjektwechsel als Gliederungselement dienen. Im ersten Teil sind die Soldaten, das Hinrichtungskommando, die handelnden Personen, von der Abführung Jesu zur Kreuzigung bis zur Kreuzigung der beiden Schächer (31b–38). Im zweiten Teil treten Gruppen von solchen auf, die Jesus lästern, die vorbeikommenden Leute, die Synhedristen und die beiden Verbrecher (39–44). Man kann dabei beobachten, daß die zwei Verbrecher die Lästerszene gleichsam rahmen. Der dritte Teil berichtet von Jesu Tod und dessen Begleiterscheinungen (45–56). Möglicherweise entspricht es einer beabsichtigten Struktur, daß jeweils drei Geschehnisse dem Tod Jesu voraufgehen und nachfolgen, so daß dieser bedeutungsschwer im Mittelpunkt stünde. Dies sähe so aus:

1. Die Finsternis (45)
2. Gebetsschrei (46)
3. Die Elijaszene (47–49)
   Jesu Tod (50)
1. Tempelvorhang und Totenerweckung (51–53)
2. Bekenntnis des Wachtrupps (54)
3. Frauen als Zeugen (55f).

Trifft dies zu, könnte man Zuordnungen ausmachen: Finsternis und Tempelvorhang/Totenerweckung gehören als übernatürliche Geschehnisse zusammen. Gebetsschrei Jesu und Bekenntnis des Wachtrupps sind unter dem Gottessohn zusammengeschlossen. Die hohnvolle Elijaszene steht dem Block der Frauen antithetisch gegenüber[2]. Auch ergäbe sich auf Grund dieser Gliederung ein Zusammenschluß von Tempelvorhang und Totenerweckung. Dies könnte für die Interpretation von Belang sein.

Der Text zeichnet sich aus durch eine große Zahl von auftretenden Personen, zum Teil mit Angabe des Namens (Simon von Kyrene, die Frauen)[3], durch die topographische Bindung an Golgota, durch die Übersetzung semitischer Wörter (33 und 46). Jesus ist passiv, Leidender. Nur im dritten Teil, in seinem Tod, wird er wieder Subjekt des Geschehens. Dies deutet an, daß die Begleiterscheinungen ihm gelten, auf sein Leiden

---

it vg^{clem} sy^h mae; vgl. Joh 19,24); in V 37, der Kreuzesinschrift, die Auslassung des Jesusnamens (346 579 700 983 1424 1506 it bo; vgl. Mk 15,26; Lk 23,38); in V 40 die Zufügung des Rufes Ha (DΔΘ it vg^{clem} sy^h mae; vgl. Mk 15,29); in V 42 die Form πιστεύσωμεν (Sinaiticus EFGLWΔΘ f^{13} 33 565 1424 1506; vgl. Mk 15,32); in V 46 die Form Eloï, eloï (Sinaiticus B 33 co; vgl. Mk 15,34); in V 49 die Zufügung von „Ein anderer aber nahm die Lanze und stieß in seine Seite. Und Wasser und Blut flossen heraus" (Sinaiticus BCL mae; vgl. Joh 19,34). Teilweise haben qualitativ beste Hss diese sekundären Veränderungen aufzuweisen.

[2] Im Anschluß an LOHMEYER 393.
[3] In V 38 weiß der lateinische Kodex c aus dem 12./13. Jh. die Namen der beiden Verbrecher nachzutragen: Zoatham und Camma. Diese Mitteilung ist allerdings völlig wertlos.

und Sterben hin gelesen werden müssen. Die Zeitform ist durchgehend das erzählende Vergangenheitstempus. Nur in V 38 liest man das Präsens.

Ein Vergleich mit der Vorlage Mk 15,20b–41 zeigt zunächst, daß E Verschiedenes weggelassen hat. So liest man nicht mehr die Näherbestimmungen des Simon von Kyrene, daß er vom Feld gekommen und Vater des Alexander und Rufus gewesen sei (Mk 15,21). Die Angabe der Stunde der Kreuzigung (= Mk 15,25) fehlt. Die zahlreichen Präsenssätze (Mk 15,20b–22a.24.27) wurden in das Vergangenheitstempus abgewandelt, mit Ausnahme des schon erwähnten V 38 (allerdings von Mt passivisch formuliert).

Im einzelnen sind folgende Eingriffe in den Text erwähnenswert: In V 33 wurde an die Stelle von: „sie bringen ihn (Mk 15,22: φέρουσιν) nach Golgota" schlichtes „sie kamen" gesetzt. Angabe und Übersetzung des Ortes sind etwas umständlich ausgefallen (zweimal λεγόμενος). Man gibt Jesus mit Galle gemischten Wein zu trinken (34; Mk 15,23: mit Myrrhe). „Er wollte nicht trinken" steht für „er nahm nicht". V 36, der von der Bewachung Jesu spricht, ist neu (an Stelle von Mk 15,25). Der Gedanke setzt sich in V 54 und 28,4 fort (τηρεῖν). Daß die Inschrift über dem Haupt angebracht wird (V 37), hatte Mk 15,26 noch nicht gesagt. Auf ihr ist der Jesusname hinzugetreten (mit οὗτός ἐστιν). Nach Mk 15,31 verhöhnen die Hohenpriester und Schriftgelehrten den Gekreuzigten. Mt erwähnt noch zusätzlich die Ältesten, so daß alle drei Fraktionen des Synhedrions vertreten sind (41). Ihr Spottwort ist um eine Aussage erweitert, die Ps 22,9 aufgreift. Vor allem wird zweimal auf den Anspruch Jesu, Gottes Sohn zu sein, rekurriert (43 und 40). Das Zitat von Ps 22,2 als Sterbegebet Jesu stellt sich sowohl in seiner semitischen als auch in seiner griechischen Form anders dar als in Mk 15,34 (46). Die Gottesanrede Eli soll vermutlich die Verwechslung mit einem Ruf nach Elija verständlicher machen (s. Interpretation). In der Elijaszene wird zwischen „einigen" und den „übrigen" unterschieden (48f). Auch der Tod Jesu ist mit etwas anderen Worten umschrieben: Er schrie wiederum mit lauter Stimme und gab den Geist auf (50: κράξας ... ἀφῆκεν τὸ πνεῦμα: Mk 15,37: ἀφεὶς φωνὴν μεγάλην ἐξέπνευσεν). Die mt Formulierung – im NT einmalig – ist griechischer empfunden[4]. Nach der Sonderüberlieferung vom Erdbeben und der Totenerweckung 51b–53 reagieren nach V 54 der Hauptmann und die mit ihm Jesus bewachen mit dem Bekenntnis, nach Mk 15,39 ist es allein der Hauptmann[5]. Ihr Bekenntnis ist der Kreuzesinschrift angeglichen (mit οὗτος; Mk: οὗτος ὁ ἄνθρωπος). Die Schilderung der Frauen hat Mt etwas anders geordnet, indem er zunächst ihre Nachfolge und ihren Dienst, dann ihre Namen nennt (55f). Im wesentlichen wird man diese Eingriffe MtR zuschreiben können. Doch wird man auch mit dem Einfluß vorgeprägter mündlicher Tradition rechnen dürfen. Aufschlußreich sind erneut

---

[4] Vgl. LOHMEYER 395 Anm. 1.
[5] Mt und Mk verwenden unterschiedliche Wörter für Hauptmann: ἑκατόνταρχος und κεντυρίων. Vgl. Mt 8,5.8 (13).

Berührungen mit Joh: der Jesusname auf der Kreuzesinschrift (Joh 19,19), die Beschreibung des Todes (Joh 19,30: παρέδωκεν τὸ πνεῦμα), Übereinstimmung im Tempus διεμερίσαντο (V 35; vgl. Joh 19,24, so aber auch ψ 21,19). Mit Lk gibt es nur eine Gemeinsamkeit gegen Mk: sie führten ihn ab (31; vgl. Lk 23,26: ἀπήγαγον).

Woher stammt die Sonderüberlieferung 53b–55? Auf diese viel diskutierte Frage werden folgende Antworten gegeben: 1. Mt selbst hat den kleinen Text aus atl und apokalyptischen Motiven und Anlehnungen zusammengestellt. In der Tat gibt es stilistische Matthäismen[6]. Schwierigkeiten bereitet die Bemerkung „nach seiner Auferstehung". Es scheint, daß sie Geschehnisse, die mit dem Tod Jesu verbunden sind, entsprechend dem Glaubenssatz 1 Kor 15,20.23; Kol 1,18; Apk 1,5 mit seiner Auferstehung verknüpft, um Christus den Vorrang zu belassen. Die Bemerkung wird vielfach als spätere Glosse angesehen[7]. 2. Man hält 53b–55 für das Fragment eines christlichen Osterberichtes[8]. Es lassen sich zwar gewisse Berührungen mit dem Osterbericht 28,1ff ausmachen: das Beben (28,2). Doch schon die Öffnung des Grabes erfolgt auf andere Weise. Nach 51f geschieht dies durch das Beben, nach 28,2 besorgt dies ein Engel. Daß die Frauen in die Stadt eilen, wird in 28,8 nicht eigens gesagt[9]. Das Beben ist ein zu allgemeines Motiv, das auch sonst in apokalyptischen Schilderungen der Totenauferstehung anzutreffen ist (Henaeth 1,6; 51,4). Eine besondere Ausprägung erfuhr die Fragmententhese durch Hutton[10]. Danach greift Mt in 53b–55 auf einen Osterbericht zurück, der auch dem apokryphen Petrusevangelium zur Verfügung gestanden habe. Dieser Bericht habe auch die übrigen Ostergeschichten beeinflußt. Letzteres werden wir an späterer Stelle zu prüfen haben. Für die Episode einer mit dem Tod oder der Auferstehung Jesu verbundenen Auferstehung von Entschlafenen, die sich in Jerusalem gezeigt haben, gibt es in EvPt keine Parallele[11]. 3. Man rechnet mit der Einarbeitung eines jüdisch-apokalyptischen Textes, der freilich unterschiedlich ausgegrenzt wird[12]. Dieser Text bot eine knappe Schilderung der endzeitlichen Totenauferstehung. Für Vorgabe spricht der Stil (jeweils καί am Beginn und das Verb im Aor. Passiv am Ende einer Zeile). Für jüdisch-apokalyptischen Ursprung spricht die Motivik. Neben dem schon erwähnten Beben sind die Spaltung der Erde (Henaeth 1,7), das Auferwecktwerden (LXX Thdt. Dn 12,2) zu nennen,

---

[6] Dazu gehören die partizipale Wendung ἐξελθόντες, die heilige Stadt (4,5), die Bevorzugung des Verbs ἐγείρω, die die Wahl des im NT einmaligen ἔγερσις veranlaßt haben kann.
[7] Für MtR plädieren Senior: CBQ 38 (1976) 320f; Gundry 575–577. Letzterer schließt eine spätere Glosse aus.
[8] Trilling, Christusverkündigung 196.
[9] So Schenk, Passionsbericht 78.
[10] Resurrection. Vgl. Senior: CBQ 38 (1976) 314–318.
[11] Im EvPt 41f heißt es: Und sie (die Grabeswächter) hörten eine Stimme aus den Himmeln rufen: Du hast den Entschlafenen gepredigt. Und es wurde vom Kreuz her die Antwort laut: Ja. – Von einer Auferstehung oder Rückkehr der Toten hören wir nichts.
[12] Schenk, Passionsbericht 75–79; Riebl, Auferstehung 57–61.

aber auch die überraschende Übereinstimmung mit einem Bild in der Synagoge von Dura Europos, das Ez 37 und eine Auslegungstradition betrifft, die auch in 53b–55 vorauszusetzen sein dürfte (s. Interpretation). Das störende „nach seiner Auferstehung" erklärt sich dann am besten als MtR. E hat dies (vielleicht mit dem Satz: Und sie kamen aus den Gräbern hervor; vgl. Joh 5,28f!) in die vorgegebene Tradition eingebracht und diese damit „verchristlicht". Die Vorgabe könnte also gelautet haben:

> Und die Erde wurde erschüttert,
> und die Felsen wurden gespalten,
> und die Gräber wurden geöffnet,
> und viele Leiber entschlafener Heiliger wurden auferweckt,
> und sie gingen in die heilige Stadt,
> und vielen wurden sie offenbar[13].

II

31b–33 Jesus wird abgeführt zur Kreuzigung. Die Begegnung mit Simon von Kyrene, einem Diasporajuden, der vermutlich nach Jerusalem umgesiedelt war oder sich hier als Festpilger aufhielt, erfolgt wohl noch innerhalb der Stadt. Das Hinaustreten bezieht sich dann auf das Prätorium, nicht die Stadtmauer. Hinrichtungen wurden vor dem Tor vorgenommen. Wenn er gezwungen wird, Jesu Kreuz, das heißt, den Kreuzesbalken aufzunehmen, der allein zum Richtplatz geschleppt werden mußte, so hat Jesus bis zu dieser Stelle ihn allein getragen. Wegen der schlimmen Züchtigungen ist er jetzt dazu nicht mehr in der Lage. Simon wurde zu einem Frondienst gedrängt, wie die Soldaten der Besatzungsmacht die Zivilbevölkerung zu solchen demütigenden Diensten anzuhalten pflegten (vgl. 5,41). Mit einem zum Kreuzestod Verurteilten zusammen zu gehen, mußte von Simon als entehrend empfunden worden sein. Doch ist sein Dienst in Übereinstimmung mit dem Spruch von der Kreuzesnachfolge formuliert[14]. Für die Gemeinde ist er ein wichtiger Zeuge des Geschehens. Denn er dürfte später Christ geworden sein, wie die Kennzeichnung nach seinen beiden Söhnen bei Mk 15,21 annehmen läßt. Mt übernimmt dies nicht mehr. Er und seine Adressaten kennen ihn und seine Söhne nicht mehr. Stätte der Hinrichtung ist Golgota, was zutreffend mit „Stätte des Schädels" übersetzt wird (hebräisch *golgolta*)[15]. Der Name ist entweder von der

---

[13] Ob MtR noch anderes in den Text eingebracht hat, wie SCHENK, Passionsbericht 75–79, vermutet, kann mit Sicherheit nicht gesagt werden. Vielleicht ist πολλά in Zeile 4 MtR, so daß diese gelautet haben könnte: Und die Leiber der entschlafenen Heiligen wurden auferweckt.

[14] ἵνα ἄρῃ; vgl. 16,24: ἀράτω τὸν σταυρὸν αὐτοῦ. – D it fügen ein: zu seiner Einholung. Dies muß auf Simon bezogen werden. Man läßt ihn also hier mit Begeisterung das Kreuz aufnehmen.

[15] Im Griechischen wurde um der besseren Aussprache willen das zweite l abgeschliffen. – Die etwas umständliche griechische Formulierung in V 33 könnte den Eindruck erwecken, als wolle Mt zwei verschiedene Namen für den gleichen Ort mitteilen. So LOHMEYER. Doch weist „das ist" auf eine Übersetzung hin (vgl. V 46).

schädelartigen Form des Felsens abzuleiten, den Golgota bildete, oder er soll anzeigen, daß der Ort als Hinrichtungsstätte unrein ist. Auf jeden Fall ist er in der Nähe der nördlichen Stadtmauer zu suchen. In die überlieferte Topographie von Golgota, dessen Reste sich heute in der Grabeskirche befinden, gewinnt man wieder Vertrauen[16].

34-36 Dem Hinzurichtenden ein berauschendes Getränk zu geben, damit er die Qualen besser ertrage, war bei den Juden Brauch. Hierfür berief man sich auf Spr 31,6 (vgl. bSanh 43a). Es kam vornehmen Jerusalemer Frauen zu, diesen Dienst zu tun. Hier aber sind es die Henker, die Jesus mit Galle gemischten Wein darreichen. Mt mag bei seiner Formulierung an ψ 68,22 gedacht haben: „Sie gaben mir Galle (χολήν) als Speise, und für meinen Durst tränkten sie mich mit Essig" (ὄξος; vgl. Mt 27,48)[17]. Dann aber ist nicht eine Hilfeleistung, sondern eine Schmähung gemeint. Jesus nimmt den Trunk, ihn kostend, nicht an. Auch die Verteilung seiner Kleider durch das Los ist nach dem Vorbild eines Psalmwortes gestaltet (ψ 22,19)[18]. Dessen ungeachtet dürfen wir voraussetzen, daß auch nach römischem Recht diese Beute den Henkern zustand. Spätere Regelungen des Spolienrechtes lassen erkennen, daß seinerzeit den Henkern das zukam, was der Verurteilte an seinem Leib trug[19]. Die Kleiderverteilung verdeutlicht, daß Jesus nackt an das Kreuz geschlagen wurde. Die schlimme Tortur der Kreuzigung erwähnt Mt nur in einem Nebensatz, was erneut die große Zurückhaltung des Berichtes anzeigt[20]. Die Bemerkung, daß die Soldaten dasaßen und Jesus bewachten, dürfte einen apologetischen Zweck verfolgen. Sie bereitet 27,62-66, die Episode von der Grabwache, vor. Der gekreuzigte und der gestorbene Jesus blieb beständig im beobachtenden Blick der Soldaten.

37f Es war üblich, die Schuld des Delinquenten öffentlich bekanntzumachen. Die Römer konnten sich dabei einer Tafel bedienen, die bereits auf dem Weg zur Hinrichtungsstätte den Hinzurichtenden vorausgetragen oder an den Hals gehängt wurde. Sie auf dem Kreuzespfahl über dem Haupt anzubringen ist unüblich. Man legte sie sonst am Hinrichtungsort nieder[21]. Dies scheint auch Mk 15,26 noch vorauszusetzen. Bei Mt wird der Schuldtitel zur Proklamation. Unterstrichen wird dieses Anliegen

---

[16] Vgl. RIESNER: BiKi 40 (1985) 21-26. Ausgrabungen unter der Erlöserkirche, vorgenommen von U. LUX-WAGNER in den Jahren 1971-1974, haben neue Einsichten vermittelt. RIESNER spricht von einem Fels, der 12 m über die Sohle eines in der Nähe befindlichen Steinbruchs herausgeragt habe.
[17] AW 892 1006 1342 1506 sy^p.h mae lesen in V 34: sie gaben ihm Essig zu trinken, mit Galle gemischt.
[18] Der Tempuswechsel vertieft die Angleichung. ψ 22,19: διεμερίσαντο τὰ ἱμάτιά μου ... ἔβαλον κλῆρον.
[19] Vgl. BLINZLER, Prozeß 369 Anm. 47.
[20] Zu Geschichte und Durchführung der Kreuzigungen vgl. GNILKA, Markus II 318-320 (Exkurs).
[21] sy^s bietet die LA: Und als sie saßen, schrieben sie die Schuld und hefteten sie an.

durch die neue Formulierung: Dieser ist Jesus, der König der Juden. Erst jetzt erfahren wir, daß mit Jesus zwei Verbrecher gekreuzigt werden. Es hatten also an diesem Morgen noch andere Prozesse stattgefunden. Als λῃσταί sind sie Straßenräuber, möglicherweise auch Zeloten. Jesus in ihrer Mitte läßt sein Kreuz als das wichtigere hervortreten. Vielleicht wirkt das Königsmotiv fort. Dann sind die Straßenräuber der Hofstaat dieses Königs. Die Szene erinnert an das vierte Lied vom Gottesknecht: „Unter die Verbrecher (LXX: ἐν τοῖς ἀνόμοις) wurde er gezählt" (Is 53,12). Doch ist auch sie im historischen Geschehen verwurzelt.

39f Drei Gruppen von Lästernden lassen an Jesus ihren Spott aus. Dabei hat der Text für jede Gruppe ein eigenes Verb. Die Vorübergehenden lästern (39). Diesem Wort ist der volle Sinn der Gotteslästerung zu belassen, zumal Mt die zweiflerische Bedingung „wenn du Gottes Sohn bist" in ihre Rede aufnimmt. Die Synhedristen höhnen (41), die Mitgekreuzigten schmähen (44). Der Text lehnt sich in starkem Maß an atl Vorbilder an. Das Schütteln des Kopfes ist dort sehr verbreiteter Ausdruck der Verachtung (Ps 22,8; 109,25; Is 37,22; Jer 18,16 u.ö.). Besonders nahe kommt Klgl 2,15: „Alle, die des Weges vorüberziehen ... schütteln den Kopf" (bezogen auf das verödete Jerusalem). Die Aufforderung, sich selbst zu retten, spielt auf Jesu Vollmacht an. Konkret wird das Tempellogion aus dem Synhedrialprozeß (26,61) in etwas veränderter Form zitiert. Die Vollmacht wird bestritten. Nach Ps 22,9; Weish 2,17–20 drücken die Spötter auf zynische Weise die Erwartung aus, daß Gott den Gerechten, der nach der letztgenannten Stelle den Anspruch erhebt, Sohn Gottes zu sein, retten soll. Die Aufforderung, vom Kreuz herabzusteigen, ist die letzte Zeichenforderung, die der Unglaube an Jesus heranträgt.

41–44 Mt legt Wert darauf, daß Vertreter aller drei Fraktionen des Synhedrions sich am Spott beteiligen[22]. Sie wiederholen und erweitern das Hohnwort derer, die eben sprachen. Sie nehmen auf die Wunder Jesu Bezug (andere hat er gerettet) und nennen ihn entsprechend dem von ihm erhobenen messianischen Anspruch König von Israel[23]. Dies greift auf beide Verhandlungen, die vor Kajafas und die vor Pilatus, zurück und gibt die unjüdisch empfundene Version König der Juden, deren sich Pilatus bediente, exakt jüdisch wieder. Vielleicht verdient es Beachtung, daß in Soph 3,15 Jahve König von Israel heißt. Die auch von den Synhedristen erhobene Zeichenforderung, Jesus möge vom Kreuz herabsteigen, wird mit der Bereitschaft, an ihn zu glauben, verknüpft. Dabei taucht hier die für Mt singuläre, paulinische Form πιστεύειν ἐπ' αὐτόν auf[24] (Röm

---

[22] DW 1424 it sy^s nennen an Stelle der Ältesten die Pharisäer, 1006 1342 1506 sy$^{p.h}$ die Ältesten und Pharisäer.
[23] Die konditionale Formulierung in V 42: *Wenn* er König von Israel ist (AWΘ f$^{1.13}$ 1006 1342 1506 lat sy mae bo) ist erleichternde Korrektur. DΘ f^1 205 it co lassen V 43 mit „wenn" beginnen.
[24] Es gibt Varianten: εἰς αὐτόν (Σ 047); ἐπ' αὐτῷ (W 1006 1342 1506); αὐτῷ (AΔΘf$^{1.13}$ 205 700).

4,5.24; auch Apg 11,17; 16,31). Die Bereitschaft ist, wie sie selber wissen, an eine unerfüllbare Bedingung geknüpft. Am Schluß sprechen sie das Gottesvertrauen an, von dem er erfüllt war, und verbinden es begründend mit seinem Wort: Gottes Sohn bin ich. Damit kann nur auf sein Bekenntnis vor Kajafas rekurriert sein (26,63). Diese Klammer läßt die Bedeutung des Bekenntnisses zu Jesus, dem Gottessohn, erneut in Erscheinung treten. Die Äußerung der Synhedristen bildet das negative Pendant zum Bekenntnis des Hauptmanns und der zu ihm Gehörigen (V 54). V 43 zitiert Ps 22,9 (ψ 21,9). Ein Vergleich der Texte ist aufschlußreich:

Mt πέποιθεν ἐπὶ τὸν θεόν.
    ῥυσάσθω νῦν εἰ θέλει αὐτόν.

M   „Er wälze es (hat es gewälzt) auf Jahve[25],
    der rette ihn, denn er hat an ihm Gefallen."

LXX ἤλπισεν ἐπὶ κύριον, ῥυσάσθω αὐτόν·
    σωσάτω αὐτόν, ὅτι θέλει αὐτόν.

Mt weist sowohl mit M als auch mit LXX Übereinstimmungen auf, unterscheidet sich aber auch in spezifischer Weise von beiden, vor allem im Gottesnamen. Interessant ist die konditionale Fassung in Zeile 2. Sie ist eigentlich nur als Übersetzung des M-Textes verständlich, denn hebr. *kj* kann auch mit „wenn" wiedergegeben werden. Man wird Mt nicht jegliche Kenntnis des Hebräischen absprechen dürfen[26]. Der Text kann aber auch in seiner Schule entstanden sein.

Auch die beiden Verbrecher stimmen in die Verhöhnung ein. Jesus leidet in völliger Einsamkeit.

45 Auch Mt verbindet Kreuz und Tod Jesu mit außerordentlichen Zeichen. Er hat diese sogar noch vermehrt. Vor dem Hinscheiden erstreckt sich eine dreistündige Finsternis über die ganze Erde. Das Wort γῆ bedeutet in unserem Evangelium, wenn es nicht genau bestimmt wird (etwa 2,20f: γῆ Ἰσραήλ), die Erde (5,5.13.18.35 u.ö.). Die Zeitangabe von der sechsten bis zur neunten Stunde erhält einen veränderten Sinn gegenüber Mk 15,33. Mt hatte die dritte Stunde als den Zeitpunkt der Kreuzigung nicht erwähnt, die bei Mk 15,25 eine voraneilende, auf das Gericht zulaufende Linie im apokalyptischen Sinn bezeichnete. So wird man nur eine chronologische Angabe vermuten dürfen. Was zeigt die Finsternis für ihn an, das Gericht wie in Am 8,9; Jer 15,9, das Ende wie in Mt 24,29 oder die Trauer Gottes, wie es rabbinische Parallelen bezeugen?[27] Vermutlich ist letzteres zu bevorzugen.

---

[25] Zur Unsicherheit vgl. H.-J. KRAUS, Psalmen I (BK. AT) (Neukirchen ³1966) 175.
[26] Anders STRECKER, Weg 28.
[27] Bei BILLERBECK I 1042. Ähnliche Vorkommnisse erzählt die griechisch-römische Literatur, etwa von einer ein Jahr währenden Verfinsterung der Sonne nach der Ermordung Caesars (PLUTARCH, Caes. 69; VERGIL, Buc. 1,464f: „Klagte die Sonne doch auch über Rom ob Caesars Ermordung, als sie ihr strahlendes Haupt einhüllte in stählernes Grauen"); von einer vollständigen Sonnenfinsternis beim Tod des Augustus (DIO CASSIUS 56,29,3). Als Vorbilder kommen diese Überlieferungen für das Evangelium nicht in Frage.

46 Das letzte Wort des Gekreuzigten ist die erste Zeile des Psalms 22. Als Schrei ausgestoßen, bekundet es das Bedrängende dieses Betens. Mt hat wie Mk 15,34 die semitische und die griechische Form überliefert. Die semitische Form ermöglicht den Übergang zur folgenden Begebenheit, wo einige mißverständlich meinen, er rufe den Elija. Mt hat diesen Übergang erleichtert, indem er die Gebetsanrede Eli (Mk: Eloï) anführt. Guillaume hat darauf aufmerksam gemacht, daß das Suffix 1. Ps. Sg. im Hebräischen zwischen i und iya schwankte, Elija also die Bedeutung von „mein Gott" gehabt habe[28]. Doch bietet Mt nicht die iya-Form. Bietet er die Mischform eines hebräisch-aramäischen Textes? *Sabachthani* ist aramäisch, *eli* hebräisch. Doch ist *eli* als Hebraismus in aramäischen Texten nachgewiesen. Das Targum bezeugt es[29]. Auch in der Wiedergabe der griechischen Version geht er eigene Wege. Zum Vergleich:

Mt   θεέ μου θεέ μου, ἱνατί με ἐγκατέλιπες.
Mk   ὁ θεός μου ὁ θεός μου, εἰς τί ἐγκατέλιπές με.
LXX ὁ θεός, ὁ θεός μου, πρόσχες μοι,
     ἱνατί ἐγκατέλιπές με.
M   „Mein Gott, mein Gott, warum hast du mich verlassen?"

Mt stimmt in der Formulierung der Frage – gegen Mk – mit LXX überein, bietet aber in der Gebetsanrede den Vokativ in einer attischen Form. So ist diese marginal auch in einigen LXX-Handschriften überliefert[30], dies kann aber wieder Einfluß von Mt sein. Sollte Übersetzung aus dem Hebräischen vorliegen, zumal πρόσχες μοι der LXX fehlt?

Jesus wendet sich mit dem Schrei der Gottverlassenheit an Gott! Für das theologische Verständnis des Rufes ist zu berücksichtigen, daß Ps 22 die Schilderung des Todesleidens Jesu grundlegend bestimmt, wie wir schon sehen konnten. Man muß darum den Schlußteil des Psalms miteinbeziehen, in dem sich die Klage in Dank verwandelt: „Denn er hat nicht verschmäht noch verachtet die Not des Armen. Nicht hat er sein Antlitz verborgen, als er schrie, hörte er auf ihn" (V 25). Die theologische Reflexion erfolgte vom Standpunkt der Auferstehung Jesu aus, von dem aus auch der Passionsbericht konzipiert wurde.

47–49 Die Reaktion einiger Umstehender beruht auf der mißverständlichen Meinung, Jesus habe nach Elija gerufen. Der Prophet Elija galt bei den Juden als wirksamster Nothelfer, auch in Todesgefahr[31]. Man wird aber zusätzlich die messianische Bedeutung des Propheten einzukalkulieren haben, der auch Vorläufer des Messias war. Das Ausbleiben des Elija bestätigt den Umstehenden, die nur als Juden vorgestellt werden können,

---

[28] PEQ 83 (1951) 78–80. Belege finden sich in der ersten Jesaja-Rolle von Qumran.
[29] Vgl. BILLERBECK I 1042; STENDAHL, School 84. Mt weicht vom Targum zu Ps 22 nur mit *lema* ab. Dieses bietet *m^{e}tul mah*. In V 46 gibt es zahlreiche Textvarianten mit lama, lima; zafthani, sabakthani. Vgl. auch Anm. 1.
[30] Vgl. STENDAHL, School 86.
[31] Belege bei DALMAN, Jesus 186; BILLERBECK IV 769–779.

daß der messianische Anspruch Jesu falsch ist. Die dazwischen geschaltete Tränkung mit Essig, der in einem gefüllten Schwamm, auf ein Rohr gesteckt, Jesus gereicht wird, gewinnt in diesem Zusammenhang die Bedeutung, sein zu Ende gehendes Leben noch um einige Minuten zu verlängern, damit Elija rechtzeitig ankomme. Diese Konstellation bleibt merkwürdig und läßt vermuten, daß der Essigtrunk einmal dem Durstenden Qual bereiten sollte im Blick auf das Wort ψ 68,22 (vgl. zu V 34). Mt scheint wieder stärker auf dieses Psalmwort abzuheben, indem er das Verb „er tränkte ihn" (ἐπότιζεν) durch vier vorangestellte Partizipien (wörtlich: laufend-nehmend-füllend-aufsteckend) stark betont. Auch die Differenzierung zwischen einigen (47) und den übrigen (49) zeigt noch die Inkonzinnität an.

50–51a Jesus stirbt, indem er erneut einen lauten Schrei ausstößt. Die Bedeutung des Schreis wird man darin erblicken dürfen, daß allen, letztlich der Welt, der Tod des Gottessohnes mitgeteilt werden soll. Die dem Tod nachfolgenden Geschehnisse wenden sich an alle, zunächst an das Judentum. Der Tempelvorhang zerreißt; jetzt ist der Blick frei auf das, was sich hinter ihm befindet. Im Tempel gab es zwei Vorhänge, einen äußeren, der den Eintritt in das Tempelhaus, und einen inneren, der den Eintritt in das Allerheiligste verdeckte. Letzteres durfte nur einmal im Jahr betreten werden, nur vom Hohenpriester am Versöhnungsfest. Darüber spekuliert der Hebräerbrief. Er spricht aber deutlicher vom zweiten Vorhang (9,3). Dieser ist auch für unsere Stelle vorauszusetzen[32]. Zwei Deutungen sind möglich: Das Zeichen ist bedrohlich, denn es kündet das Ende des Tempelkultes an. Mit dem Tod Christi hat dieser seine Bedeutung verloren. Diese Interpretation liegt auf der Linie von 23,38; 24,2; 27,40. Das Zeichen ist ein verheißendes, denn es veranschaulicht den durch den Tod Jesu gewonnenen freien Zutritt in das Allerheiligste, den offenen Zugang zu Gott für alle. Man wird beide Deutungen nebeneinander bestehen lassen müssen und nicht gegeneinander ausspielen dürfen. Der Zugang der Völker, wie er gleich im Folgenden angedeutet werden wird, geht aus der Aufhebung des nationalen Tempelkultes hervor.

51b–53 In der Analyse (s. Punkt I) kamen wir zu dem Ergebnis, daß Mt an dieser Stelle einen apokalyptischen Text aufgreift, den er seinerseits bearbeitet und mit dem Tod und der Auferstehung Jesu verbindet. Der vorgegebene Text schilderte die Totenauferstehung. Das Beben der Erde ist ein verbreitetes Theophaniemotiv (Ri 5,4; 2 Sm 22,8; Ps 68,9; Is 24,18.20; Jer 8,16; Agg 2,6f. 21 u.ö.)[33]. Hier aber übernimmt es als ein von Gott ver-

---

[32] Die ältere Exegese bevorzugte manchmal den äußeren Vorhang, etwa DALMAN, Worte Jesu 45. Dabei argumentierte man oft historisch. Nur das Zerreißen des äußeren Vorhangs hätte man beobachten können (V 54). Es handelt sich aber um eine theologische Aussage.
[33] Wiederholt ist eine Verbindung hergestellt worden mit dem von JOSEPHUS, bell. 6,293, berichteten bösen Omen, daß vor der Belagerung Jerusalems das Osttor des Tem-

ursachtes die Funktion, die Felsen zu spalten und die Gräber zu öffnen. Vielleicht hat Zach 14,4 auf den Text eingewirkt, wonach am Tag des Herrn sich der Ölberg in der Mitte spalten wird. Jerusalem ist das Ziel der Toten, und das Kidrontal ist seit alters her Begräbnisort. Vor allem aber steht Ez 37,1-14 im Hintergrund, jener mit einer Deutung versehene Visionsbericht, nach dem der Prophet die Wiederbelebung von Totengebein schaut, die Jahve durch seine Schöpfermacht bewirkt. Unmittelbar ist V 12 aufgegriffen: „Siehe, ich öffne eure Gräber und führe euch aus euren Gräbern herauf und bringe euch ins Land Israel." Der Text von Ez 37 hat im jüdischen und christlichen Bereich eine wirkungsvolle Nachgeschichte in Literatur und Kunst[34]. Wie die jüdische Auslegungsgeschichte aussah, vermittelt uns eine gut erhaltene Darstellung auf dem unteren Fries der Nordwand der berühmten Synagoge von Dura Europos[35]. Während der Prophet die Darstellung von der Erweckung der Toten metaphorisch verstand, als Bild für die Wiederbelebung des Volkes Israel nach dem Exil, bezieht man es in der Auslegungsgeschichte auf die reale Totenerweckung, wie es auch Dura Europos bezeugt. Auf dem Fries sieht man links das Tal der Toten, daneben einen durch ein Beben gespaltenen Berg, der die Toten freigibt (sie kommen aus den Gräbern), noch weiter rechts das Tal des Lebens. Psyche-Figuren verraten hellenistischen Einfluß. Das Geräusch und Rauschen von Ez 37,7 ist im Sinn eines Bebens gedeutet. Der Berg wird von Goodenough auf den Berg von Jerusalem bezogen[36]. Die Übereinstimmungen mit Mt 27,51b-53 sind so frappierend, daß mit der Übernahme derselben Tradition gerechnet werden kann. Mt verknüpft die Überlieferung von der Totenerweckung nach Ez 37 mit dem Tod und der Auferstehung Jesu. Die Heiligen – im vorgegebenen Text vielleicht alle Gerechten (s. Analyse Punkt I) – schränkt er auf eine bestimmte Gruppe ein. Sind es die Patriarchen? Es ist besser, an die Propheten und Gerechten zu denken, die Opfer der Gewalt geworden sind (23,29) und jetzt durch Jesu Tod befreit wurden und davon Zeugnis geben, indem sie vor vielen Bewohnern Jerusalems offenbar werden. Jesus wird durch diese von Gott gewirkten Zeichen als Sohn Gottes beglaubigt. Schwierigkeiten bereitet die zeitliche Einordnung, insofern die Auferweckung der Heiligen mit dem Tod, ihr Erscheinen mit der Auferstehung Jesu verbunden wird. Warum hat Mt die Überlieferung nicht im Anschluß an die Auferstehung

---

pels in der Nacht aufgesprungen sei. Dies wird vom Nazaräerevangelium übernommen (die Oberschwelle des Tempels von gewaltiger Größe spaltete sich). Bei E. Hennecke – W. Schneemelcher, Ntl Apokryphen I (Tübingen 1959) 100. Auch Tacitus, hist. 5,13, kennt die Überlieferung: „Unerwartet sprangen die Pforten des Heiligtums auf, und es erscholl übermenschlich laut der Ruf, die Götter zögen aus." Diese Tradition geht nicht auf Mt zurück.

[34] Vgl. W. Zimmerli, Ezechiel II (BK.AT) (Neukirchen ²1979) 898f.
[35] Die Bemalung stammt aus der 2. Hälfte des 3. Jh. n.Chr. Eine schöne Reproduktion des Bildes in Farbe bietet E. R. Goodenough, Jewish Symbols in the Greco-Roman Period XI (New York 1964) Tafel XXI, Ausschnitte in Schwarz-Weiß Nr. 348 und 349.
[36] Zur Deutung vgl. E. R. Goodenough, Jewish Symbols X (New York 1964) 179-196, hier 192; Zimmerli (Anm. 34).

Jesu gebracht, also etwa mit dem in 28,2 erwähnten Beben verknüpft? Es kam ihm darauf an, Tod und Auferstehung Jesu als die Grundfaktoren unseres Heils, als die Quelle des neuen Lebens zu erweisen[37]. Man darf vermuten, daß die Einordnung des Geschehens zwischen Tod und Auferstehung Jesu bedeutet, daß die Befreiung der Toten in Verbindung mit der Hadesfahrt Christi geschieht (vgl. 12,40), einer Vorstellung, die man auch später aus dieser Stelle herauslas[38].

54 Der Tod Jesu betrifft die Völker der Welt. Ausgerechnet der Hauptmann des Hinrichtungskommandos wird zu ihrem Repräsentanten, indem er sich zu Jesus, dem Gekreuzigten, als dem Sohn Gottes bekennt. War dies schon von Mk 15,39 her vorgegeben, so dehnt Mt das Bekenntnis auch auf die Begleitung des Hauptmanns, also die Soldaten aus. Das Bekenntnis wird im Kontext zur positiven Antithese der Lästerungen der Repräsentanten des jüdischen Volkes, die sich vom König von Israel distanzierten und seinen Anspruch, Gottes Sohn zu sein, spottend in Zweifel zogen. Der Hauptmann steht unter dem Kreuz, auf dem über Jesu Haupt „König der Juden" zu lesen ist. Auch hier ist die Situation des Übergangs des Heils von Israel zu den Völkern eingefangen und der Gottessohn-Anspruch als die große Herausforderung gesehen[39]. Die Angleichung des Bekenntnisses an die Inschrift (beide bieten οὗτος) unterstreicht den Zusammenhang zwischen dem Messias und dem Gottessohn, der schon sowohl im Bekenntnis des Simon Petrus (16,16) als auch in der von Jesus bejahten Anfrage des Hohenpriesters (26,63) zum Ausdruck gebracht worden war. Indem Gott für diesen Jesus durch die beim Tod gewirkten Zeichen Zeugnis ablegte, ist seine einzigartige Nähe zu Gott zu verstehen gegeben. Der Akzent aber ruht auf dem von ihm übernommenen Amt, der dem Tod verfallenen Menschheit das bleibende Leben zu vermitteln, was er durch seinen Kreuzestod gewirkt hat. Diese Zusammenhänge sind der Hintergrund des Bekenntnisses des Hauptmanns und seiner Leute. Mit anderen Worten: die Kirche aus den Völkern bekennt sich zu Kreuz und Auferstehung Jesu als dem Grund unseres Heiles. Es ist nicht auszuschließen, daß diese Szene auch inspiriert ist durch Ps 22, dessen Einfluß auf die Passion uns schon bekannt ist und in dessen Schlußteil es heißt: „Daran sollen denken und umkehren alle Enden der Erde, vor ihm niederfallen alle Geschlechter der Völker" (V 28)[40].

55f Zum Bekenntnis gehört die Nachfolge. Sie ist Kreuzesnachfolge. Die Jüngerinnen, die ihn materiell unterstützt hatten, fanden den Mut, bis

---

[37] Nach RIEBL, Auferstehung 75f, beinhaltet der Text, daß Jesus in seine Auferstehung hinein gestorben sei. Diese „moderne" Konzeption lag Mt wohl fern. SCHENK, Passionsbericht 80, denkt an eine Vorwegnahme der Parusie; LOHMEYER 395 an den Beginn des neuen Äons.
[38] Belege bei KROLL, Gott und Hölle 8f.
[39] Vgl. VERSEPUT: NTS 33 (1987) 548f.
[40] Vermutung von SENIOR: CBQ 38 (1976) 324.

hierhin ihm nachzugehen. Wie seine Jünger kommen sie aus Galiläa. Daß sie „von weitem" zuschauten, beeinträchtigt nicht ihre Nachfolge. Vielmehr sind sie als Zeuginnen des Geschehens aufgerufen. An der Spitze wird Maria von Magdala genannt, die zusammen mit der anderen Maria auch für die folgenden Geschichten vom Grab Jesu wichtig wird. Die Bezeichnung der anderen Maria hat Mt gegenüber Mk etwas abgeändert – aus Jakobus dem Kleinen wird Jakobus, aus Joses Josef –, wie er Salome auch sonst die Mutter der Söhne des Zebedäus nennt (20,20)[41].

III

a) In der Geschichte vom Kreuzweg und von der Kreuzigung Jesu hat Mt die Verklammerung mit den Verhörszenen, die mit dem Tempellogion und dem durch die Hierarchen ironisierten königlichen Anspruch vorgegeben war, weiter ausgebaut. Er hat den Sohn Gottes-Titel, der in der hohepriesterlichen Anfrage vorkam, in die Verspottung aufgenommen und damit nicht nur eine Parallele zur teuflischen Versuchung am Anfang geschaffen (4,3: Wenn du Gottes Sohn bist; vgl. 27,40), sondern auch zu verstehen gegeben, wie bedeutsam ihm dieser christologische Hoheitstitel ist. Die universale Bedeutung des Todes Jesu hat er in beeindruckenden Bildern artikuliert. Indem er eine an Ez 37 orientierte apokalyptische Tradition aufnimmt, verdeutlicht er die lebenschaffende Wirkung dieses Todes, die bis in die Totenwelt hinabreicht. Der Tod Jesu überwältigt als Epiphanie Gottes die Heiden zum Glauben, die, in der Völkerkirche versammelt, das alte Israel ablösen. Sein Segen erreicht die verstorbenen Gerechten des jüdischen Volkes, zu denen der getötete Christus hinabsteigt. Die Vorstellung von der Hadesfahrt meinten wir aus 51b-53 nicht ausschließen zu sollen. Die Überwindung des Todes im Tod ist ein Gedanke, der als ein zu vermittelnder herauszustellen wäre.

b) Inmitten deutender Bilder sind zahlreiche historische Details der letzten Stunden des Lebens Jesu aufbewahrt worden. Sein Kreuzweg von der Herodesburg durch die Stadt zur Richtstätte mit dem Namen Golgota hat Simon von Kyrene zum Zeugen. Die Kreuzigung auf der Schädelstätte kann als das sicherste historische Datum des Lebens Jesu gelten. Die Verteilung der Kleider hat eine Stütze im römischen Spolienrecht. Die Kreuzesinschrift in Zweifel zu ziehen besteht kein überzeugender Anlaß. Es ist aber ihre mk Version „Der König der Juden" zu bevorzugen. Mt hat den Titulus zu einer Proklamation des königlichen Anspruches gestaltet. Auch mit der Verspottung des Gekreuzigten werden wir rechnen dürfen, mögen diese Verse auch stilisiert worden sein. Von den beiden Darreichungen eines Trunks kann eher die zweite als eine historische Reminiszenz gewertet werden. Ihre Sperrigkeit im Kontext fiel uns auf. Wahrscheinlich war sie ursprünglich als Spott gemeint. Schließlich sind die Frauen, vor allem Maria von Magdala, als Zeugen der Hinrichtung zu erwähnen. Haben sie von der Stadtmauer aus das Geschehen beobachtet?[42]

---

[41] CΔΘ lesen zweimal Mariam.
[42] Vermutung von RIESNER: BiKi 40 (1985) 24.

c) Die Hilflosigkeit und Gottverlassenheit des Gekreuzigten stehen im Zentrum der Nachgeschichte. Die Gottverlassenheit machte dogmatische Schwierigkeiten (Eli-Ruf). Man sagte, Jesus habe den Schrei nach seiner menschlichen Natur an Gott gerichtet (Thomas von Aquin, altprotestantische Scholastik). Man meinte, Christus habe im Namen der Gesamtnatur geschrien. Oder man sagte, Christus habe nur geklagt über die Feindseligkeit der Menschen, über seinen Tod habe er hell und heiter gedacht (Schleiermacher)![43] Diese Spekulationen gehen am Text vorbei und übersehen seine Dialektik. Sie besteht darin, daß er die Klage vor seinen Gott bringt! Wie anders urteilt der moderne Dichter:

> „Nur seinen Schrei nehmen wir ihm noch ab
> und verstärken ihn in aller Munde."[44]

Die Hilflosigkeit des Gekreuzigten ist vielgestaltig. Indem man ihn an das Kreuz schlägt, wird er wie ein Gottloser behandelt. Sein Unvermögen, in dieser Stunde Wunder zu tun, wird Anlaß zur Verhöhnung. Solowjew stellt den Gekreuzigten dem Antichrist gegenüber, der als Übermensch dargestellt wird. „Ich fordere nichts von dir", sagt ein Unbekannter zu diesem[45]. Letztlich beglaubigt der Gekreuzigte seine Botschaft, erhält seine Verkündigung von der Himmelsherrschaft und vom Vater-Gott ihre Glaubwürdigkeit, weil er seine Passion mit und an seinem Gott durchlitten hat. So bekannte sich Gott zu ihm in der Auferweckung, wie es die Gestaltung der Perikope von Ps 22 her andeutet, die vom österlichen Standpunkt aus erfolgt ist. Darum ließen sich die Worte Nietzsches, die dieser für den Gekreuzigten fand, zitieren: Am meisten hassen sie den, „der Tafeln bricht und alte Werte, den Brecher – den heißen sie Verbrecher ... sie kreuzigen den, der neue Werte auf neue Tafeln schreibt, sie opfern *sich* die Zukunft, sie kreuzigen alle Menschen-Zukunft", wenn Nietzsche sie nicht in seinem Sinn verstanden hätte[46].

LITERATUR: J. KROLL, Gott und Hölle (SBW 20) Leipzig-Berlin 1932; W. HASENZAHL, Die Gottverlassenheit des Christus (BFChTh 39/1) (Gütersloh 1937); J. BLINZLER, Zur Erklärung von Mt 27,51b–53: ThGl 35 (1943) 91–93; E. FASCHER, Die Auferweckung der Heiligen (HM 20) (Halle 1951) 32–51; A. GUILLAUME, Mt 27,46 in the Light of the Dead Sea Scroll of Isaiah: PEQ 83 (1951) 78–80; E. FLORIS, L'abandon de Jésus et la mort de Dieu: ETR 42 (1967) 277–298; H. GESE, Psalm 22 und das NT: ZThK 65 (1968) 1–22; W. TRILLING, Der Tod Jesu, Ende der alten Weltzeit: Christusverkündigung in den synoptischen Evangelien (BiH 4) (München 1969) 191–211; D. HUTTON, The Resurrection of the Holy Ones (Harvard Phil. Diss. 1970); J. H. REUMANN, Psalm 22 at the Cross: Interp 28 (1974) 39–58; D. SENIOR, The Death of Jesus and the Resurrection of the Holy Ones: CBQ 38 (1976) 312–329; M. RIEBL, Auferstehung Jesu in der Stunde seines Todes? (SBB) (Stuttgart 1978); R. AGUIRRE MONASTERIO, Exégesis de

---

[43] Hierzu vgl. SCHLINK, Dogmatik 340.
[44] Eva ZELLER, Golgatha, bei KUSCHEL, Jesus 319. Die Interpretation des Gedichtes ist schwierig. Ist es Solidarität mit Christus oder Protest?
[45] Kurze Erzählung vom Antichrist: W. SZYLKARSKI u. a. (Hrsg.), Deutsche Gesamtausgabe VIII (München 1979) 268 f.
[46] Von alten und neuen Tafeln: Also sprach Zarathustra (KTA 75) (Stuttgart 1964) 236.

Mt 27,51b-53 (Biblica Victoriencia 4) (Victoria 1980); J. W. WENHAM, When Were the Saints Raised?: JThS 32 (1981) 150-152; S. PENNELLS, The Spear Thrust: JStNT no. 19 (1983) 99-115; X. TILLIETTE, Der Kreuzesschrei: EvTh 43 (1983) 3-15; R. RIESNER, Golgota und die Archäologie: BiKi 40 (1985) 21-26; D. VERSEPUT, The Role and Meaning of the „Son of God" Title in Matthew's Gospel: NTS 33 (1987) 532-556.

16. Das Begräbnis (27,57–61)

57 Als es Abend wurde, kam ein reicher Mensch von Arimatäa mit Namen Josef, der selbst auch ein Jünger Jesu geworden war. 58 Dieser trat an Pilatus heran und erbat sich den Leib Jesu. Dann befahl Pilatus, (ihn) herauszugeben. 59 Und Josef nahm den Leib, wickelte ihn in reine Leinwand 60 und legte ihn in sein neues Grab, das er in dem Felsen hatte hauen lassen, und wälzte einen großen Stein vor die Tür des Grabes und ging fort. 61 Dort aber war Mariam von Magdala und die andere Maria, die saßen dem Grab gegenüber.

I

Mit dieser Perikope beginnt der Zyklus der Grabes- und Ostergeschichte unseres Evangeliums[1]. Die Hinordnung auf das Folgende erkennt man daran, daß erzählerische Elemente vorbereitenden und verbindenden Charakter tragen: Der Stein, der vor die Tür des Grabes gewälzt wird (28,2), der Wechsel des griechischen Wortes für Grab (aus μνημεῖον wird τάφος 61; VV 64,66; 28,1), Mariam von Magdala und die andere Maria (28,1), die aber auch die Klammer zum Kreuzigungsbericht herstellen (56). Beherrschende Figur ist Josef von Arimatäa, der nur hier im Evangelium begegnet. Mt hat die Episodenhaftigkeit seines Auftrittes unterstrichen, wenn er nicht nur sein Kommen, sondern auch seinen Abgang vermerkt (60 fin).

Vergleicht man die mt Perikope mit der Vorlage Mk 15,42-47, so ergibt sich zunächst der Eindruck erheblicher Kürzung. Es fehlen die Zeitangaben (Mk 15,42: Rüsttag, Vortag des Sabbats)[2], der Wagemut des Josef (Mk 15,43: τολμήσας), der Kauf der Leinwand (Mk 15,46: ἀγοράσας), die Herabnahme des Leichnams vom Kreuz (Mk 15,46: καθελὼν αὐτόν), vor allem aber die Konsultation des Hauptmanns durch Pilatus, die die Feststellung des Todes betrifft (Mk 15,44-45 a). Die letztgenannte Auslassung dürfte ihren Grund in Folgendem haben: Die Konsultation wird von Mk erzählt, um den Verdacht des Scheintodes abzuwälzen. Mt setzt sich mit Hilfe von zusätzlichen Geschichten, die er im Anschluß an das Begräbnis erzählt, mit ähnlichen gegen die christliche Botschaft gerichteten Vorwürfen auseinander. So konnte er sich hier kurz fassen. Doch führt der Vergleich mit Lk und Joh noch zu weiteren Einsichten (s. unten).

---

[1] Die Verbundenheit betont GIBLIN: NTS 21 (1975) 406-408.
[2] Den Rüsttag erwähnt aber Mt 27,62.

Im Detail sind erwähnenswert: Nach Mk 15,42 ist Josef ein vornehmer Ratsherr, der das Reich Gottes erwartete, Mt stellt ihn vor als reichen Menschen und Jünger Jesu. Nach Mk 15,45 schenkt Pilatus Josef den Leichnam Jesu (πτῶμα), nach Mt befiehlt er, ihn herauszugeben. Dabei meidet Mt das Wort „Leichnam". Mt Nuancen sind die *reine* Leinwand, das *neue* Grab, das eigens als Eigentum Josefs bezeichnet wird, und der *große* Stein. Statt des Verbs ἐνείλησεν (Mk 15,46) gebraucht Mt 27,59 ἐνετύλιξεν (beides meint einwickeln). Schließlich erwähnt er den Weggang Josefs und läßt die Frauen dem Grab gegenübersitzen (Mk 15,47: sie schauen zu)[3].

Nun bestehen erstaunliche Berührungen und Gemeinsamkeiten mit Lk-Joh. Lk 23,50-56 weist – von der Herabnahme des Leichnams abgesehen – dieselben Auslassungen gegenüber Mk auf wie Mt. Zwei Formulierungen stimmen wörtlich überein: Dieser trat an Pilatus heran (V 58/Lk 23,52: οὗτος προσελθὼν τῷ Πιλάτῳ); er wickelte ihn in eine Leinwand (V 59/Lk 23,53: ἐνετύλιξεν αὐτὸ σινδόνι)[4]. Lk und Joh meiden πτῶμα, wie Mt. Joh 19,41 bezeichnet das Grab als ein neues, in dem noch keiner gelegen hatte (anderes Verb), Mt einfach als ein neues. Hier sind die Berührungen zwischen Lk und Joh größer. Aber alle drei bieten Zusätzliches gegenüber Mk. Dieser Befund kann nicht damit erklärt werden, daß alle drei Evangelisten gleichlaufende Gedankenassoziationen hatten. Vielmehr wirkt neben der Mk-Vorlage die mündliche Weitergabe der Überlieferung noch fort[5].

Die einzige Besonderheit, die das apokryphe Petrusevangelium mit Mt im vorliegenden Text teilt, ist, daß Josef sein eigenes Grab zu Verfügung stellt (24: ἴδιον τάφον). Sonst ist dort vieles anders. Es entsteht der Eindruck eines phantasievoll weiterentwickelten Berichtes unter Verwendung der evangeliaren Texte[6].

II

57 Nach der jüdischen Tageszählung beginnt mit Sonnenuntergang der neue Tag. Daß der folgende Tag ein Sabbat ist, Jesus also am Freitag gekreuzigt wurde, erwähnt Mt nicht (vgl. Mk 15,42). Nur der Abend als die Zeit des Begräbnisses ist ihm wichtig. Im Judentum war es üblich, einen Toten sofort zu bestatten. Es galt der Satz: Wer einen Toten über Nacht stehen läßt, schändet ihn[7]. Erst recht mußte man sich bei einem Gehenkten beeilen. Doch wirkt Dt 21,22 f, wonach ein Gehenkter Fluch für das

---

[3] Wieder spricht Mt von der anderen Maria (Mk 15,47: Maria, die des Joses).
[4] Zu beachten ist der Verbwechsel gegenüber Mk 15,46. Mt spricht allerdings von reiner Leinwand. Auch gibt es die LA ἐν σινδόνι für Mt (BDΘ it bo). Die textliche Entscheidung ist schwierig. Doch könnte Paralleleinfluß vorliegen.
[5] BROER, Urgemeinde 44-59, spricht für die Übereinstimmungen von Mt und Lk von Zufall bzw. schließt nicht aus, daß Lk den Mt kannte (57).
[6] EvPt 3-5.23 f: Josef heißt Freund des Pilatus. Er leistet Jesus den letzten Dienst, weil er all das Gute gesehen hatte, das dieser in seinem Leben wirkte.
[7] Bei BILLERBECK I 1047.

Land bedeutet, nicht ein. Erst Paulus wird dialektisch mit dieser Vorstellung umgehen (Gal 3,13). Des toten Jesus nimmt sich ein Mann namens Josef an, der aus Arimatäa (wahrscheinlich Rentis = Ramatajim im Norden Judäas) stammt und als reich und Jünger Jesu vorgestellt wird. Mt nennt ihn reich, weil er über die Möglichkeit, Jesus in der eigenen Grabkammer zu bestatten, verfügt[8]. Sicher war er ein Sympathisant Jesu, der später zum Jünger werden konnte. Mt gebraucht das für ihn charakteristische Verb μαθητεύω (noch 13,52; 28,19; Apg 14,21), das „ein Jünger werden" meint. Das Wort ist der LXX unbekannt und in der Profangräzität selten anzutreffen. Vielleicht setzt es voraus, daß man auch in der nachösterlichen Situation die Anhänger Jesu seine Jünger nannte. Josef entlastet die Jüngerschaft. Alle sind geflohen und auch beim Begräbnis nicht zugegen.

58 Pilatus ist für die Freigabe des toten Jesus zur Bestattung zuständig. Josef begibt sich zu ihm, „tritt an ihn heran". Es ist dasselbe Wort, das so oft für das Kommen der Menschen zu Jesus verwendet wurde. Hingerichtete pflegten in einem Massengrab beigesetzt zu werden. Die Freigabe eines Leichnams durch die Römer war schwierig, aber möglich. Sie ist uns neuerdings auch archäologisch bezeugt in einem Familiengrab aus dem 1. Jh. n. Chr. auf dem Skopusberg bei Jerusalem, in dem man die Skelettreste eines Gekreuzigten fand[9]. Das Wort ἀποδοθῆναι könnte die Großzügigkeit des Statthalters andeuten wollen im Sinn von: er schenkte den Leichnam[10]. Es ist der tote Jesus, den Josef erhält.

59 f Josef besorgt die Bestattung Jesu allein. Bestattungen im Judentum erfolgten privat, ohne Kultdiener. Doch ist das Ausbleiben jeglicher Beteiligung von anderen Personen nochmals Ausdruck der Verlassenheit des Gekreuzigten. Josef läßt dem Toten den erforderlichen großen Respekt zuteil werden. Mt betont dies. Das reine Linnen bedeckt die Blöße. Einen Toten nackt zu bestatten wurde als Schmach empfunden. Das Grab, das Josef gehört, ist neu, eine Felsenkammer, die als Bestattungsort weiter ausgehauen wurde. So legt es die mt Formulierung nahe. Friedhöfe in unserem Sinne gab es nicht. Die Gräber befanden sich in der Regel auf privaten Grundstücken, Gärten o. ä. Der Verschlußstein sichert den Eingang zur Grabkammer[11]. Daß Josef fortgeht, vermittelt den Eindruck der Distanz zu den Frauen.

---

[8] Daß Mt auf LXX Is 53,9 blickt, ist unwahrscheinlich. Danach erhält der Gerechte sein Grab bei den Ruchlosen und Reichen. Josef ist kein Ruchloser. Anders GUNDRY.
[9] Vgl. N. HAAS, Anthropological Observations on the Skeletal Remains from Giv' at ha-Miotar: IEJ 20 (1970) 38–59.
[10] Einzelne Hss ergänzen in 58b das fehlende Objekt: den Leib (ACDW f[13] 1006 1342 lat sy[p.h]), den Leib Jesu (Σ), den Leib dem Josef (237 sa mae).
[11] Vgl. BILLERBECK I 1051. LOHMEYER 399 Anm. 4 meint, daß das Grab auch eine steinerne, in Zapfen drehbare Tür besaß. Dies trifft auf jüdische Gräber in der Regel nicht zu.

61 Die beiden aus 27,56 bereits bekannten Frauen sind Zeugen des Geschehens. Sie haben sich dort niedergesetzt, also nicht bloß flüchtig beobachtet. Mt verzichtet auf die Erwähnung der dritten Frau. Vielleicht kam es ihm nur darauf an, die Wahrung der Zeugenregel Dt 19,15 sicherzustellen, wonach durch die Anwesenheit von mindestens zwei Zeugen eine Sache rechtlich festgestellt werden konnte. An der Bestattung Jesu waren sie nicht beteiligt. Sie waren dem Josef nicht bekannt. Mt überliefert hier für die Magdalenierin die Namensform Mariam, ein Zeichen, wie gräzisierte und semitische Form wechseln konnten [12].

III

a) Mt hat die Perikope von der Grablegung Christi noch stärker auf die Person Josefs von Arimatäa konzentriert. Dieser erhält ohne die Einschaltung des Hauptmanns den Leichnam, gelangt ohne Schwierigkeit zum Statthalter, wird vor allem als einer bezeichnet, der ein Jünger Jesu geworden sei. Die Gemeinde kann einen wichtigen Zeugen für das Grab Jesu namhaft machen. Daneben aber sind die beiden Frauen zu nennen, deren Rolle als Wächterinnen des Grabes durch ihr Ausharren in Erscheinung tritt. Damit ist das Folgende vorbereitet.

b) Für die historische Rekonstruktion ist auch hier von parMk 15,42–47 auszugehen [13]. Dort ist Josef noch nicht ein Jünger Jesu. Er wird als frommer Mann geschildert (der das Reich Gottes erwartete). Daß ein Fremder Jesus bestattet, bestärkt die historische Glaubwürdigkeit. Sein Motiv ist seine Gesinnung. Sich der Toten anzunehmen war ein Werk der Barmherzigkeit. Sonst bleiben Fragen offen. War Josef als Festpilger in Jerusalem oder kann man damit rechnen, daß er inzwischen ein Bürger Jerusalems geworden war? Daß er über ein Grab in der Nähe der Stadt verfügte, könnte für Letzteres sprechen. Wo ist dieses Grab zu suchen? Befand es sich in der großen Nähe zu Golgota, wie es die Grabeskirche seit Jahrhunderten anbietet? [14]

c) Das Begräbnis Jesu, isoliert betrachtet, ist kaum Gegenstand der Verkündigung. „Heute liegt er im Grab, schläft und ruht, so daß man nichts von ihm zu predigen hat." [15] Es ist Übergang von der Schmach zur Herrlichkeit [16]. Das Grab gewährleistet die Realität seines Totseins. Das Interesse am Leib Jesu ist das Interesse an der leiblichen Auferstehung. Die Prediger rühmen den Mut des Josef: Aus den Händen des Henkers den Leichnam eines Gekreuzigten entgegenzunehmen war „ein schmutziges, entehrendes Stück Arbeit." [17]

---

[12] Mit Sinaiticus BCLΔΘ f¹ 205 1506 mae. Andere Hss lesen Maria.
[13] Vgl. GNILKA, Markus II 336.
[14] Vgl. BLINZLER, Prozeß 401f; KOPP, Stätten 436–444.
[15] LUTHER V 139.
[16] CALVIN II 404.
[17] So CALVIN II 405. Allerdings stimmt er auch antijüdische Töne an. Josef habe sich dem Haß des ganzen Volkes ausgeliefert.

LITERATUR: F. M. BRAUN, La sépulture de Jésus: RB 45 (1936) 34–52. 184–200. 346–363; C. MASSON, L'ensevelissement de Jésus: RThPh 31 (1943) 193–203; J. S. KENNARD, The Burial of Jesus: JBL 74 (1955) 227–238; R. MERCURIO, A Baptismal Motif in the Gospel Narratives of the Burial: CBQ 21 (1959) 39–54; C. H. GIBLIN, Structural and Thematic Correlations in the Matthean Burial-Resurrection Narrative: NTS 21 (1975) 406–420; W. B. BARRICK, The Rich Man from Arimathea and 1 QIs[a]: JBL 96 (1977) 235–239; G. GHIBERTI, Sepolcro, sepoltura e panni sepolcrali di Gésù: RivBib 27 (1979) 123–158.

17. Die Sicherung des Grabes (27,62–66)

62 Am folgenden Tag aber, das ist nach dem Rüsttag, versammelten sich die Hohenpriester und die Pharisäer bei Pilatus 63 und sagten: Herr, wir haben uns erinnert, daß jener Betrüger, als er noch lebte, sprach: Nach drei Tagen stehe ich auf. 64 Darum befiehl, das Grab bis zum dritten Tag zu sichern, daß nicht die Jünger kommen, ihn stehlen und zum Volk sprechen: Er ist von den Toten auferweckt worden. Und der letzte Betrug wird schlimmer sein als der erste. 65 Pilatus sagte ihnen: Habet eine Wache! Geht, sichert, wie ihr es versteht! 66 Sie aber gingen, sicherten das Grab und versiegelten den Stein, dazu die Wache.

I

Die Perikope, die als Sonderüberlieferung des Mt von der Sicherung des Grabes Jesu mit Siegel und Wache erzählt, gehört mit 28,11–15 zusammen. Beide Perikopen rahmen wie ein Diptychon die Geschichte von der Entdeckung des leeren Grabes (28,1–10), in die freilich die Überlieferung von der Wache auch hineingreift und diese nicht unbeträchtlich verändert (28,4). Verbindende Elemente zwischen 27,62–66 und 28,11–15 sind auch die Hohenpriester (27,62; 28,11) und das von diesen ausgestreute Gerücht vom Leichendiebstahl durch die Jünger (27,64; 28,13). Wenn zusätzlich in 27,62 die Pharisäer und in 28,12 die Ältesten erwähnt werden, kann die Streuung beabsichtigt sein, denn alle drei Gruppen zusammen stehen für das Synhedrion.

Formal betrachtet ist 27,62–66 im wesentlichen ein Gespräch zwischen den Hierarchen und Pilatus, das mit einer Exposition anhebt (62: Zeit- und Ortsangabe) und mit der Durchführung der Grabsicherung abschließt (66). Im Mittelpunkt des Gesprächs steht das christliche Kerygma von der Auferstehung Jesu nach drei Tagen bzw. am dritten Tag, das ausgerechnet von den Hierarchen wiederholend eingebracht wird (63f). Gegen das Kerygma wird die jüdische These vom Leichendiebstahl gesetzt. Zweck und Ort der Perikope sind damit hinreichend gekennzeichnet. Es geht um eine polemische Auseinandersetzung um die Osterbotschaft. Gattungsmäßig hat man die Geschichte zusammen mit der folgenden als Befreiungswunder bestimmen wollen, vor allem wegen Wache und Siegel[1]. Wache und

---

[1] KRATZ, Befreiung 57–75. Hier weiteres Material (29ff.34ff).

Siegel können zwar in Befreiungswundern eine Rolle spielen (Apg 5,23; 12,5f; 16,23), doch ist zu beachten, daß in 28,1ff mehr erzählt wird als eine Befreiung aus dem Gefängnis. Die Öffnung des Grabes durch den Engel hat mit der Auferweckung Jesu unmittelbar auch nichts zu tun. Sie ist nur ihr irdischer Reflex (28,2-4). Treffender spricht man für 27,62-66 und 28,11-15 von apologetischen Ostergeschichten, apologetischen Tendenzgeschichten[2]. Dabei darf das Ironische der Erzählweise nicht übersehen werden, auf das zurückzukommen sein wird.

Hinsichtlich der Bestimmung der Tradition werden zwei Auffassungen vertreten: Man hält das Ganze für MtR, oder man meint, Mt habe eine vorgegebene Überlieferung schriftlich gefaßt[3]. Das Letztere ist vorzuziehen. Es gibt verschiedene mt Stileigenheiten, besonders auffällig ist die Anlehnung von 64c an 12,45[4]. Doch besitzt der Text mehrere hapax legomena des Mt[5]. Auch fehlt jede atl Reflexion. Die Auseinandersetzung mit dem Gerücht vom Leichendiebstahl ist auch bei Justin, dial. 108,2, nachzuweisen, so daß es verständlich ist, wenn sich volkstümlich-naive Erzählungen bildeten, die sich dem Gerücht entgegenstellten. Einmalig ist die präsentische Formulierung des Kerygmas: Nach drei Tagen stehe ich auf (63)[6]. Sicherung des Grabes durch Siegel und Wache kann aber nur als der Anfang einer Tradition angesehen werden. Er bedarf einer Fortsetzung. Auf sie stoßen wir in den folgenden beiden Perikopen.

Noch ausführlicher wird die Sicherung des Grabes in EvPt 28-33 erzählt: „Als sich aber die Schriftgelehrten und Pharisäer und Ältesten miteinander versammelten und hörten, daß das ganze Volk murrte und sich an die Brust schlug (vgl. Lk 23,48) und sagte: Wenn bei seinem Tod diese überaus großen Zeichen geschehen sind, so sehet, wie gerecht er war! Da fürchteten sie sich und kamen zu Pilatus, baten ihn und sprachen: Gib uns Soldaten, damit wir sein Grab drei Tage lang bewachen, damit nicht seine Jünger kommen und ihn stehlen (μήποτε ἐλθόντες οἱ μαθηταὶ αὐτοῦ κλέψωσιν αὐτόν) und das Volk glaube, er sei von den Toten auferstanden, und uns Böses antue. Pilatus aber gab ihnen den Hauptmann Petronius mit Soldaten, um das Grab zu bewachen. Und mit diesen kamen Älteste und Schriftgelehrte zum Grab. Und alle, die dort waren, wälzten zusammen mit dem Hauptmann und den Soldaten einen großen Stein herbei und legten ihn vor den Eingang des Grabes und legten sieben Siegel an, schlugen ein Zelt auf und hielten Wache."[7] – Daß der Text des EvPt unabhängig von Mt entstanden sei, also ebenso wie Mt noch unmittelbaren Zugang zu der volkstümlichen Auswertung der Ostergeschichte mit der

---

[2] Vgl. KREMER, Osterevangelien 70-73.
[3] BROER, Urgemeinde 69-75: MtR; KREMER, Osterevangelien 75: volkstümliche Überlieferung.
[4] BROER, Urgemeinde 73-75. Mt sind συνάγομαι, κελεύω. Das Kergyma ἠγέρθη ἀπὸ τῶν νεκρῶν stimmt überein mit 28,7; 14,2.
[5] Dies sind ἐπαύριον, παρασκευή, πλάνος/πλάνη, κουστωδία, ἀσφαλίζω, σφραγίζω.
[6] Die Formel μετὰ τρεῖς ἡμέρας verwendet Mt sonst nicht, jedoch Mk 8,31; 9,31; 10,34.
[7] Übers. nach C. MAURER.

Sicherung des Grabes gehabt habe, ist unwahrscheinlich. Der Text ist von Mt[8] und den anderen Evangelien abhängig, die in freier Weise miteinander kombiniert und phantasiereich weitergesponnen werden (Name des Hauptmanns, sieben Siegel usw.), wie man im allgemeinen annimmt, daß Mt mit seinem Sondergut den Grundstock der Komposition bildet[9]. Dabei muß mit der Möglichkeit gerechnet werden, daß das EvPt aufbaut auf der mündlichen Weitergabe der evangilaren Erzählungen. Für die Rekonstruktion der Mt vorausliegenden volkstümlichen Überlieferung kann das EvPt nur sehr bedingt verwertet werden.

II
62f Die Zeitbestimmung „Rüsttag" holt Mt aus Mk 15,42 hier nach. Der Rüsttag ist der Vortag des Sabbat. Nachträglich erfahren wir, daß Jesus am Freitag hingerichtet und begraben wurde. Die Versammlung der Hohenpriester und Pharisäer erfolgt bei Pilatus. Es wird der Eindruck vermittelt, als hätten die Hierarchen leichten Zugang beim Römer gehabt. Die Gruppierung Hohepriester/Pharisäer begegnet uns im Evangelium nur noch in 21,45. Vielleicht will sie Mt, der Zweiergruppierungen bevorzugt, als Mitglieder des Synhedrions bezeichnet sehen, zumal er in einer erneuten Versammlung die Hohenpriester und Ältesten zusammentreten läßt (28,12), so daß alle drei Fraktionen des Synhedrions genannt wären. Die dem Pilatus gewährte Anrede Herr erscheint im Mt-Evangelium zwielichtig, wo sie vorzüglich dem Herrn Jesus vorbehalten ist. Gegenstand der Sorge der Hierarchen ist die christliche Osterbotschaft, die als vorausweisendes Wort Jesu zitiert wird. Weil Mt sonst immer in Verbindung mit der Osterbotschaft vom dritten Tag spricht (16,21; 17,23; 20,19), ist zu vermuten, daß auf 12,39f zurückgeblendet wird, wo Jesus den Schriftgelehrten und Pharisäern als Erneuerung des Jonazeichens in Aussicht gestellt hatte, daß der Menschensohn drei Tage und drei Nächte im Schoß der Erde sein werde. Obwohl Auseinandersetzung um das Kergyma vorliegt, ist Mt bemüht, sie im Wirken des irdischen Jesus festzumachen. Jesus wird als Betrüger (πλάνος) vorgestellt, ein Vorwurf, der in einem ganz ähnlichen Zusammenhang sich auch bei Justin, dial. 108,2, findet. Weil sich das Wort πλάνος, auf Jesus bezogen, sowohl bei Mt als auch bei Justin nur ein einziges Mal nachweisen läßt, kann man schließen, daß es im Kontext der Osterbotschaft verwurzelt ist. Die pharisäisch-jüdische Seite hat diese als Betrug bezeichnet und abgelehnt.

---

[8] Außer der schon angezeigten Passage stimmen mit Mt überein: συναχθέντες ... Φαρισαῖοι; τρεῖς ἡμέρας; λαός; ἐκ νεκρῶν (ἀνέστη).
[9] Vgl. C. MAURER in: E. HENNECKE – W. SCHNEEMELCHER, Ntl Apokryphen I (Tübingen 1959) 118f. Das EvPt ist um die Mitte des 2. Jh. in Syrien verfaßt. BROWN: NTS 33 (1987) 338f plädiert für die erste Hälfte des 2. Jh. und begnügt sich als Abfassungsort mit der Angabe: außerhalb Palästinas. Auch BROWN plädiert für eine Abhängigkeit des EvPt von den kanonischen Evangelien und voranschreitendem nichtkanonischem Material, die weitgehend auf dem Weg mündlicher Weitergabe erfolgt sei (337).

64 Jetzt wird der Betrug mit der von den Jüngern auszurichtenden Botschaft in Verbindung gebracht. Wurde zunächst Jesus als Betrüger gebrandmarkt, weil er seine Auferstehung voraussagte, so jetzt das Kerygma der Jünger als Betrug, weil sie den Leichnam Jesu gestohlen hätten. In der erzählerischen Perspektive wird das noch nicht behauptet, vielmehr soll der Diebstahl durch die Sicherung des Grabes verhindert werden. Doch steht die jüdische Antithese zum Osterkerygma klar im Raum. Dieses wird in Übereinstimmung mit der Botschaft des Engels formuliert: Er ist von den Toten auferweckt worden (vgl. 28,7). Mt macht die Osterbotschaft mit Nachdruck am leeren Grab fest. Dieses können die Juden nach seiner Meinung nicht bestreiten, sie bestreiten aber die Auferstehung![10] Die Jünger[11] könnten beim Volk auf bereitwillige Ohren stoßen. Man wird hier nicht einen missionarischen Erfolg der Jünger angezeigt sehen, weil das jüdische Volk (λαός) angesprochen ist. Es ist aber angedeutet, daß dessen ablehnende Haltung gesteuert wird. Pilatus erscheint in einer Zwickmühle. Der Befehl, den er geben soll, steht in Korrelation zu seinem Befehl, den Leichnam Jesu zur Bestattung freizugeben (58). Das Übel, das er angerichtet hat, soll er gutmachen.

Die Auseinandersetzung mit der jüdischen These vom Leichendiebstahl bezeugt auch Justin, dial. 108,2: „Eine gottlose und schlimme Sekte ist durch einen gewissen Galiläer Jesus, einen Betrüger, ins Leben gerufen worden. Wir haben ihn gekreuzigt, aber seine Jünger haben ihn aus dem Grab, in das er nach der Abnahme vom Kreuz gelegt worden war, nachts gestohlen und machen den Leuten weis, er sei von den Toten auferstanden."

65f Die Reaktion des Pilatus ist eher zögerlich. Er gewährt den Hierarchen eine Wachabteilung, hält sich aber sonst heraus, als ob er das Gelingen des Unternehmens in Zweifel ziehen wollte. So erhalten die Hierarchen geradezu Weisungsrecht über die römischen Soldaten. Sie versiegeln das Grab und stellen die Wache davor[12].

III

a) b) Mt befindet sich, indem er eine vorgegebene volkstümliche Überlieferung von der Sicherung des Grabes Jesu aufgreift und in seine Ostergeschichte einbezieht, in polemischer Auseinandersetzung mit der pharisä-

---

[10] LOHMEYER 402 geht zu weit, wenn er sagt, daß die Hierarchen dem angeführten Jesuswort die innere Wahrheit zuzugestehen scheinen.
[11] Es ist nicht sicher, ob in V 64 „die Jünger" (Sinaiticus B arm) oder „seine Jünger" (ACDLWΘ f$^{1.13}$ 33 892 1006 1342 1506 latt sy co) zu lesen ist. Letzteres könnte Einfluß von 28,13 sein, ebenso wie die Zeitbestimmung „nachts" (C³FGL 69 595 700 892 983 1506 sy$^{p.s}$), mit unterschiedlicher Einordnung.
[12] „Samt der Wache" am Ende von V 66 ist Abbreviatur. D* mae, einzelne lat. und bohairische Hss lesen statt Wache: Wächter. CRAIG: NTS 30 (1984) 273–279 hält die Wache für eine jüdische, nicht für eine römische, aus historischen Gründen. Dagegen aber spricht 28,14. Auch fragt man sich, warum Mt die Juden zu Pilatus gehen läßt.

isch bestimmten Synagoge seiner Zeit, die das christliche Evangelium, die Botschaft von der Auferstehung Jesu, nicht nur bestreitet, sondern als einen Betrug erklärt. Der Weg, den er, um das Evangelium zu verteidigen, beschreitet, erscheint uns fragwürdig. Theologisch verankert er die Botschaft mit Nachdruck beim leeren Grab. Darüber wird in Verbindung mit der folgenden Perikope zu handeln sein. Die Überlieferung von der Grabeswache kann als historische nicht ernst genommen werden. Die christliche Osterbotschaft bedarf dieser historischen Absicherung nicht. Wohl läßt sich der Text als Bildgeschichte verstehen. Dabei ist bei einem Zug anzusetzen, der in ihr stark ausgeprägt erscheint, der Ironie. Es ist Ironie, wenn die Gegner des Evangeliums das Osterkerygma zu Pilatus tragen, wenn sie als betrogene Betrüger dastehen, wenn sie das Ereignis der Auferstehung ungeschehen machen, wenn sie sich Gott entgegenstellen wollen. Das Lachen Gottes dröhnt durch die Perikope[13].

c) Die Leichendiebstahls-Hypothese lebt bei H. S. Reimarus († 1768) in einer merkwürdigen Mischung von Dichtung und „Geschichte" wieder auf. Die Jünger hätten den Leichnam 50 Tage verwahrt, daß er zur Unkenntlichkeit verwest sei[14]. Die These lehrt uns, daß das leere Grab ein „zweideutiges, diskutables Faktum" ist[15]. Es kann auch ungläubig gedeutet werden, wie man sieht. Wir sind des Glaubens nicht enthoben. Darum sollte man nicht von Beweis sprechen. Althaus meint, daß wir in unserer Sündigkeit in unserem Glauben vor Gott nicht ohne Anspruch seien, ihm Forderungen stellten, was seiner würdig sei und was nicht. Es ist besser, die von Gott gesetzte Wirklichkeit einfach hinzunehmen[16].

LITERATUR: R. KRATZ, Auferweckung als Befreiung (SBS 65) (Stuttgart 1973); W. L. CRAIG, The Guard at the Tomb: NTS 30 (1984) 273–281; R. E. BROWN, The Gospel of Peter and Canonical Gospel Priority: NTS 33 (1987) 321–343.

18. Auferstehung und leeres Grab (28,1–10)

1 Als der Sabbat aber vorüber war und es aufleuchtete zum ersten Wochentag, kam Maria von Magdala und die andere Maria, um das Grab zu schauen. 2 Und siehe, es geschah ein großes Beben. Denn ein Engel des Herrn stieg vom Himmel herab, trat heran und wälzte den Stein weg und setzte sich darauf. 3 Sein Aussehen war wie ein Blitz und sein Gewand weiß wie Schnee. 4 Aus Furcht vor ihm aber erbebten die Wächter und wurden wie tot. 5 Der Engel antwortete und sprach zu den Frauen: Fürchtet euch nicht. Denn ich weiß, ihr sucht Jesus, den Gekreuzigten.

---

[13] Vgl. SCHWEIZER 341. Die Ironie sehen auch BROER, Urgemeinde 71; P. HOFFMANN: TRE IV 502.
[14] Vgl. das Referat bei SCHWEITZER, Leben-Jesu-Forschung 20f.
[15] BARTH, Dogmatik III/2, 126.
[16] Wahrheit 126.

6 Er ist nicht hier. Denn er ist auferweckt worden, wie er gesagt hat. Kommt, sehet den Ort, wo er gelegen hat. 7 Und gehet eilends und sagt seinen Jüngern: Er ist auferweckt worden von den Toten. Und siehe, er geht euch voran nach Galiläa. Dort werdet ihr ihn sehen. Siehe, ich habe es euch gesagt. 8 Und sie gingen eilends vom Grab weg mit Furcht und großer Freude und liefen, es seinen Jüngern zu verkündigen. 9 Und siehe, Jesus kam ihnen entgegen und sagte: Seid gegrüßt! Sie aber traten heran, ergriffen seine Füße und huldigten ihm. 10 Dann sagt Jesus zu ihnen: Fürchtet euch nicht. Gehet, verkündet meinen Brüdern, daß sie nach Galiläa gehen. Dort werden sie mich sehen.

I

Zunächst beginnt die Perikope mit Zeit-, Personen-, Ortsangaben (1). Bei näherem Zusehen lassen sich drei nebeneinanderliegende und miteinander verwobene Elemente ausmachen: die Fortsetzung der Wächterepisode, die Frauen beim Grab und die Christophanie vor den Frauen. Das Repertoire einer Epiphanie mit Beben und übernatürlichem Glanz, die Furcht und Schrecken bei den Menschen auslösen, bestimmen das äußere Bild. Daneben sind Worte wichtig. Es sind Worte der Verkündigung. „Er ist auferweckt worden" wird zweimal gesagt, einmal als Deutung des leeren Grabes, vom Engel an die Frauen gerichtet (6); das andermal als von den Frauen an die Jünger auszurichtende Botschaft (7), letztere vervollständigt durch die Worte „von den Toten". Die Botschaft weist in die Zukunft, für die ein Sehen des Auferstandenen den Jüngern in Aussicht gestellt wird. Wiederholungen verknüpfen auch die Angelo- mit der Christophanie: Fürchtet euch nicht – sagt/verkündet[1] seinen Jüngern/meinen Brüdern – nach Galiläa – dort werdet ihr ihn sehen/dort werden sie mich sehen. Wiederholend ist auch der Verweis auf das Wort: wie er gesagt hat (6), ich habe es euch gesagt (7). Besonders auffällig ist die Häufung der Verben des Sehens: Die Frauen gehen, das Grab zu schauen; viermal begegnet die Formel „(und) siehe" (2.7.9); die Frauen werden aufgefordert, den Ort zu sehen (6), ganz abgesehen von der zweimaligen Ansage, daß sie sehen werden (7 und 10). Mit Nachdruck ist damit angezeigt, daß das hier Beschriebene etwas mit den Augen Wahrzunehmendes ist. Dieses aber bedarf der Deutung durch das Wort.

Hinsichtlich der Bestimmung der Gattung wird man 1–8 von 9 f trennen müssen. 1–8 ist eine Angelophanie (vgl. Gn 22,11–13; Nm 22,31–35; Ri 6,11–24;13), die sich in der Regel aus folgenden Elementen zusammensetzt: die Erscheinung des Engels, die Reaktion der Furcht, die auszurichtende Botschaft, die Entgegnung des Empfängers, das beglaubigende Zeichen. Es brauchen nicht immer alle Elemente vorhanden sein. In unserem Fall fehlt die Entgegnung des Empfängers. Das leere Grab gewinnt

---

[1] In der Erfüllung des Auftrags gebraucht V 8 für die Frauen auch das Wort „verkündigen".

auf diesem Hintergrund die Funktion eines Zeichens. Freilich muß man sagen, daß durch die Einfügung der Wächterepisode die Gattung ein wenig verdorben wurde. Die Episode hat ihrerseits das Theophaniemotiv des Bebens an sich gezogen. 9f ist als Christophanie eine ntl Gattung, die gewiß auch altbiblische Motive kennt, aber sich im Vergleich mit anderen Christophanie-Geschichten besser darstellt. In der Regel findet man als Bestandteile Folgendes: Christus erscheint, die Betroffenen reagieren, er muß sich zu erkennen geben, er erteilt einen Auftrag. Mt hat hier wie auch in 28,16–20 das Element des Sich-zu-erkennen-Gebens nicht ausgebaut (vgl. Lk 24,30f.38–40; Joh 20,16.20.27).

In der Verknüpfung der Angelo- mit der Christophanie und in der Ausgestaltung letzterer hat aber noch ein anderes Vorbild prägend eingewirkt, das christliche Osterkerygma, dessen Grundelemente schon in 1–8 erkennbar sind: Kreuzestod, Auferweckung am dritten Tag, Erscheinung (vgl. 1 Kor 15,3–5). Die Erscheinung ist in 7 und 10 nur angekündigt. Obwohl sie im Folgenden erzählt wird, dürfte die im Kerygma vorgegebene Folge von Auferweckung und Erscheinen mit dazu beigetragen haben, daß man mit der Grabesgeschichte die Christophanie vor den Frauen verband. Dabei war aber auch die Nähe der Erscheinung zum Grab von Bedeutung.

Damit sind wir schon bei der traditionsgeschichtlichen Fragestellung. Im Vergleich mit Mk 16,1–8 ergeben sich erhebliche Veränderungen. Vieles fehlt: die Erwähnung der Salome; die Absicht der Frauen, den Leichnam Jesu zu salben; ihr Gespräch über die Größe des Steines; ihr Eintritt in die Grabkammer mit der Wahrnehmung des Jünglings im weißen Gewand. Mt hat den Text neu gestaltet. Er hat zunächst die doppelte Zeitangabe bei Mk 16,1 und 2 zusammengezogen (1). Die Frauen kommen, das Grab zu schauen. Sollte es ihm als wenig sinnvoll erschienen sein, den Leichnam am dritten Tag noch salben zu wollen? Oder verhinderte dies von vornherein die Wache?[2] Der Engel weiß darum, daß die Frauen den Gekreuzigten suchen (Zufügung von οἶδα in 5)[3]. Das Osterkerygma des Engels ist neu organisiert. Der Nachdruck liegt auf „Er ist auferweckt worden", was wiederholt wird[4]. Der Begriff Nazarener ist weggelassen ebenso wie der Name des Petrus (Mk 16,6f). „Wie er gesagt hat" ist mit „Er ist auferweckt worden" verbunden (6), in Mk 16,7 ist es mit dem Zug nach Galiläa verknüpft. Dafür schließt der Engel seine Rede ab mit „ich habe es euch gesagt" (7).

Die Fortsetzung der Wächterepisode (2–4) wurde von Mt in den Text eingesprengt. Man erkennt dies an dem nicht ganz geglückten Wiederaufnehmen des Erzählfadens von V 1 in V 5[5]. Der Engel des Herrn (Mk

---

[2] Bei Mk hat die Salbungsabsicht symbolische Bedeutung. Sie ist Ausdruck des unerleuchteten Bemühens, etwas für die Erhaltung des Leichnams tun zu sollen.

[3] Μὴ ἐκθαμβεῖσθε in Mk16,6 – dieses Verb kennt im NT nur Mk – ist abgewandelt in das geläufige μὴ φοβεῖσθε (5).

[4] In der Wiederholung verwendet Mt 28,7 ἀπὸ τῶν νεκρῶν wie auch in 14,2; 27,64. Hingegen gebraucht Mk 6,14; 9,9.14 ἐκ νεκρῶν.

[5] Es fehlt die Bemerkung über die Frauen: sie fürchteten sich (vgl. Mk 16,5 fin).

spricht von einem Jüngling)[6] wird freilich eingeführt: er steigt vom Himmel herab. Er übernimmt die Funktion, das Grab zu öffnen. Stil und Vokabular sind mt geprägt: zum Engel des Herrn vgl. 2,13.19; zu seiner Beschreibung 17,2[7]. Mt greift aber auch hier – wie in 27,62–66 – Vorgegebenes auf. Die Funktion des Engels, den Stein abzuwälzen, steht neben der anderen, die Osterbotschaft auszurichten, etwas unvermittelt. Hatte er in der vorgegebenen Tradition noch die Aufgabe, den auferweckten Christus aus dem Grab herauszuführen? Wäre dann dort die Auferstehung als sinnenfälliges Ereignis geschildert worden?[8] Im EvPt 36–40, auf das man sich für die Rekonstruktion beruft, ist dies der Fall: Zwei Männer in großem Lichtglanz steigen vom Himmel herab, gehen in die Grabkammer. Der Stein kommt von selbst ins Rollen. Die Soldaten sehen drei Männer aus dem Grab herauskommen, Christus in der Mitte, dazu das Kreuz[9]. Träfe dies zu, hätte Mt eine massive Auferstehungsvorstellung korrigiert. Zumindest hätte er es als unangemessen angesehen, den Auferstehungsvorgang zu beschreiben. Wahrscheinlicher aber ist, daß in der Vorlage – wie bei Mt – der Engel nur das Grab öffnete, der Auferstehungsvorgang aber damit angedeutet sein sollte[10]. EvPt hätte dann eine begonnene Linie konsequent bis zum Ende durchgezogen.

Der Abschluß der Perikope ist ganz anders ausgefallen als bei Mk. Eilen nach Mk 16,8 die Frauen in Schrecken und Erregung vom Grab weg, ohne jemandem etwas zu sagen, so laufen sie nach Mt 28,8 mit Furcht und großer Freude zu seinen Jüngern, um den Auftrag des Engels auszuführen. Auf dem Weg ereignet sich die Christophanie. Zwar wird in dieser von Christus der Auftrag, nach Galiläa zu gehen, wiederholt, doch besitzt sie ihre Besonderheiten. Christus grüßt, die Frauen ergreifen seine Füße und huldigen ihm, er spricht von seinen Brüdern. Einzelne Züge haben gewisse Entsprechungen in Joh 20,14–18. Auch dort kommt es zu einer Erscheinung beim Grab, allerdings nur vor Maria von Magdala. Vor allem spricht Christus auch dort von seinen Brüdern. Auch Maria erhält ein Auftragswort, das aber ganz anderen Inhaltes ist. Zwischen dem Ergreifen der Füße bei Mt und dem „Halte mich nicht fest" in Joh 20,17 wird man auch nur schwer einen Bezug herstellen können. Dennoch legt der Vergleich

---

[6] Engel als Jünglinge zu bezeichnen entspricht der zeitgenössischen Erbauungsliteratur. Vgl. GNILKA, Markus II 342.
[7] Zum Beben vgl. 8,24; 21,10; 27,54.
[8] So WALTER: NTS 19 (1972/73) 423. NEIRYNCK: NTS 15 (1968/69) 170–176 plädiert für MtR. BARTSCH, Auferstehungszeugnis 11–13, glaubt, in 2–4 die Ostergeschichte des Petrus vor sich zu haben. Für die Vorlage postuliert er in V 4 Petrus als Subjekt. Dies muß als willkürlich bezeichnet werden.
[9] In EvPt 44.55f übernimmt ein dritter Engel die Verkündigung der Osterbotschaft.
[10] Man wird aber auch hier nicht von einem „Befreiungswunder" sprechen wollen. In diesen werden Gefangene aus dem Gefängnis befreit. Hier aber geht es um die Auferweckung vom Tod. Die wörtlichen Übereinstimmungen zwischen Mt und EvPt sind gering. Sie beschränken sich auf die Zeitangabe (35: τῇ δὲ νυκτὶ ᾗ ἐπέφωσκεν ἡ κυριακή) und das *Herabsteigen* der beiden Männer vom Himmel (36). Die Zweizahl stammt vermutlich aus Lk 24,4.

nahe, daß Mt auch in den VV 8–10 von einer Überlieferung abhängig ist, die Johannes wahrscheinlich relativ besser bewahrte[11]. Mt hat sie dem Kontext und seinem Stil angepaßt[12].

II

1 Die doppelte Zeitangabe verweist auf die Morgenfrühe des ersten Wochentages. Weil mit dem Sabbat die Woche zu Ende ging, wurde der erste Tag nach dem Sabbat μία σαββάτων genannt[13]. Damit ist der dritte Tag nach dem Kreuzestod Jesu bezeichnet. Dies entspricht der kerygmatischen Formel „am dritten Tag" (16,21; 17,23) auferweckt. Damit im Zusammenhang steht die jüdische Auffassung, einen Menschen, der im Grab liegt, ab diesem Zeitraum als endgültig gestorben zu betrachten. Darauf beruht der Brauch, das Grab in diesen ersten Tagen intensiv zu besuchen. Im Sinn des Mt mag man den Gang der Frauen zum Grab so sehen. Weil sie vorhaben, das Grab zu schauen (θεωρῆσαι), werden sie aber vor allem zu Zeugen dessen, was sie dort antreffen.

2–4 Es beginnt die Schilderung eines Geschehens, das auf einer anderen Ebene abläuft. Ein großes Beben erschüttert die Erde, so wie wir es beim Tod Jesu lasen (27,51). Auch hier deutet es das Wirken Gottes an und ist des näheren mit dem Erscheinen eines Engels verbunden, der vom Himmel herabsteigt. Er öffnet das Grab, indem er den Stein wegwälzt[14], von dem wir wissen, daß er groß und versiegelt war (27,60.66). Das Beben ist ein rein theophanes Element. Es bewirkt weder die Öffnung noch die Zerstörung des Grabes[15]. Das Grab bleibt unversehrt, nur wird sein Zugang erschlossen. Dies aber besorgt der von Gott gesandte Engel, dessen glanzvolle Erscheinung mit Worten beschrieben wird, die in der Sprache der Apokalyptik vorgeprägt sind (vgl. Dn 10,6: leuchtend wie ein Blitz)[16]. Auch die himmlische Erscheinung des Menschensohnes auf dem Berg der Verklärung ist ähnlich geschildert worden (Mt 17,2: seine Kleider wurden weiß wie das Licht). Nur die zu Wächtern bestellten Soldaten reagieren auf die himmlische Erscheinung, indem sie vor Furcht erbeben und wie tot sind. Sie werden überwunden als Wächter des Todes, die sich mit Stein

---

[11] Vgl. T. A. MOHR, Markus- und Johannespassion (AThANT 70) (Zürich 1982) 397f. NEIRYNCK: NTS 15 (1968/69) 176–184 plädiert auch hier für MtR.
[12] Zum Gruß χαίρετε vgl. 26,49. προσκυνέω ist mt Vorzugswort (13mal; Lk 3mal; Mk 2mal). Daß jemand die Füße Jesu ergriffen hätte, berichtet Mt sonst nicht.
[13] Τὰ σάββατα erhält dann die Bedeutung von Woche. Die erste Zeitangabe wurde auf den Abend bezogen: Nach dem Sabbat, da es dunkelte zum ersten Tag der Woche. LOHMEYER beruft sich hierfür auf die jüdische Tageszählung, nach der der neue Tag mit Sonnenuntergang begann. Doch scheitert diese Ansicht an τῇ ἐπιφωσκούσῃ. ὀψέ – hapax legomenon bei Mt – ist adverbial = später als der Sabbat, nach dem Sabbat.
[14] Zahlreiche Hss ergänzen in V 2: den Stein *von der Tür* bzw. *von der Tür des Grabes*.
[15] So TRILLING, Auferstehung 222.
[16] Die LA ἰδέα statt εἰδέα in V 3 – beides bedeutet die äußere Erscheinung, das Aussehen – ist sachlich unerheblich.

und Siegel gegen das Leben sträuben. Die Frauen scheinen von dem Vorgang nicht berührt. Man darf vermuten, daß auf dieser Erzählebene die Auferstehung Jesu angedeutet sein soll. Sie wird nicht beschrieben. Dies zu tun, scheut sich der Text noch. Dennoch besitzt nach dieser Darstellung die unzugängliche Auferstehung gleichsam einen irdischen Reflex, der sich an Grab und Wächtern äußert. Zur ersten Erzählebene wird zurückgeblendet, als sich der Engel auf dem Stein niederläßt. Er beginnt, jetzt eine neue Rolle zu übernehmen, die des Verkünders der Osterbotschaft. Als solcher erwartet er gleichsam die beiden Frauen, die sich dem Grab nähern.

5–7 Ihre Furcht ist ausgelöst durch das Sehen des Engels. Die an sie gerichtete Botschaft knüpft an ihr Vorhaben, nach Jesus, dem Gekreuzigten, seinem Grab zu schauen, an. Des leeren Grabes sollen sie sich vergewissern[17]. Die Botschaft lautet: Er ist auferweckt worden, was dem Zusammenhang nach eben geschah. Die passivische Formulierung umschreibt das Handeln Gottes. Doch hat der Gekreuzigte es vorausgesagt. Die Leidensankündigungen schlossen jeweils die Auferstehung am dritten Tag mit ein (16,21; 17,23; 20,19). An die Botschaft schließt sich der Auftrag an. Die mutigen Frauen werden beauftragt, den Jüngern, die in der Passion versagten, die Kunde zu bringen. Der Auferweckte geht ihnen nach Galiläa voraus. Sie sollen nochmals angenommen werden. Sie sollen ihn sehen. Galiläa hat eine zweifache Funktion: Als Stätte des Wirkens des Irdischen sichert es dessen Identität mit dem Auferstandenen. Als Gegenpol zu Jerusalem markiert es die Hinwendung des Evangeliums zu den Heiden. Ist den Frauen die Osterbotschaft durch den Engel als eine von Gott kommende Botschaft zuteil geworden, so empfangen sie die Jünger aus dem Mund der Frauen. „Ich habe es euch gesagt" sichert das Wort als Offenbarungswort ab[18]. Obwohl Mt das leere Grab überbetont, bleibt das Kerygma unerläßlich. Das Verhältnis des leeren Grabes zum Kerygma ist das des beglaubigenden Zeichens. Sachlich geht das Kerygma dem leeren Grab voraus. Auch bei Mt ist diese Ordnung noch gewahrt, insofern er darauf verzichtete, die Auferstehung zu schildern. Auslösender Faktor des Osterglaubens ist nicht das leere Grab, sondern daß sie ihn sahen, daß sich der Auferweckte vor den Jüngern als lebend erwies.

8–10 Der Auftrag wird von den Frauen erfüllt[19]. Die große Freude ist zur Furcht hinzugetreten, überwältigt sie, bestimmt die Osterstimmung. Von der Freude ist bei Mt immer dann die Rede, wenn einer das Endgültige, Bleibende gefunden hat (2,10; 13,44; 25,21.23). Doch noch auf dem Weg

---

[17] In V 6 ergänzen ACDLW f[1.13] 1006 1342 1506 lat sy[h]: wo *der Herr;* 1424: wo *der Leib des Herrn;* Φ: wo *Jesus* gelegen hat.
[18] 126 472 lesen: wie er es gesagt hat (vgl. Mk 16,7).
[19] ACL f[1] 1006 1342 sy[h] ergänzen V 9: Als sie aber auszogen, es seinen Jüngern zu melden.

kommt der Auferweckte den Frauen entgegen. Der Gruß, mit dem er sie begrüßt, ist nicht der semitische (dann: Schalom), sondern der griechische und nicht als Erkennungsmerkmal zu werten. Er teilt ihnen seine neue Gemeinschaft mit. Die Vorverlegung einer Erscheinung an das Grab sichert auf neue Weise die Identität des Auferweckten mit dem, der im Grabe lag, ist aber hier gleichzeitig durch das eben erst erfolgte Heraustreten aus dem Grab als ermöglicht vorgestellt. Die Situation ist der von Joh 20,11–18 vergleichbar. Die Protophanie vor den Frauen zeichnet diese in außerordentlicher Weise aus. Wenn sie seine Füße ergreifen, wollen sie ihn nicht festhalten[20]. Diese Interpretation überträgt Joh 20,17 auf unsere Stelle. Die Berührung der Füße deutet die Realität seiner Leiblichkeit an. Wenn sie ihm huldigen (vgl. 2,11; 28,17), erweisen sie ihm die Ehre des Kyrios und Gottessohnes. Das Auftragswort Christi wiederholt zwar nur die Worte des Engels, doch gewinnt es seine Besonderheit durch die gesteigerte Bereitschaft der Wiederannahme der Jünger. Nur hier nennt er sie ausdrücklich seine Brüder[21]. In 12,49f; 25,40 sprach er zwar auch von seinen Brüdern, doch ist dort der Brudername an eine Bedingung geknüpft. So ist er hier Ausdruck großmütiger Vergebung.

III

a) Mt akzentuiert das leere Grab. Die Begleiterscheinungen von Beben, Engel, Überwindung des versiegelten Steines und der Wache rücken das Auferstehungsereignis unsichtbar in den Raum. Der Auferweckte begegnet den Frauen noch in der Nähe des Grabes. In seiner Doppelrolle ist es der Engel als Wirkarm Gottes, der den Verschlußstein des Todes durchbricht und sich den Frauen mit der Botschaft zuwendet. Diese Botschaft kommt als wirksame von Gott und ist schon am Ostermorgen voll verwirklicht. Der gekreuzigte Jesus wurde von den Toten auferweckt und ist erschienen. Daß der Auferweckte erscheint, dient auf diesem Hintergrund der Komplementierung[22]. Jesus selbst hat in der Zeit seines öffentlichen Wirkens seinen Tod und seine Auferstehung angekündigt. Darum verwirklicht sich in diesem Geschehnis auch sein Wort. Die Macht des Todes aber, die sich im Unglauben äußert, bäumt sich auf unglaubliche Weise gegen das Leben auf. Mit den von den Synhedristen bestellten Wächtern wird zwar dieser Kampf, aber nicht der Unglaube überwunden. Im Gegenteil, der Unglaube Israels verhärtet sich angesichts des ihnen gegebenen Zeichens, das die Ansage des Jonazeichens erfüllt (12,39). Was die Wächter sahen, wird eigens nicht gesagt (V 11: alle Geschehnisse). Den Auferweckten sahen sie nicht. Diesen Schritt in die „Illegalität" wird erst EvPt 35–42 tun. Das Sehen des Auferweckten ist den Jüngern vorbehalten, die zum Glauben gelangen. Die den Tod behüten, werden wie tot. Ironie und Metapher verdichten sich an dieser Stelle.

---

[20] Lohmeyer 407 Anm. 2.
[21] Schweizer 342 nimmt Einfluß von Ps 22,23 an: Verkünden will ich deinen Namen meinen Brüdern. – Kodex 157 liest: meinen Jüngern.
[22] Trilling, Auferstehung 232.

b) Die historische Fragestellung betrifft das leere Grab und die Erscheinung vor den Frauen[23]. Theologisch gilt, daß für das Verständnis der Auferstehung Jesu das leere Grab nicht notwendig ist. Grundsätzlich kann Auferstehung Jesu als Neuschöpfungsakt Gottes gedacht werden. In 1 Kor 15,4, der alten Glaubensformel, bezieht sich sein Grab auf die Realität seines Gestorbenseins. Die Rede von Auferstehung aber ist nur sinnvoll, wenn sie als leibliche, den Leib miteinschließende konzipiert ist, sei es durch Neuschöpfung, sei es durch schöpferische Restituierung des alten Leibes. Was das Grab Jesu betrifft, so hat es die Jerusalemer Gemeinde gekannt. Sie hat es nicht als Weli verehrt. Dies setzte übrigens die Anwesenheit des Leibes voraus. Zeugin des Grabes ist unter den Frauen insbesondere Maria von Magdala, deren Name fest mit der Grabestradition verknüpft ist. Die Kenntnis des Grabes Jesu spricht dafür, daß es leer war. Dies aber darf nicht im Sinn eines Beweises genommen werden. Es ist nur ein Zeichen. Es kann auch ungläubig gedeutet werden. Der Osterglaube ist begründet in den Erscheinungen des Auferstandenen. Daß Jesus auch seinen Jüngerinnen – und nicht bloß seinen Jüngern – erschienen ist, ist keinesfalls auszuschließen. Die Bindung der Erscheinung an das Grab ist sekundär. Wenn Frauennamen nicht in 1 Kor 15,5–7 genannt werden, hängt das mit der juristischen Unfähigkeit der Frau zum Zeugnis nach damaligem Recht zusammen. So ist die Darstellung der Erscheinung vor den Frauen als Protophanie nicht zuletzt ein Plädoyer für die Frau in der Jüngerschaft und in der Kirche gegen männliche Selbstherrlichkeit.

c) Die Auferstehung Jesu von den Toten ist zusammen mit seinem Kreuzestod die Mitte der christlichen Botschaft, auch für Mt das Ziel, von dem her der Weg Jesu sich versteht. Sie ist nach zwei Seiten hin zu schützen. Einmal vor ungläubiger Ablehnung. Man erfindet heute keine Leichendiebstahl-Hypothese mehr, aber man begegnet der Botschaft skeptisch bis ungläubig. Man löst sie metaphorisch auf. Wenn die Dichter ein Reflex dessen bieten, was in der Zeit gedacht wird, so sind die Äußerungen der Gegenwartsliteratur aufschlußreich. Kreuz und Auferweckung kommen hier durchaus noch vor. Doch während das Kreuz unangefochten bleibt, wird die Auferstehung aufgelöst, symbolisch: „Manchmal stehen wir auf – Stehen wir zur Auferstehung auf – Mitten am Tage" (M. L. Kaschnitz); theologisch-gesellschaftlich: „Aber es kommt eine Auferstehung – die ganz anders wird, als wir dachten – es kommt eine Auferstehung, die ist – der Aufstand Gottes gegen die Herren" (K. Marti); theologisch-utopisch: „Das Messer findet den Mörder nicht ... Im Rohr der Raketen nisten die Tauben ... Im Atlas fehlen die Grenzen ... Die Hand der Armen ist nie ohne Brot" (R. O. Wiemer)[24]. Worin ist die Skepsis begründet? Sicher auch in dem, was man am Christentum zu wenig wahrnimmt. So wird etwa der letzte Text zum Stachel. Zum anderen wird Auferstehung naiv verstanden, im Sinn des apokryphen Petrusevange-

---

[23] Zum leeren Grab vgl. GNILKA, Markus II 345f.
[24] Vgl. KUSCHEL, Gegenwartsliteratur 290–297.

liums. Die malenden Künstler haben nicht selten das Auferstehungsereignis so dargestellt: die Wächter sehen den Auferweckten. Es bleibt zu bedenken, daß Auferstehung Jesu damals wie heute nur im Glauben zugänglich ist. Es ist der Glaube an den auferweckten und lebendigen Herrn. Ohne diesen Glauben bliebe das Evangelium, weil es die Geschichte von einem Lebendigen ist (E. Schillebeeckx), letztlich unverständlich [25].

LITERATUR: W. MICHAELIS, Die Erscheinungen des Auferstandenen (Basel 1944); W. NAUCK, Die Bedeutung des leeren Grabes für den Glauben an den Auferstandenen: ZNW 47 (1956) 243–267; U. WILCKENS, Die Perikope vom leeren Grabe Jesu in der nachmarkinischen Traditionsgeschichte: Festschrift F. SMEND (Berlin 1963) 30–41; H. W. BARTSCH, Das Auferstehungszeugnis (ThF 41) (Hamburg-Bergstedt 1965); B. A. JOHNSON, The Empty Tomb in the Gospel of Peter Related to Mt 28,1–7 (Ph. Dissertation Harvard University 1966); F. NEIRYNCK, Les femmes au tombeau: Étude de la rédaction mathéenne: NTS 15 (1968/69) 168–190; W. TRILLING, Die Auferstehung Jesu: Christusverkündigung in den synoptischen Evangelien (BiH 4) (München 1969) 212–243; N. WALTER, Eine vormatthäische Schilderung der Auferstehung Jesu: NTS 19 (1972/73) 415–429; M. D. GOULDER, Mark 16,1–8 and Parallels: NTS 24 (1978) 235–240; T. R. W. LONGSTAFF, The Women at the Tomb: Mt 28,1 Re-Examined: NTS 27 (1981) 277–282.

19. Das Zeichen für Israel (28,11–15)

11 Als sie aber fortgingen, siehe, da kamen einige von der Wache in die Stadt und meldeten den Hohenpriestern alles, was geschehen war. 12 Und sie versammelten sich mit den Ältesten, faßten einen Beschluß, gaben den Soldaten genügend Silberstücke 13 und sprachen: Saget, seine Jünger sind nachts gekommen und haben ihn gestohlen, während wir schliefen. 14 Und wenn dies beim Statthalter bekannt wird, werden wir ihn überreden und bewirken, daß ihr ohne Sorgen sein könnt. 15 Sie aber nahmen die Silberstücke und taten, wie sie belehrt worden waren. Und diese Kunde verbreitete sich bei den Juden bis heute.

I

Die Perikope setzt den Erzählfaden von 27,62–66; 28,2–4 fort und steht im erzählerischen Rahmen des Mt-Evangeliums in besonderer Korrespondenz zu 27,62–66. Die Wache, die Versammlung der Hohenpriester und vor allem das von letzteren ausgestreute Gerücht vom Diebstahl der Leiche Jesu durch die Jünger sind Entsprechungen. In sich selbst betrachtet, bilden die Geschichten notwendige Ergänzungen und Fortführungen. Erwartete man nach 27,62–66 eine Auskunft darüber, wie es den Wächtern bei der Ausübung ihres Dienstes ergehen würde, so möchte der Leser jetzt erfahren, wie die Soldaten auf die Ereignisse reagierten. Auch theologisch gehört beides zusammen. Ist 27,62–66 dem Tod und Begräbnis Jesu ge-

---

[25] Zur hermeneutischen Frage vgl. KASPER, Jesus der Christus 153–162.

widmet, so 28,11-15 der Auferstehung. Betrachtet wird beides aus der Perspektive des Unglaubens. Wie 27, 62-66 setzt sich der Text formal aus Erzählung und wörtlicher Rede zusammen, doch konzentriert sich letztere auf die den Soldaten gegebenen Anweisungen (13f). Die ineinandergeschachtelte Struktur ist aufschlußreich. Im Mittelpunkt steht der Logos, der sich unter den Juden ausbreitet. Er geht von den Hohenpriestern aus, wird aber auf deren Geheiß von den Soldaten ausgestreut. Die Jünger, die nicht in Erscheinung treten, aber in die Rede eingebracht werden, stehen den Hohenpriestern oppositionell gegenüber. Diese Opposition zeichnet sich auch darin ab, daß der unter den Juden weitergereichte Logos in der christlichen Missionssprache geschildert wird und so wie eine Parodie auf diese wirkt. So ist Logos Bezeichnung des Evangeliums (13,19-23). Zu lehren ist Aufgabe Jesu und der Jünger (4,23; 5,2; 7,29; 28,20 u.ö.). Eine Weisung auszuführen ist sonst Auftrag an die Jünger (21,1-7; 26,17-19; vgl. 1,20-25). Hier aber tun die Soldaten das, worin sie von den Hohenpriestern belehrt worden sind (15: ὡς ἐδιδάχθησαν)[1]. Ein formales Element sind schließlich noch Wiederholungen. Wiederholungen sind Elemente, die etwas Wichtiges herausstellen. Auf die Wiederholung der Leichendiebstahls-Hypothese von 27,64 in V 13 wurde schon hingewiesen. Im vorliegenden Text wird das Geldmotiv wiederholt (12 und 15). Im Rahmen des Schemas von Auftrag und Ausführung wäre das nicht notwendig. So zeigt es einerseits die Schlechtigkeit der Geldgeber, andererseits die Käuflichkeit der Menschen an.

Wegen des engen Konnexes zu den beiden vorangehenden Überlieferungen kann die traditionsgeschichtliche Fragestellung für diese Sonderüberlieferung des Mt nur in Verbindung mit diesen beantwortet werden. Der Text besitzt zahlreiche Stileigenheiten von E[2]. Dennoch wird man eine vorgegebene, vielleicht mündliche Tradition anzunehmen haben[3]. Betrachten wir diese jetzt in ihrem Zusammenhang, so erzählte sie von der Bitte der Hierarchen an Pilatus, das Grab Jesu zu versiegeln und zu bewachen; vom Engel, der am Ostermorgen die Wächter schlug; und vom gemeinsamen Betrug der Hohenpriester mit den Soldaten. Ein Vergleich mit dem Petrusevangelium läßt eine bemerkenswerte andere Akzentuierung erkennen. Dort melden die Soldaten die Geschehnisse unmittelbar dem Pilatus. Daraufhin treten die Synhedristen an Pilatus heran mit der Bitte, er möge den Soldaten befehlen, niemandem zu sagen, was sie gesehen hatten. Denn sie fürchteten, von ihrem eigenen Volk gesteinigt zu werden (EvPt 43-49). Die Geschichte gewinnt im EvPt dadurch einen ganz anderen Horizont, daß die Soldaten den Vorgang der Auferstehung sehen konnten. Das in die Naivität vorangeschrittene Stadium ist deutlich. Doch

---

[1] Vgl. PESCH: BZ 11 (1967) 91-95.
[2] Sie sind zusammengestellt bei PESCH: BZ 11 (1967) 91-95; BROER, Urgemeinde 75-78. Dazu gehören: συμβούλιον λαμβάνειν, der Plural ἀργύρια, ἡγεμών, διαφημίζω, συνάγω.
[3] PESCH und BROER rechnen mit MtR. Anders KREMER, Osterevangelien 75.

ist die Trennung zwischen feindseligen Hierarchen, die Jesus töteten, und sympathisierendem Volk beachtlich. Möglichweise ist sie von Lk 23,48 beeinflußt. Als Charakteristikum des Mt tritt die Konfrontation des Unglaubens der Juden mit dem Glauben der Jünger hervor.

II
11 Erst treten die Frauen ab, bevor die geschlagenen Soldaten der Wache etwas unternehmen. Einige von ihnen melden den Hohenpriestern als ihren eigentlichen Auftraggebern alles, was geschehen war. Ἀπαγγέλλειν, das den neutralen Sinn von benachrichtigen, melden haben kann (vgl. 2,8; 8,33; 14,12), muß hier in der Korrespondenz zum Meldeauftrag gesehen werden, den die Frauen vom Engel und vom auferweckten Jesus erhielten (28,8 und 10). Beide bringen die Nachricht von der Auferweckung Jesu. Das ganze Geschehen, von dem die Soldaten berichten, ist letztlich die Auferweckung Jesu, wenn sie auch – im Unterschied zu den Frauen – den Auferweckten nicht sahen. Sie sahen aber die Begleitumstände des Geschehens. Mt begreift sie als untrügliches Zeichen der Auferstehung. Es ist das Zeichen, das Israel gegeben wird und das Jesus ihnen als das zu erneuernde Jonazeichen in Aussicht gestellt hatte (12,38–40).

12f Doch sie nehmen das Zeichen nicht an. Sie reagieren in einem sich verstärkenden Unglauben. Ihre Versammlung – es ist erneut an das Synhedrion zu zu denken – mit dem Beschluß soll die Verantwortlichkeit der Autoritäten und ihren negativen Einfluß auf das Volk zu verstehen geben. Wenn die übrigen die Botschaft nicht annehmen, ist das zum Gutteil ihrem Einwirken zuzuschreiben. Sie stellen der christlichen Botschaft, die die Frauen vermitteln, eine Antibotschaft entgegen, die die Soldaten vermitteln sollen. Die christliche Auferstehungsbotschaft sei Lüge, von den Jüngern mit dem Leichendiebstahl inauguriert. Die Fragwürdigkeit des Planes der Hohenpriester wird in seinen Begleitumständen angedeutet. Die Soldaten erhalten genügend Geldstücke. Der Plural „Silberstücke"[4] macht die konkrete Auszahlung fast sichtbar und hörbar. Die Einsage, sie hätten geschlafen, ist absurd. Schlafende Zeugen haben keinen Wert.

14 Der Statthalter soll umgangen werden. Falls die Sache bekannt wird, wollen sich die Hierarchen schützend vor die von ihnen bestochene Wache stellen. Die Formulierung ist juristisch: beim Statthalter bekannt werden (mit ἐπί)[5]. Auf der Wache schlafende Soldaten haben mit Bestrafung zu rechnen. Aber auch die Jünger stehen als Verbrecher da. Nach einer Anordnung des Kaisers Claudius sollen Grabschänder, auch solche, die einen Bestatteten entfernen, als Kapitalverbrecher unter Anklage gestellt werden[6]. An dieser Stelle büßt die Geschichte etwas von ihrer erzähleri-

---
[4] Die singularische LA ἀργύριον ἱκανόν (D mae) verwischt diese Nuance.
[5] BD 0148 892 lesen ὑπό. Dies ist erleichternde Korrektur.
[6] Text bei C. K. BARRETT, Die Umwelt des NT (WUNT 4) (Tübingen 1959) 26.

schen Logik ein. Warum haben die Hierarchen die Jünger nicht wegen Grabschändung angeklagt? Doch nicht die Jünger, die Botschaft soll diskreditiert werden. Ob die Erzählung mit der Bestechlichkeit des Pilatus rechnet, bleibe dahingestellt. Wieder ist ein gutes Einvernehmen der jüdischen Autoritäten mit dem Römer vorausgesetzt[7].

15 Der letzte Satz stellt die Beziehung zur Gegenwart, zum heutigen Tag her[8]. Denn das „Wort" vom Leichendiebstahl ist bis heute bei den Juden verbreitet. Es hat seinen Ursprung in der von den Hohenpriestern ausgegebenen „Lehre", die durch die Soldaten in die Welt gesetzt wurde. „Bis auf heute" ist wie in 27,8 ätiologisch und verweist auf den Ursprung einer Sache. Darüber hinaus ist die parodistische Angleichung an die gültige Lehre der Apostel gerade hier sehr deutlich. Die Juden lehnen diese bis heute ab. Es verdient Beachtung, daß im Mt-Evangelium nur hier von den Juden statt von Israel geredet wird. Sonst sprechen heidnische Menschen nur von Jesus als König der Juden (2,2; 27,11.29.37). Die Besonderheit läßt die Juden als jene erscheinen, die die christliche Botschaft ablehnen, in ihrer Isolation verharren und sich nicht den Völkern öffnen.

III

a) b) Mt versteht es, mit Hilfe der Überlieferung von der Versiegelung des Grabes Jesu und deren Folgen die Auferstehung Jesu zu einem Zeichen für Israel zu erheben[9]. In ihm erfüllt sich die von Jesus angekündigte Erneuerung des Jonazeichens. Freilich bleiben die Hohenpriester auf ihre Boten angewiesen. Nur diese waren in die sichtbaren Begleitumstände des Ostermorgens verwickelt worden. Mit Hilfe geldlicher Bestechung werden sie ausgeschaltet und wird mit ihrer Unterstützung die Gegenbotschaft vom Leichendiebstahl in die Welt gesetzt. Der Einfluß der Autoritäten auf das Volk stellt deren besondere Verantwortung heraus. Soll er auch andeuten, daß bei einem Sich-Lösen von diesem Einfluß eine Hinwendung einzelner Juden zur christlichen Botschaft möglich ist? Auch könnte die Vorstellung von der guten Zusammenarbeit der jüdischen Autoritäten mit dem Römer ähnliche Erfahrungen der Gemeinde widerspiegeln, daß sie sich im gelegentlichen Zusammenwirken beider bedroht sieht (vgl. Apg). Über Vermutungen wird man nicht hinauskommen. Doch ist die ablehnende Haltung der Juden für die Jünger – von der Weisung Jesu abgesehen – auch ein Anlaß, sich von Jerusalem abzuwenden und nach Galiläa zu gehen[10]. Damit ist die folgende Perikope vorbereitet. Historisch be-

---

[7] Schwierig ist die textliche Entscheidung, ob αὐτόν (wir werden *ihn* überreden) mit ACDLW f[1.13] 892 1006 1342 1506 lat zu lesen oder mit Sinaiticus BΘ 33 auszulassen ist. Das letztere ist als die lectio difficilior vorzuziehen.
[8] Auch hier gibt es zwei LA: bis heute (Sinaiticus AW f[1.13] 33 892 1006 1342 1506); bis auf den heutigen Tag (BDLΘ 346 lat). Das letzte wäre bei Mt einmalig und ist darum als sekundär anzusehen.
[9] Die Formulierung stammt von P. HOFFMANN.
[10] SCHLATTER 795.

trachtet, gerät der Text unter die Kritik, daß er eine Konzeption von Auferstehung entwickelt, die deren Unbegründbarkeit verletzt. Sie wird zwar noch nicht zu einem anschaubaren Geschehen, ist aber auf dem Weg dahin. Jedoch hat der Text die Einsicht, daß die Auferstehung sich nur dem Glauben eröffnet, gewahrt, mag er auch den Weg eines „massiven" Unglaubens beschritten haben.

c) Das leere Grab ist nur ein Zeichen, das auch ungläubig gedeutet werden kann und ungläubig gedeutet wurde. Nach Bonhoeffer[11] sieht die Welt das Zeichen, aber sie glaubt das Wunder nicht. Nur dort, wo das Wunder geglaubt wird, werden die Zeichen zu göttlichen Zeichen und zu Hilfen für den Glauben. Wir müssen unsere Aufmerksamkeit auf den auferweckten, erhöhten Herrn richten[12]. An ihm hat sich die Auferweckung ereignet. Wer darum glaubend oder predigend sagt, Christus ist auferstanden, vertritt damit auch die Auffassung, daß dies wirklich geschehen sei[13]. Alles andere – wie: die Sache Jesu geht weiter, Jesus ist in das Kerygma hinein auferstanden – wäre Ausflucht. Aber V 13 ist die Aufhebung des Evangeliums.

LITERATUR: R. PESCH, Eine atl Ausführungsformel im Matthäus-Evangelium: BZ 10 (1966) 220–245; 11 (1967) 79–95.

20. Das letzte Wort des erhöhten Jesus an die Jünger (28, 16–20)

16 Die elf Jünger aber gingen nach Galiläa zu dem Berg, wohin Jesus sie befohlen hatte. 17 Und als sie ihn sahen, huldigten sie ihm. Einige aber zweifelten. 18 Und Jesus trat zu ihnen, redete mit ihnen und sagte: Gegeben ist mir alle Vollmacht im Himmel und auf Erden. 19 Gehet darum und macht alle Völker zu Jüngern, taufet sie auf den Namen des Vaters und des Sohnes und des heiligen Geistes. 20 Lehret sie alles halten, was ich euch geboten habe. Und siehe, ich bin mit euch alle Tage bis zur Vollendung des Äons.

I

Im allgemeinen erwartet man von einem Schlußwort besonders sorgfältige Gestaltung. Der Text zerfällt in eine narrative Vorbemerkung, die von der Begegnung der elf Jünger auf einem Berg in Galiläa mit dem Auferstandenen erzählt, also Orts- und Personenangaben, aber keine Zeitangabe enthält, und das letzte Wort Jesu. Letzteres trägt den Akzent, macht es doch schon rein umfangmäßig das Doppelte der Einführung aus. Die Einfüh-

---

[11] Theologie – Gemeinde (München 1960) 407f.
[12] Nach BARTH, Dogmatik III/2, 543, ist das, was sich um das Grab herum ereignete, so etwas wie eine Warnung, unsere Aufmerksamkeit nicht in erster Linie dorthin zu richten.
[13] Vgl. G. WINGREN, Evangelium und Kirche (ThÖ 10) (Göttingen 1963) 94.

rung stellt den Anschluß an das Vorhergehende her, insofern der Auftrag, nach Galiläa zu gehen, erfüllt wird, berichtet von einer doppelten Reaktion der Jünger auf das Sehen Jesu (17) und stellt diesen dann in den Mittelpunkt: Und Jesus trat zu ihnen. Sein Wort ist klar dreifach gegliedert: ein Vollmachtswort (im Aorist), ein Auftragswort (Imperativ + 3 Partizipien, die den Imperativ rahmen) und ein Verheißungswort im Präsens und eingeleitet mit „und siehe". Das Präsens soll die Dauer der Verheißung bekunden. Ob der Text rhythmisch strukturiert ist, bleibe dahingestellt[1]. Auffällig ist das vermehrte πᾶς: alle Vollmacht, alle Völker; alles, was ich euch geboten habe; alle Tage. Der Text erhält damit den Charakter des Endgültigen, eben eines Schlußtextes.

Sehr umstritten ist die Gattungsfrage. Die Vielfalt der Vorschläge ist eher deprimierend als überzeugend. Weil aus der Gattungsbestimmung sich Konsequenzen für die Interpretation ergeben, ist sie eingehender zu behandeln.

Bultmann[2] sprach von einer Kultuslegende, die die Institution der Taufe begründen soll, verzichtete aber auf eine nähere Begründung. Der Vorschlag kann auf sich beruhen. Verbreiteter ist die Auffassung, nach der unser Text eine Inthronisation beschreiben und einem Inthronisationsschema folgen soll, das aus Präsentation, Proklamation und Akklamation besteht. Dieser Vorschlag kann mit anderen Beobachtungen, die atl Vorbilder betreffen und von denen gleich zu sprechen ist, kombiniert werden[3]. Doch die Rechnung geht nicht auf. Ließe sich die weltweite Verkündigung mit der Proklamation vergleichen, so fehlt auf jeden Fall die Akklamation. Auch Vollmachtswort und Präsentation decken sich nicht ganz, weil bei der Präsentation ein anderer den Erhöhten präsentiert. Die Zusage des Mit-Seins fiele völlig aus dem Rahmen. Lohmeyer[4] redete allgemein von einer Missionsurkunde, während Hubbard im Text ein „primitive apostolic commissioning" erblickt, eine Berufungsgeschichte also, die Mt stärker an atl Berufungsgeschichten angeglichen habe. Das Schema soll sieben Elemente enthalten[5]. Wenn nicht alle Elemente nachzuweisen sind, kann man sich zwar mit dem Hinweis weiterhelfen, daß deren vollständige Anwesenheit nicht erforderlich sei, doch bleibt der Eindruck des recht Subjektiven. Die sprachliche Verwandtschaft des Textes mit LXX Dn 7,14 hat Veranlassung gegeben, in der Schlußszene des

---

[1] Die Vorschläge divergieren. LOHMEYER 412 nimmt – allerdings nur für die Worte des Auferstandenen 18b–20 – einen Vierzeiler an, in dem dann aber die Tauformel stört. FRANKEMÖLLE, Jahwebund 44, der V 18a miteinbezieht, entwickelt sechs Doppelzeilen entsprechend den sechs Halbversen 18–20.

[2] Geschichte 310.

[3] Vgl. MICHEL: EvTh 10 (1950/51) 22; BORNKAMM, Der Auferstandene 174 (Anklänge); HAHN, Sendungsauftrag 31f (Bezugnahme in V 18b); vgl. BARTH, Gesetzesverständnis 125.

[4] 423.

[5] Matthean Redaction. Die Elemente sind Introduction, Confrontation, Reaction, Commission, Protest, Reassurance, Conclusion.

Evangeliums die Menschensohn-Weissagung Daniels in Jesus erfüllt zu sehen[6]. Die sprachliche Anlehnung wird zu prüfen sein, doch die Erfüllung einer Prophetie sollte man hier nicht erblicken[7]. Als formgebendes Vorbild kommt Dn 7 ohnehin nicht in Frage. Als gattungsmäßiges atl Vorbild wurde auf 2 Chr 36,23 rekurriert, den Text, der 2 Chr – und entsprechend der alten, zeitgenössischen Auffassung – die Bibel abschloß und eine Verfügung des Königs Kyros von Persien enthält:

„Alle Reiche der Erde hat Jahve, der Himmelsgott, mir gegeben. Und er hat mir aufgetragen, ihm in Jerusalem, das in Juda liegt, ein Haus zu bauen. Wer unter euch aus seinem Volk ist, mit dem sei sein Gott, und er ziehe hinauf."

In der Tat scheinen hier das entsprechende Vollmachtswort und die Zusage Gottes, mit den Menschen zu sein, vorzuliegen. So kommt das „amtliche Dekret" nahe an Mt 28,18–20 heran. Doch hat das Auftragswort keine Parallele. Malina, der insbesondere diese These verficht, spielt den Missionsgedanken herunter und spricht von einer Gemeindeordnung[8]. Dies kann nicht überzeugen. So bleibt auch hier eine Lücke. Frankemölle, der diese These aufgreift, führt sie noch weiter und sieht im Schlußtext des Evangeliums das Bundesformular abgebildet. Diese von K. Baltzer[9] entdeckte atl Gattung, die unter den Alttestamentlern nicht unumstritten geblieben ist, kennt wiederum nicht die Zusage des Mitseins Gottes mit seinem Volk. Dort stehen an letzter Stelle Segen und Fluch[10]. Auch stimmt es skeptisch, daß Baltzer 2 Chr 36 nicht in seine Untersuchungen einbezogen hat. Andere Interpreten erblicken in Mt 28,18–20 Elemente der Offenbarungs- oder Gottesrede[11] – darauf ist zurückzukommen – oder verzichten wegen der Selbständigkeit des Textes auf eine Gattungsbestimmung[12].

Für eine positive Bestimmung der Gattung ist von einem Vergleich mit den anderen Ostergeschichten (Christophanien) der Evangelien auszugehen. Obwohl sich innerhalb der Ostergeschichten nochmals verschiedene

---

[6] Vgl. MICHEL: EvTh 10 (1950/51) 22.
[7] Dagegen VÖGTLE, Anliegen.
[8] NTS 17 (1970/71) 87–103. Die These übernimmt LANGE, Erscheinen 351–354. Auch KREMER, Osterevangelien 8–90, erkennt die Verwandtschaft an. Zur Auseinandersetzung vgl. FRIEDRICH: ZThK 80 (1983) 151–155.
[9] Das Bundesformular (WMANT 4) (Neukirchen ²1964).
[10] FRANKEMÖLLE, Jahwebund 53–67, umschreibt, um die Anlehnung an das Bundesformular zu gewinnen, V 20b mit „Segen als Verheißung der Gegenwart Christi". Das Bundesformular hat folgenden Aufbau: 1. Präambel, 2. Vorgeschichte, 3. Grundsatzerklärung, 4. Einzelbestimmungen, 5. Segen und Fluch. Auch stimmen Vorgeschichte und Vollmachtswort nicht ganz zusammen. Bei Mt fehlt das typische „So spricht der Herr" (vgl. Jos 24,2) oder etwas Vergleichbares (Ex 19,3; Jos 23,15; 1 Chr 22,8).
[11] DIBELIUS, Formgeschichte 279.285, sprach von einem Offenbarungswort und beobachtete das Nebeneinander von Selbstempfehlung und Predigtaufruf. Vgl. HAHN, Sendungsauftrag 34 (Offenbarungsrede); FRIEDRICH: ZThK 80 (1983) 166f; Trilling, Israel 47–49.
[12] Vgl. MEIER: JBL 96 (1977) 424. Auch VÖGTLE, Anliegen 271f, scheint hierher zu gehören.

Typen herausheben[13], fällt auf, daß in 28,16-20 wichtige Merkmale der Erscheinungserzählungen fehlen[14]. Man vermißt eine nähere Beschreibung des Erscheinens Jesu (etwa Joh 20,19f.26f); die ausdrückliche Feststellung, daß die Jünger Jesus erkannten (etwa Lk 24,31; Joh 21,12). Statt der Erwähnung, daß er sich ihnen wieder entzog (vgl. Lk 24,31.51), hören wir von der Zusage seines Bleibens. Das Motiv des Zweifels taucht zwar in V 17b auf, was eine Übereinstimmung mit anderen Ostergeschichten zu sein scheint (vgl. Lk 24,38; Joh 20,25), doch vernehmen wir nichts von der Überwindung des Zweifels. Das läßt vermuten, daß dieses Motiv hier anders zu deuten ist. Wenn man den Text in die Reihe der übrigen Ostergeschichten einordnet, wird man seine Besonderheit zu beachten haben. Diese bekundet sich auch im Übergewicht des Redestoffes gegenüber der Erzählung. Damit kommen wir zur Rede des Auferweckten, die sich aus dem Vollmachtswort, dem Sendungsauftrag und der Verheißung des Mitseins zusammensetzt. Diese Rede hat Elemente der atl Gottesrede in sich aufgenommen, doch eine adäquate Entsprechung läßt sich nicht nachweisen. Man könnte auf Gn 46,3f verweisen: „Ich bin Gott, der Gott deines Vaters. Fürchte dich nicht, nach Ägypten hinabzuziehen, denn zu einem großen Volk mache ich dich dort. Ich selbst ziehe mit dir hinunter nach Ägypten." Hier haben wir eine Selbstvorstellung Gottes, die sich mit dem Vollmachtswort wenigstens vergleichen läßt. Vor allem haben wir die Zusage des Mitseins. Der Sendungsauftrag bei Mt erweist sich als durchaus eigenständig. Auch andere Stellen führen nicht weiter (Gn 26,24; 17,1f; Ex 3,15.10.12 sic!)[15]. So werden wir es bei der Feststellung belassen müssen, daß 28,16-20 atl Sprache atmet, aber letztlich ein Text ist, der etwas Eigenes darstellt und auch so zu interpretieren ist.

Traditionsgeschichte: Es ist heute verbreitete Auffassung, daß Mt wenigstens den trinitarischen Taufbefehl aus der Tradition, näherhin der liturgischen Tradition seiner Gemeinden, übernommen hat[16]. Eine ältere Auffassung besagte, daß der Taufbefehl eine nachmatthäische Interpolation darstelle[17]. Man hielt es für ausgeschlossen, daß die trinitarische Formel so früh auftauche, und berief sich hierfür darauf, daß Eusebios in seinen vornizänischen Schriften Mt 28,19f stets ohne Taufbefehl zitiere (Gehet und machet alle Völker zu Jüngern in meinem Namen, lehret sie alles halten usw.)[18]. Doch ist dagegen zu sagen, daß die Überlieferung der Handschriften und Übersetzungen des Mt-Textes völlig einstimmig ist. Auch bezeugt die in Syrien entstandene Didache in gleicher Weise die tri-

---

[13] HAHN, Sendungsauftrag 30, unterscheidet Christophanien, die auf das Wiedererkennen zielen; solche, die in einem Sendungsauftrag ausgehen, und schließlich solche, die den Abschied zum Inhalt haben.
[14] Vgl. LUZ: ZNW 62 (1971) 162.
[15] Belege bei FRIEDRICH: ZThK 80 (1983) 166f.
[16] BORNKAMM, Der Auferstandene 186; STRECKER, Weg 210; FRIEDRICH: ZThK 80 (1983) 172.
[17] Noch KLOSTERMANN 232.
[18] Vgl. E. MEYER, Ursprung und Anfänge des Christentums I (Stuttgart – Berlin ³1921) 15 Anm. 1.

nitarische Taufformel (7,3). Manche Interpreten rechnen mit der Möglichkeit, daß eine Verknüpfung des Textes mit der trinitarischen Taufanweisung von Matthäus erfolgt sei[19]. Auffällig ist, daß das Wort „macht zu Jüngern" darauf verzichtet anzuzeigen, an wessen Jüngerschaft gedacht ist. Das Fehlen des Objektes fällt auf, weil an den beiden anderen Belegstellen des Mt eigenen Verbs μαθητεύω gesagt wird, wessen Jünger einer ist (13,52: der Himmelsherrschaft; 27,57: Jesu). Wurde aber die trinitarische Taufformel aus der liturgischen Tradition der Gemeinde eingebracht, kann gefragt werden, ob nicht auch der übrige Text vorgegeben ist. Die starke Prägung durch mt Stileigenheiten ist oft herausgestellt worden[20]. Dennoch ergibt sich daraus nicht zwingend der Schluß, daß der gesamte Text MtR sei[21]. Der Vergleich der Motive zeigt Unterschiede. In 11,27 ist zwar auch von der Vollmacht des Erhöhten die Rede, doch deutet die andere Formulierung eine andere gedankliche Richtung an. Die Zusage des Mitseins in 18,20 aber wird man als mt Anliegen und damit V 20b als MtR ansehen können[22]. In V 19 wird man μαθητεύσατε auf Mt zurückführen müssen. Doch kann dies etwas anderes verdrängt haben, etwa, daß sie allen Völkern des Evangeliums verkünden sollen (vgl. 24,14)[23].

Wir möchten vermuten, daß Mt ein Osterbericht vorlag, in dem der Auferweckte sich den Jüngern als jener vorstellt, dem alle Vollmacht im Himmel und auf Erden gegeben ist, der die Jünger sendet, allen Völkern das Evangelium zu verkünden, in seinem Namen zu taufen (und evtl. sie alles halten zu lehren, was er ihnen geboten hat). Das ältere Markusevangelium, das einen Osterbericht noch nicht bietet, lud dringend dazu ein, einen solchen zu erzählen. Mt hat in seiner Gestaltung, den narrativen Teil – wie es auch sonst seine Art ist – reduziert und die Rede weiter ausgebaut. Dazu greift er auf die trinitarische Taufformel zurück. Die Einleitung 16–18a ist darum weitgehend von ihm gestaltet. Der Berg aber, der in den Anweisungen der VV 7 und 10 nicht erwähnt ist, und das Zweifelsmotiv können aus der Vorgabe stammen. Letzteres hätte Mt dann abgewandelt. Vielleicht sprach die Vorlage auch von den *elf* Jüngern. Zugegebenermaßen bleibt die Analyse hypothetisch[24]. Doch ist eine Rückführung des Textes allein auf MtR noch problematischer.

---

[19] LOHMEYER 414 schreibt die Entstehung der trinitarischen Taufformel der frühen galiläischen Christenheit zu. STRECKER, Weg 210 Anm. 2, hält es für möglich, daß eine ursprünglich eingliedrige (in meinem Namen, das ist, im Namen Jesu) durch die dreigliedrige Taufformel vor Mt ersetzt wurde.

[20] FRANKEMÖLLE, Jahwebund 42–46; STRECKER, Weg 208–211; MEIER: JBL 96 (1977) 407–416; KINGSBURY: JBL 93 (1974) 573–579.

[21] So FRANKEMÖLLE, Jahwebund 46; KINGSBURY: JBL 93 (1974) 579; Lange, Erscheinen 180f. Für letzteren ist 28,16–20 durch MtR aus 11,27 herausgesponnen worden.

[22] συντέλεια τοῦ αἰῶνος kennt im NT nur Mt (5mal).

[23] MICHEL: EvTh 10 (1950/51) 20 verweist auf Mk 16,15–18 als analogen Text. Das ist nicht unproblematisch.

[24] Mit Vorgaben rechnen auch STRECKER, Weg 210f; BORNKAMM, Der Auferstandene 173; MICHEL: EvTh 10 (1950/51) 20; MEIER: JBL 96 (1977) 415f. STRECKER und MEIER gehen dabei von einer Texteinheit aus, während nach BORNKAMM und MICHEL Mt drei Traditionselemente in der Rede des Auferstandenen zusammengefaßt habe.

II

16   Ein Berg in Galiläa ist Ort des Geschehens. Der Berg ist nicht näher bezeichnet. Außer dem Ölberg wird im Evangelium kein Berg näher bezeichnet. Der Berg ist wie bei der Verklärung Stätte der Offenbarung. An ein Gegenbild des Sinai braucht man nicht zu denken[25]. So bleibt das Geschehen eigenartig in der Schwebe. Es geschieht in Galiläa, aber auf einem Berg, der Stätte der Offenbarung ist. Das Geschehen ist nicht minder real, aber es sprengt die Schranken der raum-zeitlichen Empirie. Galiläa ist der Ort abseits von Jerusalem, der Landstrich der den Heiden zugewandt ist (vgl. 4,15 c). Galiläa will auch die Identität des Auferweckten mit dem Irdischen sichern. Es ist, als ob sie Jesus auf dem Berg erwartet habe. Er ist vor ihnen in Galiläa angekommen, wie er es in 26,32 vorausgesagt hatte. Der Kreis ist ausdrücklich eingeschränkt auf die Elf. Die Zwölf sind zum letzten Mal in 26,20, bei der Feier des Mahles, erwähnt worden. Einer von ihnen hat sich abgewendet.

17   Die visuelle Erscheinung wird nur angedeutet. Der Auferweckte gibt sich ihnen zunächst dadurch kund, daß sie ihn sehen (vgl. 28,7.10; 1 Kor 9,1). Wichtiger ist dem Erzähler die Reaktion der Jünger. Die Reaktion ist eine geteilte: Huldigung und Zweifel. Doch wie verteilen sich die Rollen?
   Der griechische Text stellt gegenüber. Man erwartete neben οἱ δέ vorangehendes οἱ μέν. Aber dieses fehlt. Vier Möglichkeiten werden vorgeschlagen: 1. Alle Elf huldigen – alle zweifeln[26]. 2. Alle Elf huldigen – einige von ihnen zweifeln[27]. 3. Einige von ihnen huldigen, einige zweifeln[28]. 4. Die Elf huldigen – andere, die nicht zur Gruppe der Elf gehören, zweifeln[29]. Weil οἱ δέ einen Personenwechsel voraussetzt, wird man Lösung 1 ausscheiden müssen. Wegen dieses erforderlichen Personenwechsels ist man auf Lösung 4 gekommen. Doch hat van der Horst überzeugend nachgewiesen, daß die Formulierung durchaus im Sinn einer (nachträglichen) Teilung einer Gruppe begriffen werden kann[30]. Von Lösung 2 und 3 wird man 3 bevorzugen. Die Huldigung schließt den Zweifel einiger nicht aus.
   Die Huldigung ist die angemessene äußere Reaktion auf die Erscheinung des Göttlichen. Ebenso huldigten die Frauen dem Auferweckten (28,9), die Jünger im Boot dem Sohn Gottes (14,33), die Magier dem neugeborenen König der Juden (2,11). Huldigend wandten sich immer wieder Menschen an Jesus um Hilfe (8,2; 9,18; 15,25)[31]. Das Zweifeln einiger Jünger, das möglicherweise einmal das übliche in Ostergeschichten vor-

---

[25] So FRANKEMÖLLE, Jahwebund 97.
[26] GRAYSTON: JStNT no. 24 (1985) 71 f; HAHN, Sendungsauftrag 34; GRUNDMANN.
[27] HORST: JStNT no. 27 (1986) 29; LOHMEYER, SCHWEIZER, GUNDRY, GAECHTER.
[28] Alternativvorschlag von HORST: JStNT no. 27 (1986) 29.
[29] MCKAY: JStNT no. 24 (1985) 71 f; BL.-REHK. § 250,1; KLOSTERMANN. – LAGRANGE hat einen eigenen Vorschlag: sie huldigten ihm, die vorher gezweifelt hatten.
[30] JStNT no. 27 (1986) 28 f (zahlreiche Belege).
[31] In 28,17 fehlt eine Objektangabe. Zahlreiche Hss ergänzten sie: αὐτῷ (AWΘ f$^{1.13}$ 892 1006 1506), αὐτόν (28 700* 1342).

kommende Motiv gewesen ist und den Identitätserweis des Auferweckten einleitete (s. oben Punkt I), hat bei Mt eine veränderte Funktion gewonnen. Es leitet eine veränderte Art der Vergewisserung ein. Diese geschieht durch das Wort, den Auftrag, das Kerygma. Damit ist eine spätere Reflexionsstufe angezeigt, auf der die Erinnerung des Sehens ergänzungsbedürftig wurde. In Joh 20,29 läßt sich ein ähnlicher Vorgang beobachten. Wird dort der Glaube seliggepriesen, der nicht sieht oder des Sehens nicht bedarf, so erweist hier das vollmächtige Wort des Auferweckten auch die Gültigkeit seines neuen Lebens. Das ὅραμα, die Vision, wird in das Kerygma aufgenommen und durch dieses verbürgt. Darum kann sich Mt in der Schilderung des ὅραμα kurz fassen[32]. Mit dem Zweifel ist aber der Auftrag in Gefahr[33]. Weil letztlich die Kirche tangiert ist, ist erneut die Möglichkeit des Versagens ihrer Glieder im Blick. Von Kleinglauben aber sollte man hier besser nicht sprechen (trotz 14,31)[34], weil der Kleinglaube bei Mt mit der Bedrohung der irdischen Existenz verbunden und ängstlich um deren Sicherung besorgt ist. Dieser Aspekt liegt in unserem Vers nicht vor (vgl. 6,30; 8,26; 16,8). Auch eine mit 17,20 vergleichbare Situation ist nicht gegeben.

18   Das Herantreten Jesu an die Jünger hat etwas Bezwingendes und verbindet die Perikope mit der Verklärungsgeschichte (vgl. 17,7). Er geht auf sie zu und spricht zu ihnen sein letztes Wort. Durch die Konkretheit der Situation büßt das Wort nichts von seiner bleibenden Gültigkeit ein. Es besteht aus drei Teilen. Zunächst ist es ein Vollmachtswort. Jesus spricht von der ihm übertragenen Vollmacht. Diese Übertragung liegt schon zurück, ist als in Verbindung mit der Auferweckung stehend zu denken, erfolgt also nicht erst jetzt. Dies ist ein wichtiges Argument gegen die These, die Szene als Inthronisation zu fassen[35]. Die Mitteilung von der übertragenen Vollmacht ist gleichsam nur der Ausgangspunkt für den Auftrag, der im Zentrum steht. Die Vollmacht ist eine umfassende in einem intensiven (πᾶσα) und extensiven Sinn (im Himmel und auf Erden). Himmel und Erde umschreiben die Schöpfung als Einheit[36]. Der Auferweckte erhielt vollen Anteil an der unumschränkten Macht Gottes des Schöpfers.

Es gibt einen exegetischen Streit darüber, ob die Formulierung sich an Dn 7,14 anlehnt und ob dann die Vollmachtsübertragung eine Äußerung der mt Menschensohn-Christologie ist. Nach Dn 7, einer Schilderung des Endgerichts, wird dem Menschensohn-Ähnlichen gleichfalls Vollmacht gegeben. Vergleichen wir die Texte:

Mt   ἐδόθη μοι πᾶσα ἐξουσία ἐν οὐρανῷ καὶ ἐπὶ γῆς[37].
LXX   καὶ ἐδόθη αὐτῷ ἐξουσία.

---

[32] Vgl. MICHEL: EvTh 10 (1950/51) 19; BARTH, Gesetzesauslegung 124.
[33] LANGE, Erscheinen 478.
[34] So KREMER, Osterevangelien 83.
[35] Weitere Argumente bei STRECKER, Weg 210 Anm. 3.
[36] Vgl. TRILLING, Israel 24f.
[37] Kodex D liest: ἐν οὐρανοῖς. BD 892 1342 lesen: ἐπὶ τῆς γῆς.

Θ   καὶ αὐτῷ ἐδόθη ἡ ἀρχὴ καὶ ἡ τιμὴ καὶ ἡ βασιλεία.
M   „Und dann wurde ihm gegeben Macht und Ehre und Reich."

Eine Anspielung an den atl Text könnte sich auch dadurch nahelegen, daß in ihm anschließend gesagt ist: „Und alle Völker (LXX: πάντα τὰ ἔθνη), Stämme und Zungen, ihm dienten sie." Doch ist das Machtverständnis anders gefaßt, bei Daniel theokratisch, bei Mt schöpfungstheologisch. Darum soll man auch nicht sagen, daß die Völker – durch die Mission – seiner Macht unterworfen werden sollen. Vielmehr will er allen Völkern sein Heil gewähren. Man wird nur von einer terminologischen Angleichung an Dn 7 sprechen können[38]. Inhaltlich läßt sich die Vollmacht füllen mit dem, was über die Vollmacht des irdischen Jesus zu erfahren war. Zu ihr besteht durchaus eine Beziehung. Es war eine Vollmacht des Lehrens (7,29), des Vergebens (9,6), des Heilens (9,8; 10,1). Die neue Dimension ist die Teilhabe an der göttlichen Schöpfermacht. Es fehlt – vom Sohn in der trinitarischen Taufformel abgesehen – ein christologischer Hoheitstitel. Man sollte ihn nicht eintragen[39]. Es besteht aber über die mt Idee vom Reich des Menschensohnes eine Assoziation zum Menschensohn (vgl. besonders 13,36–43). Im Missionsgedanken wird es deutlicher. „Der den guten Samen sät, ist der Menschensohn. Der Acker ist die Welt" (13,37f). Auch die Parusie wird nicht angesprochen, erst in V 20b tangiert. Man kann aber deshalb nicht sagen, daß die Parusieerwartung auf das stärkste relativiert worden sei[40].

19   Das Auftragswort steht im Zentrum. Es umfaßt vier Betätigungen: Gehen, Zum-Jünger-Machen, Taufen, Lehren. Drei davon gruppieren sich um das Zum-Jünger-Machen als der führenden Betätigung. Im griechischen Text ist dies die einzige nichtpartizipiale Form. Dies bedeutet: das Gehen, nämlich zu den Völkern, ist die Voraussetzung. Im Taufen und Lehren vollzieht sich die Jüngerwerdung. Wer sich daran stößt, daß ein der Taufe vorausgehender Taufunterricht nicht angezeigt sei, übersieht die Intention des Textes[41].

Der Auftrag zu gehen[42] hebt die Einschränkung auf Israel (10,5b) auf, besagt aber nicht den ausdrücklichen Ausschluß Israels. Eine Einschränkung des universalen Heilswillens Gottes kennt Mt trotz enttäuschender

---

[38] Zur Auseinandersetzung vgl. VÖGTLE, Anliegen.
[39] Man dachte an den Gottessohn, den Kyrios, den Menschensohn im Sinn der Erfüllung von Dn 7,14. Vgl. der Reihe nach KINGSBURY: JBL 93 (1974) 579–584; BORNKAMM, Der Auferstandene 183; LOHMEYER 417. LANGE, Erscheinen 179–246, baut über 11,27ff eine Menschensohn-Christologie für 28,16–20 auf. Für 11,27 scheint das wenig sicher.
[40] So BORNKAMM, Der Auferstandene 176. – Θ sy^P fügen an V 18 an: Wie mich der Vater gesandt hat, so sende auch ich euch (vgl. Joh 20,21).
[41] Dieser Auffassung kommt wahrscheinlich die LA βαπτίσαντες (Tempuswechsel!) in BD entgegen.
[42] Statt: „Gehet darum" lesen D it: „Gehet jetzt"; Sinaiticus A f^{13} 1006 1342 1506: „Gehet".

Erfahrungen nicht (vgl. 24,9.14; 25,32)[43]. Der Auftrag, jemanden zum Jünger zu machen, mag in einem „Missionsbefehl" merkwürdig erscheinen, dazu in seiner Ausrichtung auf alle Völker. Man erwartete eher: verkündigt das Evangelium! Doch kommt gerade so die spezifische Art des mt Textes zum Vorschein. Der Auftrag ist – gleichsam über die Mission hinweg und auf dem Weg über sie vermittelt – auf den Bau der Kirche, die Schaffung von Gemeinden hin ausgerichtet. Die Konfrontation mit dem Wort des Evangeliums allein reicht nicht aus. Ist mit Taufen und Lehren eine Explikation des Zum-Jünger-Machen gegeben, so ist sowohl die sakramentale Eingliederung der für das Evangelium Gewonnenen in die Kirche als auch deren begleitende unterrichtsmäßige Betreuung erforderlich. Als Jünger, Schüler sind sie darüber hinaus in ein persönliches Verhältnis zu Jesus getreten, was auch nachösterlich über sein Wort durchaus möglich ist, denn er bleibt letztlich der einzige Lehrer (23,8 und 10).

An dieser Stelle entfaltet Mt keine Tauftheologie. Dazu war hier auch nicht der Ort. Daraus Rückschlüsse zu ziehen, ist nicht angebracht, etwa zu meinen, Mt habe nicht die Geistverleihung mit dem Taufakt verbunden. Richtig ist, daß die Rückführung der Taufe auf eine Weisung des Erhöhten deren unumgängliche Geltung festsetzt, sie als feste Institution vorstellt. Die Taufe auf den dreifaltigen Gott, obwohl im NT nur an dieser Stelle erwähnt, ist als in den mt (und syrischen, vgl. Did 7,3) Gemeinden geübte Taufform anzusehen. „Auf den Namen" versteht man als Übereignungsformel, daß der Getaufte jetzt dem dreifaltigen Gott gehört, oder besser: daß die Taufe unter Anrufung des Namens des Vaters und des Sohnes und des heiligen Geistes gespendet wird[44]. Es ist daran zu erinnern, daß wir in der Taufe Jesu (3,16f) ein Pendant zum trinitarischen Taufbefehl erblicken konnten, insofern auch dort Vater, Sohn und Geist vereinigt waren, der Sohn, der den Geist empfängt und über den die Stimme des Vaters ergeht. Freilich wurde für Mt die Taufe Jesu nicht zum Prototyp der christlichen Taufe[45].

20 Die Aufgabe, zum Jünger zu machen, durch die Taufe initiiert, gelangt zum Ziel aber erst durch die zu vermittelnde Lehre und erweist sich so als eine dauernde. Wieder steht die Schaffung von Gemeinden im Blickfeld, ihre Konsolidierung und die Gestaltung ihres Lebens, die dadurch geschieht, daß die Getauften immer besser mit der Lehre vertraut werden, nicht nur wissensmäßig, sondern auch in ihrer Lebenspraxis. Das

---

[43] Gegen WALKER, Heilsgeschichte 111–113; LANGE, Erscheinen 302–305. KREMER, Osterevangelien 85, schränkt ein: Die in der Diaspora lebenden Juden seien formell nicht ausgeschlossen. Nach SCHNACKENBURG 290 hat Mt eine Judenmission nicht ins Auge gefaßt. Das mag zutreffen, trägt aber zum Verständnis des Verses kaum bei.
[44] LANGE, Erscheinen 314, begreift die Wendung im Sinn von „mit Rücksicht auf" im Anschluß an ihren rabbinischen Gebrauch. Er will das in Abhebung von der Johannestaufe verstehen. Unterscheidend im Hinblick auf die Täufergemeinde sei für die christliche Gemeinde der Anschluß an Jesus.
[45] Vgl. Bd. I 78 dieses Kommentars.

Lehren ist bei Mt ausgerichtet auf das, was zu tun ist, auf den Willen Gottes, so wie ihn der irdische Jesus verkündete, vor allem in der Bergpredigt, auf seine Weisung, seine Gebote. Die Rückbindung an das Wort des Irdischen, und zwar in einem umfassenden Sinn, ist ebenso kennzeichnend, wie daß sie lehren sollen, die Gebote zu halten, zu befolgen. Für den Verkünder, den Seelsorger ergibt sich seinerseits die Einheit der zu vermittelnden Lehre mit der vorzulebenden christlichen Lebenspraxis. Die Tätigkeit geschieht im Auftrag des Erhöhten und kraft seiner Vollmacht. Aber die mt Sicht zeigt sich gerade darin, daß das auszurichtende Wort nicht das jetzt vom Erhöhten ergehende Wort ist, wie es christliche Propheten in freier Rede sonst vorzubringen im Stande waren, sondern daß es die Rückerinnerung, die Wiederholung des Wortes des Irdischen ist, das seine geistige Kraft in der Lebenspraxis der Getauften entfalten will. Die Vorstellung und die Formulierungsweise haben ihre Vorbilder im AT: „Wenn sie nur alles halten, was ich ihnen im ganzen Gesetz ... befohlen habe" (2 Chr 33,8; vgl. Ex 34,32; Dt 4,2; 12,14)[46]. Im Gehorsam gegenüber dieser Weisung realisiert sich Volk Gottes, wahres Israel. Jesus erscheint nicht als neuer Mose, sondern in seiner Erhöhung als Gottes Stellvertreter, der wie einst Jahve Weisung gibt und Heil zusagt.

Diese Zusage macht die abschließende Verheißung aus. Er ist mit ihnen. Die Zusage des Mitseins hat gleichfalls ihr Vorbild im AT, wo Jahve dem einzelnen, dem von ihm Gesendeten oder ganz Israel genau dies verheißen konnte (Gn 26,24; Ex 3,12; Dt 20,1.4; 31,6; Jos 1,9; Ri 6,12.16; Is 41,10; 43,5). Jesus tritt auch hier an die Stelle Jahves und übernimmt dessen Amt im Hinblick auf das neue Gottesvolk. Sein Mitsein ist zu bemessen an dem, was den Jüngern aufgetragen ist und was entstehen soll. Hier sind Auseinandersetzungen, Härten, Entbehrungen zu erwarten. Er ist mit ihnen als Helfender, Tröstender, Aufrichtender. Es ist nicht das Mitsein der Anschauung, sondern das Mitsein der Kraft, das als Hilfe erfahren wird, vor allem im Wort und dessen Verwirklichung. Aber es ist mehr. Es geht über den jüdischen Glauben, daß Gott mit der Thora bei seinem Volk ist, hinaus[47]. Denn dieser „Jahve" war als der Irdische unter ihnen und will als derselbe und nunmehr Erhöhte mit ihnen sein. Die präsentische Formulierung zusammen mit der ausdrücklichen Erwähnung aller Tage, die noch ausstehen, verheißt Beständigkeit. Das Mitsein des erhöhten Jesus verdrängt bei Mt einen Himmelfahrtsbericht. Nicht verdrängt es den Ausblick auf das Ende. Dieser ist mit der Vollendung des Äons zumindest angezeigt. Die Parusie, von Mt nicht mehr genannt, erscheint auf diesem Hintergrund als das Hervortreten dessen, der jetzt schon mit den Seinen ist[48].

---

[46] Im LXX-Text haben wir jeweils das Verb ἐντέλλεσθαι, das für das Griechisch der LXX charakteristisch ist.
[47] Den Vergleich stellt BARTH, Gesetzesverständnis 128, an.
[48] Vgl. DIEM, Dogmatik 290. – Einzelne Hss lesen am Schluß von V 20: Amen. Dies stammt aus dem liturgischen Gebrauch des Evangeliums: A^c Θ f^13 892 1342 1506 it sy.

III

a) Mt schuf mit dieser Perikope einen großartigen Schlußakkord seines Evangeliums, in dem noch einmal wichtige Anliegen des Gesamtwerks gebündelt erscheinen. Weil es im wesentlichen die von der Jüngerschaft für die Zukunft zu übernehmende Aufgabe ist, die hier beschrieben wird, kann man nicht bloß in einem zeitlichen Sinn von Jesu letztem Wort sprechen. Es ist sein Vermächtnis, aber ein Vermächtnis besonderer Art, weil er bei der Jüngerschaft bleibt und weil diese aus seiner Vollmacht heraus handeln soll. Damit sind auch schon die beiden tragenden Intentionen des Textes herausgestellt, die christologische und die ekklesiologische. Der mit göttlicher Vollmacht ausgestattete Christus bleibt der Welt zugewandt, indem er mit der Jüngerschaft bleibt und sie beauftragt, sich den Menschen, den Völkern in einem umfassenden Sinn zuzuwenden. Er erweist sich so auf Dauer als der Emmanuel, von dem der Prophet gesprochen hatte (1,23), aber als der Gott-mit-uns für das neue Gottesvolk, das aus den Völkern bestehen soll. Obwohl von Kirche ausdrücklich nicht gesprochen wird, ist der den Jüngern übergebene Auftrag – Gehen, Jünger-Machen, Taufen, Lehren – letztlich mit dem Bau der Kirche gleichzusetzen (vgl. 16,18). Nicht die Proklamation des Evangeliums steht im Blickpunkt, obwohl sie vorausgesetzt ist, sondern das Formen von Gemeinden in fremden Völkern, indem Menschen durch die Taufe der Kirche zugeführt und zur Übernahme des Wortes Jesu in das eigene Leben befähigt werden sollen. Die Jünger werden so zu Menschenfischern (4,19). Das Wort des Irdischen erfüllt sich (24,14). Im universalen Reich des Menschensohnes, das Himmel und Erde umspannt, wird der Same ausgestreut (13,36–43), werden Menschen in Stand gesetzt, in Verantwortung füreinander zu leben (vgl. 25,34–46), entsteht die messianische Kirche, ausgestattet mit der Zusicherung unzerstörbarer Dauer, aber bestehend aus fragilen Menschen, die angewiesen bleiben auf die stärkende Gegenwart ihres Herrn.

b) Die historische Frage betrifft die Rekonstruktion der Osterereignisse. Diese kann und braucht hier nicht geleistet zu werden. Wenn jedoch Mt Ostern auf ein einziges Geschehnis – auf dem Berg in Galiläa – konzentriert, so faßt er vieles und auch zeitlich Auseinanderliegendes zusammen (vgl. nur 1 Kor 15,1–11). Jedoch birgt die Perikope die Erinnerung an die Erscheinung des Auferweckten vor den Zwölfen. Als ihr Ort ist Galiläa anzunehmen. Die Jünger wußten sich als durch den Auferweckten Gesendete, die sich nach der Katastrophe des Karfreitags aufgerufen sahen zur Verkündigung. Es kostete freilich manche Auseinandersetzung, bis die Aufgabe der uneingeschränkten Heidenmission klar erkannt war. Die Konzeption unseres Evangeliums ist davon geprägt. Unter diesem Aspekt steht die Abschlußperikope des Mt auch am Abschluß einer Entwicklung.

c) Das Stichwort „Missionsbefehl" trifft unseren Text nicht adäquat. Wir sahen, daß die Weitergabe der Worte und Weisungen des irdischen Jesus im Mittelpunkt des Textes steht, freilich zu dem Zweck, alle Völker zu Jüngern zu machen. Damit ist letztlich das angesprochen, was wir Mission nennen, aktives Gehen zu den Völkern, ein Auftrag, der heute angesichts zunehmender Schwierigkeiten mehr denn je der theologischen Reflexion bedürfte. Ist Mission Weitergabe der Worte und Weisungen Jesu an die Menschen, um diese durch die Taufe zu Jüngern zu machen, so schließen sich zwei Mißverständnisse aus. Das eine ist das Mißverständnis des politischen Machtanspruches. Die Missionsgeschichte ist in dieser Hinsicht belastet. Ein utopisches Konzept, das er im Willen Jesu verwurzelt sah, vertrat W. Solowjew[49], der das Reich Gottes als theokratischen Weltstaat begreift. Es gäbe nur eine einzige Macht auf Erden und diese gehöre nicht dem Caesar, sondern Jesus Christus. Weil für ihn die Nationen als organische und moralische Einheit existierten, habe sich Jesus an alle gewendet. Das andere Mißverständnis ist die Relativierung des Sendungsauftrags, die heute vielfach aufgrund resignativer Erfahrungen – besonders in Asien – geschieht und die eigene Aufgabe so beschreiben kann, den Buddhisten zu helfen, bessere Buddhisten zu werden, den Mohammedanern zu helfen, bessere Mohammedaner zu werden usw. Das notwendige Gespräch mit den Weltreligionen hebt die Notwendigkeit des Zeugnisses nicht auf. Die Glaubwürdigkeit der Mission gründet in der Darstellung christlichen Lebens in seiner Bindung an die Weisung des irdischen Jesus: Lehret sie alles halten, was ich euch geboten habe. Die Dimension des Heiles aber ist darin zu erkennen, daß der Auferweckte so spricht, und die Erkenntnis, daß Mission notwendig ist, für das Christentum letztlich in der Auferstehung Jesu von den Toten gegeben war[50].

LITERATUR: O. MICHEL, Der Abschluß des Matthäusevangeliums: EvTh 10 (1950/51) 16–26; E. LOHMEYER, „Mir ist gegeben alle Gewalt": In memoriam E. L. (Stuttgart 1951) 22–49; G. BORNKAMM, Der Auferstandene und der Irdische: Zeit und Geschichte (Festschrift R. BULTMANN) (Tübingen 1964) 171–191; G. BAUMBACH, Die Mission im Matthäus-Evangelium: ThLZ 92 (1967) 889–893; B. J. MALINA, The Literary Structure and Form of Mt 28,16–20: NTS 17 (1970/71) 87–103; U. LUZ, Die Jünger im Matthäusevangelium ZNW 62 (1971) 141–171; A. VÖGTLE, Das christologische und ekklesiologische Anliegen von Mt 28,18–20: Das Evangelium und die Evangelien (KBANT) (Düsseldorf 1971) 253–272; K. KERTELGE, Der sogenannte Taufbefehl Jesu: Zeichen des Glaubens (Festschrift B. FISCHER) (Trier 1972) 29–40; J. ZUMSTEIN, Mt 28,16–20: RThPh 22 (1972) 14–33; J. LANGE, Das Erscheinen des Auferstandenen im Evangelium nach Matthäus (FzB 11) (Würzburg 1973); B. J. HUBBARD, The Matthean Redaction of a Primitive Apostolic Commissioning (Missoula 1974); J. D. KINGSBURY, The Composition and Christology of Mt 28,16–20: JBL 93 (1974) 573–584; D. HARE-D. HARRINGTON, „Make Disciples of All the Gentiles": CBQ 37 (1975) 359–369; J. P. MEIER, Nations or Gentiles in Mt 28,19?: CBQ 39 (1977) 94–102; J. P. MEIER, Two Disputed Questions in Mt 28,16–20: JBL 96 (1977) 407–424; F. HAHN, Der Sendungsauftrag des Auferstandenen: Fides pro vita mundi (Festschrift H. W. GENSICHEN) (Gütersloh 1980) 28–43; G. FRIEDRICH, Die formale Struktur von Mt 28,18–20: ZThK 80 (1983) 137–183; K. GRAYSTON, The Translation of Mt 28,17: JStNT no. 21 (1984) 105–109; X. LÉON-DUFOUR, Présence du Seigneur ressuscité: À cause de l'Évangile (Festschrift J. DUPONT) (Cerf 1985) 195–209; K. L. MCKAY, The Use of hoi de in Mt 28,17: JStNT no. 24 (1985) 71–72; P. W. VAN DER HORST, Once More: The Translation of οἱ δέ in Mt 28,17: JStNT no. 27 (1986) 27–30.

---

[49] Der hl. Wladimir und der christliche Staat: W. SZYLKARSKI u. a., Deutsche Gesamtausgabe III (Freiburg 1954) 117; Die russische Idee: III 51.
[50] Vgl. PANNENBERG, Christologie 66 Anm. 56a.

DAS MATTHÄUSEVANGELIUM

Einleitungsfragen

1. Milieu und Ort

Unser Evangelium ist in einem Milieu entstanden, das als hellenistisch-jüdisches anzusprechen ist. Dabei liegt der Nachdruck auf dem Jüdischen. Als markantes Beispiel für das Verhaftetsein mit dem Jüdischen kann die Stellungnahme zum Gesetz gelten, wie sie Jesus in den Antithesen der Bergpredigt abgibt (5,21–48). Diese explizite Auseinandersetzung mit der Thora finden wir in keinem anderen Evangelium. Hinzu kommt, daß in Streit- oder Schulgesprächen Fragen, die das Gesetz betreffen, in einer Art und Weise aufgegriffen werden können, die erkennen läßt, daß auf die innerjüdische Diskussion zur gleichen Frage Rücksicht genommen ist (vgl. die Stellungnahme zur Erlaubtheit der Ehescheidung in 19,3–9; 5,31f). Jüdische Gepflogenheiten und Gebräuche werden erwähnt, ohne daß sie einer näheren Erklärung bedürfen. So ist im Streitgespräch über die levitischen Waschungen 15,1ff die in parMk 7,3f gebotene Erklärung dieser Riten weggelassen. Mt spricht von anderen Reinheitsübungen (etwa 23,24), aber auch von den Phylakterien und Gewandquasten (23,5), prangert die Proselytenmacherei der Schriftgelehrten und Pharisäer an (23,15) oder gebraucht das Bild von den übertünchten Gräbern, das nur dem verständlich ist, der mit jüdischen Beerdigungssitten vertraut ist (23,27f). Er führt Begriffe in die evangeliare Tradition ein, die für jüdisches Denken charakteristisch sind wie Himmelsherrschaft anstelle von Gottesherrschaft, Gerechtigkeit, Vollkommenheit, wie er auch sonst redaktionelle Abänderungen vornimmt, die man treffend als Rejudaisierungen bezeichnet hat (etwa die Gebetsanrede im Herrengebet 6,9; vgl. Lk 11,2). Nur Mt überliefert jene Logien, die Jesu und der Jünger Wirken auf die „verlorenen Schafe des Hauses Israel" konzentriert (10,5b.6; 15,24). Vor allem aber benutzt er intensiv das AT zur theologischen Aufarbeitung der Jesustradition, am augenscheinlichsten in den zahlreichen Reflexionszitaten, aber auch unabhängig davon. Dabei kann er auf jüdische Auslegungstraditionen zurückgreifen (etwa 5,21.34f; 23,16–22; 27,51b–53).

Das Evangelium aber wurde in griechischer Sprache abgefaßt, in einem guten Griechisch. Die alte Auffassung, daß es eine Übersetzung aus dem Aramäischen/Hebräischen darstelle, werden wir gleich zu widerlegen haben. Die Adressaten des Evangeliums verstehen die semitische Sprache nicht mehr. Das AT wird oft in Übereinstimmung oder in Anlehnung an die LXX zitiert. Darüber hinaus gibt es manche Beobachtungen, die das Vertrautsein auch mit griechischen Lebensverhältnissen voraussetzen. Um nur wenige Beispiele zu nennen: Den Juden war der Schwur beim eigenen Haupt unbekannt, wohl kannten ihn die Griechen (5,36). Ähnliches gilt für das im kleinen Gleichnis vom Gang zum Richter angesprochene Schuldgefängnis (5,25 f). In 6,7 wird das Beten der Heiden kritisiert usw.

Wäre eine hellenistisch-christliche Gemeinde überall im Imperium Romanum denkbar, so muß eine Gemeinde, die in einem so starken Maß jüdisch geprägt ist und die sich in einer sie bestimmenden Weise in Auseinandersetzung mit der Synagoge befindet, in Palästina oder in der Nähe von Palästina gesucht werden[1]. Es gibt fast so etwas wie einen sensus communis innerhalb der Exegetenschaft, daß Syrien das Land ist, wo unser Evangelium entstand. Abweichende Auffassungen stellen eine Ausnahme dar und lohnen eine Auseinandersetzung nicht[2]. Der syrischen Abfassung ist zuzustimmen. Auf Syrien, vor allem auf eine Stadt in Syrien, treffen die oben geschilderten Gemeindeverhältnisse am besten zu. Syriens Bevölkerung besaß einen großen jüdischen Anteil: „Das jüdische Volk ist stark unter die Völker auf den ganzen Erdkreis zerstreut, am meisten aber war es in Syrien wegen der Nachbarschaft zu Palästina vertreten", bezeugt Josephus, bell. 7,43. Möglicherweise gibt es auch im Evangelium, von der Stimmigkeit der allgemeinen Voraussetzungen abgesehen, kleine Hinweise. Auffällig ist, daß Mt 4,24 im ersten sogenannten Sammelbericht Syrien an bevorzugter Stelle erwähnt. Nur hier wird im Rahmen der Wirksamkeit Jesu Syrien in den Evangelien genannt. Die ungewöhnlich erscheinende Vokalisation Raka für das aramäische Schimpfwort Reka (= Dummkopf, Trottel in 5,22) ist syrisch. Gundry möchte auch die Identifikation von Doppeldrachme und Stater in 17,24–27 als Indiz verwenden, weil diese Währungsidentität exakt nur im syrischen Antiochia und in Damaskus gegeben gewesen sei[3]. Letzteres ist allerdings zweifelhaft.

Läßt sich die Stadt näher bestimmen? Neben anderen Vorschlägen[4] wird in der gegenwärtigen Forschung Antiochia, die Hauptstadt des Landes, am häufigsten diskutiert. Antiochia beherbergte nach Josephus, bell. 7,43 f, den größten jüdischen Bevölkerungsanteil aller syrischen Städte, dem die Seleukiden die gleichen Rechte wie den Griechen bewilligt hatten. Die christliche Gemeinde war von hellenistischen Judenchristen, die aus Jerusalem im Zusammenhang mit der Verfolgung des Stephanus geflohen waren, gegründet worden (Apg 11,19–26). Der Name des Petrus ist mit ihr verbunden. Schnackenburg[5] erwähnt zusätzlich ihre Propheten und Lehrer (Apg 13,1), die zum mt Gemeindebild passen würden. Es gibt

---

[1] An Palästina denken GOULDER, Midrash passim; BEARE 8. Beare schließt aber das nördlich von Palästina gelegene Territorium nicht aus.
[2] W. MARXSEN, Einleitung in das NT (Gütersloh 1963) 136, erwägt Pella; SLINGERLAND: JStNT no. 3 (1979) 18–28, das Ostjordanland; VIVIANO: CBQ 41 (1979) 533 ff Caesarea.
[3] 357.609.
[4] KILPATRICK, Origins 132–134: Tyrus oder Sidon; B. W. BACON, Studies in Matthew (London 1930) 18–23: Edessa.
[5] I 9.

auch Einwände gegen Antiochia. Am schwersten wiegt die Überlegung, daß die antiochenische Gemeinde von Anfang an offen ist für die Heidenmission (Apg 11,20f) und die inneren Konflikte hinsichtlich dieser Frage, die die mt Traditionen widerspiegeln, nicht zu kennen scheint[6]. Darf man auch an Damaskus, die Hauptstadt Coelesyriens am Fuß des Antilibanon, denken? Auch in ihr gab es eine starke Judenschaft[7]. Ihre christliche Gemeinde ist sehr alt. Zumindest ist das Vorhandensein von Christen in dieser Stadt für das Berufungserlebnis des Paulus vorauszusetzen. In der Zeit, als Paulus von dort floh, unterstand Damaskus vorübergehend dem arabischen König Aretas, vermutlich zur Zeit des Caligula und Claudius. Aus dieser Zeit fehlen nämlich auch römische Kaisermünzen aus Damaskus, die dann wieder auftauchen[8]. Die Stadt war über gute Straßen sowohl mit Antiochia als auch mit Galiläa verbunden. Wenn sich auch nicht mit Sicherheit sagen läßt, welche Stadt in Syrien als Abfassungsort in Frage kommt, soll hier doch Antiochia oder Damaskus der Vorrang eingeräumt werden.

LITERATUR: C. KRAELING, The Jewish Community at Antioch: JBL 51 (1932) 130–160; J. S. KENNARD, The Place of Origin of Matthew's Gospel: AThR 31 (1949) 243–246; S. SANDMEL, Judaism and Christian Beginnings (New York 1978) 352–362; H. D. SLINGERLAND, The Transjordanian Origin of St. Matthew's Gospel: JStNT no. 3 (1979) 18–28; B. T. VIVIANO, Where Was the Gospel According to Matthew Written?: CBQ (1979) 533–546; K. W. CLARK, Die heidenchristliche Tendenz im Matthäusevangelium: J. LANGE (Hrsg.), Das Matthäus-Evangelium (WdF 525) (Darmstadt 1980) 103–111; J. ZUMSTEIN, Antioche sur l'Oronte et l'évangile selon Matthieu (StNTU A 5) (Linz 1980) 122–138; R. BROWN-J. MEIER, Antioch and Rome (New York 1983).

2. Verfasser und Zeit

Es gibt zwei Wege, um die Verfasserfrage anzugehen. Der erste besteht darin, das Evangelium zu befragen, ob es irgendwelche Hinweise auf den Verfasser erkennen läßt. Gewiß ist es anonym abgefaßt, tritt sein Verfasser nicht namentlich vor sein Werk. Aber auch dies hat etwas zu bedeuten, nämlich dies, daß dem Autor, der die Überlieferungen sammelte, ordnete, redigierte, es wichtiger war, dies zu tun, als seinen Namen kundzutun. Er wollte ihn sogar zurücktreten lassen, weil er sich auf andere Autoritäten berief. Auf welche?

Zunächst ist anzumerken, daß der Verfasser mit alldem zusammenstimmen muß, was wir schon zum Evangelium gesagt haben. Das heißt, er selbst muß Judenchrist gewesen sein. Ein Heidenchrist scheidet bei dem

---

[6] LUZ I 73–75, der letztlich den Abfassungsort hinsichtlich einer bestimmten Stadt offen läßt, hält es für möglich, daß das Evangelium aus einer – von verschiedenen – christlichen Hausgemeinde Antiochias stammt.
[7] JOSEPHUS, bell. 2,561; 7,368.
[8] Vgl. SCHÜRER, Geschichte II 152–154.

jüdischen Charakter des Evangeliums aus [1]. Ob es sich um einen palästinischen oder hellenistischen Judenchristen handelte, ist nicht zu entscheiden [2]. Wichtiger ist, daß er im Zusammenhang mit einer Schule stehen dürfte (School of St. Matthew) [3]. Darauf weisen verschiedene Merkmale hin: der Umgang mit der Schrift, insbesondere die Ausbildung der Reflexionszitate, die Gestaltung christlicher Halachot, christlicher Lebens- und Gemeinderegeln, die dem Evangelium streckenweise den Charakter eines Katechismus zu verleihen scheinen. Auch die Tatsache, daß unser Evangelium sich sehr früh auf breiter Basis durchsetzte, erklärt sich gut aus seiner Verankerung in einer Schule. Für den atl Schriftgebrauch ist kennzeichnend, daß nicht vom Standpunkt der Schrift aus das Leben Jesu betrachtet wird, sondern umgekehrt, vom Standpunkt des Lebens Jesu aus in das AT zurückgefragt wird. Es ist oft sehr schwer zu entscheiden und manchmal muß es sogar offenbleiben, ob eine Überlieferung ihre redaktionelle Gestalt zeitlich vor dem Evangelisten oder erst durch diesen erhielt. Evangelist und Schule gehören auf das engste zusammen. Wenn im Evangelium christliche Schriftgelehrte erwähnt werden (23,34), ist damit ein Stand in der Gemeinde berührt, dem diese theologische Lehreraufgabe zukam. Die Aussage vom Schriftgelehrten, der in der Himmelsherrschaft unterrichtet ist und Neues und Altes aus seinem Schatz hervorholt (13,52), erscheint wie ein Selbstporträt des Evangelisten. Am Ende aber muß das Evangelium als Werk einer einzigen Persönlichkeit gedacht werden, die wir den Evangelisten heißen.

Bei der Interpretation von 16,17–19 arbeiteten wir die besondere Bedeutung des Petrus für die mt Gemeinde und für unser Evangelium heraus [4]. Petrus, der auch sonst im Evangelium, vor allem in Verbindung mit halachischen Fragen, hervortritt, wird als Offenbarungsempfänger seliggepriesen, Fels der Kirche genannt, zum Schlüsselträger gemacht und mit der Vollmacht, zu binden und zu lösen, betraut. Besonders fiel uns die einzigartige Struktur des Makarismus auf, die in der zeitgenössischen jüdischen Literatur ihre Parallelen besitzt und dort jeweils den (fingierten) Verfasser kennzeichnen will. Zwar wird in unserem Evangelium Petrus nicht zum Verfasser des Werkes erklärt – eine entsprechende Anweisung, zu schreiben, fehlt –, doch soll er als jener herausgestellt werden, der mit seiner apostolischen Autorität für die Überlieferung bürgt. Es ist darum auch die apostolische Autorität, hinter die sich unser anonymer Autor zurückzieht. Er ist ein Mann der zweiten Generation. Es wäre darum nicht notwendig, noch nach einem besonderen Autor zu suchen.

Dies ist aber schon sehr früh geschehen. Anlaß dazu mag auch Mt 9,9–13 gegeben haben, die Perikope von der Berufung des Zöllners. Während nämlich der Zöllner nach parMk 2,13–17 Levi heißt, nennt ihn unser

---

[1] Anders STRECKER, Weg 15–35.
[2] Das erste vertritt GRUNDMANN 43, das zweite SCHNACKENBURG I 10.
[3] Der Ausdruck stammt von STENDAHL.
[4] Vgl. J. GNILKA, „Tu es Petrus": MThZ 38 (1987) 3–17.

Evangelium Matthäus, wobei an das Mitglied des Kollegiums der Zwölf zu denken ist (10,3). Bei der Auslegung dieser Perikope haben wir uns für eine Nichtidentität von Levi und Matthäus entschieden und somit für einen Austausch der Personen seitens des Redaktors. Anlaß dafür war nicht die Absicht, den Verfasser des Evangeliums einzubringen. Dies hätte auf deutlichere Weise geschehen müssen (vgl. Lk 1,3: „ich entschloß mich zu schreiben"; Joh 21,24: „der das geschrieben hat"). Vielmehr ist zu vermuten, daß Matthäus, der Apostel, den Gemeinden unseres Evangeliums auf andere Weise bekannt geworden war, vielleicht als Missionar. Hat er sich in besonderer Weise um die Juden bemüht? Aber an dieser Stelle erreicht man das Feld der Spekulation.

Damit kommen wir zu dem zweiten Weg, etwas über den Verfasser des Evangeliums ausfindig zu machen. Es ist die Befragung der Tradition. Sie ist vor allem mit dem Namen des Bischofs Papias von Hierapolis in Phrygien verknüpft, der um 130 ein fünfbändiges Werk Λογίων κυριακῶν ἐξηγήσεις geschrieben hat, von dem nur kleine Bruchstücke erhalten blieben. Eusebios von Kaisareia hat sie uns überliefert. Darin findet sich eine Notiz über die Entstehung unseres Evangeliums. In ihr ist nahezu alles umstritten. Dies gilt schon für die Übersetzung. Wir bieten im Folgenden die Übersetzungen von J. Kürzinger und P. Haeuser. Sie zeigen bereits die entscheidenden Differenzpunkte an[5]:

„Matthäus nun hat in hebräischem Stil die Worte (über den Herrn) in literarische Form gebracht. Es stellte sie ein jeder so dar, wie er dazu in der Lage war."[6]

„Matthäus hat in hebräischer Sprache die Reden zusammengestellt; ein jeder aber übersetzte dieselben, so gut er konnte."[7]

Die zweite Übersetzung entspricht der herkömmlichen Auffassung, nach der Matthäus eine aramäische Grundschrift verfaßt habe. Unser griechischer Matthäus sei einer von den von Papias erwähnten Übersetzern. Seine Übersetzung basiere im wesentlichen auf diesem aramäischen Original[8]. Diese Auffassung wird bereits von den drei Kirchenschriftstellern geteilt, die sich zur Abfassung unseres Evangeliums geäußert haben, nämlich

Eirenaios: „Matthäus hat bei den Hebräern in ihrer Sprache auch eine Evangelienschrift herausgegeben (τῇ ἰδίᾳ αὐτῶν διαλέκτῳ καὶ γραφὴν ἐξήνεγκεν εὐαγγελίου), während Petrus und Paulus in Rom predigten und die Kirche gründeten" (haer. 3,1,1; vgl. Eusebios, hist. eccl. 5,8,2);

Origenes: „Zuerst wurde das Evangelium nach Mt, dem früheren Zöll-

---

[5] Das Zitat findet sich bei Eusebios, hist. eccl. 3,39,16.
[6] Papias 103.
[7] In: Eusebius von Caesarea, Kirchengeschichte, hg. von H. Kraft (München 1967) 191. Kraft übernahm die Übersetzung von P. Haeuser, die H. A. Gärtner durchsah. Der griechische Text lautet: Ματθαῖος μὲν οὖν Ἑβραΐδι διαλέκτῳ τὰ λόγια συνετάξατο, ἡρμήνευσεν δ' αὐτὰ ὡς ἦν δυνατὸς ἕκαστος.
[8] Auf diese Übereinstimmung der Substanz nach legte man verständlicherweise Wert. In diesem Sinn äußerte sich auch die Päpstliche Bibelkommission am 19.6.1911.

ner und späteren Apostel Jesu Christi, für die Gläubigen aus dem Judentum in hebräischer Sprache zusammengestellt" (γράμμασιν Ἑβραικοῖς συντεταγμένον; bei Eusebios, hist. eccl. 6,25,4);

Eusebios: „Matthäus, der zunächst unter den Hebräern gepredigt hatte, schrieb das von ihm verkündete Evangelium in seiner Muttersprache (πατρίῳ γλώττῃ γραφῇ παραδούς), als er auch noch zu den Völkern gehen wollte ..." (hist. eccl. 3,24,6).

Für die Beurteilung dieser drei Zeugnisse ist bedeutsam, daß sie alle von Papias abhängig sind[9]. Dies ist erkenntlich bis hinein in die Wahl der Worte. Dies relativiert ihre Bedeutung und gibt ihnen den Wert früher Interpretationen der Äußerungen des Papias.

Kürzinger, dessen Übersetzung des Papias-Zeugnisses wir oben als erste boten, hat für dieses eine Interpretation vorgeschlagen, von der B. Altaner[10] sagte, daß sie eine umstürzend neue Deutung der Nachrichten über das Mt-Evangelium enthalte. Auch Kürzinger[11] läßt das Zeugnis auf das Evangelium ausgerichtet sein – nicht eine Logiensammlung –, aber auf den griechischen Mt! Dies gelingt ihm dadurch, daß er Ἑβραΐδι διαλέκτῳ nicht auf die aramäische Sprache bezieht, in der das Mt-Evangelium einmal abgefaßt gewesen sei, sondern auf die hebräische/semitische Stil- und Kompositionsform, gemäß der Mt sein Evangelium geordnet und damit Mk übertroffen habe. Der Begriff διάλεκτος wird also im Sinn der hellenistischen Publizistik des 2. Jh. n. Chr. als rhetorischer gefaßt, ein Verständnis, wie es etwa auch bei Dionysios von Halikarnass nachgewiesen werden kann. Der Nachsatz des Papias-Zeugnisses spricht nach Kürzinger dann natürlich auch nicht davon, daß ein jeder das Evangelium *übersetzt* habe, so gut er es konnte, sondern wird auf Mk und Mt eingeschränkt, über die der Bischof zusammenhängend berichtet hatte. Mk und Mt hätten die Worte des Herrn *dargestellt,* wie sie dazu in der Lage waren. Auch hier sei es Papias darauf angekommen, die bedeutendere Leistung des Mt zu würdigen, der Mk in den Schatten gestellt habe.

Schließt man sich der überzeugenden Interpretation Kürzingers an, ergibt sich eine Fülle von Fragen. War Papias, über den Eusebios im Zusammenhang seines Zitates ein erstaunlich negatives Urteil abgeben kann[12], gut informiert? Welchen Matthäus meint er?[13] Eine erhebliche Schwierig-

---

[9] Vgl. KÜRZINGER, Papias 24.
[10] Patrologie (Freiburg ⁶1960) 90.
[11] KÜRZINGER, Papias 9–32. Das Zeugnis des Eirenaios deutet KÜRZINGER, Papias 33–42, in Übereinstimmung mit seiner Papias-Interpretation.
[12] Hist. eccl. 3,39,13: σφόδρα σμικρὸς ὢν τὸν νοῦν.
[13] Schon SCHLEIERMACHER bestritt, daß Papias das kanonische Mt-Evangelium meine. EUSEBIOS, hist. eccl. 5,10,3f, erzählt von einem Pantänus, einem christlichen Missionar, der Ende des 2. Jh. nach Indien gekommen sei, daß er dort das hebräische Mt-Evangelium vorgefunden habe. Unser Mt kann damit auf keinen Fall gemeint sein. Vielleicht war es das apokryphe Hebräer- oder das Nazaräerevangelium. Beide entstanden bereits in der ersten Hälfte des 2. Jh. Zur komplizierten Beurteilung dieser beiden Evangelien vgl. E. HENNECKE - W. SCHNEEMELCHER, Ntl. Apokryphen I (Tübingen 1959) 90–95. 104–107; H. WAITZ, Neue Untersuchungen über die sogen. judenchristlichen Evange-

keit ist darin gegeben, daß uns die Befragung des Evangeliums zu einem anderen Ergebnis führte als zu einer Abfassung durch Mt. Sollte einer, der von seiner eigenen Berufung erzählt, in der Weise, wie wir das für 9,9–13 ermitteln konnten, auf eine Vorlage zurückgegriffen haben? Sollte Mt sich von Mk so sehr abhängig gemacht haben? Weil Papias vom griechischen Mt-Evangelium spricht[14], ergeben sich für die Person und den Namen des Mt zwei Überlegungen: 1. Sollte dieser Mt ein anderer als der Apostel Mt sein?[15] Die Frage stellen heißt, sie verneinen. 2. Hat der Apostel Mt bei der Sammlung von Jesustraditionen eine Rolle gespielt? Sollte dies bei der Sammlung jener Logien der Fall gewesen sein, die später zur Logienquelle vereinigt wurden? G. Bornkamm hat eine ähnliche Überlegung angestellt[16]. Sollte es dann geschehen sein, daß der Name des Apostels Mt von dieser Traditionssammlung aus auf das von einem anderen, dessen Namen wir nicht kennen, verfaßte Evangelium übertragen wurde, weil die Sammlung dort weiterlebte? Über Vermutungen kommt man nicht hinaus. Es reicht jedoch nicht aus, mit W. Marxsen zu sagen, daß mit dem Namen Mt ein Garant für die kirchliche Tradition benannt sein sollte[17]. Warum wurde gerade Mt benannt? Es bleibt auffällig, daß das Evangelium nicht „nach Petrus" heißt, nachdem dieser Apostel hier so eklatant in den Vordergrund tritt.

Für die Datierung des Evangeliums ist von Bedeutung, daß die Didache es voraussetzt. In Did 8 wurde unter Berufung auf die Anweisung des Herrn in seinem Evangelium (!) das Vaterunser in seiner mt Version zitiert; in 1,3ff haben wir eine Sammlung von Herrenlogien, die weitgehend mit Mt übereinstimmen (möglicherweise eine dem Verfasser der Didache vorgegebene Kompilation), auch sonst gibt es manche Bezüge. Ob der Verfasser ein Exemplar des Evangeliums vor sich hatte, mag dahingestellt bleiben. Sein Text schließt die Kenntnis des Evangeliums ein[18]. Weil auch die Didache im syrischen Raum entstand, ist dies begreiflich. Möglicherweise kennt auch 1 Petr das Mt-Evangelium (vgl. besonders 2,12/Mt 5,16; 3,14/Mt 5,10). Sehr umstritten ist die Frage für die Ignatiosbriefe. Köster warnt vor einer vereinfachenden Methode, die in Frage kommenden Stellen einfach aufzuzählen, ohne zu bedenken, daß über Logiensammlungen

---

lien: ZNW 36 (1937) 69–81. Auch HIERONYMUS dürfte das Hebräerevangelium mit dem aramäischen Mt identifiziert haben. Vgl. A. WIKENHAUSER, Einleitung in das NT (Freiburg ³1959) 132. Zu optimistisch beurteilt GUNDRY 609–622 das Papias-Zeugnis.
[14] Die Wendung τὰ λόγια im Papias-Zeugnis steht dieser Auffassung nicht entgegen. PAPIAS verwendet sie auch für das Mk-Evangelium. Zu dieser Frage vgl. KÜRZINGER, Papias 19.
[15] Wohl gab es mehrere bedeutende frühchristliche Gestalten mit dem Namen Johannes: den Apostel, den Presbyter, den Propheten. PESCH, Markusevangelium I 3–11, rechnet mit zwei Männern mit dem Namen Markus im Christentum, indem er zwischen Johannes Markus und dem Evangelisten Markus unterscheiden möchte. Aber letzteres ist höchst unwahrscheinlich.
[16] RGG ³II 758.
[17] Einleitung in das NT (Gütersloh 1963) 136.
[18] Zur Problematik vgl. KÖSTER, Überlieferung 159–241.

noch ältere Zugänge zu Herrenworten bestanden[19]. Trevett hat alle 18 einschlägigen Stellen der Ignatiosbriefe neu untersucht und mit den Ergebnissen der Forschung konfrontiert. Sie kommt zu dem Ergebnis, daß es ungewiß bleibt, ob Ignatios das Mt-Evangelium, wie wir es vor uns haben, kannte und benutzte[20]. Haben wir mit der Didache und 1 Petr einen Terminus ad quem gewonnen, so wird dieser dadurch gedehnt, daß auch die Abfassungszeit dieser Schriften nur ungefähr angegeben werden kann. Der 1 Petr entstand zwischen 70–100[21], die Didache Anfang des 2. Jh.[22] Für die Bestimmung der oberen Grenze sind Anhaltspunkte das Markusevangelium, das Mt benutzt, und innere Kriterien. Die Auseinandersetzung mit dem pharisäisch bestimmten Judentum läßt auf die Zeit nach 70 schließen, ebenfalls der konkrete Vers 22,7, der kaum anders als ein Bezug auf die Zerstörung Jerusalems verstanden werden kann. Neuere Versuche von Frühdatierungen sind wenig überzeugend[23]. Abgesehen davon, daß sie auch nur wenige Jahre gewinnen, verschieben sie die Problematik. Entscheidend ist das Alter der überlieferten Einzeltraditionen. Wir plädieren für eine Abfassungszeit um das Jahr 80[24].

LITERATUR: H. KÖSTER, Synoptische Überlieferung bei den apostolischen Vätern (TU 65) (Berlin 1957); J. KÜRZINGER, Papias von Hierapolis und die Evangelien des NT (Eichstätter Materialien 4) (Regensburg 1983); W. SCHENK, Das „Matthäusevangelium" als Petrusevangelium: BZ 27 (1983) 58–80; C. TREVETT, Approaching Matthew from the Second Century: The Under-Used Ignatian Correspondence: JStNT no. 20 (1984) 59–67.

3. Komposition, Sprache, Quellen

Die drei genannten Aspekte gehören eng zusammen. Obwohl sie getrennt behandelt werden sollen, sind darum Überschneidungen unvermeidlich. Wenn wir von der Kompositionsarbeit des E sprechen, betrachten wir das Evangelium als Kunstwerk, als wohlgeformtes literarisches Gebilde, in das mannigfaltige Intentionen verwoben wurden.

---

[19] Überlieferung 24 f.
[20] JStNT no. 20 (1984) 65.
[21] So N. BROX, Der erste Petrusbrief (EKK 21) (Zürich ²1986) 41. – Die Befragung von Polyk, 1 Clem, Barn auf deren mögliche Kenntnis des Mt bleibt hier unberücksichtigt. Für die beiden letztgenannten Schriften ist sie sehr umstritten. Wir kämen auch nicht sonderlich über den mit Did und 1 Petr gegebenen Terminus hinaus.
[22] K. WENGST, Didache u. a. (SUC) (München 1984) 62 f. ALTANER (Anm. 10) 44 nennt die erste Hälfte des 2. Jh.
[23] So kommt GUNDRY 599–609 zu einer früheren Datierung über das unsichere Papias-Zeugnis. Sein letztes Argument ist die behauptete Abhängigkeit des Lk von Mt. Das lk Doppelwerk müsse wegen des offenen Ausgangs des Paulusschicksals am Ende der Apg vor dem Tod des Apostels verfaßt sein. Vgl. aber Apg 20,38; 21,11 f.
[24] Vgl. GRUNDMANN 47 f: 80–90; LUZ I 75 f: kurz nach 80; SCHNACKENBURG I 9: 85–90; W. G. KÜMMEL, Einleitung in das NT (Heidelberg ³1964) 70: 80–100. Es ist aber nicht notwendig, sich vom Jahr 80 weiter nach unten zu entfernen.

Welcher Plan liegt der Komposition zugrunde? Zur Beantwortung dieser Frage empfiehlt es sich, von der Beobachtung auszugehen, daß der Aufbau des Evangeliums in grosso modo dem des Mk-Evangeliums entspricht. Am markantesten kommt dies darin zum Ausdruck, daß das öffentliche Wirken Jesu als ein einziger Weg nach Jerusalem dargestellt ist, so wie es auch schon Mk getan hat. Freilich gibt es Unterschiede. Während ab dem Gleichniskapitel Mt 13 (= Mk 4) die Anordnung (Akoluthie) sich fast nahtlos der Mk-Vorlage anschließt, ist dies in den ersten 12 Kapiteln etwas anders. Hier hat Mt vor allem neben den Erzählungen, die die Kindheit Jesu betreffen (Kap. 1f), die Kompositionen der Reden vom Berg (5–7) und zur Aussendung der Jünger (10) untergebracht. Dennoch schimmert auch hier die Abhängigkeit von Mk durch. Abgesehen davon, daß die Akoluthie Täuferpredigt, Taufe und Versuchung Jesu, Sammelbericht über seine Basileia-Predigt, Berufung der ersten Jünger (3,1 – 4,22) der Mk-Folge entspricht, ist es interessant festzustellen, daß in der Abschlußbemerkung zur Bergpredigt: „Die Volksscharen gerieten außer sich über seine Lehre. Denn er lehrte sie wie einer, der Vollmacht hat, und nicht wie ihre Schriftgelehrten" (7,28f) eine Sentenz fortlebt, die in Mk 1,22 im Anschluß an die Jüngerberufung Jesu erstes Auftreten in Kafarnaum einleitet. Man könnte also überspitzt mit J. Schmid[1] formulieren, daß Mt an Stelle der Predigt Jesu in der Synagoge von Kafarnaum die Bergpredigt biete. Insgesamt aber läßt sich sagen, daß Mt das Mk-Evangelium neu geschrieben hat, sich in einer Weise an ihm orientierte, daß sein Evangelium den Eindruck einer – natürlich ernsthaft und wesentlich – überarbeiteten Neuauflage des Mk macht.

Warum aber ist Mt nur in dem bezeichneten ersten Teil seines Werks vergleichsweise freier gegenüber der Mk-Vorlage als später?[2] Ist er nachlässiger geworden? Wollte er es sich leichter machen? Erweist er sich gerade so als konservativer Redaktor? Die herausgestellte Beobachtung kann noch vertieft werden. In den VV 4,23 und 9,35 finden wir jeweils einen nahezu gleichlautenden Satz: „Und Jesus wanderte umher in ganz Galiläa (in alle Städte und Dörfer), lehrend in ihren Synagogen und kündend das Evangelium vom Reich und heilend jede Krankheit und jede Entkräftung (im Volk)." Offenkundig soll auf diese Weise inklusionsartig der dazwischen gelagerte Stoff – Bergpredigt und Wunderzyklus – enger zusammengebunden werden. Die damit sich zu verstehen gebende Intention hat man wiederholt auf die Formel „der Messias des Wortes und der Messias der Tat" gebracht. Es ist bemerkenswert, daß sich solche Zusammenbindungen größerer Komplexe später nicht mehr nachweisen lassen. Darüber hinaus ist im Wunderzyklus Kap. 8f die Mk-Akoluthie fast völlig aufgegeben[3]. Wir werden vermuten dürfen, daß Mt in den bezeichne-

---

[1] 26.
[2] Die Frage stellt auch Luz I 18.
[3] Vergleicht man mit der Mk-Vorlage, ergibt sich folgende Sequenz: Mk 1,40–45. 29–31. 32–34; 4,35–41; 5,1–17; 2,1–12.13–17.18–22; 5,21–43. Der nichtmarkinische Stoff ist nicht berücksichtigt.

ten Kapiteln die Eigenprägung verstärkt zur Geltung bringen, am Beginn den Leser noch bewußter in die Intentionen seines Werks einführen wollte. Diese Kapitel bedürfen der gesteigerten Aufmerksamkeit des Lesers und Interpreten.

Für die Gewinnung eines Planes für das gesamte Evangelium hat man die geographischen Angaben des „Weges" Jesu zugrunde gelegt. Dabei ist offenkundig die Abhängigkeit des Mt von Mk ernst genommen. Es ergibt sich folgende fünfteilige Gliederung: Prolog (1,1 - 2,23); Vorbereitung des Wirkens Jesu (3,1 - 4,11); Jesus in Galiläa (4,12 - 13,58); Rund um Galiläa und nach Jerusalem (14,1 - 20,34); Jesus in Jerusalem (21,1 - 28,20)[4]. Doch erweist sich das spezifisch Matthäische am augenfälligsten in den Redekompositionen. Gerade in diesem Punkt sticht Mt von Mk ab, der relativ wenig Redegut überliefert hatte. Aber dies erscheint in der erwähnten Gliederung nicht berücksichtigt.

Die Redaktionsarbeit des E wird nirgendwo greifbarer als in den großen Redekompositionen. Hinsichtlich ihrer Zahl ist man uneins. Sind es fünf oder sechs? Es handelt sich um folgende Texte: die Reden vom Berg (5–7), zur Aussendung (10), in Gleichnissen (13), über das Kind und die Kleinen (18), vom Wehe (23) und vom Ende (24f). Je nachdem, ob man Wehe- und Endzeitrede zusammennimmt oder nicht, ergeben sich fünf oder sechs Redekompositionen. Die Fünfzahl wird von denen bevorzugt, die darin eine Nachahmung der fünf Bücher Mosis erblicken. Auch weisen sie darauf hin, daß bei einer Fünfteilung die beiden größten Reden die drei anderen rahmend einschließen. Die stereotype Abschluß- und Übergangsformel am Ende einer Rede „Und es geschah, als Jesus diese Worte vollendet hatte o. ä.", in 26,1 zusammenfassend: „alle diese Worte vollendet hatte", findet sich in der Tat nur fünfmal (7,28; 11,1; 13,53; 19,1; 26,1). Sie findet sich also nicht am Ende der Wehrede. Dennoch ist die Sechszahl vorzuziehen. Mt hat Wehe- und Endzeitrede deutlich als selbständige Redekompositionen gekennzeichnet, indem er ihnen jeweils ein eigenes, unterschiedliches Publikum gab (23,1: Jünger und Volk; 24,1–3: nur die Jünger) und ein besonderes Szenario voranstellte. Die Jünger sind stets Adressaten der Reden, das Volk ist noch in die Bergpredigt, die Wehrede (23,1) und in die Gleichnisrede miteinbezogen, freilich nur in deren ersten Teil (13,1–34, mit Unterbrechung in 13,10–23). Die zusammenfassende Bemerkung in 26,1 deutet an, daß alle Reden in einem übergreifenden Sinn zusammengehören, einander ergänzen und letztlich als Einheit aufzufassen sind.

Ein zweiter Gliederungsversuch, der hier erwähnt werden soll, setzt bei den Redekompositionen an. Man bindet jeweils eine Rede mit folgenden oder vorausgehenden narrativen Texten zusammen und erhält dann – je nachdem, wie viele Reden man zählt und ob man die Passion als selbständigen Teil wertet oder nicht – unterschiedlich viele Teile[5]. Als Beispiel soll

---

[4] Vgl. das Referat bei NEIRYNCK, Rédaction 58f.
[5] Vgl. die Referate bei GRUNDMANN 50–54; Luz I 15–27.

das siebenteilige Modell P. Gaechters angeführt werden[6]: Die Anfänge Jesu (1,1 - 4,25); Der Messias und seine Botschaft (5,1 - 9,34); Jesus vom Volk als Messias abgelehnt (9,35 - 12,50); Jesus trennt sich von seinem Volk (13,1 - 16,20); Der Geist des Himmelreiches (16,21 - 20,16); Die letzten Kämpfe in Jerusalem (20,17 - 25,46); Der Ausgang (26,1 - 28,20). Doch hinsichtlich der Zuordnung ergeben sich Schwierigkeiten[7]. Auch will es nicht gelingen, die gewonnenen Teilabschnitte unter wirklich treffende, das heißt, die Absichten des E wiedergebende Themen zu stellen. Die Themenvorschläge machen fast immer den Eindruck des Subjektiven.

So wird man sich bezüglich einer detaillierten Untergliederung des Gesamtwerks zurückhalten müssen. In der Tat läßt es sich nur weitmaschig in eine Gliederung einfügen. Dies hängt damit zusammen, daß Mt ein Werk geschaffen hat, das in sich selbst mannigfaltig verzahnt ist, Querverbindungen und Wiederholungen besitzt. Die Heilung von zwei Blinden wird zweimal erzählt (9,27-31; 20,29-34), ebenfalls die Sprüche vom Baum und seiner Frucht (7,17-20; 12,33). Die Mehrheit der Redekompositionen endet mit einem Ausblick auf das endzeitliche Gericht (7,24-27; 13,49f; 18,32-35; 23,39; 25,31-46). Die Verheißung, daß Christus mit seinem Volk ist, rahmt das Gesamtwerk (1,23; 28,20)[8]. Wichtige, für die Theologie des Mt aufschlußreiche Begriffe wie Gerechtigkeit, Vollkommenheit, Kleinglaube sind an recht unterschiedlichen Stellen anzutreffen und erschließen sich nur einer verbindenden Schau.

Ausgangspunkt für eine Gliederung ist die Erkenntnis, daß 1,1 - 4,16, obwohl aus unterschiedlichem Stoff zusammengestellt, ein zusammengehöriger Abschnitt ist, eine Art Vorgeschichte, die dadurch gekennzeichnet ist, daß Jesus noch nicht öffentlich wirkt. Mt stellt hier Jesus seinem Leser vor, seine Würde, die religiösen, örtlichen, heilsgeschichtlichen Bedingungen seines Wirkens. Akzeptiert man diese Abgrenzung, dann gewinnt 4,17 besondere Bedeutung, den Rang eines Themasatzes, der das Folgende unter die Überschrift: „Jesus verkündet die Herrschaft der Himmel" stellt: „Von da an begann Jesus zu künden: Kehret um, denn die Herrschaft der Himmel ist nahe." Wir können davon ausgehen, daß „von da an" (ἀπὸ τότε) eine Zäsur anzeigt. Wir begegnen ihr nochmals in 16,21, nach dem Messiasbekenntnis des Simon Petrus: „Von da an begann Jesus seinen Jüngern zu zeigen, er müsse nach Jerusalem gehen und vieles leiden usw." Wir nehmen den Vers als Themenangabe für den Abschnitt 16,21 - 25,46: „Jesus geht den Weg zur Passion." Man kann darüber streiten, ob die Passions- und Ostergeschichte abgetrennt werden soll oder nicht. Sicher gibt es auch hier genügend Querverbindungen. Doch um der besseren Übersicht willen setzen wir sie vom Vorausgehenden ab[9]. Damit haben wir einen höchst einfachen Plan erzielt:

---

[6] 16f.
[7] Der Plan GAECHTERS zeigt, daß durchaus nicht immer die Rede dem erzählhaften Text vorausgeht.
[8] Zu diesem Motiv vgl. FRANKEMÖLLE, Jahwebund 7-83.
[9] Der Vorschlag stimmt überein mit KINGSBURY, Matthew 1-9, nur nimmt dieser die

Vorgeschichte: 1,1 – 4,16
1. Hauptteil: 4,17 – 16,20
2. Hauptteil: 16,21 – 25,46
Passion und Ostern 26,1 – 28,20.

Es gibt eine Fülle von Beobachtungen, die sowohl die Kompositionsweise des Mt als auch seine Sprache oder Sprechweise betreffen. Wenn hier einige davon in Erinnerung gerufen werden sollen, beschränken wir uns jeweils auf einige wenige ausgewählte Beispiele. Mt ordnet den Stoff immer wieder nach sachlichen Gesichtspunkten an. Letztlich beruht auf diesem Bemühen die Zusammenstellung seiner Reden. Dieses Bemühen hat ihm den Ruf eines „Systematikers" eingetragen. So baut er in die von ihm wohl schon vorgefundene Trias vom Almosengeben, Beten und Fasten eine kleine Gebetskatechese ein: Sie handelt von der Gebetshaltung, bietet das Vaterunser, das dem Plappern der Heiden gegenübergestellt wird, und ruft im Anschluß an die fünfte Vaterunser-Bitte zur Vergebungsbereitschaft auf (6,5–15). In 24,43 – 25,46 hat er fünf Gleichnisse zusammengestellt, unterbrochen von Wachsamkeitsrufen, die geeignet sind, die angesichts der erwarteten Parusie eingeforderte Bereitschaft einzuschärfen.

Mt kürzt Mk-Stoffe. Dabei handelt es sich um narrative Texte. Besonders schön ist dies an den Wundergeschichten abzulesen, die manches Mal um die Hälfte ihres Umfangs zusammengestrichen werden. Übrig bleiben vor allem die Worte, die die Beteiligten sprechen. Sie können sogar ausgebaut werden. Dieses Verfahren tut die Absicht kund, mit Hilfe narrativer Texte zu belehren. Die Wundergeschichten rücken in die Nähe von Lehrgesprächen.

Demgegenüber kann Mt Spruchgut in der Weise lebendiger gestalten, daß er Eröffnungsszenarios bietet. Dies ist in den Eröffnungen der Redekompositionen deutlich. Zum Teil kann er dabei an Mk anknüpfen: die Seekanzel am Beginn der Gleichnisrede (13,1f; vgl. Mk 4,1f), die Ansage der Tempelzerstörung vor der Rede vom Ende (24,1f; vgl. Mk 13,1f). Mt schafft die Kulisse der Bergpredigt (5,1) und stellt vor der Aussendungsrede die Namen der zwölf Apostel zusammen (10,1–4). Nach 18,1f ruft Jesus ein Kind in die Mitte des Jüngerkreises. Für das Anliegen der Redekomposition in Kap. 18 ist dies von Bedeutung, so daß wir von der Rede vom Kind und von den Kleinen sprechen möchten. In 23,2 schließlich richtet Jesu Wort den geistigen Blick der Hörer auf die Kathedra des Mose, auf der die Schriftgelehrten und Pharisäer sitzen. Damit ist wie in einem Blickfang das Thema der Weherede angezeigt. Hierher gehören auch Themenwörter, die wie Überschriften über einem ganzen Abschnitt stehen. Die weitreichende Bedeutung von 4,17 und 16,21 wurde schon erwähnt. Hier sei nurmehr auf 6,1 als Überschrift über die das Almosengeben, Beten und Fasten behandelnde Belehrung aufmerksam gemacht.

Passion zum dritten Teil hinzu. Auch SCHNACKENBURG I 5 bezeichnet 16,21 als Haupteinschnitt.

Mt bevorzugt die antithetische Struktur. Die klassischen Antithesen liest man nur bei ihm in der Bergpredigt (5,21-48). Sie behandeln Jesu Stellungnahme zum Gesetz. Doch bleibt die Antithetik keinesfalls auf diesen Abschnitt beschränkt. Immer wieder treffen wir antithetische Gegenüberstellungen an, die, nicht selten karrikierend, meistens pointiert, gute und böse Verhaltensweisen einprägen. „Ihr aber sollt euch nicht Rabbi nennen lassen", liest man in 23,8, nachdem zuvor das eitle Gebaren der Schriftgelehrten und Pharisäer geschildert wurde. Man lese die bunten Schilderungen des schlechten und rechten Almosengebens, Betens und Fastens in 6,1ff oder beachte die Gegenüberstellung des Plapperns der Heiden und des Vaterunser (6,7-9), und man wird sehen, wie kräftig die mt Sprache von der Antithese lebt. Der gute Baum steht dem schlechten gegenüber (12,33), der Splitter dem Balken (7,3-5), die gewährte Barmherzigkeit der verweigerten (25,35ff) usw. Öfter wird mit diesen Gegenüberstellungen die Haltung der Pharisäer kritisiert, und von 5,20 her erhalten die Antithesen der Bergpredigt ihren konkreten Bezugspunkt. In diesem Sinn könnte man sogar die Weherede als Anthithese zur Rede vom Berg lesen.

Daß Mt in der Zusammenstellung seines Stoffes bestimmte Zahlen in Anlehnung an volkstümliche Erzählweise bevorzugt, ist schon wiederholt beobachtet worden. Manchmal ist er auch hier bereits von seinen Vorgaben abhängig. So spielt etwa die Zahl Sieben eine herausragendere Rolle: Sieben Vaterunserbitten, sieben Wehe, vermutlich sieben Gleichnisse im Gleichniskapitel, 3×14 ($= 2 \times 7$) Geschlechterfolgen im Stammbaum Jesu (1,17).

Hier und dort ist der Sinn für Symbolsprache erkennbar. Ein symbolisches Wunderverständnis, wie gelegentlich bei Mk, hat Mt zurückgedrängt. Die Blindenheilung in Mk 8,22-26, die dort vor dem Messiasbekenntnis des Petrus vermutlich veranschaulichen will, daß die Jünger jetzt allmählich zu Sehenden werden, hat er vom Platz gerückt. Doch favorisiert er die Licht-Finsternis-Symbolik im Sinn der Heilsfrage. Im übrigen ist auch dies eine übergreifende Antithese. Mit Jesus geht dem Volk, das in Finsternis saß, ein großes Licht auf (4,13f). Die Jünger sollen das Licht der Welt sein (5,14). Wer des Heiles verlustig wird, gerät in die äußerste Finsternis, wo sie heulen und mit den Zähnen knirschen (8,12; 22,13; 25,30).

Die Sprachkultur des E zeigt sich auch darin, daß er das Griechisch seiner Vorlagen verbessert. Sein Griechisch wird im allgemeinen als gut bezeichnet. Sein Wortschatz ist reicher als der des Mk, was nicht bloß mit dem größeren Umfang seines Evangeliums zusammenhängt. Man hat die Sprache des Mt Synagogengriechisch genannt[10]. Auf diesem Feld wären noch eindringendere Untersuchungen erforderlich, die an dieser Stelle nicht geleistet werden können. Prüft man die bei Blass-Debrunner-Rehkopf als Semitismen verzeichneten Sprachfiguren nach, zeigt sich, daß Mt

---

[10] B. W. BACON, Studies in Matthew (London 1930) 497-499; LUZ I 31f.

diese keinesfalls immer vermehrt hat, im eklatanten Gegensatz zu Lk[11]. Darum soll gegenüber der Klassifizierung „Synagogengriechisch" eine gewisse Reserve angemeldet werden.

Als Hauptquellen des E sind das Markusevangelium und die Logienquelle zu benennen. Diese Lösung der synoptischen Frage ist nach wie vor die brauchbarste Arbeitsgrundlage. Versuche, an ihr zu rütteln, bringen nicht viel weiter[12]. Die Annahme eines Ur-Markus, wie sie annähernd R. Pesch vertritt[13], kann nicht überzeugen. Die These, daß es einen Deuteromarkus gab (A. Fuchs), bedarf vielleicht weiterer Prüfung. Doch ist jetzt schon abzusehen, daß aufwendige Untersuchungen für die Sache nicht besonders viel bringen. Seine Sonderüberlieferungen schöpft E vielfach noch aus mündlicher Tradition. Sowohl für diese als auch für die Weitergabe und Prägung des Q-Stoffes ist die Arbeit der Schule mitzuberücksichtigen. Daß dem E hinsichtlich seiner Reflexionszitate eine eigene Quelle zur Verfügung gestanden habe[14], ist im höchsten Grade unwahrscheinlich. Dafür erscheinen die Zitate zu sehr an den Kontext gebunden und sind sie dem Inhalt nach fast alle zu ausgefallen.

LITERATUR: M. S. ENSLIN, The Five Books of Matthew: HThR 24 (1931) 67–97; N. W. LUND, The Influence of Chiasmus upon the Structure of the Gospel According to Matthew: AThR 13 (1931) 405–433; C. H. LOHR, Oral Techniques in the Gospel of Matthew: CBQ 23 (1961) 403–435; P. GAECHTER, Die literarische Kunst im Matthäusevangelium (SBS 7) (Stuttgart 1965); F. NEIRYNCK, La rédaction matthéenne et la structure du premier évangile: J. DE LA POTTERIE (Hrsg.), De Jésus aux évangiles (BEThL 25) (Gembloux 1967) 41–73; H. B. GREEN, The Structure of St. Matthew's Gospel: StEv 4 (TU 102) (Berlin 1968) 47–59; P. KOTZÉ u. a., The Structure of Matthew 1–13: Neotestamentica 11 (Pretoria 1977); R. RIESNER, Der Aufbau der Reden im Matthäus-Evangelium: ThBeitr 9 (1978) 172–182; P. JULLIEN DE POMEROL, Quand un évangile nous est conté. Analyse morphologique du récit de Matthieu (Brüssel 1980); B. COMBRINK u. a., Structure and Meaning in Matthew 14–28: Neotestamentica 16 (Pretoria 1982); B. COMBRINK, The Structure of the Gospel of Matthew as Narrative: Tyn B 34 (1983) 61–90; W. WILKENS, Die Komposition des Matthäus-Evangeliums: NTS 31 (1985) 24–38; W. SCHENK, Die Sprache des Matthäus (Göttingen 1987).

4. Gattung

Das Wort „Evangelium", ursprünglich in der christlichen Sprache die missionarische Verkündigung und Predigt bezeichnend, wird mit Markus, der dieses Wort am Anfang erwähnt (1,1), zum Gattungsbegriff[1]. Von Markus

---

[11] S. 435. Bei den im Folgenden gebotenen wenigen Beispielen beziehen sich die drei Zahlen jeweils auf Mt, Mk und Lk. Pleonastisches ἄρχεσθαι 12/27/31; καὶ ἐγένετο, ἐγένετο δέ 7/6/43. Ferner Umschreibung mit πρόσωπον 2/1/8; ἐνώπιον 0/0/22; ἐν μέσῳ mit Genitiv 3/2/7.

[12] Vgl. SAND 21–27.

[13] Markusevangelium I 63–68.

[14] STRECKER, Weg 82–85.

[1] Vgl. D. DORMEYER – H. FRANKEMÖLLE, Evangelium als literarische Gattung und als

herkommend, wird dieser Begriff auf die anderen Evangelien übertragen, und man spricht vom Evangelium nach Mk, Mt, Lk, Joh. Doch ist sich die Forschung schon lang klar darüber, daß Evangelium nicht gleich Evangelium ist. Der Begriff ist beizubehalten, doch ist innerhalb der Evangelien nach einer genaueren Gattungsbeschreibung zu suchen. Damit ist schon angedeutet, daß wir bei einer näheren Bestimmung des Mt-Evangeliums stärker, als das in der Forschung gelegentlich der Fall ist, von Mk ausgehen.

Doch zunächst soll ein knapper Einblick in die Lage der Forschung geboten werden, deren vielfältige Vorschläge die Komplexität des Problems anzeigen. Ältere Vorschläge setzten bei der polemisch bestimmten Auseinandersetzung ein, die im Evangelium mit der Synagoge geführt wird. B. W. Bacon[2] definierte Mt darum als antijüdische Kampfschrift. Noch konkreter wurde M. von Aberle[3], der das Evangelium für eine Gegenschrift hielt, die sich bereits mit einem jüdischen Rundschreiben auseinandersetzen würde, das gegen die Kirche gerichtet gewesen sei. Theologischer urteilte J. W. Parkes[4], der weniger das Polemische als das Apologetische im Werk des Mt zum Ausgangspunkt nahm, um festzustellen, daß es die Messianität Jesu verteidigen und der jüdischen Seite klarmachen wolle, daß die Verheißungen von der Synagoge auf die Kirche übergegangen seien.

Blieben diese Erläuterungen weitgehend im Deskriptiven, so legen sich neuere Definitionen gattungsbegrifflich fest. G. Schille[5] bezeichnet Mt als eine Art Katechismus. Dieser sollte christlichen Missionaren als Handbuch dienen, damit sie instandgesetzt seien, den Missionsbefehl auszuführen. Maßgeblich für diese Definition sind natürlich die systematische Weise des E, seinen Stoff zusammenzuordnen, aber auch der Vergleich mit Mk, die Aufhebung bzw. Einschränkung der Geheimnistheorie, der Vergleich mit der Didache. W. Grundmann[6] hat sich dieser Auffassung angeschlossen, doch betont er gleichzeitig, daß das Evangelium zuerst für die Gemeinde selbst geschrieben sei.

G. D. Kilpatrick[7] vermutet einen maßgeblichen Einfluß der Gemeindeliturgie. Dabei denkt er bei Liturgie vor allem an die im Gottesdienst vorgetragene Predigt. So wird für ihn Mt schlicht zu einem Perikopenbuch, aus dem man vorgelesen und gepredigt hat. Diese These hat kaum Anhang gefunden. Ihr gegenüber weist Luz darauf hin, daß Vaterunser, Abendmahlsüberlieferung, Taufbefehl, Septuagintastil bei Mt zu finden sind und

---

theologischer Begriff: H. TEMPORINI – W. HAASE (Hrsg.), Aufstieg und Niedergang der römischen Welt II/25/2 (Berlin – New York 1984) 1543–1704 (Literatur); G. RAU, Das Markusevangelium. Komposition und Intention der ersten Darstellung christlicher Mission: daselbst II/25/3 (1985) 2036–2257.

[2] Exp. 8. Ser. 15 (1918) 56–66.
[3] ThQ 41 (1859) 567–588.
[4] Conflict 43.
[5] NTS 4 (1957/58) 113.
[6] 45.
[7] Origins 72–100.

besagen würden, daß der Gottesdienst für ihn eine „entscheidende Rolle" gespielt habe[8].

W. Trilling[9], der den seinerzeitigen Forschungsstand überblickt, urteilt, daß keine der gegebenen Antworten ausreichen würde, um der Komplexität des Befundes voll zu entsprechen. Er schlägt vor, den Entstehungsprozeß des Evangeliums in den Blick zu nehmen, der bei Mk mit seinem lockeren historisch-chronologischen Aufbau ansetzt und eine Fülle von Stoff aufgreift, der nach den Bedürfnissen angeordnet werde. Apologetisch-polemisches und didaktisches Anliegen würden sich vereinigen in dem Anspruch, nach außen die Kirche als das wahre Israel zur Geltung zu bringen und nach innen eine für die Unterweisung brauchbare Zusammenfassung der Jesusüberlieferung zu bieten. „Kirchenbuch" ist die Formel, auf die am Ende das Resultat gebracht wird.

Andere Autoren rücken Mt in die Nähe der antiken Biographie. Schon der äußere Rahmen zeige eine Historisierungstendenz an: die Geschichte beginnt mit Geburt und Kindheit und endet mit dem Tod des Helden[10]. Freilich ist man sich der Unterschiede zum antiken Bios bewußt. G. Strekker, der das Wort von der volkstümlichen Biographie aufgreift[11], nimmt eine historisierende und periodisierende Linie im Evangelium wahr. Nach dieser Periodisierung ist die Zeit der Väter und Propheten vorausweisend dem Leben Jesu vorgeordnet, die Gegenwart aber als letzte Phase begriffen, die geradlinig zum Endziel der Geschichte führt. Weil das redaktionelle Interesse sich auf die Vergangenheit des Lebens Jesu richte, sei das Evangelium primär christologisch, nicht ekklesiologisch auszulegen[12].

H. Frankemölle[13] sieht das Mt-Evangelium theologisch in Denkkategorien des AT verwurzelt. Es schreibe die Geschichte Jahves mit seinem Volk an einem Wendepunkt, wo ein neues Gottesvolk ein altes, die universale Kirche das nationale Israel ablöst. Nicht Bruch, sondern Kontinuität (in der Diskontinuität) bestimme das Heilshandeln Gottes, das in Jesus Christus seinen Höhepunkt erfährt. So wird der Erfüllungsgedanke zum Skopus des Evangeliums erklärt. Gesetz und Propheten, Gottes Wort, wie es im ganzen AT ausgesprochen ist, seien in Christus und seiner Gemeinde in Erfüllung gegangen[14]. In der Vereinigung von narrativen Texten und Redekompositionen, basierend auf der Kontamination von Mk und Q, gleiche Mt dem deuteronomistischen (chronistischen) Geschichtswerk, das gleichfalls in einer kritischen Phase der Geschichte Israels entstanden sei,

---

[8] I 60.
[9] Israel 216–224.
[10] Vgl. W. MARXSEN. Der Evangelist Markus (FRLANT 67) (Göttingen ²1959) 100; TRILLING, Israel 218.
[11] Weg 46. Das Wort stammt von K. L. SCHMIDT, Die Stellung der Evangelien in der allgemeinen Literaturgeschichte: Eucharisterion II (FRLANT 36/2) (Göttingen ²1923) 50–134, hier 80.
[12] EvTh 26 (1966) 61–74.
[13] Jahwebund 360–400.
[14] 390.

in der eine geschichtstheologische Aufarbeitung der Gegenwart jeweils erforderlich ist. In dieser Sicht könne man Mt weniger von der Gestalt des Mk-Evangeliums her begreifen, als vielmehr von der jüdischen Geschichtsschreibung, wie sie in besagten geschichtstheologischen Konzeptionen vorgegeben ist. Der Begriff „synoptische Evangelien" wird aufgegeben[15]. Zentrale Bedeutung gewinnt der Bundesgedanke, der etwa in der Emmanuel-Vorstellung und der Verheißung, daß Christus mit seiner Kirche sein will, gesehen wird. Am Ende wird Mt als „kerygmatische Geschichtsreflexion" nach Form und Inhalt definiert, auch Geschichtstheologie, Buch der Geschichte (in Anlehnung an 1,1), βίβλος ἀνϑρώπων genannt[16].

Vielfältig sind die Vorschläge, groß ist die Verwirrung. Manches erscheint unvereinbar, besonders wenn man es einmal überspitzt und alternativ formuliert: Theologischer Traktat oder Vita, Christologie oder Ekklesiologie als zentrales Anliegen. Letztlich ist aber vieles scharf gesehen worden. Die Positionen sind nicht so radikal voneinander entfernt, wie man den Eindruck gewinnen könnte. Die Forschung lebt von These und Antithese. Manches bezeichnet nur einen Teilaspekt und ist zu subsumieren, etwa das apologetische, polemische, didaktische Element. Letzteres ist ohne Zweifel in starkem Maß vorhanden, kann aber nicht zur Grundlage einer Gattungsbestimmung (Katechismus) gemacht werden. Als Lehrer ist Mt ein zu bedeutender Theologe. Die Problematik verdichtet sich im Bereich Jesus Christus/Kirche, Geschichte/Geschichtsreflexion.

In struktureller Hinsicht haben wir erkannt, daß Mt auf dem Mk-Evangelium aufbaut. Die Anlehnung an Mk war sogar im ersten Teil erkennbar, wo sich Mt am weitesten von der Vorlage entfernt. Daraus ergeben sich auch Konsequenzen für die Gattungsbestimmung. Mt will – wenn man es modern formulieren darf – ein synoptisches Evangelium schreiben. Anders gesagt: er will vom Leben und Wirken Jesu berichten. Natürlich will die Genealogie am Anfang theologisch gedeutet sein. Aber sie sagt eben auch etwas über Jesus aus. Das „Leben Jesu" macht im Mt-Evangelium sogar einen geschlosseneren Eindruck, weil E den offenen Mk-Schluß geschlossen hat. Dabei braucht nicht eigens gesagt zu werden, daß auch Mt das Wirken Jesu vom österlichen Standpunkt des Glaubens aus betrachtet, daß auch bei ihm der Jesus-Stoff in kerygmatisierter Form erscheint. Daneben aber erzählt Mt die Geschichte des Volkes Gottes, den Weg von Israel zur universalen Kirche. In dieser Verquickung liegt das Besondere seines Werks. Um nur einige Stationen zu nennen: die Genealogie (wie manche Gleichnisse: 21,33ff; 22,1ff) bringt die Geschichte Israels in Erinnerung; Jesus soll Israel von seinen Sünden erlösen (1,21), ist nur zu Israel gesandt (15,24), wie er seine Jünger anweist, nur zu den Israeliten zu

---

[15] 397.
[16] 400.360.365. – WALKER, Heilsgeschichte 149, bezeichnet Mt als „Kerygma-Geschichtsbuch", das die Kirche des Mt zur letzten Zeit der Heidenmission erbauen soll.

gehen (10,6). Im Sammelbericht vor der Rede vom Berg (4,25; vgl. die Interpretation) wird Israel gleichsam in seinen Teilbereichen zusammengefaßt, um mit der Weisung konfrontiert zu werden. Jesus wirkt in Israel seine Wunder (Kap. 8f), wie es der Prophet vorausgesagt hatte. Aber Israel lehnt ab. Die Szenen der Ablehnung reihen sich aneinander bis hin zum Blutruf des ganzen Volkes (27,25). Inmitten der Ablehnung deutet sich die Konstituierung des neuen Volkes an: Heidnische Frauen im Stammbaum Jesu, heidnische Magier verehren das neugeborene Kind. Der Hauptmann von Kafarnaum bekennt einen Glauben, der so in Israel nicht vorhanden ist (8,10). Die Völker werden die Botschaft annehmen, sagt Jesus gleichnishaft voraus (21,43b; 22,10). Vgl. unten Punkt 6.

Es ist die Verschmelzung von Ablehnung Israels und Willigkeit der Heiden, die nicht unkritisch angesagt wird, zu beachten. Dies bedeutet, daß wir weniger auf eine dramatische Steigerung werden zu achten haben als vielmehr auf die Doppelseitigkeit des Aspektes, der in dieser Weise fortbesteht. Eminentes Mittel in der theologischen Aufarbeitung ist das AT, sowohl im christologischen als auch im ekklesiologischen Bereich. Dies herausgestellt zu haben ist das Verdienst Frankemölles. Das Evangelium aber wird nicht zu einem geschichtstheologischen Traktat. Schrift und christliche Tradition gehen eine Synthese ein. Mit gebotener Zurückhaltung ließe sich sagen: Mt schreibt die Geschichte Jesu Christi als Geschichte des Gottesvolkes.

LITERATUR: M. VON ABERLE, Über den Zweck des Matthäusevangeliums: ThQ 41 (1859) 567–588; B. W. BACON, The „Five Books" of Matthew against the Jews: Exp 8. Ser. 15 (1918) 56–66; E. VON DOBSCHÜTZ, Matthäus als Rabbi und Katechet: ZNW 27 (1926) 338–348; J. W. PARKES, The Conflict Between the Church and the Synagogue (London 1934); G. SCHILLE, Bemerkungen zur Formgeschichte des Evangeliums. II. Das Evangelium des Matthäus als Katechismus: NTS 4 (1957/58) 101–114; G. STREKKER, Das Geschichtsverständnis des Matthäus: EvTh 26 (1966) 57–74; M. D. GOULDER, Midrash and Lection in Matthew (London 1974).

5. Die Matthäus-Gemeinde

Unser Evangelium wurde in einer Stadt Syriens abgefaßt (vgl. Punkt 1). Wir haben uns darum die Gemeinde des Mt, der der Verfasser angehört und für die er nicht zuletzt das Evangelium konzipierte, aus deren Überlieferungen er schöpfte, als eine städtische Gemeinde vorzustellen. Läßt sich darüber hinaus etwas Näheres über diese Gemeinde sagen, ihre Zusammensetzung, ihre Prägung, ihr geistiges Leben, vielleicht sogar ihre Struktur? Beim Versuch, diesen Fragen nachzugehen, ist Vorsicht geboten[1]. Das Genre des Evangeliums, seine Zielsetzung, sein Text legen uns erhebliche Beschränkungen auf. Die Gemeinde des Mt liegt nicht so offen vor

---

[1] Vgl. FRANKEMÖLLE: Bib 60 (1979) 175–177.

uns wie etwa die korinthische Gemeinde des Apostels Paulus. Dennoch kann man damit rechnen, daß die Prägung des Stoffes durch Tradition und Redaktion aus einem Blickwinkel erfolgte, der auch die Situation der Gemeinde miteinbezog, die der Verfasser vor sich sieht. Darum sind Rückschlüsse erlaubt, wenngleich zugestanden werden muß, daß sie oft über den Grad einer begründeten Hypothese nicht hinauskommen.

Die Gemeinde besteht schon seit einiger Zeit. Sie ist bereits durch eine bestimmte eigene Geschichte geprägt. Dies wird an jenen Traditionen erkennbar, die Auseinandersetzungen in besonderen Fragen widerspiegeln, etwa in der Stellungnahme zum Gesetz. Vom Abschnitt 5,17–20 gewannen wir den Eindruck, daß in ihm verschiedene Auffassungen zur Thorainterpretation zusammengefaßt sind in einer Weise, die anzeigt, daß ein eventuell schwelender Streit vorüber und es jetzt möglich geworden ist, die Dinge zu ordnen. Ähnliches gilt für das Verhältnis der Gemeinde zur Synagoge, auf das noch zurückzukommen ist. Auch hier hatte man immer wieder den Eindruck, daß Widersprüchliches nebeneinander steht.

Die Auseinandersetzung mit der Synagoge, die Bindung an judenchristliche Traditionen, das Aufgreifen jüdischen Gedankengutes wie der Einfluß hellenistischer Vorstellungen läßt vermuten, daß die Gemeinde sich aus hellenistischen Judenchristen zusammensetzte. Sie dürften die Mehrheit dargestellt haben. Daneben wird es palästinische Judenchristen gegeben haben, die möglicherweise nach der Katastrophe des Jahres 70 zur Gemeinde gestoßen sind, aber auch Heidenchristen. Für Letzteres spricht die grundsätzliche Öffnung des Evangeliums für die Heidenwelt, aber auch die Tatsache, daß das Evangelium sich später über die Grenzen Syriens hinaus rasch durchsetzte. Kamen die Heidenchristen vornehmlich aus dem Bereich der „Gottesfürchtigen"? Dies könnte die Auseinandersetzung mit der Synagoge verschärft haben.

Das Leben der Gemeinde ist in besonderer Weise durch Jesusüberlieferungen geprägt, und zwar durch solche, die seine Worte enthalten, wie sie durch die Logienquelle weitergetragen wurden. Natürlich wissen wir nicht, in welchem Umfang die radikalen Forderungen der Bergpredigt gelebt wurden. Aber daß man sich ernsthaft mit Jesu Weisung auseinandersetzte, geht daraus hervor, daß man die Logienquelle interpretierte, redigierte, wahrscheinlich erweiterte oder im Anschluß an die Quelle neues Material sammelte. Dies war insbesondere halachisches Material, also Weisungen, die das konkrete Leben der Christen betreffen (etwa 6,2–6.16–18). Zahlreiche Interpreten sind der Auffassung, daß dem E die Logienquelle in einer anderen Gestalt vorgelegen habe als Lk, und sie sprechen darum von Q^{Mt}. Es ist in hohem Maß kompliziert, den Prozeß der Ausgestaltung von Q präziser in den Griff zu bekommen. Doch ist dieser Prozeß an Menschen gebunden, an solche, die mit dem Stoff umgingen. Die Logienquelle wanderte von Palästina, wo sie von judenchristlichen Missionaren dem jüdischen Volk gepredigt wurde, nach Syrien. Wir möchten vermuten, daß diese Übertragung durch Männer geschah, von denen sich einige der Mt-Gemeinde anschlossen und möglicherweise – in der „Schule des Mt" – herausragende Aufgaben übernahmen. Vielleicht hängt es damit zusammen, daß man in der Mt-Gemeinde freier mit dem Material umging. Jedenfalls hat Lk die Sequenzen der Logienquelle besser bewahrt als Mt.

Erwähnt sei noch, daß es im Mt-Evangelium essenisches Gedankengut gibt, zum Teil durch die Logienquelle vermittelt, oder vorsichtiger: Gedankengut, für das sich in den Qumran-Handschriften auffällige Parallelen nachweisen lassen[2]. Hierher gehören vor allem die geistig Armen, die „Armen des Geistes", die an bevorzugter Stelle seliggepriesen werden (5,3; vgl. 1 QH 14,3; 1 QM 14,7); die Zurechtweisung des sündigenden Bruders, der zunächst allein, dann unter Hinzuziehung von Zeugen, dann von der Gemeinde zur Rede gestellt werden soll (18,15-17; vgl. Dam 9,2-8; 1 QS 5,24 – 6,1); die Betonung der Notwendigkeit der Erkenntnis[3]. Die Stellungnahme der sechsten Antithese gegen das Gebot des Feindeshasses richtet sich aller Wahrscheinlichkeit nach gegen Qumran, wo es dieses Gebot gab[4]. Auch diese Gedanken sind den Weg von Palästina nach Syrien gezogen.

Ob es über den inneren Zustand der Gemeinde schlecht bestellt ist, wie gesagt wurde[5], ist kaum sicher auszumachen. Es wird vor Ärgernissen gewarnt (18,7-9), aber diese Warnung erscheint in der zweiten Antithese in einem grundsätzlichen Sinn und kann auch in Kap. 18 grundsätzlich gemeint sein. In der Deutung des Gleichnisses vom Unkraut wird die Frage nach dem Unkraut als Frage nach dem Woher des Bösen gestellt (13,36-43). Allerdings ist das Reich des Menschensohnes, in dem der gute und schlechte Same ausgesät wird, nicht die Kirche, wie wir sahen, sondern die Welt. Anders ist es im Gleichnis vom Hochzeitsmahl (22,1-14), wo in der Tat die Kirche als ein mixtum compositum von Bösen und Guten vorgestellt ist (V 10). Freilich wird man sagen müssen, daß sich hier zwar konkrete Erfahrungen verbergen dürften, es primär aber darum geht, aufzurütteln, zu warnen, wie das auch in der Abschlußszene vom Mann ohne hochzeitliches Kleid und durch die Schlußsentenz geschieht (22,11-14). Man wird die Gemeinde des Mt weder idealisieren noch als besonders schlecht darstellen dürfen. Wir werden sie als Gemeinde der Normalität denken dürfen, in der es Idealisten und Gleichgültige gab. Vielleicht ist sie uns darum besonders nahe.

Die „Schule des Mt", von der wir wiederholt gesprochen haben, ist kein theologisches Gremium, das außerhalb der Gemeinde wirkt, sondern in ihr angesiedelt ist. Auf einen Lehrer-Stand in der Gemeinde, dessen Mitglieder in Anlehnung an die Synagoge Schriftgelehrte und Weise heißen, stoßen wir in 23,34. Die entsprechende Umgestaltung des Q-Logions (Lk 11,49) kann kaum anders als ein konkreter Hinweis auf diese Gruppe ver-

---

[2] Vgl. GNILKA: BZ 7 (1963) 43-63.
[3] GNILKA: BZ 7 (1963) 45-48.
[4] Vgl. Bd. I 190 dieses Kommentars.
[5] Vgl. TRILLING, Israel 213 f.

standen werden. Die Lehrtätigkeit wird in 13,52 bildhaft beschrieben. Daß der Lehrer die neue Lehre mit dem Alten verbindet, macht seinen Schatz aus. Es gab oder gibt auch noch christliche Propheten. Haben sie den Vorsitz bei der Eucharistiefeier? Es ziehen aber auch falsche Propheten umher. Vor ihnen wird gewarnt, und es werden einfache Kriterien an die Hand gegeben, sie zu beurteilen (7,15-20). In diesem Punkt erinnert Mt an Did 11, wo gleichfalls über noch vorhandene Propheten positiv und negativ geredet wird. Bei Mt finden sich gelegentlich erste Ansätze für eine Gemeindeordnung – Correctio fraterna, Sündenvergebung –, doch zeigt vor allem 23,8-12, daß im Vordergrund die Gemeinschaft der Gemeinde steht. Sie ist als Bruderschaft zu begreifen[6]. Die in ihr leben, sollen als Brüder und Schwestern einander begegnen. Und wer ein Amt ausübt, kann es nur dann in der rechten Weise tun, wenn er es als einen Dienst ansieht (noch 20,25-28). Das Knechtsgleichnis 24,45-51 ist warnend an solche gerichtet, die führende Aufgaben übernahmen, daß sie ihr Amt nicht mißbrauchen.

Wie steht die Mt-Gemeinde zur Synagoge? Diese Frage ist ganz konkret zu stellen. Denn in der Stadt befindet sich offenbar auch eine ansehnliche jüdische Gemeinde. Darüber hinaus hat die Frage natürlich für Mt eine höchst bedeutsame theologische Relevanz, auf die in den „Themen der Theologie" zurückzukommen ist. Die Kirche des Mt ist aus dem Judentum herausgewachsen. Dies gilt besonders dann, wenn wir davon ausgehen dürfen, daß sie sich am Anfang ausschließlich aus Judenchristen zusammensetzte. Mit ihrem Bekenntnis zu Jesus Christus besaß sie theoretisch grundsätzliche Eigenständigkeit, doch ist ihr Beginn im Verbund mit der Synagoge zu sehen. Wie weit war dieser Verbund zur Zeit der Abfassung des Evangeliums gelöst? Bestand er überhaupt noch in irgendeiner Weise? Die Auskünfte der Forschung sind divergierend. Um nur zwei Beispiele zu zitieren: Nach W. Grundmann[7] wurde die Mt-Gemeinde bereits aus der Synagoge ausgestoßen. Nach G. Bornkamm[8] bestätigt das Mt-Evangelium „auf Schritt und Tritt ..., daß die von ihm repräsentierte Gemeinde sich vom Judentum noch nicht gelöst hat". Auf jeden Fall befand sich die Gemeinde auf der Grundlage des Evangeliums in heftiger Auseinandersetzung mit der Synagoge, mit einem Judentum, das nach 70 vom Pharisäismus geprägt wurde.

Die Andeutungen des Evangeliums erscheinen widersprüchlich. Nach 16,11f wird vor der Lehre der Pharisäer und Sadduzäer gewarnt, nach 23,2f soll man auf Schriftgelehrte und Pharisäer hören, wenn sie auf dem Stuhl des Mose sitzen. Gewiß gibt es einen traditions*geschichtlichen* Prozeß. Doch ist in der Gemeinde viel Jüdisches. Man hat bis zum Jüdischen Krieg die Tempelsteuer bezahlt, und Mt 17,24-27 diskutiert die Frage jetzt

---

[6] Hier ist an das häufige Vorkommen des Wortes Bruder im übertragenen Sinn zu erinnern, vor allem in der Bergpredigt.
[7] 43.
[8] Enderwartung 36.

noch, wie im Judentum Tempelfragen noch lange nach der Zerstörung des Tempels diskutiert worden sind. Der Sabbat wird noch gehalten[9]. Es gab eine Zeit, wo man der Bestrafung durch das synagogale Gericht ausgeliefert war (10,17). Wir möchten vermuten, daß die richtige Auskunft auf der Mitte zwischen den beiden oben zitierten Auffassungen liegt. Die Gemeinde strebt aus der Synagoge hinaus. Doch ist die Verbindung zu ihr noch nicht vollständig abgerissen. Die juristische Autorität der Synagoge war für die Gemeinde oder für zahlreiche Gemeindemitglieder noch ein Faktum, mit dem ernsthaft gerechnet werden mußte.

LITERATUR: J. GNILKA, Die Kirche des Matthäus und die Gemeinde von Qumran: BZ 7 (1963) 43–63; E. SCHWEIZER, Christianity of the Circumcised and Judaism of the Uncircumcised: R. HAMERTON-KELLY – R. SCROGGS, Jews, Greeks and Christians (Leiden 1976) 245–260; H. FRANKEMÖLLE, Evangelist und Gemeinde: Bib 60 (1979) 153–190.

6. Themen der Theologie

Die Botschaft des Mt ist theozentrisch. Alle Ursprünge liegen bei *Gott*, das Ziel von Mensch und Welt ist bei ihm. Die Schöpfung wird kaum reflektiert (etwa 19,4: Gott erschuf Mann und Frau), ist aber vorausgesetzt in den Verweisen auf die Natur, in der Gott besorgt ist um die Erhaltung der Vögel und Blumen (6,26f), der Spatzen und nicht zuletzt der Menschen (10,29–31). Er gewährt Sonnenschein und Regen (5,45). Er ist der Gott Israels (15,31), der Gott Abrahams, Isaaks und Jakobs (22,32), der Stammväter des Gottesvolkes. Vor allem sind es Gleichnisse (21,33ff: von den bösen Winzern; 22,1ff: vom königlichen Hochzeitsmahl), die die Heilsinitiative Gottes veranschaulichen. Er hat den Weinberg gepflanzt, in Geduld immer wieder seine Knechte (die Propheten) und, zum Schluß seinen Sohn gesandt. In seinem Wirken besteht die Kontinuität zwischen dem Alten und dem Neuen. Daß er sich dabei die Freiheit wahrt, geht daraus hervor, daß er die Wege seines Sohnes vorausbedacht hat. In den Reflexionszitaten wird nicht nur auf das Wort der Schrift, sondern auch auf ihn als den Herrn verwiesen, der dieses Wort durch die Propheten gesprochen hat (1,22; 2,15).

Das am häufigsten vorkommende Gottesprädikat ist der Vatername[1]. Wenn Jesus den Menschen Gott als Vater verkündet, wurzelt dies in seiner einzigartigen Gottesbeziehung (11,27). Er redet Gott in seinem Beten mit Vater (11,26), mein Vater (26,39.42) an und lehrt die Jünger, daß sie gemeinsam auch so sprechen dürfen. Das „Unser Vater" (6,9) deutet den Anschluß und die Unterschiedenheit an. Die den Jüngern geschenkte neue Beziehung zu Gott gibt ihnen Vertrauen, daß sie sich in allen Lebens-

---

[9] Vgl. zu 12,1–14; 24,20.
[1] Vgl. Bd. I 216–218 dieses Kommentars.

lagen in ihm geborgen wissen sollen (6,32), gerade auch in der Ausübung ihres Verkünderauftrages, der sie in Verfolgungen und Anfeindungen hineinstößt (10,20). Sie sind dabei an den Willen des Vaters gewiesen, den Jesus ihnen kundgetan hat und den zu erfüllen, ihre Bewährung als Christen ausmacht. In der Rede vom Berg, in der der Vatername Gottes dominiert, kommt diese Zweiseitigkeit von Zuversicht und Forderung besonders deutlich zum Ausdruck. Ähnliches gilt für die anderen Redekompositionen. So läßt sich sagen, daß in der Vaterbeziehung zu Gott sich die Nachfolge artikuliert. Denn Jesus selbst stand in grenzenlosem Vertrauen und in uneingeschränktem Gehorsam dem Vater gegenüber.

Gott begleitet das Wirken des Sohnes, indem er Erkenntnis, Einsicht, Offenbarung gewährt. Die Gleichnisse der Himmelsherrschaft zu erkennen ist nur dem möglich, dem es geschenkt wird (13,11). So gibt der himmlische Vater dem Simon Petrus die Einsicht, daß Jesus der Christus, der Sohn des lebendigen Gottes, ist (16,17). Umgekehrt vermag nur der Sohn die Erkenntnis, wer der Vater ist, zu vermitteln (11,27). Am Ende der Antithesen spricht Jesus von der Nachahmung Gottes (5,48). Sie besteht darin, seine Vollkommenheit anzustreben. Letztlich ist es das von Menschen nie zu erreichende, aber stets im Blick zu behaltende Maß seiner ungeteilten, unendlichen Liebe und Güte. Sie bringt den Jünger auf einen Weg, an dem er selbst Sohn/Kind Gottes wird (5,45).

Gott wird das Heilswerk vollenden. Die kosmische Katastrophe, die am Ende die Welt zusammenstürzen läßt, wird von ihm herbeigeführt werden (24,29). Dann wird die endgültige Himmelsherrschaft in Erscheinung treten. Es sind die Seligpreisungen der Bergpredigt, die – ebenfalls in passivischer Formulierung – dieses letzte rettende, befreiende Eingreifen Gottes schildern. Die Plazierung des Textes an dieser Stelle zeigt nicht bloß seine Bedeutung an. Der Text legt nochmals einen Zug frei, der das Gottesbild des Mt bestimmt, in völliger Übereinstimmung mit Jesus. Gott wendet sich dem einzelnen zu. Jesus konfrontiert den einzelnen mit Gottes Nähe und Forderung. Freilich wird der einzelne sogleich an die Gemeinschaft verwiesen.

Die *Christologie* unseres Evangeliums ist außerordentlich facettenreich. Die explizite, das heißt, in Hoheitstiteln sich bekundende Christologie ist voll entfaltet. Daneben gibt es viele Elemente der impliziten Christologie. Alles kann an dieser Stelle nicht rekapituliert werden. Doch ergibt sich bei näherem Zusehen eine Konzentration auf bestimmte Punkte. Vielleicht hat gerade die Vielfalt der christologischen Aussage dazu geführt, daß man die Konzentrationspunkte unterschiedlich bestimmt hat.

Sieht man von den bekannten christologischen Hoheitstiteln erst einmal ab, ergeben sich mehrere Aussagen, die Jesu rettendes Wirken zum Inhalt haben. Meist sind sie im AT vorgeprägt. Der Name Jesus wird gedeutet: „Denn er wird sein Volk von den Sünden retten" (1,21). Im Anschluß an das Zitat Is 7,14 wird er Emmanuel, „Gott mit uns", genannt (1,23). Diese Bezeichnung hat für das christologische Konzept des Mt weitreichende

Bedeutung. In der Schlußaussage des Evangeliums wird sie als für alle irdische Zukunft geltende Verheißung nochmals aufgegriffen. Das Sein Jesu mit den Menschen, insbesondere den Jüngern, taucht immer wieder auf, bedrohlich (17,17), tröstlich (18,20)[2]. Als atl, vor allem im Buch Deuteronomium wichtiges theologisches Motiv, bedeutet es, auf Jesus übertragen, daß er jetzt gleichsam an die Stelle Jahves getreten ist, oder daß nunmehr in ihm Jahve mit seinem Volke ist. Der Christusknabe wird in seiner Flucht nach Ägypten und Rückkehr in das Land Israel mit dem Volk identifiziert und wie dieses als Gottes Sohn aus Ägypten gerufen (2,15). Er heißt Nazoräer, im Zusammenhang mit seiner Ansiedlung in Nazaret (1,23), aber auch in 26,71. Der Name gilt als Erfüllung der Verheißung des Chores der Propheten (1,23). Wir erkannten, daß Nazoräer auf den messianischen Sproß verweist, den das Volk seit den Propheten erwartete. Die Bräutigam-Metapher (9,15; 25,1ff) wird ebenso auf ihn angewandt wie das Bild vom Hirten, letzteres in Umschreibungen oder direkten atl Zitaten wie: „Ich werde den Hirten schlagen, und die Schafe der Herde werden sich zerstreuen" (26,31 = Zach 13,7; vgl. Mt 9,36; 15,24).

Daneben gibt es Äußerungen, die stärker auf seine Autorität und Sendung gerichtet sind. So kann er zu Mose in Beziehung gesetzt werden. Die Mose-Typologie konnten wir in Mt 2 feststellen, wo die wunderbare Errettung des Knaben Mose aus der Hand Pharaos über die Vermittlung eines Mose-Midrasch zum Vorbild für die Errettung des Jesuskindes aus der Hand des Königs Herodes wurde. Die Kulisse der Bergpredigt lehnt sich an Mose, der auf dem Berg das Gesetz empfängt, an (5,1; 8,1). In den Antithesen nimmt Jesus zum Gesetz Stellung. Doch ist für die Bestimmung der Autorität, mit der er spricht, darauf zu achten, daß er sich in einzelnen Antithesen (5,21.31.43) mit jüdischen Auslegungstraditionen auseinandersetzt, so daß das Gesetz machtvoll und neu ausgelegt, aber nirgendwo aufgehoben wird. Die Vollmacht ist erkenntlich in der Höhe der Forderungen, die er stellt. Doch kann die formale Struktur: „Ihr habt gehört – ich aber sage euch" auch als Hinweis auf autoritatives Sprechen gewertet werden[3]. Jesus ist der von Gott Gesandte (10,40), aber auch der Kommende. In der Täuferanfrage (11,3) begegnet diese Bezeichnung im absoluten Sinn, in 21,9; 23,39 als Zitat aus Ps 118,26: der Kommende im Namen des Herrn. Hier ist sie eine Akklamation, von den Menschen bei seinem Einzug in Jerusalem bzw. bei seiner Parusie gesprochen. Als der Kommende ist er der erwartete Retter und Richter. Bedrohlich klingt auch das auf ihn angewendete Psalmwort vom Stein, den die Bauleute verworfen haben und der zum Eckstein wurde (21,42). Am Beginn des Evangeliums heißt Jesus Sohn Abrahams (1,1). Damit ist er zwar als Jude gekennzeichnet, doch ist in diesen im Evangelium seltenen christologischen Namen die Abrahams-Verheißung impliziert, nach dem der Patriarch zum Segen für

---

[2] Vgl. die Besprechung der einschlägigen Stellen bei FRANKEMÖLLE, Jahwebund 7–72.
[3] Vgl. Bd. I 151–153 dieses Kommentars.

alle Völker werden sollte. Es ist auffällig, daß Abraham hinsichtlich seines Verhältnisses zu seinem Volk immer in kritischer Distanz gesehen wird (3,9; 8,11; 22,39).

Damit sind wir bei den expliziten christologischen Titeln. Seltener ist von Jesus als einem Propheten die Rede. Einmal bezeichnet er sich selbst so, allerdings nur in einem Sprichwort (13,57). Öfter erfahren wir, daß das Volk ihn für einen Propheten hält (16,14; 21,46). Bei seinem Einzug in die Stadt raunen sich die Leute zu, daß dies der Prophet Jesus aus Nazaret in Galiläa sei (21,11). Offenkundig reicht diese Einsicht nicht aus, mag sie auch die Volksscharen gegenüber den Gegnern Jesu gelegentlich in einem besseren Licht erscheinen lassen. Explizit wird Jesus nur einmal Knecht (Gottes) genannt, auch dies in einem atl Zitat (12,18 = Is 42,1). Doch mißt E dieser Benennung offenkundig größere Bedeutung bei, hat er sie doch mit einem ausführlichen Reflexionszitat verbunden, mit dem eine Art Porträt Jesu geboten wird. Erstaunlich ist, daß Mt das Vorbild des deuterojesajanischen Gottesknechts an dieser Stelle nicht im Leiden, sondern im menschenfreundlichen, fast unbemerkten Wunderwirken Jesu erfüllt sieht. Allerdings kommt im Zitat auch seine Hinwendung zu den Völkern zum Ausdruck: „Und Völker werden auf seinen Namen hoffen" (12,21).

Einen vielleicht überraschenden Eindruck gewinnt man bei der Durchsicht des Christus-Titels im Evangelium. Gewiß ist er von Bedeutung, aber er wird auf einen tieferen Sinn hin erschlossen. Von seinen 16 Belegstellen treffen wir 5 in Mt 1f und 4 in der Passionsgeschichte an. Vergleicht man gerade diese Stellen, so zeigen sie eine Entwicklung an. Die Genealogie ist die des Christus, des Messias, der von Abraham und dem König David abstammt und engstens mit der Geschichte seines Volkes verwoben ist (1,1.16–18). Weil Jesus der Christus ist, muß er in Bethlehem geboren sein (2,4). In der Passion wird der Christus seinem Volk konfrontiert. Dieses wird zur Entscheidung gerufen. Die Pilatusfrage: Was soll ich mit dem tun, der Christus genannt wird? wird mit dem Kreuzigungsruf beantwortet (27,22; vgl. V 17). Dazwischen liegt die Explikation des Christustitels. Jesus vollbringt die Werke des Christus (11,2) und ist in seinem Helfen und Retten dem Volk zugewandt. Im Streitgespräch mit den Pharisäern geht es um die Frage: Was haltet ihr von Christus (22,42)? Ihn nur als Davidssohn zu betrachten wäre zu wenig. Die Frage, die am Ende offen bleibt, kann im Sinn des Mt nur beantwortet werden mit: Er ist Gottes Sohn. Darum lautet das maßgebliche und verbindliche Bekenntnis, das Simon Petrus ablegt: Du bist der Christus, der Sohn des lebendigen Gottes (16,16). Dieses Bekenntnis wird von Jesus in dieser Situation nicht bloß auf feierliche Weise bestätigt, sondern später, im Prozeß vor dem Synhedrion als Anfrage des Hohenpriesters Kajafas, von ihm bejaht (26,63f). Als Gottessohn hat sich dieser Messias geoffenbart. Dieser Christus ist der alleinige Lehrer der Seinen (23,10), seiner Kirche (16,18).

Als der Christus ist Jesus auch der Davidssohn. Dieser messianologische Titel tritt gegenüber dem Christus-Prädikat in einem eingeschränkten Sinn im Evangelium auf. Als Davidssohn bleibt Jesus seinem Volk zugewandt. Genealogie und gesetzliche Abkunft von Josef, der auch Sohn Davids genannt wird (1,20), bestätigen die davidische Abstammung. Von dem schon erwähnten Streitgespräch über die Davidssohnfrage abgesehen, findet sich diese Prädikation ausschließlich in Akklamationen, Hilferufen von Kranken (9,27; 15,22; 20,30f) oder in der Begrüßung beim Einzug in Jerusalem (21,9.15). Bezeichnend ist, daß auch hier die im Tempelbezirk erfolgende Akklamation sich an Heilungen anschließt. Auch die heidnische Frau im Gebiet von Tyros und Sidon wendet sich mit dem Ruf „Erbarm dich meiner, Herr, Sohn Davids" an Jesus (15,22), doch ist der Titel hier mit der Kyrie-Anrede verknüpft. Hellenistisches und judenchristliches Bekenntnis sind verknüpft, was freilich auch in 20,30f der Fall ist. Dies deutet darauf hin, daß der Davidssohn Jesus der Helfer ist, auch über die Grenzen Israels hinaus. Die Ausnahme des einer Heidin gewährten Wunders wird aber eigens angemerkt (15,24). Im Zusammenhang mit der Lehre kommt der Davidssohn-Titel nicht vor.

Die Bezeichnung Jesu als König steht im unmittelbaren messianologischen Kontext. Jesus ist der König der Juden, König von Israel. Der Umgang mit diesem Titel ist ein dialektischer. Es sind Heiden, die Jesus, dem neugeborenen König der Juden, die gebührende Huldigung leisten (2,2.11). Die jüdischen Hierarchen unter dem Kreuz wissen ihn richtig zu benennen. Im Gegensatz zu Pilatus, der von den Juden redet, bezeichnen sie ihn als König von Israel (27,42). Aber es ist kein Bekenntnis, sondern herausfordernder Spott, mit dem sie ihn zu einem Schauwunder provozieren wollen. Die Kreuzesinschrift macht auf ihre Weise den königlichen Anspruch geltend (27,37). Mt hat im Passionsbericht – im Anschluß an Mk – Anspielungen auf die königliche Würde Jesu beibehalten, der König in seiner Niedrigkeit ist. Die Parodie auf eine Königsinvestitur in der Verhöhnungsszene vermag nur der Glaubende zu durchschauen (27,27–31). Die Menschenfreundlichkeit seines Königtums erscheint bei seinem Einzug in die Stadt, bei dem sich das prophetische Wort: „Siehe, dein König kommt" erfüllt (21,5). Es verdient Beachtung, daß auch Gott König genannt werden kann, in der Bildersprache der Gleichnisse (18,23; 22,2–13). Jesus kann dann der Sohn des Königs heißen (22,2). Jerusalem ist die Stadt des großen Königs (5,35). Die nebeneinander bestehende Anwendung des Königstitels auf Gott und Jesus erhält von der Sohnesbezeichnung her ein besonderes Licht. Wieder tritt der Sohn hervor. Das erwähnte Nebeneinander besitzt eine Entsprechung darin, daß nur Mt neben der Basileia der Himmel bzw. Gottes auch die Basileia des Menschensohnes kennt. Darauf ist zurückzukommen. Beim Gericht über alle Völker wird Jesus, der König, in seinem vollen Glanz hervortreten (25,34.40). Die königliche Vollmacht Jesu greift letztlich über Israel hinaus und erweist sich als eine universale.

Kyrios, Herr treffen wir mit einer einzigen Ausnahme (21,3 = Mk 11,3) im Sinn einer christologischen Prädikation nur in Akklamationen und Anreden an. Dies dürfte andeuten, daß der Kyrios-Titel für Mt nicht zentral ist. Die Kombination „Herr, Sohn Davids" wurde schon erwähnt. Freilich gibt Mt auf andere Weise zu verstehen, daß er dem Titel Kyrios doch Bedeutung beimißt. Während seines irdischen Wirkens sind es immer die Jünger oder solche Menschen, die sich Hilfe erflehend an ihn wenden, die Jesus mit Kyrie ansprechen (8,2.6.8.21; 9,28 usw.). In manchen Fällen ist die Anrede wie zu einem Gebetsruf gesteigert: „Herr, rette (mich)" (8,25: die Jünger im Seesturm; 14,30: Petrus in den Wellen), oder „Herr, erbarme dich meines Sohnes" (17,15). Wer Herr sagt, steht in einem positiven Verhältnis zu Jesus, erkennt vertrauend seine Vollmacht an. Wer Jesus ablehnt, sagt „Lehrer" (8,19: die Schriftgelehrten; 12,38: die Zeichenforderer; 22,16.24.36: die versucherische Fragen stellen)[4] oder „Rabbi" (Judas: 26,25.49) zu ihm. Besonders aufschlußreich ist der Übergang von der Kyrie-Anrede der elf Jünger zur Rabbi-Anrede des Judas in der Szene von der Bezeichnung des Verräters (26,22.25). Rabbi zu sagen ist überhaupt bei Mt dem Judas vorbehalten[5]. Allerdings hat E gegenüber der Kyrie-Akklamation Reserven angemeldet. Sie nutzt nichts bei denen, die sich nicht um die Weisung Jesu kümmern und kein christliches Leben führen (7,21). Der Gerichtstag wird es erweisen. Der Flehruf der Gerichteten „Herr, Herr" wird abgelehnt werden (7,22; 25,11). Die Doppelung der Anrede intensiviert das Flehen. Weil sie „Herr" sagen, darf man an schlechte Christen denken.

Das Menschensohn-Prädikat gewinnt bei Mt einen besonderen Rang[6]. So ist etwa in 16,13, wo Mt an die Stelle der Formulierung in Mk 8,27: „Für wen halten mich die Menschen?" Jesus die Frage stellen läßt: „Für wen halten die Menschen den Menschensohn?", Menschensohn keinesfalls bloßer Ersatz für Ich. Vielmehr kommt das Prädikat zur vollen Geltung, weil der Menschensohn nur aufgrund besonderer göttlicher Eingebung erkannt werden kann (vgl. V 17; 11,27; Henaeth 62,7). Bereits der irdische Jesus ist konsequent als der Menschensohn gesehen, also als jener, der einmal die Welt richten wird. Zwar ist er hier der Menschensohn in Niedrigkeit. In Übereinstimmung mit Mk behält Mt den Titel in den Leidensankündigungen bei (17,22; 20,18.28; 26,2.24.45). Nur in 16,21 ist er durch das Personalpronomen ersetzt. Die Aussagen vom irdischen Menschensohn – 8,20 im Kontext der Nachfolge; 9,6 seine Vollmacht der Sündenvergebung; 11,19 im Kontext der Ablehnung durch die Menschen; 12,32 die vergebbare Sünde wider den Menschensohn – erhalten nur dann ihr volles Gewicht, wenn man sie titular versteht. Vor allem wird der Menschensohn Jesus, der drei Tage und drei Nächte im Schoß der Erde weilt und dann auferweckt wird, zum Zeichen gegen Israel (12,40). In der Ausgestaltung der Grabesüberlieferungen hat E diese Linie stringent verfolgt. Wenn in 10,32f der Menschensohntitel getilgt wurde, spricht das nicht für ein Desinteresse, sondern zeigt die nachdrückliche Identität des irdischen Jesus mit dem kommenden Menschensohn an.

---

[4] In 26,18 ist ὁ διδάσκαλος titular gebraucht (= Mk 14,14).
[5] Die Rabbi-Anreden der Jünger hat Mt nicht übernommen. Vgl. Mk 9,5; 11,21.
[6] Anders SAND 352f.

Denn dem kommenden Gericht des Menschensohnes ist große Aufmerksamkeit gewidmet. Hier sind nicht bloß die einschlägigen Mk-Texte aufgenommen worden (16,27; 24,30), sondern auch zusätzliche entstanden: die Deutung des Gleichnisses vom Unkraut mit der Vorstellung vom Reich des Menschensohnes (13,36–43), das Logion vom Zeichen des Menschensohnes (24,30a), vor allem die große Gerichtsschilderung 25,31–46, nach der der Menschensohn auf dem Thron seiner Herrlichkeit Platz nimmt und alle Völker vor ihm versammelt werden. Es ist zu erwähnen, daß Mt in Verbindung mit diesen Menschensohn-Texten andere apokalyptische Bilder und Vorstellungen einbringt (vgl. auch 13,49 f). Nur er spricht von der Parusie des Menschensohnes (24,37.39). Das Menschensohn-Prädikat gewinnt seine Besonderheit im Mt-Evangelium darin, daß mit seiner Hilfe Jesu universale, völkerumspannende Bedeutung dargestellt wird[7]. Angemerkt sei, daß sich in 16,27 Menschensohn und Gottessohn mischen, wenn – freilich in Übereinstimmung mit Mk 8,38 – vom Kommen des Menschensohnes in der Herrlichkeit seines Vaters die Rede ist.

Was im Streitgespräch über den Messias (22,41–46) das Anliegen ist, zu erweisen, daß der Davids- der Gottessohn ist, wird bereits in Mt 1 dem Leser nahegebracht: Jesu Ursprung aus dem Geschlecht Davids (Genealogie) und dem Geist Gottes (Jungfrauengeburt). Mt lenkt von Beginn sein Interesse auf dieses Prädikat, das für ihn der Kernpunkt des christlichen Bekenntnisses ausmacht[8]. Das dreifache Bekenntnis, nämlich des Simon Petrus (16,16), Jesu selber (26,63f) und des Hauptmanns (27,54), kulminiert im Gottessohn. Die Explikation des Sohnseins kündigt sich darin an, daß es vorwiegend Epiphanieszenen sind, in denen Jesus als Gottessohn erscheint oder proklamiert wird: die Taufe (3,17), der Seewandel (14,33), die Verklärung (17,5). Petrus wird um dieser Erkenntnis willen seliggepriesen (16,17). Auch die Kreuzigung wird man als Offenbarung nehmen müssen. Ist Jesu einzigartige Nähe zu Gott die eine Seite des Sohnes, so seine völlige Übereinstimmung mit dem Vater die andere. Sie bekundet sich in besonderer Weise im Kreuz (vgl. 26,39.42), kündigt sich aber schon in der Versuchungsgeschichte an (4,3.6), wie sie im Gleichnis von den bösen Weingärtnern mit der Sendung und Tötung des Sohnes ins Bild gesetzt ist (21,37). Darum muß man auf ihn hören (17,5c). Darum kann letztlich nur er allein den Vater den Menschen offenbaren (11,27). Zwischen dem Gottessohntitel und der absoluten Sohnesaussage hat Mt keinen Unterschied gesehen. Das Nichtwissen des Sohnes bezüglich des Tages und der Stunde (24,36) kann auch als Ausdruck seiner Unterwerfung unter den Vater gewertet werden, der die Rettung der Menschen initiiert, wie er den Sohn sendet. Der Glanz des Sohnseins deutet sich im königlichen Hoch-

---

[7] Vgl. GEIST, Menschensohn 414–423, der die mt Menschensohn-Christologie in die Auseinandersetzung mit der Synagoge konkret einbauen möchte. Die Katastrophe des Jahres 70 habe in jüdischen Kreisen die Erwartung des Menschensohnes erheblich herabgemindert. Mt bringe sie demgegenüber zur Geltung. Ohne diesen Hintergrund geht es besser.
[8] Vgl. KINGSBURY, Matthew 40–83.

zeitsmahl an, von dem das Gleichnis erzählt (22,2). Zuvor aber wird der Sohn von Israel verworfen. In die Spottworte der Hierarchen unter dem Kreuz hat Mt das Gottessohn-Prädikat verstärkt eingebracht (27,40.43) und so zu verstehen gegeben, daß Israel den Kernpunkt des christlichen Bekenntnisses ablehnt. Der Sohn aber will Söhne (und Töchter) um sich versammeln. Wie sein Schicksal ihn mit Israel, dem „Sohn Gottes" identifizierte (2,15), so erschließt er mit seinem Wort das Wesen Gottes, das in der Liebe besteht. In der Nachahmung dieses Wesens, die in der Feindesliebe ihren Höhepunkt erfährt, sollen die Menschen Söhne des himmlischen Vaters werden und vollkommen werden wie er, aber ebenso Brüder und Schwestern Jesu des Sohnes (12,50).

Aufschlußreich für die mt Christologie und unterschiedlich zur Christologie des Mk ist, daß in unserem Evangelium die mk Theorie des Messiasbzw. Gottessohn-Geheimnisses aufgelöst wurde[9]. Bezeichnenderweise spricht Mt 13,11 nicht mehr wie Mk 4,11 vom Geheimnis des Reiches Gottes, sondern – pluralisch – von den Geheimnissen der Himmelsherrschaft. Zwar hat Mt formal noch vier Schweigegebote aufzuweisen (9,30; 12,16; 16,20; 17,9), aber sie haben einen veränderten Sinn gewonnen. Der Akzent liegt auf der von Gott geschenkten Erkenntnis: „Euch wurde es gegeben, die Geheimnisse der Himmelsherrschaft zu verstehen" (13,11), wie der Sohn Offenbarung gewährt, wem er will (11,27), und dem Petrus die Offenbarung des himmlischen Vaters zuteil wurde (16,17). Beachtung verdient in diesem Zusammenhang ferner, daß der Abschluß des Evangeliums völlig anders gestaltet wurde als bei Mk. Haben wir in Mk 16,8 einen offenen Schluß, der vom jetzt gewonnenen österlichen Standpunkt aus zur Relecture des Evangeliums aufruft, in der sich die Schleier lichten, ist am Ende unseres Evangeliums mit dem Überschritt zur Völkerwelt der Schlußpunkt gesetzt. Zwar schreibt auch Mt das Evangelium, die Geschichte Jesu Christi als Geschichte des Gottesvolkes (vgl. Punkt 4) vom Standpunkt von Ostern. Aber die Hülle liegt nicht auf dem Werk und Wort des Messias, sondern auf den Augen und Ohren jener, die nicht verstehen (13,13).

Zentrales Thema der Verkündigung Jesu ist auch nach Mt die *Basileia*, die Herrschaft der Himmel, das Reich Gottes[10]. Allerdings tritt sie bei Mt noch stärker in den Vordergrund als bei Mk, wie schon ihr häufiges Vorkommen erweist (fast dreimal so viel Belegstellen). Charakteristisch für Mt ist die Rede von der Himmelsherrschaft (βασιλεία τῶν οὐρανῶν), die er als einen im Judenchristentum vorgeprägten Begriff angetroffen haben dürfte. Der Sprachwechsel ist für Mt kaum in der Scheu vor dem Aussprechen des Gottesnamens begründet (Himmel = Umschreibung für Gott), weil er auch den herkömmlichen Begriff Reich, Herrschaft Gottes (βασιλεία τοῦ θεοῦ) viermal gebraucht (12,28; 19,24; 21,31.43). Er muß im Inhaltlichen gesucht werden. Daneben kennt er die

---

[9] Vgl. GNILKA, Markus I 167–172.
[10] Vgl. KRETZER, Herrschaft; KINGSBURY, Matthew 128–160.

Wendung „Reich des Vaters" (13,43; 26,29, mit verschiedenen Personalpronomen) wie den absoluten Gebrauch des Wortes (4,23; 6,10.33; 9,35 u.ö.).

Die Himmelsherrschaft ist das endgültige, vom Himmel her auf den Menschen zukommende, das heißt, als reines Geschenk entgegenzunehmende, weder erzwingbare noch machbare Heil. Die Umschreibung mit Himmel vermag das Umfassende, Universale dieses Heiles besser zu veranschaulichen. Dennoch ist ein sachlicher Unterschied zwischen Himmelsherrschaft und Gottesherrschaft nicht auszumachen. Dies verdeutlicht etwa der übereinstimmende Gebrauch beider Begriffe in den sogenannten Einlaßsprüchen (5,20; 19,23f; 21,31). Die Nähe der Himmelsherrschaft auszurufen ist das Programm des ersten Teils des Evangeliums (4,17). Nach Mt sind nicht nur die Jünger beauftragt, bei ihrer Aussendung dasselbe zu tun (10,7), sondern auch Johannes der Täufer ist in diese Aufgabe miteingebunden (3,2), gehört er doch in die durch die Basileia bestimmte Epoche (11,12). Die Himmelsherrschaft ist ewiges Leben (19,29; 25,46). Jesu Predigt ist das Evangelium vom Reich (4,23; 9,35; 24,14) oder das Wort vom Reich (13,19). Als das große göttliche Geschenk wird sie den Armen im Geist zugesagt und jenen, die in ihrer Lebenshaltung ihren Bedingungen entsprechen, wie sie in den Seligpreisungen verdeutlicht werden (5,3-11). Gefordert sind die Umkehr und große sittliche Anstrengung (Einlaßsprüche: 5,20; 7,21; 18,3; 19,23; 21,31). Man soll zuerst nach der Basileia und der Gerechtigkeit trachten (6,33), darf aber auch um ihr Kommen beten (6,10). Auch die Kinder dürfen auf die Basileia hoffen (19,14). Und es gibt Menschen, die ehelos bleiben um der Basileia willen (19,12). Zahlreiche Gleichnisse verdeutlichen Geschenk und Ansporn der Himmelsherrschaft wie die vom Senfkorn und Sauerteig (13,31-33), vom Schatz im Acker und Perlenkaufmann (13,44f). Das Gleichnis vom unbarmherzigen Knecht ruft zur Vergebungsbereitschaft auf (18,23-35), die Gleichnisse in Mt 24,42 - 25,30 zu Wachsamkeit und Treue. Die Israeliten können als die Erstgerufenen Söhne des Reiches heißen (8,12), doch gewinnt dieser Ausdruck in einem universalen Horizont andere Bedeutung (13,38). Hier bezeichnet er alle jene Menschen in der Welt, die bereit sind, auf die Botschaft einzugehen. Daß der einzelne auf die göttliche Unterstützung angewiesen ist, ergibt sich auch daraus, daß es ihm gegeben werden muß, die Geheimnisse der Himmelsherrschaft zu erkennen (13,11). Die Himmelsherrschaft wird mit einem Festmahl verglichen (22,1ff), bei dem man zu Tische liegt (8,11) und Wein zu trinken erhält. Jesus selbst wird an diesem Tisch Platz nehmen (26,29). In der Himmelsherrschaft gibt es Kleine und Große (5,19; 11,11; 18,1.4), die Gerechten werden dort strahlen wie die Sonne (13,43). Schon jetzt kann man ein Jünger/Schüler der Himmelsherrschaft werden (13,52). Die endgültige Himmelsherrschaft hat einen Vorlauf in der Zeit. Mit Jesu Wirken werden die heilenden und rettenden Kräfte der Basileia erfahrbar (12,28). Die Gleichnisse vom Unkraut und Fischnetz (13,24ff.47ff) erläutern diese Vorgeschichte, die dem Gericht vorausgeht, das die endgültige Himmelsherrschaft eröffnet. Das Gleichnis von den Arbeitern im Weinberg veranschaulicht ihren Gnadencharakter (20, 1 ff).

Neben diesem vertrauten Konzept von der Basileia entwickelt Mt eine neue Sicht. Man könnte sie die heilsgeschichtliche nennen. Hier wird die Himmelsherrschaft zu einem Heilsfaktor, der schon vor Jesus in der Welt war. Er begann mit der Erwählung Israels wirksam zu werden und war dem Gottesvolk anvertraut. Letztlich ist er mit der Erwählung gleichbedeutend, gewinnt aber im Verbund mit der endzeitlich-eschatologischen Basileia den Sinn, daß das Gottesvolk zu dieser endgültigen Basileia berufen ist. Mit Hilfe dieser weiterführenden Konzeption vermag Mt die ekklesiologische Komponente der Basileia zu verdeutlichen. Basileia und Gottesvolk werden zwar auch bei Mt durchaus nicht identifiziert, rücken aber näher zusammen. Wieder sind es Gleichnisse, in denen das Konzept zum Tragen kommt. Die Gleichnisse, die allegorisierend überarbeitet wurden, werden zu zusammengerafften Darstellungen der Heilsgeschichte: vom königlichen Hochzeitsmahl 22, 1 ff, von den bösen Weingärtnern 21, 33 ff. Das erste hat Mt eigens als Basileiagleichnis gekennzeichnet. Das zweite rückt in diese Perspektive ein durch das abschließende Logion in 21, 43: „Die Herrschaft Gottes wird euch genommen und einem Volk gegeben werden, das seine Früchte bringt." Damit ist der Übergang vom alten zum neuen Gottesvolk angezeigt, von Israel zur Kirche. Die Basileia wird gleichsam wie ein Pfand übertragen. Man kann ihrer also auch verlustig gehen. Die Bedingung heißt: die erwarteten Früchte bringen. In einer anderen Richtung kommt die ekklesiale Komponente der Basileia bei Mt dadurch zur Geltung, daß es im Gottesvolk jeweils solche gibt, die als mit Lehre und Weisung Beauftragte Autorität haben im Hinblick auf die Himmelsherrschaft, im Bild gesprochen: sie tragen ihre Schlüssel (16, 19; 23, 13). Hier ist wieder die endzeitlich-eschatologische Basileia angesprochen.

Nimmt man beide Konzepte, das heilsgeschichtliche und das endzeitlich-eschatologische, zusammen, so ergibt sich ein Programm des Wirkens Gottes mit der Welt. Die Himmelsherrschaft, die das gültige Leben bringt, will sich durchsetzen bei den Menschen und Völkern, zunächst in Israel, dann im neuen Gottesvolk in der Welt. Jesus brachte dieser Basileia eine neue Qualität. Sie ist jetzt die endgültige Form des Heiles, das schon anfanghaft und wesentlich da ist, aber in seiner vollen Offenbarung noch aussteht. Ihre letzte Verwurzelung hat die Basileia in der Ewigkeit Gottes, denn sie wurde vom Vater zubereitet seit Schöpfung der Welt (25, 34).

Die Basileia gewinnt bei Mt noch eine weitere Dimension. Nur er spricht von der Basileia des Menschensohnes, an drei Stellen (13, 41; 16, 28; 20, 21). Der Begriff ist in LXX Dn 7, 14 vorgeprägt, also in der Apokalyptik beheimatet. Die Verbindung mit dem Menschensohn-Prädikat ist nicht zufällig. Hatten wir als dessen Besonderheit im Mt-Evangelium die universale Geltung Jesu herausgestellt, so gilt Analoges für die Basileia des Menschensohnes. Sein Reich ist die Welt (13, 38) und darf nicht auf die Kirche eingegrenzt werden. Die Scheidung von Gerechten und Gesetzlosen ist das Gericht über die Welt (13, 40–43). Seine Herrschaft ist jetzt vielfach noch eine nicht anerkannte. Er übt sie als der Auferweckte und Erhöhte aus. Erst bei seiner Parusie (16, 28) wird sie sich voll durchsetzen (vgl. 20, 21). Daß die Basileia des Menschensohnes mit dem endgültigen Erscheinen der Himmelsherrschaft beendet wird, ist nicht auszumachen. 20, 21 läßt eine in die endzeitliche Zukunft reichende Dimension erkennen, aber auch eine gewisse Unterordnung unter den Vater, der das Sitzen zur Rechten und Linken des Menschensohnes in dessen Herrschaft vorherbestimmt hat. Man kann fragen, warum dieser neue Begriff eingeführt wurde. Sicher hängt er mit einer Weiterentwicklung der Christologie zusammen, die Jesus noch näher zu Gott, seiner Herrschaft und Macht, rückt[11]. Auch ist Jesus, der Irdische wie der Erhöhte, der Künder und Garant der Himmelsherrschaft. Von hier aus legte sich eine Partizipation an dieser nahe.

Das Mt-Evangelium handelt von Christus, aber es handelt in gleicher Weise vom *Volk Gottes*. Wenn wir vom Volk Gottes reden, betrifft das Israel und die Kirche zusammen. Die Kirche besteht in Kontinuität zu Israel. Die Geschichte Gottes mit seinem Volk reißt mit der Ablehnung des Messias Jesus durch Israel nicht ab, sondern erfährt eine Fortsetzung in der Kirche. Für Mt sind die dem Volk Gottes gegebenen Verheißungen ein besonderes Problem. Ist Gott untreu gegen sein Volk, wenn Israel sich verweigerte? Die Kirche als das wahre Israel (W. Trilling) ist eine Formulierung, die den theologischen Anliegen des Mt sehr entgegenkommt, mag er auch diesen Begriff ausdrücklich nicht verwenden. Zu den Verheißungen Gottes gehört auch die Berufung der Völker. Wenn die Israeliten, die zu den Juden geworden sind, gegenwärtig nicht mehr zum Volk Gottes gehören, hebt das die Treue Gottes nicht auf. Es zeigt aber die Diskontinuität in der wesentlichen Kontinuität und die Möglichkeiten, über die Gott verfügt. Dieses theologische Modell läßt prinzipiell eine endgültige Verwerfung der „Juden" nicht zu. Allerdings kündigt Mt – wie Paulus in Röm 11, 26 – eine Endbekehrung „Israels" nicht an. Die Kirche als das wahre Israel steht allen Menschen unterschiedslos offen. Sie ist aber auch eine kritische Instanz.

Diese Linien sind jetzt im einzelnen etwas aufzuzeigen. Wir haben im Mt-Evangelium beides nebeneinander (oder sollte man sagen: ineinander?): die Erwählung und die Verstocktheit Israels und die Konstituierung der Kirche mit der gleichzeitigen kritischen Infragestellung ihrer Glieder. Beginnen wir mit Israel! Mt verwendet für das Volk im theologischen Sinn den Begriff λαός. Die Genealogie, in deren Mitte die babylonische Gefangenschaft steht, deutet die Erlösungsbedürftigkeit des Volkes an. Der Jesusname beinhaltet die Aufgabe des Kindes, daß es sein Volk von seinen Sünden retten wird (1, 21). Mit ihm ist der Fürst gekommen, der „mein Volk Israel" weiden soll (2, 6). Das Volk, das im Finstern sitzt, schaut in ihm das Licht (4, 16). Die Hörerschaft der Rede vom Berg ist das Volk Got-

---

[11] Vgl. Eph 5, 5: im Reiche Christi und Gottes.

tes (vgl. zu 4,25). Jesus weist die Jünger an, nur zu den verlorenen Schafen des Hauses Israel zu gehen (10,5f), wie er sich selbst daran hält (15,24). Er heilt jede Krankheit und Entkräftung im Volk (4,23), was in dieser Weise im Land Israel noch nicht geschehen ist (9,33). Die großen Wunder, die der Prophet vorausgesagt hatte (vgl. 11,5), veranlassen zum Preis des Gottes Israels (15,31). Die ersten Adressaten, zu denen der König und Weinbergbesitzer im Gleichnis seine Knechte sendet, sind die Israeliten (21,33ff; 22,1ff). Daneben haben wir die negative Linie. Auf das große Entgegenkommen Gottes antwortet das Volk mit Zurückweisung und Verhärtung. Es mag hier zwar eine gewisse Steigerung geben, doch wird es ziemlich bald klar, wie die Geschichte ausgehen wird. Das Eintreffen der Magier, die den neugeborenen König der Juden begrüßen wollen, löst in Jerusalem Schrecken aus (2,3). Johannes der Täufer kritisiert ein leichtfertiges Vertrauen, das darauf setzt, Abraham zum Vater zu haben (3,9). Der Glaube des Hauptmannes findet seinesgleichen nicht in Israel, die Söhne des Reiches drohen des Heiles verlustig zu gehen (8,10–12). Das Gericht, das die zwölf Apostel über die zwölf Stämme Israels ausüben sollen, markiert eine Wende (19,28). Der Tempelprotest Jesu (21,12–14) klagt die Wertlosigkeit des im Tempel vollzogenen Gottesdienstes an (vgl. 15,8f). Die Weherede gegen die Schriftgelehrten und Pharisäer kulminiert in der Ankündigung der Preisgabe des Tempels und der Stadt (23,38). Vor Pilatus nimmt das ganze Volk das Blut Jesu auf sich und seine Kinder (27,25). Der König von Israel wird von den Hierarchen gelästert. Der negative Einfluß der Führer auf das Volk ist angedeutet in der wiederholten Bezeichnung „die Hohenpriester und Schriftgelehrten des Volkes" (2,4), „die Hohenpriester und Ältesten des Volkes" (21,23; 26,3.47; 27,1). Diese Verquickung kommt auch in 27,62–64 zur Sprache. Hier suchen die Hohenpriester und Pharisäer zu verhindern, daß die Osterbotschaft der Jünger beim Volk Glauben findet. Es ist dann nicht von ungefähr, daß in 28,15 das Wort „die Juden" aufscheint, nur hier im Evangelium, vom „König der Juden" abgesehen. Der Ausblick für das Volk ist düster. Eine Endbekehrung Israels als Volk, seine Wiedergeburt, hat Mt nicht gesehen oder angedeutet [12]. Das Bemühen um Israel bringt der Jüngerschaft bis zur Parusie des Menschensohnes Verfolgung ein (10,23). Das Problem Israel ist aufgehoben in der Neuinterpretation des Gottesvolkes, das auf die Kirche hin ausgelegt wird.

Die Sammlung der Heiden sahen wir zum erstenmal schon angesprochen in 1,1, wo mit der Erwähnung Abrahams an den Völkersegen erinnert wird. In der Genealogie Jesu tauchen die Namen von heidnischen Frauen auf. Die heidnischen Magier bringen mit ihrer Freude über die Geburt des Königs der Juden Jerusalem in Verlegenheit. Der Glaube des Hauptmanns von Kafarnaum veranlaßt Jesus zur prophetischen Ankündigung, daß viele vom Aufgang und Niedergang kommen werden, um am

---

[12] 23,39; 10,23; 19,28 wurden für diesen Gedanken in Anspruch genommen. Vgl. SAND 92–95. Dies kann nicht überzeugen.

Tisch im Reich Gottes Platz zu nehmen (8,11). Auf den Namen Jesu, des Gottesknechtes, hoffen die Völker (12,21). Die Zuwendung zu den Völkern ist eine Folge der Ablehnung Israels. So zeichnen es die Gleichnisse von den bösen Winzern und vom königlichen Hochzeitsmahl (21,43ff; 22,1ff). In 21,43 gebraucht Mt den Begriff ἔθνος als Bezeichnung für das Gottesvolk aus den Völkern. Es ist mit der Kirche des Messias und Gottessohnes Jesus identisch, die auf dem Felsen (Petrus) aufgebaut werden soll und die den verderblichen Mächten des Hades widerstehen wird (16,18)[13]. Alle Völker treten in den Blick im Auftrag der weltweiten Verkündigung (24,14; 28,19), die ausgerichtet ist auf das universale Gericht des Menschensohnes, der alle Völker vor seinem Thron versammeln will (25,32).

Die Zuwendung zu den Völkern ist nicht ohne Probleme. Wir verstanden die Gerichtspredigt Johannes des Täufers (3,7-10) auch im Blick auf die Kirche. Die weltweite Verkündigung stößt auf Böse und Gute, Söhne des Reiches und Söhne des Bösen (13,38). Böse und Gute treten in die Kirche ein (22,10). Die Geschichte vom Mann ohne hochzeitliches Gewand wird zur Warnung erzählt (22,11-13). Das bedrohliche apokalyptische Wort 22,14 will aus Gleichgültigkeit und falscher Selbstsicherheit aufrütteln. Die Existenz der Kirche ist mit 21,43 unter eine bedrängende Voraussetzung gestellt. Frucht zu bringen wird von ihr erwartet. Dies besagt nichts anderes als die Worte Jesu hören und tun (7,24), wie es den Aposteln aufgetragen wurde, in ihrer Sendung zu allen Völkern alles zu lehren, was Jesus geboten hat (28,20). Kirche sein versteht sich nicht von selbst. Wohl ist sie in dem Bund verankert, den Jesus mit seinem Blut ermöglicht hat und in dem die Sünden der Vielen vergeben wurden (26,28). Aber sie bleibt auf sein Wort verpflichtet und ist seine Kirche in dem Maß, als sein Wort in ihrem Leben und im Leben ihrer Glieder Gestalt gewinnt. Die Vielen, für die Jesus sein Blut vergoß, stellen in derselben Weise alle Menschen dar wie das Auftragswort, zu allen Völkern zu gehen und sie zu Jüngern zu machen, verpflichtend bleibt. Dies muß für die Kirche beständiger Anlaß sein zur kritischen Selbstprüfung wie zur Prüfung ihres Verhältnisses zu den „Juden", die als Ausgangspunkt, Erstgerufene und Weinberg des Herrn vom Ruf zum Gottesvolk nicht ausgeschlossen sind.

Kirche/Gemeinde ist im Evangelium nicht zuletzt anwesend durch die Jüngerschaft. Die Jünger verweisen über ihre historische Individualität auch hinaus auf die Kirche. Ihr Verhalten, Glauben, Versagen ist transparent. Der Leser soll sich in ihnen wiedererkennen. Es ist kein Zufall, daß Mt das Verb μαθητεύω (zum Jünger machen) aufgegriffen und gerade in die Anweisung 28,19 eingefügt hat. Damit ist Transparenz zu verstehen gegeben[14]. Als Brüderpaare werden sie nach 4,18-22 berufen. Wir sahen darin die brüderliche Gemeinschaft der Gemeinde vorgeprägt. Sie sind immer Hörer des Wortes Jesu. Alle Redekompositionen haben sie – zum

---

[13] Zur Rolle des Simon Petrus im Mt-Evangelium vgl. oben S. 67–69.
[14] Vgl. Luz: ZNW 62 (1971) 158.

Teil mit den Volksscharen – zum Adressaten. Der Kirche ist die Verwirklichung seiner Weisung aufgetragen. Die Jünger sind mit Jesus, wie der Auferweckte und Erhöhte mit den Seinen sein will bis zur Vollendung des Äons (28,20). Die Verflechtung kommt auch darin zum Ausdruck, daß Mt zwischen der Zeit Jesu und der Zeit der Kirche keine strenge Zäsur macht im Sinn des lk Doppelwerks, wo auf das Evangelium die Apg folgt. Jesus bleibt bei den Seinen. Der Irdische wirkt fort als der Erhöhte. Damit hängt es zusammen, daß Mt weder einen Himmelfahrtsbericht oder eine Abschiedsszene bietet noch eine besondere Geisttheologie entfaltet. Die Zeit Jesu dehnt sich aus bis hinein in die Zeit der Kirche[15].

Bevorzugtes Mittel in der theologischen Argumentation und Gestaltung ist das *Alte Testament*. Hier sollen nur nochmals im Rückblick die Schwergewichte im Umgang mit der Schrift in Erinnerung gerufen werden. Zunächst übernimmt Mt alle atl Vorgaben und Reflexe, die er in seiner Mk-Vorlage schon vorfand. Sie betreffen ganz verschiedene Felder wie das Wirken Johannes des Täufers (3,3), die Kritik an Israel und seinen Führern (15,8; 21,13), Fragen der Halacha (19,18), die Ehe (19,4–7; 22,24), das größte Gebot (22,37f), die Christologie (21,42; 22,44; 26,31). Ähnliches dürfen wir für den Umgang des Mt mit der Logienquelle annehmen. Doch kommt in dieser die ausdrückliche Berufung auf das AT nur selten vor. Mt hat die Anregungen aufgenommen und ausgeweitet. Gut läßt sich das am Gebot der Gottes- und Nächstenliebe erkennen, das bereits im Mk-Evangelium als das wichtigste Gebot bezeichnet ist. Mt akzentuiert dies im Hinblick auf die Auslegung des Gesetzes, die er in der Bergpredigt bietet. Die Nächstenliebe wird für ihn zur Erfüllung des Gesetzes, zum Kriterium, nach dem das einzelne Gebot bemessen werden kann und muß. In diesem Rahmen bleibt das Gesetz in Geltung, kann es aber auch kritisiert werden, wird es durchleuchtet und radikalisiert, hin auf den Willen Gottes. Der Nächstenliebe stellt Mt die Goldene Regel zur Seite, die gleichfalls als die Summe von Gesetz und Propheten jene auslegen und anwenden hilft (7,12).

Der Ausbau der Reihe der sechs Antithesen (5,21–48) kann als der besondere Beitrag unseres Evangeliums zur Problematik der Gesetzesauslegung gelten, mit dem Jesu einschneidendste Forderungen (absolute Wahrhaftigkeit, Gewaltverzicht, Feindesliebe) zur Geltung gebracht werden. Mt berücksichtigt in diesem Zusammenhang auch jüdische Auslegungstraditionen (5,21.31f.43). Zu einem wichtigen weisenden Wort wird für Mt Hos 6,6, das er zweimal einsetzt, um die Menschenfreundlichkeit Jesu gegenüber einer versteinerten Frömmigkeit zu vermitteln (9,13; 12,7).

Immer wieder konnten wir beobachten, wie die Reflexion auf das AT, insbesondere die Propheten und die Psalmen, die Ausgestaltung der Perikopen mitprägte, etwa in bezug auf die Wunderüberlieferung (11,5), die Formung neuer Makarismen (5,3–10), die neue Interpretation des Jona-

---

[15] Vgl. KINGSBURY, Matthew 31–36.

zeichens (12,40), die Genealogie. In Mt 2 beobachteten wir das Fortwirken eines Mose-Midrasch, in 27,51 b–53 den Einfluß einer Auslegungstradition von Ez 37, die in der Synagoge von Dura Europos eine seltene Parallele hat. Jesaja wird als der Prophet der messianischen Heilszeit gesehen, Jeremia als Unheilsprophet. Von besonderem Interesse sind die sogenannten Reflexionszitate. Wir beschränken diesen Begriff auf jene Zitate, die durch eine ausführliche, stereotype Einführungsformel gekennzeichnet sind. Dabei macht Mt vor allem den Unterschied, daß er hinsichtlich des Erfüllungsgedankens eine finale Form (damit erfüllt werde) von einer konstatierenden (da erfüllte sich) abhebt. Die konstatierende Form begegnet in Verbindung mit dem Kindermord von Bethlehem (2,17) und dem Tod des Judas (27,9), unheilvollen Geschehnissen, vom Propheten Jeremia vorausgesagt, die von einer unmittelbaren göttlichen Intention ferngehalten werden sollen. Weil Jeremia der Unheilsprophet ist, erklärt sich auch die Zuweisung des Zitats in 27,9 an ihn, eines Mischzitats, das streng genommen auf Sacharja zurückgeführt werden müßte. Für manche Zitate war es vom Kontext her nicht möglich, sie als Reflexionszitate mit der üblichen Einleitungsformel einzuführen (2,6; 12,40), obwohl sie ganz in diesen Rahmen passen. Die meisten Reflexionszitate sind in Mt 1f versammelt (1,23; 2,15.18.23; vgl. 2,6). Es fällt auf, daß sie mehrheitlich dort anzutreffen sind, wo neuer Stoff geboten wird. Dazu gehört auch das Reflexionszitat in der Perikope vom Tod des Judas. Das ausführlichste dieser Art ist Is 42,1–4, das in 12,18–21 für eine Art Porträt Christi verwendet wird. In 21,2–7 hat sich Mt durch Zach 9,9 anregen lassen, Jesus auf einer Eselin *und* ihrem Füllen in die Stadt einreiten zu lassen. Wir sahen, daß er dies mit einer konkreten Vorstellung verbunden haben dürfte (das Füllen als Fußstütze) und darin dann wohl ein Zeichen sah, an dem Jerusalem seinen König erkennen sollte. Damit wird ein grundsätzliches Anliegen der Reflexionszitate erkennbar. Sie erschließen den christologischen Sinn der Schrift und bieten unübersehbare Anhaltspunkte, das Leben und Wirken Jesu deutend zu verstehen.

Eine *Gnadenlehre* hat Mt nicht entwickelt. Ohne Zweifel stellt er das Tun des Willens Gottes in den Vordergrund. Jesus gibt radikale Weisung. Das Gericht erfolgt nach dem Maß der gewährten oder verweigerten Barmherzigkeit (25,31–46). Ist E gesetzlichem Denken verhaftet? Ist die Bergpredigt Mosissimus Moses, wie Luther gesagt hat? Man darf die Lösung der Frage nicht so versuchen, daß man den Begriff Gerechtigkeit (δικαιοσύνη) auf wenig überzeugende Weise paulinisch umdeutet. In der Tat ist „Gerechtigkeit" ein wichtiges Wort der mt Sprache. Aber es bezeichnet nicht das Gnadengeschenk der göttlichen Gerechtigkeit, sondern das gerechte Tun des Menschen, wie es Jesu Weisung einfordert und sein Leben dargestellt hat: „Es ziemt sich, daß wir alle Gerechtigkeit erfüllen" (3,15). Immerhin bietet Mt einen Text wie das Gleichnis von den Arbeitern im Weinberg (20,1–15), das den Gnadenlohn zum Thema hat und die Umkehrung der Werte auf dem Feld menschlicher Leistung (Erste–Letzte) veranschaulicht. Aber solche Texte sind zugegebenermaßen nicht prägend. Man wird aber auf Folgendes aufmerksam machen dürfen: Einige der großen Redekompositionen sind mit einem Szenario eingeleitet, das man als Hinweis auf die Gnade betrachten kann, die allem menschlichen Tun voraufgeht. Die Rede vom Berg wird eingeleitet mit der Seligpreisung der Armen im Geist (5,3). Wir fanden in diesem Wort eine menschliche Haltung angesprochen, die sich vor Gott arm weiß, als Bettler versteht, alles von ihm erwartet, insbesondere die Himmelsherrschaft als höchstes Geschenk und Ausdruck seiner Gnade. In 18,1-3 wird eben diese Haltung mit Hilfe eines Kindes veranschaulicht, das Jesus in die Mitte der Jünger stellt. Wieder ist der Bezug zur Basileia zu beachten: „Wenn ihr euch nicht umwendet und werdet wie die Kinder, werdet ihr nicht in die Himmelsherrschaft hineinkommen." Das Gleichnis vom Säemann am Beginn der Gleichnisrede schildert nach mt Verständnis das Ergehen des Wortes vom Reich (13,19), das Frucht bringen will und Frucht überhaupt erst möglich macht. Für das Verständnis des Prae Gottes muß man bei der Basileia ansetzen. Sie ist niemals erzwingbar. Wenn Mt auch keine Gnadenlehre entwickelt hat, so bewahrt seine Basileia-Theologie vor Einseitigkeiten.

Abschließend ist nach dem *eschatologischen Standort* des Evangeliums zu fragen. Steht das Ende nahe bevor, oder ist es in weite Ferne gerückt? In der Tat lassen manche Texte, insbesondere manche Gleichnisse erkennen (24,48; 25,5), daß sich Mt mit dem Problem der Parusieverzögerung auseinandersetzt, daß es Gemeindemitglieder gibt, die wegen der sich dehnenden Zeit nachlässig zu werden drohen. Man wird sagen können: Für Mt ist die ausstehende Zeit überschaubar. Das Ende steht nicht unmittelbar bevor, ist aber in absehbarer Zeit zu erwarten. Darauf soll sich die Gemeinde einstellen. Für diese Sicht der Dinge spricht die eschatologische Rede (besonders Kap. 24), die die noch ausstehenden Ereignisse einsehen läßt. Dafür spricht gleichfalls der immer wiederkehrende Ausblick auf das Endgericht, besonders am Schluß von Redekompositionen[16]. Der einzelne aber soll sich als einen betrachten, für dessen Umkehr es keinen Aufschub gibt: „Wachet also, denn ihr wißt weder den Tag noch die Stunde" (25,13).

LITERATUR: K. TAGAWA, People and Community in the Gospel of Matthew: NTS 16 (1969/70) 149-162; U. LUZ, Die Jünger im Matthäusevangelium: ZNW 62 (1971) 141-171; E. SCHWEIZER, Matthäus und seine Gemeinde (SBS 71) (Stuttgart 1974); O. LAMAR-COPE, Matthew – A Scribe Trained for the Kingdom of Heaven (CBQ Monograph Series 5) (Washington 1976); D. O'CONNOR - J. JIMENEZ, The Images of Jesus (Minneapolis 1977); P. SCHUYLER BROWN, The Matthean Community and the Gentile Mission: NT 22 (1980) 193-221.

---

[16] Vgl. BEARE 43 f.

7. Beobachtungen am Text

Wer sich einen Einblick in die Überlieferung des Textes verschaffen will, kann dies leicht ermöglichen durch eine Einsichtnahme in die vom Institut für Neutestamentliche Textforschung der Universität Münster erstellte ausgezeichnete „Kurzgefaßte Liste der griechischen Handschriften des NT."[1] Hier sei nur darauf aufmerksam gemacht, daß die ältesten Handschriften-Fragmente für Mt aus der Zeit etwa von der Wende vom 2. zum 3. Jh. stammen[2]. Es sind dies: 𝔓45 (Chester Beatty), der aus Mt die Abschnitte 20, 24–32; 21, 13–19; 25, 41 – 26, 39 enthält, aus dem 3. Jh. ist und in der Österreichischen Nationalbibliothek in Wien aufbewahrt wird; 𝔓1 mit 19 Versen aus Mt 1, 3. Jh., heute in Philadelphia/USA; 𝔓64 mit 17 Versen aus den Kapiteln 3, 5 und 26, um 200, heute teils in Oxford, teils in Barcelona; 𝔓67, der zu 𝔓64 gehört, 8 Verse aus Mt 3 und 5 bietet und in Barcelona aufbewahrt wird; schließlich 𝔓77 mit 10 Versen aus Mt 23, 2./3. Jh., heute in London. Man sieht das Fragmentarische der Überlieferung des Evangelientextes auf Papyrus, ermißt aber auch die Sorgfalt, die die Forschung aufwendet, um die kostbaren Bruchstücke und Fetzen zu bewahren. Erst in den großen Majuskeln des 4. und 5. Jh. wie Sinaiticus, ABC wird uns der ganze Text des Evangeliums geboten.

Im Folgenden bieten wir eine Zusammenfassung von Stellen, die hinsichtlich ihrer Textüberlieferung problematisch sind und für die wir bei der Interpretation teilweise zu Verbesserungsvorschlägen gekommen sind. Die handschriftliche Bezeugung ist in Fußnoten zur Stelle jeweils angegeben, kann aber selbst leicht mit Hilfe des Textapparates in den Textausgaben nachgeprüft werden.

3,1 : ἐν δὲ ταῖς ἡμέραις. Es wird empfohlen, δέ zu streichen. Es wurde eingeschoben, um den asyndetischen Übergang zu mildern.

3,2 : καὶ λέγων. Für Mt ungewöhnliche Formulierung. καί ist besser zu streichen.

5,11: ψευδόμενοι kann im Text bleiben. Mt parallelisiert das Schicksal des Jüngers mit dem Jesu. Vgl. 26, 59f.

5,22: Die Hinzufügung von εἰκῇ, die sicher sekundär ist, soll als bemerkenswerte Abschwächung erwähnt werden.

6,25: ἢ τί πίητε ist im Text belassen. Nur so bleibt die Struktur mit drei Verben erhalten, die den Kontext bestimmt (VV 26 und 31).

8,7 : Der Vers ist als Fragesatz zu lesen. Nur so kommt die Entrüstung Jesu, des Juden, heraus, da er aufgefordert wird, das Haus eines Heiden zu betreten.

---

[1] Besorgt von K. ALAND: ANTT 1 (Berlin 1963). Vgl. auch K. ALAND, Die griechischen Handschriften des NT. Ergänzungen zur „kurzgefaßten Liste": Materialien zur Ntl Handschriftenkunde I (ANTT 3) (Berlin 1969) 1–37.

[2] Noch weiter hinauf gelangt man über mögliche Mt-Zitate bei „Apostolischen Kirchenvätern". Zur Problematik vgl. oben S. 519f.

SACHREGISTER

Ärgernis 126–128
Altes Testament 547 f
Amt 277–279 300 345 f 364 532 f
Auferstehung 252–256 477 487–501
Autorität 277
Barmherzigkeit 373–379
Besitz 165–168
Binden und Lösen 55 f 66 f 139
Buddhismus 14
Christus 228–232 264–267 427 f 466 537
Correctio fraterna 136–139
Davidssohn 264–267 537 f
Ehe 152–154 156 f
Ehelosigkeit 154–156
Elija 101 f
Engel 131 f
Entscheidung 221
Erwählung 241 f 244
Eucharistie 9 37 f 399–404
Evangelium 388 526 f
Freiheit 116–118
Galiläa 494 506
Gebet 139 f 213 411 f 415
Gericht 88 240 f
Gesetz 260 288 f
Gewaltlosigkeit 419 f
Glaube 31 f 108–110 213 f
Gnade 548 f
Gott 534 f
Gottesliebe 259–263
Hadesfahrt 478
Herrschaft der Himmel (Reich Gottes) 65 222 237 541–544
Israel 30–32 171 f 212–214 227–232 300–305 458 f 497–501 544–547
Jeremia 59 548
Jerusalem 239 302 f 307
Jesaja 548
Johannes der Täufer 1–5 216–218
Judas 390–393 397 f 416–418 421 f 442–450
Judentum 294 432 f 462
Jünger 43–46
Kajafas 384
Kerygma 507
Kind 122–124 159–161
Kirche 13 62 f 511 544–547
Kleinglaube 14 44 108

Kyrios 538 f
Leben 87 90 163
Leistung 180 f
Lohn 172–174 177–183
Martyrer 188 f
Matthäus 516–519
Menschensohn 58 89 188 190 f 305 329–331 370 f 421 428 f 507 f 539 f
Messias 200–205
Mission 508–512
Mose 37 536
Nachfolge 86 f 90 165 170–172 184 195 f 478
Nächstenliebe 164 f 260–263
Naherwartung 340 549
Offenbarung 57 61
Papsttum 71–80
Parusie 304 f
Parusieverzögerung 352 f
Pascha 383 f 395 400 f 455
Petrus 10–16 25 46–80 83 f 407 435–439 516
Pilatus 440 f 462 f
Prophet 228
Reich Gottes s. Herrschaft der Himmel
Reichtum 165–168
Schwur 287 f
Sohn Gottes 59 266 427 474 540 f
Staat 247–250
Steuer 247–250
Sühne 190
Sünder 222 f
Synagoge 273 f 276 533 f
Synhedrion 425 f
Taufe 508 f
Tempel 207–210 303 f 311 f 426 f 445
Tod 414
Tradition 20–27
Utopie 389
Verantwortung 362
Verfolgung 317
Vergebung 145–149 401 f 404
Verleugnung 435–439
Versuchung 412 f
Volk Gottes 227–230 239 f 458 f 529 f 544–547
Wunder 324 f

REGISTER GRIECHISCHER WÖRTER

βασιλεία 65 188 541–544
βῆμα 456 f
ἔθνη 371
ἐκκλησία 62 f
μαθητεύω 483 508 f
παραδίδωμι 112

παράγω 194 f
πέτρα 49
πέτρος 49
πλάνος 487
σκανδαλίζω 405 f
χλαμύς 465

Beobachtungen am Text

8,25: Ob οἱ μαθηταί in den Text gehört, kann kaum noch entschieden werden.

9,9 : Die LA ἠκολούθησεν ist gegenüber ἠκολούθει zu bevorzugen. Letzteres dürfte von parLk 5,28 beeinflußt sein.

16,21: Die umstrittene Frage, ob ὁ Ἰησοῦς oder ὁ Ἰησοῦς Χριστός zu lesen ist, ist im ersten Sinn zu entscheiden. Außer in 1,18 (1,1) kommt die Form „Jesus Christus" in unserem Evangelium nicht vor.

18,15: εἰς σέ gehört nicht in den Text. Dieser bestimmt die Sünde des Bruders nicht näher.

20,17: Die LA δώδεκα μαθητάς hat Vorrang. Die Auslassung von μαθητάς erklärt sich als Paralleleinfluß von Mk 10,32; Lk 18,31.

21,12: Die schlechter bezeugte LA ἱερὸν τοῦ θεοῦ ist vorzuziehen gegenüber dem Kurztext ἱερόν. Mt betont die Würde des Tempels. Vgl. 26,61, wo sich gleichfalls nur bei Mt der Zusatz τοῦ θεοῦ findet.

21,44: Der Vers ist im Text zu belassen. Seine Streichung in westlichen Textzeugen kann damit zusammenhängen, daß man ihn am falschen Platz wähnte. Vgl. Lk 20,18.

22,10: Als Bezeichnung für den Hochzeitssaal ist ὁ γάμος als lectio difficilior gegenüber ὁ νυμφών zu bevorzugen.

22,35: νομικός ist durch Paralleleinfluß von Lk 10,25 in den Text gekommen und darum zu streichen.

23,4 : Die längere LA φορτία βαρέα καὶ δυσβάστακτα ist zu empfehlen. Mt favorisiert die Bilder und schöpft das seltene Wort aus Q (vgl. Lk 11,46).

23,38: ἔρημος gehört in den Text. Mt gleicht sich atl Terminologie an (vgl. LXX Tob 14,4; M 1 Kg 9,7f).

26,20: Die Entscheidung, ob μετὰ τῶν δώδεκα oder μετὰ τ. δ. μαθητῶν zu lesen ist, ist schwierig. Wir bevorzugen die erste LA.

27,16 und 17: Es empfiehlt sich die LA Ἰησοῦν Βαραββᾶν bzw. Ἰ. τὸν Β. Es mag anstößig erschienen sein, daß Barabbas auch den Jesusnamen trägt. Darum wurde er in der großen Mehrzahl des Hss gestrichen.